J. von Staudingers
Kommentar zum Bürgerlichen Gesetzbuch
mit Einführungsgesetz und Nebengesetzen
EGBGB/IPR
Internationales Verfahrensrecht in Ehesachen 2
(Deutsches Recht: FamFG)

Kommentatorinnen und Kommentatoren

Dr. Karl-Dieter Albrecht
Vorsitzender Richter am Bayerischen Verwaltungsgerichtshof a. D., München

Dr. Christoph Althammer
Professor an der Universität Regensburg

Dr. Georg Annuß
Rechtsanwalt in München, Außerplanmäßiger Professor an der Universität Regensburg

Dr. Christian Armbrüster
Professor an der Freien Universität Berlin, Richter am Kammergericht a. D.

Dr. Arnd Arnold
Professor an der Universität Trier, Dipl.-Volksw.

Dr. Marietta Auer
Professorin an der Universität Gießen

Dr. Martin Avenarius
Professor an der Universität zu Köln

Dr. Christian Baldus
Professor an der Universität Heidelberg

Dr. Wolfgang Baumann
Notar in Wuppertal, Professor an der Bergischen Universität Wuppertal

Dr. Winfried Bausback
Professor a. D. an der Bergischen Universität Wuppertal, bayerischer Staatsminister der Justiz, Mitglied des Bayerischen Landtags

Dr. Roland Michael Beckmann
Professor an der Universität des Saarlandes, Saarbrücken

Dr. Dr. h. c. Detlev W. Belling, M.C.L.
Professor an der Universität Potsdam

Dr. Andreas Bergmann
Professor an der Fernuniversität Hagen

Dr. Falk Bernau
Richter am OLG Celle, Wiss. Mitarbeiter am Bundesverfassungsgericht

Dr. Marcus Bieder
Professor an der Universität Osnabrück

Dr. Werner Bienwald
Professor an der Evangelischen Fachhochschule Hannover, Rechtsanwalt in Oldenburg

Dr. Tom Billing
Rechtsanwalt in Berlin

Dr. Claudia Bittner, LL.M.
Außerplanmäßige Professorin an der Universität Freiburg i. Br., Richterin am Hessischen Landessozialgericht

Dr. Reinhard Bork
Professor an der Universität Hamburg

Dr. Jan Busche
Professor an der Universität Düsseldorf

Dr. Georg Caspers
Professor an der Universität Erlangen-Nürnberg

Dr. Tiziana Chiusi
Professorin an der Universität des Saarlandes, Saarbrücken

Dr. Michael Coester, LL.M.
Professor an der Universität München

Dr. Dagmar Coester-Waltjen, LL.M.
Professorin an der Universität Göttingen

Dr. Thomas Diehn
Notar a. D. in Hamburg

Dr. Katrin Dobler
Regierungsdirektorin beim Justizministerium Baden-Württemberg

Dr. Heinrich Dörner
Professor an der Universität Münster

Dr. Anatol Dutta, M. Jur.
Professor an der Universität Regensburg

Dr. Christina Eberl-Borges
Professorin an der Universität Mainz

Dr. Dres. h. c. Werner F. Ebke, LL.M.
Professor an der Universität Heidelberg

Dr. Jan Eickelberg, LL.M.
Professor an der Hochschule für Wirtschaft und Recht, Berlin

Dr. Volker Emmerich
Professor an der Universität Bayreuth, Richter am Oberlandesgericht Nürnberg a. D.

Dipl.-Kfm. Dr. Norbert Engel
Ministerialdirigent a. D., Rechtsanwalt in Erfurt

Dr. Helmut Engler
Professor an der Universität Freiburg i. Br., Minister in Baden-Württemberg a. D.

Dr. Cornelia Feldmann
Rechtsanwältin in Freiburg i. Br.

Dr. Karl-Heinz Fezer
Professor an der Universität Konstanz, Honorarprofessor an der Universität Leipzig, Richter am Oberlandesgericht Stuttgart a. D.

Dr. Philipp S. Fischinger, LL.M.
Professor an der Universität Mannheim

Dr. Johann Frank
Notar in Amberg

Dr. Rainer Frank
Professor an der Universität Freiburg i. Br.

Dr. Robert Freitag, Maître en droit
Professor an der Universität Erlangen-Nürnberg

Dr. Jörg Fritzsche
Professor an der Universität Regensburg

Dr. Beate Gsell, Maître en droit
Richterin am Oberlandesgericht München, Professorin an der Universität München

Dr. Karl-Heinz Gursky
Professor an der Universität Osnabrück

Dr. Thomas Gutmann, M. A.
Professor an der Universität Münster

Dr. Martin Gutzeit
Professor an der Universität Gießen

Dr. Martin Häublein
Professor an der Universität Innsbruck

Dr. Johannes Hager
Professor an der Universität München

Dr. Wolfgang Hau
Professor an der Universität Passau

Dr. Rainer Hausmann
Professor an der Universität Konstanz

Dr. Stefan Heilmann
Richter am Oberlandesgericht Frankfurt, Honorarprofessor an der Frankfurt University of Applied Sciences

Dr. Jan von Hein
Professor an der Universität Freiburg i. Br.

Dr. Christian Heinze
Professor an der Universität Hannover

Dr. Tobias Helms
Professor an der Universität Marburg

Dr. Dr. h. c. mult. Dieter Henrich
Professor an der Universität Regensburg

Dr. Carsten Herresthal, LL.M.
Professor an der Universität Regensburg

Christian Hertel, LL.M.
Notar in Weilheim i. OB.

Dr. Stephanie Herzog
Rechtsanwältin in Würselen

Dr. Katharina Hilbig-Lugani
Professorin an der Universität Düsseldorf

Joseph Hönle
Notar in München

Dr. Ulrich Hönle
Notarassessor in Amberg

Dr. Bernd von Hoffmann †
Professor an der Universität Trier

Dr. Heinrich Honsell
Professor an der Universität Zürich, Honorarprofessor an der Universität Salzburg

Dr. Norbert Horn
Professor an der Universität zu Köln, Vorstand des Arbitration Documentation and Information Center e.V., Köln

Dr. Peter Huber, LL.M.
Professor an der Universität Mainz

Dr. Rainer Hüttemann
Professor an der Universität Bonn

Dr. Florian Jacoby
Professor an der Universität Bielefeld

Dr. Rainer Jagmann
Vorsitzender Richter am Oberlandesgericht Karlsruhe a. D.

Dr. Ulrich von Jeinsen
Rechtsanwalt und Notar in Hannover, Honorarprofessor an der Universität Hannover

Dr. Joachim Jickeli
Professor an der Universität zu Kiel

Dr. Dagmar Kaiser
Professorin an der Universität Mainz

Dr. Bernd Kannowski
Professor an der Universität Bayreuth

Dr. Rainer Kanzleiter
Notar a. D. in Ulm, Honorarprofessor an der Universität Augsburg

Dr. Sibylle Kessal-Wulf
Richterin des Bundesverfassungsgerichts, Karlsruhe

Dr. Fabian Klinck
Professor an der Universität Bochum

Dr. Frank Klinkhammer
Richter am Bundesgerichtshof, Karlsruhe

Dr. Steffen Klumpp
Professor an der Universität Erlangen-Nürnberg

Dr. Hans-Georg Knothe
Professor an der Universität Greifswald

Dr. Jürgen Kohler
Professor an der Universität Greifswald

Dr. Stefan Koos
Professor an der Universität der Bundeswehr München

Dr. Rüdiger Krause
Professor an der Universität Göttingen

Dr. Heinrich Kreuzer
Notar in München

Dr. Hans-Dieter Kutter
Notar a. D. in Nürnberg

Dr. Gerd-Hinrich Langhein
Notar in Hamburg

Dr. Arnold Lehmann-Richter
Professor an der Hochschule für Wirtschaft und Recht Berlin

Stefan Leupertz
Richter a. D. am Bundesgerichtshof, Honorarprofessor an der TU Dortmund

Dr. Martin Löhnig
Professor an der Universität Regensburg

Dr. Dr. h. c. Manfred Löwisch
Professor an der Universität Freiburg i. Br., Rechtsanwalt in Lahr (Schw.), vorm. Richter am Oberlandesgericht Karlsruhe

Dr. Dirk Looschelders
Professor an der Universität Düsseldorf

Dr. Stephan Lorenz
Professor an der Universität München

Dr. Ulrich Magnus
Professor an der Universität Hamburg, Richter am Hanseatischen Oberlandesgericht zu Hamburg a. D.

Dr. Peter Mankowski
Professor an der Universität Hamburg

Dr. Heinz-Peter Mansel
Professor an der Universität zu Köln

Dr. Peter Marburger
Professor an der Universität Trier

Dr. Wolfgang Marotzke
Professor an der Universität Tübingen

Dr. Sebastian A. E. Martens
Professor an der Universität Passau

Dr. Dr. Dr. h. c. mult. Michael Martinek, M.C.J.
Professor an der Universität des Saarlandes, Saarbrücken, Honorarprofessor an der Universität Johannesburg, Südafrika

Dr. Annemarie Matusche-Beckmann
Professorin an der Universität des Saarlandes, Saarbrücken

Dr. Gerald Mäsch
Professor an der Universität Münster

Dr. Jörg Mayer †
Honorarprofessor an der Universität Erlangen-Nürnberg, Notar in Simbach am Inn

Dr. Dr. Detlef Merten
Professor an der Deutschen Universität für Verwaltungswissenschaften Speyer

Dr. Tanja Mešina
Richterin, Baden-Baden

Dr. Rudolf Meyer-Pritzl
Professor an der Universität zu Kiel, Richter am Schleswig-Holsteinischen Oberlandesgericht in Schleswig

Dr. Peter O. Mülbert
Professor an der Universität Mainz

Dr. Dirk Neumann
Vizepräsident des Bundesarbeitsgerichts a. D., Kassel, Präsident des Landesarbeitsgerichts Chemnitz a. D.

Dr. Hans-Heinrich Nöll
Rechtsanwalt in Hamburg

Dr. Jürgen Oechsler
Professor an der Universität Mainz

Dr. Hartmut Oetker
Professor an der Universität zu Kiel, Richter am Thüringer Oberlandesgericht in Jena

Wolfgang Olshausen
Notar a. D. in Rain am Lech

Dr. Dirk Olzen
Professor an der Universität Düsseldorf

Dr. Sebastian Omlor, LL.M., LL.M.
Professor an der Universität Marburg

Dr. Gerhard Otte
Professor an der Universität Bielefeld

Dr. Lore Maria Peschel-Gutzeit
Rechtsanwältin in Berlin, Senatorin für Justiz a. D. in Hamburg und Berlin, Vorsitzende Richterin am Hanseatischen Oberlandesgericht zu Hamburg i. R.

Dr. Frank Peters
Professor an der Universität Hamburg, Richter am Hanseatischen Oberlandesgericht zu Hamburg a. D.

Dr. Axel Pfeifer
Notar in Hamburg

Dr. Andreas Piekenbrock
Professor an der Universität Heidelberg

Dr. Jörg Pirrung
Richter am Gericht erster Instanz der Europäischen Gemeinschaften i. R., Professor an der Universität Trier

Dr. Ulrich Preis
Professor an der Universität zu Köln

Dr. Maximilian Freiherr von Proff zu Irnich
Notar in Köln

Dr. Manfred Rapp
Notar in Landsberg am Lech a. D.

Dr. Thomas Rauscher
Professor an der Universität Leipzig, Dipl. Math.

Dr. Peter Rawert, LL.M.
Notar in Hamburg, Honorarprofessor an der Universität Kiel

Eckhard Rehme
Vorsitzender Richter am Oberlandesgericht Oldenburg i. R.

Dr. Wolfgang Reimann
Notar a. D., Honorarprofessor an der Universität Regensburg

Dr. Tilman Repgen
Professor an der Universität Hamburg

Dr. Dieter Reuter
Professor an der Universität zu Kiel, Richter am Schleswig-Holsteinischen Oberlandesgericht in Schleswig a. D.

Dr. Christoph Reymann
Stellv. Geschäftsführer DNotJ, Würzburg

Dr. Reinhard Richardi
Professor an der Universität Regensburg, Präsident des Kirchlichen Arbeitsgerichtshofs der Deutschen Bischofskonferenz, Bonn

Dr. Volker Rieble
Professor an der Universität München, Direktor des Zentrums für Arbeitsbeziehungen und Arbeitsrecht

Dr. Anne Röthel
Professorin an der Bucerius Law School, Hamburg

Dr. Christian Rolfs
Professor an der Universität zu Köln

Dr. Herbert Roth
Professor an der Universität Regensburg

Dr. Ludwig Salgo
Apl. Professor an der Universität Frankfurt a. M.

Dr. Renate Schaub, LL.M.
Professorin an der Universität Bochum

Dr. Martin Josef Schermaier
Professor an der Universität Bonn

Dr. Gottfried Schiemann
Professor an der Universität Tübingen

Dr. Eberhard Schilken
Professor an der Universität Bonn

Dr. Peter Schlosser
Professor an der Universität München

Dr. Martin Schmidt-Kessel
Professor an der Universität Bayreuth

Dr. Günther Schotten
Notar a. D. in Köln, Professor an der Universität Bielefeld

Dr. Robert Schumacher, LL.M.
Notar in Köln

Dr. Roland Schwarze
Professor an der Universität Hannover

Dr. Andreas Schwennicke
Notar und Rechtsanwalt in Berlin

Dr. Maximilian Seibl
Akad. Rat a. Z. an der Universität München

Dr. Hans Hermann Seiler
Professor an der Universität Hamburg, Richter am Hanseatischen Oberlandesgericht a. D.

Dr. Stephan Serr
Notarassessor in Würzburg

Dr. Reinhard Singer
Professor an der Humboldt-Universität Berlin, vorm. Richter am Oberlandesgericht Rostock

Dr. Dr. h. c. Ulrich Spellenberg
Professor an der Universität Bayreuth

Dr. Sebastian Spiegelberger
Notar a. D. in Rosenheim

Dr. Ansgar Staudinger
Professor an der Universität Bielefeld

Dr. Malte Stieper
Professor an der Universität Halle-Wittenberg

Dr. Markus Stoffels
Professor an der Universität Heidelberg

Dr. Dr. h. c. Fritz Sturm †
Professor an der Universität Lausanne

Dr. Gudrun Sturm
Assessorin, Wiss. Mitarbeiterin

Dr. Michael Stürner
Professor an der Universität Konstanz

Burkhard Thiele
Präsident des Oberlandesgerichts Rostock

Dr. Karsten Thorn
Professor an der Bucerius Law School, Hamburg

Dr. Gregor Thüsing, LL.M.
Professor an der Universität Bonn

Dr. Barbara Veit
Professorin an der Universität Göttingen

Dr. Bea Verschraegen, LL.M., M.E.M.
Professorin an der Universität Wien, adjunct professor an der Universität Macao

Dr. Klaus Vieweg
Professor an der Universität Erlangen-Nürnberg

Dr. Markus Voltz
Notar in Offenburg

Dr. Reinhard Voppel
Rechtsanwalt in Köln

Dr. Johannes Weber
Geschäftsführer DNotJ, Würzburg

Dr. Christoph Weber
Akad. Rat a. Z. an der Universität München

Gerd Weinreich
Vorsitzender Richter am Oberlandesgericht Oldenburg

Dr. Birgit Weitemeyer
Professorin an der Bucerius Law School, Hamburg

Dr. Olaf Werner
Professor an der Universität Jena, Richter am Thüringer Oberlandesgericht Jena a. D.

Dr. Daniel Wiegand, LL.M.
Rechtsanwalt in München

Dr. Wolfgang Wiegand
Professor an der Universität Bern

Dr. Peter Winkler von Mohrenfels
Professor an der Universität Rostock, Richter am Oberlandesgericht Rostock a. D., Rechtsanwalt in Rostock

Dr. Hans Wolfsteiner
Notar a. D., Rechtsanwalt in München

Heinz Wöstmann
Richter am Bundesgerichtshof, Karlsruhe

Redaktorinnen und Redaktoren

Dr. Christian Baldus
Dr. Dr. h. c. mult. Christian von Bar, FBA
Dr. Michael Coester, LL.M.
Dr. Heinrich Dörner
Dr. Hans Christoph Grigoleit
Dr. Johannes Hager
Dr. Dr. h. c. mult. Dieter Henrich
Sebastian Herrler
Dr. Dagmar Kaiser
Dr. Dr. h. c. Manfred Löwisch
Dr. Ulrich Magnus
Dr. Peter Mankowski
Dr. Heinz-Peter Mansel
Dr. Jürgen Oechsler
Dr. Gerhard Otte
Dr. Lore Maria Peschel-Gutzeit
Dr. Manfred Rapp
Dr. Peter Rawert, LL.M.
Dr. Volker Rieble
Dr. Herbert Roth
Dr. Markus Stoffels
Dr. Wolfgang Wiegand

J. von Staudingers
Kommentar zum Bürgerlichen Gesetzbuch mit Einführungsgesetz und Nebengesetzen

Einführungsgesetz zum
Bürgerlichen Gesetzbuche/IPR
Internationales Verfahrensrecht
in Ehesachen 2
(Deutsches Recht: FamFG)

Neubearbeitung 2016
von
Ulrich Spellenberg

Redaktor
Dieter Henrich

Sellier – de Gruyter · Berlin

Die Kommentatorinnen und Kommentatoren

Neubearbeitung 2016
§§ 97, 98, 103, 106–110 FamFG: ULRICH SPELLENBERG

Neubearbeitung 2005
IntVerfREhe § 606a ZPO, § 328 ZPO, Art 7 § 1 FamRÄndG, Art 7 § 2 FamRÄndG: ULRICH SPELLENBERG

Sachregister

Frau CLAUDIA EHRENFEUCHTER, Dachau

Zitierweise

STAUDINGER/SPELLENBERG (2016) Einl 1 zu §§ 97 ff FamFG
STAUDINGER/SPELLENBERG (2016) Vorbem 1 zu § 97 FamFG
STAUDINGER/SPELLENBERG (2016) § 98 FamFG Rn 1
STAUDINGER/SPELLENBERG (2016) Anh zu § 106 FamFG Rn 1

Zitiert wird nach Paragraph bzw Artikel und Randnummer.

Hinweise

Das Abkürzungsverzeichnis befindet sich auf www.staudingerbgb.de.

Der Stand der Bearbeitung ist jeweils mit Monat und Jahr auf den linken Seiten unten angegeben.

Am Ende eines jeden Bandes befindet sich eine Übersicht über den aktuellen Stand des „Gesamtwerk STAUDINGER".

MIX
Papier aus verantwortungsvollen Quellen
FSC® C016439
FSC www.fsc.org

Die Deutsche Nationalbibliothek verzeichnet diese Publikation in der Deutschen Nationalbibliografie; detaillierte bibliografische Daten sind im Internet über http://dnb.dnb.de abrufbar.

ISBN: 978-3-8059-1194-8

Satz: fidus Publikations-Service, Nördlingen.

Druck und Bindearbeiten: Hubert & Co., Göttingen.

Umschlaggestaltung: Bib Wies, München.

♾ Gedruckt auf säurefreiem Papier, das die DIN ISO 9706 über Haltbarkeit erfüllt.

Inhaltsübersicht

* Zitiert wird nicht nach Seiten, sondern nach Paragraph bzw Artikel und Randnummer; siehe dazu auch „Zitierweise".

** Die Erläuterungen des „Ersten Teils · Europäisches Recht" mit der Kommentierung der für das Verfahren in Ehesachen und die Anerkennung der Entscheidungen dazu einschlägigen Artikel der VO (EG) Nr 2201/2003 vom 27. 11. 2003 (Brüssel IIa-VO) erfolgt in einem eigenen Band (IntVerfREhe 1).

Inhaltsübersicht

Allgemeines Schrifttum

Das Sonderschrifttum ist zu Beginn der einzelnen Kommentierungen bzw in Fußnoten innerhalb der Kommentierung aufgeführt.

I. Internationales Privatrecht und Internationales Verfahrensrecht

ANDRAE, Internationales Familienrecht (3. Aufl 2014)

vBAR, Internationales Privatrecht, Band II: Besonderer Teil (1991)

vBAR/MANKOWSKI, Internationales Privatrecht, Band I: Allgemeine Lehren (2. Aufl 2003)

BAUMBACH/LAUTERBACH/ALBERS/HARTMANN, Zivilprozessordnung, (73. Aufl 2015)

BERGMANN/FERID/HENRICH, Internationales Ehe- und Kindschaftsrecht mit Staatsangehörigkeitsrecht, Loseblatt

BREUER, Ehe- und Familiensachen in Europa (2008)

GEIMER, Internationales Zivilprozessrecht (7. Aufl 2015)

ders/SCHÜTZE, Europäisches Zivilverfahrensrecht (3. Aufl 2010), zitiert: GEIMER/SCHÜTZE

dies (Hrsg), Internationaler Rechtsverkehr in Zivil- und Handelssachen, Loseblatt

GERNHUBER/COESTER-WALTJEN, Familienrecht (6. Aufl 2011)

HENRICH, Internationales Familienrecht (2. Aufl. 2000)

ders, Internationales Scheidungsrecht (1998)

JANSEN, Freiwillige Gerichtsbarkeit, Band I (6. Aufl 1971)

ders/vSCHUCKMANN/SONNENFELD, FGG, 3 Bde, (3 Aufl. 2006)

JOHANNSEN/HENRICH, Familienrecht, Scheidungen, Unterhalt, Verfahren (6. Aufl 2015)

KEGEL/SCHURIG, Internationales Privatrecht (9. Aufl 2004)

KELLER/SIEHR, Allgemeine Lehren des Internationalen Privatrechts (1986)

KROPHOLLER, Internationales Privatrecht (5. Aufl 2004)

ders/vHEIN, Europäisches Zivilprozessrecht (9. Aufl 2011)

LINKE/HAU, Internationales Zivilprozessrecht (6. Aufl 2015)

LÜDERITZ, Internationales Privatrecht (1987)

Max-Planck-Institut für Ausländisches und Internationales Privatrecht (Hrsg), Handbuch des Internationalen Zivilverfahrensrechts, Band III, Teilband 1 Bearbeiter v MARTINY (1984), Band III, Teilband 2, bearb v MARTINY u KP WAEHLER (1984)

MünchKomm/BEARBEITER, Münchener Kommentar zum Bürgerlichen Gesetzbuch, Band 10 (6. Aufl 2015)

MünchKommZPO/BEARBEITER, Münchener Kommentar zur Zivilprozessordnung (Band 3, 4. Aufl 2013)

MünchKommFamFG/BEARBEITER, Münchener Kommentar zum FamFG (2. Aufl 2013)

MUSIELAK/BEARBEITER, Zivilprozessordnung und Gerichtsverfassungsgesetz (10. Aufl 2013)

NAGEL/GOTTWALD, Internationales Zivilprozessrecht (7. Aufl 2013) (5. Aufl 2002), zitiert:- NAGEL/GOTTWALD

NEUHAUS, Grundbegriffe des Internationalen Privatrechts (2. Aufl 1976)

PALANDT/BEARBEITER, Bürgerliches Gesetzbuch (74. Aufl 2015)

PFEIFFER, Internationale Zuständigkeit und prozessuale Gerechtigkeit (1995)

RAHM/KÜNKEL/BEARBEITER, Handbuch Familien- und Familienverfahrensrecht (Loseblatt)

RAUSCHER, Internationales Privatrecht mit internationalem Verfahrensrecht (4. Aufl 2012)

ders/BEARBEITER, Europäisches Zivilprozess- und Kollisionsrecht, Brüssel Ia-VO, LugÜbk 2007 (2011)

ders/BEARBEITER, Europäisches Zivilprozess- und Kollisionsrecht, Brüssel IIa-VO, EG-Unt-VO, EG- ErbVO-E, HUntStProt 2007 (2010)

ROSENBERG/SCHWAB/GOTTWALD, Zivilprozessrecht (17. Aufl 2010)

SCHACK, Internationales Zivilverfahrensrecht (5. Aufl 2010)
SIEHR, Internationales Privatrecht (2001)
STEIN/JONAS/BEARBEITER, Zivilprozessordnung, Komm, 10 Bde (22. Aufl 2002 ff)
THOMAS/PUTZO/HÜSSTEGE, Zivilprozessordnung (36. Aufl 2015)
ZIMMERMANN, Zivilprozessordnung (9. Aufl 2011)
ZÖLLER/BEARBEITER, Zivilprozessordnung (30. Aufl 2014).

II. FamFG

BAHRENFUSS/BEARBEITER, FamFG (2009)
BREUER, Ehe- und Familienrecht in Europa (2008)
BORK/JACOBY/SCHWAB, FamFG (10. Aufl 2013)
BUMILLER/HARDERS, FamFG (10. Aufl 2011)
GARBE/ULLRICH, Verfahren in Familiensachen (3. Aufl 2012)
HAUSSLEITER/GOMILLE, FamFG (2011)
HOLZER/BEARBEITER, FamFG 2011
KEIDEL/BEARBEITER, FamFG Familienverfahren, freiwillige Gerichtsbarkeit (18. Aufl. 2014)
KEMPER/SCHREIBER/BEARBEITER, FamFG (2. Aufl 2012)
MünchKommFamFG/BEARBEITER, IZPR, EuZVR (2. Aufl 2013)
MUSIELAK/BORTH, Familiengerichtloches Verfahren, 1. und 2. Buch FamFG (4. Aufl 2014)
PRÜTTING/HELMS/BEARBEITER, FamFG (3.Aufl 2014)
SCHULTER-BUNERT/WEINREICH, FamFG (3. Aufl 2011)
ZIMMERMANN, FamFG (2. Aufl 2011).

Internationales Verfahrensrecht in Ehesachen: Zweiter Teil

Deutsches Recht. FamFG

Einleitung zu §§ 97 ff FamFG

Schrifttum

BORTH, Die Reform des Verfahrens in Familiensachen, FamRZ 2007, 1925
ders, Einführung in das Gesetz zur Reform des Verfahrens in Familiensachen und in den Angelegenheiten der freiwilligen Gerichtsbarkeit v. 14. 12. 2008 (FGG-ReformG) FamRZ 2009, 157

MEYER-SEITZ/KRÖGER/HEITER, Auf dem Weg zu einem modernen Familienverfahrensrecht – die familienverfahrensrechtlichen Regelungen im Entwurf eines FamFG, FamRZ 2005, 1430.

Systematische Übersicht

I. Neuregelung FamFG

Das neue FamFG fasst das bisher vor allem in den §§ 606 bis 687 ZPO (Buch 6) 1
enthaltene Verfahren in Ehe- und Familiensachen mit manchen Verweisungen auf das FGG und die bisherigen heterokliten Verfahren in Angelegenheiten der Freiwilligen Gerichtsbarkeit in einem Gesetz zusammen und hat bei der Gelegenheit auch manches inhaltlich reformiert (dazu insbesondere BORTH FamRZ 2007, 1925 und FamRZ 2009, 157 ff; PRÜTTING/HELMS/HAU Einl zum FamFG Rn 10 ff; MEYER-SEITZ/KRÖGER/HEITER FamRZ 2005, 1430 ff). Die beiden Wurzeln sind auch im FamFG weiterhin zu erkennen, indem nach den Allgemeinen Vorschriften (Buch 1) Buch 2 das Verfahren in Ehe- und Familiensachen regelt und anschließend die Bücher 3 bis 8 die bisherigen klassischen Angelegenheiten der freiwilligen Gerichtsbarkeit.

Anlass der Neuregelung war außer der bisherigen Unübersichtlichkeit des Familien- 2
verfahrensrechts und die Zusammenführung der zT außerhalb des FGG geregelten Angelegenheiten in einem Gesetz vor allem die inhaltliche und strukturelle Harmonisierung der Verfahren der Freiwilligen Gerichtsbarkeit (PRÜTTING/HELMS/HAU Einl zum FamFG Rn 21 f, 46). Die Einbeziehung der Ehesachen iSd § 121 FamFG (Eheauflösung und Feststellung ihres Bestehens) ist zu rechtfertigen durch den Zusammenhang mit den Scheidungsfolgen, die zT zur freiwilligen Gerichtsbarkeit gehören. Der sachliche Unterschied zeigt sich ua darin, dass nach § 113 FamFG bei Ehesachen und Familienstreitsachen iSd § 112 FamFG (insbesondere Unterhalts- und

Güterrechtssachen; sonstige Familiensachen iSd § 266 FamFG) ein guter Teil der allgemeinen Verfahrensregeln des FamFG nicht gelten, sondern die Vorschriften der ZPO für streitige Verfahren. Im Übrigen war wesentliches Anliegen auch die organisatorische Zusammenfassung der richterlichen Aufgaben beim „großen Familiengericht".

3 Es ist ein Gewinn an systematischer Klarheit, dass in Buch 1 Abschnitt 9 (§§ 97 bis 110 FamFG) die Fragen des **internationalen Verfahrensrechts** nun für alle Verfahren des FamFG im Zusammenhang **geregelt** werden, wobei aber nach den verschiedenen Angelegenheiten differenziert wird. Die hier vor allem interessierenden §§ 98 und 107 bis 109 FamFG sind inhaltlich und zT auch im Wortlaut weitgehend dieselben geblieben wie § 606a ZPO bzw § 328 ZPO mit Art 7 § 1 FamRÄndG v 11. 8. 1961 und § 16a FGG, aber detaillierter und strukturierter. So ist Manches neu und klarer ausgesprochen, das bisher von Rechtsprechung und Literatur nur eher aus dem Gesetz erschlossen wurde. Damit bleiben die bisherige Rechtsprechung und Literatur verwertbar. So ruft § 97 FamFG in Erinnerung, dass EU-Recht und Staatsverträge dem nationalen Recht vorgehen. Wirklich neu ist die Regelung der gleichgeschlechtlichen Lebenspartnerschaften in § 103 FamFG, wobei aber eine ausdrückliche Klärung der Frage, ob § 108 FamFG oder § 107 FamFG für die Anerkennung ausländischer Auflösungen gilt, wünschenswert gewesen wäre.

4 Wie schon bisher sind die Gründe der deutschen internationalen Zuständigkeit für die Angelegenheiten des FamFG naturgemäß jeweils verschieden, während die Anerkennung ausländischer Entscheidungen wie schon in § 16a FGG und § 328 ZPO hinsichtlich Voraussetzungen und Wirkungen einheitlich geregelt ist. Nur für Ehesachen iSd § 121 FamFG wird von § 107 FamFG eine vorherigen Feststellung der Anerkennungsvoraussetzungen verlangt (bisher Art 7 § 1 FamRÄndG).

5 Das Internationale Familienrechtsverfahrensgesetz (IntFamRVG v 26. 1. 2005 [BGBl I 162]) dient hingegen nur der Ausführung der Brüssel IIa-VO und der Haager Kindschaftsübereinkommen; es betrifft nicht die internationalen Eheverfahren des FamFG.

II. Intertemporale Anwendbarkeit

6 Da die Bestimmungen für die internationalen Eheauflösungen inhaltlich weitgehend gleich geblieben sind, sollte es keine echten **praktischen** Probleme der **intertemporalen** Geltung geben. Dennoch ist in § 111 FGG-RG (Gesetz zur Reform des Verfahrens in Familiensachen und in den Angelegenheiten der freiwilligen Gerichtsbarkeit) der zeitliche Geltungsbereich festgelegt. Nach dem üblichen Grundsatz ergreift neues Verfahrensrecht nur Verfahren, die ab dem Inkrafttreten des neuen Gesetzes begonnen werden. Genauer sagt § 111 FGG-RG, dass für alle Verfahren, die bis zu seinem Inkrafttreten eingeleitet oder beantragt wurden, weiterhin die davor geltenden Vorschriften anzuwenden sind (§ 111 Abs 1 FGG-RG). Der Stichtag ist der 1. 9. 2009. Das neue Recht gilt aber bereits, wenn schon laufende Verfahren in Ehesachen am oder nach dem 1. 9. 2009 ausgesetzt oder deren Ruhen angeordnet wurde (§ 111 Abs 3 FGG-RG). Der Stichtag gilt auch für die Anerkennung ausländischer Entscheidungen (§§ 107 bis 109 FamFG), bedarf aber der Erläuterung (vgl § 107 Rn 8 f).

III. Gegenstand der Kommentierung

Gegenstand des internationalen Verfahrensrechts in Ehesachen im FamFG ist zum einen das **Verfahren im Inland** bei Eheprozessen mit Auslandsberührung, zum anderen die **Anerkennung ausländischer Entscheidungen in Ehesachen**. Wichtigster, aber nicht einziger Punkt in beiden Fragebereichen ist die **internationale Zuständigkeit**. Die der deutschen Gerichte zur **Entscheidung** in einer Ehesache kann **Entscheidungszuständigkeit** genannt werden. Die internationale Zuständigkeit der ausländischen Gerichte ist eine der Voraussetzungen für die Anerkennung ausländischer Urteile nach § 109 Abs 1 Nr 1 FamFG (früher § 328 Abs 1 Nr 1 ZPO) und wird zur Unterscheidung **Anerkennungszuständigkeit** genannt. Wenn § 98 Abs 1 Nr 4 FamFG darauf abstellt, ob eine deutsche Entscheidung im Heimatstaat einer Partei anerkannt werden wird, so verlangen diese Rechte oft auch eine Anerkennungszuständigkeit, aber nach ihren Maßstäben. **7**

Die **internationale Entscheidungszuständigkeit** in Ehesachen iSd § 121 FamFG ist in § 98 FamFG wie zuvor in § 606a ZPO geregelt, wobei § 98 Abs 2 FamFG klar sagt, was bisher aus §§ 621 mit 623 ZPO abgeleitet wurde, dass die internationale Zuständigkeit für die Ehesache sich auch auf die Folgesachen iSd § 137 FamFG erstreckt. § 108 FamFG vereint die bisherigen § 328 ZPO und § 16a FGG mit dem Prinzip der **automatischen Anerkennung** ausländischer Entscheidungen, wobei § 109 FamFG die Anerkennungshindernisse aufzählt. § 107 FamFG durchbricht für Ehesachen das Prinzip, indem er in der Regel zuvor eine gerichtliche Feststellung der Voraussetzungen der Anerkennung verlangt. Diese **Delibation** entspricht dem bisherigen Art 7 § 1 FamRÄndG mit gewissen Veränderungen. **8**

Die internationale Entscheidungszuständigkeit deutscher Gerichte wird zudem in § 98 Abs 1 Nr 4 FamFG bei reinen Ausländerehen von der **Anerkennung** des eventuell ergehenden deutschen Eheurteils **im Heimatstaat** eines der Ehegatten abhängig gemacht. Damit wird ein Stück Rechtsvergleichung – das Anerkennungsrecht der ausländischen Länder – für die Rechtsanwendung von unmittelbarer Bedeutung. Angesichts des Versuchs, Auskunft über das Recht von Ägypten bis Zypern zu geben, sind einschränkende Klauseln aber dringend notwendig, beruht hier doch das meiste auf Auskünften und Quellen zweiter Hand. Auch sind Auskünfte über fremdes Recht nicht nur oft genug unsicher, sondern darüber hinaus ständigem Wandel unterworfen. Immerhin ist dieses Dilemma nicht neu. Schon Ludwig vBar beschrieb in der Vorrede zum ersten Band seines berühmten Werkes „Theorie und Praxis des internationalen Privatrechts“: „Wer das gesamte internationale Privatrecht eingehend behandelt, setzt seine Rechtskenntnisse in sehr verschiedenartigen Materien einer nichts weniger als angenehmen Probe aus; Irrtümer sind da sehr möglich, sowohl bei der Würdigung einzelner Rechtsinstitute, wie in Ansehung der positiven Gesetze und Rechtsnormen einzelner Länder […] In der Tat muß, namentlich bei dem raschen Wechsel der Gesetze in unserer Zeit, jede allgemeine Bearbeitung des internationalen Privatrechts den Irrtum, wie der Geschäftsmann sich ausdrückt, vorbehalten und den praktischen Benutzer des Buches im einzelnen Falle auf genaue Verifikation durch Rechtskundige des einzelnen Landes verweisen.“ **9**

Die Auslandsberührung führt auch in anderen Bereichen des Erkenntnisverfahrens **10** als bei der Zuständigkeit und Anerkennung zu Abweichungen von rein nationalen Situationen, die jedoch nur teilweise erläutert werden können. Die Bearbeitung hat ihren Schwerpunkt im Bereich der internationalen Zuständigkeit und der Anerkennung ausländischer Entscheidungen und will nicht bei dieser Gelegenheit eine Gesamtdarstellung des internationalen Prozessrechts unternehmen. Im Anhang nach § 106 FamFG werden daher einige Besonderheiten der Verfahrensdurchführung bei internationalen Klagen behandelt, wie zB die **internationale Rechtshängigkeit**, die auch eine eigene, europäische Regelung in den Art 16 ff Brüssel IIa-VO gefunden haben.

11 Das Schwergewicht der folgenden Erläuterungen liegt bei den **Statusurteilen**. Mit der Scheidung werden jedoch nicht nur in Deutschland, sondern auch in vielen anderen Staaten Sorgerechts-, Unterhalts- und andere **Folgesachen** verfahrensrechtlich verbunden. Hier sollen die Fragen des **Verbunds** im Wesentlichen nur in Bezug auf die **Zuständigkeit** angesprochen werden. Im Übrigen muss für die unterhaltsrechtlichen und anderen vermögensrechtlichen Streitsachen, die auch isoliert möglich sind und die Besonderheiten der Statusurteile nicht aufweisen, auf die einschlägigen Darstellungen des internationalen Zivilprozessrechts verwiesen werden. Das deutsche internationale Verfahrensrecht für Sorgerecht bzw allgemein Schutzmaßnahmen für Kinder ist von Henrich, in: Staudinger/Henrich (2014) Art 21 EGBGB Rn 134 ff, 142 ff und von Pirrung, in: Staudinger/Pirrung (2009) Vorbem C–H zu Art 19 EGBGB kommentiert.

Abschnitt 9
Verfahren mit Auslandsbezug
Unterabschnitt 1
Verhältnis zu völkerrechtlichen Verträgen und Rechtsakten der Europäischen Gemeinschaft

Vorbemerkungen zu § 97 FamFG

Schrifttum

BENDER, Die Immunität der NATO als internationaler Organisation im Zivilprozess, IPRax 1998, 1

BERTELE, Souveränität und Verfahrensrecht – Eine Untersuchung der aus dem Völkerrecht ableitbaren Grenzen staatlicher extraterritorialer Jurisdiktion im Verfahrensrecht (1998)

DAMIAN, Staatenimmunität und Gerichtszwang (1985)

FALTONI, Le immunità dei familiari degli agenti diplomatici nel diritto internazionale generale, Riv dir int 1985, 544

GEIMER, Zur Prüfung der Gerichtsbarkeit und der Internationalen Zuständigkeit bei der Anerkennung ausländischer Urteile (1966)

GRABINSKI, Staatenimmunität im Erkenntnisverfahren, IPRax 1992, 35

HAUSMANN, Ausländische Staaten als Darlehens- oder Anleiheschuldner vor deutschen Gerichten, in: FS Geimer (2002) 289

HECKER/MÜLLER-CHORUS, Handbuch der konsularischen Praxis (2005)

HESS, Staatenimmunität bei Distanzdelikten – Der private Kläger im Schnittpunkt von zivilgerichtlichem und völkerrechtlichem Rechtsschutz (1992)

HOKEMA, Immunität von Staatsoberhäuptern (2002)

KISSEL/MAYER, Gerichtsverfassungsgesetz §§ 18–20 (7. Aufl 2013)

LEIPOLD, Immunität versus Rechtsschutzgarantie, in: Festschrift Lüke (1997) 353

M LÜKE, Die Immunität staatlicher Funktionsträger (2000)

MASSICCI/GARCIMARTIN ALFÉREZ, Grundrechte und Immunität der Angehörigen ausländischer diplomatischer Missionen, IPRax 1997, 129

MATSCHER, Völkerrechtliche Immunitäten und EMRK, in: Festschrift für Geimer (2002) 669

RICHTSTEIG, Wiener Übereinkommen über diplomatische und konsularische Beziehungen (2010)

vSCHÖNFELD, Die Immunität ausländischer Staaten vor deutschen Gerichten, NJW 1986, 2980

SCHWENK, Die zivilprozessualen Bestimmungen des NATO-Truppenstatuts und der Zusatzvereinbarungen, NJW 1976, 1562

SENNEKAMP, Die völkerrechtliche Stellung der ausländischen Streitkräfte in der Bundesrepublik Deutschland, NJW 1983, 2731

CH TANGERMANN, Die völkerrechtliche Immunität von Staatsoberhäuptern (2002)

WAGNER/RAASCH, Wiener Übereinkommen über diplomatische und konsultarische Beziehungen (2007).

Systematische Übersicht

I. Begriff

1 Man **unterscheidet** richtigerweise die deutsche Gerichtsbarkeit von der deutschen internationalen Zuständigkeit (Geimer, IZPR Rn 371 ff, 846; Heldrich, Internationale Zuständigkeit und anwendbares Recht [1969] 69 ff; Rosenberg/Schwab/Gottwald, ZPR § 19 Rn 1 ff, 14 ff; Schack, IZVR Rn 155 ff; BGH 14. 6. 1965 – GSZ 1/65, BGHZ 44, 46, 51). Während der deutsche Gesetzgeber für die **internationale Zuständigkeit** bestimmt, ob deutsche Gerichte einen Streit entscheiden dürfen, betrifft die **Gerichtsbarkeit** die Frage, ob Staaten oder Personen überhaupt der von der Judikative ausgeübten deutschen **Hoheitsgewalt** unterliegen. Nicht nur sind die Wirkungen von Verstößen gegen die jeweiligen Normen verschieden, sondern diese folgt im Wesentlichen Regeln des **Völkerrechts**, während die internationale Zuständigkeit vom deutschen Gesetzgeber nach eigenem Gutdünken eröffnet oder verweigert werden kann. Man sollte darum die Dinge auch sprachlich unterscheiden (Schack, IZVR Rn 156). Vor allem in Gerichtsurteilen ist noch manchmal von internationaler Zuständigkeit die Rede, wenn es um die deutsche Gerichtsbarkeit geht und umgekehrt (vgl zB BGH 16. 5. 1984 – IVb – ZB 810/80, FamRZ 1984, 674). Korrelat des Begriffs Gerichtsbarkeit ist derjenige der **„Immunität"**, der die Befreiung der betreffenden Personen und Staaten von der Gerichtsbarkeit umschreibt.

2 Kern und Ausgangspunkt der Immunitäten ist die **Staatenimmunität**, der zufolge kein Staat über einen anderen judizieren darf, soweit dieser seine Hoheitsgewalt betätigt hat (zB Hausmann, in: FS Geimer 289 ff: relative, funktionelle Immunität). Im Detail ist manches streitig und im Fluss, aber der Grundsatz folgt aus dem Völkergewohnheitsrecht und ist unstreitig (Nagel/Gottwald, IZPR § 2 Rn 2 f). Kein Staat darf über einen anderen urteilen.

3 Von ihr leitet sich die Exemtion der Staatsorgane und der Träger der Amtsfunktionen ab, die im Interesse der Funktionsfähigkeit der betreffenden Organe besteht (eher **aA** für Diplomaten BVerfG 10. 6. 1997 – 2 BvR 1516/96, NJW 1998, 50, 53 sub B II 2 b bb; eher wie hier BGH 30. 3. 2011 XII ZB 300/10, BGHZ 189, 47 Rn 16; Nagel/Gottwald, IZPR § 2 Rn 31; Geimer, IZPR Rn 473). Dazu zählen insbesondere Staatsoberhäupter und Diplomaten. Ihre **Immunität** ist nicht auf Amtshandlungen beschränkt, sondern umfasst grundsätzlich auch die **privaten Angelegenheiten** der betr Person (Matscher, in: FS Geimer 669 berichtet von Vaterschaftsklagen gegen ausländische Staatsoberhäupter). Letzteres rechtfertigt sich weniger aus einer manchmal vielleicht unsicheren Grenzziehung, sondern vor allem aus der Gefahr, indirekt auch Druck auf die Amtstätigkeit ausüben zu können (EGMR 18. 2. 1999 – no 26083/94 *Waite and Kennedy v Germany* – Slg 1999, 393, NJW 1999, 1137), wohl auch aus dem Respekt vor der Stellung des Staatsoberhaupts (vgl Geimer, IZPR Rn 473 ff, 766, 769).

4 Im Zusammenhang mit den Eheverfahren interessiert nur, wie weit **natürliche Personen Immunität** in privaten Angelegenheiten genießen (dazu Matscher, in: FS Geimer 669 ff). Häufig wird auch der Begriff **„Exemtion"** verwandt. Habscheid (FamRZ 1972, 214) will bei natürlichen Personen nur den Begriff „Exemtion" zulassen (**aA** Kissel/Mayer § 18 GVG Rn 1; Fliedner ZRP 1973, 263). Von „Immunität" sprechen auch die Wiener Übereinkommen (dazu sogleich). Man kann beide Begriffe verwenden.

5 Es muss jedoch weiter zwischen einer **amtlichen Tätigkeit** und den **persönlichen**

Verhältnissen der betreffenden Personen unterschieden werden, denn der Diplomat genießt zwar während seiner Amtszeit auch in persönlichen Angelegenheiten ratione personae Immunität, aber nach Beendigung seines Dienstes nur noch für seine – vorherige – amtliche Tätigkeit (Art 39 Abs 2 WDK). Er kann also nach Beendigung seines Dienstes zB auf Scheidung verklagt werden. Der konsularische Beamte ist überhaupt nur für in Ausübung seiner Aufgaben vorgenommene Handlungen exemt (Art 43 Abs 1 WKK). Ehe und Familie gehören unzweifelhaft zu den privaten Angelegenheiten (OLG München 27. 8. 1971 – 2 W 1284/71, FamRZ 1972, 210 mAnm Habscheid [214]; BayObLG 30. 9. 1971 – BReg 1 Z 42/71, BayObLGZ 1971, 303 = FamRZ 1972, 212; OLG Hamburg 25. 10. 1983 IPRspr 1983 Nr 153). Für Staatsoberhäupter gilt dieselbe Unterscheidung wie für Diplomaten (Matscher, in: FS Geimer [2002] 673; Geimer, IZPR Rn 758). Immunität heißt hier, dass der ausländische Amtsträger im Inland bzw in der BRD nicht verklagt werden darf. Die Brüssel IIa-VO gilt hier nicht.

II. Rechtsgrundlagen

Die Gerichtsfreiheit ist in den §§ **18–20 GVG** positiv geregelt, wurzelt aber unstreitig 6
im **Völkergewohnheitsrecht** (vgl zB BGH 26. 9. 1978 NJW 1979, 1101), und die §§ 18 und 19 GVG verweisen als eigentliche völkerrechtliche Quelle auf das Wiener Übereinkommen über diplomatische Beziehungen vom 18. 4. 1961 (in Kraft seit dem 11. 12. 1964 [BGBl 1965 II 147]) und auf das Wiener Übereinkommen über konsularische Beziehungen vom 24. 4. 1964 (in Kraft seit dem 7. 10. 1971 [BGBl 1971 II 1285]). Hier findet sich eine wesentlich detailliertere Regelung. § 20 GVG stellt weiter klar, dass auch in §§ 18 und 19 GVG nicht genannte Personen befreit sind, soweit sie es nach **Völkergewohnheitsrecht** oder nach anderen **völkerrechtlichen Verträgen** sind.

III. Gerichtsfreiheit

1. Personenkreis

a) Staatsoberhäupter

Ausländische Staatsoberhäupter sind kraft **Völkergewohnheitsrechts** immun (Geimer, 7
IZVR Rn 757 ff; Nagel/Gottwald, IZPR § 2 Rn 31). Zwar dürfte das im vorliegenden Zusammenhang der Ehesachen kaum einmal relevant werden, aber immerhin kommen anscheinend Vaterschaftsfeststellungsklagen gegen Staatsoberhäupter vor. Nach Ausscheiden aus dem Amt endet die Immunität in privaten Angelegenheiten und zB kann eine Scheidung beantragt werden (vgl Matscher, in: FS Geimer [2002] 669, 684 f; OGH 14. 2. 2001 JBl 2001, 7807). Für die Immunität der Staatsoberhäupter gibt es keine gesetzliche Regelung, es liegt aber nahe, wenigstens Art 37 Abs 1 WDK entsprechend anzuwenden, da für das Staatsoberhaupt zumindest die Regelungen für Diplomaten gelten müssen (dazu Rn 9), sodass auch die in seinem Haushalt lebenden Familienangehörigen exemt sein sollten (Matscher, in: FS Geimer [2002] 686; OGH JBl 2001, obiter). Ob sie auch in ihrem Heimatland gerichtspflichtig sind, regelt dessen internes Recht.

Regierungsmitglieder sind in privaten Angelegenheiten nicht immun, soweit sie 8
nicht ad hoc in diplomatischer Mission ins Ausland gereist sind (Nagel/Gottwald, IZPR § 2 Rn 33; BGH 27. 2. 1984 NJW 1984, 2048).

b) Diplomaten

9 Nach den beiden Wiener Übereinkommen genießen **nur Diplomaten** Gerichtsfreiheit in **persönlichen Angelegenheiten** (rechtspolitische Kritik bei MATSCHER, in: FS Geimer [2002] 676). Das sind der Missionschef und die Mitglieder des Personals der Missionen, die in **diplomatischem Rang** stehen (Art 1a, 1b WÜD). Ein Diplomatenpass allein genügt nicht für die Immunität, es kommt auf den realen Besitz des Status an (vgl OLG München 27. 8. 1971 FamRZ 1972, 210). Auch die zum Haushalt der Diplomaten gehörenden ausländischen **Familienmitglieder** sind immun (Art 37 Abs 2 WÜD). Sicher sind „Familie" hier Ehegatten und Kinder, sie kann aber durchaus weitere Verwandte umfassen (O'KEEFFE IntComp LQ 25 [1976] 333, 336 ff; FALTONI Riv dir int 1986, 544 ff; nach GEIMER, IZPR Rn 785 auch Lebensgefährten). Auch die Haushaltszugehörigkeit kann Zweifelsfragen aufwerfen. Diese Personen dürfen jedoch nicht Staatsangehörige des Empfangsstaates sein. Sie sind generell auch in privaten Angelegenheiten exemt (Art 37 Abs 1 WÜD). Nach LG Köln 29. 1. 1962 (MDR 1962, 903) ist die Ehefrau eines Diplomaten nur solange exemt, als sie dem gemeinsamen Haushalt angehört. Das bedeutet, dass sie zB auf Scheidung verklagt werden kann, sobald die Eheleute getrennt leben, und diese Sicht ist von der ratio der diplomatischen Immunität her zutreffend. Für die Immunität ist nicht Voraussetzung, dass der Entsendestaat dem Wiener Übereinkommen beigetreten ist (§ 18 GVG). Von den Beschränkungsmöglichkeiten des § 2 des Gesetzes zum WÜD vom 6. 8. 1964 (BGBl 1964 II 957) ist kein Gebrauch gemacht worden. Nach OLG Köln (4. 11. 1991 FamRZ 1992, 460) steht der Zweck der Immunität der Eintragung des Namens des Kindes im Personenstandsregister nicht entgegen (dazu WENGLER IPRax 1992, 223). Technisches und Verwaltungspersonal der Botschaften sind nur in dienstlichen Angelegenheiten exemt (Art 37 Abs 2 und 3 WÜD), die für Hausangestellte kaum in Frage kommen (Art 37 Abs 4 WÜD).

10 Dagegen sind die Mitglieder der **konsularischen Vertretungen** in persönlichen Angelegenheiten generell nicht befreit (Art 43 WÜD) (BGH 6. 10. 1993 FamRZ 1994, 28, FAO; BayObLG 5. 11. 1991 NJW 1992, 641; OLG Hamburg 25. 10. 1983 IPRspr 1983 Nr 153).

c) Internationale Organisationen

11 Nach Art 105 der **Charta der Vereinten Nationen** und dem Art V des Übereinkommens über Vorrechte und Befreiungen der Vereinten Nationen vom 21. 11. 1977 (BGBl 1980 II 941) genießen der UN-Generalsekretär, die Untergeneralsekretäre bzw Stellvertreter einschließlich ihrer Ehegatten und minderjährigen Kinder die volle diplomatische Immunität auch in privaten Angelegenheiten. Andere vom Generalsekretär bestimmte Beamtenkategorien haben Immunität nur in amtlichen Angelegenheiten und andere Beamte gar keine. Diese Immunitäten haben sie auch in ihren Heimatländern (GEIMER, IZPR Rn 830 ff).

12 Die Leiter von **UN-Sonderorganisationen** haben nach dem Abkommen v 21. 11. 1947 über die Vorrechte und Immunitäten der Sonderorganisationen wie Diplomaten volle Immunität (BGBl 1954 II 639; 1966 II 288; 1973 II 497). Während jedoch der Diplomat in seinem Entsendestaat gerichtspflichtig bleibt, sind diese hohen Funktionäre wie die Beamten auch dort befreit, bis ihre Immunität von der Generalversammlung der UNO aufgehoben ist (SEIDL-HOHENVELDERN/LOIBL, Das Recht der internationalen Organisationen einschließlich der supranationalen Gemeinschaften [6. Aufl 1996] Rn 1918). Die

anderen Funktionäre und Bediensteten genießen im privaten Bereich keine Immunität.

Die **Europäischen Gemeinschaften** genießen als solche nach Art I S 3 des Protokolls über die Befreiungen und Vorrechte v 8. 4. 1965 (BGBl 1965 II 1482) Immunität (vgl auch Art 343 AEUV). Für die EZB gilt dasselbe wie für die UN-Sonderorganisationen (VO v 22. 10. 1998 [BGBl 1998 II 2744]). Die Sonderorganisationen der EU wie zB die European Space Agency (ESA) können sich zB in Arbeitsrechtsstreitigkeiten mit ihren Bediensteten darauf berufen, soweit sie für diese eine angemessene eigene „Gerichtsbarkeit" bereitstellen (E Habscheid, in: FS Geimer [2002] 255 ff). Das gilt grundsätzlich für alle europäischen Einrichtungen (BGH 9. 7. 2009 BGHZ 182, 10, *europäische Schule*). Die Mitglieder der Kommission und **Bediensteten der EU** haben dagegen nach Art 12 lit a des Protokolls Nr 36 zu Art 67 des Vertrages über die Gründung der europäischen Gemeinschaften (ABl [EG] Nr 321 E v 29. 12. 2006 – konsolidierte Fassung) Immunität nur in amtlichen Angelegenheiten (Amtsimmunität). Abgeordnete des Europaparlaments haben auch persönliche Immunität während der Sitzungsperiode (Kap III Art 10 des genannten Protokolls), in ihrem Heimatstaat aber nur wie dortige Abgeordnete. Mitglieder des Europarats haben nur Amtsimmunität (Art 40 der Satzung des Europarats), ebenso Abgeordnete der Beratenden Versammlung des Europarats. Volle Immunität haben nur sein Generalsekretär und sein Stellvertreter. 13

Internationale Organisationen ieS genießen als solche grundsätzlich Immunität nur für den dienstlichen Bereich, nicht in privaten Beziehungen (Geimer, IZPR Rn 794). 14

Nicht staatliche internationale Organisationen, besonders die NGOs haben, weil private Organisationen, keine Vorrechte und Befreiungen. Daran ändert es nichts, dass sie nach Art 71 der Charta der Vereinten Nationen von diesen konsultiert werden können (Geimer, IZPR Rn 843 f). 15

d) NATO-Truppen

Nicht exemt von der deutschen Gerichtsbarkeit in den hier interessierenden privaten Angelegenheiten sind die Mitglieder der NATO-Truppen (vgl Art VIII NATO-Truppenstatut). 16

Dagegen nimmt Art 17 Abs 1 des **deutsch-russischen Vertrages** vom 12. 10. 1990 über den befristeten Aufenthalt und den planmäßigen Abzug der sowjetischen Truppen aus Deutschland (BGBl 1991 II 256) die Rechtsbeziehungen zwischen Mitgliedern dieser Truppen und ihren Familienmitgliedern oder unter Familienmitgliedern von Truppenangehörigen von der deutschen Gerichtsbarkeit aus (Furtak IPRax 1992, 79). 17

2. Dauer

Die Gerichtsfreiheit **beginnt** mit der Erlangung des Diplomatenstatus. Sie **endet** gem Art 39 Abs 2 WÜD mit dem Zeitpunkt der Ausreise der Person, deren dienstliche Tätigkeit beendet ist, oder aber mit dem Ablauf einer hierfür gewährten angemessenen Frist (BVerfG 10. 6. 1997 NJW 1998, 50 f); nach LG Heidelberg (7. 4. 1970 NJW 1970, 1514 [Strafsache]) auch ohne Ausreise mit der Notifizierung des Entsendestaates, dass 18 die dienstliche Tätigkeit beendet sei (zur Nachwirkung diplomatischer Immunität BVerfG NJW 1998, 50 f).

19 Der **Entsendestaat**, nicht der Diplomat selbst (Geimer, IZPR Rn 791; unklar BGH 26. 9. 1978 NJW 1979, 1101), kann auf die Immunität seines Diplomaten **verzichten**, doch muss dies ausdrücklich erklärt werden. Ein solcher Verzicht in einem Erkenntnisverfahren gilt nicht als Verzicht auch für die Vollstreckung (§ 32 WÜD). Bis zu einer gegenteiligen Erklärung seiner Regierung kann auch der Chef der Mission den Verzicht erklären (Geimer, IZPR Rn 793).

3. Wirkungen

20 Die Gerichtsfreiheit gilt bei Diplomaten und Gefolge nur im Staat, in dem sie akkreditiert sind (BVerfGE 96, 68 = NJW 1998, 50), ggf auch auf der Durchreise dahin. Sie können dagegen in ihrem Entsendestaat verklagt werden. Funktionäre der Vereinten Nationen und der EU können dagegen, soweit sie exemt sind, auch in ihrem Heimatstaat nicht verklagt werden.

21 **Gegen** die gerichtsfreie Person darf nach hM schon kein Termin anberaumt werden (OLG Hamburg 11. 11. 1952 MDR 1953, 109; OLG Stuttgart 1. 6. 1946 SJZ 1946, 67; OLG München 12. 8. 1975 NJW 1975, 2144, auch zur Beschwerde gegen die Ablehnung der Terminsbestimmung; Kissel/Mayer § 18 GVG Rn 3: Stein/Jonas/Leipold § 171 ZPO Rn 24; Geimer, IZPR Rn 525). Ihre Säumnis ist unschädlich. Nur zur Klärung der Frage, ob Gerichtsfreiheit besteht, kann ein Termin anberaumt werden (OLG Braunschweig 27. 10. 1953 JR 1954, 263; LG Hamburg 10. 4. 1986 NJW 1986, 3034; Nagel/Gottwald, IZPR § 2 Rn 43 f; zT **aA** Linke/Hau, IZVR Rn 76). Hat eine Verhandlung hierüber oder überhaupt stattgefunden, so ist die Klage als unzulässig abzuweisen, wenn im Termin die fehlende Gerichtsbarkeit festgestellt wird (BGH 10. 1. 1956 BGHZ 19, 341, 348; Geimer, IZVR Rn 527 a). § 280 ZPO ist anwendbar.

22 Ergeben sich bei dieser Prüfung objektiv **ernstzunehmende Zweifel**, ob im konkreten Fall eine Völkerrechtsregel die deutsche Gerichtsbarkeit ausschließt, so ist die Frage nach Art 100 Abs 2 GG dem Bundesverfassungsgericht vorzulegen (vgl BVerfG 12. 4. 1983 NJW 1983, 2766; BVerfG 10. 6. 1997 BVerfGE 96, 68 = NJW 1998, 50; Geimer, IZPR Rn 523). Wird nicht vorgelegt, so wird der Partei der gesetzliche Richter entzogen. Allerdings hat das BVerfG ein Instanzurteil nur aufrecht erhalten, weil in casu der Diplomat doch keine Immunität genoss (BVerfG 10. 6. 1997 sub II 3 BVerfGE 96, 68 = NJW 1998, 50) bzw weil die Entscheidung, hier des KG, nicht anders hätte ausfallen dürfen.

23 Tritt die **Immunität während des Verfahrens** ein, so ist der Prozess zu beenden. Endet sie während des Verfahrens (und ist die Klage noch nicht abgewiesen), so kann das Verfahren nun uneingeschränkt fortgesetzt werden. Diplomaten und ihre Angehörigen und in geringem Umfang Angehörige des konsularischen Corps müssen auch nicht als Zeugen aussagen (§§ 18 f GVG; Art 31 Abs 2 WÜD bzw Art 44 WÜK; BVerwG 30. 9. 1988 NJW 1989, 678 [Strafsache]).

24 Streitig ist, welche **Wirkungen** ein **deutsches Urteil** gegen einen Exemten entfaltet. Die wohl herrschende Meinung hält das Urteil für **absolut unwirksam**. Freilich handle es sich nicht um ein Nicht-Urteil, weil immerhin ein Gericht entschieden habe.

Deshalb könne das Urteil auch mit normalen Rechtsmitteln angefochten werden, doch könne jedermann sich stets auch ohne dies auf die Unwirksamkeit berufen (Riezler, Internationales Zivilprozeßrecht 361; Pagenstecher, in: FS zum 24. Deutschen Anwaltstag [1929] 446; Rosenberg/Schwab/Gottwald, ZPR § 62 Rn 22 f; Nagel/Gottwald § 2 Rn 46; Zöller/Gummer vor § 18 GVG Rn 3; Stein/Jonas/Schumann Einl XIV B ZPO Rn 679; Kissel/Mayer § 18 GVG Rn 6; Steinmann MDR 1965, 711; RGZ 157, 389, 393; BGHZ 182, 16 = NJW 2009, 3164; OLG München 27. 8. 1971 FamRZ 1972, 210; BayObLGZ 1971, 303 = FamRZ 1972, 212; LG Bonn FamRZ 1991, 1329). Eine **andere Auffassung** will das Urteil als wirksam ansehen und nur die **normalen Rechtsmittel** zulassen, wenn das Gericht die Frage gesehen und entschieden hat (Jauernig, Das fehlerhafte Zivilurteil [1958] 163; Geimer, IZPR Rn 528 f; wohl auch Stein/Jonas/Grunsky[20] [1977] Rn 5 vor § 578 ZPO). Schlosser (ZZP 79 [1966] 182 ff) will nur, wenn ein Spruch eines internationalen Gerichtshofes vorliegt oder die Frage der Immunität übersehen wurde, die **Restitutionsklage** nach § 579 ZPO zulassen. Sonst aber sei das Urteil lediglich mit den normalen Rechtsmitteln anzugreifen. Schließlich wird auch vertreten, das Verfehlen der völkerrechtlichen Grenzen der Gerichtsbarkeit sei nie anders zu werten als eine Verfehlung der Rechtswegeinteilung, das Urteil werde also immer mit der formellen Rechtskraft **unanfechtbar** (Kralik ZZP 74 [1961] 23 f; Habscheid BerDesGVR 8 [1968] 159 ff; Strebel RabelsZ 44 [1980] 70; Hess, Staatenimmunität 389 Fn 469). Die Meinungen führen namentlich hinsichtlich der Fristen, innerhalb derer die Immunität geltend gemacht werden kann, zu unterschiedlichen Ergebnissen.

Die Aufrechterhaltung eines solchen Urteils ist eine fortdauernde Verletzung fremder Souveränität. Dem stünde zwar das Interesse an Rechtssicherheit gegenüber, dass nicht jedermann jederzeit die Wirkungslosigkeit des immerhin in gebührender Form ergangenen Urteils geltend machen kann. Den **Ausgleich böte § 579 ZPO** mit der Frist des § 586 ZPO, dann aber unabhängig davon, ob das Erstgericht die Frage behandelt hat. Unter §§ 513 Abs 2, 545 Abs 2 ZPO fällt die deutsche Gerichtsbarkeit jedenfalls sicher nicht (RGZ 157, 394; Schlosser, in: FS Nagel [1987] 354). Aber da die Nichtigkeitsklage nicht von Amts wegen erhoben werden kann, steht dieser Auffassung entgegen, dass man den Gerichtsbefreiten nicht dazu nötigen darf, die Klage zu erheben. So ist der hM (Rn 24) zu folgen. **25**

Ein ausländisches Urteil gegen einen Gerichtsbefreiten ist jedenfalls deshalb in Deutschland **nicht anzuerkennen**. Auch das Delibationsverfahren nach § 107 FamFG darf nicht durchgeführt werden, wenn die Immunität eindeutig ist (BGH 30. 3. 2011 – XII ZB 300/10 –, BGHZ 189, 87 Rn 13 obiter; Schulte-Bunert/Weinreich/Baetge § 109 FamFG Rn 2). Andernfalls ist auch hier zuvor über die Frage zu verhandeln und notfalls dem BVerfG vorzulegen. Mangels der förmlichen Feststellung der Anerkennungsvoraussetzungen ist die ausländische Scheidung also nicht wirksam. **26**

Dagegen ist der Diplomat etc nicht gehindert, seinerseits vor deutschen oder ausländischen Gerichten zu **klagen** (BGH 30. 3. 2011 – XII ZB 300/10 –, BGHZ 189, 87 Rn 18 = FamRZ 2011, 788 mAnm Gottwald; Scheidungsantrag eines deutschen Diplomaten in Albanien; OVG Münster NJW 1992, 2043; BVerfG NJW 1996, 2744; Wengler IPRax 1992, 224; Nagel/Gottwald, IZPR § 2 Rn 63; **aA** Wagner/Raasch/Pröbstl [2007] Art 32 WÜD Anm 3; MünchKomm/Winkler von Mohrenfels Anh Art 17a EGBGB Rn 16). Obwohl seine Immunität von der des Entsendestaates herrührt, braucht der Diplomat die Zustimmung nicht, wenn er klagt, weil er dann nicht vor Gericht gezwungen werde. Bei Zustimmung ist seine **27**

Immunität auch für Widerklagen aufgehoben, „die mit der Hauptklage in unmittelbarem Zusammenhang stehen" (Art 32 Abs 3 WÜD), und entsprechend für andere Abwehrklagen wie § 767 ZPO (Rosenberg/Schwab/Gottwald, ZPR § 19 Rn 24).

4. Prüfung

28 Die Immunität ist stets **von Amts wegen** und in **jeder Lage des Verfahrens**, also auch noch in der Revisionsinstanz nicht nur zu prüfen, sondern sogar zu **ermitteln** (BVerfG BVerfGE 46, 342, 359; RGZ 157, 394; BGHZ 19, 345 [und zwar auch, wenn sie erst während des Laufs des Verfahrens eintritt]; Rosenberg/Schwab/Gottwald, ZPR § 19 Rn 15). Bestehen Zweifel, ob die Person Immunität genießt, so ist dafür ein Termin anzuberaumen (LG Hamburg NJW 1986, 3034; implizit OLG Düsseldorf 20. 3. 1986 NJW 1986, 20 44 [Strafsache]). Es erscheint logisch, sie als erstes vor den anderen Prozessvoraussetzungen zu prüfen, allenfalls nach der Ordnungsmäßigkeit der Klageerhebung. So könnte freilich auch ein örtlich oder sachlich unzuständiges Gericht diese Frage behandeln (vielleicht **aA** LG Gießen 30. 11. 1955 NJW 1956, 555). Da bei fehlender Gerichtsbarkeit weder Termin anberaumt werden noch eine Entscheidung gegen den Gerichtsbefreiten ergehen darf, und zwar auch nicht über sonstige Zulässigkeitsfragen, sollte die Gerichtsbarkeit zuerst geprüft werden (BGH 26. 9. 1978 NJW 1979, 1101; Baumbach/Lauterbach/Albers/Hartmann, vor § 253 ZPO Grundzüge Rn 23).

29 Ein **Zwischenurteil** ist zulässig. Wenn es die Immunität verneint, bindet es aber die weiteren Instanzen in ihrer Prüfung nicht (BGH 9. 7. 2009 – III ZR 46/08, BGHZ 182, 10 Rn 17 ff).

30 Die **objektive Beweislast** für seine Immunität trägt der Beklagte (BGH 1. 10. 2009 – VII ZR 37/08, NJW 2010, 769; Geimer, IZPR Rn 527; Walter RIW 1984, 9, 12; Schack, IZVR Rn 188; vSchönfeld NJW 1986, 2980). Der Exemte muss aber nur glaubhaft machen. Dass die Immunität von Amts wegen zu prüfen ist, besagt hierfür nichts.

§ 97 FamFG
Vorrang und Unberührtheit

(1) Regelungen in völkerrechtlichen Vereinbarungen gehen, soweit sie unmittelbares innerstaatliches Recht geworden sind, den Vorschriften dieses Gesetzes vor. Regelungen in Rechtsakten der Europäischen Gemeinschaft bleiben unberührt.

(2) Die zur Umsetzung und Ausführung von Vereinbarungen und Rechtsakten im Sinne des Absatzes 1 erlassenen Bestimmungen bleiben unberührt.

Materialien: BT-Drucks 12/6243.

Schrifttum

Althammer, Verfahren mit Auslandsbezug nach dem neuen FamFG, IPRax 2009, 381

Andrae, Zur Abgrenzung des räumlichen Anwendungsbereichs von EheVO; MSA und autonomem IZPR/IPR, IPRax 2006, 82

P Baumann, Die Anerkennung und Vollstre-

ckung ausländischer Entscheidungen in Unterhaltssachen (1989)
GRUBER, Das HKÜ, die Brüssel IIa-VO und das internationale Familienrechtsverfahrensgesetz, FPR 2008, 214
ders, Vollstreckbarkeit ausländischer Unterhaltstitel – altes und neues Recht, IPRax 2013, 325
ders, Das Haager Protokoll zum internationalen Unterhaltsrecht, in: FS Spellenberg (2010) 177
HAU, Das internationale Familienverfahrensrecht im FamFG, FamRZ 2009, 821
ders, Europäische und autonome Zuständigkeitsgründe in Ehesachen mit Auslandsbezug, FPR 2002, 616
HOHLOCH, Durchsetzung ausländischer Unterhaltstitel im Inland – Zur Rechtslage nach Inkrafttreten des FamFG, in: GS Wolf (2011) 429
KOHLER, Entwicklungen im europäischen Familien- und Erbrecht 2008–2009, FamRZ 2009, 1529
KROPHOLLER/BLOBL, Unübersichtliche Gemengelage im IPR durch EG-Verordnungen und Staatsverträge – Dargestellt am Beispiel des Internationalen Unterhaltsvollstreckungsrechts, in: FS Sonnenberger (2004) 453
MANKOWSKI, Im Dschungel der für die Vollstreckung ausländischer Unterhaltsentscheidungen einschlägigen Abkommen und ihrer Ausführungsgesetze, IPRax 2000, 188
MARTINY, Grenzüberschreitende Unterhaltsdurchsetzung nach europäischem und internationalem Recht, FamRZ 2008, 1681
RIEGNER, Die verfahrensrechtliche Behandlung von Unterhaltsstreitverfahren mit Auslandsbezug nach dem FamFG, FPR 2013, 4
WAGNER, Aktuelle Entwicklungen in der justiziellen Zusammenarbeit in Zivilsachen, NJW 2011, 1404
ders, Zur Vollstreckung deutscher dynamisierter Unterhaltstitel im Ausland, in: FS Sonnenberger (2004) 727.

Systematische Übersicht

Alphabetische Übersicht

I. Vorrang von EU-Recht und Staatsverträgen

1. Grundsatz

1 § 97 FamFG ruft eigentlich nur in Erinnerung, was ohnehin selbstverständlich ist. Bei den völkerrechtlichen Verträgen ist die ausdrückliche Nennung des **Vorgehens** vielleicht nicht ganz ohne Bedeutung, weil für das internationale Verfahrensrecht eine ausdrückliche Bestimmung wie Art 3 EGBGB fehlte, sodass sonst an eine zeitliche Rangordnung (lex posterior) gedacht werden könnte (MünchKommFamFG/Rauscher § 97 FamFG Rn 4).

2 Warum aber § 97 FamFG zum **EU-Recht** „nur" sagt, dass es **unberührt** bleibe, erschließt sich nicht ohne weiteres; man könnte vermuten, dass es etwas anderes sein soll. Das verweist darauf, dass Art 288 AEUV die unmittelbare und einheitliche Geltung der Verordnungen **in** den Mitgliedstaaten verfügt (vgl auch Art 72 Brüssel IIa-VO), die also ebenfalls innerstaatliches Recht sind (MünchKommFamFG/Rauscher Rn 12). Man kann aber vereinfachend ebenso von „Vorrang" reden, und jedenfalls verringert sich dadurch die **praktische Bedeutung** der §§ 98 und 107 ff FamFG. Diese bleiben aber nach wie vor erheblich, denn die Welt ist größer als Europa. Dabei wird die Bedeutung des § 107 FamFG weniger reduziert als die des § 98 FamFG, denn die neuen Anerkennungsregeln gelten nur für Urteile aus Mitgliedsländern, die Zuständigkeitsregeln der Brüssel IIa-VO aber auch im Verhältnis zu Drittstaaten.

3 Es ist jedoch festzuhalten, dass nicht die Brüssel IIa-VO als solche vorgeht, sondern dass ihre einzelnen Bestimmungen oder allenfalls Gruppen von Regeln jeweils sich ihr Verhältnis zum nationalen Recht bzw zum FamFG oder zur ZPO definieren; „Vorrang" bedeutet so inhaltlich nicht immer dasselbe. Entsprechendes gilt auch für andere EU-Verordnungen wie die Brüssel Ia-VO und die EG-UntVO. Man kann grob drei verschiedene Gestaltungen unterscheiden: Die schlichte Verdrängung der

nationalen lex fori, namentlich für die Anerkennung ausländischer Urteile (Art 21 Brüssel Ia-VO; weiter Rn 10); die Zurückdrängung nationalen Rechts auf subsidiäre Geltung (Restzuständigkeiten gem Art 7 Abs 1 mit Art 6 Brüssel IIa-VO); und die alternative Geltung beider Systeme (Art 20 Brüssel IIa-VO für einstweilige Maßnahmen).

Die hier interessierenden EU-VOen heben nationales, deutsches Verfahrensrecht nicht auf, sondern verdrängen es nur. Das zeigt sich gelegentlich an Fällen, in denen Regelungen der EU und deutsche Verfahrensregelungen der lex fori zusammenwirken, vor allem wenn die Brüssel IIa-VO auf nationales Recht verweist, wie zB in Art 20 Abs 1 Brüssel IIa-VO (dazu Spellenberg, in: FS Coester-Waltjen [2015] 813 ff). Der Vorrang des EU-Rechts und der Staatsverträge gilt sowohl für die deutsche internationale Zuständigkeit einschließlich der Verbundszuständigkeit gemäß § 98 Abs 2 FamFG als auch für die Anerkennung ausländischer Entscheidungen in Ehe und Folgesachen soweit sie sachlich, räumlich-persönlich und zeitlich anwendbar sind. Genau genommen muss jedoch für jede Bestimmung der Brüssel IIa-VO geprüft werden, wie sie ihr Verhältnis zum nationalen Recht bestimmt. So verdrängen die Anerkennungsregeln der Art 21 f Brüssel IIa-VO die deutschen ganz, während die der internationalen Zuständigkeit in Art 3 ff Brüssel IIa-VO hilfsweise die nationalen des § 98 FamFG zulassen, und in Art 20 Brüssel IIa-VO gelten die nationalen Regeln für einstweilige Maßnahmen alternativ neben denen der Brüssel IIa-VO. 4

2. EU-Verordnungen

a) Brüssel IIa-VO

aa) Internationale Zuständigkeit für Ehesachen

Der **sachliche Anwendungsbereich** von § 98 FamFG geht über den der Art 3 ff Brüssel IIa-VO hinaus. Insoweit bleibt er uneingeschränkt anwendbar. Weil die Brüssel IIa-VO nur statusändernde Entscheidungen erfasst (Art 2 Nr 3 bzw Art 1 Abs 1 lit a Brüssel IIa-VO), bleiben so dem FamFG Herstellungsklagen, Klageabweisungen und Feststellungsklagen (unten Rn 11). Die Lebenspartnerschaften werden von der Brüssel IIa-VO insgesamt nicht erfasst, diese kann deshalb insoweit weder den nationalen Zuständigkeitsregeln (§ 103 FamFG) noch den Anerkennungsregelungen (§§ 108 f FamFG) vorgehen. Die Brüssel IIa-VO verdrängt also deutsches Recht nicht vollständig. 5

Die §§ 98 ff FamFG wie die Brüssel IIa-VO setzen nach hM einen **internationalen Fall** voraus (str, dazu Staudinger/Spellenberg [2015] Art 1 Brüssel IIa-VO Rn 34), den der EuGH dann gegeben sieht, wenn eine Auslandsbeziehung besteht, die die Frage der internationalen Zuständigkeit aufwirft (EuGH 17. 11. 2010 – C-327/10 *Hypotečny banka v Lindner* Rn 29 f, NJW 2012, 1199; unter Berufung auf EuGH 11. 3. 2005 – C-281/02 *Owusu v Jackson* Rn 26, IPRax 2005, 244 mAnm Heinze/Dutta 224). Die Auslandsbeziehung muss nicht einem der Zuständigkeitstatbestände der VO entsprechen. In dem dogmatischen Streit, ob die internationale Zuständigkeit eine Auslandsbeziehung voraussetzt, besteht aber Einigkeit, dass die Unterscheidung eines internationalen und rein nationalen Falles für die Zuständigkeitsprüfung ohne praktische Bedeutung ist (vgl Staudinger/Spellenberg [2015] Art 1 Brüssel IIa-VO Rn 33 ff). 6

Wenn kein Zuständigkeitstatbestand in irgendeinem Mitgliedstaat nach der Brüssel 7

IIa-VO erfüllt ist, kann § 98 FamFG die fehlende deutsche Zuständigkeit ergeben. Die Brüssel IIa-VO ist nicht abschließend, vielmehr beruft Art 7 Abs 1 Brüssel IIa-VO das nationale Recht als **Restzuständigkeiten** (Staudinger/Spellenberg [2015] Art 7 Brüssel IIa-VO Rn 9 ff). Diesen Verweis auf nationale Zuständigkeitsgründe bzw die Öffnung dafür beschränkt dann wiederum Art 6 Brüssel IIa-VO, indem Antragsgegner, die die Staatsangehörigkeit eines Mitgliedstaates haben, nur in diesem Staat auf der Grundlage seines nationalen Zuständigkeitsrechts verklagt werden dürfen (dazu Staudinger/Spellenberg [2015] Art 6 Brüssel IIa-VO Rn 14 f).

8 Am häufigsten wird § 98 FamFG zum Zuge kommen, wenn beide Ehegatten ihren **gewöhnlichen Aufenthalt außerhalb** der Mitgliedstaaten der Brüssel IIa-VO haben, und nur einer von ihnen Deutscher ist oder bei Eheschließung war (§ 98 Abs 1 Nr 1 FamFG). Andernfalls griffe Art 3 Abs 1 lit b Brüssel IIa-VO. Da die Zuständigkeiten der Brüssel IIa-VO (Art 3 bzw Art 2 aF) primär auf dem gewöhnlichen Aufenthalt beruhen, kommen dagegen die Aufenthaltszuständigkeiten nach § 98 Abs 1 Nr 2 bis 4 FamFG nur selten zum Zuge, nämlich wenn ihn nur der Kläger im Inland hat, aber die Fristen des Art 3 Abs 1 lit a 5. und 6. Str Brüssel IIa-VO noch nicht abgelaufen sind. (Außerdem darf wegen Art 6 Brüssel IIa-VO der Antragsgegner weder seinen gewöhnlichen Aufenthalt in einem anderen Mitgliedstaat noch dessen Staatsangehörigkeit haben.)

9 Dass § 98 Abs 1 FamFG **nur** dann anwendbar sei, wenn dies die Art 6 und 7 Brüssel IIa-VO erlauben (NK-BGB/Gruber Anh II zum III. Abschn EGBGB § 606a ZPO Rn 3), oder dass die nationalen Vorschriften nur dank der Verweisung durch die Brüssel IIa-VO gälten (Geimer/Schütze/Dilger IRVZ Einl EheVO Rn 46), trifft nur im sachlichen Anwendungsbereich der Brüssel IIa-VO zu, während bei den von ihr nicht erfassten Feststellungs- und Herstellungsklagen die internationale Zuständigkeit direkt und **unmittelbar aus dem FamFG** zu entnehmen ist.

bb) Urteilsanerkennung

10 Die Anerkennungsregeln der Brüssel IIa-VO (Art 21 ff Brüssel IIa-VO) verdrängen ebenfalls nationales Anerkennungsrecht bei weitem nicht vollständig. Sie erfassen **räumlich** nur die **Eheurteile** aus den **Mitgliedstaaten der Brüssel IIa-VO**. Das sind die derzeitigen Mitglieder der EU mit ihren überseeischen Gebieten außer Dänemark (Staudinger/Spellenberg [2015] Art 1 Brüssel IIa-VO Rn 29 f). Auf welcher **Zuständigkeitsgrundlage** sie entschieden haben, ist unerheblich, und sie darf auch nicht nachgeprüft werden (Art 24 Brüssel IIa-VO). Umgekehrt bleibt das FamFG räumlich maßgebend für Urteile aus Drittstaaten, für die die Anerkennungszuständigkeit zu prüfen ist (§ 109 Abs 1 Nr 1 FamFG). Nur bei einstweiligen Maßnahmen kommt es darauf an, ob das Gericht nach der Brüssel IIa-VO oder gemäß Art 20 Abs 1 Brüssel IIa-VO nach seinem nationalen Recht tätig geworden war (Staudinger/Spellenberg Art 20 Brüssel IIa-VO Rn 9 f; Spellenberg, in: FS Coester-Waltjen [2015] 813 ff). Manche wollen freilich im Verhältnis zu nationalem Anerkennungsrecht das sonst übliche **Günstigkeitsprinzip** gelten lassen, dh dieses anwenden, wenn es anerkennungsfreundlicher ist (MünchKommZPO/Gottwald § 328 ZPO Rn 15; Schack, IZVR Rn 899; Prütting/Helms/Hau § 110 FamFG Rn 23; MünchKommFamFG/Lipp Art 70 EG-UntVO Rn 13). Dem ist jedoch nicht zuzustimmen, denn der Zweck der Brüssel IIa-VO ist nicht nur die Urteilsfreizügigkeit, sondern auch dass die Urteile überall unter den gleichen Voraussetzungen anerkannt werden (Linke/Hau, IZPR Rn 12.26; Kropholler/vHein,

EuZPR Art 31 EuGVO Rn 6; Siehr, in: FS Walder [1994] 416 f; Basedow, HdB IZVR I. Kap Rn 129; unten Rn 31 zu Staatsverträgen).

Sachlich bleiben die Anerkennungsregeln des FamFG maßgeblich für antragsabweisende Urteile, Feststellungsurteile, Herstellungs- und Ehestörungsurteile selbst aus Mitgliedstaaten, weil diese sachlich nicht von der Brüssel IIa-VO erfasst werden. Hier bleibt es bei den §§ 107, 108 mit 109 FamFG. 11

cc) Zeitliche Geltung der Brüssel IIa-VO

Neues Verfahrensrecht gilt grundsätzlich nur für die Zukunft. Auch bei Änderungen des **internationalen Zuständigkeitsrechts** gilt der Grundsatz der perpetuatio fori (Spellenberg, in: FS Schumann [2001] 429), es dürften aber in Deutschland keine Fälle mehr anhängig sein, die vor dem 1. 3. 2001, dem Inkrafttreten der Brüssel II-VO begonnen wurden. Zwischen den Regeln der Brüssel II-VO und denen der Brüssel IIa-VO bestehen für Ehesachen keine bedeutenden Unterschiede. Das ist an sich anders für Sorgerechtssachen, für die die internationale Zuständigkeit mit dem Inkrafttreten der Brüssel IIa-VO am 1. 3. 2005 wesentlich verändert wurde, doch dürften auch alle Verfahren aus der Zeit davor heute beendet sein. Zur zeitlichen Geltung des FamFG s Einl 6 zu §§ 97 ff FamFG. 12

Im Grundsatz gilt daher auch für die **Anerkennung** von Entscheidungen aus anderen Mitgliedstaaten der Brüssel IIa-VO, dass diese **zeitlich** alle Entscheidungen erfasst, die nach dem 1. 3. 2001 bzw nach dem Beitritt neuer EU-Staaten ergangen sind. Art 64 Brüssel IIa-VO macht die Anerkennung dann aber sachlich davon abhängig, wann das Verfahren begonnen wurde und nach welchen Zuständigkeitsregelungen das ausländische Gericht zuständig war (Staudinger/Spellenberg [2015] Art 64 Brüssel IIa-VO Rn 3 ff), wenn das Verfahren vor dem 1. 3. 2001 bzw dem 1. 3 2005 begonnen wurde. 13

Zeitlich werden von der VO (EG) Nr 1347/2000 (Brüssel II-VO) nur Urteile erfasst, die in Verfahren ergehen, die ab dem 1. 3. 2001 begonnen wurden, dem Inkrafttreten der Brüssel II-VO (Art 42 mit Art 46 Brüssel II-VO; vgl Staudinger/Spellenberg [2015] Art 64 Brüssel IIa-VO Rn 27 ff). Da der sachliche und räumliche Anwendungsbereich bei **Ehesachen** in der Neufassung der Brüssel IIa-VO vom 23. 12. 2003 nicht verändert wurde, braucht hinsichtlich des Anwendungsbereiches von § 98 FamFG nicht zwischen den VOen Brüssel II und IIa unterschieden zu werden (vgl Staudinger/Spellenberg [2015] Art 64 Brüssel IIa-VO Rn 27 ff). Bis zum 1. 3. 2001 galt die ZPO bzw das FGG. Nach der Rechtsprechung des EuGH tritt aber an die Stelle des 1. 3. 2001 ggf das **Datum des Beitritts** eines neuen EU-Mitgliedstaates (EuGH 17. 6. 2010 – C-312/09 *Michalias v Joannou-Michalia* Rn 24 f, FamRZ 2010, 2049 [LS]; weiter Staudinger/Spellenberg [2015] Art 64 Brüssel IIa-VO Rn 3). Der letzte war der von Kroatien zum 1. 7. 2013. 14

Mit gewissen Differenzierungen gelten die Anerkennungsregeln der Brüssel IIa- VO für Urteile, die nach dem Inkrafttreten der Brüssel II-VO am 1. 3. 2001 ergangen sind. Für **ältere Urteile** gilt § 328 ZPO; sie werden weder durch das neue Recht inländisch wirksam, noch unwirksam. Wenn das betreffende Verfahren vor dem 1. 3. 2001 bzw dem 1. 3. 2005 begonnen, aber erst danach abgeschlossen wurde, kommt es nach Art 64 Brüssel IIa-VO auf die Zuständigkeitsgrundlage an. Es sollten freilich die Anerkennung nur von sehr wenigen Urteilen bei Verfahren aus der Zeit davor zu 15 regeln sein. Der Zeitpunkt ihrer Anhängigkeit bestimmt sich nach der Brüssel IIa-VO (dazu Staudinger/Spellenberg [2015] Art 64 Brüssel IIa-VO Rn 35).

16 Urteile aus den **neu beigetretenen Mitgliedstaaten**, die vor ihrem Beitritt ergangen sind, können dagegen noch nach § 328 ZPO bzw § 16a FGG anzuerkennen sein. Sind sie danach ergangen, so kann ihnen noch das dortige nationale Zuständigkeitsrecht zugrunde liegen, dessen Übereinstimmung iSd Art 64 Brüssel IIa-VO mit den Art 3 ff Brüssel IIa-VO zu prüfen ist (Staudinger/Spellenberg [2015] Art 64 Brüssel IIa-VO Rn 3, 30 f).

dd) Sorgerechtsregelungen

17 Die Art 8 ff Brüssel IIa-VO enthalten eine Verfahrensregelung sowohl für isolierte Sorgerechtsregelungen als auch solche im **Verbund mit Scheidungsverfahren**. Diese Materie ist jedoch nicht Gegenstand dieser Kommentierung, sondern in den **Vorbem C- 53 ff zu Art 19 EGBGB** behandelt. Hier ist nur darauf hinzuweisen, dass auch der Scheidungsverbund nach § 98 Abs 2 FamFG (wie auch § 103 Abs 2 FamFG) nicht gilt, weil die Brüssel IIa-VO insoweit eine vorgehende Regelung für den Verbund mit Scheidungsverfahren in Art 12 Brüssel IIa-VO enthält, und auch die Anerkennung von Entscheidungen abschließend regelt (**aA** Johannsen/Henrich/Henrich, Familienrecht § 98 FamFG Rn 27). Grundsätzlich geht die Brüssel IIa-VO dem KSÜ und dem MSA vor (Art 60, 61 Brüssel IIa-VO), wenn das Kind seinen gewöhnlichen Aufenthalt in einem Mitgliedstaat hat oder innerhalb einer bestimmten Zeit vorher hatte. Nur für die beschränkte Verbundszuständigkeit nach Art 12 Brüssel IIa-VO ist dieser Aufenthalt nicht verlangt. Die Anerkennung regelt die VO auch dann, wenn das Kind ihn in einem Drittstaat hat, der dem KSÜ angehört (Andrae IPRax 2006, 82 ff; Art 61 lit b Brüssel IIa-VO). § 98 Abs 2 FamFG ist nicht anzuwenden.

18 Das **Haager Übereinkommen über zivilrechtliche Aspekte internationaler Kindesentführung** v 25. 10. 1980, in Kraft seit dem 1. 12. 1990, und das Luxemburger **Europäisches Übereinkommen über die Anerkennung und Vollstreckung von Entscheidungen über das Sorgerecht für Kinder und die Wiederherstellung des Sorgerechts** v 20. 5. 1980, in Kraft seit dem 1. 2. 1991 (dazu Jorzik, Das neue zivilrechtliche Kindesentführungsrecht [1995]) gelten nur, wenn die Brüssel IIa-VO nicht eingreift (dazu Coester-Waltjen, in: FS Lorenz [2002] 305; Art 60–62 Brüssel IIa-VO). Die Zuständigkeit knüpfen sie an den gewöhnlichen Aufenthalt des Kindes. Dänemark ist inzwischen der Brüssel IIa-VO „beigetreten", und das KSÜ gilt trotz der Abtretung der Souveränitätsrechte von Portugal an China weiterhin in Macao (BGBl 2003 II 789, 797). Das MSA gilt mittlerweile nur noch für die Türkei.

19 Es bleiben noch genug Staaten, in denen weder die Brüssel IIa-VO noch KSÜ oder MSA eingreifen. Dann beurteilt sich die deutsche Zuständigkeit nach § 99 FamFG. Das ist erheblich, weil dessen Abs 1 Nr 1 die Zuständigkeit auch an die deutsche Staatsangehörigkeit des Kindes knüpft.

b) EG-UntVO*

20 Die Brüssel IIa-VO ist die im vorliegenden Zusammenhang der Eheauflösung bei

* **Schrifttum**: Andrae, Zum Verhältnis der Haager Unterhaltskonvention 2007 und des Haager Protokolls zur geplanten EU-Unterhaltsverordnung; FPR 2008, 196; Botur, Aktu-

weitem wichtigste europäische Verordnung. Aufmerksamkeit verdient daneben jedoch vor allem die **EG-UntVO**, die seit dem 18. 6. 2011 Art 5 Nr 2 Brüssel I-VO idF vom 30. 10. 2007 ersetzt, der bis dahin die Unterhaltsurteile erfasste. Der Durchführung dieser EU-Verordnungen und ebenso des Abkommens der EU mit Dänemark vom 19. 10. 2005 über die Zuständigkeit und die Anerkennung und Vollstreckung von Entscheidungen in Zivil- und Handelssachen (Brüssel I-VO), soweit sie Unterhaltsverfahren betrifft, dient seit dem 18. 6. 2011 das Gesetz zur Geltendmachung von Unterhaltsansprüchen im Verkehr mit ausländischen Staaten (AUG).

Daneben wirkt der Vorrang auch der anderen EU-Verfahrensverordnungen in Randbereichen auf die Zuständigkeiten, namentlich des Scheidungsverbunds, und die Anerkennungsregelungen des FamFG ein. Zu nennen sind die EG-BagatellVO (Verordnung [EG] Nr 861/2007), die EG-VollstreckungstitelVO (Verordnung [EG] Nr 805/2004) bei unbestrittener Forderung und die EG-MahnVO (Martiny FamRZ 2008, 1681, 1685; MünchKommFamFG/Rauscher § 97 FamFG Rn 57, 62; Prütting/Helms/Hau § 97 FamFG Rn 24). 21

aa) Zuständigkeit

Die EG-UntVO (Verordnung [EG] Nr 4/2009 über die Zuständigkeit, das anwendbare Recht, die Anerkennung und die Vollstreckung von Entscheidungen und die Zusammenarbeit in Unterhaltssachen v 18. 12. 2008), welches die bis dahin für Unterhaltsansprüche maßgebende Brüssel I-VO ersetzt, gilt seit dem 18. 6. 2011 in den EU-Staaten. Nach dem Vertrag der EU mit Dänemark vom 19. 5. 2005 kann dieses an Änderungen der Brüssel I-VO teilnehmen (ABl EU 2005 L 279/62). Die EG-UntVO gilt als Änderung der Brüssel I-VO (ErwGr 48; dazu Wagner NJW 2011, 1404, 1406). Entsprechend hat Dänemark auf der Grundlage jenes Vertrages erklärt, es wolle teilnehmen (ABl EU 2009 Nr L 149, 80). Und dasselbe gilt für das Vereinigte Königreich (ABl EU 2009 Nr L 149, 62). Sie gilt hinsichtlich der **Zuständigkeit** räumlich-persönlich **in allen EU-Staaten** unabhängig von der Staatsangehörigkeit oder dem Wohnsitz bzw dem gewöhnlichen Aufenthalt der Parteien, dh auch wenn diese außerhalb der EU liegen (MünchKommFamFG/Lipp Art 1 EG-UntVO Rn 69). 22

Ist die EG-UntVO sachlich und zeitlich anwendbar, so verdrängt sie das HUntAVÜbk 1958 (Haager Übereinkommen über die Anerkennung und Vollstreckung von Entscheidungen auf dem Gebiet der Unterhaltspflicht gegenüber Kindern vom 15. 4. 1958 [BGBl 1961 II 1006] und das HUntAVÜbk 1973 (Haager Übereinkommen über 23

elle Probleme der grenzüberschreitenden Vollstreckung europäischer Unterhaltstitel nach der Brüssel I-VO, FamRZ 2010, 1860; Gruber, Vollstreckbarkeit ausländischer Unterhaltstitel-altes und neues Recht, IPRax 2013, 325; ders, Das Haager Protokoll zum internationalen Unterhaltsrecht, in: FS Spellenberg (2010) 177; Kropholler/Blobl, Unübersichtliche Gemengelage im IPR durch EG-Verordnungen und Staatsverträge – dargestellt am Beispiel des Internationalen Unterhaltsvollstreckungsrechts, in: FS Sonnenberger (2004) 453; Mankowski, Im Dschungel der für die Vollstreckung ausländischer Unterhaltsentscheidungen einschlägigen Abkommen und ihrer Ausführungsgesetze, IPRax 2000, 188; Martiny, Grenzüberschreitende Unterhaltsdurchsetzung nach europäischem und internationalem Recht, FamRZ 2008, 1681; Riegner, Die verfahrensrechtliche Behandlung von Unterhaltsstreitverfahren mit Auslandsbezug nach dem FamFG, FPR 2013, 4; Lipp/Schumann/Veit, Europäisches Unterhaltsrecht (2010); Heiss/Born/Henrich, Unterhaltsrecht (Loseblatt).

die Anerkennung und Vollstreckung von Unterhaltsentscheidungen vom 2. 10. 1973 [BGBl 1986 II 826] (Rauscher/Andrae EuZPR/EuIPR [2015] Art 69 EG-UntVO Rn 5). Dass das HUntAVÜbk 1973 in Art 23 eine Günstigkeitsregel zugunsten aller anderen Anerkennungssysteme enthält, ändert daran nichts. Außerdem ist die EG-UntVO meist günstiger (zum Verhältnis vgl Gruber IPRax 2013, 325 ff).

24 Die EG-UntVO enthält auch eine eigene und abschließende Zuständigkeitsregelung in Art 3 einschließlich einer Verbundszuständigkeit (Art 3 lit c EG-UntVO), wonach sich die **Zuständigkeit** für die Ehesache auf die verbundene Unterhaltsklage erstreckt, wenn das Gericht in der Hauptsache **nicht allein wegen der Staatsangehörigkeit** nur eines Ehegatten zuständig ist. Damit scheidet der Verbund aus, wenn § 98 Abs 1 Nr 1 FamFG als Restzuständigkeit nach Art 7 Abs 1 Brüssel IIa-VO zum Zuge kommt. Die vorher anzuwendende **Brüssel I-VO** enthielt in **Art 5 Nr 2** Brüssel I-VO dieselbe Regelung.

25 Die EG-UntVO enthält eine umfassende und vorgehende Zuständigkeitsregelung. Im vorliegenden Zusammenhang mit Eheverfahren interessiert sie im Hinblick auf § 98 Abs 2 FamFG. Zwar ist § 98 Abs 2 FamFG (Verbundszuständigkeit) nach ganz hM auch dann anzuwenden, wenn die Zuständigkeit für die Scheidung auf anderer Grundlage beruht (Prütting/Helms/Hau § 98 FamFG Rn 40 zur Brüssel IIa-VO), aber nur soweit die vorrangige EU-VO das zulässt. Die EG-UntVO enthält aber dafür eine eigene und abschließende Regelung (Riegner FPR 2013, 5 f). § 98 Abs 2 kommt danach allenfalls noch zur Anwendung, wenn ein Anspruch als Unterhalt iSd FamFG, aber nicht iSd EG-UntVO anzusehen ist (Riegner FPR 2013, 5 f; Prütting/Helms/Hau § 110 FamFG Anh I Rn 3), was kaum der Fall sein wird. Die **Zuständigkeitsregeln der EG-UntVO** gelten universell gegenüber allen ausländischen Staaten.

bb) Anerkennung

26 Die Anerkennungsregeln der EG-UntVO gelten dagegen nur für Entscheidungen aus ihren Mitgliedstaaten, dh den EU-Staaten. Für die **Anerkennung** ausländischer Unterhaltstitel unterscheidet Art 16 EG-UntVO zwischen Mitgliedstaaten der EG-UntVO, die durch das Haager Protokoll v 23. 11. 2007 (Haager Protokoll über das auf Unterhaltspflichten anzuwendende Recht, HUntStProt 2007) gebunden sind, und den anderen (zur zeitlichen Anwendbarkeit des HUP BGH 26. 6. 2013 IPRax 2014, 345 mAnm Andrae 326; Gruber IPRax 2013, 325, 327 f). Nur im ersteren Fall ist keine inländische Vollstreckbarerklärung nötig (Gruber IPRax 2013, 325, 326 ff). Vor allem das macht die EG-UntVO günstiger als andere Übereinkommen. Mitgliedstaaten des HUP sind alle EU-Staaten und Serbien, aber außer Dänemark und Großbritannien (näher MünchKommFamFG/Rauscher Rn 30 ff, 63 f). Dänemark hat zwar inzwischen im Gefolge des Anwendungsvertrages mit der EU v 19. 10. 2005 (ABl EU 2005 Nr L 299, 62) am 14. 1. 2009 erklärt, auch die Bestimmungen der EG-UntVO innerstaatlich umsetzen zu wollen (dazu Wagner NJW 2011, 1404, 1406), das erstreckt sich aber nicht auf das HUP.

27 Die Anerkennung von Unterhaltstiteln aus EU-Staaten richtet sich demnach seit dem 18. 6. 2011 nach Art 17 ff oder Art 23 ff EG-UntVO (dazu Gruber IPRax 2013, 325 ff, zur intertemporalen Geltung 327 f; **aA** Coester-Waltjen IPRax 2012, 528 f). Ein Unterschied liegt in den Anerkennungshindernissen, die nur gegenüber den Mitgliedstaaten geltend gemacht werden können, die nicht durch das Haager Protokoll v 23. 11.

2007 gebunden sind (Großbritannien und Dänemark) (Art 24 EG-UntVO). Während unter der Brüssel I-VO angenommen wurde, dass für die Anerkennung ein Günstigkeitsprinzip zwischen den Haager Übereinkommen und der Brüssel I-VO galt (Martiny FamRZ 2008, 1681, 1684), ist dies bei der EG-UntVO nicht der Fall. Sie verdrängt gemäß ihrem Art 69 Abs 2 in jedem Fall die Haager Übereinkommen (MünchKommFamFG/Lipp Art 16 EG-UnthVO Rn 20).

3. Vorrang von Staatsverträgen*

Die Bundesrepublik hat eine Vielzahl multi- und bilateraler Abkommen abgeschlossen, in denen die Anerkennung und Vollstreckung ausländischer Entscheidungen, selten auch die Zuständigkeit für Klagen geregelt ist. Sie sind so viele, dass man mit Recht von einem Dschungel spricht, indem insbesondre schwierig festzustellen ist, welches Abkommen im konkreten Fall Maß geben soll (Martiny FamRZ 2008, 1682; Mankowski IPRax 2000, 188; Kropholler/Blobl, in: FS Sonnenberger [2004] 453, 471). Das betrifft vor allem auch die Anerkennung von Unterhaltsentscheidungen. 28

a) LugÜ 2007
aa) Zuständigkeit

Das Lugano Übereinkommen über die gerichtliche Zuständigkeit und die Anerkennung und Vollstreckung von Entscheidungen in Zivil- und Handelssachen v 30. 10. 2007 ist, anders noch als die vorherige Fassung, von der EU abgeschlossen worden und für Norwegen und die Schweiz am 1. 1. 2011, für Island am 1. 5. 2011 in Kraft getreten, nachdem Dänemark sich 2009 der EG-UntVO angeschlossen hat. Das LugÜ 2007 erfasst **nicht Ehesachen**, wohl aber ua Unterhaltsklagen. Art 64 Abs 1 LugÜ bestimmt, dass ua die Brüssel I-VO unberührt bleibt einschließlich ihrer späteren Änderungen, dass aber Fragen der gerichtlichen Zuständigkeit nach dem LugÜ zu entscheiden sind, wenn der Beklagte in einem Vertragsstaat wohnt (Art 64 Abs 2 lit a LugÜ). Andererseits erlaubt Art 67 Abs 2 LugÜ, dass Vertragsstaaten ihre Zuständigkeit auf ein Übereinkommen über ein besonderes Rechtsgebiet stützen, auch dann wenn der Beklagte seinen Wohnsitz in einem andren Vertragsstaat des LugÜ hat. Naturgemäß konnte das LugÜ 2007 die EG-UntVO vom Dezember 2008 noch nicht erwähnen, man wird sie aber als Übereinkunft über ein besonderes Rechtsgebiet einordnen können. Danach würde sich die deutsche internationale Zuständigkeit auch bei Beklagten mit Wohnsitz in Island, Norwegen und der Schweiz nach der EG-UntVO beurteilen (MünchKommFamFG/Lipp Art 69 EG-UntVO 29

* **Schrifttum**: Martiny, Hdb IZVR Bd III/2, Anerkennung nach multinationalen Staatsverträgen (1984); Waehler, ebenda, Bd III/2, Anerkennung nach bilateralen Staatsverträgen (1984); Gruber, Die Vollstreckbarkeit ausländischer Unterhaltstitel – altes und neues Recht, IPRax 2013, 320; ders, Das Haager Protokoll zum internationalen Unterhaltsrecht, in: FS Spellenberg (2010) 177; Kropholler/Blobl, Unübersichtliche Gemengelage im IPR durch EG-Verordnungen und Staatsverträge, in: FS Sonnenberger (2004) 453; Mankowski, Im Dschungel der für die Vollstreckung ausländischer Unterhaltsentscheidungen einschlägigen Abkommen und ihrer Ausführungsgesetze, IPRax 2000, 188; Martiny, Grenzüberschreitende Unterhaltsdurchsetzung nach europäischem und internationalem Recht, FamRZ 2008, 1681; Riegner, Die verfahrensrechtliche Behandlung von Unterhaltsstreitverfahren mit Auslandsbezug nach dem FamFG, FPR 2013, 4; Wagner/Janzen, Das Lugano-Übereinkommen vom 30. 10. 2007, IPRax 2010, 298.

Rn 11 ff, 14; KROPHOLLER/vHEIN, EuZPR Einl Brüssel Ia-VO Rn 103, 106). Jedoch ist die EG-UntVO keine Übereinkunft zwischen **Mitgliedstaaten** des LugÜ, sondern mit der EU, sodass es bei Art 69 Abs 1 EG-UntVO bewendet, der dem LugÜ als Übereinkommen mit mehreren Mitgliedstaaten der EG-UntVO den Vorrang einräumt; bei Beklagten, die in Norwegen, Island oder der Schweiz ihren Wohnsitz haben, gelten danach die **Zuständigkeitsregeln des LugÜ** (WAGNER/JANZEN IPRax 2010, 298, 307 f; PRÜTTING/HELMS/HAU FamFG Anh 3 zu § 110 Rn 11, 24, Anh 4 Art 2–4 LugÜ Rn 8; RAUSCHER/ANDRAE, EuZPR/EuIPR [2015] Art 69 EG-UntVO Rn 17 mit 16 f). Angesichts der besonderen Unklarheit dieser nicht harmonisierten beiderseitigen Konkurrenzregelungen ist es zu begrüßen, dass die Zuständigkeitsregelungen des LugÜ (Art 2 Abs 1 und 5 Abs 2 LugÜ) mit Art 3 EG-UntVO inhaltlich übereinstimmen. Jedenfalls gilt bei Beklagten mit Wohnsitz in Island, Norwegen oder der Schweiz nicht das FamFG.

bb) Anerkennung

30 Für die Anerkennung gilt die EG-UntVO nur für Urteile aus EU-Staaten. Urteile aus **Drittstaaten** werden nach den §§ 107 bis 109 FamFG anerkannt soweit nicht ein multilaterales oder bilaterales Abkommen gilt. In erster Linie ist auch hier das **LugÜ 2007** mit Norwegen, Island und der Schweiz zu nennen. Es ist nach seinem Art 64 Abs 2 lit c immer anzuwenden, wenn der Beklagte seinen Wohnsitz in einem Staat hat, in dem das LugÜ, aber nicht die EG-UntVO gilt, dh in Island, Norwegen oder der Schweiz. Genauer ist zu sagen, dass die Anerkennung und Vollstreckung von Unterhaltstiteln aus diesen Staaten nach Art 33 LugÜ erfolgt (RAUSCHER/ANDRAE, EuZPR/EuIPR [2015] Art 69 EG-UntVO Rn 17 mit 16; das ist von Bedeutung, weil sich die Anerkennungshindernisse dann ebenfalls aus dem LugÜ 2007 und nicht aus der EG-UntVO ergäben, doch ist Art 34 LugÜ 2007 wortgleich mit Art 24 EG-UntVO. So können Unterschiede nur in Randfragen entstehen, zB Art 21 EG-UntVO).

31 Da das LugÜ 2007 nur sein Verhältnis zu anderen Staatsverträgen ausdrücklich regelt, nicht dagegen das zum autonomen Recht, ist umstritten, ob deutsches autonomes Recht anwendbar bleibt, wenn es im Einzelfall **anerkennungsfreundlicher** wäre (für Anwendung des günstigeren nationalen Rechts: MünchKommZPO/GOTTWALD § 328 ZPO Rn 15; SCHACK, IZVR Rn 899; PRÜTTING/HELMS/HAU Anh 1 zu § 110 FamFG Rn 23 f; MünchKommFamFG/LIPP Art 70 EG-UntVO Rn 13 unter Verweis auf Art 67 Abs 4 LugÜ aE; **aA** KROPHOLLER/vHEIN, EuZPR Art 32 EuGVO Rn 6; LINKE/HAU, IZPR Rn 12.26; BASEDOW, Hdb IZVR I Kap II Rn 129; MARTINY, Hdb IZVR III/2 Kap 2 Rn 199; SIEHR, in: FS Walder [1994] 416 f). Das ist freilich praktisch kaum mehr wichtig, da nun Art 34 LugÜ 2007 wie § 109 FamFG und schon die Brüssel I-VO in Bezug auf den Status als Vorfrage auf das Erfordernis kollisionsrechtlicher Konformität verzichtet. Es bleibt jedoch ein Unterschied, denn § 109 FamFG verlangt, dass das ausländische Gericht nach deutschen Maßstäben, zu denen freilich auch das LugÜ 2007 gehört, international zuständig war, und das LugÜ (Art 34 LugÜ) verzichtet darauf wie die EG-UntVO. Grundsätzlich ist also gerade das LugÜ 2007 anerkennungsfreundlicher.

32 Das Günstigkeitsprinzip entspricht einer verbreiteten internationalen Vertragspraxis und ist, auch soweit die Abkommen keine ausdrückliche Regelung enthalten, in Deutschland allg Meinung für die bilateralen Abkommen, die die Anerkennung erleichtern und nicht erschweren sollen. Die Erleichterung der Anerkennung ist an sich auch das Ziel des LugÜ, das ein Staatsvertrag ist. Soweit es darauf ankommen sollte, sprechen die besseren Gründe für die abschließende Regelung im LugÜ, denn die rechtsvergleichend einheitliche Auslegung des LugÜ in den Vertragsstaaten (vgl dazu Prot Nr 2 über die einheitliche Auslegung und Anwendung des LugÜ v 16. 9. 1988 [BGBl 1994 II 2697]) käme dann nicht recht zum Zuge (Schack, IZVR Rn 898). Zudem hat das LugÜ idF 30. 10. 2007 in den EU-Staaten – außer Dänemark – die Qualität des sekundären EU-Rechts (Ratsbeschluss 27. 11. 2008 [ABl EG 2009 Nr L 147, 1]), und danach gilt wie für die EG-UntVO kein Günstigkeitsprinzip.

b) HUntAVÜbk 1973

Nur für die Anerkennung von ausländischen Unterhaltsurteilen gilt das Haager Übereinkommen vom 2. 10. 1973 über die **Anerkennung und Vollstreckung von Unterhaltsurteilen** (dazu auch oben Rn 23). Es ersetzt das viel beschränktere Haager Übereinkommen über die Anerkennung und Vollstreckung von Entscheidungen auf dem Gebiet der Unterhaltspflicht gegenüber Kindern v 15. 4. 1958 (oben Rn 23). Das Übereinkommen von 1973 ist zwar von einer ganzen Anzahl von Staaten ratifiziert worden, doch sind die meisten davon Mitglieder der EU, und für diese wird es nach Art 69 Abs 2 EG-UntVO von dieser vollständig verdrängt, sodass das HUntAVÜbk 1973 nur noch im Verhältnis zu Albanien, Andorra, Australien (BGH 2. 9. 2009 FamRZ 2009, 2070), der Türkei (BGH 24. 3. 2010 FamRZ 2010, 966; OLG Stuttgart 21. 12. 2011 FamRZ 2012, 999 mAnm Gruber 325; OLG Düsseldorf 20. 7. 2012 FamRZ 2013, 484) und Ukraine (OLG Köln 27. 6. 2011 FamRZ 2012, 384) gilt; im Verhältnis zu Norwegen und der Schweiz gilt es neben dem LugÜ 2007, denn nach Art 23 HUntAVÜbk 1973 gilt das Günstigkeitsprinzip, und das LugÜ ist grundsätzlich anerkennungsfreundlicher. 33

c) HUntGÜ

Seit dem 1. 8. 2014 gilt das Haager Übereinkommen über die internationale Geltendmachung der Unterhaltsansprüchen von Kindern und anderen Familienangehörigen vom 23. 11. 2007 (ABl EU 2011 L 192, 51). Es gilt zwischen den EU-Staaten außer Dänemark und weiter Albanien, Bosnien und Herzegowina, Norwegen und Ukraine. Die Anerkennungsregelungen finden sich in den Art 20 ff HUntGÜ. Es wird im Verhältnis der EU-Staaten außer Dänemark von der EG-UntVO verdrängt, ersetzt aber nach seinem Art 48 im Verhältnis zu Albanien, Norwegen und der Ukraine das HUntAVÜbk 1973. Es enthält im Übrigen ein Günstigkeitsprinzip (Art 5 HUntAVÜbk 1973) zugunsten anderer Abkommen zwischen den Vertragsstaaten und zugunsten des nationalen Rechts. 34

4. Bilaterale Abkommen

a) Statussachen

Bei den **Statusentscheidungen** iSd §§ 107 und 109 FamFG ist zu beachten, dass die Brüssel IIa-VO sachlich **nicht für Feststellungsurteile** und **Antragsabweisungen** gilt. Wegen dieser Beschränkung der Brüssel IIa-VO auf eheauflösende Urteile (Staudinger/Spellenberg [2015] Art 1 Brüssel IIa-VO Rn 18 ff, 23 ff) bleiben insoweit die Verträge mit Belgien, Großbritannien, Griechenland, Italien, den Niederlanden, Österreich und Spanien anwendbar (Spellenberg, in: FS Schumann [2001] 432 f). 35

Vor allem gelten die Art 21 ff Brüssel IIa-VO und die EG-UntVO nicht für Urteile aus **Drittstaaten**, doch sind nur **zwei auch die Ehescheidung** betreffende Abkommen zu nennen, das deutsch-schweizerische (Art 3 Deutsch-schweizerisches Abkommen 36 v 2. 11. 1929 über die gegenseitige Anerkennung und Vollstreckung von gerichtlichen Entscheidungen und Schiedssprüchen [RGBl 1930 II 1066]) und der deutsch-tunesische Vertrag v 19. 7. 1966 über Rechtsschutz und Rechtshilfe, die Anerkennung und Vollstreckung gerichtlicher Entscheidungen in Zivil- und Handelssachen sowie über die Handelsschiedsgerichtsbarkeit (BGBl 1969 II 890). Der letztgenannte behandelt wie das deutsch-schweizerische Abkommen nur die Anerkennung von Ehe- und Unterhaltsurteilen (Art 28 Abs 1). **Lebenspartnerschaftssachen** fallen unter § 108 FamFG und hinsichtlich der Anerkennungshindernisse unter § 109 FamFG, denn Staatsverträge gibt es darüber nicht. Die genannten Abkommen mit der Schweiz und Tunesien erfassen sie nicht. (Zu den völkerrechtlichen Verträgen der DDR und der Frage ihrer Fortgeltung vgl § 108 Rn 53 ff, 74 ff).

37 Zu den Anerkennungs- und Vollstreckungsverträgen ist das deutsche **Gesetz zur Ausführung zwischenstaatlicher Anerkennungs- und Vollstreckungsverträge in Zivil- und Handelssachen** v 30. 5. 1988 (BGBl I 662 **[AVAG]**) ergangen, das aber für die Brüssel IIa-VO und das HKEntfÜ seit dem 1. 3. 2005 durch das IntFamRVG ersetzt wird. Es ist stets gemeinsam mit den Staatsverträgen zu konsultieren.

38 Von der Bundesrepublik nicht ratifiziert wurden das CIEC-Abkommen über die Anerkennung von Entscheidungen in Ehesachen v 8. 9. 1967 und das Haager Übereinkommen über die Anerkennung von Ehescheidungen und Ehetrennungen v 1. 6. 1970.

b) Statusentscheidungen und vermögensrechtliche Folgeentscheidungen

39 **Deutsch-schweizerisches Abkommen** v 2. 11. 1929 über die gegenseitige **Anerkennung** und Vollstreckung von gerichtlichen Entscheidungen und Schiedssprüchen (RGBl 1930 II 1066). Für Unterhaltsentscheidungen geht aber das LugÜ vor, sodass es insoweit nur noch für güterrechtliche Urteile gilt.

40 **Deutsch-tunesischer Vertrag** v 19. 7. 1966 über Rechtsschutz und Rechtshilfe, die **Anerkennung** und Vollstreckung gerichtlicher Entscheidungen in Zivil- und Handelssachen sowie über die Handelsschiedsgerichtsbarkeit (BGBl 1969 II 890). Beide Abkommen regeln nicht die Entscheidungszuständigkeit, enthalten aber das Anerkennungshindernis der „kollisionsrechtlichen Konformität" (Art 4 Abs 2 deutsch-schweizer Abkommen bzw Art 30 Abs 2 deutsch-tunesisches Abkommen) und begrenzen die Anerkennungszuständigkeit (Art 29 Abs 1 deutsch-tunesischer Vertrag, Art 1 f deutsch-schweizer Vertrag). Sie sind darum grundsätzlich weniger günstig als die §§ 108, 109 FamFG, die darum anzuwenden sind (Günstigkeitsprinzip).

c) Nur vermögensrechtliche Folgen

41 **Deutsch-norwegischer Vertrag** über die gegenseitige Anerkennung und Vollstreckung gerichtlicher Entscheidungen und anderer Schuldtitel in Zivil- und Handelssachen v 17. 6. 1977 (BGBl 1981 II 342; Güterrecht und Hausratsverteilung). Unterhaltssachen sind **nur im LugÜ** erfasst.

42 **Deutsch-israelisches Abkommen** über die gegenseitige Anerkennung und Vollstreckung gerichtlicher Entscheidungen in Zivil- und Handelssachen v 20. 7. 1977 (BGBl 1980 II 926) (Unterhalt). Es erfasst alle Unterhaltsentscheidungen (Art 4 Abs 2 Deutsch-israelisches Abkommen), regelt aber nur die Anerkennungszuständigkeit

(Art 7 Deutsch-israelisches Abkommen) und Anerkennungshindernisse (Art 4 f Deutsch-israelisches Abkommen). Ein Exequatur wird nicht verlangt (Art 9 Deutsch-israelisches Abkommen).

Außerhalb der vorgenannten EU-VOen und multilateralen Übereinkommen (LugÜ, Haager Übk) und den beiden bilateralen Abkommen richtet sich die Anerkennung ausländischer Unterhaltsentscheidungen nach **deutschem Recht**. Für die §§ 108 und 109 FamFG bleibt ein durchaus erheblicher Anwendungsbereich bei Entscheidungen von außerhalb der EU (Riegner FPR 2013, 7). 43

d) Kostenentscheidungen

Eine Anerkennung und Vollstreckung von Kostenentscheidungen und -festsetzungen ist vorgesehen in Art 21 Abs 1, 49 **Brüssel IIa-VO**, Art 2 lit a **Brüssel Ia-VO** bzw 25, 26 **EuGVÜ aF/LugÜ** sowie in Art 19 des **Haager Übereinkommen über den Zivilprozeß** v 1. 3. 1954 (BGBl 1958 II 577). 44

Daneben kann sich die Vollstreckung von Kostenentscheidungen auch aus den **sonstigen** bi- und multilateralen Anerkennungs- und Vollstreckungsverträgen ergeben (vgl zB OLG Frankfurt 12. 1. 1983 IPRax 1984, 32 [Pauckstadt 17]). 45

5. Rechtshilfeverträge

Bedeutung haben zwei- und mehrseitige Abkommen über Rechtsschutz und Rechtshilfe, die insbesondere die Zustellung vereinfachen sollen wie das deutsch-tunesische Abkommen v 19. 7. 1966 oder das deutsch-marokkanische v 29. 10. 1985 und das im Verhältnis zu seinen früheren Kolonien noch immer wichtige deutsch-britische Abkommen v 20. 3. 1928. Bei ihnen ist zu prüfen, wieweit sie noch neben dem HZÜ und dem HZPÜ von 1954 anzuwenden sind (dazu Staudinger/Spellenberg [2015] Art 18 Brüssel IIa-VO Rn 18 ff). Die bi- und multilateralen Rechtshilfeabkommen enthalten häufig auch eine Befreiung von der Ausländersicherheit (§ 110 ZPO) oder den Zugang zu Prozesskostenhilfe. 46

II. Ehemalige DDR

Die **DDR** hatte eine Vielzahl von **Staatsverträgen** auch über die Anerkennung von Urteilen abgeschlossen, die nach der Wiedervereinigung zwar gekündigt wurden, aber für die früheren Urteile noch erheblich sein können (unten § 108 FamFG Rn 53, 74 ff). 47

Unterabschnitt 2
Internationale Zuständigkeit

§ 98 FamFG
Ehesachen; Verbund von Scheidungs- und Folgesachen

(1) Die deutschen Gerichte sind für Ehesachen zuständig, wenn

1. ein Ehegatte Deutscher ist oder bei der Eheschließung war;

2. beide Ehegatten ihren gewöhnlichen Aufenthalt im Inland haben;

3. ein Ehegatte Staatenloser mit gewöhnlichem Aufenthalt im Inland ist;

4. ein Ehegatte seinen gewöhnlichen Aufenthalt im Inland hat, es sei denn, dass die zu fällende Entscheidung offensichtlich nach dem Recht keines der Staaten anerkannt würde, denen einer der Ehegatten angehört.

(2) Die Zuständigkeit der deutschen Gerichte nach Absatz 1 erstreckt sich im Fall des Verbunds von Scheidungs- und Folgesachen auf die Folgesachen.

Materialien: BT-Drucks 16/6308 bes 220 f.

Schrifttum

Zu § 98 FamFG:
ALTHAMMER, Verfahren mit Auslandsbezug nach dem neuen FamFG, IPRax 2009, 381
BECKER-EBERHARD, § 606a ZPO – ein Tatbestand mit nur minimalen Inlandsbezügen?, in: FS Schütze (2009) 85
BELLER, Die Vorschriften des FamFG zur internationalen Zuständigkeit, ZFE 2010, 52
COESTER, Nicht-Ehe, doch Ehe? Neue Fragestellungen zu einem alten Problem, in: FS Heldrich (2005) 537
FINGER, Familienrechtliches Verfahren mit Auslandsbezug – §§ 98 ff (Internationale Zuständigkeit) und §§ 107 ff FamFG (Anerkennung und Vollstreckung ausländischer Entscheidungen), FuR 2010, 3
GAMPP, Perpetuatio fori internationalis im Zivilprozess und im Verfahren der freiwilligen Gerichtsbarkeit, 2009
HAU, Positive Kompetenzkonflikte im internationalen Zivilprozeßrecht (1996)
ders, Grundlagen der internationalen Notzuständigkeit im Europäischen Zivilverfahren, in: FS Kaissis (2012) 355
ders, Europäische und autonome Zuständigkeitsgründe in Ehesachen mit Auslandsbezug, FPR 2002, 616
ders, Das internationale Familienverfahrensrecht im FamFG, FamRZ 2009, 821
MANKOWSKI/HÖFFMANN, Scheidung ausländischer gleichgeschlechtlicher Ehen in Deutschland, IPRax 2011, 247
NIETHAMMER-JÜRGENS, Ehesachen und Folgesachen mit Auslandsbezug, FPR 2011, 440
G SCHULZE, Der engere gewöhnliche Aufenthalt?, IPRax 2012, 526
SPELLENBERG, Die Neuregelung der internationalen Zuständigkeit in Ehesachen, IPRax 1988, 1

SPICKHOFF, Zur Qualifikation der nichtehelichen Lebensgemeinschaft im europäischen Zivilprozess- und Kollisionsrecht, in: Liber Amicorum Schurig (2012) 285
UECKER, Geführte Wanderung durch den Verordnungswald, FF 2014, 185.

Zu § 606a ZPO aF:

BÖHMER, Das deutsche Gesetz zur Neuregelung des Internationalen Privatrechts von 1986 – Struktur, Entstehung, Lücken und Schwerpunkte, RabelsZ 50 (1986) 656
BRAEUER, Zuständigkeitsfragen bei Ehescheidungen mit Beteiligung von Ausländern, AnwBl 1985, 439
DESSAUER, IPR, Ethik und Politik (1986)
DOPFFEL, Die Voraussetzungen der Ehescheidung im neuen Internationalen Privat- und Verfahrensrecht, FamRZ 1987, 1205
GEIMER, Verfassung, Völkerrecht und Internationales Zivilverfahrensrecht, ZfRV 1992, 321
GOTTWALD, Deutsche Probleme internationaler Familienverfahren, in: FS für Nakamura (1996) 188
GRAF, Die internationale Verbundszuständigkeit (1984)
GRUNDMANN, Zur parallelen Anknüpfung von Anerkennungserfordernis (§ 606 b Nr 1 ZPO) und Scheidungsstatut, StAZ 1984, 152
HELMS, Auswirkungen des FamFG auf die personenstandsrechtliche Praxis, StAZ 2009, 325
HENRICH, Das internationale Eherecht nach der Reform, FamRZ 1986, 841
ders, Zur Berücksichtigung der ausländischen Rechtshängigkeit von Privatscheidungen, IPRax 1995, 86
JAYME, Das neue IPRGesetz – Brennpunkte der Reform, IPRax 1986, 265
ders, Internationales Familienrecht heute, in: FS Müller-Freienfels (1986) 341
KILIAN, Aktuelle Probleme der internationalen Zuständigkeit in Ehesachen § 606 a ZPO, IPRax 1995, 9
KÜHNE, Das internationale Personen- und Eherecht im Regierungsentwurf des Gesetzes zur Neuregelung des IPR, StAZ 1984, 3
LASS, Der Flüchtling im deutschen IPR (1995)
LÜDERITZ, Die Ehescheidung nach dem Gesetz zur Neuregelung des Internationalen Privatrechts, IPRax 1987, 74
MANSEL, Personalstatut, Staatsangehörigkeit und Effektivität (1988)
RAUSCH, Internationales Privatrecht in der familiengerichtlichen Praxis, NJW 1994, 188
H ROTH, Die Reichweite der lex-fori-Regel im internationalen Zivilprozeßrecht, in: FS Walter Stree und Johannes Wessels (1993) 1045
SCHNORR, Grenzüberschreitende Familienverfahren in der Praxis, eine empirische Untersuchung IPRax 1994, 340
SÜDMEIER, Öffentliche Klagezustellung an den Antragsgegner und deutsche internationale Zuständigkeit nach § 606 a Abs 1 S 1 Nr 4 ZPO (1992).

Systematische Übersicht

Alphabetische Übersicht

I. Anwendungsbereich

1. Vorrang der Brüssel IIa-VO

a) Ehesachen

§ 98 FamFG regelt die Entscheidungszuständigkeiten für Ehesachen, die §§ 99 bis 105 FamFG für andere Familiensachen. § 121 FamFG listet auch für § 98 FamFG die **Ehesachen** auf als die Scheidung der Ehe, ihre Aufhebung, wozu noch die Trennung von Tisch und Bett zu nennen wäre, die unter fremdem Recht eine Abschwächung des Ehestatus ist, und die Feststellung ihres Bestehens oder Nichtbestehens. Die homosexuellen, sog **registrierten Lebenspartnerschaften** haben in § 103 FamFG eine eigene Regelung. 1

Jedenfalls muss es sich bei § 98 FamFG zunächst um eine **„Ehe"** handeln. Angesichts vielfältiger Formen rechtlich anerkannter, registrierter und nicht registrierter Lebenspartnerschaften ist der Tatbestand der Ehe rechtsvergleichend zweifelhaft geworden. Es wäre denkbar, die „Ehe" für die Brüssel IIa-VO anders und enger zu verstehen als für § 121 FamFG (Mankowski/Höffmann IPRax 2011, 247, 250), sodass ein Raum für § 98 FamFG mit § 121 Nr 1 und 2 FamFG bliebe. Das ist aber nicht zweckmäßig und nicht geboten, vielmehr kann und sollte „Ehe" in beiden Systemen gleich verstanden werden. Jedenfalls stellen die §§ 103 ff FamFG und nach hM § 108 FamFG eigene Regelungen für homosexuelle Lebenspartnerschaften zur Verfügung, die also nicht unter § 98 FamFG zu subsumieren sind. Es bleibt freilich die Frage, wie heterosexuelle, nicht förmlich eingegangene Lebenspartnerschaften einzuordnen und zu behandeln sind (dazu § 103 Rn 7 ff). 2

§ 98 FamFG mit § 121 FamFG darf nicht missverstanden werden, denn die Art 3 bis 5 Brüssel IIa-VO gelten **ausschließlich** für alle **Anträge auf Auflösung** des Ehestatus oder Abschwächung in Form der Trennung von Tisch und Bett (Art 1 Brüssel IIa-VO). Sie sind von deutschen Gerichten immer ohne Rücksicht auf Art oder Intensität der Auslandsbeziehung, also auch in Fällen mit Bezug zu Drittstaaten anzuwenden. Jedoch bleiben die **Anträge auf Feststellung** des Bestehens oder Nichtbestehens der Ehe und die **Herstellungsklagen** (unten Rn 28 f) übrig, weil sie nicht von der Brüssel IIa-VO erfasst werden (hM für die Feststellungsklage, vgl Staudinger/Spellenberg [2015] Art 1 Brüssel IIa-VO Rn 23 ff; **aA** Prütting/Helms/Hau Rn 6; zum Vorrang der Brüssel IIa-VO siehe weiter bei § 97 Rn 5 ff). Ehefeststellungsklagen sind praktisch eher selten, doch zu erwähnen sind auch die alternativ nach dem deutschen Recht möglichen **einstweiligen Maßnahmen** gem Art 20 Brüssel IIa-VO. 3

§ 98 FamFG kommt sonst für die Statusregelungen noch gem Art 7 Abs 1 mit Art 6 Brüssel IIa-VO als sog **Restzuständigkeit** zum Zuge, wenn keiner der Zuständigkeitstatbestände des Art 3 Brüssel IIa-VO in irgendeinem, ggf anderen Mitgliedstaat der Brüssel IIa-VO verwirklicht ist (Staudinger/Spellenberg [2015] Art 7 Brüssel IIa-VO 4

Rn 9 ff, unten Rn 20 ff, 135 f; § 97 Rn 8 f), wobei hier nicht zu erörtern ist, ob das nationale Recht kraft Verweis durch die Brüssel IIa-VO gilt, oder weil diese insoweit nicht gelten will. Auch diese Fälle sind nicht häufig (Rn 22, 135).

b) Aufhebung und Nichtehe

5 Die Brüssel IIa-VO gilt jedoch nur für Gestaltungsklagen und -urteile, für die **Feststellung** einer Nichtigkeit ipso jure gilt dagegen **§ 98 FamFG**. Ob eine Ehe wegen Eingehungsfehlern unwirksam oder nur aufhebbar oder scheidbar ist, entscheiden die von Art 13 EGBGB berufenen Rechte. International bestehen hier erhebliche Unterschiede. Daraus ergibt sich dann, ob eine Feststellung des Nichtbestehens oder Bestehens iSd § 98 FamFG oder eine Scheidung bzw Aufhebung in Frage kommt.

6 Mängel der Eheschließung können bedeuten, dass der fragliche Vorgang überhaupt keine Ehe zustande brachte, dass also im deutschen Sinne eine **Nichtehe** vorliegt, der im englischen Sprachgebrauch die void marriage weitgehend entspricht. Obwohl sich in diesem Fall jedermann ohne weiteres auf die Nichtexistenz der Ehe berufen kann, so kann doch sehr wohl ein Rechtsschutzinteresse für eine Klage auf Feststellung der Nichtehe bzw auf Feststellung der Ehe gegeben sein. Selbst im deutschen Recht können leicht Zweifel entstehen, ob eine nicht standesamtlich geschlossene, und daher inexistente Ehe nach § 1310 Abs 3 BGB oder auch nach ungeschriebenen Regeln geheilt wurde (dazu Coester, in: FS Heldrich [2005] 537, 538 ff).

7 Streitig ist jedoch, ob eine **Nichtigkeit ipso facto** in Deutschland überhaupt nur nach einem Urteil geltend zu machen ist (so Beitzke STAZ 1969, 85, 89; Henrich RabelsZ 37 [1973] 230). Da das deutsche Recht durchaus auch die Nichtehe kennt, besteht keine Notwendigkeit dafür, und die hM verlangt das auch nicht (BGH FamRZ 1991, 300, 303 = NJW 1991, 3088, 3090; Erman/Hohloch Art 13 EGBGB Rn 36; Palandt/Thorn Art 13 EGBGB Rn 11; Staudinger/Mankowski [2011] Art 13 EGBGB Rn 452). Insbesondere gebietet es der ordre public nicht, die Berufung auf die Inexistenz einer ausländischen Ehe nur durch eine Nichtigkeitsklage zuzulassen (MünchKomm/Coester Art 13 EGBGB Rn 112). Da so nur eine Feststellungsklage in Frage kommt, ist die Brüssel IIa-VO darauf nicht anwendbar (Staudinger/Spellenberg [2015] Art 1 Brüssel IIa-VO Rn 24) und es bleibt bei § 98 FamFG.

8 Als Sonderfall sei die italienische Regelung in Art 16 Gesetz vom 27. 3. 1929 erwähnt, wonach die **kirchlich geschlossene Ehe** bürgerlich-rechtliche Wirkungen durch Eintrag ins Standesregister erlangt (vgl Grunsky/Wuppermann, Italienisches Familienrecht [2. Aufl 1978] 24 f; dazu und zu ähnlichen Regelungen Staudinger/Mankowski [2011] Art 13 EGBGB Rn 676 ff). Das italienische Recht kennt eine Klage auf **Nichtigerklärung der Transkription** (Jayme RabelsZ 31 [1967] 493 f), wenn Ehehindernisse des weltlichen Rechts bestanden. Sie entspricht einer Nichtigkeits- oder Aufhebungsklage, und anscheinend sind solche Urteile auch außerhalb Italiens ergangen und anerkannt worden (vgl Turin 23. 12. 1949 Riv dir matrim 1949, 78 und 13. 7. 1957, Annali di diritto intern 1957, 105; Venedig 26. 6. 1958 Riv dir matrim 1959, 128). Die Klage muss auch in Deutschland zulässig sein (OLG Frankfurt 12. 12. 1977 FamRZ 1978, 510; Staudinger/Spellenberg [2015] Art 21 Brüssel IIa-VO Rn 25 ff). Sie untersteht dann der Brüssel IIa-VO.

9 Umstritten ist auch die Frage, ob Italiener auch **im Ausland eine kanonische** Ehe schließen können, deren Wirkungen in Italien anerkannt und die dort in das Stan-

desregister transkribiert werden kann (vgl JAYME RabelsZ 31 [1967] 488 f mNw der Rechtsprechung; GRUNSKY/WUPPERMANN, Italienisches Familienrecht 30 f; CIAN-TRABUCCHI, Codice civile Art 82 Anm A II; RIMINI StAZ 1997, 193, 198: nur wenn die Ehe im Ausland zivilrechtlich wirksam ist; also nicht bei Heirat in Deutschland). Ohne die Transkription liegt (bürgerlichrechtlich) eine Nichtehe vor, und dies kann durch staatliche Gerichte, auch durch deutsche, festgestellt werden.

In den meisten Fällen führen Eheschließungsmängel jedoch nur zur **Aufhebung** oder **Vernichtung** der Ehe, die dann **durch ein Gestaltungsurteil** auszusprechen ist. Das entscheidet das Eheschließungsstatut (Art 13 EGBGB). Es kann sich um Ehehindernisse, Formmängel einschließlich einer Eheschließung vor nicht dazu befugten Personen und um Willensmängel bei der Eheschließung handeln. Es erscheint nicht sinnvoll, hier die große Zahl einschlägiger Urteile erneut aufzuführen. Es sei auf die Erläuterungen bei STAUDINGER/MANKOWSKI (2011) Art 13 EGBGB Rn 438, 440 ff verwiesen. Das deutsche Recht kennt nun in §§ 1313 ff BGB nur noch einheitlich die Aufhebung der Ehe. Das schließt eine Nichtigkeitsklage aber ein, wenn eine solche nach dem maßgebenden ausländischen Recht vorgesehen ist. Soweit ein Gestaltungsurteil nötig ist, gilt aber Art 3 Brüssel IIa-VO. 10

Dogmatisch unterscheidet sich im deutschen Recht wie in den meisten anderen Rechten die **Scheidung** von der **Ungültigkeit** der Ehe dadurch, dass die Scheidungsgründe erst nach Eheschließung eintreten, die Ehe also gültig gewesen sein muss, und die Scheidung nur für die Zukunft wirkt. Der Unterschied ist aber bereits im deutschen Recht dadurch stark verwischt, dass Eheaufhebung und Ehenichtigkeit zT nur noch die Folgen der Scheidung haben (§ 1318 BGB). Sinnvoller erscheint daher die Differenzierung nach anfänglichen und nachträglichen **Gründen** der Aufhebung. Nach §§ 1313 ff BGB nF gibt es nur noch einheitlich die Aufhebung der Ehe bei **anfänglichen Mängeln** außer dem Fall der – heilbaren – **Nichtehe**, die nicht vor dem Standesbeamten geschlossen wurde (§ 1310 BGB nF). Die Grenze zwischen **Scheidung** und **Aufhebung** bzw **Nichtigkeitsklage** der Ehe wird in manchen Rechten anders als im deutschen gezogen (HENRICH RabelsZ 37 [1973] 230). Verfahren und Gründe sind in einem gewissen Maß austauschbar (vgl NEUHAUS, in: FS Ficker [1967] 337 ff). Insbesondere kann die Nichtigkeitsklage, wo sie vorgesehen ist, von der Aufhebung unterschieden werden. Zutreffend nennt daher § 107 Abs 1 FamFG für die internationalen Fälle nach wie vor beides. Der deutsche Richter hat sowohl hinsichtlich der Voraussetzungen als auch der Folgen nach dem ausländischen Recht zu entscheiden (vorbehaltlich Art 6 EGBGB). Im ausländischen Recht ergibt manchmal ein anfänglicher Mangel, zB ein Irrtum bei der Eheschließung, nur einen Scheidungsgrund. Ggf hat der deutsche Richter die Ehe dann also anders als im deutschen Verfahren zu scheiden. Für die Anwendung der §§ 98 und 107 FamFG ist aber letztlich von geringer praktischer Bedeutung, unter welche der in dort genannten Ehesachen der Fall genau einzuordnen ist (vgl auch BGH 4. 3. 1981 FamRZ 1981, 445 zu § 621 Abs 1 Nr 3 ZPO aF), sofern die Ehe überhaupt besteht. 11

Dagegen ist die Unterscheidung zwischen nicht existenter, **Nichtehe**, und nur vernichtbarer oder **aufhebbarer Ehe** von entscheidender Bedeutung, denn davon hängt die Anwendung der Brüssel IIa-VO oder des FamFG ab. Erstere kann nur Gegenstand einer Feststellungsklage nach § 98 FamFG sein, für letztere gilt dagegen nur Art 3 Brüssel IIa-VO. 12

13 Folgte man der bedenklichen Rechtsprechung des RG, das zur Rücknahme einer im Ausland erhobenen Scheidungsklage aus § 826 BGB verurteilt hat (RG 3. 3. 1938 RGZ 157, 136), so wäre diese Klage auf Unterlassung ihres Zieles wegen als Ehesache zu qualifizieren. Jedoch sind solche Unterlassungsklagen (in England sind anti-suit-injunctions verbreitet) unzulässig, da sie dem Gegner den Zugang zu einem ihm offenstehenden Gericht nehmen wollen (zur Brüssel I-VO EuGH C-150/02 – *Turner v Grovit* Rn 28 mit 24 ff; eingehend Rauscher/Staudinger, EuZPR/EuIPR [2016] Einl Brüssel Ia-VO Rn 11).

c) Scheidung hinkender Ehen

14 Durch Unterschiede zwischen deutschem IPR und dem des Heimatstaates namentlich bei der Anknüpfung der Form der Eheschließung können Ehen nur für das deutsche Recht wirksam oder unwirksam sein (hinkende Ehen). Ist die Ehe nur für das deutsche Recht wirksam, spricht man von **„Inlandsehe"**. Ist sie umgekehrt für das deutsche Recht ungültig, aber für den Heimatstaat wirksam, mag man von **„Auslandsehe"** reden. Desgleichen können hinkende Ehen entstehen, wenn eine ausländische Scheidung vom deutschen Recht nicht anerkannt wird, sowie bei einer nicht gerichtlichen Scheidung von Ausländern im Inland entgegen Art 17 Abs 2 EGBGB, aber in Übereinstimmung mit dem Heimatstaat (vgl Staudinger/Mankowski [2011] Art 13 EGBGB Rn 260).

15 Bei hinkenden Inlands- und Auslandsehen ist streitig, ob sie im Inland – noch einmal – zu scheiden sind. Das ist eine Frage des IPR. Wenn sie bejaht wird, fällt die Scheidung aber immer unter Art 1 mit 3 Brüssel IIa-VO: Bei einer **Inlandsehe** ist es nur konsequent, dass sie dann auch im Inland geschieden werden kann (unten Rn 206, 208). Bei einer **Auslandsehe**, die also im Inland als nicht (mehr) bestehend gilt, wird vertreten, dass für die Scheidung durch deutsche Gerichte kein Anlass sei. Es gelte der Grundsatz: Keine Scheidung ohne Ehe (LG Berlin 12. 10. 1939 StAZ 1940, 112, obiter; OLG Hamm 15. 10. 1951 IPRspr 1950/51 Nr 73; OLG Düsseldorf 19. 12. 1956 IPRspr 1956/57 Nr 110; Ferid JR 1955, 62; Soergel/Schurig Art 17 EGBGB Rn 10; Winkler von Mohrenfels IPRax 1988, 342; **aA** Hausmann, Kollisionsrechtliche Schranken von Scheidungsurteilen [1980] 319 ff; Staudinger/Mankowski [2011] Art 17 EGBGB Rn 81 f; unten Rn 216, § 108 Rn 139 ff, 213 ff). Wenn danach aber eine – erneute – Scheidung nötig oder möglich ist, gelten die Art 3 ff Brüssel IIa-VO.

d) Fremde Scheidungsformen

16 Wenn ein Rechtsbehelf des ausländischen Rechts als Eheauflösung zu qualifizieren ist, unterliegt er den Zuständigkeiten der Art 3 ff Brüssel IIa-VO, auch wenn das in der Sache maßgebende ausländische Ehestatut an sich ein **anderes Verfahren** als das deutsche Recht vorsieht (Soergel/Schurig Art 17 EGBGB Rn 64). Die Form des Scheidungsvollzugs richtet sich an sich nach dem vom IPR bestimmten Ehestatut. Das ausländische Verfahren wird aber im Prinzip durch den **deutschen Prozess ersetzt**, für den sich die Zuständigkeit nach der **Brüssel IIa-VO** richtet, soweit eine Statusänderung vorzunehmen ist. Das gilt etwa bei Scheidungen im Verfahren der freiwilligen Gerichtsbarkeit wie nach österreichischem Recht bei Einvernehmen der Eheleute, durch Verwaltungsakt wie in Norwegen oder durch registrierte, private Erklärung vor dem Standesbeamten. Jedoch bestimmt **Art 17 Abs 2 EGBGB** (BGH 14. 10. 1981 BGHZ 82, 34, 46 = IPRax 1983, 37 [Kegel 22] = FamRZ 1982, 44; mwNw Staudinger/Mankowski [2011] Art 17 EGBGB Rn 182 ff; Soergel/Schurig Art 17 EGBGB Rn 52) und entgegen zT zu

Recht erhobener Kritik (GOTTWALD StAZ 1981, 85; HELMS, in: FS Coester-Waltjen [2015] 431, 441), dass auch ausländische Ehen in Deutschland stets nur durch richterlichen Beschluss (§ 38 Abs 1 FamFG) geschieden werden können, selbst wenn das nach Art 17 EGBGB maßgebende ausländische Recht etwas anderes vorsieht. Schon deswegen müssen die deutschen Gerichte dann diese Aufgaben übernehmen, damit die Scheidung der Ausländer im Inland nicht an der Ungleichheit der Verfahren scheitert.

Das betrifft vor allem auch **Privatscheidungen**, sei es durch Vertrag der Ehegatten, 17
sei es durch einseitige private Erklärung (Verstoßung, „talaq"), und die durch das ausländische Recht ausschließlich **geistlichen Gerichten** zugewiesenen Scheidungen. Nachdem Scheidungen in Deutschland nicht so vollzogen werden können (zum Begriff „Inland" vgl unten § 107 Rn 63 ff; STAUDINGER/MANKOWSKI [2011] Art 17 EGBGB Rn 188 ff; BGH 14. 10. 1981 BGHZ 82, 34, 46), müssen sie dann hier durch Urteil vorgenommen werden können, dh dass das deutsche Verfahren angepasst werden muss, zB indem die „Verstoßung" als Scheidungsgrund verwendet wird (Anh zu § 106 Rn 69 ff, 77). Die so ins deutsche Verfahrensrecht „überführten" Scheidungen fallen dann aber unter die Brüssel IIa-VO (STAUDINGER/SPELLENBERG [2015] Art 1 Brüssel IIa-VO Rn 45).

e) Trennung von Tisch und Bett

Die in ausländischen Rechten häufiger vorkommende **gerichtliche Trennung von** 18
Tisch und Bett kann dort Ersatz für eine grundsätzlich ausgeschlossene Scheidung sein. Das beurteilt sich nach dem Scheidungsstatut gem Art 5 und 8 Rom III-VO. Vielfach handelt es sich auch um eine Alternative zur Scheidung (zB Art 296–309 fr C civ und neuerdings wieder Art 61 ff poln FVGB) oder um eine Vorstufe zur Scheidung, wobei nach einer gewissen Zeit eine Umwandlung der Trennung in eine Scheidung begehrt werden kann (Beispiele Italien, weitere Rvgl bei STAUDINGER/MANKOWSKI [2011] Art 17 EGBGB Rn 27 ff, 457 ff, 460 ff). In jedem Fall ist eine solche Klage in Deutschland zulässig. Dazu gibt es seit BGH 22. 3. 1967 (BGHZ 47, 324 FamRZ 1967, 452 = JZ 1967, 671 [HELDRICH] = NJW 1967, 2109 = StAZ 1967, 237 [CHR BÖHMER] = RabelsZ 32 [1968] 313 [JAYME]; BGH 23. 4. 1994 FamRZ 1994, 825) eine reiche Rechtsprechung vornehmlich zu Italienern (BGH 1. 4. 1984 IPRax 1988, 173; OLG Karlsruhe 14. 7. 1981 IPRax 1982, 75 mAnm JAYME 56; OLG Karlsruhe 26. 3. 1998 FamRZ 1999, 605; 12. 1. 1999 FamRZ 1999, 1680; OLG Saarbrücken 19. 2. 1997 FamRZ 1997, 1523 [LS]; OLG Frankfurt 8. 8. 1994 FamRZ 1995, 375; OLG München 19. 10. 1992 FamRZ 1993, 459; OLG Stuttgart 25. 12. 1995 FamRZ 1997, 879; FamRZ 1974, 257 [Portugiesen]; OLG Düsseldorf 1. 7. 1992 FamRZ 1993, 433; OLG Stuttgart 13. 11. 1981 FamRZ 1982, 296; OLG Frankfurt IPRax 1983, 193 [JAYME]; BGH 1. 4. 1984 IPRax 1988, 17; dazu KINDLER, Einführung in das italienische Recht [1993] § 11). Diese Klagen fallen hinsichtlich der Zuständigkeit **unter Art 3 Brüssel IIa-VO** und unter **§ 98 FamFG**, soweit es noch als „Restzuständigkeit" anzuwenden ist (unten Rn 22, 135; STAUDINGER/SPELLENBERG [2015] Art 7 Brüssel IIa-VO Rn 5 ff). Es ist zwar vielleicht entschuldbar, dass der Gesetzgeber diese Trennung in § 121 FamFG nicht erwähnt hat, die dem deutschen Recht unbekannt ist, aber immerhin in § 107 FamFG genannt wird, und da Art 3 und 7 Abs 1 Brüssel IIa-VO auch dafür auf nationale Restzuständigkeiten verweisen, muss § 98 FamFG angewandt werden.

Auch die **gerichtliche Bestätigung** einer einverständlichen Trennung ist im deutschen 19
Verfahren zulässig, wenn sie im ausländischen Recht vorgesehen ist (OLG Karlsruhe

21. 3. 1991 FamRZ 1991, 1308; OLG Düsseldorf 1. 7. 1992 FamRZ 1993, 433 implizit) und fällt ebenfalls unter **Art 3 Brüssel IIa-VO**.

b) Beschränkte praktische Bedeutung

20 Insgesamt ist der **Anwendungsbereich** des § 98 FamFG **beschränkt**, denn praktisch fallen die meisten in § 121 FamFG genannten und damit an sich von § 98 FamFG erfassten Verfahren nicht darunter, sondern unter die Brüssel IIa-VO (so auch Johannsen/Henrich/Henrich, Familienrecht § 98 FamFG Rn 2, 24; Schack, IZVR Rn 426; Prütting/Helms/Hau Rn 3). Deren Geltung ist **nicht abdingbar**, und zwischen ihr und deutschem Zuständigkeitsrecht gilt auch **kein Günstigkeitsprinzip**.

21 Es scheint, dass die Verfasser des FamFG, als sie § 606a ZPO aF übernahmen, übersehen haben, dass § 98 FamFG **sachlich nur für die selteneren Feststellungsverfahren** bzw die Verfahren, die nicht auf eine Änderung des Ehestatus zielen, gelten kann. Es wäre deshalb geboten gewesen zu prüfen, ob dafür am Gesetz Änderungen vorzunehmen waren, weil § 606a ZPO aF am Modell der Scheidungen ausgerichtet war, die aber nun vornehmlich der Brüssel IIa-VO unterfallen. So ist insbesondere zweifelhaft, ob die Anerkennungsprognose in (nun) § 98 Abs 1 Nr 4 FamFG, die ua im Verhältnis zum Heimatstaat hinkende Scheidungen verhindern soll (unten Rn 167), noch sinnvoll ist, denn zwar kann es auch bei der Feststellung, dass eine Ehe ipso facto nichtig sei, zu Rechtskraftkonflikten mit dem Heimatstaat kommen, wenn dieser nicht anerkennt, doch sind das weniger gewichtige Konflikte und daher fraglich, ob der Aufwand der Anerkennungsprognose nötig ist (weiter unten Rn 170).

2. Verbleibender Regelungsbereich

a) Restzuständigkeit

22 Es ist aber darauf hinzuweisen, dass nach Art 7 Abs 1 mit Art 6 Brüssel IIa-VO dann deutsches Zuständigkeitsrecht gilt, wenn sich aus der Verordnung keine Zuständigkeit in irgend einem Mitgliedstaat der Brüssel IIa-VO ergibt (vgl Staudinger/Spellenberg [2015] Art 7 Brüssel IIa-VO Rn 5 ff, Art 6 Brüssel IIa-VO Rn 4 ff). Das ist ieS keine sachliche Zuständigkeit, aber ein nicht unwichtiger Teil des Anwendungsbereichs des § 98 FamFG. Zu denken ist vor allem an deutsch-ausländische Ehepaare mit gewöhnlichem Aufenthalt außerhalb der EU (Staudinger/Spellenberg [2015] Art 7 Brüssel IIa-VO Rn 10 ff).

b) Feststellungsklagen

23 § 121 Nr 3 FamFG nennt auch die **Feststellung des Bestehens** oder **Nichtbestehens** einer Ehe. Sie fällt nach hM nicht unter Art 1 und 3 Brüssel IIa-VO (Staudinger/Spellenberg [2015] Art 1 Brüssel IIa-VO Rn 23 ff). Das zielt zuerst auf die Nichtehe zB wegen fehlender Mitwirkung eines Standesbeamten oder die englische void marriage wegen anfänglicher Mängel der Eheschließung. Wenn aber die Brüssel IIa-VO nicht anzuwenden ist, dann fällt die Feststellungsklage unter **§ 98 FamFG**. Zu denken ist vor allem an deutsch-ausländische Ehepaare mit gewöhnlichem Aufenthalt außerhalb der EU (Staudinger/Spellenberg [2015] Art 7 Brüssel IIa-VO Rn 10 ff).

24 Wenn das Bestehen der Ehe von der Wirksamkeit einer vorangegangenen Scheidung oder Eheauflösung abhängt, ist zudem zu fragen, wann für eine Feststellungsklage nach § 98 noch ein **Rechtsschutzbedürfnis** besteht. Wenn die fragliche Eheauflösung

im Ausland nach Art 1 und 3 Brüssel IIa-VO erfolgt ist, kann nur die Feststellung gemäß Art 21 Abs 3 Brüssel IIa-VO und nach hier vertretener Auffassung auch eine freiwillige Anerkennungsfeststellung nach § 107 FamFG beantragt werden (§ 107 Rn 70, 100 ff). Geht es allerdings um die Feststellung, ob eine **im Inland** in einem internationalen Fall ausgesprochene Scheidung etc wirksam ist, dann kommt § 107 FamFG nicht in Betracht und auch nicht Art 21 Abs 3 Brüssel IIa-VO. Die Antwort ergibt sich hier aus der Rechtskraft des Urteils, und einer Feststellungsklage bedarf es in aller Regel nicht.

Der Vorrang der Klage nach Art 21 Abs 3 Brüssel IIa-VO besteht jedoch nur, wenn die betreffende Ehe in einem anderen Mitgliedstaat geschieden oder aufgehoben wurde. Grundsätzlich wäre nicht nur die **Feststellung** einer von Anfang an nichtigen Ehe zulässig, sondern auch, dass die Ehe durch **Scheidung außerhalb** der Brüssel IIa-VO beendet ist. Hier besteht jedoch ein **Vorrang** des **förmlichen Anerkennungsverfahrens** nach § 107 FamFG (dazu § 107 Rn 12). Soweit dieses Feststellungsmonopol aber nicht reicht (dazu § 107 Rn 69, 85, 98, 156), ist eine Feststellungsklage, dass die Ehe nicht mehr bestehe, als Ehesache zulässig (AG Hamburg 12. 4. 1979 FamRZ 1980, 453; AG Hamburg 10. 6. 1982 IPRspr 1982 Nr 66 A). Dasselbe gilt für ausländische Trennungen von Tisch und Bett. 25

c) Posthume Eheaufhebung

Sieht das maßgebende ausländische Recht ein besonderes Verfahren der posthumen **Auflösung** der Ehe auf der Grundlage einer **Todeserklärung** oder auch ohne vor (vgl auch Staudinger/Mankowski [2011] Art 17 EGBGB Rn 243 f), so ist dies zwar eine Ehesache sui generis (so in der Schweiz, Götz, in: Berner Kommentar Art 102 ZGB Rn 4), doch werden die Regeln des Scheidungsverfahrens entsprechend angewandt. Einer Qualifikation als Ehesache iSd 121 FamFG könnte das Bedenken entgegenstehen, dass es sich – naturgemäß – nicht um ein Zweiparteienverfahren handelt (vgl Götz Rn 12). Es erscheint dennoch richtiger, die Sache unter § 121 FamFG zu subsumieren und dementsprechend der **Brüssel IIa-VO** den Vorrang zu lassen. 26

Wenn dagegen das gem Art 5 ff Rom III-VO/17 EGBGB aF dafür maßgebende ausländische Recht (Staudinger/Mankowski [2011] Art 17 EGBGB Rn 243) an die Todeserklärung **automatisch die Auflösung** der Ehe knüpft (so zB heute Art 85 cc in Spanien), ist eine **Feststellungsklage** zulässig, wenn ein Feststellungsinteresse besteht. Dafür gilt dann **§ 98 FamFG**. Ein Gestaltungsurteil liegt dagegen vor, und damit geht die Brüssel IIa-VO vor, wenn nach einer unberechtigten Todeserklärung die **neue Ehe** wie nach §§ 1319 f BGB **aufzuheben** ist. 27

d) Herstellungsklagen

§ 606 Abs 1 ZPO aF nannte auch Klagen (heute Anträge) auf **Herstellung der ehelichen Lebensgemeinschaft** bzw auf Unterlassung ehewidrigen Verhaltens. Heute erscheinen sie nur noch schamhaft in § 120 Abs 3 FamFG, indem die Vollstreckung der Verpflichtung zur Herstellung des ehelichen Lebens ausgeschlossen wird, und in § 266 Abs 1 Nr 2 FamFG als sonstige Familiensache unter den aus der Ehe herrührenden Ansprüchen (MünchKommFamFG/Hilbig § 121 Rn 19). § 1353 Abs 1 BGB enthält zwar nach wie vor die Pflicht dazu, während die Nennung der Unvollstreckbarkeit der Pflicht zur Eingehung einer Ehe in § 120 Abs 3 FamFG unnötig erscheint, da es schon die Klage gem § 1297 Abs 1 BGB nicht gibt. 28

29 Das Feld der **Herstellungsklagen**, zu denen auch die wohl häufigeren Klagen auf **Unterlassung ehewidrigen Verhaltens** gehören, ist zwar weit (rechtsvergleichend STAUDINGER/MANKOWSKI [2011] Art 14 EGBGB Rn 260 f; zum deutschen Recht M LIPP, Die eherechtlichen Pflichten und ihre Verletzung [1988] 241 ff u passim), sie spielen jedoch in der Praxis anscheinend eine untergeordnete Rolle. Ob und welche Ansprüche hier bestehen, ergibt das nach Art 14 EGBGB bestimmte Recht. Viele Eherechte kennen eine grundsätzliche Pflicht zur ehelichen Lebensgemeinschaft. Ob sie auch vollstreckt werden können, ist eine andere Frage.

30 In den **§§ 99 bis 104 FamFG** ist die internationale Zuständigkeit differenzierend für die Familiensachen iSd § 111 FamFG geregelt, **nicht** aber für die **Herstellungsklagen** und damit insbesondere die Klagen gegen Ehestörungen, die in § 121 FamFG bewusst nicht mehr genannt werden. Man muss annehmen, dass der Gesetzgeber auch § 98 FamFG auf die Ehesachen des § 121 FamFG beschränkt. Das bedeutet, dass **§ 105 FamFG** für „andere Verfahren" einschlägig ist, wonach die **internationale Zuständigkeit** der örtlichen folgt (MünchKommFamFG/ERBARTH § 266 FamFG Rn 61; KEIDEL/GIERS § 266 FamFG Rn 10). Damit wird man auf § 266 FamFG mit § 267 FamFG verwiesen, wonach bei isolierter Klage der allgemeine Gerichtsstand des Beklagten gilt, der anhand des gewöhnlichen Aufenthalts bestimmt wird (§ 267 Abs 2 FamFG). Bei Anhängigkeit einer Ehesache wäre zwar das damit befasste Familiengericht zuständig (§ 267 Abs 1 FamFG), doch wird mit einer Eheauflösung allenfalls eine Schadensersatzklage wegen Ehestörung, soweit sie überhaupt zulässig ist, zusammentreffen.

31 Unter § 267 FamFG fallen so die allgemeine Klage auf Herstellung der **ehelichen Lebensgemeinschaft** und ihr – häufigeres – Gegenstück: die Klage auf Feststellung des **Rechts zum Getrenntleben** (zB OLG Karlsruhe 6. 3. 1984 IPRax 1985, 106 [HENRICH 88]). Auch Klagen auf Erfüllung **einzelner Pflichten** aus der ehelichen Lebensgemeinschaft gemäß dem Ehewirkungsstatut können hierunter fallen, wie etwa Klagen auf Haushaltsführung, Rückkehr in die eheliche Wohnung, Aufgabe einer Berufstätigkeit, allgemein auf Unterlassen ehewidrigen Verhaltens, insbesondere ehewidriger Beziehungen.

32 Die Herstellungsklage wird zwar im deutschen Recht ua dadurch charakterisiert, dass das Urteil nicht vollstreckbar und die Pflicht grundsätzlich auch nicht mit einer Schadensersatzforderung bewehrt ist. Dies kann jedoch im ausländischen Recht anders sein. Bei Verletzung des **räumlich-gegenständlichen Bereiches der Ehe** gibt das deutsche Recht einen (auch) aus § 823 Abs 1 BGB begründeten – vollstreckbaren – Unterlassungs- und Beseitigungsanspruch, vielleicht auch Schadensersatzanspruch. Diese Ansprüche wurden von der überwiegenden Meinung wegen dieser deliktsrechtlichen Begründung **nicht** als **Ehesache** iSv § 606 ZPO aF angesehen (BGH 26. 6. 1952 BGHZ 6, 361, 368; KG 14. 12. 1982 FamRZ 1983, 616; OLG Hamm 22. 10. 1980 FamRZ 1981, 477; OLG Düsseldorf 24. 2. 1981 FamRZ 1981, 577 mwNw; OLG Karlsruhe 16. 3. 1978 FamRZ 1980, 139; **aA** OLG Celle 29. 11. 1979 FamRZ 1980, 242, auch gegen den Dritten). Dann würde Art 7 Nr 2 Brüssel Ia-VO einschlägig. Folgt man dieser durchaus problematischen Auffassung, so wäre bei Geltung ausländischen Rechts danach zu unterscheiden, ob der Klageanspruch dort speziell eherechtlich oder allgemein deliktsrechtlich begründet wird (rechtsvergleichend STAUDINGER/MANKOWSKI [2011] Art 14 EGBGB Rn 260 f; JAYME, Die Familie im Recht der unerlaubten Handlungen [1971] 223 ff, 321 ff). Jedoch sollte diese

Klage zumindest zwischen den Ehegatten nach deutschem wie ausländischem Recht als sonstige Ehesache qualifiziert werden seitdem § 266 Abs 1 Nr 2 FamFG diese Kategorie eingeführt hat (Gernhuber/Coester-Waltjen, Familienrecht § 17 II Rn 19–21; vgl früher schon Löwisch, Der Deliktsschutz relativer Rechte [1970] 184 ff; Walter JZ 1983, 476; vgl Staudinger/Mankowski [2011] Art 14 EGBGB Rn 262 f). Damit folgt die internationale Zuständigkeit aus **§ 105 FamFG mit § 267 FamFG.**

Kennt das maßgebende ausländische Recht keine Herstellungsklage, stattdessen aber eine Klage auf **Feststellung der Verletzung** von Pflichten aus der ehelichen Lebensgemeinschaft (zB Art 143 cc it), so ist diese auch vor deutschen Gerichten zulässig (KG 16. 5. 1968 FamRZ 1968, 646) und fällt unter §§ 266 f FamFG. Sie wäre uU selbst nach deutschem Recht möglich. 33

II. Grundprinzipien der Regelung.*

1. Staatsangehörigkeit und gewöhnlicher Aufenthalt

Schon mit der Neuregelung **zum 1. 9. 1986** waren nun endgültig die deutsche Staats- 34

* **Schrifttum**: Althammer, Verfahren mit Auslandsbezug nach dem neuen FamFG, IPRax 2009, 381; Basedow, Das Staatsangehörigkeitsprinzip in der EU, IPRax 2011, 109; Dötsch, Verfahren mit Auslandsbezug nach dem neuen FamFG, NJW-Spezial 2009, 724; Finger, Familienrechtliche Verfahren mit Auslandsbezug, FuR 2010, 3; Ganz, Internationales Scheidungsrecht – eine praktische Einführung, FuR 2011, 69; Hau, Das internationale Familienverfahrensrecht im FamFG, FamRZ 2009, 821, ders, Europäische und autonome Zuständigkeitsgründe in Ehesachen mit Auslandsbezug, FPR 2002, 616; Henrich, Abschied vom Staatsangehörigkeitsprinzip, in: FS Stoll (2001) 637; Looschelders, Scheidungsfreiheit und Schutz des Antragsgegners im internationalen Privat- und Prozessrecht, in: FS Kropholler (2008) 332; Niethammer-Jürgens, Ehescheidungen und Folgesachen mit Auslandsbezug, FPR 2011, 440; Rauscher, Heimatlos in Europa? Gedanken gegen eine Aufgabe des Staatsangehörigkeitsprinzips im IPR, in: FS Jayme (2004) 719.
Älteres Schrifttum: Basedow, Die Neuregelung des Internationalen Privat- und Prozeßrechts, NJW 1986, 2971 ff; Böhmer, Das deutsche Gesetz zur Neuregelung des Internationalen Privatrechts, RabelsZ 50 (1986) 646; Dopffel, Die Voraussetzungen der Ehescheidung im neuen Internationalen Privat- und Verfahrensrecht, FamRZ 1987, 1205; Geimer, Verfassungsrechtliche Vorgaben bei der Normierung der internationalen Zuständigkeiten, in: FS Schwind (1993) 17; Gottwald, Deutsche Probleme internationaler Familienverfahren, in: FS Nakamura (1996) 179; Graf, Die internationale Verbundszuständigkeit (1984); Henrich, Das internationale Eherecht nach der Reform, FamRZ 1986, 841, 849; Heldrich, Internationale Zuständigkeit und anwendbares Recht (1969); Jayme, Das neue IPR-Gesetz, Brennpunkte der Reform, IPRax 1986, 265; Kilian, Aktuelle Probleme der internationalen Zuständigkeit in Ehesachen, § 606a ZPO, IPRax 1995, 9; Koch, Das neue IPR, Teil 1; Verschnitt aus mehreren Lagen, JZ 1986, 1102 ff; Lüderitz, Die Ehescheidung nach dem Gesetz zur Neuregelung des Internationalen Privatrechts, IPRax 1987, 74; Mansel, Personenstatut, Staatsangehörigkeit und Effektivität (1988); ders, Zu Auslegungsproblemen des IPR-Reformgesetzes, StAZ 1986, 315 ff; Pirrung, Der Regierungsentwurf zur Neuregelung des Internationalen Privatrechts IPRax 1983, 201; Spellenberg, Die Neuregelung der internationalen Zuständigkeit in Ehesachen, IPRax 1988, 1; Südmeier, § 606 a Abs 1 Nr 4 ZPO: öffentliche Klagezustellung an den Antragsgegner und deutsche internationale Zuständigkeit (1995).

angehörigkeit und der **gewöhnliche Aufenthalt** bei reinen Ausländerehen nebeneinander gleichberechtigte Grundlage der deutschen internationalen Zuständigkeit (vgl BT-Drucks 10/504, 89 f), und zwar genügt jetzt die deutsche **Staatsangehörigkeit** schon eines Ehegatten bei Antragstellung oder bei Heirat (sog **Antrittszuständigkeit**). Hat oder hatte keiner die deutsche Staatsangehörigkeit, so genügt heute sogar der **gewöhnliche Aufenthalt eines** Ehegatten im Inland, doch darf dann nicht offenbar sein, dass die ehetrennende Entscheidung in keinem der Heimatstaaten anerkannt werden wird. Das Anerkennungserfordernis entfällt, wenn der sich im Inland aufhaltende Ehegatte, sei es der Kläger oder der Beklagte, staatenlos ist. Der Rechtsausschuss verzichtete auf die Anerkennung, wenn beide ausländischen Ehegatten verschiedener Staatsangehörigkeit ihren gewöhnlichen Aufenthalt im Inland haben, weil damit eine stärkere, genügende Inlandsbeziehung bestehe, und die Gefahr einer hinkenden Ehe relativ gering sei (BT-Drucks 10/5632, 47). Das ist eine kühne tatsächliche Vermutung. Deren Wahrscheinlichkeit nimmt vielmehr mit Verzicht auf die Anerkennungsprognose zu.

35 Das **Nebeneinander** einer Heimatzuständigkeit für Deutsche und einer Aufenthaltszuständigkeit für Ausländer entspricht sicher einer langen Entwicklung im deutschen Recht, wobei die Aufenthalts- bzw Wohnsitzzuständigkeit die ältere ist (näher Staudinger/Gamillscheg[10/11] § 606b ZPO Rn 53 ff; Dessauer, IPR, Ethik und Politik 55 ff). Für beides finden sich auch jeweils viele Beispiele im Ausland. Seltener ist in der Welt die Kombination beider Kriterien, doch ist sie durchaus nicht ungewöhnlich. Für beide Zuständigkeiten beruft man sich auf die sozial-affektive Verbindung der Person zu der betreffenden Rechts- und Gesellschaftsordnung, die am besten durch das eine oder andere Faktum indiziert werde. Man muss jedoch beachten, dass „Auswanderer" wie Einwanderer häufig mit beiden Gesellschaften verbunden sind, und dass es schwierig sein kann, die relativ engere Verbindung zu bezeichnen. Im Zusammenhang mit der Debatte um die Integration zB der Türken erster, zweiter und selbst dritter Generation in Deutschland und den Doppelpass wird das deutlich. Das spricht für eine Kumulation, und ob die Kombination der Brüssel IIa-VO besser gelungen ist als § 98 FamFG, ist zu diskutieren (vgl Looschelders, in: FS Kropholler [2008] 332, 335 ff), aber, wie oben Rn 5 gesagt, wegen des engen sachlichen Anwendungsbereichs von § 98 FamFG nur von begrenzter praktischer Konsequenz.

36 Die Heimatzuständigkeit für Deutsche und ehemals Deutsche hat ihre Bedeutung nicht nur für die ratione materiae nicht von der Brüssel IIa-VO erfassten **Feststellungsklagen** behalten, sondern auch für **Statusverfahren**, wenn keine Zuständigkeit in irgendeinem ihrer Mitgliedstaaten eröffnet ist, die im Wesentlichen auf dem gewöhnlichen Aufenthalt wenigstens eines Ehegatten im Verordnungsgebiet beruht. Fehlt es daran, so kommt gerade deshalb nach Art 7 Abs 1 Brüssel IIa-VO das nationale deutsche Recht und mit ihm die Heimatzuständigkeit für den Antragsteller zum Zuge. Allerdings wird die Kumulation von Aufenthaltszuständigkeit nach der Brüssel IIa-VO und **deutscher Heimatzuständigkeit** erheblich eingeschränkt, wenn der Antragsgegner einem anderen Mitgliedstaat angehört und deshalb nach Art 6 Abs 2 Brüssel IIa-VO nur dort verklagt werden kann. Doch das ist kein Widerspruch, sondern eine angemessene Verteilung der Heimatstaatszuständigkeiten unter den Mitgliedstaaten. Bei mehrfacher Staatsangehörigkeit gibt es mehrere Heimatzuständigkeiten (EuGH 16. 7. 2009 – C-168/08 *Hadadi v Hadadi,* IPRax 2010, 66 mAnm Hau IPRax 2010, 50 und Dilger IPRax 2010, 54). Zudem gilt der Brüssel IIa-VO die

Zuständigkeit im gemeinsamen Heimatstaat als unproblematisch. Im Ergebnis schränkt die Brüssel IIa-VO nur die Zuständigkeit kraft einseitiger Staatsangehörigkeit sehr ein. Auch § 103 FamFG kumuliert Staatsangehörigkeit und gewöhnlichen Aufenthalt für Lebenspartnerschaftssachen, fügt allerdings aus besonderen Gründen noch die Registerzuständigkeit hinzu.

Ob für im Ausland lebende Deutsche eine **Heimatzuständigkeit** noch nötig und angemessen ist (für Vorrang der Aufenthaltszuständigkeit zB Kropholler, Hdb IZVR Bd I Kap III Rn 447; vgl auch vHoffmann IPRax 1982, 221 bei Fn 55), lässt sich rechtspolitisch diskutieren (dafür nachdrücklich Rauscher, in: FS Jayme [2004] 719, 730 ff; R Wagner FamRZ 2003, 803 zum IPR; Basedow IPRax 2011, 109, 115). Sie ist erst im 20. Jahrhundert nach und nach in das Gesetz aufgenommen worden (Dessauer, IPR, Ethik und Politik 55 ff), was mit dem Aufkommen des Staatsangehörigkeitsprinzips seit der 2. Hälfte des 19. Jahrhunderts zusammenhängt (dazu zB Jayme, Pasquale Stanislao Mancini, IPR zwischen Risorgimento und praktischer Jurisprudenz [1980]; Mansel, Personalstatut, Staatsangehörigkeit und Effektivität [1988] Rn 4 ff). Das EGBGB hielt an ihm für das internationale Familien- und Erbrecht grundsätzlich fest, wenngleich mit mancherlei Modifikationen bzw Einschränkungen zugunsten des Aufenthaltsprinzips. Von daher ist es konsequent, ihm auch im Recht der internationalen Zuständigkeit Raum zu geben (zu solchen Zusammenhängen grundsätzlich Dessauer, Ethik und Politik 54 ff). 37

§ 98 Abs 1 FamFG wie die Brüssel IIa-VO kumulieren beide Anknüpfungen, eben weil sie beide ihre Berechtigung haben, wobei ihnen jeweils etwas verschiedenes Gewicht gegeben wird. Das ist Anlass genug, die jeweilige Berechtigung für die Zuständigkeit zu beleuchten. 38

2. Rationes legis

a) Heimatzuständigkeit

Die Heimatzuständigkeit nach § 98 FamFG gibt im Ausland lebenden Deutschen und selbst ehemaligen Deutschen (Antrittszuständigkeit, unten Rn 114) die Möglichkeit, ihren Personenstand im Heimatstaat zu regeln ohne Rücksicht darauf, ob die Scheidung etc im Staat ihres neuen Lebensmittelpunktes anerkannt wird. Der BGH beruft sich auf das natürliche Interesse der Partei, ein Gericht des Staates anzurufen, dessen Sprache und Funktionsweise ihr vertraut ist und dem sie vertraut, und mit dem sie auf mannigfache Weise verbunden ist (BGH 20. 12. 1972 BGHZ 60, 85, 90; ähnlich Pfeiffer, Internationale Zuständigkeit und prozessuale Gerechtigkeit 86 ff; BVerfG 4. 5. 1971 BVerfGE 31, 58, 78; vgl Staudinger/Spellenberg [2015] Art 3 Brüssel IIa-VO Rn 9 f, 18 ff, 47 f). Ebenso haben sie grundsätzlich eine Heimatzuständigkeit als Doppelstaater (unten Rn 101). So kann die Heimatzuständigkeit durchaus eine **Heimatzuflucht** sein (Heldrich, Internationale Zuständigkeit und anwendbares Recht [1969] 89, 108, 176 Fn 21). 39

Rechtspolitisch ist diese Heimatzuständigkeit in ihrem Verhältnis zur Aufenthaltszuständigkeit nicht über alle Zweifel erhaben, aber so hat der Gesetzgeber schon 1986 entschieden (ein einschränkender Reformvorschlag von Staudinger/Gamillscheg[10/11] § 606b ZPO Rn 37 ff hat sich nicht durchgesetzt). Im Großen und Ganzen lässt sich diese Entscheidung aber damit begründen, dass die Menschen gewöhnlich noch immer mehr oder weniger lange mit ihrem Heimatstaat verbunden bleiben, auch wenn sie im Ausland ihren gewöhnlichen Aufenthalt, dh ihren Lebensmittelpunkt nehmen, 40 und wenn man die Ratio der internationalen Zuständigkeit in der sozial-affektiven Verbundenheit mit einer Rechts- und Gesellschaftsordnung sieht. Die Ausrichtung ihrer Lebensverhältnisse auf ihren neuen Aufenthaltsstaat bedeutet auch nicht notwendig den Abbruch vergleichbarer Beziehungen zum Heimatstaat (weiter bei STAUDINGER/SPELLENBERG [2015] Art 3 Brüssel IIa-VO Rn 15 ff). Dies lässt sich oft selbst für den Fall feststellen, dass diese Personen eine zusätzliche ausländische Staatsangehörigkeit erworben haben (zu den verfassungsrechtlichen Bedenken namentlich GEIMER, in: FS Schwind [1993] 17 ff). Die deutsche Staatsangehörigkeit neben einer ausländischen darf aber nicht ganz ineffektiv sein (Rn 103 ff).

41 Da nach § 98 FamFG aber nicht nur der deutsche Ehegatte in Deutschland klagen kann, sondern ggf auch der andere nicht deutsche, gewährt die Regelung nicht nur eine Heimatzuflucht im engeren Sinne (zutr GEIMER, IZPR Rn 1330 f). Wenn der Gesetzgeber den deutschen Ehegatten immer erlaubt, „zu Hause" zu klagen, so kann er keine Bedenken dagegen haben, wenn sie dort verklagt werden. Die so dem anderen Ehegatten zu gewährende Zuständigkeitsgleichheit folgt der Heimatzuflucht für den deutschen Partner. Zwingend wäre sie nicht.

42 Die auf eine deutsche Staatsangehörigkeit bei Eheschließung gegründete **Zuständigkeit** sicherte in der Folge nicht nur den aktuellen sondern sogar den ehemals deutschen Staatsangehörigen als Antrittszuständigkeit den Zugang zu deutschem Kollisionsrecht und damit zu **deutschem Scheidungsrecht**: Wenn nicht schon nach Art 17 Abs 1 S 1 mit Art 14 Abs 1 Nr 1 und 2 EGBGB deutsches Recht galt, so half dem **die Scheidung begehrenden** deutschen oder ehemals bei Heirat deutschen Ehegatten Art 17 Abs 1 S 2 EGBGB. Das bedeutete, dass zumindest vor deutschen Gerichten der bei Heirat deutsche Ehegatte auch nach einem Staatsangehörigkeitswechsel immer auf deutsches Scheidungsrecht zurückgreifen kann (Antrittsstatut) und also nicht stärker als nach deutschem Recht gebunden wird (vgl amtl Begründung zur CPO von 1898, Materialien zur CPO [1898], Beilage zur ZZP 24 [1898] 297 f; G WAGNER IPRax 2000, 512 ff; weiter zu diesem Zweck der internationalen Zuständigkeit DESSAUER, IPR, Ethik und Politik 188 ff; zur Frage, ob die Regel allseitig gelesen werden sollte, verneinend STAUDINGER/MANKOWSKI [2011] Art 17 EGBGB Rn 181; KERSTING FamRZ 1992, 273 f; bejahend SOERGEL/SCHURIG Art 17 EGBGB Rn 32). Heimatstatut und Heimatzuständigkeit fallen nach den europäischen Verordnungen nur noch bei gemeinsamer deutscher Staatsangehörigkeit zusammen. Immerhin könnten die Eheleute bei gemischt deutsch-ausländischer Ehe deutsches Scheidungsrecht vereinbaren (Art 5 Abs 1 lit e Rom III-VO), aber die Brüssel IIa-VO erlaubt nicht, den Gerichtsstand zu vereinbaren. Die Frage ist nun, abgesehen von den praktisch seltenen Fällen der Restzuständigkeiten und der Feststellungsklagen (oben Rn 22 ff), dem europäischen Gesetzgeber zugewiesen.

43 Diese Ratio ist nun aber weitgehend entfallen, seit Art 8 lit c Rom III-VO die Scheidung bei Verfahren ab dem 21. 6. 2012 (Art 18 Rom III-VO; OLG Hamm 7. 5. 2013 IPRax 2014, 349) idR nur noch an die **gemeinsame deutsche Staatsangehörigkeit** bei Antragstellung anknüpft. **Heimatstatut** und Heimatzuständigkeit fallen nach den europäischen Verordnungen nur noch bei gemeinsamer deutscher Staatsangehörigkeit zusammen. Immerhin könnten die Eheleute bei gemischt deutsch-ausländischer Ehe deutsches Scheidungsrecht vereinbaren (Art 5 Abs 1 lit e Rom III–VO), aber die Brüssel IIa-VO erlaubt nicht, den Gerichtsstand zu vereinbaren. Die Frage ist nun, abgesehen von den praktisch seltenen Fällen der Restzuständigkeiten und der

Feststellungsklagen (oben Rn 22 ff), dem europäischen Gesetzgeber zugewiesen. Mit der Rom III-VO sind das Antrittsstatut aber nicht auch die Antrittszuständigkeit in § 98 FamFG entfallen.

b) Aufenthaltszuständigkeit

aa) Begründung

Ein Staat wie Deutschland mit knapp 8,2 Millionen ausländischen Bürgern (nach dem Ausländerzentralregister zum Jahresende 2014) tat sicher gut daran, ihnen die Regelung ihrer Statusverhältnisse hier zu erlauben, wo viele von ihnen ihren Lebensmittelpunkt haben. Die Brüssel IIa-VO hat die Aufenthaltszuständigkeit noch verstärkt. Zwar bietet das Abstellen auf den **gewöhnlichen Aufenthalt** gewisse Möglichkeiten der Zuständigkeitserschleichung, indem ein solcher vorgetäuscht wird, das nötigt aber nicht dazu, darauf zu verzichten. Man muss vielmehr ausreichende Sorgfalt auf die Feststellung der entsprechenden Tatbestandsmerkmale legen (dazu STAUDINGER/SPELLENBERG [2015] Art 3 Brüssel IIa-VO Rn 12, 38 ff). 44

Insbesondere muss die soziale Integration des Ehegatten **nachweislich geschehen** sein, denn sie rechtfertigt die Zuständigkeit. Die Prognose oder gar nur die Absicht, dass sie in Zukunft zustande kommen werde, genügt nicht (dazu STAUDINGER/SPELLENBERG [2015] Art 3 Brüssel IIa-VO Rn 101 ff). Deshalb genügt der schlichte Aufenthalt zu Recht nicht, denn dieser böte nicht nur der Zuständigkeitserschleichung weit offene Türen, sondern vor allem fehlt mit dem inländischen Lebensmittelpunkt das Bedürfnis, die Statusverhältnisse hier zu regeln. Ist der gewöhnliche Aufenthalt danach entstanden, muss er für § 98 FamFG anders als bei Art 3 Abs 1 lit a Brüssel IIa-VO nicht schon einige Zeit als solcher bestehen. 45

Gegenüber dem Wohnsitz hat der gewöhnliche Aufenthalt den Vorteil, bei Auseinanderfallen den tatsächlichen Lebensmittelpunkt und die soziale **Umwelt** besser zu bezeichnen. Auch dass der gewöhnliche Aufenthalt **nur eines Ehegatten** im Inland genügt, ist grundsätzlich zu billigen, denn für jeden Ehegatten besteht das Bedürfnis einer Regelung seiner Ehe in seiner sozialen Umwelt. Damit entsteht freilich gegebenenfalls ein **Klägergerichtsstand** und uU die Gefahr einer Begünstigung des Ehegatten, der als erster bei sich zu Hause klagt. § 98 FamFG nimmt letzteres wie auch Art 3 Abs 1 lit a 5. bzw 6. Str Brüssel IIa-VO in Kauf. 46

bb) Anerkennungsprognose

Im Anerkennungserfordernis bei einer nur auf den einseitigen gewöhnlichen Aufenthalt eines Ehegatten zu gründenden Zuständigkeit komme zum Ausdruck, dass der Heimatstaat des jeweiligen Ehegatten **in erster Linie** zur Regelung des Status berufen sei, sodass wenigstens nicht im Gegensatz zu ihm gehandelt werden soll (GRUNDMANN NJW 1986, 2166 f), weil keine sehr starke Beziehung zum Urteilsstaat bestehe. Es verstärke damit die Anknüpfung in Art 13 und 17 mit 14 EGBGB und erzeuge eine gewisse Übereinstimmung mit dem Heimatstaat. Das ist eine wertende Entscheidung des Gesetzgebers, die vielleicht nicht zwingend erforderlich war, die aber bei dem verbreiteten Festhalten am Staatsangehörigkeitsprinzip in der Welt für eine Aufenthaltszuständigkeit vertretbar ist (**aA** GEIMER, IZPR Rn 1954 f; KROPHOLLER, in: Hdb IZPR I Kap III Rn 447, dagegen amtl Begr BT-Drucks 10/504, 90; Rechtsausschuss BT-Drucks 10/5632, 36, 47). Sie verringert hinkende Scheidungen und damit hinkende neue Ehen (amtl Begr BT-Drucks 10/504, 90; STEIN/JONAS/SCHLOSSER, ZPO[21] § 606a Rn 18; **aA** WIECZOREK/ 47

Becker-Eberhard, ZPO[3] § 606a Rn 51, 55; für einen anderen Weg Gottwald IPRax 1984, 57, 59). Das Dictum von G Holleaux, viele lebten ganz bequem in hinkenden Personenstandsverhältnissen (FamRZ 1963, 637), trifft eigentlich so nur zu, solange beide Eheleute im **Urteilsland** bleiben; gerade im Zusammenhang mit der Scheidung kommt es aber häufig zu Rückwanderungen.

48 Das Argument, durch Aufgabe oder Abschwächung des Anerkennungserfordernisses werde den Gerichten die Arbeit der schwierigen Prognose erspart (Geimer FamRZ 1980, 789 ff; BT-Drucks 10/5632, 47; BR-Drucks 222/83, 13), überzeugt nicht, denn mit jeder Erweiterung der deutschen internationalen Zuständigkeit kommt auf die Gerichte mehr Arbeit zu, und gerade bei Ausländerehen wird in der Sache uU ausländisches Eherecht anzuwenden und zu ermitteln sein. Es ist schwer abzuschätzen, ob bzw wie oft die Verstärkung der Anknüpfung der Scheidung an den gewöhnlichen Aufenthalt die an die ausländische Staatsangehörigkeit verdrängt (Art 8 lit a–c Rom III–VO), zumal die Parteien nach Art 5 Abs 1 lit c Rom III–VO ein ausländisches Heimatrecht wählen dürfen. So ist jedenfalls nicht offensichtlich, dass ein Verzicht auf die Anerkennungsprognose zu einer großen Arbeitserleichterung führen würde. Sie ergibt sich viel mehr daraus, dass § 98 FamFG insgesamt nur noch selten gilt (oben Rn 4 ff, unten Rn 54 ff).

49 Die Regelung ist **nicht** deshalb **verfassungswidrig**, weil sie die Ausländer aus einem anerkennungsbereiten Heimatstaat und die aus einem nicht anerkennungsbereiten hinsichtlich ihres Justizgewährungsanspruches ungleich behandelt (so aber Geimer, IZPR Rn 1954; zur Verfassungswidrigkeit des alten § 606b BVerfG 3. 12. 1985 NJW 86, 658 = FamRZ 1987, 793; Stein/Jonas/Schlosser § 606a ZPO Rn 17). Streiten kann man nur über die rechtspolitische Berechtigung der Regelung. Sie kann darin gesehen werden, dass das Anerkennungserfordernis die **Schwäche einer Zuständigkeitsbegründung** durch den inländischen Aufenthalt nur eines Ehegatten **ausgleichen** soll. „Anerkennung" heißt in diesem Zusammenhang, dass der Heimatstaat dem deutschen Statusurteil **inländische Gestaltungswirkung** verleiht (weiter Rn 195 ff).

50 **Verfassungsrechtliche Bedenken** werden aber nun wegen **Schlechterstellung der Ehe** gegenüber den homosexuellen Partnerschaften geäußert, denn bei § 103 Abs 1 Nr 2 FamFG genügt der gewöhnliche Aufenthalt eines Partners ohne Erfordernis der Heimatstaatsanerkennung (Zöller/Geimer, ZPO § 98 FamFG Rn 10). Dass Lebenspartner leichter eine Zuständigkeit in Deutschland finden als Ehepaare ist in der Tat schwer einzusehen, doch ist unklar, welche Abhilfe geboten ist: die Einfügung eines Anerkennungserfordernisses dort oder seine Streichung hier.

51 **Eine Justizverweigerung** liegt in dieser Beschränkung der internationalen Zuständigkeit grundsätzlich nicht. Freilich wird man eine deutsche **Notzuständigkeit** eröffnen müssen, wenn die Parteien weder in ihrem Heimatstaat noch in einem anderen Land, dessen Urteil der Heimatstaat anerkennt, ein Forum finden (Hau, in: FS Kaissis [2012] 355 ff plädiert für eine Notzuständigkeit im Rahmen der EU-Verordnung; weiter unten Rn 259 ff).

52 Freilich erscheint es einigermaßen **willkürlich** und lässt sich nur als praktischen Kompromiss in einem schon lange andauerndem rechtspolitischen Streit verstehen (vgl BT-Drucks 10/5632, 47), dass die Übereinstimmung **nur mit einem** der beiden Heimatstaaten hergestellt bzw das Hinken der Scheidung vermieden werden soll, und dass dies auch nur dann geschieht, wenn die Verweigerung der Anerkennung offensichtlich ist (dazu näher unten Rn 226 ff). Die einzige andere ebenfalls gleichberechtigungskonforme Alternative, bei gemischtnationaler Ausländerehe die Anerkennung von beiden Heimatstaaten zu fordern, hätte nach Ansicht des Gesetzgebers die Scheidung zu sehr erschwert (nachdrücklich THÜMMEL NJW 1985, 523, 526). Nicht nötig erscheint es jedenfalls, nur zu scheiden, wenn auch im Heimatstaat geschieden würde. Es genügt, dass dieser Staat die deutsche Scheidung anerkennen wird.

Der Vorschlag, nicht auf den Heimatstaat abzustellen, sondern die Anerkennung durch das nach Art 17 EGBGB/Art 5 ff Rom III-VO bestimmte Scheidungsstatut zu verlangen (THÜMMEL NJW 1985, 523, 526; DESSAUER, Internationales Privatrecht, Ethik und Politik [Bd 2] 853 ff; WIECZOREK/BECKER-EBERHARD § 606a ZPO Rn 54), hat sich nicht durchgesetzt. Er hätte auch der damaligen Wertung des IPR widersprochen, dass in erster Linie an die Staatsangehörigkeit anzuknüpfen sei (Art 17 Abs 1 mit Art 14 Abs 1 Nr 1 EGBGB), sodass Übereinstimmung vor allem mit dem Heimatstaat zu suchen ist. 53

Bedenkt man, dass die Zuständigkeit kraft des Aufenthalts nur des Antragstellers für Klagen auf Auflösung der Ehe nur noch in den sehr begrenzten Situationen des Art 3 Abs 1 lit a 5. Str Brüssel IIa-VO besteht, und ansonsten für Feststellungsklagen, so hätte der Gesetzgeber 2009 eigentlich keine Notwendigkeit sehen müssen, an dem Anerkennungserfordernis festzuhalten. Denn die Wartefrist des Art 3 Abs 1 lit a Brüssel IIa-VO wird praktisch oft noch während des Verfahrens erfüllt werden, sodass sich die Zuständigkeit dann aus der Brüssel IIa-VO ergibt (STAUDINGER/SPELLENBERG [2015] Art 3 Brüssel IIa-VO Rn 41, 153 ff), und weil andererseits bei Feststellungsurteilen das Hinken der Ehe weniger gravierende Folgen hat. Vor allem legt die geringe praktische Bedeutung des § 98 FamFG insgesamt (oben Rn 4 ff) den Verzicht nahe. 54

III. Allgemeine Regeln

1. Maßgebender Zeitpunkt*

a) Ende der mündlichen Verhandlung

Die Voraussetzungen der internationalen Zuständigkeit müssen grundsätzlich spätestens am **Ende der mündlichen Verhandlung** vorliegen, können also noch während 55

* **Schrifttum**: BAUER, Wechsel des gewöhnlichen Aufenthalts und perpetuatio fori in Sorgerechtsverfahren, IPRax 2003, 135; BEITZKE, Bemerkungen zur Perpetuatio fori im deutschen internationalen Verfahrensrecht, in: FS Rammos (Athen 1979) 71; DAMRAU, Die Fortdauer der internationalen Zuständigkeit trotz Wegfalls ihrer Voraussetzungen, in: FS Bosch (1976) 112; GAMPP, Perpetuatio fori internationalis im Zivilprozeß und im Verfahren der freiwilligen Gerichtsbarkeit (2010); HAU, Grundlagen der internationalen Notzuständigkeit im Europäischen Zivilverfahrensrecht, in: FS Kaissis (2012) 355; JACOBS, Die Perpetuatio fori im internationalen Recht des Zivilprozesses und der freiwilligen Gerichtsbarkeit (Diss Köln 1962); SCHLOSSER, Die perpetuatio litis als rechtsstaatlicher Leitgedanke im nationalen und internationalen Zivilprozeßrecht, in: FS Nagel (1987) 352; SCHUMANN, Internationale Zuständigkeit: Besonderheiten, Wahlfeststellung, doppelrelevante Tatsachen, in: FS Nagel (1987) 402.

des Verfahrens eintreten (BGH 1. 3. 2011 BGHZ 188, 373 Nr 11 f; Zöller/Geimer, ZPO § 98 FamFG Rn 90; Keidel/Zimmermann § 98 FamFG Rn 7; vHoffmann/Thorn, IPR § 8 Rn 67 b). Es entscheidet nicht der Zeitpunkt der Entscheidung oder des Urteilserlasses (so aber Prütting/Helms/Hau Rn 9), denn nach der Verhandlung können die Parteien dazu nicht mehr Stellung nehmen. Es darf aber nicht das Verfahren ausgesetzt oder so terminiert werden, dass die Zuständigkeit noch entstehen kann. Allenfalls wenn sicher ist, dass das demnächst sein wird, kann etwas zugewartet werden. Das gilt gleichermaßen für die Staatsangehörigkeit wie den gewöhnlichen Aufenthalt.

b) Perpetuatio fori internationalis

56 Grundsätzlich wird angenommen, dass eine einmal entstandene internationale Zuständigkeit fortdauert, auch wenn ihre tatsächliche Grundlage entfallen ist. Fällt **eine** Voraussetzung der deutschen internationalen Zuständigkeit während des Verfahrens weg, so schadet das natürlich solange nichts, als die Zuständigkeit nach einer anderen Vorschrift gegeben bleibt. Fallen alle Tatsachen, die die internationale Zuständigkeit begründet haben, während des Verfahrens weg, so bleibt die Zuständigkeit nach § 113 Abs 1 S 2 FamFG iVm § 261 Abs 3 Nr 2 ZPO grundsätzlich erhalten **(perpetuatio fori)**, so vor allem wenn der Antragsgegner seinen gewöhnlichen Aufenthalt ins Ausland verlegt (BGH 17. 4. 2013 FamRZ 2013, 1113 mit Anm Hau zu Art 5 Nr 2 Brüssel I-VO; BGH 1. 3. 2011 BGHZ 188, 373 Nr 22 ff zur Brüssel IIa-VO; BGH 21. 9. 1983 FamRZ 1983, 1216 = IPRax 1985, 162 zu § 606a ZPO; BGH 1. 4. 1987 NJW 1988, 636 = IPRax 1988, 173; OLG Nürnberg FamRZ 2001, 837; Gampp, Perpetuatio fori internationalis im Zivilprozess und in Verfahren der freiwilligen Gerichtsbarkeit [2010] 100, 102; Linke/Hau, IZVR Rn 4.75 f; Nagel/Gottwald, IZPR § 6 Rn 255; Zöller/Geimer, ZPO § 98 FamFG Rn 90; MünchKommFamFG/Rauscher Rn 32, 75). Da die Staatsangehörigkeit schwerer zu wechseln ist, ist der Hauptfall der eines Wechsels des gewöhnlichen Aufenthalts ins Ausland.

57 Die gesetzliche Grundlage für die perpetuatio fori internationalis wird **in § 261 Abs 3 Nr 2 ZPO** gesehen, den § 113 FamFG nicht ausschließt (BGH 1. 3. 2011 BGHZ 188, 373 Nr 22 f; BGH 17. 4. 2013 FamRZ 2013, 1113 zu Art 5 Nr 2 Brüssel I-VO). Er gilt auch bei Zuständigkeiten auf der Grundlage der Brüssel IIa-VO bzw Brüssel Ia-VO (Linke/Hau, IZVR Rn 4.75). Beispiele sind vor allem die Aufgabe des gewöhnlichen Aufenthalts oder der Verlust der deutschen Staatsangehörigkeit.

58 Damrau lehnt die perpetuatio fori internationalis gänzlich ab (in: FS Bosch [1976] 112 ff). Andere lehnen sie zwar ebenfalls grundsätzlich ab (Schumann, in: FS Nagel [1987] 408 f), gestatten aber Ausnahmen. Ebenso wird vertreten, die perpetuatio fori internationalis davon abhängig zu machen, dass die deutsche Entscheidung im Heimatstaat der Eheleute weiterhin anerkannt wird (so zB MünchKommZPO/Bernreuther[2] § 606a ZPO Rn 124 mwNw). Den Besonderheiten der internationalen Zuständigkeit angemessen ist eine Unterscheidung danach, welches Anknüpfungsmoment nachträglich entfällt:

aa) Verlust der deutschen Staatsangehörigkeit

59 Neuere Entscheidungen zum Fall des Verlustes der deutschen Staatsangehörigkeit während des Verfahrens fehlen. RG 19. 3. 1936 RGZ 150, 374 = JW 1936, 1659 bejaht die perpetuatio fori in einem solchen Fall (**aA** Walchshöfer ZZP 80 [1967] 226), doch wäre die Zuständigkeit wegen früherer deutscher Staatsangehörigkeit des klagenden Ehemannes nach § 606 Abs 2 S 2 ZPO damaliger Fassung begründet

geblieben. Nach der Verallgemeinerung der Antrittszuständigkeit kann sich das Problem heute nur selten stellen, wenn die deutsche Staatsangehörigkeit nach Eheschließung erworben wurde und während des Verfahrens wieder wegfällt. Hier scheint eine Fortdauer der Heimatzuständigkeit gerechtfertigt (Zöller/Geimer § 98 FamFG Rn 80; Geimer, IZPR Rn 1835).

Bei Verlust der deutschen Staatsangehörigkeit könnte zudem noch eine Antritts- 60 zuständigkeit übrig bleiben. Das ist jedoch bestritten (Damrau, in: FS Bosch [1976] 103 ff) und vielfach wird nach den Zuständigkeitsvoraussetzungen differenziert (Beitzke, in: FS Rammos [1979] 72 ff u JZ 1961, 652; Riezler, IZPR 455 ff; Kralik ZZP 74 [1961] 45; Matthies RabelsZ 18 [1953] 707; Pagenstecher RabelsZ 11 [1937] 449 ff, 460 ff).

Es sind aber gewissen **Einschränkungen** zu machen. Ein Staatenloser oder Flüchtling 61 wird bei inländischem gewöhnlichem Aufenthalt einem Deutschen gleichgestellt, sodass die Zuständigkeit aus § 98 Abs 1 Nr 1 FamFG hergeleitet werden kann, wenn er sachlich anwendbar ist. Verzieht er nach Antragstellung ins Ausland, so bleibt die Zuständigkeit erhalten. Die Gleichstellung gilt jedoch nicht für die Antrittszuständigkeit (§ 98 Abs 1 Nr 1 2. Alt FamFG): Hatte er zwar **bei Eheschließung** seinen gewöhnlichen Aufenthalt hier, gibt ihn aber **vor Antragstellung** auf, so ist das Gericht nicht mehr kraft Gleichstellung zuständig, obwohl ein Deutscher sich auf seine frühere Staatsangehörigkeit berufen könnte (MünchKommFamFG/Rauscher Rn 75). Wenn im Falle des Abs 1 Nr 4 mit der Aufgabe des deutschen gewöhnlichen Aufenthalts die Anerkennungsfähigkeit nach dem Recht des Heimatstaates entfällt, so entfällt auch die deutsche internationale Zuständigkeit (unten Rn 64 f).

Ebenso ist das Verfahren durch Prozessurteil zu beenden, wenn der Antragsgegner 62 während des Verfahrens **exemt** wird (Geimer, IZPR Rn 843 e).

bb) Verlegung des gewöhnlichen Aufenthalts

Für den Fall der **Verlegung des gewöhnlichen Aufenthalts** ins Ausland haben die 63 Gerichte die perpetuatio fori stets **bejaht** (RG 6. 4. 1936 RGZ 151, 103, 105; BGH 21. 9. 1983 FamRZ 1983, 1215 = IPRax 1985, 162 mAnm Filios/Henrich 150; BGH 17. 4. 2013 FamRZ 2013, 2527 Rn 20; OLG Koblenz 8. 1. 1974 FamRZ 1974, 189; BayObLG 11. 6. 1979 BayObLGZ 1979, 193 = FamRZ 1979, 1015 [zu Art 7 § 1 Abs 4 FamRÄndG]; OLG Hamm 12. 6. 1985 IPRspr 1985 Nr 58; OLG München 23. 9. 1987 IPRax 1988, 354 [Winkler von Mohrenfels 341] Geimer, IZPR Rn 1832).

cc) Wegfall der Anerkennungsfähigkeit

Bei **Wegfall der Anerkennungsfähigkeit** iSd § 98 Abs 1 Nr 4 FamFG wird dagegen die 64 Fortdauer der deutschen Zuständigkeit zu Recht meist **verneint** (BGH 21. 9. 1983 FamRZ 1983, 1215; LG Aachen 18. 3. 1954 FamRZ 1954, 113; LG München I 23. 10. 1973 IPRspr 1974 Nr 161 und OLG Karlsruhe 6. 6. 1957 FamRZ 1958, 31), weil nach der Verlegung des gewöhnlichen Aufenthalts ins Ausland mit der **Anerkennung** in dem Heimatstaat der Partei **nicht** mehr gerechnet werden konnte (Beitzke, in: FS Rammos [1979] 75 ff und AcP 151 [1950–1951] 268, 275; Matthies, Die deutsche internationale Zuständigkeit [1955] 79; Riezler, IZPR 457; Kralik ZZP 74 [1962] 45; Walchshöfer ZZP 80 [1967] 227; **aA** MünchKommZPO/Rauscher Rn 92; Stein/Jonas/Schlosser, ZPO[21] § 606a ZPO Rn 18). So unterscheidet der BGH mit Recht (21. 9. 1983 FamRZ 1983, 1215 = IPRax 1985, 162 mAnm Filios/Henrich 150) und nimmt einen Wegfall der internationalen Zuständigkeit an, wenn die Anerkennungsfähigkeit im Ausland dadurch entfällt, dass eine Partei ihren gewöhnlichen Aufenthalt von Deutschland ins Ausland verlegt (**aA** OLG Bamberg 20. 7. 1983 IPRax 1985, 162).

65 Die Differenzierung rechtfertigt sich dadurch, dass § 98 Abs 1 Nr 4 FamFG die deutsche Zuständigkeit ausnahmsweise von der Anerkennung im Ausland abhängig macht, während das grundsätzlich nicht geschieht. Freilich ist genau zu prüfen, ob dadurch tatsächlich nach dem Heimatrecht die Anerkennung entfällt. (Beim deutsch-griechischen Anerkennungs- und Vollstreckungsübereinkommen vom 4. 11. 1961 [BGBl 1963 II 110] war dies nicht der Fall, entweder weil auch das Übereinkommen die Fortdauer der Zuständigkeit vorsieht oder das neben dem Abkommen anwendbare autonome griechische Recht weiterhin anerkennt [Filios/Henrich, IPRax 1985, 150; BGH FamRZ 1983, 1215).

66 Ebenso ist zu urteilen, wenn im Heimatstaat des Ehegatten eine **Änderung des Anerkennungsrechts** eintritt. Da die Anerkennung ausländischer Entscheidungen Ausfluss der Souveränität eines jeden Staates ist und daher dessen freier Disposition unterliegt, sollten wir im Rahmen des § 98 FamFG die entsprechenden Rechtsänderungen auch berücksichtigen und eine perpetuatio fori ablehnen (vgl weiter Spellenberg IPRax 1988, 6), um nicht unnötig eine hinkende Scheidung vorzunehmen. Manche Staaten lassen die Anerkennungsfähigkeit ausländischer Urteile sogar entfallen, wenn dort nachträglich ein Parallelverfahren anhängig wird. Es liegt nahe, hier ebenso zu verfahren. Jedoch ist denkbar, dass es dort nicht zu einem Urteil kommt, sodass das Anerkennungshindernis wieder entfiele. Daher sollte das deutsche Verfahren erst beendet werden, wenn dort ein seiner Anerkennung im Wege stehendes Urteil ergangen ist. Dass es an sich die frühere deutsche Rechtshängigkeit missachtete, hindert nicht, denn dieselbe Regelung findet sich in § 328 Abs 1 Nr 3 1. Alt ZPO.

67 Entfällt die Voraussetzung einer deutschen **Notzuständigkeit**, so findet die perpetuatio fori nicht statt (BGH 20. 2. 2013 FamRZ 2013, 687 Anm Hau). In casu wäre nur eine Zuständigkeit in Malta gegeben gewesen, welches aber damals Scheidungen nicht vornahm, sodass die Scheidungswilligen auch im Ausland sich nicht scheiden lassen konnten. Während des Verfahrens ließ Malta die Scheidung seiner Staatsangehörigen zu, sodass sie nun ihren Antrag in Malta hätten stellen können.

dd) Folgen eines Wegfalls der Zuständigkeit

68 Entfällt danach ausnahmsweise die internationale Zuständigkeit während des Verfahrens, so ist die Klage nicht ohne weiteres als unzulässig abzuweisen. Vielmehr kann der Kläger seine bisher aussichtsreiche Klage einseitig **für erledigt erklären**, falls nicht der Beklagte ohnehin zustimmt (Schumann, in: FS Nagel [1987] 402, 410).

2. Keine Ausschließlichkeit

69 § 606a Abs 1 S 2 ZPO aF stellte ausdrücklich heraus, dass diese internationalen Zuständigkeiten **nicht ausschließlich** sind. Der Sinn war, dass die spiegelbildliche Einhaltung der deutschen Zuständigkeitsregelung für eine Anerkennung ausländischer Scheidungen ausreichen solle (BT-Drucks 10/504, 89), woran **damals** Zweifel bestanden, weil § 606 ZPO aF die **örtlichen** Zuständigkeiten ausschließlich machte

(MünchKommZPO/BERNREUTHER[2] § 606a ZPO Rn 56). Heute sagt das § 106 FamFG, und § 109 Abs 1 Nr 1 FamFG lässt entsprechend genügen, dass das ausländische Gericht nach deutschem Recht spiegelbildlich zuständig war.

3. Zwingende Regelung

§ 98 FamFG ist nach wie vor zwingendes Recht. Die Parteien können weder eine 70
deutsche Zuständigkeit **ausschließen** (derogieren), noch eine solche **prorogieren** und auch nicht durch **rügelose Einlassung** begründen (§ 40 Abs 2 ZPO mit §§ 23 Nr 2, 23a GVG). Der Ausschluss der Prorogation auf ein deutsches Gericht ist heute anerkannt (ZÖLLER/GEIMER, ZPO § 98 FamFG Rn 139; MünchKommFamFG/RAUSCHER Rn 98). Die **Derogation** dagegen wird in unterschiedlichem Umfang von manchen für zulässig gehalten (WALCHSHÖFER ZZP 80 [1967] 213 f; HABSCHEID, in: FS Schima [1969] 175, wenn sie sich auf einen bestimmten Scheidungsgrund beziehe; ZÖLLER/GEIMER, ZPO § 98 FamFG Rn 138 nur für die Antrittszuständigkeit), ist aber ebenfalls abzulehnen.

4. Konkurrierende Zuständigkeiten

a) Alternativität

Neben der Zuständigkeit kraft deutscher Staatsangehörigkeit mindestens eines Ehe- 71
gatten steht gleichberechtigt die kraft inländischen gewöhnlichen Aufenthalts, wenn **beide** ihn hier haben. Der Staatenlose mit gewöhnlichem Aufenthalt hier steht dafür den Deutschen gleich. Und anders als früher, als die Anerkennungsprognose nötig wurde, wenn keiner der Aufenthalter Deutscher oder gleich gestellt war, ist nun nach Nr 2 die internationale Zuständigkeit ohne weiteres gegeben. Der inländische gewöhnliche Aufenthalt **nur einer Partei** genügt aber auch, wenngleich nur unter der zusätzlichen Voraussetzung der voraussichtlichen Anerkennung in einem Heimatstaat.

Es ist leicht möglich, dass die Voraussetzungen **mehrerer Nummern** des § 98 Abs 1 72
FamFG erfüllt sind, zB wenn beide Ehegatten im Inland leben und einer von ihnen die deutsche Staatsangehörigkeit besitzt oder staatenlos ist, und vor allem wenn nur einer hier den gewöhnlichen Aufenthalt hat, aber er oder der andere Deutscher ist. Die Anerkennungsprognose entfällt dann wegen der Staatsangehörigkeit. Der Richter kann den Zuständigkeitsgrund frei **wählen**, kann aber nicht abweisen, weil nur einer der Zuständigkeitsgründe nicht gegeben sei. Das Vorliegen der anderen Alternativen des Abs 1 kann nur dahinstehen, wenn eine bejaht wird. Für die Klageabweisung müssen alle Alternativen geprüft werden, und keine darf bejaht werden können.

b) Wahlfeststellung*

Die internationale Zuständigkeit ist in jeder Lage des Verfahrens von Amts wegen 73
zu prüfen, und wenn sie nicht bejaht werden kann, ist die Klage als unzulässig abzuweisen. In diesem Sinne trägt der Kläger die objektive Beweislast. Zwischen den einzelnen möglichen Zuständigkeitsgründen ist uU auch eine **Wahlfeststellung** zulässig, wenn sicher ist, dass die Tatsachen jedenfalls für (wenigstens) einen vor-

* **Schrifttum:** SCHUMANN, Internationale Zuständigkeit: Besonderheiten, Wahlfeststellung, doppelrelevante Tatsachen, in: FS Nagel (1987) 402.

liegen. Sowohl die Feststellung der deutschen Staatsangehörigkeit als auch des inländischen gewöhnlichen Aufenthalts oder die Anerkennungsprognose können im konkreten Fall schwierig sein.

74 Freilich sind Situationen einer Wahlfeststellung nicht sehr häufig, denn es muss **sicher** sein, dass der eine oder andere Zuständigkeitsgrund vorliegt, ohne dass gesagt werden könnte, welcher. Denkbar ist zB, dass sicher ist, dass der im Inland lebende Ehegatte Deutscher oder staatenlos ist oder als Flüchtling einem Deutschen gleichsteht (vgl auch u Rn 98). Gleiches gilt, wenn der im Ausland Lebende entweder Deutscher ist oder einem Staat angehört, der die Entscheidung anerkennen würde. Eine echte Wahlfeststellung ist dagegen nicht möglich zwischen Staatsangehörigkeit und inländischem gewöhnlichen Aufenthalt. Wenn beispielsweise der inländische gewöhnliche Aufenthalt nur einer Partei sicher festgestellt werden kann, und die Anerkennung in einem der Heimatstaaten der beiden Ausländer zu erwarten ist, ist die Zuständigkeit nach Nr 4 erwiesen und Nr 2 kann dahinstehen. Aber es handelt sich eben nicht darum, dass das eine oder andere vorliegen muss, ohne dass gesagt werden könnte, welches. Die beiden Tatbestandselemente haben nichts miteinander zu tun; ebenso kann nicht offenbleiben, ob eine Partei Deutscher ist oder beide inländischen gewöhnlichen Aufenthalt haben. Es muss das eine oder andere festgestellt werden.

75 Zu einer **negativen Wahlfeststellung** besteht allerdings nur Anlass, wo das Gesetz in Umkehrung der normalen Beweislastverteilung (dazu Rn 87 f) nicht die positive Feststellung der Zuständigkeitsvoraussetzungen verlangt. Eine Beweislastumkehr enthält nun Abs 1 Nr 4 für die Anerkennungsprognose. Nicht nur wenn feststeht, dass die Anerkennung aus dem einen oder dem anderen Grunde vom fremden Recht verweigert wird, ohne dass entschieden werden kann, welcher in casu dort durchgreift, sondern namentlich auch, wenn unklar bleibt, ob die Partei dem einen oder anderen ausländischen Staat angehört, die aber beide die Anerkennung verweigern, ist die Zuständigkeit zu verneinen.

5. Prüfung

a) Amtsprüfung

76 Die internationale Zuständigkeit ist in jeder Lage des Verfahrens **von Amts wegen** zu prüfen (FamRZ 1983, 1215 = IPRax 1985, 162 mAnm Filios/Henrich 150; BGH 21. 11. 1996 BGHZ 134, 127, 129 f; für Anerkennungszuständigkeit iSd § 328 Abs 1 Nr 1 ZPO BGH 25. 11. 1993 BGHZ 124, 237 = IPRax 1995, 101 [Gottwald 75] unstr). Daher gibt es grundsätzlich keine subjektive Beweisführungslast außer hinsichtlich der Anerkennungsprognose (dazu näher Rn 220 ff).

77 **Prüfung von Amts** wegen heißt, dass der Richter seine internationale Zuständigkeit unabhängig davon prüft, welche Partei die relevanten Tatsachen vorträgt. Ggf muss er den Antrag abweisen, auch wenn der Antragsgegner die Mängel der Zulässigkeit nicht rügt. Wo das Gesetz eine internationale Zuständigkeit auf rügelose Einlassung des Beklagten gründet wie in § 39 ZPO und Art 24 Brüssel Ia-VO (Geimer, IZPR Rn 1816), ist der Richter an einen übereinstimmenden Sachvortrag der Parteien gebunden und kann keine weiteren Beweise verlangen. In Ehesachen iSd § 121 FamFG ist dies aber nicht der Fall, und der Richter muss unabhängig davon, welche

Partei vorträgt, die Klage als unzulässig abweisen, wenn er nicht von seiner internationalen Zuständigkeit überzeugt ist (grundlegend RIMMELSPACHER, Zur Prüfung von Amts wegen im Zivilprozeß [1966] 153 ff).

Doppelrelevante Tatsachen sind solche, die sowohl für die Zuständigkeit als auch für 78
die Begründetheit der Klage entscheidend sind. Für die sachrechtliche Begründetheit eines eherechtlichen Antrags können die Zuständigkeitsgrundlagen der Staatsangehörigkeit oder des gewöhnlichen Aufenthalts im Inland kaum jemals eine Rolle spielen, wohl aber für die kollisionsrechtliche Anknüpfung früher nach Art 17 und 14 EGBGB, heute nach Art 8 Rom III-VO. Nach hM müssen solche Tatsachen für die Zuständigkeit und sonstige Zulässigkeit der Klage nicht bewiesen sein, sondern die schlüssige Behauptung durch den Kläger genügt (vgl BGH 25. 11. 1993 BGHZ 124, 237, 340 = IPRax 1995, 101 mAnm GOTTWALD 75 f; WÜRTHWEIN ZZP 106 [1993] 64 ff; SCHACK, IZVR Rn 387; MANSEL IPRax 1989, 86; SCHUMANN, in: FS Nagel [1987] 420; enger GEIMER, IZPR Rn 1826 f). Auch die internationalprivatrechtliche Anknüpfung gehört zur Begründetheit. Dem ist aus Gründen der Prozessökonomie zuzustimmen. Denn andernfalls könnte die Klage zunächst wegen fehlenden Beweises der betreffenden Tatsachen als unzulässig abgewiesen und wiederholt werden, wenn der Kläger wenig später die nötigen Beweismittel zur Verfügung haben sollte. Es ist vielmehr dem Interesse des Beklagten an einem Sachurteil jetzt Rechnung zu tragen. Bei Unerweislichkeit der doppelrelevanten Tatsachen tritt die für die beklagte Partei günstige Rechtskraftwirkung einer Klageabweisung nur bei einem Sach- nicht bei einem Prozessurteil ein, und ersteres ist gemäß der Beweislast zu erlassen.

Prüfung von Amts wegen bedeutet aber **nicht auch Ermittlung** von Amts wegen. § 26 79
FamFG, der an sich Amtsermittlung vorsieht, gilt nach § 113 Abs 1 FamFG nicht. Der Richter darf darum nicht über den von §§ 355 ff ZPO gesteckten Rahmen hinaus von sich aus Beweise über Tatsachen aufnehmen, wohl aber hat er ausländisches Recht zu ermitteln, das auch für die Zuständigkeit erheblich sein kann (Anh zu § 106 Rn 102 ff). Von den Parteien angebotene Beweise muss er aufnehmen. Der Unterschied zur Verhandlungsmaxime besteht vor allem darin, dass eine Klageabweisung nicht die Rüge der fehlenden internationalen Zuständigkeit voraussetzt, und namentlich, dass das Gericht, wenn es an seiner Zuständigkeit zweifelt, die Partei, die die Beweislast hat (Rn 87 ff), auffordern muss, die nötigen Tatsachen nachzuweisen. Deren bloße Behauptung zB eines inländischen gewöhnlichen Aufenthalts genügt ebenso wenig wie das Geständnis des Beklagten. Wird der Beweis nicht erbracht, ist die Klage unzulässig (GEIMER, IZPR Rn 1816).

b) Rechtsmittelinstanz

Nach §§ 65 Abs 4 (Beschwerde) und 72 Abs 2 (Rechtsbeschwerde) FamFG kann mit 80
diesen Rechtsmitteln nicht geltend gemacht werden, die erste Instanz habe zu Unrecht ihre Zuständigkeit angenommen. Die Bestimmungen sind offenbar den §§ 513 Abs 2 und 545 Abs 2 ZPO nachgebildet, wobei unklar ist, warum nur § 545 Abs 2 ZPO auch die Rüge der zu Unrecht **verneinten** Zuständigkeit ausdrücklich ausschließt.

Die Beschränkungen gelten **nicht** für die **internationale Zuständigkeit**. Zwar sprach 81
zunächst die ersatzlose Streichung des § 551 Nr 4 ZPO aF, wonach die Verfehlung der internationalen Zuständigkeit ein absoluter **Revisionsgrund** war, dafür, dass der

Reformgesetzgeber diese mit der sachlichen und örtlichen Zuständigkeit, die nicht mit einem Rechtsmittel gerügt werden können (§§ 513 Abs 2, 545 Abs 2 ZPO), auf eine Ebene stellen wollte, doch verkennt das den fundamentalen Unterschied, den der gemeinsame Senat des BGH herausgestellt hat (14. 6. 1965 BGHZ 44, 46; BGH 21. 9. 1983 NJW 1984, 1305 = FamRZ 1983, 1215 = IPRax 1985, 162 [Filios/Henrich 150]; BGH 25. 11. 1993 BGHZ 124, 237 = IPRax 1995, 101 [Gottwald 75]; OLG Hamm 7. 5. 2013 IPRax 2014, 349). Wenn die erste Instanz nur ihre örtliche Zuständigkeit zu Unrecht **bejaht hat**, so entscheidet sie dennoch in der Sache so wie das wirklich zuständige Gericht. Und hält sie sich zu Unrecht für nicht zuständig, dann würde ein anderes deutsches Gericht, insbesondere nach einer Verweisung nach § 281 ZPO, entscheiden. **Verneint** das Gericht aber seine **internationale Zuständigkeit**, dann ist damit eine Klage in Deutschland insgesamt nicht möglich, und das bedeutet eine Verletzung des Anspruchs auf Justizgewährung in Deutschland mit Zugang zum deutschen IPR. Eine Entscheidung mit solcher Bedeutung muss revisibel sein. Die Ratio der Vereinfachung und Beschleunigung für die örtliche und sachliche Zuständigkeit trägt hier nicht, denn von der internationalen Zuständigkeit hängt wegen der national verschiedenen Kollisionsrechte der Ausgang des Verfahrens sachlich ab (BGH 14. 6. 1965 BGHZ 44, 46).

82 Aus entsprechenden Gründen muss umgekehrt auch der in Deutschland nicht gerichtspflichtige Beklagte noch die in der ersten oder zweiten Instanz **bejahte internationale Zuständigkeit** bestreiten können (BGH 21. 11. 1996 BGHZ 131, 134). Das ist auch der Standpunkt des Art 17 Brüssel IIa-VO (vgl Staudinger/Spellenberg [2015] Art 17 Brüssel IIa-VO Rn 14), mit dem sich die ZPO nicht in Widerspruch setzen sollte (Staudinger IPRax 2001, 300).

83 So hat der BGH konstant entschieden, dass § 545 Abs 2 ZPO in der **Revision** nicht die internationale Zuständigkeit erfassen solle und könne (28. 11. 2002 BGHZ 153, 82 = NJW 2003, 426 = FamRZ 2003, 370, weiter BGH 20. 11. 2003 NJW-RR 2004, 497; 25. 4. 2004 BB 2004, 853; 4. 5. 2004 NJW 2004, 1652; 16. 11. 2003 NJW 2003, 3620; 30. 4. 2003 NJW-RR 2003, 1582; 11. 7. 2003 NJW 2003, 2830; 27. 5. 2003 NJW 2003, 2916; zust Geimer, IZPR Rn 1008 f, 1855; BGH 17. 2. 2010 NJW 2010, 1351 Nr 8; Keidel/Sternal § 65 FamFG Rn 18a; krit de lege lata Rimmelspacher JZ 2004, 894 ff). Entsprechend muss auch die Rüge in der **Berufung** trotz § 513 Abs 2 ZPO zulässig sein, dass die erste Instanz ihre internationale Zuständigkeit zu Unrecht bejaht oder verneint habe (BGH 28. 11. 20002 NJW 2003, 426; BGH 16. 12. 2003 NJW 2004, 1456; Zöller/Gummer/Hessler § 513 ZPO Rn 8; Thomas/Putzo/Hüsstege § 513 ZPO Rn 3). Auch Zwischenentscheidungen über die internationale Zuständigkeit sind in Ehe- und Familiensachen gem § 113 Abs 1 FamFG mit § 280 ZPO zulässig und selbstständig rechtsmittelfähig (OLG Oldenburg 26. 7. 2012 FamRZ 2013, 481 Rn 5 f; Keidel/Meyer-Holz § 38 Rn 33, auch bei Familiensachen, die keine Familienstreitsachen sind OLG Stuttgart 6. 5. 2014 IPRax 2015, 251 [zust Helms 217]), während Entscheidungen über die örtliche und sachliche Zuständigkeit nicht anfechtbar wären.

c) Reihenfolge der Prüfung

84 In welcher Reihenfolge etwaige Prozesshindernisse zu prüfen sind, ist umstritten. Die Meinung geht mehr und mehr dahin, dass der Richter im Interesse der Prozessökonomie den liquidesten Abweisungsgrund verwenden darf, aber nicht muss. Manche sind **gegen jede Reihenfolge.*** Bei denjenigen, die eine **Rangordnung** vertreten, besteht über diese freilich keine Einigkeit. Das gilt auch für die Rechtspre-

chung**. Verbreiteter ist der Vorrang des Rechtswegs, der deutschen Gerichtsbarkeit und der Prozessfähigkeit. Bei den Zuständigkeiten wollen manche die internationale vor der örtlichen (und sachlichen) Zuständigkeit geprüft sehen. Die internationale Zuständigkeit gehe **logisch vor**, und jedenfalls sei die Frage wichtiger als die der örtlichen Zuständigkeit. Mindestens aus praktischen Gründen sei es daher geboten, dass das angegangene Gericht sogleich darüber entscheide, da damit der Fall erledigt sei und nicht erst ein zweites Gericht, an das etwa nach § 281 ZPO verwiesen werde, sich damit befassen müsse (Cohn NJW 1969, 992). Andere verfahren jedoch gerade **umgekehrt** (Prütting/Helms/Hau Rn 5): Nur ein örtlich zuständiges Gericht sei berufen, über die internationale Zuständigkeit zu entscheiden.

85 Es geht nicht um die Reihenfolge, in der das Gericht sich seine Gedanken machen oder auch seine Entscheidungsgründe abfassen muss, sondern vor allem darum, ob ein – unterstellt – **örtlich unzuständiges** Gericht die **internationale Zuständigkeit** bejahen oder wegen ihres Fehlens abweisen darf. Ein örtlich unzuständiges Gericht müsste sich einer solchen Entscheidung nur dann enthalten, wenn die Parteien ein Recht darauf hätten, dass nur das örtlich zuständige Gericht **diese** Entscheidung trifft (so Pohle ZZP 81 [1968] 171). Die ZPO erachtet aber die Eingangsgerichte für gleichwertig und sieht eine Verfehlung der örtlichen und sachlichen Zuständigkeiten nicht als gravierend an (vgl §§ 513 Abs 2, 545 Abs 2 ZPO). Es verneint ein besonderes Parteiinteresse an der Wahrung dieser Zuständigkeiten. Fehlen örtliche und internationale Zuständigkeit, kann man der ersten Instanz erlauben, die Klage wegen fehlender internationaler Zuständigkeit abzuweisen **oder** an das örtlich zuständige Gericht zu verweisen. Die Berufungsinstanz kann wegen § 513 Abs 2 ZPO nur mehr über die internationale Zuständigkeit entscheiden.

86 Dagegen sind wohl die **deutsche Gerichtsbarkeit** und die **Prozessfähigkeit** der Parteien wie wegen § 17a GVG auch die Zulässigkeit des Rechtswegs **als erste** zu prüfen, denn vor allem gegen den Exemten darf nicht einmal verhandelt werden (**aA** Geimer, IZPR Rn 846).

* Harms ZZP 83 (1970) 167 ff; Rimmelspacher, Zur Prüfung von Amts wegen im Zivilprozeß (1966); Cohn NJW 1969, 992; Kralik ZZP 74 (1961) 36; Schmitz JuS 1976, 443; für die hier interessierenden Fragen auch Einmahl RabelsZ 34 (1970) 763 ff; Kropholler, in: Hdb IZVR I Kap III Rn 236 ff mwNw; Stein/Jonas/Schumann, ZPO EinlVII D Rn 325, u Einl XVF, Rn 773; Zöller/Greger Vor § 253 ZPO Rn 11; Baumbach/Lauterbach/Albers/Hartmann Grundzüge vor § 253 ZPO Rn 22; Soergel/Kronke Art 38 EGBGB Anh IV Rn 48; H Roth IPRax 1989, 281; Schack, IZVR Rn 449: bis auf die vorrangige deutsche Gerichtsbarkeit ohne jede praktische Bedeutung.

** Rosenberg/Schwab/Gottwald, ZPR § 93 Rn 42 f: Gerichtsbarkeit, Rechtsweg, Zuständigkeit; Thomas/Putzo Vor § 253 ZPO Rn 14, 18; Geimer, IZPR Rn 1841 will wie Schack aaO nur die Zulässigkeit des Rechtswegs zuerst prüfen; MünchKommZPO/Becker-Eberhard Vor § 253 ZPO Rn 18: erst Immunitäten und Prozeßfähigkeit; BGH 23. 10. 1979 NJW 1980, 1224 mAnm Schlosser = JZ 1980, 147 m krit Anm Kropholler 532; BGH 17. 9. 1980 FamRZ 1981, 23; BayObLGZ 1957, 213 v 16. 7. 1957 (interlokal); BayObLGZ 1962, 151 v 19. 4. 1962 = DNotZ 1964, 32; BayObLGZ 1963, 52 = DNotZ 1964, 40; OLG Hamburg 11. 9. 1974 RIW/AWD 1975, 498; OLG Hamm 26. 10. 1976 OLGZ 1977, 39 = FamRZ 1977, 132; LG München I 25. 11. 1982 IPRax 1984, 318 mAnm Jayme.

d) Beweislast

aa) Zuständigkeitsgründe

87 Die deutsche internationale Zuständigkeit beruht auf der deutschen Staatsangehörigkeit oder auf einem gewöhnlichen Aufenthalt im Inland. Es genügt aber als Zuständigkeitsgrundlage nicht, wenn die Partei möglicherweise Deutsche ist und ebenso wenig, wenn sie nur möglicherweise hier ihren gewöhnlichen Aufenthalt hat. Das eine oder andere muss bewiesen werden. Die Vermutung in § 98 Abs 1 Nr 4 FamFG betrifft nur die nötige positive Anerkennungsprognose, wenn nur eine Partei im Inland den gewöhnlichen Aufenthalt hat (dazu sogleich). Es handelt sich **nicht** um eine allgemeine Vermutung der deutschen Zuständigkeit.

88 Im Bereich der Prüfung von Amts wegen gibt es keine subjektive Beweisführungslast, wohl aber eine **objektive Beweislast**. Kann die deutsche internationale Zuständigkeit nicht bejaht werden, so sind nach den allgemeinen Grundsätzen Klage bzw Antrag als unzulässig abzuweisen. In diesem Sinne trägt der Kläger grundsätzlich die objektive Beweislast. (OLG Düsseldorf 13. 3. 1961 MDR 1961, 695; Rosenberg/Schwab/Gottwald, ZPR § 39 Rn 8). Sie geht dahin, dass wenigstens einer der möglichen **Zuständigkeitstatbestände** vorliegt. Dieser ergibt sich entweder aus der deutschen Staatsangehörigkeit und den gleichgestellten Fällen oder aus dem inländischen gewöhnlichen Aufenthalt (§ 98 Abs 1 Nr 1, 2–4 FamFG).

bb) Anerkennungsprognose

89 Anderes ergibt sich freilich aus § 98 Abs 1 S 1 Nr 4 FamFG mit einer **Beweislastumkehr** für die Anerkennungsprognose (Rn 183 ff). Man kann daraus e contrario folgern, dass ansonsten die allgemeine Verteilung der Beweislast **zu Lasten des Klägers** gilt. Für die **Beweislast** hinsichtlich der **Anerkennungsprognose** muss man unterscheiden zwischen der Ermittlung des ausländischen Anerkennungsrechts, der Feststellung, auf welchen Staat es ankommt und der Ermittlung der tatsächlichen Voraussetzungen nach dessen Recht. Ist klar, welchem ausländischem Staat die eine oder andere Partei angehört, wenn nur eine ihren gewöhnlichen Aufenthalt im Inland hat, lässt sich aber trotz der gebotenen Ermittlungen (dazu u Rn 226 ff) dessen Anerkennungsrecht nicht aufklären, dann ergibt die Formulierung in Nr 4 „es sei denn", dass die Anerkennung und damit die deutsche internationale Zuständigkeit zu vermuten ist. Diesen Fall der **Unklarheit über** den Inhalt des ausländischen **Anerkennungsrechts** hatten die Väter der neuen Regelung anscheinend allein im Auge. Die Vermutung ist zudem erst widerlegt, wenn die Anerkennungsverweigerung offensichtlich (dazu u Rn 226 ff) ist.

90 Es kann aber auch nach den gebotenen Ermittlungen zwar die ausländische gesetzliche Regelung klar sein, aber unklar bleiben, ob eine **Tatsache** vorliegt, die nach dem ausländischen Anerkennungsrecht für eine Anerkennung vorausgesetzt wird oder diese hindert. Die häufigsten Fälle könnten die tatsächlichen Voraussetzungen einer **Anerkennungszuständigkeit** aus der Sicht dieses ausländischen Rechts oder die Gewährung ausreichenden rechtlichen Gehörs sein. Es spricht viel dafür, die Beweislastumkehr auch in dieser Situation anzuwenden.

IV. Die einzelnen Zuständigkeiten (§ 98 Abs 1 Nr 1–4) FamFG

Hinweis: Die folgenden Ausführungen zu den Zuständigkeiten des § 98 Abs 1

FamFG haben, wie erwähnt (oben Rn 4 ff), praktische Bedeutung nur für den relativ schmalen Bereich, in dem die Brüssel IIa-VO sachlich nicht anwendbar ist oder als sog Restzuständigkeit gem Art 7 Abs 1 Brüssel IIa-VO zum Zuge kommt.

1. Staatsangehörigkeit (§ 98 Abs 1 Nr 1 FamFG)*

Die deutschen Gerichte sind für alle Ehesachen zuständig, wenn wenigstens einer 91 der **Ehegatten** die deutsche Staatsangehörigkeit hat oder bei Eheschließung hatte. Zur ratio legis s Rn 39 ff. Maßgebend ist der Zeitpunkt der Antragstellung, es genügt aber auch eine deutsche Staatsangehörigkeit bei Eheschließung.

Klagbefugt sind uU auch **Dritte**, die aber dann nicht deutsche Staatsangehörige sein 92 müssen. Klagt der Ehegatte der früheren Ehe oder die Verwaltungsbehörde gegen einen Ehegatten einer **bigamischen** Zweitehe, so ist die internationale Zuständigkeit gegeben, wenn **einer der Ehegatten** der zweiten Ehe Deutscher ist (BGH 7. 4. 1976 FamRZ 1976, 336; implizit BGH 10. 1. 2001 FamRZ 2001, 991; OLG Karlsruhe 17. 9. 1990 FamRZ 1991, 92).

a) Deutsche Staatsangehörigkeit

aa) Erwerb

Ob jemand Deutscher ist oder war, sagt das deutsche Staatsangehörigkeitsrecht, das 93 sich über die Jahrzehnte auch verändert hat. Die Staatsangehörigkeit wird grundsätzlich erworben durch Abstammung oder durch Einbürgerung. Ein Erwerb der deutschen Staatsangehörigkeit nach einer früheren Fassung des RuStAG bleibt aber bestehen (zB der frühere automatische Erwerb durch Heirat mit einem Deutschen). Das ist bei Staudinger/Spellenberg (2015) Art 3 Brüssel IIa-VO Rn 119 ff erläu-

---

* **Schrifttum: zur deutschen Staatsangehörigkeit** s Staudinger/Spellenberg [2015] Art 3 Brüssel IIa-VO Rn 119 ff und Staudinger/Bausback [2013] Anh II zu Art 5 EGBGB; **zum Kollisionsrecht**: Beitzke, Staatenlose, Flüchtlinge und Mehrstaater, in: Lauterbach (Hrsg), Vorschläge und Gutachten zur Reform des deutschen internationalen Personen- und Sachenrechts (1972) 143; ders, Das Personalstatut der Doppelstaater, in: Liber Amicorum Adolf F Schnitzer (1970) 19; Blumenwitz, Die deutsche Staatsangehörigkeit und die Schutzpflicht der Bundesrepublik Deutschland, in: FS Ferid (1978) 439; Dethloff, Doppelstaatsangehörigkeit und internationales Privatrecht, JZ 1995, 64; Ferid, Zur kollisionsrechtlichen Behandlung des Inländers mit zugleich ausländischer Staatsangehörigkeit, RabelsZ 23 (1958) 498 ff; Hecker, Bibliographie zum Staatsangehörigkeitsrecht in Deutschland in Vergangenheit und Gegenwart (1976); Hellwig, Die Staatsangehörigkeit als Anknüpfung im deutschen IPR, 2001; Hemberger, Auswirkungen der Neuregelungen m Staatsangehörigkeitsrecht in der standesamtlichen Praxis, StAZ 1994, 306; Jayme, Das neue IPR-Gesetz – Brennpunkte der Reform, IPRax 1986, 265; Mansel, Personalstatut, Staatsangehörigkeit und Effektivität (1988); ders, Verfassungsrechtlicher Gleichheitssatz, deutsche Doppelstaater und die Lehre von der effektiven Staatsangehörigkeit im IPR, NJW 1986, 625; vMangoldt/Sonnenberger, Anerkennung der Staatsangehörigkeit und effektive Staatsangehörigkeit natürlicher Personen im Völkerrecht und im internationalen Privatrecht, Bericht der deutschen Gesellschaft für Völkerrecht, Heft 29 (1988); Mikat, Zur Diskussion um die Lehre vom Vorrang der effektiven Staatsangehörigkeit (1983); Scholz/Pitschas, Effektive Staatsangehörigkeit und Grundgesetz, NJW 1984, 2721; Sturm, Das Ineinandergreifen von IPR und Staatsangehörigkeitsrecht, in: FS Jahr (1993) 497.

tert. Dass die Rolle der Staatsangehörigkeit in deren Zuständigkeitssystem deutlich geringer ist, ändert nichts.

94 Die Grenz-und Völkerverschiebungen im Zuge des zweiten Weltkriegs und insbesondere die Unrechtsmaßnahmen des 3. Reichs haben in großem Umfang zu Erwerb, zB durch Sammeleinbürgerungen, und zu Verlust und Wiedererwerb der deutschen Staatsangehörigkeit geführt, womit sich Art 116 Abs 2 GG befasst, und die näher erläutert sind in Staudinger/Bausback (2013) Anh II zu Art 5 EGBGB.

bb) Statusdeutsche (Art 116 Abs 1 GG)

95 Den deutschen Staatsangehörigen **stehen** Deutsche iSd Art 116 Abs 1 2. Alt GG **gleich**. Nach Art 116 Abs 1 GG sind dies Personen, „die als Flüchtling oder Vertriebener deutscher Volkszugehörigkeit oder als dessen Ehegatte oder Abkömmling in dem Gebiete des deutschen Reiches nach dem Stande vom 31. Dezember 1937 Aufnahme gefunden haben". Sie haben nicht die deutsche Staatsangehörigkeit, stehen aber gleich als Deutsche ohne deutsche Staatsangehörigkeit. Das hat sich aber erheblich geändert durch die Staatsangehörigkeitsreform von 1999 mit § 40a StAG, wonach diese Personen kraft Gesetzes zum 1. 8. 1999 die deutsche Staatsangehörigkeit erwarben. Dieser Erwerb wirkte aber nicht zurück, und erfasst auch nicht alle Betroffenen (näher Silagi StAZ 2000, 3). Insgesamt ist der Kreis der „Deutschen ohne deutsche Staatsangehörigkeit" klein geworden, aber nicht verschwunden.

96 Sie waren und sind uU noch immer staatenlos, fallen aber dennoch nicht unter § 98 Abs 1 Nr 3 FamFG, sondern gem **Art 9 Abs 2 Nr 5 FamRÄndG** vom 11. 8. 1961 (BGBl I 1221) unter Nr 1: „Soweit im deutschen bürgerlichen Recht die Staatsangehörigkeit einer Person maßgebend ist, stehen den deutschen Staatsangehörigen die Personen gleich, die, ohne die deutsche Staatsangehörigkeit zu besitzen, Deutsche iSd Art 116 Abs 1 des GG sind […]." Zu Erwerb und Verlust dieser Stellung, die auch Ehegatten und Abkömmlinge erfasst, ist auf Staudinger/Bausback (2013) Anh II zu Art 5 EGBGB Rn 44 ff, Anh IV Rn 11 ff zu verweisen (auch Staudinger/Spellenberg [2005] § 606a ZPO Rn 67 ff).

cc) Zuständigkeitserschleichung

97 Wenn ein Ausländer die deutsche Staatsangehörigkeit nur zur Erschleichung der deutschen internationalen Zuständigkeit erworben hat, wird vertreten, dass das Gericht die Klage abweisen könne (allgemein Geimer, IZPR Rn 1015 in Extremfällen). Der Staatsangehörigkeitserwerb um eines Zugangs zur Scheidung willen, ist wohl früher öfter vorgekommen. Wenn der Ausländer aber die deutschen Einbürgerungsvoraussetzungen, insbesondere die der Assimilation (Makarov/vMangoldt § 8 RuStAG Rn 58), wirklich erfüllt und das Verfahren durchlaufen hat, stehen der Anwendung des § 98 Abs 1 Nr 1 FamFG keine Bedenken entgegen, unabhängig von den Motiven des Ausländers für den Erwerb der Staatsangehörigkeit. Denkbar ist es natürlich, dass die Einbürgerungsbehörde im Einzelfall falsch entschieden hat; es ist aber nicht zulässig, in Eheverfahren über die Rechtmäßigkeit dieses dennoch bis zu einer eventuell möglichen Rücknahme wirksamen Gestaltungsaktes streiten zu lassen. Im Übrigen ist die Gefahr der Zuständigkeitserschleichung geringer, seitdem die Scheidung meist auch im Ausland möglich ist.

b) Ungeklärte Staatsangehörigkeit

Art 5 Abs 2 EGBGB sieht für das IPR eine Gleichstellung **unaufklärbarer Staatsangehörigkeit** mit Staatenlosigkeit vor, wenn nicht nur die deutsche, sondern auch keine andere Staatsangehörigkeit festzustellen ist. Will man ihn analog anwenden und hätte die betreffende Partei unaufklärbarer Staatsangehörigkeit allein ihren gewöhnlichen Aufenthalt im Inland, dann entfiele die Anerkennungsprognose (§ 98 Abs 1 Nr 3 FamFG), die sonst Nr 4 fordert, wenn sie Ausländer wäre. Gegen die Analogie spricht die Gefahr einer Flucht aus der schwierig zu handhabenden Nr 4 in Nr 3, die die Anerkennungsprognose nicht verlangt. Für die Analogie spricht, dass aus Nr 4 zu entnehmen ist, dass die Zuständigkeit, wenn nur ein Ehegatte seinen gewöhnlichen Aufenthalt hier hat, nur zu verneinen ist, wenn klar ist, dass die Scheidung im Verhältnis zu einem Heimatstaat hinkt (ähnlich MünchKommFamFG/Rauscher Rn 73). Es ist aber nicht zu vermuten, dass die Partei keine Staatsangehörigkeit hat, sondern es muss mit allen möglichen Mitteln ermittelt werden, dass sie weder die deutsche noch eine andre Staatsangehörigkeit hat. Erst wenn das nicht gelingt, so ist die Klage wie bei einem Staatenlosen zulässig, dh wenn er seinen gewöhnlichen Aufenthalt im Inland hat, der bei einem Deutschen nicht erforderlich wäre. 98

Eine eher seltene Situation ist die, dass die Partei nicht staatenlos ist, aber **mehrere ausländische Staatsangehörigkeiten** in Frage kommen. So ist es zB, wenn eine Partei eine bestimmte Staatsangehörigkeit hat bzw hatte, aber unaufklärbar bleibt, ob sie diese zugunsten einer anderen aufgegeben hat. Hat die Partei mehrere ausländische Staatsangehörigkeiten nur möglicherweise, braucht die Frage nicht entschieden zu werden, wenn alle in Frage kommenden Heimatrechte voraussichtlich das deutsche Urteil anerkennen werden oder wenn sie alle nicht anerkennen werden. Der problematische Fall ist, dass eines der möglichen Heimatrechte das deutsche Urteil anerkennen wird, ein anderes jedoch nicht. Man kann diese Partei, die zwar nicht nachweislich staatenlos ist, doch wie einen Staatenlosen behandeln. Das ist im Ergebnis mithilfe der Beweislastumkehr vertretbar, da nicht feststeht, dass er gerade die Staatsangehörigkeit hat, die die Anerkennung verweigern wird (in einem ähnlichen Fall hat LG Hamburg 30. 3. 1977 IPRspr 1977 Nr 130 allerdings angenommen, den Verlust der ersten Staatsangehörigkeit nicht feststellen zu können). 99

Gehört bei einer Ehe ohne deutsche Ehegatten die Partei mit inländischem gewöhnlichem Aufenthalt einem nicht anerkennenden Staat an, so würde nach Nr 4 auch genügen, wenn der **Heimatstaat des anderen Ehegatten**, der voraussetzungsgemäß im Ausland sein wird, die Scheidung anerkennen wird. Ist nicht klar, dass dieser Staat die Anerkennung verweigert, so ist die deutsche Zuständigkeit zu bejahen. Ist er **staatenlos** und lebt voraussetzungsgemäß im Ausland, so steht er nach Art 16 Abs 2 des New Yorker UN-Übk über die Stellung Staatenloser v 28. 9. 1954 (BGBl 1976 II 474, BGBl 1977 II 235) den Bürgern dieses Staates gleich, und es kommt auf die – zu vermutende – Anerkennung durch dessen Recht an. 100

c) Mehrstaater

aa) Mehrere Staatsangehörigkeiten

Durch gemischtnationale Ehen kann es zu einer doppelten Staatsangehörigkeit der **Kinder** kommen (zur Zunahme von Doppelstaatigkeit Mansel, Personalstatut, Staatsangehörigkeit und Effektivität Rn 86 f; Fuchs, NJW 2000, 489 f; Hailbronner NVwZ 2001, 1329). Die **Reform des StAG 1999** hat die Tendenz noch verstärkt. **Vor allem** haben eheliche 101

Kinder aus einer deutsch-ausländischen Ehe heute immer die deutsche (§ 4 StAG) und oft auch eine ausländische Staatsangehörigkeit. Lassen sich die Eltern im Ausland einbürgern, so bewirkt dies einen Verlust der deutschen Staatsangehörigkeit des **Kindes** nach §§ 25 Abs 1, 19 Abs 2 StAG nur, wenn die Eltern die Einbürgerung auch für das Kind beantragen (BVerwG 9. 5. 1986 StAZ 1986, 356). Ob eine ausländische Staatsangehörigkeit gegeben ist, beurteilt sich unstreitig allein nach dem Recht des in Frage kommenden Staates.

102 Um Verringerung der Mehrstaatigkeit bemühen sich das UN-Übereinkommen vom 30. 6. 1961 über die Verminderung der Staatenlosigkeit (Ausführungsgesetz vom 29. 6. 1977 [BGBl I 1101]), das CIEC-Übereinkommen vom 13. 9. 1973 zur Verringerung der Fälle von Staatenlosigkeit (Zustimmungsgesetz vom 29. 6. 1977 [BGBl 1977 II 597]) und das Europarats-Übereinkommen vom 6. 5. 1963 über die Verringerung der Mehrstaatigkeit und über die Wehrpflicht von Mehrstaatern (Zustimmungsgesetz vom 29. 9. 1969 [BGBl II 1953]) (dazu Staudinger/Bausback [2013] Anh I Rn 49 ff, Anh II zu Art 5 EGBGB Rn 124, Anh IV Rn 20). § 26 StAG erlaubt den Verzicht auf die deutsche Staatsangehörigkeit bei Mehrstaatigkeit, erzwingt ihn aber nicht. Wie sich die Wahlpflicht in § 29 StAG auswirken wird, bleibt noch abzuwarten. Sie ist mit der Neuregelung am 20. 12. 2014 stark reduziert worden.

bb) Ineffektive zweite Staatsangehörigkeit

103 Es ist ganz hM, dass für die deutsche internationale Zuständigkeit in Ehesachen die deutsche Staatsangehörigkeit genüge, auch wenn sie **nicht die effektive** ist*. Man beruft sich auf den Wortlaut des Gesetzes (zB BGHZ 3, 181). Das ist möglich, aber ein schwaches Argument angesichts der Ratio der Regelung (o Rn 39 f).

104 **Art 5 Abs 1 S 2 EGBGB** greift jedenfalls **nicht direkt** ein, weil er von internationalprivatrechtlicher Anknüpfung, nicht von Zuständigkeitsfragen handelt. Auch die amtliche Begründung zu Art 5 Abs 1 EGBGB betont den Unterschied der Materien (BT-Drucks 10/504, 4) in grundsätzlicher Übereinstimmung mit dem BGH (17. 4. 1980 NJW 1980, 2016 mAnm Samtleben 2645). Die Frage sollte damit nicht geregelt werden. Das schließt freilich eine entsprechende Anwendung nicht notwendig aus (dafür Fuchs NJW 2000, 491). Der Wortlaut des § 98 Abs 1 Nr 1 FamFG ist nicht ergiebiger als der der

* **Rechtsprechung und Schrifttum**: RG 19. 3. 1936 RGZ 150, 374; BGH 4. 10. 1951 BGHZ 3, 178 = NJW 1952, 184 f (Lauterbach) = ZZP 65 (1952) 208; BGH 18. 6. 1997 NJW 1997, 3024, MSA; OLG Hamm 13. 6. 1975 FamRZ 1975, 630 = StAZ 1976, 102; BayObLG 20. 7. 1981 BayObLGZ 1981, 250; BayObLG 28. 1. 1982 BayObLGZ 1982, 37 (beide zu Kindschaftsrecht); offengelassen von OLG Frankfurt 7. 10. 1980 IPRspr 1980 Nr 159; mit gewissen Vorbehalten OLG Hamburg 4. 1. 1972 IPRspr 1972 Nr 145 = MDR 1972, 421; Basedow, in: Reform des deutschen internationalen Privatrechts (1980) 93; MünchKomm/vHein Art 5 EGBGB Rn 71; Fuchs NJW 2000, 491; Henrich IPRax 1982, 28 f; Jayme IPRax 1984, 124; Zöller/Geimer § 98 FamFG Rn 76; J Schröder, Internationale Zuständigkeit (1971) 716, 726; Jayme IPRax 1984, 121, 124 bei Fn 30; MünchKommZPO/Rauscher § 98 FamFG Rn 43; Mansel, Personalstatut, Staatsangehörigkeit und Effektivität Rn 444 ff mwNw; **aA** in einer Kindschaftssache KG 5. 11. 1997 IPRax 1998, 274 m abl Anm Henrich 247; OLG Bamberg 1. 7. 1981 FamRZ 1981, 1106 = IPRax 1982, 28 (DH); im Urteil vom 20. 6. 1979, wo er sich zur Anknüpfung an die effektivere Staatsangehörigkeit bekennt, lässt der BGH ausdrücklich offen, ob dies auch für die internationale Zuständigkeit gelte (NJW 1979, 1776, 1778 r Sp).

bisherigen §§ 606 und 606b ZPO aF (J Schröder, Int Zuständigkeit 716). Auch aus § 98 Abs 1 Nr 4 FamFG ist nichts abzuleiten, denn er betrifft die Fragen der Anerkennungsprognose und meint die gemischt-nationale Ehe, nicht die Mehrstaatigkeit.

Vom **Zweck** des § 98 Abs 1 Nr 1 FamFG her bestehen jedoch Bedenken gegen eine Zuständigkeit auch im Falle einer **nicht effektiven deutschen Zweitstaatsangehörigkeit** (anders BGH 18. 6. 1997 FamRZ 1997, 1070, 1071 zu Art 4 MSA). Die Heimatzuständigkeit, die § 98 Abs 1 Nr 1 FamFG sichert, beruht auf der Annahme, dass die deutsche Staatsangehörigkeit zumindest bei genereller Betrachtung eine fortdauernde Verbundenheit mit der Gerichtsbarkeit des Heimatstaats begründe (BGH 20. 12. 1972 BGHZ 60, 85, 90; im Erg ebenso Pfeiffer, Internationale Zuständigkeit und prozessuale Gerechtigkeit 86 ff; BVerfG 4. 5. 1971 BVerfGE 31, 58, 78; zur Brüssel IIa-VO vgl Staudinger/Spellenberg [2015] Art 3 Brüssel IIa-VO Rn 129) bzw bei der Antrittszuständigkeit, dass sie bei Eheschließung bestanden hat. Es dürfte nicht wenige Fälle geben, in denen es an einer solchen Heimatverbundenheit faktisch fehlt. Man denke an den Fall des Kindes einer Deutschen, die mit einem Ausländer verheiratet ist und bei ihm im Ausland lebt und nach der Geburt des Kindes die ausländische Staatsangehörigkeit, möglicherweise unter Aufgabe der deutschen, erwirbt. Das Kind ist und bleibt Deutscher, solange es auf die deutsche Staatsangehörigkeit nicht verzichtet, wenn nicht auch für das Kind ein Einbürgerungsantrag im Ausland gestellt worden ist (§ 25 StAG). Heiratet dieses Kind, das auch einem Staat angehört, der scheidungsfeindlich ist, so eröffnet ihm die hM dennoch eine „Heimatzuständigkeit" in Deutschland (BGH NJW 1979, 1776; OLG Hamburg MDR 1972, 421; Fuchs NJW 2000, 491; Baumbach/Lauterbach/Albers/Hartmann, ZPO § 98 FamFG Rn 4; Zöller/Geimer, ZPO § 98 FamFG Rn 76; MünchKommFamFG/Rauscher Rn 47). Es ist durchaus möglich, dass das Kind bis zur Entdeckung dieser Scheidungsmöglichkeit seine deutsche Staatsangehörigkeit nicht einmal kannte (vgl den krausen erbrechtlichen Fall bei Ferid, in: FS Kegel [1978] 473). Das scheint wenig sinnvoll. Man kann nicht argumentieren, dieser Deutsche dürfe aus gleichheitsrechtlichen Gründen nicht anders als andere Personen mit auch deutscher Staatsangehörigkeit behandelt und ihm der Schutz des deutschen Rechts entzogen werden (so Pitschas/Scholz NJW 1984, 2721 ff; richtig dagegen Sonnenberger, in: vMangoldt/Sonnenberger, Berichte der deutschen Gesellschaft für Völkerrecht, Heft 29 [1988] 18 ff). 105

Die ganz fehlende tatsächliche Verbundenheit mit der deutschen Lebens- und Rechtsordnung kann eine andere Behandlung durchaus rechtfertigen (Pfeiffer, Internationale Zuständigkeit und prozessuale Gerechtigkeit, 615/16; Geimer, in: FS Schwind [1993] 17), weil der Sinn der Regelung dann verfehlt wird; cessante ratio cessat lex. Es ist richtig, dass für die Zuständigkeit eine pauschale Betrachtung angezeigt ist, um nicht die tatsächliche Nähebeziehung im Detail ermitteln zu müssen. Es geht hier jedenfalls darum, ob zwischen den Parteien und dem Gerichtsstaat keine die Zuständigkeit zur Regelung des Status gegenüber dem anderen Ehegatten rechtfertigende Verbindung besteht und nicht um die Souveränität des Staates über seine Bürger oder auch deren staatsrechtlichen Anspruch auf Schutz. 106

Das KG (5. 11. 1997 FamRZ 1998, 440 in einer Kindschaftssache) will generell sogar nur auf die effektivere Staatsangehörigkeit abstellen. Richtiger scheint, eine Zuständigkeitskonkurrenz zuzulassen, wenn die hier deutsche Staatsangehörigkeit **auch effektiv** ist. In vielen Fällen wird sie das auch sein. Für § 98 Abs 1 FamFG ist man auch nicht an die gegenteilige Rechtsprechung des EuGH gebunden (dazu Staudinger/Spellenberg 107

[2015] Art 3 Brüssel IIa-VO Rn 130). Da hier noch eine andere, effektive Staatsangehörigkeit besteht, droht keine Justizverweigerung. Entsprechend muss eine zweite Staatsangehörigkeit für die **Antrittszuständigkeit** bei Heirat hinreichend effektiv gewesen sein.

108 Freilich bezweckt § 98 Abs 1 Nr 1 FamFG auch den Zugang zu deutschem IPR, und **Art 5 Abs 1 S 2 EGBGB** soll daher auf die selbst ineffektive deutsche von mehreren Staatsangehörigkeiten abstellen. Man sollte auch ihn aber **teleologisch reduzieren** (so auch MünchKomm/vHein Art 5 EGBGB Rn 64; eingehend Staudinger/Bausback [2013] Art 5 EGBGB Rn 17 ff, 21; NK-BGB/Schulze Art 5 EGBGB Rn 26; Bernhardt, in: Jayme/Mansel [Hrsg], Nation und Staat im IPR [1990] 336; Kegel/Schurig, IPR § 13 II 5; Siehr, in: FS Ferid [1988] 443; **aA** Mansel, Personalstatut, Staatsangehörigkeit und Effektivität Rn 444 ff, nur für § 606a ZPO). § 98 Abs 1 Abs 1 Nr 1 FamFG verlangt zwar nur eine hinreichende, aber keine relativ stärkste Inlandsbeziehung. Doch ineffektiv darf sie nicht sein. Zwar ist Art 5 EGBGB nicht analog anzuwenden, aber eine Parallele ist zu beachten: § 98 Abs 1 Nr 1 FamFG sollte auch den Zugang zu deutschem Scheidungsrecht ermöglichen, ist aber die einseitige deutsche Staatsangehörigkeit seit der Rom III-VO kollisionsrechtlich zu vernachlässigen, dann macht auch die Heimatzuständigkeit weniger Sinn, da deutsches Recht dann nicht anzuwenden ist.

d) Sonderfall: Deutsche in Polen

109 Für deutsche Staatsangehörige in den ehemals **unter polnischer Verwaltung** stehenden Gebieten des deutschen Reiches nach dem Stande vom 31. 12. 1937 wurde ein Ruhen der deutschen Staatsangehörigkeit angenommen, die wiederauflebe, wenn die Person ihren dauerhaften Aufenthalt im Bundesgebiet nimmt (Seeler NJW 1978, 926). Vorher gelte dann also nicht Nr 1. Andere halten jedoch an der deutschen Staatsangehörigkeit fest (Meessen JZ 1972, 671, 674; BVerfG 7. 6. 1975 BVerfGE 40, 141 ff, 170 ff zur Interpretation der Ostverträge). Der Vertrag vom 12. 9. 1990 und der Nachbarschaftsvertrag mit Polen vom 17. 6. 1991 haben diese Frage offen gehalten (Staudinger/Bausback [2013] Art 5 EGBGB Anh II Rn 82 ff). Nichts hindert aber Polen, diesen Personen die polnische Staatsangehörigkeit zu verleihen, wodurch aus deutscher Sicht eine doppelte Staatsangehörigkeit entsteht.

110 Auch wenn man staatsangehörigkeitsrechtlich mit dem BVerfG an einer deutschen Staatsangehörigkeit dieses Personenkreises festhält, so schlösse das nicht aus, in **teleologischer Reduktion** diese Staatsangehörigkeit für § 98 Abs 1 Nr 1 FamFG nicht ausreichen zu lassen, wenn das Ergebnis sinnwidrig erscheint. Das ist nach dem oben Rn 106 Gesagten der Fall, wenn die deutsche Staatsangehörigkeit für die Betroffenen ganz ineffektiv ist. Man muss sich auch fragen, ob es einen Sinn hat, eine Ehe zwischen einem Ecuadorianer mit jetzigem Aufenthalt in Frankreich, dessen Heimatstaat die Scheidung – vielleicht – nicht anerkennen würde (dazu Länderteil Anh zu § 98 Rn 82 ff), und einer Polin aus den ehemaligen Ostgebieten, die auch die deutsche Staatsangehörigkeit hat, in der Bundesrepublik Deutschland zu scheiden. Die Lösung dieses Falles, bei dem es um eine Bewertung der Doppelstaatsangehörigkeit geht (MünchKomm/Sonnenberger[5] Art 5 EGBGB Rn 14), hängt entscheidend davon ab, worin man den Sinn der Heimatzuständigkeit in § 98 Abs 1 Nr 1 FamFG sieht (vgl dazu Rn 39 ff). Erwartet man hierfür wenigstens einen schwachen tatsächlichen Bezug zur deutschen Rechtsordnung, könnte man ihn bei Mitgliedern der jüngeren Generation, die keine reale Beziehung zur deutschen Rechts- und Gesellschaftsordnung

mehr haben, oft verneinen. Die notwendige Mindestbindung kann ebenso fehlen, wenn der Deutsche aus den Ostgebieten diese verlassen hat, und seinen gewöhnlichen Aufenthalt aber nicht in Deutschland, sondern in einem dritten Staat genommen hat.

e) Art 116 Abs 2 GG

Es genügt auch, wenn die deutsche Staatsangehörigkeit bei **Eheschließung** bestand. 111
Es genügt nicht, wenn sie nur einmal davor gegeben war. Die meisten Statusdeutschen **(Art 116 Abs 1 GG)** sind 1999 volle Staatsbürger geworden (oben Rn 95), sodass es für § 98 Abs 1 Nr 1 FamFG meist nicht mehr darauf ankommt, dass sie bei ihrer früheren Heirat nur gleich gestellt waren.

Anders ist es im Falle des **Art 116 Abs 2 GG**. Hier kommt es darauf an, ob die 112
rechtswidrige Ausbürgerung, vor allem aus rassischen Gründen, als von Anfang an nichtig oder wenigstens als rückwirkend beseitigt anzusehen ist. Das ist nicht der Fall, vielmehr hatten die Betroffenen ein erleichtertes Recht auf Wiedereinbürgerung (Staudinger/Bausback [2013] Anh II zu Art 5 EGBGB Rn 50 f), um ihnen nicht die deutsche Staatsangehörigkeit wieder aufzunötigen. Der Anspruch auf Wiedereinbürgerung ist – heute – unbefristet, selbst wenn die Person inzwischen eine ausländische Staatsangehörigkeit erworben hat (§ 121 StARegG). Dann ist auch die Zuständigkeit nach § 98 Abs Nr 1 FamFG gegeben.

Wenn sie nach dem 8. 5. 1945 ihren Wohnsitz in Deutschland genommen haben, 113
gelten sie sogar automatisch als nicht ausgebürgert, wenn sie keinen entgegenstehenden Willen zum Ausdruck gebracht haben (Art 116 Abs 2 S 2 GG). **Fraglich** ist jedoch, ob diese Rückwirkung auch für § 98 Abs 1 Nr 1 FamFG (§ 606a Abs 1 S 1 Nr 1 ZPO aF) gilt (so grundsätzlich für IPR Palandt/Thorn Art 5 EGBGB Anh Rn 13). Es ist zu bedenken, dass diese Personen sich in der Zwischenzeit zB während ihres Aufenthalts im Ausland für ihre Ehe auf ausländisches Recht oder ihre Staatenlosigkeit eingestellt haben (BGH 11. 6. 1958 BGHZ 27, 375, 380 ff). Deshalb wird herrschend auf den Einzelfall bzw auf die konkrete kollisionsrechtliche Frage abgestellt (Staudinger/Bausback [2013] Anh IV zu Art 5 EGBGB Rn 24). Daraus ergibt sich: Hat der im Inland wohnende Ausgebürgerte bisher sich gegen die deutsche Staatsangehörigkeit erklärt, so wird man die deutsche Zuständigkeit auf § 98 Abs 1 Nr 3 FamFG stützen können. Hat er sich nicht dagegen erklärt, bleibt es bei Abs 1 Nr 1. Lebt der Ausgebürgerte dagegen **im Ausland**, so muss er die Wiedereinbürgerung beantragt haben, sonst gilt er als staatenlos oder ggf als Ausländer. In beiden Fällen gibt § 98 Abs 1 FamFG mangels inländischen gewöhnlichen Aufenthalts keine Zuständigkeit aus seiner Person, die aber natürlich aus den persönlichen Verhältnissen des Ehegatten kommen kann.

2. Antrittszuständigkeit (§ 98 Abs 1 Nr 1 2. Alt FamFG)

Die Antrittszuständigkeit in Abs 1 Nr 1 2. Alt hat den **Zweck**, dem deutschen Nup- 114
turienten die Heimatzuständigkeit und damit uU deutsches Ehescheidungsrecht zu bewahren, auch wenn er später die deutsche Staatsangehörigkeit verliert (vgl Rn 18 f). Es ist nicht nötig, dass er sie aus Gründen aufgegeben hat, die mit der Ehe zusammenhängen. Die Prüfung der Gründe und Motive des Staatsangehörigkeitswechsels wäre zu schwierig (so auch in Abweichung von seiner früheren Auffassung der Deutsche

Rat für IPR, in: BEITZKE [Hrsg], Vorschläge und Gutachten zur Reform des deutschen internationalen Personen-, Familien- und Erbrechts [1981] 44). Der Zweck trägt nicht, wenn der Ehegatte die deutsche Staatsangehörigkeit schon vor der Heirat aufgegeben hatte. Hier ist die Partei bereits unter fremdem Recht in die Ehe eingetreten.

115 Das zielte ursprünglich vor allem auf die Fälle, die wegen Änderungen der Staatsangehörigkeitsrechte seltener werden, dass die deutsche Frau **mit der Eheschließung** automatisch die fremde Staatsangehörigkeit des Mannes erwirbt. Selbst wenn, bedeutet das jedoch heute nicht mehr zugleich einen Verlust der deutschen Staatsangehörigkeit, weil er nach § 25 StAG nur eintritt, wenn die deutsche Frau einen eigenen Antrag auf Erwerb der ausländischen Staatsangehörigkeit gestellt hat (vgl dazu OVG Münster 28. 4. 1971 OVGE 26, 260 = StAZ 1972, 43 f; weiter BVerwG 21. 5. 1985 StAZ 1986, 139, 142).

116 Wenn das Recht zB des ausländischen Ehemannes der deutschen Verlobten erlaubt, wie früher § 6 RuStAG, **bei der Eheschließung** durch Erklärung die Staatsangehörigkeit des Mannes zu erwerben, so **entfällt** damit nach § 25 StAG die **deutsche Staatsangehörigkeit** bei Eheschließung, und man muss fragen, ob dann die deutsche noch bei Eheschließung bestand. Man darf jedoch von seinem Zweck her § 98 Abs 1 Nr 1 2. Alt. trotzdem noch für anwendbar halten (ZÖLLER/GEIMER, ZPO § 98 FamFG Rn 84). In diesem Sinne bestand die deutsche Staatsangehörigkeit noch bei Eheschließung.

117 **Früher** konnte umgekehrt die ausländische Frau eines Deutschen die **deutsche Staatsangehörigkeit** durch Erklärung vor dem Standesbeamten **erwerben** (§ 6 RuStAG aF), und zwar mit sofortiger Wirkung. Genau genommen war dies eine Wirkung der Eheschließung, sodass die deutsche Staatsangehörigkeit damals nicht im echten Sinne des Wortes schon „bei" Eheschließung bestand. Doch nach dem eben genannten Sinn und Zweck der Bestimmung wird man hier entsprechend davon ausgehen, dass die Ehefrau bei Eheschließung noch die ausländische Staatsangehörigkeit hatte. Letztlich kommt es darauf aber nicht an, weil die deutsche internationale Zuständigkeit nach § 98 Abs 1 Nr 1 FamFG schon durch die damalige oder jetzige deutsche Staatsangehörigkeit des Ehemannes begründet ist.

118 Nach heutigem Recht erwerben die ausländischen Ehegatten beiderlei Geschlechts durch die Heirat mit Deutschen einen Anspruch auf Einbürgerung unter erleichterten Voraussetzungen (§ 9 StAG). Kommt es dann später dazu, und verlieren anschließend beide Ehegatten die deutsche Staatsangehörigkeit wieder, so genügt dies nicht für eine Antrittszuständigkeit. Der Sinn des § 98 Abs 1 Nr 1 FamFG ist nicht, jedem, der **während der Ehe einmal** Deutscher war, das deutsche Recht zu sichern.

3. Flüchtlinge*

a) Flüchtlingsgesetze

119 Flüchtlinge haben häufig durchaus eine ausländische Staatsangehörigkeit, werden

* **Schrifttum**: BEITZKE, Probleme der Flüchtlingsscheidung, in: FS Fragistas (1966) 377; ders, Staatenlose, Flüchtlinge, Mehrstaater, in: LAUTERBACH (Hrsg), Gutachten und Vorschläge zur

aber in verschiedenen Gesetzen für Fragen der internationalen Zuständigkeit **deutschen** Staatsangehörigen **gleichgestellt** (weiter unten Rn 129 f).

aa) AHK-Gesetz Nr 23 über die Rechtsverhältnisse verschleppter Personen und Flüchtlinge vom 17. 3. 1950 (ABl AHK 140 SaBl 256), Gesetz über die Rechtsstellung heimatloser Ausländer im Bundesgebiet v. 25. 4. 1951

Artikel 1 120

Soweit das Einführungsgesetz zum Bürgerlichen Gesetzbuch bestimmt, dass die Gesetze des Staates, dem eine Person angehört, maßgebend sind, werden die Rechtsverhältnisse einer verschleppten Person oder eines Flüchtlings nach dem Recht des Staates beurteilt, in welchem die Person oder der Flüchtling zu der maßgebende Zeit den gewöhnlichen Aufenthalt hat oder gehabt hat, oder, falls ein gewöhnlicher Aufenthalt fehlt, nach dem Recht des Staates, in welchem die Person oder der Flüchtling sich zur maßgebenden Zeit befindet oder befunden hat.

Artikel 3

Bei bürgerlichen Rechtsstreitigkeiten, die im 6. Buch der ZPO geregelt sind, finden deren Vorschriften auf verschleppte Personen und Flüchtlinge Anwendung, als ob sie deutsche Staatsangehörige wären.

Die Anwendung des Gesetzes Nr. 13 der Alliierten Hohen Kommission wird durch die Vorschriften dieses Artikels nicht berührt.

bb) Gesetz über die Rechtsstellung heimatloser Ausländer im Bundesgebiet vom 25. 4. 1951 (BGBl I 269)**

Das Gesetz übernimmt fast vollständig das vorstehende AHK Gesetz Nr 23. 121

§ 1

(1) Heimatloser Ausländer im Sinne dieses Gesetzes ist ein fremder Staatsangehöriger oder Staatenloser, der

a) nachweist, dass er der Obhut der Internationalen Organisation untersteht, die von den Vereinten Nationen mit der Betreuung verschleppter Personen und Flüchtlinge beauftragt ist und
b) nicht Deutscher im Sinne des Grundgesetzes ist und
c) am 30 Juni 1950 seinen Aufenthalt im Geltungsbereich des Grundgesetzes oder in Berlin (West) hatte oder die Rechtsstellung eines heimatlosen Ausländers aufgrund der Bestimmungen des § 2 Absatz erwirbt.

(2) Wer seine Staatsangehörigkeit von einem heimatlosen Ausländer ableitet und am 1. Januar 1991

Reform des deutschen internationalen Familien- und Erbrechts (1972) 143; BRINTZINGER, Rückwirkung des gesetzlichen Statutenwechsels im Flüchtlingsrecht?, FamRZ 1968, 1; LASS/WENDEHORST, Der Flüchtling im deutschen Internationalen Privatrecht (1995); STAUDINGER/BAUSBACK (2013) Anh IV zu Art 5 EGBGB.

** **Schrifttum**: DÖLLE, Das Gesetz Nr. 23 über die Rechtsverhältnisse verschleppter Personen und Flüchtlinge, StAZ 1950, 106; MAKAROV, Das Gesetz Nr. 23 über die Rechtsverhältnisse verschleppter Personen und Flüchtlinge, DRiZ 1950, 318; vSTACKELBERG, Die persönlichen Rechtsbeziehungen der displaced persons, NJW 1950, 808.

rechtmäßig seinen gewöhnlichen Aufenthalt im Geltungsbereich diese Gesetzes hatte, steht einem heimatlosen Ausländer im Sinne dieses Gesetzes gleich.

§ 11

Im Verfahren vor allen deutschen Gerichten sind heimatlose Ausländer den deutschen Staatsangehörigen gleichgestellt. Sie genießen unter den gleichen Bedingungen wie deutsche Staatsangehörige das Armenrecht und sind von den besonderen Pflichten der Angehörigen fremder Staaten und der Staatenlosen zur Sicherheitsleistung befreit.

Beide Gesetze sind weitestgehend durch die GenfFlKonv überholt (Staudinger/Bausback [2013] Anh IV zu Art 5 EGBGB Rn 45).

122 cc) **Abkommen über die Rechtsstellung der Flüchtlinge (Genfer Flüchtlingskonvention)** vom 28. 7. 1951, in Kraft in der BRD seit 24. 12. 1953 (BGBl II 559), ergänzt durch Protokoll vom 31. 1. 1967 (BGBl 1969 II 194), in Kraft seit dem 5. 11. 1969 (BGBl II 194); zum Kreis der Vertragsstaaten vgl BGBl Fundstellennachweis B 2003, 360*.

Art 12
Personalstatut

1. Das Personalstatut jedes Flüchtlings bestimmt sich nach dem Recht des Landes seines Wohnsitzes oder, in Ermangelung eines Wohnsitzes, nach dem Recht seines Aufenthaltslandes.

2. Die von einem Flüchtling vorher erworbenen und sich aus seinem Personalstatut ergebenden Rechte, insbesondere die aus der Eheschließung, werden von jedem vertragschließenden Staat geachtet, gegebenenfalls vorbehaltlich der Formalitäten, die nach dem in diesem Staat geltenden Recht vorgesehen sind. Hierbei wird jedoch unterstellt, daß das betreffende Recht zu demjenigen gehört, das nach den Gesetzen dieses Staates anerkannt worden wäre, wenn die in Betracht kommende Person kein Flüchtling geworden wäre.

Art 16
Zugang zu den Gerichten

1. Jeder Flüchtling hat in dem Gebiet der vertragschließenden Staaten freien und ungehinderten Zugang zu den Gerichten.

2. In dem vertragschließenden Staat, in dem ein Flüchtling seinen gewöhnlichen Aufenthalt hat, genießt er hinsichtlich des Zugangs zu den Gerichten einschließlich des Armenrechts und der Befreiung von der Sicherheitsleistung für Prozesskosten dieselbe Behandlung wie ein eigener Staatsangehöriger.

* **Schrifttum**: Hirschberg, Die Scheidung von Flüchtlingen i.S.d. Genfer Flüchtlingskonvention, NJW 1972, 361; ders, Die internationale Zuständigkeit für Flüchtlinge i.S.d. Genfer Flüchtlingskonvention, IPRax 1984, 19; Lass, Der Flüchtling im deutschen internationalen Privatrecht (1995); Schätzel, Die Rechtsstellung ausländischer Flüchtlinge in der Bundesrepublik Deutschland, ROW 1958, 138; Schätzel-Veiter, Handbuch des internationalen Flüchtlingsrechts (1960) 264 ff; Seidl-Hohenveldern, Die internationale Flüchtlingskonvention von 1951 in der Praxis, in: FS Schätzel (1960) 441.

3. In den vertragschließenden Staaten, in denen ein Flüchtling nicht seinen gewöhnlichen Aufenthalt hat, genießt er hinsichtlich der in Nr. 2 erwähnten Angelegenheiten dieselbe Behandlung wie ein Staatsangehöriger des Landes, in dem er seinen gewöhnlichen Aufenthalt hat.

dd) Gesetz über Maßnahmen für im Rahmen humanitärer Hilfsaktionen aufgenommene Flüchtlinge vom 22. 7. 1980 (BGBl I 1057); zuletzt geändert durch Gesetz v 9. 7. 1990 (BGBl I 1353)* (HumHiG) **123**

§ 1
Rechtsstellung

(1) Wer als Ausländer im Rahmen humanitärer Hilfsmaßnahmen der Bundesrepublik Deutschland aufgrund der Erteilung einer Aufenthaltserlaubnis vor der Einreise in der Form des Sichtvermerks oder aufgrund einer Übernahmeerklärung nach § 33 Abs. 1 des Ausländergesetzes im Geltungsbereich dieses Gesetzes aufgenommen worden ist, genießt im Geltungsbereich dieses Gesetzes die Rechtsstellung nach Artikeln 2 bis 34 des Abkommens über die Rechtsstellung der Flüchtlinge vom 28. Juli 1951 (BGBl. 1953 II S 559).

(2) Auch ohne Aufenthaltserlaubnis oder Übernahmeerklärung genießt die Rechtsstellung nach Absatz 1, wer als Ausländer vor Vollendung des 16. Lebensjahres und vor dem Inkrafttreten des Gesetzes zur Neuregelung des Ausländerrechts im Rahmen humanitärer Hilfsaktionen der Bundesrepublik Deutschland im Geltungsbereich dieses Gesetzes aufgenommen wird.

(3) Dem Ausländer wird eine unbefristete Aufenthaltserlaubnis erteilt.

Das Gesetz tritt am 1. 1. 2005 außer Kraft (Art 15 G zur Steuerung und Begrenzung der Zuwanderung und zur Regelung des Aufenthalts und der Integration von Unionsbürgern und Ausländern [Zuwanderungsgesetz] vom 30. 7. 2004 [BGBl I 1950]). Am zivilrechtlichen Status der vorhandenen Flüchtlinge sollte sich nichts ändern (Art 1 § 103 Zuwanderungsgesetz).

ee) Zuwanderungsgesetz

Das **HumHiG** ist am 31. 12. 2005 durch Art 15 Abs 3 Nr 3 des Zuwanderungsgesetzes (G zur Steuerung und Begrenzung der Zuwanderung und zur Regelung des Aufenthalts und der Integration von Unionsbürgern und Ausländern v 30. 6. 2004 [BGBl 2004, 1950]) außer Kraft getreten, doch blieb die bis dahin erworbene Rechtstellung nach Art 12 und 16 GenfFlKonv erhalten (OLG Celle 20. 7. 2011 StAZ 2012, 81). Das Gesetz bedeutet nur, dass keine neuen Flüchtlinge mehr nach dem HumHiG aufgenommen werden. An der Regelung der Rechtsstellung dieser Flüchtlingen hat es nichts geändert. **124**

ff) Gesetz über das Asylverfahren idF der Bekanntmachung v 27. 7. 1993 (BGBl I 1361 zuletzt geändert am 5. 5. 2004 und durch das Zuwanderungsgesetz v 30. 7. 2004 zum 1. 1. 2005 [o Rn 122]). **125**

---

* **Schrifttum**: Jayme, Zum Personalstatut der „Kontingentflüchtlinge", IPRax 1981, 73; Wiestner, Die Rechtsstellung der Kontingentflüchtlinge in der Bundesrepublik Deutschland (Diss Würzburg 1984).

§ 3
Rechtsstellung

(1) Asylberechtigte genießen im Bundesgebiet die Rechtsstellung nach dem Abkommen über die Rechtsstellung der Flüchtlinge vom 28. Juli 1951 (BGBl. 1953 II S. 559).

(2) Unberührt bleiben die Vorschriften, die den Asylberechtigten eine günstigere Rechtsstellung einräumen.

(3) Ausländer, denen bis zum Wirksamwerden des Beitritts in dem in Artikel 3 des Einigungsvertrages genannten Gebiet Asyl gewährt worden ist, gelten als Asylberechtigte.

126 Zu den Voraussetzungen der Flüchtlingseigenschaft nach den jeweiligen Bestimmungen vgl STAUDINGER/BAUSBACK (2013) Anh IV zu Art 5 EGBGB zugleich mit weiteren Texten.

Das Zuwanderungsgesetz (o Rn 124) enthält zwar verschiedene Änderungen des AsylVfG, doch keine des Art 3.

b) Gleichstellung

127 Eine **ausdrückliche Gleichstellung** mit deutschen Staatsangehörigen enthalten also das AHK-Gesetz Nr 23, das Gesetz über die Rechtsstellung heimatloser Ausländer (OLG Hamburg 3. 2. 1979 IPRspr 1979 Nr 53; BGH 12. 12. 1984 IPRax 1985, 292, 293 [vBAR 272] = FamRZ 1985, 280, 281 = NJW 1985, 1283) und die Genfer Flüchtlingskonvention. Für sie wird diskutiert, ob Art 12 oder 16 anzuwenden ist (BEITZKE, Staatenlose, Flüchtlinge, Mehrstaater 155; ders, in: FS Fragistas [1966] 381 ff, 385; HIRSCHBERG NJW 1972, 361, 363 f und IPRax 1984, 19, 20 hält nicht einmal Art 16 für einschlägig; BGH 30. 6. 1982 NJW 1982, 2732 = FamRZ 1982, 996 wendet Art 16 Abs 2 an). Die hM entnimmt dem einen wie dem anderen Gesetz die Gleichstellung mit **Inländern** (MünchKomm/vHEIN Art 5 EGBGB Anh II Rn 59; STEIN/JONAS/SCHLOSSER[20] § 606b ZPO Rn 4; BGH 30. 6. 1982 NJW 1982, 2732 = FamRZ 1982, 996; BGH 11. 4. 1979 FamRZ 1979, 577, 579), während andere eine Gleichstellung mit **Staatenlosen** sehen (HIRSCHBERG NJW 1972, 361, 363 f; KROPHOLLER, Hdb IZVR Bd 1 Kap III Rn 58; ZÖLLER/GEIMER § 606a Rn 77, 81; KILIAN IPRax 1995, 10; OLG München 19. 9. 1989 IPRax 1989, 238, 239 [JAYME 223]; unentsch BGH 18. 10. 1989 IPRax 1991, 54 mAnm DÖRNER/KÖTTERS 39 = NJW 1990, 636). Das Ergebnis, dass es nicht nach § 98 Abs 1 Nr 4 FamFG auf die Anerkennung in einem Heimatstaat ankommt, wenn der Flüchtling etc im Inland seinen gewöhnlichen Aufenthalt hat, ist jedenfalls unstreitig (MünchKommFamFG/RAUSCHER Rn 49 f).

128 Auf die **Flüchtlingskonvention** verweisen dann das AsylVfG und das Gesetz vom 22. 7. 1980 **(„Kontingentflüchtlinge")**. Dabei ist zu beachten, dass Art 2 AsylVfG erst die **anerkannten Asylberechtigten** gleichstellt, nicht die **Asylbewerber**, die aber durchaus unter eine der anderen Regelungen fallen können, namentlich können sie Flüchtlinge iSd GenfFlKonv sein, die keine förmliche Anerkennung verlangt (OLG Hamm 25. 2. 1992 IPRax 1992, 390 [DH], jedenfalls wenn die Anerkennung später erfolgt). Sind sie nicht Flüchtlinge, kommt es bei noch nicht anerkannten Asylbewerbern mit inländischem gewöhnlichem Aufenthalt auf die Anerkennung in ihrem oder des Ehegatten Heimatland an (OLG Hamm 5. 5. 1989 IPRax 1990, 247; OLG Koblenz 15. 6. 1989 IPRax 1990, 249 [zu beiden SPICKHOFF 225]).

Nach Art 16 GenfFlKonv setzt die Gleichstellung den **gewöhnlichen Aufenthalt des Flüchtlings** in Deutschland voraus. Das gilt dann auch für anerkannte Asylbewerber. Art 1 und 3 AHK-Gesetz Nr 23 verlangen ihn ebenfalls, weichen aber von den anderen Gesetzen darin ab, dass der schlichte Aufenthalt im Inland genügt, wenn die betroffene Person keinen gewöhnlichen Aufenthalt anderswo hat. In allen anderen Gesetzen wird gewöhnlicher Aufenthalt verlangt. Das betrifft die große Mehrheit der Flüchtlinge. Bei ihnen kann jedoch, wenn sie keinen gewöhnlichen Aufenthalt haben, bei schlichtem Aufenthalt im Inland eine inländische Notzuständigkeit in Betracht kommen (vgl Rn 22, 259 ff). Zu den Wirkungen einer Asylgewährung in der ehemaligen DDR vgl Staudinger/Spellenberg (1997) § 606a ZPO Rn 173. 129

Wegen dieses Erfordernisses eines gewöhnlichen Aufenthalts in Deutschland ist der **Anwendungsbereich** der Gleichstellung mit Deutschen wegen des Vorrangs der Brüssel IIa-VO sehr beschränkt. Denn wenn er beim **Antragsgegner** gegeben ist, besteht schon eine Zuständigkeit nach Art 5 Abs 1 lit a 3. Str Brüssel IIa-VO und wenn beide Ehegatten hier leben nach Art 3 Abs 1 lit a 1. Str Brüssel IIa-VO. § 98 Abs 1 Nr 1 FamFG ist nicht mehr anwendbar. Sind beide Flüchtlinge, greift dann auch Art 3 Abs 1 lit b. Bedeutung hat die Gleichstellung, wenn nur der **Antragsteller** seinen gewöhnlichen Aufenthalt hier hat, und dieser noch nicht sechs Monate besteht (vgl Art 5 Abs 1 lit a 6. Str Brüssel IIa-VO) und sachlich bei Feststellungsklagen, die die Brüssel IIa-VO nicht erfasst. Der gewöhnliche Aufenthalt bewirkt eine Gleichstellung mit Deutschen in Hinsicht auf Nr 1, sodass bei gewöhnlichem Aufenthalt nur eines Ehegatten in Deutschland nicht die Anerkennungsprognose nach Nr 4 nötig ist. Art 3 Abs 1 lit a Brüssel IIa-VO greift erst ein, wenn der Antragsteller hier seinen gewöhnlichen Aufenthalt sechs Monate hat (**aA** MünchKomm-FamFG/Rauscher Rn 50: 12 Monate). 130

Die **Gleichstellung** der Flüchtlinge mit deutschen Staatsangehörigen **endet** mit der Aufgabe des inländischen gewöhnlichen Aufenthalts gem Art 12 und 16 GenferFlKonv. Letztere gewährt den gleichen Zugang zu Gerichten nur in dem Staat, in dem der Flüchtling diesen Aufenthalt „hat". § 2 Gesetz über die Rechtsstellung heimatloser Ausländer v 25. 4. 1951 sagt gleiches noch deutlicher. Ob dann die perpetuatio fori eintritt, ist zweifelhaft. 131

Ob der Flüchtling **Kläger oder Beklagter** ist, steht gleich. Auch der im Ausland lebende Ehegatte, der nicht Flüchtling ist, kann im Inland gegen den hier lebenden Flüchtling klagen. Zwar spricht Art 16 Genfer Flüchtlingskonvention, auf die das AsylVerfG und das Gesetz über Maßnahmen für im Rahmen humanitärer Hilfsaktionen aufgenommene Flüchtlinge verweisen, von „freiem und ungehindertem Zugang zu den Gerichten" für den Flüchtling. Hingegen formulieren das AHK-Gesetz Nr 23 und das Gesetz über die Rechtsstellung heimatloser Ausländer, dass die Vorschriften der ZPO Anwendungen finden, „als ob sie deutsche Staatsangehörige wären" (Art 3 AHK-Gesetz Nr 23) bzw, dass sie „den deutschen Staatsangehörigen gleichgestellt" werden. Das sollte auch für die GenfFlüchtKonv gelten. 132

Die GenfFlKonv gilt **nicht** für **Palästina Flüchtlinge**, solange sie unter der United Nations Relief and Works Agency (UNRWA) stehen (Staudinger/Bausback [2013] Anh IV zu Art 5 EGBGB Rn 48). 133

134 Die Gleichbehandlung ist **nicht ohne Einschränkungen** möglich (vgl auch Hirschberg IPRax 1984, 19 f; NJW 1972, 361 ff). Die für deutsche Staatsangehörige eröffnete **Antrittszuständigkeit gilt nicht** für Flüchtlinge, auch wenn sie zum Zeitpunkt der Heirat Flüchtlinge waren und gewöhnlichen Aufenthalt im Inland besaßen und ihren Aufenthalt erst später ins Ausland verlegten. Die fraglichen Gesetze sollten durch § 98 Abs 1 Nr 1 FamFG nicht verändert werden, denn dies entspräche nicht dem Zweck jener Flüchtlingsregelungen. Man sollte auf den gegenwärtigen gewöhnlichen Aufenthalt abstellen (MünchKomm/Winkler von Mohrenfels Anh Art 17a EGBGB Rn 48, teleologische Reduktion). Im Ergebnis handelt es sich daher um eine **Gleichstellung mit Staatenlosen** iSd Nr 3 (OLG München 19. 9. 1988 IPRax 1989, 238).

V. Aufenthaltszuständigkeiten (§ 98 Abs 1 Nr 2–4 FamFG)

1. Anwendungsbereich

135 § 98 Abs 1 Nr 2 bis 4 FamFG enthalten die Zuständigkeiten kraft **gewöhnlichen Aufenthalts** in Deutschland. Wegen des Vorrangs der Brüssel IIa-VO (vgl Staudinger/Spellenberg [2015] Einl 47 ff zur Brüssel IIa-VO) ist ihr **Anwendungsbereich** sehr **reduziert**, weil, wie oben in Rn 4 ff ausgeführt, § 98 FamFG insgesamt bei **Anträgen auf Statusänderung** verdrängt wird. Allenfalls kann § 98 FamFG bei Statusklagen noch als Restzuständigkeit zum Zuge kommen, wenn keiner der Tatbestände der Aufenthaltszuständigkeit nach Art 3 Abs 1 lit a Brüssel IIa-VO verwirklicht ist. Das wäre aber der Fall, wenn beide Ehegatten hier ihren gewöhnlichen Aufenthalt haben oder zuletzt hatten, selbst wenn nur der Antragsteller noch in Deutschland lebt, oder der Antragsgegner oder der Antragsteller nach einer Wartezeit ihn jeweils in Deutschland haben. So bleibt die kleine **Restzuständigkeit kraft gewöhnlichen Aufenthalts** nur, wenn ihn nur der Antragsteller noch nicht zwölf Monate bzw sechs Monate hier hat.

136 Abgesehen davon bleibt § 98 FamFG aber uneingeschränkt für **Feststellungsklagen** anwendbar (oben Rn 23). § 98 Abs 1 Nr 2 FamFG ist an sich nur nötig, wenn kein Ehegatte die deutsche Staatsangehörigkeit hat (zur Doppelstaatsangehörigkeit vgl Rn 101 ff), weil sonst Nr 1 gilt. Die uU schwierige Ermittlung der Staatsangehörigkeit kann aber praktisch dahinstehen, wenn beide Ehegatten im Inland den gewöhnlichen Aufenthalt haben, denn dieser Zuständigkeitsgrund steht dem der deutschen Staatsangehörigkeit völlig gleich.

137 Bei **Statusänderungen** kommt dagegen § 98 Abs 1 Nr 2 FamFG nie zum Zuge, weil gerade der gemeinsame gewöhnliche Aufenthalt die Zuständigkeit nach Art 3 Abs 1 lit Nr 1 Brüssel IIa-VO begründet. § 98 FamFG scheidet auch aus, wenn die Eheleute eine gemeinsame Unionsangehörigkeit haben, denn dann eröffnet Art 3 Abs 1 lit b Brüssel IIa-VO eine Zuständigkeit in diesem Heimatstaat und verdrängt nationales Zuständigkeitsrecht (Art 7 Abs 1 Brüssel IIa-VO).

2. Aufenthalt beider Ehegatten im Inland (§ 98 Abs 1 Nr 2 FamFG)

a) Ratio legis

138 Wenn beide Ehegatten mit ausländischer Staatsangehörigkeit bei Antragstellung ihren gewöhnlichen Aufenthalt im Inland haben, sieht das Gesetz darin eine starke

Inlandsbeziehung, hier für **Feststellungsklagen**, denn für die Eheauflösungen gilt Art 3 Abs 1 lit a 1. Str Brüssel IIa-VO.

b) Gewöhnlicher Aufenthalt*

aa) Autonome oder europäische Auslegung

Der **gewöhnliche Aufenthalt ist** logisch **für § 98 FamFG** nach deutschem Recht zu bestimmen** und nicht wie für die Brüssel IIa-VO europäisch einheitlich. Ist der gewöhnliche Aufenthalt iSd Art 3 Brüssel IIa-VO zu bejahen, so gründet sich aber ggf darauf die Zuständigkeit, und es kann dahin stehen, ob er auch iSd § 98 FamFG gegeben wäre, solange es sich um eine Statusänderung handelt. Ist er nach europäisch einheitlichem Verständnis nicht zu bejahen, so verweist Art 7 Abs 1 Brüssel IIa-VO, falls kein anderer Zuständigkeitsgrund hilft, auf nationales Recht, und § 98 Abs 1 Nr 2 bis 4 FamFG des deutschen Rechts kann zum Zuge kommen. 139

So könnte es sein, wenn man der verbreiteten, wenngleich unzutreffenden und nicht immer klar formulierten deutschen Meinung folgt, dass der gewöhnliche Aufenthalt schon mit der Niederlassung entsteht, wenn die soziale Integration **nur beabsichtigt**, aber noch nicht verwirklicht ist (so MünchKommZPO/Rauscher Rn 59), während der EuGH den gewöhnlichen Aufenthalt unter bestimmten selteneren Umständen sofort entstehen lässt, wenn die **soziale Integration** ausnahmsweise sofort **entstanden ist** (EuGH 22. 12. 2010 – C-149/10 PPU *Mercredi v Chaffe* Rn 51, 55 f, IPRax 2012, 340 mAnm Siehr 316), wobei aber Besonderheiten ausschlaggebend gewesen sein könnten, da es um einen nur zwei Monate alten Säugling ging (u Rn 147). ZB könnte der noch nicht anerkannte Asylbewerber, der noch nicht integriert ist, nach jener deutschen Auffassung den gewöhnlichen Aufenthalt begründet haben, nach Art 3 Brüssel IIa-VO aber wohl noch nicht (Staudinger/Spellenberg [2015] Art 3 Brüssel IIa-VO Rn 80 ff). 140

In praktisch durchaus wichtigen Details des gewöhnlichen Aufenthalts differieren die Regeln in den nationalen Rechten untereinander und gegenüber der Brüssel IIa-VO durchaus. Solche **Divergenzen** sollten jedoch **vermieden** werden, die dann zu einer deutschen Restzuständigkeit iSd Art 7 Abs 1 Brüssel IIa-VO führen, und es ist durchaus zulässig, sich auch für das deutsche Recht an den neuen Entscheidungen des EuGH auszurichten. Wenn Art 7 Abs 1 Brüssel IIa-VO wegen fehlenden gewöhnlichen Aufenthalts in seinem Sinne keine Zuständigkeit ergibt, muss das natio- 141

* **Schrifttum** s bei Staudinger/Spellenberg (2015) Art 3 Brüssel IIa-VO.

** **Rechtsprechung**: BGH 19. 3. 1958 BGHZ 27, 47 = NJW 1958, 830 = FamRZ 1958, 216 = JZ 1959, 411 (Zweigert) = ZZP 72 (1959) 217; wohl auch BGH 5. 2. 1975 NJW 1975, 1068 = FamRZ 1975, 272 = MDR 1975, 477; BGH 31. 5. 1983 NJW 1983, 2771 = RIW/AWD 1983, 694 = JR 1984, 62 (Hohloch) = MDR 1984, 134; BGH 3. 2. 1993 IPRax 1994, 132 zu Art 14 EGBGB; BayObLG 19. 9. 1991 IPRax 1992, 178 = FamRZ 1992, 584; weiter zB OLG Frankfurt 1. 2. 1971 FamRZ 1973, 33; OLG Zweibrücken 7. 11. 1984 FamRZ 1985, 81; Zöller/Geimer, ZPO § 98 FamFG Rn 91; MünchKommFamFG/Rauscher Rn 63; Spellenberg IPRax 1988, 1, 4; Kilian IPRax 1995, 10. Für die Schweiz enthält jetzt Art 20 Abs 1 lit c des IPRG eine Definition; die Resolution (72) I der Minister des Europarates vom 18. 1. 1972, die Wohnsitz und Aufenthalt einheitlich definiert, ist nicht für Deutschland bindendes Recht, kann aber natürlich bei Zweifelsfragen in Betracht gezogen werden (BGH 3. 2. 1993 IPRax 1994, 132 f; Text ÖJZ 1974, 144; Kropholler, IPR § 39 II 1c).

nale Recht nicht mit einem weiteren Begriff einspringen (**aA** MünchKommFamFG/Rauscher Rn 63).

142 Wenn bei der **Anerkennungsprognose** gem Abs 1 Nr 4 das betreffende Heimatrecht der Partei auf Wohnsitz, domicile oder auch den gewöhnlichen Aufenthalt abstellt, sind die Maßstäbe dieses Rechts, und **nicht die deutschen** anzuwenden (AG München 6. 3. 1979 IPRspr 1979 Nr 56 = FamRZ 1979, 607), denn § 98 Abs 1 Nr 4 FamFG stellt darauf ab, ob der Heimatstaat **tatsächlich** anerkennt. Nur so wird eine hinkende Scheidung vermieden.

bb) Funktionelle Differenzierung

143 Der Begriff des gewöhnlichen Aufenthalts wird im deutschen Recht in sehr verschiedenen Zusammenhängen und darunter als Anknüpfungsmoment im IPR und als Zuständigkeitsgrund im internationalen Prozessrecht verwandt (näher Baetge, Der gewöhnliche Aufenthalt im IPR). Die inzwischen wohl hM will denn auch bei der Bestimmung des Tatbestands grundsätzlich den jeweiligen Zusammenhang und Normzweck beachten (eingehend mit Blick auf europäisches Familienrecht Hilbig-Lugani, in: FS Brudermüller [2014] 324 ff; in breiterem Zusammenhang dies GPR 2014, 8 ff; Helms, Neues europäisches Familienkollisionsrecht, in: FS Pintens [2012] 681; EuGH 22. 12. 2010 – C-149/10 PPU – *Mercredi v Chaffe* – Rn 45 f, IPRax 2012, 340 mAnm Siehr S 316; EuGH 2. 4. 2009 Rs C-523/07 – A – Nr 36, IPRax 2011, 76 mAnm Pirrung 50; schon Neuhaus, Grundbegriffe 228; Papenfuss, Der gewöhnliche Aufenthalt im internationalen und interlokalen Privatrecht; Staudinger/Spellenberg [2015] Art 3 Brüssel IIa-VO Rn 56 ff; Mann JZ 1965, 466 ff), und in der Tat kann man die Tatbestandsdefinition zB des § 9 Abs 1 AO oder § 30 SGB I nicht unbesehen im internationalen Privat- und Prozessrecht verwenden (OLG Hamm 5. 5. 1989 IPRax 1990, 247; OLG Koblenz 15. 6. 1989 IPRax 1990, 249; insoweit auch MünchKomm/vHein Art 5 EGBGB Rn 133; **aA** Kegel/Schurig IPR § 13 III 3 a).

144 Andererseits darf man annehmen, dass die Gesetzgeber im Bereich des Zivilrechts im Kern eine einheitliche Vorstellung haben, wenn sie auf den gewöhnlichen Aufenthalt abstellen. So kann man zwischen einem **Kernbereich** und Randbereichen für Modifikationen je nach Sachzusammenhang unterscheiden (Hilbig-Lugani, in: FS Brudermüller [2014] 325 ff und GPR 2014, 9 ff), doch seit man sich mehr bewusst ist, dass der gewöhnliche Aufenthalt nicht bloß eine, gar eine leicht festzustellende, Tatsache, sondern ein durchaus kompliziertes juristisches Konzept ist, ist schon die Feststellung des gemeinsamen Kerns umstritten.

145 Sicher wäre es sehr wünschenswert, wenigstens zwischen internationalem Privat- und Prozessrecht unterschiedliche Tatbestandsdefinitionen tunlichst zu vermeiden (OLG Nürnberg 28. 3. 1989 IPRax 1990, 249; Spickhoff IPRax 1990, 227). Das dient nicht nur der Vereinfachung, sondern **ein Gleichlauf** von zuständigkeitsrechtlicher und kollisionsrechtlicher Anknüpfung im Eherecht hat auch inhaltlich viel für sich (Spickhoff IPRax 1990, 227). In gewissem Maße sind Differenzierungen aber wohl generell unvermeidlich, doch sind sie auf das Unumgängliche zu beschränken (MünchKomm/vHein Art 5 EGBGB Rn 140; Kropholler, IPR § 39 II 5 S 261 f). So ist ein Unterschied schon der, dass man in Ausnahmefällen zwei zuständigkeitsbegründende gewöhnliche Aufenthalte haben kann, nicht aber im IPR, wenn es um die Bestimmung des einen in der Sache anzuwendenden Rechts geht.

cc) Tatbestand

Der gewöhnliche Aufenthalt bezeichnet den **tatsächlichen räumlichen privaten**, nicht beruflichen **Lebensmittelpunkt**, der vor allem eine **soziale Integration** voraussetzt. Dies ist daher der Ort, an dem sich die Person hauptsächlich, nicht unbedingt ständig, aufzuhalten pflegt und **wo der Schwerpunkt ihrer Bindungen liegt**. Soweit besteht Einigkeit **im Grundsatz** (EuGH 22. 12. 2010 – C-149/10 *Mercredi v Chaffe* Rn 56, IPRax 2012, 340 mAnm SIEHR 316; EuGH 2. 4. 2009 Rs C-523/07 –A- Nr 38, 44, IPRax 2011, 76 mAnm PIRRUNG 50; BGH 29. 10. 1980 BGHZ 78, 293 = FamRZ 1981, 135 = NJW 1981, 520 = IPRax 1981, 139 – MSA; OLG Frankfurt 1. 2. 1971 FamRZ 1973, 33 [JAYME] = IPRspr 1971 Nr 136; OLG Zweibrücken 7. 11. 1984, FamRZ 1985, 81; AG München 6. 3. 1979 FamRZ 1979, 607 = IPRspr 1979 Nr 56; MünchKomm/vHEIN Art 5 EGBGB Rn 143 ff, 149 ff; JOHANNSEN/HENRICH/HENRICH, Familienrecht § 98 FamFG Rn 15). Obwohl für § 98 der gewöhnliche Aufenthalt nach deutschem Recht und nicht nach den autonomen Maßstäben der Brüssel IIa-VO zu bestimmen ist, ist es doch, wie gesagt (oben Rn 117), zweckmäßig, den Tatbestand wie für Art 3 Abs 1 Brüssel IIa-VO zu bestimmen (STAUDINGER/SPELLENBERG [2015] Art 3 Brüssel IIa-VO Rn 54 ff mwNw MünchKomm/vHEIN Art 5 EGBGB Rn 140). 146

Es geht weniger um die Dauerhaftigkeit des Aufenthalts zur Abgrenzung von einem nur vorübergehenden, denn der gewöhnliche Aufenthalt muss nicht für lange Zeit bestehen, als um die **Intensität** der **Nähebeziehung** zu einer Rechts- und Gesellschaftsordnung, von der man annimmt, dass sie dadurch besser als durch die Staatsangehörigkeit angezeigt wird (näher STAUDINGER/SPELLENBERG [2015] Art 3 Brüssel IIa-VO Rn 63 ff mNw). Der gewöhnliche Aufenthalt der Partei befindet sich am „ständigen oder gewöhnlichen **Mittelpunkt seiner Interessen**" und ist Ausdruck einer „gewissen Integration in ein soziales und familiäres Umfeld" (EuGH 22. 12. 2010 – C-149/10 *Mercredi v Chaffe* Rn 51, 56, IPRax 2012, 340 mAnm SIEHR 316; bzw EuGH 2. 4. 2009 – C-523/07 – A – Rn 38, 44, IPRax 2011, 76 mAnm PIRRUNG 50; MünchKomm/vHEIN Art 5 EGBGB Rn 149 f, anders aber zT Rn 145). Wenn der EuGH als Unterschied eine gewisse Dauerhaftigkeit nennt, so ist das schief; auch ein schlichter Aufenthalt kann zeitlich gesehen dauerhaft sein. Die soziale Integration in ein neues gesellschaftliches Umfeld braucht freilich gewöhnlich mehr oder weniger Zeit. In der Entscheidung Mercredi hat der EuGH, allerdings für einen Säugling, ein sofortiges Entstehen eines neuen gewöhnlichen Aufenthalts angenommen, der eben da ist, wo sich die Mutter aufhält. Diese war aber anscheinend **nachhause zurückgekehrt**, und hatte daher vermutlich sofort hier ihre soziale Integration wieder aufgenommen, wenn sie nicht ohnehin noch bestand. Bei Auswanderern ist dies dagegen anders. 147

3. Staatenlose mit gewöhnlichem Aufenthalt im Inland (§ 98 Abs 1 Nr 3 FamFG)*

a) Vorrang von Art 3 Brüssel IIa-VO

Nr 3 eröffnet die internationale deutsche Zuständigkeit schon, wenn nur ein Ehegatte seinen **gewöhnlichen Aufenthalt** im Inland hat, und er **staatenlos** ist. Hat er dagegen eine ausländische Staatsangehörigkeit, so gilt Nr 3 nicht, selbst wenn der 148

---

* **Schrifttum**: C ARNDT, Neuregelung zur Verringerung von Staatenlosigkeit, NJW 1977, 1564; BEITZKE, Staatenlose, Flüchtlinge und Mehrstaater, in: LAUTERBACH (Hrsg), Vorschläge und Gutachten zur Reform des deutschen internationalen Personen- und Sachenrechts (1972) 143 ff; WEIS, Nationality and Statelessness in International Law (2. Aufl 1979), mit Texten.

andere, im Ausland lebende Ehegatte staatenlos ist. Da Nr 3 einen gewöhnlichen Aufenthalt des Staatenlosen im Inland verlangt, kommt sie wegen des Vorrangs der Brüssel IIa-VO nur bei **Feststellungsklagen** zum Zuge und **bei Statusanträgen** nur, wenn der gewöhnliche Aufenthalt des **Antragstellers** noch nicht die von Art 3 Abs 1 lit 6. Str Brüssel IIa-VO geforderte Dauer von einem Jahr oder sechs Monaten (unten Rn 153) hat. Dass Art 3 Brüssel IIa-VO keine Staatenlosenzuständigkeit vorsieht, wirkt sich wegen der Aufenthaltszuständigkeiten kaum aus (im Erg auch MünchKomm-ZPO/Rauscher Rn 72).

b) Staatenlosigkeit

149 Staatenlos ist, wer **keine Staatsangehörigkeit** besitzt. Sie fällt nicht notwendig mit der Flüchtlingseigenschaft zusammen. Über jene entscheiden nach einer allgemein anerkannten (völkerrechtlichen) Regel die Staatsangehörigkeitsgesetze der jeweiligen in Betracht kommenden Staaten (vgl die Definition in Art 1 des New Yorker [UN-] Übereinkommens v 28. 9. 1954 über die Rechtsstellung der Staatenlosen [BGBl 1976 II 473 ff], für die Bundesrepublik Deutschland in Kraft seit dem 24. 1. 1977 [BGBl II 235]). Ohne weitere Prüfung gilt als staatenlos, wer einen Reiseausweis nach Art 28 des New Yorker Übereinkommens hat. Staatenlosigkeit bzw Verlust einer Staatsangehörigkeit kann verschiedene Gründe haben: Auswanderung mit Aufgabe der Staatsangehörigkeit ohne Erwerb einer neuen, Ausbürgerung ohne den Willen des Betroffenen, Heirat (von Frauen) mit einem Ausländer, ohne dass dabei dessen Staatsangehörigkeit erworben wird, was aber seltener geworden und vom New Yorker UN-Übereinkommen über die Staatsangehörigkeit verheirateter Frauen vom 20. 2. 1957 verboten ist; staatenlos können weiterhin sein nichteheliche Kinder, welche in Ländern mit Anerkennungssystem von niemandem anerkannt wurden, und Kinder, die von Eltern eines ius-soli-Staates oder Staatenlosen in einem Staat des ius-sanguinis-Prinzips geboren werden.

150 Freilich sorgt hier vielfach das New Yorker Abkommen vom 30. 8. 1961 über die Verminderung der Staatenlosigkeit (BGBl 1977 II 597, 1217; AusfG BGBl 1977 I 1101) für den Erwerb einer Staatsangehörigkeit. Insgesamt kommen heute wohl Ausbürgerungen wesentlich weniger vor als zwischen den beiden Weltkriegen, als große Bevölkerungsteile von ihren Staaten pauschal ausgebürgert wurden; insbesondere das Dritte Reich hat viele einzeln oder pauschal ausgebürgert (G vom 25. 11. 1941 [RGBl I 722]: Juden mit Aufenthalt im Ausland). Betroffen sind aber noch vielfach Abkömmlinge der damals Ausgebürgerten.

151 Setzt der Erwerb oder Verlust einer Staatsangehörigkeit nach dem Recht des betreffenden Staates einen **familienrechtlichen Vorgang** (Heirat, Vaterschafts-, Mutterschaftsanerkennung etc) voraus, so beurteilt sich dessen Gültigkeit (in unselbständiger Anknüpfung) nach dem Recht des betreffenden Staates einschließlich seines IPR (zB BayObLG 7. 12. 1979 BayObLGZ 1979, 405; VG Darmstadt 9. 8. 1982 StAZ 1984, 44 mAnm vMangoldt = IPRspr 1982 Nr 4 A; Makarov/vMangoldt, Deutsches Staatsangehörigkeitsrecht Einl III Rn 1 ff; Kegel/Schurig, IPR § 9 2a S 382, § 13 II 4 S 452; zur Staatenlosigkeit infolge solcher Anknüpfung zivilrechtlicher Vorfragen van Sasse van Ysselt StAZ 1969, 265).

152 Aber Nr 3 hat kaum praktische Bedeutung, weil der von Nr 3 vorausgesetzte gewöhnliche Aufenthalt im Inland zugleich eine Gleichstellung mit Deutschen hinsichtlich des Zugangs zum Gericht bzw der Zuständigkeit bewirkt (Zöller/Geimer,

ZPO § 98 FamFG Rn 97; Becker-Eberhardt, in: FS Schütze [1999] 85, 97). Wie bei Flüchtlingen (oben Rn 119 ff) ist dann nicht Nr 3 sondern Nr 1 einschlägig. Fälle, in denen trotz des gewöhnlichen Aufenthalts keine Gleichstellung stattfindet, sind sicher sehr selten. Zudem gehen die Zuständigkeiten des Art 3 Brüssel IIa-VO vor, die an den gemeinsamen oder einseitigen gewöhnlichen Aufenthalt anknüpfen. So bleibt für § 98 Abs 1 Nr 3 FamFG nur die Feststellungsklage, die ratione materiae nicht von der Brüssel IIa-VO erfasst wird, und bei Statusklagen die seltenen Fälle, dass nur der staatenlose Antragsteller seinen gewöhnlichen Aufenthalt im Inland hat, aber noch nicht lange genug. Zu staatenlosen Lebenspartnern vgl § 103 Rn 29.

c) Gleichstellung mit Deutschen

Es gilt das **New Yorker Übereinkommen** v 28. 9. 1954 über die **Rechtsstellung der Staatenlosen** (BGBl 1976 II 473 ff, für die Bundesrepublik in Kraft seit dem 24. 1. 1977). Es stellt den Staatenlosen mit den Angehörigen des Staates, in dem er seinen gewöhnlichen Aufenthalt hat, gleich und eröffnet ihm also auch die deutsche internationale Zuständigkeit wie einem Deutschen (vgl Becker-Eberhard, in: FS Schütze [1999] 85, 97). Deshalb genügt die Aufenthaltsdauer von sechs Monaten gem Art 3 Abs 1 lit a 6. Str (Staudinger/Spellenberg [2015] Art 3 Brüssel IIa-VO Rn 135; **aA** Geimer/Schütze/Dilger, IRVZ Vor Art 3 Brüssel IIa-VO Rn 40 ff). 153

Art 1 New Yorker Übereinkommen 154
Definition des Begriffs „Staatenloser"

(1) Im Sinne dieses Übereinkommens ist ein „Staatenloser" eine Person, die kein Staat aufgrund seines Rechtes als Staatsangehörigen ansieht.

(2) Dieses Übereinkommen findet keine Anwendung

(i) auf Personen, denen gegenwärtig ein Organ oder eine Organisation der Vereinten Nationen mit Ausnahme des Hohen Flüchtlingskommissars der Vereinten Nationen Schutz oder Beistand gewährt, solange sie diesen Schutz oder Beistand genießen;

(ii) auf Personen, denen die zuständigen Behörden des Landes, in dem sie ihren Aufenthalt genommen haben, die Rechte und Pflichten zuerkennen, die mit dem Besitz der Staatsangehörigkeit dieses Landes verknüpft sind;

(iii) auf Personen, bei denen aus schwerwiegenden Gründen die Annahme gerechtfertigt ist,

a) daß sie ein Verbrechen gegen den Frieden, ein Kriegsverbrechen oder ein Verbrechen gegen die Menschlichkeit i. S. d. internationalen Übereinkünfte begangen haben, die abgefaßt wurden, um Bestimmungen hinsichtlich derartiger Verbrechen zu treffen;

b) daß sie ein schweres nicht politisches Verbrechen außerhalb ihres Aufenthaltslandes begangen haben, bevor sie dort Aufnahme fanden;

c) daß sie sich Handlungen zuschulden kommen ließen, die den Zielen und Grundsätzen der Vereinten Nationen zuwiderlaufen.

Art 16 New Yorker Übereinkommen
Zugang zu den Gerichten

(1) Ein Staatenloser hat im Hoheitsgebiet aller Vertragsstaaten freien und ungehinderten Zugang zu den Gerichten.

(2) Ein Staatenloser erfährt in dem Vertragsstaat, in dem er seinen gewöhnlichen Aufenthalt hat, die gleiche Behandlung wie dessen Staatsangehörige hinsichtlich des Zugangs zu den Gerichten, einschließlich des Armenrechts und der Befreiung von der Sicherheitsleistung für Prozeßkosten.

(3) Ein Staatenloser erfährt in den Vertragsstaaten, in denen er nicht seinen gewöhnlichen Aufenthalt hat, hinsichtlich der in Abs. 2 genannten Angelegenheiten die gleiche Behandlung wie die Staatsangehörigen des Landes, in dem er seinen gewöhnlichen Aufenthalt hat.

155 Hinsichtlich des **persönlichen Anwendungsbereiches** gehen gem Art 1 Abs 2 (ii) New Yorker Übereinkommen v 28. 9. 1954 die oben Rn 119 ff genannten Flüchtlingsübereinkommen und Gesetze vor, wenn der Staatenlose zugleich die dort geforderte Flüchtlingseigenschaft hat und deshalb hinsichtlich der internationalen Zuständigkeit bereits einem Deutschen gleichsteht.

156 Art 16 Genfer FlKonv und Art 16 Übereinkommen über die Rechtsstellung der Staatenlosen sind inhaltlich identisch. Bei staatenlosen Flüchtlingen kann die Anwendbarkeit des einen oder anderen praktisch dahinstehen. Im Verhältnis zu § 98 Abs 1 Nr 3 geht dagegen der völkerrechtliche Vertrag vor, dh für Flüchtlinge die Genfer FlKonv und für Staatenlose das UN-Übereinkommen über die Rechtsstellung der Staatenlosen (Palandt/Thorn Art 5 EGBGB Rn 7).

157 Eine palästinensische Staatsangehörigkeit gibt es (noch) nicht, trotz der beginnenden Autonomie, und Palästinenser sind, zumindest wenn sie keine andere Staatsangehörigkeit erworben haben, also staatenlos (Börner IPRax 1997, 51; BVerwG 23. 2. 1993 NVwZ 1993, 782). Zwar ist das New Yorker Übereinkommen vom 28. 9. 1954 betr die Staatenlosen gem Art 1 Abs 2 (i) nicht auf die **Palästinenser** anwendbar, die unter der Obhut der United Nations Reliefs and Works Agency for the Palestine Refugees (UNRWA) stehen, doch sind das die Palästina-Flüchtlinge von 1948 und deren Abkömmlinge im Libanon, in Syrien, Jordanien, der West-Bank und im Gaza-Streifen (Nw Börner IPRax 1997, 52 Fn 45), also nicht die, die sich in Deutschland gewöhnlich aufhalten. Für die anderen gilt die Gleichstellung in Art 16 New Yorker Übereinkommen v 28. 9. 1954.

158 Viele Palästinenser haben eine andere Staatsangehörigkeit, insbesondere verschiedener Staaten des mittleren Ostens erworben. Dann sind sie grundsätzlich nicht staatenlos, doch verbriefen die befristeten jordanischen Pässe nach der Auffassung Jordaniens nicht diese Staatsangehörigkeit (Börner IPRax 1997, 52 Fn 44 mwNw). Palästinenser, die zB nach dem Golfkrieg Kuwait verlassen mussten, sind, wenn sie nicht überhaupt die kuwaitische Staatsangehörigkeit verloren haben, Flüchtlinge und fallen also bei deutschem gewöhnlichem Aufenthalt unter die betreffenden Flüchtlingsgesetze. Im Übrigen bleiben für § 98 Abs 1 Nr 3 FamFG wohl praktisch nur Staatenlose, die im ernsten Verdacht schwerer Straftaten stehen (Art 1 Abs 2 [iii] des New Yorker Übereinkommen v 28. 9. 1954).

Völkerrechtswidrige und aus vergleichbaren Gründen inakzeptable **Ausbürgerungen** sind nach Art 6 EGBGB (ordre public) an sich nicht anzuerkennen. Dies hätte die Folge, dass die Person weiterhin wie mit der bisherigen Staatsangehörigkeit zu behandeln wäre. Art 9 des New Yorker Übereinkommen über die Verminderung der Staatenlosigkeit vom 30. 8. 1961 (BGBl 1977 II 597, 1217, AusfG vom 29. 6. 1977 [BGBl I 1101]) verbietet Ausbürgerungen aus rassischen, religiösen und politischen Gründen, und Art 15 Abs 1 der UN-Deklaration der Menschenrechte vom 10. 12. 1948 verbietet willkürliche Ausbürgerungen. Solche Entziehungen der Staatsangehörigkeit sind als völkerrechtswidrig anzusehen. Dennoch wird im IPR die Anknüpfung an die entzogene Staatsangehörigkeit verworfen, weil nicht ein Recht angewandt werden solle, das selbst nicht angewandt werden will (BGB-RGRK/Wengler Bd VI 1 249, 252). Für die internationale Zuständigkeit würde es den Zugang zu deutschen Gerichten erschweren, wenn man den völkerrechtswidrig Ausgebürgerten weiter als dem betreffenden Staat angehörend und nicht als staatenlos behandelt, denn dann könnte es entgegen § 98 Abs 1 Nr 3 FamFG auf eine Anerkennung der deutschen Entscheidung im ehemaligen Heimatstaat ankommen. Daher sollte Nr 3 dennoch gelten (im Ergebnis zustimmend MünchKommFamFG/Rauscher Rn 50, der Art 1 Nr 3 des New Yorker Übereinkommen v 28. 9. 1954 heranzieht). Doch könnte man die Anwendung der Nr 4 anstelle der Nr 3 erwägen, wenn die völkerrechtswidrig ausgebürgerte Partei sich auf ihr (bisheriges) Heimatrecht beruft. 159

d) De facto-Staatenlosigkeit

Von **de facto-Staatenlosigkeit** spricht man sowohl, wenn der betreffende Staat den Vollzug des völkerrechtlichen und staatsrechtlichen Schutzes seiner Staatsangehörigkeit **verweigert**, als auch, wenn die Person selbst keine Beziehungen zu ihrem Heimatstaat mehr unterhalten **kann** (Henrichs NJW 1958, 89; BGB-RGRK/Wengler Bd VI 1 S 253; § 9 Abs 3 öster IPRG stellt Personen, deren Beziehungen zu ihrem Heimatstaat aus vergleichbar schwerwiegenden Gründen abgebrochen sind, den Flüchtlingen gleich). Es genügt nicht, dass sie die Beziehung zum Heimatstaat nur von sich aus abbricht (Auswanderung). Ein weiterer Fall ist der, dass der Heimatstaat handlungsunfähig ist, zB durch Kriegsereignisse oder Besetzung. Das New Yorker Übereinkommen v 28. 9. 1954 über die Rechtsstellung von Staatenlosen empfiehlt die Gleichbehandlung, ordnet sie aber nicht an (vgl bei Staudinger/Bausback [2013] Art 5 EGBGB Rn 34). 160

Im IPR und im IZPR spielt die de-facto-Staatenlosigkeit keine wesentliche Rolle. Dass der Heimatstaat seinen Bürgern im Ausland nicht den üblichen diplomatischen Schutz gewähren kann oder will, hindert keineswegs, im Rahmen von § 98 Abs 1 Nr 4 FamFG auf die rechtliche Anerkennung deutscher Scheidungen dort abzustellen. Ebenso ist es, wenn der Heimatstaat durch Annexion untergegangen ist. Auf das Heimatrecht ist erst dann nicht mehr abzustellen, wenn die dortige ursprüngliche Privatrechtsordnung nicht mehr effektiv ist (vgl Rn 181 f). Ebenso ist unerheblich, solange dort eine eigene Privatrechtsordnung existiert, ob die Bundesrepublik Deutschland den betreffenden Staat völkerrechtlich anerkennt. Es kommt nicht auf die völkerrechtlichen Qualitäten des Heimatstaates an, sondern auf die Existenz einer Privatrechtsordnung auf diesem Gebiet. 161

Ist jedoch der Kontakt der Person zur Heimat aufgrund der dortigen Verhältnisse (zB Vertreibung) unmöglich oder unzumutbar geworden, ausnahmsweise ohne dass 162 die Flüchtlingseigenschaft gegeben ist, kann Nr 3 angewandt werden, wenn die Partei sich auch nicht mehr auf dieses Recht beruft. Nicht jeder Exilant hat sich auch seinerseits von der Heimat abgewandt. Zur **nicht aufklärbaren Staatsangehörigkeit** oben Rn 96.

163 **Texte** geltender Staatsangehörigkeitsrechte ua in: Bergmann/Ferid, Internationales Ehe- und Kindschaftsrecht; Sammlung geltender Staatsangehörigkeitsgesetze, herausgegeben vom Institut für internationale Angelegenheiten der Universität Hamburg (in unregelmäßiger Folge erscheinende Veröffentlichungen). Kurzinformationen s Staudinger/Bausback (2013) Anh III zu Art 5 EGBGB Rn 1 ff.

e) Einwanderer

164 Es gibt zahlreiche Ausländer, die seit Jahrzehnten oder gar in zweiter oder dritter Generation hier leben, aber **trotz sozialer Integration** aus welchen Gründen auch immer **nicht eingebürgert** sind (vgl dazu Mansel, Personalstatut, Staatsangehörigkeit und Effektivität Rn 83, 561; Otto FamRZ 1974, 655, 656). Neben echten zB polnischen, ungarischen oder baltischen Einwanderern vor Jahrzehnten und Gastarbeitern, die die Heimatbindung gänzlich aufgegeben haben, sind auch Spätaussiedler ins Auge zu fassen, die, wenn man der einengenden Rechtsprechung des BVerwG (Rn 72) folgt, nicht notwendig unter § 116 Abs 1 GG fallen und auch nicht notwendig Flüchtlinge sind, und möglicherweise ihre ausländische Staatsangehörigkeit noch haben. Bei konkretem vollständigem Wegfall der Heimatbindung ist entsprechend den Vorschlägen und Überlegungen im internationalen Familienrecht (Simitis StAZ 1976, 6, 13; Neuhaus/Kropholler RabelsZ 44 [1980] 326, 335; Mansel Rn 567 ff, 578 mwNw) daran zu denken, nicht § 98 Abs 1 Nr 4 FamFG anzuwenden, sondern die Einwanderer als Deutsche (Nr 1) oder Staatenlose (Nr 3) zu behandeln. Wegen Nr 2 kommt es freilich praktisch darauf nur an, wenn der andere Ehegatte sich nicht (mehr) im Inland aufhält.

165 Man kann sicher **nicht allein** auf die **Dauer** des Inlandsaufenthaltes abstellen (Mansel Rn 565; Ansay/Martiny, Gastarbeiter in Gesellschaft und Recht [1974] 201 ff), denn häufig besteht dennoch eine ernsthafte Bindung an das Heimatland oder Rückkehrabsicht. Auch ist ein solches subjektives Element oft unsicher festzustellen, und im Scheidungsstreit wird die scheidungswillige Partei zum scheidungsfreundlichen Gericht drängen, die scheidungsunwillige dagegen nicht. Wenn weiter der Gesetzgeber im IPR sich gegen eine allgemeine Ausweichklausel entschieden hat (BT-Drucks 10/504, 29 ff; Zajtay, Beiträge zur Rechtsvergleichung: Ausgewählte Schriften [1976] 313 ff), wird man nur in seltenen Ausnahmefällen vorsichtig die ausländische Staatsangehörigkeit vernachlässigen dürfen. In so klaren Fällen scheint das aber als teleologische Reduktion vertretbar (so zum IPR Mansel Rn 578). Ein solcher Fall dürften die (noch) nicht eingebürgerten Spätaussiedler sein, wenn man sie nicht unter § 116 Abs 1 GG fasst. Auch darüber hinaus können wohl **Einzelfälle** so zu behandeln sein, Gastarbeiter auch nach längerem Aufenthalt jedoch in aller Regel nicht, denn solche Fragen sind auf der Einbürgerungsebene zu lösen.

166 Jedoch empfiehlt sich nur der Verzicht auf die Anerkennungsprognose, dh eine Gleichstellung mit Staatenlosen iSd Nr 3 und nur, solange die **Person im Inland** ist. Die Anwendung von Nr 1, dh die Gleichstellung mit Deutschen würde auch die deutsche internationale Zuständigkeit eröffnen, wenn eine solche Partei bei Ehe-

schließung hier ihren Lebensmittelpunkt hatte. Ist sie aber inzwischen, ohne die deutsche Staatsbürgerschaft erworben zu haben, in ein drittes Land ausgewandert, so besteht kein genügender Anlass für eine deutsche Gerichtsbarkeit mehr.

4. Inländischer Aufenthalt nur eines ausländischen Ehegatten (§ 98 Abs 1 Nr 4 FamFG)

a) Ratio legis. Anerkennungsprognose

§ 98 Abs 1 Nr 4 FamFG behält die bisherige Regel bei, dass bei reinen Ausländе- 167 rehen auch der gewöhnliche Aufenthalt nur eines Ehegatten im Inland grundsätzlich die deutsche Zuständigkeit trägt. Das entspricht Art 3 Abs 1 lit a 2. und 5. Str Brüssel IIa-VO und leuchtet ein, wenn man überhaupt am Aufenthalt als zweitem Zuständigkeitsgrund festhalten will. Gerade beim Scheitern einer Ehe kommt es öfter dazu, dass die Eheleute ihren gewöhnlichen Aufenthalt in verschiedenen Staaten nehmen. Die Annahme des FamFG ist, dass die Ehe dann in beiden Staaten geschieden werden kann, ohne dass freilich über die Zuständigkeit eines fremden Staates verfügt werden könnte. Der schlichte Aufenthalt eines Ehegatten genügt dagegen nicht, auch wenn er keinen gewöhnlichen Aufenthalt anderswo hat (so aber der Vorschlag des Deutschen Rates für IPR, Lauterbach [Hrsg], Vorschläge und Gutachten zur Reform des deutschen internationalen Eherechts [1962] 30 f).

Der Gesetzgeber nimmt an, dass die Inlandsbeziehung dann deutlich schwächer ist 168 als bei gemeinsamem inländischen gewöhnlichem Aufenthalt oder bei deutscher Staatsangehörigkeit, während die ausländische Staatsangehörigkeit der Partei eine ebenfalls starke Auslandsbeziehung ist. Die Schwäche der Inlandsbeziehung soll dadurch in gewisser Weise kompensiert werden, dass die beantragte Entscheidung im Heimatstaat einer Partei anerkannt, dh wirksam werden wird (Becker-Eberhard, in: FS Geimer [2002] 85, 98 ff). So verlangt Nr 4 weiterhin eine, wenn auch gegenüber dem früheren Recht abgeschwächte **positive Anerkennungsprognose** (zur Entstehungsgeschichte vgl Staudinger/Spellenberg [1997] §§ 606 ff ZPO Rn 76, 230 f). Es genügt nun schon die voraussichtliche Anerkennung in **einem** Heimatstaat bei gemischtnationalen Ausländerehen. Da das Anerkennungserfordernis nicht nur das Hinken der Scheidung verhindern soll (vgl BT-Drucks 10/504, 90), sondern der inländischen Zuständigkeit weitere Legitimität durch die voraussichtliche Wirksamkeit der Scheidung in dem Staat, der kraft der Staatsangehörigkeit ebenso berufen wäre zu entscheiden, verleihen soll, scheint die Regelung, die einem politischen Kompromiss entstammt, freilich nicht ganz logisch, denn die Scheidung hinkt gleichermaßen, wenn beide Rechte nicht anerkennen, wie wenn es nur eines tut. Im Grundsatz jedoch ist die aktuelle Regelung vertretbar, weil § 98 Abs 1 Nr 1 FamFG auch die einseitige deutsche Staatsangehörigkeit genügen lässt (ähnlich Becker-Eberhard, in: FS Geimer [2002] 85, 98 ff).

b) Vorrang der Brüssel IIa-VO

§ 98 Abs 1 Nr 4 FamFG eröffnet die deutsche Zuständigkeit, wenn der nicht deut- 169 sche Antragsteller **oder** der Antragsgegner je allein ihren gewöhnlichen **Aufenthalt im Inland** haben. Im Fall des Antragsgegners besteht jedoch eine Zuständigkeit schon nach Art 3 Abs 1 lit a 3. Str Brüssel IIa-VO und ebenso, wenn der ausländische **Antragsteller** allein hier seit einem Jahr seinen Lebensmittelpunkt hat (Art 3 Abs 1 lit a 5. Str Brüssel IIa-VO). Nur in der **beschränkten Situation**, dass letztere

Wartefrist noch nicht erfüllt ist, kommt **§ 98 FamFG als Restzuständigkeit** zum Zuge (Art 7 Abs 1 mit 3 Abs 1 lit a Brüssel IIa-VO). Es ist jedoch wegen § 300 Abs 1 ZPO unzulässig, das Verfahren fortzusetzen in der Erwartung, dass die Zuständigkeit im Laufe des Verfahrens noch entstehen werde. § 98 Abs 1 Nr 4 FamFG hat daher seine praktische Bedeutung eher bei **Feststellungsklagen**, die von der Brüssel IIa-VO insgesamt nicht erfasst werden (dazu weiter Rn 23).

170 Man muss allerdings fragen, ob die Anerkennungsprognose bei Festellungsklagen, bei denen es wegen ihres Zieles nicht zu einer hinkenden Scheidung bzw Ehe kommen kann, nötig und sinnvoll ist. Zwar kann eine im Heimatstaat nicht anerkannte Feststellung der Nichtexistenz der Ehe auch zu Rechtskraftkonflikten führen, aber es entsteht kein hinkender Personenstand. Wenn Abs 1 Nr 4 nur vermeiden soll, „sehenden Auges" eine hinkende Scheidung auszusprechen (MünchKommFamFG/Rauscher § 98 FamFG Rn 77), dann spricht vieles für eine teleologische Reduktion. Jedoch muss man richtiger Weise in der voraussichtlichen Anerkennung eine Art Bestärkung durch den Heimatstaat, eine unterentwickelte Zuständigkeitsrückverweisung sehen, und kann daher an der **Anerkennungsprognose festhalten**.

171 Sie ist jedenfalls nötig, wenn nur der Antragsteller im Inland seinen gewöhnlichen Aufenthalt noch nicht ein Jahr hat, denn dann gilt § 98 FamFG als Restzuständigkeit nach Art 7 Abs 1 Brüssel IIa-VO, doch genügt es natürlich auch, wenn das Heimatrecht des anderen Ehegatten anerkennen wird. Das wäre zwar ohne weiteres der Fall, wenn dieser einem Mitgliedstaat der Brüssel IIa-VO angehört, wenn etwa der schweizer Antragsteller erst seit kurzem in Deutschland lebt, die italienische Antragsgegnerin aber in New York, dann wäre die Anerkennung des **deutschen Urteils** als solches nach Art 21 Abs 1 Brüssel IIa-VO in Italien ohne weiteres gesichert. Wäre sie dagegen Türkin in New York, dann muss geprüft werden, ob türkisches oder das schweizer Recht des Antragstellers anerkannt werden.

c) Anerkennung im Heimatstaat

aa) Staatsangehörigkeit

172 IdR bezeichnet die **ausländische Staatsangehörigkeit** den „Heimatstaat", mit dem die Regelung des Status der Personen in Einklang gehalten werden soll. Dieses Prinzip bedarf der Präzisierung.

173 Es **genügt nicht**, wenn zwar der Heimatstaat nicht anerkennt, aber der Staat, dessen Recht durch Art 13 oder 17 mit 14 EGBGB zur Anwendung berufen ist, anerkennen würde (rechtspolitisch **aA** Zöller/Geimer, ZPO § 98 FamFG Rn 54, 102, 118; Geimer, IZPR Rn 1067, 1069). Ein entsprechender Reformvorschlag von Dessauer (IPR, Ethik und Politik [1986] Bd 2, 850 ff; ebenso Grundmann StAZ 1984, 152; Kropholler/Neuhaus RabelsZ 44 [1980] 337 f) hat sich nicht durchgesetzt, der Gesetzgeber wollte die Übereinstimmung mit dem Heimatstaat, nicht mit dem davon uU nach Art 17 mit 14 Abs 1 Nr 2 EGBGB bzw Art 5 und 8 Rom III-VO verschiedenen Scheidungsstatut.

174 Kein Ehegatte darf **Deutscher** oder einem Deutschen gleichgestellt sein, da sonst Nr 1 gilt. Ebenfalls scheidet Nr 4 zugunsten von Nr 3 aus, wenn die Partei mit inländischem gewöhnlichem Aufenthalt staatenlos ist. Die Staatsangehörigkeitsfrage muss daher geklärt werden, sowohl um Nr 1 und 3 auszuschließen, als auch um zu wissen, nach welchem Recht die Anerkennungsprognose zu stellen ist.

Ob eine Partei die deutsche Staatsangehörigkeit hat, entscheidet das deutsche Recht, **ob** sie **eine ausländische** hat, entsprechend das Recht der in Frage kommenden Staaten. Zivilrechtliche Vorfragen für ihren Erwerb oder Verlust sind deshalb hier wie im IPR nach dem vom Kollisionsrecht dieser Staaten berufenen Recht zu beurteilen; es ist nicht etwa vom deutschen IPR auszugehen (ganz hM, vHOFFMANN/THORN, IPR § 5 Rn 37). Die ausländische Staatsangehörigkeit ist anhand des ausländischen Rechts zu prüfen. Der Besitz ausländischer Personalpapiere oder Pässe ist zwar ein uU starkes Indiz, aber kein zwingender Beweis. 175

Darauf, ob die Bundesrepublik Deutschland den fraglichen Staat oder seine Regierung **völkerrechtlich anerkennt**, kommt es im IPR nach ganz hM grundsätzlich nicht an (STOLL BerDGesVR Heft 4 [1961] 131 ff, 134 ff). Der Grund ist, dass bei der Suche nach der Rechtsordnung, mit der die engste Beziehung in der betreffenden Frage besteht, die Staatsangehörigkeit zB im Familienrecht typischerweise die entscheidende Heimatbindung bezeichnet (SONNENBERGER, in: vMANGOLDT/SONNENBERGER, Anerkennung der Staatsangehörigkeit und effektive Staatsangehörigkeit natürlicher Personen im Völkerrecht und im internationalen Privatrecht 12 f). Beim Anerkennungserfordernis in § 98 Abs 1 Nr 4 FamFG geht es um eine Übereinstimmung der in Deutschland erfolgenden Scheidung mit diesem Heimatrecht. Das Hinken soll nicht im Interesse des Staates verhindert werden, dem die Partei angehört, sondern im Interesse der Parteien, denen die nachteiligen Folgen hinkender Rechtsverhältnisse erspart werden sollen. Erforderlich ist dagegen, dass die üblichen Attribute eines Staates vorliegen, dh eine Regierung und ein Staatsvolk und dass für dieses oder auf seinem Territorium ein staatliches Recht gilt. Das Problem der südafrikanischen Homelands ist nun entfallen, nicht aber das der Palästinenser. Sie sind grundsätzlich staatenlos (Rn 157). 176

bb) Flüchtlinge im Ausland

Hat ein Ausländer seinen gewöhnlichen Aufenthalt im Inland, ist der andere Ehegatte dagegen Flüchtling mit gewöhnlichem **Aufenthalt im Ausland**, so kann es nicht auf die Anerkennung in dem Staat ankommen, dem dieser angehört; Flüchtlingseigenschaft bedeutet keineswegs notwendig Staatenlosigkeit. Auf die Staatsangehörigkeit abzuheben widerspräche dem Flüchtlingsschutz, und zB nach der Genfer Flüchtlingskonvention (vgl Rn 122) wird im IPR lediglich an den gewöhnlichen Aufenthalt des Flüchtlings angeknüpft (Art 12 Genfer FlKonv). Dem entspricht es, die Anerkennung im Staat des gewöhnlichen Aufenthalts genügen zu lassen, aber auch zu fordern (so Art 16 Abs 3 Genfer FlKonv). Dieses Recht heranzuziehen ist tendenziell scheidungsfreundlicher, als allein auf das Heimatrecht des anderen Ehegatten mit ausländischer Staatsangehörigkeit abzustellen, da heute die Anerkennung in einem Heimatstaat genügt. So kann der Ehegatte, der einem scheidungsfeindlichen Staat angehört, ggf die Scheidung in Deutschland betreiben, wenn der Flüchtling sich in einem scheidungsfreundlichen Staat aufhält. 177

Hat dagegen der Flüchtling mit ausländischer Staatsangehörigkeit seinen gewöhnlichen Aufenthalt im Inland, steht er einem Deutschen gleich und es gelten, wie in Rn 119 ff ausgeführt, § 98 Abs 1 S 1 Nr 1 bzw vorrangig die Flüchtlingsgesetze, und es kommt auf Anerkennung nicht an. 178

cc) Staatenlose im Ausland

Ehen zwischen Ausländern mit gewöhnlichem Aufenthalt im Inland und **Staatenlo-** 179

sen mit gewöhnlichem Aufenthalt im Ausland fallen nach der Neuregelung unter Nr 4. Die frühere Regelung verzichtete auf die Anerkennung ganz, wenn überhaupt ein Staatenloser beteiligt war. Nach der Neuregelung in Nr 3 wird auf eine Anerkennungsprognose nur verzichtet, wenn der Staatenlose sich im Inland gewöhnlich aufhält. Im anderen Fall kommt daher nur in Betracht, allein auf den Heimatstaat der Partei mit ausländischer Staatsangehörigkeit abzustellen, oder auch auf den Aufenthaltsstaat des Staatenlosen. Letzteres folgt nicht aus Art 5 Abs 2 EGBGB, sondern aus Art 16 Genfer FlKonv bzw Art 16 New Yorker Übereinkommen v 28. 9. 1954 (Rahm/Künkel/Breuer VIII Rn 147). Wenn der Heimatstaat des einen Ehegatten anerkennt, kommt es auf den Staatenlosen nicht an. Andernfalls könnte die deutsche Zuständigkeit immer noch eröffnet werden, wenn der Aufenthaltsstaat des Staatenlosen anerkennt. Das ist enger als die alte Regelung, die auf die Anerkennung bei jeder Beteiligung eines Staatenlosen ganz verzichtete, weil es nun auf den Aufenthaltsstaat ankommt.

180 **Palästinenser** sind häufig staatenlos (Rn 157), sodass es auf Anerkennung in ihrem Aufenthaltsstaat ankommt. Leben sie auf der West-Bank oder im Gaza-Streifen, so ist die schwierige Frage, ob dort nach Erlangung einer gewissen Autonomie ein Staat im völkerrechtlichen Sinne besteht, nicht entscheidend. Denn jedenfalls gibt es dort eine private Rechtsordnung (Börner IPRax 1997, 48 ff), auf deren Anerkennungsregeln abzustellen ist (**aA** AG Neumünster 16. 12. 1986 Rpfleger 1987, 311). Soweit Palästinenser aber eine Staatsangehörigkeit eines anderen Staates erworben haben, ist nach den Regeln über die Maßgeblichkeit der effektiveren Staatsangehörigkeit zu entscheiden (Rn 191), und das kann zum palästinensischen Recht führen.

dd) Untergegangene Staaten

181 Ist der Heimatstaat der Partei untergegangen, so scheint es zunächst, dass seine Angehörigen staatenlos geworden sind und für eine Rücksichtnahme auf ihren Heimatstaat kein Raum mehr ist (so OLG Jena 28. 11. 1940 DR 1941, 655 mAnm Lauterbach [Polen]; OLG Posen 21. 11. 1942 DR 1942, 885 mAnm Klein [Polen]). Sieht man jedoch nicht auf den Staat als (anerkanntes) völkerrechtliches Gebilde, sondern auf das Rechtsgebiet, dem die Person entstammt und mit dessen Auffassung ihr Status in Einklang gehalten werden soll, so sollte der Untergang jedenfalls keinen unmittelbaren Einfluss haben, bevor sich die Verhältnisse konsolidiert haben (KG 23. 6. 1941 DRW 1941, 2072 [Jugoslawien]).

182 Eine militärische Besetzung als solche ändert weder die Staatsangehörigkeit noch das dort geltende Privatrecht einschließlich des Rechts der Anerkennung ausländischer Eheurteile. Anders ist es dagegen, wenn der besetzende Staat die Bewohner zwangsweise einbürgert oder neues Privatrecht effektiv einführt; denn man fügte, nachdem dies geschehen ist, neues Unrecht hinzu, wenn man diese Bevölkerung nicht nach diesem neuen Recht, sondern nach dem nicht mehr effektiven früheren des besetzten Staates behandelte (Hohloch, in: Thürer/Herdegen/Hohloch, Der Wegfall der effektiven Staatsgewalt: „The failed State" [1995] 99). Denn es soll damit vermieden werden, dass in der Bundesrepublik geschiedene Eheleute in der Rechtsordnung, mit der sie primär verbunden sind, noch als verheiratet gelten.

183 Das neu eingeführte Recht erfasst aber die Betroffenen nicht mehr, wenn sie das annektierte Gebiet **vorher verlassen** haben. Hier wird im IPR die Anwendung des früheren Recht des annektierten Staates vorgeschlagen (OLG Stuttgart 28. 5. 1947 SüddJZ 1947, 383 ff [Estland]; vBAR/MANKOWSKI, IPR Bd 1 Rn 162 f). Ist der Staat, genauer seine ursprüngliche Rechtsordnung, jedoch ganz untergegangen, wie zeitweise in den baltischen Staaten, so hat es keinen Sinn, die in der Welt verstreuten Flüchtlinge, soweit sie nicht ohnehin Flüchtlingsstatus haben, noch weiterhin nach dem früheren Recht ihres früheren Heimatstaates zu behandeln. Das wird nur für eine relativ kurze Übergangszeit nach dem Untergang des Staates noch angemessen sein. Danach sind sie als Staatenlose zu behandeln. Das gilt dann auch für die Anerkennungsprüfung. Es kommt weniger darauf an, ob der betreffende Staat noch handlungsfähig ist (so aber vBAR/MANKOWSKI, IPR Bd I Rn 162), sondern dass es im Parteiinteresse nicht sinnvoll und geboten ist, den Status der Parteien in Einklang mit ihrem früheren Heimatrecht zu halten.

Für die untergegangenen baltischen Staaten hat sich das Problem nun mit ihrer neuen Unabhängigkeit erledigt. Bei der zerfallenen Sowjetunion und der Republik Jugoslawien ist ggf auf das Recht der nun selbständigen Staaten abzustellen, deren Staatsangehörigkeit die Partei nun hat, sobald sich die Verhältnisse dort stabilisiert haben (Präs OLG Frankfurt 22. 9. 1998 IPRax 2000, 124 [HOHLOCH 96, 100]; OLG Nürnberg 10. 11. 2000 FamRZ 2001, 837). **184**

d) Mehrrechtsstaaten

Gehört der Ehegatte einem Mehrrechtsstaat an, so ist natürlich zuerst zu fragen, ob wenigstens die Urteilsanerkennung, wie zB früher in Jugoslawien (Art 89 f IPRG) und jetzt in Restjugoslawien, **zentral geregelt** ist. Wenn eine zentrale Regelung darüber besteht, nach welchem Recht die Anerkennung zu beurteilen ist, sind diese Regeln zu beachten. Mit derartigen Regelungen ist namentlich bei den islamischen Staaten zu rechnen, die Ehe und Scheidung den verschiedenen religiösen Rechten überlassen (vgl Fall AG Wiesbaden 5. 3. 1986 IPRax 1986, 247 [HENRICH]; AG Kaiserslautern 28. 2. 1990 IPRax 1994, 223 [DH]; BÖRNER, Die Anerkennung ausländischer Titel in arabischen Staaten [1996] 47 ff). Solche Anerkennungsregelungen stehen oft in Zusammenhang mit dem dortigen interreligiösen Kollisionsrecht. **185**

Fehlt eine interlokale oder intergentile Kollisionsnorm, so muss nach deutschem Recht, dh durch Interpretation des § 98 Abs 1 Nr 4 FamFG, die maßgebende Teilrechtsordnung ermittelt werden (RG 21. 11. 1929 RGZ 126, 353). Eine Anlehnung an den freilich nicht unmittelbar einschlägigen Art 4 Abs 3 EGBGB liegt nahe (so zum alten Recht KG 7. 3. 1938 JW 1938, 1258; OLG Hamburg 30. 9. 1958 IPRspr 1958/59 Nr 122). **186**

Da es gewöhnlich keine Teilstaatsangehörigkeit gibt, liegt – da § 98 Abs 1 Nr 4 FamFG den „Heimatstaat" prinzipiell anhand der Staatsangehörigkeit bestimmt – deren Ersetzung durch den **gewöhnlichen Aufenthalt** nahe, der auch sonst häufig im IPR an deren Stelle tritt. Handelt es sich um einen Ausländer mit gewöhnlichem Aufenthalt in der Bundesrepublik, so wird man als seinen (Teil-)Heimatstaat den seines **letzten gewöhnlichen Aufenthalts** im Staat seiner Staatsangehörigkeit wählen (ZÖLLER/GEIMER, ZPO § 98 FamFG Rn 107). Ebenso ist für die andere Partei zu entscheiden, die ihren gewöhnlichen Aufenthalt in einem dritten Staat hat, wenn die Anerkennung nach ihrem Heimatrecht zu prüfen ist. Das scheint zwar bedenklich, wenn mit der Aufgabe des gewöhnlichen Aufenthalts im Heimatstaat auch die **187**

Beziehung zum Teilstaat beendet wurde, aber der letzte gewöhnliche Aufenthalt ist immer noch das relativ stärkste Element.

188 In den **USA** bestehen allerdings für die interstaatliche Ehescheidungskompetenz und -anerkennung bundesverfassungsrechtliche Vorgaben, denen zufolge (abgesehen von einer rügelosen Einlassung des Beklagten) die Zuständigkeit dort gegeben ist, wo eine Partei ihr domicile hat (Hay IPRax 1988, 267 mNw). Nach amerikanischem Bundesrecht ist eine im Domizilstaat ergangene Entscheidung in allen Einzelstaaten anzuerkennen (zB Scoles/Hay/Borchers/Symeonides, Conflict of Laws[5] §§ 15. 4–7, 15. 12 – 13; *Sosna v Iowa,* 419 US 393, 407 [1975]). So liegt es nahe, auch für die Wahl des Heimatstaates iSd § 98 Abs 1 Nr 4 FamFG auf den **Domizilteilstaat** und nicht auf den davon ggf verschiedenen des (letzten) gewöhnlichen Aufenthalts in den USA abzustellen. Immerhin ist dieses Domizilprinzip in der US-Verfassung begründet, und man bleibt auch deshalb näher an § 98 Abs 1 Nr 4 FamFG, weil das domicile im anglo-amerikanischen Kollisionsrecht weitgehend die Funktion hat, die im deutschen IZPR und IPR die Staatsangehörigkeit ausübt*. Nicht zuletzt bleibt ein domicile in den USA oft erhalten, auch wenn der gewöhnliche Aufenthalt ins Ausland verlegt wird, bildet also im Gegensatz zu diesem noch einen gegenwärtigen Bezug (bei Aufenthalt eines Armeeangehörigen: OLG Zweibrücken NJW-RR 99, 948).

e) Mehrfache Staatsangehörigkeit

189 Besitzt eine Partei **mehrere ausländische Staatsangehörigkeiten**, so gilt nach hM für die Anerkennung die **effektive**, dh es kommt auf den Staat an, mit dem die Partei hinsichtlich ihres Status die engeren Beziehungen hat (OLG Hamburg 30. 9. 1958 IPRspr 1958/59 Nr 122 [im Einzelnen nicht immer überzeugend]; IPG 1969 Nr 45 [Heidelberg]; AG Kaiserslautern IPRax 1994, 223; Henrich FamRZ 1986, 849; Baumbach/Lauterbach/Albers/Hartmann, ZPO § 98 FamFG Rn 8; Thomas/Putzo/Hüsstege § 98 FamFG Rn 10; Spellenberg IPRax 1988, 1, 5; MünchKommZPO/Rauscher § 98 FamFG Rn 79; Erman/Hohloch Art 17 EGBGB Rn 66; Bergerfurth, Ehescheidungsprozeß Rn 214; Kilian IPRax 1995, 11 f; AG Kaiserslautern 28. 2. 1990 IPRax 1994, 223 [zust Henrich]).

190 Andere lassen es genügen, wenn in einem der mehreren „Heimatstaaten" anerkannt wird (so schon Habicht, Internationales Privatrecht [1907] 136; Wieczorek/Becker-Eberhard, § 606a ZPO Rn 56; Mansel, Personalstatut, Staatsangehörigkeit und Effektivität Rn 455; Rahm/

* So LG Wiesbaden 30. 10. 1958 IPRspr 1958/59 Nr 185; LG Mannheim 4. 7. 1961 IPRspr 1960/61 Nr 184; OLG Heidelberg 10. 12. 1964 MDR 1965, 663 = IPRspr 1964/65 Nr 234; auch BG Zürich 22. 2. 1956 SJZ 1956, 352 = SchwJBlntR 1957, 266; vielleicht auch, wenngleich in Verkennung des amerikanischen Domizilbegriffs LG Stuttgart 23. 12. 1969 NJW 1970, 1512 (Cohn 2169); Lisner NJW 1971, 331; **dagegen** will BGH 19. 3. 1958 BGHZ 27, 47 = NJW 1958, 830 = FamRZ 1958, 216 = IPRspr 1958/59 Nr 1 das Heimatrecht anhand des letzten, in casu noch fortbestehenden gewöhnlichen Aufenthalts des Amerikaners, welcher allerdings zugleich nach dem Sachverhalt auch sein Domizil hätte sein können, festlegen; Zöller/Geimer, ZPO § 98 FamFG Rn 107; auf den Wohnsitz stellt ab LG Heidelberg 3. 12. 1954 FamRZ 1955, 74 (Kegel) = IPRspr 1954/55 Nr 184; offen lassend, ob domicile oder gewöhnlicher Aufenthalt entscheidet, IPG 1969 Nr 47v 30. 6. 1969 und IPG 1965/66 Nr 24v 19. 7. 1966 (Hamburg); ganz unklar von „amerikanischem" Recht sprechen AG Landstuhl 20. 9. 1984 IPRspr 1984 Nr 69 (Bericht IPRax 1985, 231); unklar auch LG München II 30. 11. 1955 IPRspr 1954/55 Nr 215 = MDR 1956, 236, das von Staatsangehörigkeit von Michigan spricht.

Künkel/Breuer VIII Rn 147; Zöller/Geimer, ZPO § 98 FamFG Rn 99; Prütting/Helms/Hau FamFG § 98 Rn 36).

Die letztere Auffassung ist zuständigkeitsfreundlich, denn sie vermehrt die Anerkennungschancen und erlaubt, dass die Anerkennungsfeindlichkeit des Staates der effektiven Staatsangehörigkeit kompensiert wird durch eine Anerkennungsfreundlichkeit des anderen Staates (so das Argument von Mansel s oben Rn 190). **Jedoch** ist es nicht der Zweck des § 98 Abs 1 Nr 4 FamFG, die deutsche Zuständigkeit von der Anerkennung durch irgendeinen Staat abhängig zu machen, sondern es ist die Übereinstimmung mit dem Staat zu suchen und erforderlich, dem die Statusfragen der Person kraft der Staatsangehörigkeit zugeordnet sind. Das ist der Staat der effektiven Staatsangehörigkeit. Mit ihm soll ein Hinken der Scheidung vermieden werden, und man darf auf die Anerkennung des Staates der ineffektiven Staatsangehörigkeit verzichten. Nur für deutsch-ausländische Mehrstaater gilt grundsätzlich anderes, und es kommt auf Anerkennung im Ausland nicht an (oben Rn 103 ff). **191**

f) Anerkennungsrenvoi. Drittstaatsanerkennung

Wenn der Heimatstaat iSd § 98 Abs 1 Nr 4 FamFG nicht selbst über die Anerkennung des deutschen Urteils entscheidet, sondern diese Entscheidung einem dritten Recht überlässt, so ist dem zu folgen, wenn und weil das Urteil auf diese Weise Wirkungen im Heimatstaat erhält (LG Hamburg 14. 7. 1954 NJW 1954, 1894; OLG Hamburg 30. 9. 1958 IPRspr 1958/59 Nr 122; vgl auch OLG Düsseldorf 28. 2. 1975 NJW 1975, 584 = FamRZ 1975, 584 mAnm Geimer; BayObG 21. 1. 1975 NJW 1875, 1077; BayObLG 17. 11. 1980, BayObLGZ 1980, 354; unten § 109 Rn 88 ff). Mit § 98 Abs 1 Nr 4 FamFG soll ein Hinken der deutschen Scheidung vermieden werden. Hierfür ist nicht erheblich, warum der Heimatstaat die deutsche Scheidung für wirksam ansieht, wenn er es nur tut. Zwar geht es bei § 109 Abs 2 S 2 FamFG darum, ob wir eine ausländische Scheidung anerkennen, während § 98 Abs 1 Nr 4 FamFG regelt, ob der ausländische Heimatstaat unsere Scheidung anerkennt, doch aus dessen Sicht ist ein Urteil aus Deutschland so gut wie eines aus jedem anderem Staat. Vor allem manche Commonwealth-Staaten verlangen für die Anerkennung zwar das *domicile* der Partei im Urteilsstaat, lassen aber auch genügen, dass ggf der Staat des anderswo liegenden *domicile* anerkennt. **192**

g) Anerkennung mit Wirkungsbeschränkung

Anerkennung bedeutet bei Statusurteilen, dass das Heimatrecht die Auflösung des Ehebandes als auch in seinem Recht wirksam ansieht. Die Abgrenzungen erweisen sich aber in mancher Hinsicht als schwierig. Es schadet jedenfalls nicht, wenn nur die Anerkennung einer Entscheidung über eine **Scheidungsfolge** verweigert wird (Jayme IPRax 1984, 122; Baumbach/Lauterbach/Albers/Hartmann § 98 FamFG Rn 9). **193**

Es ist unerheblich, ob dort ein besonderes **Delibationsverfahren** bzw eine förmliche Anerkennungsentscheidung (wie zB auch nach § 107 FamFG) verlangt wird. Es genügt in diesem Fall, dass ein solches Verfahren positiv ausgehen würde (KG 15. 11. 1947 NJW 1948, 591 [Lauterbach 569]; OLG Bamberg 8. 7. 1948 IPRspr 1945/49 Nr 59; KG 13. 10. 1948 IPRspr 1945/49 Nr 99; LG Berlin 6. 3. 1961 IPRspr 1960/61 Nr 182; MünchKomm-FamFG/Rauscher Rn 84; noch weitergehend Rahm/Künkel/Breuer, VIII Rn 144). Das gilt ebenso, wenn die Scheidung dort noch in ein Register eingetragen werden muss (MünchKommFamFG/Rauscher Rn 84; Stein/Jonas/Schlosser § 606a ZPO Rn 18; Riezler, IZPR 249). **194**

195 Zweifelhaft ist die Anerkennung, wenn der Heimatstaat nicht nur die Anerkennungsvoraussetzungen prüft, sondern eine **sachliche Nachprüfung** des Urteils vornimmt, eine **révision au fond**, dh die Anerkennung davon abhängig macht, dass die Ehe auch im Inland geschieden werden könnte. Hier ist früher verschiedentlich eine Anerkennung verneint worden, was die Folge hätte, dass die Zuständigkeit zu verneinen ist (KG 23. 2. 1929 StAZ 1929, 347; KG 22. 11. 1929 JW 1930, 1877; OLG Hamm 18. 6. 1953 IPRspr 1952/53 Nr 301; OLG Karlsruhe 16. 9. 1970 Justiz 1971, 23; Heldrich, in: FS Ficker (1967) 221; Dessauer, IPR. Ethik und Politik 448 f; Zöller/Geimer, ZPO § 98 FamFG Rn 105; **aA** OLG Stuttgart 23. 10. 1958 IPRspr 1958/59 Nr 184 [Griechenland, begrenzte révision au fond]; vielleicht auch OLG Köln 26. 2. 1960 IPRspr 1960/61 Nr 179; LG Aachen 18. 3. 1954 FamRZ 1954, 113; diff MünchKommFamFG/Rauscher Rn 85).

196 Dem ist im Grundsatz zuzustimmen. Für eine deutsche internationale Zuständigkeit für eine Eheauflösung mit Beteiligung eines Ausländers könnte man daran denken, genügen zu lassen, dass das deutsche Urteil so ausfällt, wie ein Urteil im betreffenden Staat ausfallen würde. Doch das überzeugt nicht, denn der Zweck der Bestimmung in § 98 Abs 1 Nr 4 FamFG ist nicht nur, hinkende Scheidungen zu vermeiden, sondern auch, dem Heimatstaat nicht vorzugreifen, wenn dieser im Endeffekt selbst und ausschließlich über die Scheidung entscheiden will (oben Rn 47).

197 Man kann bei fließenden Übergängen **drei Hauptfälle** unterscheiden: (1) Anerkennung ggf aufgrund spezieller Anerkennungsvoraussetzungen wie namentlich der internationalen Anerkennungszuständigkeit, (2) Anerkennung aufgrund einer sachlichen *révision au fond,* bei der aber bei inhaltlicher Übereinstimmung mit inländischem Recht dem deutschen Urteil als solchem Inlandswirkung gegeben wird, und (3) die Zweitscheidung, bei der das deutsche Scheidungsurteil allenfalls eine wichtige Rolle als Scheidungsgrund spielen kann (vgl zum alten italienischen Recht Basedow, Die Anerkennung von Auslandsscheidungen [1980] 221).

198 Man kann durchaus von Anerkennung iSd § 98 Abs 1 Nr 4 FamFG sprechen, wenn der Heimatstaat nur bestimmten Scheidungsgründe anerkennt, zB nur Scheidungen im Einvernehmen oder aufgrund Verschuldens oder nur, wenn eine längere Trennung vorausging. Hier wird idR nicht überprüft, ob dieser Grund vorlag, sondern nur, ob das, hier deutsche, Gericht aus einem solchen Grund geschieden hat (vgl auch u Rn 232).

199 Man kann dagegen nicht von Anerkennung sprechen, wenn das deutsche Urteil im Ausland nicht per se zur Eheauflösung führt, sondern lediglich als **Grundlage für eine weiterhin erforderliche Scheidung** durch das ausländische Gericht dient. Ein Beispiel bildete Art 3 Abs 2 des italienischen Gesetzes vom 6. 3. 1987 über die Auflösung von Ehen (FamRZ 1988, 786 ff). In diesen Fällen kann man nicht mehr von der Erstreckung der Wirkungen des deutschen Urteils ins Ausland iSd Anerkennung sprechen, sondern allenfalls noch von einer **Tatbestandswirkung**, denn die Tatsache, dass eine Scheidung ausgesprochen wurde, wird zum Scheidungsgrund. Voraussetzungen und Folgen dieser Tatbestandswirkung unterscheiden sich stark von der Anerkennung. Aufgrund der auch im Ausland regelmäßig vorherrschenden Dispositionsmaxime kommt es zur „Anerkennung" des deutschen Urteils regelmäßig nur, wenn eine Partei im Heimatstaat einen Scheidungsantrag stellt, was nicht vorhersehbar ist. Zudem könnte es sein, dass die ausländische Zweitscheidung nicht auf die Eheauflösung in Deutschland, sondern im konkreten Prozess auf andere Scheidungsgründe gestützt wird und somit eine „Anerkennung" in den Entscheidungsgründen ausbleibt.

Es handelt sich hier um eine **Zweitscheidung**, die sich auch dadurch unterscheidet, dass im Gegensatz zur echten Anerkennung von deutschen Urteilen die Scheidung lediglich mit Wirkung ex nunc eintritt, dh mit Erlass bzw Rechtskraft des Zweiturteils und nicht mit der anerkennungstypischen Rückwirkung auf den Zeitpunkt der Rechtskraft des deutschen Urteils (**aA** weitgehend BASEDOW, Die Anerkennung von Auslandsscheidungen [1980] 187). Deshalb reicht es auch nicht aus, um von Anerkennung idS zu sprechen, wenn der Heimatstaat wegen des deutschen Urteils in einem eher summarischen Verfahren die Zweitscheidung ausspricht (**aA** BASEDOW 187). 200

Während einerseits bei einer Zweitentscheidung sicher keine Anerkennung vorliegt, wohl aber andererseits, wenn nur spezielle Anerkennungshindernisse geprüft werden, ist die Einordnung bei einer révision au fond problematisch, wenn nach einer vollständigen Prüfung, ob die Scheidung dem inländischen Recht entsprach, das Recht des Anerkennungsstaates dann das ausländische Urteil für inländisch wirksam erklärt, und zwar mit Rückwirkung auf dessen Erlasszeitpunkt. Eine solche Rückbeziehung ist sicher typisch für eine Anerkennung. Dennoch liegt keine vor, weil der Anerkennungsstaat nichts von der fremden Entscheidung übernimmt. Die Grenze ist freilich fließend, wenn man an den Vorbehalt des **ordre public** denkt, der weiter oder enger gefasst sein kann (zutr MünchKommFamFG/RAUSCHER Rn 85), er sollte aber hinter einer vollständigen révision au fond zurück bleiben, um von Anerkennung sprechen zu können. Beispiele bietet etwa das Recht Ecuadors (Anh zu § 98 Rn 82 ff; vgl auch o Rn 198). 201

Wird die deutsche Scheidung als solche nicht anerkannt, dh nicht mit Inlandswirkung versehen, so kann das **Parteiverhalten** uU materiell-rechtliche Wirkungen nach dem Recht des Heimatstaates haben. Eine Einverständniserklärung mit dem deutschen Scheidungsantrag wird selten für ein neues Verfahren im Heimatstaat binden (zB nicht in Jugoslawien, VARADY IPRax 1984, 252 gegen OLG Karlsruhe 2. 8. 1983 IPRax 1984 270 = FamRZ 1984, 57). Die in Anpassung an deutsches Verfahrensrecht vom deutschen Richter ausgesprochene Scheidung aufgrund einer Verstoßungserklärung islamischen Rechts wirkt in manchen islamischen Staaten als solche scheidend, sodass dort nicht eigentlich das deutsche Urteil anerkannt wird, sondern die Erklärung wirkt (BÖRNER, Die Anerkennung ausländischer Urteile in arabischen Staaten [1996] 47 ff, 50 f; zur Anpassung Anh zu § 106 Rn 76 ff). Ob es auf diesem Wege zu einer „Anerkennung" iSd § 98 Abs 1 Nr 4 FamFG kommen kann, ist dogmatisch zweifelhaft. Die deutsche Praxis und Lehre scheint in dieser Hinsicht keine Bedenken zu haben. Für die „Anerkennung" spricht, dass das deutsche Urteil im Heimatstaat das Faktum der Erklärung bekundet, und pragmatisch, dass man andernfalls in Deutschland solche Ehen nicht scheiden könnte. Dafür spricht auch, dass nach islamischen Rechten die Frau sich häufig nur durch Richterspruch scheiden lassen kann. 202

h) Anerkennung mit Wirkungsänderung

Wenn wie zB wohl früher in Chile das deutsche Ehescheidungsurteil nicht als das Eheband aufhebend, wohl aber als Trennung von Tisch und Bett anerkannt wird, so **genügt** das **nicht**. Es geht insbesondere um die Möglichkeit der Wiederverheiratung, 203 die diese Staaten gerade nicht eröffnen (zust Zöller/Geimer, ZPO § 98 FamFG Rn 105; MünchKommFamFG/Rauscher Rn 84).

204 Im philippinischen Recht fand sich vor der Gesetzesreform vom 6. 7. 1987 die Regelung, dass die Scheidung im Ausland einer gemischt philippinisch-ausländischen Ehe für den ausländischen Ehegatten mit der Möglichkeit der Wiederverheiratung auf den Philippinen anerkannt wird, nicht jedoch für den philippinischen Ehegatten, der also nicht wieder heiraten kann (Burmester-Beer StAZ 1988, 276). Da der Zweck des § 98 Abs 1 Nr 4 FamFG die Vermeidung hinkender Statusverhältnisse ist, kann eine derartige Regelung, die ein solches Hinken konserviert, nicht genügen.

i) Anerkennungsbedürftige Urteile

aa) Statusurteile

205 Der positiven Anerkennungsprognose bedürfen Nichtigkeits-, Aufhebungs- und Scheidungsurteile und Trennungen von Tisch und Bett **nur**, wenn beide Heimatstaaten nicht Mitglieder der Brüssel IIa-VO sind, denn schon eine automatische Anerkennung des einen Heimatstaates nach Art 21 der Brüssel IIa-VO genügt für § 98 Abs 1 Nr 4 FamFG. Wenig geklärt ist, ob dann auch geltend gemacht werden könnte, dass eines der Anerkennungshindernisse des Art 22 Brüssel IIa-VO durchgreifen würde (weiter unten Rn 247). Die zum alten Recht vertretene Meinung, Nichtigkeitsklagen des Staatsanwaltes seien stets unabhängig von der Anerkennung (Stein/Jonas/Schlosser [20. Aufl 1977] § 606b ZPO Rn 15; **aA** wohl BGH 7. 4. 1976 FamRZ 1976, 336), gilt jedenfalls unter dem neuen Recht nicht. Bei reinen Ausländerehen trägt selbst ein deutsches öffentliches Interesse an der Nichtigkeitsklage den Verzicht auf die Anerkennungsprognose nicht, vorbehaltlich des ordre public, zumal hier gem Art 13 EGBGB stets das Heimatrecht anzuwenden ist.

bb) Scheidung hinkender Ehen

206 Es ist nicht dieselbe Frage, ob die Anerkennungsprognose nötig ist, wenn eine im **Inland bestehende Ehe** geschieden werden soll, die nach beiden maßgebenden Heimatrechten bereits geschieden, aufgehoben oder eine Nichtehe ist (sog **Inlandsehe**). Es kommt auf die **Anerkennung nicht** an, weil die Ehe dort schon **nicht mehr besteht** (für die von Anfang an **dort** inexistente Ehe OLG Stuttgart 20. 5. 1980 FamRZ 1980, 783). Die Anerkennung ist aber auch entbehrlich, wenn die betreffende Ehe im Heimatstaat geschieden oder aufgehoben wurde, aber für uns mangels Anerkennung dieser Entscheidungen noch besteht (BGH 14. 10. 1981 BGHZ 82, 34, 50; BayObLG 30. 8. 1984 StAZ 1985, 11; 11. 4. 1989 IPRax 1988, 172; OLG Koblenz 6. 1. 1994 FamRZ 1994, 1262; OLG Hamm 18. 3. 1994 FamRZ 1994, 1182; OLG Köln NJW 1980, 2016 f; OLG Stuttgart IPRax 1988, 172 mAnm Beule 150; Neuhaus FamRZ 1980, 580; MünchKommFamFG/Rauscher § 98 Rn 87; Zöller/Geimer, ZPO § 98 FamFG Rn 116). Die Inlandszuständigkeit ist ein Gebot der Rechtshilfe für die Parteien. Insbesondere wird durch die Scheidung der Ehe in Deutschland der Einklang mit dem Heimatrecht, wenn auch ggf mit Unterschieden in den Nebenfolgen, hergestellt (Gottwald, in: FS Nakamura [1996] 190) und namentlich die neue Heirat ermöglicht. Ein Hauptfall ist der der wegen Art 17 Abs 2 EGBGB unwirksamen Privatscheidung in Deutschland, die aber im Heimatstaat der Eheleute wirksam ist (vgl Johannsen/Henrich/Henrich, Familienrecht Anh zu Art 17 EGBGB Rn 62, s unten Rn 208 ff).

207 Rauscher verzichtet auf die Anerkennungsprognose schon, wenn die Ehe nur in

einem der beiden Heimatstaaten der Eheleute mit verschiedener Staatsangehörigkeit **nicht besteht** (MünchKommZPO/RAUSCHER Rn 87; ZÖLLER/GEIMER, ZPO § 98 FamFG Rn 115). Daran ist richtig, dass vor der IPR-Reform 1986 § 606a ZPO aF die Anerkennung in beiden Heimatstaaten verlangte (zur Geschichte STAUDINGER/SPELLENBERG [1997] §§ 606 ff ZPO Rn 76 ff), doch seitdem § 98 FamFG nur noch Anerkennung in einem der beiden Staaten verlangt, ist RAUSCHER zuzustimmen (ebenso ZÖLLER/GEIMER, ZPO § 98 FamFG Rn 115; MünchKomm/WINKLER VON MOHRENFELS[5] Anh zu Art 17a EGBGB Rn 55).

Das gilt vor allem, wenn die Ehe im Heimatstaat als aufgelöst gilt, und diese Auf- 208
lösung aber in Deutschland nicht anerkannt wurde **(Inlandsehe)**. Hauptbeispiel sind entgegen Art 17 Abs 2 EGBGB im Inland, aber in Übereinstimmung mit dem ausländischen Recht vollzogene Privat- und Verstoßungsscheidungen (BGH 14. 10. 1981 FamRZ 1982, 44 = NJW 1982, 517, Privatscheidungen von Thailändern im Inland). IPG 1970 Nr 35 (Köln: Aufhebungsvertrag chinesischer Ehegatten im Inland); keine Inlandsehe idS liegt vor, wenn eine Scheidung im Ausland gem § 107 FamFG hier noch anerkannt werden kann, aber noch nicht ist. Dann fehlt für eine gerichtliche Inlandsscheidung das Rechtsschutzbedürfnis, vielmehr ist diese Anerkennung nachzuholen.

Ist die Ehe im Heimatstaat dagegen zwar vernichtbar oder aufhebbar, aber noch 209
nicht für nichtig erklärt oder aufgehoben, so kann von § 98 Abs 1 Nr 4 FamFG nicht abgesehen werden (RG 17. 12. 1941 RGZ 168, 175; LG Darmstadt 30. 4. 1931 IPRspr 1931 Nr 75; LG Stuttgart 12. 1. 1949 IPRspr 1949/50 Nr 21; OLG Hamburg 26. 4. 1934 StAZ 1935, 256 [BERGMANN]). Dass im Heimatstaat die Ehe aufgehoben werden kann, lässt auch das Rechtschutzbedürfnis für einen Antrag in Deutschland nicht entfallen.

Umgekehrt ist bei einer nur für das deutsche Recht ungültigen oder schon geschie- 210
denen Ehe, die aber im Heimatstaat als wirksam gilt, weil zB diese Scheidung aus Deutschland oder einem Drittstaat dort nicht anerkannt ist **(Auslandsehe)**, streitig, ob im Inland eine Zweitscheidung bei bestehendem Rechtsschutzbedürfnis zuzulassen ist, wenn sie dann im Heimatstaat anerkannt werden wird. Wenn man das zulässt, ist auch dann die Anerkennung im Heimatstaat nötig, wenn beide Eheleute ihren gewöhnlichen Aufenthalt im Inland haben (u § 108 Rn 223 ff).

cc) Trennungsurteile

Auch für die nach ausländischem Recht vorzunehmende **Trennung von Tisch und** 211
Bett ist ggf die Anerkennungsprognose nötig (implizit BGH 22. 3. 1967 BGHZ 47, 324, 326). § 98 FamFG kommt aber nur selten als Restzuständigkeit zur Anwendung, etwa wenn nur der ausländische Antragsteller hier seinen gewöhnlichen Aufenthalt seit weniger als einem Jahr hat, denn sonst gilt Art 3 Abs 1 lit a 5. Str Brüssel IIa-VO. Es macht für § 98 FamFG keinen Unterschied, ob die gerichtliche Trennung eine Alternative zur Scheidung oder deren Vorstufe ist. Wenn und soweit die Beendigung der Ehe durch das Scheidungsurteil nur mit Anerkennung durch den Heimatstaat erfolgte, dann auch eine Trennung der ehelichen Lebensgemeinschaft ohne vollständige Lösung des rechtlichen Bandes der Ehe (BGH BGHZ 47, 324, 326 zu Italien; OLG Frankfurt 1985 FamRZ 1985, 619 f zu Italien; ZÖLLER/GEIMER, ZPO § 98 FamFG Rn 119; PRÜTTING/HELMS/HAU Rn 6; MünchKommFamFG/RAUSCHER Rn 17). Macht es auch für die Anerkennungsprognose für eine Trennungsklage keinen Unterschied, ob es außerdem noch in jenem Heimatstaat eine Scheidung gibt oder nicht, so muss jene doch das Eheband wenigstens lockern (das war in AG Hamburg 19. 9. 1978 FamRZ 1980, 578 nach

zweifelhafter Auffassung des Gerichts im spanischen Recht nicht der Fall). Andernfalls handelt es sich um eine einfache Herstellungsklage.

dd) Antragsabweisungen

212 Es wurde vertreten, dass klageabweisende Sachurteile nicht der Anerkennungsprognose bedürfen, weil dann keine hinkende Ehe entstehen könne (Riezler, IZPR 247; Heldrich, Internationale Zuständigkeit und anwendbares Recht [1969] 246 Fn 50; **aA** Stein/Jonas/Schlosser [21. Aufl 1993] § 606a ZPO Rn 18). Dem ist **nicht zuzustimmen**, weil **bei der Prüfung der Zuständigkeit am Anfang des Verfahrens** die Begründetheit der Klage noch nicht bekannt ist. Als Zuständigkeitsvoraussetzung ist die Nichtanerkennung vor jeder Beweiserhebung in der Sache zu prüfen. Verneinendenfalls ist die Klage zur Entscheidung reif und als unzulässig abzuweisen und das Verfahren nicht „auf Verdacht" erst einmal durchzuführen, um dann, wenn der Klage stattzugeben wäre, sie doch wegen negativer Anerkennungsprognose als unzulässig abzuweisen, aber zur Sache zu entscheiden, wenn die Klage unbegründet ist (MünchKommFamFG/Rauscher Rn 86; Zöller/Geimer, ZPO § 98 FamFG Rn 106, 120; Dessauer, IPR, Ethik und Politik 377 ff). Eine Klage auch nur auf Feststellung, dass die Ehe nicht geschieden werden könnte, gibt es nicht.

213 Deshalb darf die Anerkennung im Heimatstaat und damit ggf die Zuständigkeit wie auch in anderen Verfahren **nicht dahingestellt** bleiben, weil die Klage auf jeden Fall unbegründet sei.

ee) Feststellungsklagen

214 Dagegen nennt § 121 FamFG Klagen auf Feststellung des Bestehens oder Nichtbestehens der Ehe, womit § 98 FamFG anwendbar wird, obwohl das Urteil den **Status nicht verändert** und damit **keine hinkende Ehe** schafft. Das wäre die Klage auf **Feststellung einer Nichtehe** in Deutschland. Dagegen fehlte für die denkbare Klage auf Feststellung, dass die Ehe durch eine Scheidung im Ausland aufgelöst sei, das Feststellungsinteresse wegen des einfacheren Weges über § 107 FamFG. Es wird vertreten, dass dagegen für die Klage auf Feststellung des Bestehens einer Ehe die Anerkennungsprognose nötig sei, wenn sich die Zuständigkeit nur auf § 98 Abs 1 Nr 4 FamFG stützt (OLG Stuttgart FamRZ 1980, 783).

215 **Feststellungen des Bestehens** oder Nichtbestehens einer Ehe fallen insgesamt **nicht** unter die **Brüssel IIa-VO** (str; Staudinger/Spellenberg [2015] Art 1 Brüssel IIa-VO Rn 23 ff), sodass nur § 98 FamFG anzuwenden ist. Jedoch wäre zwar zu erwägen, in § 98 Abs 1 Nr 4 FamFG auf die Anerkennung im Heimatstaat zu verzichten. Die Einschränkung wäre zwar mit dem Wortlaut des § 121 Nr 3 FamFG mit § 98 Abs 1 Nr 4 FamFG schwer zu vereinbaren, wenn aber der Zweck der Anerkennungsprognose im Vermeiden hinkender Ehen liegt, verlangte er die Übereinstimmung mit dem Heimatrecht nicht (Staudinger/Gamillscheg[10/11] § 606b ZPO Rn 111, 421). Das Anerkennungserfordernis soll aber auch die **schwache Inlandsbeziehung** für die Zuständigkeit **ergänzen**. Daher ist auch die **Anerkennungsprognose nötig**.

216 Das ist nicht zu verwechseln mit der **Scheidung** einer **hinkenden**, aber bestehenden **Inlandsehe**, bei der die Anerkennung im Heimatstaat nicht erforderlich ist, weil die Ehe dort nicht besteht oder schon aufgelöst ist (oben Rn 206 f) (BGH 14. 10. 1981 BGHZ 82, 34, 50 = IPRax 1983, 37; OLG Köln NJW 1980, 2016 f; OLG Hamm 10. 3. 1970 NJW 1970, 1509;

NEUHAUS FamRZ 1980, 580; so schon MünchKomm/WINKLER VON MOHRENFELS Anh zu Art 17a EGBGB Rn 55). Entsprechend kann die **Feststellung**, dass die Ehe (nur im Inland) bestehe, die Anerkennungsprognose nicht erfordern, wenn denn überhaupt ein Feststellungsinteresse besteht. Bei eine umgekehrt (nur) im Ausland, vor allem im Heimatstaat, gültigen Ehe **(Auslandsehe)** (vgl Rn 219) kann die Klage auf Feststellung, dass sie nur für das deutsche Recht wirksam oder nicht wirksam sei, naturgemäß nicht von der Anerkennung im Heimatstaat abhängen. Das sind insbesondere Ehen, die in Deutschland nicht vor dem Standesbeamten, aber durchaus in der Form des ausländischen Heimatrechts geschlossen wurden (vgl Art 13 Abs 3 EGBGB).

ff) Herstellungsklagen

Die §§ 606, 606a ZPO aF verlangten nach ihrem **Wortlaut** die Anerkennung auch bei Herstellungsklagen. § 606 Abs 4 ZPO idF v 1898 verlangte dies nur für Scheidungen (OLG Hamburg 15. 12. 1908 HamGZ 1909 Bbl Nr 96; 13. 7. 1911 ebd 1912 Bbl Nr 28 II; OLG Dresden 10. 12. 1911 OLG Rspr 23, 197; KG 1. 3. 1937 JW 1937, 1325; RG 20. 1. 1936 JW 1936, 2473 [SÜSS]; RG 12. 6. 1922 WarnR 1923/24 Nr 21; RIEZLER, IZPR, 245 Fn 4; **aA** KG 24. 5. 1937 JW 1937, 2239, jedoch für eine die Scheidung vertretende Trennung von Tisch und Bett). Die Einbeziehung der Herstellungsklagen findet sich erstmals in der 4. DVO von 1941. Der Zweck des Anerkennungserfordernisses, hinkende Statusverhältnisse zu vermeiden, trägt jedoch nicht bei den Klagen auf Erfüllung der Pflicht zur ehelichen Lebensgemeinschaft bzw auf Unterlassung eines ehewidrigen Verhaltens (zweifelnd LG Berlin 6. 3. 1961 IPRspr 1960/61 Nr 182; auch STAUDINGER/GAMILLSCHEG[10/11] § 606b ZPO Rn 428). Man hätte damals eine **teleologische Reduktion** vornehmen müssen. Heute ergibt sich aus § 121 FamFG, der die **Herstellungsklagen** nicht mehr unter den Ehesachen nennt, sondern nur noch schamhaft unter den „sonstigen Familiensachen“ (§ 266 Abs 1 Nr 2 FamFG), dass § 98 FamFG für sie **nicht** gilt (THOMAS/PUTZO/HÜSSTEGE, ZPO § 121 FamFG Rn 7). Auch Klagen auf Feststellung eines Rechts zum Getrenntleben iSd § 1353 Abs 2 BGB, die den Status nicht verändern, fallen nicht unter § 98 FamFG. 217

k) Anerkennungsprognose nach bilateralen Abkommen

Die **deutsch-marokkanischen, deutsch-tunesischen und deutsch-türkischen** Rechtshilfeverträge enthalten jeweils in Art 1 die Vereinbarung, dass die beiden Staaten „wie den eigenen Staatsangehörigen den freien Zutritt zu seinen Gerichten“ gewähren (Art 1 Abs 2 deutsch-marokkanisches Abk; Art 1 Abs 2 deutsch-tunesisches Abk; Art 1 Abs 2 deutsch-türkisches Rechtshilfeabk) und ähnlich heißt es in Art VI des Freundschafts-, Handels- und Schifffahrtsvertrages mit den **USA** v 29. 10. 1954, dass den Staatsangehörigen des einen Staates im Gebiet des anderen Staates „hinsichtlich des Zutritts zu den Gerichten Inländergleichbehandlung gewährt“ wird. Das eröffnet aber nicht wie den Deutschen eine Zuständigkeit wegen der deutschen Staatsangehörigkeit, die auch dann gilt, wenn die deutsche Partei im Ausland ihren gewöhnlichen Aufenthalt hat, sondern soll nur besagen, dass bei der Aufenthaltszuständigkeit nach § 98 Abs 1 Nr 4 FamFG **keine positive Anerkennungsprognose** nötig ist (ZÖLLER/GEIMER, ZPO § 98 FamFG Rn 134 f; MünchKommFamFG/RAUSCHER Rn 55). Die Abkommen werden nicht durch Art 59 Brüssel IIa-VO verdrängt, denn die Vertragspartner sind keine Mitgliedstaaten der Brüssel IIa-VO. 218

l) Die Anerkennungsprognose

aa) Anzuwendendes Recht

Ob das deutsche Urteil ggf anerkannt wird, ist anhand des **Rechts** des betreffenden 219

ausländischen Staates zu beurteilen. **Warum** der Heimatstaat dann die Anerkennung verweigert, ist für § 98 Abs 1 Nr 4 FamFG unerheblich. Der Heimatstaat kann sowohl eine ausschließliche Zuständigkeit für seine Bürger in Anspruch nehmen, wie bestimmte Anforderungen an die Ladung des Beklagten stellen, zB die öffentliche Klagezustellung ausschließen, oder die Mitwirkung eines Staatsanwalts verlangen. Es stellt sich allenfalls in Extremfällen die Frage des deutschen ordre-public (Rn 246).

bb) Prüfung

220 Die Gerichte haben die Anerkennung **von Amts wegen zu prüfen**. Die oben Rn 76 ff dargestellten Grundsätze der Prüfung von Amts wegen gelten auch hier, soweit es um die **Feststellung von Tatsachen** geht, wie zB darum, ob die Parteien einen von ihrem Heimatrecht für die Anerkennung vorausgesetzten gewöhnlichen Aufenthalt oder ihr domicile in Deutschland haben. Soweit es dagegen um das **ausländische Anerkennungsrecht** geht, hat das Gericht dies von **Amts wegen zu ermitteln**.

221 Anders als die sachliche und örtliche **Zuständigkeit** ist die internationale auch noch in der Berufungs- und **Revisionsinstanz** zu überprüfen (BGH 28. 11 2002 FamRZ 2003, 370 = NJW 2003, 2917; weitere Nw Rn 80, 83). Die **Gründe dafür**, dass § 545 Abs 2 ZPO bzw § 72 Abs 2 FamFG und § 513 Abs 2 ZPO bzw § 65 Abs 4 FamFG für die internationale Zuständigkeit nicht gelten (BGH GSZ 14. 6. 1965 BGHZ 44, 46 = NJW 1965, 1665), tragen zwar nicht ohne weiteres auch für die **Revisibilität des ausländischen Anerkennungsrechtes**, wenn die Zuständigkeit davon abhängt (ablehnend BGH 11. 1. 1984 BGHZ 89, 325, 331 = FamRZ 1984, 350 = IPRax 1984, 208 mAnm HENRICH 186 = NJW 1984, 1302; für Nachprüfung die hL GOTTWALD IPRax 1988, 211; GEIMER, IZPR Rn 2606 ff; SCHACK, IZVR Rn 647; ebenso noch RG 24. 2. 1936 RGZ 150, 293, 295). Aber wenn man nicht richtigerweise überhaupt die Nachprüfung der Anwendung ausländischen Rechts in der Revisionsinstanz zulassen will (**abl** nun BGH 4. 7. 2013 BGHZ 198, 14 = NJW 2013, 3656 krit Anm R MAGNUS LMK 2013; BAMBERGER/ROTH/LORENZ Einl IPR Rn 87; **für** die Revisibiltät seit der Neufassung des § 545 ZPO 2009: EICHEL IPRax 2009, 389; HAU FamRZ 2009, 821, 824; HESS/HÜBNER NJW 2009, 3132; ADEN RIW 2009, 475; GEIMER, IZPR Rn 2603 f; SCHACK, IZVR Rn 723, 725; schon de lege ferenda die hM NEUHAUS, Grundbegriffe 326; ZWEIGERT JZ 1959, 412; KEGEL/SCHURIG, IPR § 15 IV; GOTTWALD, Die Revisionsinstanz als Tatsacheninstanz [1975] 107 f und IPRax 1988, 210 f; SCHACK, IZVR Rn 646 f; offen gelassen ALTHAMMER IPRax 2009, 381, 389; rvgl KERAMEUS ZZP 99 [1986] 166 u unten Anh zu § 106 FamFG Rn 112 ff), so sollte man seine Anwendung wenigstens hier auch noch in der Beschwerdeinstanz nachprüfen, soweit es um die Zulässigkeit des Scheidungsverfahrens und nicht die Scheidung selbst geht. Es ist eine andere Frage, wie intensiv das ausländische Anerkennungsrecht zu prüfen ist (unten Rn 226 ff).

222 Jedenfalls steht § 545 Abs 1 ZPO auch nach Auffassung des BGH nicht entgegen, wenn das Berufungsgericht sich nicht mit dem **ausländischen Anerkennungsrecht** oder nicht mit der einschlägigen Norm befasst hat (BGH 23. 10. 1963 BGHZ 40, 197, 201; BGH 29. 2. 1968 BGHZ 49, 384, 387; BGH 8. 4. 1987 NJW 1987, 3077, 3080; das Problem, dass nicht erkennbar gemacht ist, mit welchem ausländischen Recht [dazu H ROTH IPRax 1989, 213], dürfte sich hier nicht stellen), oder wenn sich das ausländische Recht **nachträglich geändert** hat (BGH 21. 2. 1962 BGHZ 36, 348 = NJW 1962, 961 = ZZP 75 [1962] 132; zu den verschiedenen Durchbrechungen des Grundsatzes mit Rvgl KERAMEUS ZZP 99 [1986] 172 f).

223 Der BGH übt eine Kontrolle aus, ob das Berufungsgericht das ausländische Recht pflichtgemäß **ermittelt** hat (BGH 24. 3. 1987 RIW 1987, 545 f und 794; BGH 24. 3. 1987 IPRax 1988, 227 und 29. 6. 1987 IPRax 1988, 228 [GOTTWALD 210 f]; BGH 21. 1. 1991 IPRax 1992, 324 [abl KRONKE 303]; einschränkend BGH 30. 4. 1992 BGHZ 118, 151). So könnte gerügt werden, dass das Gericht vorschnell von einer offenkundigen Nichtanerkennung ausgegangen ist. Diese Frage ist als Verfahrensfrage revisibel, aber schwer von der einer eventuell fehlerhaften Anwendung des fremden Rechts zu unterscheiden. Insbesondere muss das Berufungsgericht in seinen Gründen sagen, wie es das ausländische Recht ermittelt hat, damit das Revisionsgericht das Verfahren nachprüfen kann.

cc) Beweislast

224 Entgegen noch dem RegEnt hat der Gesetzgeber (entsprechend dem Beschluss des Rechtsausschusses, BT-Drucks 10/5632, 47) entschieden, dass der gewöhnliche Aufenthalt einer Partei im Inland allein die deutsche internationale Zuständigkeit trägt, solange nicht festgestellt wird, dass der Heimatstaat oder die Heimatstaaten beider Parteien die Anerkennung des deutschen Urteils **verweigern** werden. Darin liegt eine praktisch bedeutsame Umkehr der Beweislast in diesem Punkt (dazu näher Rn 89).

225 Der Beklagte trägt so die **objektive Beweislast**. Wenn die Verweigerung der Anerkennung für die Anerkennungsverweigerung durch den Heimatstaat (dazu, welcher das ist, o Rn 172 ff) nicht feststeht, ist von der deutschen Zuständigkeit auszugehen. Dagegen hängt von der Auslegung des Wortes „offenkundig" in Nr 4 ab, wieweit das Gericht zu ermitteln und die Parteien bei der Ermittlung mitzuwirken haben.

dd) Offensichtliche Nichtanerkennung

α) Rechtsermittlung

226 Das Fehlen der Anerkennungsfähigkeit muss für den deutschen Richter „offensichtlich" sein. Dieser **vieldeutige Begriff** wird im Gesetz nicht näher definiert. Er verteilt jedenfalls nicht die Beweislast. Der Rechtsausschuss, der die Regelung eingefügt hat, sagt nur, dass der deutsche Richter keine „intensiven Nachforschungen" und langwierigen Ermittlungen anstellen muss (BT-Drucks 10/5632, 47). Die Regelung bezweckt nicht, Deutschland zum Scheidungsparadies zu machen, und den nicht seltenen Wettlauf ums Forum zu fördern. Sie ist offenbar ein Kompromiss. Die verschiedenen Interpretationen der Literatur liegen teils auf einer materiell-rechtlichen, teils auf einer beweisrechtlich-prozessualen Ebene. Die beiden Ansätze schließen sich auch nicht notwendig aus.

227 Der erstere Ansatz bei der Klarheit der Rechtslage überwiegt wohl: Offensichtlich sei die Nichtanerkennung nur bei Rechtsordnungen, die ausländische Scheidungen überhaupt nicht anerkennen, zB weil sie Scheidung ganz ablehnen, oder doch zumindest bei Beteiligung eigener Staatsangehöriger bzw indem sie für bestimmte Parteien eine eigene ausschließliche Zuständigkeit in Anspruch nehmen (KILIAN IPRax 1995, 9, 17; LÜDERITZ IPRax 1987, 74, 81; DOPFFEL FamRZ 1987, 1210). Andere wollen auch weitere **klare Rechtslagen** (BAUMBACH/LAUTERBACH/ALBERS/HARTMANN, ZPO § 98 FamFG Rn 9) oder überhaupt allgemein unzweifelhafte Situationen beachten (JAYME IPRax 1986, 265, 267; 1987, 187). **Nicht offenkundig** ist die **Anerkennungsverweigerung**, wenn die ausländische Rechtslage objektiv unklar ist (NAGEL/GOTTWALD, IZPR § 4 Rn 34). Sie beziehen so die Offenkundigkeit primär auf die **objektive ausländische Rechtslage** und bejahen die deutsche Zuständigkeit vor allem, wenn die Rechtslage

im Lande selbst ungeklärt oder umstritten ist. Dies war lange Zeit etwa in Italien der Fall betreffend der Frage, ob Scheidungen von Italienern im Ausland nur anerkannt werden konnten, wenn im Verfahren ein Staatsanwalt mitwirkte (dazu Tortorici IPRax 1983, 252, heute zu verneinen), und heute vielleicht, ob das Urteil mit Gründen versehen sein muss, die das längere Getrenntleben der Parteien feststellen. Namentlich im Bereich des allgemein verbreiteten Vorbehalts des ordre public des Anerkennungsstaates sind derartige unklare Rechtslagen möglich (vgl Kilic IPRax 1994, 478 zur Türkei).

228 Mit diesem Ziel bemühen sich wohl die OLG meist, die ausländische Rechtslage mit den üblichen Mitteln einschließlich der Einholung von Rechtsauskünften und Gutachten, soweit dies nötig erscheint, aufzuklären (zB OLG Stuttgart 18. 3. 1997 FamRZ 1997, 1161 OLG Hamm 30. 1. 1987 IPRspr 1987 Nr 133 [Ausschöpfung der jedermann zugänglichen Erläuterungsbücher]; OLG Hamm 31. 1. 1992 IPRax 1994, 305 [Elwan 282] = FamRZ 1992, 822 [Iran]; OLG Koblenz 16. 11. 1995, IPRax 1996, 278 [Argentinien]; wohl auch, aber unvollständig, OLG Karlsruhe 25. 3. 1991 FamRZ 1991, 839 [Gottwald] [Italien]; AG Minden 17. 1. 1991 IPRax 1992, 108; dagegen scheint OLG Frankfurt 16. 12. 1991 FamRZ 1992, 700 eine ungeklärte Rechtslage in Italien einfach zu vermuten). Der Übergang zum Ansatz bei der Ermittlungspflicht ist aber fließend bzw die Unterscheidung in der Praxis schwierig.

229 Bei der **Ermittlungspflicht** oder den Beweisanforderungen setzen die an, die nur die Anerkennungshindernisse als offenkundig gelten lassen, welche aus den gängigen oder allgemein zugänglichen Nachschlagewerken oder aus dem ausländischen Gesetz direkt (OLG Celle 21. 10. 1992 IPRax 1994, 209, 210 [abl Rauscher 188, 191]; OLG Nürnberg 10. 11. 2000 FamRZ 2001, 837; Henrich FamRZ 1986, 841, 849; Basedow NJW 1986, 2979; wohl auch OLG Hamm 30. 1. 1987 IPRax 1987, 250) oder anders aus der grundsätzlich insgesamt heranzuziehenden deutschen Literatur zu ersehen sind (MünchKomm/Winkler von Mohrenfels Anh zu Art 17a EGBGB Rn 56; MünchKommFamFG/Rauscher Rn 84, „allgemein zugängliche Quellen", aber mit Einschränkungen in Rn 85) oder gar nur aus den dem Richter greifbaren (Zöller/Geimer Rn 104), oder generell die deutsche internationale Zuständigkeit erst bejahen, wenn nach Ausschöpfung aller Erkenntnisquellen ohne Gutachten nicht sicher ist, dass die Anerkennung verweigert werden wird (Mansel StAZ 1986, 317 Fn 21; Schwab/Maurer, Hdb Scheidungsrecht I Rn 1071).

β) Unklare Rechtslage

230 Die Verweigerung der Anerkennung ist sicher nicht offensichtlich, wenn die **Rechtslage** im Heimatstaat selbst **objektiv ungeklärt** bzw streitig ist. Der deutsche Richter muss und kann nicht klüger sein als die ausländischen und soll auch nicht die von diesen noch nicht geklärten Fragen entscheiden müssen. Dabei ist in erster Linie auf die Rechtsprechung und, wenn ein Delibationsverfahren vorgesehen ist, auf die Praxis dieser Gerichte oder Behörden abzustellen, ob die Anerkennung sicher verweigert wird. Gegenüber einer gefestigten Rechtsprechung fallen vereinzelte abweichende Stellungnahmen in der Literatur nicht ins Gewicht. Es müsste dann schon eine gute Chance erkennbar sein, dass die Rechtsprechung sich bald zB unter dem Einfluss einer starken wissenschaftlichen Meinung ändern werde. Denn wegen des Zweckes des § 98 Abs 1 Nr 4 FamFG ist entscheidend, ob die Gerichte und Behörden des Heimatstaates anerkennen werden, nicht wie das Heimatrecht an sich richtigerweise zu verstehen ist.

Man kann aber dem Fall der im Ausland selbst ungeklärten bzw umstrittenen Rechtslage nicht die Situation an die Seite stellen, dass das ausländische Gesetz die Anerkennung nicht von wenigen klar **umrissenen Tatbeständen** abhängig macht, sondern von vielen Umständen und von einer umfassenden Bewertung wie insbesondere beim allgemein üblichen Vorbehalt des **ordre public**. Es können sich hier durchaus feste Fallgruppen entwickelt haben. Manchmal gilt zB die Missachtung (früherer) inländischer Rechtshängigkeit oder öffentliche Zustellung als Verstoß gegen den allgemeinen ordre public. 231

Zu denken ist dagegen insbesondere an die nicht seltene Situation, dass im ausländischen Recht die Anerkennungsfrage nur sehr unvollständig geregelt ist, ohne dass Rechtsprechung und Lehre bisher die Lücke gefüllt haben. Hier ist oft eine Vorhersage über die ausländische Rechtslage nicht möglich. Dabei ist naturgemäß der Übergang fließend. ZB findet sich in den ehemals französischen Kolonien in Afrika oft keine gesetzliche Regelung, sodass auf die allgemeine Rezeptionsklausel zurück zu greifen ist, wonach das Recht der ehemaligen Kolonialmacht ggf in der Form einer speziell an die Verhältnisse angepassten Fassung des C civ weiter gilt. Diese Rezeption ist meist auf den Zeitpunkt der Unabhängigkeit um 1960 fixiert. Wenn nun das französische Recht vom Gesetzgeber oder der Rechtsprechung in Frankreich weiter entwickelt wurde, gilt dies an sich mangels eigener Gesetzgebung oder Rechtsprechung nicht in den ehemaligen Kolonien. Man beobachtet aber durchaus eine starke Neigung der örtlichen Praxis, die französischen Änderungen nach zu vollziehen. Wenn nach dem „offiziellen" Stand des alten Rechts die Anerkennung verweigert würde, so ist das aber iSd § 98 Abs 1 Nr 4 FamFG keineswegs weiterhin immer offensichtlich. 232

Der Rechtsausschuss wollte dagegen wohl mit dem Offenkundigkeitserfordernis **verfahrensrechtlich direkt** die Ermittlungspflicht des Gerichtes einschränken, wenngleich das im Wortlaut des Gesetzes nicht zum Ausdruck kommt. Die Grenze der Offenkundigkeit griffe bei diesem Ansatz nicht erst ein, wenn sich nach Ausschöpfung aller erreichbaren Erkenntnisquellen ergibt, dass die Rechtslage in der ausländischen Rechtsordnung selbst objektiv unklar ist, sondern setzt beim **Umfang der Tätigkeit** des Gerichtes an. Der vielleicht auf den ersten Blick naheliegenden Auslegung, dass der Richter nur die **ihm greifbaren** oder allgemein verbreiteten deutschen Erläuterungsbücher über fremdes Anerkennungsrecht heranziehen müsse (so OLG Nürnberg 10. 11. 2000 FamRZ 2001, 837), stehen durchgreifende rechtsstaatliche Bedenken entgegen, denn damit wird der Ausgang des Verfahrens von den Zufälligkeiten der Bibliotheken oder der Buchproduktion abhängig gemacht (ähnlich Mansel StAZ 1986, 317 Fn 21; abl auch MünchKommFamFG/Rauscher Rn 89; Dopffel FamRZ 1987, 1210; Baumbach/Lauterbach/Albers/Hartmann § 98 FamFG Rn 9: wenn die Verweigerung der Anerkennung nicht jedem Sachkundigen klar ist; vgl weiter Spellenberg IPRax 1988, 6 ff; abzulehnen OLG Frankfurt 29. 1. 1998 FamRZ 1998, 917, das allein wegen einer nicht weiter erörterten Gesetzesänderung in Italien ernsthafte Zweifel hatte, ob dort noch von einer Nichtanerkennung auszugehen sei). Eine Limitierung der Quellen, die der Richter zur Kenntnis nehmen müsse oder dürfe, ist grundsätzlich nicht der richtige Weg in einer für die Parteien wichtigen Angelegenheit. Ob die vom Gesetzgeber vor allem erstrebte Arbeitsersparnis für die Gerichte wirklich eintritt, ist zudem mehr als zweifelhaft, denn die Regelung würde die deutsche Zuständigkeit erweitern und führt also dazu, dass deutsche Gerichte häufiger nach ausländischem Recht zur Sache und zu Schei- 233 dungsfolgen entscheiden müssen (Art 5 und 8 Nr 3 Rom III-VO in Verfahren ab dem 21. 6. 2012), da bei § 98 Abs 1 Nr 4 FamFG voraussetzungsgemäß beide Ehegatten Ausländer sind.

234 Man kann auch nicht argumentieren, es genüge eine nur summarisch geprüfte Zuständigkeit, und immerhin würde dann in der Sache selbst nach voller Aufklärung des ausländischen Rechts richtig entschieden werden. Eine voreilige Bejahung der deutschen Zuständigkeit aufgrund wenig überprüfter Anerkennungsprognosen verletzte den **Justizgewährungsanspruch** des Antragsgegners, nicht überall Recht nehmen zu müssen. Eine darauf gegründete deutsche Entscheidung kann wegen einer anderen kollisionsrechtlichen Anknüpfung anders ausfallen als außerhalb der EU. Gerade der Antragsgegner kann verlangen, dass nur auf einer genügend gesicherten Grundlage über seinen Status entschieden wird.

235 Einen Ansatz zur Beschränkung der Ermittlungstätigkeit bietet nur **§ 293 ZPO** (zust Kilian IPRax 1995, 13; **aA** MünchKomm/Winkler von Mohrenfels Anh zu Art 17a EGBGB Rn 36). Das deutsche Recht muss der Richter kennen, das ausländische nicht, aber er muss es nach der Auslegung des § 293 ZPO durch die Rechtsprechung (BGH 21. 2. 1962 BGHZ 36, 353; BGH 27. 4. 1976 FamRZ 1976, 444 = NJW 1976, 1588; Stein/Jonas/Leipold § 293 ZPO Rn 33; unstr) entgegen dem Gesetzeswortlaut von **Amts wegen ermitteln**. Allerdings darf das Gericht danach die Mithilfe der Parteien in einem ihnen zumutbaren Umfang beanspruchen (BGH 22. 9. 1971 BGHZ 57, 72, 78; BGH 16. 11. 1981 NJW 1982, 933; Stein/Jonas/Leipold § 293 ZPO Rn 47 ff; weiter Anh zu § 106 Rn 109). Man kann vertreten, dass für § 98 Abs 1 Nr 4 FamFG den Parteien anheimzustellen ist, weitere Informationen über das ausländische Recht beizubringen und insbesondere Beweis auch durch Gutachten anzutreten. Den Beweisanträgen hat das Gericht stattzugeben und die vorgelegten Informationen zu prüfen (bis auf die Gutachten insoweit ebenso MünchKomm/Winkler von Mohrenfels Anh zu Art 17a EGBGB Rn 56).

236 Jedenfalls muss der Richter alle von den Parteien vorgelegten Informationen über das **ausländische Recht** zur Kenntnis nehmen und würdigen. Er darf sie nicht etwa zurückweisen, weil die Quelle, zB ein einschlägiges ausländisches Urteil, in Deutschland nicht allgemein bekannt oder zugänglich sei. Die Partei mag es vorlegen. Die Mitwirkung der Parteien im Rahmen des § 293 ZPO muss jedoch nicht notwendig darin bestehen, dass sie selbst Informationen vorlegen. Sie können auch insbesondere durch Sachverständige **Beweis antreten**. Gerade angesichts der Bedeutung, die ein Scheidungsurteil für die Parteien haben kann, darf das Gericht einen solchen Beweisantritt nicht ablehnen.

237 In vielen Anerkennungsübereinkommen und in ausländischen Rechten findet sich noch weiter die Regelung, dass der ausländische Staat die Anerkennung deutscher Entscheidungen verweigern kann, wenn das deutsche Gericht in einer Ehesache zu Lasten eines Angehörigen des Anerkennungsstaates ein anderes internationales Privatrecht angewandt hat als in diesem Staat anzuwenden gewesen wäre (ähnlich § 328 Abs 1 Nr 3 ZPO aF, **kollisionsrechtliche Konformität**; u Rn 252). Für die Ermittlung dieser ausländischen Rechtsregel gilt dieselbe Amtsermittlungspflicht.

238 Dass Prüfung von Amts wegen nicht auch Ermittlung von Amts wegen ist, gilt nur für Tatsachen und nicht im Rahmen von § 293 ZPO für das ausländische Recht. Das

Gericht muss zunächst anhand der in Deutschland, nicht nur in der Gerichtsbibliothek, verfügbaren Literatur ermitteln; man kann auf verschiedene Nachschlagewerke und Länderberichte verweisen (unten Anh zu § 98). Sehr viel über ausländisches Recht ist heute auch in Internetdatenbanken zu finden. Wenn das Gericht dann noch Zweifel hat, ob die gewonnenen Erkenntnisse zutreffen, kann es nicht nur die Parteien zur Mitarbeit auffordern, sondern eventuell auch Sachverständige zu Rate ziehen (MünchKommZPO/Rauscher Rn 85; **aA** Zöller/Geimer, ZPO § 98 FamFG Rn 104; Bork/Jacoby/Schwab/Heiderhoff Rn 11) und darf deswegen eigene Ermittlungen über **ausländisches Recht** nicht einfach einstellen. Erst und im Wesentlichen nur wenn das ausländische Anerkennungsrecht dennoch unklar bleibt bzw ist, ist im Zweifel die deutsche Zuständigkeit zu bejahen. Im Ansatz richtig hat das OLG Stuttgart (18. 3. 1997 FamRZ 1997, 1161) die Ermittlung beendet, als wegen des Bürgerkrieges in Bosnien weitere Ermittlungen über die Rechtspraxis dort nicht mehr Erfolg versprachen.

Ergebnis: Sachlich **nicht offenkundig** ist die Verweigerung der Anerkennung, wenn im ausländischen Staat in dieser Frage vor allem zwischen den Gerichten selbst Uneinigkeit herrscht. Beachtlich kann aber auch eine starke Gegenauffassung im ausländischen Recht sein. Geteilte Meinungen unter **deutschen Beobachtern** gehören nicht hierher. Der Richter muss in jedem Fall von den Parteien selbst oder durch Beweisantritt angebotene Informationen zur Kenntnis nehmen. Bleibt die Rechtslage dennoch unklar, ist die Zuständigkeit zu bejahen (Baumbach/Lauterbach/Albers/Hartmann § 98 FamFG Rn 9). **239**

Die Offensichtlichkeit wird jedenfalls nur für **ausländisches Recht** verlangt. Zum deutschen Recht gehören auch **Anerkennungs- und Vollstreckungsabkommen** und damit die darin (auch) für den ausländischen Staat niedergelegten Anerkennungsvoraussetzungen. Über diese rechtliche Regelung muss sich der Richter uneingeschränkt vergewissern und ggf Streitfragen entscheiden. **240**

γ) Tatsachenermittlung

Das ausländische Anerkennungsrecht stellt aber uU auf **Tatsachen** ab, zB darauf, ob eine Partei im betreffenden Staat ihren gewöhnlichen Aufenthalt hat. Zweifelt der deutsche Richter zwar nicht hinsichtlich des Inhalts der ausländischen Regelung, aber hinsichtlich der relevanten Tatsache, dann muss Beweis erhoben werden. Ist die Sachlage nicht aufzuklären, so muss der Richter nach der Formulierung in § 98 Abs 1 Nr 4 FamFG seine Zuständigkeit bejahen. Insoweit steckt in Nr 4 auch eine Beweislastregelung. Die deutsche internationale Zuständigkeit ist danach in **Umkehrung der normalen Beweislast** bei nicht ermittelbarer oder nicht hinreichend aufzuklärender **tatsächlicher Voraussetzungen** für die Anerkennung zu bejahen. **241**

Wenn aber die Parteien trotz Aufforderung **keinen Beweis anbieten** und ihre an sich mögliche Mitwirkung verweigern, um zB die erwünschte deutsche Zuständigkeit nicht zu gefährden, so muss man entweder den Richter auch die Tatsachen von Amts wegen ermitteln lassen, wozu er aber praktisch oft nicht in der Lage ist, oder man muss die Umkehrung der Beweislast einschränken: Bleiben die für die Anerkennungsprognose relevanten Tatsachen trotz Aufforderung wegen einer **fehlenden Mitwirkung** der Partei zweifelhaft, ist ihr Antrag unzulässig. **242**

243 Nicht selten aber hängt die Anerkennung von Umständen ab, die erst nach dem deutschen Urteil eintreten können. Häufiges Beispiel ist das Einverständnis des Beklagten mit der Anerkennung des Urteils im Unterschied zu seiner Einlassung auf das Verfahren in Deutschland. Das Einverständnis kann schon im Verfahren in Aussicht gestellt werden. Darauf stellt das OLG Stuttgart (18. 3. 1997 FamRZ 1997, 1161; OLG Karlsruhe 2. 8. 1993 IPRax 1994, 276 [abl Varabey 252 f]; AG Biberach 6. 7. 1984 IPRax 1985, 47) ab, hat aber die deutsche Zuständigkeit zu Unrecht bejaht, obwohl der Antragsgegner mehrmals erklärt hatte, nicht geschieden werden zu wollen. Dass er sein Einverständnis noch erklären könnte, genügt nicht, und erst recht ist nicht auf einen Sinneswandel zu spekulieren. In einem andern Fall hat es die Zuständigkeit richtig offenbar verneint, weil der Beklagte auf absehbare Zeit nicht erreichbar war und sich also auch nicht würde erklären können (von OLG Stuttgart FamRZ 1997, 1162 mitgeteilt).

244 Wie auch immer man die Ermittlungspflicht des Gerichtes abgrenzt, ist die Ausübung des **pflichtgemäßen Ermessens** bei der Ermittlung des ausländischen Anerkennungsrechts revisibel. Der BGH verlangt im Übrigen zu § 293 ZPO, dass die Urteilsgründe erkennen lassen, in welchem Umfang und mit welchen Mitteln das Gericht das ausländische Recht ermittelt hat (vgl Anh zu § 98 FamFG Rn 102 ff).

245 Für die **Staatsangehörigkeitsfragen** gilt das oben (Rn 175) Gesagte. Der Heimatstaat muss von Amts wegen festgestellt werden. Und das Ergebnis ist dann auch maßgeblich, wenn dieser Heimatstaat für die Anerkennungsregelung auf die Staatsangehörigkeit seiner Bürger abstellt.

δ) Deutscher ordre public

246 Grundsätzlich kann eine Anerkennungsverweigerung durch den Heimatstaat wegen Verstoßes gegen den **deutschen ordre public** unbeachtlich sein (aA Zöller/Geimer, ZPO § 98 FamFG Rn 111). Der deutsche ordre public kann eingreifen, wenn die Verweigerung der Anerkennung durch den Heimatstaat auf einer für uns **inakzeptablen** Regelung beruht, wobei freilich die Ablehnung von Scheidungen generell oder auch das Verlangen eines Verschuldens nicht gegen den ordre public verstößt. Gegen den ordre public verstieße aber wegen Art 3 Abs 2 GG eine Ungleichbehandlung der Frau, wenn also zB in islamischen Rechten eine Scheidung nicht anerkannt würde, weil sie von der Ehefrau betrieben wurde, oder wenn der Heimatstaat einen Scheidungsgrund verlangt, der auch in seinem Recht enthalten ist und dabei etwa nur den Ehebruch der Frau, aber nicht den des Mannes genügen lässt (vgl zu solchen und anderen Regelungen Staudinger/Mankowski [2011] Art 17 EGBGB Rn 105 ff, 111).

ε) Brüssel IIa-VO

247 § 98 FamFG kommt wie oben Rn 22 ausgeführt, auch unter den Mitgliedstaaten der Brüssel IIa-VO zur Anwendung als sog Restzuständigkeit (Art 7 Abs 1 mit Art 6 Brüssel IIa-VO). Das ist insbesondere der Fall, wenn nur der Antragsteller seinen gewöhnlichen Aufenthalt im Inland noch nicht sechs oder 12 Monate hat (Art 3 Abs 1 lit a 5. oder 6. Str Brüssel IIa-VO). Doch auch in diesem Fall ist die automatische Anerkennung nach Art 21 Brüssel IIa-VO gesichert, die nur voraussetzt, dass das Urteil aus einem Mitgliedstaat stammt, ungeachtet der Grundlage seiner Zuständigkeit. Damit entsteht die deutsche Zuständigkeit nach § 98 Abs 1 Nr 4 FamFG aufgrund des alleinigen, kurzen, gewöhnlichen Aufenthalts des Antragstel-

lers ohne besondere Anerkennungsprognose. Es genügt, dass wenigstens einer der Ehegatten aus einem Mitgliedstaat stammt. Anders ist es erst, wenn beide Ehegatten einem Drittstaat angehören, und der Antragsteller erst seit weniger als 12 Monaten hier lebt.

Zwar sichert die Brüssel IIa-VO die Anerkennung **nur für statusgestaltende** Entscheidungen (Eheaufhebung, Ehescheidung und Trennung von Tisch und Bett), doch die Zuständigkeits- und vor allem die Anerkennungsregelungen der Brüssel IIa-VO gelten nicht für **Feststellungsurteile**. Insoweit bleibt nationales Recht anwendbar, und § 98 m § 121 FamFG verlangt für solche Anträge eine Anerkennungsprognose (oben Rn 215). 248

Zusammenfassend lässt sich sagen, dass **wegen des Vorrangs der Brüssel IIa-VO** und wegen **§ 98 Abs 1 Nr 4 FamFG** die Anerkennungsprognose nur noch in geringem Umfang nötig ist: Geographisch scheiden alle Mitgliedstaaten der Brüssel IIa-VO ohne Dänemark aus, weil dort ein deutsches Statusurteil automatisch anerkannt wird vorbehaltlich des Art 22 Brüssel IIa-VO, und **sachlich nur** wenn **beide** Ehegatten **nicht** die deutsche Staatsangehörigkeit haben (sonst § 98 Abs 1 Nr 1 FamFG), wenn also die Zuständigkeit bei einer reinen Ausländerehe auf den **inländischen gewöhnlichen Aufenthalt des Antragstellers** gegründet werden kann, solange er noch nicht zwölf Monate besteht (der gewöhnliche Aufenthalt des Antragsgegners begründet immer die Zuständigkeit nach Art 3 Abs 1 lit a Nr 1 Brüssel IIa-VO die Zuständigkeit). In diesem Fall kommt deutsches Zuständigkeitsrecht als **Restzuständigkeit** zum Zuge (Art 7 Abs 1 Brüssel IIa-VO), aber auch nur, wenn der Antragsgegner nicht Staatsangehöriger eines anderen Mitgliedstaates ist oder dort seinen gewöhnlichen Aufenthalt hat (Art 6 Brüssel IIa-VO). § 98 Abs 1 Nr 4 FamFG ist im Übrigen uneingeschränkt **bei Feststellungsklagen** anzuwenden, wenn nur einer der Eheleute, und sei es der Antragsgegner, **seinen gewöhnlichen Aufenthalt** in Deutschland hat. Solche Klagen sind eher selten. 249

m) Länderübersicht. Allgemeines

Es wäre wegen des vor allem durch den Vorrang der Brüssel IIa-VO sehr begrenzten Anwendungsbereichs für § 98 Abs 1 Nr 4 FamFG **de lege ferenda** sehr zu überlegen gewesen, auf die sachlich an sich durchaus vertretbare Anerkennungsprognose aus praktischen Gründen zu verzichten. Aber dazu hat sich der Gesetzgeber auch 2009 nicht verstanden. Darum ist eine Übersicht über die Anerkennungsregeln der Drittländer weiterhin nützlich. Sie findet sich hier im **Anhang** zu § 98 FamFG. Informationen darüber geben auch Bergmann/Ferid/Henrich, Internationales Ehe- und Kindschaftsrecht (Loseblatt); Rieck, Ausländisches Familienrecht (Loseblatt); Geimer/Schütze, Internationaler Rechtsverkehr in Zivilsachen, Länderteil (Loseblatt); Baumbach/Lauterbach/Albers/Hartmann Rn 7. 250

Die **Anerkennungsvoraussetzungen** für deutsche Eheurteile liegen nur teilweise bereits mit dem Verfahrensbeginn fest. Andere Voraussetzungen des ausländischen Rechts beziehen sich auf den Ablauf des Verfahrens und den Inhalt des Urteils. Schließlich kann die Anerkennung auch noch von einer Entscheidung der Parteien nach dem Urteil, namentlich von ihrem Einverständnis mit der Anerkennung, abhängen. Die Prüfung gem § 98 Abs 1 Nr 4 FamFG kann sich nur auf die Voraussetzungen erstrecken, die zum **Zeitpunkt** der Entscheidung über die Zuständigkeit 251 festgestellt werden können. Das sind namentlich die **deutsche internationale Zuständigkeit** aus der Sicht des Heimatstaates (Anerkennungszuständigkeit) und die Anforderungen an die **Ladung des Beklagten**. Wenn der Heimatstaat eine **Delibation** verlangt (zB Türkei), so genügt, dass die Voraussetzungen einer positiven Entscheidung dort gegeben sind.

252 Nicht selten hängt die Anerkennung davon ab, dass das deutsche Gericht das **Recht** anwendet, das nach dem **IPR des Anerkennungsstaates** anzuwenden ist. Dann kann das Gericht über seine Zuständigkeit auch erst nach Feststellung des nach den beiderseitigen Kollisionsrechten anzuwendenden Rechts entscheiden. Wenn dabei die weitere Einschränkung gemacht wird, dass die Anerkennung nur verweigert wird, wenn auch das konkrete Ergebnis zum Nachteil einer Partei von dem abweicht, das bei der Anwendung des anderen Rechts herausgekommen wäre, dann ist grundsätzlich auch dieses auf der Grundlage des vom IPR des Anerkennungsstaates bezeichneten Eherechts festzustellen. Im Hinblick auf das Offenkundigkeitserfordernis kann die Ermittlungspflicht aber begrenzt werden. Es genügt, wenn eine Scheidung auch nach jenem Recht ernsthaft in Betracht kommt. Dagegen wäre die deutsche Zuständigkeit zu verneinen, wenn nach dem vom EGBGB bestimmten Scheidungsstatut für den deutschen Richter zB eine Trennung von einem Jahr ausreicht, nach dem anderen Recht aber fünf Jahre nötig und noch nicht abgelaufen sind (über die Scheidungsgründe der ausländischen Rechte unterrichtet Staudinger/Mankowski [2011] Art 17 EGBGB Rn 27 ff, und über ausländische Rückverweisungen Rn 158 ff).

253 Wenn die Anerkennung davon abhängt, dass das **Urteil begründet** wird oder bestimmte Feststellungen zB zur Trennungszeit oder zum Verschulden des Beklagten enthält, ist dem Genüge zu tun. Die Anerkennung kann zB durch einen Schuldausspruch gesichert werden. Vor allem aber ist zu beachten, wenn die Anerkennung bei nicht persönlicher Ladung oder häufig auch bei Ladung nicht im Wege der Rechtshilfe ausgeschlossen ist. Hier hängt die Zuständigkeit von der Einhaltung dieser Regeln ab. Diese Voraussetzungen kann und muss das deutsche Gericht aber schaffen.

254 § 98 Abs 1 Nr 4 FamFG geht ersichtlich von der Annahme aus, dass auch der Heimatstaat die Scheidung durch Urteil oder jedenfalls durch Hoheitsakt vorsieht. Das ist aber keinesfalls überall in der Welt so, vielmehr kennt man dort auch **Privatscheidungen**. Wenn das deutsche Gericht nach einem derartigen Recht scheidet, dann ist das deutsche Verfahren anzupassen (Anh zu § 106 Rn 76), jedoch kann das ausländische Anerkennungsrecht statt des deutschen Urteils das **private Rechtsgeschäft anerkennen**, also zB den außerhalb oder innerhalb des deutschen Gerichts abgeschlossenen Scheidungsvertrag (zB Korea) oder die „Verstoßungserklärung". Das genügt für § 98 Abs 1 Nr 4 FamFG, auch wenn das deutsche Urteil dieses Rechtsgeschäft nur als Scheidungsgrund ansieht. Dass das ausländische Recht dabei aber nicht eigentlich dem deutschen Urteil inländische Wirksamkeit gibt, schadet nicht. Wird die private Scheidung in Deutschland vollzogen, so ist sie für uns nur wegen Art 17 Abs 2 EGBGB nicht wirksam, wohl aber für das betr ausländische Recht. Es ist eine Inlandsehe entstanden, und eine Anerkennung im Heimatstaat nicht mehr nötig (vgl Börner, Die Anerkennung ausländischer Titel in den arabischen Staaten [1996] 51 u passim; oben Rn 202; Anh zu § 106 Rn 76 ff).

Wenn ein Staat die Scheidung ganz ablehnt, was selten geworden ist, und dann meist auch ausländische Scheidungen nicht anerkennt, so kann er doch durchaus **Nichtigkeits- oder Aufhebungsurteile** anerkennen. Dies ist von praktischer Bedeutung, denn erfahrungsgemäß kennen solche Rechte oft mehr Aufhebungsgründe. 255

Die Anerkennungsprognose ist negativ, wenn die Anerkennung im Heimatstaat von einem erst dann zu erteilenden **Einverständnis** der Parteien **mit der Scheidung** bzw Anerkennung abhängt (zB Volksrepublik China). Selbst wenn gute Anhaltspunkte vorliegen, dass das Einverständnis erteilt werden wird, so genügt das nicht, weil die Erklärung auch verweigert werden kann (vgl oben Rn 243). Man muss dies von einem Einverständnis mit der Scheidung in Deutschland unterscheiden, wenn das Scheidungsstatut einverständliche Scheidungen kennt. 256

Viele gesetzliche Regeln über die Anerkennung ausländischer Urteile enthalten ausdrücklich den **Vorbehalt des ordre public**. Der Vorbehalt gilt jedoch idR auch in den Staaten, die ihn nicht ausdrücklich geregelt haben. In den folgenden Ausführungen wird, soweit dies feststellbar war, angegeben, wenn es feste Fallgruppen für diesen Vorbehalt gibt. Gerade in diesem Zusammenhang wirkt sich die „Offenkundigkeitsregel" aus, wenn sich im Ausland noch keine Fallgruppen oder wenigstens klarere Präzedenzentscheidungen finden lassen. 257

Nicht wenige Staaten schreiben in ihren Anerkennungsregeln ausdrücklich vor, daß das Gericht des Scheidungsurteiles sein eigenes Verfahren und insbesondere seine eigenen **Zuständigkeitsregeln** richtig beachtet habe. Darauf wird im Folgenden nicht näher eingegangen, denn es ist zu unterstellen, daß das deutsche Gericht die deutsche ZPO richtig anwendet. 258

VI. Notzuständigkeit*

Die **Brüssel IIa-VO** sieht keine Notzuständigkeit vor. Wenn keiner ihrer Zuständigkeitstatbestände erfüllt ist, kommt das deutsche Zuständigkeitsrecht zum Zuge (Art 7 Abs 1 Brüssel IIa-VO), das dann auch eine Notzuständigkeit eröffnen kann. 259

Es ist sinnvoll und geboten, die deutsche Zuständigkeit für Scheidungen etc zu begrenzen. Grundsätzlich hat § 98 FamFG abschließend geregelt, unter welchen Voraussetzungen ein Interesse zur Öffnung der deutschen Gerichtsbarkeit anzuer- 260

* **Schrifttum**: Dessauer, IPR. Ethik und Politik (1986) 615, 623 und 825, 869; Geimer, Zur Prüfung der Gerichtsbarkeit und der internationalen Zuständigkeit (1959) 52 ff; ders, Einige Zweifelsfragen zur Abgrenzung nach dem EWG-Übereinkommen vom 27. 9. 1968, RIW 1975, 81; Hau, Grundlagen der internationalen Notzuständigkeit im Europäischen Zivilverfahrensrecht, in: FS Kaissis (2012) 355; Jayme, Zur verfassungskonformen Auslegung des § 606 b Nr 1 ZPO bei Scheidung einer Ausländerehe und verschiedener Staatsangehörigkeit der Ehegatten, FamRZ 1973, 4; Matthies. Die deutsche internationale Zuständigkeit (1955) 52 ff; Milleker, Der negative internationale Kompetenzkonflikt (1975); Pfeiffer, Internationale Zuständigkeit und prozessuale Gerechtigkeit (1995); Schröder, Internationale Zuständigkeit (1971) 192 ff; Schütze, Deutsches Internationales Zivilprozeßrecht (1985) 41; Walchshöfer, Die deutsche internationale Zuständigkeit in der streitigen Gerichtsbarkeit, ZZP 80 (1967) 165 ff, 204.

kennen ist. Jedoch ist für besondere Fälle auch hier eine Notzuständigkeit über den Rahmen des Gesetzes hinaus **anerkannt**. Grundsätzlich ist dafür zu verlangen, dass der Kläger oder der Antragsteller kein oder kein ihm zumutbares ausländisches Gericht für seine Klage findet (BGH 20. 2. 2013 FamRZ 2013, 687 mAnm Hau; Milleker, Der negative internationale Kompetenzkonflikt 60 ff; Spellenberg JA 1978, 59; Geimer, IZPR Rn 1024 ff; speziell für Ehesachen Zöller/Geimer Rn 120; MünchKommFamFG/Rauscher Rn 99; Dessauer, IPR, Ethik und Politik 615, 623; Gottwald FamRZ 2002, 1343; allgemein Nagel/Gottwald, IZPR § 3 Rn 496; Linke/Hau, IZVR Rn 246 f; RG 3. 7. 1939 RGZ 160, 396; AG Groß-Gerau 11. 6. 1980 FamRZ 1981, 51; unklar OLG Braunschweig 18. 12. 1984 FamRZ 1985, 1145; OLG Hamburg 9. 7. 1976 IPRspr 1976 Nr 125b). Der allgemeine Justizgewährungsanspruch und Art 6 EMRK verbieten **Rechtsverweigerung**. Darüber besteht im Grundsatz Einigkeit (Pfeiffer, Internationale Zuständigkeit und prozessuale Gerechtigkeit [1995] 347 ff, 586). Die Notzuständigkeit kann wie andere Zuständigkeitsgründe auch während des Verfahrens erst entstehen, doch entfällt sie und es gilt **keine perpetuatio fori** internationalis, wenn ihre Voraussetzung während des Verfahrens endet (BGH 20. 2. 2013 FamRZ 2013, 687).

261 Ob man von Notzuständigkeit oder internationaler Ersatzzuständigkeit spricht, steht gleich. Jedoch genügt nicht allein die Tatsache, dass die Partei oder die Parteien kein zumutbares Gericht im Ausland finden (bedenklich die Formulierung bei Neuhaus, Grundbegriffe des IPR 447). Es muss zudem ein irgendwie geartetes nicht zu schwaches Interesse daran bestehen, dass der Status **gerade in Deutschland** geregelt wird, sodass eine minimale Inlandsbeziehung oder eine Art von Verantwortung Deutschlands ins Spiel kommt (Geimer, IZPR Rn 1030; MünchKommFamFG/Rauscher § 98 Rn 99; zurückhaltender Schack, IZVR Rn 457).

262 Zwischen dem an sich schon recht weiten § 98 FamFG und diesem Erfordernis eines Inlandskontaktes bleibt nicht sehr viel Notwendigkeit für eine Notzuständigkeit. So ist sie zu bejahen, wenn nur der Antragsteller – seit kurzem – seinen gewöhnlichen Aufenthalt im Inland hat, aber keiner der Heimatstaaten die deutsche Scheidung anerkennen wird (so auch MünchKommFamFG/Rauscher Rn 99) – der gewöhnliche Aufenthalt des Antragsgegners begründet aber schon nach Art 3 As 1 lit a Brüssel IIa-VO die deutsche Zuständigkeit. Eher ist an den Fall zu denken, dass das ausländische Urteil eines Drittstaates von uns nicht anerkannt wird (Geimer, IZPR Rn 1030; MünchKommFamFG/Rauscher Rn 99; Gottwald FamRZ 2002, 1343; AG Groß-Gerau FamRZ 1981, 51). Pfeiffer (Internationale Zuständigkeit und prozessuale Gerechtigkeit 449 ff) argumentiert richtig, dass der Staat entweder eine Zuständigkeit eröffnen oder ein ausländisches Urteil anerkennen muss, doch muss hinzukommen, dass die Parteien kein anderes zumutbares Gericht im Ausland finden, dessen Urteil wir anerkennen könnten. Es genügt also nicht allein, dass wir nach § 109 Abs 1 Nr 1 FamFG nicht anerkennen, weil das ausländische Gericht nach unseren Maßstäben nicht zuständig war.

263 Zweifelhaft ist, ob wenigstens eine Notzuständigkeit zu eröffnen ist, wenn eine oder auch beide Parteien nur ihren **schlichten Aufenthalt** im Inland haben. Selbst wenn ein zumutbarer Gerichtsstand im Ausland fehlt, wird man Zurückhaltung üben. IdR wird man abwarten können und sollen, ob die Parteien hier ihren gewöhnlichen Aufenthalt begründen. Tut dies nur eine von ihnen, so ist wohl meist mit dem Verzicht auf die Anerkennung zu helfen, wenn diese in einem der Heimatstaaten nicht ohnehin gegeben ist. Es erscheint aber in seltenen Ausnahmefällen geboten, eine deutsche Scheidungszuständigkeit zu eröffnen, wenn beide Parteien nur einen vorübergehenden Aufenthalt hier nehmen (Kegel/Schurig, IPR § 20 IV 46, 820). So kann man an eine Notzuständigkeit denken, wenn diese Personen nirgends einen gewöhnlichen Aufenthalt haben. Das Lehrbuchbeispiel des staatenlosen Nomadenehepaars (Zöller/Geimer, ZPO § 98 FamFG Rn 137; Kegel/Schurig, IPR § 20 IV 4a, 820) ist ein solches, denn idR ziehen die Personen, zB Sinti und Roma, wohl vorwiegend in einem Lande umher, sodass dort auch ihr gewöhnlicher Aufenthalt anzunehmen ist mit der Folge des § 98 Abs 1 Nr 3 FamFG, denn ein inländischer gewöhnlicher Aufenthalt verlangt nicht Aufenthalt an einem bestimmten Ort (vgl auch EuGH 2. 4. 2009 – C-523/07 Rn 41 FamRZ 2009, 843).

Staatenlose ohne gewöhnlichen Aufenthalt sind eher selten. Zwar stellt Art 16 des New Yorker UN-Übereinkommen über die Rechtsstellung der Staatenlosen vom 28. 9. 1954 auf den gewöhnlichen Aufenthalt ab, doch kann man hilfsweise auf den schlichten Aufenthalt zurückgreifen, nachdem Art 12 des Übereinkommens ihn hilfsweise für das Personalstatut heranzieht. Dasselbe gilt für die an sich nicht notwendig auch staatenlosen Flüchtlinge, die man nicht auf ihren Heimatstaat verweisen kann (Art 16, 12 Genfer FlKonv v 28. 7. 1951). Wenn diese Personen ohne Heimatstaat iSd § 98 FamFG zwischen mehreren Staaten wandern, so muss man eine Notzuständigkeit eröffnen, wenn sie kein anderes Gericht finden können. **264**

Auch ist an die allerdings ebenfalls seltene Situation zu denken, dass die Staaten, denen die Parteien angehören, und ggf auch die, in denen sie ihren gewöhnlichen Aufenthalt haben, ihre internationale Zuständigkeit verneinen, weil sie ausschließlich den Heiratsort für maßgebend ansehen, der in Deutschland liegt. Unter der Voraussetzung, dass der eine oder der andere dieser Staaten die deutsche Entscheidung wenigstens anerkennt, kann man diesen Zuständigkeitsrenvoi unter dem allgemeineren Gesichtspunkt der Notzuständigkeit akzeptieren (so im Ergebnis mit eingehenden Nachweisen ausländischer Rechtsprechung J Schröder, Internationale Zuständigkeit 811 ff, 815 ff; Milleker 123 ff). Sonst aber wirkt der Zuständigkeitsrenvoi nicht. **265**

VII. „Wesenseigene Un-Zuständigkeit"

Die **Anwendung ausländischen materiellen Rechts** sowie des damit einhergehenden Verfahrensrechts kann den deutschen Richter zu Verrichtungen nötigen, die vom deutschen Recht nicht vorgesehen sind. Es ist jedoch durchaus im Sinne des IPR, wenn der deutsche Richter Urteile fällen muss, die das deutsche Sach- und Prozessrecht mit diesem Inhalt nicht vorsieht (vgl BGH 22. 3. 1967 BGHZ 47, 327 = FamRZ 1967, 457 = StAZ 1967, 237 [Böhmer] = JZ 1967, 671 [Heldrich] = RabelsZ 32 [1968] 313 [Jayme]). Eine Grenze besteht erst dann, wenn die vom ausländischen Recht geforderte Tätigkeit mit den vorhandenen Mitteln nicht erfüllt werden kann oder mit den Grundlagen des deutschen Prozessrechts schlechthin nicht zu vereinbaren wäre, ihnen **wesensfremd** ist. Man spricht hier wenig glücklich von **„wesenseigener Zuständigkeit"** (so wohl zuerst Reu, Die staatliche Zuständigkeit im internationalen Privatrecht [1938]; Heldrich, Internationale Zuständigkeit und anwendbares Recht [1996] 255 ff; Haunhorst, Die wesenseigene [Un-]Zuständigkeit deutscher Gerichte [1994]). Diese Begrenzung greift jedoch nicht schon deswegen ein, weil das IPR den Richter zu einer dem deutschen Recht unbekannten Entscheidung oder Tätigkeit verpflichtet, solange dieses mit den Mitteln, die die **266**

Gerichtsverfassung und die ZPO dem Richter zur Verfügung stellen, bewältigt werden kann (Gottwald, in: FS Nakamura [1996] 192 f; ähnlich Heldrich, Internationale Zuständigkeit und anwendbares Recht [1996] 255 ff und NJW 1967, 421; BayObLG 2. 12. 1965 NJW 1967, 447 [Erbrecht]). Insbesondere ist eine Trennung von Tisch und Bett, die im ausländischen Eherecht vorgesehen ist, auch vom deutschen Richter vorzunehmen, wie jetzt auch insbesondere Art 1 mit 3 und 5 Brüssel IIa-VO sagen.

267 Die „wesenseigene Unzuständigkeit" ist zu Unrecht geltend gemacht worden, wenn das ausländische Scheidungsrecht eine religiöse Scheidung bzw die Mitwirkung von Religionsdienern verlangt (KG 11. 1. 1993 FamRZ 1984, 839; KG 27. 11. 1998 IPRax 2000, 126; **aA** wie hier BGH 6. 10. 2004 BGHZ 160, 322 = FamRZ 2004, 1952 mAnm Henrich = IPRax 2005, 346 mAnm Rauscher 313; Geimer, IZPR Rn 1989 f). Auch zur Herstellung des ehelichen Lebens nach türkischem Recht kann verurteilt werden (Geimer, IZPR Rn 1989; Heiderhoff IPRax 2007, 118 gegen OLG Stuttgart IPRax 2007 131), doch ohne Möglichkeit der Vollstreckung.

268 Daraus erhellt, dass es sich nicht um eine Frage der internationalen Zuständigkeit handelt, sondern um die Behandlung ausländischen Rechts im Verfahren. Daher ist auf den Anhang zu § 106 Rn 79 ff zu verweisen. Wenn der BGH (BGHZ 160, 322) bemerkt, notfalls seien die deutschen **Verfahrensregeln anzupassen**, so ist im vorliegenden Zusammenhang zu folgern, dass bei der Beachtung ausländischer Verfahrensregeln nicht kleinlich vorzugehen ist, vielmehr den deutschen Gerichten durchaus einige Flexibilität abverlangt wird. Der Verzicht auf die Anwendung der wesensfremden ausländischen Regelung ist nur die letzte Konsequenz. IdR ist der Zweck der ausländischen Regelung durch Anpassung zu verwirklichen, und in der Praxis ist noch kein Fall in Deutschland anhängig gemacht geworden, in dem das nicht möglich war. Es ist eine **andere Frage**, ob der Anwendung des ausländischen Sachrechts der deutsche ordre public entgegensteht (so auch Geimer, IZPR Rn 1989a); in den Fällen der Verstoßungsscheidung kann das uU der Fall sein.

VIII. Heilung eines Zuständigkeitsmangels

269 Ergeht ein Sachurteil trotz fehlender internationaler Zuständigkeit, so tritt zwar keine Heilung ieS ein, aber die **Rechtskraft** des Urteils schließt die Berufung auf die Unzuständigkeit aus (Rosenberg/Schwab/Gottwald, ZPR § 31 Rn 47; Geimer, IZPR Rn 1010 f; für freiwillige Gerichtsbarkeit Brehm, Freiwillige Gerichtsbarkeit § 8 II; unstr). Die Rechtskraft schließt auch den Einwand der Unzuständigkeit aus, weil die Anerkennung im Ausland fehle (OLG Hamburg 3. 1. 1923 OLGE 43, 347 = StAZ 1924, 70; KG 11. 7. 1924 StAZ 1924, 306; KG 17. 10. 1930 StAZ 1931, 102; KG 7. 3. 1938 JW 1938, 1258 [Massfeller]; Peters StAZ 1965, 310 [unstr]). Es entsteht eine hinkende Scheidung. Bei fehlender deutscher Gerichtsbarkeit ist das streitig (oben Vorbem 24 ff zu § 97).

IX. Forum non conveniens*

270 Erweitert man die internationale Zuständigkeit der deutschen Gerichte, indem man

* **Schrifttum**: Dorsel, Forum non conveniens. Richterliche Beschränkung der Wahl des Gerichtsstandes im deutschen und amerikanischen Recht (1996); Gottwald, Das Wetterleuchten des forum non conveniens, in: FS Jayme (2004) 277; Mack, Forum non conveniens – Abweisung

die Tatbestandsvoraussetzungen der einschlägigen Normen großzügig gestaltet, so führt dies unweigerlich zu einer Zunahme von Verfahren mit geringerem Bezug zur internen Gerichtsbarkeit. Das galt auch für die Ausdehnungen der deutschen internationalen Zuständigkeit durch § 606a ZPO von 1986. Die aus dieser Zuständigkeitserweiterung resultierenden Probleme lassen sich aber nicht dadurch beheben, dass man den Gerichten die Kompetenz zugesteht, **im Einzelfall** die Klage deshalb als unzulässig abzuweisen, weil es an der erforderlichen Sachnähe deutscher Instanzen fehle. Ein derartiges Forum non conveniens lässt sich weder mit dem Gesetzeswortlaut noch mit System und Grundlagen der deutschen Zuständigkeitsordnung vereinbaren (Schack, IZVR Rn 565 ff; Geimer, IZPR Rn 1073 ff; Schütze ZZP 88 [1975] 478; Kropholler, IPR § 58 II 4; OLG München 22. 6. 1983 IPRax 1984, 319 [Jayme 303]; BayObLG 22. 12. 1981 FamRZ 1982, 640; **aA** Wahl, Die verfehlte internationale Zuständigkeit, 114 ff; Jayme aaO; auch de lege ferenda ist dies nicht zu befürworten; dazu Schütze DWiR 1991, 239; Fischer RIW 1992, 57).

In sehr beschränktem Umfang lässt nun Art 15 Brüssel IIa-VO in Sorgerechtssachen **271**
derartiges zu. Auf der gleichen Linie argumentierte das OLG Frankfurt in einem Beschluss vom 15. 11. 1982 (IPRax 1983, 294) und lehnte eine Entscheidung über die elterliche Sorge im Scheidungsverbund ab, weil das Kind sich unerreichbar im Ausland befand und auch seine Eltern nicht mehr in Deutschland wohnten (obwohl sich das Gericht auf die Lehre vom Forum non conveniens beruft, kann man seine Begründung eher für eine zutreffende Auslegung der §§ 621 Abs 1 Nr 1 ZPO aF, 35a [heute § 99 Abs 2 FGG] nehmen).

Der EuGH hat die Übernahme dieser Theorie in die Brüssel Ia-VO abgelehnt, weil **272**
sie nicht mit dem **System der festen Zuständigkeitsregeln** und der Sicherheit für den Kläger vereinbar sei, der einfach erkennen solle, wo er klagen kann (EuGH 1. 3. 2005 – C-281/02 *Owusu v Jackson* Rn 38 ff, IPRax 2005, 244 mAnm Heinze/Dutta 224). Diese Argumentation sollte auch auf das deutsche Recht zutreffen. Systemgerecht ist nur die regelhafte Einschränkung beziehungsarmer Gerichtsstände zB durch das Anerkennungserfordernis in § 98 Abs 1 Nr 4 FamFG, nicht die Abwägung im Einzelfall (Schack, IZVR Rn 568; Geimer, IZPR Rn 1075). Diese wäre eine grundlegende Veränderung des deutschen Zuständigkeitsrechts.

X. Ausgeschlossene Zuständigkeiten

1. Statutszuständigkeit

Die deutsche internationale Zuständigkeit wird bei Fehlen der Voraussetzungen des **273**
§ 98 FamFG nicht dadurch begründet, dass nach Art 13 bzw Art 17 mit Art 14 EGBGB oder kraft Rückverweisung (Art 4 Abs 1 EGBGB) deutsches Eherecht anzuwenden ist (Beitzke FamRZ 1967, 597; Geimer, IZPR Rn 1041 ff; Dessauer, IPR, Ethik und Politik [1986] 566; vBar, IPR Bd 1 Rn 408; Linke/Hau, IZPR Rn 134 f; Schack, IZVR

---

ohne Zuständigkeitsprüfung, IPRax 2007, 464; P Huber, Die englische forum-non-conveniens-Doktrin und ihre Anwendung im Rahmen des EuGVÜ (1994); Juenger, Forum non conveniens – who needs it?, in: FS Schütze (1999) 317; Schütze, Forum non conveniens und Rechtschauvinismus, in: FS Jayme (2004) 849; Wahl, Die verfehlte internationale Zuständigkeit (1974).

Rn 246 f; mit Einschränkungen zum Schweizer Recht VISCHER, in: FS vOverbeck [1990] 367 ff; hM; **aA** HELDRICH, Internationale Zuständigkeit und anwendbares Recht [1969] 181, 189 ff; NEUHAUS JZ 1966, 241; BREULEUX, Internationale Zuständigkeit und anwendbares Recht [1969] 138; WALCHSHÖFER ZZP 80 [1967] 197 ff).

2. Zelebrationszuständigkeit

274 **Anders** als in **§ 103 Abs Nr 3 FamFG** für die Lebenspartnerschaft begründet der Heirats- oder Registrierungsort keine Scheidungszuständigkeit. Das ist in manchen ausländischen Rechten anders.

3. Letzter Aufenthalt

275 Es genügt für § 98 FamFG nicht, dass der letzte gemeinsame gewöhnliche Aufenthalt oder Wohnsitz der Eheleute im Inland war (ZÖLLER/GEIMER, ZPO § 98 FamFG Rn 93), obwohl er für die Bestimmung des Scheidungsstatuts erheblich werden kann (Art 3 lit b Rom III-VO). Aber er begründet nur eine Zuständigkeit nach Art 3 Abs 1 lit a 2. Str Brüssel IIa-VO, sofern noch einer der Ehegatten ihn hier hat.

4. Zuständigkeitsrückverweisung

276 Ebenso wenig wird sie dadurch begründet, dass der Heimatstaat oder ein anderer Staat, der nach den Maßstäben des § 98 FamFG zuständig wäre, deutsche Gerichte für zuständig hält oder vor allem das deutsche Urteil anerkennen würde. Das ist unbestritten, wenn jener Staat sich auch für zuständig erklärt. Eröffnet er jedoch keine Zuständigkeit, so kann eine Rückverweisung uU beachtlich werden, jedoch nur unter dem Gesichtspunkt der Notzuständigkeit (eingehend dazu J SCHRÖDER, Internationale Zuständigkeit 815 ff; weiter Rn 259 ff). **Keine Zuständigkeitsrückverweisung** ist § 109 Abs 2 FamFG, sondern eine Anerkennungsregelung, die auf die Anerkennungszuständigkeit verzichtet, wenn eine ausländische Scheidung von den Staaten anerkannt wird, denen die Eheleute angehören (S 2, Drittstaatsanerkennung) oder die Anerkennungszuständigkeit bejaht, wenn ein Ehegatte in dem Urteilsstaat seinen gewöhnlichen Aufenthalt hatte.

5. Gerichtsstandsvereinbarung

277 Die deutsche internationale Zuständigkeit in Ehesachen kann nicht durch Parteivereinbarung **begründet** werden, § 40 Abs 2 ZPO (GEIMER, IZPR Rn 1751, 1773; MünchKommFamFG/RAUSCHER Rn 98; BEITZKE FamRZ 1967, 593, 597; **aA** wohl HABSCHEID, in: FS Schima [1969] 200, wenn mit Anerkennung des Urteils im Heimatstaat zu rechnen ist). Der Vorschlag in der Rom III-VO ist nicht Gesetz geworden.

278 Auch eine **Derogation** der deutschen internationalen Zuständigkeit durch Parteivereinbarung ist nicht zulässig (BORK/JACOBY/SCHWAB/HEIDERHOFF Rn 21, hM; **aA** ZÖLLER/GEIMER, ZPO § 98 FamFG Rn 138: auf die auf ehemaliger deutscher Staatsangehörigkeit beruhende Antrittszuständigkeit könne verzichtet werden; HABSCHEID, in: FS Schima [1969] 200 194 im Hinblick auf einen bestimmten Scheidungsgrund und nach dessen Verwirklichung; weitergehend hält WALCHSHÖFER ZZP 80 [1967] 214 f jede Staatsangehörigkeitszuständigkeit für derogierbar). In beiderlei Hinsicht ist das Gesetz (§ 98 FamFG) eindeutig dagegen.

XI. Verbundszuständigkeit*

1. Zweck

Die Ratio des § 137 FamFG (früher §§ 621, 623 ZPO) ist, dass es die Abwicklung einer gescheiterten Ehe beschleunige und vielleicht auch zu sachangemesseneren Resultaten führe, wenn über Scheidungsfolgen zugleich mit der Scheidung verhandelt und entschieden werde. Freilich ist wohl eine gewisse Ernüchterung eingekehrt, sodass heute ein Zwangsverbund nur noch für den Versorgungsausgleich angeordnet ist; alle anderen Folgesachen werden nur auf Antrag vom Scheidungsrichter mit entschieden. In internationalen Fällen muss das Gericht aber auch für die Folgesachen international zuständig sein, und für den Fall, dass dafür keine originäre Zuständigkeit besteht, erstreckt § 98 Abs 2 FamFG die internationale Zuständigkeit für die Ehesache auf die Folgesache. **279**

Abs 2 regelt nicht, was im Verbund zu verhandeln und zu entscheiden ist. Das ergibt sich aus § 137 einschließlich der Frage, ob der Verbund **von Amts wegen** oder nur auf Antrag stattfindet, und ob die Folgesache abgetrennt werden kann. Dabei besteht Einigkeit, dass die Zuständigkeit für die Ehesache nicht nur auf § 98 Abs 1 FamFG, sondern **auch auf Art 3 ff Brüssel IIa-VO** gegründet sein kann (Johannsen/Henrich/Henrich, Familienrecht § 98 FamFG Rn 27; Prütting/Helms/Hau Rn 40; Hau FamRZ 2000, 1333, 1337; MünchKommFamFG/Rauscher Rn 105 und Rauscher/Rauscher EuZPR/EuIPR [2015] Einl zur Brüssel IIa-VO Rn 15), denn die Brüssel IIa-VO regelt die Frage nicht, sondern überlässt dies dem nationalen Recht. Der Wortlaut ist eher irreführend, doch ist nicht anzunehmen, dass § 98 Abs 2 FamFG vom bisherigen Recht abweichen wollte (Prütting/Helms/Hau Rn 40). Jedenfalls stellt Abs 2 nun die früher streitige internationale Wirkung des Scheidungsverbundes klar (zum früheren Streitstand bei § 623 ZPO aF vgl Staudinger/Spellenberg [2005] § 606a ZPO Rn 242 ff). **280**

* **Schrifttum**: Adam, Internationaler Versorgungsausgleich (1985); Beitzke, Zur Internationalen Zuständigkeit der künftigen Familienrichter, FamRZ 1973, 411; Gottwald, Deutsche Probleme internationaler Familienverfahren, in: FS Nakamura (1996) 189; Graf, Die internationale Verbundszuständigkeit (1984); Hau, Das internationale Familienverfahrensrecht im FamFG, FamRZ 2009, 821; Hausmann, Zur Anerkennung von Annex-Unterhaltsentscheidungen nach dem EG-Gerichtsstands- und Vollstreckungsübereinkommen, IPRax 1981, 5; vHoffmann, Gegenwartsprobleme der internationalen Zuständigkeit, IPRax 1982, 217 ff; Jayme, Zur internationalen Verbundszuständigkeit deutscher Gerichte für die Regelung des Sorgerechts nach der Scheidung, FamRZ 1979, 21; ders, Ausländische Scheidung und inländischer Versorgungsausgleich, FamRZ 1979, 557; ders, Versorgungsausgleich und Internationales Privatrecht unter besonderer Berücksichtigung der deutsch-österreichischen Scheidungsfälle, ZfRV 21 (1980) 175; ders, Internationale Verbundszuständigkeit und Scheidungsfolgen nach ausländischem Recht, IPRax 1981, 9; ders, Fragen der internationalen Verbundszuständigkeit, IPRax 1984; ders, Rechtshängigkeit kraft Verbunds im Ausland und inländisches gesondertes Unterhaltsverfahren, IPRax 1987, 295; Linke, Verbundszuständigkeit – anderweitige Rechtshängigkeit, res judicata, IPRax 1992, 159; Niethammer-Jürgens, Ehescheidung und Folgesachen mit Auslandsbezug, FÜR 2011, 440; Nolte-Schwarting, Der Versorgungsausgleich in Fällen mit Auslandsberührung (1984); H Roth, Vernetzte Prozeßmaximen in familiengerichtlichen Verbundverfahren ZZP 103 (1990) 5.

2. Wirkungsweise

281 § 98 Abs 2 FamFG begründet eine **Verbundszuständigkeit**; es gibt keine Verbunds**un**zuständigkeit idS, dass die Folgesache in Deutschland nicht anhängig gemacht werden könnte, weil sie in ein Eheverfahren im Ausland nach dortigem Recht eingebracht werden könnte (OLG Köln 17. 10. 2002 FamRZ 2003, 544; Prütting/Helms/Hau Rn 42). Ist sie dort aber als erste anhängig, dann sperrt die Rechtshängigkeit.

282 Es besteht auch keine Notwendigkeit für eine **isolierte Verbundszuständigkeit**. Nach Auffassung des BGH (7. 11. 1979 BGZ 75, 24 = FamRZ 1980, 29; BGH 26. 10. 1988 FamRZ 1990, 142; BGH 30. 9. 1992 FamRZ 1993, 416; und vom selben Tag 30. 9. 1992 NJW 1992, 3293 = FamRZ 1993, 176; KG 23. 7. 1987 IPRax 1988, 234 [vBar 220]: Trennungsausgleich, aber einstw Anordnung) sollte aus § 623 ZPO (genauer ist § 621 ZPO) auch dann eine internationale Zuständigkeit für Scheidungsfolgen zu entnehmen sein, wenn die Folgeregelung nicht im Rahmen eines Eheverfahrens zu treffen ist. Damit sind deutsche Familiengerichte für die Folgesache selbst dann zuständig, wenn die Scheidung im Ausland vorgenommen wurde, sofern eine Zuständigkeit für die Scheidung in Deutschland bestanden hätte. Erheblich wurde diese Frage insbesondere für den Versorgungsausgleich, da dieses Rechtsinstitut im Ausland wenig bekannt ist und daher eine entsprechende Folgenregelung dort kaum vorgenommen wird (vgl BGH 30. 9. 1992 FamRZ 1993, 416). Gegebenenfalls musste für den Folgesachenprozess somit ein für die Scheidung zuständiges deutsches Gericht bestimmt werden, obwohl die Ehe bereits im Ausland aufgelöst wurde und dieses Urteil anerkennungsfähig ist.

283 Schon diese Konsequenz dieser Rechtsprechung zeigt, dass die Konstruktion einer isolierten Verbundszuständigkeit **verfehlt war** (OLG Karlsruhe 30. 5. 2000 FamRZ 2001, 1012; Soergel/Schurig Art 17 EGBGB Rn 55). Heute enthalten die §§ 99 bis 105 FamFG detaillierte Regeln der internationalen Zuständigkeit für eine isolierte Geltendmachung der Folgesachen, und es wäre widersprüchlich, wenn man daneben noch eine Zuständigkeit für die Ehescheidung etc verwendete, wenn keine Scheidung anhängig ist (Schack, IZVR Rn 432; Soergel/Schurig Art 17 EGBGB Rn 55).

284 Zu einer isolierten Anhängigkeit der Folgesachen kann es aber kommen, wenn sie zunächst mit einer Scheidung etc anhängig wurden, der **Scheidungsantrag** aber **zurückgenommen** wurde. Dann gelten die Folgesachenanträge ebenfalls als zurückgenommen, falls die Partei nicht das Gegenteil erklärt, und allgemein gilt das nicht für Sorgerechtsübertragungen (§ 141 FamFG). Wird der **Scheidungsantrag abgewiesen**, so werden die Folgeanträge gegenstandslos, wenn die Partei sie nicht erklärtermaßen fortführen will. Doch bleibt die Sorgerechtsübertragung anhängig (§ 142 Abs 2 FamFG) (Prütting/Helms/Helms § 142 FamFG Rn 14; Beispiel zu § 629 Abs 3 ZPO aF OLG München 14. 7. 2009 FamRZ 2009, 2104). Unter Berufung auf §§ 626 Abs 2 und 261 Abs 3 Nr 1 ZPO aF hat das OLG Hamm über die Folgesachen allein weiter verhandelt, als der inländische Scheidungsantrag unzulässig war, weil im Ausland bereits eine Scheidung anhängig und die Ehe inzwischen geschieden war (OLG Hamm 24. 3. 2005 NJW-RR 2005, 1023). Das ist zwar in der Sache nicht überzeugend, aber angesichts der §§ 141 f FamFG zwingend.

3. Vorgehende Regelungen

Die praktische Bedeutung von § 98 Abs 2 FamFG ist aber reduziert, denn es gehen verschiedene EU-Verordnungen und Staatsverträge gerade für die wichtigsten Scheidungsfolgen vor, die aber den **internationalen Scheidungsverbund** deutlich **einschränken**. Dazu ist zunächst auf § 97 Rn 5 ff zu verweisen. 285

a) Brüssel IIa-VO. Sorgerecht

Die Art 8 bis 15 Brüssel IIa-VO regeln die Zuständigkeit für selbständige Sorgerechtsregelungen auf der Grundlage des gewöhnlichen Aufenthaltes des Kindes in einem Mitgliedstaat. Eine Verbindung mit einem Eheverfahren findet nur unter relativ engen Voraussetzungen nach Art 12 Brüssel IIa-VO statt. Aus dem in § 97 FamFG in Erinnerung gerufenen Vorrang der EU-Verordnungen ist zu entnehmen, dass **§ 98 Abs 2 FamFG nicht angewandt** werden kann (MünchKommFamFG/Rauscher Rn 107; Prütting/Helms/Hau Rn 40, § 99 FamFG Rn 4 ff; **aA** Johannsen/Henrich/Henrich, Familienrecht § 98 FamFG Rn 27), der die Zuständigkeit des Ehegerichts sonst erheblich ausweiten würde. Für die örtliche Zuständigkeit hingegen, die in der Brüssel IIa-VO nicht geregelt ist, gelten § 137 Abs 3 FamFG mit § 152 Abs 1 FamFG, sodass verbunden werden kann, wenn die deutschen Gerichte international gemäß Art 8 ff Brüssel IIa-VO wegen des gewöhnlichen Aufenthalt des Kindes zuständig sind (MünchKommFamFG/Rauscher Rn 107). 286

Die Brüssel IIa-VO ist **räumlich-persönlich** anwendbar, wenn das Kind seinen gewöhnlichen Aufenthalt in einem Mitgliedstaat hat, nicht unbedingt dem des Gerichts, hilfsweise genügt der schlichte Aufenthalt des Kindes nach Art 13 Brüssel IIa-VO. „Kind" iSd Brüssel IIa-VO sind nach hM die unter 18-jährigen (Rauscher/Rauscher EuZPR/EuIPR [2015] Art 1 Brüssel IIa-VO Rn 24). Andere wollen das nach Art 7 EGBGB bestimmte Heimatrecht des Kindes entscheiden lassen (Solomon FamRZ 2004, 1409, 1410 f; Thomas/Putzo/Hüsstege, ZPO Art 1 EuEheVO Rn 7; Prütting/Helms/Hau § 99 FamFG Rn 7). Das macht in Europa praktisch kaum einen Unterschied. 287

Art 14 Brüssel IIa-VO verweist auf nationales Zuständigkeitsrecht, wenn sich aus der Brüssel IIa-VO keine Zuständigkeit in irgend einem Mitgliedstaat ergibt, als Restzuständigkeit. Das wäre der Fall, wenn das Kind sich nicht in einem Mitgliedstaat gewöhnlich aufhält. Ggf könnte § 98 Abs 2 mit § 99 FamFG eine Verbundszuständigkeit ergeben, wenn nicht das KSÜ oder MSA vorgehen. 288

b) KSÜ

Das KSÜ gilt zwar mittlerweile in allen EU-Staaten einschließlich Dänemarks aber ohne Italien, wird aber im Verhältnis der Mitgliedstaaten der Brüssel IIa-VO durch diese verdrängt (Art 61 Brüssel IIa-VO). Damit kommt eine vorrangige Regelung des KSÜ nur in Betracht, wenn das Kind in einem dritten Mitgliedstaat des KSÜ seinen gewöhnlichen Aufenthalt hat. Art 10 KSÜ enthält eine Verbundszuständigkeit, die der des Art 12 Brüssel IIa-VO gleicht. Daraus ist zu entnehmen, dass § 98 Abs 2 FamFG verdrängt wird, wenn das KSÜ wegen des gewöhnlichen Aufenthalts des Kindes in einem Vertragsstaat, uU auch nur wegen eines schlichten Aufenthalts (Art 6 KSÜ), anzuwenden ist. 289

c) MSA

290 Das MSA wird durch das KSÜ im Verhältnis seiner Vertragsstaaten ersetzt (Art 51 KSÜ) und gilt für uns daher nur noch gegenüber der **Türkei und Macao**. Art 15 MSA erlaubte den Vertragsstaaten, einen Vorbehalt zugunsten einer Verbundszuständigkeit für Sorgerechtsentscheidungen zu erklären. Die Bundesrepublik hat wie auch andere Staaten von dieser Möglichkeit keinen Gebrauch gemacht, sodass es ausschließlich bei der **internationalen Zuständigkeit** nach Art 1, 4 und 9 MSA bleibt (BGH 11. 1. 1984 BGHZ 89, 325; BGH 27. 4. 1994 FamRZ 1994, 827; BGH 18. 6. 1997 FamRZ 1997, 1070; OLG Karlsruhe 2. 8. 1983 FamRZ 1984, 58; OLG Düsseldorf 11. 5. 1981 FamRZ 1981, 1005; OLG Bamberg 1. 7. 1981 FamRZ 1981, 1106, 1107; OLG München 1. 2. 1982 FamRZ 1982, 316; OLG Hamm 13. 6. 1989 FamRZ 1989, 1109; OLG Düsseldorf 13. 4. 1993 NJW-RR 1994, 268; Jayme FamRZ 1979, 21; Rahm/Paetzold Rn 353; unstr). Ist eine deutsche Zuständigkeit nach dem MSA gegeben, so gilt § 137 nur für die **örtliche Zuständigkeit**.

d) EG-UntVO und LugÜ. Unterhalt

291 Die **EG-UntVO** ersetzt seit dem 18. 6. 2011 für den nachehelichen Unterhalt Art 5 Brüssel I-VO aF, heute Art 7 Brüssel Ia-VO. Diese könnte für die Zuständigkeit allenfalls noch für Verfahren erheblich sein, die davor begonnen wurden (Art 75 EG-UntVO). Das dürften nur noch wenige sein.

292 Ebenso wie die **EG-UntVO** geht auch das **LugÜ** dem autonomen Recht in Bezug auf den nachehelichen Unterhalt unter **Ehegatten** (zum damaligen EuGVÜ EuGH 6. 3. 1980 – 120/79 *de Cavel v de Cavel*; OLG München 24. 10. 1978 FamRZ 1979, 153) sowie für den Unterhaltsanspruch **der Kinder** vor (Henrich IPRax 1985, 207; Geimer/Schütze, EuZPR Art 5 Rn 132 f). Sie schließen also § 98 Abs 2 FamFG aus (insow unzutr zu § 21 und § 623 ZPO aF KG 17. 11. 1997 FamRZ 1998, 564; BGH 27. 6. 1984 IPRax 1985, 224).

293 Die EG-UntVO gilt hinsichtlich der Zuständigkeit **in allen EU-Staaten** unabhängig von der Staatsangehörigkeit oder dem Wohnsitz bzw dem gewöhnlichen Aufenthalt der Parteien, dh auch im Verhältnis zu Staaten außerhalb der EU (MünchKomm-FamFG/Lipp Art 1 EG-UntVO Rn 68). Zwar nimmt Dänemark nicht an den EU-VOen teil, hat aber von der ihm im Vertrag vom 19. 10. 2005 mit der EU eröffneten Möglichkeit Gebrauch gemacht, den Inhalt – auch – der EG-UntVO innerstaatlich anzuwenden (ABl EU 2009 Nr L 149, 80).

294 Wenn dagegen im Verhältnis zu Norwegen, Island und der Schweiz das LugÜ Maß gibt, so bedeutet das, dass dort die Zuständigkeit nach Art 5 Abs 1 lit b LugÜ zu begründen ist, in der EU aber nach Art 3 ff EG-UntVO (MünchKommFamFG/Lipp Art 1 EG-UntVO Rn 70). **§ 98 Abs 2 FamFG** kommt jedesmal **nicht** zum Zuge (Prütting/Helms/Hau Rn 46).

295 Ist die EG-UntVO sachlich und zeitlich anwendbar, so verdrängt sie nicht nur das HUntAVÜbk von 1958 und von 1973 (Rauscher/Andrae EuZPR/EuIPR [2015] Art 69 EG-UntVO Rn 5), sondern die VO enthält auch eine eigene und **abschließende Zuständigkeitsregelung** in Art 3 einschließlich einer Verbundszuständigkeit (Art 3 lit c EG-UntVO), wonach sich die Zuständigkeit für die Ehesache auf die verbundene Unterhaltsklage erstreckt, doch nur sofern das Gericht in der Hauptsache nicht **allein wegen der Staatsangehörigkeit** nur eines Ehegatten zuständig ist.

Damit scheidet der Verbund aus, wenn § 98 Abs 1 Nr 1 FamFG als Restzuständigkeit nach Art 7 Abs 1 Brüssel IIa-VO kraft einseitiger deutscher Staatsangehörigkeit zum Zuge kommt. Die vorher anzuwendende **Brüssel I-VO aF** enthielt in **Art 5 Nr 2** dieselbe Regelung. Jedoch werden die **Scheidungszuständigkeiten der Brüssel IIa-VO** Grundlage für den internationalen Verbund, wenn danach die deutschen Gerichte international zuständig sind (oben Rn 280). Die EG-UntVO knüpft grundsätzlich an die auf anderer Grundlage bestehenden internationalen Zuständigkeiten an, und schließt nur die eine aus. Auch Art 3 Abs 1 lit a 5. und 6. Str Brüssel IIa-VO genügen, denn es handelt sich um eine konditionierte Aufenthaltszuständigkeit, nicht um eine kraft einseitiger Staatsangehörigkeit. 296

Nach Art 3 Abs 1 LugÜ können Personen, die in einem Vertragsstaat ihren Wohnsitz haben, **nur aufgrund** der Zuständigkeitsnormen des **LugÜ** verklagt werden. Das LugÜ erlaubt in ihrem Art 3 Abs 1 lit c wie **Art 5 Nr 2 Brüssel I-VO aF** eine Verbundszuständigkeit, wenn das Gericht seine Zuständigkeit nicht nur aus der Staatsangehörigkeit einer der Parteien herleiten kann. Damit ist die Verbundszuständigkeit jedenfalls ausgeschlossen, wenn nur ein Ehegatte Deutscher ist oder gar nur bei Eheschließung war und kein Ehegatte in Deutschland seinen gewöhnlichen Aufenthalt hat (Jayme FamRZ 1988, 793; irrig KG 23. 7. 1987 FamRZ 1988, 167). Der Unterhaltsprozess ist dann vor einem anderen, nach dem LugÜ zuständigen Gericht zu führen. 297

Wann Unterhalt **„im Zusammenhang“** (Art 5 Abs 2 lit b LugÜ) mit einem Personenstandsverfahren bzw als **„eine Nebensache“** (Art 3 lit c EG-UntVO) begehrt wird, ist durch autonome Auslegung der EG-UntVO bzw des LugÜ zu entscheiden (EuGH 6. 3. 1980 – 120/79, *de Cavel v de Cavel,* zum „Unterhalt“), und nicht anhand des § 98 Abs 2 FamFG (so aber Schulze IPRax 1999, 22). Nach KG 17. 11. 1997 (IPRax 1999, 37 mAnm Schulze IPRax 1999, 37 = FamRZ 1998, 564) gilt Art 5 Nr 2 Brüssel I-VO aF nicht, wenn während eines Verfahrens auf Scheidung Trennungsunterhalt bis zur Scheidung begehrt wird, denn es sei nicht für den Fall einer Scheidung, sondern bis zu ihr zu entscheiden (**aA** Thomas/Putzo/Hüsstege[32], ZPO Art 5 EuGVVO Rn 14; Schulze IPRax 1989, 23). Art 3 lit c EG-UntVO spricht wie zuvor Art 5 Nr 2 Brüssel I-VO aF nur von Bezug zum Personenstandsverfahren, nicht nur von nachehelichem Unterhalt. Klägerin und Beklagter hatten ihren gewöhnlichen Aufenthalt in Spanien. Das Eheverfahren war, wohl wegen deutscher Staatsangehörigkeit beider Parteien, in Berlin anhängig. Eine Einschränkung nur auf Nachscheidungsunterhalt ist dem Wortlaut von Art 5 Nr 2 Brüssel I-VO aF nicht zu entnehmen. 298

Hat der Schuldner seinen Wohnsitz in einem andern Vertragsstaat als dem des laufenden Statusverfahrens, dann stellen Art 3 lit c EG-UntVO und Art 5 Nr 2 LugÜ drei Gerichtsstände zur **Wahl**. Zunächst kommt als Gerichtsstand derjenige des Wohnsitzes des Unterhaltsberechtigten in Betracht. Sodann gibt die zweite Variante dem Berechtigten den Gerichtsstand an dem Ort seines gewöhnlichen Aufenthaltes. Letztlich kann der Gläubiger vor dem für die Scheidung kompetenten Gericht um den Scheidungsunterhalt prozessieren. 299

Von den Tatbestandsvarianten des § 98 Abs 1 FamFG scheidet wegen des Vorbehalts in Art 3 lit c EG-UntVO/Art 5 Abs 2 lit b LugÜ die Nr 1 für die Begründung der Verbundszuständigkeit aus, da dort die deutsche Staatsangehörigkeit einer Partei für 300 ausreichend erachtet wird. Sobald jedoch beide Eheleute die deutsche Staatsangehörigkeit besitzen, oder sobald eine Zuständigkeit kraft Aufenthalts nach Nr 2–4 eingreift, sind deutsche Gerichte auch für den Scheidungsunterhalt im Verbund zuständig.

4. Verbundsachen

a) Versorgungsausgleich

301 Der Versorgungsausgleich ist nach § 137 Abs 2 Nr 1, Abs 4 S 2 FamFG auch ohne Antrag im Verbund zu entscheiden. Die internationale Zuständigkeit folgt aus § 98 Abs 2 FamFG, denn vorgehende europäische oder völkervertraglich Regelungen gibt es hierfür nicht (Prütting/Helms/Hau Rn 44).

302 Ob und wie die Versorgungsanwartschaften auszugleichen sind, ergibt jedoch das nach Art 17 Abs 3 EGBGB mit Art 5, 8 Rom III-VO bestimmte Scheidungsstatut. Das muss an sich nicht das deutsche Recht sein, doch obwohl es im ausländischen Recht durchaus manchmal funktional äquivalente Rechtsinstitute gibt, ist er nach dem unglücklichen Art 17 Abs 3 S 2 EGBGB HS nur durchzuführen, wenn deutsches Recht anzuwenden ist.

b) Güterrecht

303 Auch Streitigkeiten aus dem ehelichen Güterrecht sind nach § 137 Abs 1 Nr 4 FamFG zu verbinden, ohne dass dem § 98 Abs 2 FamFG vorgehende europäische oder völkervertragliche Regelungen zu beachten wären (vgl Art 1 Abs 2 lit a Brüssel I-VO aF, Art 1 Abs 2 lit a LugÜ). Die im Entwurf vorliegende EU-EheGüter-VO mit ihrem Art 4 war bei Drucklegung dieses Bandes noch nicht in Kraft.

304 Wegen der vorgehenden EG-UntVO und auch des LugÜ sind **Unterhaltsansprüche und Ehegüterrecht** voneinander **abzugrenzen**. Unter Güterrecht sind in einer weiten Definition alle Ansprüche und Rechte „an oder auf Vermögen" zu verstehen, die sich aus der ehelichen Beziehung ergeben (EuGH 27. 2. 1997 – C-220/95 *v d Boogaard v Laumen*; BGH 12. 8. 2009 FamRZ 2009, 1659 [mAnm Henrich]; Schlosser Ber zum EuGVÜ, ABl EG 5. 3. 1979 Nr C 59 No 50, weiter mNw Kropholler/vHein, EuZPR Art 1 Rn 23 ff). Doch auch der Begriff des Unterhalts wird weit ausgelegt. Er umfasst Ansprüche, die Unterhaltsfunktion haben und auf ein familienrechtliches Band gestützt sind. Dies sind nach Ansicht des EuGH zB auch die prestations compensatoires des französischen Rechts, die bei Scheidung geschuldet sein können, weil sie nach den beiderseitigen Mitteln und Bedürfnissen berechnet werden, worauf der EuGH entscheidend abstellt (EuGH 6. 3. 1980 – C-120/79 *de Cavel v de Cavel,* IPRax 1981, 19 mAnm Hausmann 5; Kropholler/vHein EurZPR Art 1 EuGVO Rn 24), und die Zuweisung von Kapital und Sachen als full ancillary relief bei einer Scheidung an einen Ehegatten nach englischem Recht (EuGH 27. 2. 1997 – C-220/95 *v d Boogaard v Laumen*; OLG Karlsruhe FamRZ 2002, 839; sehr zweifelhaft). Wenn der EuGH in den genannten Entscheidungen darauf abstellt, ob die begehrten Leistungen „Unterhaltsfunktion" haben, so ist das eine Tautologie und daher zur Entscheidung in Grenzfällen weniger geeignet. Ergiebiger ist, wenn er darauf abstellt, ob die Höhe der Leistungen nach den Bedürfnissen des Berechtigten und der Leistungsfähigkeit des Verpflichteten bemessen wird. Ob das der Fall ist, entscheidet aber das vom IPR bestimmte Sachrecht (so auch EuGH 27. 2. 1997 *v d Boogaard v Laumen*). Ob die Leistung in einer Gesamtsumme erfolgt oder in

regelmäßigen Beträgen, mache keinen Unterschied. Jedenfalls umfasst Art 3 EG-UntVO zB nicht den Zugewinnausgleich.

c) Wohnungszuweisung und Hausratsverteilung

Umstritten war und ist die Qualifikation von **Hausratsverteilung** und **Wohnungszuweisung** im Wesentlichen im IPR, aber die Frage, ob es sich dabei um eine Regelung mit **Unterhaltsfunktion** oder um eine **güterrechtliche** Auseinandersetzung oder gar um eine allgemeine Ehe- bzw Scheidungsfolge handelt, ist für die internationale Zuständigkeit ebenso entscheidend, denn für Unterhaltsansprüche gehen EG-UntVO/Brüssel Ia-VO aF/LugÜ in ihrem jeweiligen Geltungsbereich vor. Im IPR wurden Hausratsverteilung und Wohnungszuweisung verbreitet **unterhaltsrechtlich** qualifiziert (Palandt/Thorn Art 17 EGBGB Rn 3; Henrich, in: FS Ferid [1988] 152 ff, 156 f; Hessler, IPRax 1988, 97; Kropholler, IPR § 46 II; Jayme IPRax 1981, 49 f; Kegel/Schurig, IPR § 20 VII 4; OLG Hamm 30. 6. 1981 FamRZ 1981, 875; OLG Hamm 15. 11. 1988 IPRax 1990, 114 [zust H Weber 97]; OLG Hamm 15. 2. 1991 FamRZ 1992, 191; OLG Karlsruhe NJW-RR 1999, 730; OLG Koblenz IPRax 1991, 263). Danach käme ein Scheidungsverbund gegen „Europäer" nur nach Art 3 lit c EG-UntVO/Art 5 Abs 2 lit b LugÜ zustande. 305

In seiner zweiten Entscheidung zur Abgrenzung von Unterhalt und Güterrecht, in der es um die Anerkennung einer entsprechenden Entscheidung ging, geht der EuGH vom Vorliegen einer Unterhaltssache aus, wenn die angeordnete Leistung dazu bestimmt sei, den Unterhalt des bedürftigen, geschiedenen Ehegatten zu sichern, und, was entscheidend ist, wenn die Bedürfnisse und Mittel der beiden Ehegatten bei der Festsetzung berücksichtigt werden (EuGH 27. 2. 1997 – C-220/95 *v d Boogaard v Laumen*). Um Güterrecht gehe es dagegen bei einer Verteilung der Güter zwischen den Ehegatten (EuGH 27. 2. 1997 – C-220/95 *v d Boogaard v Laumen* Rn 22), ohne dass Rücksicht auf die beiderseitigen Bedürfnisse der Eheleute genommen wird. 306

Bei diesen Kriterien steht einer Qualifikation der **Wohnungszuweisung** gem deutschem Recht als **Unterhalt entgegen**, dass Kriterien für die Zuweisung das Wohl der Kinder (vgl §§ 1361a und b BGB) und die Billigkeit (§§ 1568a und b BGB) sind. Es wird also nicht oder nicht primär auf Unterhaltsbedürfnisse abgestellt (zB OLG Bamberg 26. 11. 1999 FamRZ 2000, 1101; KG 24. 6. 1988 FamRZ 1989, 74; weiter Johansen/Henrich/Götz, FamR zB § 1361b Rn 15 ff). Daran ändert sich nichts, wenn, was nicht immer der Fall sein muss, dadurch auch der Unterhaltsbedarf des in der Wohnung Verbleibenden geringer wird. Das ist nicht der Zweck der Zuweisung. 307

Es handelt es sich aber auch **nicht um eheliches Güterrecht**, das der EuGH umschreibt als die vermögensrechtlichen Beziehungen, „die sich unmittelbar aus der Ehe oder ihrer Auflösung ergeben" (EuGH 31. 3. 1982 – 25/81 – *W v H* IPRax 1983, 77 Nr 6; EuGH 27. 2. 1997 – C-220/95 *v d Boogaard v Laumen* 22) und regelmäßig zwischen den Eheleuten, ausnahmsweise aber auch zwischen ihnen und Dritten bestehen (vgl Schlosser-Bericht zum EuGVÜ [ABlEG 5. 3. 1979 Nr C 59, 71 ff Nr 46]). Die einem Ehegatten zugewiesene Wohnung kann zwar dem anderen gehören oder von Dritten gemietet sein (§§ 1361a f, 1568a f BGB), und die Zuweisung geschieht auch anlässlich der Scheidung, aber es wird nicht das Vermögen aus Anlass der Scheidung unter den Ehegatten aufgeteilt, indem einem Ehegatten die Wohnung ohne Übereignung zur alleinigen Nutzung zugewiesen wird, um unbillige Härte zu vermeiden (§ 1361b BGB). Durch §§ 1 f Gewaltschutzgesetz vom 21. 12. 2001 ist nun auch nicht mehr 308 eine „schwere Härte" erforderlich (näher dazu BRUDERMÜLLER FamRZ 1999, 131 f). Die güterrechtliche Qualifikation trifft das nicht.

309 Auch die **Hausratsverteilung** (§§ 1361a, 1568b BGB) ist **nicht güterrechtlich** einzuordnen. In erster Linie entscheidet das Eigentum an den Gegenständen, und dem Nichteigentümer wird nur der Gebrauch überlassen, wenn er darauf angewiesen ist, und es allen Umständen der Billigkeit entspricht, sie ihm zu überlassen. Doch weil die Verteilung nicht zur Unterhaltssicherung erfolgt und vom Unterhaltsbedarf abhängt, ist auch die unterhaltsrechtliche Einordnung abzulehnen. Bedürftigkeit ist nur einer der relevanten Umstände, und nicht entscheidend. **Hausrat** ist nach § 1568b und § 1361a BGB nach Billigkeit zweckmäßig zu verteilen. Hier können eher die beiderseitigen Mittel und Bedürfnisse und insbesondere das Wohl der Kinder berücksichtigt werden. Dennoch sollte man auch hier den primären Zweck nicht in der Unterhaltssicherung sehen. Und auf internationaler Ebene hat großes Gewicht, dass das HaagerUntÜbk von 1973, das durch Art 18 EGBGB rezipiert wird, nach den Vorstellungen seiner Verfasser Wohnung und auch Hausrat nicht umfassen sollte (HENRICH, in: FS Ferid [1988] 153; OLG Stuttgart 10. 11. 1989 FamRZ 1990, 1354; 1356; OLG Celle 14. 1. 1998 FamRZ 1998, 443).

310 Die zutreffende Auffassung hält sowohl die **Hausratsverteilung** als auch die **Wohnungszuweisung** für eine **allgemeine Scheidungsfolge** iSd Art 17a EGBGB (OLG Düsseldorf 5. 10. 1992 FamRZ 1993, 575; OLG Frankfurt 14. 3. 1988 FamRZ 1989, 75; OLG Celle 14. 1. 1998 FamRZ 1998, 443; OLG Karlsruhe FamRZ 1997, 33; OLG Hamm 20. 2. 1998 FamRZ 1998, 1530; OLG Stuttgart 10. 11. 1989 FamRZ 1990, 1394; PALANDT/THORN Art 17a EGBGB Rn 4; SOERGEL/SCHURIG Art 17 EGBGB Rn 123; MünchKomm/WINKLER VON MOHRENFELS Art 17a EGBGB Rn 10 ff; STAUDINGER/MANKOWSKI [2011] Art 14 EGBGB Rn 272; ERMAN/HOHLOCH Art 14 EGBGB Rn 33; JOHANNSEN/HENRICH/HENRICH Art 17a EGBGB Rn 4).

311 Der deutsche Gesetzgeber hat mit dem neuen Art 17a EGBGB die Qualifikationsfrage nicht eigentlich entschieden, sondern eine einseitige Kollisionsnorm ins IPR gestellt, die auf die inländische Belegenheit abstellt. Eine international privatrechtliche Qualifikation wäre ohnehin für das internationale Prozessrecht nicht ohne weiteres übertragbar. Das FamFG enthält nun für die isolierten Verfahren eine internationale Zuständigkeit in den §§ 105 mit 201 Nr 2 FamFG (MünchKomm/WINKLER VON MOHRENFELS Anh zu Art 17a EGBGB Rn 74; STAUDINGER/MANKOWSKI [2011] Art 17a EGBGB Rn 30 f), die in erster Linie an die Belegenheit anknüpft, dann an den gewöhnlichen Aufenthalt des Antragsgegners und letzthilfsweise an den des Antragstellers. Hier interessiert aber nur die Verbundszuständigkeit nach **§ 98 Abs 2 FamFG**, für die die Frage ist, ob eine **europarechtliche Regelung** vorgeht, wofür nur die EG-UntVO in Frage käme. Das ist jedoch wegen der dargestellten Qualifikation nicht der Fall, sodass es bei § 98 Abs 2 FamFG bleibt (MünchKomm/WINKLER VON MOHRENFELS Anh zu Art 17a EGBGB Rn 75; STAUDINGER/MANKOWSKI [2011] Art 17a EGBGB Rn 30 f; JOHANNSEN/HENRICH/HENRICH § 105 FamFG Rn 2).

d) Morgengabe

312 Jahrzehntelang war die Einordnung der **Morgengabe** islamischer Rechte ebenfalls umstritten, bei der vereinbart werden kann, dass sie entweder gleich oder ganz oder teilweise erst bei Scheidung der Ehe auszuzahlen ist. Die Probleme entstehen insbesondere daraus, dass dieses Institut im deutschen Recht keine Entsprechung findet. Die Stellungnahmen beziehen sich auch hier gewöhnlich auf die Qualifikation im IPR. Entscheidend ist, welchem deutschen Rechtsinstitut und damit einhergehend welcher Zuständigkeitsregelung dieses fremdartige Institut am ehesten entspricht. In den meisten Entscheidungen ging es um den Anspruch nach Scheidung (anders OLG Nürnberg 25. 1. 2001 FamRZ 2001, 1613). Der BGH konnte die Frage anscheinend lange offen lassen (BGH 28. 1. 1987 IPRax 1988, 109 [Hessler 95]; BGH 14. 10. 1998 FamRZ 1999, 217), hat sich nun in einer sehr eingehend begründeten Entscheidung für die Qualifikation als **allgemeine Ehewirkung** ausgesprochen (BGH 9. 12. 2009 FamRZ 2010, 535 Anm Henrich; zuvor zB OLG Zweibrücken 24. 4. 2007 FamRZ 2007, 1535 = NJW-RR 2007, 1232; Yassari IPRax 2011, 63; Henrich, in: FS Sonnenberger [2004] 393 ff mNw zum Meinungsstand; Staudinger/Mankowski [2011 Art 14 EGBGB Rn 272 ff; Zöller/Geimer § 98 FamFG Rn 42).

Natürlich wird man die Morgengabe nicht in der Liste der zu verbindenden Folge- **313**
sachen des § 137 Abs 2 FamFG erwarten. Aber es erscheinen dort auch nicht die **allgemeinen Scheidungs- oder Ehewirkungen**. Es sollte daraus zwar nicht ohne weiteres folgen, dass die allgemeinen Scheidungswirkungen nicht **im Verbund** zu verhandeln seien, doch ist die Aufzählung in § 137 FamFG grundsätzlich abschließend (MünchKommFamFG/Rauscher § 137 Rn 20). Entscheidend gegen § 98 Abs 2 FamFG spricht letztlich, dass es sich nicht um eine Scheidungsfolge handelt (KG 6. 4. 2004 FamRZ 2005, 1685; OLG Hamm 2. 10. 2003 FamRZ 2004, 551; OLG Zweibrücken 24. 4. 2007 FamRZ 2007, 1555; OLG Hamm 4. 7. 2012 Beck RS 2013, 06551), denn die Leistung kann nicht nur anlässlich der Scheidung verlangt werden (unklar OLG Köln 23. 3. 2006 FamRZ 2006, 1380).

e) Herausgabeansprüche

Ob Ansprüche **auf Herausgabe persönlicher Gegenstände** anlässlich der Scheidung **314**
unter § 621 ZPO fielen, war streitig. In § 137 FamFG werden sie nicht genannt. Es kann sich um in die Ehe eingebrachte Sachen handeln oder auch um eine Aussteuer, die die Eltern der Frau gestellt haben. Wenn diese Gegenstände nach dem gem Art 15 EGBGB maßgebenden Güterstatut Alleineigentum des Ehegatten geblieben sind, handelt es sich im Grunde um einen Vindikationsanspruch, der **nicht** als Güterrechts- und **Familiensache** iSd §§ 23b GVG, 621 ZPO qualifiziert werden sollte (OLG Frankfurt 14. 3. 1988 FamRZ 1989, 75; OLG Hamm 25. 5. 1992 FamRZ 1993, 211 [Art 146 türk ZGB]; OLG Köln 29. 6. 1994 FamRZ 1994, 1476 [Aussteuer, Art 146 türk ZGB]; **aA** [Art 146 türk ZGB] OLG Hamm 10. 4. 1992 FamRZ 1992, 963; Gottwald, in: FS Nakamura [1966] 197). Werden die Gegenstände nach der Scheidung eingeklagt, so richtet sich die internationale Zuständigkeit nach §§ 267, 105 FamFG, wenn man, was nicht unproblematisch ist, einen „Anspruch im Zusammenhang mit der Trennung oder Scheidung" sieht (so Johannsen/Henrich/Maier, FamR § 266 FamFG Rn 12). Besser scheint § 266 Abs 1 Nr 2 FamFG („aus der Ehe herrührende Ansprüche"). Solange eine Ehesache anhängig ist, ist deren Gericht nach § 267 Abs 1 FamFG zuständig.

Ansprüche aus **Widerruf von Schenkungen** unter Ehegatten aufgrund der Scheidung, **315**
wie sie manche Rechte erlauben und wie sie ähnlich nach §§ 812 ff, 530 ff BGB im deutschen Recht vorkommen, sind in 137 FamFG auch nicht genannt und können **nicht** in den **Verbund** mit einbezogen werden (BGH 26. 9. 1979 NJW 1980, 193; OLG Köln 18. 2. 1994 FamRZ 1995, 236 [türk Recht]). Erst recht gilt das für Ansprüche auf Herausgabe von Geschenken, die Dritte dem Kläger anlässlich der Heirat gemacht haben

(so wohl OLG Hamm 25. 5. 1992 FamRZ 1993, 211). Auch hierfür gelten die §§ 267, 266 FamFG (Burger FamRZ 2009, 1017, 1020).

316 **Herausgabeansprüche** müssen gegen Ansprüche auf Hausratsverteilung **abgegrenzt** werden. Da es nach deutschem Verständnis bei letzterem gerade nicht auf die Eigentumsverhältnisse ankommt, ist danach zu unterscheiden, ob die Klage bzw der Antrag auf Gegenstände gerichtet ist, die bisher im Haushalt gemeinsam genutzt werden und die der Antragsteller für seinen zukünftigen eigenen Haushalt zu brauchen behauptet.

f) Auskunftsansprüche

317 **Auskunftsbegehren** folgen auch zuständigkeitsrechtlich dem Anspruch, dessen Geltendmachung sie dienen. Wenn das ausländische materielle Recht aber keinen Auskunftsanspruch gibt, weil dafür eine Ermittlung von Amts wegen vorgesehen ist oder eine prozessuale Verpflichtung zu Auskunft oder Urkundenvorlage (discovery des US-amerikanischen Rechts), ist im Wege der Anpassung oder Umqualifikation für das deutsche Verfahren ein materieller Auskunftsanspruch zugrunde zu legen, über den dann gemäß den ausländischen Tatbestandsvoraussetzungen das FamG auch im Wege der Stufenklage entscheiden kann (OLG Hamm 2. 7. 1987 IPRax 1988, 108 [Jayme/Bissias 94]; OLG Stuttgart 4. 10. 1988 IPRax 1990, 114; OLG Hamm 3. 7. 1992 FamRZ 1993, 69; OLG Bamberg 3. 11. 1983 IPRspr 1983 Nr 59 S 145; Jayme IPRax 1982, 11; Jayme IPRax 1989, 330; Morweiser IPRax 1992, 65; Eidenmüller IPRax 1992, 356; Gottwald, in: FS Nakamura [1966] 199 f).

5. Verbund bei Ehetrennung

318 Aus dem Zusammenspiel von § 137 FamFG und § 98 FamFG ist heute zu entnehmen, dass auch mit einer Trennung von Tisch und Bett die in § 137 Abs 2 FamFG aufgelisteten Folgesachen verbunden werden können. Wohl die Mehrheit der OLG hielt sich aber eng an den Wortlaut des § 623 ZPO, der von einer Entscheidung für den „Fall der Scheidung" sprach und lehnt die Anwendung des § 621 ZPO im Zusammenhang mit bloßen Trennungsverfahren ab (OLG Koblenz 15. 1. 1980 FamRZ 1980, 713; OLG Bremen 14. 1. 1983 IPRax 1985, 47; OLG München OLG Report 1992, 223; OLG Frankfurt 18. 1. 1985 FamRZ 1985, 619; OLG Frankfurt 8. 8. 1994 FamRZ 1995, 375 = NJW-RR 1995, 140; implizit OLG München 19. 10. 1992 FamRZ 1993, 459; **aA** OLG Düsseldorf 15. 10. 1980 FamRZ 1981, 146; OLG Hamm 11. 6. 1981 NJW 1981, 2648; OLG Frankfurt 26. 11. 1993 FamRZ 1994, 715; OLG Karlsruhe 12. 1. 1999 FamRZ 1999, 1680; AG Rüsselsheim 17. 9. 1985 IPRax 1986, 115 [EJ]; Jayme IPRax 1984, 121, 124; Graf, Verbundszuständigkeit 178). Das betraf namentlich die gerichtliche Trennung nach italienischem Recht, die seit 1970 notwendige Voraussetzung einer späteren Ehescheidung ist. Die Frage kann sich aber ebenso für gerichtliche Trennungen nach anderen Rechten stellen (OLG Karlsruhe 21. 3 1991 FamRZ 1991, 1308; OLG Frankfurt 26. 11. 1993 FamRZ 1994, 715; OLG Stuttgart 8. 1. 1988 Justiz 1988, 131; OLG Saarbrücken 19. 2. 1997 FamRZ 1997, 1353 [LS]) und ist wie oben bei der Scheidung zu behandeln, nachdem die Trennung von Tisch und Bett unter § 98 FamFG fällt (oben Rn 18).

XII. Gegenantrag. Widerklage

319 Art 4 Brüssel IIa-VO enthält eine eigene internationale Zuständigkeit für Wider-

klagen (Staudinger/Spellenberg [2015] Art 4 Brüssel IIa-VO Rn 10), deren Bedeutung insoweit praktisch gering ist, weil meist ohnehin eine originäre Zuständigkeit für die Widerklage beim Erstgericht bestünde. Das FamFG erwähnt sie nicht, wenn man nicht § 126 FamFG heranziehen will, doch bestehen jedenfalls keine Bedenken dagegen (Zöller/Geimer, ZPO § 98 FamFG Rn 140). Hat zB der Antragsteller eine Trennung von Tisch und Bett beantragt, so kann der Antragsgegner mit einer Scheidungsklage kontern. Der Sachzusammenhang, wenn man ihn wie § 33 ZPO verlangen will, bestünde, weil es sich um dieselbe Ehe handelt.

Übersicht über die Anerkennungsregeln verschiedener Staaten

Alphabetische Übersicht

Wie bei § 98 Rn 250 ff ausgeführt, ist weiterhin eine positive Anerkennungsprognose für die beantragte Scheidung in einem der Heimatstaaten der Parteien nötig, wenn die deutsche Zuständigkeit auf dem gewöhnlichen Aufenthalt nur des Antragstellers oder der Antragstellerin beruht, und bei Feststellungsklagen genügt auch der gewöhnliche Aufenthalt des Antragsgegners **oder** der Antragsgegnerin. Im Folgenden wird daher ein Überblick über die Anerkennungsregeln verschiedener Staaten gegeben, wobei entsprechend hauptsächlich die Situation gemeint ist, in der die deutsche Zuständigkeit nur auf § 98 Abs 1 Nr 4 FamFG beruht. Die **Feststellungsklagen**, bei denen ebenso der einseitige gewöhnliche Aufenthalt des Antragsgegners bzw der Antragsgegnerin die Zuständigkeit trägt (§§ 121 m 98 FamFG; oben § 98 Rn 23), werden nicht näher betrachtet, denn diese Situation wird selten praktisch. 1

2 **Ägypten**

Wie auch bei vielen anderen islamischen Staaten ist bei Ägypten zunächst zu prüfen, ob die Ehe nicht bereits durch eine unwiderrufliche, dh dreimalige private Verstoßungserklärung geschieden ist (o § 98 Rn 254). Zur Verstoßung befugt ist nach dem Gesetz vom 3. 7. 1985 grundsätzlich der muslimische Ehemann. Allerdings kann die Ehefrau auch sich selbst im Namen des Gatten verstoßen, wenn dieser ihr entsprechende Vollmacht erteilt hat. Ob ägyptisches Recht anwendbar ist, ist in diesem Zusammenhang vom ägyptischen IPR zu entscheiden. Nach Art 13 Abs 2 des bürgerlichen Gesetzbuches vom 16. 7. 1948 ist an die Staatsangehörigkeit des Ehemannes zum Zeitpunkt der Verstoßung anzuknüpfen. Ist die Verstoßung wirksam, so ist die Ehe damit bereits geschieden. Es liegt in Deutschland nur noch eine Inlandsehe vor, und dann verlangt § 98 Abs 1 Nr 4 FamFG keine Anerkennung mehr (vgl Börner, Anerkennung ausländischer Titel in arabischen Staaten [1996] 50 f). Eine Verstoßung kann notfalls im deutschen Verfahren erklärt werden (Anh zu § 106 Rn 76 ff). Diese Frage ist zuvor zu klären.

3 Die Anerkennungsfrage im Sinne des § 98 Abs 1 Nr 4 FamFG stellt sich praktisch nur bei gerichtlichen Klagen der Ehefrau, die Ägypten in seltenen Fällen vorsieht (Art 298 G über das Personenrecht, Bergmann/Ferid/Ebert/Hefny, Ägypten 32). Sie stellt sich aber nicht, wenn die „Verstoßung" wegen Verletzung des deutschen ordre public in der BRD nicht wirksam ist, sodass der Ehefrau die Scheidung erlaubt werden muss, denn dann liegt wegen der Verstoßung eine hinkende Inlandsehe vor, deren Scheidung in Ägypten nicht mehr anerkannt werden muss. Und wenn der ägyptische Ehemann sich von seiner ägyptischen Ehefrau von einem deutschen Gericht scheiden lassen will, so geschieht dies dadurch, dass das Gericht die Scheidung in Anwendung des ägyptischen Rechts auf die dreimal wiederholte Talaq-Erklärung gründet, die als solche die Scheidung vollzieht. Auf die Anerkennung des zukünftigen deutschen Urteils kommt es nicht mehr an.

4 Gem Art 28 und 298 der Zivilprozessordnung von 1968 nimmt Ägypten aber eine ausschließliche Zuständigkeit für die Klagen gegen einen ägyptischen muslimischen Ehegatten an, sodass die **Anerkennung ausgeschlossen** erscheint. Ist der Beklagte Muslim mit nicht-ägyptischer Staatsangehörigkeit, so ist die Anerkennung zwar zweifelhaft (vgl El-Mikayis RabelsZ 33 [1969] 213 f; IPG 1973 Nr 21 [München]; OLG Braunschweig 18. 12. 1984 FamRZ 1985, 1145 ff; OLG Celle FamRZ 1974, 314; Rahm/Künkel/Breuer VIII Rn 154; **aA** Bergerfurth, Ehescheidungsprozess Rn 241), aber für § 98 Abs 1 Nr 4 FamFG unerheblich, die die Anerkennung im hier also nicht ägyptischen Heimatstaat verlangt.

5 Im Übrigen verlangen die Art 491–497 der ZPO für die Anerkennung, dass das deutsche Gericht zuständig war, dass der Beklagte ordnungsgemäß geladen war (gegenüber Ägypten gilt das HZÜ), dass kein früheres ägyptisches Urteil in derselben Sache besteht, wohl auch kein späteres (Elwan/Menhofer/Otto, Gutachten zum ausländischen Familien- und Erbrecht [2005] § 9 Fn 10), und dass der ägyptische ordre public nicht verletzt ist. Es ist auch anzunehmen, dass der Anerkennung zumindest der ordre public entgegensteht, wenn bei Beteiligung eines Muslim nicht islamisches Recht angewandt wird.

Da das Personenstandsrecht in Ägypten interreligiös gespalten ist, gibt es die Möglichkeit der Verstoßung für koptische Christen und andere Christen in deren religiösem Recht an sich nicht. Dennoch ist streitig, ob auch Nichtmuslime verstoßen können. Andererseits schließt Art 99 G Nr 78/1931 die Scheidung aus, wenn das religiöse Recht einer Partei, zB eines Katholiken, sie verbietet (Menhofer, Religiöses Recht und internationales Privatrecht [1995] 92 ff). Hier dürfte also auch die Anerkennung einer deutschen Scheidung verweigert werden, jedoch sieht der BGH nun in einem generellen, religiösen, Scheidungsverbot einen Verstoß gegen den deutschen ordre public, sodass dieses Hindernis auch bei der Anerkennungsprognose nicht zu beachten ist (vgl § 109 Rn 277). 6

Äthiopien 7

Die Anerkennungsvoraussetzungen für ausländische Urteile in Äthiopien sind unklar. Das bürgerliche Gesetzbuch Äthiopiens enthält keine international prozessualen und international privatrechtlichen Vorschriften. Gleichzeitig hat Äthiopien bisher, soweit ersichtlich, keine Anerkennungsabkommen abgeschlossen. In der älteren Literatur (Arnold RabelsZ 25 [1969] 53 ff, 66) wird von einer Entscheidung des Obersten Gerichtshofs Äthiopiens berichtet, in der nach den Grundsätzen des englischen common law ein ausländisches Urteil anerkannt wurde. Ob diese Grundsätze auch heute noch einschlägig sind, kann zwar nicht als gesichert angesehen werden, jedoch scheint in diesem Rahmen die Anerkennung auch nicht offensichtlich ausgeschlossen.

Afghanistan 8

Ein ausländisches, afghanische Staatsangehörige betreffendes Urteil wird in Afghanistan dann anerkannt, wenn die Scheidung nach afghanischem materiellen Recht erfolgt ist. Denn die Scheidung der Ehe afghanischer Staatsangehöriger unterliegt nach Art 20 Nr 2, Art 21 ZGB stets afghanischem Recht (vgl Krüger IPRax 1985, 151; AG Bonn IPRax 1985, 165 entgegen der irrigen hM). Da der afghanische Ehemann (als Muslim) sich durch Verstoßung scheiden kann, ist mit der Verstoßung die Ehe für afghanisches Recht bereits aufgelöst, und es gilt dasselbe wie bei Ägypten (Rn 2 ff). Urteile auf Antrag der afghanischen Ehefrau sind anerkennungsfähig, wenn das Gericht afghanisches Recht und einen der dort genannten Scheidungsgründe angewandt hat (vgl Krüger IPRax 1985, 151). Das sind insbesondere unheilbare oder langdauernde Erkrankung des Ehemannes, auch wohl Impotenz, Nichterfüllung der Unterhaltspflicht, Unzumutbarkeit der Fortsetzung der ehelichen Lebensgemeinschaft wegen Beleidigung oder Körperverletzung der Ehefrau, grundloses Verlassen der Ehefrau seit mindestens drei Jahren oder mehr als fünfjährige Trennung oder mehr als zehnjährige Freiheitsstrafe für den Mann (vgl Bergmann/Ferid/K Wähler, Afghanistan 19).

Albanien 9

Es war bisher anzunehmen, dass Albanien Scheidungen seiner Staatsangehörigen im Ausland nicht anerkennt. Nach der neuen Zivilprozessordnung von 1996 ist aber anzunehmen, dass das jetzt der Fall ist (Uka/Wietzorek IPRax 2011, 99, 101). Die Anerkennungsvoraussetzungen sollen § 109 FamFG entsprechen (Text in IPRax 2011, 100,

101). Eine Abweichung besteht nur insofern, dass das ausländische Urteil nicht „unter Verletzung des ausländischen Rechts rechtskräftig“ geworden sein darf. Die Bedeutung dieses Hindernisses ist unklar, es dürfte aber auch eigentlich nicht vorkommen. Ein Anerkennungsabkommen mit der Bundesrepublik Deutschland besteht nicht, ist aber auch nicht mehr nötig. Es wird berichtet, dass ausländische Scheidungen nun regelmäßig anerkannt wurden. Ein Urteil aus Albanien hat eine deutsche Scheidung anerkannt und dabei insbesondere die Anerkennungszuständigkeit kraft (gewöhnlichen) Aufenthalts der Eheleute in Deutschland bejaht. Auch die sonstigen Anerkennungshindernisse wurden verneint (Tirana 12. 4. 2010, IPRax 2011, 90).

10 **Algerien**

Nach den Art 605 bis 607 des neuen Code de procédure civile et administrative werden ausländische Urteie, auch Ehescheidungen anerkannt sofern sie nicht unter Verletzung von Zuständigkeitsvorschriften zustande gekommen sind (so die Übersetzung von Klaiber IPRax 2010, 88). Gemeint dürften die Zuständigkeitsvorschriften des algerischen Rechts sein (Bergmann/Ferid/Nelle, Algerien 27). So war es jedenfalls unter der vorhergehenden Regelung (Mohand Issad, Droit international privé, Bd 2 [2. Aufl 1987] 71). Spezielle Rgeln der internatinalen Zuständigkeit gibt es nicht, sodass aus den örtlichen Zuständigkeiten auch die internationale abgeleitet wird (Klaiber IPRax 2010, 87). Für Scheidungen sieht Art 40 Nr 2 CPC eine ausschließliche Zuständigkeit am ehelichen Wohnsitz vor. Liegt dieser in Algerien, scheitert die Anerkennung wohl daran. Nach Art 36 Code la Famille 1984, der durch die Verordnung von 27. 2. 2005 nicht wesentlich verändert wurde, bestimmt der Ehemann allein den ehelichen Wohnsitz (Forster StAZ 1987, 213 f).

11 Weiter darf das ausländische Urteil nicht einer rechtskräftigen algerischen Entscheidung widersprechen, und nicht gegen die öffentliche Ordnung, die guten Sitten und die Moral in Algerien verstoßen. Es gibt aber gewichtige Hinweise, dass die algerischen Gerichte dafür nur verlangen, dass das Urteil im Wesentlichen mit dem übereinstimmt, was ein algerisches Gericht judiziert hätte (Mebroukine, in: Carlier/Verwilghen [Hrsg], Le Statut personnel des musulmans [Brüssel 1992] 237 f; Mohand Issad Pénant 1974, 11 ff), dh insbesondere, dass das deutsche Gericht algerisches Recht angewandt hat. Dass dieses schlechthin wegen Benachteiligung der Ehefrauen gegen den deutschen ordre public verstoße, trifft nicht zu (so aber OLG Köln FamRZ 2002, 166; OLG Köln FamRZ 2006, 947).

12 Nach algerischem IPR ist algerisches Recht anzuwenden, nicht nur wenn beide, sondern schon, wenn nur ein Ehegatte die algerische Staatsangehörigkeit hat (Art 12 Code civil, Ordonnance no 75/58 vom 26. 9. 1975; Payrad Rev crit 1977, 403), wobei bei Doppelstaatsangehörigkeit in jedem Fall die algerische Staatsangehörigkeit den Ausschlag gibt (Art 22 alg C civ 1975). Im Übrigen müssen gem Art 49 Familiengesetzbuch mehrere Versöhnungsversuche vom Gericht unternommen worden sein, weiterhin dürfen keine schwerwiegenden Verfahrensfehler vorgekommen sein, und die unterlegene Partei muss insbesondere die Gelegenheit gehabt haben, ihre Rechte ausreichend wahrnehmen zu können (vgl Mebroukine s oben Rn 11; IPG 1982 Nr 37 [Berlin]).

Angola 13

Es ist wohl immer noch Art 1094 des ehemals portugiesischen Zivilgesetzbuches von 1961 in der Fassung von 1967 maßgebend (vgl BERGMANN/FERID/RAU, Angola 9). Danach werden rechtskräftige deutsche Urteile anerkannt, wenn deutsche Gerichte nach den Regeln der internationalen Zuständigkeit Angolas zuständig sind. Nach Art 75 Zivilprozessgesetz sind Gerichte zuständig am Wohnsitz oder Aufenthaltsort des Klägers (vgl zu Portugal AG Siegheim 28. 11. 1983 IPRax 1984, 277). Es darf nicht bereits in Angola ein Verfahren anhängig gemacht worden oder ein Urteil ergangen sein, es sei denn, das deutsche Verfahren war zuerst anhängig gemacht worden. Der Beklagte muss ordnungsgemäß geladen worden sein. Ein Urteil in Abwesenheit des Antragsgegners wird nur anerkannt, wenn er persönlich geladen wurde. Das deutsche Gericht muss angolanisches Recht angewandt haben, wenn dieses nach dem IPR von Angola anzuwenden war. Dies ist der Fall nach Art 52, 55 des insoweit noch fortgeltenden portugiesischen Zivilgesetzbuches von 1966, wenn beide Ehegatten angolanische Staatsangehörige sind oder bei verschiedener Staatsangehörigkeit ihren gemeinsamen gewöhnlichen Aufenthalt in Angola haben und, falls ein solcher fehlt, als Heimatrecht des Ehemannes. Dieselbe Anknüpfung gilt für die Trennung von Tisch und Bett.

Der angolanische ordre public ist vorbehalten. Nach portugiesischer Praxis, die möglicherweise auch in Angola befolgt werden könnte, gehört dazu bei einer einvernehmlichen Scheidung der Ehegatten, dass das Gericht zunächst eine Versöhnung versucht, nach welcher die Parteien frühestens nach 3 Monaten und spätestens vor Ablauf eines Jahres den Antrag erneuern müssen, und der Richter erneut die Versöhnung versuchen muss, bevor er nun die Scheidung aussprechen kann (Supremo Tribunal Lissabon 14. 6. 1983 IPRax 1986, 112 [RAU 117]). Eine Einigung der Parteien über die Scheidungsfolgen wird wohl nicht zum ordre public gezählt. Doch soll die Beachtung dieser Regeln des portugiesischen Rechts sehr zu empfehlen sein (BERGMANN/FERID/RAU, Angola 120). 14

War nach angolanischem IPR angolanisches Scheidungsrecht anzuwenden, so muss das deutsche Urteil darauf eingehen, damit der Anerkennungsrichter die Richtigkeit seiner Anwendung nachprüfen kann (JAYME IPRax 1984, 278 zu Portugal). Wird dieses Recht gegen einen Angolaner falsch angewandt, ist die Anerkennung nach Art 1096g Zivilprozessgesetz zu versagen. 15

Antigua und Barbuda 16

Deutsche Scheidungsurteile werden voraussichtlich anerkannt gemäß dem Recognition of Divorce and Legal Separation Act Nr 25 von 1975, wenn eine Partei ihren gewöhnlichen Aufenthalt im Urteilsstaat hatte oder beide Parteien am Verfahren teilgenommen haben, oder der – nicht erschienene – Antragsgegner ordnungsgemäß geladen war. Es gilt das HZÜ. Der anerkennungsrechtliche ordre public darf nicht verletzt sein (GEIMER/SCHÜTZE, Int Rechtsverkehr Nr 1007. 6), doch ist über dessen Inhalt nichts näheres bekannt.

17 **Argentinien**

Die Anerkennungsvoraussetzungen in Argentinien sind in Art 517 CPN (idF des Gesetzes von 1981) geregelt. Seit dem Scheidungsgesetz vom 12. 6. 1987 können auch ausländische Scheidungen anerkannt werden. Danach muss das Urteil von dem nach internationalem Recht zuständigen Gericht erlassen worden sein, die verurteilte Partei muss persönlich vorgeladen worden sein, und ihre Verteidigung muss gewährleistet worden sein. Öffentliche Zustellung genügt nicht, doch kann im Fall persönlicher Zustellung auch ein Versäumnisurteil anerkannt werden (MÖLLRING, Anerkennung und Vollstreckung ausländischer Urteile in Südamerika [1985] 100 f). Das ausländische Scheidungsurteil darf ferner nicht dem argentinischen ordre public widersprechen und mit einem anderen argentinischen Urteil unvereinbar sein (vgl MÖLLRING 78 ff). Die Zuständigkeit (für die Anerkennung) folgt dem gemeinsamen, notfalls dem letzten gemeinsamen Wohnsitz der Eheleute, wobei darunter der *gewöhnliche* Aufenthalt von einiger Dauer zu verstehen ist (Art 92 cc); liegt dieser (letzte) gemeinsame Wohnsitz in Argentinien, so nimmt Argentinien eine ausschließliche Zuständigkeit in Anspruch. Eine Trennung der Parteien verändert den Gerichtsstand nicht (MÖLLRING 37 f).

18 **Armenien**

Die Sowjetunion hat am 27. 6. 1968 das Gesetz zur Bestätigung der Grundlagen der Gesetzgebung der Union der SSR und der Unionsrepubliken über Ehe und Familie erlassen. Es enthält in Art 33 eine Anerkennungsregelung, dass die Scheidung einer Ehe von zwei Staatsangehörigen im Ausland anerkannt wird, wenn beide Ehegatten zum Zeitpunkt der Ehescheidung im Ausland lebten, und bei gemischt-nationalen Ehen mit einem eigenen Staatsangehörigen, wenn ein Ehegatte im Ausland lebte. Am 9. 11. 2004 ist ein neues Familiengesetzbuch ergangen, dessen Art 145 Abs 2 aber äußerst „dünn" ist.

19 Er sagt nur, dass eine Scheidung mit Beteiligung eines Armeniers im Ausland, die die Gesetze des Ortes der Eheschließung eingehalten hat, also nicht notwendig die armenischen oder die des Scheidungsgerichts, anerkannt werde, wenn eine konsularische Legalisation vorliegt. Legalisation heißt aber gewöhnlich nur Bescheinigung der Echtheit, nicht der Richtigkeit.

20 **Aserbaidschan**

Das Familiengesetzbuch vom 1. 6. 2000 enthält anscheinend nur Regelungen der Zuständigkeit der eigenen Gerichte, aber keine der Anerkennung ausländischer Scheidungen (Art 150 Abs 2 aserbaidschanisches Familiengesetzbuch).

21 **Australien**

In Australien werden deutsche Eheurteile gem sec 104 Abs 3 Family Act 1975 anerkannt, wenn (a) zum Zeitpunkt der Klageerhebung beide Ehegatten in Deutschland ihren gewöhnlichen Aufenthalt hatten *(ordinary residence)*, oder (b) bei einem gemeinsamen Antrag einer von ihnen seit mindestens einem Jahr vor der Antragstellung, oder (c) dass die Eheleute zuletzt hier zusammenlebten, oder (d) entweder der Antragsteller oder der Antragsgegner bei Antragstellung hier sein *domicile* hatte, oder (e) der Antragsteller deutscher Staatsangehöriger war und der Fall eine spezifische weitere Beziehung zu Deutschland hat, nämlich dass entweder der Antragsteller bei Klagerhebung seinen gewöhnlichen Aufenthalt in Deutschland hatte, oder seinen gewöhnlichen Aufenthalt innerhalb der letzten zwei Jahre wenigstens für ein Jahr, welches wenigstens teilweise in die Periode von zwei Jahren fällt, oder (f) der Antragsteller bei Antragstellung Deutscher und in der BRD anwesend war und wenn das letzte eheliche Zusammenleben in einem Staat war, dessen Recht je nach dem keine Scheidung oder Auflösung oder Trennung von Tisch und Bett vorsieht.

Auf die voraussichtliche Anerkennung in Australien kommt es aber nicht an, wenn eine Zuständigkeit nach Art 3 f Brüssel IIa-VO gegeben ist, sondern nur nach § 98 FamFG, wie näher in § 98 Rn 249 ausgeführt, dh **wenn nur der Antragsteller** bei Antragstellung seit **weniger als 12 Monaten** seinen gewöhnlichen Aufenthalt in der BRD hat (vgl zu dieser Zeitgrenze Staudinger/Spellenberg [2015] Art 3 Brüssel IIa-VO Rn 38 ff). In dieser Situation kommt eine Anerkennung in Australien nur nach Sec 104 Abs 3 lit d in Frage, wenn der Antragsteller nicht nur sein *domicile* hier hat sondern auch den gewöhnlichen Aufenthalt. Das kann zusammenfallen, muss es aber nicht. 22

Der Begriff der **ordinary residence** lässt sich nicht präzise definieren. Er meint sicher nicht das *domicile,* sondern eine physische Anwesenheit, die nicht nur zufällig oder anlässlich der Durchreise oder eines Touristenbesuches entstanden sein darf. Ein Wille, auf Dauer oder für längere Zeit zu bleiben, wird anscheinend nicht verlangt, wohl aber ein bestimmter, wohl dauerhafterer Aufenthaltszweck. Man kann auch mehrere solche Aufenthaltsländer zugleich haben. Aber es muss immerhin eine stärkere Beziehung zum Land als bloße vorübergehende Anwesenheit vorliegen (Sykes/Pryles, Australian Private International Law [3. Aufl 1991] 422 f; Rogerson, ICLQ 49 [2000] 86, 90 ff; Nygh, Conflict of Laws in Australia [6. Aufl 1995] 215 ff). 23

Die gesetzliche Regelung lässt zudem weitergehende Anerkennungsmöglichkeiten nach common law unberührt (Abs 5). Zu denken ist an die Scheidung von Australiern in Deutschland, für die die genannten Zuständigkeitsgründe nicht bestanden, die Scheidung aber in einem dritten Staat anerkannt wird, in dem einer sein domicile oder lang dauernden gewöhnlichen Aufenthalt hat. Gem der englischen Entscheidung *Armitage v Attorney General (1906) P 135* wird auch ohne die vorgenannten Zuständigkeitsgründe für ein deutsches Gericht eine deutsche Scheidung anerkannt, wenn sie in dem dritten Staat anerkannt wird, in dem beide Parteien zum Zeitpunkt der Klageerhebung ihr *domicile* hatten, oder mit dem eine Partei eine *real and substantial connection* hat. 24

Bestandteil des australischen Anerkennungsrechts ist so auch die Regel aus der englischen Entscheidung *Indyka v Indyka* (1969) 1 AC 33, wonach es genügt, wenn eine der Parteien eine sonstige „real and substantial connection" mit dem Urteilsstaat hat. An das Vorliegen einer solchen Beziehung werden jedoch restriktive Anforderungen gestellt, sodass neben der gesetzlichen Regelung der ordinary residence nicht viel Spielraum bleibt. Zu denken wäre etwa an einen länger dauernden, aber kurz vor Klageerhebung beendeten Aufenthalt in Deutschland, wenn zusätzlich 25 zumindest früher die Eheleute sich hier gemeinsam aufgehalten haben. Nicht genügend ist jedenfalls ein Aufenthalt kürzerer Dauer und die Tatsache, dass die Ehe hier geschlossen wurde.

26 Trotz Vorliegens der Anerkennungszuständigkeit wird die Anerkennung verweigert wegen Verstoßes gegen natural justice, wenn der Beklagte nicht persönlich geladen wurde, obwohl dies möglich gewesen wäre, oder wenn er sonst nicht genügend Gelegenheit hatte, sich zu verteidigen, wenn das Urteil hinsichtlich Zulässigkeits- wie Begründetheitsvoraussetzungen durch Täuschung seitens einer Partei erlangt wurde, und generell, wenn der australische ordre public verletzt wird (vgl zum Ganzen Sykes/Pryles, Australian Private International Law [3. Aufl 1991] 435 ff).

27 Bangladesch

Das Eherecht ist religiös gespalten: mehrere hinduistische Religionen, Muslime, Christen, Parsen. Die religiösen Eherechte sind meist staatlich kodifiziert. Daneben gilt unabhängig von der Religion für alle der Special Marriage Act 1872 (aus England). Es scheint, dass die Anerkennung ausländischer Eheurteile einheitlich geregelt ist (Bergmann/Ferid/Weishaupt, Bangladesch 23). Erforderlich ist eine Zuständigkeit in Deutschland nach Sec 6 Family Courts Ordinance 30. 3. 1985 bzw Sec 3 Divorce Act 1869, die bei dem Gericht gegeben ist, a) in „dessen Gerichtsbezirk der Klagegrund ganz oder teilweise entstanden ist, oder b) die Parteien ihren gewöhnlichen Aufenthalt haben oder zuletzt gemeinsam gewöhnlichen Aufenthalt hatten", und bei Klagen betreffend „die Auflösung von Ehen, Mitgift oder Unterhalt ist auch das Gericht innerhalb seines Gerichtsbezirks zuständig, in dem die Ehefrau ihren gewöhnlichen Aufenthalt hat".

28 Es wird berichtet, dass die Gerichte in Bangladesch entsprechend dem englischen Recht davon ausgehen, dass das ausländische Gericht seine eigenes Recht anwende (versteckte Rückverweisung) (Bergmann/Ferid/Weishaupt, Bangladesch 23 unter Berufung auf Rechtsanwälte in Dhaka), jedenfalls und erst recht, wenn der Nichtigkeits- oder Scheidungsgrund auch im Recht von Bangladesch vorgesehen ist. Dabei ist zu erwähnen, dass die Hindurechte die Scheidung gänzlich ablehnen, sodass eine Anerkennung bei Hindus wohl nicht zu erwarten ist.

29 Es muss rechtliches Gehör gewährt, insbesondere der Antragsgegner ausreichend und rechtzeitig geladen worden sein. Es gilt das HZÜ. Der ordre public wird vorbehalten (Natural Justice), worunter insbesondere eine ausreichende und rechtzeitige Ladung und die Gewährung rechtlichen Gehörs im Laufe des Verfahrens verstanden werden dürfte. Das Urteil darf auch nicht durch betrügerische Machenschaften erlangt sein.

30 Nach Sec 13 Civil Procedure Code muss sowohl in der Sache das Recht von Bangladesch angewandt worden sein, wenn das vom dortigen IPR verlangt wird. Das ist der Fall, wenn der Ehemann zum Zeitpunkt der Antragstellung sein domicile in Bangladesch hat. Da ähnlich hohe Anforderungen an den Erwerb eines *domicile of choice* wie in England (vgl Staudinger/Spellenberg [2015] Art 3 Brüssel IIa-VO Rn 141 ff) gestellt werden (Bergmann/Ferid/Weishaupt, Bangladesch 18), ist in aller Regel bei

Ehemännern aus Bangladesch vom Fortbestand ihres dortigen domicile dort auszugehen.

Belarus (Weißrussland) 31

Das internationale Zivilprozessrecht und darin die Anerkennung ausländischer Urteile ist mit der neuen Zivilprozessordnung von 1999 (v 11. 1 1999) und dem V. Abschnitt der Wirtschaftsprozessordnung v 15. 12. 1998 geregelt (Texte IPRax 2002, 335; dazu Linke/Shevtsov IPRax 2002, 311 f). Nach Art 314 WPO mit Anh 2 Nr 10 werden ausländische Urteile, die nicht der Vollstreckung bedürfen wie Ehescheidungen, anerkannt, wenn keine der interessierten Personen Einwendungen erhebt. Für Zwecke des § 98 Abs 1 Nr 4 FamFG ist anzunehmen, dass das geschehen wird. Dann wird die Anerkennung gem Art 314 WPO Anh 2 Nr 5 verweigert, wenn der Antragsgegner (1) nicht rechtzeitig oder nicht ordnungsgemäß geladen wurde; es gilt das HZPÜ 1954, wenn (2) ein weißrussisches Gericht ausschließlich zuständig ist, (3) bereits ein weißrussisches Urteil in derselben Sache vorliegt oder bereits ein Verfahren dort anhängig ist, oder (4) der ordre public Weißrusslands verletzt ist. Eine ausschließliche Zuständigkeit scheint Weißrussland nicht in Anspruch zu nehmen.

Benin 32

Benin hat die Frage der Anerkennung ausländischer Statusurteile im Jahr 2004 in den Art 969 ff Code des Personnes et de la famille geregelt. Auch diese Urteile bedürfen eines Exequaturs, das verweigert werden muss, wenn das ausländische Urteil gegen den ordre public Benins verstößt, wenn die Partei nicht ordnungsgemäß geladen war, nicht ordnungsgemäß vertreten sein konnte oder nicht ihre Einwendungen vorbringen konnte, oder wenn ein Verfahren mit demselben Gegenstand früher im Lande anhängig gemacht worden war oder sogar schon ein Urteil ergangen ist, oder wenn ein älteres Urteil eines ausländischen Staates über dieselbe Angelegenheit ergangen ist, sofern dieses in Benin anerkannt werden könnte. Das Exequatur muß dafür noch nicht vorliegen. Diese Anerkennungshindernisse des art 972 sind international weit verbreitet und entsprechen § 328 Abs 1 ZPO.

Gem Art 973 ist die Anerkennung auch zu verweigern, wenn das ausländische Gericht zu einem anderen Urteil gelangt ist als ergangen wäre, wenn die Kollisionsregeln Benins angewandt worden wären. Dieses Anerkennungshindernis der kollisionsrechtlichen Non-Konformität wird allerdings nur auf Einrede der Partei mit beninischer Staatsangehörigkeit beachtet. Die hier interessierende Kollisionsnorm ist Art 989. Danach bestimmt in erster Linie das Recht der gemeinsamen Staatsangehörigkeit der Eheleute zum Zeitpunkt der Klagerhebung über die Gründe und die Wirkungen einer Scheidung oder einer Trennung von Tisch und Bett. Mangels gemeinsamer Staatsangehörigkeit zu diesem Zeitpunkt gilt das Recht des gemeinsamen Wohnsitzes, hilfsweise des letzten gemeinsamen Wohnsitzes, vorausgesetzt, dass einer der Ehegatten ihn noch hat. Wenn nie ein gemeinsamer Wohnsitz bestand, wird das Recht des Gerichtes angewandt. Der gemeinsame Wohnsitz ist in Art 978 definiert als der Ort, wo beide Eheleute sich gemeinsam gewöhnlich aufhalten. Sind also beide Parteien des in Deutschland anhängig gemachten Eheverfahrens Beniner, so würde auch das deutsche Gericht gem Art 17 Abs 1 mit Art 14 Abs 1 Nr 1 EGBGB das Recht von Benin anwenden, sodass dies Anerkennungshindernis nicht 33 vorläge. Ebenfalls läge es nicht vor, wenn bei gemischt-nationaler Ehe mit hier vorausgesetzter Beteiligung eines Beniners der letzte gemeinsame gewöhnliche Aufenthalt in Deutschland war. Dann würde das deutsche Gericht deutsches Recht in Übereinstimmung mit Art 989 anzuwenden haben.

34 Weniger klar ist die Frage der Anerkennungszuständigkeit geregelt. In Art 966 Abs 2 ist festgehalten, dass Benin keine ausschließliche Zuständigkeit für Eheklagen in Anspruch nimmt, auch wenn eine der beiden Parteien die Staatsangehörigkeit von Benin hat. Aus Art 935 ist zunächst zu entnehmen, dass ausländischen Staaten jedenfalls Anerkennungszuständigkeit konzediert wird, wenn sie dort auf Umständen beruht, die auch in Benin die internationale Zuständigkeit begründen würden. Dies sind gem Art 966 Abs 1 die Staatsangehörigkeit Benins des Klägers oder des Beklagten bei Klagerhebung. In anscheinend gemeinter spiegelbildlicher Anwendung würde dies also bedeuten, dass Kläger oder Beklagter deutscher Staatsangehöriger gewesen sein müsse. Jedoch ist in § 98 Abs 1 Nr 4 FamFG der Zuständigkeitsgrund der gewöhnliche Aufenthalt des Klägers; nur dann kommt es auf die Heimatstaatsanerkennung an. (Hat der Beklagte ihn hier, gilt Art 3 Abs 1 lit a 3. Str Brüssel IIa-VO). Diesen Zuständigkeitsgrund kennt aber das beninische Gesetz nicht. Dennoch wird aber mE verlangt, dass das ausländische Gericht, um dessen Urteil es geht, nach den Kriterien Benins international zuständig gewesen sein muss. Art 965 bedeutet nicht, dass Benin keine Anerkennungszuständigkeit verlangt. Indem Art 966 keine genaue und abschließende Festlegung der Anerkennungszuständigkeit gibt, folgt er stillschweigend der französischen Praxis seit den Urteilen der Cour de Cassation v 6. 2. 1985 (Rev crit dr priv 1985 369 – *Simitich v Fairhurst*) und v 5. 5. 1998 (Rev crit dr int pr 1998 622 – *Mailian v Mailian*), wonach für die Anerkennung immer eine ausreichende und konkrete Beziehung („lien caracterisé“) zwischen dem Verfahren und dem Gerichtsstaat bestehen müsse (nach freundlicher Auskunft von Prof Dr jur, Docteur en droit N A Gbaguidi, damals Directeur de l'Ecole nationale d'administration et de la magistrature, Cotonou, jetzt Prof an der Université Cotnou/Calavi).

35 Allerdings gibt es in Frankreich und erst recht in Benin wenig Rechtsprechung zur Konkretisierung des „lien caractérisé“. Nach Cass v 5. 5. 1998 genügt ein nur vorübergehender Aufenthalt des Klägers, selbst mit den gemeinsamen Kindern nicht. In Cass 6. 2. 1985 genügte jedenfalls, dass die Klägerin die Staatsangehörigkeit des Urteilsstaates hatte, dass beide Ehegatten dort ursprünglich ihren ehelichen Wohnsitz genommen hatten und die Klägerin noch dort lebte und der beklagte Ehemann dort Vermögen hatte. So wird man mit einer Anerkennung rechnen können, wenn der aktuelle oder letzte gemeinsame gewöhnliche Aufenthalt der Eheleute in Deutschland ist (doch dann kommt es wegen Art 3 Abs 1 lit a 1. oder 2. Str Brüssel IIa-VO nicht auf die Anerkennungsprognose an), und vielleicht, wenn ihn nur der Kläger hier hat, wenn er weitere Dauer verspricht, ohne schon die 12 Monate zu dauern.

36 **Bhutan**

Das Recht von Bhutan enthält keine Regelungen über die Anerkennung ausländischer Zivilurteile. Staatsverträge über die Anerkennung ausländischer Urteile wurden ebenfalls nicht abgeschlossen. Mit einer Anerkennung ausländischer Urteile in Bhutan wird nicht gerechnet werden können (vgl Schütze JR 1981, 498 f).

Bolivien 37

Maßgebend sind die Art 552 ff Codigo de procedemiento civil vom 6. 8. 1975. Entsprechend Art 387 des Familiengesetzbuches vom 2. 4. 1973 wird deutschen Gerichten (Anerkennungs-)Zuständigkeit konzediert, wenn der letzte gemeinsame Wohnsitz oder der letzte Aufenthalt des Antragstellers hier lagen. Dafür, dass Bolivien auf diese Anerkennungszuständigkeit verzichte, sind keine ausreichenden Anzeichen zu finden (so auch Möllring 41; Bergmann/Ferid/Liermann, Bolivien 8), denn Art 553 C pros civil macht die Anerkennung primär von der Gegenseitigkeit abhängig idS, dass „dort auch Entscheidungen, die in Bolivien ergehen, anerkannt werden".

Hat der Beklagte seinen Wohnsitz in Bolivien, so muss er ordnungsgemäß geladen 38
worden sein, und zwar wohl nach den Regeln des bolivianischen Rechts (ein Staatsvertrag besteht nicht). Nicht notwendig ist, dass das deutsche Urteil das Recht angewandt hat, das nach bolivianischem IPR anzuwenden gewesen wäre (Möllring, Anerkennung und Vollstreckung ausländischer Urteile in Südamerika [1985] 75; **aA** Bergmann/Ferid/Liermann, Bolivien 8). Erforderlich ist dagegen nach Art 554 die Gegenseitigkeit, dh ein bolivianisches Urteil müsste unter den gleichen Umständen in Deutschland anerkannt werden. Da das bolivianische Recht heute eine Scheidung auch aufgrund mindestens zweijähriger, freilich beiderseits freiwilliger Trennung vorsieht, dürfte der bolivianische ordre public einer Anerkennung auch einer vom deutschen Richter ausgesprochenen Zerrüttungsscheidung dann nicht entgegenstehen.

Bosnien-Herzegowina 39

Für die Anerkennung von Eheurteilen gilt das von der ehemaligen SRF Jugoslawien IPR-G (Šaula IPRax 2004, 361). Nach dessen Art 61 Abs 2 und 64 Abs 2 nimmt Bosnien-Herzegowina eine ausschließliche Zuständigkeit für Klagen gegen einen eigenen Staatsangehörigen in Anspruch, der auch dort seinen Wohnsitz hat. Damit **scheidet eine Anerkennung aus**, es sei denn der Antragsgegner beantragt die Anerkennung in Bosnien-Herzegowina oder widersetzt sich einem Antrag des Antragstellers nicht (Šaula IPRax 2004, 361, 364). Hat der Antragsgegner zwar die Staatsangehörigkeit, aber nicht auch seinen Wohnsitz in Bosnien-Herzegowina, werden anscheinend an die Anerkennungszuständigkeit keine weiteren Anforderungen gestellt.

Weiter muss dem Antragsgegner rechtliches Gehör gewährt worden sei, dh er muss 40
ordentlich und rechtzeitig geladen worden sein, oder sich trotz eines Mangels am Verfahren beteiligt haben; es gilt das HZÜ. Es darf kein Widerspruch zu einer inländischen oder ausländischen anerkannten Entscheidung bestehen und nicht unter Missachtung einer inländischen Rechtshängigkeit ergangen sein. Der Vorbehalt des ordre public soll auch erfassen, dass das deutsche Gericht das Recht angewandt haben muss, welches nach dem IPR-G hätte angewandt werden müssen (unklar Šaula IPRax 2004, 361, 364). Art 93 IPR-G verweigert die Anerkennung aber nur bei prinzipieller, grundlegender Abweichung vom nach dem IPR-G anzuwendenden bosnisch-herzegowinischen Recht. Gegenseitigkeit ist bei Eheurteilen nicht gefordert.

41 **Botswana**

Gem sec 4 (1) der Botswana Independence Order von 1966 galt (wie schon nach der General Law [Cape] Statutes Revisions Proclamation 1959) in Botswana das Recht der Kap-Kolonie nach dem Stand vom 10. 6. 1891. Damit wird das Roman-Dutch Law, so wie es sich in Südafrika entwickelt hat, rezipiert. Es ist zu vermuten, dass die Beschränkung auf den 10. 6. 1891 nicht strikt gehandhabt wurde, sodass die Anerkennung deutscher Eheurteile unter den gleichen Voraussetzungen wie in Südafrika zu erwarten war (**aA**, aber zu Unrecht, Schütze JR 1978, 54 f).

42 Eine eigene gesetzliche Regelung ist aber nun 1973 mit sec 7 Matrimonial Causes Act erfolgt, der ua die eigene internationale Entscheidungszuständigkeit Botswanas regelt. Sie besteht „für eine Scheidung oder Ehetrennung wenn bei Klagerhebung der eine oder andere Ehegatte für eine ununterbrochene Zeit von drei Jahren direkt vor der Klagerhebung in Botswana wohnhaft waren" (resident). Hintergrund der neuen Regelung ist, dass herkömmlich die Ehefrau ex lege das *domicile* des Mannes teilte, man aber die Frau davor schützen wollte, dass sich der Ehemann durch Umzug der Scheidungsklage entzog. Seit 2004 teilt die Frau nicht mehr gesetzlich das *domicile* des Mannes (Sec 16 Abolition of Marital Power Act).

43 Der Tatbestand des *domicile* wird wohl in Botswana nicht ganz so eng gesehen wie in England: Es ist aufgrund aller Umstände des Falles festzustellen, wobei die Länge des Aufenthalts im neuen Lande im Verhältnis zu den Besuchen in der vorigen Heimat zu bewerten ist und der Erwerb von unbeweglichem und beweglichem Vermögen im neuen Lande und Vermögen im bisherigen Staat. Vor allem muss eine feste Absicht nachgewiesen werden, eine neue dauerhafte Heimat begründen zu wollen.

44 Eigenes Zeugnis ist nicht per se ungenügend, aber mit Vorsicht zu behandeln. Der Gedanke, eventuell auch einmal wieder weg zu ziehen, ist nicht schädlich. Der Erwerb der Staatsangehörigkeit ist kein zwingender Beweis für den Erwerb des *domicile* (näher Oppong, Private International Law in Commonwealth Africa [2013] 27 f).

45 Eine gesetzliche Regelung für die Anerkennung ausländischer Scheidungen gibt es wohl nicht. Der Botswana High Court entschied, dass jene Zuständigkeitsregelung spiegelbildlich angewandt werde (*Makgekgenene v Makgekgenene* [2007] BWHC 413, im Zusammenhang mit der Einrede der Rechtshängigkeit durch ein Verfahren in England). Daher kann mit einer Anerkennung einer deutschen Scheidung, bei der der Antragsteller noch nicht zwölf Monate in Deutschland gewöhnlichen Aufenthalt hatte (vgl § 98 Rn 22, 169), **nicht gerechnet** werden.

46 **Brasilien**

Nachdem im internen Recht die Scheidung zugelassen ist, werden auch ausländische Scheidungsurteile von Brasilianern grundsätzlich anerkannt. Wenn jedoch ein Ehegatte Brasilianer ist, setzt Art 7 § 6 EinführungsG zum Zivilgesetzbuch voraus, dass seit dem Urteil drei Jahre vergangen sind, sofern dem Urteil nicht eine ebenso lange gerichtliche Trennung vorausgegangen ist. Eine davor beantragte Anerkennung verleiht dem Urteil nach verbreiteter Auffassung zunächst nur die Wirkungen einer

Trennung von Tisch und Bett, doch treten die Wirkungen der Scheidung nach Ablauf der Frist automatisch ein. Nachdem nun in Art 226 der Verfassung von 1988 festgelegt wurde, dass eine Scheidung schon ein Jahr nach einem gerichtlichen Trennungsurteil erfolgen kann, ist auch ohne die vermutlich übersehene Änderung des EinfG anzunehmen, dass ausländische Scheidungen ebenfalls schon nach einem Jahr anerkannt werden. Eine solche Wartezeit für die Anerkennung steht der deutschen internationalen Zuständigkeit iSd § 98 Abs 1 S 1 Nr 4 FamFG nicht entgegen.

Für die Anerkennung werden die brasilianischen Regeln spiegelbildlich angewandt **47**
(Bergmann/Ferid/Schmidt, Brasilien 20). Nach Art 88 bras CPC sind brasilianische Gerichte international zuständig, wenn I. „der Beklagte seinen Wohnsitz in Brasilien hat", … oder III. die „Klage sich auf Tatsachen stützt, die sich in Brasilien ereignet haben, oder auf Handlungen, die in Brasilien vollzogen wurden". Wenn man annimmt, dass der gewöhnliche Aufenthalt iSd § 98 Abs 1 Nr 4 FamFG den Wohnsitz iSd brasilianischen Rechts einschließt, dann erübrigt sich die Anerkennung des deutschen Urteils, weil bei gewöhnlichem Aufenthalt des Beklagten in Deutschland die Zuständigkeit aus Art 3 Abs 1 lit a 1. Str Brüssel IIa-VO folgt. Hat nur der brasilianische Antragsteller seinen gewöhnlichen Aufenthalt seit weniger als 12 Monaten in Deutschland, dann kann das deutsche Urteil **nur anerkannt** werden, wenn iSd Abs 3 die ehewidrige Handlung in Deutschland vorgenommen wurde, oder, häufiger, die eheliche Zerrüttung in Deutschland stattfand. Man lässt anscheinend nun auch in Ehesachen Gerichtsstandsvereinbarungen zu (Rechsteiner RabelsZ 49 [1989] 144 f; Geimer/Schütze/Samtleben, Int Rechtsverkehr, Brasilien 1023.26; **aA** Bergmann/Ferid/Schmidt, Brasilien 20). Eine Einlassung der Antragsgegner auf das Verfahren genügt dann auch (Art 88 bras C Proc civil).

Die Zuständigkeitsgründe im Übrigen seien nicht genau fixiert (dazu Geimer/Schütze/ **48**
Samtleben, Int Rechtsverkehr, Brasilien 1023.26). Es wird eine hinreichende Beziehung zum Urteilsstaat verlangt. Diese wird nach Samtleben jedenfalls bejaht, wenn der eheliche Wohnsitz dort ist, auch wenn einer der Ehegatten während des Verfahrens nach Brasilien verzieht. Ist der eheliche Wohnsitz in Brasilien, wird nur anerkannt, wenn sich beide Ehegatten auf das deutsche Verfahren eingelassen haben. Dass der Wohnsitz des Antragstellers in Deutschland alleine auch genügt, wird von Rechsteiner (RabelsZ 49 [1989] 144) bejaht.

Weiter sollte das Urteil bei streitiger Scheidung mit Gründen versehen sein. Hatte **49**
der Beklagte bei Klageerhebung seinen feststellbaren Wohnsitz in Brasilien, so ist für die Anerkennung Voraussetzung, dass er im Wege der Rechtshilfe geladen wurde. (Ein Zustellungsabkommen besteht aber nicht.) Das dauert freilich 12–18 Monate oder mehr. Öffentliche Zustellung genügt nicht. Der Mangel wird geheilt, wenn der Beklagte vor Gericht zur Sache verhandelt. Ansonsten scheidet die Anerkennung aus bei öffentlicher Zustellung, Zustellung durch die Post oder durch deutsche diplomatische Vertretungen oder durch den Antragsteller selbst (Nachw bei Rechsteiner RabelsZ 49 [1989] 145 f). Der Vorbehalt des ordre public wird anscheinend sehr zurückhaltend gehandhabt.

Seit 2007 kann eine einvernehmliche Scheidung oder Trennung, wenn keine min- **50**
derjährigen Kinder da sind, auch durch notarielle Beurkundung erfolgen (§ 1124 A

CPC). Das Gesetz gibt nicht zu erkennen, dass das nur ein brasilianischer Notar sein kann.

51 **Burkina Faso**

Nach Art 998 des Code des personnes et de la famille von 1990 (C p f; dazu Nuytinck Penant 1991, 258 ff) sind ausländische Scheidungsurteile anerkennungsfähig, wenn die internationale Zuständigkeit des ausländischen Gerichtsbarkeit gegeben ist. Das ist der Fall:

„1. wenn in der Sache keine ausschließliche Zuständigkeit der burkinischen Gerichte begründet ist;

2. wenn der Rechtsstreit seiner Natur nach zu dem Staat Verbindungen aufweist, dessen Gericht angerufen wurde;

3. wenn die Wahl der Gerichtsbarkeit nicht in Umgehungsabsicht erfolgt war.“

52 Mit dieser Formulierung gibt der Code offenbar den französischen Arrêt *Fairhurst c Simitch* der französischen Cour de Cassation wieder. Zur Erläuterung dieser Regelung kann daher auf das bei Benin Gesagte (Rn 34) verwiesen werden. Eine ausschließliche Zuständigkeit nimmt Burkina Faso wohl nicht in Anspruch.

53 Weiter wird die Anerkennung verweigert, wenn die Parteien nicht ordnungsgemäß geladen waren oder für säumig erklärt wurden, sowie wenn sie nicht ordnungsgemäß vertreten waren oder ihre Beweismittel nicht geltend machen konnten. Ein Zustellungsübereinkommen besteht mit Burkina Faso nicht. Ist die Zustellung des verfahrenseinleitenden Schriftstücks nicht gelungen, so darf mit Anerkennung nicht gerechnet werden.

54 Ein früher in Burkina Faso anhängiges Verfahren mit gleichem Gegenstand hindert die Anerkennung ebenso wie ein dortiges früheres Urteil oder ein drittstaatliches Urteil, das in Burkina Faso anerkannt ist.

55 Art 100 C p f verweigert die Anerkennung weiter, wenn das deutsche Gericht ein anderes Recht angewandt hat, als nach dem IPR von Burkina Faso anzuwenden gewesen wäre und dadurch zu einem anderen Ergebnis gekommen ist. Nach Art 1028 C p f ist Scheidungsstatut das gemeinsame Heimatrecht der Ehegatten bei Antragstellung. Mangels gemeinsamer Staatsangehörigkeit gilt das Recht des gemeinsamen Wohnsitzes der Ehegatten, hilfsweise des letzten gemeinsamen Wohnsitzes, sofern einer von ihnen diesen Wohnsitz beibehalten hat. Hatten die Ehegatten niemals einen gemeinsamen Wohnsitz, wendet das zuständige Gericht sein eigenes Recht an.

56 Der ordre public ist vorbehalten (Art 999 c p f), dürfte aber wie in Frankreich sehr zurückhaltend angewandt werden.

57 **Burundi**

Gem Art 145 des Gerichtsverfassungs- und Zuständigkeitsgesetzes von 1979 ist mit der Anerkennung eines ausländischen Scheidungsurteils in Burundi zu rechnen, wenn die Zuständigkeit des entscheidenden Gerichts nicht nur auf die Staatsangehörigkeit des Antragstellers gestützt worden ist; der gewöhnliche Aufenthalt auch nur des Antragstellers, für den § 98 Abs 1 S 1 Nr 4 FamFG die Anerkennungsprognose verlangt, genügt also. Weiter müssen die Rechte der Verteidigung gewahrt sein, der Beklagte also rechtzeitig und ordnungsgemäß geladen worden sein. Die Anwendung des vom burundischen IPR berufenen Scheidungsstatuts wird nicht verlangt. Die Bestimmung reproduziert Art 570 des belgischen Code judiciaire, dessen Großzügigkeit sich an sich dadurch erklärt, dass eine révision au fond vorgesehen ist, auf die jedoch (wie in Belgien) bei Statusurteilen verzichtet wird (vgl Rigaux, Droit international privé Bd 2 [1993] No 861).

Chile **58**

Chile hat am 17. 5. 2004 ein neues Gesetz über die Zivilehe erlassen, wonach nunmehr ausländische Scheidungen anerkannt werden können (Art 83 Abs 2 Ley de matrimonio civil No 19. 9947). Dieses verweist auf die allgemeinen Anerkennungsregelungen in Art 245 Codigo de Procedura civil. Danach sind ausländische Urteile anzuerkennen, wenn sie nicht gegen die chilenischen Gesetze verstoßen, nicht die internationale Zuständigkeit der chilenischen Gerichte verletzen und nicht ohne Ladung und Verteidigungsmöglichkeit des Beklagten ergangen sind.

Offenbar wird eine Verletzung chilenischer Zuständigkeiten nicht schon dann gesehen, wenn auch in Chile eine, konkurrierende, Scheidungszuständigkeit vorläge, sondern nur wenn sie ausschließlich wäre. Das ist sie nicht, denn es wird berichtet, dass die Anerkennung ausländischer Scheidung an der chilenischen konkurrierenden Zuständigkeit nie gescheitert sei (Samtleben StAZ 2004, 289). **59**

Das Hindernis der unzureichenden Ladung oder Verteidigungsmöglichkeit entspricht § 109 Abs 2 Nr 2 FamFG. Ein Zustellungsübereinkommen mit Chile besteht aber offenbar nicht, und öffentliche Zustellung in Deutschland wird nicht ausreichen. **60**

Nicht abschließend ist definiert, wann ein deutsches Urteil gegen chilenisches Recht verstoßen würde. Eine genaue Übereinstimmung des Scheidungsgrundes, den das deutsche Gericht ggf verwendet hat, mit einem im chilenischen Recht vorgesehen Scheidungsgrund wird wohl nicht verlangt. Scheidungsgründe im chilenischen Recht sind heute nach Art 54 f Gesetz über die Zivilehe v 17. 5. 2004 ein übereinstimmender Antrag auf Scheidung nach wenigstens einjähriger faktischer Trennung, sofern die Parteien auch eine Vereinbarung über ihre rechtlichen Beziehungen untereinander und gegenüber den Kindern vorlegen. Jeder Ehegatte kann einseitig nach mindestens dreijähriger faktischer Trennung die Scheidung beantragen, es sei denn er habe während dieser Zeit wiederholt seine Unterhaltspflichten gegenüber dem anderen Ehegatten und den Kindern schuldhaft versäumt. Der dritte Scheidungsgrund ist der, dass dem Antragsgegner eine schuldhafte Eheverfehlung vorzuwerfen ist, die eine schwere Pflichtverletzung gegenüber dem Ehegatten oder den Kindern darstellt und das gemeinsame Leben unerträglich macht. Die beiden erstgenannten Scheidungsgründe entsprechen dem § 1566 BGB. Insoweit dürfte der Anerkennung **61** kein Hindernis im Wege stehen. Auch die Scheidung aufgrund Verschuldens des Gegners, die zu einer Zerrüttung geführt hat, kann auf Anerkennung hoffen.

62 Unklar ist Art 83 Abs 4 Codigo de Procedura civil, der eine Anerkennung solcher Urteile ausschließt, die auf einer Gesetzesumgehung beruhen. Als Gesetzesumgehung, die die Anerkennung hindert, soll anzusehen sein, wenn im Ausland eine Scheidung ausgesprochen wird, obwohl die Ehegatten (oder einer von ihnen) während eines der drei dem Urteil vorausgehenden Jahre ihren Wohnsitz in Chile hatten, und sie sich darüber einig sind, dass sie zumindest während dieser drei Jahre getrennt gelebt haben. Was damit im Einzelnen gemeint ist, ob zB der Wohnsitz während eines vollen Jahres in Chile vorausgesetzt wird, oder ob jeder Wohnsitz innerhalb dieses Zeitraums schadet, ist unklar (Samtleben StAZ 2004, 289). Der Gedanke der Vorschrift ist wohl der, dass vermieden werden soll, dass chilenische Ehegatten die Trennungsfristen von einem oder drei Jahren, die das chilenische Gesetz vorsieht, durch Anrufung eines ausländischen Gerichtes umgehen könnten. Lebten beide Ehegatten bis dahin zusammen in Chile, und ist der Antragsteller nun nach Deutschland verzogen und hat hier seinen gewöhnlichen Aufenthalt noch nicht ein Jahr, und beantragt er die Scheidung (dies dürfte der häufigste Problemfall sein), so ist mit der **Anerkennung** jedenfalls dann **nicht zu rechnen**, wenn der andere Ehegatte in Chile verblieben ist.

63 **Republik China (Taiwan)**

Die Anerkennung gerichtliche Scheidungen und Nichtigkeitsurteile von Chinesen ist in § 402 der Zivilprozessordnung von 1939 geregelt. Die Anerkennungszuständigkeit wird in spiegelbildlicher Anwendung der nationalen örtlichen Zuständigkeit ermittelt (Bergmann/Ferid/Altenburger, Rep China [Taiwan] 34 mNw). Aus § 568 ZPO ergibt sich eine ausschließliche taiwanesische Zuständigkeit am Wohnsitz des Antragsgegners in Taiwan, und wenn er keinen dort hat, und Chinese ist, gilt der letzte Wohnsitz. Letzthilfsweise gibt es eine Auffangzuständigkeit am Sitz der Zentralregierung. Es ist aber nicht sicher, dass die letztere Zuständigkeit international zwingend sein soll, denn eine Zuständigkeit bei gemeinsamem Wohnsitz der Parteien im Ausland wird anerkannt (Bergmann/Ferid/Altenburger, Rep China [Taiwan] 34). Mit einer **Anerkennung** eines deutschen Urteils ist also **nicht zu rechnen**, wenn der Antragsgegner in Taiwan wohnt oder wohnte. Maßgebend ist der Tag der Antragstellung. Der Wohnsitz wird in § 20 ZPO definiert, als der Ort an dem sich eine Person mit dem erkennbaren Willen, auf Dauer zu wohnen, niederlässt.

64 Dass Urteile aus Deutschland nicht anerkannt würden, weil mangels zwischenstaatlicher Abkommen die erforderliche Gegenseitigkeit nicht vereinbart sei, stimmt seit einer Gesetzesänderung Taiwans nicht mehr (Bergmann/Ferid/Altenburger, Rep China [Taiwan] 15 mNw unter Berufung auf eine Erklärung des Justizverwaltungsministeriums von 1958), auch nicht, dass das vom IPR Taiwans bezeichnete Recht angewandt worden sein müsse (Nw bei Bergmann/Ferid/Altenburger, Rep China, Taiwan 15). Der Beklagte muss ordnungsgemäß im Prozessstaat oder durch internationale Rechtshilfe geladen werden, und das Urteil darf nicht gegen den chinesischen ordre public verstoßen.

65 Dagegen können die Ehegatten nach § 1049 f des Bürgerlichen Gesetzbuches ihre Ehe auch durch schriftlichen Vertrag scheiden, wobei zwei Zeugen unterschreiben müssen. Gem § 14 des Gesetzes über die Anwendung Bürgerlichen Rechts bei Ausländern vom 6. 6. 1953 gilt chinesisches Recht nach chinesischem IPR schon dann, wenn ein Ehegatte Staatsangehöriger der Republik China ist. Vollziehen die Eheleute diese Privatscheidung spätestens während des deutschen Scheidungsverfahrens, so kommt es auf die Anerkennung des Urteils im Heimatstaat nicht mehr an (vgl § 98 Rn 254).

China, Volksrepublik **66**

vSenger/Yuojian (Internationales Privat- und Zivilverfahrensrecht der Volksrepublik China [1994]) berichten zunächst noch von Stellungnahmen des obersten Volksgerichts zu Fragen der Durchsetzung und Vollstreckung des Zivilprozessgesetzes der VR China, das versuchsweise in Kraft gesetzt worden war. Inzwischen ist auch ein neues Zivilprozessgesetz am 9. 4. 1991 ergangen, das in den Art 281 f grundsätzlich die Anerkennung ausländische Urteile zulässt, ohne allerdings Auslandsscheidungen speziell zu erwähnen.

Schon 1957 hatte das oberste Volksgericht dem Außenministerium mitgeteilt, dass **67** ein Scheidungsurteil eines ausländischen, hier polnischen, Gerichts in China anerkannt werden könne: wenn das chinesische Bürger berührende Scheidungsurteil „nicht gegen den grundlegenden Geist des Ehegesetzes unseres Landes verstößt, und beide Parteien keine Einwendungen erheben, kann eine Bindungswirkung für beide Parteien anerkannt werden" (vSenger s Rn 66 528 f). Noch 1984 hatte das oberste Volksgericht seine „Ansichten" zu dieser Frage ebenso formuliert. 1991 kamen neue Richtlinien heraus. Nach deren § 12 wird die Scheidung eines chinesischen Staatsbürgers **nicht** anerkannt, wenn

1. das Urteil noch nicht in Rechtskraft erwachsen ist;
2. das ausländische Gericht unzuständig war;
3. das Urteil in Abwesenheit des Beklagten bzw ohne dessen gesetzmäßige Vorladung ergangen ist;
4. der betreffende Scheidungsfall vor einem chinesischen Gericht anhängig oder bereits Gegenstand des Urteils eines chinesischen Gerichts ist oder wenn bereits das Urteil des Gerichts eines Drittstaats über denselben Scheidungsfall von einem chinesischen Gericht anerkannt worden ist;
5. wenn das Scheidungsurteil den Grundprinzipien des chinesischen Rechts wiederspricht oder die Souveränität, Sicherheit bzw die gesellschaftlichen und öffentlichen Interessen des chinesischen Staates schädigt.

Die Voraussetzung der Zuständigkeit des Erstgerichts wird nicht näher konkreti- **68** siert. Dass sie nach der lex fori des Urteilsgerichts zu beurteilen sei, dürfte so nicht zutreffen, denn Münzel berichtet zu den früheren Fassung der Richtlinien des OVG, dass mit einer Anerkennung nicht zu rechnen sei, wenn der chinesische Antragsgegner sich im Ausland nicht auf das Verfahren eingelassen hat, und dass wohl eine ausschließliche chinesische Zuständigkeit beansprucht werde, wenn von den zwei chinesischen Staatsangehörigen der eine sich in China aufhält. Dagegen scheint die Anerkennung gesichert, wenn **beide Ehegatten** sich im Ausland gewöhnlich aufhalten (Münzel IPRax 1988, 46, 52), und nur dann wird keine Zuständigkeitsanforderung gestellt. Dass sie sonst anhand der Zuständigkeitsnormen des Urteilsstaates, nicht Chinas geprüft werden (vSenger/Yuojian, Internationales Privat- und Zivilverfahrensrecht der Volksrepublik China [1994] 370), ist zweifelhaft, weil die Richtlinien des OVG nur einfach die „Zuständigkeit" des ausländischen Gerichts verlangen. Vielmehr seien die der örtlichen Zuständigkeit spiegelbildlich anzuwenden (Geimer/Schütze/Etgen, Int Rechtsverkehr, VR China Nr 1028.6). In dieser Hinsicht ist mit einer Anerkennung im Wesentlichen zu rechnen, wenn beide Ehegatten im Ausland leben und die Ehesache nicht in China anhängig oder dort schon entschieden ist.

69 Die Voraussetzung der ordnungsgemäßen und der rechtzeitigen Ladung ist üblich; es gilt das HZÜ seit dem 1. 1. 1992 (BGBl 1992 II 146). Ebenso üblich sind die Anerkennungshindernisse der inländischen Rechtshängigkeit oder inländischen Rechtskraft, wobei auch die Anerkennung drittstaatlicher Urteile hindert. Der unter Nr 5 genannte Vorbehalt ist im Wesentlichen der des ordre public.

70 **VR China. Hongkong**

Seit dem 1. 7. 1997 gehört Hongkong zu China. Es hat aber ua eigene Regeln für die Anerkennung ausländischer Eheurteile in der Matrimonial Causes Ordinance. Sec 56 erkennt ausländische Urteile an, wenn einer der Ehegatten, also auch der Antragsteller seine *habitual residence* im Urteilsstaat hat. Eine Mindestfrist ist nicht einzuhalten.

Habitual oder, gleichbedeutend ordinary residence (*Kapur v Kapur* [1984] FLR 920, 926), ist allerdings ähnlich wie der gewöhnliche Aufenthalt im deutschen Recht kein einfaches juristisches Institut, und keineswegs nur eine Tatsache, und hat nicht in allen rechtlichen Zusammenhängen die gleiche Bedeutung (Rogerson, ICLQ 49 [2000] 86 ff). Da die Hongkonger Matrimonial Causes Ordinance sich an die englische Regelung heute im Family Law Act anlehnt, wird man die Matrimonial Causes Ordinance Hongkongs ebenso verstehen können. Jedenfalls sind mir keine einschlägigen Entscheidungen von dort zugänglich.

71 *Residence* selbst ist bereits etwas anderes als bloße Anwesenheit, und verlangt eine merkliche Dauer (appreciable time), die aber nicht quantifiziert werden kann und in der Praxis zwischen einigen Wochen und mehreren Monaten, selbst Jahren, schwankt. Es ist wohl eher anzunehmen, dass es um die Bewertung des Bleibewillens oder, wie gesagt wird, des settled pupose oder der settled intention des Aufenthalts geht (Rogerson, ICLQ 49 [2000] 92 ff). Zwar besteht weitgehend Einigkeit, dass die Niederlassung mit einer festen oder gefestigten Absicht freiwillig sein muss, und dass es auf diese Absicht nicht mehr unbedingt ankommt, wenn der Aufenthalt bereits (jahrelang) andauert, so ist doch unklar, worauf diese Absicht gerichtet sein soll. Vorzugsweise soll sie darauf gerichtet sein, das Aufenthaltsland zu seinem „home" zu machen, und zwar für längere Zeit, aber anders als beim *domicile* nicht notwendig für dauernd. Man hat zwar gehofft und zT mit Grund, die bekannt unüberwindlichen Schwierigkeiten der Feststellung eines *domicile* mit dem Animus manendi et de non revertendi (dazu Staudinger/Spellenberg [2015] Art 3 Brüssel IIa-VO Rn 143 ff) mit dem Konzept der *habitual residence* zu vermeiden, doch zeigen sich, solange man auch hier einem subjektiven Element große, wenn nicht entscheidende Bedeutung gibt, in der Sachen ganz ähnliche Unzuträglichkeiten (*Nesa v Chief Adjudicating Officer* [1998] 2 All E.R. 728, 737; ROGERSON, ICLQ 49 [2000] 99 ff). Man wird immerhin festhalten können, dass ein Aufenthalt, der erst kurz vor Antragstellung in Deutschland genommen wurde, **nicht** für die Anerkennung **genügen** wird.

Da die Bürger von Hongkong seit dem 1. 7. 1997 chinesische Staatsangehörige sind, aber, wenn sie sich als solche registriert haben, auch British Nationals (Overseas) gem der British Nationality Order 1986 sind, muss man fragen, für wen die vorstehenden Anerkennungsregeln gelten, wer also „Heimatstaat" iSd § 98 FamFG ist. Nach sec 3 Matrimonial Cases Ordinance will diese nur angewendet werden, wenn einer der Ehegatten sein *domicile* oder während dreier Jahre unmittelbar vor Antragstellung seine *habitual residence* in Hongkong hatte. Dem Sinn und Zweck von § 98 FamFG entspricht es aber wohl eher, auf die British Nationality (Overseas) abzustellen, sodass also Chinesen, die diese Staatsangehörigkeit nicht haben, auch wenn sie seit langem in Hongkong leben, nicht erfasst werden. Für sie müsste die Regelung der Volksrepublik gelten. 72

Congo (Demokratische Republik, ehem Zaire) 73

Man erkennt ausländische Eheurteile sehr großzügig an. Gemäß dem wahrscheinlich auch hierfür anwendbaren Art 127 Code de l'organisation et de la compétence judiciaire ist nur erforderlich, dass die Rechte der Verteidigung beachtet wurden, und dass das ausländische Gericht nicht nur kraft der Staatsangehörigkeit des Klägers zuständig war; der **gewöhnliche Aufenthalt des Antragstellers** (§ 98 Abs 1 Nr 4 FamFG) **genügt** also. Erforderlich ist, dass allgemein der ordre public gewahrt ist (MUTOMBE KABELU Pénant 1974, 106 ff; DE BURLET, Précis de droit international privé congolais [Brüssel 1971] Nr 170 f). Die Bestimmung entspricht Art 570 des belgischen Code judiciaire, doch werden wie dort seit längerem Statusurteile von der sonst generell vorgesehenen révision au fond ausgenommen. Wert wird auf die Prüfung des ordre public und der Gesetzesumgehung (fraude à la loi) gelegt (DE BURLET Nr 115 ff); letzteres wäre der Fall, wenn das deutsche Gericht gerade zu Erleichterung der Scheidung gewählt würde. DE BURLET behandelt die Frage mE zu Unrecht wesentlich unter dem Gesichtspunkt der wohlerworbenen Statusrechte und meint, dass die internationale Zuständigkeit des Urteilsgerichts und die Frage des anzuwendenden Scheidungsrechts nach dem Kollisionsrecht des entscheidenden Gerichts zu beurteilen und zu überprüfen seien (DE BURLET Nr 159 ff).

Costa Rica 74

Costa Rica nimmt keine ausschließliche Zuständigkeit für die Eheauflösung eigener Staatsangehöriger in Anspruch und für die Anerkennung ausländischer Urteile wird nicht die Einhaltung einer bestimmten Anerkennungszuständigkeit verlangt. Es wird jedoch stattdessen gefordert, dass das ausländische Eheurteil einen Scheidungs- oder Nichtigkeitsgrund des Familiengesetzbuches von Costa Rica zugrunde gelegt haben oder, bei Anwendung anderen Rechts, einen Scheidungsgrund, der diesen entspricht oder gleichwertig ist. Dies wird unter dem Gesichtspunkt des ordre public verlangt. Auch ausländische Ehegatten, die in Costa Rica geheiratet haben, bleiben dem dortigen Eherecht unterworfen, wenn sie sich im Ausland scheiden lassen wollen (Bergmann/Ferid/Rissel, Costa Rica 19 f; Geimer/Schütze/Rissel, Int Rechtsverkehr, Costa Rica 1030.8).

75 Eine **Scheidung scheidet** danach aus, wenn die **Ehe nichtig** ist (aus Sicht Costa Ricas). Nach Art 14 FGB sind bigamische Ehen, Ehen zwischen Verwandten und Verschwägerten in gerader Linie, zwischen blutsverwandten Geschwistern, zwischen Adoptivverwandten in gerader Linie und zwischen Geschwistern kraft Adoption, zwischen adoptierten und ehemaligen Ehegatten des Adoptierenden und zwischen dem Adoptierenden und ehemaligen Ehegatten des Adoptierten nichtig. Nichtig sind auch Ehen zwischen Tätern, Mittätern oder Gehilfen eines Tötungsdeliktes gegen einen der Ehegatten und dem überlebenden Ehegatten. Würde eine Ehe etwa wegen Bigamie nur aufgehoben und nicht ihre Nichtigkeit ipso iure festgestellt, so dürfte die Anerkennung dennoch gesichert sein. Nur vernichtbar ist eine Ehe gem Art 15 FGB, wenn die Einwilligung zur Ehe durch Nötigung oder aufgrund eines Irrtums über die Identität des anderen zustande kam, wenn der Eheschließende zur Zeit der Eheschließung an Geisteskrankheit litt, unter 15 Jahren war, wenn ein Ehegatte an absoluter oder relativer Impotenz litt, die ihrer Natur nach unheilbar ist und schon vor der Eheschließung vorhanden war, und schließlich, wenn die Ehe vor einem unzuständigen Beamten geschlossen wurde.

76 **Ehescheidungsgründe** sind der Ehebruch, der Angriff eines Ehegatten auf das Leben des anderen oder von dessen Kindern, der Versuch eines Ehegatten, den anderen zu Prostitution oder sittlicher Verderbtheit zu veranlassen und die versuchte oder vollendete Herbeiführung einer sittlichen Verderbtheit der Kinder eines der Ehegatten, Ausschreitungen gegen den anderen Ehegatten oder dessen Kinder, eine gerichtliche Trennung, nachdem sie mindestens ein Jahr dauerte, sofern während dieser Frist keine Versöhnung der Ehegatten erfolgt ist, die gerichtlich erklärte Verschollenheit eines Ehegatten, die faktische Trennung für eine Zeit von mindestens drei Jahren und das Einverständnis beider Ehegatten mit der Scheidung. Letztere Scheidung kann erst drei Jahre nach der Eheschließung beantragt werden. Die erstgenannten Scheidungsgründe sind solche eines Verschuldens des anderen Ehegatten. Zu beachten ist Art 49 FGB, dass die Scheidungsklage nur durch den unschuldigen Ehegatten und nur innerhalb eines Jahres seit Kenntnis dieser Scheidungsgründe erhoben werden kann. Wird die Ehe in Deutschland zB aufgrund deutschen Rechtes wegen einjähriger Trennung geschieden, so dürfte die Anerkennung als Konsensscheidung bzw als ihr gleichwertig in Costa Rica zu erwarten sein. Wird die Ehe nach dreijähriger Trennung geschieden (§ 1566 Abs 2 BGB) so entspricht dies auch dem Recht von Costa Rica.

77 Der Antragsgegner muss ordnungsgemäß geladen sein, was aber möglicherweise nach dem Recht des Urteilsstaates beurteilt wird (Bergmann/Ferid/Rissel, Costa Rica 18). Ein Zustellungsübereinkommen gilt mit Costa Rica nicht. Versäumnisurteile können andererseits anerkannt werden, wenn die säumige Partei ordnungsgemäß iSd Regeln Costa Ricas geladen worden war. Der Anerkennung darf keine inländische Rechtshängigkeit und kein inländisches Urteil in derselben Sache entgegenstehen.

Dänemark 78

Die Brüssel IIa-VO gilt in Dänemark weiterhin nicht. Deutsche Eheurteile sind nach § 223a dän Rechtspflegegesetz in der Fassung der Bekanntmachung von 2013 anzuerkennen. Die königliche Anordnung vom 13. 4. 1938 über die Anerkennung deutscher Urteile findet für Ehescheidungsurteile gemäß ihrem § 5 keine Anwendung. Nach der Lehre wird für die Anerkennung zunächst vorausgesetzt, dass das deutsche Gericht in spiegelbildlicher Anwendung der dänischen Regeln des § 448c Rechtspflegegesetz international zuständig war. Die Verwaltungspraxis geht anscheinend davon aus, dass wenigstens einer der Ehegatten im Urteilsstaat domiziliert gewesen sein muss. Das könnte also auch der Antragsteller sein. Die Anerkennungszuständigkeit ergäbe sich aus § 448c dän Rechtspflegegesetz in spiegelbildlicher Anwendung, wonach es genügt, wenn der Kläger **bei Klageerhebung** seinen gewöhnlichen Aufenthalt in Deutschland hat und entweder in den letzten zwei Jahren davor in Deutschland gelebt oder früher hier seinen gewöhnlichen Aufenthalt gehabt hat (§ 448c dän Rechtspflegegesetz Abs 1 Nr 2). Anscheinend muss nicht schon der gewöhnliche Aufenthalt zwei Jahre bestanden haben, sondern er genügt bei Antragstellung im Verein mit einem einfachen Aufenthalt. Daraus ergibt sich die Anerkennungsmöglichkeit, auch wenn der gewöhnliche Aufenthalt vor Antragstellung in Deutschland weniger als ein Jahr dauerte (sonst gälte Art 3 Abs 1 lit 6. Str Brüssel IIa-VO).

Im Dänischen wird hier freilich von Domizil gesprochen, und dieser Begriff ist im dänischen Sinn zu verstehen, nicht etwa wie das englische domicile. Es ist der Ort, an dem eine Person ihren Wohnsitz hat oder sich in der Absicht aufhält, auf Dauer zu verbleiben oder zumindest nicht nur vorübergehend. Es muss also ein animus manendi gegeben sein, wobei allerdings eine Gesamtwürdigung der verschiedenen objektiven Umstände vorgenommen wird wie der Zweck des Aufenthalts, die beabsichtigte Dauer und der Charakter des Wohnsitzes. Ein unfreiwilliger, auch längerer Aufenthalt gilt wohl nicht als Domizil (Dübeck, Einführung in das dänische Recht [1996] 265 f). Noch 1966 ist von Alan Philip (Liber Amicorum Baron Louis Frédéric [1966] 785 ff) vertreten worden, dass nicht die Absicht bestehen dürfe, in näherer oder etwas fernerer Zukunft den Aufenthalt aufzugeben. Ob diese recht strenge Auffassung heute noch gilt, ist nicht sicher. 79

Die sehr spärliche dänische Rechtsprechung hat die Anerkennungszuständigkeit anscheinend kaum geprüft. Das erklärt sich vielleicht daraus, dass in casu vor allem schon der ordre public der Anerkennung entgegenstand (vgl dazu Bergmann/Ferid/Giesen, Dänemark 37). 80

Weiter muss das Verfahren fair gewesen sein, dh es muss insbesondere eine ordentliche und rechtzeitige Ladung erfolgt sein. Im Verhältnis zu Dänemark gilt das HZÜ. Auch muss während des Verfahrens rechtliches Gehör gewährt werden. Im Übrigen ist der ordre public vorbehalten, der aber der Anerkennung deutscher Scheidungen kaum im Wege zu stehen scheint. 81

Ecuador 82

Nach dem Wortlaut des Art 129 Codigo civil können ausländische Scheidungen von

Ehen, die in Ecuador geschlossen wurden und bei denen wenigstens ein Ehegatte die Staatsangehörigkeit von Ecuador besitzt, nicht anerkannt werden. Im Umkehrschluss wird man daraus entnehmen können, dass die Ehescheidung anerkannt werden kann, wenn bei Beteiligung ecuadorianischer Staatsangehöriger die Ehe im Ausland geschlossen wurde.

83 Es gibt jedoch gute Hinweise darauf, dass dies Formulierung gründlich missraten und nicht so gewollt ist (Kadner, Das internationale Privatrecht von Ecuador [1999] 70 ff). Es sei nur gemeint, dass solche Scheidungen nicht ipso facto in Ecuador wirksam sind, sondern diese Wirksamkeit erst dadurch erlangen sollten, dass die ausländische Scheidung in die inländischen Standesregister eingetragen wird aufgrund eines richterlichen Beschlusses. Dann handelt es sich also um das Erfordernis einer förmlichen Anerkennung und nicht um eine Einschränkung der Anerkennungsfähigkeit selbst, auf die es hier allein ankommt. Wenn diese Auffassung, die Kadner eingehender begründet, zutrifft, so käme es darauf an, ob die allgemeinen Anerkennungsvoraussetzungen für ausländische Urteile gegeben sind. Diese sind Art 414 Codigo de procidimiento civil zu entnehmen. Hierbei ist die Anerkennung ausgeschlossen, wenn das Urteil gegen das ecuadorianische öffentliche Ordnung oder ein nationales ecuadorianisches Gesetz verstößt. In einer Entscheidung vom 19. 9. 1975 (mitgeteilt bei Kadner aaO 177) hatte der oberste Gerichtshof aber überprüft, ob das Urteil auch nach dem ecuadorianischen Recht so hätte ausfallen müssen. Er hat also eine vollständige révision au fond vorgenommen. Es handelte sich wohl in der Tat nicht nur um eine Überprüfung am ecuadorianischen ordre public (so aber Möllring, Die Anerkennung und Vollstreckung ausländischer Urteile in Südamerika [Diss jur Göttingen 1985] 83 f, doch ohne nähere Begründung).

84 Dass man bei einer so vollständigen révision au fond noch von Anerkennung sprechen kann, ist mE zu **verneinen**. Man könnte daran denken, genügen zu lassen, dass das deutsche Urteil so ausfällt, wie ein Urteil in Ecuador ausfallen würde, dh wenn das deutsche Gericht die Eheauflösung aufgrund ecuadorianischen Eherechts vornimmt. Doch das überzeugt nicht, denn der Zweck der Bestimmung in § 98 Abs 1 Nr 4 FamFG ist nicht nur, hinkende Scheidungen zu vermeiden, sondern auch dem Heimatstaat nicht vorzugreifen, wenn dieser wie Ecuador im Endeffekt selbst und ausschließlich über die Scheidung entscheiden will (o § 98 Rn 195 ff).

85 Zu den zu beachtenden ecuadorianischen Gesetzen dürfte nämlich auch das dortige IPR zählen. Nun sagen allerdings Art 92 und 93 Codigo civil, dass in Ecuador eine Scheidung nach dem Recht von Ecuador vorgenommen werden müsste. (**Art 92 ec C c**: „Im Ausland in Übereinstimmung mit den Gesetzen des besagten Ortes geschiedene Ehe, die jedoch nicht gemäß den ecuadorianischen Gesetzen hätte geschieden werden können, befähigt keinen der Ehegatten in Ecuador zu heiraten, solange diese Ehe nicht auch gültig in der Republik aufgelöst wird". **Art 93 ec C c**: „Die Ehe, die gemäß den Gesetzen des Ortes, an dem sie geschlossen wurde, an diesem aufgelöst werden könnte, kann in Ecuador nur in Übereinstimmung mit den ecuadorianischen Gesetzen aufgelöst werden"; **Art 129 ec C civ**: „Ist ein Ehegatte Ecuadorianer, so kann die in Ecuador geschlossene Ehe nur durch Urteil ecuadorianischer Richter aufgehoben oder durch Ehescheidungen aufgelöst werden".)

Im Ergebnis muss man annehmen, dass die Scheidung eines Ecuadorianers in Deutschland **nicht anerkannt** wird. 86

Elfenbeinküste 87

Die Anerkennung ausländischer Statusurteile ist in der Elfenbeinküste nur sehr rudimentär geregelt. Ein Abkommen mit Deutschland besteht nicht. Für die internationale Zuständigkeit gelten weitgehend die **französischen Regeln**, also die Art 14 und 15 des fr C civ, die von Frankreich übernommen wurden, und die im französischen Arrêt *Simitch* (Cass civ 6. 2. 1985 Rev crit dip 1985, 369 [*Fairhurst v Simitch*] D 1985, 469 n J Massip; Cass civ 6. 1. 1987 Rev crit dip 1988, 337 n Lequette; für gemeinsame Staatsangehörigkeit Cass 15. 6. 1994 Rev crit 1996, 127 n Ancel, H M v D B; Herzfelder ZVglRWiss 86 [1987] 49 ff) entwickelten Regeln (Bourel, Encyclopédie juridique de l'Afrique Bd 1 [1982] 273; Idot, Rev juridique africaine 1990, 16 ff, 29 ff; ders, JCl Dr comparé, Côte ivoire Rn 179–182).

Die Art 14 und 15 fr C civ enthielten nach **früher** in Frankreich ganz herrschender Ansicht eine **ausschließliche Zuständigkeit**, wonach ein (bei Klageerhebung) dem Staat angehörender **Beklagter** nicht vor einem ausländischen Gericht Recht nehmen muss, es sei denn er verzichtet auf dieses **Jurisdiktionsprivileg** (Cass civ 21. 1. 1992, D 1993. Somm 351 obs Audit). Ein **Verzicht** liegt nicht vor, wenn der Beklagte im ausländischen Verfahren nicht auftritt (TGI Paris 12. 5. 1992 Gaz Pal 1993. somm 507), aber auch eine Einlassung zur Sache ist nicht notwendig als Verzicht zu werten, jedenfalls dann nicht, wenn der Beklagte nur die Zuständigkeit bestritten hat. In manchen Fallsituationen schwankte aber die französische Rechtsprechung. Dieser Verzicht konnte zwar auch konkludent erfolgen, aber die Cour de Cassation in Frankreich hat betont, dass der Verzicht auf Handlungen beruhen müsse, die **unzweifelhaft** den Willen zum Ausdruck bringen (fr Cass mixte 26. 4. 1974 D 1974, 249 n Boré; fr Cass civ 16. 6. 1981 D 1982, inf 71 n Audit). Selbst eine Einlassung zur Sache ohne Rüge der Unzuständigkeit ist je nach den Umständen des Falles als nicht genügend für einen Verzicht auf das Jurisdiktionsprivileg angesehen worden, zB wenn die Rüge der Unzuständigkeit offensichtlich vom ausländischen Gericht zurückgewiesen worden wäre (vgl Ancel/Lequette, in: Grands arrêts de la jurisprudence française de d i p [3. Aufl 1998] 361). Auch die Klagerhebung des Franzosen im Ausland begründet nur eine widerlegliche Verzichtsvermutung (Cass civ 20. 11. 1990 Bull civ I no 248). 88

Grundsätzlich muss der Verzicht freiwillig und bewusst und nicht erzwungen durch die Umstände erfolgen. So gilt es in Frankreich nicht als Verzicht, wenn sich der Beklagte auf den deutschen Scheidungsprozess einlässt, um sich gegen hier ggf vollstreckbare Unterhaltsansprüche oder Sorgerechtsentscheidungen im Gefolge der Scheidung zu wehren. Es bedeutet auch keinen Verzicht auf das Jurisdiktionsprivileg für die Scheidung, wenn die Partei ihrerseits in Deutschland einstweilige Maßnahmen zB betreffend die Kinder oder den Unterhalt beantragt hatte, selbst wenn sie im Hinblick darauf sogar einen Scheidungsantrag in Deutschland hatte stellen müssen. 89

Die Möglichkeit des Verzichts auch noch nach dem Urteil, zu dem die Partei in keiner Weise verpflichtet ist, genügt nicht, um die deutsche Zuständigkeit iSd § 98 Abs 1 Nr 4 FamFG zu begründen, denn so kann über die deutsche Zuständigkeit nicht innerhalb des Verfahrens entschieden werden. 90

91 Die Staatsangehörigkeit muss, braucht aber auch nur zum Zeitpunkt der Klageerhebung im Ausland vorgelegen zu haben, um die ausschließliche ivorische Zuständigkeit zu begründen. Dass die Partei noch eine andere Staatsangehörigkeit besitzt, ändert im Prinzip nichts (fr Cass civ 27. 1. 1987 Bull civ I No 27; zum Ganzen Batiffol/Lagarde, Droit international privé, no 677 ff; zT anders P Mayer, Droit intern privé [9. Aufl 2007] No 386). Angriffe gegen das sehr kritisierte Jurisdiktionsprivileg hat Cass civ 18. 11. 1990 Rev crit 1991, 759 abgewehrt. Wenn also der oder die Beklagte die Staatsangehörigkeit der Elfenbeinküste hat und nicht verzichtet hat, war die **Anerkennung** dort **nicht zu erwarten**. Ist der oder die Beklagte Franzose, wo dasselbe Privileg gilt, so steht das der Anerkennung in der Elfenbeinküste, die bei einem ivorischen Antragsteller allein von Art 98 Abs 1 FamFG verlangt ist, nicht im Wege.

92 Die französische Cour de Cassation hat in der Entscheidung vom 6. 2. 1985 (Rev crit dip 1985, 369 [Simitch], D 1985, 469 n J Massip; Cass civ 6. 1. 1987 Rev crit dip 1988, 337 n Lequette; Cass 15. 6. 1994 Rev crit 1996, 127 n Ancel; dazu Francescakis Rev crit dip 1985, 243 ff; Herzfelder ZVglRWiss 86 [1987] 49 ff; auf ihn bezieht sich ausdrücklich auch Idot Rev juridique africaine 1990, 30) **weiter** entschieden, dass generell und selbst bei Verzicht auf das Jurisdiktionsprivileg, ausländische Urteile nur anerkannt werden können, sofern eine **hinreichend enge Beziehung** zum Urteilsstaat besteht. Das ist logisch, denn das Jurisdiktionsprivileg schränkt die **Anerkennungszuständigkeit** ein, begründet aber keine. Es muss nicht ein Zuständigkeitsgrund genau nach den französischen Zuständigkeitsregeln bestanden haben, denn die Cour de Cassation und ihr folgend die Lehre (Mayer, Droit international privé No 373) folgt einem System der **eigenständigen** Entwicklung von Regeln für die **Anerkennungszuständigkeit**, wofür die Rechtsprechung anhand der Umstände des Falles prüft, ob eine hinreichende Beziehung zum Urteilsstaat bestand. Ein Einverständnis mit dem Verfahren in Deutschland allein genügt aber nicht, da in Ehesachen Gerichtsstandsvereinbarungen ausgeschlossen sind (P Meyer, Droit international privé No 370).

93 Es ist vor allem zu bemerken, dass diese Anerkennungszuständigkeit für die Scheidung des amerikanisch-englischen Ehepaares in London nicht in entsprechender Anwendung der Regeln der örtlichen Zuständigkeit in Art 1070 CPC bestimmt wurde. Danach wäre eine Zuständigkeit nicht in England, sondern in Paris gegeben gewesen (so noch in der Berufung Paris 5. 11. 1982 Rev crit dip 1982, 370). Im Arrêt *Simitch* lebte die Klägerin in England, während Art 1070 CPC auf den gewöhnlichen Aufenthalt des Beklagten abstellen würde, doch hat die Cour de cassation zusätzlich festgestellt, dass dort auch der frühere eheliche Wohnsitz und der Eheschließungsort waren, und die Ehefrau die dortige Staatsangehörigkeit sowie der Ehemann Vermögen dort hatte. Es wird also auf mehr oder weniger alle Umstände des Einzelfalls abgestellt, um die „spezielle Beziehung" (lien caracterisé) des Falles mit dem Gericht zu bestimmen. Die Fakten im Arrêt *Simitch* waren zweifellos ausreichend dafür, und man kann sicher auch mit weniger auskommen. Jedenfalls würde ein Urteil nicht anerkannt, wenn die Wahl des Gerichtsortes willkürlich, gekünstelt oder missbräuchlich war, dh wenn das Gericht zum Zweck der leichteren Scheidung gewählt wurde (Cass civ 6. 2. 1985 Rev crit dip 1985, 369; Ancel/Lequette, in: Grands arrêts de la jurisprudence française de d i p [3. Aufl 1998] 361; Fricke IPRax 1988, 205; vgl weiter Paris 18. 6. 1964 Rev crit 1967, 340 [Deprez]: „Scheidungsparadies").

94 2006 hat die fr Cour cass dann eine **bemerkenswerte Wendung** vollzogen, und, was der Wortlaut durchaus zulässt, dem Art 15 C civ nur eine **fakultative französische Zuständigkeit**, keine ausschließliche entnommen (Cass civ 23. 5. 2006 Bull civ I No 254, D 2006. IR 1561 obs Gallmeister Rev crit dip 2006. 870 n Gaudemet-Tallon, etc; vgl schon Cass civ 17. 2. 2004, D 2004, 824 no 260 note Courbe 819), sodass Art 15 C civ eine **Anerkennung nicht** mehr **hindert**, doch positiv **muss** eine **substantielle Beziehung** im vorgenannten Sinne zum Urteilsstaat bestehen. Auf den Verzicht auf das Jurisdiktionsprivileg kommt es dann nicht mehr an.

Ob **diese** neue Auslegung des Art 15 fr C civ in der **Elfenbeinküste übernommen** **95**
wird, ist noch unbekannt, aber nicht auszuschließen, sodass die Anerkennung einer deutschen Scheidung gegen eine ivorische Partei nicht offensichtlich ausgeschlossen ist. Idot, Revue juridique africaine 1990, 30 erwähnt dies aber nicht.

Zusammenfassend ist eine **Anerkennung** in der Elfenbeinküste nicht offensichtlich **96**
ausgeschlossen, selbst wenn der oder die Beklagte die dortige Staatsangehörigkeit hat und nicht auf ihr **Jurisdiktionsprivileg** verzichtet, oder wenn sie es, weil anderer Nationalität, gar nicht hat, doch muss **eine ausreichend intensive** Beziehung des deutschen Gerichts zum Fall besteht, wobei die letztere Bedingung nach den Umständen des Einzelfalles zu bewerten ist.

Im Prinzip setzt die Anerkennung voraus, dass das Gericht das vom IPR der El- **97**
fenbeinküste vorgesehene Recht angewandt hat. Es genügt aber, wenn ein Scheidungsgrund verwandt wurde, der dem im eigentlich anzuwendenden Recht vorgesehenen äquivalent ist (zu Frankreich P Meyer, Droit intern privé [9. Aufl 2007] No 386 mNw).

Die Anerkennung wird weiter verweigert bei Verstößen gegen fundamentale **98**
Grundsätze des Verfahrensrechts, insbesondere den Grundsatz des rechtlichen Gehörs, wenn die beklagte Partei nicht persönlich geladen worden ist, obwohl dies möglich war. Hingegen ist die Anerkennung zu gewähren, wenn der Beklagte schuldhaft die persönliche Ladung verhindert hat, zB durch Wegzug ohne Hinterlassung einer Anschrift (Einmahl RabelsZ 33 [1969] 124 f). Im Verhältnis zu Deutschland gilt kein Zustellungsabkommen. Weiter muss zwischen Ladung und Entscheidung eine angemessene Zeit gelegen haben, und der Beklagte muss ordentlich vertreten gewesen sein. Damit der dortige Richter die Regelmäßigkeit des deutschen Verfahrens nachprüfen kann, muss das Urteil zwar nicht mit Gründen versehen sein, doch müssten dann notfalls Unterlagen namentlich über Ladungen vorgelegt werden können, die diese Nachprüfung erlauben (zum ganzen vgl Batiffol/Lagarde, Dr int pr no 725).

Schließlich stehen eine rechtskräftige Entscheidung der Elfenbeinküste und eine **99**
frühere inländische Rechtshängigkeit einer Anerkennung im Wege.

El Salvador **100**

Aus Art 170 f Codigo civil ist zu entnehmen, dass eine ausländische Scheidung nach ausländischen Recht jedenfalls bei Beteiligung eines Staatsangehörigen von El Salvador nicht mit der Möglichkeit der Wiederheirat anerkannt wird, wenn die Ehe nicht auch nach dem Recht von El Salvador hätte geschieden bzw aufgelöst werden können. Ob dies in einer vollständigen Révision au fond nachgeprüft wird (vgl bei Ecuador Rn 83), ist nicht bekannt. Dagegen spricht aber immerhin Art 117 FamilienG (Codigo di familia): „Die im Ausland ausgesprochene Scheidung von Personen, die nach den Gesetzen von El Salvador geheiratet haben, ist in El Salvador nur dann wirksam, wenn der herangezogene Scheidungsgrund den von diesem Gesetzbuch anerkannten gleich oder ähnlich ist."

101 Die einzuhaltenden Scheidungsgründe finden sich in Art 145 f des salvad ZGB. Es sind dies der Ehebruch der Frau, oder auch die Schwangerschaft aufgrund unerlaubter Beziehungen, von denen der Mann nichts wusste; der Ehebruch des Mannes, sofern er offenkundig und unter Verlassung der Frau erfolgt ist; wenn ein Ehegatte dem anderen nach dem Leben stellte; schwere Beleidigungen oder häufige tätliche Misshandlungen, Ärgernis erregende und gewohnheitsmäßige Trunksucht eines Ehegatten; freiwilliges Verlassen des einen Ehegatten durch den anderen für die Dauer von 6 Monaten; Verurteilung eines Ehegatten wegen eines gemeinen Verbrechens zu Zuchthaus oder einer schweren Strafe; Versuch eines Ehegatten, seine Kinder dem Laster zuzuführen oder Teilnahme an dem Laster derselben oder Versuch des Ehemannes, seine Frau zur Prostitution zu bringen; und eine gänzliche Trennung der Ehegatten während eines Jahres oder länger vor Klagerhebung. Eine in Deutschland nach § 1566 BGB vorgenommene Scheidung würde vor allem nach letzterer Bestimmung anerkannt werden.

102 Die anderen Scheidungsgründe setzen Verschulden voraus und können nur von dem unschuldigen Teil geltend gemacht werden (Art 146 salvad ZGB). Es wird Verzeihung widerleglich vermutet, wenn die Klage nicht innerhalb von vier Monaten seit Kenntnis davon erhoben wird. Art 170 salvad codigo civil darf man entnehmen, dass für die Anerkennung nicht Voraussetzung ist, dass das deutsche Gericht das Recht von El Salvador angewandt hat, sondern dass der in Anwendung eines anderen Rechtszugs maßgebliche Scheidungsgrund denen des Art 144 salvad ZGB gleichsteht. Es scheint dass die Anerkennung einer deutschen Scheidung daran kaum einmal scheitert. Es ist aber zu verlangen, dass das deutsche Urteil begründet wird, damit die Übereinstimmung geprüft werden kann.

103 Anforderungen an die Anerkennungszuständigkeit ausländischer Gerichte sind den Gesetzen nicht zu entnehmen. Jedoch folgt aus Art 452 ZPO von 1916, dass Versäumnisurteile nicht anerkannt werden, offenbar unabhängig von erfolgter Ladung.

104 **England**

An sich gilt die Brüssel IIa-VO, aber das englische Anerkennungsrecht ist von Bedeutung für die ehemaligen Kolonien, die manchmal auf das *aktuelle* Scheidungsrecht der ehemaligen Kolonialmacht verweisen. Andere rezipieren das englische Recht eines bestimmten Stichtages, sodass die neuere englische Gesetzgebung ausgeschlossen wird. Indirekt wird englisches heutiges oder früheres Anerkennungsrecht erheblich, wenn das betreffende Heimatrecht einer Partei die Anerkennung auch in dem Land genügen lässt, in dem die betreffende Partei ihr *domicile* hat. Das kommt in ehemaligen Commonwealth-Staaten nicht selten vor, die die Anerkennung primär an das *domicile* im Urteilsstaat knüpfen. Ein solcher „Anerkennungsrenvoi" vermehrt die Chancen der Anerkennung für das deutsche Urteil. Das Nähere ist bei den betreffenden Ländern darzustellen.

Für die Anerkennung ist **heute** maßgebend der am 4. 4. 1988 in Kraft getretene **Family Law Act von 1986**, der den Recognition of Divorce and Legal Separations Act von 1971 ersetzt. Letzterer behandelte nur ausländische Scheidungen und gerichtliche Trennungen, während das neue Gesetz auch Nichtigkeitsurteile einschließt. Ihre Anerkennung in England richtet sich daher nach sec 46 FamLA, dessen sec 54 ihn nun ausdrücklich auch auf ausländische **Feststellungsurteile** erstreckt. Vor allem muss das deutsche Gericht nach englischem Recht international zuständig gewesen sein. Dafür ist nach sec 64 Abs 1 lit b ii FamLAct ein *domicile* einer Partei im Urteilsstaat, welches bei schon hier geborenen Engländern denkbar ist, aber auch sonst wenngleich selten (dazu Staudinger/Spellenberg [2015] Art 3 Brüssel IIa-VO Rn 137 ff). Ein *domicile of choice* des Engländers, der sich in Deutschland auf unabsehbare Dauer niedergelassen und insbesondere jede Absicht, später eventuell nach England zurückzukehren, aufgegeben hat, genügt immer (Dicey/Morris/Collins, The Conflict of Laws [25. Aufl 2012] Rn 8 R-063 ff). Dabei wird der schwierige Tatbestand des *domicile* alternativ nach englischem Recht oder dem des Urteilsstaates bestimmt (sec 46 Abs 5 FamLAct), doch Deutschland kennt das Konzept nicht. 105

Angesichts des schwierigen und seltenen Erwerbs eines *domicile of choice* genügt heute nach sec 64 Abs 1 lit b i FamLAct auch, dass wenigstens eine der Parteien zum Zeitpunkt der Klageerhebung in Deutschland ihre *habitual residence* hatte (eingehend Rogerson IntCompLQ 49 [2000] 86 ff). Die „habitual residence" einer Partei in Deutschland entspricht nicht genau dem deutschen gewöhnlichen Aufenthalt (und schon gar nicht dem *domicile* [BVerwG 19. 7. 2012, StAZ 2012, 376]), und obzwar keine Mindestzeit verlangt wird, so wird doch nicht sofort aus residence eine *habitual residence.* Ein Jahr residence reicht gewöhnlich (Jaffey/Clarkson/Hill, Conflict of Laws [2. Aufl 2002] 54), doch einige Monate vielleicht sogar nur Wochen können reichen, wenn ein „settled purpose" besteht. Auch dieser entzieht sich aber einer genaueren Definition (Rogerson IntCompLQ [2000] 90 f). Arbeitsaufnahme selbst für eine von vornherein begrenzte Zeit oder Studium werden genannt (Jaffey/Clarkson/Hill aaO 54). Sicher genügt nicht eine Niederlassung, um gerade vom deutschen Scheidungsrecht zu profitieren. Auch Ferienaufenthalte genügen nicht. Uneinheitlich wird beurteilt, wenn die Eheleute sich hier niederlassen, um, dann offensichtlich erfolglos, ihre ehelichen Schwierigkeiten zu beheben. Nach längerem tatsächlichem Aufenthalt kommt es auf die Absicht nicht mehr entscheidend an. Bejaht wurde habitual residence nach sechs Monaten einmal, weil die Ehefrau aus Deutschland stammte (in Re B No 2 [1993] FLR 993), ohne diese zusätzliche Beziehung in Australien verneint (in Re B [Child Abduction] [1994] 2 FLR 915, 918). Es gibt Hinweise, dass die Absicht, für länger zu bleiben, die *habitual residence* schneller, aber keinesfalls gleich entstehen lässt (Dicey/Morris/Collins, Conflict of Laws [15. Aufl 2012] Rn 6–126 ff; Rogerson, ICLQ [2000] 91 f). Das Konzept der *habitual residence* ist nicht wirklich einfacher als das des *domiciles* (Rogerson IntCompLQ [2000] 89 u pass). 106

Eine in Deutschland auf Antrag eines Engländers, der sich zwar einigermaßen fest hier niedergelassen, aber seinen gewöhnlichen Aufenthalt im deutschen Sinne noch nicht ein Jahr hier hat (sonst greift Art 3 Abs 1 lit a 5. Str Büssel IIa-VO), ausgesprochene Scheidung könnte in England anerkannt werden. Sec 50 FamLA erklärt 107 ausdrücklich, dass die früheren, von den Gerichten entwickelten und komplizierten Regeln der Anerkennung ausländischer Scheidungen etc nicht mehr, auch nicht alternativ gelten (bei ihnen bleibt es aber, wenn die frühere Kolonie auf englisches Recht vor dem 4. 4. 1988 verweist).

108 In drei Fällen kann das Gericht je nach Lage des Einzelfalles die Anerkennung versagen, ohne hierzu aber gezwungen zu sein. Zum einen kommt dies in Betracht, wenn das Gericht nicht die gebotenen Maßnahmen ergriffen hat, um einer oder beiden Parteien Kenntnis vom Verfahren zu verschaffen. Zu denken ist dabei besonders an Konstellationen, in denen der Kläger vorsätzlich die Adresse des Beklagten verschweigt (*Macalpine v Macalpine* [1958] P 35 = [1957] 3 All ER 134; weiter Dicey/Morris, Conflict of Laws [13. Aufl 2000] Rule 84 S 750 ff) und letzterer daher nur öffentlich geladen wurde. Die zweite Situation ist dadurch gekennzeichnet, dass einer Partei auf andere Weise die Möglichkeit genommen wurde, am Verfahren teilzunehmen. Beispielhaft sind die Fälle zu nennen, dass der mittellose Beklagte aufgrund verweigerter Unterstützung durch die Staatskasse oder aus anderen Gründen seine Verteidigung nicht sinnvoll gestalten kann. Schließlich kann auch das Eingreifen des allgemeinen Vorbehalts des englischen ordre publics eine Anerkennung verhindern.

109 Bei diesen drei Versagungsgründen hat der Richter alle Umstände des Falles zu berücksichtigen. So kommt es darauf an, ob das Verfahren bei ordnungsgemäßem Vorgehen anders verlaufen wäre, ob der die Anerkennung begehrende Ehegatte gerechtfertigte Ziele verfolgt, und wie sich die Anerkennung auf die Familie auswirkt (*Newmarch v Newmarch* [1978] 1 All ER 1; Cheshire/North, Private International Law [13. Aufl 1999] 817).

110 Ein englisches Urteil oder ein in England anerkanntes Urteil eines Drittstaates steht entgegen sec 51 Abs 1 lit b FamLAct.

111 **Gabun**

Die Anerkennung ausländischer Urteile ist in Art 71–77 gab code civil vom 29. 7. 1972 geregelt (loi no 15/72 portant adoption de la première partie du code civil; JO 20. 12. 1972 idF v 30. 12. 1989). Nach Art 74 gab c civ ist erforderlich: (1) dass für die Klage kein gabunisches Gericht zuständig war, und dass das ausländische Gericht nach seinen Regeln zuständig war; (2) dass das Verfahren ordnungsgemäß war, und dass der Beklagte seine Einwendungen vorbringen konnte; (3) dass der Streit sowohl hinsichtlich der Tatsachenfeststellungen wie hinsichtlich der Interpretation der Rechtsnormen, die auf ihn anwendbar waren, richtig entschieden wurde; (4) dass kein gabunisches Urteil in derselben Sache ergangen, und kein Verfahren darüber vor einem gabunischen Gericht anhängig ist.

112 Hinsichtlich Nr 1 übernimmt Art 27 gab c civ in etwas verändertem Wortlaut die Art 14 und 15 des französischen C civ, sodass einerseits sogar eine ausschließliche Zuständigkeit für eigene Staatsbürger in Anspruch genommen wird, andererseits aber wohl auch die Möglichkeit existiert, darauf zu verzichten. Es ist denkbar aber nicht bekannt, dass man in Gabun die neuere französische Rechtsprechung übernimmt, wonach dies Jurisdiktionsprivileg nur noch ein fakultatives ist (vgl näher bei

Elfenbeinküste Rn 88 ff), aber schon die Möglichkeit, dort ein Gericht zu finden, schließt die **Anerkennung aus**. Der Gerichtsstand besteht bei gabunischer Staatsangehörigkeit sowohl des Antragstellers wie des Antragsgegners.

Im Übrigen würde Nr 2 einer Anerkennung bei öffentlicher Zustellung zumindest dann entgegenstehen, wenn nicht sicher ist, dass der Beklagte nicht zu erreichen war. **113**

Nach Nr 3 kann der gabunische Anerkennungsrichter eine vollständige révision au fond vornehmen, dh die Richtigkeit der Entscheidung nachprüfen. Das entspricht der Praxis in Frankreich vor 1964 (Arrêt Munzer Cass civ 7. 1. 1964 Rev crit 1964, 344). Obwohl diese Entscheidung 1972 in Gabun bekannt sein konnte, scheint es gut möglich, dass Art 74 Abs 2 gab C civ heute iSd neueren französischen Praxis interpretiert wird, die nur noch bestimmte Anerkennungsvoraussetzungen nachprüft (so wohl Bourel, Encyclopédie juridique d'Afrique Bd 1 [1982] 273). Es kann dann auf das zur Elfenbeinküste Gesagte verwiesen werden (Rn 91 ff). **114**

Das hieße, dass nicht erforderlich ist, dass das nach dem IPR Gabuns richtige Recht angewandt wurde („règles de droit qui leur étaient applicables"), sondern dass es genügt, wenn ein dem gabunischen Recht gleichwertiger Scheidungsgrund verwandt wurde (vielleicht Bourel s oben Rn 114). In diesem Zusammenhang ist dann zu beachten, dass Art 36 gab C civ die Anwendung des gabunischen Scheidungsrechtes schon dann verlangt, wenn einer der Ehegatten diese Staatsangehörigkeit hat. **115**

Vor allem wegen der Inanspruchnahme einer ausschließlichen Zuständigkeit für eigene Staatsangehörige, ist mit einer Anerkennung einer deutschen Scheidung eines Gabuners nicht zu rechnen. **116**

Gambia **117**

Gem sec 3 (1) Law of England (Application) Act von 1953 bzw Cap 104, Laws of the Gambia 1966, gelten in Gambia englische Gesetze über die Ehescheidung und das Eheverfahren nach dem Stande vom 18. 2. 1965. Da England zu diesem Zeitpunkt aber keine einschlägigen Gesetze hatte, galt die allgemeine Rezeption des common law nach dem Stand vom 1. 11. 1888, jedoch ist **1989** in Gambia anscheinend aus Jamaica der Matrimonial Causes Act übernommen worden, nach dessen Sec 39 eine ausländische Scheidung, Nichtigkeitsurteil oder Eheaufhebung anerkannt wird, wenn sie nicht der „natural justice" widerspricht, dh insbesondre rechtliches Gehör gewährt wurde, und das Gericht eine substantielle und relevante Beziehung zu den Parteien hatte (Oppong, Private International Law in Commonwealth Africa [2013] 201; vgl auch bei Ghana Rn 122). Das bezieht sich höchst wahrscheinlich auf die englische Rechtsprechung in *Indyka v Indyka* ([1970] 1 AC 33; dazu Schurig FamRZ 1972, 288), wobei es genügt, wenn eine Partei diese Beziehung zum Gerichtsstaat hat. Es genügt auch, wenn der Staat anerkennt, in dem beide Parteien zum Zeitpunkt der Antragstellung ihre ordinary residence hatten. Es kann auch auf die Ausführungen zu Ghana verwiesen werden.

118 **Georgien**

Die Frage der Anerkennung ausländischer Eheurteile in Georgien ist nun geregelt durch das Gesetz über das Internationale Privatrecht vom 20. 5. 1998. Nach Art 68 georg IPRG 1958 ist eine Anerkennung nur ausgeschlossen, wenn eine ausschließliche Zuständigkeit Georgien bestand oder der Urteilsstaat nach dem georgischen Gesetz nicht zuständig war (Anerkennungszuständigkeit), wenn die Partei entsprechend der Gesetzgebung des ausländischen Staates nicht durch Zustellung über die Klage benachrichtigt worden ist und bei anderen Verfahrensverstößen, wenn eine rechtskräftige Entscheidung Georgiens vorliegt oder eine frühere rechtskräftige Entscheidung des Gerichts eines dritten Staates, die in Georgien bereits anerkannt ist, oder die Entscheidung gegen die grundlegenden Prinzipien des georgischen Rechts verstößt. Gegenseitigkeit ist nicht erforderlich. Ist in Georgien derselbe Rechtsstreit zwischen denselben Parteien bereits anhängig, so kann über die Anerkennung erst nach Beendigung dieses Rechtsstreits entschieden werden. Gemeint ist nach dem Zusammenhang, dass dieses inländische Verfahren nicht mit einem sonst entgegenstehenden Sachurteil geendet hat (Bergmann/Ferid/Henrich/Ciklauri-Lammich, Georgien 21).

119 Nach Art 10 georg IPRG nimmt Georgien keine ausschließliche Zuständigkeit in Anspruch. Die spiegelbildlich anzuwendenden Regeln der internationalen Zuständigkeit Georgiens in Ehesachen sehen in Art 12 keine Zuständigkeit kraft gewöhnlichen Aufenthalts des Antragstellers vor, sondern nur bei einem solchen des Antragsgegners. Ist dieser in Deutschland, so ergibt sich jedoch die deutsche Zuständigkeit schon aus Art 3 Abs 1 lit a, 5. Str Brüssel IIa-VO, ohne dass eine Anerkennungsprognose nötig ist. Hat nur der **Antragsteller** den gewöhnlichen Aufenthalt in Deutschland, ist also mit einer **Anerkennung** in Georgien **nicht** zu rechnen.

120 **Ghana**

Gem sec 36 des ghanaischen Matrimonial Causes Act 1971 (Act No 367) wird ein ausländisches Scheidungs- oder Ehenichtigkeitsurteil, soweit es nicht Grundsätzen der natural justice widerspricht, dann anerkannt, wenn es entweder von einem Gericht eines Staates erlassen wurde, der in signifikanter und realer Verbindung mit den Ehegatten steht, oder wenn es mit dem Recht des Ortes in Einklang steht, an dem beide Ehepartner zur Zeit der Klageerhebung ihren gewöhnlichen Aufenthalt haben. Eine „signifikante und substantielle Verbindung" ist insbesondere dann gegeben, wenn die Parteien durch ihre Staatsangehörigkeit, ihr gemeinsames *domicile* oder mindestens dreijährige *habitual residence* (für den Unterschied zum gewöhnlichen Aufenthalt vgl bei England Rn 106) mit dem Gerichtsstaat verbunden sind (Ghana Law Reform Commission, Memorandum and Comments Matrimonial Causes Bill 1970, 1st draft, part II 3). Aus sec 31 des Matrimonial Causes Act, der freilich die eigene Entscheidungszuständigkeit ghanaischer Gerichte definiert, wäre zu entnehmen, dass es genügt, wenn nur eine der Parteien diese Verbindung hat (vgl *Turczak v Turczak* [1970] P 198 für England), doch der deutlich andere Wortlaut spricht gegen eine Übernahme in sec 36. Die Aufzählung der Beispiele für substantielle Verbindungen durch die Law Reform Commission ist nicht abschließend. Das Gesetz verweist vielmehr durch diese Formulierung vor allem auf die englische Entscheidung *Indyka v Indyka* ([1970] 1 AC 33 = [1967] WLR 510 [HL]; dazu zB SCHURIG FamRZ 1972, 288; OPPONG, Private International Law in Commonwealth Africa [2013] 201). Eine „real and substantive" Beziehung dürfte anzunehmen sein bei *domicile,* Staatsangehörigkeit oder mindestens dreijährigem gewöhnlichen Aufenthalt *(habitual residence)* im Gerichtsstaat (BERGMANN/FERID/HENRICH/WOODMAN/WANITZEK, Ghana 38). In der Situation des § 98 Abs 1 Nr 4 FamFG, dass nur der Antragsteller seinen gewöhnlichen Aufenthalt in Deutschland und erst seit weniger als einem Jahr hat, könnte mit Anerkennung allenfalls gerechnet werden, wenn er bereits sein *domicile* hier erworben hat, was nur in sehr seltenen Fällen so schnell sein kann. Danach genügt vielleicht auch der letzte gemeinsame eheliche Aufenthalt im Gerichtsstaat, wenn ein Ehegatte, dh hier der Antragsteller ihn behalten hat. Die zweite Alternative (Übereinstimmung mit dem Recht des Ortes des gewöhnlichen Aufenthalts beider Ehegatten) meint entsprechend *Armitage v Attorney General* ([1906] P 135 [GB]), dass Ghana auch anerkennt, wenn der dritte Staat des *domicile* seiner Partei, oder heute vielleicht auch eines länger dauernden gewöhnlichen Aufenthalts beider Parteien das Urteil anerkennt (Drittstaatsanerkennung). Der englische Recognition of Divorces and Legal Separation Act 1971 und der Family Law Act 1986 gelten in Ghana nicht.

Domicile idS ist eine Niederlassung und die Absicht, hier eine neue Heimat auf **121**
Dauer zu begründen. Selbst jahrzehntelange Anwesenheit genügt noch nicht (*Abuh Jaudeh v Abuh Jaudeh* [1972] 2 GLR 444). Auch eine Antrag auf Erwerb der Staatsangehörigkeit beweist diese Absicht noch nicht und erst recht nicht die Erklärung der Partei (vgl näher SPELLENBERG, in: FS Jayme [2004] 887, 889 ff). Nach sec 32 teilt die Ehefrau nicht ex lege das *domicile* ihres Mannes.

Der Vorbehalt der „natural justice" meint wie in der englischen Rechtsprechung den **122**
ordre public und vor allem, dass der Beklagte hinreichend geladen wurde und genügend Gelegenheit hatte, am Verfahren teilzunehmen. Mit Verweigerung der Anerkennung ist sicher zu rechnen, wenn der Antragsteller die Anschrift des Beklagten verschweigt und so eine öffentliche Zustellung herbeiführt und auch, wenn das Gericht keine Ermittlungsversuche macht (THANAWALLA, Foreign Inter Partes Judgements. Their Recognition and Enforcement in the Private International Law of East Africa, ICLQ 19 [1970] 430, 435; ALLOTT, New Essays in African Law [London 1970] 159 f). UU kann eine öffentliche Zustellung gem § 185 ZPO ausreichen, obwohl sie den Antragsteller nicht erreicht, wenn der Antragsteller gutgläubig angibt, den Aufenthalt der anderen nicht ermitteln zu können (*Macalpine v Macalpine* [1958] 35, 45).

Soweit eine Ehe unter Ghanaern nicht standesamtlich oder vor einem Geistlichen **123**
einer christlichen Kirche, sondern wie oft gewohnheitsrechtlich geschlossen wurde, können die Ehegatten sich auch gewohnheitsrechtlich scheiden lassen, müssen es aber nicht. Diese Scheidung geschieht ohne staatliche Mitwirkung, soll oder muss vielleicht danach registriert werden. Ist das geschehen, so ist die Ehe für Ghana bereits aufgelöst, und eine Anerkennungsprognose im Rahmen von § 98 Abs 1 Nr 4 ZPO nicht mehr nötig (vgl § 98 Rn 206).

124 Gibraltar

In Gibraltar gilt die Brüssel IIa-VO, sodass die Anerkennung deutscher Urteile gesichert ist. Für Feststellungsurteile ist auf England (Rn 105) zu verweisen.

125 Guatemala

Die Anerkennung ausländischer Scheidungsurteile bestimmt sich nach dem – unklaren – Dekretgesetz Nr 107 vom 14. 9. 1963, Art 344 und 345. Guatemala erkennt bei Gewährleistung der Gegenseitigkeit (Art 344 DekretG Nr 107) ein ausländisches Urteil dann an, wenn es nicht in Abwesenheit oder gegen eine Person ergangen ist, für welche die Vermutung der Verschollenheit besteht, oder die ihren Wohnsitz in Guatemala hat. Voraussetzung ist ferner, dass das Urteil gem den Gesetzen des Landes, in welchem es erlassen wurde, vollstreckbar ist und dass kein Verstoß gegen den ordre public besteht. Zwar enthält Art 155 guat Cc das Prinzip der Verschuldensscheidung, doch dürfte einer deutschen Scheidung wegen vermuteter Zerrüttung (§ 1566 BGB) der ordre public nicht entgegenstehen, da Art 155 Nr 4 guat Cc auch eine freiwillige Trennung von mehr als einem Jahr genügen lässt.

126 Guinea (Volksrepublik) (Conakry)

Eine ausdrückliche Regelung über die Anerkennung ausländischer Eheurteile gibt es anscheinend nicht. Jedoch hat der guin Code civil in Art 16 und 17 praktisch wörtlich die Art 14 und 15 des französischen Code civil übernommen, sodass auch das Jurisdiktionsprivileg für eigene Staatsangehörige gilt. Anders als in Frankreich ist diese Zuständigkeitsregel aber gem Art 18 guin C civ zwingend; es kann also nicht abbedungen werden (Lampué Pénant 1974, 73). Die Anerkennung ausländischer Eheurteile gegen einen Staatsangehörigen von Guinea scheint daher **ausgeschlossen**.

127 Es ist nicht ersichtlich, dass man sich in Guinea hinsichtlich des Jurisdiktionsprivilegs an Frankreich ausrichtet und eine engere Beziehung iSd französischen Arrêt *Simitch* zu Deutschland genügen ließe (vgl bei Elfenbeinküste Rn 97 ff).

128 Haiti

Haiti lehnt die Vollstreckung ausländischer Urteile grundsätzlich ab (Art 470 Zivilprozessordnung v 1928: „Die von ausländischen Gerichten erlassenen Urteile und von Beamten aufgenommenen Urkunden sind in Haiti nicht vollstreckbar"). Es wird aber vertreten, dass dies nicht für Eheurteile gelte, und dass diese anerkannt werden können, wenn beide Eheleute im Urteilsstaat ihr Domizil, dh wohl ihren Wohnsitz hatten (Staudinger/Gamillscheg[10/11] § 606b ZPO Rn 266). Das hilft aber im Fall des § 98 Abs 1 Nr 4 FamFG nicht; wenn beide ihren gewöhnlichen Aufenthalt in Deutschland haben, dann gilt Abs 1 Nr 2. Dass Haiti – wohl erfolglos – ein Scheidungsparadies für Ausländer werden will, sagt nicht, dass das haitianische Recht auch bereit ist, Auslandsscheidungen eigener Staatsangehöriger anzuerkennen.

129 Honduras

Das honduranische Recht enthält keine Bestimmungen, die die Anerkennung ausländischer Scheidungsurteile oder sonstiger den Personenstand betreffender Urteile regeln. Mit einer Anerkennung von Scheidungsurteilen kann vielleicht gerechnet werden, wenn beide Parteien in Deutschland domiziliert waren, aber dann kommt es wegen § 98 Abs 1 Nr 2 FamFG nicht mehr darauf an.

Hongkong **130**

Siehe oben China (Volksrepublik), Hongkong Rn 70.

Indien **131**

Sec 13 des Indian Courts Civil Procedure Code von 1908 enthält eine allgemeine Anerkennungsregel (vgl auch sec 41 Indian Evidence Act 1872). Danach wird nicht anerkannt, wenn das ausländische Gericht nicht zuständig war, wenn ohne streitige Verhandlung entschieden wurde, wenn offensichtlich internationales Recht verkannt oder die Anwendung indischen Rechts abgelehnt wurde, wenn dieses nach indischem IPR berufen war, wenn das Verfahren der natürlichen Gerechtigkeit widersprach oder wenn das Urteil durch Täuschung erlangt wurde. Grundlegend ist auch das Urteil des Supreme Court *Satya v Teja Singh* [1975] AIR 105, welches ausführlich einige dieser Anerkennungshindernisse und überhaupt allgemein die Voraussetzungen der Anerkennung darlegt (weitere Nw bei Phadnis/Otto RIW 1994, 471; die Aussage von Bergmann/Ferid/Nelle, Indien 12, dass ein am Wohnsitz der Parteien ergangenes Urteil immer anerkannt werde, weil die Rechtsprechung noch keine anderen Grundsätze entwickelt habe, ist zu pauschal).

Die Voraussetzung der internationalen Zuständigkeit wird nach indischen Maßstäben beurteilt (*Satya v Teja Singh* [1975] AIR 105). Eine internationale Anerkennungszuständigkeit besteht jedenfalls am gemeinsamen *domicile* der Eheleute. Nach bisheriger Auffassung teilte allerdings die Ehefrau ex lege das *domicile* des Mannes, sodass es also letztlich nur auf ihn ankam. Diese Regelung wird nicht nur aus Gründen der Gleichberechtigung, sondern auch deswegen in vielen Commonwealth-Ländern kritisiert, dass die vom Ehemann verlassene Frau ihm die Klage nachtragen müsse, wenn er sein *domicile* verlegt. Es gibt Hinweise darauf, dass man in Zukunft der Ehefrau ein eigenes *domicile* zugestehen wird, es scheint aber noch nicht geschehen zu sein. Dann dürfte sie zB in Deutschland klagen, auch wenn der Mann Deutschland verlassen und sein domicile zB wieder in Indien genommen hat. Es ist allerdings selten, dass ein Inder ein *domicile of choice* in Deutschland begründet. Die Anforderungen daran sind ähnlich hoch wie in England (vgl Spellenberg IPRax 1992, 233; Staudinger/Spellenberg [2015] Art 3 Brüssel IIa-VO Rn 110 ff). **132**

Es gibt Hinweise darauf, dass eine Anerkennungszuständigkeit auch gegründet wird auf den gemeinsamen gewöhnlichen Aufenthalt der Eheleute, hilfsweise auf den letzten gemeinsamen gewöhnlichen Aufenthalt (Phadnis/Otto RIW 1994, 74 mNw). Der muß aber wohl qualitativen wie quantitativen Kriterien entsprechen (*Satya v Teja Singh* [1975] AIR 105), dh wohl von einer längeren Dauer und eine Art Lebensmittelpunkt sein. Jedenfalls wird nicht anerkannt, wenn der Aufenthalt gerade zum Zwecke der Anrufung eines Scheidungsgerichtes gewählt wurde (*Satya v Teja Singh* [1975] AIR 105). Aber dann gilt schon Art 3 Abs 1 lit a Brüssel IIa-VO. **133**

134 Nicht anerkannt wird auch, wenn der Antragsteller zuständigkeitsbegründende Tatsachen, wie zB domicile oder Lebensmittelpunkt vorgetäuscht hat oder auch wenn sonst das Urteil arglistig erschlichen wird.

135 Wenn das Verfahren der natürlichen Gerechtigkeit entsprechen muss, so heißt dies vor allem, dass ordentlich und rechtzeitig zum Verfahren geladen wurde und dass im Verfahren rechtliches Gehör gewährt wurde.

136 Entgegen der etwas missverständlichen Formulierung wird nicht unbedingt verlangt, dass das deutsche Gericht das Recht angewandt hat, welches nach indischem IPR anzuwenden gewesen wäre, sondern es ist ein Verstoß gegen den indischen ordre public gemeint (Phadnis/Otto RIW 1994, 473). ME darf von indischen Scheidungsgründen nicht zu weit abgewichen werden. Hindu-Ehen aber sind nicht scheidbar.

137 Eine Ausnahme gilt für Parsen, die allerdings nur etwa 2 Prozent der Bevölkerung ausmachen, aber eine größere Rolle in der indischen Gesellschaft spielen. Nach sec 52 (2) Parsian Marriage and Divorce Act 1986 besteht eine ausschließliche internationale Zuständigkeit besonderer religiöser Familiengerichte in Indien. Deutsche Gerichte haben dann also keine Anerkennungszuständigkeit. Vorausgesetzt ist allerdings, dass die Ehe nach dieser besonderen religiösen Form in Indien und ausschließlich zwischen Angehörigen der parsischen Religionsgemeinschaft geschlossen worden ist. Soweit also zwei Parsen eine Zivilehe vor dem Standesbeamten eingehen, was sie können, gilt dies nicht, und ebenso wenig, wenn nicht beide Ehegatten Parsen sind.

138 Indonesien

Das indonesische Recht enthält auch nach Erlass des Gesetzes von 1974 über die Auflösung der Ehe keine Vorschriften über die Anerkennung ausländischer Ehescheidungsurteile. Nach dem derzeitigen Kenntnisstand kann damit gerechnet werden, dass in Indonesien ein ausländisches Scheidungsurteil anerkannt wird, wenn es auf der Grundlage des indonesischen internationalen Privatrechts ergangen ist. Weiter wird vorausgesetzt, dass das deutsche Gericht entsprechend den Art 20 f der Regierungsverordnung betreffend die Durchführung des Gesetzes über die Ehe vom 1. 4. 1975 zuständig war (OLG Hamburg 25. 10. 1983 IPRspr 1983 Nr 153; Rahm/Künkel/Breuer VIII Rn 154, etwas ungenau). Danach ist die Klage meistens am Wohnsitz des Beklagten zu erheben, jedoch am Wohnsitz des Klägers, wenn der Beklagte den anderen ohne dessen Erlaubnis oder ohne gesetzlichen Grund verlassen hat (vgl weiter Auskunft der indonesischen Botschaft, mitgeteilt in IPG 1969 Nr 16).

139 Irak

Irak nimmt keine ausschließliche Zuständigkeit für die Scheidung seiner Staatsbürger in Anspruch, insbesondere bestehen die früheren religiösen Scheidungsgerichte nicht mehr (freundliche Auskunft von Prof Dr Hilmar Krüger, Köln). Eine solche Zuständigkeit steht also der Anerkennung nicht mehr entgegen (anders noch OLG Hamm FamRZ 1974, 26 = StAZ 1974, 64; Schnittinger StAZ 1969, 307; **aA** Bergmann/Ferid/Löschner, Irak 7). Es wird allerdings bei Beteiligung auch nur eines Moslem erforderlich sein, dass das Urteil im Wesentlichen den Grundsätzen islamischen Rechts entspricht. Sonst steht wohl der ordre public entgegen.

Die Möglichkeit der privaten Verstoßungsscheidung ist in § 39 des Gesetzes über das Personalstatut von 1959, zuletzt geändert 1985, grundsätzlich ausgeschlossen worden. **140**

Iran **141**

Das deutsch-persische Niederlassungsabk v 17. 2. 1929 enthält für die Anerkennung von Scheidungen keine Regelung, sondern befasst sich nur mit der internationalprivatrechtlichen Anknüpfung der Scheidung (Art 8 Abs 2; RGBl 1930 II 1006). Aus Art 7 Abs 2 des Familienschutzgesetzes v 12. 2. 1975 ist zu entnehmen, dass auch ausländische Eheurteile anerkannt werden können. Denn nach dieser Bestimmung können die Parteien, wenn sie **beide im Ausland** wohnen, die dortigen Gerichte anrufen, und deren Urteile können von iranischen Notaren oder Konsulaten registriert werden. Nach ELWAN ist diese Regel – anders als der Rest – noch in Kraft (IPRax 1994, 293 mit eingehenden Nachweisen). Auch nach BGH (6. 10. 2004 – XII ZR 225/01, BGHZ 160, 332 Rn 15, IPRax 2005, 313 [RAUSCHER 313]; ebenso JAYME IPRax 1988, 367) erkennt Iran nach dem insoweit klaren Wortlaut des Art 7 Abs 2 nicht an, wenn ein Ehegatte im Iran lebt (OLG Hamm 31. 1. 1992 IPRax 1994, 305 [ELWAN 282, 284]) oder gar beide Ehegatten den Wohnsitz im Iran haben, denn Art 7 Abs 2 G v 12. 2. 1975 erlaubt die Anrufung ausländischer Gerichte nur, wenn die (beiden) Streitparteien im Ausland wohnen (OLG Hamm 31. 1. 1992 IPRax 1994, 305 [ELWAN 282] = FamRZ 1992, 822; WURMNEST/YASSARI IPRax 2006, 917).

Aus Art 7 G v 12. 2. 1975 mit Anmerkung dazu ist nicht eindeutig zu ersehen, ob die beiden persischen Ehegatten im selben ausländischen Staat leben müssen (für ungeklärt hält deshalb ELWAN die Frage, IPRax 1994, 285). Es spricht mE manches für die Auslegung, dass bei Wohnort in verschiedenen Staaten (außerhalb Persiens) eine Zuständigkeit in jedem Staat anerkannt werden wird, also auch wenn nur der in Deutschland wohnhafte Ehegatte hier klagt. Mangels, soweit ersichtlich, spezieller Regelungen, dürften die Anerkennungsvoraussetzungen im Übrigen die der allgemeinen Anerkennungsregelung in Art 169 des Vollstreckungsgesetzes heran zu ziehen sein. Dort wird keine besondere Anerkennungszuständigkeit verlangt (weiter WURMNEST/YASSARI IPRax 2006, 217 ff). Ansonsten enthält Art 169 den üblichen Vorbehalt des verfahrensrechtlichen ordre public und dass kein widersprechendes iranisches Urteil vorliegen darf. **142**

Leben beide Ehegatten im Ausland, so muss das deutsche Urteil weiter iranisches Recht angewandt haben (Art 7 Abs 2 G v 12. 2. 1975). So ist mit einer Anerkennung nur zu rechnen, wenn das deutsche Gericht iranisches, dh wenn der Ehemann Muslim ist, islamisches Recht anwendet (dazu YASSARI FamRZ 2002, 1088 ff; sehr zurückhaltend BERGMANN/FERID/HENRICH/ENNAYAT, Iran 28). Danach kann sich der muslimische Ehemann durch einseitige Erklärung (Talaq) scheiden. Die Ehefrau kann wegen bestimmter Gründen die gerichtliche Scheidung beantragen, die das Gericht dann auch feststellen muss. **143**

Die Regeln islamischen (hier schiitischen) Rechts müssen nur bei Beteiligung eines **144**

Angehörigen dieser Religion eingehalten werden (zu ihnen vgl Elwan/Menhofer/Otto, Gutachten zum ausländischen Familien-und Erbrecht [2005], Indien Gutachten Nr 2). Für andere Religionszugehörige gelten die Rechte ihrer Religionsgemeinschaft (Art 12 der Verfassung der islamischen Republik vom 15. 11. 1979). Der vom iranischen Recht vorgeschriebene Versöhnungsversuch ist durchzuführen, da sonst wohl nicht mit Anerkennung gerechnet werden kann (Herfarth IPRax 2000, 102; Soergel/Schurig Art 17 EGBGB Rn 57; **aA** BGH 6. 10. 2004 – XII ZR 225/01, IPRax 2005, 346). Nicht zutreffend ist die Auffassung, deutsche Gerichte könnten wegen des religiösen Charakters einer Scheidung in Iran nicht tätig werden (BGH IPRax 2005, 346 gegen KG 27. 11. 1998 – 3 UF 9545/97, IPRax 2000, 126; dazu Anh zu § 106 FamFG Rn 82 ff).

145 Island

In Island soll mit der Anerkennung ausländischer Scheidungsurteile, die isländische Staatsangehörige betreffen, dann gerechnet werden können, wenn der Beklagte im Urteilsstaat seinen Wohnsitz hat und das ausländische Urteil nicht dem ordre public oder den allgemeinen Grundsätzen des isländischen Rechts widerspricht (Löning RabelsZ 9 [1935] 409). Da sich das weniger entwickelte isländische IPR gerne an das dänische anlehnt, ist es möglich, dass auch die anderen bei Dänemark genannten Zuständigkeiten anerkannt und Hindernisse beachtet werden. Bahner gibt an, dass ausländische internationale Zuständigkeiten anerkannt werden (Bergmann/Ferid/Henrich/Bahner, Island 16), aber nicht welche.

146 Israel

Bei Israel ist der Vorrang des religiösen Rechts zu beachten. Die Anerkennung ist ausgeschlossen, wenn beide Eheleute Juden, Moslems, Drusen oder Angehörige einer christlichen Gemeinschaft sind, die in Israel ein religiöses Gericht unterhält (wohl nicht Protestanten). Hier wird eine ausschließliche Zuständigkeit dieser religiösen Gerichte angenommen, wobei freilich auch ausländische religiöse Gerichte angegangen werden könnten, wenn die Ehe religiös geschlossen wurde. Liegt eine solche religiöse Scheidung freilich bei Erlass des deutschen Scheidungsurteils schon vor, so kommt es auf dessen Anerkennung in Israel nicht mehr an, da dort die Ehe als bereits geschieden gilt (Herfarth, Die Scheidung nach jüdischem Recht im internationalen Zivilverfahrensrecht [2000] 247 ff; Siehr IPRax 2009, 332 ff). Eine ausländische gerichtliche Scheidung wird als solche in Israel nicht voll anerkannt, weil sie nicht in der nur Rabbinatsgerichten zugänglichen religiösen Weise geschehen ist. Zwar wird die ausländische Scheidung im Zivilstandsregister registriert, aber sie hat die Ehe nicht beendet (Parter FamRZ 1980, 979; Bergmann/Ferid/Margalish/Assan, Israel 42 f). Das reicht für § 98 Abs 1 Nr 4 FamFG nicht. Das gilt auch bei einer im Ausland nur standesamtlich geschlossenen Ehe, wenn sie in Israel dennoch voll wirksam ist (dazu Bergmann/Ferid/Margalish/Assan, Israel 41). Die Scheidung hinkt. Eheleute können natürlich noch zusätzlich eine Ehe durch Übergabe des Scheidebriefes – auch in Deutschland – scheiden (weiter Anh zu § 106 Rn 85 f).

147 Wenn israelische Juden, die religiös vor einem Rabbi geheiratet haben, in Deutschland eine gerichtliche Scheidung beantragen, so wird diese Scheidung in Israel nicht anerkannt werden; erforderlich ist vielmehr die Übergabe eines Scheidebriefes durch den Mann an die Frau, den ein Rabbi aufgesetzt hat. Nur dadurch wird die

Scheidung vollzogen. Man kann diesen Anforderungen nur dadurch entsprechen, dass der deutsche Richter vor dem Urteil dem Ehemann aufgibt, sich einen solchen Scheidebrief (Get) ausstellen zu lassen und vor einem Rabbi zu übergeben (Siehr IPRax 2009, 332, 335 f), denn das Gericht kann diese Handlung nicht ersetzen, auch nicht nach § 888 ZPO; die Weigerung kann allenfalls Schadensersatzansprüche uä auslösen (BGH 28. 5. 2008 – XII ZR 61/06, IPRax 2009, 347, 349 f).

Wenn das deutsche Gericht iSd israelisch-jüdischen Rechts nur zur Übergabe des Scheidebriefes verurteilte (dafür wohl Siehr, in: FS Schlosser [2005] 877, 888 ff; IPRax 2009, 336; Henrich IPRax 1995, 87 f; **aA** Herfarth IPRax 2002, 17, 20 ff), so würde dieses Urteil in Israel nicht anerkannt werden, weil es nicht von einem religiösen Gericht gesprochen wurde. Und mit einer eventuell wegen Verstoßes gegen den deutschen ordre public möglichen Scheidung nach deutschem Recht wäre der Frau wenig gedient, da sie nach mosaischem Recht dann nicht wieder religiös heiraten kann. **148**

Dagegen scheint, wenn die israelischen Staatsangehörigen keiner der betreffenden Religionsgemeinschaften angehören, eine Anerkennung der ausländischen Scheidung nach den Regeln des Haager Ehescheidungsabkommens von 1902 (RGBl 1904, 221, 231) möglich zu sein, dessen Regeln in Israel beachtet werden, obwohl der Staat dem Abkommen nicht beigetreten ist (Bergmann/Ferid/Margalish/Assan, Israel 42). Es sind dann allerdings dessen Zuständigkeitsregeln zu beachten (Wohnsitz des Beklagten oder gemeinsamer ehelicher Wohnsitz). **149**

Jamaika **150**

Nach sec 24 § 1a des Matrimionial Causes Act 1989 setzt die Anerkennung voraus, dass der Urteilsstaat grundsätzlich in spiegelbildlicher Anwendung der Zuständigkeiten Jamaikas zuständig war. Dafür ist nötig, dass wenigstens eine Partei die Staatsangehörigkeit des Urteilsstaat, oder dass eine Partei dort ihr domicile im englischen Sinne oder den gewöhnlichen Aufenthalt *(ordinary residence)* hat. Unklar ist sec 24 § 1b des Matrimonial Causes Act 1989, wonach ein Urteil aus einem Staat, in dem keine der Parteien ihr *domicile* hatte, sondern nur ihre *ordinary residence* oder die Staatsangehörigkeit, in Jamaika anerkannt wird, wenn sie in dem dritten Staat anerkannt wird, in dem eine Partei ihr *domicile* hat oder hatte (Drittstaatsanerkennung). Da lit a und b durch ein „oder (or)“ verbunden werden, möchte man das Erfordernis der Drittstaatsanerkennung auf den Fall des *domicile* dort beschränken. Lit c betrifft deutsche Scheidungen nicht, denn sie handelt von Staaten, die das domicile-Prinzip anwenden, und will sichern, dass diese nicht zu weit vom jamaikanischen abweicht (**aA** möglicherweise Geimer/Schütze/Otto, IRVZ Jamaika Nr 1057. 7).

Im Übrigen wird irgendeine Art von Verfahren verlangt und selbstverständlich die Wirksamkeit der Entscheidung. Ein Hindernis kann aber sein, wenn das Urteil in Jamaika nach den Regeln des Internationalen Privatrechts nicht anerkannt wird (sec 24 § 4 des Matrimonial Causes Act 1989). Damit dürfte der Fall gemeint sein, dass das Gericht ein anderes Recht angewandt hat als es das Kollisionsrecht Jamaikas beriefe, welches die Scheidung nicht zugelassen hätte. Der Vorbehalt des jamaikanischen ordre public wird nicht genannt, insbesondere nicht die rechtzeitige Ladung, doch gehört er stets zum Common Law des IPR. **151**

152 Für § 98 Abs 1 Nr 4 FamFG interessiert vor allem der gewöhnliche Aufenthalt bzw die *ordinary residence,* für den sec 24 § 1 des Matrimonial Causes Act 1989 keine Mindestdauer verlangt, wenngleich die *ordinary residence* auch nicht sofort entsteht. Auch ein *domicile of choice* braucht nicht unbedingt ein Jahr, wenngleich es selten in Deutschland sein wird.

153 **Japan**

Die Scheidung kommt in Japan meist durch eine gemeinsame Erklärung der Eheleute vor dem Bezirksamt zustande. Kommt die Einigkeit nicht zustande, so kann eine gerichtliche Scheidung nach vorherigem Versöhnungsversuch erfolgen (Nishitani IPRax 2002, 49; Nakamura, Familiengerichtsbarkeit [1984] 451 ff). Die Privatscheidung ist in Deutschland wegen Art 17 Abs 2 EGBGB nicht möglich.

154 Nach § 118 der Zivilprozessordnung idF von 1996 wird ein deutsches Urteil anerkannt, wenn (1) die (scil deutsche) internationale Zuständigkeit „aufgrund von Gesetzen, Verordnungen oder internationalen Verträgen gem dem Japanischen Recht gegeben war," „wenn (2) dem Antragsgegner die Ladung anders als öffentlich zugestellt wurde oder er sich trotz nicht ordnungsgemäßer Ladung auf die Klage eingelassen hat, und wenn (3) das Urteil des ausländischen Gerichts nicht gegen die öffentliche Ordnung oder die guten Sitten verstößt; und wenn (4) die Gegenseitigkeit gewährleistet ist" (Petersen, Das internationale Zivilprozessrecht in Japan [2003] 451 ff).

155 Die Gegenseitigkeit ist gewährleistet (Petersen, Das internationale Zivilprozessrecht in Japan [2003] 490 ff), wenn sie überhaupt bei Eheurteilen verlangt wird. Japan nimmt auch keine ausschließliche Zuständigkeit in Ehesachen für seine Staatsangehörigen in Anspruch.

156 In Japan selbst ist zwar etwas umstritten aber hM, dass die Regeln Japans über seine eigene Zuständigkeit in Ehesachen spiegelbildlich auch für die Anerkennung vom Urteilsstaat eingehalten sein müssen. Es wird auch die Auffassung vertreten (Kawakami RabelsZ 33 [1969] 510), dass es genüge, wenn das japanische Recht die ausländische Zuständigkeit nicht geradezu verneine. Nach japanischem Recht besteht jedenfalls eine Ehescheidungszuständigkeit, wenn beide Ehegatten ihren Wohnsitz im Urteilsstaat haben, oder wenn der Beklagte allein hier wohnt und der Kläger ihn absichtlich im Stich gelassen hat oder wegen eines Verbrechens ausgewiesen wurde oder verschollen ist oder wenn der Beklagte sich auf die Klage am Wohnsitz des Klägers freiwillig einlässt (Kono/Trunk ZZP 102 [1989] 326). Nur im letzteren Fall ist die Anerkennung in den Fällen des § 98 Abs 1 Nr 4 FamFG zu erwarten, wenn nur der Antragsteller seinen gewöhnlichen Aufenthalt hier hat.

157 Weiterhin ist streitig, ob für die Anerkennung vorausgesetzt ist, dass das ausländische Gericht das Recht angewandt hat, das nach japanischem IPR anzuwenden gewesen wäre. Dies wird in Japan jedoch ernsthaft bestritten (Kawakami 511), sodass also dies für § 98 Abs 1 Nr 4 FamFG nicht zu verlangen ist.

Jemen 158

Nach dem Familiengesetz von 1992 (dazu im Einzelnen FORSTER StAZ 1993, 249 ff, 280 ff) kann der Ehemann sich ohne Gericht durch „Verstoßung" scheiden. Ist dies in Deutschland anlässlich eines Scheidungsantrags geschehen, dann kommt es auf Anerkennung des Urteils im Jemen nicht mehr an (vgl § 98 Rn 254 u oben Ägypten Rn 2). Durch Richterspruch kann die Ehe dagegen bei anfänglichen, vielleicht auch bei gewissen später eingetretenen Mängeln auf Antrag des Mannes oder der Frau aufgehoben werden. Vor allem kann die Frau die Aufhebung bzw Scheidung wegen unüberwindlicher Abneigung und aus anderen Gründen durch den Richter verlangen.

Die Anerkennung ausländischer Urteile war seit 1992 allgemein geregelt im Zivilprozessgesetz (dazu KLAIBER IPRax 2007, 369 ff; KRÜGER RIW 1993, 470 ff). Art 282, 284 aF nennen freilich ausländische Eheurteile nicht ausdrücklich. Es ist gut möglich, dass diese Bestimmung, die ganz allgemein für ausländische Urteile gilt, auch hierauf anzuwenden ist. Die Neuregelung von 2002 (G Nr 40/2002 über Zivilverfahren und Vollstreckung) hat einige Einzelheiten geändert. Am wichtigsten ist, dass nun Art 494 Nr 2 G Nr 40/2002 die **Anerkennung verweigert**, wenn auch eine jemenitische Zuständigkeit besteht, die nicht ausschließlich sein muss. Eine solche besteht für jemenitische Beklagte und Ausländer mit Wohnsitz oder Aufenthalt im Jemen (Art 78 f G Nr 40/2002). 159

Art 494 Ziff 3 G Nr 40/2002 verlangt Gegenseitigkeit bei der Anerkennung von Urteilen. Diese gilt meistens als im Verhältnis zum Jemen als nicht gesichert (KRÜGER RIW 1993, 470 ff; KLAIBER IPRax 2007, 371). § 109 FamFG verlangt sie bei Eheurteilen nicht. Wir können jemenitische Scheidungsurteile uU auch dann anerkennen, wenn sie zwar islamisches Recht angewandt haben, die Ehe aber auch nach deutschem Recht wegen ein- oder dreijähriger Trennung hätte geschieden werden können. Unter diesem Gesichtspunkt sollte die Anerkennungsprognose für den Jemen nicht eindeutig negativ sein. 160

Jedoch wird die Anerkennung im Jemen nach Art 284 Nr 4 G Nr 40/2002 verweigert, wenn das Urteil gegen Bestimmungen der islamischen Scharia verstößt. Mit einer Anerkennung ist daher nur zu rechnen, wenn das deutsche Gericht islamisch-jemenitisches Recht angewandt hat. In diesem Fall ist die Anerkennung nicht offensichtlich ausgeschlossen. 161

Nach Art 284 Nr 2 G Nr 40/2002 müssen die Parteien geladen und ordnungsgemäß vertreten sein. Ein Zustellungsübereinkommen besteht nicht. Die Ladung muss wohl tatsächlich an die Partei erfolgt sein. 162

Ein früheres oder späteres jemenitisches Urteil hindert die Anerkennung. Im Übrigen ist der ordre public allgemein vorbehalten, der allerdings weitgehend schon dadurch absorbiert wird, dass die Entscheidung dem jemenitischen Recht entsprechen muss. 163

164 Jordanien

Rechtsquelle ist das Gesetz über die Anerkennung ausländischer Entscheidungen Nr 8/152. Nach Art 2 werden nur Titel auf Geldleistung, Herausgabe von Sachen und auf Rechnungslegung anerkannt, also nicht Scheidungsurteile. Nun ist allerdings die Scheidung meistens durch private Erklärung zu vollziehen („Talaq"), und dies wirkt aufgrund des jordanischen materiellen Rechts. Nur idS wäre die Auffassung des OLG Hamburg (10. 2. 1981 IPRax 1981, 181 [DH]) richtig, dass eine Anerkennung in Jordanien möglich sei, wenn die Ehe im Ausland gemäß dem jordanischen Scheidungsrecht erfolgt ist.

165 Zunächst ist zu beachten, dass jordanisches Eherecht religiös gespalten ist (dazu Elwan/Ost IPRax 1996, 389 ff). Sind beide Ehegatten Muslime, sind nach jordanischer Kollisionsregel die Schariatgerichte ausschließlich zuständig und damit ein deutsches Gerichtsurteil nicht anerkennungsfähig. Zwar kann der muslimische Ehemann sich durch „Verstoßung" scheiden, sodass es danach auf die Anerkennung eines deutschen Scheidungsurteils nicht mehr ankommt (vgl § 98 Rn 254 u Ägypten Rn 2). Ehefrauen können sich nach Art 114 ff Personalstatutsgesetz von 2010 in Vertretung des Mannes selbst verstoßen, wenn sie sich dieses Recht im Ehevertrag vorbehalten haben.

166 Die Anerkennung deutscher Scheidungen erübrigt sich dann ebenso (Geimer/Schütze/Bälz/al Karyouki, IRVZ Jordanien Nr 1063. 5 f; Bergmann/Ferid/Henrich/Salama, Jordanien 13). Möglich bleibt, dass das deutsche Gericht auf der Grundlage einer Verstoßung geschieden hat, dann wirkt aber schon der private Akt in Jordanien.

167 Über die Anerkennung ausländischer Scheidungen von Angehörigen anderer Religionen ist wenig bekannt. Art 23 des Zivilgesetzbuches von 1976 ist aber wohl zu entnehmen, dass jedenfalls von jordanischer Seite keine besondere Anerkennungszuständigkeit verlangt wird, weil danach die lex fori über die Zuständigkeit entscheiden soll. Im Übrigen wird das betreffende religiöse Recht über die Anerkennung einer ausländischen Scheidung zu entscheiden haben. Sind die Ehegatten Katholiken, so dürfte die Anerkennung am Scheidungsverbot des kanonischen Eherechts scheitern.

168 Kambodscha

Nach dem Ehe- und Familiengesetz vom 1989 (StAZ 1990, 304) werden ausländische Scheidungen anerkannt, wenn beide kambodschanische Ehegatten im Ausland wohnen (Art 81 Abs 1 kamb EheFamG 1989) und die Ehe im Ausland geschlossen wurde. Wohnt einer in Kambodscha, ist wohl die Anerkennung ausgeschlossen, weil dann Kambodscha eine ausschließliche Zuständigkeit in Anspruch nimmt (Art 81 Abs 3 kamb EheFamG 1989). Über sonstige Anerkennungshindernisse ist nichts Näheres bekannt.

169 Kamerun

2007 ist das Gesetz über die Einrichtung eines Richters für Vollstreckungsstreitigkeiten sowie über die Voraussetzungen der Vollstreckung ausländischer Gerichtsentscheidungen, öffentlicher Urkunden und Schiedssprüche ergangen. Es scheint, dass es für alle Arten von Urteilen, also auch Scheidungen gelten soll, denn Art 6 spricht von dem Antrag auf Anerkennung oder Exequatur. Es ist ein Gesetz für den Gesamtstaat, sodass sich die bisherige Übernahme der französischen bzw englischen Regeln für den frankophonen bzw anglophonen Teil Kameruns (dazu STAUDINGER/SPELLENBERG [2005] § 606a ZPO Rn 217, Kamerun) erübrigt hat.

Die Voraussetzungen der Anerkennung nennt Art 7: (1) Das Gericht muss nach seinem Recht zuständig gewesen sein; (2) die Parteien sind ordnungsgemäß geladen und vertreten oder für säumig erklärt worden: ein Zustellungsübereinkommen besteht nicht; (3) die Entscheidung ist vollstreckbar; (4) sie widerspricht weder dem kamerunischen ordre public noch einer kamerunischen endgültigen Entscheidung. **170**

Kanada **171**

a) Anglophones
Die Anerkennung ausländischer Scheidungen ist zum einen bundesweit für die anglophonen Provinzen in sec 22 Divorce Act 1985 (in Kraft seit dem 1. 6. 1986) geregelt. Danach wird anerkannt, wenn ein Ehegatte bei Klageerhebung seit **mindestens einem Jahr** seinen gewöhnlichen Aufenthalt („ordinarily resident") im Urteilsstaat hatte. Diese *residence* entspricht weitgehend dem gewöhnlichen Aufenthalt, sodass bei Erfüllung dieser Bedingung die deutsche Zuständigkeit schon aus Art 3 Abs 1 lit a 5. Str Brüssel IIa-VO folgt und keine Anerkennungsprognose mehr nötig ist. Jedoch ist der Divorce Act **nicht abschließend** (sec 22 Abs 3), sodass die Anerkennungsregeln des common law für die nach ihm lebenden Provinzen, also nicht die des droit civil (Quebec), unberührt bleiben (übersehen von BERGMANN/FERID/MAYR, Kanada 23; wie hier EMANUELLI, Droit international privé québécois [2011] Rn 114 ff; GROTTIER, Précis de droit international privé québéquois [4. Aufl 1990] no 311; CASTEL, Canadian Conflict of Laws [2. Aufl 1986] Bd 1 S 372 f).

In den Provinzen des common law war immer unbestritten, dass Urteile aus dem Staat des *domicile* des Ehemannes, der vom gewöhnlichen Aufenthalt verschieden sein kann, anzuerkennen sind. Seit dem Divorce Act 1968 genügte auch das domicile der Frau, die im common law an sich ihr *domicile* beim Ehemann hätte. **172**

Jedermann erwirbt mit der Geburt sein *domicile of origin,* das er behält, bis er es ab dem sechszehnten Lebensjahr durch ein *domicile of choice* ersetzt. Dieses setzt eine Niederlassung und die Absicht voraus, dort eine neue Heimat auf Dauer zu begründen. Das Hauptproblem ist, ob die Vorstellung, eventuell auch wieder weg zu ziehen, schadet. In der Regel ist das der Fall (animus manendi et de non revertendi). Vor allem an letzterem scheiterte in der Rechtsprechung des House of Lords der Erwerb eines *domicile of choice* meistens und selbst bei jahrzehntelanger Anwesenheit in England (vgl SPELLENBERG, in: FS Jayme [2004] 889 ff). Die Vorstellung, bei einem vagen und unwahrscheinlichen Ereignis doch das *domicile* wieder aufzugeben, würde aber nicht schaden. Da im Übrigen das *domicile of choice* alsbald entsteht, wenn diese Absicht entstanden ist, könnte theoretisch die deutsche Anerkennungszuständigkeit auch bei einem Aufenthalt unter einem Jahr – bei endgültiger Einwanderung – entstehen. Sec 22 (2) Divorce Act statuiert ausdrücklich, dass die Anerkennungs- **173** zuständigkeit auch auf das *domicile* der Ehefrau gegründet werden kann; das zielt auf die alte Regel, dass die Frau ex lege das *domicile* des Ehemannes teilte.

174 Mehr und mehr wurde jedoch die englische Entscheidung des House of Lords in *Indyka v Indyka* (1967) 2 All ER 689 = (1969) 1 AC 33 übernommen, die auf das *domicile* verzichtete (McClean, Recognition of Family Judgements in the Commonwealth [1983] 47; *Powell v Cockburn* [1977] 2 RCS 211 [Supreme Court]; *Bevington v Hewitson* [1974] 4 OR [2 d] 227 [SC Ontario]; *Gwyn v Mellen* [1979] 101 DLR [3 d] 609 [CA Brit Columbia]). Es genügt nun eine „real and substantial connection" einer Partei mit dem Urteilsstaat, die der Richter anhand aller Umstände des Sachverhaltes zu klären hat (Castel, Canadian Conflict of Laws [2. Aufl 1986] 374 f mNw). Es kann der gewöhnliche Aufenthalt des Antragstellers genügen, wenn dieser eine substantielle Beziehung begründet. Das wichtigste Element dafür ist seine Dauer. Ist sie allerdings unter einem Jahr, so müssten wohl noch weitere Elemente hinzukommen. Es gibt kanadische Rechtsprechung, die unter dieser Voraussetzung auch eine Aufenthaltsdauer von knapp unter 12 Monaten hat genügen lassen (McClean, Recognition of Family Judgments in the Commonwealth [1983] 48). Normalerweise wird aber in Kanada nicht anerkannt werden.

175 Ein *domicile* wird aber auch genügen, wenn nachweislich die Person also endgültig und auf unabsehbare Dauer ihre neue „Heimat" in Deutschland genommen hat (vgl Castel, Canadian Conflict of Laws [2. Aufl 1986] 88 f). Daran könnte man denken, wenn Kinder von Eltern, die noch ihr *domicile of origin* in England oder Kanada behalten hatten, in Deutschland geboren und aufgewachsen sind.

176 Die Regeln von *Indyka* werden auch auf Nichtigkeitsurteile erstreckt (*Gwyn v Mellen* [1979] 101 DCR [3d] 609 [CA Brit Columbia]), jedenfalls wenn der Kläger die substantielle Beziehung zum Urteilsstaat hatte. Der Begriff der „real and substantial connection" ist sehr unbestimmt, weswegen er in England durch präzisere gesetzliche Kriterien ersetzt wurde, doch gilt der englische Family Law Act natürlich nicht in Kanada.

177 Die kanadische Praxis folgt auch der englischen Rule in *Armitage v Attorney General* (1906) P 135, wonach eine Entscheidung anerkannt wird, obwohl die vom kanadischen Recht verlangten Zuständigkeitsvoraussetzungen nicht vorliegen, wenn sie von dem Staat anerkannt wird, in dem der Ehemann oder die Frau domiziliert ist, und ganz generell möglicherweise bei Anerkennung durch einen Staat, mit dem eine real and substantial connection im og Sinn besteht (Castel Canadian Conflict of Laws [2. Aufl 1986] 374/75 unter Berufung auf englische Entscheidungen, die in diese Richtung deuten können; *Indyka v Indyka* [1967] 2 All ER 689; *Armitage v A.G.* [1906] P.135; *Mather v Mahony* [1968] 1 W.L.R. 1773; *Messina v Smith* [1971] P. 322).

178 Die Anerkennung wird verweigert, wenn die Partei das *domicile* oder den gewöhnlichen Aufenthalt für unangemessene Zwecke, insbesondre um die Scheidung zu erlangen, genommen hat, und die Scheidung darf nicht dem kanadischen ordre public widersprechen, insbesondere muss dem Beklagten mit Ladung und während des Laufs des Verfahrens rechtliches Gehör gewährt worden sein.

b) Frankophones

179 Québec hat sein eigenes Anerkennungsrecht durch den Code civil du Québec vom 18. 12. 1991, in Kraft seit dem 1. 1. 1994, neu geregelt, das dem Divorce Act insoweit vorgeht (abgedruckt IPRax 1994, 322 mit Kommentar HP Glenn, 308 ff). Nach Art 3155 C civ queb gilt allgemein, dass nicht anerkannt wird, wenn das ausländische Urteil nicht rechtskräftig ist, wenn das ausländische Gericht nicht international zuständig war, wenn wesentliche Grundsätze des (kanadischen) Prozessrechts verletzt wurden, wenn über dieselbe Sache ein kanadisches rechtskräftiges oder noch nicht rechtskräftiges Urteil ergangen ist, oder dieselbe Sache früher in Québec rechtshängig geworden ist, oder wenn eine anerkennungsfähige Entscheidung eines dritten Staates vorliegt, und wenn die deutsche Entscheidung gegen den internationalprivatrechtlichen ordre public verstößt.

Die Anerkennungszuständigkeit ist gem Art 3164 C civ queb in spiegelbildlicher Anwendung der eigenen internationalen Zuständigkeiten gegeben, doch enthält Art 3167 C civ queb eine spezielle Regelung: Die Zuständigkeit wird anerkannt, wenn **beide** Ehegatten die Staatsangehörigkeit des Urteilsstaats haben, oder wenn **ein** Ehegatte im Urteilsstaat sein *domicile réel* (nicht im Sinne des englischen Rechts) oder zumindest **seit einem Jahr** seinen Aufenthalt (residence) hat. Es genügt aber auch, wenn die deutsche Entscheidung in einem dritten Staat anerkannt wird, in dem eine Partei *domicile* oder *résidence* hat, oder beide die Staatsangehörigkeit dieses Staates haben. **180**

Das *domicile (réel)* im frankokanadischen Sinne hat wenig mit dem englischen *domicile* zu tun. Es ähnelt dem deutschen gewöhnlichen Aufenthalt als Hauptniederlassungsort, wo die Person die meisten ihrer Interessen und Beziehungen hat (*Bonilla v Dame Lefebvre* [1964] mB.R. 102, 105; *Feltrinelli v Barzini* [1992] R.J.Q. 1525, 1531 (C.S.). **181**

Angesichts des Art 3 Abs 1 lit a 5. Str Brüssel IIa-VO ist die Anerkennungsprognose zu treffen, wenn einer oder beide Kanadier sind, scheitert aber idR an der Mindestdauer des Aufenthalts des Antragstellers. Dagegen besteht für das *domicile* keine Mindestdauer, wenngleich es nicht sofort entstehen wird. Der „gewöhnliche Aufenthalt" des Antragsgegners begründet schon nach Art 3 Abs 1 lit a 3. Str Brüssel IIa-VO eine Zuständigkeit, die § 98 Abs 1 Nr 4 FamFG verdrängt, der des Antragstellers nach 12 Monaten. **182**

Bei Nichtigkeitsurteilen wird die Zuständigkeit anerkannt, wenn eine der Parteien ihr *domicile* (im französischen Sinne) oder ihren Aufenthalt im Urteilsstaat hatte oder wenn die Ehe dort geschlossen wurde (Art 3164 mit 3144 C civ queb). **183**

Mit den wesentlichen Grundsätzen des Prozessrechts von Québec ist zumindest eine ordnungsgemäße und rechtzeitige Zustellung des verfahrenseinleitenden Schriftstücks und die weitere Gewährung des rechtlichen Gehörs gemeint. Eine eigene Entscheidung in derselben Sache oder ein früher in Québec anhängiges Verfahren hindern. Auch darf das Urteil nicht dem materiellen ordre public Kanadas widersprechen (Art 3155 C civ queb). **184**

Kapverdische Republik **185**

Die Anerkennung einer ausländischen Scheidung in der Kapverdischen Republik setzt eine formale Nachprüfung des Urteils voraus, für die gem Art 31 Nr 9 des Gerichtsverfassungsgesetzes Nr 33 vom 16. 7. 1975 der nationale Justizrat zuständig ist (vgl Bergmann/Ferid/Jayme, Kapverdische Republik 6). Die materiellen Anerkennungsvoraussetzungen hierfür sind, soweit erkennbar, nicht geregelt. Es soll jedoch mit einer anerkennungsfreundlichen Praxis gerechnet werden können; auf die Scheidungsgründe, die dem Urteile zugrunde liegen, soll es im Einzelnen nicht ankommen (vgl Bergmann/Ferid/Jayme, Kapverdische Republik 6). Im Übrigen gelten die Regeln des portugiesischen Rechts wohl fort (Art 1096 C p c), sodass auf die Ausführungen zu Angola verwiesen wird.

186 **Kasachstan**

Kasachstan hat das internationale Privat- und Prozessrecht sowie das Familienrecht in den Jahren 1998/99 neu geregelt. Die bisher weiterhin angewandte einschlägige Gesetzgebung der UdSSR gilt also nicht mehr (Texte der neuen Gesetze IPRax 2002, 53 ff mit Einführung von Weishaupt).

187 Nach Art 417 Abs 3 des Zivilprozessgesetzes 1. 7. 1999 nimmt Kasachstan eine ausschließliche Zuständigkeit in Anspruch für die Auflösung der Ehe kasachischer Staatsangehöriger mit Ausländern und Staatenlosen, wenn beide ihren ständigen Wohnsitz in Kasachstan haben. Es dürfte auch aus Art 426 Abs 3 e contrario folgen, dass eine ausschließliche Zuständigkeit in Anspruch genommen wird für die Auflösung von Ehen kasachischer Staatsangehöriger, schon wenn einer seinen ständigen Wohnsitz in Kasachstan hatte. Hat der Kläger seinen gewöhnlichen Aufenthalt in Deutschland, so ergibt sich aus Art 426 Abs 2 kasach Zivilgesetzbuch, dass eine Anerkennung möglich ist, wenn beide Ehegatten kasachische Staatsangehörige sind, aber beide ihren ständigen Aufenthalt außerhalb der Republik Kasachstan haben. Das heißt nicht, dass sie ihn beide in Deutschland haben müssen. Hat nur der Antragsteller ihn hier, so kommt eine Anerkennung unter diesem Gesichtspunkt in Frage.

188 Handelt es sich um eine Ehe von einem kasachischen Staatsangehörigen mit einem ausländischen Staatsangehörigen, der also bei § 98 Abs 1 Nr 4 FamFG nicht deutscher Staatsangehöriger sein darf, so kommt eine Anerkennung in Betracht, wenn wenigstens einer der Ehegatten seinen ständigen Aufenthalt außerhalb Kasachstans hat. Der andere darf ihn dort haben, selbst wenn er der Kasache ist. Das findet sich bestätigt in Art 204 Abs 3 kasach Familiengesetzbuch, wonach die Auflösung von Ehen zwischen Staatsangehörigen der Republik Kasachstan und Ausländern oder Staatenlosen in Kasachstan als rechtsgültig anerkannt wird. Die in Art 204 Abs 2 kasach Zivilgesetzbuch eingeräumte Möglichkeit der Eheauflösung vor konsularischen Vertretern oder Botschaften der Republik Kasachstan, soweit kasachisches Recht die Auflösung vor dem Standesamt zulässt, ist wegen Art 17 Abs 2 EGBGB in Deutschland ohne Bedeutung.

189 Sonstige Anerkennungshindernisse, wie insbesondere das der unzulänglichen Ladung zum Verfahren, sind in dem Gesetz offenbar nicht erwähnt. Immerhin enthält Art 1090 des kasach Zivilgesetzbuches einen allgemeinen Vorbehalt des ordre public gegenüber der Anwendung ausländischen Rechts im IPR. Da ist wohl anzunehmen, dass dieser grundsätzlich auch gegenüber der Anerkennung ausländischer Entscheidungen ins Feld geführt werden könnte.

Kenia 190

Weder der Matrimonial Causes Act (Cap 152, Laws of Kenya, Rev Ed 1962) noch ein anderes kenianisches Gesetz enthielten eine Vorschrift über die Anerkennung ausländischer Eheurteile, sodass gem sec 3 (1) (c) des Judicature Act (Cap 8, Laws of Kenya, Rev Ed 1983) auf „the substance of the common law, the doctrines of equity and the statutes of general application in force in England on 12th August, 1897" zurückzugreifen war, die ggf den örtlichen Erfordernissen anzupassen waren. Die Gerichtspraxis berief sich jedoch auch auf das nach 1897 in englischen Entscheidungen entwickelte common law (Sawyerr und Hiller, The Doctrine of Precedent in the Court of Appeal for East Africa [Dar es Salaam 1971] 15 ff mwNw; vgl *Re Sansone Banin* [1960] Eastern Africa Law Reports 532).

Heute ist die Frage in Sec 67 Marriage Act 2014 (No 4 of 2014) geregelt. Eine ausländische Scheidung wird nur anerkannt, wenn (a) wenigstens eine der Parteien in dem Gerichtsstaat ihr *domicile* wohl im englischen Sinne hat **oder** wenigstens zwei Jahre unmittelbar vor dem Verfahrensbeginn ihre gewöhnlichen Aufenthalt in Kenia hatte, und/oder (b) ein Nichtigerklärungs-, Scheidungs- oder Trennungsbeschluss im Staat des *domiciles* der Ehegatten oder in einem von ihnen anerkannt wird. 191

Zum Verständnis der Abs a und b ist darauf zu verweisen, dass Abs b wohl meint, dass nicht beide Eheleute ihr *domicile* im Gerichtsstaates haben müssen (Oppong, Private International Law in Anglophonic Africa [2013] 202), doch das macht die Sache nicht viel klarer, denn wenn eine der Parteien ihr *domicile* im Gerichtsstaat hat, dann ist klar dass der Beschluss dort „anerkannt" dh wirksam ist. Ebenso unklar ist, warum der eine Ehegatte seinen gewöhnlichen Aufenthalt während zweier Jahre vor Verfahrensbeginn in Kenia (!), nicht im Gerichtsstaat, haben musste (Bergmann/Ferid/Wanitzek/Döveling/Omondi/Omondi Owino, Kenia 29, halten die Regelung zu Recht für widersprüchlich bzw unverständlich). Die Formulierung muss – ebenso wie übrigens schon die Überschrift der sec 67 – verunglückt sein. Am ehesten könnte man annehmen, dass die Auslandsscheidung in Übereinstimmung mit den Prinzipien des Common Law anerkannt werden sollte, wenn sie im Domizilstaat eines Ehegatten ergangen ist, der nicht der Antragsteller sein muss. 192

Erfreulicherweise hat Kenia das *domicile* im Domicile Act 2012 teilweise gesetzlich definiert, doch erwirbt die Frau grundsätzlich mit der Heirat das *domicile* des Ehemannes, sodass also die Scheidung im Landes des *domiciles* des Ehemannes ergehen muss, es sei denn die Frau habe, was sie kann, ein eigenes Domicile of Choice begründet. In diesem Falle der verschiedenen *domiciles* kann die Ehe auch in einem Staat geschieden werden, der nicht der des *domiciles* des Antragstellers ist. 193

Das *domicile of Origin* erwirbt man ex lege mit der Geburt vom Vater, nichteheliche Kinder von der Mutter. Das *domicile of choice* erwirbt man durch Niederlassung mit der Absicht, hier auf Dauer eine neue Heimat zu begründen. Ausdrücklich wird gesagt, dass es nicht schade, wenn die Partei erwägt, sie wieder zu verlassen, wenn sich die Umstände ändern. Im Common Law würde das schaden (vgl Spellenberg, in: FS Jayme [2004] 887, 889 ff). 194

Für die Anerkennung muss das *domicile* des Antragstellers oder des Antragsgegners 195 nicht schon länger bestanden haben. Es entsteht, wenn die Absicht, auf Dauer zu bleiben erwiesen ist, und würde dann nicht unbedingt die Anforderung eines einjährigen gewöhnlichen Aufenthalts des Antragstellers iSd Art 3 Abs 1 lit a 5. Str Brüssel IIa-VO erfüllen. Dauert der gewöhnliche Aufenthalt des Antragstellers noch nicht ein Jahr, hat er aber sein *domicile* in Deutschland, so kann in Kenia anerkannt werden. Das *domicile* des Antragsgegners ist ohne Interesse, denn es setzt praktisch den gewöhnlichen Aufenthalt voraus, womit dann die Zuständigkeit aus Art 3 Abs 1 lit a 3. Str Brüssel IIa-VO begründet ist. Im Übrigen gilt der Vorbehalt des ordre public, der vor allem bei nicht hinreichender Ladung des Beklagten, der sich darum nicht ordentlich verteidigen konnte, eingreift (vgl Ghana Rn 122).

196 Kirgisistan

Kirgisistan hat das Internationale Verfahrensrecht im Zivilprozessgesetzbuch von 1999 neu geregelt. Die bis dahin weiterhin geltende Gesetzgebung der UdSSR ist damit nicht mehr in Kraft.

197 Art 381 kirg ZPG regelt die Anerkennung von Entscheidungen, die ihrer Natur nach keiner Vollstreckung bedürfen, also insbesondere der Ehescheidung. Die Anerkennung einer ausländischen Scheidung einer Ehe zwischen Staatsbürgern von Kirgisistan und ausländischen Staatsbürgern findet statt, wenn zu diesem Zeitpunkt mindestens einer der Ehegatten außerhalb der kirgisischen Republik wohnte. Die Scheidung oder Ungültigerklärung einer Ehe kirgisischer Staatsbürger kann anerkannt werden, wenn beide zu diesem Zeitpunkt außerhalb von Kirgisistan wohnten.

198 Nach Art 371 kirg ZPG sind kirgisische Gerichte dagegen ausschließlich zuständig für die Scheidung einer Ehe zwischen einem kirgisischen Staatsangehörigen und einem Ausländer, wenn beide ihren Wohnsitz in Kirgistan haben.

199 Über sonstige Anerkennungshindernisse ist nichts bekannt.

200 Kolumbien

Sachlich ist zwischen der Scheidung von Zivilehen und kirchlich geschlossenen Ehen zu unterscheiden.

201 Bei Zivilehen ist maßgeblich Art 164 kol Codigo civil idF vom 19. 1. 1976. Ist die Ehe in Kolumbien geschlossen worden, so wird die ausländische Scheidung der Zivilehe nur anerkannt, wenn der Scheidungsgrund auch vom kolumbianischen Recht zugelassen ist, dem Beklagten die Klage persönlich zugestellt wurde oder wenn er nach dem an seinem Wohnsitz geltenden Zustellungsrecht geladen worden ist. Ist die Ehe nicht in Kolumbien geschlossen worden, so wird jedenfalls eine Scheidung nach dem Recht des Wohnsitzes der Eheleute anerkannt werden. Ehewohnsitz ist gem Art 163 kol Codigo civil der Ort, an dem die Eheleute im gemeinsamen Einverständnis leben. Fehlt ein solcher, gilt der Wohnsitz des Beklagten. Es scheint aber, dass die Gerichte auch bei der im Ausland geschlossenen Zivilehe eines oder zweier Kolumbianer die Einhaltung kolumbianischer Scheidungsgründe verlangen (Möllring, Anerkennung und Vollstreckung ausländischer Urteile in Südamerika [1985] 86 f).

Die Scheidung kirchlich geschlossener bzw katholischer Ehen wurde nicht anerkannt, weil solche Ehen nach kolumbianischem Recht unauflösbar sind und dieser Grundsatz als Bestandteil des ordre public angesehen wurde (Möllring, Anerkennung und Vollstreckung ausländischer Urteile in Südamerika [1985] 86 f). Dass derartige Scheidungen möglicherweise als Trennung von Tisch und Bett anerkannt werden, genügt nicht (vgl Monroy Cabra, Tratado de derecho internacional privado [Bogota 1983] 317, 341 ff). Nun bestimmt aber Art 152 des Gesetzes vom 17. 1. 1992, dass eine, also zugelassene, Scheidung solcher Ehen durch zivile Gerichte lediglich zivilrechtliche Wirkungen entfalte. Seit einer Entscheidung des Verfassungsgerichtshofs vom 5. 2. 1993 dürfte für die Praxis entschieden sein, dass solche Ehen trotz des Konkordats mit dem Heiligen Stuhl von staatlichen Gerichten mit der Wirkung geschieden werden können, dass die Ehegatten standesamtlich neu heiraten können (Samtleben IPRax 1994, 63 f). Damit kann auch mit einer Anerkennung im Ausland staatlich geschiedener kanonischer Ehen gerechnet werden. **202**

Republik Korea (Süd) **203**

Südkorea hat die Anerkennung ausländischer Entscheidungen mit dem Gesetz über das Internationale Privatrecht 2001 und dem Zivilprozessgesetz 2002 neu geregelt. Gem Art 217 südkor ZPG werden ausländische Urteile anerkannt, wenn das ausländische Gericht nach den Grundsätzen der internationalen Entscheidungszuständigkeit entsprechend den Gesetzen und Staatsverträgen der Republik Korea als international zuständig anzuerkennen ist, der unterlegene Beklagte die Klage und die schriftliche Terminsmitteilung oder vergleichbare Schriftstücke im Wege der Zustellung (aber nicht durch öffentliche Zustellung oder ähnliche Zustellungsmethoden) so rechtzeitig erhalten hat, dass ihm nach den gesetzlichen Bestimmungen genügend Zeit für seine Verteidigung geblieben ist, oder wenn er sich auf den Rechtsstreit eingelassen hat, ohne entsprechende Unterlagen enthalten zu haben, die Anerkennung des ausländischen Urteils nicht gegen den koreanischen ordre public verstoßen würde und die Gegenseitigkeit verbürgt ist (Übersetzung bei Geimer/Schütze/Stiller/Schleicher, Int Rechtsverkehr, Südkorea Nr 1073. 13).

Die spiegelbildlich anzuwendende internationale Zuständigkeit gem dem IPRG ist gegeben, wenn der Antragsgegner seinen Wohnsitz im Gerichtsstaat hat. Der Wohnsitz des Antragstellers reicht nur, wenn der Verbleib des Antragsgegners ungewiss ist oder dieser sich auf das Verfahren eingelassen hat und keine Besorgnis besteht, dass seine Interessen durch das Verfahren in diesem Land unangemessen beeinträchtigt können (Geimer/Schütze/Stiller/Schleicher, IRVZ Südkorea Nr 1073. 9). Danach würde also der Wohnsitz des Antragstellers in Deutschland nur unter diesen besonderen Voraussetzungen ausreichen. Dass in der Literatur offenbar diskutiert wird, ob auch die koreanische Staatsangehörigkeit bei einer koreanisch-ausländischen Ehe ausreicht, ist im Hinblick auf § 98 Abs 1 Nr 4 FamFG ohne Bedeutung. **204**

Der Antragsgegner muss ordentlich und rechtzeitig geladen worden sein. Im Verkehr mit Korea gilt das HZÜ. Nach von einer Stiller/Schleicher (Südkorea Nr 1073. 14) mitgeteilten Entscheidung des Obersten Gerichtshofs von 1992 reicht **205** eine Ersatzzustellung und auch eine Zustellung auf dem Postwege nicht. In diesem Fall war aber das Schriftstück auch nicht in koreanischer Sprache. Die Gegenseitigkeit, wenn sie denn auch für Ehescheidungen verlangt wird, gilt als verbürgt (Geimer/Schütze/Stiller/Schleicher, IRVZ Südkorea 1073. 15/16).

206 Allerdings können koreanische Ehegatten ihre Ehe auch durch Vereinbarung außergerichtlich auflösen. Diese, wohl schriftliche, Vereinbarung muss nicht nur beim koreanischen Standesamt registriert werden, um wirksam zu sein, sondern diese Registrierung setzt seit 1979 eine Bestätigung des Familiengerichts darüber voraus, dass der Scheidungswille wirklich besteht. In Deutschland kommt nur eine gerichtliche und damit anerkennungsbedürftige Scheidung in Frage. Nur bei nach koreanischem Recht wirksamer Privatscheidung entfiele die Notwendigkeit einer Anerkennungsprognose (§ 98 Rn 254).

207 **Kuba**

Die Anerkennung ausländischer Ehescheidungsurteile ist in Kuba in Art 64 des Familiengesetzbuchs von 1975 geregelt. Eine allgemeine Bestimmung über die Anerkennung ausländischer Entscheidungen findet sich in Art 483 des Prozessgesetzes von 1977. Die Bestimmung über das Internationale Privatrecht im neuen Zivilgesetzbuch von 1987 sagt zu dieser Frage offenbar nichts (Texte bei Huzel IPRax 1990, 418 f).

208 Nach Art 64 kub Familiengesetzbuch wird ein „im Ausland ergangenes Scheidungsurteil, das eine in Übereinstimmung mit dem kubanischen oder mit ausländischen Gesetzen geschlossene Ehe zwischen Kubanern, zwischen Kubanern und Ausländern oder zwischen Ausländern auflöst, … in Kuba wirksam, wenn von der konsularischen Vertretung Kubas in dem Staat, in dem die Scheidung ausgesprochen wurde, beglaubigt wird, dass das Scheidungsverfahren und das Urteil in Übereinstimmung mit den Gesetzen dieses Staates ergangen ist". Ob und was die konsularische Vertretung dabei überprüfen soll, ist unklar (Bergmann/Ferid/Henrich/Rissel [Stand 30. 9. 2003], Kuba 9: möglicherweise eine Sachprüfung; Rahm/Künkel/Breuer VIII Rn 154: keine Überprüfung). Da gemeint ist, dass die Übereinstimmung mit den Gesetzen des Urteilsstaates bescheinigt werden soll, ist es jedenfalls keine übliche révision au fond anhand des kubanischen Rechts. Es lässt sich mE die Auslegung vertreten, dass die verfahrensrechtliche Ordnungsmäßigkeit des Urteils bescheinigt wird, da ja in der Sache durchaus nicht deutsches Recht angewandt worden sein kann. In dieser Hinsicht erscheint eine Anerkennung in Kuba nicht offensichtlich ausgeschlossen.

209 Auch in Art 483 kub Prozessgesetz (ZPG) ist eine Anerkennungszuständigkeit nicht gefordert. Möglich ist, dass allerdings Urteile bei Säumnis des Beklagten nicht anerkannt würden. Es ist zu vermuten, dass dies auch bei Eheurteilen gelten wird.

210 Art 483 Abs 4 Nr 4 kub ZPG verlangt, dass die Ausfertigung des Urteils die Merkmale aufweist, die für die Echtheit im Herkunftsland verlangt werden, einzuhalten sind, und dass die Erfordernisse des kubanischen Rechts, damit sie im Inland beweiskräftig ist, beachtet sind. Es handelt sich hier also um die Echtheit des Urteils.

Lesotho 211

Eine gesetzliche Regelung fehlt größtenteils. Für Fragen des internationalen Verfahrensrechts wird im Wesentlichen auf die Regeln des Common law bzw des südafrikanischen Rechts zurückgegriffen (D Otto StAZ 1996, 199 f). 1994 hat der High Court die Anerkennungsvoraussetzungen aufgelistet: Das ausländische Urteil muss abschließend sein, darf nicht gegen den verfahrensrechtlichen und materiellen ordre public Lesothos verstoßen (must not be repugnant to our law), und das ausländische Gericht muss nach den Maßstäben Lesothos zuständig gewesen sein (19. 12. 1994 *Adam v Adam* CIV/APN/327/94). Gegenseitigkeit ist nicht erforderlich.

212 Zuständig in diesem Sinne ist das Gericht, wo beide Ehegatten ihr *domicile* im englischen Sinne haben, wobei aber das *domicile* des Ehemanns entscheide (*Adam v Adam* Nr 5 ff). Der Grund ist, dass entsprechend der Tradition im common law die Ehefrau ex lege das *domicile* des Ehemannes teilt.

213 1978 wurde eine zusätzliche Regelung für die internationale Zuständigkeit Lesothos eingeführt, wonach diese Gerichte auch zuständig sind, wenn die Ehefrau allein seit mindestens einem Jahr in Lesotho wohnt und vor ihrer Heirat ihr *domicile* oder das ihres Ehemannes dort lag. Hintergrund der Regelung ist, dass trotz ihres *domicile of dependency* die Ehefrau hier klagen kann, auch wenn der Ehemann das Land verlassen hat. Im konkreten Fall lebte er nun in Südafrika und hatte dort die Scheidung erhalten, während die Frau wohl weiter in Lesotho wohnte.

214 Der High Court erwähnt die Neuregelung von 1978 nicht und geht davon aus, dass die Ehefrau ihr *domicile* von dem Ehemann ableitet. Es liegt nahe anzunehmen, dass die Regelung von 1978 nur eine Scheidungszuständigkeit in Lesotho begründen soll, nicht aber spiegelbildlich die Anerkennungszuständigkeit.

215 Danach kann der Ehemann in Deutschland klagen, wenn er hier sein *domicile* im englischen Sinne hat (s Ghana Rn 120 ff). Das kann vor Ablauf von einem Jahr entstehen, wenn er sich hier auf unabsehbare Zeit und vor allem ohne Rückkehrwillen niedergelassen hat. Ob die Ehefrau auf der Grundlage der Neuregelung von 1978 hier klagen kann, dürfte unerheblich und wohl auch zu verneinen sein, denn wenn sie, wie erforderlich wäre, seit mindestens einem Jahr hier wohnt, dann besteht schon die Klägerzuständigkeit nach Art 3 Abs 1 lit a 5. Str. Brüssel IIa-VO.

216 *Domicile* bedeutet nicht notwendig, dass auch der gewöhnliche Aufenthalt dort ist, dieser ist aber für § 98 Abs 1 Nr 4 FamFG nötig. Hat der Ehemann sein *domicile* in Deutschland, dann kann mit Anerkennung gerechnet werden.

217 Der gewöhnliche Aufenthalt des Ehemannes allein ohne *domicile* würde ausreichen, denn das Recht Lesothos nimmt die immerhin schon 47 Jahre alte Entscheidung *Indyka v Indyka* (1967) P 233 offenbar nicht auf, die die *ordinary residence* verbunden mit einer substantiellen Verbindung zum Gerichtsstaat ausreichen lässt. Zudem bestand 1978 auch südafrikanisches Recht auf dem *domicile* eines Ehegatten (vgl Forsyth, Private International Law [3. Aufl 1996] 383 ff, 387). Man wird daraus folgern müssen, dass deutsche Urteile in Lesotho nur anerkannt werden, wenn der Ehemann sein domicile in Deutschland hat. Klagt die Ehefrau ist die Anerkennung wohl zu

verneinen, wenn der Ehemann sein *domicile* hier aufgegeben hat. Aber wenn sie seit mehr als einem Jahr hier lebt, so kommt es auf die Anerkennung nicht mehr an.

218 Der materielle ordre public bedeutet, dass die Scheidungsgründe sich nicht weit von denen in Lesotho entfernen dürfen. Diese sind böswilliges Verlassen und Ehebruch (*Adam v Adam* Nr 8), doch akzeptierte das Gericht die Scheidung wegen Zerrüttung des südafrikanischen Rechts, denn dort würden böswilliges Verlassen und Ehebruch als Symptome der Zerrüttung angesehen. Der verfahrensrechtlich ordre public wird vor allem verletzt, wenn der Antragsgegner nicht ordentlich geladen wird oder seine Argumente nicht vorbringen kann. Es genügt aber, wenn er sich trotz mangelnder Ladung einlässt (*Adam v Adam* Nr 7).

219 **Libanon**

Ehe und Scheidung sind häufig den Religionsgemeinschaften überlassen. Kirchlich geschlossene Ehen können nur kirchlich aufgelöst werden und bei eigenen Staatsangehörigen und einer religiös geschlossenen Ehe sind die religiösen Gerichte des Libanon wohl gem Art 75 NCPC ausschließlich zuständig (JCl Dr comp, Liban 1994, Fasc 6 no 28 ff unter Berufung auf CA Mont-Liban 19. 2. 1991 und 24. 2. 1992, Gannagé). Das gilt nicht bei Zivilehen, die im Ausland und vielleicht auch im Libanon von Religionsangehörigen geschlossen werden können. Kirchliche Scheidungen sind in Deutschland wegen Art 17 Abs 2 EGBGB nicht zulässig, womit sich das Anerkennungsproblem erledigt.

220 Die Anerkennung ausländischer gerichtlicher Scheidungen richtet sich nach den Art 1009 ff nouveau code de procédure civile vom 17. 9. 1983. Gem Art 1014 CPC setzt die Anerkennung voraus (Gannagé JCl Droit comp Fasc 65 No 20, 29 ff P.): (1) dass das Urteilsgericht nach dem **Recht seines Staates** zuständig war, sofern diese Zuständigkeit nicht ausschließlich auf der Staatsangehörigkeit des Klägers beruht; (2) dass das Urteil nach dem Recht des Urteilsstaates rechtskräftig und vollstreckbar ist; (3) dass die Rechte der Verteidigung gewahrt wurden; (4) dass der Urteilsstaat die Vollstreckung libanesischer Urteile auf seinem Territorium, sei es aufgrund einfacher Kontrolle, sei es nach einer Exequaturentscheidung erlaubt; (5) dass das Urteil nicht gegen den ordre public verstößt.

221 Den Anforderungen der Nr 1 entspricht § 98 Abs 1 Nr 4 FamFG. Vermutlich ähnlich wie in Frankreich (vgl Elfenbeinküste Rn 88 ff) wird die Anerkennung des Urteils aber verweigert, wenn die Zuständigkeit im Ausland nur zum Zweck der Scheidung herbeigeführt wurde (Gannagé aaO Rn 27).

222 Die Rechte der Verteidigung müssen gewahrt sein. (Im Verhältnis zum Libanon gilt das Haager Zivilprozessübereinkommen vom 1. 3. 1954.) Ein früheres oder nachträgliches inländisches rechtskräftiges Urteil (Art 1061-1 NCPC), und eine frühere inländische Rechtshängigkeit hindern die Anerkennung (JCl Dr comp Fasc 65 No 32) wie ein Verstoß gegen den ordre public. Es wird auch nicht unter dem Gesichtspunkt des ordre public verlangt, dass das ausländische Urteil das Recht angewandt habe, das vom libanesischen IPR berufen wird.

223 Schließlich verlangt das libanesische Recht die Gegenseitigkeit (Nr 4). Auch diese

Anforderung an das deutsche Anerkennungsrecht wäre, wenn sie besteht, gegeben, denn sie wird unsererseits für Eheurteile nicht verlangt, sodass also die Gegenseitigkeit iSd libanesischen Rechts gesichert ist (vgl Najjar Rev trim dr civ 1994, 970).

Die Art 1015 und 1016 lib CPC enthalten Ausnahmen der Anerkennung, wenn (1) das ausländische Urteil mit falschen Urkunden erlangt wurde, (2) nachträglich Urkunden aufgefunden werden, deren Vorlage die siegreiche Partei verhindert hat; (3) der Tenor in sich widersprüchlich ist; oder (4) der Urteilsstaat libanesische Urteile einer révision au fond unterwirft. Die ersteren beiden Ausnahmen entsprechen im Wesentlichen dem deutschen Wiederaufnahmerecht, bedeuten aber, dass die Anerkennung ohne deutsche Wiederaufnahme verweigert wird. Eine révision au fond nimmt das deutsche Anerkennungsrecht, was auch die Gegenseitigkeit ausschlösse, nicht vor (zum ganzen vgl Nam, Les effets au Liban des actes juridiques étrangers [Beirut 1985] 55 ff). **224**

Soweit allerdings der Libanese mit islamischer Religionszugehörigkeit vor oder während des deutschen Verfahrens die Ehe durch „Verstoßung" seiner muslimischen Ehefrau oder durch Vertrag scheidet, kommt es auf die Anerkennung des Urteils nicht mehr an (und ebenso wenig, wenn er die Verstoßung noch nachholt) (Börner, Anerkennung ausländischer Titel in arabischen Staaten [1996] 51; Beitzke IPRax 1993, 232). **225**

Das Ehe- und Scheidungsrecht im Libanon ist religiös gespalten. Es gibt mehrere christliche und islamische Gemeinschaften. Erstere lehnen die Scheidung oft grundsätzlich ab. Dennoch werden Auslandsscheidungen anerkannt, wenn die Libanesen (im Ausland) nicht religiös, sondern zivil geheiratet haben (Najjar Rev trim dr civ 1992, 670; 1994, 970), aber wohl auch, wenn die Ehe in der religiösen Form geschlossen wurde, die Eheleute der Religionsgemeinschaft aber nun nicht mehr angehören (Najjar aaO). **226**

Liberia **227**

Das liberianische Recht folgt aus historischen Gründen dem US-amerikanischen, dessen Grundsätze insbesondere heranzuziehen sind, wo liberianische Gesetzgebung schweigt. Die ZPO von 1962 enthält keine Bestimmungen über die Anerkennung ausländischer Eheurteile und auch sonstige Gesetze wohl nicht. Es ist daher auf die Ausführungen zu den USA (Rn 382 ff) zu verweisen. Danach wird in Liberia aller Voraussicht nach eine Ehesache als actio in rem angesehen und die internationale Zuständigkeit angenommen, wenn eine der Parteien im Urteilsstaat ihr Domizil im Sinne des amerikanischen Rechts hat (s Vereinigte Staaten Rn 386). In diesem Fall hat das liberianische bzw amerikanische Recht nichts dagegen, dass der Scheidungsrichter sein eigenes Recht anwendet, verlangt dies aber nicht. Das liberianische Recht verlangt daher bei ausländischen Urteilen nicht die Anwendung liberianischen Rechts. Es wird aber wohl Wert auf die Wahrung der Rechte der Verteidigung gelegt. Das steht zwar einer Anerkennung von Versäumnisurteilen nach öffentlicher Ladung nicht schlechthin entgegen, doch muss zumindest sicher sein, dass die Unauffindbarkeit des Beklagten wirklich gegeben war (vgl Vereinigte Staaten Rn 389).

228 **Libyen**

Nach dem wohl auch auf Scheidungssachen anwendbaren Art 405 der libyschen ZPO vom 28. 10. 1958 werden in Libyen Urteile unter denselben Bedingungen anerkannt und vollstreckt, wie sie nach den Gesetzen des Urteilsstaates für die Vollstreckung der Urteile und Entscheidungen libyscher Gerichte gelten. Damit wird wohl nur die Verbürgung der Gegenseitigkeit verlangt, denn zusätzlich verlangt Art 407 libysche ZPO, dass das Gericht nach seinem Recht zuständig war, dass die Parteien ordnungsgemäß geladen waren, das Urteil nicht einem vorher ergangenen eigenen Urteil widerspricht und dass der libysche ordre public nicht verletzt wird (Geimer/Schütze/Bälz/Hamza, IRVZ Libyen Nr 10786. 7). Die Zuständigkeit geistlicher Gerichte, die uU ausschließlich hätte sein können, ist abgeschafft.

229 Es ist anzunehmen, dass der ordre public von Libyen geltend gemacht würde, wenn die Scheidung bei Beteiligung eines libyschen muslimischen Ehegatten nicht nach islamischem Recht erfolgt ist. In den meisten Fällen wäre danach durch „Verstoßung“ oder Vertrag zu scheiden, und damit wird ggf auch die Anerkennung des deutschen Urteils überflüssig (o § 98 Rn 254).

230 **Liechtenstein**

Anscheinend wird bei Statusurteilen die Anerkennung nicht mehr von der in Art 44 der Rechtssicherungsverordnung von 1923 geforderten Verbürgung der Gegenseitigkeit abhängig gemacht. Vielmehr bildet nun auch für die Auslandsscheidung liechtensteinischer Katholiken Art 89 Zivilgesetzbuch die Rechtsgrundlage für die Anerkennung ausländischer Scheidungsurteile. Er ist freilich sehr vage und verlangt nur, dass das Urteil von der zuständigen Behörde „aufgrund“ des anwendbaren Rechts ergangen sei. Ein Regierungsbeschluss vom 9. 4. 1985 konkretisiert für Mischehen mit einem liechtensteinischen Partner, dass Urteile (aus Deutschland) anerkannt werden, wenn ein Ehegatte im Urteilsland seinen Wohnsitz hatte. Der Wohnsitz darf nicht zum Zweck der Scheidung dort begründet worden sein. Es scheint aber zweifelhaft, ob auch eine Auslandsscheidung zweier Liechtensteiner anerkannt würde (M Frick, Die Anerkennung und Vollstreckung ausländischer Entscheidungen in Zivilsachen [St Gallen 1992] erwähnt den Fall nicht). Im Übrigen muss rechtliches Gehör gewährt werden, wenigstens rechtzeitige Ladung vorgelegen haben. Privatscheidungen, namentlich Verstoßungen und ausländische Scheidungen zur Umgehung des strengeren liechtensteinischen Eherechts verstoßen gegen den ordre public (zum Ganzen Frick 210 ff; Sprenger, Das Ehetrennungs- und Ehescheidungsrecht des Fürstentums Liechtenstein [Zürich 1985] 275). Das neue IPR-Gesetz v 19. 9. 1996 enthält keine Regelungen zur Anerkennung. Anscheinend richtet man sich sehr am schweizer Recht aus (Breuer, Ehe- und Familiensachen in Europa [2008] Rn 524).

231 **Madagaskar**

In Madagaskar enthält der Code de procédure civile vom 24. 9. 1962 idF des Gesetzes vom 19. 12. 1966 in Art 1 dieselbe Regelung wie Art 15 des französischen Code civil und weitgehend auch die des Art 14 französischer Code civil. Madagaskar nimmt also ein verzichtbares Jurisdiktionsprivileg für seine Staatsangehörigen in Anspruch (vgl näher bei Elfenbeinküste Rn 88 ff), die als im Ausland Beklagte sich auf ihre Heimatzuständigkeit berufen können (vgl Lampué Penant 1974, 73). Mit einer Anerkennung ist daher zu rechnen, wenn der beklagte Madegasse auf sein Privileg verzichtet; wenn er der Antragsteller ist, wird das widerleglich vermutet (weiter vgl bei Elfenbeinküste Rn 88).

Ob Madagaskar die Wende der französischen Rechtsprechung nachvollzogen hat, 232
wonach das Jurisdiktionsprivileg nur noch eine fakultative, nicht mehr ausschließliche Zuständigkeit begründet, ist unbekannt.

Da im Übrigen das IPR mit den damaligen, alten französischen Regeln übernom- 233
men wurde (Ordonnance 62-041 vom 19. 9. 1962; JCl Droit comparé, Madagascar no 123 ff), ist damit zu rechnen, dass auch die Anwendung des idS richtigen Rechts durch das Urteilsgericht verlangt wird.

Malawi 234

Eine ausdrückliche Regelung für die Anerkennung ausländischer Eheurteile ist in Malawi nicht ergangen. Immerhin statuiert sec 4 of the Malawi Divorce Act (Cap 25:04 of the Laws of Malawi, 1968), dass die Jurisdiction der malawischen Gerichte in Eheangelegenheiten, soweit der Divorce Act nichts Gegenteiliges anordnet, in Übereinstimmung mit dem Recht ausgeübt werden soll, das derzeit im High Court of Justice in England in Eheverfahren angewandt wird. Daraus kann auch folgen, dass für die Anerkennung ausländischer Eheurteile das englische Recht angewandt wird (vgl oben England Rn 104 ff). Diese dynamische Verweisung auf die jeweilige Praxis in England in einem Gesetz, das nach der Unabhängigkeit ergangen ist, bedeutet heute, dass der Family Act 1986 und nicht die Regeln des Common Law herangezogen werden kann. Mit Anerkennung ist dann zu rechnen, wenn der Ehemann bei Antragstellung sein *domicile* in Deutschland hatte. Eine Mindestdauer ist nicht verlangt.

Sein gewöhnlicher Aufenthalt könnte vielleicht aber nicht genügen, denn abwei- 235
chend von englischen Family Act verlangt Malawi für seine eigene Zuständigkeit das *domicile* des Ehemannes und lässt die *habitual residence* nicht genügen (*Brown v Brown,* High Court Matrimonial Cases Nr 9/2002). Das *domicile* schließt zwar faktisch einen gewöhnlichen Aufenthalt häufig mit ein, und die Frau teilt es ex lege mit dem Mann, aber es verlangt deutlich mehr als einen gewöhnlichen Aufenthalt. Ohne *domicile* ist dann mit Anerkennung nicht zu rechnen.

Malaysia 236

Das malaysische Anerkennungsrecht folgt den Grundsätzen des englischen common law, wie es zum Rezeptionsdatum 7. 4. 1956 galt (Bergmann/Ferid/Richter, Malaysia 25 f), doch ist es angesichts der verbreiteten Praxis in anderen Commonwealth-Staaten anzunehmen, dass die malaysische Praxis auch der neueren anerkennungsfreundlicheren englischen Rechtsprechung dh namentlich *Indyka v Indyka* (McClean, Recognition of Family Judgements in the Commonwealth [1983] 47), nicht aber der englischen Gesetzgebung, dh dem Family Act 1986, folgen wird (vgl McClean, Recognition of Family Judgments in the Commonwealth [1983] 47).

237 **Mali**

Mangels eigener gesetzlicher Regelungen ist wohl auf französische Grundsätze zurückzugreifen. Es gilt also insbesondere das verzichtbare Jurisdiktionsprivileg für eigene Staatsangehörige und das Gebot der kollisionsrechtlichen Konformität (vgl Schütze JR 1985, 456). Im Einzelnen kann daher auf die Elfenbeinküste (Rn 88 ff) verwiesen werden.

238 **Marokko**

In der Neuregelung des Familiengesetzbuches von 2005 ist die Scheidung durch private Erklärung zwar noch möglich, bedarf aber der vorherigen Genehmigung durch das Gericht (Art 78 ff marokkanisches FamGB). Die Scheidung kann auch durch das Gericht erfolgen. Liegt eine nach marokkanischem Recht wirksame Verstoßung vor, kommt es auf Anerkennung nicht mehr an (vgl bei Ägypten Rn 2). Freilich müsste die Form der Erklärung vor zwei „Adoulen“ gewahrt werden, was in Deutschland schwierig sein dürfte und vor allem gegen Art 17 Abs 2 EGBGB verstieße.

239 Eine ausländische gerichtliche Scheidung wird nach Art 128 Abs 2 marokkanisches FamGB anerkannt. Erforderlich ist die Zuständigkeit des ausländischen Gerichts und dass die Entscheidung „auf Erwägungen beruht, die denjenigen dieses Gesetzbuches über die Auflösung der ehelichen Beziehung nicht widersprechen“. Die Anwendung des vom marokkanischen IPR berufenen Sachrechts scheint zwar vom Gesetz nicht mehr gefordert, doch prüfen die Gerichte praktisch wohl doch nach, ob (auch) ein Scheidungsgrund des marokkanischen Rechts vorlag (OLG Stuttgart 26. 2. 1997 FamRZ 1997, 882). Jedenfalls zählt zum vorbehaltenen marokkanischen ordre public, dass bei Beteiligung eines Muslim, selbst wenn das nicht der marokkanische Ehegatte ist, wenigstens den Grundprinzipien des islamischen Rechts (malekitischer Ritus) entsprochen wurde (früher Decroux Revue juridique, politique et économique du Maroc 1981, 159–170; Deprez ebda 135 ff; ders, Rec d Cours 211 [1988] 110 ff, 122, 124; Cour Suprême 5. 7. 1974 Clunet 1976, 681 [Decroux]). Der Vorrang des islamischen Rechts gilt wohl für alle Marokkaner, auch wenn sie nicht Muslime sind, außer für Juden (Bergmann/Ferid/Nelle, Marokko 24). Dann gilt das spezielle marokkanische Statut für Juden (Art 3 des marokkanischen Staatsangehörigkeitsgesetzes vom 6. 9. 1958).

240 Ob das entscheidende Gericht nach den Zuständigkeitsvorschriften des marokkanischen Rechts oder der lex fori zuständig gewesen sein muss, scheint noch umstritten (die hM ist für die marokkanischen Regeln, JCl Dr Comp Maroc Fasc 4 No 150 f). Da Marokko keine ausschließliche Zuständigkeit für seine Bürger in Anspruch nimmt, gilt vielleicht nach Art 212 marokkanisches FamGB der Gerichtsstand des ehelichen Wohnsitzes oder des Wohnsitzes der Ehefrau oder der Ort des Abschlusses des Ehevertrages. Danach wäre mit der Anerkennung in Marokko nicht zu rechnen, wenn nur der Antragsteller in der BRD seinen Wohnsitz hat. Die Vornahme der Scheidung durch ein weltliches Gericht steht in Marokko der Anerkennung jedenfalls nicht mehr entgegen.

Mauretanien 241

Die Anerkennung ausländischer Urteile ist, wenn auch etwas knapp, im Gesetz über den Zivilprozess vom 24. 7. 1999 geregelt. Danach darf das ausländische Urteil nicht gegen den mauretanischen ordre public oder die guten Sitten verstoßen.

Die ausländische Entscheidung muss durch ein zuständiges Gericht des betreffenden Staates erlassen und dort vollstreckbar sein. Dass Mauretanien eine bestimmte Anerkennungszuständigkeit verlangt, bzw das die Zuständigkeit nach mauretanischen Regeln beurteilt wird, ist nicht gesagt. Der Text des Art 304 mauret Zivilprozessgesetz spricht für eine Zuständigkeit nach dem Recht des Urteilsstaates. 242

Die Parteien müssen geladen worden sein und die Möglichkeit gehabt haben, sich zu verteidigen. Ein Zustellungsübereinkommen besteht nicht. Die Anerkennung wird verweigert, wenn ein widersprechendes mauretanisches Urteil vorliegt (Bergmann/Ferid/Henrich/Weishaupt, Mauretanien 17; Krüger RIW 1990, 990 f). 243

Mauritius 244

Grundlage der Anerkennung ausländischer Urteile ist wohl Art 546 Code de procedure civile. Dass ein Exequatur nötig ist, ist im vorliegenden Zusammenhang ohne Bedeutung. Voraussetzungen für die Anerkennung sind, dass das ausländische Gericht international zuständig war. Eine ausschließliche Zuständigkeit nimmt Mauritius für die eigenen Staatsangehörigen nicht mehr in Anspruch (Geimer/Schütze/Otto, Int Rechtsverkehr, Mauritius Nr 1089.3). Es scheint aber, dass die Anerkennungszuständigkeit nach den mauritianischen Regeln zu beurteilen ist (Geimer/Schütze/Otto, Int Rechtsverkehr, Mauritius Nr 1089.7). Obwohl nach der Divorce and Judicial Separation Amendment Ordinance nur Gerichte am gemeinsamen Wohnsitz oder die des Heimatstaats einer Partei zuständig wären, dürfte ein deutsches Urteil, das gem § 98 Abs 1 FamFG seine Zuständigkeit nur auf den gewöhnlichen Aufenthalt des klagenden Ehemannes gegründet hat, **anerkannt** werden, weil die Ehefrau ex lege das *domicile* des Mannes teilt. Es ist nicht näher bekannt, ob letzteres jetzt geändert wurde. Der Begriff des *domicile* entspricht weniger dem des englischen als des *französischen Rechts* und ähnelt eher dem deutschen **Wohnsitz** (Geimer/Schütze/Otto, Int Rechtsverkehr, Mauritius Nr 1089.2).

Das ausländische Verfahren muss rechtsstaatlichen Grundsätzen genügen. Insbesondere muss der Gegner ordnungsgemäß geladen und rechtliches Gehör gewährt worden sein. Es gelten das HZÜ und das deutsch-britische Rechtshilfeabkommen von 1928. Die Entscheidung darf auch nicht betrügerisch erlangt worden sein. 245

Das Urteil darf nicht einem früheren Urteil eines mauritianischen Gerichts oder einem anerkennungsfähigen früheren Urteils eines Drittstaats widersprechen (Otto aaO Nr 1089.7 mNw). 246

Mazedonien 247

Seit 2007 hat Mazedonien ein eigenes Gesetz über das IPR, sodass das ehemalige jugoslawische IPR-G nicht mehr gilt (Text IPRax 2008, 158 ff, mAnm JESSEL-HOLST 154 ff).

248 Zur Anerkennung ausländischer Eheurteile sagt Art 104 mazed IPR-G, dass nicht anerkannt wird, wenn eine ausschließliche Zuständigkeit Mazedoniens bestand. Dies ist nur der Fall gem Art 73 Abs 2 mazed IPR-G, wenn der Beklagte mazedonischer Staatsbürger ist und seinen Wohnsitz in Mazedonien hat. Und auch dann kann noch Art 104 Abs 2 mazed IPR-G helfen, dass die Anerkennung gewährt werde, wenn der Beklagte die Anerkennung beantragt oder einem Anerkennungsantrag des Klägers nicht widerspricht.

249 Ansonsten muss die Gegenpartei einer Anerkennung widersprechen, damit ggf die Anerkennungshindernisse beachtet werden. Es sind dies die Verletzung des ordre public (Art 107 mazed IPR-G) und ein Widerspruch zu wesentlichen Grundlagen des mazedonischen Rechts (Art 108 mazed IPR-G), die unzureichende Ladung und Verweigerung rechtlichen Gehörs (Art 103 mazed IPR-G) und der Widerspruch zu einer eigenen Entscheidung oder anerkannten Entscheidung eines dritten Staates (Art 106 mazed IPR-G).

250 Die anderen Anerkennungshindernisse spielen im Rahmen des § 98 Abs 1 Nr 4 FamFG keine Rolle: wenn das deutsche Gericht nur wegen der Staatsangehörigkeit des Klägers zuständig war, wird zwar nicht anerkannt (Art 105 mazed IPR-G), aber § 98 Abs 1 Nr 4 FamFG betrifft das auch nicht, und auch das Hindernis, dass eine abweichende Zuständigkeitsvereinbarung der Parteien zugunsten Mazedoniens missachtet wurde (Art 105 Abs 2 mazed IPR-G), sollte keine Rolle spielen, weil Mazedonien eine Zuständigkeitsvereinbarung in Ehesachen nicht vorsieht.

251 Das IPR-G verlangt keine Anerkennungszuständigkeit, sondern **verweigert** die Anerkennung, wenn der beklagte eigene Staatsangehörige seinen Wohnsitz in Mazedonien hat. Die Zuständigkeit gem § 98 Abs 1 Nr 4 FamFG kraft des einseitigen gewöhnlichen Aufenthalts des Antragstellers wird sonst akzeptiert. Nur die anderen, klassischen, Anerkennungshindernisse können entgegenstehen.

252 **Mexiko**

In Mexiko gehört die Anerkennung ausländischer Eheurteile in die Zuständigkeit der einzelnen Bundesstaaten. Diese haben die Materie nur teilweise geregelt (GEIMER/SCHÜTZE/VON SACHSEN GESSAPHE, Int Rechtsverkehr, Mexiko Nr 1090. 15).

253 Es gibt eine neuere eingehende Regelung für den Bundesdistrikt, in dem immerhin über 20 Mio Menschen leben (zur Reform des IPR dort, wenngleich nicht zur Anerkennungsfrage, vgl VON SACHSEN GESSAPHE IPRax 1989, 111 ff). Hier ergibt sich allgemein aus Art 606 Codigo de procedimientos civiles para el distrito federal idF 7. 1. 1988 mit Art 156, dass anerkannt wird, wenn das Urteilsgericht seine internationale Zuständigkeit nach anerkannten internationalen Regeln bejaht hat, soweit diese vereinbar mit den Vorschriften dieser Prozessordnung oder der Bundesprozessordnung sind. Damit dürfte eine spiegelbildliche Anwendung der eigenen Vorschriften über internationale Zuständigkeit gemeint sein. Nach den eigenen Vorschriften besteht eine Scheidungszuständigkeit am gemeinsamen Wohnsitz der Parteien, oder, wenn eine

Partei diesen verlassen hat, am Wohnsitz des verlassenen Teils. Behauptet jeder, dass er der verlassene Teil sei, dann gilt der Wohnsitz des Antragstellers, um die Begründetheit des Antrags nicht zu präjudizieren. Eine Zuständigkeitsvereinbarung ist zulässig (Art 566 Codigo federal de procedimientos civiles) (von Sachsen Gessaphe, Int Rechtsverkehr, Mexiko Nr 1090. 17 mit Nr 1090. 9 f). In dieser Situation geht aber Art 3 Abs 1 lit a 2. Str Brüssel IIa-VO vor.

Weiter muss der Beklagte persönlich geladen worden sein. Es genügt aber, dass er sonstwie Kenntnis erlangt und am Verfahren teilnimmt. Eine frühere inländische Rechtshängigkeit hindert die Anerkennung. Abgesehen vom allgemeinen Vorbehalt des ordre public muss zusätzlich die Gegenseitigkeit verbürgt sein. Diese wird im Verhältnis zu Deutschland bejaht (Martiny, in: Hdb IZVR III/1 Kap 1 Rn 1441). Selbst wenn, wofür es Hinweise gibt, die Praxis die Anerkennung (noch) verweigern sollte, so ist angesichts dieser Gesetzeslage die Anerkennungsverweigerung nicht offenbar iSd § 98 Abs 1 Nr 4 FamFG (vgl auch von Sachsen Gessaphe, Int Rechtsverkehr, Mexiko Nr 1090. 17). **254**

Republik Moldau (Moldawien) **255**

Die Republik Moldau hat 1993 das Familienrecht neu geregelt und die Anerkennung ausländischer Scheidungen in Art 196 des Ehe- und Familienkodex nun zugelassen. Die Scheidungen werden, weil sie keinen vollstreckungsfähigen Inhalt haben, automatisch anerkannt, doch kann die interessierte Person, das ist vor allem der Antragsgegner, aber wohl auch der Antragsteller, einen **Einspruch** einlegen. Die Anerkennung wird dann gemäß Art 471 moldaw Zivilprozessgesetz verweigert, wenn der Antragsgegner nicht ausreichend geladen war und daher nicht teilnehmen konnte, oder wenn ein moldawisches Urteil mit demselben Gegenstand vorliegt oder ein älteres Verfahren anhängig ist, oder wenn eine ausschließliche moldawische Zuständigkeit besteht, doch nimmt Moldawien eine solche nicht in Anspruch, oder wenn der moldawische ordre public verletzt ist, oder wenn das Urteil durch arglistige Täuschung erlangt wurde.

Nicht recht klar ist Art 474 moldaw ZPG, der sich anscheinend aber nur mit der Frage befasst, ob ein Exequatur nötig ist. Das Gesetz verzichtet darauf bei Ehen zwischen zwei Moldawiern, wenn beide ihren Wohnsitz zum Zeitpunkt der Scheidung im Ausland hatten, und bei einer gemischt-nationalen Ehe, wenn einer der Ehegatten im Ausland wohnte, und das muss nicht der moldawische Staatsbürger sein. **256**

Anforderungen an die Zuständigkeit des ausländischen Gerichts werden anscheinend nicht gestellt. **257**

Monaco **258**

In Monaco werden ausländische Scheidungsurteile gem Art 472 ff des Zivilprozessgesetzbuches anerkannt, wenn die Gegenseitigkeit verbürgt ist. Dann wird nur noch verlangt, dass das Gericht zuständig war, dass die Parteien ordnungsgemäß gehört wurden und sich verteidigen konnten, und dass das Urteil rechtskräftig ist und nicht gegen den monegassischen ordre public verstößt. Eine materielle Prüfung des Urteils findet nur statt, wenn die Gegenseitigkeit nicht verbürgt ist. Das dürfte für die BRD nicht der Fall sein (Bergmann/Ferid/Henrich/Frank, Monaco 16).

259 **Mongolei**

Die am 1. 6. 2004 in Kraft tretende Zivilprozessordnung enthält keine eingehendere Bestimmung über die Anerkennung ausländischer Urteile in Ehesachen. Es findet sich lediglich in Art 194 mongol ZPO, dass die Vollstreckung ausländischer Gerichtsurteile durch die mongolische Gesetzgebung und völkerrechtlichen Abkommen, denen die Mongolei beigetreten ist, geregelt wird. Ein Anerkennungsvertrag für Ehesachen oder auch andere Sachen existiert zwischen der Bundesrepublik und der Mongolei nicht, und das Abkommen der ehemaligen DDR mit der Mongolei ist gekündigt. Der Verweis auf mongolische Gesetzgebung geht ins Leere, da eine einschlägige Gesetzgebung in der mongol ZPO nicht enthalten und auch sonst nicht bekannt ist.

260 Vielleicht hilft Art 14.10 mongol FamGB v 11. 6. 1999 weiter: Bei Scheidung einer Ehe zwischen mongolischen Staatsangehörigen oder zwischen einem mongolischen und einer ausländischen oder staatenlosen Person mit ständigem Aufenthalt im Ausland wird die Scheidung der Ehe als wirksam anerkannt, sofern sie nicht gegen internationale Vereinbarungen oder das vorliegende Gesetz verstößt.

261 Unklar ist schon, ob sich Art 14.10 mongol FamGB auf eine inländische oder eine ausländische Scheidung bezieht. Da die Scheidung zweier Mongolen in der Mongolei natürlich wirksam ist, könnte es sich um eine – rudimentäre – Regelung für Auslandsscheidungen zu handeln. Da keine Anerkennungshindernisse erkennbar sind, könnte man vielleicht argumentieren, dass sie nicht offensichtlich ausgeschlossen sei (vgl auch Geimer/Schütze/Nelle, Int Rechtsverkehr, Mongolei Nr 1092.6).

262 Für die internationale Zuständigkeit in Ehesachen findet sich dann in Art 192 mongol ZPO eine Regelung. Danach besteht eine internationale Zuständigkeit in der Mongolei, wenn ein Ehegatte die mongolische Staatsangehörigkeit hat oder sie vor der Eheschließung hatte. Gemeint dürfte sein, dass er sie bis zur Eheschließung hatte. Weiter genügt es, wenn der Beklagte ausländischer Staatsangehöriger oder Staatenloser mit ständigem Wohnsitz in der Mongolei ist. Der ständige Wohnsitz bzw wohl gewöhnliche Aufenthalt des Klägers in der Mongolei genügt nicht.

263 Diese Zuständigkeit kann gelten für Verfahren über die Eheaufhebung, Feststellung der Nichtigkeit der Ehe oder Klagen auf Wiederherstellung der Ehe (Art 192.2 mongol ZPO).

264 Wendet man diese Vorschriften spiegelbildlich an, so ist also mit der Anerkennung in der Mongolei zu rechnen, wenn der Antragsgegner in Deutschland seinen gewöhnlichen Aufenthalt hat, aber nicht wenn ihn nur der Antragsteller hat, wie dies § 98 Abs 1 Nr 4 FamFG voraussetzt. Eine Anerkennung dürfte damit **ausscheiden**. International üblich wäre auch, dass der in diesem Fall mongolische ordre public nicht entgegenstehen darf. Es dürfte auch international üblich sein, dass ein inländisches rechtskräftiges Urteil und eine frühere inländische Rechtshängigkeit der Anerkennung im Wege stehen.

Montenegro 265

2006 hat sich Montenegro von Serbien gelöst und bildet einen Staat, der sich am 1. 7. 2007 ein neues Familiengesetz und am 23. 12. 2013 ein IPR-Gesetz gegeben hat (Text IPRax 2014, 556 m Einf Jessel-Holst).

266 Art 148 montenegr IPR-G unterwirft ausländische Entscheidungen, die sich auf den Personenstand eines Montenegriners beziehen, einer Nachprüfung. Die Anerkennung wird dann verweigert, wenn der Beklagte am Verfahren wegen eines Verfahrensfehlers nicht teilnehmen konnte, insbesondere weil ihm die Ladung nicht persönlich zugestellt wurde oder die Zustellung überhaupt nicht versucht wurde oder ihm zu wenig Zeit zur Vorbereitung seiner Verteidigung gelassen war, es sei denn er habe sich auf das Verfahren dennoch eingelassen (Art 143 montenegr IPR-G).

267 Die ausländische Entscheidung darf nicht mit einer inländischen rechtskräftigen oder einer anerkannten Entscheidung eines Drittstaates kollidieren. Auch eine frühere inländische Rechtshängigkeit derselben Sache hindert die Anerkennung (Art 146 montenegr IPR-G), ebenso wie ein Verstoß gegen den ordre public.

268 Ein Hindernis wäre eine ausschließliche montenegrinische Zuständigkeit, die aber nicht in Anspruch genommen wird. Aber Art 145 montenegr IPR-G schließt sie auch aus, wenn das ausländische Gericht seine Zuständigkeit auf Tatsachen gegründet hat, die das montenegrinische Recht nicht vorsieht. Es dürfte sich also um das Spiegelbildprinzip der Anerkennungszuständigkeit handeln (Jessel-Holst IPRax 2014, 555).

269 Diese Zuständigkeiten enthält Art 130 montenegr IPR-G. Für die Situation des § 98 Abs 1 Nr 4 FamFG, dass nur der Antragsteller seinen gewöhnlichen Aufenthalt in Deutschland hat, käme nur Art 130 Nr 3 und 4 montenegr IPR-G in Frage. Nr 3 nennt den Fall des Staatenlosen mit gewöhnlichem Aufenthalt in Montenegro, also entsprechend in der BRD. Da gilt § 98 Abs 1 Nr 3 FamFG und die Anerkennungsprognose ist nicht gefordert. Art 130 Nr 4 montenegr IPR-G lässt den gewöhnlichen Aufenthalt eines Ehegatten, also auch ggf des Antragstellers genügen, doch – ebenfalls – nicht, wenn das Urteil offensichtlich in keinem der Staaten anerkannt wird, dem einer der Ehegatten angehört. Das ist ein Zirkel, sodass man eine positive Anerkennungsprognose nur annehmen kann, wenn der Staat des nicht montenegrinischen Ehegatten anerkennt.

Namibia 270

Namibia hat die Frage der Anerkennung ausländischer Eheurteile nicht gesetzlich geregelt. Es gibt zwar ein Gesetz vom 29. 11. 1994 über Enforcement of Foreign Civil Judgements, doch ist dieses Gesetz nur im Rahmen internationaler Anerkennungs- und Vollstreckungsverträge anwendbar. Einen solchen hat Namibia mit der Bundesrepublik nicht geschlossen. Immerhin bestimmt sec 9, dass dieses Gesetz der Anerkennung (und Vollstreckung) ausländischer Urteile nach den bisherigen Anerkennungsregeln nicht entgegenstehe.

271 Nach Art 66 und 140 der namibischen Verfassung vom 31. 3. 1990 bleibt das bishe-

rige Recht bis zu einer Neuregelung in Kraft. Es ist daher davon auszugehen, dass die Anerkennungsregeln Südafrikas weiterhin anzuwenden sind (s Rn 339 ff).

272 Neuseeland

Die Anerkennungsvoraussetzungen in Neuseeland richten sich nach Art 44 des Family Proceedings Act von 1980. Anerkennungsvoraussetzung ist danach, dass im Zeitpunkt des Urteilserlasses wenigstens eine Partei ihr *domicile* im Urteilsstaat hatte oder bei Klageerhebung sich davor mindestens die letzten zwei Jahre ununterbrochen aufgehalten hat. Wenn der Ehemann die Frau verlassen hat, genügt es, dass er unmittelbar vor dem Verlassen im Urteilsstaat domiziliert war, oder, wenn vorher ein Trennungsurteil erging, wenn er bei dessen Erlass dort sein *domicile* hatte. Es genügt auch die Drittstaatsanerkennung in einem Staat, in welchem wenigstens eine Partei ihr *domicile* hat.

273 *„Domicile"* ist im englischen Sinne zu verstehen und das in Deutschland gewöhnlich allein in Frage kommende *domicile of choice* wird nur selten gegeben sein (vgl Staudinger/Spellenberg [2015] Art 3 Brüssel IIa-VO Rn 137 ff). Es ist zwar denkbar, dass es schon bei einem Aufenthalt von weniger als einem Jahr in Deutschland entstanden ist, doch sonst kommt praktisch nur die Voraussetzung mindestens zweijähriger *residence* vor. In diesem Fall wird aber in aller Regel auch ein gewöhnlicher Aufenthalt im deutschen Sinne seit mindestens einem Jahr bestehen, auch wenn die Tatbestände nicht ganz gleich sind. Dann greift Art 3 Abs 1 lit a 5. Str Brüssel IIa-VO ein und nicht mehr § 98 FamFG. Dieselbe Regelung gilt für Eheaufhebungen und Feststellung der Ehenichtigkeit.

274 Nicaragua

In Nicaragua soll mit der Anerkennung gerechnet werden können, wenn beide Parteien im Urteilsstaat ihren Wohnsitz hatten, und das Urteil entsprechend den dort geltenden Vorschriften zustande gekommen ist (Bergmann/Ferid, Nicaragua 4 c). Der Wohnsitz des Antragstellers allein würde also nicht genügen, sodass im Falle des § 98 Abs 1 Nr 4 FamFG nicht mit einer Anerkennung zu rechnen ist.

275 Nigeria

Maßgebend ist sec 81 Matrimonial Causes Act 1990 idF von 2004. Ein deutsches Scheidungs- oder Eheaufhebungsurteil wegen anfänglicher Mängel wird danach in Nigeria anerkannt werden, wenn bei Klageerhebung die Partei, auf deren Antrag die Ehe geschieden oder aufgehoben wird, oder, wenn beide den Antrag gestellt haben, einer der Ehegatten in Deutschland sein domicile im nigerianischen/englischen Sinne hatte.

276 Für die „Annullierung" einer unwirksamen Ehe (void marriage) genügt das *domicile* oder der Aufenthalt *(residence)* im Urteilsstaat (Sec 82 Abs 2 lit b).

277 Ein *domicile* wird von jedermann mit der Geburt erworben, kann aber durch ein Wahldomicile *(domicile of choice)* ersetzt werden. Diese entsteht durch Niederlassung **und** die Absicht, hier auf Dauer eine neue Heimat zu begründen. Das ist nicht leicht anzunehmen, denn die Vorstellung, vielleicht auch einmal wieder wegzugehen, verhindert das neue *domicile.* Wie in England und anderen Commonwealth-Staaten liegt hier die Hauptschwierigkeit, die Gegenstand vieler Urteile ist.

Ehefrauen – und Kinder – teilen kraft Gesetzes das *domicile* des Ehemannes. Daher kann und muss die Ehefrau am *domicile* ihres Mannes klagen. Doch zum Schutz der verlassenen Ehefrau kann sie an ihrem eigenen *domicile* klagen, wenn er sein *domicile* aufgegeben und ein neues begründet hat, wenn sie entweder unmittelbar vor ihrer Heirat oder der Verlassung ihr *domicile* im Land des Gerichts hatte (sec 82 Abs 3 lit a Matrimonial Causes Act 1990). Dazu ist zu beachten, dass der gewöhnlichen Aufenthalt keineswegs mit dem *domicile* zusammen fallen muss. **278**

Darüber hinaus kann sie auch klagen, wenn sie im Gerichtsstaat unmittelbar vor ihrem Antrag schon drei Jahre ihren Aufenthalt *(residence)* hatte. Das aber nützt für § 98 Abs 1 Nr 4 FamFG nichts mehr, weil dann die Zuständigkeit nach Art 3 Abs 1 lit a 5. Str Brüssel IIa-VO entstanden ist. **279**

Überdies aber kann ein Scheidungs- oder Nichtigkeitsurteil anerkannt werden, das nicht im Lande des *domicile* des Klägers oder der Klägerin ergangen ist, wenn es von dem Staat ihres gemeinsamen domicile anerkannt wird (Drittstaatsanerkennung). Handelt es sich um eine Eheaufhebung wegen Eheschließungsmängeln, so genügt die Anerkennung in einem Staat, in dem der eine oder andere sein *domicile* hat. **280**

Weiterhin genügt es auch, wenn das Scheidungs- oder Nichtigkeitsurteil nach den Regeln des internationalen Privatrechts anerkannt wird (Abs 5). Die „Regeln des internationalen Privatrechts" werden hierbei verstanden als die international-privatrechtlichen Anerkennungsregeln des englischen common law (Adesanya, Laws of Matrimonial Causes [Ibadan, Univ Press 1980] 31 f; McClean, Recognition of Family Judgments in the Commonwealth [1983] 65). Es wird nicht auf den englischen Family Law Act oder den Foreign Divorces Recognition Act von 1971 verwiesen. Man muß sich vielmehr vor allem an die Entscheidung *Indyka v Indyka* ([1967] 2 All ER 689; [1969] 1 AC 33; vgl dazu Webb 16 [1967] IntCompLQ 997 ff) halten. Danach genügt für die Anerkennung bei einem Scheidungsurteil, dass eine Partei, also auch der Antragsteller allein, eine „real and substantial connection" zu diesem Staat hatte (weiter bei Ghana Rn 120). **281**

Im Übrigen muss der Beklagten rechtliches Gehör gewährt worden sein, und das Urteil darf nicht durch Betrug erwirkt worden sein. **282**

Norwegen **283**

Die Voraussetzungen sind durch das Gesetz Nr 38 vom 2. 6. 1978 über die Anerkennung ausländischer Scheidungen und Aufhebung der ehelichen Gemeinschaft geregelt worden. Nach § 1 des Gesetzes Nr 38 vom 2. 6. 1978 ist Voraussetzung, dass **einer** der Ehegatten im Zeitpunkt der Rechtshängigkeit seinen ständigen Aufenthalt oder Wohnsitz im Urteilsstaat hatte oder dessen Staatsangehöriger war. „Wohnsitz" wird verstanden als der Ort, an dem sich die Person tatsächlich und mit der Absicht niedergelassen hat, dort auf Dauer zu wohnen (Bergmann/Ferid/Sperr, Norwegen 30). Es wird also auch anerkannt, wenn der Kläger ihn noch nicht 12 Monate in der BRD hat. Darüber hinaus kommt auch die Anerkennung eines Scheidungsurteils in Betracht, das nicht diesen Voraussetzungen genügt, sofern es in dem Staat anerkannt wird, in dem einer der Ehegatten bei Klageerhebung seinen ständigen Aufenthalt hatte (Drittstaatsanerkennung).

284 Oman

Nach Geimer/Schütze/Krüger, Int Rechtsverkehr, Oman Nr 1106.9, kann mit einer Anerkennung eines deutschen Urteils **nicht** gerechnet werden, weil der omanische Kassationshof die erforderliche Gegenseitigkeit verneint (IPRax 2007, 545).

285 Pakistan

Die Anerkennung ausländischer **Scheidungsurteile** ist im Zivilprozessgesetz von 1908 geregelt. Nach dessen sec 13 werden Urteile jeglichen Streitgegenstandes anerkannt, es sei denn, dass das Urteil nicht von einem zuständigen Gericht erlassen wurde. Die Zuständigkeit des ausländischen Gerichtes ist nach pakistanischen Regeln zu bestimmen, wobei Pakistan durchaus die eigene internationale Zuständigkeit großzügiger annimmt als es eine ausländische akzeptiert. Eine ausdrückliche gesetzliche Regelung für die Anerkennungszuständigkeit fehlt. Sie beruht auf Fallrecht gestützt vor allem auf alte englische Entscheidungen (Otto IPRax 1997, 437). Danach besteht eine Anerkennungszuständigkeit im Staat des gemeinsamen *domiciles* der Eheleute. Da wohl nach wie vor die Ehefrau ex lege das *domicile* des Mannes teilt, ist also dessen *domicile* in Deutschland nötig aber auch ausreichend. Der *domicile*-Begriff ist im Wesentlichen der des englischen und indischen Rechts, sodass ein *domicile* eines pakistanischen Staatsangehörigen in Deutschland eher unwahrscheinlich ist. Anerkennungszuständigkeit soll auch am gemeinsamen Aufenthalt der Eheleute bestehen (Otto IPRax 1997, 437). Der gewöhnliche Aufenthalt des Antragstellers allein reicht sehr wahrscheinlich nicht (auch die West Pakistan Family Court Rules 1965 enthalten in sec 6 b eine örtliche Zuständigkeit nur an dem Ort, an dem die Parteien zuletzt – beide – wohnhaft waren). Sec 6 West Pakistan Family Court Rules enthalten eine örtliche Zuständigkeit am Ort, an dem der Klagegrund entstanden ist. Das könnte etwa der Ort des Ehebruchs oder eines anderen Scheidungsgrundes sein. Die spiegelbildliche Anwendung dieser Bestimmung auf die Anerkennungszuständigkeit im internationalen Verkehr ist nicht anzunehmen (**aA** beiläufig Bergmann/Ferid/Weishaupt, Pakistan 32), denn in der angelsächsischen Tradition wird eigentlich durchweg die Anerkennungszuständigkeit nicht durch spiegelbildliche Anwendung der inländischen Vorschriften bestimmt (für Pakistan so auch Otto IPRax 1997, 437).

286 Es ist nicht festzustellen, dass Pakistan etwa der neueren Entwicklung der englischen Rechtsprechung insbesondere durch und seit *Indyka v Indyka* gefolgt wäre (hierzu vgl bei Ghana Rn 120 und Kanada Rn 174). Im Übrigen hätte dies auch nur unter besonderen Umständen dazu geführt, dass Urteile, bei denen nur der Kläger seinen gewöhnlichen Aufenthalt weniger als ein Jahr in Deutschland hatte, anerkannt werden würden. Man wird insgesamt eine Anerkennungszuständigkeit in der Situation des § 98 Abs 1 S 1 Nr 4 FamFG verneinen außer wenn ausnahmsweise der Ehemann sein *domicile of choice* in Deutschland hat.

287 Bei Eheaufhebung wegen anfänglicher Mängel der Eheschließung könnte wohl der gewöhnliche Aufenthalt des Beklagten, nicht des Klägers ausreichen und, für § 98 Abs 1 Nr 4 FamFG gegebenenfalls erheblich, der Ort der Eheschließung.

Ein zweites, gravierenderes Anerkennungshindernis ist die Bestimmung in sec 13 pakist CPC, dass die Anerkennung verweigert wird, wenn das Urteil offensichtlich auf der unrichtigen Auslegung internationalen Rechts beruht oder auf der Weigerung, pakistanisches Recht in Fällen anzuwenden, in denen dieses anwendbar wäre. In Pakistan wird demgemäß die Anerkennung verweigert, wenn an der Ehe ein Muslim, möglicherweise selbst fremder Staatsangehörigkeit, beteiligt ist, und die Scheidung nicht nach islamischem Recht ausgesprochen wurde (Otto IPRax 1997, 437 unter Berufung auf eine Entscheidung von 1995). Das entspricht auch dem sehr weit verstandenen Vorbehalt des ordre public (Geimer/Schütze/Otto, Int Rechtsverkehr, Pakistan Nr 1109. 8 f). **288**

Zweifelhaft ist, ob sec 13 lit f pakist Zivilprozessgesetz nicht überhaupt eine révision au fond vorsieht. Dann könnte man nicht von Anerkennung sprechen. Es gibt aber einige Hinweise darauf, dass nicht eine echte inhaltliche Nachprüfung vorgenommen wird, sondern nur die Voraussetzung für die Anerkennung gemacht wird, dass das ausländische Recht das vom IPR Pakistans vorgeschriebene Recht angewandt oder ihm nicht widersprochen hat. Das wäre bei Beteiligung eines Muslim ein islamisches Recht. **289**

Das Urteil darf nicht durch Betrug erlangt werden. Das trifft insbesondere auf die arglistige Vortäuschung von zuständigkeitsbegründenden und anderen erheblichen Tatsachen zu. **290**

Dem Gegner muss rechtliches Gehör gewährt werden und ihm deswegen insbesondere die verfahrenseinleitenden Schriftstücke rechtzeitig zugestellt werden. Es gilt das HZÜ. **291**

Insgesamt ist die Anerkennung deutscher Urteile in Pakistan wohl recht selten anzunehmen. **292**

Das Anerkenntniserfordernis entfällt, wenn eine gültige Privatscheidung durch Verstoßung (talaq) oder Vertrag erfolgt ist, jedoch wird diese erst 90 Tage nach Eingang einer Mitteilung davon bei der zuständigen Behörde in Pakistan wirksam. Das betrifft die Muslime, ca 95 % der Bevölkerung. Nach der Muslim Family Laws Ordinance von 1961 ist dies der Union Council am Ort des gewöhnlichen Aufenthalts der Frau in Pakistan; falls sie einen solchen in Pakistan nicht hat, der Ort, an dem sich die Frau irgendwann einmal zusammen mit dem Mann in Pakistan aufhielt, und sonst der Ort des gewöhnlichen Aufenthalts des Mannes in Pakistan. Letzterer Ort kann auch dann noch in Pakistan liegen, wenn der Mann sich dort früher dauerhaft aufhielt und die Verbindungen dazu nicht ganz aufgegeben hat. Der gemeinsame Aufenthalt der Eheleute in Pakistan kann ein sehr kurzer, von nur wenigen Tagen sein (Carroll [1983] 99 LQR 515 ff zu einer Entscheidung des High Court von Lahore). **293**

294 **Paraguay**

Seit dem 4. 11. 1989 gilt in Paraguay eine neue Zivilprozessordnung. Gem Art 532 parag ZPO sind ausländische Urteile generell anerkennungsfähig und vollstreckbar, wenn dies ein Staatsvertrag vorsieht. Ein solcher besteht mit der Bundesrepublik **nicht**. Im Übrigen wird anerkannt, wenn die internationale Zuständigkeit nach den Regeln des Rechts von Paraguay vorliegt. Freilich fehlen dazu nähere Regelungen.

295 Im argentinischen Recht, das traditionell starken Einfluss hat, wird auf den ehelichen Wohnsitz abgestellt. Der gewöhnliche Aufenthalt nur des Antragstellers genügt also nicht. Weiter muss der Beklagte, wenn er in Paraguay Wohnsitz hat, gemäß dortigem Recht ordnungsgemäß geladen und vertreten sein. Inländische paraguayische Rechtshängigkeit hindert die Anerkennung.

296 Vor allem aber muss das Urteil den Grundlagen des paraguayischen Rechts entsprechen und darf nicht dem dortigen ordre public widersprechen. Nachdem das Gesetz vom 1. 10. 1991 die Scheidung auch von in Paraguay geschlossenen Ehen eigener katholischer Staatsangehöriger erlaubt, scheint die Anerkennung einer Scheidung im Ausland möglich, wenn ein Scheidungsgrund nach dem Recht von Paraguay vorlag. Versäumnisurteile gegen den Beklagten werden nicht anerkannt. Wann Nichtigkeitsurteile anerkannt werden, ist noch nicht geklärt. Angesichts der Bestimmung, dass das ausländische Urteil nicht den Grundlagen der Rechtsordnung von Paraguay widersprechen darf, wird man aber wohl annehmen müssen, dass Nichtigkeitsurteile nur anerkannt werden können, wenn sie nach paraguayischem Recht erfolgten oder ein Nichtigkeitsgrund vorlag, der diesem Recht entspricht.

297 **Peru**

Seit der Neuregelung des Codigo civil in Peru am 14. 11. 1984 nimmt Peru keine ausschließliche Zuständigkeit mehr für die Scheidung seiner Staatsangehörigen in Anspruch. Damit ist das bisherige Anerkennungshindernis für deutsche Scheidungen entfallen (vgl zur Neuregelung Samtleben RabelsZ 49 [1985] 486, Text 523 ff; IPRax 1987, 96 f). Die in Art 2103 peruan CC verlangte Gegenseitigkeit ist im Verhältnis zur Bundesrepublik gegeben.

298 Nach Art 2104 peruan C civ wird anerkannt, wenn (1) keine ausschließliche peruanische Zuständigkeit vorliegt (was, wie gesagt, heute nicht mehr der Fall ist); (2) das deutsche Gericht nach den allgemeinen Grundsätzen der internationalen Zuständigkeit zuständig war; (3) der Beklagte entsprechend dem Recht des Prozessortes geladen wurde, ihm aber eine angemessene Frist zum Erscheinen eingeräumt wurde und ihm prozessuale Garantien zu seiner Verteidigung geboten wurden; (4) […]; (5) in Peru kein Gerichtsverfahren zwischen denselben Parteien und über denselben Gegenstand rechtshängig ist, welches vor dem Zeitpunkt der Einreichung der Klage, auf der das Urteil beruht, eingeleitet worden ist; (6) es nicht unvereinbar mit einem früheren Urteil ist, das den Erfordernissen der Anerkennung und Vollstreckung entspricht, welche in diesem Titel verlangt werden.

299 Die Anerkennungszuständigkeit wird beurteilt nach dem Recht des Urteilsstaates. Sie muss aber auch den allgemeinen Grundsätzen der internationalen Zuständigkeit

genügen. Wenn sich der derzeitige Wohnsitz des Beklagten oder der letzte eheliche Wohnsitz in Deutschland befanden, kann man das wohl bejahen. Ein Gerichtsstand nur aufgrund des gewöhnlichen Aufenthalts des Antragsstellers ist mE nicht international üblich, wohl auch nicht eine Gerichtsstandsvereinbarung oder rügelose Einlassung als Zuständigkeitsgrund. Es genügt nach Nr 3 zwar, dass der Beklagte nach den deutschen Regeln geladen wurde, doch muss ihm in jedem Fall eine angemessene Zeit zum Erscheinen im Prozess eingeräumt werden.

Philippinen 300

Auch nach dem Inkrafttreten des neuen Family Code of the Philippines vom 6. 7. 1987 mit Durchführungsverordnung vom 17. 7. 1987 bleibt im philippinischen Recht das Verbot der Scheidung bestehen; die Philippinen sind ein katholisches Land. Aus den weiter geltenden Art 15 und 17 Abs 2 des Civil Code ergibt sich zunächst, dass jedenfalls eine Auslandsscheidung einer Ehe **zweier philippinischer katholischer** Staatsangehöriger nicht anerkannt wird. Eine ausnahmsweise Anerkennung enthält nun aber Art 26 des Family Code. Wenn eine Ehe zwischen einem philippinischen Staatsangehörigen und einem Ausländer gültig geschlossen wurde, wohl nicht notwendig auch im Ausland, und danach von dem ausländischen Ehegatten im Ausland eine dort gültige Scheidung erlangt wird, die diesen zu einer Wiederheirat befähigt, so darf auch der philippinische Ehegatte nach philippinischem Recht erneut heiraten. (Nach früherem Recht konnte nur der ausländische Ehegatte erneut heiraten, nicht der philippinische.) Voraussetzung für die Anerkennung ist danach, dass es sich nicht um eine rein philippinische Ehe handelt, und dass nicht der philippinische Ehegatte die Scheidung beantragt oder ihr zugestimmt hat, sodass die Scheidung zB nicht nach § 1566 Abs 1 BGB, sondern nach § 1565 Abs 1 BGB oder § 1566 Abs 2 BGB erfolgt sein muss. Bei deutsch-philippinischer Doppelstaatsangehörigkeit zieht das philippinische Kollisionsrecht die eigene Staatsangehörigkeit vor. **Nicht erforderlich** ist, dass das ausländische Gericht auch nach philippinischen Regelungen **international zuständig** war. Deutsche Ehenichtigkeits- oder Aufhebungsurteile werden jedoch gem Art 26 Abs 1 Family Code jedenfalls dann anerkannt, wenn die Ehe auch in Deutschland geschlossen worden war (Bergmann/Ferid/Henrich/Cieslar/Weishaupt, Philippinen 16).

301 Gerichtliche Trennungen von Tisch und Bett werden anerkannt, zumal wenn dabei philippinisches Recht angewandt wurde.

302 Für Muslime gilt der Code of Muslim Personal Laws (Muslim Code), welcher sowohl eine gerichtliche als auch eine rechtsgeschäftliche Scheidung (Verstoßung) kennt. Dieser Code ist nur anwendbar, wenn beide Ehegatten Moslems sind, oder wenn nur der Ehemann es ist, und die Ehe nach moslemischem Recht auf den Philippinen geschlossen wurde. Danach bleibt der (nicht religiöse) Civil Code anwendbar, wenn die moslemische Frau einen andersgläubigen Mann geheiratet hat (was sie nach moslemischem Recht nicht, nach weltlichem Recht aber durchaus darf), oder wenn der moslemische Mann eine andersgläubige Frau nicht auf den Philippinen oder zwar dort, aber nicht nach muslimischem Ritus geheiratet hat (Art 13 Muslim Code). Soweit der Muslim Code danach anwendbar ist, ist die Anerkennung einer ausländischen Scheidung der philippinischen Staatsangehörigen möglich. (Zum ganzen Bur-

Mester-Beer, Deutsch-philippinische Ehe- und Familienbeziehungen in rechtsvergleichender und kollisionsrechtlicher Hinsicht [1987] bes 60 ff, 261 ff, StAZ 1988, 276 und 1989, 256 f.)

303 Ruanda

Nach Art 91 Code d'organisation des compétences judiciaires vom 25. 4. 2004, der Art 570 des belgischen Code judiciare entspricht, werden ausländische rechtskräftige Urteile anerkannt, wenn die Rechte der Verteidigung beachtet wurden, das Urteil rechtskräftig ist und wenn der ordre public rouandais nicht verletzt wurde (Art 8 Personen- und FamilienG v 27. 10. 1988). Mit der Anerkennung deutscher Eheurteile bei Beteiligung eines Staatsangehörigen von Ruanda kann daher gerechnet werden, wenn der Beklagte tatsächlich und rechtzeitig geladen war. Die Frist bei Ladung im Ausland beträgt nach ruandischem Recht zwei Monate (Art 18 Abs 2 Code de procédure civile et commerciale 1964). Öffentliche Zustellung ist nur bei tatsächlich unbekanntem Aufenthalt oder Wohnsitz des Beklagten zulässig (Art 18 Abs 2 Code de procédure civile et commerciale 1964). Besondere weitere Anforderungen an die **Anerkennungszuständigkeit bestehen dagegen nicht** (Bergmann/Ferid/Henrich/Nelle, Ruanda 19).

304 Russland

Ausländische Entscheidungen werden in Russland anerkannt, wenn mit dem Urteilsstaat entsprechende völkerrechtliche Vereinbarungen bestehen (Art 63 der Grundlagen des Zivilverfahrens der UdSSR, Art 1 des Erlasses des Präsidiums des Obersten Sowjets der UdSSR vom 21. 6. 1988), allerdings existieren zwischen Deutschland und Russland keine derartigen Verträge.

305 Die Anerkennung von Eheauflösungen ist neu in Art 160 Abs 3 russ Familiengesetzbuch vom 29. 12. 1995 idF vom 15. 11. 1997 genannt für den Fall, dass keine Staatsverträge bestehen. Dort heißt es nur, dass anerkannt werde, wenn die Ehe in Übereinstimmung mit den ausländischen Vorschriften des Verfahrens- und Eherechts erfolgt ist. Anerkennungshindernisse werden dort nicht genannt.

306 Die eigentliche Regelung findet sich für Urteile, die keiner Vollstreckung bedürfen, in Art 412 und 413 Zivilprozessgesetzbuch. Danach werden ausländische Urteile anerkannt, wenn keine der Parteien Einwände erhebt (Art 413 russ ZPGB) und keines der in Art 412 Punkt 1–5 russ ZPGB genannten Hindernisse vorliegt. Wenn (1) die ausländische Entscheidung nicht rechtskräftig ist, (2) die unterlegene Partei nicht am Verfahren teilnehmen konnte, weil sie nicht rechtzeitig oder nicht ordnungsgemäß geladen wurde, (3) eine ausschließliche Zuständigkeit Russlands bestand, (4) eine rechtskräftige Entscheidung Russlands über denselben Streitgegenstand und aus denselben Gründen vorliegt oder dieselbe Sache früher in Russland anhängig gemacht worden ist, oder (5) die Vollstreckung der Entscheidung die russische Souveränität oder, vor allem, den ordre public verletzen würde (Wohlgemuth IPRax 2012, 456 f).

307 Russland nimmt für Scheidungen eine ausschließliche Zuständigkeit in Anspruch bei Ehen zwischen Ausländern oder Staatenlosen und Russen, und wohl erst recht bei Ehen von Russen, wenn beide Ehegatten ihren Wohnsitz in Russland haben. Im

Übrigen wird keine Anerkennungszuständigkeit verlangt. Mit den genannten Einschränkungen kann also im Falle des § 98 Abs 1 Nr 4 FamFG mit Anerkennung gerechnet werden.

Sambia 308

Für die Anerkennung ausländischer Eheurteile galt in Sambia das jeweilige englische Recht (s 11 High Court Act, Cap 50 of the Laws of Zambia [Ausgabe 1972]). Seit 2007 hat Sambia die Frage in einem neuen Matrimonial Causes Act (No 20 von 2007) geregelt.

Nach Sec 86 wird eine ausländische Scheidung oder Auflösung einer vernichtbaren 309 Ehe anerkannt, wenn der Antragsteller oder bei gemeinsamem Antrag der Ehegatten einer sein *domicile* bei Klagerhebung im Gerichtsstaat hatte. Bei „Aufhebung" einer nichtigen (void) Ehe genügt auch der gewöhnliche Aufenthalt des oder der Antragsteller.

Ehefrauen erwerben mit der Heirat von Gesetzes wegen das *domicile* des Eheman- 310 nes – unter Verlust ihres eigenen. Sie können aber nach sec 1 Domicile and Matrimonial Proceedings Act 1993 auch ein eigenes *domicile of choice* erwerben: Dafür muss die Ehefrau entsprechend der allgemeinen Regel einen neuen Lebensmittelpunkt begründen, ohne die Absicht, auch nur eventuell wieder wegzuziehen (Himonga, Family Law in Zambia [2011] ch 92-2). Danach könnte sie auch die Scheidung beantragen. *Domicile* ist nicht identisch mit gewöhnlichem Aufenthalt, sondern verlangt zusätzlich die Absicht, auf Dauer zu bleiben, ohne daran zu denken, auch nur eventuell wieder wegzugehen. Das *domicile of choice* braucht nicht schon länger zu bestehen, sodass eine Scheidung auch anerkannt würde, wenn der gewöhnliche Aufenthalt noch kein Jahr in Deutschland besteht.

Die Scheidung auf Antrag der Ehefrau würde auch anerkannt, wenn sie nur ihren 311 gewöhnlichen Aufenthalt während der letzten drei Jahre dort hatte (sec 86 Abs 2 lit b Domicile and Matrimonial Proceedings Act 1993), aber dann gälte Art 3 Abs 1 lit a 6. Str Brüssel IIa-VO.

Ergeht das Urteil in einem Staat, in dem die Parteien nicht ihr *domicile* hatte, dann 312 kann es in Sambia doch anerkannt werden, wenn es in dem Staat anerkannt ist, in dem beiden Parteien ihr *domicile* hatte, dh im Normalfall der Ehemann, oder im Falle einer Eheaufhebung (annulment) die eine oder andere Partei ihr *domicile* hatte.

Die Anerkennung setzt weiter voraus, das rechtliches Gehör gewährt wurde, ins- 313 besondre der Antrag rechtzeitig zugestellt wurde.

San Marino 314

In San Marino ist 1986 die Scheidung zugelassen worden (Jayme IPRax 1988, 189), sodass insoweit das Anerkennungshindernis des ordre public weggefallen ist. Im Übrigen scheint für die Anerkennung nötig, dass die Ehe in dem Staat geschieden wurde, in welchem sie zivil oder in religiöser Form geschlossen wurde. Weiter darf die Entscheidung nicht gegen den sanmarinischen ordre public verstoßen (BERGMANN/FERID/REINKENHOF, San Marino 12).

315 Saudi Arabien

Mit einer Anerkennung deutscher, weltlicher Scheidungsurteile ist in Saudi-Arabien nicht zu rechnen, ua weil nach herrschender Auffassung Saudi Arabien eine staatsvertraglich verbürgte Gegenseitigkeit verlangt (GEIMER/SCHÜTZE/BÄLZ, Int Rechtsverkehr, Saudi Arabien Nr 1019.5). Zudem darf die Entscheidung nicht den Grundprinzipien des saudischen Rechts widersprechen, die eine Scheidung durch private Erklärung vorsieht. Nach BÄLZ aaO findet auch praktisch eine révision au fond statt, womit eine Anerkennung iSd § 98 FamFG entfällt. Eine „Verstoßung" wird aber als solche in Saudi Arabien als wirksam angesehen werden.

316 Schweiz

Die Schweiz ist mit Wirkung vom 17. 7. 1976 dem Haager Übereinkommen über die Anerkennung von Ehescheidungen und Ehetrennungen vom 1. 6. 1970 beigetreten. Im Verhältnis zur Bundesrepublik Deutschland gilt dieses Abkommen jedoch **nicht**. Hier kommt vielmehr das deutsch-schweizerische Anerkennungs- und Vollstreckungsabkommen vom 2. 11. 1929 (RGBl 30 II 1066) in Betracht.

317 Nach Art 3 des Abkommens werden rechtskräftige Entscheidungen in Ehesachen im anderen Staat **nicht anerkannt**, wenn ein Angehöriger des Staates, in dem die Entscheidung geltend gemacht wird, also ein Schweizer, beteiligt war und nach dem Recht der Schweiz die internationale Zuständigkeit der deutschen Gerichte nicht begründet war. Das gilt dann auch für vermögensrechtliche Verbundentscheidungen.

Heute enthält jedoch Art 65 Schweizer IPRG vom 18. 12. 1987 (abgedruckt zB IPRax 1988, 376) eine Regelung für die Anerkennungszuständigkeit bei Ehescheidungen und -trennungen, die interessanterweise über die für die eigenen schweizer Zuständigkeiten (Art 59 f Schweizer IPRG) hinausgeht. Daran knüpft der Streit, ob diese Regelung durch das deutsch-schweizerische Abkommen ausgeschlossen wird, denn Art 1 Abs 2 Schweizer IPRG sagt, dass völkerrechtliche Verträge vorbehalten seien (für die Verdrängung durch das deutsch-schweizerische Abkommen A BUCHER, Droit internationale privé suisse Bd 2 [1992] Rn 63; wohl auch IPR-Kommentar/VOLKEN [1993] Art 1 Rn 59). Die heute hM wendet das **günstigere Recht** an, dh Art 65 Schweizer IPRG (zB HAUSER/TOBLER JR 1987, 354; WALTER, Internationales Zivilprozessrecht der Schweiz [1995] 359; SIEHR IPRax 1989, 96; HONSELL/VOGT/SCHNYDER, Komm zum Schweizerischen Privatrecht, Internationales Privatrecht [1996] Art 1 IPRG Rn 20; SIEHR, in: FS für Walder [1994] 409 ff; insbesondere OG Zürich ZR 68 [1969] Nr 100; BGH 18. 3. 1987 IPRax 1989, 104 [SIEHR 93, 96]; ähnlich BGE 94 IV 294 f [1968]); danach werden als zuständig grundsätzlich die Gerichte des Staates anerkannt, dem eine Partei angehört, oder in dem sie ihren Wohnsitz oder ihren gewöhnlichen Aufenthalt hat. („Wohnsitz" entspricht in etwa dem deutschen gewöhnlichen Aufenthalt, „gewöhnlicher Aufenthalt" bezeichnet eine weniger intensive Beziehung.) Es genügt auch die Anerkennung in einem dieser Staaten (Drittstaatsanerkennung).

Hatte jedoch keiner der Ehegatten die Staatsangehörigkeit des Staates des Gerichts (oder nur der Antragsteller), dann wird nur anerkannt, wenn wenigstens ein Ehegatte dort Wohnsitz oder gewöhnlichen Aufenthalt hatte **und** der Antragsgegner seinen Wohnsitz **nicht** in der Schweiz hatte. **318**

In der Situation des § 98 Abs 1 Nr 4 FamFG (gewöhnlicher Aufenthalt nur des Antragstellers), dass der, nicht deutsche, Antragsteller bei Klagerhebung in Deutschland seinen Wohnsitz oder gewöhnlichen Aufenthalt hat, wird also nur anerkannt wenn der Antragsgegner diesen **nicht** in der Schweiz hat. Eine Mindestfrist für den Wohnsitz des Antragstellers im Gerichtsstaat wird nicht verlangt. Der Antragsteller kann Schweizer sein, und auch die schweizer Staatsangehörigkeit des Antragsgegners ist nicht hinderlich. Entscheidend ist, dass der Antragsgegner nicht in der Schweiz seinen Wohnsitz hat. **319**

Außerdem kann anerkannt werden, wenn der Antragsgegner sich mit der Zuständigkeit des deutschen Gerichts oder der Anerkennung in der Schweiz einverstanden erklärt (Art 65 Abs 2 lit c IPRG). Das deutsch-schweizerische Abkommen von 1928 spielt bei der Zuständigkeit keine Rolle, da es enger ist als Art 65 IPRG. **320**

Dagegen ist die Anerkennung dann zu versagen, wenn der Beklagte sich auf den Rechtsstreit nicht eingelassen hat, soweit die prozesseinleitenden Schriftstücke nicht rechtzeitig oder nur im Wege der öffentlichen Zustellung oder außerhalb des Gerichtsstaates nicht im Wege der Rechtshilfe zugestellt worden sind (Art 27 Abs 2 lit a Schweizer IPRG, vgl auch Art 4 Abs 3 des Abkommens). Es gilt das HZÜ. Allgemein ist die Anerkennung zu versagen, wenn sie gegen den ordre public der Schweiz verstieße (Art 27 Abs 1 Schweizer IPRG, Art 4 Abs 1 des Abkommens) und das rechtliche Gehör nicht gewährt wurde (Art 27 Abs 2 Schweizer IPRG). **321**

Obwohl sich das deutsch-schweizerische Abkommen anders als die meisten anderen Abkommen der Schweiz zu der Frage nicht äußert, wird doch in der Schweiz auch im Rahmen dieses Abkommens die inländische Rechtshängigkeit als Hindernis angesehen (Niedermann, Die ordre-public-Klauseln in den Vollstreckungsverträgen des Bundes und den kantonalen Zivilprozessgesetzen [1976] 69 f mNw). Das ergibt sich heute für die inländischen Urteile und die frühere inländische Rechtshängigkeit aus Art 27 Abs 2 lit c Schweizer IPRG. **322**

Das Abkommen enthält in Art 4 Abs 2 ein Anerkennungshindernis, wenn zum Nachteil einer schweizer Partei vom deutschen Gericht anderes Recht angewandt wurde, als nach Schweizer IPR anzuwenden gewesen wäre (kollisionsrechtliche Benachteiligung; vgl früher § 328 Abs 1 Nr 3 ZPO aF). Die Anknüpfungsregeln sind nun in Art 61 Schweizer IPRG enthalten. Entgegen dem missverständlichen Art 61 Abs 1 Schweizer IPRG enthält er eine Anknüpfungsleiter: in erster Linie gilt das Recht der gemeinsamen Staatsangehörigkeit jedenfalls, wenn ein Ehegatte seinen Wohnsitz im Lande hat. Anderes Recht kann gelten, wenn zu diesem eine wesentlich engere Beziehung besteht (BGE 119 II 81). Da das Schweizer IPRG dieses Hindernis der kollisionsrechtlichen Konformität nicht mehr nennt, lässt sich vertreten, dass es im Sinne des Günstigkeitsprinzips nicht mehr gilt. **323**

324 Senegal

Die sachlichen Anerkennungsvoraussetzungen sind in Art 787 des senegal Code de procédure civile (CPC) von 1964 geregelt. Danach muss das ausländische Gericht in spiegelbildlicher Anwendung senegalesischer Zuständigkeitsnormen international zuständig gewesen sein (dazu zB Cour d'Appel Dakar, Pénant 1973, 277 mAnm Bourel). In diesem Zusammenhang ist zu beachten, dass nach Art 853 Abs 1 des senegal Familiengesetzbuches ein senegalesischer Staatsangehöriger ein Jurisdiktionsprivileg entsprechend den Art 14 und 15 des französischen Code civil genießt. Auf dieses Privileg kann allerdings verzichtet werden. Unbekannt, aber möglich ist, dass im Senegal die neuere Rechtsprechung der französischen Cour de cassation nach vollzogen wird, dass die Art 14 und 15 fr Code civil nicht mehr eine ausschließliche französische Zuständigkeit begründen, sondern nur noch eine fakultative, und daher einer Anerkennung nicht mehr im Wege stehen. Es wird dann genügen, ist aber auch erforderlich, dass eine enge Beziehung zu Deutschland im Sinne der Entscheidung *Simitch* besteht. Insoweit kann auf die Elfenbeinküste (Rn 87 ff) verwiesen werden.

325 Weiterhin muss gem Art 787 lit b senegal CPC das nach senegalesischem IPR maßgebende Recht angewendet worden sein. Das ist nach Art 843 Abs 4 Code de la famille das Recht der gemeinsamen Staatsangehörigkeit, hilfsweise des Staates, in dem beide Parteien bei Klageerhebung ihren Wohnsitz haben, letzthilfsweise die lex fori. Gem Art 787 lit b senegal CPC müssen die grundlegenden verfahrensmäßigen Rechte der Parteien im ersten Verfahren gewährleistet gewesen und müssen die Parteien ordnungsgemäß geladen, vertreten oder für säumig erklärt worden sein (Art 787 lit d senegal CPC). Das Urteil darf gem Art 787 lit e senegal CPC nicht gegen den senegalesischen ordre public verstoßen (vgl Schütze RIW 1985, 777 f).

326 Serbien

Die Anerkennung ausländischer Scheidungsurteile war in Art 86 f jugoslawisches IPRG v 1982 geregelt (abgedruckt in IPRax 1983, 6 ff). Es gilt weiter in Serbien (seit 2006 ohne Montenegro). Eine Anerkennung ist ausgeschlossen, wenn derjenige, gegen den sich die Entscheidung richtet, rügt, dass er an diesem Verfahren nicht teilnehmen konnte, weil er nicht persönlich geladen wurde bzw eine Ladung nicht versucht wurde. Es gilt das HZÜ (seit 2011). Hatte die Partei die Möglichkeit der Teilnahme, wird auch ein Versäumnisurteil anerkannt (Varady RabelsZ 51 [1987] 665; Art 88 jug IPRG 1982).

327 Ein Anerkennungshindernis besteht weiterhin (Art 89 jug IPRG 1982), wenn im gegebenen Fall eine ausschließliche Zuständigkeit der Gerichte oder einer anderen Behörde der SFRJ besteht. Nach Art 61 jug IPRG 1982 nimmt Jugoslawien für seine Gerichte eine ausschließliche Zuständigkeit in Anspruch, wenn der Ehegatte, der nicht den Antrag stellt, jugoslawischer Staatsangehöriger ist und in Serbien seinen Wohnsitz hat. Dabei muss davon ausgegangen werden, dass nach serbisch/jugoslawischer Rechtsauffassung ein serbischer Staatsangehöriger seinen Wohnsitz in Serbien auch bei längerem Aufenthalt im Ausland zB als Gastarbeiter nicht verliert (vgl OLG Hamburg ZfJ 1985, 303; OLG Stuttgart 21. 4. 1982 FamRZ 1982, 897; OLG Stuttgart IPRax 1984, 277). UU kann ein serbischer Gastarbeiter einen zweiten, für die Anerkennung

genügenden Wohnsitz im Ausland begründen, doch bisher nur nach der Rspr der Wojwodina (Varady IPRax 1984, 249 ff und weiter RabelsZ 51 [1987] 660 f).

Gem Art 89 Abs 2 jug IPRG 1982 stellt diese ausschließliche Zuständigkeit der Gerichte Serbiens zwar kein Hindernis für die Anerkennung einer ausländischen Entscheidung in einer Ehesache dar, wenn der Beklagte die Anerkennung in Jugoslawien beantragt oder keinen Widerspruch gegen den Antrag des Klägers erhoben hat; da die Partei sich aber im Urteilsverfahren hierzu nicht bindend verpflichten kann (Varady IPRax 1984, 249 ff), genügt diese Möglichkeit selbst dann nicht, wenn der Beklagte eine solche Erklärung vor dem deutschen Gericht abgibt (Varady IPRax 1984, 249 ff; OLG Stuttgart 7. 2. 1984 IPRspr 1984 Nr 1523). Breuer (Ehe- und Familiensachen in Europa [2008] Rn 644) meint, es sei anzunehmen, dass der Antragsgegner, der sich nicht gegen die Scheidung wendet, auch der Anerkennung in Jugoslawien zustimmen werde. Das ist aber letztlich ungewiss und reicht für § 98 Abs 1 Nr 4 FamFG nicht (§ 98 Rn 243). 328

Wenn weiter nach jugoslawisch/serbischem IPR-Gesetz serbisches Eherecht anzuwenden war, dann wird die Anerkennung verweigert, sofern das Urteil wesentlich von dem abweicht, was sich nach serbischem Eherecht ergeben hätte, zB eine Klageabweisung (Art 93 jug IPRG). Nach Art 27 jug IPRG gilt jugoslawisches Recht, wenn beide Eheleute diese Staatsangehörigkeit haben, bei einer jugoslawisch-ausländischen Ehe finden beide Rechte kumulativ Anwendung und hilfsweise jugoslawisches Recht, wenn es die Scheidung erlaubt, das andere Recht aber nicht. 329

Die Anerkennung ist nach Art 90 Abs 1 jug IPRG auch dann ausgeschlossen, wenn in der gleichen Sache bereits ein Gericht oder ein anderes Organ Jugoslawiens rechtskräftig entschieden hat oder wenn dort bereits eine andere ausländische Gerichtsentscheidung in der gleichen Sache anerkannt worden ist (vgl insgesamt Varady RabelsZ 51 [1987] 632 ff). 330

Sierra Leone 331

In Sierra Leone wird für die Scheidung einer Ehe grundsätzlich das Gericht des Landes für international zuständig gehalten, in dem der Ehemann sein *domicile* wohl im englischen Sinne hat, das die Frau ex lege teilt, auch wenn sie getrennt lebt. Das Anerkennungsrecht ist aber nicht gesetzlich geregelt und nach sec 64 des Courts Act 1965 können Lücken im eigenen Recht durch das Common Law Englands nach dem Stand vom 1. 1. 1980 sowie durch die Grundsätze der Equity gefüllt werden. Die Beschränkung auf das genannte Datum wird bei Anwendung des englischen Common Law vermutlich auch in Sierra Leone negiert, sodass jedenfalls nicht ausgeschlossen ist, dass die Gerichte im gegebenen Fall die neuere Entwicklung des englischen Common Law nachvollziehen werden (vgl bei Ghana Rn 120 ff), aber nicht den englischen Family Law Act 1986 oder den Recognition of Divorces and Legal Separations Act 1971.

Singapur 332

In Singapur sind für die Anerkennung ausländischer Scheidungsurteile die Grundsätze des englischen common law heranzuziehen. Das sagt sec 3 The Application of

English Law Act 1993. Schon vorher war in Singapur die Rechtsprechung von *Indyka v Indyka* und die nachfolgende Rechtsprechung übernommen worden (McClean, Recognition of Family Judgements in the Commonwealth [1983] 47 unter Verweis auf eine dortige Entscheidung von 1972; zur Rezeption vgl Klötzel RIW 1995, 203; **aA** Bergmann/Ferid/Richter, Singapur 23 Fn 50 f; vgl weiter bei Ghana Rn 120 ff). Dem entsprechend ist mit einer Anerkennung in Singapur nur zu rechnen bei einer hinreichend engen Beziehung zu Deutschland. *Domicile* im englischen Sinne genügt sicher, ist aber nicht unbedingt nötig.

333 Dass Singapur eine ausschließliche Zuständigkeit für die Scheidung seiner Staatsbürger in Anspruch nähme (vgl Bergmann/Ferid/Richter, Singapur 23) ist danach unwahrscheinlich. Denkbar wäre es bei gemeinsamem *domicile* der Ehegatten in Singapur, wobei wahrscheinlich ist, dass nach heutigem Stand die Ehefrau nicht mehr gesetzlich und zwangsweise das *domicile* des Ehemanns teilt. Es kann also insoweit auf die Ausführungen bei Ghana verwiesen werden.

334 Über die Anerkennung im Falle, dass die Ehegatten Mohammedaner sind, ist nichts näheres bekannt. Es ist möglich, dass eine Anerkennung erfolgt, wenn die Scheidung nach islamischem Recht möglich gewesen wäre und erfolgt ist (vgl Bergmann/Ferid/Richter, Singapur 23 f) und vor allem, wenn die Ehe schon durch „Verstoßung" geschieden wurde.

335 **Sri Lanka**

Eine einschlägige gesetzliche Regelung findet sich offenbar nicht (Geimer/Schütze/Otto, Int Rechtsverkehr, Sri Lanka Nr 1131.4 ff). Es ist anzunehmen, dass die englische Rechtsprechung als maßgebend gelten wird (dh insbesondere *Indyka v Indyka* [1969] 1 AC 33; McClean, Recognition of Family Judgements in the Commonwealth [1983] 47 f). Es kann daher mit Anerkennung gerechnet werden, wenn der Kläger sein *domicile* im englischen Sinne in Deutschland hatte, was sehr selten der Fall sein dürfte. In Anwendung der englischen Rechtsprechung seit *Indyka v Indyka* kann auch der Aufenthalt in Deutschland genügen, der nicht unbedingt Lebensmittelpunkt zu sein braucht, sofern er im Grundsatz mehrere Jahre gedauert hat. Entscheidend ist die aus den Umständen des Falles abzuleitende enge Beziehung zum Scheidungsstaat. Die neuere Englische Gesetzgebung (Matrimonial Causes Act oder Family Law Act) gelten nicht. Es kann iÜ auf die Ausführungen zu Ghana (Rn 120 ff) verwiesen werden.

336 **Sudan**

Die Anerkennung ist in den §§ 306 f Civil Procedure Act von 1983 geregelt. Danach setzt die Anerkennung eines deutschen Urteils voraus, dass (1) das Gericht nach den deutschen Regeln zuständig war und (2) das Urteil rechtskräftig ist, dass (3) die Prozessparteien ordnungsgemäß geladen und vertreten waren, dass (4) das Urteil nicht mit einer früheren sudanesischen Entscheidung kollidiert und (5) nicht erschlichen ist. Bei der Vorlage einer beglaubigten Abschrift des deutschen Urteils wird zunächst vermutet, dass die deutschen Zuständigkeitsvorschriften richtig eingehalten worden sind. Die ordnungsmäßige Ladung wird verlangt, wobei an einen Antragsgegner in Sudan auf diplomatischem Wege zugestellt worden sein muss (Bergmann/Ferid/Weishaupt, Sudan 20).

Das sudanesische Justizministerium weist darauf hin, dass für Angehörige einer anerkannten Religionsgemeinschaft zumindest die Wiederverheiratung nach dem religiösen Recht zu beurteilen ist. Während dies bei Muslimen einer Anerkennung nicht im Wege steht, ist die Lage bei Angehörigen der katholischen und der unierten Kirche, die die Scheidung ablehnen, anders (Weishaupt StAZ 1991, 78 f). Wenn beide Ehegatten einer dieser Kirchen angehören, so dürfte von einer Anerkennungsfähigkeit des deutschen Scheidungsurteils nicht gesprochen werden können. Bei Beteiligung eines Muslim dürfte der sudanesische ordre public die Einhaltung der wesentlichen Grundsätze des islamischen Scheidungsrechts verlangen. Danach kann der Ehemann aber „verstoßen", und damit entfällt die Notwendigkeit einer Anerkennung der deutschen Scheidung (vgl bei Ägypten Rn 2 ff). 337

Südafrika 338

Die Anerkennung ausländischer Scheidungen und Eheaufhebungen ist nun geregelt in sec 13 des Divorce Act von 1979 idF des Domicile Act von 1992. Die gesetzliche Regelung ersetzt praktisch die bis dahin maßgebende Rechtsprechung, die dem englischen common law vielfach folgte (Forsyth, Private International Law [3. Aufl 1996] 383). An sich könnte die englische Rechtsprechung, dh insbesondere *Indyka v Indyka,* wohl weiterhin befolgt werden (Forsyth aaO 388), doch spielt das wohl praktisch keine Rolle mehr.

Die Regelung in sec 13 Divorce Act 1979 sieht eine Anerkennung ausländischer Eheaufhebungsurteile oder gerichtlicher Trennungen von Tisch und Bett zum einen vor, wenn zum Zeitpunkt des Urteilserlasses eine der beiden Parteien – oder beide – im Urteilsstaat *domicile* hatte. Die Ehefrau teilt nicht mehr ex lege das *domicile* des Mannes. Der ***domicile*-Begriff** ist nicht offenbar strikt der des englischen Rechts. Ein *domicile of choice* kann wohl einfacher erworben werden. Sicher wird der animus manendi ausreichen, wenn die Partei für immer im Lande bleiben will. 339

Es gibt aber zumindest eine starke Strömung in der südafrikanischen Rechtsprechung und Lehre, die einen ausreichenden Bleibewillen auch dann schon annimmt, wenn die Partei auf Dauer im Lande bleiben will, vorbehaltlich dass ein noch ungewisses, aber mögliches Ereignis eintritt, das sie zum Verlassen des Landes bewegen würde. Hier liegt der Unterschied zum englischen *domicile*-Begriff, wo der animus manendi schon verneint wird, wenn die Partei daran denkt, möglicherweise das Land zu verlassen in einer Situation, die nicht ganz vage und ganz unwahrscheinlich ist. Der animus manendi muss anhand objektiver Fakten bewiesen werden; die Beweislast trägt, wer ein *domicile of choice* erworben haben will (Oppong, Private International Law in Commonwealth Africa [2013] 32). Aber auch so dürfte es selten sein, dass ein Südafrikaner sein *domicile* in Deutschland genommen hat. 340

Die deutsche Anerkennungszuständigkeit kann aber auch auf einer *ordinary residence* einer Partei, des Antragstellers oder Antragsgegners beruhen. Eine bestimmte Mindestdauer dieses „gewöhnlichen Aufenthaltes" ist im Gesetz wie beim *domicile* nicht genannt. Aber damit der Aufenthalt zum *„ordinary"* wird, muss noch etwas hinzukommen, das allerdings in der südafrikanischen Praxis und Lehre umstritten ist (vgl Forsyth, Private International Law [3. Aufl 1996] 218 f). Und jedenfalls darf der Aufenthalt nicht zufällig und kurz sein. Man formuliert, das sei der Ort, wo er gewöhn- 341 lich, regelmäßig lebt. Die Partei kann sehr wohl an einem Ort ihren „gewöhnlichen Aufenthalt" und an einem andern ihren schlichten Aufenthalt haben. Es seien in Betracht zu ziehen Umstände wie Arbeit und Anstellung, Lage von Eigentum, Wohnung der Familie usw. Es scheint doch, dass sich der Begriff der *„ordinary residence"* dem deutschen gewöhnlichen Aufenthalt nähert, wenn nicht darüber hinaus geht (vgl Forsyth, Private International Law [3. Aufl 1996] 219). Unter diesem Gesichtspunkt können deutsche Urteile in Südafrika anerkannt werden.

342 Das *domicile* wird alternativ entweder nach südafrikanischem Recht oder dem des Urteilsgerichts beurteilt, sofern dort der Begriff gebräuchlich ist, also nicht in Deutschland.

343 Außerdem würde anerkannt, wenn eine Partei die deutsche Staatsangehörigkeit besaß, doch dann ist die Anerkennungsprognose nach § 94 Abs 1 Nr 4 FamFG nicht nötig.

344 Der maßgebende Zeitpunkt ist der des Urteilserlasses.

345 Es ist zwar in sec 13 Divorce Act nicht ausdrücklich erwähnt, aber anerkannt, dass der südafrikanische ordre public entgegenstehen kann. Dazu gehört insbesondere auch, dass die Partei ordnungsgemäß geladen war und im Verfahren rechtliches Gehör erhielt (vgl Forsyth, Private International Law [3. Aufl 1996] 399). Allerdings wird dieses Hindernis wohl nur sehr zurückhaltend angewandt. Das Urteil darf auch nicht durch Täuschung erlangt worden sein.

346 Dieselben Regeln gelten für Nichtigkeitsurteile.

347 **Syrien**

Nach Art 306 und 308 der syrischen Zivilprozessordnung (Dekret Gesetz Nr 84 v 28. 9. 1953) sind ausländische Urteile anerkennungsfähig. Es ist jedoch eine ordnungsgemäße Ladung und Vertretung des Antragsgegners nachzuweisen. Er muss also die Möglichkeit zum rechtlichen Gehör gehabt haben. Unter diesen Voraussetzungen ist wohl auch mit einer Anerkennung des Urteils in Abwesenheit des Beklagten zu rechnen (Börner, Die Anerkennung ausländischer Titel in arabischen Staaten [1996] 215; Geimer/Schütze/Börner, Int Rechtsverkehr, Syrien Nr 1135. 10).

348 Ein syrisches Urteil in derselben Sache steht der Anerkennung einer deutschen Entscheidung entgegen (Börner, Die Anerkennung ausländischer Titel in arabischen Staaten [1996] 203 f).

349 Die gesetzliche Bestimmung verlangt, dass das urteilende Gericht nach seinem Recht international zuständig war. Eine ausschließliche syrische internationale Zuständigkeit würde aber entgegenstehen. Dies wird unter dem Gesichtspunkt des ordre public gesehen. Inwieweit die syrischen Vorschriften für die eigene Entscheidungszuständigkeit in diesem Sinne ausschließlichen Charakter haben, ist in der Literatur offenbar äußerst umstritten, während es so gut wie keine veröffentlichte Rechtsprechung dazu gibt, sondern nur ein, möglicherweise sehr besonderes, Urteil des Kassationshofes (vgl Börner, Die Anerkennung ausländischer Titel in arabischen Staaten

[1996] 172 ff, 179 ff). Es ist jedenfalls nicht offensichtlich, sodass Syrien in Ehesachen eine ausschließliche Zuständigkeit in Anspruch nähme. Vielleicht ist das anders, wenn der Antragsgegner seinen Wohnsitz in Syrien hat (vgl Börner 194).

Das AG Gelnhausen hat freilich angenommen, dass Syrien für Angehörige von **350** Religionsgemeinschaften eine ausschließliche Zuständigkeit ihrer Gerichte vorsehe (AG Gelnhausen 12. 10. 1982 – 6 F 178/80). Die Fragen des Personalstatuts werden in der Tat dem Recht der Religionsgemeinschaften unterstellt. Bei gemischt-religiöser Ehe gilt die Religionsgemeinschaft, der der Ehemann angehört.

Dagegen wird der ordre public herangezogen werden, wenn das deutsche Gericht **351** nicht das islamisch-syrische Recht anwendet, wenn dieses nach syrischem IPR anzuwenden gewesen wäre (vgl Börner, Die Anerkennung ausländischer Titel in arabischen Staaten [1996] 230 f; Deprez Rec 211 [1988] 110 f, 122, 124). Zumindest darf das Urteil im Ergebnis nicht vom islamischen Recht deutlich abweichen. Freilich ist bei Beteiligung eines muslimischen Ehemannes nach syrisch-islamischen Recht die **Verstoßung** die Regel. Ist diese wirksam vorgenommen, so entfällt das Anerkennungsproblem (Geimer/Schütze/Börner, Int Rechtsverkehr, Syrien Nr 1135. 50 f; oben § 98 Rn 254).

Das Ehe- und Scheidungsrecht in Syrien ist interreligiös gespalten. Sieht dieses **352** religiöse Recht, zB das kanonische Eherecht, eine Scheidung nicht vor, so dürfte der Anerkennung ebenfalls der ordre public entgegenstehen.

Tadschikistan **353**

Bestimmungen über die Anerkennung ausländische Urteile enthalten die Art 391 ff Zivilprozessgesetz. Ehescheidungen und -aufhebungen werden ohne weiteres anerkannt, wenn nicht die Gegenpartei Einwendungen vorbringt (Art 402 tadsch ZPG). Dann entscheidet das Gericht. Die Ablehnungsgründe nennt Art 401 tadsch ZPG: Das Urteil ist noch nicht rechtskräftig; der Antragsgegner ist nicht ordnungsgemäß und rechtzeitig geladen worden und konnte deshalb an dem Verfahren nicht teilnehmen; tadschikische Gerichte wären ausschließlich zuständig gewesen, was der Fall ist, wenn beide tadschikische Staatsbürger sind, oder bei einer Ehe von solchen mit Ausländern oder Staatenlosen, sofern beide Ehegatten ihren Wohnsitz in Tadschikistan haben. Im Falle des § 98 Abs 1 Nr 4 FamFG ist das kaum so. Es liegt ein inländisches rechtskräftiges Urteil vor oder eine frühere Rechtshängigkeit derselben Sache. Schließlich darf das Urteil nicht gegen den ordre public der Republik verstoßen oder ihre Souveränität oder Sicherheit gefährden.

Beantragt ein Tadschike die Scheidung in Deutschland und hat er noch nicht 12 Mo- **354** nate den gewöhnlichen Aufenthalt, so kann anerkannt werden, solange nicht beide Eheleute die Staatsangehörigkeit von oder ihren Wohnsitz in Tadschikistan haben.

Tansania **355**

a) Tanganyika

Gem sec 91 The Law of Marriage Act 1971 (Act N° 5/1971) werden ausländische Scheidungs- und Ehenichtigkeitsurteile eines nach seinem Recht zuständigen Gerichts in **Festland-Tansania** anerkannt, wenn der **Kläger** sein *„domicile"* oder bei

Klageerhebung seit mindestens zwei Jahren seine *„residence“* im Urteilsstaat hatte, oder wenn das Scheidungs- oder Ehenichtigkeitsurteil im Domizilstaat einer oder beider Parteien als wirksam anerkannt worden ist. Zu beachten ist, dass der „Aufenthalt“ *(residence)* nicht gewöhnlich *(habitual)* zu sein braucht. Aber er muss mindestens seit zwei Jahren bestanden haben. Gelegentliche kürzere Unterbrechungen dürften nicht schaden (McClean, Recognition of Family Judgements in the Commonwealth [1983] 72). Ist diese Bedingung erfüllt, dann besteht die Zuständigkeit nach Art 3 Abs 1 Brüssel IIa-VO und die Anerkennungsprognose ist nicht mehr nötig. Der gewöhnliche Aufenthalt von nur einem Jahr, wie in § 98 Abs 4 Nr 4 FamFG vorgesehen, dürfte nicht genügen.

356 Das *domicile* braucht nicht so lange schon zu bestehen, wird aber nur erworben, wenn der Kläger die nachgewiesene Absicht hat, auf unabsehbare Dauer zu bleiben und zukünftig hier zuhause zu sein. Das wird nicht oft geschehen, denn das muss anhand objektiver Fakten bewiesen werden, und selbst ein Aufenthalt von 18 Jahren und die Tatsache, dass die meisten Bindungen und Interessen dort waren, sodass man davon sprechen konnte, dass die Person sich einer neuen Gesellschaft angeschlossen habe, genügte einer Entscheidung von 1965 nicht (*Gordon v Gordon* [1965] EA 87).

357 Dasselbe gilt für Urteile, die das Bestehen oder Nichtbestehen einer Ehe feststellen. Dagegen muss der Kläger für die Anerkennung eines Nichtigkeitsurteils nach sec 77 (3) (b) Law of Marriage Act im Urteilsstaat nur ein Jahr seinen gewöhnlichen Aufenthalt, oder sein *„domicile“* gehabt haben.

b) Sansibar

358 Der Law of Marriage Act gilt wegen der weitgehend getrennten Gesetzgebungskompetenzen der beiden Unionspartner (Constitution 1977, Art 4 [3] iVm 1st Schedule) nicht für Sansibar.

359 Es gibt in Sansibar aber keine gesetzlichen Vorschriften über die Anerkennung ausländischer Eheurteile, weshalb auch hier auf die sog Rezeptionsklausel zurückzugreifen ist. Danach gelten „the substance of the common law, the doctrines of equity, and the statutes of general application in force in England on the 7th day of July, 1897 […]“. die gegebenenfalls den örtlichen Erfordernissen anzupassen sind (Zanzibar Order in Council 1924, Art 24). Doch berufen sich die Gerichte in Sansibar auch auf englisches common law nach 1897 (A Ramedhani, The Problems and Solutions of Administration of Justice in a Plural System of the Common Law, African Customary Law and Islamic Law, Vortrag, Second Commonwealth Africa Judicial Conference [Arusha 1988] 8). Die Anpassung des rezipierten englischen common law an die örtlichen Verhältnisse könnte im Falle Sansibars im Ergebnis zu einer stärkeren Berücksichtigung islamischer Rechtsauffassungen führen, denn die Sanaibaris sind meistens Moslems. Insbesondere kann der Ehemann sich durch einseitige Erklärung scheiden; die Frau kann unter bestimmten Voraussetzungen eine gerichtliche Scheidung erlangen. Diese gerichtlichen Scheidungen im Ausland wären gewöhnlich der Gegenstand der Anerkennung. Eine „Verstoßung“ ist ggf ohne förmliche Anerkennung als privates Rechtsgeschäft wirksam.

Thailand 360

Die Anerkennungsfähigkeit ausländischer Ehescheidungsurteile in Thailand muss als ungeklärt angesehen werden. Soweit erkennbar, enthält das thailändische Recht keine ausdrücklichen Anerkennungsvorschriften; ein Anerkennungsabkommen mit der Bundesrepublik Deutschland ist nicht geschlossen.

Das materielle thailändische Scheidungsrecht kennt die Scheidung im gegenseitigen Einvernehmen oder die Scheidung durch Gerichtsurteil (vgl § 1514 thail BGB). Die einverständliche Scheidung setzt jedoch die Eintragung ins Scheidungsregister voraus. Ggf kommt es dann auf Anerkennung eines deutschen Urteils nicht mehr an (§ 98 Rn 254). Soweit die Scheidung aber nicht im gegenseitigen Einvernehmen erfolgt, kann die Ehe nur aus den in § 1516 thail BGB geregelten Scheidungsgründen geschieden werden. Mangels jeder gesetzlichen Grundlage wird man wohl davon ausgehen müssen, dass ein deutsches Urteil nicht anerkannt wird (vgl GEIMER/SCHÜTZE/FALDER, IRVZ Thailand Nr 1140. 6). Zudem sähe sich Thailand als ausschließlich zuständig an, wenn der Beklagte dort seinen Wohnsitz hat (BERGMANN/FERID/HENRICH/KÖNIG-TUMPINYA, Thailand 21). 361

Togo 362

Togo hat, soweit ersichtlich, keine gesetzliche Regelung der Anerkennung vorgenommen. Gem Art 60 der (ersten) Verfassung vom 14. 4. 1961 gilt das früher eingeführte französische Recht fort, soweit nicht abweichend legiferiert wurde. Es gelten daher die französischen Grundsätze und es ist auf „Elfenbeinküste" (Rn 87 ff) zu verweisen. Zumindest in der Praxis könnte das eine dynamische Verweisung auf die heutige französische Rechtsprechung sein.

Trinidad und Tobago 363

Trinidad und Tobago hat in seinem Matrimonial Proceedings and Property (Amendment) Act 1982 sec 62 A ff eine neue Regelung aufgenommen. Danach werden ausländische gerichtliche Scheidungen und Ehetrennungen anerkannt, wenn einer der Ehegatten seinen gewöhnlichen Aufenthalt (*habitual residence*) bei Klageerhebung im Gerichtsstaat hatte (sec 62 B Abs 1a). Dieser „gewöhnliche Aufenthalt" muss nicht schon länger bestehen, anders als nach sec 2 A für die eigene Zuständigkeit, wo er mindestens ein Jahr vor Klageerhebung bestanden haben muss. Der deutliche Unterschied in den Formulierungen von sec 2 A und 62 B lässt annehmen, dass er gewollt ist. Wenn der Antragsgegner am Verfahren teilgenommen hat, sind die Feststellungen des Gerichts zum gewöhnlichen Aufenthalt bindend (sec 62 D Abs 1). Eine Definition der „*habitual residence*" enthält das Gesetz nicht, sodass man sich an den englischen common law halten kann (dazu oben Rn 71 zu Hongkong, ROGERSON ICLQ 49 [2000] 86 ff, 92 ff).

Unter Verwendung der Regeln des common law, wird alternativ auch anerkannt, wenn beide Ehegatten in Deutschland ihr *domicile* hatten oder wenn es in dem dritten Staat anerkannt wird, in dem sie beide ihr *domicile* hatten. Hat nur einer im Urteilsland sein *domicile*, so kommt es auf die Anerkennung im Staat des *domicile* des anderen Ehegatten an. Wenn keiner in Deutschland sein *domicile* hatte, dann 364 muss in den Staaten anerkannt werden, in dem die Ehegatten jeweils ihr *domicile* haben (sec 62 E).

365 Tschad

Die Anerkennung ist außerhalb von Staatsverträgen nicht näher geregelt. Man muss annehmen, dass die Anerkennung deutscher Urteile davon abhängt, dass das deutsche Gericht nach den Regeln des Tschad zuständig war, dh der Beklagte Wohnsitz oder Aufenthalt in Deutschland hatte. Weiter ist erforderlich, dass das vom IPR des Tschad bezeichnetet Recht angewandt wurde, das ist das Heimatrecht des Mannes, dass der Beklagte ordnungsgemäß geladen wurde und dass die Entscheidung nicht gegen den ordre public verstößt (Bergmann/Ferid/Weishaupt, Tschad 16). Diese Regelung entstammt dem Übereinkommen von Antananarivo vom 12. 9. 1961 und gilt eigentlich nur unter den afrikanischen Vertragsstaaten. Da aber eine gesetzliche Regelung fehlt und der bilaterale Anerkennungsvertrag mit Frankreich noch etwas liberaler ist, kann als zumindest möglich angesehen werden, dass die Gerichte so entscheiden würden. Jedenfalls wird bei Scheidungen keine révision au fond vorgenommen, die sonst vorgesehen ist (Séid-Nabia RabelsZ 55 [1991] 64). Da im Tschad – private – Scheidungen nach Gewohnheitsrecht erst wirksam werden, wenn sie vom Gericht ausgesprochen oder **bestätigt** werden (Séid-Nabia, RabelsZ 55 [1991] 41, 52 f), entfällt die Anerkennungsprognose nicht, wie sonst oft bei islamischen Rechten, dadurch, dass die Ehe im Heimatland dadurch aufgelöst ist.

366 Türkei

Die Anerkennung deutscher Scheidungsurteile in der Türkei ist durch das Gesetz Nr 2675 über das Internationale Privat- und Zivilverfahrensrecht vom 22. 11. 1982 geregelt (Text mit Erläuterungen von Krüger IPrax 1982, 252 ff). Maßgebend sind die Art 42 mit Art 38 lit c, d und e türk IPRG. Gem Art 28 türk IPRG nimmt die Türkei auch für die Scheidung von Türken keine ausschließliche Zuständigkeit mehr in Anspruch (Atali, Internationale Zuständigkeit im deutsch-türkischen Rechtsverkehr [2001] 136). Eine bestimmte Anerkennungszuständigkeit wird vom türkischen Recht offenbar nicht verlangt (vgl auch Kiliç IPrax 1994, 477 ff).

367 Die Entscheidung darf nicht offensichtlich gegen den türkischen ordre public verstoßen. Das erfasst namentlich den Fall nicht ordnungsmäßiger oder nicht rechtzeitiger Ladung zum Verfahren (Kiliç IPRax 1994, 478). Unter diesem Gesichtspunkt ist mit einer Anerkennung deutscher Urteile bei gewöhnlichem Aufenthalt des Antragstellers in Deutschland zu rechnen.

368 Nach Art 38 lit d türk IPRG muss der Antragsgegner ordnungsgemäß und rechtzeitig zum Verfahren geladen worden sein. Im Verhältnis zur Türkei gilt das HZÜ. Der Antragsgegner kann auch einwenden, im Verfahren nicht ordnungsgemäß vertreten worden zu sein.

369 Nach Art 38 lit e türk IPRG wird das deutsche Urteil nicht anerkannt, wenn es nicht das Recht angewandt hat, das nach türkischem IPR anzuwenden gewesen wäre. Nach türkischem IPR gilt türkisches Recht, wenn beide Ehegatten Türken sind. Bei Mehrstaatern wird auf die türkische Staatsangehörigkeit abgestellt. Bei gemischtnationaler Ehe wird angeknüpft an den gemeinsamen Wohnsitz, hilfsweise an den gemeinsamen gewöhnlichen Aufenthalt. Der letzte gemeinsame gewöhnliche Aufenthalt wird in Art 13 türk IPRG nicht genannt. Bei der Scheidung von Türken durch deutsche Gerichte ist also mit einer Anerkennung nur zu rechnen, wenn türkisches Recht angewandt worden ist.

In einer Entscheidung vom 27. 10. 1995 hat der türkische Kassationshof entschieden, **370** dass der Antragsgegner sich nicht gegen die Anerkennung der deutschen Scheidung in der Türkei wenden darf, wenn er seinen Einwand, vom deutschen Gericht sei das türkische Recht nicht richtig angewandt worden, nicht im Wege des Rechtsmittels zuvor in Deutschland geltend gemacht hat (FamRZ 1996, 1491). Auf die Entscheidung ist vielleicht kein großes Gewicht zu legen, da sie irrig im Verhältnis zu Deutschland das CIEC-Abkommen vom 8. 9. 1967 über die Anerkennung von Entscheidungen in Ehesachen angewandt hat, das von Deutschland nicht ratifiziert worden ist (Rumpf FamRZ 1996, 1492). Nach diesem Abkommen, schadet es nicht, wenn die Nichtanwendung des aus türkischer Sicht richtigen Rechts nicht zu einem anderen Ergebnis geführt hat (so zu einem österreichischen Scheidungsurteil, für das das CIEC-Abkommen gilt, Türk Kassationshof 22. 9. 1997 FamRZ 1998, 1119). Hat das deutsche Gericht etwa bei einem deutsch-türkischen Staatsangehörigen gemäß Art 5 Abs 1 EGBGB die Ehe nach deutschem Recht geschieden, so ist dagegen eine Anerkennung in der Türkei wohl unabhängig vom Ergebnis nicht zu erwarten. Dass bei der Anwendung türkischen Rechts durch das deutsche Gericht in der Türkei im Anerkennungsverfahren noch geltend gemacht werden könne, dass das deutsche Gericht das türkische Recht falsch angewandt habe, meint wohl Nomer (JZ 1993, 1142, 1144). Das kann allerdings bei der Zuständigkeitsprüfung gemäß § 98 Abs 1 Nr 4 ZPO keine Rolle spielen, denn das deutsche Gericht wird ja nicht einen vom türkischen Recht nicht zugelassenen Scheidungsgrund des gemeinsamen Einvernehmens etc heranziehen. Für den Fall, dass in der Türkei die richtige Anwendung des türkischen Rechts durch deutsche Gerichte mehr oder weniger nachgeprüft wird, ist zumindest sehr zu empfehlen, wenn nicht notwendig, dass das deutsche Urteil mit einer Begründung versehen wird, aus der der Scheidungsgrund ersichtlich ist.

Hat das deutsche Gericht türkisches Scheidungsrecht angewandt, andernfalls würde **371** schon deswegen die Anerkennung scheitern, kommt ein Eingreifen des türkischen materiellen ordre public kaum noch in Frage. Es müsste denn bei der Anwendung des türkischen Rechts ein sehr grober Fehler passiert sein.

Versäumnisurteile bzw Urteile in Abwesenheit des Antragsgegners können auch **372** anerkannt werden, es sei denn dies sei unter Verletzung der deutschen Verfahrensregeln geschehen (Art 38 lit d türk IPRG).

Tunesien **373**

Die Anerkennungsvoraussetzungen im Verhältnis zu Tunesien bestimmen sich nach Art 28 bis 32 des deutsch-tunesischen Vertrags vom 19. 7. 1966 (BGBl 1969 II 889, 890 f, 912–914). Danach werden deutsche Eheurteile in Tunesien **nicht** anerkannt, wenn beide Ehegatten die tunesische Staatsangehörigkeit besitzen (Art 29 Abs 1 Nr 1, 32 Abs 1 HS 1 des deutsch-tunesischen Vertrags vom 19. 7. 1966; AG Mönchengladbach 25. 1. 1983 IPRax 1984, 101).

374 Wenn nur einer der beiden Ehegatten die tunesische Staatsangehörigkeit besitzt, ist nach Art 32 Abs 2 des deutsch-tunesischen Vertrags das Gericht des Entscheidungsstaates iSd Abkommens zuständig, wenn der Beklagte zur Zeit der Einleitung des Verfahrens seinen gewöhnlichen Aufenthalt im Entscheidungsstaat hatte, oder wenn die Ehegatten dort ihren letzten gemeinsamen gewöhnlichen Aufenthalt hatten, und sich einer der Ehegatten, also ggf nur der Antragsteller, zur Zeit der Einleitung des Verfahrens noch im Entscheidungsstaat aufhielt. Nur im letzteren Falle kann eine Zuständigkeit nach § 98 Abs 1 Nr 4 FamFG anerkannt werden.

375 Weitere Versagungsgründe sind nach Art 29 des deutsch-tunesischen Vertrags vom 19. 7. 1966 ein Verstoß gegen die öffentliche Ordnung des Anerkennungsstaates, die zuvor eingetretene Rechtshängigkeit eines Verfahrens in derselben Sache im Anerkennungsstaat Tunesien und schließlich die Unvereinbarkeit mit einer im Anerkennungsstaat ergangenen rechtskräftigen Entscheidung.

376 Wenn bei einer gemischt-nationalen Ausländerehe der Ehemann oder die Ehefrau oder beide Muslime sind, dann dürfte mit einer Anerkennung nicht zu rechnen sein, wenn das deutsche Urteil von den Prinzipien des islamischen Rechts zB in Anwendung deutschen Rechts abweicht (vgl MEZIOU, in: CARLIER/VERWILGHEN, Le statut personnel des musulmans [Brüssel 1992] 287 f).

377 Ukraine

Die deutschen Eheurteile können nach der allgemeinen Regel in den Art 390 bis 398 der Zivilprozessordnung von 2005 mit Änderung v 21. 1. 2010 anerkannt werden. Die Gegenseitigkeit wird zwar verlangt, wird aber vermutet, und es obliegt es dem Gegner der Anerkennung, ihr Fehlen zu beweisen (GEIMER/SCHÜTZE/HIMMELREICH/MARENKOV, Int Rechtsverkehr, Ukraine Nr 1152. 17 f). Da § 109 FamFG bei Statusentscheidungen die Gegenseitigkeit nicht verlangt, ist gut möglich, dass auch in der Ukraine die Gegenseitigkeit konkret bejaht wird. Im Übrigen steht der Anerkennung eine ausschließliche Zuständigkeit der Ukraine entgegen, die aber in Scheidungssachen idR nicht in Anspruch genommen wird, eine inländische rechtskräftige Entscheidung und eine frühere Rechtshängigkeit in derselben Sache, und der ukrainische ordre public. Hier spricht Art 390 Nr 2 ukr ZPO nur von der Verletzung der Interessen der Ukraine, doch dürfte das zu eng formuliert sein.

378 Art 81 des IPRG v 23. 6. 2005 sagt nur, dass ausländische Urteile anerkannt werden können, und aus Art 76 ergibt sich, dass die Ukraine für Scheidungen keine ausschließliche Zuständigkeit beansprucht. Die Art 105–115 des ukr IPRG regeln nur die inländische Scheidung.

379 Uruguay

Die für die Anerkennung einer ausländischen Ehescheidung notwendige internationale Entscheidungszuständigkeit vgl (Art 514 Nr 1 urug CPC) ist dann gegeben, wenn sich der eheliche Wohnsitz im Urteilsstaat befindet. Ob eine Anerkennung eines Ehescheidungsurteils, das uruguayische Staatsangehörige betrifft, auch ohne das, dh allein aufgrund des gewöhnlichen Aufenthalts des Antragstellers in Deutschland, möglich ist, ist sehr zweifelhaft (bejahend wohl BERGMANN/FERID, Uruguay 11; verneinend wohl MÖLLRING, Anerkennung und Vollstreckung ausländischer Urteile in Südamerika [1985] 57). Das uruguayische Recht verlangt weiter ordnungsmäßige Ladung des Beklagten und rechtliches Gehör während des Verfahrens und keinen offensichtlichen Verstoß gegen den uruguayischen ordre public. Wesentlich ist jedoch, dass gem Art 103 des urug Bürgerlichen Gesetzbuchs die Fähigkeit der Ehegatten, sich in Uruguay wieder zu verheiraten, davon abhängig ist, ob die im Ausland erfolgte Scheidung auch bei Anwendung der Gesetze der Republik Uruguay hätte erfolgen können. Nach einer Entscheidung des Corte Supremat (CS 23. 2. 1979 La Justitia Uruguay 1977 [75, S 130]) ist jedoch iSd Art 103 urug BGB nicht erforderlich, dass die ausländischen Scheidungsgründe mit dem uruguayischen Recht völlig übereinstimmen, sondern wohl nur im Wesentlichen, sodass mit einer Anerkennung eher zu rechnen ist, wenn das Gericht das Recht Uruguays angewendet hat.

Venezuela 380

Die Anerkennung ausländischer Eheurteile ist nun geregelt im Gesetz vom 6. 8. 1998 über internationales Privatrecht (Text IPRax 1999, 196). Art 53 venez IPRG verlangt die Rechtskraft nach dem Recht des Urteilsstaates und enthält in Nr 4 das Prinzip, dass der ausländische Staat nach den venezolanischen Prinzipien international zuständig gewesen sein muss. In Art 42 Nr 2 venez IPRG entsteht die internationale Zuständigkeit durch ausdrückliche oder stillschweigende Unterwerfung, dh durch schriftliche Vereinbarung (Art 44 venez IPRG) oder durch rügelose Einlassung (HERNÁNDEZ-BRETON, IPRax 1999, 196). Der Fall muss dazu allerdings eine wirkliche Verknüpfung mit dem Urteilsstaat haben, hier also mit Deutschland. Dass die Vereinbarung das deutsche Gericht nicht bindet, ändert für die Anerkennung nichts. Außerdem entsteht eine Zuständigkeit venezolanischer Gerichte, wenn das venezolanische Recht gemäß den Bestimmungen des IPRG maßgebend ist (Art 42 Nr 1 venez IPRG). Was dies für die Anerkennung aus venezolanischer Sicht bedeutet, ist zweifelhaft. Es könnte sich um eine Art spiegelbildliche Statutszuständigkeit handeln, sodass anerkannt würde, wenn nach venezolanischem IPR deutsches Scheidungsrecht maßgebend und angewandt worden wäre.

Gemäß Art 23 venez IPRG richtet sich die Scheidung und die Trennung von Tisch und Bett nach dem Recht des Wohnsitzes des Ehegatten, der die Klage anstrengt, vorausgesetzt, der Wohnsitz besteht dort schon seit einem Jahr. Dann aber scheidet § 98 Abs 1 Nr 4 FamFG zugunsten von Art 3 Abs 1 lit a 5. Str aus. Im Übrigen müsste der Beklagte ordnungsgemäß und rechtzeitig zum Verfahren geladen worden sein, und auch sonst muss das rechtliche Gehör gewährt werden (Art 53 Nr 5 venez IPRG). Der Anerkennung steht entgegen, wenn vor dem Erlass des deutschen Urteils ein Verfahren mit demselben Gegenstand in Venezuela anhängig gemacht worden ist. An sich beachtet Venezuela die ausländische Rechtshängigkeit (HERNÁNDEZ-BRETON IPRax 1999, 196), sodass die Situation eigentlich nicht entstehen dürfte, aber natürlich trotzdem entstehen kann. Wird in Venezuela später ein weiteres Scheidungsverfahren anhängig, entfällt die Anerkennungsfähigkeit. Auch ein früheres venezolanisches Urteil sperrt die Anerkennung. 381

Vereinigte Staaten von Amerika 382

In den USA gibt es kein einheitliches normiertes Kollisionsrecht. Die Anerkennungsvoraussetzungen sind in den verschiedenen Bundesstaaten unterschiedlich. Im Grundsatz kann jedoch davon ausgegangen werden, dass in den jeweiligen Bundesstaaten der USA ein ausländisches Statusurteil dann anerkannt werden wird, wenn das entscheidende Gericht „jurisdiction" hat. Diese besteht, wenn beide oder zumindest einer der Ehegatten im Zeitpunkt der Entscheidung im Urteilsstaat domiziliert war, sich also dort auf unabsehbare Zeit und (derzeit) ohne Absicht der Rückkehr in die USA niedergelassen hat. Das verlangt mehr als ein gewöhnlicher Aufenthalt oder gar Wohnsitz im deutschen Sinne.

383 Sehr im Fluss ist die Frage, ob eine deutsche Scheidung auch ohne engen Zuständigkeitsbezug zum Gericht anerkannt werden kann, wenn die Parteien damit einverstanden sind. Zwar werden dazu eher Scheidungsparadiese in der Nähe der USA als deutsche Gerichte aufgesucht (Scoles/Hay/Borchers/Symeonidis, Conflict of Laws [5. Aufl 2010] § 15.20), doch erscheint eine Anerkennung aufgrund der Zustimmung des Beklagten zur deutschen Zuständigkeit möglich, wenn entweder das Recht des betreffenden US-Staates angewandt wurde oder dieser die Scheidung ohne Verschulden kennt.

384 Bestreitet der Beklagte die deutsche internationale Zuständigkeit, so wird das Gericht die Zuständigkeitsgrundlage feststellen müssen, doch ist anzunehmen, dass die Zuständigkeit dann in den USA im Anerkennungsstadium nicht mehr bestritten werden kann. Diese Bindung tritt aber nur ein, wenn der Beklagte am Verfahren teilnimmt oder sich vertreten lässt (Scoles/Hay/Borchers/Symeonidis, Conflict of Laws [5. Aufl 2010] § 15.17).

385 Im Falle des § 98 Abs 1 Nr 4 FamFG hat nur der Antragsteller bzw die Antragstellerin ihren gewöhnlichen Aufenthalt hier. Es ist natürlich nicht ausgeschlossen, dass die Gegenpartei trotzdem am Verfahren teilnimmt. Hat einer von beiden sein *domicile* hier, kann die Scheidung anerkennt werden, wobei heute die Ehefrau nicht mehr ex lege das *domicile* des Mannes erwirbt, sondern ein eigenes haben kann.

386 Jedermann hat ein *domicile of origin* bei Geburt, das fortbesteht bis ein anderes *domicile of choice* erworben wird. *Domicile* und gewöhnlicher Aufenthalt sind verschieden. Ersteres verlangt eine physische Anwesenheit mit dem Willen, dort eine neue Heimat zu begründen. Anders als in England ist nicht nötig, dass die Person dort auf immer bleiben will, es genügt heute nach hM auch, dass die Niederlassung auf Zeit, sogar auf eine feste Zeit die neue Heimat sein soll. Wichtiger ist, dass das bisherige *domicile* aufgegeben wird (Scoles/Hay/Borchers/Symeonidis, Conflict of Laws [5. Aufl 2010] § 4.1, 4.20).

387 Mehr und mehr hat sich aber auch die Auffassung durchgesetzt, dass eine Scheidung auch anerkannt werden kann, wenn die Parteien dort nur ihre *residence* haben, das ist ein gewöhnlicher Aufenthalt ohne den erwähnten animus manendi.

388 Bei einer Scheidung in Abwesenheit des Beklagten wird die Anerkennung von einem tatsächlichen *domicile* des Antragstellers in Deutschland oder allenfalls von einer vergleichbar engen Beziehung abhängen (Scoles/Hay/Borchers/Symeonidis, Conflict of Laws [5. Aufl 2010] § 15.23).

Wichtig ist die ordentliche und rechtzeitige Ladung des Beklagten. Es gilt das HZÜ, aber es genügt auch eine andere zuverlässige Mitteilung der Ladung (eingeschriebener Brief). Öffentliche Zustellung ist hingegen nicht genügend, wenn eine Adresse bekannt, vielleicht schon, wenn sie ermittelbar war. Zudem muss der Beklagte rechtliches Gehör erhalten haben. **389**

Zentralafrikanische Republik **390**

Es fehlt eine ausdrückliche Regelung über die Anerkennung ausländischer Urteile. Hingegen hat das Gesetz Nr 65–71 vom 3. 6. 1965 in Art 31–33 die Art 3, 14 und 15 des französischen code civil praktisch wörtlich übernommen, sodass das Jurisdiktionsprivileg für die eigenen Staatsangehörigen in Anspruch genommen wird und die Anerkennung davon abhängig gemacht wird, dass der Staatsangehörige als Antragsgegner darauf verzichtet hat (Texte Rev crit dr int pr 1973, 394 ff). Ob man dort der neueren Rechtsprechung der französischen Cour de cassation folgen wird, die in Art 14 und 15 fr cc nur noch eine Wahlzuständigkeit sieht, ist unbekannt. Es ist auf die Ausführungen zu „Elfenbeinküste“ (Rn 87 ff) zu verweisen.

Zimbabwe **391**

Sec 12 Abs 1 lit b des Matrimonial Causes Act von 1986, zuletzt geändert 2000, ist zu entnehmen, dass Scheidungen, Trennungsurteile und Eheaufhebungen von einem Gericht anerkannt werden, wenn sie im Lande vorgenommen wurden, in welchem der Ehemann sein *domicile* hatte, das vermutlich im englischen engen Sinne zu verstehen ist und den tatsächlichen Aufenthalt mit der Absicht, auf unbegrenzte Dauer zu bleiben *(permanently)* verlangt (*Kung v Kung* [2008] ZWSC 19 Sup Count). Da eine Mindestdauer für seine Begründungen nicht verlangt ist, könnte dies ggf auch für § 98 Abs 1 Nr 4 FamFG genügen.

Sec 3 sieht eine zusätzliche Zuständigkeit der Gerichte in Zimbabwe für die verlassene Ehefrau vor, die an sich das *domicile* des Mannes teilt, (1) wenn dieser unmittelbar vor der Trennung in Zimbabwe *domicile* hatte, oder (2) wenn die Ehe in Zimbabwe geschlossen wurde und die Ehefrau wenigstens zwei Jahre bei Antragstellung in Zimbabwe wohnhaft war und noch ist, ungeachtet dass der Ehemann nie sein domicile in Zimbabwe hatte, oder (3) wenn die Frau Staatsbürgerin ist und bei Antragstellung wenigstens zwei Jahre in Zimbabwe gewöhnlichen Aufenthalt hatte und hat *(ordinarily resident)*. Die erste dieser Zuständigkeiten der simbabwischen Gerichte könnte auch eine Anerkennungszuständigkeit iSd § 98 Abs 1 Nr 4 FamFG tragen. **392**

Stellt die Ehefrau in Deutschland den Antrag, so ist eine positive Anerkennungsprognose möglich, zum einen wenn der Ehemann hier sein *domicile* noch hat, das fortbestehen kann, wenn er den persönlichen Aufenthalt aufgibt bis er anderswo ein neues erwirbt, und zum anderen der Fall lit a, dass der Ehemann die Frau verlassen und ein neues *domicile* erworben hat. An sich teilt sie das dann ex lege, aber sie soll weiterhin hier klagen können. Es muss aber festgestellt werden, dass die deutsche Zuständigkeitsvorschriften im Wesentlichen denen der sec 3 entsprechen (sec 12 Abs 1 lit a). Das ist der Fall. **393**

§ 99 FamFG (Kindschaftssachen): s STAUDINGER/PIRRUNG (2009) bzw (2016) Vorbem A–H zu Art 19 EGBGB.

§ 100 FamFG (Abstammungssachen): s STAUDINGER/HENRICH (2014) Art 19 EGBGB Rn 111 ff.

§ 101 FamFG (Adoptionssachen): s STAUDINGER/HENRICH (2014) Art 22 EGBGB Rn 72 ff.

§ 102 FamFG (Versorgungsausgleichssachen): s STAUDINGER/MANKOWSKI (2011) Art 17 EGBGB Rn 367, 369 ff.

§ 103 FamFG
Lebenspartnerschaftssachen

(1) Die deutschen Gerichte sind in Lebenspartnerschaftssachen, die die Aufhebung der Lebenspartnerschaft auf Grund des Lebenspartnerschaftsgesetzes oder die Feststellung des Bestehens oder Nichtbestehens einer Lebenspartnerschaft zum Gegenstand haben, zuständig, wenn

1. ein Lebenspartner Deutscher ist oder bei Begründung der Lebenspartnerschaft war,

2. einer der Lebenspartner seinen gewöhnlichen Aufenthalt im Inland hat oder

3. die Lebenspartnerschaft vor einer zuständigen deutschen Stelle begründet worden ist.

(2) Die Zuständigkeit der deutschen Gerichte nach Absatz 1 erstreckt sich im Fall des Verbunds von Aufhebungs- und Folgesachen auf die Folgesachen.

(3) Die §§ 99, 101, 102 und 105 gelten entsprechend.

Materialien: BT-Drucks 12/6243.

Schrifttum:

ANDRAE/ABBAS, Personenstandsrechtliche Behandlung einer gleichgeschlechtlichen Eheschließung, StAZ 2011, 97
BASEDOW/HOPT/KÖTZ/DOPFFEL, Die Rechtsstellung gleichgeschlechtlicher Lebensgemeinschaften (2000)
BOELE-WOELKI/FUCHS (Hrsg), Legal Recognotion of Same-sex Couples in Europe (2003)
COESTER, Die kollisionsrechtliche Bedeutung des Verfassungsgerichtsurteils zur Lebenspartnerschaft, in: FS Sonnenberger (2004) 321
DÖRNER, Grundfragen der Anknüpfung gleichgeschlechtlicher Partnerschaften, in: FS Jayme (2004) 143
FERRAND, Das französische Gesetz über den pacte civil de solidarié, FamRZ 2000, 517
dies, Das französische Gesetz Nr 2013 3404 v. 17. 5. 2013 zur Eheschließung zwischen gleichgeschlechtlichen Personen und seine

Auswirkungen auf das französische Familienrecht, FamRZ 2013, 1448
HAUSMANN, Überlegungen zum Kollisionsrecht registrierter Partnerschaften, in: FS Henrich (2000) 241
HAUSMANN/HOHLOCH (Hrsg), Das Recht der nichehelichen Lebensgemeinschaft (2. Aufl 2004)
HENRICH, Kollisionsrechtliche Fragen der eingetragenen Lebenspartnerschaft, FamRZ 2002, 137
KOPPENBERG/SCHWAB/HENRICH/GOTTWALD/SPICKHOFF (Hrsg), Rechtsregeln für nichteheliche Lebensgemeinschaften (2009)
MANKOWSKI/HÖFFMANN, Scheidung gleichgeschlechtlicher Ehen in Deutschland?, IPRax 2011, 247
RAETHER, Der Schutz gleich- und verschiedengeschlechtlicher Lebensgemeinschaften in Europa (2003)
ROSENZWEIG, Eingetragene Lebenspartnerschaft und Pacte civil de solidarité (2009)
SPICKHOFF, Zur Qualifikation der nichtehelichen Lebensgemeinschaft im europäischen Zivilprozess- und Kollisionsrecht, in: Liber Amicorum Schurig (2012) 285
WELLENHOFER-KLEIN, Die eingetragene Lebenspartnerschaft (2003)
WIGGERICH, Bis dass der Tod euch scheidet? Probleme der Scheidung ausländischer gleichgeschlechtlicher Ehen am Beispiel Kanadas, FamRZ 2012, 1116
WINKLER VON MOHRENFELS, Die gleichgeschlechtliche Ehe im deutschen IPR und im europäischen Verfahrensrecht, in: Liber Amicorum Tugrul Ansay (2006) 527.

Systematische Übersicht

Alphabetische Übersicht

I. Allgemeines

1 § 103 FamFG ersetzt – und vereinfacht – die §§ 661 Abs 3 mit 606a ZPO. Vorgehende europarechtliche oder staatsvertragliche Regelungen gibt es für die gleichgeschlechtliche Lebensgemeinschaft nicht. Die Brüssel IIa-VO behandelt die (eingetragenen) gleichgeschlechtlichen Lebenspartnerschaften **nicht** (Staudinger/Spellenberg [2015] Art 1 Brüssel IIa-VO Rn 4).

2 Das Nebeneinander der §§ 98 FamFG und 103 FamFG zeigt, dass der deutsche Gesetzgeber die Lebenspartnerschaft nicht als Ehe behandeln oder ihr gleichstellen will, obwohl das LPartG inhaltlich mehr als weitgehend eine Kopie der §§ 1303 ff BGB ist. Das **BVerfG** sah denn auch den Unterschied nicht in den Regelungen der beiden Lebensformen, sondern in der Heterosexualität bzw Homosexualität: Die Ehe sei für die erstere, die registrierte Lebenspartnerschaft für die letztere reserviert (BVerfG 17. 7. 2002 BVerfGE 105, 313).

3 Nachdem das BVerfG mit dieser, doch etwas rabulistischen, Begründung das Abstandsgebot des Art 6 Abs 1 GG, mit dem die damalige Opposition ihre Verfassungsbeschwerde gegen das LPartG begründete, durch ein Verbot, die Ehe zu benachrichtigen, ersetzt hat, hat es weitere inhaltliche Gleichbehandlungen angemahnt bzw Ungleichbehandlungen verworfen, und damit das Abstandsgebot des Art 6 Abs 1 GG weitgehend, falls es jemals bestand, beiseite geschoben (BVerfG 7. 7. 2009 FamRZ 2009, 1977 [Hinterbliebenenrente] mAnm Grziwotz; BVerfG 19. 2. 2013 FamRZ 2013, 521 [Adoption]). Danach hätte der Gesetzgeber die Gleichbehandlung auch im Kollisionsrecht durchaus vornehmen können. Er hat es aber nicht getan, vielmehr übernimmt § 103 FamFG im Kern § 98 FamFG; größere Abweichungen bietet das IPR mit **jetzt Art 17b EGBGB** gegenüber Art 17 EGBGB (heute die Rom III-VO). Es ist zwar richtig, dass das BVerfG die Heterosexualität wie die Monogamie zu den Fundamentalstrukturen der deutschen Ehe zählt, aber das verböte es nicht, beide Institute im Kollisionsrecht gleich zu behandeln. Entscheidender war vielmehr, dass die Regeln des § 98 FamFG nicht durchweg für die homosexuelle Lebenspartnerschaft passen, solange diese nicht in den meisten Rechtsordnungen anerkannt wird.

II. Gegenstand der Regelung

1. Abgrenzung zu § 98 FamFG

4 Die Abgrenzung zwischen § 98 FamFG und 103 FamFG folgt ausschließlich dem Kriterium der Hetero- und Homosexualität. Eine förmlich eingegangene heterosexuelle Lebensgemeinschaft, für die in Deutschland nur die Ehe der §§ 1310 ff BGB zur Verfügung steht, ist auch als ausländische unter § 98 FamFG und 107 FamFG zu subsumieren, solange sie einen Status begründet und zu einer grundsätz-

lich lebenslangen personalen Lebensgemeinschaft verpflichtet, selbst wenn sie dort tatsächlich nicht „Ehe" genannt sein sollte. Für ihre Auflösung gelten freilich Art 3 ff Brüssel IIa-VO, doch für die Feststellung ihre Bestehens oder Nichtbestehens § 98 FamFG (aA Horndasch/Viefhues/Hohloch, Familienverfahrensrecht Rn 4; vgl dazu Staudinger/Spellenberg [2015] Art 1 Brüssel IIa-VO Rn 4 u 23 ff).

Entsprechend gilt für die Auflösung einer **gleichgeschlechtlichen Lebenspartnerschaft** 5
nur § 103 FamFG, selbst wenn sie in dem materiell maßgebenden ausländischen Recht nicht von der Ehe unterschieden wird. Selbst eine **gleichgeschlechtliche** Ehe nach den Rechten, die die Ehe ohne Unterschied für gleichgeschlechtliche Partner öffnen, fällt nicht unter § 98 FamFG, sondern § 103 FamFG (Thomas/Putzo/Hüsstege, ZPO § 269 FamFG Rn 2; Vlassopoulou FamFR 2010, 167). Das ist rechtspolitisch bedenklich, aber der Wortlaut und der Wille des Gesetzgebers (Prütting/Helms/Hau Rn 5). Die Lebenspartnerschaft ist, nach dem Verständnis des BVerfG, ein Aliud zur Ehe, von der es sich durch die Gleichgeschlechtlichkeit unterscheidet (Coester, in: FS Sonnenberger [2004] 321, 322). Es ändert nichts, wenn das Paar eine im Wesentlichen nach dem Modell der Ehe geordnete personale Lebensgemeinschaft hat (Prütting/Helms/Hau § 98 FamFG Rn 33; Wagner IPRax 2001, 281, 283, 292).

Zunehmend wird das Institut der Ehe für heterosexuelle wie homosexuelle Paare 6
gleichermaßen geöffnet (zuletzt Frankreich Gesetz Nr 2013–3404 17. 5. 2013, dazu Ferrand FamRZ 2013, 1448; ebenso die Niederlande Art 1:30 NBW; weitere rvgl Angaben bei Staudinger/Mankowski [2011] Art 17b EGBGB Rn 22), und es stellt sich die Frage, ob eine solche Ehe in casu von Homosexuellen unter § 103 FamFG oder unter § 98 FamFG zu fassen ist. In Frankreich stehen nun gesetzlich nicht nur der PACS, sondern auch die Ehe mit ihrer Verpflichtung zur Lebensgemeinschaft gleichermaßen für heterosexuelle und homosexuelle Partner zur Verfügung (vgl auch BGH 11. 7. 2012 FamRZ 2012, 1635 mAnm Wiggerich; Lutzi IPRax 2015, 381). Der Wille des Gesetzgebers geht offenbar dahin, auch auf diese § 103 FamFG anzuwenden (Dörner, in: FS Jayme [2004] 143, 151). Sachlich sinnvoll ist das nicht, wenn die ausländische Ehe zwischen Personen gleichen Geschlechts besteht, sie zur Lebensgemeinschaft verpflichtet und wie gewöhnlich durch Gericht oder Behörde aufgelöst wird. Bei tatsächlich heterosexuellen Eheleuten gilt § 98 FamFG, doch gehen dann für die Scheidungszuständigkeit Art 1 und 3 ff Brüssel IIa-VO vor. Für die „Scheidung" gleichgeschlechtlicher „Eheleute" gilt dann dagegen nur § 103 FamFG.

2. Lebenspartnerschaft

a) Tatbestand

Damit ist aber noch nichts zum Tatbestand der Lebenspartnerschaft und ihrer Ab- 7
grenzung zu anderen Formen einer Lebensgemeinschaft gesagt, denn angesichts der Fülle alternativer Lebensformen in der Welt ist die Lebenspartnerschaft sowohl gegen die Ehe als auch gegen andere Lebensgemeinschaften abzugrenzen. Es wird rechtsvergleichend eher zunehmend unklar, was eine „Ehe" und entsprechend was eine „Lebenspartnerschaft" ist (Spickhoff, in: Liber Amicorum Schurig [2012] 285, 298). Unter §§ 103 und 107–109 FamFG ist sowohl die Auflösung einer ausländischen Lebenspartnerschaft im Inland als auch die Auflösung einer inländischen und ausländischen Lebenspartnerschaft im Ausland zu begreifen. Es muss daher der Gegenstand des § 103 FamFG und der §§ 107 ff FamFG bestimmt werden. Dass § 103

FamFG von der „Lebenspartnerschaft aufgrund des Lebenspartnerschaftsgesetzes" spricht, sollte nicht dahin verstanden werden, dass er nur die des deutschen Gesetzes erfassen soll.

8 Bei der Qualifikation der (eingetragenen) Lebenspartnerschaft in § 103 FamFG geht der Gesetzgeber von einem Modell des deutschen Rechts aus, doch muss er im IPR wie im IZPR auch ausländische Institute erfassen (zutreffend MünchKommFamFG/Rauscher § 103 FamFG Rn 6 f). So soll § 103 FamFG nicht nur für eine nach deutschem Recht und vor einem deutschen Standesbeamten geschlossene Partnerschaft, die durchaus auch im Ausland aufgelöst werden kann, gelten, sondern kann und soll funktional vergleichbare ausländische Lebenspartnerschaften erfassen trotz seines irreführenden Verweises in Abs 1 gerade auf das deutsche LPartG (MünchKomm-FamFG/Rauscher Rn 6; Musielak/Borth § 269 FamFG Rn 3; Prütting/Helms/Hau Rn 5). So hat das AG Münster eine in den Niederlanden nach dortigem Recht geschlossene gleichgeschlechtliche „Ehe" insoweit ohne Bedenken geschieden, hätte sich allerdings zwischen § 606a und § 661 ZPO aF entscheiden müssen, und das VG Berlin hat die Eintragung einer kanadischen gleichgeschlechtlichen „Ehe" als Lebenspartnerschaft ins Melderegister angeordnet (AG Münster IPRax 2011, 269, VG Berlin IPrax 2011, 270 mAnm Mankowski/Höffmann 247). Ob sie im Ausland „Ehe" genannt werden, was häufig eine politische Demonstration sein soll, ist dabei von geringerer Aussagekraft.

9 Es ist heute wie bei der Ehe nicht mehr so klar, was eine „Lebenspartnerschaft" iSd Gesetzes ist. Da der deutsche Gesetzgeber offenbar und verständlich vom Modell der deutschen Lebenspartnerschaft ausgeht, die ihrerseits bis auf die Gleichgeschlechtlichkeit der Ehe nachgebildet ist, wird man bei der Identifizierung der funktional vergleichbaren ausländischen Institute weitgehend dieselben Kriterien wie für die heterosexuelle „Ehe" in § 98 FamFG anwenden. Die Frage stellt sich natürlich auch für die Brüssel IIa-VO (vgl Staudinger/Spellenberg [2015] Art 1 Brüssel IIa-VO Rn 6 ff), ist aber für das deutsche Kollisionsrecht nicht notwendig gleich zu beantworten, wenngleich man große Abweichungen vermeiden sollte abgesehen von dem gewichtigen Unterschied, dass die Brüssel IIa-VO homosexuelle Lebenspartnerschaften a limine ausnimmt, während der deutsche Gesetzgeber ihnen in § 103 FamFG eigene Verfahrensregelungen widmet. Die Unterscheidung anhand der Gleichgeschlechtlichkeit ist eine Sache, die von anderen Lebensgemeinschaften eine andere. Gerade weil die Lebenspartnerschaft im LPartG weitestgehend der Ehe nachgebildet ist, stellt sich Frage für beide gleichermaßen abgesehen von dem Unterschied der Gleichgeschlechtlichkeit.

10 Zur Ehe hat das BVerfG wiederholt formuliert, die Ehe „sei die Vereinigung eines Mannes mit einer Frau zu einer auf Dauer angelegten Lebensgemeinschaft, begründet auf freiem Entschluss unter Mitwirkung des Staates …" (BVerfG 17. 7. 2002, BVerfGE 105, 315 Rn 87; BVerfGE 10, 59, 66; BVerfGE 29, 166, 176; BVerfGE 62, 323, 330). In einer homosexuellen Lebenspartnerschaft können die Paare entsprechend „ihre Lebensgemeinschaft auf eine rechtlich anerkannte Basis stellen und sich … dauerhaft binden" (BVerfG 17. 2. 2002 BVerfGE 105, 315 sub II 2 b aa).

b) Kriterien

11 Die deutsche Lebenspartnerschaft **könnte** abgesehen von der Homosexualität wie die Ehe durch **dreierlei identifiziert** werden: förmliche und freie Eingehung, personale, grundsätzlich lebenslängliche Lebensgemeinschaft einschließlich gegenseitiger Verantwortung und förmliche Auflösung. Die Gleichberechtigung in der Ehe (BVerfGE 103, 89, 101) und das Streben nach der Begründung einer Familie (BVerfGE 105, 313 Rn 48) betreffen die innere Struktur der Ehe, nicht den für § 98 FamFG zugrunde zu legenden Tatbestand.

Ob alle die drei Kriterien bei einer ausländischen Lebensgemeinschaft zu verlangen sind, ist ebenso zweifelhaft wie ob nicht auch andre entscheiden. Auch sind sie angesichts einer Vielzahl verschiedener Ausgestaltungen in der Welt vermutlich nicht immer sehr trennscharf (rvgl Staudinger/Mankowski [2011] Art 17b EGBGB Rn 9 ff; weiter etwa Dörner, in: FS Jayme [2004] 143 ff; Winkler von Mohrenfels, in: Liber Amicorum Tugrul Ansay [2006] 528 ff). Es ist in mancher Hinsicht fast leichter, Ehe und Lebenspartnerschaft gegen andere Lebensgemeinschaften abzugrenzen als ihren Tatbestand positiv zu definieren. Jedenfalls ist eine heterosexuelle Lebensgemeinschaft nie eine Lebenspartnerschaft idS. 12

aa) Strukturierte Lebensgemeinschaft

Die Lebenspartnerschaft muss von anderen **homosexuellen Lebensgemeinschaften** unterschieden werden und insbesondere von der sog nichtehelichen Lebensgemeinschaft, die als heterosexuelle wie auch homosexuelle begegnet, nicht nur anhand der Formen ihrer Begründung und Beendigung, sondern vor allem anhand der rechtlichen **Verpflichtung** zu einer **personalen Lebensgemeinschaft** (vgl § 2 LPartG). Letzteres ist sicher schwierig abzugrenzen wegen fließender Übergänge in den gesetzlichen Regelungen. Man würde daran denken, dass die nichteheliche oder auch sog formlose Lebensgemeinschaft gerade dadurch gekennzeichnet ist, dass die Partner zwar eheähnlich zusammenleben, aber dazu nicht verpflichtet sein wollen und jederzeit wieder auseinandergehen können. Man stellt zwar eine Tendenz fest, diese gelebten Gemeinschaften in Richtung auf das Eherecht zu verrechtlichen. Das gilt aber vor allem nach ihrer Beendigung, wo vor allem vermögensrechtliche und kindschaftsrechtliche Fragen gestellt werden, die dieselben wie nach einer Scheidung sind. 13

Sie ist jedoch **kein Status** und entfernt sich zu weit von der „registrierten" Lebenspartnerschaft und von der Ehe. Entscheidend ist, dass das maßgebende Sachrecht die Lebensgemeinschaft **rechtlich** und verbindlich **strukturiert** (**aA** Dörner, in: FS Jayme [2004] 143, 150). 14

Keine Lebenspartnerschaft idS ist daher der **französische** Pacte civil de solidarité **(PACS)** (MünchKomm/Wacke § 1 LPartG Rn 2; **aA** Staudinger/Mankowski [2011] Art 17b EGBGB Rn 19, 20), der je nach Vereinbarung vornehmlich zu einer finanziellen Solidarität verpflichtet und ua erbrechtliche Folgen hat (Ferrand FamRZ 2000, 517). Er ist zwar förmlich zu begründen, kann aber ohne gerichtliche oder andere Kontrolle einseitig beendet werden (art 515-7 fr Cciv) und ist **auch** für **heterosexuelle Paare** zugänglich. Er fällt in letzterem Fall auch nicht unter § 98. Fraglich ist hier, ob er als **homosexuelle** Gemeinschaft unter § 103 FamFG zu subsumieren ist. Das ist zu verneinen, denn es fehlt die Verpflichtung zur ehelichen bzw partnerschaftlichen Lebensgemeinschaft. Zudem fehlt beim PACS die förmliche, hoheitliche Auflösung 15 und damit entfällt die Frage der internationalen Zuständigkeit schon deshalb (vgl auch Staudinger/Spellenberg [2015] Brüssel IIa-VO Art 1 Rn 10).

16 Allenfalls käme eine **analoge Anwendung** von § 103 FamFG bzw § 98 FamFG für den PACS in Frage (Prütting/Helms/Hau § 98 FamFG Rn 33; MünchKommFamFG/Rauscher Rn 9 will dagegen § 103 FamFG direkt anwenden, wenn konkret die Partner gleichen Geschlechts sind, sonst nur analog; Coester will Art 17b EGBGB direkt anwenden, wenn die Einstandsgemeinschaft wie der PACS registriert ist, in: FS Sonnenberger [2004] 321, 340 f). Das Kollisionsrecht der sog Einstandsgemeinschaften ist wie das der nichtehelichen Lebensgemeinschaft noch nicht gefestigt, und eine Einheitslösung dürfte sich verbieten. Im IPR überwiegt für den PACS eine schuldrechtliche Deutung und damit die Anwendung der Rom I-VO (Rauscher/vHein EuZPR/EuIPR [2016] Art 1 Rom I-VO Rn 26; Leible/Lehmann RIW 2008, 528, 530; NK-BGB/Leible Art 1 Rom I-VO Rn 23 f; **aA** Andrae, Internationales Familienrecht § 8 Rn 134). Das ist vorzuziehen, denn der Charakter eines Schuldvertrages überwiegt, und der Anlehnung an das Eherecht widerspricht, dass die Parteien gerade keine Ehe oder Lebenspartnerschaft schließen wollen (Spickhoff, in: Liber Amicorum Schurig [2012] 289; vgl auch Henrich FamRZ 2010, 333, 334). Dem entsprechend ist auch § 103 FamFG nicht die richtige Bestimmung.

bb) Förmliche Eingehung

17 Die Formulierung der „registrierten Partnerschaft", die nur in der Überschrift des LPartG erscheint, ist irreführend; die Registrierung ist ebenso wenig wie die Eintragung der Ehe in ein Heiratsbuch konstitutiv (MünchKomm/Wacke § 1 LPartG Rn 4; Staudinger/Voppel [2010] § 1 LPartG Rn 48). Wiggerich (FamRZ 2012, 1119) verweist zutreffend auf die Möglichkeit der Nachbeurkundung in Deutschland für eine im Ausland entstandene „registrierte" Partnerschaft. Diese Eintragungen haben Beweisfunktion. Die **Registrierung** ist für die Qualifikation als Lebenspartnerschaft – wie bei der Ehe – nicht entscheidend (Spickhoff, in: Liber Amicorum Schurig [2012] 285, 298 zu Ehe und nichtehelichem Zusammenleben).

18 Allerdings knüpft Art 17b EGBGB die gleichgeschlechtliche Lebenspartnerschaft zwingend an den Registrierungsort an. Sollte nach dem maßgebenden Sachrecht eine nicht zu registrierende Lebenspartnerschaft anerkannt sein, dann fällt diese Anknüpfungsregel ins Leere, und eine Ersatzanknüpfung sieht das EGBGB nicht vor. Art 17b EGBGB soll sicherstellen, dass der ggf berufene ausländische Staat die homosexuelle Lebenspartnerschaft tatsächlich kennt (Wagner IPRax 2001, 281, 289; Henrich FamRZ 2002, 137; Thorn IPRax 2002, 349, 355). Das macht zwar Sinn, doch ist ein Deutscher (§ 103 Abs 1 Nr 1 FamFG) im Ausland eine homosexuelle Lebenspartnerschaft eingegangen, wo eine Registrierung nicht vorgesehen war, so findet er wohl eine deutsche Zuständigkeit für ihre Auflösung oder Feststellung, aber schwer das maßgebende Recht. Als Lösung kann man daran denken, die deutsche Zuständigkeit nur für registrierte Lebenspartnerschaften zu öffnen, oder eine Ersatzanknüpfung zu wählen oder schließlich die nicht registrierte homosexuelle Lebenspartnerschaft wie die nichteheliche sozusagen als nicht partnerschaftliche Lebensgemeinschaft einzustufen. In diesem Dilemma scheint noch am besten eine Ersatzanknüpfung, zB an den „Heiratsort", die den Zweck der Regelanknüpfung an den Registrierungsort erfüllt (**aA** Palandt/Thorn Art 17b EGBGB Rn 12 f mwNw). Das wäre etwa der Fall, dass die Lebenspartnerschaft zwar vor einem Notar oder gar einer Trauungsperson eingegangen wird, aber nicht registriert wird.

Konstitutiv ist gem § 1 LPartG vielmehr der „Vertragsschluss“ vor einer **„Trauungsperson“** idS, dass ein Akt der verbindlichen Eingehung identifiziert werden kann. Aber dieses Erfordernis besteht wie bei der Ehe nur bei Eingehung in Deutschland (vgl Art 13 Abs 3 EGBGB), bei ausländischen Lebenspartnerschaften muss darauf verzichtet werden, wenn das maßgebende Partnerschaftsstatut auch eine formlose Begründung ausreichen lässt (Art 11 EGBGB). 19

Auch die nicht vor einer Trauungsperson eingegangene heterosexuelle Lebensgemeinschaft kann **„Ehe“** sein, wie seit alters die Beispiele der formlosen Common Law Ehe in den USA, oder die nahe dabei liegende Vermutung der Eheschließung „by cohabitation and repute“, die durch privaten Vertrag zustande kommende Ehe islamischer Rechte und die Beispiele aus Slowenien oder Kroatien zeigen, wo länger dauerndes eheähnliches Zusammenleben ein Rechtsverhältnis entstehen lässt, das jedenfalls Ehewirkungen, namentlich güterrechtlicher Art, hat. Ob man dann von „Ehe“ spricht, die auch geschieden werden kann und muss (so Rauscher, IPR Rn 877; **aA** MünchKomm/Coester Art 13 EGBGB Rn 9, Art 17b EGBGB Rn 144, 147) ist sehr zweifelhaft. Jedenfalls die güterrechtliche Auseinandersetzung verlangt ein Gericht. 20

Entsprechend kann man bei einer Lebenspartnerschaft **keine förmliche Eingehung vor einer Trauungsperson** verlangen (so aber Wiggerich FamRZ 2012, 1116, 1117; Dörner, in: FS Jayme [2004] 143, 151/52; Mankowski/Höffmann IPRax 2011, 247, 250/51), denn es ist nicht zu sehen, warum eine formlos begründete Ehe unter Art 1 ff Brüssel IIa-VO, bzw ausnahmsweise § 98 FamFG fallen soll, nicht aber eine formlos begründete homosexuelle Lebenspartnerschaft unter § 103 FamFG. Es würde nicht befriedigen, den Lebenspartnerschaften, die nach dem maßgebenden Statut wirksam sind oder sein können, den Zugang zu deutschen Gerichten zu verwehren. Nötig und genügend ist jedoch ein **Vertrag**, den sie nachweisen müssen (vgl auch § 107 Rn 57). 21

So wie es die formlose – früher auch „wilde“ – Ehe gibt, so muss man seit es die förmliche „registrierte“ Lebenspartnerschaft gibt, auch – zahlreiche – homosexuelle Lebensgemeinschaften in den Blick nehmen, die nicht vor einer Trauungsperson geschlossen wurden. Wenn eine solche Lebensgemeinschaft vom Recht mit Rechtswirkungen versehen wird, die denen der Lebenspartnerschaft funktional entsprechen, dann darf sie als „echte“ Lebenspartnerschaft angesehen werden, andernfalls ist von einer „nichtpartnerschaftlichen Lebensgemeinschaft“ auszugehen, namentlich wenn die Parteien im Wesentlichen auf ihre vertraglichen Abreden verwiesen sind (Spickhoff, in: Liber Amicorum Schurig [2012] 285, 291 zur nichtehelichen Lebensgemeinschaft). Zuständigkeiten sind dann nicht dem FamFG zu entnehmen, sondern wie die Anknüpfungen auf die einzelnen Wirkungen abzustellen soweit das maßgebende Recht solche vorsieht (zB der Rom I- und Rom II-VO, Brüssel Ia-VO) (Spickhoff 285, 293). 22

cc) Förmliche Beendigung

Wenigstens der Zweck der §§ 103 FamFG und 107 FamFG bzw 108 FamFG scheint zu verlangen, dass die Lebensgemeinschaft durch einen besonderen, identifizierbaren hoheitlichen Akt beendet werden muss. Wie die Fälle der Vertragsscheidung oder „Verstoßungsscheidung“ zeigen, ist aber nicht immer ein hoheitlicher Akt nötig. Er ist nur für § 103 FamFG und § 107 FamFG oder § 109 FamFG voraus- 23 gesetzt, weil es um die Zuständigkeit der Gerichte oder Behörden geht. Es ist aber auch mit Regelungen zu rechnen, die eine private Aufhebung vorsehen.

24 Eine Zuständigkeit für private Auflösungen wäre eine unsinnige Frage. Eine Regelung wie Art 17 Abs 2 EGBGB fehlt, sodass eine ausländische Lebenspartnerschaft selbst in Deutschland durch privates Rechtsgeschäft aufgehoben werden kann. Maßgebendes Recht ist das des Registrierungsortes, doch das kann trotz Eingehung vor einer Standesbeamten, Notar oder drgl eine Aufhebung durch privaten Akt vorsehen. Dann kann nur noch gerichtlich festgestellt werden, dass die Lebenspartnerschaft beendet ist (§ 103 Abs 1 FamFG). Das kann auch implizit geschehen, denn § 107 FamFG ist nicht anwendbar. Nötig ist allerdings ein definierter Aufhebungsakt, Vertrag oder Erklärung, den die die Parteien nachweisen müssen. Auch ein notarieller Vertrag bleibt eine „Privataufhebung".

25 So kann man **zusammenfassend** festhalten, dass § 103 FamFG nur **homosexuelle Lebensgemeinschaften** erfasst, die zu einer **personalen Lebensgemeinschaft** verpflichten bzw idS einen Status begründen und unter Mitwirkung einer staatlichen Autorität aufgelöst werden müssen.

III. Internationale Zuständigkeit

26 Die Regelung **weicht durchaus von § 98 FamFG ab**, und deshalb ist die Qualifikation als „Ehe" oder „Lebenspartnerschaft" entscheidend. Die Heimatzuständigkeit in § 103 Abs 1 Nr 1 FamFG ist dieselbe wie in § 98 Abs 1 Nr 1 FamFG, aber bei der Aufenthaltszuständigkeit genügt der gewöhnliche Aufenthalt eines Partners ohne Anerkennungsprognose.

1. Heimatzuständigkeit

27 § 103 Abs 1 Nr 1 FamFG entspricht § 98 Abs 1 Nr 1 FamFG. Die deutsche Staatsangehörigkeit ergibt sich wie dort aus dem StAG ggf in seinen früheren Fassungen (Prütting/Helms/Hau Rn 6). Es genügt auch eine Gleichstellung mit Deutschen nach Art 116 Abs 1 GG oder nach § 2 AsylVerfG und Art 16 GenferFlKonv (dazu § 98 Rn 127). Die Antrittszuständigkeit für ehemals Deutsche oder Gleichgestellte findet sich in Nr 1 wieder. Maßgebend für sie ist der Zeitpunkt der Begründung der Lebenspartnerschaft.

2. Aufenthaltszuständigkeit

28 Eine wesentliche Abweichung bringt Nr 2, wonach der gewöhnliche **Aufenthalt eines Lebenspartners allein** in Deutschland genügt, während § 98 FamFG ihn von beiden Ehegatten verlangt oder, wenn ihn nur einer hier hat, die Anerkennung in wenigstens einem der Heimatstaaten. Der Verzicht auf dieses Erfordernis, das bei der Scheidung den schwachen Inlandsbezug ergänzen soll (§ 98 Rn 49), kann damit gerechtfertigt werden, dass die Anerkennung durch den Heimatstaat häufiger daran scheitern könnte, dass dieser Staat die homosexuelle Lebenspartnerschaft überhaupt ablehnt (MünchKommFamFG/Rauscher Rn 14).

29 **Staatenlose** werden anders als in § 98 Abs 1 Nr 3 FamFG nicht erwähnt. Das erklärt sich damit, dass sie nach Art 16 des New Yorker Übereinkommen über die Rechtsstellung von Staatenlosen nur dann im Verfahrensrecht mit Deutschen gleichgestellt werden, wenn und solange sie ihren gewöhnlichen Aufenthalt in Deutschland haben. War das nur bei dem Staatenlosen der Fall, dann verzichtete § 98 Abs 1 Nr 3 FamFG auf die Anerkennung in seinem Heimatstaat, die Nr 4 bei einem Ausländer verlangt. Allein dazu war in § 98 Abs 1 Nr 3 FamFG der Staatenlose zu erwähnen. Da in § 103 FamFG die Heimatstaatsanerkennung aus dem genannten Grund ohnehin immer entfällt, war eine Sonderreglung für Staatenlose mit gewöhnlichem Aufenthalt nicht nötig. Ebenso wenig war die Zuständigkeit kraft beiderseitigen gewöhnlichen Aufenthalts in Deutschland (§ 98 Abs 1 Nr 2 FamFG) nötig, da schon der **eines Partners allein** ohne die Voraussetzung der Heimatstaatsanerkennung genügt.

3. Registerzuständigkeit

Ganz andere Wege geht § 103 Abs 1 Nr 3 FamFG, indem schon allein die Begründung der Lebenspartnerschaft vor einer deutschen zuständigen Stelle die Zuständigkeit für ihre spätere Auflösung begründet. Man spricht besser von **Zelebrationszuständigkeit**, weil die Registrierung sachlich keine Bedeutung hat (oben Rn 17). Praktische Bedeutung hat sie, wenn keiner der Partner Deutscher ist oder wenigstens bei Eingehung war und keiner derzeit seinen gewöhnlichen Aufenthalt hier hat, dh wenn beide Partner damals Ausländer waren und noch sind und ihren gewöhnlichen Aufenthalt auch jetzt nicht in Deutschland haben. Freilich ist die Zuständigkeit alternativ und nicht nur subsidiär. **30**

Das sind eher seltene Konstellationen, bei denen man daran denken kann, dass Ausländer, deren Heimat- oder Aufenthaltsstaat **keine Lebenspartnerschaft anbietet**, von der Möglichkeit in Deutschland Gebrauch gemacht haben, sodass man ihnen nun auch die Auflösung ermöglichen muss (Prütting/Helms/Hau Rn 9; Keidel/Engelhardt Rn 59; MünchKommFamFG/Rauscher Rn 15). Man kann auch darauf hinweisen, dass eine Zelebrationszuständigkeit am Eheschließungsort in der Welt nicht unbekannt ist. § 103 FamFG begründet nur einseitig eine Entscheidungszuständigkeit in Deutschland. Ob ggf die „Zelebration" im Ausland auch eine Anerkennungszuständigkeit begründet, ist eine Frage der §§ 108 FamFG oder 109 FamFG (Prütting/Helms/Hau § 108 FamFG Rn 35). **31**

Merkwürdig mag das Verlangen sein, dass die Lebenspartnerschaft vor einer nicht näher präzisierten „zuständigen Stelle" in Deutschland eingegangen wurde. Während § 1 LPartG die Erklärung vor einem Standesbeamten verlangt, erlaubt § 23 LPartG, Notare und andere Behörden damit zu beauftragen. Bayern hat davon Gebrauch gemacht und alternativ die Notare beauftragt, und Baden-Württemberg und Thüringen ausschließlich die Landratsämter bzw Gemeinden. Es wird kaum vorkommen, dass in Baden-Württemberg ein Standesbeamter die Erklärungen entgegennimmt oder ein Notar in Thüringen, doch ggf wäre die Lebenspartnerschaft nicht entstanden (MünchKomm/Wacke § 1 LPartG Rn 2; Staudinger/Voppel [2010] § 1 LPartG Rn 26). Es bleibt jedoch die Frage der internationalen Zuständigkeit zumindest für die Feststellung der Nichtigkeit der Lebenspartnerschaft (§ 269 Abs 1 Nr 2 FamFG). **32**

Jedoch sollte die internationale Zuständigkeit nicht von der Einhaltung der deut- **33** schen **örtlichen Zuständigkeit** abhängen, deren Verfehlung die Wirksamkeit, wie bei der Ehe, nicht beeinträchtigt (Wellenhofer-Klein, Die eingetragene Lebenspartnerschaft [2003] Rn 59; HK-LPartG/Kemper § 1 Rn 27; **aA** Staudinger/Voppel [2010] § 1 LPartG Rn 26). Dasselbe gilt bei einem **Fehlen der Eintragung** (MünchKomm/Wacke § 1 LPartG Rn 2). Beides sind nur Sollvorschriften. § 103 Abs 1 Nr 1 und 2 FamFG werden dadurch nicht berührt, und Nr 3 mag dennoch die deutsche internationale Zuständigkeit ergeben, da wenigstens eine Amtsperson bemüht wurde.

4. Verbundszuständigkeit

34 Abs 2 verweist auf § 98 Abs 2 FamFG, sodass auch hier die internationale Verbundszuständigkeit eingreift, und es kann auf die dortigen Ausführungen verwiesen werden.

5. Örtliche und sachliche Zuständigkeit

35 Die örtliche Zuständigkeit regelt dann § 269 FamFG mit § 270 FamFG, der seinerseits auf **§ 122 FamFG** verweist, wobei praktisch meist die Nr 3 bis 6 in dieser Reihenfolge zum Zuge kommen.

36 **Sachlich** ist nach § 23a Abs 1 Nr i GVG nur das **Familiengericht** zuständig.

§ 104 FamFG (Betreuungs- und Unterbringungssachen; Pflegschaft für Erwachsene): Nicht Gegenstand der vorliegenden Kommentierung, zur Pflegschaft für Erwachsene s Staudinger/Pirrung (2009) bzw (2016) Art 24 EGBGB Rn 1, 3, 35.

§ 105 FamFG (andere Verfahren): Nicht Gegenstand der vorliegenden Kommentierung.

§ 106 FamFG
Keine ausschließliche Zuständigkeit

Die Zuständigkeiten in diesem Unterabschnitt sind nicht ausschließlich.

Materialien: BT-Drucks 12/6243.

1 § 106 FamFG fasst einige verstreute frühere Regelungen zusammen und verallgemeinert sie (§§ 606a Abs 1 S 2, 640a Abs 2 S 2 ZPO aF, § 35 Abs 3 FGG aF). Er bezieht sich nur auf das Anerkennungshindernis des § 109 Abs 1 Nr 1 FamFG, welches die Anerkennung verhindert, wenn das ausländische Gericht nach den deutschen Regeln in spiegelbildlicher Anwendung nicht zuständig war, dh **keine Anerkennungszuständigkeit** hatte. Das wäre ua der Fall, wenn das deutsche Recht für die betreffende Angelegenheit selbst eine ausschließliche Zuständigkeit in Anspruch nähme. Die Zuständigkeiten nach den §§ 98 FamFG bis 105 FamFG stehen gemäß § 106 FamFG einer Anerkennung nicht entgegen (unstr Keidel/Engelhardt

§ 106 FamFG Rn 1). Nur diese Zuständigkeiten der §§ 98 FamFG bis 105 FamFG werden in § 106 FamFG für nicht ausschließlich erklärt; für andere deutsche Regelungen der internationalen Zuständigkeit ist damit nichts entschieden (MünchKommFamFG/Rauscher Rn 8).

2 Staatsverträge regeln manchmal direkt, welche Zuständigkeiten ausländischer Gerichte anerkannt werden und welche nicht. Beispiele für solche zweiseitigen Abkommen sind außerhalb des Eherechts Art 7 des deutsch-israelischen Abkommen v 30. 7. 1977 (BGBl II 1980, 925, 1571) und, auch für Eheurteile, Art 29, 31 deutsch-tunesisches Abkommen v 19. 7. 1966 (BGBl II 1969, 890), womit aber keine Regelung der Entscheidungszuständigkeit selbst des betreffenden ausländischen Staates vorgeschrieben wird. Auch Art 3 lit c EG-UntVO ist ein Beispiel dafür, dass der lex fori die Entscheidungszuständigkeit überlassen bleibt, aber manche davon dann nicht anerkannt werden. Noch weiter geht die Brüssel IIa-VO. Sie verlangt für die Anerkennung nicht, dass das ausländische Gericht die vereinheitliche Zuständigkeitsvoraussetzungen der Art 3 bis 5 Brüssel IIa-VO eingehalten hat, denn die Anerkennung ist ohne Prüfung der Zuständigkeit des Urteilsgerichts vorgesehen (Art 22, 24 Brüssel IIa-VO).

3 § 106 FamFG gilt jedoch in dieser Weise nicht nur für die Anerkennungen nach §§ 107 bis 109 FamFG, sondern mittelbar auch für den Einwand der internationalen **Rechtshängigkeit**, denn damit ein im Ausland schwebendes Verfahren über denselben Gegenstand ein späteres inländisches sperrt (§ 113 FamFG mit § 261 Abs 3 Nr 1 ZPO), muss das beantragte Urteil anerkennungsfähig sein (weiter Anh zu § 106 Rn 60). Eine konkurrierende internationale Zuständigkeit der deutschen Gerichte, steht nicht entgegen solange das ausländische Verfahren früher begonnen wurde. Ggf ist die Anerkennungsfähigkeit nach einschlägigen Staatsverträgen zu beurteilen (Beispiel zum bilateralen deutsch-schweizer Abkommen v 2. 11. 1929 OLG München 14. 7. 2009 FamRZ 2009, 2104). Art 19 Brüssel IIa-VO enthält eine eigene, dem nationalen Recht vorgehende Rechtshängigkeitsregelung, bei der konsequent das aussetzende zweite Gericht die internationale Zuständigkeit des erstbefassten Gerichts nicht nachprüft (Staudinger/Spellenberg [2015] Art 19 Brüssel IIa-VO Rn 36). § 106 FamFG mit § 261 ZPO gilt daher vor allem bei Lebenspartnerschaften und Feststellungsklagen, die von der Brüssel II-VO nicht erfasst werden.

Anhang zu § 106 FamFG

Besonderheiten des Erkenntnisverfahrens

Schrifttum

Vgl Schrifttum zu § 98 FamFG.

Systematische Übersicht

Alphabetische Übersicht

A. Sonstige Prozessvoraussetzungen

1 Die §§ 97 FamFG bis 110 FamFG, die – mit Ausnahme der §§ 99–102 FamFG und 104–105 FamFG – Gegenstand dieser Kommentierung sind, regeln die internationale Zuständigkeit und die Anerkennung ausländischer Urteile. FamFG und ZPO enthalten Vorschriften zu den Besonderheiten der **Verfahrensdurchführung** in internationalen Fällen, von denen die wichtigsten im Folgenden darzustellen sind.

I. Zuständigkeiten

2 § 98 FamFG behandelt nur die deutsche internationale Zuständigkeit, aber nicht auch die örtliche. Sie beruht schon deshalb auf anderen Kriterien, weil § 98 FamFG primär auf die deutsche Staatsangehörigkeit abstellt. Im Folgenden wird nur auf einige Punkte eingegangen, die bei internationalen Ehesachen von Interesse sein können.

1. Örtliche und sachliche Zuständigkeit

a) Örtlich

3 § 122 FamFG enthält, wie zuvor § 606 ZPO aF, eine gestufte Rangordnung für die örtliche Zuständigkeit in Ehesachen. Entscheidend ist nun, wer die Kinder hat. An erster Stelle steht der gewöhnliche Aufenthalt des **Ehegatten mit allen gemeinsamen minderjährigen Kindern**, danach der mit einem Teil dieser Kinder, wenn der andere keine Kinder bei sich hat. Erst an dritter Stelle steht der letzte gemeinsame gewöhnliche Aufenthalt der Eheleute, danach der des Antragsgegners und dann der des Antragstellers und letzthilfsweise das AG Berlin- Schöneberg. Allzu groß sind die Abweichungen also nicht, da der früher an erster Stelle stehende gemeinsame gewöhnliche Aufenthalt in aller Regel bei Antragstellung nicht mehr besteht.

4 § 122 FamFG knüpft die örtliche Zuständigkeit an den **gewöhnlichen Aufenthalt** des Ehegatten. Denselben Tatbestand verwendet auch § 98 Abs 1 Nr 2 bis 4 FamFG, um eine internationale deutsche Zuständigkeit zu eröffnen. Es wäre zwar möglich und eigentlich logisch, den Tatbestand in § 122 FamFG **anders als in § 98 FamFG zu definieren**, doch würde dies die Rechtslage unnötig komplizieren. Besser verwendet man beide Male dasselbe Konzept (Keidel/Zimmermann § 122 FamFG Rn 3; so auch implizit LG Stuttgart 17. 12. 1968 NJW 1969, 384, mit Vorbehalten Prütting/Helms/Helms § 122 FamFG Rn 4; Helms, in: FS Pintens [2012] 681, 687 f), was aber nicht ausschließt, den gewöhnlichen Aufenthalt von Kindern etwas anders zu sehen als den von Erwachsenen (Helms, in: FS Pintens [2012] 689).

5 § 122 FamFG differenziert danach, welcher Ehegatte die Kinder bei sich hat, verlangt jedoch nicht den gewöhnlichen Aufenthalt **auch der Kinder**; so genügt auch

deren bloße Anwesenheit (OLG Hamm 18. 11. 2011 FamRZ 2012, 654). Der gewöhnliche Aufenthalt von Kindern wäre an sich unabhängig von dem der Eltern zu bestimmen, und befindet sich nur bei Kleinkindern bei der sie tatsächlich betreuenden Person, kann aber bei älteren auch anderswo sein. Jenes gilt auch, wenn beide Elternteile das Sorgerecht haben (OLG Bremen 3. 4. 1992 FamRZ 1992, 963). Es geht hier nicht um die Verteilung des Sorgerechts, für die sich die internationale Zuständigkeit vornehmlich aus Art 8 ff Brüssel IIa-VO, und die örtliche aus § 152 FamFG ergibt.

6 Der gewöhnliche Aufenthalt des oder der Ehegatten muss sich aber **im Inland** befinden. Anderenfalls ist das AG Berlin-Schöneberg für die Ehesache örtlich zuständig (§ 122 Nr 6 FamFG), wenn die deutsche Staatsangehörigkeit gegeben ist (§ 98 Abs 1 Nr 1 FamFG). Dem Fehlen eines inländischen gewöhnlichen Aufenthalts steht es gleich, wenn trotz Amtsermittlung **ungewiss bleibt**, ob ein inländischer gewöhnlicher Aufenthalt besteht (MünchKommFamFG/Hilbig-Lugani § 122 FamFG Rn 40; BGH 19. 9. 1982 FamRZ 1982, 1199; OLG Stuttgart 22. 9. 1964 NJW 1964, 2166; OLG Düsseldorf 28. 5. 1973 FamRZ 1974, 92; OLG Hamburg 6. 7. 1973 FamRZ 1974, 93; OLG Zweibrücken 7. 11. 1984 FamRZ 1985, 81; **aA** LG Stuttgart 14. 12. 1957 NJW 1958, 955; LG Köln 20. 10. 1961 NJW 1962, 350). Der Begriff von „Inland" und „Ausland" bemaß sich bis zum 3. 10. 1990 nach dem Geltungsbereich des GVG und der ZPO. Heute kann man die deutschen staatsrechtlichen Grenzen heranziehen.

7 Ob ein Aufenthaltsort im Inland oder Ausland liegt, beurteilt sich nach dem Zeitpunkt der Antragstellung, nicht nach dem, zu dem die Ehegatten ihren Wohnsitz genommen hatten (KG 16. 5. 1940 DR 1940, 1383 [Danzig]; Levis ZZP 51 [1926] 286).

b) Sachlich

8 Für Ehesachen ist das AG als Familiengericht **sachlich** zuständig (§§ 23a Abs 1 Nr 1 mit 23b GVG).

2. Ausschließlichkeit

9 Beide Zuständigkeiten sind ausschließlich (§ 122 FamFG, § 23a Abs 1 und 2 GVG), können also nicht durch Vereinbarung geändert werden. Ggf ist auf Antrag an das Familiengericht zu verweisen (§ 281 ZPO). Die Regelung der sachlichen und örtlichen Zuständigkeit betrifft jedoch nur das Verhältnis der deutschen Gerichte untereinander. Sie steht nicht etwa der Anerkennung eines ausländischen Urteils entgegen, das nicht von einem Familiengericht, das dort uU nicht existiert, gefällt wurde.

3. Prüfung von Amts wegen

10 Die örtliche und sachliche Zuständigkeit sind vom Gericht erster Instanz wegen § 113 Abs 1 FamFG nicht von Amts wegen zu ermitteln (§ 26 FamFG), sondern nur zu prüfen. Es genügt, wenn das Gericht zum Zeitpunkt der letzten mündlichen Verhandlung noch zuständig wurde. Nach § 261 Abs 3 Nr 2 ZPO schadet es nicht, wenn die bei oder nach Klageerhebung vorliegenden Gründe der örtlichen Zuständigkeit später wieder wegfallen (§ 2 Abs 2 FamFG, **perpetuatio fori)** (zu dieser Frage hinsichtlich der internationalen Zuständigkeit vgl § 98 Rn 56 ff). Anders ist das bei der deutschen Gerichtsbarkeit (vgl Vorbem 28 zu § 97). Die örtliche Zuständigkeit (der ersten Instanz) ist

schon in der **Berufungsinstanz** nicht mehr zu rügen und zu prüfen (§§ 513 Abs 2, 621e Abs 4 ZPO nF; dazu BERGERFURTH FamRZ 2001, 1494 f). Dagegen muss die internationale Zuständigkeit selbst in der Revisionsinstanz noch in jeder Lage des Verfahrens von Amts wegen geprüft werden (BGH 28. 11. 2002 FamRZ BGHZ 153, 82; ROSENBERG/SCHWAB/GOTTWALD, ZPR § 31 Rn 25). Nach Auffassung des BGH (21. 11. 1996 BGHZ 134, 127, 130) ist auch über die örtliche Zuständigkeit noch in der Revisionsinstanz zu entscheiden, wenn die Vorinstanz beide mit **derselben Begründung** bzw aufgrund **derselben Tatsachen** abgelehnt hat.

Fehlt die örtliche Zuständigkeit des angegangenen Gerichts, im Gegensatz zur internationalen, so ist auf Antrag an das zuständige Gericht zu verweisen gem (§ 281 ZPO mit § 123 S 3 FamFG). Wird die Verweisung nicht beantragt, ist die Klage abzuweisen. **11**

II. Beteiligtenfähigkeit (Prozessfähigkeit)*

12 Seit die Verfahren in Ehesachen im FamFG geregelt sind, ist nicht mehr nach der Prozessfähigkeit, sondern nach der Verfahrensfähigkeit zu fragen (§ 9 FamFG). In Ehesachen gilt § 125 FamFG, der mit der Bestimmung, dass auch der beschränkt Geschäftsfähige verfahrensfähig ist, eine besondere sachrechtliche Regelung trifft. Früher wurde die Prozessfähigkeit grundsätzlich an das **Heimatrecht** der Partei angeknüpft (BGH JZ 1956, 535), heute werden jedoch zu Recht §§ 52 ZPO und 55 ZPO direkt als deutsches Sachrecht angewandt (zB vBAR/MANKOWSKI, IPR Bd 1 § 5 Rn 91 f; SCHACK, IZVR Rn 606; KRALIK, Die Prozessfähigkeit des Ausländers [auch in Ehesachen], ZfRV 1970, 161 ff; vermittelnd FURTAK, Die Parteifähigkeit in Zivilverfahren mit Auslandsberührung [1995] 152 ff, 164 ff). Wenn dem Minderjährigen nach seinem Heimatrecht die Verfahrens- bzw Prozessfähigkeit fehlt, dann gilt er doch gemäß § 55 ZPO soweit als verfahrensfähig, wie er es nach deutschem Recht, also nach **§ 125 FamFG** wäre. Das dürfte bei ausländischen Minderjährigen durchaus von Bedeutung werden.

13 Wer im Übrigen und inwieweit als **Vertreter** im Prozess auftreten kann, bestimmt sich bei Minderjährigen nach Art 21 EGBGB (elterliche Sorge) und Art 24 EGBGB (Vormundschaft) bzw vorrangig nach dem Haager MSA oder KSÜ (LG Mannheim 19. 8. 1960 FamRZ 1961, 79 dazu mit Klarstellung zum ndl Recht von VAN SASSE VAN YSSELT FamRZ 1962, 27; SCHACK, IZVR Rn 606; MünchKommZPO/LINDACHER § 55 Rn 5). Das so bestimmte Recht entscheidet auch darüber, ob und inwieweit ein gesetzlicher Vertreter einer Genehmigung (zB des Vormundschaftsgerichts) zur Prozessführung bedarf (STEIN/JONAS/BORK § 55 ZPO Rn 8). Notfalls kann einem ausländischen Minderjährigen für den inländischen Prozess ein Ergänzungspfleger bestellt werden (KG 10. 11. 1981 OLGZ 1982, 175 = NJW 1982, 526).

14 An mangelndem Alter kann die Verfahrensfähigkeit praktisch kaum mehr scheitern.

---

* **Schrifttum**: FURTAK, Die Parteifähigkeit im Zivilverfahren mit Auslandsberührung, 1995; KRALIK, Die Prozessfähigkeit des Ausländers, ZfRV 1970, 161; ODA, Überlegungen zur Prozessfähigkeit von Ausländern, in: FS Konzen (2006) 603; PAGENSTECHER, Werden die Partei- und Prozessfähigkeit eines Ausländers nach seinem Personalstatut oder nach den Sachnormen der lex fori beurteilt?, ZZP 64 (1950/51) 249; G WAGNER, Grundprobleme der Parteifähigkeit, ZZP 117 (2004) 305.

Es käme auf das Heimatrecht nur an, wenn der Beteiligte sonst nach deutschem Recht nicht prozessfähig ist. Ist der Ausländer im Inland **entmündigt** worden (Art 24 Abs 1 EGBGB), so ist er prozessunfähig, auch wenn das Heimatrecht die Entmündigung nicht anerkennt, ihn also weiter für prozessfähig hält (MünchKommZPO/LINDACHER § 55 Rn 2; STEIN/JONAS/BORK § 55 ZPO Rn 3; RIEZLER, IZPR 421).

B. Durchführung des Verfahrens

I. Entgegenstehende Rechtshängigkeit*

1. Allgemeines

a) § 261 Abs 3 Nr 1 ZPO. Anwendbarkeit

15 Auch im Ausland anhängige Verfahren können die von Amts wegen zu prüfende

* **Schrifttum**: AMOS/DUTTA, Europäische Zuständigkeiten bei drittstaatlicher Rechtshängigkeit, FamRZ 2014, 444; BASEDOW, Parallele Scheidungsverfahren im In- und Ausland, IPRax 1983, 278; ders, Nochmals: Parallele Scheidungsverfahren im In- und Ausland, IPRax 1984, 84; BÜRGLE, Zur Konkurrenz von inländischen Scheidungsverfahren mit ausländischen Scheidungsverfahren und -urteilen, IPRax 1983, 281; BUSCHMANN, Rechtshängigkeit im Ausland als Verfahrenshindernis (1996); DOHM, Die Einrede ausländischer Rechtshängigkeit im deutschen internationalen Zivilprozeßrecht (1996); GEIMER, Beachtung ausländischer Rechtshängigkeit und Justizgewährungsanspruch, NJW 1984, 527; ders, Lis pendens in der europäischen Union, in: FS Sonnenberger (2004) 357; ders, „Windhunde" und „Torpedos" unterwegs in Europa, IPRax 2004, 505; GRUBER, Die „ausländische Rechtshängigkeit" bei Scheidungsverfahren, FamRZ 1999, 1563; ders, Die neue europäische Rechtshängigkeit – Zur EG-Verordnung über die Zuständigkeit und die Anerkennung und Vollstreckung von Entscheidungen in Ehesachen und in Verfahren betreffend die elterliche Verantwortung für die gemeinsamen Kinder, FamRZ 2000, 1129; GOTTWALD, Streitgegenstandslehre und Sinnzusammenhänge, in: Syposium KH Schwab (2000) 85; HABSCHEID, Non-licet bei ausländischer Rechtshängigkeit, in: FS Heinrich Lange (1970) 429; ders, Die Folgen der Nichtbeachtung ausländischer Rechtshängigkeit, RabelsZ 31 (1967) 266 ff; ders, Bemerkungen zur Rechtshängigkeitsproblematik im Verhältnis der Bundesrepublik Deutschland und der Schweiz einerseits und der USA andererseits, in: FS Zweigert (1981) 109; HAU, Positive Kompetenzkonflikte im Internationalen Zivilprozeßrecht (1996); ders, Rechtshängigkeitssperre durch paralleles Scheidungsverfahren in Tennessee, IPRax 1995, 80; HEIDERHOFF, Die Berücksichtigung ausländischer Rechtshängigkeit in Ehescheidungsverfahren (1998); HENRICH, Zur Berücksichtigung der ausländischen Rechtshängigkeit von Privatscheidungen, IPRax 1995, 86; HERFARTH, Scheidung nach religiösem Recht durch deutsche Gerichte, IPRax 2000, 101; JAYME, Rechtshängigkeit kraft Verbundes im Ausland und inländisches gesondertes Unterhaltsverfahren, IPRax 1987, 295; KERAMEUS, Rechtsvergleichende Anmerkungen zur internationalen Rechtshängigkeit, in: FS K H Schwab (1990) 257; LEIPOLD, Internationales Rechtshängigkeit, Streitgegenstand und Rechtsschutzinteresse, in: Gedächtnisschrift für Peter Arens (1993) 227; LINKE, Zur Berücksichtigung ausländischer Rechtshängigkeit eines Scheidungsverfahrens vor deutschen Gerichten, IPRax 1982, 229; ders, Verbundszuständigkeit – anderweitige Rechtshängigkeit – res judicata, IPRax 1992, 159; ders, Anderweitige Rechtshängigkeit im Ausland und inländischer Justizgewährungsanspruch, IPRax 1994, 17; LUTHER, Die Beachtung einer ausländischen Rechtshängigkeit im Eheprozeß, MDR 1970, 725; ders, Die Grenzen der Sperr-

Einwendung der Rechtshängigkeit für eine spätere deutsche Klage gem **§ 261 Abs 3 Nr 1 ZPO** begründen, der nach **§ 113 FamFG** anwendbar ist. Dieser Grundsatz ist heute allgemein anerkannt und findet sich vor allem auch in Art 19 Brüssel IIa-VO.

Art 19 Brüssel IIa-VO ist jedoch **nur anwendbar** und nach § 97 FamFG vorrangig, **16**
wenn auch das parallele Verfahren in einem **anderen Mitgliedstaat** anhängig ist (Art 19 Abs 1 S 1 Brüssel IIa-VO: „Gerichte verschiedener Mitgliedstaaten"). So kommt § 261 Abs 3 Nr 1 ZPO immer zur Anwendung bei einem Parallelverfahren in **Staaten außerhalb der EU** (zB Johannsen/Henrich/Henrich, Familienrecht § 98 FamFG Rn 28, 32 ff; Schack, IZVR Rn 838, 846; Geimer/Schütze/Dilger, IRVZ Art 19 EheVO Rn 5; näher Amos/Dutta FamRZ 2014, 444, 446). Nach hM ist in internationalen Fällen das deutsche Parallelverfahren nur auszusetzen (unten Rn 65 ff).

Nach seinem Wortlaut greift Art 19 Brüssel IIa-VO auch nur ein, wenn in beiden **17**
Mitgliedstaaten eine Statusklage anhängig gemacht wird, sodass ein Feststellungsantrag in einem anderen Mitgliedstaat **auch eine Statusklage** im Inland nicht nach Art 19 Brüssel IIa-VO sperren kann (Geimer/Schütze, EuZVR A 2 [Brüssel IIa-VO] Art 19 Rn 3; Geimer/Schütze/Dilger, IRVZ Art 19 EheVO Rn 14). Letzteres ist die Konsequenz der – bedauerlichen – politischen Entscheidung der Verfasser der Brüssel IIa-VO, dass die Rechtskraft von Urteilen nur feststellenden Inhalts, womit vor allem Antragsabweisungen gemeint waren, nicht anerkannt werden sollen. Das lässt den Mitgliedstaaten die Freiheit, ihr eigenes Anerkennungsrecht einschließlich von Staatsverträgen anzuwenden (Staudinger/Spellenberg [2015] Art 19 Brüssel IIa-VO Rn 11 ff) und entsprechend auch ihr eigenes **nationales Recht** der internationalen **Rechtshängigkeit**, in Deutschland also des § 261 Abs 3 Nr 1 ZPO.

---

wirkung ausländischer Rechtshängigkeit, IPRax 1984, 141 ff; McGuire, Verfahrenskoordination und Verjährungsunterbrechung im europäischen Prozeßrecht, 2004; Mansel, Inländische Rechtshängigkeitssperre durch ausländische Streitverkündung IPRax 1990, 214; Mansel/Nordmeier, Partei- und Anspruchsidentität im Sinne des Art 27 Abs 1 EuGVVO, in: FS Kaissis (2012) 629; Otte, Umfassende Streiterledigung durch Beachtung von Sachzusammenhängen (1998); Philippi, Doppelte Scheidungsprozesse im In- und Ausland, FamRZ 2000, 525; Rauscher, Ausländische Rechtshängigkeit und Rechtsschutzeinwand, IPRax 1986, 274; ders, Jugoslawisches IZPR vor deutsche Gerichte? – Zur Beachtlichkeit ausländischer Rechtshängigkeit, IPRax 1992, 14; ders, Rechtshängigkeitseinwand bei belgischem Parallelverfahren, IPRax 1994, 188; Schack, Die Versagung der deutschen internat. Zuständigkeit wegen forum non conveniens und lis alibi pendens, RabelsZ 88 (1994) 40; Schlosser, Die perpetuatio litis als rechtsstaatlicher Leitgedanke des nationalen und internationalen Zivilprozeßrechts, in: FS Nagel (1987) 352; ders, Parallele Eheaufhebungs- und Ehescheidungsverfahren im In- und Ausland, IPRax 1985, 16; Schumann, Der Einwand internationaler Rechtshängigkeit am Beispiel paralleler deutsch-türkischer Ehescheidungsverfahren, IPRax 1986, 14; ders, Internationale Rechtsanhängigkeit (Streitanhängigkeit), in: FS Kralik (1986) 301; Schütze, Die Berücksichtigung der Rechtshängigkeit eines ausländischen Verfahrens, RabelsZ 31 (1967) 233; ders, Die Wirkungen ausländischer Rechtshängigkeit in inländischen Verfahren, ZZP 104 (1991) 136; ders, Zur internationalen Rechtshängigkeit im deutschen Recht, in: FS Beys (2003) 1501; Siehr, Rechtshängigkeit im Ausland und das Verhältnis zwischen staatsvertraglichen sowie autonomen Anerkennungsvorschriften, IPRax 1989, 93; ders, Ehescheidung deutscher Juden, IPRax 2009, 332.

b) Zweck

18 **Zweck** des § 261 Abs 3 ZPO ist es zum einen, Rechtskraftkollisionen zu vermeiden, die bei einer Anerkennung der ausländischen Entscheidung mit der inländischen eintreten würden (ebenso zB LINKE IPRax 1994, 17). Zum anderen soll die Rechtshängigkeitssperre dem in einem zweiten, weiteren Verfahren Beklagten die doppelte Prozessführung ersparen. Ob die Klage wie bei § 261 Abs 3 ZPO abzuweisen oder auszusetzen ist, ist unter Rn 65 ff erörtert.

19 Für die Rechtshängigkeitswirkung ist wegen des ersteren Zwecks zu verlangen, dass das mögliche ausländische Urteil im Inland anerkannt werden kann, denn sonst kommt es nicht zu einem Rechtskraftkonflikt, der die Anerkennung des ausländischen Urteils sowohl nach Art 22 lit c Brüssel IIa-VO als auch nach § 109 Abs 1 Nr 3 FamFG verhindern würde. Dh es bedarf einer positiven **Anerkennungsprognose** (BGH 24. 10. 2000 XI ZR 300/99, IPRax 2001, 457; BGH 28. 5. 2008 BGHZ 176, 375 Rn 17 ff; BGH 16. 6. 1982 FamRZ 1982, 917; BGH 9. 10. 1985 NJW 1986, 662 = IPRax 1987, 314 [JAYME 295]; BGH 18. 3. 1987 FamRZ 1987, 580 = IPRax 1989, 104 [SIEHR 93] = NJW 1987, 3083 [GEIMER]; BGH 12. 2. 1992 IPRax 1994, 40 [LINKE 17]; OLG Hamm 25. 11. 1992 IPRspr 1992 Nr 214; OLG Jena FamRZ 1999, 1211; BÜRGLE IPRax 1983, 284; LINKE IPRax 1982, 229; IPRax 1994, 17 f; SCHACK, IZVR Rn 756 f; GEIMER NJW 1987, 3085; JOHANNSEN/HENRICH/HENRICH, Familienrecht § 98 FamFG Rn 34 f; OLG Hamm 6. 7. 1988 NJW 1988, 3102). Sie erfolgt implizit anhand des § 109 FamFG. Ohne Anerkennung entstünde kein Rechtskraftkonflikt und das inländische Verfahren kann unbedenklich fortgesetzt werden.

20 Da Rechtsschutz sowohl durch ein Verfahren im Inland als auch durch Anerkennung eines ausländischen Urteils gewährt werden kann (PFEIFFER, Internationale Zuständigkeit und prozessuale Gerechtigkeit [1995] 449 ff; HEIDERHOFF, Ausländische Rechtshängigkeit 103 f; LINKE IPRax 1994, 17; vgl auch OLG Frankfurt 29. 5. 1995 FamRZ 1997, 92; dagegen für uneingeschränkten Anspruch auf inländische Rechtspflege SCHÜTZE, ZZP 104 [1991] 136 ff), ist es auch unter dem Aspekt des Justizgewährungsanspruches nicht erforderlich, den Parteien konkurrierenden Zugang zu den inländischen Gerichten zu gewähren, falls im Ausland bereits ein Verfahren eingeleitet wurde, dessen Urteil im Inland anerkennungsfähig ist, weil der Justizanspruch der Parteien schon im Ausland befriedigt wird, wenn das dortige Urteil im Inland wirken wird. Und wegen dieser Anerkennungsmöglichkeit darf ein nachträgliches inländisches Verfahren nicht mehr durchgeführt werden (BUSCHMANN, Rechtshängigkeit im Ausland 23; RAUSCHER/GUTHKNECHT IPRax 1993, 23; KERAMEUS, in: FS Schwab [1990] 257 ff mit Rvgl), und zwar auch dann nicht, wenn im Inland anders entschieden würde, weil hier gemäß dem deutschen IPR ein anderes Recht angewandt würde. Die ausländischen Verfahren und Urteile sind grundsätzlich gleichwertig (GEIMER, IZPR Rn 37; SCHACK, IZVR Rn 35 ff; HEIDERHOFF, Rechtshängigkeit 105; COESTER-WALTJEN, Internationales Beweisrecht [1983] 140 ff; bedenklich OLG Karlsruhe IPRax 1992, 171 ff; **aA** SCHÜTZE ZZP 101 [1994] 136 ff, 146).

21 Man kann die Sperrwirkung des ausländischen Verfahrens dementsprechend auch als eine **vorgezogene Wirkungserstreckung** des ausländischen Verfahrens deuten (GEIMER, in: FS Sonnenberger [2004] 357, 359 f; zur Wirkungserstreckung kraft Anerkennung vgl § 108 Rn 173 ff). So wie der Einwand der inländischen Rechtskraft von Amts wegen zu beachten ist, so auch die ausländische Rechtshängigkeit (BGHZ 28. 5. 2008 BGHZ 176, 375 Rn 17 ff).

Das Prozesshindernis der Rechtshängigkeit ist auch in den meisten **Anerkennungs- und Vollstreckungsabkommen** enthalten. Zu nennen ist vor allem Art 19 Brüssel IIa-VO, der die zweiseitigen Abkommen in Europa ersetzt hat. Daneben zu nennen sind Art 4 Abs 1 Nr 5 des deutsch-israelischen Abkommens v 20. 7. 1977 (BGBl 1980 II 923, 1531: dazu BGH 2. 2. 1994 IPRax 1995, 111 [Henrich 86]), Art 21 des deutsch-norwegischen Vertrages v 17. 6. 1977 (BGBl 1981 II 341), Art 28 des deutsch-tunesischen Abkommens v 19. 7. 1966 (BGBl 1969 II 889). Art 23 Brüssel Ia-VO (= Art 21 Brüssel I-VO aF) und heute Art 12 EG-UntVO. Sie sind im Eherecht sachlich nur auf Unterhaltsklagen anzuwenden (dazu EuGH 27. 6. 1991 – *Overseas v New Hampshire* – Slg 1991, 3317; OLG Frankfurt 1. 12. 1981 IPRax 1981, 243 [Luther 229]). 22

c) Voraussetzungen

§ 261 Abs 3 Nr 1 ZPO bestimmt die **Voraussetzungen** der internationalen Rechtshängigkeitssperre (Basedow IPRax 1983, 279; Buschmann, Rechtshängigkeit 10 ff mwNw; Hausmann IPRax 1982, 52; Heiderhoff, Ausländische Rechtshängigkeit 70 ff; Habscheid RabelsZ 31 [1967] 254 ff; Schumann IPRax 1986, 14; ders, in: FS Kralik [1986] 301 ff m Rvgl; Schlosser IPRax 1985, 16; Linke IPRax 1994, 17; RG 25. 8. 1938 RGZ 158, 145; BGH 16. 6. 1982 FamRZ 1982, 917; BGH 26. 1. 1983 NJW 1983, 1269 = FamRZ 1983, 366 = IPRax 1984, 152 [Luther 141] = LM Nr 107 zu § 261 ZPO; BGH 18. 3. 1987 IPRax 1989, 104 [Siehr 93]; BGH 12. 2. 1992 FamRZ 1992, 1058; BGH 2. 2. 1994 FamRZ 1994, 434; BGH 28. 5. 2008 BGHZ 176, 375 Rn 17 ff; OLG Düsseldorf 20. 3. 1985 IPRax 1986, 29 [Schumann 14]; OLG Frankfurt 8. 12. 1986 IPRax 1988, 24 [Schumann 13]; OLG Frankfurt 11. 3. 1999 FamRZ 2000, 35; OLG Karlsruhe 15. 12. 1969 FamRZ 1970, 419; OLG Nürnberg 10. 4. 1999 FamRZ 2000, 369; OLG Bamberg 5. 11. 1999 FamRZ 2000, 1289; OLG Hamm 16. 4. 1997 FamRZ 1998, 303; BayObLG 28. 1. 1983 = FamRZ 1983, 501; **aA** Schütze, ZZP 104 [1991] 136 ff). Er ist **anwendbar**, wenn die andere Klage **nicht in einem Mitgliedstaat** der Brüssel IIa-VO rechtshängig ist, denn Art 19 Brüssel IIa-VO gilt dann nicht, und ebenso nicht bei der Konkurrenz von Feststellungsklagen und Auflösungen von Lebenspartnerschaften. 23

Der Bezug zur Urteilsanerkennung legt nahe, nicht strikt auf die Erfüllung der Voraussetzungen des § 261 Abs 3 ZPO durch Vorgänge im Ausland abzustellen. Es sind also nicht nur die ausländischen Parteihandlungen oder Prozesslagen unter den Tatbestand des § 261 Abs 3 Nr 1 ZPO zu subsumieren und eine Art Substitution vorzunehmen (OLG Karlsruhe 21. 12. 1990 IPRax 1992, 171, 173 [Sonnenberger 154 f]; OLG Hamm 6. 7. 1988 NJW 1988, 310 2; OLG Stuttgart 4. 10. 1988 IPRax 1990, 113; Gruber FamRZ 1999, 1565: Gleichwertigkeit der Prozesslagen; Geimer, IZPR Rn 2699), vielmehr sind eventuell auch die inländischen Regeln der internationalen Lage anzupassen (ähnlich Linke, IZPR Rn 42; ders IPRax 1994, 18; Heiderhoff, Ausländische Rechtshängigkeit 176; Schack, IZVR Rn 844). Zunächst ist die ausländische Prozesslage nach dortigem Recht festzustellen. Und da es um die Rechtshängigkeitssperre für die spätere inländische Klage geht, muss die ausländische Rechtslage der des § 261 Abs 3 Nr 1 ZPO funktional entsprechen (Linke IPRax 1994, 18; ders IPRax 1982, 230; Riezler, IZPR [1994] 116 f). Das entscheidende Kriterium ist dafür, ob das frühere ausländische Verfahren nach seinem Recht auch dort ein zweites zwischen denselben Parteien und mit demselben Streitgegenstand sperrt (Gruber FamRZ 1999, 1564 f). Solange das nicht der Fall ist, ist auch die zweite Klage im Inland zulässig (Linke IPRax 1982, 230). Das betrifft vor allem den Zeitpunkt des Eintritt der Rechtshängigkeit der ausländischen Klage (weiter unten Rn 32). 24

2. Anhängigkeit des ausländischen Verfahrens

25 § 261 ZPO erfordert für die Rechtshängigkeitssperre, dass dieselbe Sache bereits im Ausland rechtshängig, dh zum einen bei einer zu **hoheitlicher Streitentscheidung** befugten Stelle angebracht ist (aA Gruber FamRZ 1999, 1565, wenn die Privatscheidung nach ihrem Recht andere Verfahren blockiere). Es kann sich um staatliche Gerichte, aber auch um Verwaltungsbehörden handeln und vor allem auch um geistliche „Gerichte", die mit staatlicher Autorisation bzw zivilrechtlicher Wirkung entscheiden. **Das stellt zwei Fragen**: ist ein ausländisches „Gericht" angerufen, und wenn ja, ab wann?

a) Geistliche Gerichte

26 Dass auch kirchliche Scheidungsverfahren eine Rechtskraftsperre bewirken, hat der BGH jedenfalls dann verneint, wenn nach Art 17 Abs 1 EGBGB aF deutsches Recht Scheidungsstatut war, denn dann stehe schon § 1564 BGB der Anerkennung im Wege. Anders wäre es jedoch bei einem ausländischen Scheidungsstatut, das die kirchliche bzw private Scheidung zulässt (Henrich IPRax 1995, 87).

27 Bei Scheidungsverfahren vor **Rabbinatsgerichten** in Israel wird die Scheidung erst durch die Übergabe des Scheidebriefes vom Mann an die Frau, und nicht umgekehrt, vollzogen, aber der Rabbi muss das Vorliegen von Scheidungsgründen prüfen und bejahen und den Scheidebrief (Get) aufsetzen und damit den Ehemann zur Scheidung ermächtigen (zum betr Scheidungsverfahren auch Siehr IPRax 2009, 332 ff; Herfarth, Die Scheidung nach jüdischem Recht im internationalen Zivilverfahrensrecht [2000] und IPRax 2002, 17). Der BGH äußert Bedenken gegen eine Rechtshängigkeitssperre, weil das Verfahren vor dem Rabbinatsgericht nicht mit einer Scheidung enden kann, weil diese immer noch die Übergabe des Scheidungsbriefes verlangt, die das Gericht nicht vornehmen kann, lässt die Frage aber letztlich offen (BGH 28. 5. 2008 FamRZ 2008, 1409 mAnm Henrich; BGH 2. 2. 1994 IPRax 1995, 111 mAnm Henrich 86).

28 Gegen die internationale Rechtshängigkeit haben Siehr und Henrich eingewandt, dass das Verfahren vor dem Rabbinatsgericht also in keinem Fall mit einer Scheidung endet, und damit stehe es dem parallelen deutschen Scheidungsverfahren nicht gleich (Siehr IPRax 2009, 332, 334; Henrich, FamRZ 2008, 1413; vgl auch Anh zu § 98 Rn 146). Dasselbe Problem entsteht bei den islamischen Rechten, nach denen der scheidungswillige Ehemann vorher eine gerichtliche Autorisation der „Verstoßung" einholen muss, denn er bleibt immer frei, davon Gebrauch zu machen. Denn zwar kann die Frau in beiden Rechten den Mann verklagen, sie zu verstoßen bzw ihr den Scheidebrief zu geben, aber zB in Persien kann das Shariat Gericht notfalls selbst die Verstoßung an der Stelle des Mannes aussprechen, während das Rabbinatsgericht das nicht kann.

29 Dem ist jedoch **nur zuzustimmen, wenn** in einem parallelen Scheidungsverfahren in Deutschland ebenso über die Berechtigung der begehrten Scheidung entschieden wird. Dann sollten unterschiedliche Antworten vermieden werden (für eine Rechtshängigkeitssperre BGH [2. 2. 1994 IPRax 1995, 111 mAnm Henrich 86]; Coester-Waltjen/Mäsch, Übungen in internationalem Privatrecht und Rechtsvergleichung [2. Aufl 2001, 183]; Stibbe, Le divorce juif en Droit int privé [2005] No 92, 99 ff, 113). Folgt man der Auffassung, dass ein deutsches Gericht die Scheidung zweier **Israelis mosaischen** Glaubens wegen Art 17 Abs 2 EGBGB nur so vollziehen kann, dass es die Scheidung ausspricht aufgrund des von einem Rabbi ausgestellten und der Ehefrau bereits **überreichten Scheidebriefes** (Get), dann hat das deutsche Gericht über Scheidungsgründe nicht mehr zu befinden, denn es genügt, dass der Scheidebrief ausgehändigt wurde. Weigert sich der Mann, dann kann das Gericht über Scheidungsgründe für die Frau aber ebenfalls nicht befinden, weil es den Mann nicht dazu nötigen darf wegen der Religionausübungsfreiheit (OLG Oldenburg 7. 3. 2006 FamRZ 2006, 950; Henrich IPRax 2007, 137). Im persischen Recht ist das anders, weil dort das Gericht uU auf Antrag der Frau die Scheidung selbst ausspricht (weiter unten Rn 82 ff): mit Blick auf diese Möglichkeit muss das Gericht die Scheidungsgründe prüfen.

b) Reine Privatscheidungen

Dagegen wird man nicht von Anhängigkeit und Verfahren reden bei reinen **Privatscheidungen** ohne Beteiligung staatlich autorisierter Dritter, also bei den traditionellen Scheidungen durch „Verstoßung" nach islamischen Rechten. Doch gibt es mancherlei Zwischenstufen. Wenn zB wie nach persischem Recht (Elwan IPRax 1992, 326; Yassari FamRZ 2002, 1088 ff) der Ehemann eine gerichtliche Genehmigung für die „Verstoßung" braucht, dann ist die Sache mit dem Beginn dieses **Verfahrens dort** anhängig. Das OLG Stuttgart (4. 10 1988 IPRax 1990, 113; abl Heiderhoff, Ausländische Rechtshängigkeit 167, 180) hat die Rechtshängigkeitssperre bei einem Unterhaltsanspruch verneint, solange dieser in Japan erst in einem wohl obligatorischen Schlichtungsverfahren mit privaten Schlichtern anhängig war, ua weil dieses nicht prozessähnlich ausgestaltet sei. Diese Begründung trägt hier nicht, weil, wie das OLG mitteilt, der Antrag nach einem Scheitern der Vermittlung automatisch in ein gerichtliches Verfahren (der freiwilligen Gerichtsbarkeit) übergeleitet würde. Das OLG hätte prüfen müssen, ob in diesem Stadium der Antrag in Japan noch anderswo hätte erhoben werden können, und ob wirklich der Antrag automatisch und ohne neuen Antrag vor Gericht kommt. Wäre das letztere nicht der Fall, würde mit dem Scheitern des Vermittlungsverfahrens die „Rechtshängigkeit" wieder enden (zum japanischen Scheidungsverfahren, aber ohne auf diese Frage einzugehen Nishitani FamRZ 2002, 49). Führt das ausländische Verfahren letztlich nicht sicher zu einem Urteil wenigstens bzgl der Berechtigung des Scheidungsbegehrens, dann braucht das inländische nicht gesperrt zu werden. 30

In manchen ostasiatischen Rechten muss andererseits eine Scheidung durch Vertrag der Eheleute beim Standesamt registriert werden, um wirksam zu werden. Hier wird man nicht von der Anhängigkeit eines Scheidungsantrages reden, wenn dabei vom „Standesbeamten" die Wirksamkeit oder gar Berechtigung der Scheidung nicht geprüft und entschieden wird. Ist das aber zB bei einer Vertragsscheidung vorgesehen, träte mit dem Eintragungsantrag, aber erst damit, eine Rechtshängigkeit ein (Heiderhoff, Ausländische Rechtshängigkeit 173; vgl Hinweise bei Staudinger/Mankowski [2011] Art 17 EGBGB Rn 65 ff). 31

c) Vorgeschaltete Versöhnungsverfahren

Ob die Ehesache nach ausländischem Recht schon rechtshängig ist, kann auch bei vorangestellten **Versöhnungsverfahren** problematisch sein. Der BGH (12. 2. 1992 IPRax 1994, 40 [Linke 17] = FamRZ 1992, 1058; vgl OLG Karlsruhe 21. 12. 1990 IPRax 1992, 171 [Sonnenberger 154]; OLG Stuttgart 4. 10. 1998 IPRax 1990, 113) hat einmal das OLG angewiesen zu prüfen, ob die französische requête en divorce nach französischem Recht schon die Rechtshängigkeit begründet, wenn erst gem Art 251 ff fr C civ, 1105 CPC ein 32 obligatorisches Schlichtungsverfahren stattfindet. SONNENBERGER (IPRax 1992, 157) bejaht das mit eingehender Begründung und in Übereinstimmung mit Cour d'Appel Colmar 11. 6. 1990 (IPRax 1992, 173; implizit für das schweizer Versöhnungsverfahren OLG München 14. 7. 2009 FamRZ 2009, 2104). Wichtig und richtig ist für solche und ähnliche Fälle der Verweis auf das ausländische Recht. Dabei ist letztlich, dem oben Gesagten entsprechend, entscheidend, ob ein gescheitertes Versöhnungsverfahren von Amts wegen in ein streitiges übergeleitet wird, und ob, was vielleicht die Regel sein wird, schon mit dem Beginn des ersteren eine parallele Klage ausgeschlossen wird (GRUBER FamRZ 1999, 1566).

d) Zeitpunkte

aa) Rechtshängigkeit

33 Ob die Sache **schon** und **noch rechtshängig** ist, bestimmt einerseits das Prozessrecht des **ausländischen Gerichts** (BGH 16. 6. 1982 FamRZ 1982, 917; BGH 9. 10. 1985 NJW 1986, 662 = IPRax 1987, 314 [JAYME 295]; BGH 18. 3. 1987 FamRZ 1987, 580, [zust GOTTWALD] = IPRax 1989 [zust SIEHR 93] = NJW 1987, 3083 [GEIMER]; BGH 12. 2. 1992 IPRax 1994, 40 [LINKE 17]; BGH 2. 2. 1994 FamRZ 1994, 434; BGH 28. 9. 1994 FamRZ 1994, 1585; OLG Frankfurt 11. 3. 1999 FamRZ 2000, 35; OLG Bamberg 5. 11. 1999 FamRZ 1999, 1289; OLG Hamm 25. 11. 1992 IPRspr 1992 Nr 214; OLG Hamm 16. 4. 1997 FamRZ 1998, 303; OLG Thüringen 20. 10. 1998 FamRZ 1999, 211; OLG Hamm 6. 7. 1988 NJW 1988, 3102; teilw LINKE IPRax 1982, 229; IPRax 1994, 17 f; GEIMER NJW 1987, 3085; HEIDERHOFF, Ausländische Rechtshängigkeit IPRax 1983, 284, SCHUMANN, in: FS Kralik [1986] 301, 308; BUSCHMANN, Rechtshängigkeit im Ausland 155; GOTTWALD FamRZ 1987, 582; SONNENBERGER IPRax 1992, 157), das damit die Voraussetzungen der Rechtshängigkeit und den Zeitpunkt ihres Eintrittes als prozessuale Lage festlegt.

34 Entsprechend bestimmt andererseits das deutsche Recht darüber, wann die Sache **in Deutschland** anhängig wird. Hier können Unterschiede zwischen dem deutschen und dem ausländischen Recht vor allem darin bestehen, ob schon die Klageeinreichung bei Gericht oder erst die Zustellung die Rechtshängigkeit begründet. Die lex fori gilt weiter dafür, ob mit der Einreichung eines Scheidungsantrages kraft zwingenden Verbunds zB auch ein Unterhaltsanspruch rechtshängig wird (implizit wohl BGH 9. 10. 1985 NJW 1986, 662; Rechtshängigkeit in casu für Italien bejaht von JAYME IPRax 1987, 296; OLG München 26. 6. 1991 IPRax 1992, 174; OLG Nürnberg 10. 8. 1999 FamRZ 2000 369, HEIDERHOFF, Ausländische Rechtshängigkeit 199).

bb) Priorität

35 Auf der Grundlage der hM kann der Beklagte eines deutschen Verfahrens nach Einreichung, aber vor Zustellung der deutschen Klage das inländische Verfahren noch dadurch sperren, dass er im Ausland seinerseits eine Klage einreicht, die dort bereits mit der Einreichung rechtshängig iSd § 261 Abs 3 Nr 1 ZPO wird (dazu rvgl KRUSCHE MDR 2000, 680; SANDER/BRESSLER ZZP 122 [2009] 157 ff). Diese auch sog **Torpedoklage** ist bei Prozessen mit Auslandsbezug erfolgversprechend, weil die nach deutschem Recht für die Rechtshängigkeit erforderliche Zustellung der Klage im Ausland langwierig sein kann (zB GEIMER IPRax 2004, 505 f). Um derartige Manipulationen zu verhindern, hat Art 16 mit 19 Brüssel IIa-VO den Beginn der Rechtshängigkeit einheitlich festgelegt. Der EuGH hatte bis dahin strikt und formal das jeweilige nationale Verfahrensrecht angewandt (bereits EuGH 7. 6. 1984 – 129/83 *Zelger./. Salinitri*, IPRax 1985, 336 m krit Anm RAUSCHER 317: der italienische Beklagte hatte die deutsche Klage durch eine Klageinreichung in Palermo noch überholt).

Das auf der Basis der hM mögliche Manöver kann sowohl hinsichtlich der Scheidungsgründe als auch der -folgen weitreichende Konsequenzen haben, denn uU wird das ausländische Gericht ein anderes Scheidungsrecht anwenden müssen. Der bewusste Wettlauf um das günstigere Forum kommt in der Praxis durchaus vor (man kann ihn zumindest vermuten in OLG Hamburg 3. 7. 1990 IPRax 1992, 38 [Rauscher 14]; OLG Celle 21. 1. 1992 IPRax 1994, 209 [Rauscher 188]; BGH 2. 12. 1992 BGHZ 126, 305 = FamRZ 1993, 311 = JZ 1993, 619 [Schack]). Nicht selten ist auch, dass eine Partei alsbald aufgrund der Trennung der Ehegatten ins Ausland verzieht und dann dort einen Antrag stellt, um den in Deutschland noch zu überholen (so in BGH 12. 2. 1992 IPRax 1994, 40 [Linke 17]; BGH 2. 2. 1994 IPRax 1995, 111 [Henrich 86], wo der neue Antrag nach dem Umzug von der betreffenden Partei selbst gestellt wurde, die schon den ersten gestellt hatte). Stets ist das Ergebnis misslich, wenn man jeweils die lex fori entscheiden lässt, wann die Rechtshängigkeit eingetreten ist. Der BGH will die unterschiedlichen Zeitpunkte der Rechtshängigkeit hinnehmen, weil so am ehesten erreicht werde, dass das ausländische und das inländische Gericht den Zeitpunkt des Eintritts der Rechtshängigkeit und also insbesondere ihrer Sperrwirkung methodisch gleich beurteilen (BGH 12. 2. 1992 IPRax 1994, 40 [Linke 17] = FamRZ 1992, 1058). Nur im Einzelfall will der BGH die frühere ausländische Rechtshängigkeit nicht beachten (Gruber FamRZ 1999, 1565 f, will im Einzelfall mit dem ordre public korrigieren). 36

Um das zu verhindern, sehen Art 19 mit 16 Brüssel IIa-VO und Art 32 Abs 1 lit a Brüssel Ia-VO (= Art 30 Nr 1 Brüssel Ia-VO aF) vor, dass in ihrem Anwendungsbereich einheitlich der frühere Zeitpunkt der **Klageeinreichung** bei Gericht oder der **Übergabe an das Zustellungsorgan** entscheidet (vgl Staudinger/Spellenberg [2015] Art 16 Brüssel IIa-VO Rn 7 ff). Auf die Einreichung der Klage stellen im deutschen Recht auch die §§ 90 Abs 1 VwGO, 90 und 94 Abs 1 SGG und 64 Abs 1 und 66 Abs 1 FGO ab. 37

Die Regelung gilt natürlich nicht im deutschen Recht, also zB für Auflösungen von Lebenspartnerschaften. Abhilfe kann nur eine Interpretation des deutschen § 261 Abs 3 Nr 1 ZPO schaffen (Geimer, IZPR Rn 2704b), entweder indem man die ausländische Rechtshängigkeit auch erst ab der Zustellung an den Antragsgegner beachtet (so Schack, IZVR Rn 844), oder sie für diesen speziellen Zusammenhang in Deutschland schon mit der Einreichung beim Gericht eintreten lässt (so Burckhardt, Internationale Rechtshängigkeit und Verfahrensstruktur bei Eheauflösungen [Diss Heidelberg 1997] 65 ff, 83 ff mwNw). Es erscheint angemessen, für diese Frage der internationalen Priorität auch im deutschen Recht auf die Zustellung des Antrags bzw der Klage an den Beklagten abzustellen und die ausländische Rechtshängigkeit erst von da an **zu beachten** (Geimer, IZPR Rn 2701; OLG Hamm 6. 7. 1988 NJW 1988, 3102 mAnm Geimer; OLG Karlsruhe 21. 12. 1990 IPRax 1992, 171). Damit wäre, da auch ausländische Gerichte die deutsche Regelung zu beachten hätten, die Chancengleichheit hergestellt. 38

Gegen die hier vertretene Ansicht spricht nicht zwingend der **Wortlaut der §§ 253, 261 ZPO**. Denn im Rahmen des § 261 Abs 3 ZPO kann durchaus auf die Besonderheiten internationaler Verfahren Rücksicht genommen werden. Die unterschiedliche Bestimmung des Rechtshängigkeitszeitpunktes in grenzüberschreitenden Verfahren lässt sich rechtfertigen mit der im internationalen Verkehr oft viel länger als im Inland dauernden Zustellung und mit der Notwendigkeit, inländische und ausländische Kläger gleichzustellen. Auch nach dem Gedanken des § 207 ZPO soll die 39

Verzögerung der Zustellung nicht zulasten der klagenden Partei gehen. Eine Vorverlagerung der Rechtshängigkeit des deutschen Antrags könnte nur der Gesetzgeber vornehmen.

cc) Ende der Rechtshängigkeit

40 Die Rechtshängigkeit im Ausland **endet** spätestens mit dem Abschluss des ausländischen Verfahrens durch ein rechtskräftiges Urteil (OLG München 30. 10. 1979 IPRspr 1979 Nr 192; unklar, weil die Rechtskraft nicht festgestellt wird, OLG Koblenz 8. 1. 1974 FamRZ 1974, 189), mit einer Rücknahme der ausländischen Klage (BGH 16. 6. 1982 FamRZ 1982, 917), mit ihrer Abweisung als unzulässig oder auch, wenn aus sonstigen Gründen nicht mehr mit einer Entscheidung im ausländischen Verfahren gerechnet werden kann. Ist im Ausland ein rechtskräftiges Scheidungsurteil zur Sache ergangen, sperrt dieses aufgrund seiner Rechtskraftwirkungen das Verfahren im Inland mit gleichem Streitgegenstand, wenn es anerkannt werden kann. Klagabweisungen als unzulässig erlauben dagegen die Fortsetzung des inländischen Verfahrens.

3. Identität des Streitgegenstands und der Parteien

a) Parteiidentität

41 Die **Parteien** müssen in beiden Verfahren dieselben sein, brauchen aber nicht dieselben Parteirollen zu haben (BGH 18. 3. 1987 FamRZ 1987, 580 = NJW 1987, 3083; OLG Düsseldorf 20. 3. 1985 IPRax 1986, 29 [Schumann 14]). Es begegnet in der Praxis recht häufig, dass der inländische Beklagte seinerseits im Ausland klagt und umgekehrt (Bürgle IPRax 1983, 281; Basedow IPRax 1983, 278 f). Es liegt in der Natur der Sache, dass bei Statussachen idR nur die Ehegatten Parteien sind. Ausnahmen sind bei Streitverkündung an angebliche Ehebrecher uä und bei Feststellungsklagen Dritter denkbar, sind aber anscheinend noch nicht aufgetreten. Dagegen könnte eine praktische Bedeutung haben, dass ein Ehegatte die Eheaufhebung oder -nichtigerklärung beantragt, und in einem anderen Land der Staatsanwalt oder eine Verwaltungsbehörde. Hier fehlt die Parteienidentität (bei Verbundssachen unten Rn 56 ff).

b) Streitgegenstandsidentität

42 Der **Streitgegenstand** wird zum einen dadurch bestimmt, was im ggf ersten Verfahren im Ausland nach dortigem Recht anhängig ist (OLG Hamburg 14. 10. 1964 FamRZ 1965, 151). Erst aus dem späteren deutschen Verfahren ist jedoch zu ersehen, ob im Inland derselbe Gegenstand anhängig gemacht wird. Letzterer ist nach deutschem Recht zu beurteilen, und dann ist zu vergleichen (Sonnenberger IPRax 1992, 155).

43 Der EuGH (8. 12. 1987 – C-144/86 *Gubisch v Palumbo*, NJW 1989, 665; dazu Leipold, in: Gedächtnisschrift Arens [1993] 227 ff; EuGH 4. 2. 1988 – C-145/86 *Hoffmann v Krieg*, IPRax 1989, 159 [Schack 139]; dazu Gottwald, in: Symposium KH Schwab [2000] 85, 86 ff) geht für Art 21 Brüssel I-VO (jetzt: Art 23 Brüssel Ia-VO) über deutsche Regeln deutlich hinaus, und nimmt eine Identität des Streitgegenstandes schon an, wenn zwei Ansprüche auf demselben Rechtsverhältnis beruhen. Das betrifft namentlich Unterhaltsansprüche aufgrund einer Ehe (EuGH 4. 2. 1988 – C-145/86 *Hoffmann v Krieg* Rn 23 ff).

44 Die in Art 19 Brüssel IIa-VO gesetzlich festgelegte europäische Regelung, wonach jeder Gestaltungsantrag bzgl einer Ehe eine **Rechtshängigkeitssperre für alle anderen** auslöst (dazu Gruber FamRZ 2000, 1131), ist ohne Intervention des deutschen Gesetz-

gebers nicht auf das deutsche Recht übertragbar (Prütting/Helms/Hau Vor §§ 98–106 FamFG Rn 52; AG Seligenstadt 17. 1. 2008 IPRax 2008, 443 mAnm Jayme). Als verschiedene Gestaltungen des Ehebandes kennt das deutsche Recht die Aufhebung wegen anfänglicher Mängel und die Scheidung, eventuell die Feststellung der Nichtigkeit. International kommt noch die Trennung von Tisch und Bett hinzu. Die verschiedenen Gestaltungen gelten als verschiedene Streitgegenstände (MünchKommFamFG/Rauscher § 98 Rn 28; Zöller/Geimer, ZPO § 98 FamFG Rn 64; KG NJW 1983, 2324; OLG Karlsruhe IPRax 1985, 36; AG Siegburg FamRZ 1997, 503; AG Seligenstadt FamRZ 2008, 443). Ein Scheidungsantrag des Mannes hier und der Frau im Ausland bilden denselben Streitgegenstand auch dann, wenn mit ihnen verschiedene Scheidungsfolgen verbunden werden müssen (BGH 26. 1. 1983 FamRZ 1983, 366 = IPRax 1984, 152).

Der BGH (12. 2. 1992 FamRZ 1992, 1058; BGH 18. 3. 1987 IPRax 1989, 104) hatte angenom- **45**
men, mit der Erhebung einer **Scheidungsklage** sei der Bestand der Ehe in ihrem ganzen Umfang rechtshängig (dazu Philippi FamRZ 2000, 526 f). Das entsprach der Lehre von der Einheitlichkeit der Entscheidungen in Ehesachen, der aber mit der Aufhebung des § 616 ZPO aF schon 1977 zT die Grundlage im Gesetz entzogen wurde (Becker-Eberhard, in: FS Gaul [1997] 40 ff). Der BGH hat in einem nicht internationalen Fall (10. 7. 1996 BGHZ 133, 227 = FamRZ 1996, 1209) denn auch eine nachfolgende **Aufhebungsklage** nicht wegen Rechtskraft, sondern „nur“ wegen fehlenden Rechtsschutzbedürfnisses für unzulässig erklärt, weil die Ehe bereits geschieden war.

aa) Gestaltungsklagen

Folgt man der Lehre von der Einheitlichkeit der Eheklagen nicht mehr, so ist primär **46**
auf die gestellten Anträge abzustellen. Danach besteht **keine Rechtshängigkeitssperre zwischen den verschiedenen Statusanträgen** zB einer Trennungsklage im Ausland und einer Scheidungsklage im Inland oder einer Feststellungsklage und einer Gestaltungsklage. Die Zulassung paralleler Statusverfahren würde dazu führen, dass nach Abschluss der Verfahren und zB der Anerkennung des ausländischen Trennungsurteils die Ehe im Inland sowohl getrennt als auch geschieden wäre. Das kann nicht gleichzeitig sein, aber das Problem muss nicht mit der Rechtshängigkeitssperre, sondern könnte eventuell auch erst auf der Ebene der Konkurrenz der gerichtlichen Gestaltungen gelöst werden (§ 109 Abs 1 Nr 3 FamFG; unten Rn 52 f).

Denn da die Rechtskraftsperre auch **Urteilskollisionen verhindern** soll, könnte man **47**
das Prinzip, dass zwischen verschiedenen Gestaltungsanträgen keine Rechtskraftsperre für das deutsche Verfahren eintritt, möglicherweise mit § 109 Abs 1 Nr 3 FamFG modifizieren, wenn klar ist, dass das deutsche Urteil dann hinter das ausländische zurücktreten wird. Bei der Konkurrenz einer ausländischen Scheidungsklage und einer späteren inländischen Trennungsklage wäre dann für diese die Rechtskraftsperre angebracht, obwohl ein anderer Antrag vorliegt. Auch das Umgekehrte wäre richtig, dass das inländische Scheidungsverfahren nicht gesperrt wäre, obwohl bereits ein Trennungsverfahren im Ausland anhängig ist. **Gegen** diesen Ansatz spricht jedoch, dass für die Lösung der Kollision von Gestaltungsurteilen es nicht nur auf die Art der Gestaltung, sondern auch auf die **Reihenfolge der Urteile** ankommt (§ 109 Rn 216). § 109 Abs 1 Nr 3 FamFG lässt sich nicht einfach hierher übertragen (vgl unten Rn 53 f). Wann welche Urteile jeweils ergehen werden, ist aber noch nicht abzusehen.

48 Ein ausländisches Verfahren auf **Trennung** von Tisch und Bett ist nicht identisch mit einer im Inland beantragten **Scheidung** und steht ihr daher in Deutschland nicht im Wege (KG 11. 2. 1983 NJW 1983, 2324, Italien; AG Siegburg 11. 6. 1996 FamRZ 1997, 503; Wieczorek/Becker-Eberhard § 606a ZPO Rn 23; Henrich, Int Familienrecht 149, anders als nach Art 19 Brüssel IIa-VO), und ebenso wenig steht eine ausländische Trennungsklage nur deshalb einem inländischen Scheidungsverfahren entgegen, weil ein Trennungsurteil nach dem ausländischen Eherecht später in ein Scheidungsurteil umgewandelt werden könnte (OLG Frankfurt 14. 8. 1974 FamRZ 1975, 632, Frankreich). Eine getrennte Ehe kann durchaus noch geschieden werden.

49 Ebenso hindert vielleicht ein ausländisches **Scheidungsverfahren** eine inländische **Trennungsklage** (nach ausländischem Recht) nicht, auch wenn dem inländischen Verfahren mit dem ausländischen Urteil ggf der Boden entzogen würde (Wieczorek/Schütze/Becker-Eberhard [3. Aufl 1998] § 606a ZPO Rn 23). Die ausländische Scheidungsklage sperrt eine Klage auf Feststellung des Rechts zum Getrenntleben nur in dem **besonderen Fall**, dass der ausländische Scheidungsrichter auch auf Trennung zB wegen noch fehlender Scheidungsgründe erkennen könnte, weil dann der Streitgegenstand des deutschen Verfahrens im Grunde im ausländischen mit eingeschlossen ist (OLG Karlsruhe 2. 2. 1984 IPRax 1985, 36 m zust Aufs Schlosser 16; Henrich IPRax 1985, 88 ff, 90 gegen OLG Karlsruhe 6. 3. 1984 IPRax 1985, 106, Türkei)

50 Auch ein ausländisches **Aufhebungs-** sperrt ein inländisches **Scheidungsverfahren** nicht (OLG Karlsruhe 22. 4. 1993 FamRZ 1994, 47; AG Mannheim 2. 12. 1986 IPRax 1990, 50; Henrich, Int Familienrecht 149).

51 Nach der zu einem rein deutschen Sachverhalt ergangenen Entscheidung des BGH sei nach einer Scheidung nichts mehr aufzuheben. Der Antragsteller habe an dem zweiten Verfahren allenfalls Interesse wegen der Rückwirkung der Eheaufhebung oder -nichtigkeit und wegen der unterschiedlichen Folgen. Der BGH lässt stattdessen für die Folgeansprüche nur eine Art rechtsgestaltende Feststellungsklage dahingehend zu, dass die Ehe auch hätte aufgehoben werden können (BGH 10. 7. 1996 BGHZ 133, 233). Damit sei den Rechtsschutzinteressen der Parteien ausreichend gedient. Übertragen auf die internationale Rechtshängigkeit, müsste die zweite inländische Klage in beiden Konstellationen unzulässig sein. Diese Subtilitäten überzeugen in internationalen Fällen nicht.

bb) Konkurrierende Scheidungsgründe

52 Klagen auf Scheidung der Ehe zielen primär auf die Statusänderung. Fraglich ist die für § 263 ZPO nötige Identität der Streitgegenstände, wenn im In- und Ausland **verschiedene Scheidungsgründe** geltend zu machen sind. Es kann leicht sein, dass der ausländische Richter kraft seines IPR ein anderes Scheidungsrecht und damit andere Scheidungsgründe anzuwenden hat als der deutsche. Das ändert zwar nichts an der Identität der beantragten Gestaltung, wohl aber sind die Gründe nicht nur für die Scheidungsfolgen entscheidend, sondern vor allem überhaupt für den Ausgang der Verfahren. Wenn die inzwischen getrennten Eheleute hier und dort die Scheidung beantragen, so kann der gewinnen, der das scheidungsfreundlichere Recht erwischt. Mit der Identität der beantragten Gestaltung ist noch nicht die Identität der Streitgegenstände begründet. Der BGH bejaht sie weise gerade damit, wobei unklar bleibt, ob er nicht den Grundsatz der Einheitlichkeit der Eheverfahren bemüht,

der in § 616 ZPO eine gewisse gesetzliche Grundlage hatte, der aber seit 1976 aufgehoben ist (BGH 26. 1. 1983 FamRZ 1983, 368; BGH 18. 3. 1987 NJW 1987, 3083 sub II 2a; nicht international: BGH 12. 2. 1992 FamRZ 1992, 1058; BGH 2. 2. 1994 FamRZ 1994, 434). HEIDERHOFF bejaht die Identität der Streitgegenstände methodisch richtiger durch die Entwicklung eines eigenen internationalen Streitgegenstandes, und entgeht damit den Schwierigkeiten mit den international sehr unterschiedlichen Streitgegenstandslehren (Ausländische Rechtshängigkeit, 217 ff, 224 f; **aA** PHILIPPI FamRZ 2000, 525 f). Das ist allerdings nicht recht überzeugend.

Mit dem allgemein herrschenden deutschen zweigliedrigen Streitgegenstandsbegriff 53
könnten allerdings bei **verschiedenen** Scheidungs- oder Aufhebungs- bzw Nichtigkeits**gründen** verschiedene Streitgegenstände gegeben sein. Zwar hat das deutsche Recht nur noch einen Scheidungsgrund der Zerrüttung, aber ausländische Rechte stellen oft zB Verschuldensscheidungen neben Konsens- und Zerrüttungsscheidungen (zB Frankreich). Es liegt danach keine Identität vor, wenn im In- und Ausland verschiedene Scheidungsgründe geltend gemacht werden (BECKER-EBERHARDT, in: FS für Gaul [1997] 35 ff, 41 ff, 45 f; STAUDINGER/RAUSCHER [2010] § 1564 BGB Rn 60; PHILIPPI FamRZ 2000, 525, 526 f). Der BGH geht auf diese Frage wegen der Berufung auf den Einheitlichkeitsgrundsatz im Grunde nicht ein, ohne aber die Aufhebung des § 616 ZPO aF zu erwähnen, von der zumindest im nationalen Bereich die hM ausgeht. Vielfach wird gesagt, dass er auch unnötig ist, weil seine Funktionen von anderen Regelungen übernommen werde (MünchKommFamFG/HILBIG-LUGANI § 126 Rn 13 f zum deutschen Recht). Dagegen hält ihn H ROTH selbst im deutschen Prozessrecht weiterhin für nötig als ungeschriebenen Grundsatz, obwohl im Eheprozess nur noch ein Scheidungsgrund gilt (in: FS für D Schwab [2005] 701 ff). RAUSCHER hält ihn wenigstens für die internationale Rechtshängigkeit in Scheidungssachen weiterhin für nötig (STAUDINGER/RAUSCHER [2010] § 1564 BGB Rn 60). Das ist allerdings insoweit eine petitio principii, als man zunächst annehmen muss, dass die Rechtshängigkeitsperre bei unterschiedliche Scheidungsgründen gelten soll. Das ist jedoch wegen der damit einhergehenden Einladung zum Wettlauf ums Forum alles andere als evident.

Vielleicht sollte man das Problem hier ohne die im internationalen Bereich wenig 54
befriedigende Streitgegenstandslehre und auch ohne den sehr zweifelhaften Einheitlichkeitsgrundsatz teleologisch zu lösen versuchen: Die Rechtshängigkeitssperre soll kollidierende Urteile vermeiden. Damit wird man auf § 109 Abs 1 Nr 3 FamFG verwiesen. Es geht dort vorwiegend um die Konkurrenz verschiedener Gestaltungen wie Scheidung und Eheaufhebung, doch auch um ein die Scheidung aussprechendes und ein sie ablehnendes Urteil. Man könnte dann also fragen, ob das beantragte inländische Urteil die Anerkennung des ausländische hindern würde. Nun geht nach der höchst unglücklichen und ganz überwiegend beklagten Regelung in § 109 Abs 1 Nr 3 FamFG das deutsche Urteil auch dann vor, wenn es jünger ist als das ausländische. Diese Situation sollte aber gerade durch die Rechtshängigkeitssperre für das deutsche Verfahren verhindert werden. So kann man dem BGH im Ergebnis zustimmen, und das deutsche spätere Scheidungsverfahren wegen des ausländischen aussetzen und nach dem ausländischen Urteil sehen, ob ein neuer Antrag möglich ist (vgl § 109 Rn 208).

Da Verfahren des **einstweiligen Rechtsschutzes** einen anderen Streitgegenstand haben als die entsprechenden Hauptsachen, hindert die Anhängigkeit einer Scheidung 55 im Ausland nicht einen im Inland gestellten Antrag auf Erlass einer einstweiligen Anordnung zB im Hinblick auf die Wohnungszuweisung (OLG Düsseldorf 6. 9. 1982 IPRax 1983, 129; OLG Karlsruhe 6. 3. 1984 IPRax 1985, 106 [Henrich 88]), und die Rechtshängigkeit einer Unterhaltsklage schließt eine einstweilige Verfügung in derselben Sache ebenfalls nicht aus (OLG Köln 19. 8. 1991 FamRZ 1992, 75). Ein Antrag auf **Prozesskostenhilfe** im Inland steht der Anerkennung eines ausländischen Urteils in der Hauptsache erst recht nicht im Wege (BGH 22. 6. 1983 BGHZ 88, 17 = JZ 1983, 903 [Kropholler] = NJW 1984, 568; Geimer, IZPR Rn 2693) und dann umgekehrt auch nicht der ausländische Prozesskostenhilfeantrag der inländischen Hauptklage.

4. Rechtshängigkeit bei Scheidungsverbund

56 Es ändert nichts an der Identität der Statusklagen, wenn verschiedene Scheidungsfolgen mit eingeklagt werden (BGH 26. 1. 1983 IPRax 1984, 152; oben Rn 44). Es gibt insbesondere **keine internationale Verbundsunzuständigkeit** idS, dass deutsche Gerichte allein deshalb nicht entscheiden dürften, weil im Ausland die betr Scheidungsfolge nur im Verbund mit der Ehesache anhängig gemacht werden dürfte (OLG Köln 17. 10. 2002 FamRZ 2003, 544; OLG Düsseldorf 6. 9. 1982 IPRax 1983, 129 [EJ]; OLG Frankfurt 23. 10. 1981 FamRZ 1982, 528; Henrich IPRax 1985, 90; **aA** Gruber FamRZ 1999, 1564; wohl Linke IPRax 1992, 160; Geimer, IZPR Rn 2694; OLG Karlsruhe 6. 3. 1984 IPRax 1985, 106 [Henrich 88] Rn 378). Ist jedoch die fragliche **Scheidungsfolge** im Ausland zusammen mit einem Scheidungsantrag bereits **rechtshängig**, so tritt die Rechtshängigkeitssperre auch für dieselbe Folge ein. Ob die Scheidungsfolge von dem ausländischen Richter von Amts wegen oder auf Antrag mit zu regeln ist, kann keinen Unterschied machen (BGH 9. 10. 1985 IPRax 1987, 314 mAnm Jayme 295; OLG Nürnberg 10. 8. 1999 FamRZ 2000, 369; irrig wohl OLG Karlsruhe 6. 3. 1984 IPRax 1985, 105 abl Anm Henrich 88]). Dass die deutsche Verbundszuständigkeit jedenfalls nicht international ausschließlich ist und daher nicht entgegen steht, stellt heute § 106 FamFG klar.

57 Eine Folgesache wird im Ausland in jedem Fall rechtshängig, wenn in Bezug auf sie ein entsprechender Antrag gestellt wird, und soweit ein solcher nach dem maßgebenden Recht nötig ist auch erst dann (so in BGH 9. 10. 1985 IPRax 1987, 315). Bei einem notwendigen Verbund kann es auf die Antragstellung in Bezug auf die im Verbund zu entscheidende Folgesache nicht ankommen. Hier ist nur fraglich, ob die Rechtshängigkeit der Folgesache zugleich mit der Scheidungsklage eintritt (so OLG München 26. 6. 1991 IPRax 1992, 174 [Linke 159]; OLG Karlsruhe 6. 3. 1984 FamRZ 1986, 1226; Henrich, Int Familienrecht 160) oder erst, wenn das Gericht sich auch damit befasst (Linke IPRax 1992, 159 f). Erstere Auffassung ist vorzuziehen, weil nur damit der **Zeitpunkt** genau genug festgestellt werden kann (Gottwald, in: FS Nakamura [1996] 195; Geimer, IZPR Rn 2694).

58 Häufiger ist damit zu rechnen, dass eine Partei des ausländischen Verfahrens eine Folgesache im Inland **isoliert anhängig** macht (vgl den Fall BGH 9. 10. 1985 IPRax 1987, 314 mAnm Jayme 295: Unterhalt; OLG Hamm 29. 1. 1988 FamRZ 1988, 864; OLG München 16. 9. 1992 FamRZ 1993, 349: Sorgerecht; OLG München 26. 6. 1991 FamRZ 1992, 73 = IPRax 1992, 174 mAnm Linke 159: Unterhalt). Ist dieselbe Angelegenheit auch im Ausland, und sei es im Verbund, anhängig, so ist das inländische Verfahren gesperrt. Freilich ist eine im Ausland begehrte Regelung für die Zeit nach der Scheidung nicht identisch mit einer im Inland beantragten für die Zeit des Getrenntlebens bis zur Scheidung (so letztlich wohl OLG Karlsruhe 6. 3. 1984 IPRax 1985, 105).

Ist eine **Folgesache** im Ausland als **Hauptsache** anhängig, sind **einstweilige Maßnahmen** bei inländischem Rechtsschutzbedürfnis zulässig. Sie haben nicht denselben Streitgegenstand wie die Hauptsache (OLG Hamm 29. 1. 1988 FamRZ 1988, 864; OLG Hamm 29. 11. 1969 OLGZ 1970, 227 = FamRZ 1970, 95; H ROTH IPRax 1994, 19 f; BayObLG 16. 1. 1959 BayObLGZ 1959, 9 und 25. 7. 1966 BayObLGZ 1966, 248 sind nicht einschlägig, da die Angelegenheit zuerst im Inland anhängig wurde). Wenn im Ausland auch eine einstweilige Anordnung beantragt ist, so steht das nicht entgegen, denn diese könnte auch jederzeit, bei inländischem Regelungsbedürfnis, geändert werden. Im Ergebnis gilt hier das letzte Wort, wenn die Anordnungen sich widersprechen. 59

5. Anerkennungsprognose

Der Zweck des § 261 Abs 3 ZPO, Rechtskraftkollisionen zu vermeiden, entfällt, wenn das begehrte Urteil des ausländischen Parallelverfahrens im Inland nicht anerkannt werden kann (RG 13. 4. 1901 RGZ 49, 340; RG 25. 8. 1938 RGZ 158, 145; BGH 16. 6. 1982 FamRZ 1982, 917; BGH 26. 1. 1983 FamRZ 1983, 366; BGH 18. 3. 1987 IPRax 1989, 104 [SIEHR 93]; BGH 12. 2. 1992 FamRZ 1992, 1058 = IPRax 1994, 40 [LINKE 17]; BGH 2. 2. 1994 IPRax 1995, 111 [HENRICH 86]; OLG Celle 21. 10. 1994, 209 [RAUSCHER 188]; OLG Frankfurt 11. 3. 1999 FamRZ 2000, 35; OLG Bamberg 5. 11. 1999 FamRZ 2000, 1289; HEIDERHOFF, Ausländische Rechtshängigkeit 134 ff; SIEHR IPRax 1989, 95; GRUBER FamRZ 1999, 1566; HENRICH, Int Scheidungsrecht [1998] Rn 13; PHILIPPI FamRZ 2000; 525; GRUBER FamRZ 1999, 1566 f; BAUMBACH/LAUTERBACH/ALBERS/HARTMANN § 261 ZPO Rn 6; **aA** SCHÜTZE ZZP 104 [1991] 147; GEIMER, IZPR Rn 2688). 60

Da im Ausland noch kein Statusurteil ergangen ist, kommt § 107 FamFG nicht in Betracht, und der deutsche Richter muss **implizit** eine Anerkennungsprognose treffen. Dafür ist insbesondere zu prüfen, ob das ausländische Gericht nach deutschen Regeln international zuständig ist (§ 109 Abs 1 Nr 1 FamFG). Die Gegenseitigkeit (§ 109 Abs 4 FamFG) ist nur bei vermögensrechtlichen Ansprüchen erforderlich. Nr 3 stellt auf die Situation nach Erlass der beiden Urteile ab. Sind beide Anträge noch anhängig, kann nicht beurteilt werden, ob die Anerkennung der beantragten ausländischen Entscheidung an der beantragten inländischen nach § 109 Abs 1 Nr 3 1. Alt FamFG scheitert, weil nicht sicher ist, ob es zu ihr überhaupt kommt (so auch NAGEL/GOTTWALD, IZPR § 6 Rn 235). Entscheidend ist jedoch § 109 Abs 1 Nr 3 2. Alt FamFG, dass die Anerkennung scheitert, wenn das ausländische Verfahren später als das inländische begonnen hat, vorausgesetzt die Streitgegenstände sind identisch. Das ist nach den genannten deutschen Maßstäben zu beurteilen (o Rn 54). Bei Nr 4 können im Prinzip Verstöße gegen den ordre public auch noch später entstehen. Wenn sie schon vorliegen und im ausländischen Verfahren nicht mehr behoben werden können, ist die Rechtshängigkeitssperre zu verneinen. Ggf ist ein Anerkennungsabkommen heranzuziehen (BGH 18. 3. 1987 Rn 16 FamRZ 1987, 580 – deutsch-schweizer Abk 1929). 61

Zweifelhaft ist, mit **welcher Sicherheit** eine positive oder negative Anerkennungsprognose getroffen werden muss (NAGEL/GOTTWALD, IZPR § 6 Rn 235 hält nur eine Prüfung prima vista für möglich). Sinnvollerweise sollte hinsichtlich des § 109 Abs 1 Nr 2 FamFG die ordnungsgemäße Zustellung schon geprüft werden können. Allerdings ist der Zu- 62 stellungsmangel „geheilt", wenn der Antragsgegner im Ausland sich eingelassen hat. **Im Zweifel** kann die Anerkennungsfähigkeit und damit die Rechtshängigkeitssperre **nicht** angenommen werden. Sie muss vielmehr wahrscheinlich sein (BGH 10. 10. 1985 NJW 1986, 2195; Schack, IZVR Rn 840; Heiderhoff, Ausländische Rechtshängigkeit, 60, zögernd 229; Dohm, Ausländische Rechtshängigkeit 252; Geimer, IZPR Rn 2688; zurückhaltender Nagel/Gottwald, IZPR § 6 Rn 235: wenn keine ernstlichen Bedenken dagegen bestehen; OLG Karlsruhe 22. 4. 1993 FamRZ 1994, 47). Die Anerkennungshindernisse nach § 109 Abs 1 Nr 1 und 2 FamFG sind relativ sicher festzustellen, Nr 3 scheidet hier aus, und problematisch ist im Wesentlichen Nr 4 (ordre public), der kaum schon abschließend beurteilt werden kann (s Rn 61; Siehr will ihn deshalb überhaupt außer Acht lassen, IPRax 1989, 93, 95).

63 Bei **Privatscheidungen** wie der Scheidung vor einem Rabbinatsgericht in Israel, ist eine Anerkennung dann ausgeschlossen, wenn nach Art 5, 8 Rom III-VO/Art 17 Abs 1 EGBGB auch deutsches Recht anwendbar ist (BGH 2. 2. 1994 IPRax 1995, 111 [Henrich 86 ff]; zust Nagel/Gottwald, IZPR § 6 Rn 236), wenn man solchen Verfahren, wie oben Rn 27 f ausgeführt, überhaupt Rechtshängigkeitswirkungen geben wollte.

6. Ausländische Rechtshängigkeit

64 Die **Sperrwirkung** eines ausländischen **rechtskräftigen Urteils** ist bei § 108 Rn 183 ff u § 109 Rn 198 ff behandelt, sodass hier nur die Verfahrensregeln für die parallelen Verfahren mit der **Rechtshängigkeitssperre** zu behandeln sind.

a) Prüfung von Amts wegen

64a Die Voraussetzungen der ausländischen Rechtshängigkeit sind **von Amts wegen** zu prüfen (Nagel/Gottwald, IZPR § 6 Rn 233; Geimer NJW 1984, 528). Gem § 113 Abs 1 FamFG ist § 26 FamFG (Amtsermittlung) nicht anwendbar. Nach OLG Zweibrücken 20. 1. 1998 (FamRZ 1998, 1445) muss das Gericht bei substantiiertem Vortrag über die ausländische Rechtshängigkeit aber von Amts wegen die Vorlage von Urkunden vom Beklagten verlangen und ihre Übersetzung vornehmen lassen, um die Rechtshängigkeit und ihren Umfang festzustellen. Die objektive Beweislast hierfür trägt der Beklagte. Hinsichtlich der Anerkennungsprognose gelten die Regeln des § 293 ZPO, soweit Fragen des ausländischen Rechts zu beantworten sind (vgl insbes MünchKommFamFG/Ulrici § 26 FamFGRn 7). Soweit Staatsverträge eine **Einrede** des Antragsgegners verlangen, gehen sie an sich vor. Das ist noch der Fall bei Israel und Tunesien, während für Belgien und Italien nun Art 19 Brüssel IIa-VO gilt. Heiderhoff (Ausländische Rechtshängigkeit 261) schiebt den Antragsvorbehalt aber mit dem Günstigkeitsprinzip beiseite (im Ergebnis zust Linke StAZ 2000, 58).

b) Antragsabweisung

65 Ob die inländische Klage bei entgegenstehender ausländischer Rechtshängigkeit wie bei rein inländischen Fällen abzuweisen oder das Verfahren nur auszusetzen ist, ist umstritten. Die Sachlage ist hier anders: Bei nur inländischen konkurrierenden Gerichten ist sicher, dass jedenfalls eines entscheiden wird, bei Auslandsfällen ist nicht immer sicher, dass das ausländische Gericht überhaupt international zuständig ist und ob sein Urteil im Inland wirksam werden wird.

66 Die bilateralen Verträge mit Israel (Art 22), Norwegen (Art 21) und Tunesien (Art 44) stellen es in das Ermessen des Gerichts, auszusetzen oder abzuweisen.

Diese Staatsverträge enthalten gewöhnlich gleichzeitig eine einfachere Anerkennungsregelung, sodass die Prognose sicherer ist. In der EU ausgenommen Dänemark gilt nach Art 19 Brüssel IIa-VO die Aussetzung des Verfahrens wie nach dem für Unterhaltsansprüche einschlägigen Art 12 EG-UntVO.

Soweit es dagegen auf das autonome deutsche Recht ankommt, lassen auch diejenigen, die grundsätzlich die **Abweisung** der Klage als unzulässig vertreten, in engen Grenzen bei besonderem Bedürfnis eine Aussetzung zu (SONNENBERGER IPRax 1992, 155; GRUBER FamRZ 1999, 1567; ebenso HEIDERHOFF, Ausländische Rechtshängigkeit 236 ff, 241 f; SCHUMANN, in: FS Kralik [1986] 311; WAHL, Die verfehlte internationale Zuständigkeit [1974] 114 ff will die Lehre vom forum non conveniens heranziehen; sehr zurückhaltend STEIN/JONAS/ROTH § 148 ZPO Rn 142, § 261 Rn 23; BGH 18. 3. 1987 IPRax 1989, 104 [SIEHR 93]; BGH 10. 10. 1985 NJW 1986, 2195 = RIW/AWD 1986, 115 = EWiR 1985, 1015 [GEIMER]; BGH 28. 11. 1985 IPRax 1986, 293 [RAUSCHER 274]; BGH 18. 3. 1987 FamRZ 1987, 580; BGH 12. 2. 1992 FamRZ 1992, 1058; OLG KOBLENZ 8. 1. 1974 FamRZ 1974, 189; OLG KARLSRUHE 15. 12. 1969 FamRZ 1970, 410; OLG FRANKFURT 8. 12. 1986 WM 1987, 276 = IPRax 1988, 24 [SCHUMANN 13] OLG Frankfurt 8. 12. 1986 IPRax 1988, 24). Für die Klagabweisung zumindest als Regelfolge sprechen der Wortlaut des § 261 Abs 3 Nr 1 ZPO, dagegen aber die Parallele zu Art 19 Brüssel IIa-VO. **66a**

c) Aussetzung des Verfahrens

Die zutreffende Gegenmeinung sieht dagegen wegen der Nachteile der Klageabweisung **regelmäßig** nur eine **Aussetzung** nach § 148 ZPO vor (HABSCHEID RabelsZ 31 [1967] 266 ff; JOHANNSEN/HENRICH/HENRICH § 98 FamFG Rn 36; DOHM, Einrede der ausländischen Rechtshängigkeit [1996] 252 ff; SCHACK, IZVR Rn 853; KERAMEUS, in: FS Schwab [1990] 265 f; LUTHER IPRax 1984, 142; BREUER, Ehe- und Familiensachen in Europa Rn 289; RAUSCHER IPRax 1994, 191; GEIMER, IZPR Rn 3712 und NJW 1984, 528; SCHACK, RabelsZ 58 [1994] 53 nur nach richterlichem Ermessen; OLG Karlsruhe 25. 12. 1969 FamRZ 1970, 410; OLG Karlsruhe 22. 4. 1993 FamRZ 1994, 47; OLG Frankfurt 14. 8. 1974 FamRZ 1975, 632; OLG Frankfurt 12. 11. 1985 IPRax 1986, 297), die die Rechtshängigkeit mit ihren materiellen Folgen bewahrt. Weist das ausländische Gericht seinen Antrag wegen Unzulässigkeit ab, so könnte er zwar im Inland erneuert werden, doch können die Parteien ein berechtigtes Interesse am Erhalt der früheren inländischen Rechtshängigkeit wegen materieller Folgen der Scheidung haben (dagegen HEIDERHOFF, Ausländische Rechtshängigkeit 237 ff). Es handelt sich letztlich um ein Problem des Rechtsschutzinteresses (SCHACK, IZVR Rn 853). So kommt es zB für die Berechnung des Zugewinns gem § 1384 BGB auf den Zeitpunkt der Rechtshängigkeit an. Zu bedenken ist auch, dass die Anerkennungsprognose im nicht staatsvertraglich geregelten Bereich mit einigen Unsicherheiten belastet ist, die nicht zu Lasten des inländischen Antragstellers gehen sollten. Trotz positiver Anerkennungsprognose kann die Anerkennung des ausländischen Scheidungsurteils dann uU doch ausbleiben. **67**

Um das Verfahren zu entlasten, zumal ausländisches Scheidungs- oder Scheidungsfolgenrecht maßgebend sein kann, sollte auch kein konkreter Nachweis der Interessen der Partei verlangt werden (SCHACK, IZVR Rn 853), sondern immer ausgesetzt werden, es sei denn, es ist sicher, dass das ausländische Urteil nicht anerkannt werden wird (BGH 2. 2. 1994 IPRax 1995, 111 [HENRICH 86] = FamRZ 1994, 434; HAU IPRax 1995, 82; gerade umgekehrt HEIDERHOFF, Ausländische Rechtshängigkeit 236 f). Das ist insbesondere der Fall, wenn die Anerkennungszuständigkeit des ausländischen Gerichts fehlt. Ist nach einer Aussetzung im Ausland ein rechtskräftiges Sachurteil ergangen, **68** das anerkannt wird, ist der inländische Antrag endgültig abzuweisen, falls der Antragsteller ihn nicht für erledigt erklärt. Im anderen Fall ist das Verfahren fortzusetzen.

69 Ist das mögliche Urteil in einem **im Ausland** noch **anhängigen Verfahren** für das deutsche Verfahren nur **vorgreiflich**, ohne aber denselben Streitgegenstand zu haben, so kann auch nach § 148 ZPO ausgesetzt werden, wenn das ausländische Urteil im Inland anerkannt werden kann. Man vermeidet so Rechtskraftwidersprüche (OLG Frankfurt 12. 11. 1985 IPRax 1985, 297; Geimer NJW 1984, 528). Das betrifft zB inländische Unterhaltsklagen bei ausländischem Scheidungsverfahren. Hat das ausländische Verfahren denselben Streitgegenstand, so ist grundsätzlich das spätere inländische Verfahren wegen anderweitiger Rechtshängigkeit auszusetzen, denn es kann ein Rechtsschutzbedürfnis dahingehend bestehen (OLG Karlsruhe 15. 12. 1969 FamRZ 1970, 410; o Rn 45), zB um eine Verjährung zu unterbrechen oder andere Fristen zu wahren, wenn das ausländische Verfahren dies nicht sicherstellt (zB weil die Anerkennung nicht sicher ist, OLG Karlsruhe s Rn 67).

d) Unzumutbarkeit

70 Die ausländische Rechtshängigkeit ist dann nicht zu beachten, wenn die Entscheidung dort **unzumutbar lange** auf sich warten lässt (BGH 26. 1. 1983 FamRZ 1983, 366 = IPRax 1984, 152 mAnm Luther 141, vier Jahre in Italien zu lang; OLG Hamm 6. 7. 1988 NJW 1988, 3102; OLG Düsseldorf 20. 3. 1985 IPRax 1986, 29 [Schumann 14]; OLG München 31. 10. 1985 RIW 1986, 815; sehr zurückhaltend BGH 10. 10. 1985 NJW 1986, 2195 = EWiR 1985, 1015 [Geimer]; OLG Frankfurt 8. 12. 1986 NJW 1987, 276 = IPRax 1988, 24 [Schumann 13]; Schack, IZVR Rn 845; Geimer NJW 1984, 529; Gruber FamRZ 1999, 1568; Burckhardt, Internationale Rechtshängigkeit und Verfahrensstruktur bei Eheauflösungen [Diss Heidelberg 1997] 87 ff). Das sind im Ergebnis freilich nur Ausnahmefälle, wenn das ausländische Urteil noch sehr viel länger auf sich warten lassen wird als das deutsche, und wenn weitere Gründe der Unzumutbarkeit vorliegen (BGH 10. 10. 1985 NJW 1986, 2195). Dabei kommt es jedenfalls nicht auf die bisherige Dauer des ausländischen Verfahrens, sondern auf die mutmaßliche **zukünftige** an (OLG Frankfurt 8. 12. 1986 IPRax 1988, 24). Es dürfte aber schon genügen, wenn das ausländische Verfahren erheblich länger dauern wird als ein vergleichbares in Deutschland (Gruber FamRZ 1999, 1568), wobei auch für Deutschland ein Verfahren mit Anwendung ausländischen Rechts zugrunde zu legen ist. Zum europäischen Prozessrecht hat der EuGH nunmehr sehr zurückhaltend und eher dagegen entschieden (vgl Staudinger/Spellenberg [2015] Art 19 Brüssel IIa-VO Rn 25). Das ist nicht hierher übertragbar, da im Verhältnis zu Drittstaaten das besondere Vertrauen in die ausländische Justiz weniger begründet ist, auf das sich der EuGH stützt.

II. Anwendbares Verfahrensrecht

1. Lex fori-Grundsatz*

a) Sachrecht und Prozessrecht

71 Der Grundsatz, dass das deutsche Gericht stets und nur sein **eigenes Verfahrensrecht**

* **Schrifttum**: Arens, Prozessuale Probleme bei der Anwendung ausländischen Rechts im deutschen Zivilprozeß, in: FS Zajtay (1982) 7; Böhm, Die Rechtsschutzformen im Spannungsfeld von

anwende, **verliert** in dieser pauschalen Form zu Recht mehr und mehr **an Zustimmung** (vgl zB GEIMER, IZPR Rn 319 ff; COESTER-WALTJEN, Internationales Beweisrecht [1983] Rn 83, 102 ff; BUCIEK, Beweislast und Anscheinsbeweis im internationalen Recht [1984] 86 ff; GRUNSKY ZZP 89 [1976] 241 ff; früher schon NIEDERLÄNDER RabelsZ 20 [1955] 1 ff; NEUHAUS RabelsZ 20 [1955] 201; RADTKE, Der Grundsatz der lex fori und die Anwendbarkeit ausländischen Verfahrensrechts [1982] 3 ff; SCHACK, IZVR Rn 44 ff; H ROTH, in: FS Stree und Wessels [1993] 145 ff). Es ist vielmehr oft sachangemessen und geboten, auch **ausländisches Verfahrensrecht**, das zum maßgeblichen Sachrecht gehört, **anzuwenden**. Es führt zwar prinzipiell zum selben richtigen Ergebnis, ist aber der methodisch falsche Weg, wenn man das eine oder andere ausländische Rechtsinstitut, um es anwenden zu können, als materiellrechtlich qualifiziert (für diese Methode NEUHAUS RabelsZ 20 [1955] 201, 237 ff; SIEHR, IPR § 54 III S 512 f). Richtigerweise muss für das jeweilige Rechtsinstitut untersucht werden, ob die deutschen Verfahrensregeln trotz fremden Sachrechts, hier des Scheidungs- bzw Scheidungsfolgenstatuts, angewandt werden können (so zB das Vorgehen von COESTER-WALTJEN, Internationales Beweisrecht bes Rn 144 ff; trotz Benennung als „Qualifikation" wohl auch SCHACK, IZVR Rn 49 f).

Als Maxime taugt dabei weniger der Gesichtspunkt, ob die Parteien sich noch im Laufe des Verfahrens auf die lex fori einstellen können (so GRUNSKY ZZP 89 [1976] 249), als der im Grundsatz alte Gesichtspunkt, dass das Verfahrensrecht des Gerichtes keinen entscheidenden **Einfluss auf die Entscheidung in der Sache**, die nach dem IPR ausländischem Recht untersteht, haben darf, bzw dass das deutsche Verfahrensrecht nicht zu einer anderen Entscheidung führen darf als sie der Richter im Staat des anwendbaren Rechts treffen würde (ähnlich NIEDERLÄNDER RabelsZ 20 [1955] 19, 42; NEUHAUS ebd 237 f; HABSCHEID FamRZ 1975, 79; RADTKE, Grundsatz der lex fori 31; BUCIEK, Beweislast und Anscheinsbeweis im internationalen Recht 91 f; SCHACK, IZVR Rn 49; **aA** LEIPOLD, Lex fori [1989] 28 f; BÖHM, Rechtsschutzformen 117 f). Denn die Aufgabe des IPR ist es vor allem, den Fall so zu entscheiden, wie der Richter des anzuwendenden Sachrechts ihn entscheiden würde **(internationaler Entscheidungseinklang)**. Damit entspricht man der Forderung SAVIGNYS, dass der Fall überall gleich entschieden werden sollte, 72

lex fori und lex causae, in: FS Fasching (1988) 107; BUCIEK, Beweislast und Anscheinsbeweis im internationalen Recht. Eine Untersuchung zum Grundsatz des „Verfahrens nach eigenem Recht" (Diss Bonn 1984); COESTER-WALTJEN, Internationales Beweisrecht (1983); vCRAUSHAAR, Die internationalrechtliche Anwendbarkeit deutscher Prozeßnormen (1961); GAMILLSCHEG, Die „wesenseigene Zuständigkeit" bei der Scheidung von Ausländern, in: FS Dölle Bd 2 (1963) 289; GRASMANN, Relevanz ausländischen Prozeßrechts in Ehesachen, ZZP 83 (1970) 214; GRUNSKY, Lex fori und Verfahrensrecht, ZZP 89 (1976) 241; HELDRICH, Internationale Zuständigkeit und anwendbares Recht (1969); ders, Fragen der internationalen Zuständigkeit der deutschen Nachlaßgerichte, NJW 1967, 417; JAECKEL, Die Reichweite der lex fori im IZPR (1995); LEIPOLD, Lex fori, Souveränität Discovery, Grundfragen des Internationalen Zivilprozeßrechts (1989); NEUHAUS, Internationales Zivilprozeßrecht und internationales Privatrecht, RabelsZ 20 (1955) 201; NIEDERLÄNDER, Materielles Recht und Verfahrensrecht im IPR, RabelsZ 20 (1955) 1; RADTKE, Der Grundsatz der lex fori und die Anwendbarkeit ausländischen Verfahrensrechts (Diss Münster 1982); ROTH, Die Reichweite der lex fori-Regel im IZPR, in: FS Stree und Wessels (1993) 1045; SCHLECHTRIEM, Ausländisches Erbrecht im deutschen Verfahren (1966); SZASZY, International Civil Procedure (1967); STALEV, Der Fremde im Zivilprozeß. Der Grundsatz der lex fori und seine Durchbrechung, in: Zeitgenössische Fragen des internationalen Zivilverfahrensrechts (1972) 31.

wo auch immer er anhängig gemacht werden kann (SAVIGNY, System des heutigen römischen Rechts Bd 8, 27).

73 Unter diesem Gesichtspunkt ist es zB unproblematisch, dass Form und Frist von Klagen und Anträgen, Anwaltszwang (OLG Köln 9. 2. 2001 FamRZ 2002, 165), Rechtsmittel (KG 7. 3. 2000 FamRZ 2001, 658), die Präklusion von Angriffs- und Verteidigungsmitteln wegen Verspätung und die Verbindung mehrerer Klagen bzw die Widerklage, die Anforderungen an eine ordnungsmäßige Klage, ihre Zustellung bzw die Gewährung rechtlichen Gehörs, die Anordnung des persönlichen Erscheinens (u Rn 155 ff) und das Verfahren der Beweisaufnahme der lex fori unterstellt werden.

74 **Beweislastregeln** wie Vermutungen sind dagegen unstreitig dem Sachrecht zuzuordnen und dem Scheidungsstatut zu entnehmen. Im Eherecht dürfte insbesondere für Beweisvorschriften, die eheerhaltende Funktion haben (zB Ausschluss bestimmter Zeugen) nur das Scheidungsstatut gelten (u Rn 165 ff), ebenso und insbesondere eheerhaltende Vermutungen. Im Einzelnen ist jedoch noch vieles ungeklärt und kann nur für die einzelnen Fragen jeweils gesondert behandelt werden (GEIMER, IZPR Rn 333; zum vorgeschalteten Versöhnungsversuch s Rn 157 ff). Der frühere Art 31 Abs 2 EGBGB aF (heute Art 18 Rom I-VO) galt nur für Schuldverträge. Inhaltlich stimmt er aber auch hier.

75 Manche Entscheidungen berufen sich zu pauschal auf den lex-fori-Grundsatz (zB BGH 30. 7. 1954 JZ 1955, 702; BGH 9. 4. 1986 FamRZ 1986, 663 [Vaterschaftsfeststellung]; BGH 17. 9. 1980 BGHZ 78, 108 [sachliche Zuständigkeit]; OLG Stuttgart 23. 10. 1958 IPRspr 1958/59 Nr 184), doch ist die Rechtsprechung im Ergebnis der Anwendung ausländischen Verfahrensrechts nicht besonders abgeneigt. Vor allem qualifiziert sie um des Ergebnis willen manches materiellrechtlich. Richtig bemerkt der BGH anlässlich einer Trennung von Tisch und Bett durch deutsche Gerichte, „es lasse sich nicht allgemein sagen, welche für das Eheverfahren geltenden Bestimmungen der ZPO im Einzelnen anwendbar sind, und inwieweit eine Anwendung dieser Bestimmungen wegen der Besonderheit des mit der Klage verfolgten Ziels ausgeschlossen ist oder Bestimmungen des deutschen Verfahrensrechts nur sinngemäß mit entsprechenden Veränderungen herangezogen werden können“ (BGH 22. 3. 1967 BGHZ 47, 324 = FamRZ 1967, 452).

b) Privatscheidungen und deutsche Gerichte*

aa) Gerichtliches Scheidungsmonopol

76 Der Gesetzgeber hat mit Art 17 Abs 2 EGBGB entgegen einer verbreiteten Forde-

* **Schrifttum**: GOTHAM, Die Rechtsnatur und ihr Staat – Die Geltung des jüdischen Ehe- und Scheidungsrechts in Israel (2004); GÄRTNER, Die Privatscheidung im deutschen und gemeinschaftsrechtlichen Internationalen Privat- und Verfahrensrecht (2008); HELMS, Neubewertung von Privatscheidungen nach ausländischem Recht vor dem Hintergrund der Entwicklungen im deutschen Sach-, Kollisions- und Verfahrensrecht, in: FS Coester-Waltjen (2015) 431; HERFARTH, Die Scheidung nach jüdischem Recht im IZVR (2000); HIRSCHFELD, Die Anwendung von Get-Statutes und die Anerkennung von auf Get-Statutes beruhenden ausländischen Urteilen in Deutschland (2007); SIEHR, Ehescheidung deutscher Juden, IPRax 2009, 332; ders, Divorce of Muslim Marriages in Secular Courts, in: Mélanges en l'honneur de Hélène Gaudemet-Tallon (2008) 809; ders, Die Berücksichtigung religiösen Rechts bei gericht-

rung (Kegel IPRax 1983, 22; Hausmann, Kollisionsrechtliche Schranken von Scheidungsurteilen [1982] 247 Fn 13; Gottwald StAZ 1981, 84, 85; Helms, in: FS Coester-Waltjen 431 ff; Henrich IPRax 1995, 86; mwNw Staudinger/Mankowski [2011] Art 17 EGBGB Rn 207 ff) entschieden, dass Scheidungen **im Inland nur durch Urteil** eines deutschen Gerichts vollzogen werden können. Privatscheidungen im Inland sind unwirksam (zB BGH 14. 10. 1981 BGHZ 82, 34 = IPRax 1983, 37 m abl Anm Kegel S 22; OLG Frankfurt StAZ 2001, 37). Die Rom III-VO befasst sich mit dieser Frage nicht. Das wirft **Anpassungsprobleme** auf, wenn das Scheidungsstatut eine Privatscheidung vorsieht, sei es durch „Verstoßung" wie in islamischen Rechten, oder durch Übergabe eines Scheidebriefes wie im mosaischen Recht, oder durch privaten Vertrag wie in manchen asiatischen Rechten (Thailand, Japan, Korea), oder eine kirchliche Scheidung. Das gerichtliche Scheidungsmonopol in Deutschland kann und darf hier keine wesentliche Veränderung des Scheidungsstatuts bewirken, welches eine solche Art der Scheidung vorsieht. Hier ist das deutsche Verfahren anzupassen.

Das Scheidungsmonopol gilt nur bei **Inlandsscheidungen**. Inland ist rein räumlich zu verstehen und schließt zB ausländische diplomatische Vertretungen in Deutschland ein. Die Scheidung ist hier vollzogen, wenn der für den Scheidungsvollzug **konstitutive Akt** ein privater ist (§ 107 Rn 61), bei Vertragsscheidung also die Vereinbarung. Wenn das Scheidungsstatut eine nachträgliche Registrierung oder eine vorherige gerichtliche Feststellung der Scheidungsberechtigung verlangt, wäre es denkbar, dies von ausländischen Behörden in Deutschland vornehmen zu lassen, solange nur der eigentlich konstitutive Akt im Ausland geschieht. **77**

bb) Rechtsgeschäftliche Scheidung

Die unbezweifelbare Arbeitserleichterung durch **Substitution** deutschen Verfahrensrechts **rechtfertigt** sich aber nur dann, wenn sie den Parteien nicht Rechte abschneidet bzw gibt, die sie nach dem gem unserem IPR maßgebenden ausländischen Recht hätten bzw nicht hätten (ähnlich Buciek, Beweislast und Anscheinsbeweis im internationalen Recht 90 ff; Schack, IZVR Rn 49). Verlangt zB das ausländische Scheidungsrecht zwingend einen richterlichen Versöhnungsversuch, und macht es damit die Scheidung von dessen Scheitern abhängig, dann muss er auch in Deutschland unternommen werden, und der deutsche Richter muss und kann insoweit ausländisches Verfahrensrecht anwenden (vgl Rn 157 ff). Eine vom ausländischen Scheidungsstatut vorgesehene Scheidung darf grundsätzlich nicht am deutschen Verfahrensrecht scheitern. **78**

Ein spezielles Problem entsteht, wenn das Scheidungsstatut ein privates Rechtsgeschäft und Art 17 Abs 2 EGBGB einen richterlichen Scheidungsvollzug verlangen. Man kann, um hinkende Scheidungen zu vermeiden, beiden Forderungen dadurch nachkommen, dass der Ehemann (seltener die Ehefrau; vgl AG Hamburg 27. 5. 1999 FamRZ 2000, 958) die **Verstoßung vor dem Gericht** und, wenn gefordert, vor geeigneten Zeugen (gewöhnlich Männern guten Leumunds) ausspricht, und dass das Gericht daraufhin die Scheidung vornimmt (KG 5. 5. 1993 IPRspr 1993 Nr 67; OLG München 19. 9. 1988 IPRax 1989, 238 [Jayme 223]; LG München I 7. 10. 1976 FamRZ 1977, 332 **79**

---

lichen Scheidungen jüdischer Ehepaare, in: FS Peter Schlosser (2005) 877; Wähler, Islamische talaq-Scheidungen vor deutschen Gerichten, in: Symposium zu Ehren von Omeia Elwan (2001) 113 ff.

[Hepting]; LG Köln 29. 1. 1962 MDR 1962, 903; LG Mönchen-Gladbach 13. 1. 1971 NJW 1971, 1526; LG Stuttgart 9. 12. 1971 IPRspr 1971, 1526).

80 Es ist aber auch möglich und ausreichend, die Verstoßung außerhalb der Verhandlung auszusprechen, namentlich wenn das Scheidungsstatut vorsieht, dass die Verstoßungserklärung erst nach einer gewissen Frist unwiderruflich wird (ebenso im Ergebnis AG Esslingen 19. 3. 1992 IPRax 1993, 250 [Beitzke 231]; Bolz NJW 1990, 620; Jayme Rec 251 [1995] 233; Soergel/Schurig Art 17 EGBGB Rn 64 a; Staudinger/Mankowski [2011] Art 17 EGBGB Rn 185; K Wähler, in: Symposium Elwan [2001] 113, 119; Haunhorst, Die „wesenseigene [Un-]Zuständigkeit" deutscher Gerichte [1992] 93 f). Sie muss und kann dem Gericht nachgewiesen werden, das dann die Scheidung ausspricht; gewissermaßen ist die „Verstoßung" der Scheidungsgrund, sofern der ordre public nicht entgegenstand.

81 Zwar ist nach dem **ausländischen Scheidungsstatut** die Ehe materiell bereits durch die Erklärung geschieden (vgl o § 98 Rn 254), doch verlangt Art 17 Abs 2 EGBGB eine richterliche Gestaltung, sodass der Vorschlag abzulehnen ist, nun nur noch die Eheauflösung gerichtlich **festzustellen** (so Kegel/Schurig, IPR § 20 VII 3 b S 749). Entsprechend kann bei Scheidungen durch **privaten Vertrag** verfahren werden (LG Düsseldorf 29. 9. 1970 IPRspr 1970 Nr 118 [Taiwan]; LG Hamburg 12. 1. 1977 IPRspr 1977 Nr 66 [Japan]; Kegel, IPR § 20 VII 3 b).

cc) Religiöse Scheidungen

82 Hinsichtlich **religiöser Scheidungen** wird vertreten, dass deutsche weltliche Gerichte **nicht** an Stelle der geistlichen Gerichte tätig werden dürften (OLG Hamburg 4. 1. 1971 MDR 1972, 421; KG 11. 1. 1993 FamRZ 1994, 839, jüdisches Recht; KG 27. 11. 1998 IPRax 2000, 126 abl Anm Herfarth 101, persisches Recht, aufgehoben v BGH 6. 10. 2004 FamRZ 2004, 1952 mAnm Henrich; LG München I 15. 11. 1973 FamRZ 1974, 257; Gamillscheg, in: FS Dölle Bd 2 [1963] 289, 312). Rechtsordnungen, die die Scheidung (ihren) geistlichen Gerichten überlassen, stünden aus deutscher Sicht praktisch auf demselben Standpunkt wie die, welche die Scheidung, zB aus religiösen Gründen, überhaupt ablehnen.

83 Die Bedenken gegen eine Scheidung durch weltliche Gerichte rühren daher, dass aus der Sicht des Scheidungsstatuts die Scheidung uU ihren Charakter wesentlich verändere, wenn sie von weltlichen Gerichten ausgesprochen wird. Das, was das Scheidungsstatut fordere, können deutsche weltliche Gerichte in der Tat nicht erbringen, und das, was sie tun können, entspreche nicht dem Scheidungsstatut. Verlangt das Scheidungsstatut einen **religiösen Akt** für die Scheidung, kann das deutsche Gericht diesen nicht wirklich ersetzen. Daraus ist aber noch nicht zu folgern, dass ein deutsches Gericht den Antrag wegen **wesenseigener Unzuständigkeit** abweisen muss oder darf, denn den beteiligten Rechtsordnungen kann auch hier durch **Anpassung** Rechnung getragen werden. Denn wenn es dem religiösen Recht vornehmlich auf das Vorliegen konkreter Scheidungsgründe ankomme, kann diese auch ein deutsches Gericht anwenden (BGH 6. 10. 2004 FamRZ 2004, 1952 Rn 73 mAnm Henrich zu Iran).

84 Die im ersten Fall des KG israelische Staatsbürger mosaischen Glaubens hätten auch von einem Rabbinatsgericht in Deutschland oder im Ausland den Scheidebrief erlangen können, um ihn dann **vor einem Rabbi** der Ehefrau zu übergeben (Herfarth IPRax 2002, 17 f; Siehr IPrax 2009, 332, 335 f); Gottwald, in: FS Nakamura [1992] 193; Stumpf ZRP 1999, 208; Herfarth IPRax 2000, 103 und 2002, 17 ff; ders, Die Scheidung nach jüdischem

Recht im IZVR [2000] 166 ff, 242 ff; Soergel/Schurig Art 17 EGBGB Rn 64 a; Nagel/Gottwald, IZPR § 6 Rn 110; Staudinger/Mankowski [2011] Art 17 EGBGB Rn 222; Siehr IPRax 2009, 332 ff; so auch eine Praxis in Frankreich zwischen den Weltkriegen bei russischen und türkischen Juden, Berg/Lévy/Urban-Bornstein, Les juifs devant le droit français [1993] no 288 ff). Nach dem Nachweis, dass dies geschehen ist, hätte das deutsche Gericht scheiden können. Das KG verwies die Parteien zu Unrecht nur auf die Möglichkeit der Scheidung in Israel. Art 17 Abs 2 EGBGB schließt zwar aus, dem kirchlichen Urteil im Inland Gestaltungswirkungen zuzuschreiben, aber er erlaubt, dass das deutsche Gericht ein solches Urteil dem seinigen als Scheidungsgrund zugrunde legt, um die Scheidung zu vollziehen. Und in der Tat verfahren viele Juden auch so (vgl OLG Düsseldorf 3. 10. 1965 FamRZ 1966, 451; OLG Stuttgart 4. 11. 1969 FamRZ 1970, 30; AG München 5. 12. 1980 IPRax 1982, 250; Henrich IPRax 1995, 88; Siehr IPRax 2009, 335/6).

Die hier vertretene Lösung geht den Weg der **Anpassung** (zu den verschiedenen Lösungs- **85**
wegen vgl Staudinger/Mankowski [2011] Art 17 EGBGB Rn 21a). Zu weit geht dagegen der Weg der Qualifikation der kirchlichen Scheidung als Verfahren, das nach dem Grundsatz der lex fori durch ein staatliches deutsches zu ersetzen sei (so Henrich IPRax 1995, 86 f; Staudinger/Mankowski [2011] Art 17 EGBGB Rn 222; Einhorn, in: Liber Amicorum Kurt Siehr [2000] 135; Gamillscheg, in: FS Dölle [1963] 289, 313 ff; wegen der Pflicht zur religiösen Neutralität des Staates letztlich auch Herfarth IPRax 2002, 103). Selbst wenn das ausländische religiöse Recht definierte Scheidungsgründe nennt, was nicht notwendig so sein muss, so verlöre diese Scheidung zwar ihren religiösen Charakter ohne die Mitwirkung des Geistlichen. Die Pflicht des Staates zur religiösen Neutralität spricht vielmehr gerade dafür, den ausländischen Gläubigen soweit möglich die Beachtung ihrer religiösen Lebensformen zu ermöglichen (BGH 6. 10. 2004 FamRZ 2004, 1952, 1956 f mwNw auch wegen Art 6 GG). Die Anpassung hat den weiteren wichtigen Effekt, dass die Scheidung nicht hinkt, denn der Heimatstaat wird wahrscheinlich die gerichtliche Scheidung nicht anerkennen, wohl aber den kirchlichen Akt. Notfalls hätte das Gericht auszusetzen, um den Parteien die nötigen Schritte zu ermöglichen. Tun sie dies dann nicht, so ist der Antrag wegen des fehlenden „Scheidungsgrundes" unbegründet.

Das OLG Oldenburg (7. 3. 2006 FamRZ 2007, 950) und das KG (11. 1. 1993 FamRZ 1994, **86**
839, beide zum jüdischen Recht) sahen sich mit einem anderen Problem konfrontiert: während in Persien das Gericht auf Antrag der scheidungswilligen Ehefrau den Mann dazu verurteilen kann, sie zu „verstoßen", um bei unberechtigter Weigerung notfalls die „Verstoßung" selbst auszusprechen (Yassari FamRZ 2002, 1088, 1091), ist dies im mosaischen religiösen Recht anders (Herfarth IPRax 2000, 101, 102). Zwar kann die Ehefrau ggf den Ehemann verklagen, ihr den Scheidungsbrief zu geben, und das Rabbinatsgericht könnte ihn eventuell durch allerhand Nachteile dazu nötigen, aber es kann sich nicht über seine Weigerung hinwegsetzen. Für die Frau bedeutet das, dass sie nach mosaischem Recht nicht vollgültig geschieden ist und namentlich nicht religiös wieder heiraten kann (Siehr IPRax 2009, 332, 335). Das ist eine Frage des sachlichen Scheidungsstatuts. Das OLG Oldenburg lehnte diesen Zwang wegen der Religionsausübungsfreiheit des Mannes ab (Art 4 GG), aber entscheidend ist, dass das Scheidungsstatut nur die tatsächliche Übergabe genügen lässt. Es läge nahe, dass das deutsche Gericht unter Berufung auf Art 6 GG und den ordre public die Scheidung ausspricht, aber das führt zu einer **hinkenden Scheidung**, mit der der Frau aus den genannten Gründen wenig geholfen ist.

87 Nur in seltenen Fällen ist eine Anpassung unmöglich. Dieser Fall der israelich-mosaischen Scheidung ist ein solcher. In der Regel ist sie dagegen erfolgreich und bei Privatscheidungen auch schon länger gesichert (Gottwald, in: FS Nakamura [1996] 192 ff; Zöller/Geimer § 98 FamFG Rn 19; Haunhorst, Die wesenseigene [Un-]Zuständigkeit deutscher Gerichte [Diss Osnabrück 1992] 124 ff, 177 meint, dass in der Praxis keine Fälle auftraten, in denen Anpassung nicht möglich wäre), so wenn der nötige „Scheidungsgrund" **nicht im Inland** gelegt werden kann. Das KG (27. 11. 1998 IPRax 2000, 126 abl Anm Herfarth 101, persisches Recht, aufgehoben v BGH 6. 10. 2004 FamRZ 2004, 1952 mAnm Henrich) vermisst vielleicht ein, nach persischem Recht wohl nicht verlangtes (BGH 6. 10. 2004 FamRZ 2004, 1955), Sharia-Gericht im Inland. Notfalls hätte das deutsche Gericht hier, wie gesagt, an seiner Stelle agieren können.

88 Man könnte auch an Gewohnheitsrechte denken, nach denen die Scheidung durch Vertrag und Diskussion der Familien vollzogen wird (vgl Trib Nouméa 9. 8. 1984 Clunet 1985, 431 mAnm Agostini). Es handelt sich um eine Privatscheidung. Es bleibt den Parteien wegen Art 17 Abs 2 EGBGB nur die Möglichkeit der Scheidung im Ausland, und diese Scheidung ist dann hier Scheidungsgrund für einen inländischen Scheidungsvollzug vorbehaltlich des ordre public.

89 Erwirken die Parteien die religiöse Scheidung **überhaupt im Ausland** unter Mitwirkung einer kirchlichen Instanz mit staatlicher Autorität und ist sie, wie meist, anerkennungsfähig, dann ist eine erneute Scheidung im Inland unzulässig, weil der einfachere Weg über § 107 FamFG zu nehmen ist. Wenn die Parteien eine reine private Scheidung im Ausland ohne Mitwirkung einer religiösen oder staatlichen Instanz entsprechend dem Entscheidungsstatut vorgenommen haben, ist die Ehe dadurch materiell auch für uns aufgelöst (irrig AG Hamburg 27. 5. 1999 FamRZ 2000, 958 m abl Anm Henrich); § 107 FamFG greift bei reinen Privatscheidungen nicht ein.

2. Anwendung ausländischen Rechts*

a) Anknüpfungsregeln

90 Die Regeln des **deutschen IPR** über die Bestimmung des Scheidungs- oder Ehegültigkeitsstatuts hat der Richter **von Amts wegen**, und nicht etwa nur auf Antrag oder bei Berufung einer Partei darauf anzuwenden (BGH 23. 1. 1985 JZ 1985, 951; BGH 7. 4.

* **Schrifttum**: Fastrich, Revisibilität der Ermittlung ausländischen Rechts, ZZP 97 (1985) 423; Gottwald, Zur Revision ausländischen Rechts, IPRax 1988, 210; Heldrich, Probleme bei der Ermittlung Ausländischen Rechts in der gerichtlichen Praxis, in: FS Nakamura (1996) 243; Hüsstege, Zur Ermittlung ausländischen Rechts. Wie man in den Wald hineinruft, so hallt es zurück, IPRax 2002, 292; Kindl, Ausländisches Recht vor deutschen Gerichten, ZZP 111 (1998) 177; Lindacher, Zur Anwendung ausländischen Rechts, in: FS Beys (2003) 909; ders, Die Mitwirkung der Parteien bei der Ermittlung ausländischen Rechts, in: FS Schumann (2001) 283; Mankowski/Kerfack, Arrest und einstweilige Verfügung und die Anwendung ausländischen Rechts, IPRax 1990, 372; J Müller, Die Behandlung ausländischen Rechts im Zivilverfahren (2011); G Otto, Der verunglückte § 293 ZPO und die Ermittlung ausländischen Rechts durch Beweiserhebung, IPRax 1995, 299; Pfeiffer, Methoden der Ermittlung ausländischen Rechts, in: FS Leipold (2009) 283; Rixen, Die Anwendung ausländischen Verfahrensrechts im deutschen Zivilprozeß (1999); Schellack, Selbstermittlung oder ausländische Auskunft unter dem europäischen Rechtsauskunftsübereinkommen

1993 NJW 1993, 2305; BGH 21. 9. 1995 NJW 1996, 54; BT-Drucks 10/504, 26 amtl Begr zum IPRG; vBAR/MANKOWSKI, IPR Bd 1 § 5 Rn 97; KOERNER, Fakultatives Kollisionsrecht [1995] 122 ff; PALANDT/THORN Einl vor Art 3 EGBGB Rn 1; SCHACK, IZVR Rn 622; GEIMER, IZPR Rn 2570 ff; NEUHAUS, Grundbegriffe des IPR § 7 II 5; BGH 15. 7. 2008 NJW 2009, 916 Rn 7 f). Die Gegenauffassung vom fakultativen Kollisionsrecht (FLESSNER RabelsZ 34 [1970] 547, 574 ff; ZWEIGERT RabelsZ 37 [1973] 435, 445 f; RAAPE/STURM, IPR § 17 II 4; SIMITIS StAZ 1976, 6, 15) dürfte jedenfalls nach der Neufassung von Art 3 Abs 1 EGBGB nicht mehr zu vertreten sein. Dementsprechend muss der Richter auch die **Anknüpfungstatsachen**, im Eherecht insbesondere die Staatsangehörigkeitsverhältnisse, von Amts wegen prüfen (§ 98 Rn 77, 87). Andernfalls könnten die Parteien durch übereinstimmenden Vortrag die Anknüpfung manipulieren. Anders wäre es nur, wo die Parteien Rechtswahlfreiheit haben. Das ist im Personenstandsrecht nicht der Fall.

Nach BGH 28. 1. 1987 (IPRax 1988, 109 [HESSLER 95] = FamRZ 1987, 463) kann die **91**
Entscheidung zwischen **verschiedenen deutschen Kollisionsnormen** oder ihre streitige Auslegung (OLG Düsseldorf 2. 4. 1976 OLGZ 1976, 414 = StAZ 1976, 274) offen bleiben, wenn alle in Frage kommenden gleichermaßen zum **deutschen oder demselben fremden Recht** führen. Ebenso ist zu verfahren, wenn die Anknüpfungstatsachen unklar bleiben, zB die Staatsangehörigkeit der Parteien, man aber notfalls zB mit dem gewöhnlichen Aufenthalt zu demselben, deutschen oder ausländischen Recht kommt (OLG Celle 5. 3. 1950 IPRspr 1950/51 Nr 163). Ist das aber nicht der Fall, dann ist nach Auffassung des BGH der Revision stattzugeben, weil das OLG möglicherweise das falsche Recht angewandt hat. Über die Anknüpfung kann der BGH dann selbst entscheiden, wenn keine Tatsachenfestellung mehr nötig ist.

Der BGH kann die **Anknüpfung** ebenfalls **offenlassen**, wenn alle in Frage kommen- **91a**
den verschiedenen Rechte **sachlich zum selben Ergebnis** führen, wenn zB die Partei entweder die eine oder andere Staatsangehörigkeit hat, und die Ehe nach beiden Rechten geschieden werden kann. Das ist nicht dasselbe wie die vorstehende Regel, dass die Anknüpfung offen bleiben kann (15. 2. 1926 RGZ 113, 38; 17. 9. 1941 RGZ 167, 274; OLG Kiel 31. 3. 1949 IPRspr 1945/49 Nr 73; OLG Celle 5. 3. 1950 IPRspr 1950/51 Nr 163; OLG Düsseldorf 2. 4. 1976 OLGZ 1976, 414 = StAZ 1976, 274; LG Münster 25. 7. 1973 FamRZ 1974, 132 [STRÜMPELL]). Der BGH ist als Revisionsinstanz manchmal so vorgegangen (BGH 14. 2. 1955 BGHZ 19, 266 = FamRZ 1956, 83 = NJW 1956, 509; BGH 7. 7. 1980 WM 1980, 1085 = ZIP 1980, 866; BGH 28. 1. 1987 IPRax 1988, 109; BGH 25. 1. 1991 NJW 1991, 2214), verlangt aber, dass die **Berufungsinstanz** über die **Anknüpfung entscheidet**, wenn auch deutsches Recht anzuwenden sein könnte (BGH 29. 10. 1962 JZ 1963, 214; BGH 7. 7. 1980 WM 1980, 1085; BGH 25. 1. 1991 NJW 1991, 2214; BGH 21. 9. 1995 NJW 1996, 54 [MÄSCH 1453]). Die Revisionsinstanz selbst kann jedenfalls die Anknüpfung offen lassen, wenn beide danach in Frage kommenden Rechtsordnungen zum selben Ergebnis kommen (BGH 12. 11. 2003 Rn 11 NJW-RR 2004, 308, 309). Weitergehend hat der BGH einmal gebilligt, dass das OLG die Anknüpfung offen gelassen hatte, da deutsches wie englisches Recht den Anspruch bejahten, weil nach Meinung des BGH wohl nur revisibles deutsches Recht anzuwenden war (22. 11. 1990 Rn 10 NJW-RR 1990, 613). Es sollte jedoch die

---

(1998) (rvgl); SCHILKEN, Zur Rechtsnatur der Ermittlung ausländischen Rechts, in: FS Schumann (2001) 373; SPICKHOFF, Richterliche Aufklärungspflicht und materielles Recht. Ein Beitrag zum Verhältnis von Zivilprozeßrecht, Sachrecht und IPR (1999); ders, Fremdes Recht vor inländischen Gerichten, Rechts- oder Tatfrage, ZZP 112 (1999) 265.

Wahlfeststellung allen Tatsacheninstanzen, insbesondere der Berufungsinstanz erlaubt sein (Zöller/Geimer § 293 ZPO Rn 13; Schack, IZVR Rn 726; Soergel/Kegel vor Art 3 Rn 168; Kegel/Schurig, IPR § 15 I S 497; Koch RabelsZ 61 [1997] 625).

92 Das Problem entsteht durch **§ 545 Abs 1 ZPO**, wonach nur das deutsche, nicht auch das ausländische Recht revisibel ist (dazu aber u Rn 112 ff). Dieser Beschränkung kann ausreichend dadurch Rechnung getragen werden, dass das Revisionsgericht die Anwendung des deutschen Rechts nachprüft, wenn es auch zur Wahl steht. Ist es richtig angewandt worden, so ist die Revision unbegründet. Ist es falsch angewendet worden, so kann das Revisionsgericht **zurückverweisen**, damit das Berufungsgericht nun auch die Anknüpfungsfrage entscheidet, weil doch nicht beide Rechte zum selben Ergebnis führen, nämlich nicht das deutsche (ebenso Kegel/Schurig, IPR § 15 I S 437). So hat auch einmal der BGH entschieden (5. 11. 1980 BGHZ 78, 318 = IPRax 1981, 130 [Grossfeld 116] = JZ 1981, 139 = NJW 1981, 522). Will der BGH dagegen in Anwendung deutschen Rechts **selbst entscheiden**, muss er zuvor die offen gelassene Anknüpfung selbst vornehmen (so BGH 22. 1. 1990 NJW-RR 1990, 613, nicht eherechtlich). Da die Anwendung des deutschen IPR aber revisibel ist, steht dem auch nichts entgegen, selbst wenn das Berufungsgericht sich nicht festgelegt hat: Ist nach Auffassung des BGH dann deutsches Recht anzuwenden, und sind neue Tatsachenfeststellungen hierfür nicht nötig, so sollte er selbst entscheiden. Ist nach seiner Meinung nicht deutsches, sondern ein ausländisches Recht anzuwenden, muss er die Revision zurückweisen, weil er dessen richtige Anwendung nicht nachprüfen darf (BGH 29. 10. 1962 JZ 1963, 214 f; vgl weiter u Rn 112 f).

b) Anwendung ausländischen Rechts
aa) Anwendung als Recht

93 Ausländisches Recht ist **als Recht** und nicht als Tatsache anzuwenden, und es ist **von Amts wegen** zu ermitteln (zB BGH 21. 4. 1961 BGHZ 77, 32, 38; BGH 24. 3. 1987 IPRax 1988, 227 [Gottwald 210]; BGH 29. 6. 1987 NJW 1988, 647 mwNw; BGH 30. 4. 1992 BGHZ 118, 151, 162 f = IPRax 1993, 87 [Hanisch 64]; zuletzt BGH 23. 6. 2003 NJW 2003, 2685; BGH 30. 4. 2013 Rn 39, RIW 2013, 488; Spickhoff ZZP [1999] 265 ff, 272 ff; Kegel/Schurig, IPR § 15 II S 439; Zöller/Geimer § 293 ZPO Rn 14; MünchKommZPO/Prütting § 293 Rn 47 ff; wohl unstr), und zwar so wie es im Ausland **tatsächlich angewandt** wird (BGH 23. 12. 1981 FamRZ 1982, 263 = IPRax 1983, 193; BGH 21. 1. 1991 IPRax 1992, 324 [Kronke 303] = NJW 1991, 1418; BGH 30. 1. 2002 IPRax 2002, 302 mAnm Hüsstege 292; BGH 23. 6. 2003 NJW 2003, 2685; Kegel/Schurig, IPR § 15 II S 440; Lindacher, in: FS Beys [2003] 909 ff; MünchKommZPO/Prütting § 293 ZPO Rn 57; MünchKomm/vHein Einl IPR Rn 297 ff). Die Lehre vom fakultativen Kollisionsrecht, dass ausländisches Recht nur anzuwenden sei, wenn eine Partei es verlangt, hat sich mit Recht nicht durchgesetzt (Schurig RabelsZ 59 [1995] 240 ff; jedenfalls für Familienrecht auch G Wagner ZEuP 1999, 6 ff; **aA** Flessner, Interessenjurisprudenz im IPR [1990] 97 ff). Nur mit guten Gründen wird das Gericht dabei von einer **ausländischen Gerichtspraxis** abweichen dürfen, und jedenfalls nicht von einer gefestigten (vgl BGH 30. 3. 1976 NJW 1976, 1581).

94 Der deutsche Richter hat gegenüber **Präzendenzien** nur dieselbe Freiheit wie der ausländische, ist also ggf in einem case-law-System an sie gebunden. In anderen Systemen ist er zwar nicht rechtlich gebunden, aber sollte ihnen aber dennoch in aller Regel folgen, denn er wird selten dartun können, dass er das ausländische Gesetz zutreffender interpretieren könne als ein dortiges, insbesondere oberes Ge-

richt. Abweichen mag er allenfalls, wenn die dortige Rechtsprechung schlechterdings unhaltbar erscheint (LINDACHER, in: FS Beys [2003] 910 f). Dann wird aber oft auch der deutsche ordre public durchgreifen. Dementsprechend ist vor allem die ausländische Rechtsprechung zu ermitteln. Mit dem Gesetzeswortlaut allein sollte man sich möglichst nicht zufrieden geben.

Häufig stellt sich das Problem einer auch **im Ausland umstrittenen Rechtslage**. Hier ist eher der **Rechtsprechung** zu folgen und ggf die obergerichtliche vorzuziehen, jedenfalls wenn sie gefestigt ist (in BGH 30. 3. 1976 NJW 1976, 1581). Sind Rechtsprechung und Lehre im Ausland nicht einheitlich, bleibt dem deutschen Richter nichts anderes übrig, als im Meinungsstreit Stellung zu beziehen, wie es auch ein ausländischer Richter tun müsste und könnte. Freilich sind hier Vorsicht und Takt am Platze, da der deutsche Richter mit dem ausländischen System weniger vertraut ist (KEGEL/SCHURIG, IPR § 15 II S 444; BGH 30. 3. 1976 NJW 1976, 1581; BGH 23. 12. 1981 IPRax 1983, 193; BUCHHOLZ, in: FS Hauß [1978] 15 ff). Er darf jedoch nicht angesichts eines ausländischen Meinungsstreites das ausländische Recht für **nicht ermittelbar** erklären, um so zu Ersatzlösungen, namentlich zu deutschem Recht zu kommen (MünchKomm/vHEIN Einl IPR Rn 303; LINDACHER, in: FS Beys [2003] 911; KROPHOLLER, IPR § 31 I 2; sehr bedenklich daher BGH 23. 12. 1981 IPRax 1983, 193). 95

Fehlt Rechtsprechung, gewinnt naturgemäß die **Literatur** an Gewicht (zu Unrecht vom BGH 23. 12. 1981 IPRax 1983, 193 nicht beachtet). Fehlt auch sie, muss der Richter ohne diese Hilfen den Gesetzestext interpretieren und dabei nach den methodischen Regeln der fremden Rechtsordnung vorgehen. Im Grundsatz ebenso, doch praktisch schwieriger ist es, in einem **Case-Law-System** aus den bekannten Urteilen etwas für eine noch nicht entschiedene Frage abzuleiten. Da in diesen Rechten der Richter neue Regeln für neue Fragen aus den bisherigen Urteilen entwickeln darf, darf und soll es grundsätzlich auch der deutsche. Vorsicht ist aber geboten. Neue Prinzipien darf eigentlich nur der ausländische Richter aufstellen. Unzulässig wäre eine **Rechtsfortbildung**, wenn der deutsche Richter eine neue Regelung für eine alte substituiert, die möglicherweise oder wahrscheinlich im ausländischen Recht eingeführt werden wird, aber dort noch nicht eingeführt ist. Er muss das derzeitige Recht anwenden (das türkische Recht folgt zB häufig, wenn überhaupt, Schweizer Entwicklungen mit zeitlicher Verzögerung). Zum nicht feststellbaren Recht unten Rn 119 ff. 96

Stellt der Richter im ausländischen Recht eine **Lücke** fest, so kann er sie nach den dortigen Regeln füllen. Dies gilt insbesondere, wenn das ausländische Recht selbst eine Lückenfüllungsermächtigung enthält (zB Art 1 Abs 2 türkisches ZGB wie das Schweizer ZGB). Sicher sind die Grenzen möglicher Auslegung und zulässiger Rechtsfortbildung im Einzelfall schwierig zu ziehen (MünchKomm/vHEIN Einl IPR Rn 303; wohl zu kühn AG Berlin Charlottenburg 13. 1. 1981 IPRax 1983, 128 [RUMPF 114]; zu ängstlich BGH 23. 12. 1981 IPRax 1983, 193; beide zum türkischen Recht), aber das entbindet das deutsche Gericht nicht davon, die Möglichkeiten auszuschöpfen (näher dazu MünchKomm/vHEIN Einl IPR Rn 303; LINDACHER, in: FS Beys [2003] 910 f). 97

Eine schwierige Frage ist, **welche Gewissheit** über den ausländischen Rechtszustand zu verlangen und anzustreben ist. Sicher wird man die größtmögliche anstreben, muss dies aber in Beziehung zu den Möglichkeiten des Gerichts und zu der Notwendigkeit setzen, in absehbarer Zeit zu entscheiden. Eine allgemein gültige Formel 98 lässt sich dafür nicht finden, und man muss auch insoweit auf das pflichtgemäße Ermessen des Gerichts vertrauen (BGH 30. 4. 2013 aaO Rn 39; zu weitgehend BGH 21. 1. 1991 IPRax 1992, 324, abl zu Recht Kronke IPRax 1992, 303 f; ebenso Sommerlad RIW 1991, 856; Samtleben NJW 1992, 3057; MünchKomm/vHein Einl IPR Rn 303; richtiger BGH 2. 2. 1994 IPRax 1995, 111 mAnm Henrich 86; BGH 12. 2. 1992 IPRax 1994, 40 [Linke 17] = NJW-RR 1992, 642; BGH 29. 6. 1987 IPRax 1988, 228 mAnm Gottwald 210 = NJW 1988, 647). Hier ist die Grenze zwischen der Behauptung, das Gericht habe nicht genügend ermittelt, und derjenigen, es habe das ausländische Recht unrichtig festgestellt, um so schwerer zu ziehen, je höhere Anforderungen gestellt werden (zutr Spickhoff ZZP 112 [1999] 276: vgl BGH 24. 3. 1987 IPRax 1988, 227 mAnm Gottwald 210; 29. 6. 1987 NJW 1988, 647; 30. 4. 1992 IPRax 1993, 87 = BGHZ 118, 151, 162 f; 23. 6. 2003 NJW 2003, 2685).

99 Wenn Art 5 oder 8 Rom III-VO auf das ausländische Recht verweisen, wie es dort tatsächlich angewandt wird, dann kann dort infolge von Bürgerkrieg, inneren Unruhen oder auch Staatsbankrott etc ein **Stillstand der Rechtspflege** eingetreten sein. Doch tritt das zuvor erlassene Gesetzesrecht nicht automatisch außer Kraft, weil es nicht mehr administriert wird, und es ist daher weiterhin so anzuwenden wie es zuvor war (Hohloch, in: Thürer/Herdegen/Hohloch, Der Wegfall effektiver Staatsgewalt: The Failed State, Berichte der Deutschen Gesellsch für Völkerrecht Bd 34 [1996] 114). Ebenso ist weiter das offizielle Recht von uns anzuwenden und damit zu wahren, wenn es im Lande faktisch nicht beachtet wird, weil die Gerichte korrupt sind.

100 Dagegen ist ein Recht nicht mehr anzuwenden, wenn sich faktisch ein anderes Recht etabliert hat. Es gilt dann dieses neue Recht, welches das alte offizielle ersetzt hat. Es mag sich durchaus inoffiziell entwickelt haben, wo der offizielle Legislator verschwunden oder ganz ineffizient geworden ist (Hohloch s Rn 99, 117 f; Wohlgemuth IPRax 1988, 322; ders StAZ 1981, 41).

101 Schließlich beobachten wir zB in Afrika verbreitet ein Nebeneinander eines staatlichen, durchaus nicht ganz ineffektiven Rechts und eines meist nicht mehr echt traditionellen, populären Rechts, das von der betroffenen Bevölkerung beachtet und von traditionellen oder inoffiziellen Autoritäten administriert wird. Hier wählen die Parteien oft zwischen den Rechtsordnungen. Wenn diese Gewohnheitsrechte und Gerichte staatlich anerkannt sind, ist den betr staatlichen Kollisionsnormen zu folgen. Gerade in Ehesachen aber hat der Staat manchmal das Gewohnheitsrecht teilweise oder auch recht weitgehend durch seine Gesetze verdrängen wollen, ohne sein Recht faktisch als alleiniges durchsetzen zu können. So ist etwa die gerichtliche Scheidung aufgrund definierter Scheidungsgründe eingeführt worden, während die Bevölkerung oft noch die Scheidung durch Vertrag der Familien praktiziert. Hier wird der deutsche Richter sich an das offizielle Recht halten müssen, solange es tatsächlich gilt. Das Problem ist eher die Feststellung, ob das **offizielle Recht** ganz oder doch ganz überwiegend außer Kraft ist (ähnlich Hohloch s Rn 99, 117).

bb) Ermittlung

102 Der Richter muss sich von Amts wegen die nötigen Kenntnisse verschaffen (zB BGH 23. 1. 1985 NJW-RR 1986, 484 = JZ 1985, 951; BGH 15. 12. 1986 NJW 1987, 1145; BGH 12. 2. 1992 IPRax 1994, 40 [Linke 17] = NJW-RR 1992, 642; BGH 2. 2. 1994 IPRax 1995, 111 [Henrich 86] = FamRZ 1994, 434 = NJW-RR 1994, 642, zuletzt BGH 23. 6. 2003 NJW 2003, 2685; BGH 30. 4. 2013 Rn 39, RIW 2013, 488; MünchKomm/vHein Einl IPR Rn 295 ff), und entscheidet dabei nach pflichtgemäßem Ermessen, welche Erkenntnisquellen er dafür heranzieht (BGH 12. 2. 1992 IPRax 1994, 40; BGH 2. 2. 1994 IPRax 1995, 111; BGH 23. 6. 2003 NJW 2003, 2685). Es kann sein, dass der Richter schon die nötigen Kenntnisse hat, und häufiger, dass er sich anhand der ihm erreichbaren Quellen informiert (BGH 2. 2. 1994 IPRax 1995, 111). Er braucht dann nicht noch Beweis über das ausländische Recht zu erheben, wenn er sich ermessensfehlerfrei eine begründete Überzeugung gebildet hat, nachdem er die geeigneten Erkenntnisquellen selbst geprüft hat.

Hat er selber keine genügende sichere Kenntnis, dann hat er sich auf allen geeignet **103** erscheinenden Wegen die Kenntnis zu verschaffen. Obwohl es sich nicht um Feststellung von Tatsachen handelt, denn ausländisches Recht wird als Recht angewandt, spricht man von **Freibeweis** (BGH 28. 10. 1965 BGHZ 44, 183 = NJW 1966, 296). Das ist zwar etwas schief, weist aber zutreffend darauf hin, dass es keine Beschränkung der Nachweismittel gibt, soweit sie effektiv sind. Die erlaubte oder gebotene eigene Einsicht in Quellen und Literatur gehört nicht eigentlich hierher (näher Schilken, in: FS Schumann [2001] 373 ff).

Nachweismittel in der Form der Beweisaufnahme ist das Sachverständigengutachten **104** über ausländisches Recht (BGH 10. 7. 1974 NJW 1975, 2142). Auch die formlose Einholung einer Auskunft, selbst telefonisch, ist zulässig, wenngleich letztere idR wenig zuverlässig sein dürfte, da insbesondere dem ausländischen Befragten die Frage so nicht genau genug vermittelt werden kann (Schack, IZVR Rn 708 gegen OLG Hamm 25. 5. 1992 NJW-RR 1993, 1349). Anfragen an ausländische diplomatische Vertretungen schienen selten ergiebig, eher schon einmal an ausländische Justizministerien (vgl BGH 23. 12. 1981 FamRZ 1987, 263 = NJW 1982, 1215 [Türkei]; Otto IPRax 1995, 300) oder an deutsche Auslandsvertretungen (Otto 302). Im Verhältnis zu den meisten europäischen Staaten gilt das Londoner europäische Übereinkommen vom 7. 6. 1968 betr Auskünfte über ausländisches Recht (BGBl 1974 II 938; AusfG v 5. 7. 1974 [BGBl I 1433]). Von ihm wird anscheinend eher wenig Gebrauch gemacht (Statistik bei Otto IPRax 1995, 302). Das dürfte sich damit erklären, dass die Frage als abstrakte Rechtsfrage, wenngleich mit Angaben über den Sachverhalt, gestellt werden muss (Art 4 Londoner Übk). Um dies aber genau genug tun zu können, müsste das Gericht den Fall in Anwendung eben des ausländischen Rechts schon weitgehend „gelöst" haben, sodass nur noch genau umrissene Einzelpunkte offen bleiben (vgl Hüsstege IPRax 2002, 292 ff; Kindl, ZZP 111 [1998] 177, 187; vgl auch BGH 30. 1. 2001 IPRax 2002, 392, dass eine solche Auskunft in casu nicht ausreichte; **aA** G Otto IPRax 1995, 300).

Auch über die **Wahl der Nachweismittel** entscheidet das Gericht nach pflichtgemä- **105** ßem Ermessen (BGH 23. 12. 1981 FamRZ 1982, 263 = NJW 1982, 1215). Die in der Revision nachprüfbaren **Grenzen des Ermessens** lassen sich nur recht eingeschränkt generell bestimmen und hängen im Wesentlichen von den Umständen des Einzelfalles ab (BGH 30. 4. 1992 BGHZ 118, 151, 163 = IPRax 1993, 87 [Hanisch 69]; BGH 2. 2. 1994 IPRax 1995, 111 [Henrich 86] = NJW-RR 1994, 622 = FamRZ 1994, 343; BGH 30. 1. 2001 IPRax 2002, 392; BGH 30. 4. 1992 BGHZ 118, 151, 163; Gottwald IPRax 1988, 211). Behauptet eine Partei eine bestimmte ausländische Regelung, so ist idR nötig, dass das Gericht ein Sachverständigengutachten einholt, wenn es nicht bereits sachkundig ist (zB BGH 23. 6. 2003 NJW 2003, 2685). Angaben der Parteien und Parteigutachten muss das Gericht schon wegen des **rechtlichen Gehörs** zur Kenntnis nehmen (vgl BVerfG 7. 10. 1996 FamRZ 1997, 151), und die Parteien können durchaus besseren Zugang zu ihrem Recht haben als das Gericht. Andererseits sind sie naturgemäß weder neutral noch besonders zuverlässig. Je detaillierter sie vortragen, desto eingehender muss das Gericht seinerseits ermitteln (BGH 23. 4. 2002 BB 2002, 1227; BGH 30. 4. 1992 BGHZ 118, 151, 162 ff). Eine Bindung etwa nach § 138 ZPO an übereinstimmenden Parteivortrag besteht nicht. Vorstellungen, dass wenigstens dessen Richtigkeit zu vermuten sei (BAG MDR 1975, 874 f; LAG Hamm BB 1989, 2191; Geimer, IZPR Rn 2586; Stein/Jonas/Leipold § 293 ZPO Rn 34), entsprechen nicht dem, dass ausländisches Recht als Recht anzuwenden ist (Spickhoff ZZP 112 [1999] 274), und gerade im Eherecht kann kollusives Zusammenwirken der Parteien vorkommen.

106 Da das Recht zu ermitteln ist, wie es dort wirklich angewandt wird, verlangt der BGH zunehmend einen Gutachter, der Zugang zur dortigen Praxis hat (BGH 23. 6. 2003 NJW 2003, 2685; BGH 30. 1. 2001 IPRax 2002, 302 trotz Einholung einer Auskunft nach dem Londoner Übereinkommen; zu weitgehend BGH 21. 1. 1991 IPRax 1992, 324). Bei exotischeren Rechtsordnungen stößt das aber uU an praktische Grenzen nicht nur, wenn Urteile dort nicht veröffentlicht werden (zB in Algerien ist oder war das grundsätzlich verboten). Nicht mit Urteilen oder Literatur belegte Auskünfte auch ausländischer Juristen über die gerichtliche Übung sind wohl zu unsicher. An sich wäre die Beiziehung eines ausländischen Juristen zumindest ergänzend zu empfehlen, doch wird ein deutsches Gericht nicht leicht einen geeigneten finden und auch nicht seine Kompetenz und Neutralität einschätzen können. Insgesamt prüft der BGH aber recht weitgehend nach, ob das OLG genügend aufgeklärt hat (so auch Fastrich ZZP 97 [1984] 434; bedenklich zurückhaltend BGH 4. 6. 1992 BGHZ 118, 313, 319; keine Amtsermittlung, weil die Partei kein schlüssiges ausländisches Gutachten vorgelegt hatte, wozu sie aber nicht verpflichtet ist). Das Gericht hat vor allem anzugeben, wie es ermittelt hat. Fehlt dies, ist die Entscheidung schon deshalb fehlerhaft (zB BGH 24. 3. 1987 IPRax 1988, 227; BGH 23. 4. 2002 BB 2002, 1227; BGH 30. 4. 2013 Rn 39, RIW 2013, 488). Ist dies geschehen, so prüft der BGH aber nur noch auf Ermessensfehler nach. Zu diesem Ermessen zählt nicht nur, welche Erkenntnismittel ergiebig erscheinen, sondern mE auch, ob das ausländische Recht nun ausreichend ermittelt ist.

107 Liegt schon ein Gutachten oder eine andere Auskunft vor, so hat das Gericht zu prüfen, ob es dem Antrag auf weitere Ermittlungen stattgeben muss. Das hängt von der Vollständigkeit und Überzeugungskraft des oder ggf der schon vorliegenden Gutachten und Auskünfte ab (zu weitgehend BGH 21. 1. 1991 IPRax 1992, 324 m abl Anm Kronke 303 f = NJW-RR 1991, 1211; gegen OLG Bremen 17. 1. 1990 IPRax 1992, 323, abl auch Samtleben NJW 1992, 3057; richtiger BGH 30. 1. 2001 IPRax 2002, 302 mAnm Hüsstege 292, da die Auskunft des ausländischen Justizministeriums die gestellte Frage nicht ausreichend beantwortete). Andernfalls könnte eine Partei das Verfahren quasi unbegrenzt verzögern. Das Gericht muss aber auch ohne Rüge von Amts wegen ein Gutachten einholen, wenn es nicht sachkundig ist bzw keine sichere Kenntnis durch eigenes Studium der Literatur gewinnt.

108 Zwar muss das Gericht nicht in den Formen des Strengbeweises das ausländische Recht ermitteln, wenn es aber wie häufig ein Sachverständigengutachten aufgrund eines **Beweisbeschlusses** einholt, dann gelten auch die allgemeinen Regeln der §§ 402 ff ZPO dafür, obwohl es sich eigentlich um einen Freibeweis handeln soll (BGH 15. 6. 1994 NJW 1994, 2959 = IPRax 1995, 322 [zust Otto 299, 304]; Nagel/Gottwald,

IZPR § 11 Rn 34 f; Zöller/Geimer § 293 Rn 21; Schilken, in: FS Schumann [2001] 383 f; teilw **aA** Schack, IZVR Rn 710).

109 Das Gericht hat alle ihm zur Verfügung stehenden Erkenntnisquellen zu gebrauchen und ist weder an den Vortrag der Parteien gebunden noch von ihm abhängig. Es kann jedoch auch die **Parteien zur Mitarbeit** auffordern (BGH 30. 3. 1976 NJW 1976, 1581; OLG Frankfurt 27. 10. 2006 Rn 12 SchiedsVZ 2007, 217; Geimer, IZPR Rn 2588; Lindacher, in: FS Schumann [2001] 383 ff; Schack, IZVR Rn 707; unstr). Es soll, allerdings mit gebotener Vorsicht, auch aus dem **übereinstimmenden Parteivortrag** seine Überzeugung vom Inhalt des fremden Rechts herleiten können (Stein/Jonas/Leipold § 293 ZPO Rn 34; BAG 29. 6. 1978 NJW 1979, 1119 = JZ 1979, 647), aber gerade im Eherecht besteht die Gefahr, dass die Parteien Unrichtiges vortragen (ähnliche Bedenken bei Luther, in: FS Bosch [1976] 559, 568; Schack IZVR Rn 707). Es muss vielmehr, weil hier keine Rechtswahlfreiheit besteht, überprüft werden (Schilken, in: Schumann [2001] 380). Übereinstimmender wie nicht übereinstimmender Parteivortrag ist nur eine Erkenntnisquelle unter anderen, deren Wert von ihrer Genauigkeit und vor allem von Belegen abhängt. Wenn das Gericht keine weiteren Erkenntnisse mehr gewinnen konnte, und wenn die Partei von ihr beauptete weitere oder neuere Entscheidungen nicht nachweist, dann kann es davon ausgehen, dass diese angeblichen Entscheidungen **jedenfalls** nichts anders ergäben (BGH 30. 3. 1976 NJW 1976, 1581; zu weitgehend OLG Hamm 9. 6. 1980 WM 1981, 882).

110 Hat das **Gericht** sich eine Meinung über das ausländische Recht gebildet, so hat es dies noch einmal mit den Parteien zu erörtern (Lindacher, in: FS Schumann [2001] 288; MünchKommZPO/Prütting § 293 ZPO Rn 54; Sommerlad/Schrey NJW 1991, 1381). Erheben sie keine Einwände, ist das zwar kein Beweis der Richtigkeit, aber da das Gericht seine Meinung schon auf der Grundlage der ihm möglichen Ermittlungen gebildet haben sollte, ergibt sich so kein Anlass, weiter zu ermitteln. Möglicherweise weiß die Partei auch nicht mehr. Erhebt eine Partei Einwände, kommt es auf die Substantiierung an, um das Gericht zu neuen Ermittlungen zu veranlassen. Dann aber besteht eine Pflicht dazu (BGH 4. 6. 1992 BGHZ 118, 312, 319).

111 Selbst wenn das Gericht eine, dazu verpflichtete, Partei zur Informationsbeschaffung auffordert, bleibt das eine Maßnahme amtswegiger Ermittlung und legt der Partei **nicht** eine **Beweis- oder Feststellungslast** auf (Lindacher, in: FS Schumann [2001] 287; Schilken, in: FS Schumann [2001] 379; Spickhoff ZZP 112 [1999] 273 f, 289). Es gibt keinen Beibringungsgrundsatz für ausländisches Recht so wie für Tatsachen. Würde man bei Weigerung oder ungenügendem Einsatz der Partei deshalb zu ihren Ungunsten entscheiden oder auch nur hilfsweise deutsches oder ein anderes Recht anwenden, so gäbe das Gericht insoweit die Entscheidung in die Hand der Parteien, welche uU gerade an der Anwendung eines scheidungsfreundlicheren Rechts interessiert sein könnten. Auch bei Auskünften ihrer Anwälte ist Vorsicht geboten. Nur unter besonderen Umständen kann das Schweigen einer Partei, von der man Kenntnisse erwarten kann, als Indiz unter anderen für eine bestimmte, ihr ungünstige Regelung gewertet werden. In Vermögensangelegenheiten mag das etwas häufiger angemessen sein.

cc) Revisibilität

112 Nach ständiger Rechtsprechung des BGH ist die Anwendung des angewandten

ausländischen Rechts nicht revisibel (zB BGH 29. 6. 1987 WM 1987, 1265; BGH 10. 4. 2002 NJW 2002, 3335; BGH 4. 7. 2013 BGHZ 198, 14; ihm folgend Bamberger/Roth/Lorenz Einl IPR Rn 87; zuvor schon BGH 15. 7. 2008 – VI ZR 105/07 [BGHZ 177, 237 Rn 8]) anders als die des deutschen IPR. Der Grund sei, dass der BGH nur die Einheitlichkeit der Anwendung des deutschen Rechts zu sichern habe. Dementsprechend erlaubte § 549 Abs 1 ZPO aF nur, eine Verletzung „des Bundesrechts" geltend zu machen. Das hat Sinn, wenn Fragen eines ausländischen Rechts nur selten relevant werden, sodass eine Rechtseinheit nicht dringend zu wahren ist. Aber das ist heute bei weitem nicht mehr der Fall. Fragen des türkischen Familienrechts beschäftigen täglich deutsche Gerichte, und widersprüchliche Auslegungen werden nicht dadurch erträglicher, dass es sich nur um ausländisches Recht handelt.

113 Zumindest de lege ferenda verlangte die hM, dass ausländisches Recht revisibel gemacht werden sollte (zB Spickhoff ZZP 112 [1999] 290 f; Schack, IZVR Rn 724; Kerameus ZZP 99 [1986] 166, 174 m Rvgl; Kegel/Schurig, IPR § 15 IV; Gottwald IPRax 1988, 219). § 72 FamFG bestimmte nun 2009, dass die Rechtsbeschwerde auf „die Verletzung des Rechts" gestützt werden könne, und § 545 Abs 1 ZPO nF nennt ebenso „eine Verletzung des Rechts", und § 546 ZPO fährt fort, eine solche liege vor, „wenn eine Rechtsnorm nicht oder nicht richtig angewendet worden ist." Da ausländisches Recht unstreitig als Recht angewandt wird, ist aus dem neuen Wortlaut vielfach gefolgert worden, dass es also ebenfalls revisibel sei (Palandt/Thorn [72. Aufl 2013] Einl vor Art 3 EGBGB Rn 37; Eichel IPRax 2009, 389, 393; Aden RIW 2009, 475; Hau FamRZ 2009, 821, 824; Geimer, IZPR Rn 2601; Hess/Hübner NJW 2009, 3131, 3134; Prütting/Helms/Abramenko § 72 FamFG Rn 10a; **aA** Sturm JZ 2011, 74; MünchKommFamFG/Fischer § 72 FamFG Rn 4; Thomas/Putzo/Hüsstege § 545 ZPO Rn 8/9; H Roth JZ 2009, 585, 590; MünchKommZPO/Krüger § 545 Rn 11; Keidel/Meyer-Holz § 72 FamFG Rn 4; Zöller/Hessler § 545 ZPO Rn 8; Rauscher, IPR Rn 140; unentschieden Althammer IPRax 2009, 381, 389) wie es der Praxis des BAG schon seit langem entsprach (BAG 27, 99).

114 Der BGH hat nun aber in einer eingehenden Entscheidung sich **gegen die Revisibilität** ausgesprochen (4. 7. 2013 BGHZ 198, 14; ihm folgend Bamberger/Roth/Lorenz Einl IPR Rn 87; zuvor schon BGH [BGHZ 177, 237 Rn 8]; zust H Roth NJW 2014, 1224 f; abl MünchKomm/vHein Einl IPR Rn 310; Riehm JZ 2014, 73 ff). Die Gesetzgebungsgeschichte zeige, dass der Gesetzgeber sie nicht beabsichtigt habe, und systematisch würde § 560 ZPO zeigen, dass § 545 ZPO sich auch nicht revisibles Recht vorstelle, womit aber nur das ausländische Recht gemeint sein könne, weil sonst § 560 Abs 1 ZPO leer laufe. Diese Argumente sind nicht zwingend; am meisten Gewicht hat die Überlegung, dass der BGH die Einheit eines ausländischen Rechts nicht wahren könne, wie es seine Aufgabe als Revisionsgericht ist, denn der deutsche Richter habe das ausländische Recht immer so anzuwenden, wie es in seinem Heimatland angewandt wird. Das ist zwar richtig, aber die Aufgabe des BGH ist auch die einheitliche Anwendung des ausländischen Rechts im Inland, wenn es, wie es heute vielfach der Fall ist, in Deutschland häufiger anzuwenden ist (Eichel IPRax 2009, 389 393; MünchKomm/vHein Einl IPR Rn 310; Schack, IZVR Rn 724). Dabei hat der BGH in der Tat nicht das ausländische Recht fortzubilden, sondern seinen Stand nachzuzeichnen, aber dabei trotzdem abweichenden Auffassungen der Instanzgerichte zu wehren. Ändert sich vor allem die obergerichtliche Praxis im betr Staat dort, so muss der BGH dem ggf folgen.

Der Grundsatz der Nichtrevisibilität wird ohnehin vielfach **eingeschränkt** (Schack, IZVR Rn 725; MünchKomm/vHein Einl IPR Rn 312), sodass ihre generelle Zulassung nicht mehr viel änderte, aber Einheitlichkeit befördert. Er gilt zum einen nicht auf bestimmten Gebieten. Er hindert so die Nachprüfung nicht, wenn ausländisches Recht **Voraussetzung für** die deutsche **internationale Zuständigkeit** nach § 98 Abs 1 S 2 Nr 4 FamFG ist (Kegel/Schurig, IPR § 15 IV S 447; Gottwald IPRax 1988, 211; implizit weitgehend BGH 18. 3. 1997 RIW 1997, 778 zu einer Gerichtsstandsvereinbarung; **aA** BGH 11. 1. 1984 BGHZ 89, 325 = IPRax 1984, 208 f [Henrich 186]; BGH 19. 3. 1958 BGHZ 27, 47 = JZ 1959, 411 krit Anm Zweigert). Die internationale Zuständigkeit ist noch in der Revisionsinstanz von Amts wegen zu prüfen (§ 98 Rn 80 ff), und es würde nicht einleuchten, dabei die Kognitionsbefugnis des BGH zu beschränken und ihn zur Zurückverweisung zu verpflichten. Das betrifft im Eherecht insbesondere die ausländische Staatsangehörigkeit (so in BGH 19. 3. 1958 BGHZ 27, 47). Ebenso muss ausländisches Recht überprüft werden, wenn es um die **Rechtshängigkeitssperre** für ein deutsches Parallelverfahren geht, dh zB um die Identität der Streitgegenstände (implizit BGH 2. 2. 1994 FamRZ 1994, 434). Auch die Wirksamkeit eines ausländischen Urteils als Voraussetzung seiner Anerkennung prüft der BGH selbst anhand des ausländischen Rechts (BGH 4. 6. 1992 BGHZ 118, 312; vgl auch 27. 5. 1993 BGHZ 122, 373, 377). Der Grundsatz galt nach hL generell nicht in der **freiwilligen Gerichtsbarkeit**, denn § 27 S 2 FGG verwies nicht auf § 545 ZPO (BGH 12. 6. 1965 BGHZ 4, 121; OLG Frankfurt 11. 9. 2001 FamRZ 2002, 705). Inzwischen hat der BGH auch § 72 FamFG anders interpretiert (BGH 4. 7. 2013 BGHZ 198, 14). 115

Das Verbot der Nachprüfung gilt zum anderen nicht für nach dem angefochtenen Urteil ergangene neue ausländische Gesetze (BGH 21. 2. 1962 BGHZ 36, 348, 351) und namentlich nicht für Rechtsregeln, die dem Untergericht ersichtlich unbekannt geblieben sind, und zu welchen es deshalb **nicht Stellung genommen** hat (BGH 12. 11. 2003 NJW-RR 2004, 308, 310). Diese Einschränkung beruhe darauf, dass mangels Stellungnahme des OLG keine Bindung des BGH eingetreten sei. Der BGH formuliert zwar, er habe dabei nur die Schlüssigkeit einer Rüge mangelhafter Ermittlung zu prüfen, was konsequenterweise nur zu einer Zurückverweisung führen könnte (so zB in BGH 23. 10. 1963 BGHZ 40, 197, 200 f; BGH 24. 3. 1987 IPRax 1988, 227; BGH 29. 6. 1987 IPRax 1988, 229; BGH 23. 4. 2002 NJW-RR 2002, 1159; BGH 29. 3. 2003 RIW 2003, 473; BGH 23. 6. 2003 NJW 2003, 2685). Doch scheint hierfür eher entscheidend, ob der BGH selbst ausreichende Kenntnisse des betreffenden ausländischen Rechts hat. Gelegentlich entscheidet er offenbar auch in der Sache selbst (BGH 23. 10. 1963 BGHZ 40, 197, 201; BGH 4. 2. 1992 BGHZ 118, 312, 319; BGH 8. 5. 1992 NJW 1992, 3106; BGH 27. 5. 1993 BGHZ 122, 373, 378; BGH 10. 4. 2002 NJW 2002, 3335). Insbesondere macht er selbst Ausführungen zum ausländischen Recht, wenn das OLG keine ausreichende Feststellungen getroffen hatte (vgl zB BGH 27. 5. 1993 BGHZ 122, 373, 378). 116

Die Prüfung, wie das Berufungsgericht ermittelt hat (BGH 24. 3. 1987 IPRax 1988, 227 mAnm Gottwald 210), und ob dabei eine Überschreitung des richterlichen Ermessens vorliegt (BGH 24. 3. 1987 IPRax 1988, 227; BGH 29. 6. 1987 IPRax 1988, 228; BGH 21. 1. 1991 IPRax 1992, 324 [Kronke 303]; BGH 30. 4. 1992 BGHZ 118, 151, 162 f; BGH 2. 2. 1994 FamRZ 1994, 434, unstr), ist praktisch kaum sauber von einer eigenen Anwendung des ausländischen Rechts abzugrenzen, vor allem wenn der BGH selbst auch einzelne, vom OLG nicht beachtete Bestimmungen des an sich von diesem anzuwenden ausländischen Rechts heranzieht (vgl BGH 10. 4. 2002 NJW 2002, 3335). Der Unterschied zwi- 117 schen der Behauptung, das Gericht habe zu wenig ermittelt und hätte anders entschieden, wenn es weiter ermittelt hätte, und der Behauptung, das Gericht habe das ausländische Recht falsch verstanden oder falsch angewandt, ist nicht zu definieren (Spickhoff ZZP 112 [1999] 276; ähnlich Hanisch IPRax 1993, 71). Auch die Unterscheidung, ob das OLG das ausländische Recht insgesamt zu wenig oder gar nicht ermittelt habe, vom Übersehen einzelner seiner Bestimmungen (so BGH 8. 5. 1992 NJW 1992, 3106) ist weder sinnvoll, noch wird sie vom BGH selbst durchgehalten (vgl BGH 23. 10. 1963 BGHZ 40, 197, 200 f; BGH 29. 6. 1987 IPRax 1988, 228 m BGH 8. 5. 1992 NJW 1992, 3106). Hat das Gericht nicht angegeben, wie es ermittelt hat, wird vermutet, dass die Ermittlung verfahrensfehlerhaft unterblieben sei (BGH 20. 3. 2013 – VII ZB 22/12 Rn 39, RIW 2013, 488; BGH 30. 4. 1992, BGHZ 118, 151, 163).

118 Zu Unrecht hat der BGH (29. 6. 1987 IPRax 1988, 228; 30. 4. 1992 BGHZ 118, 151, 163) einmal darauf abgestellt, ob der Revisionskläger die Revision ausländischen Rechts **bezwecke**. In Statusfragen scheint es bedenklich, wenn nach Auffassung des BGH seine Ermittlungspflicht von den Intentionen und Behauptungen der Parteien über das ausländische Recht abhängen solle (4. 6. 1992 BGHZ 118, 312, 318 f, nicht eherechtliche). Es kommt, allenfalls, darauf an, ob das Berufungsgericht das ausländische Recht unter Verwendung aller vernünftigerweise heranzuziehenden Auskunftsmittel festgestellt hat und dabei insbesondere auf substantiierten Vortrag der Parteien eingegangen ist.

c) Nicht feststellbares Recht

119 Streitig ist die Behandlung des **nicht feststellbaren** Sachrechts (vgl näher MünchKomm/vHein Einl IPR Rn 304 ff mNw). Die **Situation** ist eher **selten**, wenn man richtigerweise den deutschen Richter für berechtigt und verpflichtet hält, auch im Falle einer streitigen ausländischen Rechtslage zu entscheiden und ggf Lücken des dortigen Rechts – vorsichtig – zu füllen (Rn 97).

120 Die hM plädiert für eine **größtmögliche (mutmaßliche) Annäherung** an den nicht (genau) feststellbaren Rechtszustand insbesondere durch Anwendung des nächst verwandten Rechts (BayObLG 19. 3. 1970 BayObLGZ 1970, 77 = DAVorm 1970, 350 = IPRspr 1970 Nr 65; Kegel, IPR § 15 Abs 5 2; vBar, IPR Rn 376; Melchior, Grundlagen des deutschen IPR [1932], 101; Geimer, IZPR Rn 2600; Raape, IPR § 17 Abs 2; Palandt/Thorn Einl vor Art 3 EGBGB Rn 36; Heldrich, in: FS Ferid [1978] 217; MünchKomm/vHein Einl IPR Rn 304). Das entspricht praktisch der Auffassung vom wahrscheinlich geltenden Recht (Ferid, IPR Rn 4-101). In dieser Hinsicht können auch ein feststellbarer früherer Rechtszustand (OLG Frankfurt 2. 3. 1999 FamRZ 2000, 37) und der Rückgriff auf ein Mutterrecht (zB im Falle der Türkei auf die Schweiz) bei Rezeptionen hilfreich sein (zB BGH 10. 4. 2002 NJW 2002, 3335: französisches Prozessrecht in der dominikanischen Republik, zweifelhaft). Hauptfälle sind das englische bzw französische Recht im Falle ehemaliger Kolonien, welches dort häufig sogar direkt noch gilt und jedenfalls hohe Autorität hat. Im islamischen Bereich kann notfalls eine wahrscheinlich gute Annäherung durch Rückgriff auf ein verwandtes Recht derselben Rechtsschule weiterführen, vor allem wenn es um die Interpretation ähnlicher Regelungen geht. Im Übrigen hat der Richter uU sich zwischen im ausländischen Recht streitigen Meinungen zu entscheiden und Lücken zu füllen (o Rn 96 f).

121 Man darf – wie im eigenen Recht – keine absolute Sicherheit der Auskunft verlangen. Zweifel sind dem Recht inhärent und typisch. In der Praxis wurde die Situation meist zu Unrecht angenommen (namentlich BGH 26. 10. 1977 BGHZ 69, 387 = FamRZ 1978, 179 = StAZ 1978, 98 = NJW 1978, 496; vgl Heldrich, in: FS Ferid [1978] 209 ff, 216 f; Wengler-Kohler StAZ 1978, 173; Dilger StAZ 1978, 235 ff; ebenso BGH 23. 12. 1981 FamRZ 1982, 263). Allenfalls war einschlägig BGH 24. 10. 1960 (NJW 1961, 410 = WM 1961, 24 weil nicht feststellbar war, ob in Afghanistan 1937 überhaupt ein Wechselrecht existierte).

Für den also sehr seltenen Fall des wirklich nicht feststellbaren ausländischen Rechts 122
vertritt die Rechtsprechung grundsätzlich die hilfsweise Anwendung der **lex fori**, solange diese nicht zu evident **unbilligen Ergebnissen** führt (BGH 26. 10. 1977 BGHZ 69, 386 = FamRZ 1978, 179, abl Heldrich, in: FS Ferid [1978] 209 ff; Wengler/Kohler StAZ 1979, 173 ff; BGH 23. 12. 1981 NJW 1982, 1215 = FamRZ 1982, 263; OLG Stuttgart 1. 3. 1984 IPRspr 1984 Nr 1 = DAVorm 1984, 423). Nur im letzteren Fall sei auf das nächstverwandte oder wahrscheinlich geltende Recht zurückzugreifen.

Wenn das deutsche IPR die Anwendung eines ausländischen Rechts vorschreibt und 123
damit die des deutschen Rechts ausschließen will, so ist der direkte Rückgriff auf die **lex fori abzulehnen** (wenn das deutsche Recht nicht das nächstverwandte ist), denn dann ist sicher, dass die Anweisung des IPR verfehlt wird. Daran ändert es natürlich nichts, dass der deutsche Richter das deutsche Recht inhaltlich richtiger als ein ausländisches anwenden würde, denn es ist erwiesenermaßen das falsche Recht. Nur wenn die Ermittlung des ausländischen Rechts und die vorgenannten Annäherungen nicht möglich sind, weil kein nächstverwandtes Recht bekannt ist, vielleicht auch weil keinerlei Informationen über die lex causae zu erhalten sind (Geimer, IZPR Rn 2600), sollte hilfsweise das Recht herangezogen werden, zu dem die **zweitstärkste Anknüpfung** besteht (hierfür Kersting FamRZ 1992, 271; Kreuzer NJW 1983, 1946 f; K Müller NJW 1981, 484 ff; **aA** MünchKomm/vHein Einl IPR Rn 306). Das kann die lex fori sein (wie in BGH 26. 10. 1977 FamRZ 1978, 179), muss es aber nicht. Und erst dann, wenn die Beziehung zu diesem Recht zu schwach ist, kann letzthilfsweise auf die lex fori zurückzugreifen sein.

III. Klagebefugnis

Wer auf Scheidung und vor allem wer auf Nichtigkeit oder Aufhebung der Ehe 124
klagen kann, entscheidet das **anwendbare Sachrecht** (vgl näher Staudinger/Mankowski [2011] Art 13 EGBGB Rn 455).

1. Scheidungen

Bei Scheidungen wird man in der Regel annehmen dürfen, dass die betreffenden 125
Rechtsordnungen die Klagbefugnis den Ehegatten reservieren. Jedenfalls würde eine gesetzliche Vertretung der volljährigen Ehefrau durch ihren Vater ebenso gegen den deutschen ordre public verstoßen wie eine Scheidungsklage einer Behörde ex officio (vgl den Fall Abu Zayd in Ägypten, Bälz IPRax 1996, 353). Dagegen gehört nicht zum deutschen ordre public, dass eine Scheidung nicht aufgrund einer rechtsgeschäftlichen Vollmacht von anderen betrieben werden kann. Denkbar und ebenfalls nicht gegen den ordre public ist, wenn zB Eltern oder Kinder nach dem Tod eines Ehegatten die Scheidung fortführen oder auch beantragen dürfen.

2. Eheaufhebung

a) Ehegatten

126 Größere rechtsvergleichende Unterschiede darf man im Bereich der Eheaufhebung vermuten. Klagbefugt können natürlich die Partner der mangelhaften Ehe sein, wobei Rechtsunterschiede darin bestehen können, ob sich nur einer oder beide auf den Mangel berufen können. Handelt es sich um ein einseitiges Ehehindernis, so wird in der Regel nur der Ehegatte klagbefugt sein, dessen Recht die Eheaufhebung vorsieht. Bei doppelseitigem Ehehindernis entscheidet die Rechtsordnung, aus der dieses Ehehindernis stammt, wer, insbesondere ob auch beide Ehegatten klagebefugt ist. Das **Recht**, welches **die Ehe für mangelhaft erklärt**, entscheidet dementsprechend darüber, inwieweit Dritte klagen dürfen. Das betrifft vor allem im Fall der bigamischen Ehe den Partner der Vorehe und die Behörde. Denkbar wäre vielleicht auch ein Klagerecht von Kindern oder Eltern, vor allem wohl, wenn der primär klagebefugte Ehegatte verstorben ist.

127 Zweifel weckt die Situation, dass die von Art 13 EGBGB berufenen Heimatrechte der Ehegatten der zweiten, bigamischen Ehe nicht identisch sind mit dem Heimatrecht des „verletzten" andern Ehegatten der ersten Ehe (vgl Fall BSG 30. 3. 1977 IPRspr 1977 Nr 50), und wenn das Heimatrecht des Verletzten ihm ein Klagerecht gibt, nicht aber das oder die Rechte, welche die Wirksamkeit der Zweitehe gem Art 13 Abs 1 EGBGB beherrschen. Nach Mankowski solle es bei der Gültigkeit der Zweitehe nach ihrem Statut bleiben (Staudinger/Mankowski [2011] Art 13 EGBGB Rn 460). Ein Beispiel ist etwa, dass ein Jordanier in Deutschland eine Deutsche in monogamer Ehe geheiratet hat und dann eine zweite Ehe mit einer Jordanierin in Jordanien schließt. Man wird hier aber der Deutschen in Anwendung deutschen Rechts als Statut der ersten Ehe ein Recht auf Scheidung der zweiten Ehe geben.

b) Verwaltungsbehörden. Staatsanwalt

128 § 1316 Abs 1 Nr 1 BGB enthält ein Klagerecht der Verwaltungsbehörde, früher des Staatsanwalts, bei verschiedenen Ehemängeln. Das muss aber in anderen Rechten keineswegs ebenso sein. Weit verbreitet ist wohl nur ein Klagrecht des Staatsanwalts gegen bigamische Ehen. So hat die deutsche Verwaltungsbehörde, obwohl sie öffentliche Interessen vertreten muss, kein Klagrecht, wenn das nach Art 13 Abs 1 EGBGB für die zweite Ehe maßgebende **ausländische Recht** zwar einen entsprechenden Aufhebungs- oder Nichtigkeitsgrund kennt, aber die Klagbefugnis ausschließlich Privaten gewährt. Gleiches gilt, wenn die Ehe nach dem ausländischen Recht zwar aufhebbar ist, aber der Kreis der Klagberechtigten enger als nach §§ 1316 Abs 1 Nr 1 BGB begrenzt ist. Anderes kann allenfalls gelten, wenn der deutsche **ordre public** eine Klage gebietet.

129 Ergibt sich die Nichtigkeit jedoch nur aus ausländischem Recht und sieht dieses eine Nichtigkeitsklage des Staatsanwaltes vor, so wurde argumentiert, das ausländische Recht könne den deutschen Staatsanwalt nicht zu Handlungen anweisen, und dieser habe nur die deutsche öffentliche Ordnung, nicht die des Auslands zu wahren (ähnlich Dölle, in: FS Böhmer [1954] 139 ff). Souveränitätserwägungen führen jedoch in die Irre. Es ist vielmehr an sich zu fragen, ob auch ein **inländisches Interesse** daran besteht, dass nun die Verwaltungsbehörde ex officio die Nichtigkeit oder die Aufhebbarkeit von Ehen im Inland geltend macht, auch wenn sich diese aus dem ausländischen

Ehestatut ergibt. BEITZKE bejaht dies nur, wenn der ausländische Nichtigkeitsgrund einem solchen des deutschen Rechts entspricht (RabelsZ 23 [1958] 725 ff).

Wenn jedoch das deutsche IPR die Gültigkeit der Ehe nach ausländischem Recht beurteilt sehen will, so sprechen gute Gründe dafür, dass die danach erforderliche Nichtigkeits- oder Aufhebungsklage auch über die von BEITZKE gezogene Grenze hinaus von der deutschen Verwaltungsbehörde erhoben werden sollte (SOERGEL/SCHURIG Art 13 EGBGB Rn 104; KG 8. 11. 1937 JW 1938, 1242). Es sollen grundsätzlich auch nach ausländischem Recht nichtige Ehen nicht aufrecht erhalten werden. Das Klagerecht folgt dem **Nichtigkeitsstatut**. Einem ausländischen Staatsanwalt entspricht heute die Verwaltungsbehörde (§ 1316 BGB). Wenn weitergehend die Doppelehe nach ausländischem Recht sogar zur Nichtehe führt, kann man im Wege der Angleichung der deutschen Behörde die Befugnis zusprechen, die Feststellungsklage zu erheben (SOERGEL/SCHURIG Art 13 EGBGB Rn 104; LG Hamburg 14. 12. 1955 IPRspr 1955 Nr 95; vgl LG Hamburg 10. 5. 1973 FamRZ 1973, 602). **130**

Wenn das **ausländische Recht** ein Klagrecht des Staatsanwalts oder einer Verwaltungsbehörde vorsieht, verpflichtet es direkt nur die betreffenden **ausländischen Behörden**, nicht aber die deutschen, Klage zu erheben (STAUDINGER/MANKOWSKI [2011] Art 13 EGBGB Rn 466). Denn das im ausländischen Recht vorgesehene Klagrecht der Verwaltungsbehörde oder des Staatsanwalts wegen eines bestimmten Ehemangels beruht auf öffentlichen Interessen dieses Staates, der solche Ehen in seiner Rechtsordnung nicht dulden mag. Für ein Eingreifen der deutschen Behörde ist danach **ein** entsprechendes **inländisches öffentliches Interesse** erforderlich. So zumindest kann man ein Klagerecht der deutschen Verwaltungsbehörde vertreten, wenn das betreffende Ehehindernisses sowohl vom Eheschließungsstatut als auch vom deutschen Recht vorgesehen ist. Es ist zudem eine **Inlandsbeziehung** nötig, die ein inländisches öffentliches Interesse begründet (ohne diese Einschränkung JOHANNSEN/HENRICH/HENRICH, Familienrecht Art 13 EGBGB Rn 22). Es kann bei einem gewöhnlichen Aufenthalt zB der Bigamisten hier oder bei der deutschen Staatsangehörigkeit namentlich des verletzten Ehegatten bestehen. **131**

Leben dagegen zwei Ausländer im Ausland in bigamischer Ehe, deren Aufhebung vom Staatsanwalt nach dem Ehestatut verlangt werden kann, so kann das nicht in Deutschland geschehen, auch wenn wegen früherer deutscher Staatsangehörigkeit eines Ehegatten deutsche Gerichte zuständig wären. Liegt dagegen ein inländisches Interesse vor, tritt die deutsche Behörde an die Stelle zB des ausländischen Staatsanwalts, der unstreitig nicht vor deutschen Gerichten auftreten darf. **132**

Ob überhaupt eine **Aufhebungsklage** erhoben werden muss oder eine Nichtehe vorliegt, entscheidet das Heimatrecht der Partei, und bei gemischtnationaler Ehe das ärgere Recht (BGH 4. 10. 1990 FamRZ 1991, 300, 303; OLG Hamburg 6. 11. 1987 StAZ 1988, 132; OLG Frankfurt 11. 9. 2001 FPR 2002, 87; OLG Stuttgart 30. 8. 2010 IPRax 2011, 91; HESSLER IPRax 1986, 146, 147; PALANDT/THORN Art 13 EGBGB Rn 14). Ist eines der beteiligten Rechte das deutsche, so ergibt sich aus ihm bei hinreichender Inlandsbeziehung das Klagerecht der deutschen Verwaltungsbehörde, falls nicht überhaupt nach dem anderen Recht eine Nichtehe vorliegt. **133**

Die Klagebefugnis bei einer bigamischen Ehe unter **deutschem Recht** kann aller- **134** dings unter dem Gesichtspunkt der **unzulässigen Rechtsausübung** in besonderen Fällen entfallen, wenn die erste Ehe im Ausland inzwischen, wenngleich erst nach der zweiten Heirat, wirksam aufgelöst ist. Der BGH war aber bisher äußerst zurückhaltend. Schon in der Eingehung der Doppelehe liege ein Rechtsverstoß, und um den Grundsatz der Einehe zu wahren, müsse schon der Akt der Eingehung der zweiten Ehe für nichtig erklärt werden (BGH 17. 1. 2001 NJW 2001, 2394; BGH 31. 3. 1962 BGHZ 37, 51; BGH 22. 4. 1964 FamRZ 1964, 418; BGH 18. 6. 1986 FamRZ 1986, 879; BGH 27. 10. 1993 FamRZ 1994, 498; BGH 17. 1. 2001 NJW 2001, 2394; großzügiger BGH 26. 2. 1975 FamRZ 1975, 332 f; Johannsen/Henrich/Henrich, Familienrecht § 1314 BGB Rn 20; zum Problem Piekenbrock IPRax 2001, 119, 122; unten § 108 Rn 236 f). Daraus dass die bigamische Ehe heute nach § 1314 Abs 1 BGB nur noch für die Zukunft aufzuheben ist, folgert der BGH nun aber, dass der Ehegatte der ersten, inzwischen aufgelösten Ehe ein objektives Interesse an der Aufhebung der zweiten Ehe haben müsse, das sich auch gegenüber den Belangen der Ehegatten der zweiten bigamischen Ehe und eventueller Kinder daraus schutzwürdig sei. Das öffentliche Interesse sei in erster Linie von der Verwaltungsbehörde unter Abwägung der in § 1316 Abs 3 BGB genannten Belange zu wahren (BGH 9. 1. 2002 FamRZ 2002, 604 f). In casu fehlten dem Kläger solche Gründe. Die hier schutzwürdigen Belange aus der zweiten Ehe sind nach Auffassung des BGH vornehmlich die noch weiterhin erheblichen Folgen der Erstehe namentlich im Renten- und Versorgungsrecht, wohl ggf auch im Erbrecht. Die strengen Maßstäbe der früheren Rechtsprechung sollten also nicht aufrecht erhalten werden.

135 Mit Recht hatte schon das AG Heidelberg (15. 1. 1985 IPRax 1986, 165 zust Hessler 146) das Klagerecht damals des Staatsanwalts verneint als der inzwischen verstorbene deutsche Ehemann eine Kamerunerin heiratete, obwohl er noch mit einer Kenianerin verheiratet war, wobei diese Ehe aber knapp ein Jahr später geschieden wurde. Dabei war die zweite Ehefrau gutgläubig.

136 Natürlich ist der deutsche **ordre public** zu beachten, sodass der Staatsanwalt keine dagegen verstoßende Nichtigkeit geltend machen darf, zB eine Ehenichtigkeit wegen Religionsverschiedenheit oder Abfalls vom rechten Glauben. Entsprechend kann er aber auch Nichtigkeitsgründe des deutschen Rechts geltend machen, die der deutsche ordre public verlangt.

3. Mitwirkung der Verwaltungsbehörde zur Eheerhaltung*

137 Ganz anders stellt sich das Problem, wenn das Ehestatut die Mitwirkung des Staatsanwalts im Scheidungs-, Trennungs- oder Nichtigkeitsverfahren im **Interesse der Eheerhaltung** oder der Einhaltung des materiellen Scheidungsrechts vorsieht (zB bis 1976 auch § 607 ZPO). Hier muss man die Frage der richtigen Anwendung des Scheidungsstatuts von der Wahrung der Anerkennungsfähigkeit im Heimatstaat **unterscheiden** (ebenso Jayme IPRax 1982, 56). Mehrere Gerichte haben den deutschen Staatsanwalt zum Verfahren hinzugezogen oder wenigstens davon benachrichtigt,

* **Schrifttum**: Beitzke, Der deutsche Staatsanwalt im Statusprozeß von Ausländern, RabelsZ 23 (1958) 708; Dölle, Zur Behandlung der bigamischen Ehe im IPR, in: FS Böhmer (1954) 134; Gamillscheg, Die Anfechtung der Ehelichkeit durch den Staatsanwalt, RabelsZ 21 (1956) 257.

nur um die **Anerkennung** in Italien zu sichern (OLG Düsseldorf 2. 11. 1981 IPRax 1982, 159 [EJ] [Ehetrennung]; OLG Stuttgart 4. 12. 1981 IPRax 1982, 204 [EJ]; OLG München 29. 7. 1982 IPRspr 1982 Nr 156; OLG Stuttgart 4. 12. 1981 IPRax 1982, 204; OLG Köln 12. 4. 1983 FamRZ 1983, 922; AG Frankfurt aM 5. 11. 1981 IPRax 1982, 79 [EJ]; LG Kempten 16. 4. 1975 IPRspr 1975 Nr 57; AG München 15. 12. 1978 FamRZ 1979, 815 [Hausmann]; AG Besigheim 20. 12. 1982 IPRax 1983, 193 [EJ] [dem Staatsanwalt sei nur Gelegenheit zu schriftlicher Stellungnahme zu geben]; Jayme IPRax 1982, 56; Hausmann FamRZ 1979, 186; Luther NJW 1981, 2605; Soergel/Schurig Art 17 EGBGB Rn 58).

Die Frage war freilich sehr streitig, und andere Entscheidungen sahen keine Möglichkeit, den deutschen Staatsanwalt zu beteiligen und verneinten konsequenterweise die deutsche internationale Zuständigkeit (OLG Karlsruhe 30. 12. 1982 NJW 1983, 1984 [LS]; OLG Frankfurt 22. 2. 1983 FamRZ 1983, 618; AG Köln 25. 2. 1982 IPRax 1982, 204; AG München 15. 3. 1982 IPRax 1982, 204; AG Besigheim 11. 6. 1981 IPRax 1982, 73 = NJW 1981, 2647). Inzwischen hat Italien aber die Delibation abgeschafft, und es stellt sich diese Frage der Anerkennung im Verhältnis zu Italien heute wegen der Brüssel IIa-VO nicht mehr. Sie kann aber sehr wohl im Verhältnis zu anderen Staaten auftreten (vgl Müller-Freienfels, Ehe und Recht [1962] 241 ff). Dann ist den Anforderungen des Anerkennungsstaates nachzukommen, um eine hinkende Scheidung zu vermeiden. Dem deutschen Staatsanwalt und den deutschen Familiengerichten wird hierbei keine unzumutbare, wesensfremde Aufgabe aufgebürdet (Jayme IPRax 1982, 56; Hausmann FamRZ 1979, 816). 138

Dabei kommt es nicht so sehr auf die Form als auf die Funktion der ausländischen Rechtsinstitute an. Liegt diese darin, Scheidungen, insbesondere Konventionalscheidungen zurückzudrängen, indem der Staatsanwalt eheerhaltende Tatsachen vortragen kann oder darauf achten soll, dass nicht aufgrund verbotener Geständnisse geschieden wird, so kann diese Aufgabe grundsätzlich auch das deutsche Scheidungsgericht selbst wahrnehmen, denn § 127 FamFG mit § 114 Abs 4 Nr 5–7 FamFG erlaubt die Amtsermittlung eheerhaltender Tatsachen. Die Zuziehung heute der Verwaltungsbehörde ist darum nicht nötig, um dem ausländischen Scheidungsrecht Genüge zu tun. Ist gar in der fraglichen fremden Rechtsordnung die Mitwirkung des Staatsanwalts in der Praxis im Wesentlichen zu einer Formalität geworden, so könnte es erst recht genügen, wenn das deutsche Gericht § 127 FamFG ernst nimmt. Man kann jedenfalls nicht argumentieren, es handle sich um ausländisches und daher vom deutschen Gericht nicht anzuwendendes Verfahrensrecht (so aber AG Lüdenscheid 24. 4. 2002 FamRZ 2002, 1486). Es kann im Übrigen die Mitwirkung des Staatsanwalts nicht nur bei Ehescheidung, sondern auch bei streitiger wie einvernehmlicher Trennung von Tisch und Bett vorgeschrieben sein (Jayme IPRax 1982, 56 ff gegen OLG Karlsruhe 14. 7. 1981 IPRax 1982, 75). 139

4. Antragserfordernis

Ob eine gerichtliche Regelung von Amts wegen oder nur auf Antrag erfolgt und wer den Antrag stellen darf bzw muss, entscheidet das maßgebende **Sachrecht**. Bei Scheidungen kann das Klagerecht in einem Verschuldenssystem auf den unschuldigen Teil beschränkt sein. Vor allem spielt die Frage der **Antragsbedürftigkeit** bei Scheidungsfolgen eine Rolle. Manchmal erfolgt die Verteilung des Sorgerechts von Amts wegen, manchmal auch die Regelung des Kindesunterhalts oder des Ehegat- 140 tenunterhalts, oder es wird das Scheidungsverschulden nur auf Antrag festgestellt. Diese Regelungen gelten dann auch im deutschen Verfahren.

5. Scheidungsfolgenvereinbarung

141 Das **Scheidungsstatut** und nicht das Verfahrensrecht des (deutschen) Gerichts **entscheidet** darüber, ob (vor allem) die einverständliche Scheidung eine Einigung der Eheleute über Scheidungsfolgen voraussetzt (wie zB in Portugal Art 1775 port c civ, Rau IPRax 1986, 117 ff; in Frankreich Art 230 c civ; Graf, Die internationale Verbundszuständigkeit [1984] 172 ff; LG Hamburg 14. 12. 1955 IPRspr 1954/55 Nr 95 [San Salvador]; irrig LG Augsburg 22. 9. 1952 IPRspr 1952/53 Nr 150 [Tschecheslowakei]). Über das deutsche Recht hinausgehende Anforderungen des Scheidungsstatuts sind zu befolgen, auch wenn das deutsche Recht das heute praktisch nicht mehr verlangt (§ 1566 BGB mit § 133 Abs 1 Nr 2 FamFG). Verlangt das Scheidungsstatut für die Vereinbarung die Einhaltung besonderer Formen oder sieht es eine ausdrückliche Homologierung durch den Scheidungsrichter vor, so ist auch dies vor deutschen Gerichten zu befolgen. Es handelt sich nicht um eine austauschbare Verfahrensvorschrift, sondern um eine wesentliche Einschränkung bzw Erleichterung von Scheidungen. Dabei mag das Scheidungsstatut die Vereinbarung als Zulässigkeitsvoraussetzung für den Scheidungsantrag ansehen oder materiell-rechtlich qualifizieren (ersteres im französischen Recht: Trib Strasbourg 26. 3. 1979 D 1981, 12 n Lienhard; letzteres zu § 630 ZPO aF, Gernhuber/Coester-Waltjen, Familienrecht[5] [2006] § 27 Rn 50).

IV. Rechtsschutzbedürfnis

1. Statusklagen

142 Bei Statusklagen ist wie bei Leistungsklagen das Rechtsschutzbedürfnis gewöhnlich kein Problem. Problematisch ist es nur **nach einer ausländischen Eheauflösung**. Zwar wirkt ein ausländisches statusveränderndes Eheurteil gem § 107 FamFG erst nach seiner förmlichen Anerkennung auch im Inland statusverändernd. Eine Zweitscheidung ist aber dennoch im Inland unzulässig, wenn und weil diese **Inlandswirkung über das Anerkennungsverfahren** einfacher herbeizuführen ist. Freilich ist die Klage nicht notwendig als unzulässig abzuweisen, sondern das Verfahren kann bis zur Entscheidung über die Anerkennung ausgesetzt werden (hierzu näher § 107 Rn 16 f). Das ausländische Urteil kann darum vor seiner Anerkennung nicht schlechthin als im Inland wirkungslos angesehen werden (so aber LG Hamburg 4. 11. 1975 StAZ 1977, 19; richtig Hausmann, Kollisionsrechtliche Schranken von Scheidungsurteilen [1980] 306 f; Basedow StAZ 77, 6 ff). Verneint die Landesjustizverwaltung die Anerkennungsfähigkeit, steht einem zweiten deutschen Eheverfahren nichts mehr im Wege (zur Behandlung der so entstandenen „Inlandsehe" vgl § 98 Rn 14, 206, 208). Im anderen Fall dagegen ist es wegen Rechtskraft unzulässig (§ 107 Rn 112).

143 Ist das Verfahren vor der LJV noch nicht anhängig, so muss auf Antrag einer Partei **ausgesetzt** werden, wobei der Partei eine Frist zur Betreibung des Anerkennungsverfahrens gesetzt werden kann (BGH 6. 10. 1982 IPRax 1983, 292 [Basedow 278, Bürgle 281] = FamRZ 1982, 1203; weiter § 107 Rn 32 ff).

144 Es ist zu Recht als **rechtsmissbräuchlich** angesehen worden, wenn ein Ehegatte im

Inland auf Nichtigkeit einer bigamischen Zweitehe klagt, deren Mangel er dadurch beheben könnte, dass er die Anerkennung der ausländischen Scheidung seiner ersten Ehe beantragt (BGH 28. 6. 1961 FamRZ 1961, 427). Ob dasselbe auch gilt, wenn die zweite Heirat vor der Scheidung der ersten Ehe liegt, ist zweifelhaft (§ 108 Rn 236 f).

Auch ob die Ehe überhaupt im Ausland gerichtlich geschieden wurde, ist nicht im **145** Wege einer Feststellungsklage, sondern durch die LJV im Anerkennungsverfahren zu klären. Bleibt die Frage unaufklärbar, kann die Ehe erneut im Inland geschieden werden (OLG Stuttgart 29. 4. 1974 FamRZ 1974, 459; Staudinger/Mankowski [2011] Art 17 EGBGB Rn 85). Zuvor ist aber auszusetzen, um die LJV klären zu lassen (**aA** OLG Stuttgart FamRZ 1974, 459).

2. Feststellungsklagen

Zweifel über das Bestehen oder Nichtbestehen **einer Ehe** für die inländische Rechts- **146** ordnung können gerade bei Auslandsberührung häufig vorkommen. Sie sind grundsätzlich wie auch bei reinen Inlandsfällen durch **Feststellungsklage** behebbar, die § 123 Nr 3 FamFG extra erwähnt. Liegt freilich Unsicherheit über die Inlandswirkung einer unter § 107 FamFG fallenden Auslandsscheidung oder Eheaufhebung vor, dann ist dieser Weg einzuschlagen und einer Feststellungsklage fehlt das Rechtsschutzbedürfnis (§ 107 Rn 21, 43). Anders dagegen bei nicht unter § 107 FamFG fallenden Auslandsscheidungen. So kann über die inländische Wirksamkeit einer **Privatscheidung** ohne Behördenmitwirkung von Ghanaern nach Stammesbrauch (AG Hamburg 10. 6. 1982 IPRspr 1982 Nr 66) durch Feststellungsurteil entschieden werden.

Ein weiteres Hauptanwendungsfeld sind **nichtige Ehen** (Helms FamRZ 2001, 258). So **147** kann Feststellung begehrt werden, dass eine deutsch-englische bigamische Ehe nach englischem Recht unwirksam, nicht bloß wie im deutschen Recht vernichtbar sei (LG Hamburg 16. 5. 1973 FamRZ 1973, 602). Eine Aufhebung oder Nichtigerklärung sieht das maßgebende englische Recht gerade nicht vor. Ebenso kann die Wirkungslosigkeit einer in Deutschland entgegen Art 13 Abs 3 EGBGB, jedoch in Übereinstimmung mit dem Heimatrecht der Parteien geschlossenen Ehe festgestellt werden (LG Mannheim 17. 3. 1953 FamRZ 1955, 72 = JR 1955, 61 [Ferid]; OLG Hamm 10. 3. 1970 NJW 1970, 1509). Ganz allgemein sollte man hinsichtlich des Rechtsschutzbedürfnisses **großzügig** sein.

Auch eine Feststellung, dass eine im Ausland in anerkennungsfähiger Weise geschie- **148** dene oder aufgehobene Ehe in Wahrheit **niemals bestanden** hat, ist zulässig, selbst wenn die ausländische Statusbeendigung im Inland anerkannt werden kann (KG 28. 10. 1957 FamRZ 1958, 324 [Neuhaus 463] mit in mancher Hinsicht bedenklicher Begründung). Die **Streitgegenstände** sind hier ebenso **verschieden** wie bei einer Nichtigkeits- oder Aufhebungsklage nach ausländischer Scheidung. Die Klage auf Feststellung der Nichtehe ist eine Ehesache gem § 121 Nr 3 FamFG (irrig früher KG FamRZ 1958, 324).

3. Herstellungsklagen

Ob und inwieweit ein Ehegatte von einem anderen die Herstellung der **ehelichen** **149** **Lebensgemeinschaft** oder die Unterlassung von Ehewidrigkeiten (negative Herstellungsklage) verlangen kann, entscheidet materiellrechtlich das von Art 14 EGBGB berufene Recht (Staudinger/Mankowski [2011] Art 14 EGBGB Rn 24 mNw). Dieses Recht entscheidet richtigerweise auch darüber, ob ein solcher Anspruch im Wege der Zwangsvollstreckung durchgesetzt werden kann. § 888 ZPO kann gegenüber ausländischem Recht nur geltend gemacht werden, wenn diese Regelung zum deutschen ordre public zu zählen wäre (für Anwendung des § 888 ZPO schlechthin Staudinger/Mankowski [2011] Art 14 EGBGB Rn 247 ff). Das ist nicht generell anzunehmen, sondern in Bezug auf eine konkrete zu vollstreckende Pflicht zB zum ehelichen Verkehr.

150 Im deutschen Recht wird vielfach der Sinn der Herstellungsklage sehr bezweifelt, weil sie ohne Vollstreckungsmöglichkeit nutzlos sei (MünchKomm/Wacke § 1353 Rn 44; MünchKomm/Roth § 1353 Rn 19 f). Selbst wenn sie abgeschafft würde, oder wenn man der Auffassung sein sollte, es fehle bereits heute das Rechtsschutzbedürfnis für eine solche Klage, so ist diese Frage bei Maßgeblichkeit **ausländischen Eherechts** jedoch nach dem ausländischen Recht zu beurteilen. Kennt dieses eine Herstellungsklage, so ist sie auch vom deutschen Richter zuzulassen vorbehaltlich des ordre public.

151 Nach Auffassung des BGH kann außerhalb des räumlich-gegenständlichen Bereichs der Ehe kein Schadensersatz und keine Unterlassung vom dritten Ehestörer verlangt werden. Ob Deliktsrecht im Bereich der ehelichen Lebensgemeinschaft zwischen Ehegatten angewandt werden darf, entscheidet das Ehewirkungsstatut. Lässt es Klagen gegen Dritte zu, steht der Klage in Deutschland nichts im Wege, es sei denn, man rechnet zum ordre public, dass die eheliche Lebensgemeinschaft von äußerem Zwang freigehalten werden soll.

V. Prozesskostensicherheit

152 § 110 ZPO gilt auch im Eherecht. Heute trifft die Pflicht, dem Antragsgegner für dessen Prozesskosten Sicherheit zu leisten, nur noch den Antragsteller, der nicht in der EU oder dem EWR seinen gewöhnlichen Aufenthalt hat. Auf seine Staatsangehörigkeit kommt es nicht (mehr) an, und auch nicht auf die des Antragsgegners. Die Pflicht entfällt auch ggf aufgrund bilateraler Abkommen (zB deutsch-marokkanischer Rechtshilfevertrag v 29. 10. 1985 [BGBl II 1065] Art 1 Abs 2). Diese Abkommen erstrecken sich nicht auf Flüchtlinge, aber sie stehen bei inländischem Wohnsitz Deutschen gleich (§ 98 Rn 127 ff) und sind also nicht verpflichtet.

153 Prozesskostensicherheit kann nach § 110 Abs 2 ZPO weiter **nicht verlangt** werden, wenn ein völkerrechtlicher Vertrag wenigstens die Vollstreckung der deutschen Kostenentscheidung sichert, oder wenn der ausländische Kläger genügend Grundvermögen im Inland hat. Hier fehlt also der Grund für eine Ausländersicherheit. Im Übrigen ist sie bei Widerklagen nicht zu fordern (§ 110 Abs 2 Nr 5 ZPO).

154 Die Prozesskostensicherheit ist für Klagen, aber auch für Anträge auf einstweilige Anordnungen zu leisten, wenn eine mündliche Verhandlung angeordnet wird (Spellenberg/Leible, in: Gilles [Hrsg], Transnationales Prozeßrecht [1995] 307; Leible NJW 1995, 2817; Zöller/Herget § 110 ZPO Rn 3; Thomas/Putzo § 110 ZPO Rn 3; **aA** Stein/Jonas/Bork § 110 ZPO Rn 13; Baumbach/Lauterbach/Hartmann § 110 ZPO Rn 9; LG Berlin 5. 3. 1957 MDR 1957, 552). Bei § 110 ZPO sollte insoweit nicht zwischen Klage und einstweiliger Verfügung unterschieden werden.

VI. Persönliche Teilnahme der Parteien

1. Persönliches Erscheinen

Das **persönliche Erscheinen** der Parteien nach § 128 FamFG wird auch dann angeordnet, wenn das Scheidungsstatut dies nicht verlangt. Das gilt als eine Forderung des deutschen Verfahrensrechts (BGH 8. 12. 1982 BGHZ 86, 57 = IPRax 1983, 236 [Jayme 221] unter B II 5: BGH 8. 11. 1951 NJW 1952, 142 f; OLG Düsseldorf 28. 2. 1986 FamRZ 1986, 1117). Dem kann man zustimmen, und idR wird auch das Scheidungsstatut nichts dagegen haben. 155

2. Anwaltszwang

Im deutschen Scheidungsverfahren herrscht Anwaltszwang. Er besteht auch, wenn das ausländische Scheidungsstatut ihn nicht vorsieht und sogar wenn, was durchaus vorkommt, danach anwaltliche Vertretung verboten ist. 156

3. Versöhnungsversuch

a) Scheidungsstatut

Umstritten ist dagegen, ob deutsche Gerichte einen vom ausländischen Scheidungsstatut vorgeschriebenen gerichtlichen oder außergerichtlichen **Versöhnungsversuch** durchführen bzw veranlassen müssen. Hier wird gerne mit einer Qualifikation der Regelung als verfahrensrechtlich oder materiellrechtlich zu antworten gesucht (Staudinger/Mankowski [2011] Art 17 EGBGB Rn 233; OLG München 19. 9. 1988 IPRax 1989, 238, 241). Die Frage wird aber besser dahin gestellt, ob ein gescheiterter Sühneversuch nach dem Scheidungsstatut Voraussetzung der Scheidung ist (OLG Frankfurt 24. 8. 2000 FamRZ 2001, 293; OLG Stuttgart 18. 3. 1997 FamRZ 1997, 1161; Soergel/Schurig Art 17 EGBGB Rn 57). Ist das der Fall, dann ist er auch in Deutschland durchzuführen (OLG Frankfurt FamRZ 2001, 293; OLG Hamburg 21. 3. 2000 FamRZ 2001, 1007; Andrae, Int FamR § 4 Rn 63; Soergel/Schurig Art 17 EGBGB Rn 57; OLG Düsseldorf 12. 4. 1973 FamRZ 1974, 132; trotz verfahrensrechtlicher Qualifikation für tunlichste Durchführung des Versöhnungsversuchs Staudinger/Mankowski [2011] Art 17 EGBGB Rn 233; **aA** OLG Frankfurt 24. 8. 2000 FamRZ 2001, 293; AG Lüdenscheid 24. 4. 2002 FamRZ 2002, 1486; Erman/Hohloch Art 17 EGBGB Rn 35; Gamillscheg, in: FS Dölle Bd 2 [1963] 289, 305; Booss, Fragen der wesenseigenen Zuständigkeit im internationalen Familienrecht [Diss Bonn 1965] 89). 157

Dabei sind die **Anforderungen des Scheidungsstatuts** an einen Sühneversuch möglichst zu beachten. Im Notfall ist das deutsche Verfahren anzupassen. Verlangt das Scheidungsstatut einen gerichtlichen oder außergerichtlichen Versöhnungsversuch, ist er wohl idR nicht nur eine Voraussetzung für die Anerkennung im Ausland, sondern gehört zur richtigen Anwendung des von Art 5 und 8 Rom III-VO/Art 17 EGBGB berufenen Scheidungsstatuts (OLG Hamburg 21. 3. 2000 FamRZ 2001, 1007; OLG Karlsruhe 7. 6. 1989 FamRZ 1990, 168; **aA** aber OLG Bremen 14. 1. 1983 IPRax 1985, 47 [EJ]; AG München 15. 12. 1978 FamRZ 1979, 815; Hausmann FamRZ 1979, 816]; LG Mannheim 11. 12. 1964 IPRspr 1964/65 Nr 108; LG Rottweil 27. 10. 1971 FamRZ 1972, 301 [Jayme]). So ist der Versöhnungsversuch namentlich im Bereich der Brüssel IIa-VO ggf durchzuführen, obwohl hier die Anerkennung in jedem Fall gesichert wäre. Es kann ausreichend sein, dass die Parteien schon mit dem Nachweis eines von ihnen selbst veranlassten, 158 gescheiterten Versöhnungsversuchs zum deutschen Gericht kommen (OLG Hamm 10. 2. 1992 FamRZ 1992, 1180 zu Marokko). ZB verlangt das portugiesische Recht für die einverständliche Scheidung zwei gerichtliche Besprechungs- bzw Versöhnungstermine, zwischen denen drei Monate liegen müssen (RAU IPRax 1986, 117 ff, 120; OLG Karlsruhe 7. 6. 1989 FamRZ 1990, 168; ähnlich Frankreich). Dagegen ist er anscheinend in Kroatien nicht zwingend (OLG Frankfurt 24. 8. 2000 FamRZ 2001, 293).

159 Es kann eventuell sein, dass der Sühneversuch vom ausländischen Scheidungsstatut bei einer Scheidung **im Ausland** nicht verlangt wird. Dann darf er unterbleiben (OLG Köln 20. 1. 1932 JW 1932, 2304; IPG 1972 Nr 38 [München]; OLG Frankfurt FamRZ 2001, 293).

160 Ebenso ist zu befolgen, wenn das Scheidungsstatut einen Sühneversuch vor einer **dritten Stelle** (Geistliche, Eheberatungsstelle) (zu Australien, vgl BECHTOLD, Das australische Familiengericht: Eine Darstellung mit Bezügen zur Familiengerichtsbarkeit der Bundesrepublik Deutschland [1986] 17), oder Schiedsrichtern beider Familien verlangt (IPG 1965/66 Nr 15; LG Düsseldorf 13. 1. 1971 FamRZ 1972, 298; OLG Bamberg 19. 4. 1979 IPRspr 1979 Nr 61; unklar). Gibt es die vorgeschriebene Stelle oder etwas Vergleichbares nicht im Inland, und ist ihre Anrufung im Ausland den Parteien nicht zumutbar (OLG Bamberg verweist wohl zu Unrecht an jugoslawische Behörde), so sollte man deswegen auf den Sühneversuch nicht einfach verzichten, sondern ihn wenigstens im Rahmen von §§ 127 f FamFG unternehmen. Ist ein Versöhnungsversuch durch **Verwandte** vorgeschrieben, wie in manchen islamischen Rechten, so kann das auch hier vom Gericht veranlasst und über die Scheidung erst danach entschieden werden. Das OLG Hamburg (21. 3. 2000 FamRZ 2001, 1007) zieht zu Recht vorzugsweise Verwandte heran, obwohl das afghanische Recht nur nicht richterliche Personen vorschreibe. Wenn die rechtlich vorgeschriebenen Verwandten nicht hier sind, wird man zB Freunde der Parteien heranziehen.

161 Davon zu unterscheiden ist der **Sühneversuch** als **Voraussetzung der Anerkennung** des Scheidungsurteils, wenn ihn das Heimatrecht dafür fordert (AG Stuttgart 7. 9. 1977 IPRspr 1977 Nr 69 [Griechenland]; vgl aber OLG Stuttgart 23. 10. 1958 IPRspr 1958/59 Nr 184; OLG Düsseldorf 2. 11. 1981 IPRax 1982, 159; OLG Frankfurt 19. 11. 1982 IPRax 1983, 193 [Ehetrennung nach italienischem Recht]; IPG 1971 Nr 38 [Hamburg]). Das Heimatrecht ist nicht notwendig auch Scheidungsstatut. In dieser Situation kann die deutsche internationale Zuständigkeit nach § 98 Abs 1 Nr 4 FamFG dadurch hergestellt werden, dass diesen Anforderungen zusätzlich genügt wird. Darauf haben die Parteien auch Anspruch. Es ist aber ungenau, den Sühneversuch nur unter diesem Gesichtspunkt vorzusehen.

b) Überlegungsfristen

162 Der Anforderung des ausländischen Scheidungsstatuts, dass zwischen Klageerhebung oder Sühneversuch und Entscheidung eine **Mindestfrist** liegen müsse, kann durch Aussetzung genügt werden (vgl LG Darmstadt 30. 4. 1931 IPRspr 1931 Nr 75). Beispielsweise verlangte Art 231 fr C civ aF bis 2004, dass der Antrag auf einverständliche Scheidung nach einem ersten Verhandlungstermin nach einer Überlegungszeit von drei Monaten erneuert werden muss (heute eingeschränkt in Art 252 – z fr C civ; zu einer ähnlichen Regelung in Portugal RAU IPRax 1986, 117 f).

163 Davon sind natürlich Regelungen zu unterscheiden, nach denen eine Scheidung erst nach **längerem Getrenntleben** vollzogen werden kann, wie zB in Italien erst drei

Jahre nach gerichtlicher Trennung der Lebensgemeinschaft. Dafür ist das Scheidungsstatut ebenso zuständig wie dafür, ob eine förmliche gerichtliche Trennung vorausgehen muss bzw erst nach einiger Zeit in eine Scheidung umgewandelt werden kann (im Ergebnis richtig OLG Bamberg 22. 9. 1978 FamRZ 1979, 514 aber mit schiefer Begründung). Ggf ist der danach verfrühte Antrag unbegründet.

VII. Beweisfragen*

Fragen des Beweises in internationalen Fällen sind in letzter Zeit zunehmend diskutiert worden. Hier ist nur ein Überblick zu geben. **Zwei Fragenkreise** sind zu unterscheiden. Zum einen ist die Maxime, das Sachrecht bestimme, auf welche Tatsachen es ankommt, und das Verfahrensrecht des Gerichts dann, wie sie zu ermitteln und zu beweisen sind (Riezler, IZPR [1949] 464), nicht mehr aufrecht zu erhalten. Regeln der Beweisführung iwS sind häufig so eng mit dem materiellen Recht verbunden (Schack, IZVR Rn 734), dass an Stelle der lex fori die Regeln der ausländischen lex causae oder des Formstatuts angewandt werden müssen, weil sonst das von diesen geforderte Ergebnis verfehlt würde (Geimer, IZPR Rn 2260 ff; Buciek, Beweislast und Anscheinsbeweis im internationalen Recht 270 ff u passim; Coester-Waltjen, Internationales Beweisrecht Rn 658). Streitig und problematisch ist die Abgrenzung der Statuten. Ganz andere Fragen stellen sich zum anderen, wenn eine Beweisaufnahme teilweise oder ganz im Ausland durchzuführen ist. 164

1. Statutenabgrenzung

a) Beweisverfahren

Das **Beweisverfahren** ieS unterliegt nach ganz hM der deutschen lex fori (Nagel/Gottwald, IZPR § 10 Rn 2 ff; Geimer, IZPR Rn 2268 ff; Schack, IZVR Rn 693 f; BGH 27. 4. 1977 WM 1977, 793 f; **aA** zT Buciek, Beweislast und Anscheinsbeweis im internationalen Recht, 288 f), also zB ob ein Beweisbeschluss und ein Beweisantritt nötig sind (Geimer, IZPR Rn 2269), die Unterscheidung von Freibeweis und Strengbeweis und weiter für die Unmittelbarkeit der Beweisaufnahme und ihre Öffentlichkeit bzw Parteiöffentlichkeit, und beim Zeugenbeweis für das Zeugnisverweigerungsrecht sowie für die Ladung von Zeugen oder Sachverständigen. 165

* **Schrifttum:** C Berger, Die EG-Verordnung über die Zusammenarbeit der Gerichte auf dem Gebiet der Beweisaufnahme in Zivil- und Handelssachen, IPRax 2001, 522; Bertele, Souveränität und Verfahrensrecht (1998); Buciek, Beweislast und Anscheinsbeweis im internationalen Recht (1984); Coester-Waltjen, Internationales Beweisrecht (1983); Daondi, Extraterritoriale Beweislastbeschaffung im deutschen Zivilprozeß (2000); Freitag, Der Beweiswert ausländischer Personenstandsurkunden vor dem deutschen Standesbeamten, StAZ 2012, 161; E Geimer, Internationale Beweisaufnahme (1998); Gottwald, Grenzen zivilgerichtlicher Maßnahmen mit Auslandswirkung, in: FS Habscheid (1989) 119; Geimer, Betrachtungen zur internationalen (aktiven und passiven) Rechtshilfe, in: FS Spellenberg (2010) 407; K P Mössle, Extraterritoriale Beweisbeschaffung (1990); Schabenberger, Der Zeuge im Ausland in deutschen Zivilprozeß (1996); Schlosser, Extraterritoriale Rechtsdurchsetzung im Zivilprozeß, in: FS W Lorenz (1991) 497; Thole, Anscheinsbeweis und Beweisvereitlung im harmonisierten Europäischen Kollisionsrecht – ein Prüfstein für die Abgrenzung zwischen lex causae und lex fori, IPRax 2010, 285.

b) **Zeugnisverweigerungsrecht**

166 **Zeugnisverweigerungsrechte** folgen aus §§ 383 ff ZPO, wenn die Vernehmung in Deutschland stattfindet (GEIMER, IZPR Rn 2310 f; mit Bedenken SCHACK, IZVR Rn 767, weil eigentlich das Personalstatut des Zeugen entscheiden müsse). Wenn ihre Vernehmung im Ausland auf Ersuchen des deutschen Gerichts stattfindet, kann nach Art 11 HBÜ und Art 14 Abs 1 EG-BewVO der Zeuge sich auch auf die Regelungen des ersuchten ausländischen Gerichts berufen. Falls die Zeugnisverweigerungsrechte der ZPO weitergehen als diese, ist es ggf wichtig, dass das deutsche Gericht in einem Ersuchen die deutschen Regeln mitteilt (BERGER IPRax 2001, 524), denn sonst wird das ersuchte Gericht nur seine Regeln anwenden und notfalls erst beim ersuchenden deutschen Gericht eine Bestätigung verlangen (NAGEL/GOTTWALD, IZPR § 9 Rn 27).

c) **Beweismittelverbote**

167 Schwierigkeiten entstehen stets, wenn das Eheschließungsstatut, das Formstatut oder die lex fori des angerufenen Gerichts vorschreiben, dass nur bestimmte Beweismittel zugelassen seien und damit, dass bestimmte andere Beweismittel nicht verwendet werden dürfen. **Nur die Beweismittelbeschränkungen** werfen die kollisionsrechtliche Frage auf, denn ansonsten ist die Ermittlung der Tatsachen bzw die Feststellung der Wahrheit der Parteibehauptungen eine Frage der praktischen Vernunft, der Naturwissenschaften und der Logik, also keine Rechtsfrage.

168 Das **maßgebende Recht** für die **Beweismittelverbote** ist seit alters höchst umstritten, wobei die Antwort methodisch durch die Qualifikation als verfahrensrechtlich oder als materiellrechtlich, sei es als Teil der lex causae oder des Formstatuts gesucht wird. Art 18 Abs 2 Rom I-VO und Art 22 Abs 2 Rom II-VO geben keine Antwort, sondern lassen kumulativ die Beweismittel aller dreier Rechte zu. Damit ist im Bereich des Vermögensrechts die alte Qualifikationsdiskussion praktisch erloschen. Aber die genannten Rom-VOen gelten im Eherecht nicht, sodass die Frage entschieden werden muss. Die Einordnung des **Verbots** bzw der **Zulassung von Beweismitteln** ist seit langem anhand von Bestimmungen wie Art 1341 fr C civ, dem Verbot des Beweises durch Zeugen zugunsten des Urkundenbeweises von Verträgen oberhalb eines bestimmten Wertes, diskutiert worden und heute in Art 18 Abs 2 Rom I-VO, europäisch einheitlich geregelt worden, der in Personenstandssachen natürlich nicht gilt. Es ist jedoch allgemeiner die Frage, wie mit dem Ausschluss bestimmter Beweismittel durch die lex causae zu verfahren ist. Das Prinzip des Art 18 Abs 2 Rom I-VO, dass ein Beweismittel alternativ nach der deutschen lex fori oder dem ausländischen Ehestatut oder dem Formstatut zuzulassen sei, die die eigentliche Frage nicht entscheidet, kann auch deshalb nicht hierher übertragen werden.

169 Das OLG Bremen ging davon aus, dass nach ghanaischem Recht eine Ehe **ausschließlich** durch die **Heiratsurkunde** bewiesen werden könne (in der Sache durchaus zweifelhaft), und wies, **ohne** andere Beweise nach der **deutschen lex fori** heranzuziehen, eine Feststellungsklage in Deutschland ab (OLG Bremen 27. 2. 1992 FamRZ 1992, 1083).

170 Die Frage stellte sich auch dem OLG Düsseldorf 12. 8. 1992 (IPRax 1993, 331 mAnm KOTZUR 305 = StAZ 1993, 389 mAnm BÖRNER 377; vgl weiter OLG Hamm 9. 11. 1999 FamRZ 2000, 823) anlässlich des Beweises einer in Marokko nach marokkanischem Recht von

einer Marokkanerin mit einem Deutschen geschlossenen Ehe. Eheschließungsstatut war daher für sie marokkanisches und für ihn deutsches Recht, Formstatut alternativ auch marokkanisches Recht. Dieses sah in dem damals geltenden Art 5 Code du statut personnel et des successions vor, dass die Nupturienten persönlich, bzw die Frau vertreten durch ihren Ehevormund, einen privaten schriftlichen Ehevertrag in Gegenwart zweier besonderer, rechtschaffener, Zeugen (Udulen) schließen, die die Heirat bezeugen sollen. Nachträglich soll die Urkunde gerichtlich bestätigt werden, was aber wohl nicht konstitutiv ist.

Die Schriftlichkeit und die Beiziehung der Zeugen – ein Standesbeamter ist nicht **171** vorgesehen – sind Formfragen und daher gelten die lex causae und alternativ die Ortsform (Art 11 EGBGB), die Rechte fielen hier aber in Marokko zusammen. Der Beweis der Eheschließung ist durch die Vorlage der Urkunde des Ehevertrages und primär das Zeugnis der Udulen zu führen. Die Heiratsurkunde konnte nicht vorgelegt werden und die Vernehmung der Zeugen erwies sich in Deutschland als unmöglich, sodass der Richter in Anwendung der freien Beweiswürdigung nach dem **deutschen Verfahrensrecht** feststellte entgegen dem OLG Bremen (FamRZ 1992, 1083), dass die Eheleute bzw der Ehevormund die Eheeinwilligungserklärungen vor den beiden Zeugen tatsächlich abgegeben haben (IPRax 1993, 331, 332). Das Gericht stützte seine Überzeugung, der Ehevertrag sei in Anwesenheit der Zeugen geschlossen worden, vor allem auf die Aussagen der Eheleute und verschiedene andere Urkunden. Auch in Abwesenheit der Urkunde sind nur islamrechtliche Beweismittel erlaubt (Börner StAZ 1993, 377, 382 f). Die letztere Einschränkung betrifft anscheinend vor allem den Beweis durch Geständnis der Ehegatten. Auch in dieser Lage gibt es noch eine gewisse Beschränkung der zulässigen Beweismittel.

Das Gericht wendet aber nicht diese marokkanischen Beweise, sondern direkt die **172** deutschen Beweisregeln an. Damit folgt es ohne Diskussion der hM, dass **Beweismittelbeschränkungen** nur Sache der **lex fori** seien (Nagel/Gottwald, IZPR § 10 Rn 6 ff m rechtsvergl Hinweisen; Geimer, IZPR Rn 2302; Schack, IZVR Rn 757; Staudinger/Winkler von Mohrenfels [2013] Art 11 EGBGB Rn 149, zust zu diesem Fall Erman/Hohloch Art 11 EGBGB Rn 14). Die Gegenmeinung, herrschend in Frankreich (Nw zB bei Fongaro, La loi applicable à la preuve en droit international privé [2004] Nr 15 u pass) und Italien, rechnet sie dagegen zum **materiellen Recht** wegen ihrer Bedeutung für die Durchsetzbarkeit des betreffenden Rechts etwa iSd alten Parömie, es sei das gleiche, ein Recht nicht zu haben oder es nicht beweisen zu können („idem est non esse aut non probari"), und zwar zum Formstatut (Kegel/Schurig, IPR § 17 V 3 b S 632; Staudinger/Winkler von Mohrenfels [2013] Art 11 EGBGB Rn 147; grundsätzlich Erman/Hohloch Art 11 EGBGB Rn 14; Raape, IPR 225 ff; Coester-Waltjen, Int Beweisrecht [1983] Rn 443 f, will nur die lex causae anwenden; für das Eheschließungsstatut, wenn die Ehe nur durch Urkunde nachgewiesen werden darf).

ME ist die Anwendung der Formstatuten, dh hier des Eheschließungsstatuts und des **173** Ortsrechts vorzuziehen, denn an diesen Rechten richten sich die **Eheleute** aus, um eine gültige Ehe zu schließen. Dieses **Vertrauen** sollte nicht durch die Anwendung des Rechts des damals noch gar nicht vorhersehbaren Gerichts enttäuscht werden können. (In Frankreich hat die Rechtsprechung gegen den Widerstand eines Teils der Literatur sich für die alternative Anwendung des Formstatuts und der lex fori entschieden iSd Theorie vom Maximum des preuves [Cass civ I 24. 2. 1959 D 1959, 485 n Malaurie – *Isaac;* Cass civ I 12. 2. 1963

D 1963, 325 n G Holleaux – *Ruffini;* Cass civ 25. 11. 1981 Rev crit DIP 1982, 701 n B Ancel – *Rezki*]). Im Grunde wird auch damit nicht die Alternative des Schutzes der Erwartungen der Parteien und der Ermittlung der historischen Wahrheit entschieden. Es ist eigentlich die entscheidende Grundfrage, ob oder inwieweit die Erwartungen der Parteien zu schützen sind, mit welchen Beweismitteln ihr Rechtsgeschäft im Streitfall bewiesen werden kann und mit welchen nicht. Sie stellt sich so nur bei *Rechtsgeschäften*, also hier bei der Eheschließung, *nicht* aber *bei Tatsachen* wie zB einem Scheidungsverschulden. Hier spricht viel für das Scheidungsstatut, insbesondere für Beweisthemenverbote (unten Rn 179 f).

174 Sieht man daher in den Beweismittelverboten eine **Formregelung**, dann galt im Beispiel des OLG Düsseldorf nur die marokkanische Beweismittelbeschränkung, denn Eheschließungsstatut war für die Frau dieses Recht und auch das Formstatut. Ob dieses Recht in der Tat einen Beweis der Heirat auch ohne das Zeugnis der Udulen für ausreichend angesehen hätte, ist hier nicht zu vertiefen (zu den nach marokkanischem Recht zulässigen und unzulässigen Beweismitteln eingehend Börner StAZ 1993, 377, 382 ff).

175 Ebenso gilt nur das Formstatut und nicht die deutsche lex fori, wenn durch spätere **Ehebestätigungen** ein bis dahin bestehender Formmangel geheilt wird. Das kann auch durch „bloße“ erleichterte Beweisführung für die statt gehabte Heirat geschehen (OLG Hamm 9. 11. 1999 FamRZ 2000, 823; Börner StAZ 1993, 382 ff; Staudinger/Mankowski [2003] Art 13 EGBGB Rn 805). Dieser Akt ist als „bloßer“ Nachweis „rückwirkend“. Das gilt auch, wenn etwa eheliches Zusammenleben Formmängel der Eheschließung „heilt“, indem dieses Zusammenleben wie in England bzw seinen ehemaligen Kolonien eine kaum widerlegbare Vermutung für die nicht direkt bewiesene bzw fehlende Heirat begründet (presumption of marriage).

d) Freie Beweiswürdigung

176 Das Prinzip der **freien Beweiswürdigung** iSd § 286 ZPO wird von der ganz hM der lex fori zugeschlagen (BGH 27. 4. 1977 WM 1977, 793 f; OLG Koblenz 5. 2. 1992 RIW 1993, 502, 503; Geimer, IZPR Rn 2338; Schack, IZVR Rn 772; Linke/Hau, IZVR Rn 10. 12; **aA** mit guten Argumenten für die lex causae Buciek, Beweislast und Anscheinsbeweis im internationalen Recht 288 f; Geimer, IZPR Rn 2334 ff; Coester-Waltjen, Int Beweisrecht Rn 358 ff; MünchKomm/Spellenberg Art 11 EGBGB Rn 46). Wenn die Regel ist, dass das Gericht auf der Grundlage „des gesamten Inhalts der Verhandlungen und des Ergebnisses der Beweisaufnahmen nach seiner freien Überzeugung“ entscheiden soll, so ist da kein tauglicher Gegenstand einer Anknüpfung, sondern es handelt sich um praktische Vernunft, Naturwissenschaft und Logik.

177 Gegenstand der Rechtsfrage können nur sein der **Ausschluss bestimmter Beweismittel** einerseits und die -ausnahmsweise- Zuweisung eines **festen Beweiswerts** für bestimmte Beweismttel (Legalbeweise). Darüber entscheidet die **lex causae** so wie über Vermutungen (Buciek, Beweislast und Anscheinsbeweis im internationalen Recht 278 ff, 285; Paulus, in: FS Gerhardt [2004] 760; Geimer, IZPR Rn 2336).

178 So sollte man auch die sehr umstrittene Frage der Zuordnung eines **allgemeinen Beweismaßes**, dh die erforderliche Gewissheit in der Überzeugung des Richters, welches überwiegende Wahrscheinlichkeit (zB in England oder Skandinavien) oder

Gewissheit jenseits vernünftiger Zweifel wie in Deutschland sein kann (zu unterschiedlichen Anforderungen je nach Materie in den USA *Santosky v Kramer* 455 US 799 [Supreme Court 1982]), zugunsten der **lex causae** entscheiden (MünchKomm/Spellenberg Art 11 EGBGB Rn 46; Buciek, Beweislast und Anscheinsbeweis im internationalen Recht 278 ff; Coester-Waltjen, Intern Beweisrecht Rn 362 ff; Geimer, IZPR Rn 2336 f; **aA** Schack, IZVR Rn 775 ff; Linke/Hau, IZVR Rn 10.12; Loritz, Transnationale Streitverfahren und Beweisrecht, in: Gilles [Hrsg], Transnationales Prozeßrecht [1995] 141, 150; OLG Koblenz RIW 1993, 502 f). Zumindest wenn überwiegende Wahrscheinlichkeit genügen soll, so wirkt das funktional ähnlich wie eine Vermutung, dass die Rechtsfolge schon bei einem weniger klaren Sachverhalt eintreten soll.

e) Beweisthemenverbote (Beweiserhebungsverbote)

In der Regel sind nicht bestrittene oder gar **zugestandene Behauptungen** nicht beweisbedürftig. Gerade in Ehesachen kann das anders sein, sodass auch zugestandene Tatsachen beweisbedürftig bleiben (vgl § 127 FamFG mit § 113 Abs 4 Nr 5–8 FamFG). Das hat seinen Grund darin, dass die Scheidung aufgrund Konsenses nicht zugelassen wird (Coester-Waltjen, Intern Beweisrecht Rn 282 ff). Daher gilt nur das **Scheidungsstatut** bzw generell die lex causae (Geimer, IZPR Rn 2293; Schack, IZVR Rn 748). **179**

Man mag von Beweiserhebungs- oder **Beweisthemenverboten** reden (Geimer, IZPR Rn 2293), wenn die lex causae den **Beweis bestimmter Tatsachen** ausschließt. Ein Beispiel ist das französische Verbot, eine Kindesabstammung in Zweifel zu ziehen, wenn die Geburtseintragung und die soziale Kindschaft (possession d'état) übereinstimmen (näher dazu Spellenberg FamRZ 1984, 117 ff, 239 ff). Aus dem Eherecht kann darauf verwiesen werden, dass in den Fällen des § 127 Abs 2 FamFG **ehefeindliche Tatsachen** nicht von Amts wegen ermittelt werden, wenn der Antragsteller widerspricht; dh er kann diese Scheidungsgründe ausschließen (MünchKommFamFG/Hilbig-Lugani § 127 FamFG Rn 18 ff). Das zeigt, dass es sich funktionell um die Beschreibung des Tatbestandes handelt, der der lex causae zu überlassen ist (Geimer, IZPR Rn 2293; Coester-Waltjen, Intern Beweisrecht Rn 291). **180**

f) Ausländische Personenstandsurkunden

Die **Echtheit** ausländischer Personenstandsurkunden kann, muss aber nicht durch Legalisierung nachgewiesen werden. Das ist eine Bescheinigung der deutschen Auslandsvertretung, dass die Unterschrift des betreffenden Amtsträgers und ggf sein Stempel echt sind. Die Legalisation ist weder zwingend notwendig noch bindend; das Gericht kann über die Echtheit auch selbst entscheiden, wenngleich bei Legalisation die Echtheit regelmäßig anzunehmen ist. Im Verhältnis zu den zahlreichen Mitgliedstaaten des Haager Übereinkommen zur Befreiung ausländischer öffentlicher Urkunden von der Legalisation v 5. 10. 1961 darf die Legalisation nicht verlangt werden, sondern nur eine Apostille. Das ist eine Echtheitsbescheinigung der zuständigen Behörde des Errichtungsstaates. Aufgrund bestimmter bilateraler Abkommen kann auch sie nicht verlangt werden (weiter Freitag StAZ 2012, 161 ff; MünchKomm/Spellenberg Art 11 EGBGB Rn 197). Nach dem CIEC-Übereinkommen Nr 16 sollen auch Personenstandsurkunden aus den Mitgliedstaaten ohne weitere Voraussetzung als echt anerkannt werden, es ist aber dennoch der Beweis der Unechtheit oder Fälschung zuzulassen, und bei neu hinzugetretenen Mitgliedstaaten mit unsicherem **181**

Urkundenwesen kann auch eine Legalisation verlangt werden (Freitag StAZ 2012, 165).

182 Vor allem ist zunächst zu verifizieren, **was die Urkunde genau bezeugt**. Sie beweist jedenfalls nicht, dass die Eheschließung wirksam oder auch die eingetragene Vaterschaft oder Mutterschaft wirksam ist. Fand die Heirat vor der Urkundsperson statt, so bezeugt sie die Heiratszeremonie aus eigener Kenntnis, ist die Ehe aber zB kirchlich oder in einer traditionellen Weise in Afrika geschlossen worden und nur pflichtgemäß zum Register angemeldet worden, so ist die Wahrheit der Eintragung nicht mit bezeugt, es sei denn die Anmeldung ist vom Register überprüft worden. Die Eintragung einer Geburt beruht idR nur auf Anzeigen.

183 Man kann insbesondere einer Urkunde **nicht** den Beweis für **Tatsachen** entnehmen, die sie gar **nicht bezeugen** will. Das gilt insbesondere für standesamtliche Urkunden. Ein Beispiel könnte sein, dass das **Eheschließungsstatut** die Anwesenheit bestimmter identifizierter Zeugen verlangt, der Standesbeamte nach seinen Regeln diese aber nicht aufführt oder ihre Identität und zB Verwandtschaft mit den Eheschließenden nicht bezeugt oder wenigstens nicht verifiziert hat. Da allerdings der Heiratsort alternatives Formstatut ist, sind diese Nachweise auch nicht erforderlich, wenn die zu bezeugende Tatsache eine **Formfrage** ist. Das bedarf aber uU genauerer Untersuchung (vgl die grundlegende Entscheidung BGHZ 29, 137 zur Handschuhehe).

184 Wenn eine **Urkunde** verlangt oder erlaubt ist, so beurteilt sich auch deren **Beweiswert**, dh nicht nur was sie beweist, sondern auch ob der Gegenbeweis zulässig ist, nach dem Recht ihres Errichtungsortes, an dem, und damit nach dessen Recht sie errichtet wurde. Dieses Recht bestimmt die Art und Weise der Errichtung, die die Grundlage des Vertrauens sind, das die Urkunde für sich in Anspruch nimmt (für rechtsgeschäftliche Urkunden Spellenberg, in: FS Kaissis [2012] 915 ff, 931: die Frage ist in Art 18 Rom I-VO bewusst nicht mit geregelt worden).

185 Es überzeugt daher nicht, dass die hM den **Beweiswert** dieser ausländischen Urkunden nach der deutschen lex fori beurteilt (so Linke/Hau, IZVR Rn 10.28; Schack, IZPR Rn 779), vielmehr ist das Recht, unter dem die Urkunde errichtet wurde bzw des Errichtungsortes dafür maßgebend, was sie bezeugt und ob und womit die Unrichtigkeit der Eintragung, und insbesondere ggf ihre Fälschung bewiesen werden kann (Coester-Waltjen, Int Beweisrecht, 1983, Rn 362 ff, 534 f; Paulus, in: FS Gerhardt [2004] 747, 760; Buciek, Beweislast und Anscheinsbeweis im internationalen Recht 278 ff, 285; Geimer, IZPR Rn 2336; MünchKomm/Spellenberg Art 11 EGBGB Rn 46 f; Batiffol/Lagarde DIP Bd 2 No 708; Freitag StAZ 2012, 161, 167; implizit EuGH 2. 12. 1997 C-336/94 [Slg 1997 I-6761] – *Dafeki;* Fongaro, Le droit applicable à la preuve en droit international privé [2004] Nr 226 ff, 246 ff; Spellenberg, in: FS Kaissis [2012] 915, 921 f). Anders ist es nur, wenn die ausländische Registereintragung ins Inland übertragen wird (Nachbeurkundung) und dabei ihre Richtigkeit geprüft werden kann.

186 **Keinesfalls beweist** die Eintragung die **materielle Wirksamkeit** der Ehe oder der Vaterschaft; beide können zB nach einem Recht zu beurteilen sein, welches nicht das des Registers ist, zB die Eheschließung in Deutschland nach dem Heimatrecht der Nupturienten. Echtheit der Urkunde bedeutet nicht inhaltliche Richtigkeit.

3. Beweisaufnahme im Ausland. Überblick

Ob im Ausland Beweis aufzunehmen ist, weil das Beweismittel, insbesondere ein Zeuge, dort vor Ort ist, entscheidet jedenfalls das deutsche Gericht nach deutschem Recht. **187**

a) Vertragsloser Verkehr

Fragen des internationalen Beweisrechts stellen sich gleichermaßen im nationalen wie internationalen Verfahren, wenn Beweise im Ausland liegen. Eine **Beweisaufnahme im Ausland** durch Zeugenvernehmung oder Augenschein ist dem deutschen Gericht jedoch wegen der Souveränität des ausländischen Staates ohne dessen Erlaubnis nicht möglich. Das Gericht darf ausländische Zeugen auch nicht durch deutsche Diplomaten im Ausland vernehmen lassen (BGH NJW 1984, 2039). Bei deutschen Zeugen im Ausland ist das möglich mit Zustimmung des ausländischen Staates, die nicht die Regel ist, und auch hier nur ohne Zwang (§ 363 ZPO). Der Grundsatz ist unstreitig (zB C Berger IPRax 2001, 522 mNw). Weniger klar ist, wann genau eine Beweisaufnahme im Ausland bzw eine Verletzung der fremden Souveränität vorliegt. **188**

Die Ladung von Zeugen im Ausland zum inländischen Verfahren durch deutsche Zustellungsorgane ist nicht möglich. Sicher kann und darf das deutsche Gericht keinen **Zwang** im Ausland auf Zeugen oder Besitzer von Urkunden ausüben. Zweifelhaft ist aber bereits, ob ein Ordnungsgeld mit Vollstreckung in das inländische Vermögen angedroht werden kann (verneint von OLG München 5. 9. 1995 NJW-RR 1996, 59). **Ohne Rechtshilfeabkommen**, und außerhalb der EU, kann nach § 183 Abs 2 ZPO durch die deutsche Auslandsvertretung an dort anzutreffende Zeugen zugestellt werden, und auch an Ausländer, solange der ausländische Staat nicht widerspricht. Es darf aber kein Zwang angedroht werden, insbesondere muss der Adressat die Ladung freiwillig annehmen. Vorrangig ist aber die Rechtshilfe des betreffenden Staates zu versuchen. Sie ist erfahrungsgemäß meist wenig effizient bzw sehr langwierig und daher iSd § 183 Abs 2 ZPO „nicht zu erlangen“. Sie bestünde darin, den ausländischen Staat auf diplomatischen Wege um die Zustellung an die Zeugen zu ersuchen. Ob eine formale „Aufforderung“ durch Brief, freiwillig zu erscheinen, zulässig ist, ist streitig (bejahend Geimer, in: FS Spellenberg [2010] 407, 427 und Geimer, IZPR Rn 2320). Da keine Sanktionen ausgesprochen werden, wird die Souveränität des ausländischen Staates nicht berührt (Nagel/Gottwald, IZPR § 9 Rn 138). Es darf auch ein eingeschriebener Brief mit Rückschein sein (Musielak/Voit/Huber § 377 ZPO Rn 2; Musielak, in: FS Geimer [2000] 761, 770). § 183 ZPO scheint den Weg freilich nur vorzusehen, wenn er von einer internationalen Regelung erlaubt wird (§ 183 Abs 1 ZPO). Das Gericht übt jedenfalls keinen Zwang im Ausland aus, wenn es das Erscheinen einer **Partei** anordnet und widrigenfalls mit prozessualen Nachteilen droht (Geimer, IZPR Rn 2381). **189**

Natürlich können die Zeugen freiwillig erscheinen. Daher sollte auch eine freiwillige schriftliche Auskunft von Beweispersonen im Ausland zugelassen sein (Geimer, IZPR Rn 2384; Nagel/Gottwald, IZPR § 9 Rn 139; **aA** BGH NJW 1984, 2039; OLG Hamm NJW-RR 1988, 703; hM). Das ist eine andere Frage als die ihrer Ladung. **Zeugnispflichtig** sind deutsche Staatsangehörige, auch wenn sie im Ausland leben, nur kann direkter **Zwang dort** nicht gegen sie ausgeübt werden (Schack, IZVR Rn 795). Ausländer dürf- **190** ten zeugnispflichtig sein, wenn sie im Inland ihren gewöhnlichen Aufenthalt haben. Wenn sie nur durchreisen, ist das zweifelhaft. Grundsätzlich darf aber auf im Inland befindliche Beweismittel zugegriffen werden, auch wenn sie vorher im Ausland lagen. Liegen sie dort, kann das Gericht nur den Parteien aufgeben, sie herbeizuschaffen, zB auch einen Zeugen mitzubringen. Direkter Zwang darf aber nicht ausgeübt werden. Es können nur die Folgen der Beweisfälligkeit eintreten (Stein/Jonas/Berger § 363 ZPO Rn 13).

b) EG-BewVO

191 Um eine wirkliche Beweisaufnahme im Ausland zu ermöglichen, gibt es eine Anzahl von Rechtshilfeabkommen, die hier nur erwähnt, aber nicht inhaltlich kommentiert werden können. § 363 f ZPO mit § 1072 ZPO verweist die Gerichte etwas zaghaft auf die EG-BewVO.

192 Eine wesentliche Verbesserung verspricht die **EG-BewVO** (VO EG Nr 1206/2001 über die Zusammenarbeit der Gerichte auf dem Gebiet der Beweisaufnahme in Zivil- und Handelssachen v 28. 5. 2001), die am 1. 1. 2004 in Kraft getreten ist (im Einzelnen vgl C Berger IPRax 2001 522 ff; Rauscher/vHein EuZPR/EuIPR [2015] Art 12 EG-BewVO Rn 6, 7). Da sie von der EU auf Art 65 EGV gestützt wurde, gilt sie im Verhältnis aller EU-Staaten mit Ausnahme Dänemarks. Die Mitgliedstaaten sind daher dieselben wie bei der Brüssel IIa-VO und der EG-ZustellVO, doch gilt die VO unabhängig von der Brüssel IIa-VO und schließt auch vorprozessuale Beweissicherungsverfahren (zB §§ 485 ff ZPO) ein. So hat der EuGH (28. 4. 2005 – C-104/03 *St Paul Dairy Ind v Unibel Exser,* IPRax 2007, 208 m krit Anm Hess/C Zhou 183) entschieden, dass diese Verfahren keine einstweiligen Maßnahmen iSd Art 31 Brüssel I-VO aF seien; das muss auch für Art 20 Brüssel IIa-VO aF gelten (vgl auch Rauscher/vHein EuZPR/EuIPR [2015] Art 1 EG-BewVO Rn 51).

193 Primär erfolgt die ausländische Beweisaufnahme durch ersuchte Gerichte dort, also im **Wege der Rechtshilfe**. Allerdings kann das Ersuchen direkt an ein ausländisches Gericht gerichtet werden (Art 2 EG-BewVO). Dieses soll die Beweisaufnahme ohne Verzögerung vornehmen und verfährt dabei nach seinem eigenen Recht (Art 10 Abs 1 und 2 EG-BewVO). Soweit es das vorsieht, kann Zeugniszwang ausgeübt werden (Art 13 EG-BewVO). Darin liegt sicher ein Vorzug dieses Verfahrens. Der Unmittelbarkeit der Beweisaufnahme dient Art 12 EG-BewVO, wonach Mitglieder des ersuchenden Gerichts und von ihm beauftragte Personen wie namentlich Sachverständige zugegen sein dürfen (dazu Schulze IPRax 2001, 527 ff). Ein Fragerecht sieht die EG-BewVO für sie nicht vor, doch hindert sie auch nicht, daß das ersuchte Gericht es ihnen einräumt, wenn sein Recht das erlaubt (C Berger IPRax 2001, 525; Rauscher/vHein EuZPR/EuIPR [2015] Art 12 EG-BewVO Rn 6, 7). Art 11 EG-BewVO sieht, wiederum in den Grenzen des Rechts des ersuchten Staates, die Parteiöffentlichkeit vor.

194 Art 17 EG-BewVO erlaubt auch eine **direkte Beweisaufnahme** des entscheidenden **Gerichts im Ausland**, doch muss es dafür die Genehmigung der Zentralstelle (Art 2 EG-BewVO) des betreffenden ausländischen Staates einholen, die auch unter Einschränkungen erteilt werden kann. Sie kann nur aus genauer definierten Gründen verweigert werden. Die Beweisaufnahme erfolgt dann nach deutschem Recht, doch darf kein Zwang ausgeübt werden. Darüber sind die Zeugen zu belehren. In der

Verfahrensweise nach deutschem, den Beteiligten vielleicht besser vertrautem Recht kann ein Vorteil dieses Weges liegen.

c) Vertraglicher Rechtshilfeverkehr

Außerhalb der EU, wo die EG-BewVO vorgeht, und im Verhältnis zu Dänemark gilt im Verhältnis zu vielen Staaten das **Haager Übereinkommen über die Beweisaufnahme im Ausland in Zivil- und Handelssachen** vom 18. 3. 1970 (HBÜ; Mitgliedstaaten s JAYME/HAUSMANN, Internationales Privat- und Verfahrensrecht [17. Aufl 2014] Nr 212 Fn 1). Es sieht grundsätzlich allein die Beweisaufnahme im Wege der **Rechtshilfe** vor dergestalt, dass ein Gericht des ersuchten Staates die betreffenden Zeugen vernimmt oder einen Augenschein aufnimmt (Art 1 HBÜ). Eine Art direkte Beweisaufnahme im Ausland ist nur auf dem Umweg zu erreichen, dass der Richter sich selbst als Beauftragten iSd Art 17 ins Ausland entsendet (C BERGER IPRax 2001, 526). Art 15 ff HBÜ erlauben eine Vernehmung von Zeugen durch **deutsche Konsularbeamte**, wenngleich ohne Zwang, doch haben viele Vertragsstaaten hierzu verschiedene Vorbehalte erklärt (Art 15 Abs 2, Art 16 Abs 2 HBÜ). Einige haben aber auch auf eine vorherige Genehmigung verzichtet (Art 17 Abs 2 HBÜ). 195

Das Rechtshilfeverfahren hat einige Ähnlichkeit mit der EG-BewVO, ist aber insoweit umständlicher, dass der Rechtshilfeverkehr zwingend über die Zentralstelle des ersuchten Staates zu leiten ist (Art 3 HBÜ), und dass es keine direkte Beweisaufnahme im Ausland vorsieht. Die ersuchte Behörde verfährt nach ihrem Recht, doch kann ersucht werden, dass sie in einer besonderen Form verfahren soll, dh nach den Regeln des ersuchenden Staates (Art 9 HZPÜ). Manche Vertragsstaaten erlauben, dass Mitglieder des ersuchenden Gerichts anwesend sind (Art 8 HZPÜ). 196

Das HZPÜ (**Haager Übereinkommen über dem Zivilprozeß v 1. 3. 1954** [BGBl 1958 II 577]), das in Art 8 bis 16 ebenfalls die Beweisaufnahme im Ausland durch Rechtshilfe regelt, gilt weiter noch gegenüber einer Vielzahl von Vertragsstaaten (Ägypten, Armenien, Bosnien-Herzegowina, Japan, Jugoslawien, Kirgisistan, Libanon, Marokko, Mazedonien, Moldawien, Russische Föderation, Suriname, Türkei, Usbekistan, Vatikanstaat, Weißrussland). Das HBÜ (Art 29 HBÜ) und die EG-BewVO (Art 21 EG-BewVO) gehen ihm ggf vor. 197

Das HZPÜ verdrängt seinerseits außer im Verhältnis zu Island das **HZPÜ von 1905**. Das Rechtshilfeersuchen wird von einem deutschen Konsul oder eventuell der diplomatischen Vertretung (Art 9 HZPÜ) an das Gericht oder die Behörde gerichtet, die nach dem Recht des ersuchten Staates zuständig ist. Die Beweisaufnahme wird nach dem Recht des ersuchten Staates durchgeführt (Art 14 HZPÜ). Nur mit Marokko ist gem Art 15 HZPÜ vereinbart worden, daß deutsche Staatsangehörige ohne Zwangsausübung auch durch deutsche Konsularbeamte vernommen werden dürfen (Art 12 Vertrag über Rechtshilfe und Rechtsauskunft in Zivil- und Handelssachen v 29. 10. 1985 [BGBl 1988 II 1055]). 198

Größere praktische Bedeutung hat noch immer das **deutsch-britische Abkommen** über den Rechtsverkehr v 20. 3. 1928 (RGBl II 623), das zwar nicht mehr im Verhältnis zu Großbritannien, aber noch zu vielen seiner früheren Kolonien gilt (Verzeichnis bei JAYME/HAUSMANN Nr 228; STAUDINGER/SPELLENBERG [2015] Art 18 Brüssel IIa-VO Rn 19). Rechtshilferegelungen enthalten weiter das deutsch-türkische Abkommen v 28. 5. 199

1929 über den Rechtsverkehr in Zivil- und Handelssachen (BGBl 1988 II 1055, in Kraft seit 23. 6. 1994), das vom HZPÜ 1954, dem auch die Türkei beigetreten ist, nicht verdrängt wird, und der deutsch-tunesische Vertrag über Rechtsschutz und Rechtshilfe, die Anerkennung und Vollstreckung gerichtlicher Entscheidungen in Zivil- und Handelssachen sowie über Handelsschiedsgerichtsbarkeit v 19. 7. 1986 (BGBl 1969 II 889) und der deutsch-marokkanische Vertrag v 29. 10. 1985 über die Rechtshilfe und Rechtsauskunft in Zivil- und Handelssachen (BGBl 1988 II, 1055).

3. Beweislast

200 Zu den Beweislastregelungen für die verschiedenen Anerkennungshindernisse des § 109 Abs 1 FamFG siehe dort. Allgemein ist seit langem anerkannt, dass **Beweislastregelungen**, bzw die objektive Beweislast der lex causae zu entnehmen sind, die allein entscheiden soll, ob die betreffende Rechtsfolge schon eintritt, wenn nichts entgegenstehendes bekannt ist oder wenn der notwendige Sachverhalt nur wahrscheinlich ist (zB RG 6. 2. 1930 IPRspr 1930 Nr 64 = JW 1930, 1003 = LZ 1930, 887 = WarnR 1933 Nr 74; OLG Hamburg 2. 12. 1930 HRR 1930 Nr 46; OLG München 6. 2. 1932 IPRspr 1932 Nr 32; BGH 4. 2. 1960 NJW 1960, 774 = MDR 1960, 578 [Kuhn] = WM 1960, 347; BGH 26. 11. 1964 BGHZ 42, 385 = NJW 1965, 489; BGH 14. 4. 1969 AWD 1969, 329 = WM 1969, 858; Pohle, in: FS Dölle [1963] 317 ff; Niederländer RabelsZ 20 [1955] 31, 33; Stein/Jonas/Schumann/Leipold § 286 ZPO Rn 55; Coester-Waltjen, Internationales Beweisrecht Rn 372 ff; MünchKomm/Spellenberg Art 32 EGBGB Rn 130). Art 32 Abs 3 EGBGB aF sagte das für Schuldverträge. Es gilt auch bei Eheprozessen (BGH 8. 11. 1951 BGHZ 3, 342 = NJW 1952, 172; OLG München 17. 12. 1979 IPRax 1981, 22 [Jayme 9]; OLG Nürnberg 19. 2. 1996 FamRZ 1996, 1148) und für widerlegliche **Vermutungen** (BGH 4. 2. 1960 NJW 1960, 774 = MDR 1960, 578 [Kuhn]; Coester-Waltjen, Internationales Beweisrecht Rn 318 mwNw), die nichts anderes als Beweislastverteilungen sind. Art 18 Rom I-VO gibt nur ein allgemeineres Prinzip wieder. Unwiderlegliche Vermutungen sind ohnehin nichts anderes als Formulierungen des Tatbestands der Rechtsnorm (BGH MDR 1960, 774; Coester-Waltjen, Internationales Beweisrecht Rn 310). Daher ergibt sich die Beweislast für das Vorliegen der Tatsachen aus der lex causae, hier dem Scheidungs- oder Aufhebungsstatut.

201 **Tatsächliche Vermutungen**, prima-facie Beweise, **Anscheinsbeweise** und dergleichen beruhen auf der Lebenserfahrung, dass aus erwiesenen Tatsachen auf das Vorliegen anderer, der entscheidungserheblichen Tatsachen geschlossen werden kann. Dennoch sollte man die **lex causae** heranziehen, denn es geht nicht entscheidend um die angewandte Lebenserfahrung, sondern um die Frage, ob, genauer ob nicht, auf einen Anscheinsbeweis zurückgegriffen werden darf, sondern voller direkter Beweis verlangt wird. Daher ist wie für eine Vermutung die lex causae angemessen (Geimer, IZPR Rn 2291; Buciek Rn 162, 176, 210; Coester-Waltjen Rn 164, 353; vBar, IPR Bd 2 Rn 552; MünchKomm/Spellenberg Art 18 Rom I-VO Rn 24 f; ff; AG Geldern 27. 10. 2010 NJW 2011, 686 mAnm A Staudinger 650; **aA** Schack, IZVR Rn 745 ff; Thole, IPRax 2010, 285, 287; Nagel/Gottwald, IZPR § 10 Rn 58; Linke/Hau, IZVR Rn 10. 10).

202 Beweislastsanktionen für **Vernichtung von Beweismitteln** oder auch für die Verweigerung einer körperlichen Untersuchung (vgl §§ 427, 444 ZPO; eingehend Baumgärtel, in: FS Kralik [1986] 63 ff) unterstellt man besser der lex causae (im Ergebnis ähnlich Coester-Waltjen, s Rn 164, 387; **aA** Thole IPRax 2010, 285, 288; BGH 9. 4. 1986 FamRZ 1986, 66, Blutentnahme). Sie soll entscheiden, ob die Sanktion nur eine Beweislastumkehr

oder eine Beweiserleichterung sein soll, oder ob sie gar als Beweis gilt. Wenn das Scheidungsstatut den Nachweis des Scheidungsgrundes auch dann verlangt, wenn der Kläger etwa behauptet, der Scheidungsgrund ergebe sich aus Urkunden im Besitz der Beklagten, diese sie aber nicht vorlegt, sollte nicht stattdessen § 427 ZPO herangezogen werden. Sonst könnten die Parteien einen Scheidungsgrund ggf entgegen den Vorstellungen des Scheidungsstatuts manipulieren, wenn nun nach § 427 ZPO die Behauptung des Klägers über den Inhalt als richtig gälten.

VIII. Urteil

1. Tenorierung*

Der Urteilstenor muss die materielle (neu gestaltete) Rechtslage hinreichend genau **203** zum Ausdruck bringen und sich also ggf **am ausländischen Recht** ausrichten. Das gilt zB bei einer Ungültigerklärung nach Schweizer Recht (RG 6. 2. 1930 JW 1930, 1003 = HRR 1930, 710 = RGWarn 1930 Nr 74; RG 7. 5. 1936 RGZ 151, 226 = JW 1936, 1949 [Massfeller] = HRR 1036, 1280), wie für den Ausspruch des Erlöschens der bürgerlich-rechtlichen Wirkungen einer Konkordatsehe in Italien (LG Duisburg 10. 8. 1971 FamRZ 1971, 531 [Jayme FamRZ 1972, 39]; OLG Frankfurt 12. 12. 1977 FamRZ 1978, 323 [Italien]) und namentlich für eine dem deutschen Recht an sich fremde Trennung von Tisch und Bett (dazu gibt es eine reiche Rechtsprechung vornehmlich zu Italienern seit BGH 22. 3. 1967 BGHZ 47, 324 = FamRZ 1967, 452 = JZ 1967, 671 [Heldrich] = StAZ 1967, 237 [Chr Böhmer] = RabelsZ 32 [1968] 313 [Jayme]; zB BGH 23. 4. 1994 FamRZ 1994, 825; BGH 1. 4. 1984 IPRax 1988, 173; BGH 23. 6. 2004 FamRZ 2004, 1362; OLG Stuttgart 17. 1. 2013 FamRZ 2013, 1803). Man spricht auch von „Ehetrennung" und die Rom III-VO wie die Brüssel IIa-VO von „Trennung ohne Auflösung des Ehebundes".

a) Schuldausspruch

Wenn das ausländische Scheidungsrecht die Verschuldensscheidung vorsieht, hat der **204** deutsche Richter nicht nur das Scheidungsverschulden zu **ermitteln** und seiner Entscheidung zugrunde zulegen (BGH 26. 5. 1982 IPRax 1983, 180 [Henrich 161] = FamRZ 1982, 795 [Frankreich]; BGH 1. 4. 1987 FamRZ 1987, 795 [Italien, Trennungsurteil]; OLG Düsseldorf 7. 2. 1978 FamRZ 1978, 418 [Italien, Trennungsurteil]; OLG Bamberg 22. 9. 1978 FamRZ 1979, 514 [Italien, Trennungsurteil]; OLG Hamm 3. 2. 1978 FamRZ 1978, 511 [Griechenland, Scheidung]; OLG Frankfurt 28. 5. 1979 FamRZ 1979, 587; OLG Frankfurt 11. 7. 1979 FamRZ 1979, 813 [Italien, Trennungsurteil]; unstr), sondern er muss ggf einen **Schuldspruch** in den **Tenor aufnehmen**. Eine Erwähnung nur in den Gründen genügt nicht (Henrich IPRax 1982, 10; ders, IPRax 1983, 161, 163; Lüderitz IPRax 1987, 77; Johannsen/Henrich/Henrich, FamR Anh zu Art 17 EGBGB Rn 73; BGH 1. 4. 1987 FamRZ 1987, 795; OLG Düsseldorf 7. 2. 1978 FamRZ 1978, 418; OLG Bamberg 22. 9. 1978 FamRZ 1979, 514; OLG Frankfurt 11. 7. 1979 FamRZ 1979, 813; OLG München 4. 4. 1978 NJW 1978, 1117; OLG Zweibrücken 30. 8. 1996 FamRZ 1997, 430; LG Münster 25. 7. 1973 FamRZ 1974, 132 [abl Strümpell]; OLG Frankfurt 6. 5. 1981 IPRax 1982, 22 [Henrich 9]; OLG Karlsruhe 22. 9. 1994 FamRZ 1995, 738; implizit OLG Hamm 9. 10. 1992 FamRZ 1993, 839, OLG Hamm 26. 9. 1988 FamRZ 1989, 625; OLG Celle 8. 9. 1988 FamRZ 1989, 625; **aA** noch BGH 26. 5. 1982 IPRax 1983, 180; in BGH 1. 4. 1987 FamRZ 1987, 795 [Italien, Trennungs-

---

* **Schrifttum**: Henrich, Scheidungsschuld, Schuldausspruch und Sorgerechtsverteilung, IPRax 1982, 9; H Müller, Der Schuldausspruch bei Ehescheidung durch deutsche Gerichte nach ausländischem Recht, JbIntR 5 (1954) 239.

urteil] aufgegeben; STRÜMPELL 135 f lehnt den Schuldausspruch ab, weil er meistens ohne weitere Bedeutung sei, was so nicht stimmt).

205 Den Sprachgebrauch mag man dem deutschen anpassen und von „Scheidung" statt zB in wörtlicher Übersetzung des ausländischen Rechts von „Auflösung" zu sprechen (LG Kempten 16. 4. 1975 IPRspr 1975 Nr 57). Falls das ausländische Recht das vorsieht, ist ein Schuldausspruch auch bei Trennungsurteilen vorzunehmen (OLG Stuttgart 29. 12. 1995 FamRZ 1997, 879 [Italien]).

b) Nachträglicher Schuldausspruch

206 Hat das **deutsche Urteil**, das die Ehe gem ausländischem Recht geschieden hat, den Schuldausspruch entgegen den Regeln dieses Rechts nicht in den Tenor aufgenommen, so kann er nach § 113 mit § 321 Abs 1 ZPO **ergänzt** werden, wenn ein entsprechender Antrag gestellt war und versehentlich nicht beschieden wurde, oder auch wenn und weil der Schuldausspruch von Amts wegen hätte erfolgen müssen (H ROTH IPRax 2000, 292). Dem steht nicht, wie das OLG Hamm meint (4. 2. 1998 IPRax 2000, 308; OLG Hamm 18. 1. 1999 FamRZ 2000, 29), der Grundsatz der Einheitlichkeit der Ehescheidung entgegen, denn es geht um die Ergänzung der einen Entscheidung. Jedoch besteht dafür die kurze Frist von zwei Wochen. Danach kann noch ein **Rechtsmittel** eingelegt werden, weil das Urteil auch unrichtig ist (H ROTH IPrax 2000, 292). Hat das Gericht dagegen zur Schuldfrage in den Gründen Stellung genommen, aber nicht tenoriert, so kann nach § 319 ZPO **berichtigt** werden (BGH 19. 6. 1964 NJW 1964, 1858; OLG Stuttgart 13. 1. 1984 FamRZ 1984, 402; vgl auch ZÖLLER/VOLLKOMMER § 319 ZPO Rn 15 „Tenorierungsfehler"). Wenn auf einem dieser Wege der Schuldausspruch noch nachgeholt wurde, kann er einem Unterhaltsurteil zugrunde gelegt werden.

207 Ist es nicht zu der Berichtigung oder Ergänzung des Urteils gekommen, so kann über die Schuldfrage etwa im Rahmen eines Unterhaltsprozesses, in welchem es nach dem Unterhaltsstatut darauf ankommt, **inzident entschieden** werden (H ROTH IPRax 2000, 292 f). Da das deutsche Urteil, wie vorausgesetzt ist, keinen Schuldausspruch enthält, besteht insoweit auch keine Rechtskraftbindung.

208 Zweifelhaft ist, ob außerdem eine Klage auf **isolierte Feststellung** des Verschuldens zulässig wäre. Der BGH hat verschiedentlich zu Urteilen der DDR so entschieden (u Rn 209). Dem steht nach OLG Hamm (IPRax 2000, 308) der Grundsatz der Einheitlichkeit der Ehescheidung entgegen. Er betrifft zwar eigentlich die Übergehung von Scheidungsanträgen, vor allem Gegenanträgen, kann aber ausgedehnt werden. Auf die Feststellungsklage hin müßte sonst im Grunde das ganze Scheidungsverfahren inhaltlich neu aufgerollt werden, und es ist gut möglich, dass in diesem Verfahren dann anders entschieden wird als etwa auf ein Rechtsmittel gegen das ursprüngliche Urteil hin. Solche konkurrierenden Verfahren soll der obige, aber in seiner Geltung zweifelhafte (oben Rn 53 f) Grundsatz verhindern. Es bleibt daher dabei, dass längstens durch Rechtsmittel der unterlassene Schuldausspruch noch geltend gemacht werden kann (H ROTH IPRax 2000, 292). Das hindert allerdings nicht die Inzidentfeststellung im Rahmen etwa eines Unterhaltsverfahrens.

209 Ähnliche Probleme können sich ergeben, wenn das **ausländische Scheidungsurteil** den Schuldspruch nicht tenoriert hat, obwohl es nach dem anwendbaren Unterhaltsstatut auf das Scheidungsverschulden ankommt. Zu Urteilen der ehemaligen DDR hat der BGH zunächst die Zulässigkeit einer Klage auf isolierte Feststellung des Scheidungsverschuldens bejaht (BGH 30. 11. 1960 BGHZ 30, 134, 155 ff; mit Einschränkungen 14. 7. 1976 FamRZ 1976, 614), dann aber eine **inzidente Feststellung** im Rahmen eines **Unterhaltsprozesses** vorgenommen (BGH 22. 9. 1982 BGHZ 85, 16, 31 f = FamRZ 1982, 1189, 1193; BGH 8. 12. 1993 FamRZ 1994, 824; BGH 24. 7. 1976 obiter). Das schließt sich freilich nicht unbedingt gegenseitig aus.

Jedenfalls scheidet ein isolierter nachträglicher Schuldausspruch dann aus, wenn er **210** nach dem vom ausländischen Gericht angewandten Scheidungsrecht **nicht nachgeholt werden darf**, wenn der entsprechende Antrag damals im Verfahren nicht gestellt wurde, oder die Parteien darauf verzichtet hatten (zB Art 49 Abs 1 Mazedonisches EheG; Art 60 § 2 Polnisches Familien- und Vormundschaftsgesetz; Art 270 fr c civ). Dann scheidet aber auch eine spätere inzidente Feststellung innerhalb eines Unterhaltsverfahrens aus, wenn Scheidungsstatut und Unterhaltsstatut zusammenfallen. Das war nach Art 8 HUntÜ der Fall (so in BGH 14. 7. 1976 FamRZ 1976, 614; OLG Köln 21. 9. 1995 FamRZ 1996, 490; OLG Hamm 20. 7. 1993 FamRZ 1994, 582; heute wäre anwendbar Art 1 EG-UntVO). In zwei Fällen des BGH lagen dagegen Urteile der DDR vor, und Unterhaltsstatut war nun westdeutsches Recht (BGH 22. 9. 1982 BGHZ 85, 16, 31 f = FamRZ 1982, 1189, 1193; BGH 8. 12. 1993 FamRZ 1994, 824). Hier lag die Besonderheit darin, dass ein Schuldausspruch bei der Scheidung nach dem Recht der DDR, nach welchem geschieden wurde, nicht vorgesehen war. In diesem Fall ist keine echte Ergänzung des Scheidungsurteils vorzunehmen. Auch wenn das Unterhaltsstatut auf ein Verschulden abstellt, erlaubt das andere Scheidungsstatut ihn nicht. Der Wechsel zu einem anderen Unterhaltsstatut darf aber nicht zum Nachteil der Partei ausschlagen. Doch eine isolierte Feststellungsklage würde zu einer weitgehenden Wiederholung der im Ausland abgeschlossenen und bei uns anerkannten Scheidung mit anderem Ausgang führen. Daher ist die Inzidentfeststellung vorzuziehen (**aA** noch BGH 30. 11. 1960 BGHZ 30, 134, 155 ff; mit Einschränkungen 14. 7. 1976 FamRZ 1976, 614). Das Problem stellte sich allerdings bei Unterhalt wegen Art 8 HUntÜbk, heute Art 8 Abs 1 lit d EG-UntVO selten, könnte aber bei anderen Scheidungsfolgen von Interesse werden.

2. Eintragung in ausländische Register

Während im deutschen Recht die Ehe mit der Rechtskraft des Urteils geschieden **211** bzw vernichtet ist, verlangen manche ausländische Rechte noch zusätzlich für die **Gestaltungswirkung** eine **Registrierung** des Scheidungsurteils (zB Italien bis zum 1. 1. 1997, Art 10 Gesetz v 1. 12. 1970; Niederlande, Art 163 BWB aF; früher Luxemburg, Rumänien; in Belgien wirkt es erst mit der Eintragung gegen Dritte, nach Art 1278 Code judiciaire; in Frankreich ist die Registrierung nicht mehr für die Scheidung konstitutiv, jedoch nach Art 262 C civ Voraussetzung dafür, daß die güterrechtlichen Konsequenzen Dritten entgegengehalten werden können; ähnlich heute Rumänien und Luxemburg). Der Grund kann sein, dass sich so die Parteien den Vollzug der Scheidung noch einmal überlegen können. Die Frage, wann die Gestaltungswirkung eintritt, stellt sich vor allem bei einer erneuten Heirat. Die Auffassung, dass trotz Maßgeblichkeit des betreffenden Rechts für die Scheidung die Ehe durch ein deutsches Urteil kraft der deutschen lex fori ohne weiteres geschieden sei (KG 9. 2. 1931 IPRspr 1931 Nr 79 [Rumänien]; LG Kempten 8. 9. 1952 IPRspr 1952 Nr 141 [Rumänien]; LG Berlin 2. 3. 1964 IPRspr 1964/65 Nr 107 [Niederlande]; Soergel/Schurig Art 17 EGBGB Rn 62; Winkler von Mohrenfels IPRax 1988, 341 f), verdient keinen Beifall. Man sollte nicht zugleich ein ausländisches Recht als maßgebend berufen und dennoch auf eine wesentliche von ihm verlangte Voraussetzung für die Gestaltungswirkung verzichten (LG Darmstadt 23. 11. 1973 FamRZ 1973, 192 [Jayme] [Italien]; vielleicht auch OLG Bremen 25. 3. 1955 MDR 1955, 427; Hausmann, Kollisionsrechtliche Schranken von Scheidungsurteilen [1980] 77 ff; Johannsen/Henrich/Henrich, Familienrecht Anh zu Art 17 EGBGB Rn 74). Vielmehr hat ein deutsches Urteil ohne die Registrierung **noch nicht die Gestaltungswirkung**. Wo zu registrieren ist, sagt das Scheidungsstatut. Es ist zu beachten, dass nicht notwendig das Heimatrecht der Parteien oder einer Partei auch das Scheidungsstatut ist (Art 5, 8 Rom III-VO). Es wird offenbar nicht vertreten, daß wegen der Registrierungspflicht eine Scheidung in Deutschland überhaupt nicht erfolgen könne.

212 Art 13 Abs 2 EGBGB steht nicht entgegen, verlangt vielmehr gerade, dass die Nupturienten die möglichen und zumutbaren Schritte unternehmen, um die Wirksamkeit nach ihrem Heimatrecht herbeizuführen. Wenn dies ausnahmsweise nicht möglich sein sollte, namentlich weil die Scheidung dort nicht anerkannt wird, dann muss man die Partei sicher zur Wiederverheiratung zulassen, wenn die weiteren Voraussetzungen des Art 13 Abs 2 EGBGB vorliegen. Anders wird man aber entscheiden, wenn die Parteien die möglichen und vom Scheidungstatut verlangten Schritte nicht unternehmen (vgl BGH 23. 2. 1977 FamRZ 1977, 384; Staudinger/Mankowski [2011] Art 13 EGBGB Rn 797 ff).

213 Selbstverständlich kann ein deutsches Gericht schon aus völkerrechtlichen Gründen den ausländischen Registerbeamten nicht verpflichten (irrig LG Darmstadt 23. 11. 1973 FamRZ 1973, 192). Darum aber geht es für die deutschen Gerichte und das IPR nicht. Es genügt, ist aber auch geboten festzuhalten, dass ohne die Registrierung nach dem maßgebenden Recht die Ehe auch für uns nicht geschieden bzw nicht aufgehoben ist. Es empfiehlt sich zumindest, die Parteien darauf hinzuweisen (LG Kempten 8. 9. 1952 IPRspr 1952/53 Nr 141). Doch gemäß dem Grundsatz, **im Tenor** die Rechtslage möglichst genau auszusprechen, sollte in ihn der **Vorbehalt der Eintragung** aufgenommen werden (LG Darmstadt 23. 11. 1973), zumindest aber in die Scheidungsgründe (Johannsen/Henrich/Henrich oben Rn 211). Das Nähere zu eventuell einzuhaltenden Fristen (in den Niederlanden zB 6 Monate) mag in den Gründen stehen.

3. Kostenentscheidung

214 Die Kostenverteilung folgt nach allg M der lex fori (OLG Hamm 10. 5. 1978 NJW 1978, 2452; OLG Stuttgart 7. 9. 1977 IPRspr 1977 Nr 69; OLG Karlsruhe 13. 12. 1979 FamRZ 1980, 682; Henrich IPRax 1982, 10). Danach wären die Kosten gem § 150 FamFG auch dann gegeneinander aufzuheben, wenn das maßgebende Scheidungsstatut eine Kostenverteilung nach Scheidungsverschulden vorsieht. Da § 150 FamFG deutlich auf das deutsche Zerrüttungsprinzip zugeschnitten ist, wie Henrich (IPRax 1982, 10) zu § 93a ZPO aF feststellt, sprächen zwar gute Gründe dafür, die Kostenregelung der **lex causae** anzuwenden, doch würde das das deutsche Gerichtssystem zu sehr stören.

X. Einstweilige Anordnungen*

1. Art 20 Brüssel IIa-VO und §§ 49 ff

Art 20 Brüssel IIa-VO geht davon aus, ohne es deutlich zu sagen, dass Gerichte, die nach Art 3 ff Brüssel IIa-VO für eine Ehesache international zuständig sind, alle einstweiligen Anordnungen treffen können (Staudinger/Spellenberg [2015] Art 20 Brüssel IIa-VO Rn 4 ff). Darüber hinaus lässt Art 20 Brüssel IIa-VO ausdrücklich auch zu, dass Gerichte der Mitgliedstaaten, die nach nationalem Recht zuständig sind, in dringenden Fällen einstweilige Anordnungen nach ihrem Recht treffen. Beide Verfahren stehen **frei zur Wahl** des Antragstellers, dh die letztere Möglichkeit besteht nicht nur, wie bei Art 7 Abs 1 Brüssel IIa-VO, wenn kein Gericht nach der Brüssel IIa-VO zuständig ist (Spellenberg, in: FS Coester-Waltjen [2015] 813, 823 f). 215

Häufig ist das Gericht, bei dem eine einstweilige Anordnung in Ehesachen beantragt wird, sowohl nach der Brüssel IIa-VO als auch nach nationalem Recht zuständig. Dann muss der Richter entscheiden und sagen auf welcher Zuständigkeitsgrundlage er tätig werden will. Erklärt er sich nicht, dann gilt die Maßnahme als eine des nationalen Rechts (EuGH 15. 7. 2010 – C-256/09 *Purrucker v Vallés Pérez [Purrucker I]* – Nr 62 f, 83 ff, IPRax 2011, 378 mAnm Pirrung 351 = FamRZ 2010, 1521; EuGH 27. 4. 1999 – C-99/96 *Mietz v Intership* 55, ZZPint 4 [1999] 213 mAnm Spellenberg/Leible). Ob der Antragsteller die Wahl vorgeben kann, ist ungeklärt, doch spricht eigentlich nichts dagegen, denn die Wahl der Zuständigkeitsgrundlage hat Konsequenzen, die ihn betreffen. 216

Eine einstweilige Anordnung in Ehesachen, für die das Gericht nach der Brüssel IIa-VO zuständig ist, muss sich im Rahmen der sachlichen **Zuständigkeit** gemäß Art 1 **Brüssel IIa-VO** halten und kann also grundsätzlich keine Vermögensgegenstände erfassen (EuGH 15. 7. 2010 – C-256/09 *Purrucker I;* BGH 9. 2. 2011 IPRax 2011, 386). Die Anordnungen sind dafür im ganzen Verordnungsgebiet vollstreckbar, jedoch wegen – heute – Art 45 lit b Brüssel Ia-VO, nur wenn auch eine **mündliche Verhandlung** vorgesehen war (EuGH 21. 5. 1980 – C-125/79 *Denilauler/Couchet Frères* 13, 17; vgl schon EuGH 27. 3. 1979 – 143/78, *de Cavel v de Cavel* – Rn 9; dazu Spellenberg, in: FS Coester-Waltjen [2015] 814). 217

Demgegenüber kann eine einstweilige Anordnung auf der Grundlage einer **natio-** 218

* **Schrifttum**: Eilers, Maßnahmen des einstweiligen Rechtsschutzes im europäischen Zivilrechtsverkehr (1991); Henrich, Die einstweilige Zuweisung der Ehewohnung, wenn zwischen ausländischen Ehegatten ein Scheidungsverfahren in ihrem Heimatstaat anhängig ist, IPRax 1985, 88; ders, Die gerichtliche Zuweisung der Ehewohnung an einen Ehegatten in Fällen mit Auslandsberührung, in: FS Ferid (1988) 147; Jayme, Zur Verteilung der Ehewohnung und des Hausrats bei getrennt lebenden ausländischen Ehegatten, IPRax 1981, 49; Koch, Grenzüberschreitender einstweiliger Rechtsschutz, in: Heldrich/Kono (Hrsg), Herausforderungen des internationalen Zivilverfahrensrechts (1994); Leipold, Grundlagen des einstweiligen Rechtsschutzes (1971); Spellenberg, Einstweilige Maßnahmen nach Art 12 Brüssel IIa-VO, in: FS Beys (2003) 1583; ders, Die zwei Arten einstweiliger Maßnahmen in Art 20 Brüssel IIa-VO, in: FS Coester-Waltjen (2015) 813; Spellenberg/Leible, Die Notwendigkeit des vorläufigen Rechtsschutzes bei transnationalen Streitigkeiten, in: Gilles (Hrsg), Transnationales Prozeßrecht (1995) 293.

nalen Zuständigkeit zwar auch Vermögensgegenstände erfassen, diese müssen oder sollten sich aber im Lande des Gerichts befinden, doch kann sie in den anderen Mitgliedstaaten nicht nach den Art 21 ff Brüssel IIa-VO anerkannt und vollstreckt werden, es muss aber andererseits auch keine mündliche Verhandlung vorgeschrieben sein (EuGH *Denilauler* Rn 217, Rn 16, 17).

219 Nach Auffassung des BGH (BGH 9. 12. 2011 BGHZ 188, 270 Rn 18 = IPRax 2011, 386; Helms FamRZ 2009, 1400, 1401; EuGH 15. 7. 2010 – C-256/09 *Purrucker v Vallés Pérez [Purrucker I]* Rn 92, IPRax 2011, 378) können die Anordnungen nach nationalem Recht gemäß Art 20 Brüssel IIa-VO in den anderen Mitgliedstaaten nach deren **nationalem Recht** ggf einschließlich von **Staatsverträgen** anerkannt und vollstreckt werden. Das erscheint **zweifelhaft**, nachdem der EuGH in diesem Zusammenhang vor einer Umgehung der Zuständigkeiten der Brüssel IIa-VO gewarnt hat; wenn auch die Anordnungen unter Art 20 nach den Art 21 ff Brüssel IIa-VO anerkannt und vollstreckt würden, ist zu fragen, ob in Art 20 Brüssel IIa-VO nicht auch ein **Anerkennungsverbot** steckt.

220 Freilich ist die **praktische Bedeutung** der Frage nicht groß, weil die Anerkennung der meisten einstweiligen Anordnungen unter besondere EU-VO fallen wie die EG-UntVO und die Brüssel IIa-VO für Sorgerecht. Auch die vom EuGH betonte Notwendigkeit des rechtlichen Gehörs für die Anerkennung wird von den meisten Rechtshilfeverträgen und nationalen Regelungen verlangt (vgl § 108 Rn 154). **Hauptsache iSd §§ 49 und 50 FamFG** ist die Auflösung der Ehe (unten Rn 227), doch nachdem Unterhalt und Sorgerecht gesondert geregelt sind, bleiben für die §§ 49 f FamFG noch **Wohnungszuweisung, Hausratsverteilung, Prozesskostenvorschuss** und wohl auch **Güterrecht** (vgl §§ 262 f FamFG).

2. Internationale Zuständigkeit

221 Auch die internationale Zuständigkeit für die einstweiligen Anordnungen folgt grundsätzlich der internationalen **Zuständigkeit für das Eheverfahren** gem § 50 FamFG. Diese ergibt sich in den meisten Fällen auch **im Verhältnis zu Drittstaaten** aus **Art 3 Brüssel IIa-VO**, und nur wenn sich daraus keine Zuständigkeit irgend eines Mitgliedstaates ergibt, gemäß Art 7 Abs 1 mit Art 6 Brüssel IIa-VO aus § 98 FamFG. Da nach § 50 FamFG die Ehesache noch nicht anhängig sein muss, gilt die Zuständigkeit des Gerichts, bei dem die Ehesache anhängig gemacht werden könnte (§ 50 Abs 1 FamFG). Nur die **örtliche Zuständigkeit** folgt § 122 FamFG.

222 In besonders dringenden Fällen kann nach § 50 Abs 2 auch das Gericht angerufen werden, in dessen Bezirk das Rechtschutzinteresse bekannt wird oder sich die Person oder die Sache befindet, auf die sich die einstweilige Anordnung bezieht. Diese Zuständigkeit ist aber nur vorübergehend, denn die Sache ist unverzüglich an das vorgenannte Gericht abzugeben.

223 Im Ergebnis kommt also auch hier eine **Zuständigkeit nach deutscher** lex fori einerseits nur in den seltenen Fällen zum Zuge, in denen nur der Antragsteller seinen gewöhnlichen Aufenthalt im Inland noch nicht ein Jahr oder wenn nur ein Ehegatte die deutsche Staatsangehörigkeit und keiner im Verordnungsgebiet seinen gewöhnlichen Aufenthalt hat (Restzuständigkeit; vgl Staudinger/Spellenberg [2015] Art 7 Brüssel IIa-VO Rn 9 ff) andererseits aber immer mit der oben Rn 218 f beschriebenen Wirkungsbeschränkung.

Für Sorgerechtsregelungen **gehen** die Brüssel IIa-VO und das Haager MSA bzw das KSÜ **vor** (Johannsen/Henrich/Henrich, Familienrecht § 99 FamFG Rn 2 f; Staudinger/Kropholler [2003] Vorbem 35 zu Art 19 EGBGB; BGH 11. 1. 1984 BGHZ 89, 325 = FamRZ 1984, 350 = IPRax 1984, 208 [Henrich 186]; BGH 5. 6. 2002 FamRZ 2002, 1182; OLG München 16. 9. 1992 FamRZ 1993, 349; OLG Stuttgart 30. 4. 1996 FamRZ 1997, 51; OLG Hamburg 1. 11. 1985 IPRax 1986, 386). Zwischen ihnen entscheidet in erster Linie, ob das Kind seinen gewöhnlichen Aufenthalt in einem Mitgliedstaat der Brüssel IIa-VO oder des KSÜ hat. **224**

Einstweilige Anordnungen können unstreitig auch bei Beteiligung ausländischer Staatsangehöriger oder sonstigem **Auslandsbezug** ergehen (OLG Hamm 26. 8. 1971 FamRZ 1972, 143 [Prozesskostenvorschuss]; OLG Hamm 2. 12. 1976 FamRZ 1977, 330 [Ehegattenunterhalt]; BayObLG 18. 1. 1967 FamRZ 1967, 684 [Sorgerecht]). Bei einer Anhängigkeit der **Ehesache im Ausland** ergibt sich die deutsche internationale Zuständigkeit für eine isolierte Anordnung nur aus § 50 Abs 1 S 1 FamFG mit § 51 Abs 3 S 1 FamFG mit § 99 FamFG (Keidel/Giers § 50 FamFG Rn 2), wenn die Hauptsache der Eheauflösung in Deutschland anhängig gemacht werden könnte, und solange die Folgesache noch nicht im Ausland anhängig ist (§ 98 Rn 281). Eine (konkurrierende) Ehezuständigkeit im Inland kann sich sowohl aus Art 3 Brüssel IIa-VO oder auch aus § 98 FamFG ergeben. Erforderlich ist aber ein **inländisches Rechtsschutzinteresse**. **225**

3. Anhängigkeit der Ehesache

Nur deutsches Recht befindet dann darüber, ob eine Ehesache anhängig sein muss. Es gilt auch, wenn das Gericht eine einstweilige Anordnung auf der Grundlage des Art 3 Brüssel IIa-VO behandelt, denn die VO regelt das Verfahren nicht. Nach §§ 51 Abs 3 FamFG und 52 FamFG können einstweilige Anordnungen getroffen werden, auch ohne dass **eine Ehesache anhängig** ist. Dann beginnt das Anordnungsverfahren ohne Hauptsacheverfahren. Ist eine Frist für den Antrag auf Einleitung des Eheverfahrens verstrichen, wird der Antrag auf einstweilige Anordnung allerdings unzulässig bzw ist die Anordnung aufzuheben (§ 52 FamFG). **226**

Hauptsache iSd der §§ 50 ff FamFG ist die **Ehesache**. Das zeigt sich für Ehewohnung- und Hausrat an § 202 FamFG und für Güterrecht an § 263 FamFG. Die dort genannte „Ehesache" ist in § 121 FamFG definiert. Allerdings kann sich, solange die Ehesache nicht anhängig ist, eine andere örtliche Zuständigkeit aus § 201 Nr 2 bis 4 FamFG bzw aus § 262 Abs 2 FamFG ergeben, aber diese Bestimmungen setzen eine deutsche internationale Zuständigkeit voraus, die sich aus den §§ 98 ff FamFG ergibt (Keidel/Giers § 50 FamFG Rn 2). **227**

Die **Ehesache** kann aber auch **im Ausland** anhängig sein, wenn ein **inländisches Rechtsschutzbedürfnis** für eine einstweilige Anordnung besteht (OLG Karlsruhe 6. 3. 1984 IPRax 1985, 106; Rauscher/Rauscher EuZPR/EuIPR [2015] Art 20 Brüssel IIa-VO Rn 9; zögernd Henrich IPRax 1985, 89). Selbst dann sollte die Partei nicht schutzlos bleiben, denn eine ausländische Anordnung wird vielleicht nicht ergehen, und in jedem Fall wird ihre inländische Anerkennung und Vollstreckung zweifelhaft sein und sicher **228** dauern (Rauscher/Leible, EuZPR/EuIPR [2011] Art 31 Brüssel I-VO Rn 17; Spellenberg/Leible ZZPInt 4 [1999] 228; **aA** Schulz ZEuP 2001, 805, 814; C Wolf EWS 2000, 18).

229 Durch die Anhängigkeit der Ehesache im Ausland tritt keine Rechtshängigkeitssperre ein, denn die Streitgegenstände der Hauptsache und der einstweiligen Anordnung im Inland sind nicht identisch. Selbst eine im Ausland ergangene einstweilige Anordnung wird meist nicht sperren, denn solche Anordnungen sind häufig abänderbar. Die in § 52 FamFG erwähnte Fristsetzung für die Erhebung der Eheklage ist allerdings sinnlos, wenn die Eheklage schon im Ausland anhängig ist, und könnte ihrerseits wegen der Rechtshängigkeitssperre auch grundsätzlich nicht im Inland erhoben werden.

230 Bei besonderer Dringlichkeit erlaubt § 50 Abs 2 FamFG eine Zuständigkeit an einem Gericht, das nicht für die Hauptsache zuständig ist bzw wäre. Dieses Gericht muss die Sache unverzüglich von Amts wegen an das Gericht abgegeben wird, das regulär über die einstweilige Anordnung zu entscheiden hat. Eine **grenzüberschreitende Abgabe** ist aber nicht möglich, und eine deutsches Gericht kann in der Hauptsache ggf nicht tätig werden wegen der ausländischen Rechtshängigkeit. Es bleibt nur, dass ein für die Ehesache konkurrierend zuständiges inländisches Gericht die einstweilige Anordnung übernimmt.

231 Ähnlich erlauben Anerkennungs- und Vollstreckungsabkommen wie die für Unterhaltsansprüche einschlägigen Art 14 EG-UntVO/Art 31 LugÜ einstweiligen Rechtsschutz im Inland trotz Anhängigkeit der Hauptsache im Ausland. Die bilateralen Rechtshilfeabkommen hingegen schließen zT einstweilige Anordnungen ganz von ihrer Anwendung aus, oder lassen nur Leistungsverfügungen zu (vgl § 108 Rn 154).

4. Mündliche Verhandlung

232 Nach § 51 Abs 2 FamFG ist grundsätzlich eine mündliche Verhandlung vorgesehen, weil sie in der Hauptsache Eheauflösung vorgesehen ist, doch kann das Gericht auch ohne eine solche entscheiden. Das ist schädlich für die Anerkennung und Vollstreckung in den anderen Mitgliedstaaten der Brüssel IIa-VO, die dann an Art 22 lit b Brüssel IIa-VO scheitert (EuGH 21. 5. 1980 – C-125/79 *Denilauler/Couchet Frères* Rn 13, 17; vgl schon EuGH 27. 3. 1979 – 143/78 *de Cavel v de Cavell Rn 9;* Rauscher/Leible, EuZPR/EuIR, Art 31 Brüssel I-VO Rn 36). Freilich muss der Antragsgegner dann noch die fehlende oder ungenügende oder verspätete Ladung rügen und darf nicht mit der Entscheidung einverstanden sein (vgl Staudinger/Spellenberg [2015] Art 22 Brüssel IIa-VO Rn 71 ff, 87 f).

233 Es genügt den Anforderungen des Art 22 lit b Brüssel IIa-VO nicht, dass der Antragsgegner zu einer mündlichen Verhandlung hätte geladen werden können (§ 51 Abs 2 FamFG), sondern es kommt darauf an, ob eine solche statt gefunden hat. In der Entscheidung Gambazzi des EuGH (EuGH 2. 4. 2009 – C-394/07 *Gambazzi v DaimlerChrysler* Rn 23, IPRax 2010, 164 mAnm Cuniberti 148) findet sich allerdings der Passus, dass eine Entscheidung unter die Anerkennungsregeln des, damaligen, EuGVÜ falle, denen ein kontradiktorisches Verfahren „hätte vorangehen können" bevor in einem anderen Staat die Anerkennung und Vollstreckung beantragt wurde. Die

Anerkennung könnte aber noch am ordre public scheitern, wenn dem Antragsgegner ohne schwerwiegende Gründe kein rechtliches Gehör gewährt wurde.

5. Anwendbares Recht

Die §§ 49 ff FamFG enthalten rein prozessuale Regelungen. Die Rechtsgrundlage **234**
für die danach anzuordnenden Maßnahmen bestimmen sich nach dem vom **IPR** berufenen materiellen Recht (OLG München 24. 1. 1980 FamRZ 1980, 448; OLG Düsseldorf 18. 5. 1978 FamRZ 1978, 908; OLG Hamm 8. 12. 1976 FamRZ 1977, 330; Beitzke IPRax 1981, 122 f; Leipold, Grundlagen des einstweiligen Rechtsschutzes 166; Stein/Jonas/Schlosser § 620 ZPO Rn 8, 9; Goerke FamRZ 1974, 57 ff; Wuppermann FamRZ 1970, 177 ff). Auch im summarischen Verfahren ist, genauso wie im Hauptsacheverfahren, die Rechtsgrundlage für die anzuordnende Maßnahme im vom IPR berufenen materiellen Recht zu suchen (Henrich, in: FS Ferid [1988] 158; Lindacher, in: FS Schumann [2001] 289; MünchKomm/vHein Einl IPR Rn 300; Linke/Hau, IZVR Rn 15.12; Stein/Jonas/Leipold § 293 ZPO Rn 55; Lindacher, in: FS Schumann [2001] 283, 291). Man muss jedoch gewisse Abstriche machen, wenn die Eilbedürftigkeit das wirklich verlangt.

Es geht aber **nicht** an, unter Berufung auf die Eilbedürftigkeit und die Schwierig- **235**
keiten der Ermittlung **generell** auf die lex fori zurückzugreifen (Luther, in: FS Bosch [1976] 570 f; Wuppermann FamRZ 1970, 77, 180; Beitzke IPRax 1981, 122 f; Zöller/Geimer § 293 Rn 11, 19; Leipold, Grundlagen des einstweiligen Rechtsschutzes [1971] 166 f; Henrich, in: FS Ferid [1988] 158; Spellenberg/Leible, in: Gilles [Hrsg], Transnationales Prozeßrecht [1995] 317 f; OLG Oldenburg 16. 9. 1980 IPRax 1981, 136; LG Hamburg 5. und 22. 1. 1973 RabelsZ 37 [1973] 578; OLG Düsseldorf 19. 1. 1978 FamRZ 1978 [Prozesskostenhilfe]; OLG München 24. 1. 1980 FamRZ 1980, 448; OLG Düsseldorf 12. 5. 1975 FamRZ 1975, 634; OLG Köln 5. 7. 1971 NJW 1972, 394; OLG Frankfurt 24. 4. 1970 IPRspr 1970 Nr 50; **aA** aber Raape/Sturm IPR [6. Aufl 1977] 308; OLG Karlsruhe 3. 3. 1972 und 31. 7. 1972 Justiz 1972, 203 und 313; OLG Karlsruhe 13. 8. 1975 StAZ 1976, 19; OLG Köln 20. 2. 1973 MDR 1973, 674 f = IPRspr 1973 Nr 149; OLG Hamburg 26. 2. 1968 MDR 1968, 670).

Je nach der Eilbedürftigkeit können die **Ermittlungspflichten** des Gerichts **und** die **236**
Anforderungen an **die Gewissheit** des Ermittlungsergebnisses in Maßen verringert werden, auch kann **mehr Mitwirkung der** Parteien insbesondere des Antragstellers erwartet werden, ohne dass dieser aber die Beweislast für das fremde Recht tragen müsste (Spellenberg/Leible s Rn 235; Mankowski/Kerfack IPRax 1990, 372, 374) Diese Erleichterungen können freilich nicht quantifiziert werden, sollen aber zurückhaltend angewandt werden. Es erscheint immer noch besser, notfalls etwa eine summarische Ermittlung und Erkenntnis des ausländischen Rechts genügen zu lassen, als das vom deutschen IPR nicht berufene deutsche Sachrecht anzuwenden (Spellenberg/Leible Rn 235, 317 f). Da die Richtigkeitsgewähr solcher Eilentscheidungen dann reduziert ist, wird man eine Abwägung der Interessen der Parteien vornehmen müssen (näher Leipold, Einstweiliger Rechtsschutz 165 ff; Mankowski/Kerfack IPRax 1990, 372, 374; etwas zu großzügig OLG Düsseldorf 30. 5. 1974 FamRZ 1974, 456; Henrich, in: FS Ferid [1988] 158, enger IPRax 1985, 90). Man wird auf ein pflichtgemäßes Ermessen des Gerichts vertrauen müssen. Ist das ausländische Recht wirklich nicht zu ermitteln, so sollte nach den oben Rn 119 ff, 123 angegebenen Ersatzlösungen verfahren werden. Hau (Linke/Hau, IZVR Rn 15.12) verweist nur ausnahmsweise auf die lex fori, dabei könnte auch eine Haftung des Antragstellers in Betracht gezogen werden, wenn im

Hauptsacheverfahren die Rechtslage aufgeklärt werde, oder die Abweisung des Eilantrags, wenn seine rechtliche Grundlage zweifelhaft ist.

237 Bei Befriedigungsverfügungen wie namentlich auf Unterhalt, in denen eine nicht mehr rückgängig zu machende Entscheidung getroffen wird, ist große Vorsicht geboten und wenn irgend möglich das maßgebende ausländische Recht zu ermitteln, denn anderenfalls wird sehenden Auges eine uU falsche Entscheidung in Kauf genommen und nicht nur eine spätere Vollstreckung gesichert (MünchKomm/vHEIN Einl IPR Rn 578). Dies gilt auch für die Anordnung eines **Prozesskostenvorschusses** eines Ehegatten auf der Grundlage des § 1360a Abs 4 BGB (OLG München 24. 1. 1980 FamRZ 1980, 448).

238 Doch muss man je nach dem Gewicht der Regelung und ihrer Dringlichkeit **differenzieren**: Der Kostenvorschuss ist idR nicht so dringlich, dass das ausländische Recht nur oberflächlich geprüft werden könnte, der Unterhalt ist dringlich, wenn die Gläubiger ihn zum Leben brauchen, eventuell kann er aber auf einen dafür nötigen Teil beschränkt werden. Regelungen nach dem Gewaltschutzgesetz (§ 111 Nr 6 GewSchG) sind dringlich, doch wird der Richter selten nach ausländischem Recht zu entscheiden haben, ggf muss eine summarische Prüfung genügen. Die dringenden Situationen der Kindesentführung unterfallen dem HKEntfÜ und der Brüssel IIa-VO.

Unterabschnitt 3
Anerkennung und Vollstreckung ausländischer Entscheidungen

§ 107 FamFG
Anerkennung ausländischer Entscheidungen in Ehesachen

(1) Entscheidungen, durch die im Ausland eine Ehe für nichtig erklärt, aufgehoben, dem Bande nach oder unter Aufrechterhaltung des Ehebandes geschieden oder durch die das Bestehen oder Nichtbestehen einer Ehe zwischen den Parteien festgestellt ist, werden nur anerkannt, wenn die Landesjustizverwaltung festgestellt hat, dass die Voraussetzungen für die Anerkennung vorliegen. Hat ein Gericht des Staates entschieden, dem beide Ehegatten zur Zeit der Entscheidung angehört haben, so hängt die Anerkennung nicht von einer Feststellung der Landesjustizverwaltung ab.

(2) Zuständig ist die Justizverwaltung des Landes, in dem ein Ehegatte seinen gewöhnlichen Aufenthalt hat. Hat keiner der Ehegatten seinen gewöhnlichen Aufenthalt im Inland, so ist die Justizverwaltung des Landes zuständig, in dem eine neue Ehe geschlossen werden soll; die Justizverwaltung kann den Nachweis verlangen, dass das Aufgebot bestellt oder um Befreiung von dem Aufgebot nachgesucht ist. Soweit eine Zuständigkeit nicht gegeben ist, ist die Justizverwaltung des Landes Berlin zuständig.

(3) Die Landesregierungen können die den Landesjustizverwaltungen nach diesem Gesetz zustehenden Befugnisse durch Rechtsverordnung auf einen oder mehrere Präsidenten des Oberlandesgerichts übertragen. Die Landesregierungen können die Ermächtigung auf die Landesjustizverwaltungen übertragen.

(4) Die Entscheidung ergeht auf Antrag. Den Antrag kann stellen, wer ein rechtliches Interesse an der Anerkennung glaubhaft macht.

(5) Lehnt die Justizverwaltung den Antrag ab, so kann der Antragsteller die Entscheidung des Oberlandesgerichts beantragen.

(6) Stellt die Landesjustizverwaltung fest, dass die Voraussetzungen für die Anerkennung vorliegen, so kann ein Ehegatte, der den Antrag nicht gestellt hat, die Entscheidung des Oberlandesgerichts beantragen. Die Entscheidung der Landesjustizverwaltung wird mit der Bekanntmachung an den Antragsteller wirksam. Die Landesjustizverwaltung kann jedoch in ihrer Entscheidung bestimmen, dass die Entscheidung erst nach Ablauf einer von ihr bestimmten Frist wirksam wird.

(7) Zuständig ist ein Zivilsenat des Oberlandesgerichts, in dessen Bezirk die Landesjustizverwaltung ihren Sitz hat. Der Antrag auf gerichtliche Entscheidung hat keine aufschiebende Wirkung. Für das Verfahren gelten die Abschnitte 4 und 5 sowie § 14 Abs. 1 und 2 und § 48 Abs. 2 entsprechend.

(8) Die vorstehenden Vorschriften sind entsprechend anzuwenden, wenn die Feststellung begehrt wird, dass die Voraussetzungen für die Anerkennung einer Entscheidung nicht vorliegen.

(9) Die Feststellung, dass die Voraussetzungen für die Anerkennung vorliegen oder nicht vorliegen, ist für Gerichte und Verwaltungsbehörden bindend.

(10) War am 1. November 1941 in einem deutschen Familienbuch (Heiratsregister) auf Grund einer ausländischen Entscheidung die Nichtigerklärung, Aufhebung, Scheidung oder Trennung oder das Bestehen oder Nichtbestehen einer Ehe vermerkt, steht der Vermerk einer Anerkennung nach dieser Vorschrift gleich.

Materialien: BT-Drucks 12/6243.

Schrifttum: Vgl weiter bei § 108 FamFG.

Andrae/Abbas, Personenstandsrechtliche Behandlung einer gleichgeschlechtlichen Eheschließung, StAZ 2011, 97
Andrae/Heidrich, Aktuelle Fragen zum Anwendungsbereich des Verfahrens nach Art 7 § 1 FamRÄndG, FamRZ 2004, 1622
dies, Die Anerkennung ausländischer Entscheidungen in Ehe- und Lebenspartnerschaftssachen, FPR 2004, 292
dies, Die Zukunft des förmlichen Anerkennungsverfahrens gem Art. 7 § 1 FamRÄndG, FPR 2006, 222
Dutta, Die Inzidentprüfung der elterlichen Sorge bei Fällen mit Auslandsbezug – eine Skizze, StAZ 2010, 193
Funken, Das Anerkennungsprinzip im IPR – Perspektiven eines europäischen Anerkennungsrechts für Statusfragen (2009)
Gärtner, Die Privatscheidung im deutschen und gemeinschaftsrechtlichen Internationalen Privat- und Verfahrensrecht (2008)
Gottwald, Zur Anerkennung ausländischer Ehescheidungen – verfahrensrechtliche und kollisionsrechtliche Fragen, in: FS Rüßmann (2013) 771
Haecker, Die Anerkennung ausländischer Entscheidungen in Ehesachen (3. Aufl 2009)
Hau, Das Internationale Zivilverfahrensrecht im FamFG, FamRZ 2009, 821
ders, Zum Anwendungsbereich des obligatorischen Anerkennungsverfahrens für ausländische Ehestatusentscheidungen, in: FS Spellenberg (2010) 435
Heiderhoff, Die Anerkennung ausländischer Entscheidungen in Ehesachen, StAZ 2009, 328
Helms, Neubewertung von Privatscheidungen nach ausländischem Recht vor dem Hintergrund der Entwicklungen im deutschen Sach-, Kollisions- und Verfahrensrecht, in: FS Coester-Waltjen (2015) 431
Helms/Kröner, Auswirkungen des FamFG auf die personenstandsrechtliche Praxis, StAZ 2009, 325
Laborde, Abschaffung des Exequaturverfahrens im Europäischen Internationalen Familienverfahrensrecht?, in: Internationales Familienrecht für das 21. Jahrhundert: Symposium zum 65. Geburtstag von Ulrich Spellenberg (2006) 77
Lakis, Gestaltungsakte im internationalen Rechtsverkehr (2007)
Lippke, Der Status im EuZVR – Scheidung und Scheidungsfolgen im Anerkennungsrecht (2008)
Pabst, Entscheidungsumwandlung einer Ehetrennung in eine Ehescheidung?, FPR 2008, 230
Schack, Das Anerkennungsverfahren in Ehesachen nach § 107 FamFG – Vorbild für Europa?, in: FS Spellenberg (2010) 497
Sonnenberger, Anerkennung statt Verweisung? Eine neue internationalprivatrechtliche Methode?, in: FS für Spellenberg (2010) 371

Toscana, Ehescheidung mit grenzüberschreitendem Bezug (2011)
Wall, Fallen EU-Entscheidungen über die Anerkennung von Drittstaaten-Entscheidungen in den Anwendungsbereich der EuEheVO? StAZ 2012, 27
ders, Maßgeblicher Zeitpunkt für das Vorliegen einer Heimatstaatenentscheidung iS von § 107 Abs 1 Satz 2 FamFG, StAZ 2013, 146

Älteres Schrifttum:

Basedow, Auslandsscheidungen vor deutschen Gerichten und Behörden – Zwei Verfahrensfragen, StAZ 1977, 6
ders, Die Anerkennung von Auslandsscheidungen, Arbeiten zur Rechtsvergleichung, Bd 103 (1980)
Beule, Die Anerkennung ausländischer Entscheidungen in Ehesachen, insbesondere bei Privatscheidungen, StAZ 1979, 29
ders, Einige Zahlen zur Anerkennung ausländischer Ehescheidungen, StAZ 1982, 154 f
ders, Ein Verstoß gegen das Scheidungsmonopol der deutschen Gerichte, IPRax 1988, 150
Breidenbach, Zur Anerkennung ausländischer Entscheidungen in Ehesachen und deren namensrechtlichen Auswirkungen, StAZ 1979, 131
Bürgle, Zur Konkurrenz von inländischen Scheidungsverfahren mit ausländischen Scheidungsverfahren und -urteilen, IPRax 1983, 281
P Decker, Die Anerkennung ausländischer Entscheidungen im Zivilprozeß (Diss Regensburg 1984)
Geimer, Das Anerkennungsverfahren für ausländische Entscheidungen in Ehesachen, NJW 1967, 1398
Kleinrahm, Die Feststellungsbefugnis der Landesjustizverwaltungen nach Art. 7 FamRÄndG, StAZ 1969, 57
Kleinrahm/Partikel, Die Anerkennung ausländischer Entscheidungen in Ehesachen (2. Aufl 1970)
Krzywon, Die Anerkennung ausländischer Entscheidungen in Ehesachen, StAZ 1989, 93
W Reinl, Die Anerkennung ausländischer Eheauflösungen (Diss Würzburg 1966)
ders, Anmerkungen zum Verfahren der Anerkennung ausländischer Eheurteile gemäß Art. 7 FamRÄndG 1961, FamRZ 1969, 453
Schwenn, Anerkennung ausländischer Eheurteile, in: Beitzke (Hrsg), Vorschläge und Gutachten zur Reform des deutschen internationalen Personen-, Familien- und Erbrechts (1981) 134
Siehr, Privatscheidungen und Anerkennungsverfahren nach Art. 7 § 1 FamRÄndG, FamRZ 1969, 184.

Systematische Übersicht

Alphabetische Übersicht

I. Allgemeines

1. Zweck. Rechtsvergleichung

1 § 107 FamFG übernimmt mit gewissen Änderungen, die vor allem das Verfahren der Entscheidung durch das OLG betreffen, den Art 7 § 1 FamRÄndG 1961. Er steht übrigens an falscher Stelle: sachlich richtige Reihenfolge wäre gewesen § 108, § 109 FamFG und dann § 107 FamFG (Zöller/Geimer § 107 FamFG Rn 1; zust Prütting/Helms/Hau § 107 FamFG Rn 2). Es dient mit seiner **Monopolisierung** und der **Wirkung erga omnes** der Feststellung der Anerkennungsvoraussetzungen dazu, Klarheit und Einheitlichkeit in der Beurteilung ausländischer Statusentscheidungen herbeizuführen. Ohne ein solches Verfahren hätte jedes Gericht und jede Behörde (zB der Standesbeamte) die Vorfrage der Gültigkeit der Scheidung oder sonstigen Eheaufhebung inzident zu prüfen, sodass nicht gesichert wäre, dass die Frage stets einheitlich beurteilt würde (Bürgle IPRax 1983, 282 gegen BGH ebenda 292; Schack, in: FS Spellenberg [2010] 497, 498 f; Hau, in: FS Spellenberg [2010] 435 f; Prütting/Helms/Hau Rn 1). Zudem soll die Einschaltung einer spezialisierten Behörde dazu dienen, dass schnell und sachkundig entschieden wird. Andrae und Heidrich meinen aber, dass man darauf verzichten könne, die vorherige Anerkennungsfeststellung zwingend zu machen (FPR 2006, 222, 223 ff).

2 Uneinheitliche Beurteilung erschien dem Gesetzgeber gerade in Statusfragen, von denen oft eine größere Zahl von Folgen abhängt, nicht erträglich (ebenso Habscheid FamRZ 1973, 432 und FamRZ 1967, 363; Geimer NJW 1967, 1398). Hier spiegelt sich auch das besondere Interesse der Umwelt und der Öffentlichkeit an der Klarheit von Statusverhältnissen wider (vgl BGH 11. 7. 1990 BGHZ 112, 127 = StAZ 1991, 11; BayObLG 21. 8. 1975 BayObLGZ 1975, 339 = NJW 1976, 1037; BayObLG 11. 6. 1979 BayObLGZ 1979, 193 = FamRZ 1979, 1015). Mit der Konzentration bei den LJVen bzw den Präsidenten der OLG kann erreicht werden, dass sich mit den Fragen besonders des § 109 FamFG sachkundige Personen beschäftigen (KG 20. 6. 1984 StAZ 1984, 309). (Über die dort verfügbaren Quellen ist allerdings nichts bekannt). Die Feststellung der Anerkennung wie der Nichtanerkennung hat dann im Prinzip Rechtskraft inter omnes (unten Rn 111) und soll vermeiden, dass darüber von verschiedenen Gerichten verschieden entschieden wird.

3 **Vergleichbare Verfahren** gehen anscheinend in der Welt zurück; sie waren jedenfalls als zwingendes behördliches Verfahren in Europa ohnehin nicht sehr verbreitet (Rvgl bei Andrae/Heidrich FPR 2006, 222, 226): Österreich, wo § 24 der 4. DVO zum EheG von 1941 weitergalt, der in Deutschland der Vorläufer von Art 7 § 1 FamRÄndG war, hat mit dem AußStrG zum 13. 12. 2003 die obligatorische Delibation abgeschafft, sie allerdings in §§ 98, 99 AußStrG als fakultative beibehalten. Bekannt war das Delibationsverfahren in Italien (Art 796 ff c proc civ), das aber durch das IPR-Gesetz vom 31. 3. 1995 mit Wirkung zum 1. 1. 1997 beseitigt ist (Text IPRax 1996,

356 ff; dazu Pocar IPRax 1997, 160 f). Förmliche Anerkennungsverfahren waren im Übrigen in den sozialistischen Ländern einschließlich der früheren DDR (§ 194 Abs 1 ZPO) verbreitet. Andererseits findet sich in Staaten, die grundsätzlich ein Exequatur-Urteil verlangen, gerade umgekehrt und erstaunlicherweise nicht selten, dass Statusurteile von diesem Erfordernis der förmlichen Anerkennung ausgenommen werden. So ist es in Belgien, Frankreich und den Niederlanden (zu Frankreich vgl Laborde, in: Symposium Ulrich Spellenberg [2006] 77 f mNw). Dies relativiert ein wenig die Vorstellung, dass ein förmliches Anerkennungsverfahren bei Statusentscheidungen unverzichtbar sei. Es sei aber daran erinnert, dass Art 21 Abs 3 Brüssel IIa-VO immerhin eine freiwillige Feststellung der eingetretenen oder nicht eingetretenen Anerkennung vorsieht.

2. Vorrang der Brüssel IIa-VO und von Staatsverträgen

a) Brüssel IIa-VO

4 Der von § 97 FamFG in Erinnerung gerufene „Vorrang" insbesondere des EU-Rechts gilt auch für die Anerkennung. So verzichtet Art 21 Brüssel IIa-VO auf ein förmliches Anerkennungsverfahren zugunsten einer automatischen Anerkennung, erkennt aber dennoch ein Bedürfnis an gerichtlicher Klärung an, indem Art 21 Abs 3 Brüssel IIa-VO ein wohl **streitiges Feststellungsverfahren** auf **Antrag einer Partei** vorsieht (vgl Staudinger/Spellenberg [2015] Art 21 Brüssel IIa-VO Rn 96 ff, 101), das dann allerdings hinter § 107 FamFG in zweierlei Hinsicht zurückbleibt: Zum einen, indem das Urteil nur seine Parteien bindet. Im Übrigen kann und muss jedes andere Gericht oder jede Behörde zwischen anderen Parteien über die Wirksamkeit der Anerkennung inzident entscheiden, wenn es darauf als Vorfrage ankommt. Das schafft die Gefahr der Widersprüche. Zum andern ist bei Art 21 Abs 3 Brüssel IIa-VO nicht das Verfahrensrecht des FamFG anzuwenden, und zB nicht § 26 FamFG (Amtsermittlung). Daher ist streitig, ob auch bei Entscheidungen aus anderen Mitgliedstaaten der Brüssel IIa-VO wenigstens freiwillig ein Anerkennungsfeststellungsverfahren mit erweiterter Wirkung beantragt werden darf (unten Rn 102), das dann nach § 107 FamFG durchzuführen wäre.

5 Der Vorrang gilt für Statusentscheidungen aus allen Mitgliedstaaten der Brüssel IIa-VO, wobei unerheblich ist, ob sie auch aufgrund der Brüssel IIa-VO zuständig waren. Dagegen gilt § 107 FamFG für Urteile aus allen **Drittstaaten**. Eine gewisse Modifikation bzgl der Zuständigkeit findet sich bei einstweiligen Anordnungen gem Art 20 Brüssel IIa-VO (vgl Staudinger/Spellenberg [2015] Art 20 Brüssel IIa-VO Rn 9).

6 Daneben erfasst Art 21 Brüssel IIa-VO, der sich am traditionellen Ehebild ausrichtet. die homosexuellen **Partnerschaften** nicht. Auch die **reine Privatscheidung** fällt unstreitig nicht unter Art 21 Brüssel IIa-VO (Staudinger/Spellenberg [2015] Art 21 Brüssel IIa-VO Rn 16). So ist zuerst zu fragen, ob die fragliche ausländische Entscheidung unter Art 21 Brüssel IIa-VO fällt. Ist das zu verneinen, greifen uU §§ 107 ff FamFG, die mehr als jener umfassen.

b) Staatsverträge

7 Art 27 mit 28 Abs 1 des deutsch-tunesischen Vertrags über Rechtsschutz und Rechtshilfe v 19. 7. 1966 (BGBl 1969 II 889) sieht die beiderseitige Anerkennung auch von Eheurteilen vor und regelt in Art 29 die Anerkennungshindernisse. Sachlich

sind die Anerkennungsvoraussetzungen des § 109 FamFG aber idR günstiger und gelten nach dem Günstigkeitsprinzip vorrangig (Keidel/Zimmermann Rn 7). Der Vertrag sagt jedoch nicht, dass kein Verfahren nach § 107 FamFG verlangt werden dürfe, und steht daher auch **§ 107 FamFG nicht entgegen** (Prütting/Helms/Hau § 103 FamFG Rn 17). Dasselbe gilt für das deutsch-schweizerische Abkommen über die gegenseitige Anerkennung und Vollstreckung von gerichtlichen Entscheidungen und Schiedssprüchen v 2. 11. 1929 (RGBl 1930 II 1270; OLG München 14. 7. 2009 FamRZ 2009, 1401 sub II 1 c). Das LugÜ, das im Übrigen jenes Abkommen ersetzt, regelt Eheverfahren nicht. Der deutsch-marokkanische Rechtshilfevertrag v 29. 10. 1985 (BGBl 1988 II 1055) befasst sich dagegen nicht mit der Anerkennung von Urteilen. Der deutsch-israelische Vertrag v 20. 7. 1977 (BGBl 1980 II 925) nimmt in Art 4 Abs 1 Nr 1 Ehesachen und andere Familiensachen aus.

3. Anwendungsbereich

a) Zeitlicher Anwendungsbereich

Nach § 111 FGG-RG gelten die §§ 107 ff FamFG, wenn das Verfahren der Anerkennung nach dem **31. 8. 2009** eingeleitet oder beantragt wurde (Einl zu §§ 97 ff Rn 6). Für bis **zu diesem Zeitpunkt** eingeleitete Anerkennungsverfahren gilt noch § 328 ZPO aF mit Art 7 § 1 FamRÄndG aF, auch wenn sie erst danach beendet werden. Beantragt ist die Delibation mit Eingang des Antrags bei der LJV. Es genügt auch ein Prozesskostenhilfeantrag, wenn der Hauptantrag erkennbar gemacht und nicht nur unter der Bedingung der Bewilligung gestellt werden soll (MünchKommFamFG/Pabst Anh Art 111 FGG-RG Rn 6). Entscheidend ist der Beginn des Anerkennungsverfahrens, nicht der Zeitpunkt des anzuerkennenden Urteils. **8**

Die Brüssel IIa-VO beschränkt die §§ 107 ff FamFG auch in zeitlicher Hinsicht, denn für Entscheidungen aus Mitgliedstaaten gilt grundsätzlich seit dem Inkrafttreten der Brüssel II-VO am 1. 3. 2001 die automatische Anerkennung nach den Vorgaben der Brüssel II bzw IIa-VO (Hau, in: FS Spellenberg [2010] 435, 444; näher Staudinger/Spellenberg [2015] Art 64 Brüssel IIa-VO Rn 26 ff), sodass für diese Entscheidungen nach den Stichtagen weder die §§ 107 ff FamFG noch §§ 328 ZPO aF mit Art 7 § 1 FamRÄndG aF eingreifen. Nach der Rechtsprechung des EuGH tritt aber an die Stelle dieser Stichtage der Tag des **Beitritts der neuen Mitgliedstaaten** zur EU (zuletzt EuGH 17. 6. 2010 – C-312/09 *Michalias v Ioannou-Michalia* Rn 24 f); der letzte war Kroatien zum 1. 7. 2013. Für Entscheidungen aus Kroatien galt also für die vor 1. 7. 2013 und nach dem 31. 8. 2009 (Inkrafttreten des FamFG) beantragten Anerkennungen § 107. Für noch ältere Verfahren gelten die §§ 328 ZPO aF und Art 7 § 1 FamRÄndG aF. **9**

b) Sachlicher Anwendungsbereich

Sachlich beschränkt sich die Brüssel IIa-VO auch gegenüber Mitgliedstaaten auf statusändernde Entscheidungen, dh Eheaufhebungen, Scheidungen und Trennungen von Tisch und Bett (Art 1 Brüssel IIa-VO), sodass umgekehrt von den in § 121 FamFG aufgelisteten Ehesachen Antragsabweisungen und Feststellungsurteile unter § 107 FamFG fallen können (vgl unten Rn 78 f), denn Klagabweisungen und **Feststellungsurteile** selbst aus Mitgliedsländern unterfallen nicht der Brüssel IIa-VO, sodass für sie weiterhin die §§ 107 ff FamFG heranzuziehen sind. **10**

4. Geschichte

11 Das selbständige und mit Bindungswirkung versehene Feststellungsverfahren in Ehesachen wurde erst 1941 mit § 24 der 4. DVO zum EheG eingeführt. Nach 1945 galt diese Regelung zunächst weiter und wurde durch § 28 der AVO zum EheG v 12. 7. 1948 mit im Wesentlichen gleichem Inhalt abgelöst. Während 1941 der Reichsjustizminister für die Anerkennung zuständig war, waren nach 1945 die LJV in der französischen und amerikanischen Zone zuständig, und in der britischen der OLG-Präsident. Die Bundesregierung entschied am 6. 12. 1949 (BGB I 34), dass durchweg die LJVen zuständig seien, hat aber 1994 den Ländern die Übertragung auf die Präsidenten der OLG erlaubt (unten Rn 141).

12 Von größerer Bedeutung war, dass mit Art 19 Abs 4 GG 1949 die ursprüngliche Unanfechtbarkeit der Entscheidungen des Reichsjustizministeriums nicht mehr aufrechtzuerhalten war. Mit Wirkung v 1. 4. 1960 wurde die Zuständigkeit für die Anfechtung von Bescheiden der LJV auf die Oberlandesgerichte übertragen (§§ 23–30 EGGVG). Schließlich wurden diese Regelungen zum 1. 1. 1962 durch Art 7 § 1 FamRÄndG aF ersetzt. Die Zuständigkeit blieb bei den Landesjustizverwaltungen und Rechtsmittel gegen deren Entscheidungen gingen weiterhin an das Oberlandesgericht. Eine weitere Änderung brachte das **1. Gesetz zur Reform des Ehe- und Familienrechts** v 14. 6. 1976. Nachdem bis dahin gegen Entscheidungen des Oberlandesgerichts überhaupt keine Rechtsmittel zulässig waren, waren die Oberlandesgerichte jetzt immerhin zur Vorlage an den BGH verpflichtet, wenn sie von einer Entscheidung eines anderen Oberlandesgerichts oder des BGH abweichen wollen (Art 7 § 1 Abs 6 S 4 FamRÄndG iVm § 28 Abs 2, 3 FGG aF). Die Entscheidung des OLG ist jedoch sonst unanfechtbar (Art 7 § 1 Abs 6 S 5 FamRÄndG aF). Mit der Vorlagepflicht war Forderungen der Literatur Rechnung getragen worden (vgl Staudinger/Gamillscheg[10/11] § 328 ZPO aF Rn 472, 551).

13 Das Gesetz zur Reform des Internationalen Privat- und Verfahrensrechts von 1986 hat nichts geändert, doch kam 1994 in Art 7 § 1 FamRÄndG aF der Abs 2a hinzu (Übertragung der Kompetenz auf den Präsidenten des OLG) (BGBl I 1374). Das **FamFG 2009** hat den Text fast unverändert übernommen. Änderungen betreffen vor allem das Verfahren, das bei der LJV bzw meist bei einem Präsidenten des OLG als Justizverwaltungshörde beginnt, mit der Möglichkeit der „Beschwerde" (Antrag auf Entscheidung) an einen Zivilsenat des OLG und der Rechtsbeschwerde zum BGH (§ 70 FamFG), während bisher das OLG nur im Falle der Divergenz dem BGH vorlegen konnte.

14 Dass die Feststellungskompetenz bei den Ländern und nicht beim Bund liegt, hat man kritisiert (Siehr FamRZ 1969, 185; Schwenn, in: Lauterbach [Hrsg], Vorschläge und Gutachten zur Reform des deutschen internationalen Eherechts [1962] 143), doch sollte dem Bedürfnis nach bundesweiter Information über geschehene Anerkennungen wohl ausreichend durch die beim Bundesjustizministerium seit 1951 geführte **Zentralkartei** aller Bescheide genügen. Sie ist leider ab 1990 nicht mehr fortgeführt und 1993 auch vernichtet worden. Damit besteht die Gefahr, dass bei einem erneuten Anerkennungsantrag unbekannt bleibt, dass schon einmal entschieden wurde, zumal an dem neuen Antrag keine Partei aus dem früheren Verfahren beteiligt sein muss. Der Antrag an das OLG ist auf einen Monat **befristet** (§ 107 Abs 7 S 3 FamFG mit § 63

FamFG). Es gibt aber eine Möglichkeit der Wiedereinsetzung (§ 107 Abs 7 FamFG mit § 48 Abs 2 FamFG).

5. Verfassungsmäßigkeit

Die Übertragung der Feststellungsbefugnis auf die Verwaltungsbehörde ist verschiedentlich als ein Verstoß gegen das **Gerichtsmonopol** des Art 92 GG angesehen worden (LAUTERBACH RabelsZ 17 [1952] 691, anders aber ZZP 81 [1968] 306; BEITZKE JZ 1956, 499; D MÜLLER FamRZ 1967, 707; REINL FamRZ 1969, 454; GEIMER NJW 1974, 1630; ZÖLLER/GEIMER Rn 3; vgl auch BGH 9. 5. 1956 BGHZ 20, 323 = FamRZ 1956, 276 [BOSCH] = JZ 1956, 496 [BEITZKE] = StAZ 1956, 169 = NJW 1956, 1436 = ZZP 69 [1956], 288; OLG Düsseldorf 5. 6. 1957 IPRspr 1956/57 Nr 200 = MDR 1957, 680; Bedenken bei NEUHAUS FamRZ 1964, 24 und RabelsZ 31 [1967] 580 sowie 35 [1971] 356). Auch die OLG-Präsidenten erlassen Justizverwaltungsakte. 15

Letztlich haben sich diese Einwände, die oft auch nur Zweifel waren, nicht durchgesetzt, und die Verfassungsmäßigkeit der Regelung kann heute als gesichert gelten (zB GRUNSKY, in: GILLES [Hrsg], Humane Justiz [1977] 128; MARTINY, Hdb IZVR Bd III/1 Kap I Rn 1682; MünchKommFamFG/RAUSCHER Rn 13; weiterhin zweifelnd jedoch STEIN/JONAS/H ROTH § 328 ZPO Rn 190). Vor allem hat sich die Rechtsprechung konstant für die Verfassungsmäßigkeit ausgesprochen (BGH 14. 10. 1981 BGHZ 82, 34, 39 = NJW 1982, 517 = IPRax 1983, 37 [KEGEL 22]; BayObLG 24. 6. 1977 BayObLGZ 1977, 180 = FamRZ 1978, 243 = StAZ 1977, 309; OLG Düsseldorf 17. 5. 1974 FamRZ 1974, 528 [BEITZKE, OTTO 655]; OLG Düsseldorf 28. 2. 1975 FamRZ 1975, 584 [GEIMER] = StAZ 1975, 189; OLG Düsseldorf 10. 3. 1976 OLGZ 1976, 291 = FamRZ 1976, 355 = MDR 1976, 849; OLG Düsseldorf 27. 7. 1976 IPRspr 1976 Nr 180; OLG Düsseldorf 16. 1. 1981 IPRspr 1981 Nr 191; JM NRW 16. 12. 1974 IPRspr 1975 Nr 175a). 16

Die Entscheidung der LJV über die Anerkennung ausländischer Statusentscheidungen ist keine rechtsprechende Tätigkeit auf dem Gebiet des bürgerlichen Rechts, sondern ein Justizverwaltungsakt. Dennoch ist dem Gebot, die rechtsprechende Gewalt unabhängigen Gerichten zu überlassen, durch die Möglichkeit der Beschwerde zum OLG und nun sogar der Rechtsbeschwerde zum BGH Genüge getan (MünchKommFamFG/RAUSCHER Rn 13; **aA** früher STURM, in: FS Beitzke [1979] 803 Fn 80). 17

6. Verhältnis zu § 109 FamFG

Der Vorrang der Brüssel IIa-VO bedeutet zunächst, dass die Anerkennungsvoraussetzungen vorrangig und allein den Art 22, 24 bis 26 Brüssel IIa-VO zu entnehmen sind für die Entscheidungen aus Mitgliedsländern, die Art 21 Brüssel IIa-VO erfasst. Diese und nicht § 109 FamFG gelten auch für ein freiwilliges Delibationsverfahren, wenn man dies wie unten Rn 102 auch gegenüber der Brüssel IIa-VO zulässt. § 107 FamFG ist wie schon Art 7 § 1 FamRÄndG aF eine reine **Verfahrensregelung**. Die **Maßstäbe**, nach denen dann über die Anerkennung zu entscheiden ist, finden sich in § 109 FamFG und in Anerkennungsabkommen für gerichtliche und behördliche Statusänderungen (GEIMER FamRZ 1975, 587). 18

Es besteht insbesondere keine Parallele derart, dass § 107 FamFG immer und nur auf § 109 FamFG verweist, vielmehr sind alle **Privatscheidungen** unter Mitwirkung einer Behörde, und sei sie auch nur beurkundend, zwar dem Anerkennungsverfah- 19 ren unterworfen, während hinsichtlich der Anerkennungshindernissen § 109 FamFG nur gilt, wenn das Gericht oder die Behörde die Statusveränderung **konstitutiv** herbeiführen (vgl Rn 58). Bei Scheidungen die konstitutiv auf privatem Rechtsgeschäft beruhen, entscheidet das von Art 17 Abs 1, 14 Abs 1 EGBGB bzw nun Art 5 und Art 8 Rom III-VO benannte Ehe- bzw Scheidungsstatut über ihre Wirksamkeit. Es ist bei einem obligatorischen oder freiwilligen Delibationsverfahren (§ 107 FamFG) zwischen dem Verfahren und den materiellen Regelungen der Anerkennungsfähigkeit zu unterscheiden (so auch MünchKommFamFG/Rauscher Rn 26; Prütting/Helms/Hau Rn 16 f).

II. Landesjustizverwaltung

1. Anerkennungsmonopol

20 Gegenstand des Verfahrens nach § 107 FamFG ist die Prüfung, ob eine im Ausland vorgenommene Auflösung des Ehebandes in Deutschland wirkt. Dafür muss sie zunächst im Ausland wirksam sein, denn sonst kann auch keine Wirkung erstreckt werden. Eheauflösungen aller Art von außerhalb der Brüssel IIa-VO werden im Inland praktisch **erst durch** die **Anerkennung** gem § 107 FamFG wirksam, es sei denn sie wären im gemeinsamen Heimatstaat der Eheleute vorgenommen worden. Für die ihnen zugewiesenen Entscheidungen (dazu Rn 52 ff) haben die LJV das Anerkennungs- bzw **Feststellungsmonopol**. Das ergibt sich aus § 107 Abs 1 S 1 FamFG („werden nur anerkannt"). Genau genommen, geschieht die Wirkungserstreckung immer automatisch (§ 108 FamFG), kann jedoch im Bereich des Feststellungsmonopols nicht geltend gemacht werden. Eine Pflicht, die Feststellung zu beantragen besteht nicht. Erheblich wird das vor allem im Hinblick auf Scheidungsfolgen etc, und sei es nur für die Eintragung in Personenstandsregister und praktisch vor allem bei einer erneuten Heirat. Häufig wird die Anerkennung erst zu ihrer Vorbereitung beantragt. Zu Art 21 Brüssel IIa-VO erklärt der Borrás-Bericht Nr 62, dass für die Betroffenen die automatische Anerkennung deshalb der wichtigste Aspekt sei (ABlEG 16. 7. 1998 C 221).

21 Eine Klage auf Feststellung der Wirksamkeit einer Scheidung aus einem **Staat außerhalb der Brüssel IIa-VO** statt einer Befassung der LJV ist unzulässig (Zöller/Geimer, ZPO § 107 FamFG Rn 6; Geimer NJW 1967, 1400; MünchKommFamFG/Rauscher Rn 12; Kleinrahm StAZ 1969, 62). Es fehlt nicht nur das Rechtsschutzinteresse wegen der einfacheren Möglichkeit des § 107 FamFG, sondern es wäre auch ein Verstoß gegen das Feststellungsmonopol der LJV. Deshalb kann auch ein Nichtbestehen der Ehe wegen Scheidung nicht im Klagewege festgestellt werden. Auch würde ein Feststellungsurteil nur inter partes wirken.

22 Eine **erneute Scheidungsklage** im Inland (BGH 6. 10. 1982 FamRZ 1982, 1203 = IPRax 1983, 292 mAnm Basedow IPRax 1983, 278, Bürgle IPRax 1983, 281) oder sonstige **Anträge mit gleichem Streitgegenstand** sind ebenso unzulässig, wenn die ausländische Scheidung unter § 107 FamFG fällt (Anh zu § 106 Rn 48 ff; OLG Hamburg 13. 7. 1965, IPRspr 1964/65 Nr 247 = MDR 1965, 828; BayObLG 25. 9. 1973 BayObLGZ 1973, 251 = FamRZ 1973, 660 = NJW 1974, 1628 [Geimer]; OLG Karlsruhe 17. 9. 1990 FamRZ 1991, 92; OLG Köln 18. 3. 1998 FamRZ 1998, 1307; Decker, Die Anerkennung ausländischer Entscheidungen im Zivilprozeß [Diss Regensburg 1984] 124 ff; Lorenz FamRZ 1966, 474 f). Zwar kann der **Einwand der Rechtskraft** der

ausländischen Scheidung der inländischen parallelen Klage mangels Anerkennung noch nicht entgegengehalten werden (OLG Koblenz 8. 1. 1974 FamRZ 1974, 189), aber deshalb ist sie nicht etwa zulässig, sondern es ist auszusetzen (unten Rn 32 ff).

Möglich ist die Feststellungsklage nur außerhalb des Feststellungsmonopols der LJV, **23** also bei Heimatstaatsscheidungen (§ 107 Abs 1 S 2 FamFG), und die Klage auf Feststellung einer ipso facto nichtigen Ehe.

2. Vorgreiflichkeit

a) Konkurrierende Eheauflösungen

Das Monopol wirkt gleichermaßen, wenn im Inland ein Verfahren mit **gleichem** **24** **Streitgegenstand** anhängig gemacht wird, wie wenn die Anerkennungsfrage einer ausländischen Scheidung in einem inländischen Verfahren nur als **präjudizielle Vorfrage** auftaucht, weil die Ehe – möglicherweise – bereits geschieden ist. Wird im Inland erneut eine Scheidung derselben Ehe beantragt, muss das Gericht von Amts wegen aussetzen und den Parteien anheim geben, das Anerkennungsverfahren zu betreiben, selbst wenn ein Anerkennungshindernis nach § 109 FamFG offensichtlich vorliegt, denn ob das der Fall ist, ist oft unsicher und sachkundig zu prüfen (unten Rn 34).

Nun sind, nicht nur im Rahmen der Brüssel IIa-VO (vgl Staudinger/Spellenberg [2015] **25** Art 21 Brüssel IIa-VO Rn 60 ff), nach einander **verschiedene Gestaltungen** des Status möglich, zB Eheaufhebung nach Scheidung oder auch Scheidung nach Trennung von Tisch und Bett. Das sind nach deutschem Verständnis verschiedene Streitgegenstände. Es kann aber sein, dass die noch nicht anerkannte und damit noch nicht im Inland wirksame ausländische Gestaltung des Ehestatus mit der nun im Inland beantragten **unvereinbar** ist wie zB eine nun beantragte Trennung einer im Ausland schon geschiedenen Ehe. Hier muss erst die LJV über die inländische Wirksamkeit der Scheidung nach § 107 FamFG entscheiden, und ggf entfällt die Möglichkeit einer Trennung. Man kann auch das als eine **Art Präjudizialität** verstehen.

Im umgekehrten Fall des Scheidungsantrags bzgl einer im Ausland schon getrennten **26** Ehe kann die Anrufung der LJV unterbleiben, weil die Trennung sachrechtlich eine Scheidung nicht ausschließt und daher für die Scheidung **nicht vorgreiflich** ist. Das ist aber nicht immer so, denn zB ist in Brasilien grundsätzlich eine gerichtliche Trennung von mindestens einem Jahr Scheidungsvoraussetzung und damit auch ihre inländische Wirksamkeit nötig, wenn hier nach brasilianischem Recht nun eine Scheidung beantragt ist (Zöller/Geimer, ZPO § 107 FamFG Rn 12 gegen OLG Frankfurt FamRZ 1975, 632). Auch könnte die Rechtskraft des ausländischen Trennungsurteils seine Gründe umfassen, die dann auch für die Scheidung erheblich sein könnten. Wenn die Trennung nicht Vorstufe der Scheidung ist, so kann zwar die länger dauernde tatsächliche Trennung als faktische ein Scheidungsgrund sein. Das setzt jedoch keine Anerkennung voraus, sondern ist eine tatsächliche Folge des Trennungsurteils.

b) Scheidungsfolgen

Präjudizialität ist insbesondere bei den **Scheidungsfolgen** gegeben (BGH 10. 1. 2001 **27** FamRZ 2001, 891; BGH 6. 10. 1982 IPRax 1983, 292 [Basedow 278, Bürgle 281] = NJW 1983,

514; OLG Hamm 18. 5. 1988 FamRZ 1988, 968; OLG Frankfurt 16. 9. 1993 OLG-Report 1993, 305; OLG Frankfurt FamRZ 2010, 1560; Kleinrahm StAZ 1969, 58; **aA** Baumann IPRax 1994, 436; Geimer DNotZ 1990, 525). Im Vordergrund steht der nacheheliche Unterhalt, und die EG-UntVO hat insoweit nichts geändert (Art 22 EG-UntVO). Dasselbe gilt aber auch für einen **Versorgungsausgleich**. Hier ist das Verfahren auszusetzen, um den Parteien den Antrag an die LJV zu ermöglichen. Beim Sorgerecht sind heute freilich Art 8 ff Brüssel IIa-VO vorrangig, die das Sorgerecht unabhängig von einer Scheidung verteilen.

28 Ohne förmliche Anerkennung, soweit sie vorgeschrieben ist, kann niemand die Folgen der Statusänderung geltend machen, aber auch nicht, dass das ausländische Urteil nicht anerkannt sei. Art 21 Abs 4 Brüssel IIa-VO lässt die inzidente Anerkennungsprüfung nur deshalb zu, weil Art 21 Abs 1 Brüssel IIa–VO die automatische Anerkennung vorsieht ebenso wie § 107 Abs 1 S 2 FamFG. Es entsteht eine Art schwebender Wirksamkeit der ausländischen Scheidung im Inland, den nur die LJV beenden kann, soweit ihr Anerkennungsmonopol reicht.

29 Das Anerkennungsverfahren ist auch zu betreiben, wenn streitig ist, ob überhaupt im Ausland eine Scheidung erfolgt ist, und nicht nur, wenn streitig ist, ob sie wirksam und rechtskräftig ist (BGH 10. 1. 2001 FamRZ 2001, 991; OLG Koblenz 2. 3. 2004 FamRZ 2005, 1692; OLG Karlsruhe 17. 9. 1990 FamRZ 1991, 927; OLG Frankfurt 28. 10. 1999 – 28 VA 2/98). **Ob sie vorgreiflich** wäre, ist eine andere Frage, die der BGH offenbar vom jetzt befassten Gericht vor einer Aussetzung zugunsten der LJV selbst prüfen lässt (BGH 14. 2. 2007 NJW-RR 2007, 722: für den Kindesunterhalt sei die Scheidung der Eltern nicht vorgreiflich). Die **Aussetzungspflicht** bestand für das OLG Frankfurt (5. 11. 2009 FamRZ 2010, 1560) **nicht**, als die Eheleute die Scheidung ihrer 1997 in Brasilien geschlossenen Ehe betrieben, und zugleich geltend machten, dass die von ihnen bereits 1988 in Kanada geschlossene Ehe ipso jure nichtig und nicht nur vernichtbar sei, weil der Ehemann damals noch anderweitig verheiratet war, denn es lag unstreitig noch **kein ausländisches Nichtigkeitsurteil** vor, das anzuerkennen gewesen wäre, sondern die Partei begehrte mehrere Auflösungen alternativ. (Möglicherweise hatten die Parteien 1997 erneut geheiratet, weil die erste Heirat wegen Bigamie nichtig war.) Zudem war nicht klar, inwieweit diese Nichtigkeit für die inländische Scheidung hätte vorgreiflich sein können.

30 Es wird vertreten, das die Delibation einer ausländischen Eheauflösung nicht erforderlich sei, wenn aus der Sicht des nach Art 13 EGBGB bestimmten Eheschließungsstatuts eine unwirksame Heirat, also eine Nichtehe, vorliegt (BayObLG 6. 2. 1980 IPRax 1982, 250, zurückhaltend Henrich; Zöller/Geimer, ZPO § 107 FamFG Rn 11; Keidel/Zimmermann Rn 8; MünchKommFamFG/Rauscher Rn 18; **aA** Hau, in: FS Spellenberg [2010] 435, 439; Prütting/Helms/Hau Rn 28). Das Problem kann nur entstehen, wenn das ausländische Gericht die Ehe als bestehend und scheidbar oder wenigstens vernichtbar angesehen hat; die Ehe hinkte also.

31 Nach der Lehre von den Doppelwirkungen im Recht kann aber auch was nicht mehr besteht, noch einmal aufgehoben werden. Und an einem Rechtschutzinteresse wird es nicht fehlen, weil das ausländische Urteil im Inland nach Anerkennung auch Rechtskraftwirkungen entfalten kann. Die ursprüngliche Ehewirksamkeit kann als Vorfrage zB in einem Kindschaftsverhältnis auftauchen, wobei die Vorfrage hier von vielen unselbständig angeknüpft und nach dem Hauptstatut beurteilt wird. Sie kann sich in verschiedenen Zusammenhängen wiederholt stellen. Der Auffassung des BayObLG ist nicht zu folgen, wobei es für § 107 FamFG genügt, dass es auf die Anerkennung ankommen kann. Der Antrag ist zulässig und begründet (Henrich IPRax 1982, 250; Hau, in: FS Spellenberg [2010] 435, 439).

3. Aussetzungspflicht

Ist die **ausländische Eheauflösung** für eine Folge dieser Auflösung oder auch für die Zulässigkeit einer zweiten Gestaltung vorgreiflich, so kann das Gericht die Frage ihrer Wirksamkeit oder Unwirksamkeit **nicht inzident** entscheiden, sondern muss eine Entscheidung der LJV abwarten (BGH 6. 10. 1982 FamRZ 1992, 1203 = IPRax 1983, 292 [Basedow 278; Bürgle 281] BayObLG 25. 9. 1973 FamRZ 1973, 660; OLG Frankfurt 16. 9. 1993 OLG-Report 1993, 303). Das Gericht kann den Antrag an die LJV nicht selbst stellen, oder die Sache gar dahin verweisen, sondern es hat den **Parteien** Gelegenheit zu geben, die Entscheidung der LJV zu beantragen. Dafür darf auch eine Frist gesetzt werden (BGH 6. 10. 1982 FamRZ 1992, 1203; OLG Köln 18. 3. 1998 FamRZ 1998, 1303). 32

Die Aussetzung ist auch geboten, wenn im Ausland zugleich mit der **Statusentscheidung** über deren **Folgen** wie nachehelicher Unterhalt oder Sorgerecht entschieden wurde, und es nun „nur" um die Anerkennung oder Vollstreckung der Folgeentscheidung geht (BGH 5. 2. 1975 BGHZ 64, 19, 22 f; BGH 6. 10. 1982 FamRZ 1992, 1203; Prütting/Helms/Hau Rn 18; Zöller/Geimer, ZPO § 107 FamFG Rn 15; MünchKommFamFG/Rauscher Rn 30). 33

Auszusetzen ist auch, wenn die **Rechtslage** bzgl der Anerkennung **offensichtlich** ist, nicht nur weil das bei näherer Betrachtung zweifelhaft werden kann, sondern weil nach dem System des Feststellungsmonopols die Statusänderung noch nicht im Inland wirkt (Hau, in: FS Spellenberg [2010] 435, 446; MünchKommFamFG/Rauscher Rn 17; Zöller/Geimer, ZPO § 107 Rn 10; Prütting/Helms/Hau Rn 64; Baumbach/Lauterbach/Albers/Hartmann § 107 FamFG Rn 13; Henrich IPRax 1999, 48 f; **aA** OLG Nürnberg FamRZ 2009, 637; Gottwald, in: FS Rüßmann [2013] 771, 772; ebenso obiter OLG Köln 18. 3. 1998 FamRZ 1999, 1303 = IPRax 1999, 48 abl Henrich; **aA** OLG Nürnberg FamRZ 2009, 637; teilw Gottwald, in: FS Rüßmann [2013] 771, 772). 34

Der BGH will wenigstens von der Aussetzung absehen, wenn **offensichtlich nicht anerkannt** werden könnte (BGH 6. 10. 1982 FamRZ 1982, 1203 sub 3 b; Keidel/Zimmermann § 107 Rn 18, skeptisch Bürgle IPRax 1983, 281, 282 f; Basedow IPRax 278, 281). Das ist bedenklich, weil die Offensichtlichkeit eine unsichere Kategorie für das entscheidende Gericht ist, das sich leicht irren kann. Zumindest müsste eine Anerkennung objektiv definitiv ausgeschlossen erscheinen, doch selbst dann kann eine spätere widersprechende Entscheidung nicht ausgeschlossen werden, weil noch bislang unbekannte Tatsachen auftauchen können, vor allem weil die LJV von Amts wegen ermittelt, das Urteilsgericht aber nicht. 35

Entsprechend kann vor der förmlichen Anerkennung nicht ein neues **Aufgebot** bestellt werden (KG 20. 6. 1984 StAZ 1994, 309 obiter; Breidenbach StAZ 1986, 330), und es dürfen keine **Ehefähigkeitszeugnisse** für eine Heirat im Ausland ausgestellt werden (AG Hamburg 24. 12. 1969 StAZ 1970, 129; LG München I 15. 3. 1972 StAZ 1973, 16; vgl 36

§ 384 Abs 1 S 5 DA für Standesbeamte; zu den praktischen Problemen damit im Verhältnis zur Schweiz näher MEYER StAZ 1985, 174 f; **aA** JAYME und SIEHR StAZ 1970, 345). Trotz einer Scheidung im Ausland müssen später geborene **Kinder** noch als ehelich eingetragen werden (RAAPE, IPR 311, Fn 97). Ein Erbrechtsstreit soll nicht entschieden werden, wenn es auf die Anerkennung der Scheidung wegen des Ehegattenerbrechts ankommt und ein Erbschein nicht erteilt werden (KLEINRAHM StAZ 1969, 58). Auch das Sterbebuch soll die Scheidung nicht erwähnen (KUBITZ StAZ 1983, 82, Fachaussch Nr 2744).

37 Das Anerkennungsmonopol und die Aussetzungspflicht sind ein **von Amts wegen** zu beachtendes **Verfahrenshindernis** (BayObLGZ 1973, 251 = NJW 1974, 1628; OLG Karlsruhe FamRZ 1991, 91; ZÖLLER/GEIMER Rn 8, 10; HAU, in: FS Spellenberg [2010] 435, 446; ANDRAE/HEIDRICH FPR 2004, 293; KLINCK FamRZ 2009, 741; SOERGEL/SCHURIG Art 17 EGBGB Rn 95; GEIMER, IZPR Rn 3016 f; HOHLOCH, JuS 1999, 823; BayObLG 25. 9. 1973 BayObLGZ 1973, 251; OLG Hamburg 13. 7. 1965 MDR 1965, 828; OLG Stuttgart 29. 4. 1974 FamRZ 1974, 459; OLG Schleswig 23. 1. 1978 SchlHA 1978, 54; OLG Frankfurt 5. 7. 1988 NJW 1989, 671; OLG Köln 18. 3. 1998 NJW-RR 1999, 81)

38 Der **BGH** findet freilich eine **Pflicht zu Aussetzung** von Amts wegen weder im Wortlaut des § 148 ZPO (heute § 113 FamFG mit § 148 ZPO) noch dem des § 107 FamFG (Art 7 § 1 FamRÄndG aF), und vor allem **spreche dagegen**, dass die Delibation einen Antrag der Partei verlangt. Nur ausnahmsweise komme § 148 ZPO in Betracht, in der Regel könne nach § 151 ZPO aF auf Antrag einer Partei ausgesetzt werden (BGH 6. 10. 1982 FamRZ 1982, 1203 = IPRax 1983, 292 abl Anm BÜRGLE 281 und BASEDOW 278; OLG Köln 18. 2. 1998 NJW-RR 1999, 81; KEIDEL/ZIMMERMANN Rn 18l). Dem ist nicht zuzustimmen, denn wenn dann später doch die LJV anders entscheidet, droht ein Rechtskraftkonflikt, der kaum mit der Wiederaufnahme gem § 48 FamFG mit § 580 ZPO gelöst werden kann. Der für Nichtigkeitsurteile geltende § 151 ZPO aF, der eine Bindung an einen Parteiantrag enthielt (dazu BGH 6. 10. 1982 FamRZ 1982, 1203, obiter), wurde aufgehoben.

39 Teilweise wird hier die Aussetzung von Amts wegen **nur** in das **pflichtgemäße Ermessen** des Gerichts gestellt, um die Entscheidung der LJV abzuwarten (STAUDINGER/MANKOWSKI [2011] Art 17 EGBGB Rn 84; STEIN/JONAS/H ROTH § 148 ZPO Rn 124, 144; BGH 6. 10. 1982 IPRax 1983, 292 abl Anm BASEDOW 278, BÜRGLE 281]; OLG Frankfurt 7. 10. 1980 IPRspr 1980 Nr 159). Diese Auffassung hat zwar den Wortlaut des **§ 148 ZPO** und das Prinzip der generell im Ermessen stehenden Aussetzung für sich. Wegen des Feststellungsmonopols der LJV und wegen der drohenden Rechtskraftkollision, wenn die LJV dann später doch entscheidet, sollte aber immer ausgesetzt werden. Ob der Antrag bei der LJV schon gestellt ist oder nicht, macht keinen Unterschied.

40 Das OLG Karlsruhe (30. 9. 1999 FamRZ 2000, 1021) nimmt eine Aussetzungspflicht erst an, wenn der Antrag an die LJV gestellt ist, weil erst dann die mögliche Anerkennung der ausländischen Scheidung für die nun im Inland beantragte ein Prozesshindernis darstellen werden. Es handelte sich freilich um die Frage der Erfolgsaussicht eines Antrags auf Prozesskostenhilfe für die geplante Scheidung, und solange der zukünftige Antragsgegner, der die ausländische Scheidung einwenden will, ihn nicht gestellt habe, sei die Rechtsverfolgung der Antragstellerin nicht ohne Erfolgsaussicht. Diese Entscheidung des OLG kann nicht verallgemeinert werden, und jedenfalls sollte ausgesetzt werden, wenn damit zu rechnen ist, dass die Hauptklage erhoben werden wird.

Obwohl eine ausländische Scheidung ohne die nötige Delibation im Inland nicht wirkt, ist eine erneute Klage im Inland zwar zulässig, doch ist das Verfahren auszusetzen, um die Entscheidung der LJV abzuwarten. Insoweit wirkt das ausländische Urteil auch ohne Delibation auf das Verfahren ein (OLG Karlsruhe 30. 9. 1999 FamRZ 2000, 1021). Bis zur Entscheidung der LJV entsteht eine Art **Schwebezustand**, in dem weder die Anerkennung noch die fehlende Anerkennungsfähigkeit geltend gemacht werden können (BayObLG 25. 9. 1973 BayObLGZ 1973, 251 = FamRZ 1973, 660 = NJW 1974, 1628 [Geimer] = StAZ 1974, 7; Kleinrahm StAZ 1969, 60 ff). **41**

So kann über eine Klage auf Geschiedenenunterhalt noch nicht entschieden werden, eine **einstweilige Anordnung** auf Ehegattenunterhalt ist aber möglich (OLG Koblenz 20. 11. 1990 FamRZ 1991, 459), der geschuldet ist bis die Ehe geschieden wird (vgl OLG Hamm 22. 7. 1995 FamRZ 1996, 178; OLG Celle 7. 5. 1990 FamRZ 1990, 1390 zu Kindesunterhalt). Die förmliche Anerkennung der ausländischen Scheidung ist für die einstweilige Anordnung nicht nötig, weil sie dafür nicht vorgreiflich ist (Zöller/Geimer, ZPO § 109 FamFG Rn 228). Entsprechendes gilt für das Sorgerecht (OLG Schleswig 23. 1. 1978 IPRspr 1978 Nr 82 = SchlHA 1978, 54; Kleinrahm StAZ 1969, 62; Martiny, Hdb IZVR Bd III/1 Kap I Rn 1666), allerdings gilt dafür heute vorrangig das KSÜ oder Art 20 Brüssel IIa-VO. **42**

Bei einer Klage auf **Nichtigkeit**, dh Vernichtung einer Ehe wegen Bigamie ist vorgreiflich, ob die betreffende Vorehe vor der Heirat schon geschieden war (BGH 10. 1. 2001 FamRZ 2001, 991; OLG Stuttgart FamRBint 2011, 1), oder bei einem Scheidungsantrag, ob diese Ehe vielleicht schon im Ausland geschieden war (OLG Koblenz 2. 3. 2004 FamRZ 2005, 1692), bei einer Klage auf Feststellung des Bestehens oder Nichtbestehens der Ehe (§ 121 Nr 3 FamFG) die Auflösung im Ausland (Decker 146 f; Kleinrahm StAZ 1969, 62) fehlt nicht nur das Rechtsschutzbedürfnis angesichts der Möglichkeit, auf dem Wege über die LJV einfacher zu einer Gestaltungswirkung oder bei ausländischem Feststellungsurteil zu einer Rechtskraftwirkung im Inland zu kommen, sondern das Verfahren ist von Amts wegen für eine Anerkennungsprüfung nach § 107 FamFG auszusetzen. **43**

Das OLG Düsseldorf (27. 1. 1992 IPRax 1993, 251) hat, ohne freilich die Frage zu erörtern, bei einer Nichtigkeitsklage wegen Bigamie die Delibation der zwischenzeitlichen **Scheidung** der Vorehe der Ehefrau, die erst **nach der zweiten Heirat** erfolgte, nicht verlangt, was man mit fehlender Vorgreiflichkeit begründen könnte, weil nach einer verbreiteten Auffassung die bigamische Ehe durch die Scheidung jener Ehe nicht „geheilt" würde (genauer handelte es sich um eine zweite Scheidung der Vorehe, weil die erste Scheidung in Mexico wohl weder in Deutschland noch in Italien anerkannt war). Nach wie vor steht der BGH auf dem Standpunkt, dass deutsches Recht an sich verlangt, dass die Vorehe vor der zweiten Heirat geschieden war, dass aber uU die Nichtigkeitsklage vor Anerkennung eine unzulässige Rechtsausübung sein kann (BGH 9. 1. 2002 FamRZ 2002, 604; zum Problem Piekenbrock IPRax 2001, 119, 121). **44**

Manche meinen, dass eine nach der Scheidung im Ausland aber vor deren Aner- **45** kennung in Deutschland geschlossene zweite Ehe ohne weiteres als bigamisch anzusehen ist (LG Hamburg 4. 11. 1975 StAZ 1977, 19 [Basedow 6]; vgl Staudinger/Mankowski [2011] Art 13 EGBGB Rn 298, 303; anders aber, wenn die erste Ehe ipso jure nichtig ist, LG Hamburg 10. 1. 1990 StAZ 1991, 92). Eine nur später erfolgende Anerkennung wirke aber auf den Zeitpunkt des ausländischen Urteils zurück und „heile" die zweite Ehe (BGH 28. 6. 1961 FamRZ 1961, 427; OLG Düsseldorf 13. 4. 1964 IPRspr 1964/65 Nr 265; OLG Celle 21. 12. 1966 FamRZ 1967, 156 = NJW 1967, 783; OLG Frankfurt 24. 7. 1967 FamRZ 1968, 87; unklarer Sachverhalt in BGH 10. 1. 2001 FamRZ 2001, 991). Dem ist zuzustimmen, denn mit der Anerkennung werden die Wirkungen des ausländischen Urteils ins Inland erstreckt einschließlich der zeitlichen Komponenten. Das ergibt auch eine Analogie zu § 1315 Abs 2 Nr 1 BGB. Das OLG Frankfurt (11. 1. 2007 IPRspr 2007 Nr 60) hat das öffentliche Interesse an einer Nichtigkeitsklage der Verwaltungsbehörde auch verneint, als die Eheleute zwar ihre Vorehe im Ausland scheiden ließen und eine zweite Ehe eingingen. Die Anerkennung der Scheidung war verweigert worden, doch die Eheleute hatten sich danach erneut, offenbar in anerkennungsfähiger Weise, scheiden lassen.

46 Über eine gegen die zweite Ehe gerichtete **Nichtigkeitsklage** wegen einer Vorehe **(Bigamie)** ist daher nicht zu entscheiden, sondern es ist auszusetzen, um die Stellung des Antrags auf Anerkennung der ausländischen Scheidung zu ermöglichen (BGH 28. 6. 1961 FamRZ 1961, 427; OLG Karlsruhe 17. 9. 1990 FamRZ 1991, 92). Stellt keiner den Aussetzungsantrag, kann das Gericht – auch von Amts wegen – aussetzen (Stein/Jonas/H Roth § 328 ZPO Rn 189, 200; BayObLG 25. 9. 1973 NJW 1974, 1628; OLG Köln 18. 3. 1998 FamRZ 1998, 1303; OLG Karlsruhe 17. 9. 1990 FamRZ 1991, 92). Das Gericht kann allerdings den Antrag bei der LJV nicht selbst stellen (unten Rn 170).

47 Für die **Verwaltungsbehörde** (früher die Staatsanwaltschaft) resultiert aus der Möglichkeit, vor der LJV die Anerkennung einer ausländischen Scheidung zu beantragen (Rn 171), dass auch sie mit einer Nichtigkeitsklage gegen die (noch) bigamische Ehe warten sollte. Wird die Erstehe im Ausland dagegen **erst nach** Eingehung der bigamischen Inlandsehe geschieden, dann kommt eine Heilung des Mangels der Zweitehe nach hM grundsätzlich nicht mehr in Betracht. Dementsprechend ist in diesem Fall auch eine Nichtigkeitsklage nicht missbräuchlich (BGH 18. 6. 1986 FamRZ 1986, 879; vgl BGH 17. 1. 2001 FamRZ 2001, 685, vgl oben Rn 44, unten Rn 135). Eine Ausnahme kann nur dann gelten, wenn der die Nichtigkeit anstrebende Ehegatte missbräuchliche Zwecke verfolgt, oder wenn für die Verwaltungsbehörde kein nennenswertes öffentliches Interesse an der Nichtigkeitsklage mehr besteht (vgl OLG Hamm 28. 4. 1986 FamRZ 1986, 1204 [abl Bosch]; Anh zu § 106 Rn 120 f). Die Grundlage für die Aussetzung des Nichtigkeitsverfahrens liegt in § 113 FamFG mit § 148 ZPO.

48 Wenn die Heiratslustigen Ausländer sind, die in einem dritten Staat geschieden wurden, ist selbst dann die **förmliche Anerkennung** gem § 107 FamFG zu verlangen, wenn ihr **Heimatstaat** seinerseits **ipso jure anerkennt** (Staudinger/Mankowski [2011] Art 13 EGBGB Rn 310; **aA** LG Hamburg 12. 5. 1976 IPRspr 1976 Nr 32).

4. Inexistente ausländische Entscheidung

49 Die LJV bzw der Präsident des OLG, stellen fest, dass die Voraussetzungen der Anerkennung einer Eheauflösung gem § 109 FamFG vorliegen oder nicht. Dazu

gehört zunächst, ob es im **Ausland** überhaupt zu einer **Scheidung etc gekommen** ist bzw ob die Scheidungsurkunde überhaupt echt ist. Hierbei hilft die Legalisation, doch bleibt der Beweis der Unechtheit offen (OLG Frankfurt 28. 10. 1999 – 28 VA 2/98). Natürlich kann eine nicht existente Scheidung bzw eine gefälschte Scheidungsurkunde, die wohl etwas häufiger vorkommt, keine Wirkung haben (Reinl, Die Anerkennung ausländischer Eheauflösungen 222; Prinz von Sachsen Gessaphe StAZ 1992, 340). Der BGH will auch diese Feststellung der LJV zuweisen (BGH 10. 1. 2001 FamRZ 2001, 991 f; OLG Karlsruhe 17. 9. 1990 FamRZ 1991, 92; offen gelassen von OLG Koblenz 2. 3. 2004 FamRZ 2005, 1692). Ob überhaupt eine Scheidung etc vorliegt, ist nicht immer einfach festzustellen: die Urkunde kann plump gefälscht sein oder echt aussehen, sie kann, angeblich, von einer offensichtlich oder nur vielleicht nicht für Ehescheidungen befugten Stelle stammen. Es hat Sinn, diese Fragen von der sachkundigen LJV beurteilen zu lassen. Freilich sollte man sie nicht einschalten müssen, wenn offenbar ist, dass keine Eheauflösung vorliegt, die die Anerkennungsfrage aufwerfen kann.

Aber mit der einzuholenden Entscheidung der LJV steht, wenn sie positiv ist, auch **50**
die Existenz der Eheauflösung rechtskräftig fest, es kann aber gem § 118 FamFG mit § 580 Nr 2 ZPO wiederaufgenommen werden, insbesondere wenn die Scheidung inzwischen aufgehoben wurde (unten Rn 137 f).

5. Antragserfordernis

Zurecht hat das OLG Köln (18. 3. 1998 FamRZ 1998, 1303) ein Scheidungsverfahren **51**
aussetzen lassen, damit die Parteien die Anerkennung ihrer vorhergehenden Auslandsscheidung bei der LJV beantragen (BGH 6. 10. 1982 FamRZ 1982, 1203, 1205; OLG Karlsruhe 17. 9. 1990 FamRZ 1991, 92). Je nach dem ist die jetzt beantragte Scheidung unzulässig oder zulässig. Es kann ihnen dafür auch eine Frist setzen. An der Zweitscheidung könnten die Eheleute aus verschiedenen Gründen interessiert sein, auch im Blick auf Scheidungsfolgen. Das Gericht kann den Parteien auch eine Frist setzen, aber es kann sie nicht zwingen. Betreiben sie die Anerkennung nicht, muss das Gericht irgendwann über den Antrag entscheiden, damit das Verfahren nicht unbegrenzt lange hängt (Henrich IPRax 1999, 48 f), doch ist die Frage wie. Wenn man sich auf den Standpunkt stellt, dass die vorhergehende Scheidung, weil nicht anerkannt, im Inland nicht wirksam ist, wäre dem – jetzigen – Scheidungsantrag stattzugeben, und die Parteien hätten es in der Hand, entgegen der wahren Rechtslage eine zweite Scheidung durchzuführen (OLG Karlsruhe 17. 9. 1990 FamRZ 1991, 92 zu einer Nichtigkeitsklage wegen Bigamie). Richtiger ist es, die zweite Klage als unzulässig abzuweisen, freilich mit der Folge, dass die Ehe im Inland weiter besteht und im Verhältnis zum Ausland hinkt.

III. Gegenstand des § 107 FamFG

1. Eheauflösungen. Feststellung des Bestehens

Nach § 107 FamFG erfasst das Feststellungsmonopol alle Eheauflösungen und die **52**
Feststellung des Bestehens oder Nichtbestehens einer Ehe. Alle anderen Urteile werden nach § 108 FamFG ohne weiteres anerkannt.

2. Lebenspartnerschaften*

53 § 107 FamFG spricht wie früher Art 7 § 1 Abs 1 S 1 FamRÄndG aF von „Entscheidungen", die „im Ausland ergangen" sind und eine **„Ehe"** betreffen. Daraus kann man folgern, dass die Auflösungen von – eingetragenen – Lebenspartnerschaften nicht erfasst werden. Zwar ist die deutsche eingetragene Lebenspartnerschaft deutlich der Ehe nachgebildet, aber doch bewusst von der Ehe unterschieden (BVerfG 17. 2. 2002 FamRZ 2002, 1169). Eine analoge Anwendung könnte rechtspolitisch wünschenswert sein, ist aber zweifelhaft. Art 21 Brüssel IIa-VO erfasst die Auflösung homosexuellen **Partnerschaften** nicht. Daher gilt das FamFG. Jedoch sagt § 270 Abs 1 FamFG, dass für die Aufhebung der Partnerschaft wie für die Feststellung des Bestehens die Vorschriften für die Scheidung und für die Feststellung des Bestehens oder Nichtbestehens einer Ehe entsprechend anzuwenden sind. Es wäre also **nicht § 108 FamFG**, sondern **§ 107 FamFG** heranzuziehen (Musielak/Borth Rn 1; früher Andrae/Heidrich FamRZ 2004, 1622, 1624 f; Hausmann, in: FS Henrich [2000] 241, 265). Die praktische Konsequenz ist, dass § 108 FamFG eine automatische Anerkennung anordnet, § 107 FamFG aber die Delibation durch die LJV verlangt. (Immerhin können die Interessierten nach § 108 Abs 2 FamFG eine gerichtliche Feststellung mit Rechtskraft inter omnes beantragen, müssen es aber nicht; unten Rn 166 ff).

54 Die **ganz hM** lehnt diese Analogie aber ab (Prütting/Helms/Hau Rn 21; Thomas/Putzo/Hüsstege Rn 10; Hau, FamRZ 2009, 821, 825; Helms/Krämer StAZ 2009, 325, 326 f; Haecker, Die Anerkennung ausländischer Entscheidungen in Ehesachen, 20; Finger FuR 2010, 3, 8; Andrae, Int FamR § 10 Rn 52; Keidel/Zimmermann Rn 10; MünchKommFamFG/Rauscher Rn 4; MünchKomm/Coester Art 17 b EGBGB Rn 124; Heiderhoff StAZ 2009, 328, 330; früher schon Wagner IPRax 2001, 281, 288), wobei bedauerlich ist, dass der Gesetzgeber zwar in § 103 FamFG die internationale Zuständigkeit ausdrücklich regelt, nicht aber auch die Frage der Anerkennung. Es findet sich nur ein Nebenpunkt in § 107 Abs 2 S 2 FamFG bzgl der Zuständigkeit der LJV für die Anerkennung seiner Scheidung, wenn der Geschiedene im Inland nun eine Lebenspartnerschaft eingehen will. Es geht also nicht um die Anerkennung der Auflösung einer registrierten Lebenspartnerschaft. Hau folgert daraus, dass der Gesetzgeber nur zu diesem Nebenpunkt gesprochen hat, und die Anerkennung der ausländischen Auflösung nicht von

* **Schrifttum:** Andrae, Die Anerkennung ausländischer Entscheidungen in Ehe- und Lebenspartnerschaftssachen, FPR 2004, 292; Andrae/Heidrich, Aktuelle Fragen zum Anwendungsbereich des Verfahrens nach Art 7 § 1 FamRÄndG, FamRZ 2004, 1622; dies, Zur Zukunft des förmlichen Anerkennungsverfahrens gemäß Art 7 FamRÄndG, FPR 2006, 222; Gottwald, Zur Anerkennung ausländischer Ehescheidungen – verfahrensrechtliche und kollisionsrechtliche Fragen, in: FS Rüßmann (2013) 771; Habscheid, Zur Anerkennung klageabweisender ausländischer Eheurteile, FamRZ 1973, 431; Heiderhoff, Die Anerkennung ausländischer Entscheidungen in Ehesachen, StAZ 2009, 328; Helms/Krämer, Auswirkungen des FamFG auf die personenstandsrechtliche Praxis, StAZ 2009, 325; Henrich, Kollisionsrechtliche Fragen der eingetragenen Lebenspartnerschaft, FamRZ 2002, 137; Mankowski/Höffmann, Scheidung ausländischer gleichgeschlechtlicher Ehen in Deutschland, IPRax 2011, 247; Stüber, Gesetz zur Überarbeitung des Lebenspartnerschaftsrechts, FamRZ 2005, 574; Wagner, Das neue internationale Privat- und Verfahrensrecht zur eingetragenen Lebenspartnerschaft, IPRax 2001, 281; Wellenhofer, Das neue Recht der eingetragenen Lebenspartnerschaft, NJW 2005, 705.

Art 107 geregelt sieht. § 270 FamFG betreffe nur das Verfahren der Auflösung im Inland (Rn 53). Diese **Argumentation** ist **überzeugend**, zumal der Gesetzgeber 2009 in Kenntnis des Problems die Lebenspartnerschaften nicht in § 107 FamFG aufgenommen hat (MünchKommFamFG/Rauscher § 107 FamFG Rn 4; Hausmann, IntEuSchR Rn M 15), und wenngleich rechtspolitisch eine Gleichbehandlung mit der Ehe auch in dieser Frage und nicht nur hinsichtlich des Verfahrens einer Auflösung im Inland geboten wäre (so auch Hau, in: FS Spellenberg [2010] 497, 505; Andrae/Heidrich FPR 2006, 222, 224). Sie läge auch in der Linie des BVerfG, welches die Gleichbehandlung der registrierten gleichgeschlechtlichen Lebenspartnerschaft mit der heterosexuellen Ehe immer weiter ausgedehnt hat (Prütting/Helms/Hau Rn 23, hält das Ergebnis für nur noch gerade mit dem GG vereinbar). Die Auflösung einer Lebenspartnerschaft im Ausland ist also automatisch nach **§ 108 FamFG anzuerkennen**. Die darin liegende Bevorzugung vor den Ehen ist unter dem Gesichtspunkt des Art 3 Abs 2 GG **bedenklich** und **rechtspolitisch** verfehlt (Hau, in: FS Spellenberg [2010] 435, 439; Andrae/Heidrich FPR 2006, 222, 224, 228 f).

Die **Qualifikation** ist wie bei § 103 FamFG vorzunehmen (§ 103 Rn 8 ff, 23 ff). Zunächst **55** gilt **§ 108 FamFG** und nicht § 107 FamFG für in Deutschland **gem § 1 LPartG** vor dem deutschen Standesbeamten geschlossene und registrierte homosexuelle Lebenspartnerschaften, wenn sie **im Ausland aufgelöst** worden sind. Schwierigkeiten bereiten ausländische Partnerschaften. Sie müssen funktional gleichwertig sein, wobei man großzügig entscheiden sollte (MünchKomm/Coester Art 17 EGBGB Rn 10; Musielak/Borth § 103 FamFG Rn 1, § 269 FamFG Rn 3). Von § 108 FamFG werden jedenfalls nach ausländischem Recht geschlossene und dort durch Gericht oder Behörden aufgelöste **homosexuelle Partnerschaften** erfasst.

Eine **förmlich** eingegangene **heterosexuelle** Lebensgemeinschaft, für die in Deutsch- **56** land nur die Ehe der §§ 1310 ff BGB zur Verfügung steht, ist jedenfalls auch als ausländische unter § 98 FamFG und § 107 FamFG zu subsumieren, mag sie dort auch anders denn als Ehe benannt und eventuell auch abweichend geregelt sein (MünchKommFamFG/Rauscher § 103 FamFG Rn 7), solange sie einen Status begründet und zu einer Lebensgemeinschaft und nicht nur zu einer finanziellen Solidarität verpflichtet. Der Französische Pacte civil de solidarité (PACS) ist keine Ehe, weil er nur zu letzterem verpflichtet.

Die **nicht förmlich** eingegangene Lebensgemeinschaft kann dennoch „Ehe" sein, wie **57** die Beispiele der formlosen Common Law Ehe in den USA und die durch privaten Vertrag zustande kommenden Ehe islamischer Rechte zeigen. Ob die Beispiele aus Slowenien oder Kroatien zeigen, dass länger dauerndes eheähnliches Zusammenleben eine Ehe begründet, die dann förmlich geschieden werden muss ist zweifelhaft und eher zu verneinen (vgl o § 103 Rn 20). So kann man zusammenfassend festhalten, dass § 107 FamFG **nicht homosexuelle Lebensgemeinschaften** erfasst, aber auch **heterosexuelle** nicht, die nicht zu einer personalen Lebensgemeinschaft verpflichten und nicht unter Mitwirkung einer staatlichen Autorität aufgelöst werden müssen. Die Beendigung heterosexueller wie homosexueller Gemeinschaften, die weder zu einer Lebensgemeinschaft verpflichten noch förmlich aufgelöst werden müssen, fällt aber auch nicht unter § 108 FamFG.

3. Privatscheidungen*

a) Behördenmitwirkung

58 Privatscheidungen zeichnen sich dadurch aus, dass der konstitutive Akt der Scheidung eine private Erklärung ist. Nach hM werden alle Scheidungen und Eheaufhebungen erfasst und damit dem Feststellungsmonopol der LJV (Rn 12 ff) unterworfen, an denen eine **Behörde** irgendwie **mitgewirkt** hat. Es genügt auch eine **bloße Registrierung** der ansonsten durch Rechtsgeschäft aufgelösten Ehe, und es muss sich **nicht** um den **konstitutiven Akt** oder gerade um ein Gericht gehandelt haben. Es kann sich um einseitige Erklärungen oder Verträge handeln (zB BGH 21. 2. 1990 BGHZ 110, 267, 270; BGH 14. 10. 1981 BGHZ 82, 34 = IPRax 1983, 37 [Kegel 22] = FamRZ 1982, 44 = StAZ 1982, 7 = NJW 1982, 517; OLG Stuttgart 11. 4. 1987 IPRax 1988, 172; BayObLG 30. 8. 1984 FamRZ 1985, 75 = StAZ 1985, 11; BayObLG 30. 11. 1981 IPRax 1982, 104 [Henrich 94]; Präs OLG Celle 10. 11. 1997 FamRZ 1998, 686; OLG Düsseldorf 24. 1. 1986 IPRax 1986, 305; OLG Frankfurt 26. 3. 1990 StAZ 1990, 195 [Ghana]; JM NRW 23. 3. 1984 IPRspr 1984 Nr 5 [Türkei]; LJV BW 23. 5. 1986 IPRax 1988, 170 [Beule 150] [Pakistan]; BayObLG 7. 4. 1998 FamRZ 1998, 1594; OLG Hamm 9. 1. 1992 FamRZ 1992, 673 [Marokko]; OLG Koblenz 21. 9. 1992 FamRZ 1993, 563 = NJW-RR 1993, 70; OLG Schleswig 5. 5. 2008 FamRZ 2009, 609, Scheidung durch norwegischen Fylkesmann; BayObLG 13. 1. 1994 FamRZ 1994, 1264 = IPRax 1995, 324 [Börner 309] [Syrien]; BayJM 21. 1. 1977 StAZ 1977, 201 [Otto] [Vertragsscheidung Thailand]; OLG München 28. 5. 2010 Az 34 Wx 80/10; JM BW 27. 12. 2000 FamRZ 2001, 1018; aus der Literatur Heiderhoff StAZ 2009, 328, 331; Gottwald, in: FS Rüßmann [2013] 771, 773; Zöller/Geimer, ZPO § 107 FamFG Rn 23 f; Thomas/Putzo/Hüsstege, ZPO § 107 FamFG Rn 106; **aA** LG Hamburg 12. 1. 1977 IPRspr 1977 Nr 66, das eine gerichtliche Entscheidung verlangt). Kann der Antragsteller die Registrierung etc, dh die Behördenmitwirkung bei der Scheidung im Ausland nicht nachweisen, ist der Antrag unzulässig (Präs Celle 10. 11. 1997 StAZ 1999, 146). Während früher eine konstitutive Mitwirkung der ausländischen Behörde für Art 7 § 1 FamRÄndG aF verlangt wurde (Lorbacher FamRZ 1979, 771, 772; LG Stuttgart FamRZ 1968, 391), ist heute auf der anderen Seite streitig, ob auch reine Privatscheidungen ohne Behördenmitwirkung unter § 107 FamFG fallen (dazu unten Rn 68 f).

59 Zwar wird auch dort eine Behördenmitwirkung verlangt, doch ist für **Art 21 Brüssel IIa-VO** die Frage der Art der Behördenmitwirkung **anders** beantwortet, indem die staatliche Mitwirkung **auf die Eheauflösung gerichtet** sein muss. Das ergibt sich aus Art 2 Nr 4 Brüssel IIa-VO (Staudinger/Spellenberg [2015] Art 21 Brüssel IIa-VO Rn 20 mNw). Eine nur beurkundende Tätigkeit reicht nicht. Das bedeutet aber nicht, dass

* **Schrifttum:** Beitzke, Anerkennung inländischer Privatscheidungen von Ausländern?, IPRax 1981, 202; Beule, Die Anerkennung ausländischer Entscheidungen in Ehesachen, insbesondere Privatscheidungen, StAZ 1979, 29; Bürgle, Wieder einmal: Das Elend mit dem (diesmal thailändischen) internationalen Privatrecht, IPRax 1982, 12; Gottwald, Zur Anerkennung ausländischer Ehescheidungen – verfahrensrechtliche und kollisionsrechtliche Fragen, in: FS Rüßmann (2013) 771; Kegel, Scheidung von Ausländern im Inland durch Rechtsgeschäft, IPRax 1983, 22; Krzywon, Die Anerkennung ausländischer Entscheidungen in Ehesachen, StAZ 1989, 93; Lorbacher, Zur Anerkennungsfähigkeit von Privatscheidungen ausländischer Ehegatten durch die Landesjustizverwaltung, FamRZ 1979, 771; Lüderitz, Talaq vor deutschen Gerichten, in: FS Baumgärtel (1990) 333; Otto, Nichtstandesamtliche Eheschließungen und Privatscheidungen in der Bundesrepublik, StAZ 1973, 129; Smart, The Recognition of Extra-Judicial Divorces, Int Comp L Q 1985, 392.

eine in einem andren Mitgliedstaat nur beurkundete Privatscheidung in Deutschland nach § 107 FamFG delibiert werden müsste, sondern sie wäre wie eine reine Privatscheidung zu behandeln, und kommt seit 2015, in Italien und Spanien durch Erklärung vor dem Notar vor. Notare entscheiden nicht, weder als Richter noch als Behörde (Art 2 Nr 2, 4 Brüssel IIa-VO).

Als mitwirkende „Behörde" **iSd § 107 FamFG** sind auch **religiöse Instanzen** anzusehen, wenn ihre Tätigkeit auf dem Gebiete des Eherechts staatlich anerkannt ist (Prütting/Helms/Hau Rn 27; Herfarth, Scheidung nach jüdischem Recht im internationalen Zivilverfahrensrecht [2000] 422). Das ist nicht nur der Fall bei einer Registrierung durch das Scharia-Gericht (JM Baden-Württemberg 27. 12. 2000 FamRZ 2001, 1018), sondern ebenso bei der Übergabe des Scheidebriefs vor dem Rabbiner in Israel nach israelitischem Recht (BayObLG 29. 8. 1985 FamRZ 1985, 1258, Eintragung beim Rabbinatsgericht in Tel Aviv; OLG Düsseldorf 28. 11. 1975 FamRZ 1976, 277 [Otto]; OLG Düsseldorf 17. 5. 1974 IPRspr 1974 Nr 182b; JM NRW 14. 11. 1973 FamRZ 1974, 193 = StAZ 1974, 69 [dieselbe Sache]; Perles FamRZ 1980, 978; weiter Siehr, IPRax 2009, 332 ff). Das Rabbinat ist in Israel staatlich autorisiert bzw wirkt als staatliche Behörde mit (Herfarth 422). Dasselbe gilt dann entsprechend für Registrierung von Verstoßungen in islamischen Rechten, wenn sie vor religiösen Instanzen vorgenommen werden sollte (OLG Braunschweig 19. 10. 2000 FamRZ 2001, 561; OLG Stuttgart 3. 12. 1998 FamRZ 2000, 171; OLG Koblenz 21. 9. 1992 FamRZ 1993, 563). Diese Autorität fehlt den Rabbinatsgerichten in Deutschland. In diesem Fall fehlt also eine „Behördenmitwirkung" und es liegt eine reine Privatscheidung vor. Entscheidend ist die Autorisierung durch den Staat, dem die „Behörde" angehört. **60**

Es muss sich auch nicht gerade um eine Genehmigung oder Homologation oder Registrierung handeln. **Jede andere Mitwirkung** genügt auch, wie zB die Ausfertigung eines Scheidebriefes durch den Rabbiner (in Israel) für die anschließende Übergabe im Ausland (vgl OLG Düsseldorf 15. 4. 1966 = OLGZ 1966, 486 = FamRZ 1968, 87 = StAZ 1967, 46; KG 15. 8. 1968 FamRZ 1969, 31). Ob dessen Mitwirkung im Inland dann gegen Art 17 Abs 2 EGBGB verstößt, ist eine andere Frage (§ 109 Rn 333 f). Das Beispiel zeigt den Unterschied zwischen der Behördenmitwirkung, die die Delibation nötig macht, und dem Scheidungsvollzug, der hier in der privaten Übergabe des Scheidebriefes besteht (Siehr IPRax 2009, 332, 334). Entsprechendes gilt, wenn in islamischen Rechtsordnungen der Ehemann zuerst sich von einem Gericht oder drgl zur „Verstoßung" ermächtigen lassen muss. **61**

Die vorgeschriebene **Mitwirkung** einer Behörde muss für § 107 FamFG nicht konstitutiv sein. Ist sie dann **unterblieben**, so ist die Scheidung dennoch wie eine reine Privatscheidung zu behandeln. Es geht hier nur um das förmliche Anerkennungsverfahren; ob die Ehe materiell wirksam aufgelöst ist, ist eine andere Frage, die bei allen Privatscheidungen das **Scheidungsstatut** beantworten muss. **62**

b) Inländische und ausländische Behörden

Lange Zeit galten Scheidungen, an denen diplomatische Vertretungen des Heimatstaates in der Bundesrepublik anstatt im Ausland mitgewirkt hatten, nicht als Auslandsscheidungen, sodass das Verfahren nach Art 7 § 1 FamRÄndG aF nicht vorgeschrieben und nicht zulässig war (OLG Hamburg 24. 11. 1964 StAZ 1965, 249; KG 1. 3. 1965 FamRZ 1966, 149 = StAZ 1966, 113; OLG Düsseldorf 15. 4. 1966 = OLGZ 1966, 486 = FamRZ **63**

1968, 87 = StAZ 1967, 46; KG 15. 8. 1968 FamRZ 1969, 31; JM BW 28. 7. 1970 FamRZ 1971, 436; LG Hamburg 16. 7. 1976 IPRspr 1976 Nr 51; AG Hamburg 12. 4. 1979 NJW 1980, 2026 = FamRZ 1980, 453 = StAZ 1980, 311 = JuS 1980, 913 [Hohloch]). **„Ausland"** wurde also **streng territorial** verstanden (so auch Lorbacher FamRZ 1979, 772).

64 Diese Auffassung hat sich inzwischen gewandelt. Bei Mitwirkung ausländischer **diplomatischer Vertretungen im Inland**, aber konstitutiver Vornahme der Privatscheidung im Inland oder Ausland, ist das Anerkennungsverfahren einzuhalten, wie wenn die Behörde im Ausland gewesen wäre (JM BW 23. 10. 1979 FamRZ 1980, 147; OLG Stuttgart 10. 4. 1980 StAZ 1980, 152 = IPRax 1981, 213 [zust Beitzke IPRax 1981, 204]; BayObLG 17. 2. 1978 = BayObLGZ 1978, 32 = StAZ 1978, 179; insbes BGH 14. 10. 1981 BGHZ 82, 34, 43 ff = IPRax 1983, 37 [krit Kegel 22]). Das ist zwar eine Entwicklung praeter legem genannt worden (Beitzke IPRax 1981, 204), doch wäre in der Tat die Unterscheidung sachlich schwer begründbar (BGH IPRax 1983, 37).

65 Um eine ausländische Behörde handelt es sich unabhängig von ihrem Sitz immer dann, wenn sie nicht in Ausübung deutscher **Hoheitsgewalt** tätig geworden ist. So fallen Scheidungsurteile aus den Oder-Neiße-Gebieten unter Abs 1 S 1 („im Ausland"), wie die völkerrechtliche Lage der Gebiete auch zu beurteilen sein mag (BayObLG 17. 10. 1975 BayObLGZ 1975, 374 = FamRZ 1976, 154 = NJW 1976, 1032; OLG Hamburg 15. 1. 1982 IPRspr 1982 Nr 181); es gilt auch hier die Hoheitsgewalttheorie.

66 Privatscheidungen unter Behördenmitwirkung **können teilweise im Inland** und teilweise im Ausland durchgeführt worden sein. Mit der vorgenannten Änderung der hM ist also auch dann das Anerkennungsverfahren zulässig, wenn das private Rechtsgeschäft (Vertrag oder Verstoßung) im Ausland vorgenommen wurde, aber zB ein Konsulat registrierend im Inland mitgewirkt hat, wobei es sich nur um ausländische beteiligte Vertretungen handeln kann, nicht um eine deutsche Behörde. Es muss nicht der gesamte Tatbestand im Ausland gelegen haben.

c) Reine Privatscheidungen

67 Von reinen Privatscheidungen spricht man, wenn an dem Vorgang keinerlei Behörde mitwirkt. Dergleichen kommt zB in afrikanischen Gewohnheitsrechten vor (vgl Hinweise von Lorbacher FamRZ 1979, 772; Beule StAZ 1979, 33 wenngleich doch manchmal eine Anwendung bei der Standesbehörde etc vorgeschrieben ist). Bei der Frage, inwieweit sie § 107 FamFG unterliegen, ist zu unterscheiden, ob eine förmliche Anerkennung vorgeschrieben oder nur erlaubt oder ausgeschlossen ist. Der BGH (14. 10. 1981 BGHZ 82, 34, 41; 21. 2. 1990 FamRZ 1990, 607 f) und das BayObLG (13. 1. 1994 FamRZ 1994, 1263) formulieren vorsichtig, Privatscheidungen unterlägen dem Verfahren „jedenfalls dann", wenn daran eine ausländische Behörde mitgewirkt hat, lassen also die Frage offen, ob auch reine Privatscheidungen förmlich anerkannt werden müssen oder können (ebenso zB JA BW 27. 12. 2000 FamRZ 2001, 1018).

68 Praktisch unbestritten ist, dass jedenfalls bei einer Behördenmitwirkung das Anerkennungsverfahren **obligatorisch** ist (Lüderitz, in: FS Baumgärtel [1990] 343 und IPRax 1987, 760; Neuhaus RabelsZ 31 [1967] 579; Siehr FamRZ 1969, 184; Otto FamRZ 1976, 279 und so verfahren nach ihm die LJV Berlin und NRW). Bei reinen Privatscheidungen andererseits sei das Verfahren unzulässig (hM zB Zöller/Geimer, ZPO § 107 FamFG Rn 23 ff; Schack, IZVR Rn 989; Musielak/Borth Rn 2; Thomas/Putzo/Hüsstege, ZPO § 107 FamFG Rn 6;

KEGEL IPRax 1983, 25; OLG Celle 10. 11. 1997 FamRZ 1998, 686). Die „Anerkennung" von **reinen Privatscheidungen**, die nicht von § 107 FamFG erfasst werden, weil sie **keine Entscheidungen** sind, können dann auch nicht unter § 108 Abs 2 FamFG subsumiert werden (so aber ALTHAMMER IPRax 2009, 381, 38; anscheinend hilfsweise GOTTWALD, in: FS Rüßmann [2013] 773; wie hier MünchKommFamFG/RAUSCHER § 108 FamFG Rn 12), denn entweder wendet man § 107 FamFG analog an (so ANDRAE/HEIDRICH FamRZ 2004, 1622, 1626; NK-BGB/ANDRAE Anh II zum III. Abschn EGBGB Art 7 § 1 FamRÄndG aF Rn 14; GOTTWALD, in: FS Rüßmann; MünchKommFamFG/RAUSCHER Rn 28; Präs OLG Frankfurt StAZ 2003, 137 gegen OLG Celle 10. 11. 1997 FamRZ 1998, 686) oder man verneint sowohl § 107 FamFG wie § 108 FamFG, auch weil es an einer gerichtlichen oder behördlichen Mitwirkung fehlt (so auch ANDRAE/HEIDRICH FamRZ 2004, 1622, 1626).

Die Anwendbarkeit von § 107 FamFG ist **zu verneinen**, denn, wenn man nicht der verfehlten Theorie von der Anerkennung von Rechtslagen folgt (dagegen eingehend und überzeugend SONNENBERGER, in: FS Spellenberg [2005] 371, 381 ff u passim), kann Gegenstand der Anerkennung nur ein hoheitlicher Akt sein, der bei der reinen Privatscheidung fehlt, sodass ihre Wirksamkeit nur anhand des nach dem IPR anzuwendenden Recht geprüft werden kann (ganz hM). Freilich ist die behördliche Mitwirkung in vielen, insbesondere in islamischen Rechten nicht Wirksamkeitsbedingung (LÜDERITZ, in: FS Baumgärtel [1990] 333 ff, 343). Das hat jedoch nicht die in der Tat merkwürdige Konsequenz (LÜDERITZ 333 ff, 343; ANDRAE/HEIDRICH FamRZ 2004, 1622, 1626), dass nach einer eventuell spät nachfolgenden Registrierung oder sonstiger Mitwirkung der ausländischen Behörde das Anerkennungsmonopol der LJV eingreift, während vorher die Wirksamkeit der ausländischen Scheidung unmittelbar und ipso jure im Inland eintritt und von jedermann ohne Einschaltung der LJV geltend gemacht werden könnte, vielmehr ist, wenn eine Mitwirkung der Behörden nötig ist, die ausländische Privatscheidung bis dahin wegen des Feststellungsmonopols im Inland unwirksam. So bleibt eine Zweitehe bigamisch, bis der frühere Ehegatte seiner Pflicht zur Registrierung der Scheidung im Ausland nachkommt. Man kann zwar davon ausgehen, dass der Gesetzgeber seinerzeit annahm, dass eine vorgeschriebene Mitwirkung ausländischer Behörden stets auch konstitutiv sei, und logisch müsste man in der Tat nur die Scheidungen mit konstitutiver Mitwirkung der Behörden in § 107 FamFG einbeziehen. Das wäre jedoch schwierig zu ermitteln, und so sprechen gute Gründe dafür, zunächst alle **Privatscheidungen mit Behördenmitwirkung**, mit Ausnahme der Heimatstaatsscheidungen (Abs 1 S 3), dem Anerkennungsverfahren nach § 107 FamFG zu unterwerfen. **69**

d) Freiwilliges Anerkennungsverfahren

Es ist eine andere Frage, ob man bei **reinen Privatscheidungen** die Delibation nach **§ 107 FamFG** wenigstens **freiwillig** und auf Antrag zulässt (so GOTTWALD, in: FS Rüßmann [2013] 773; HEIDERHOFF StAZ 2009, 328, 332; HENRICH, Int Scheidungsrecht Rn 38 ff; ANDRAE/HEIDRICH FamRZ 2004, 1622, 1626). Das ist geboten, nachdem das freiwillige Anerkennungsverfahren bei den gem § 107 Abs 1 S 2 FamFG an sich ausgenommenen Heimatstaatsscheidungen zugelassen wird (unten Rn 100 und STAUDINGER/SPELLENBERG [2015] Art 21 Brüssel IIa-VO Rn 101). § 108 Abs 2 FamFG kann man nicht stattdessen heranziehen (zutr HEIDERHOFF StAZ 2009, 328, 332): Er betrifft gerade nicht Ehesachen (§ 108 Abs 1 FamFG). Eine normale Feststellungsklage scheidet aus, weil das Verfahren nach § 107 FamFG einfacher ist und die weiteren Wirkungen hat. **70**

4. Ehebeendigung ipso facto

71 Ehebeendigungen ipso facto zB durch Verschollenheit, Religionswechsel, Wiederverheiratung, Verurteilung zu langer Freiheitsstrafe oder Todeserklärung sind nicht dem Feststellungsverfahren unterworfen (LG Heilbronn 9. 7. 1952 IPRspr 1952/53 Nr 165; Beule StAZ 1979, 31). Möglich bleibt aber bei Unklarheit eine Klage iSd § 121 Nr 3 FamFG auf Feststellung, dass die Ehe nicht besteht. Sollte ein solches Feststellungsurteil im Ausland ergangen sein, so kann und muss es aber nach § 107 Abs 1 S 1 FamFG anerkannt werden (MünchKommFamFG/Rauscher Rn 25).

5. Statusentscheidungen

a) Statusänderungen

72 § 107 FamFG nennt ausdrücklich Nichtigerklärung, Scheidung, Eheaufhebung, Scheidung ohne Lösung des Ehebandes (Trennung von Tisch und Bett), also alle Statusänderungen. Vorausgesetzt ist eine im Ausland **wirksame Statusänderung** einschließlich der Umwandlung einer Trennung in eine Scheidung. Eine dort unwirksame Regelung wird es nicht durch die Anerkennung nach § 107 FamFG. In der Regel setzt die Statusänderung nach der lex fori die **formelle Rechtskraft** des Urteils voraus, ohne die auch keine Statusänderung anzuerkennen wäre. Denkbar, aber sehr selten, ist, dass die lex fori das nicht verlangt.

73 Hau wendet ein, dass der LJV überlassen bleiben sollte, über die uU schwierigen Fragen des Rechtskrafteintritts und, zu ergänzen des Rechtskrafterfordernisses, zu entscheiden (in: FS Spellenberg [2010] 435, 441). Rauscher argumentiert, dass eine Anerkennung, auch wenn die Statusänderung schon vor Rechtskraft eintreten sollte, zur Vermeidung unsicherer Statusverhältnisse bei uns nur erfolgen sollte, wenn eine Aufhebung des ausländischen Urteils nicht mehr zu befürchten ist (MünchKommFamFG/Rauscher Rn 21). Dem ist zuzustimmen.

74 Wenn wie in Art 1:163 Abs 1 Burgerl Wetboek der Niederlande zudem eine **Registrierung** der Scheidung nötig ist, muss diese auch vor der Anerkennung vorliegen (Prütting/Helms/Hau Rn 28; BayOBLG FER 1998, 209; OLG Düsseldorf 28. 2. 1975 NJW 1975, 1081 [Mexiko]; MünchKommFamFG/Rauscher Rn 21). Häufig ist die Registrierung aber nur nötig, damit die Scheidung **Dritten gegenüber wirkt** (art 262 f fr c civ; art 1279 Abs 1 belg c judiciaire). Da aber die förmliche Anerkennung durch die Landesjustizverwaltung Rechtskraft erga omnes hat, wird eine solche Registrierung im Heimatstaat entbehrlich, die dort auf Antrag eines Ehegatten erfolgen könnte. Die Drittwirkung tritt allerdings nur für Deutschland ein. (Freilich sind die genannten Beispiele heute wegen Art 14 Abs 1 Brüssel IIa-VO nicht mehr einschlägig; es kann aber für Drittstaaten gelten.)

75 Auch **Trennungen von Tisch und Bett** werden anerkannt. Es handelt sich um eine Statusänderung ohne vollständige Lösung des Ehebandes. Das bringt Abgrenzungsprobleme zur negativen Herstellungsklage, zB zur Feststellung eines Rechts zum Getrenntleben im deutschen Sinne. So fallen nicht unter § 107 FamFG Urteile auf Gestattung des Getrenntlebens bzw auf Feststellung eines Rechts dazu (MünchKommFamFG/Rauscher Rn 24; Martiny, Hdb IZVR Bd III/1 Kap I Rn 1688), auf Herstellung des ehelichen Lebens sowie auf Unterlassung ehewidrigen Verhaltens. Sie ändern nicht den Status, sondern betreffen Pflichten aus der Ehe.

Wenn die **Trennung** nach einiger Zeit in die Scheidung **umgewandelt** werden kann wie in Brasilien (vgl auch Art 9 Rom III-VO), muss diese Trennungsentscheidung zuvor in Deutschland anerkannt werden, bevor die Umwandlung hier durch Scheidungsurteil vorgenommen werden kann (Martiny, Hdb IZVR Bd III/1 Kap I Rn 1689). § 107 FamFG erfasst Trennungsurteile unabhängig davon, ob sie notwendige Voraussetzungen der Scheidung oder eine Alternative neben der Scheidung sind. Wenn dagegen nach dem Scheidungsstatut Scheidungsgrund die faktische Trennung ist, dann kann darauf ohne weiteres die Scheidungsklage im Inland gegründet werden. 76

b) Feststellungsurteile

Ausdrücklich bezieht § 107 FamFG auch ausländische Feststellungsurteile über Bestehen oder Nichtbestehen einer Ehe mit ein (LJV BW 31. 5. 1990 FamRZ 1990, 1015). Sie werden von der Brüssel IIa-VO nicht erfasst (Staudinger/Spellenberg [2015] Art 21 Brüssel IIa-VO Rn 35, 107), und daher nur von § 107 FamFG. Da sie aber keine Statuswirkung haben, kann eine solche Wirkung auch nicht auf das Inland erstreckt werden, sondern nur die Rechtskraft dieser Urteile. Da keine hinkenden Statusverhältnisse entstehen, kann man die **Sinnhaftigkeit** einer obligatorischen Delibation **rechtspolitisch bezweifeln**. Es kann sich um **positive oder negative** Feststellungsklagen handeln. Da die Abweisung einer positiven Feststellungsklage die Feststellung des Nichtbestehens der Ehe enthält und umgekehrt, sind auch **klageabweisende Feststellungsurteile** einzubeziehen (Geimer NJW 1967, 1402). 77

c) Antragsabweisende Urteile

Wird ein Antrag auf Eheauflösung abgewiesen, so gilt Art 21 Brüssel IIa-VO für dieses Urteil nicht. Das ist zwar unsinnig, aber der erklärte Wille des Verordnungsgebers. Ihre Anerkennung bleibt dem nationalen Recht überlassen (Staudinger/Spellenberg [2015] Art 21 Brüssel IIa-VO Rn 101 mNw). Damit ist aber noch nicht entschieden, ob § 107 FamFG oder nur § 108 FamFG dafür gelten (für ersteren Prütting/Helms/Hau Rn 19; MünchKommFamFG/Rauscher Rn 23; Nagel/Gottwald, IZPR § 13 Rn 34; für letzteren Andrae/Heidrich FamRZ 2004, 1622, 1626 f). Es geht zwar nicht nur um die Erstreckung einer Gestaltungswirkung ins Inland, doch wie bei einem ausländischen Feststellungsurteil entfalten meist auch ausländische Abweisungen eines Scheidungsantrags Rechtskraft ähnlich einem Feststellungsurteil. 78

Der Wortlaut des § 107 FamFG sagt nichts zur **Abweisung** von Scheidungs- und anderen Statusklagen. Nach einer Meinung fallen solche klageabweisenden Urteile zumindest grundsätzlich nicht unter die Bestimmung (KG 12. 2. 1974 IPRspr 1974 Nr 183; Andrae/Heidrich FamRZ 1004, 1622, 1628; Sturm, in: FS Beitzke [1979] 803; Jansen FGG Art 7 § 1 FamRÄndG Rn 14). Weil die Statusänderung abgelehnt wurde, entstehe nicht die Gefahr hinkender Statusverhältnisse. Hüsstege verweist mit demselben Ergebnis auf §§ 108 FamFG und 109 FamFG, also auf die Anerkennung ohne Delibation (Andrae FamRZ 2004, 1622, 1628; Thomas/Putzo/Hüsstege § 107 FamFG Rn 8; Zöller/Geimer, ZPO § 107 FamFG Rn 43). 79

Dennoch ist das Verfahren nach **§ 107 FamFG** durchzuführen, weil § 107 FamFG auch **Feststellungsurteile** erfasst (§ 107 Abs 1 S 1 FamFG). Die Abweisung einer 80

Statusklage zB auf Scheidung oder auf Nichtigkeit der Ehe wird idR nach dem maßgebenden Recht die Feststellung des (weiteren) Bestehens der Ehe enthalten oder zumindest die Feststellung, dass hier Scheidungs- oder Nichtigkeitsgründe nicht vorlagen. Damit entspricht das Urteil dem von § 107 FamFG ausdrücklich einbezogenen positiven Feststellungsurteil, und muss konsequenterweise angewandt werden, sofern es diese Feststellung enthält (Martiny, Hdb IZVR Bd III/1 Kap I Rn 1690; Geimer NJW 1967, 1402; Rosenberg/Schwab/Gottwald, ZPR § 156 Rn 52; MünchKommFamFG/Rauscher § 107 FamFG Rn 24; Prütting/Helms/Hau Rn 19 weiter § 108 FamFG Rn 131).

81 Ausländische Klageabweisungen **wegen Unzulässigkeit** dagegen fallen daher nicht unter § 107 FamFG, weil sie keine Rechtskraft zur Sache entfalten.

d) Ausländische Anerkennungen

82 Ausländische Delibationen sind **kein tauglicher Gegenstand** des § 107 FamFG (exequatur sur exequatur ne vaut; Kegel, in: FS Müller-Freienfels [1986] 377 ff; grundlegend und zT **aA** Schütze, in: FS Spellenberg [2010] 511 ff). Ihr Inhalt ist beschränkt auf die Aussage, dass das fremde Urteil **im Anerkennungsstaat** wirksam sei, und kann schon deshalb keine Grundlage für eine Anerkennung der drittstaatlichen Eheauflösung in Deutschland sein. Es macht auch keinen Unterschied, wenn es sich stattdessen um ein normales Feststellungsurteil dieses Inhalts über eine Scheidung in einem dritten Staat handelt.

e) Neben- und Folgeentscheidungen

83 Es ist unstreitig, dass die Kompetenz der LJV sich nicht auf **Neben- und Folgeentscheidungen** der Statusurteile erstreckt, auch wenn sie zusammen mit diesen im Verbund geregelt wurden (BGH 5. 2. 1975 BGHZ 64, 19 = FamRZ 1975, 273 = NJW 1975, 1072 [zust Geimer 2141]; OLG Hamm 7. 2. 1975 OLGZ 1975, 179 = FamRZ 1975, 426 = StAZ 1975, 275 = NJW 1975, 1083; BayObLG 3. 10. 1978 IPRspr 1978 Nr 175; BayObLG 18. 6. 1980 FRES 6, 421; OLG Köln 10. 4. 1979 FamRZ 1979, 718 = DAVorm 1979, 454; OLG Hamm 17. 11. 1980 IPRspr 1980 Nr 96; LG Düsseldorf 18. 1. 1974 IPRspr 1974 Nr 63; Coester IPRax 1996, 25; Prütting/Helms/Hau Rn 20).

84 Diese **Scheidungsfolgenregelungen** werden, soweit sie sachlich davon erfasst werden, ipso jure nach § 108 FamFG anerkannt. Freilich setzt ihre Anerkennung voraus, dass auch die **Statusänderung im Inland wirkt**, dh die Anerkennung des Scheidungsurteils etc, die ihrerseits meistens einen Bescheid der LJV bzw des Präsidenten eines OLG voraussetzt. Unterhalts- und Sorgerechtsregelungen unter der EG-UntVO oder der Brüssel IIa-VO setzten die förmliche Anerkennung der Statusänderung nicht voraus, wohl aber zB materiell die Scheidung. Über deren Wirksamkeit ist dann inzident zu entscheiden. Im Übrigen bleibt es aber zB beim Trennungsunterhalt, der auch keine Scheidung voraussetzt (OLG Koblenz 20. 11. 1990 FamRZ 1991, 459).

6. Heimatstaatsscheidungen

a) Staatsangehörigkeit

85 Urteile des gemeinsamen Heimatstaates unterfallen nach § 107 Abs 1 S 2 FamFG nicht dem Anerkennungsmonopol der LJV. Über ihre Anerkennung ist ggf inzident gem § 109 FamFG zu entscheiden (BVerwG 3. 11. 1976 BVerwGE 51, 244; zB BayObLG 8. 5. 2002 FamRZ 2002, 163 ff; OLG Stuttgart FamRZ 2003, 1019; OLG Hamm 16. 4. 1997 FamRZ 1998,

303). Als Grund gilt, dass deren Anerkennung regelmäßig keinen Bedenken unterliege (MARTINY, Hdb IZVR Bd III/1 Kap I Rn 1695; LÜDERITZ, in: FS Baumgärtel [1990] 344; MASSFELLER DR 1941, 2541 f).

Das ist **rechtspolitisch nicht überzeugend**. Zwar ist die internationale Anerkennungszuständigkeit gewiss unproblematisch, aber schon die Feststellung der Staatsangehörigkeit kann schwierig sein und die Anerkennungsfähigkeit kann unter den Gesichtspunkten des § 109 Abs 1 Nr 2 bis 4 ZPO problematisch sein (rechtspolitisch krit GEIMER NJW 1967, 1403; ZÖLLER/GEIMER, ZPO § 107 FamFG Rn 39; PRÜTTING/HELMS/HAU Rn 31; **aA** MARTINY s oben Rn 85). Diese Bestimmungen der materiellen Anerkennungsfähigkeit bleiben anwendbar, sodass mangels allgemein verbindlicher Feststellung widersprüchliche Folgeurteile möglich sind. Gegenseitigkeit ist hingegen nicht erforderlich (OLG Hamm 28. 12. 1994 FamRZ 1995, 886). Wahrscheinlich hat der Gesetzgeber der 24. DVO zum EheG von 1941 nur das Anerkennungshindernis der fehlenden Zuständigkeit im Auge gehabt oder, dass der Heimatstaat am nächsten daran ist, den Status zu regeln und darum nicht automatisch kontrolliert werden sollte. Die Privilegierung rechtfertigt sich, wenn überhaupt, mit einer höheren Anerkennungswahrscheinlichkeit, die sich aber nur hinsichtlich der Anerkennungszuständigkeit iSd § 109 Abs 1 Nr 1 FamFG ergibt (WALL StAZ 2013, 146, 148 f). **86**

Der **Standesbeamte** muss freilich für die Zulassung zur Eheschließung zur Prüfung der Wirksamkeit der Heimatstaatsscheidung gem § 159 Abs 4 S 3 DA der zuständigen Verwaltungsbehörde vorlegen, nicht der LJV. **87**

b) Heimatstaat

Beide Eheleute müssen die **Staatsangehörigkeit des Entscheidungsstaates** gehabt haben. Darüber entscheidet dessen Staatsangehörigkeitsrecht. Das mit der Anerkennung befasste inländische Gericht oder die Verwaltung hat die Staatsangehörigkeitsfrage danach festzustellen. Eine Heimatstaatsscheidung liegt auch bei Entscheidungen eines US-Gerichtes vor, wenn die Ehegatten **verschiedenen US-Staaten** angehören (zB KRZYWON StAZ 1989, 95). **88**

Ist unklar, **welches** der gemeinsame **Heimatstaat** ist, oder ob die Parteien diesem Urteilsstaat angehören, ist das Verfahren nach § 107 FamFG durchzuführen (OLG Hamburg 15. 1. 1982 IPRspr 1982 Nr 181; Präs OLG Frankfurt 22. 9. 1998 IPRax 2000, 124: unklar, ob das Gericht dem einen oder anderen Staat zugehörte). Wenn sich die Staatsangehörigkeit dann im Verfahren aber noch herausstellt, wird der Antrag unzulässig, wenn man nicht eine freiwillige förmliche Anerkennung zulässt, die aber beantragt werden müsste (dazu Rn 70, 100). Hier ist die Behandlung **von zerfallenden Staaten** problematisch. Für die Frage, ob die Parteien gemeinsam dem nach Unabhängigkeit strebenden Staat oder dem alten, größeren angehören, ist abzuwarten, ob jener wirklich die Unabhängigkeit erlangt hat. **Im Zweifel** ist die förmliche Delibation nötig (Präs OLG Frankfurt 22. 9. 1998 IPRax 2000, 124 [insoweit krit HOHLOCH 96, 98]). **89**

Der **maßgebende Zeitpunkt** für das Vorliegen der Staatsangehörigkeit ist nicht der Erlass des anzuerkennenden Urteils (so aber OLG Frankfurt 15. 4. 1971 FamRZ 1971, 373 [BEITZKE]), sondern der der Einleitung des betreffenden ausländischen Verfahrens, denn dessen Zuständigkeit kann danach wegen der perpetuatio fori auch durch einen Wechsel der Staatsangehörigkeit nicht mehr entfallen (WALL StAZ 2013, 146, **90**

150). Die deutsche Regel der perpetuatio fori wird ebenfalls spiegelbildlich als Anerkennungszuständigkeit angewandt.

91 Bei Urteilen aus Mehrrechtsstaaten zB aus den USA genügt für § 107 FamFG, dass beide Ehegatten Amerikaner sind, und ist nicht nötig, dass sie demselben Bundesstaat angehören.

c) **Mehrstaater**

92 Problematisch ist der Fall der Doppel- oder Mehrstaatsangehörigkeit, sei es mit einer deutschen Beteiligung oder ohne.

93 Hat ein Ehegatte neben einer ausländischen **auch die deutsche Staatsangehörigkeit** (oder ist er einem Deutschen gem Art 116 GG gleichgestellt), so liegt nach hM **keine Heimatstaatsscheidung** vor (BayObLG 29. 3. 1990 FamRZ 1990, 897; BayObLG 7. 4. 1998 FamRZ 1998, 1594; LJV NRW 2. 7. 1984 IPRspr 1984 Nr 184; OLG Düsseldorf 19. 11. 1979 FamRZ 1980, 698; OLG Frankfurt 10. 6. 2010 – 5 UF 103/10; BayObLG 12. 5. 1992 FamRZ 1993, 452; MünchKommFamFG/Rauscher Rn 36; Baumbach/Lauterbach/Albers/Hartmann, ZPO § 107 FamFG Rn 26; Heiderhoff StAZ 2009, 328, 331).

94 Art 5 Abs 1 S 2 EGBGB, auf den die hM sich gerne beruft (zB Heiderhoff StAZ 2009, 328, 331), ist im Verfahrensrecht nicht unmittelbar einschlägig, sodass entgegen der hM vertreten werden könnte, dass die deutsche Staatsangehörigkeit nur schadet, wenn sie die **effektivere** ist bzw dass Abs 1 S 3 gilt, wenn die effektivere Staatsangehörigkeit die des Entscheidungsstaates war (BSG 30. 11. 1966 BSGE 26, 1 = FamRZ 1967, 216 [Privatscheidung, Israel]; OLG Stuttgart 5. 4. 1968 FamRZ 1968, 390; OLG Bremen 25. 10. 1984 IPRax 1985, 296); der BGH hat die Frage offengelassen (BGH 6. 10. 1982 FamRZ 1982, 1203 = NJW 1983, 514 = IPRax 1983, 292 [Basedow 278, Bürgle 281]; ebenso BayObLG 11. 6. 1979 IPRspr 1979 Nr 212). Da § 107 Abs 1 S 2 FamFG nicht Ausdruck eines Desinteresses des deutschen Rechts an Heimatstaatsscheidungen ist, sondern auf der Annahme beruht, dass die Anerkennung mit Blick auf § 109 Abs 1 Nr 1 FamFG besonders wahrscheinlich ist (oben Rn 90), kommt man auf die Frage zurück, ob die deutsche Entscheidungszuständigkeit auch auf eine ganz **ineffektive deutsche** Staatsangehörigkeit gegründet werden könnte. Das ist zu verneinen (oben § 98 Rn 105 ff) und sollte auch hier spiegelbildlich für die Anerkennungszuständigkeit gelten.

95 Für Flüchtlinge und Asylberechtigte ist Heimatstaat der ihres **gewöhnlichen Aufenthalts** oder Wohnsitzes gem Art 12, 16 Genfer FlüchtlKonv (Krzywon StAZ 1989, 95; MünchKommFamFG/Rauscher Rn 37). Man kann auch für § 107 Abs 1 S 2 FamFG den Flüchtling nicht mehr als Angehörigen seines Heimatstaates ansehen, mag er auch noch die Staatsangehörigkeit haben. Hat der Flüchtling zB seinen Wohnsitz nun in Deutschland, ist wegen Art 12 GenfFlKonv eine frühere fremde gemeinsame Staatsangehörigkeit nicht mehr idS gegeben (OLG Celle 11. 8. 1997 FamRZ 1998, 757 zu Art 14 Abs 1 EGBGB), wenn ein Urteil aus seinem Herkunftsstaat anzuerkennen ist. Jedoch sollen die GenfFlKonv bzw das AsylVerfG den Flüchtling nur begünstigen, sodass er auch dafür optieren kann, dass die Scheidung als eine Heimatstaatsscheidung angesehen werde (vgl zur Anerkennungszuständigkeit BayObLG 12. 7. 1990 FamRZ 1990, 1265). Man soll den Flüchtling nur nicht zwingen, seine Staatsangehörigkeit geltend zu machen. Daher kann der Flüchtling sich auf Abs 1 S 2 berufen, sodass zB in einem

inländischen Gerichtsverfahren inzident über die Anerkennung einer solchen Heimatstaatsscheidung entschieden werden kann.

Bleibt **zweifelhaft**, ob ein Ehegatte auch eine (effektive) **deutsche Staatsangehörigkeit** **96** hatte oder nur die Staatsangehörigkeit des Urteilsstaates, gilt Abs 1 S 2 nicht, und das Anerkennungsverfahren ist nötig (OLG Hamburg 15. 1. 1982 IPRspr 1982 Nr 181 [Polen]).

Weniger geklärt ist die Frage, wenn keiner der Ehegatten die deutsche Staatsange- **97** hörigkeit hat, aber einer oder beide **mehrere ausländische Staatsangehörigkeiten** hat bzw haben. Ist man der Auffassung, dass die nicht effektive deutsche Staatsangehörigkeit ausscheidet, so wird man auch bei mehrfacher ausländischer Staatsangehörigkeit die effektiven entscheiden lassen, von denen eine die gemeinsame des Urteilsstaates sein muss (Heiderhoff StAZ 2009, 328, 331; Henrich, Int Scheidungsrecht 151; **aA** Zöller/Geimer, ZPO § 107 FamFG Rn 37). Eine Ausnahme vom Feststellungsmonopol ist auch bei ungeklärter Staatsangehörigkeit nicht zu machen, wenn nur möglicherweise eine gemeinsame vorliegt (OLG Frankfurt 10. 6. 2010 – 5 UF 103/10).

d) Außergerichtliche Statusänderungen

Unbestritten ist, dass **Gerichtsentscheidungen** des Heimatstaates vom Anerken- **98** nungszwang ausgenommen sind. Die hM folgerte aus dem unterschiedlichen Wortlaut in Art 7 § 1 Abs 1 S 1 FamRÄndG aF, der nur allgemein von „Entscheidungen" spricht, und aus S 3, der „Entscheidungen von Gerichten" nennt, dass nur die letzteren in S 3 gemeint seien, und dass Scheidungen durch Verwaltungsbehörden (Krzywon StAZ 1989, 95) und Privatscheidungen unter Mitwirkung von Behörden selbst des gemeinsamen Heimatstaates dem Anerkennungsmonopol unterfallen (OLG Hamm 11. 7. 1988 IPRax 1989, 107 [Henrich]; LJV BW 23. 5. 1986 IPRax 1988, 170; Coester IPRax 1996, 24, 25). Diese Einschränkung des Privilegs der Heimatstaatsscheidung, wenn es sie gab, ist durch den neuen Wortlaut von § 107 Abs 1 S 2 FamFG beseitigt worden, sodass auch **Privatscheidungen mit Behördenbeteiligung**, deren Tatbestand ganz im Heimatstaat verwirklicht wurde, vom Anerkennungsverfahren ausgenommen sind (Prütting/Helms/Hau Rn 31; MünchKommFamFG/Rauscher Rn 35).

Wird der Tatbestand der Scheidung nur teilweise, aber nicht ganz im Heimatstaat **99** verwirklicht, was bei Privatscheidungen unter Behördenmitwirkung denkbar ist, so spräche vieles dafür, die Befreiung vom förmlichen Anerkennungsverfahren erst dann zuzulassen, wenn der eigentlich entscheidende Tatbestandsteil oder wenigstens **alle konstitutiven Erfordernisse**, nicht nur deklaratorische Registrierungen **im Heimatstaat** verwirklicht wurden. Für die Prüfung und Feststellung einer solchen Voraussetzungen müsste aber wohl doch zweckmäßigerweise zunächst die LJV eingeschaltet werden. Ist man zudem der Auffassung, dass es sinnvoll ist, eine freiwillige Anrufung der LJV zu erlauben, so sprechen gute Gründe der Vereinfachung dafür, das förmliche Anerkennungsverfahren immer dann zu verlangen, wenn ein Teil des Scheidungstatbestandes nicht im Heimatstaat verwirklicht wurde.

7. Freiwilliges Anerkennungsverfahren

a) Heimatstaatsscheidung

§ 107 FamFG schreibt nur vor, dass **gerichtliche Heimatstaatsscheidungen nicht dem** **100**

Anerkennungszwang durch die LJV unterliegen, zwingt aber nicht zur Auslegung, dass ein Antrag nicht zulässig sei. Da die Heimatstaatsscheidungen im konkreten Fall keineswegs immer offenbar anerkennungsfähig sind, sollte man den Betroffenen erlauben, **freiwillig die mit Wirkung inter omnes** versehene Anerkennung durch die LJV zu beantragen (BGH 11. 7. 1990 BGHZ 112, 127; OLG Düsseldorf 21. 11. 1996 IPRax 1997, 194; BayObLG 8. 5. 2002 FamRZ 2002, 1637; Präs OLG Frankfurt 19. 11. 2001 StAZ 2003, 137; OLG Frankfurt 10. 6. 2010 – 5 UF 103/10; Heiderhoff StAZ 2009, 328, 332; Gottwald, in: FS Rüßmann [2013] 771, 773; Henrich, Internationales Familienrecht 151; Haecker, Die Anerkennung ausländischer Entscheidungen in Ehesachen 20; **aA** OLG Frankfurt 15. 4. 1971 FamRZ 1971, 373 = StAZ 1972, 68 [Bachmann] = NJW 1971, 1528; Präs OLG Celle 14. 2. 1996, StAZ 1996, 303; Präs OLG Celle 10. 11. 1997 FamRZ 1998, 686; Schack, IZVR Rn 986; Geimer NJW 1967, 1403 und 1969, 1649; Zöller/Geimer, ZPO § 107 FamFG Rn 38; Geimer, IZPR Rn 3021; Jansen FGG Art 7 § 1 FamRÄndG aF Rn 17, 39). So verfahren namentlich die LJV (nach Mitteilung von Krzywon StAZ 1989, 95 unter Berufung auf OLG Stuttgart 10. 4. 1987; LJV NRW 21. 2. 1984 IPRax 1986, 167 f). Das gilt nur für Ehesachen iSd § 121 FamFG.

101 Die Wirkung inter omnes hätte ein Feststellungsurteil nicht, und an dieser Wirkung kann ein berechtigtes Interesse bestehen. Öffentliche Interessen die dagegen sprächen, sind nicht zu erkennen. Andere Beteiligte, die das Ergebnis nicht akzeptieren wollen, haben stets die Möglichkeit, die Aufhebung des Bescheids durch das OLG zu beantragen. Da die Heimatstaatsscheidung aber an sich ipso jure im Inland wirkt, wird man ein begründetes Rechtsschutzinteresse verlangen (BayObLG FamRZ 2002, 1637; weiter unten Rn 124). Der Antrag kann auch von einem Ehegatten allein gestellt werden. Zur **freiwilligen Delibation reiner Privatscheidungen** oben Rn 70 ff.

b) Art 21 ff Brüssel IIa-VO

102 **Art 21 ff Brüssel IIa-VO** sieht die automatische Anerkennung ohne obligatorisches Feststellungsverfahren vor und erlaubt nur in Art 21 Abs 3 Brüssel IIa-VO eine streitige Feststellungsklage. Die sachlichen Anerkennungsvoraussetzungen bzw die Anerkennungshindernisse sind in den Art 22, 24 bis 26 Brüssel IIa-VO abweichend von § 109 FamFG geregelt. Streitig ist jedoch, ob Art 21 Brüssel IIa-VO nicht nur das obligatorische Feststellungsverfahren des § 107 FamFG ausschließt, sondern auch ein **freiwilliges Feststellungsverfahren**, wie es die hM im Falle der Scheidungen aus dem gemeinsamen Heimatstaat der Parteien zulässt (oben Rn 70). Art 21 Abs 1 Brüssel IIa-VO sagt nur, es „bedarf“ keines besonderen Verfahrens der Anerkennung, und Abs 2, es „bedarf insbesondere keines besonderen Verfahrens für die Beischreibung in den Personenstandsbüchern“. Dass ein solches Verfahren nicht verlangt oder vorausgesetzt wird, sagt noch nicht, dass es nicht benutzt werden darf. Der praktische Vorteil läge in der Wirkung inter omnes der Entscheidungen und der besonderen Sachkunde der zuständigen Justizverwaltung. Mit Recht will Hau es daher auf Antrag eines nach § 107 FamFG Antragsberechtigten **zulassen** (in: FS Spellenberg [2010] 435, 448 f; Prütting/Helms/Hau Rn 14; BGH 11. 7. 1990, BGHZ 112, 127, 131 f; BayObLG 8. 5. 2002 FamRZ 2002, 1637; Keidel/Zimmermann Rn 20; ebenso schon Spellenberg ZZPint 6 [2001] 109, 131; zögernd Zöller/Geimer, ZPO § 107 FamFG Rn 1; ablehnend dagegen Helms FamRZ 2001, 257, 261; Rauscher/Rauscher, EuZPR/EuIPR [2015] Art 21 Brüssel IIa-VO Rn 18; Schack, in: FS Spellenberg [2010] 497, 502 f; Gottwald, in: FS Rüßmann [2013] 771, 772; Geimer/Schütze/Dilger, IRVZ Art 21 EheVO Rn 72; OLG Celle OLGR 2006, 13).

103 Der Wortlaut des Art 21 Brüssel IIa-VO ist nicht zwingend. Sachlich kann gegen die

Zulassung vor allem angeführt werden, dass die Brüssel IIa-VO in Art 21 Abs 3 mit dem recht unglücklichen Verweis auf das Verfahren der Art 28 ff Brüssel IIa-VO ein Feststellungsverfahren anbietet. Abgesehen davon, dass es sich um ein Verfahren zur Vollstreckbarerklärung handelt, endet dieses ebenfalls nur mit einer Rechtskraft zwischen seinen Parteien und schließt ein Verfahren mit Wirkung erga omnes nicht notwendig aus. Das ergibt, dass europarechtliche Bedenken wegen der Behinderung der Freizügigkeit der Urteile gegen ein obligatorisches Feststellungsverfahren nach § 107 FamFG bestünden, aber nicht gegen ein fakultatives, das sich in Inhalt und Wirkung doch deutlich von dem europaweit einheitlichen des Art 23 Abs 3 Brüssel IIa-VO unterscheidet. Insoweit lässt die Brüssel IIa-VO den Mitgliedstaaten freie Hand. Das wäre anders, wenn der deutsche Gesetzgeber das Verfahren nach Art 21 Abs 3 Brüssel IIa-VO mit Art 28 ff Brüssel IIa-VO im IntFamRVG mit einer Rechtskraft inter omnes ausgestattet hätte, was aber nicht geschehen ist (Schack, in: FS Spellenberg [2010] 497, 503; **aA** wohl Bahrenfuss/vMilczewski Rn 14).

8. Feststellungsklage

104 Bei pflichtgemäßer wie die freiwilliger Delibation hindert ggf die **Rechtskraft** der Anerkennungsfeststellung eine streitige Feststellungsklage, und das anhängige Delibationsverfahren bewirkt eine **Rechtshängigkeitssperre** dafür (Martiny, Hdb IZVR III/1 Kap I Rn 1611). Von da ist es ein naheliegender Schritt, dass für eine Klage auf Feststellung, dass die Statusänderung im gemeinsamen Heimatstaat im Inland wirkt, wegen der Möglichkeit, eine Entscheidung der LJV mit weiter reichender Feststellungswirkung zu beantragen, das **Feststellungsinteresse fehlt**.

105 Sie ist jedoch der einzig zulässige Weg für die **Feststellung im Inland**, dass eine ausländischen Ehe von Anfang an nichtig ist **(Nichtehe)** solange kein ausländisches Feststellungsurteil vorliegt. Zuständig für diese Feststellungsklage ist das Familiengericht (§ 23a GVG m § 111 Nr 1 FamFG). Eine Zwischenfeststellungsklage nach § 256 Abs 2 ZPO ist nur zulässig, wenn eine präjudizierte Folgesache vor dem Familiengericht anhängig ist. Es gibt keinen Ansatz, den Ehegatten zu verpflichten, die Nichtigkeit stattdessen im Ausland feststellen zu lassen.

IV. Wirkung des Bescheids der LJV*

1. Urteilswirkungen und Anerkennungsbescheid

106 Man muss die Wirkungen des **Anerkennungsbescheids** von den Wirkungen der anerkannten **ausländischen Entscheidung**, die ins Inland erstreckt werden, **unterscheiden**. Eine Scheidung hat als **Statusregelung** als solche normalerweise Wirkung **inter omnes**. Der Bescheid der LJV trifft seinerseits nur Feststellungen über die Anerkennung, dh die inländische Wirksamkeit des Urteils, zu denen Abs 9 nur sagt, dass sie für Gerichte und Verwaltungsbehörden bindend seien. Vor allem ist die Aussage des positiven wie des negativen Bescheids beschränkt: ersterer stellt fest, dass die Anerkennungsvoraussetzungen vorliegen, letzterer dass sie nicht vorliegen, aber

* **Schrifttum**: Geimer, Die Feststellungswirkung der Antragszurückweisung nach Art 7 § 1 FamRÄndG, NJW 1969, 1649.

nicht auch jeweils das Gegenteil. Daraus folgt, dass zB ein negativer Bescheid den Antrag eines anderen Beteiligten auf Feststellung, dass die Anerkennungsvoraussetzungen vorliegen, nicht sachlich ausschließt (Prütting/Helms/Hau Rn 45; weiter unten Rn 196, 200 f).

a) Rechtskraft des Bescheids der LJV

107 Seit mit der Neufassung der Antrag auf Entscheidung durch das OLG befristet ist (§ 107 Abs 7 S 3 FamFG mit § 63 FamFG), kann man von einer **formellen Rechtskraft** reden. Dafür spricht auch der Verweis in § 48 Abs 2 FamFG auf die Wiederaufnahmeregeln der § 580 f ZPO. Hau bemerkt aber zutreffend, dass der Verweis auf § 48 Abs 2 FamFG gemäß § 107 Abs 7 S 3 FamFG erst für die Entscheidung des OLG besteht (Prütting/Helms/Hau Rn 51). Es ist zwar richtig, dass § 107 Abs 5 und 6 FamFG von einem „Antrag" auf Entscheidung durch das OLG und nicht wie § 45 FamFG von „Rechtsmittel, Einspruch, Widerspruch oder Erinnerung" spricht, aber es besteht wohl Einigkeit, dass jener Antrag sachlich eine Beschwerde iSd §§ 58 ff FamFG gegen die Entscheidung der LJV (OLG Präs) ist (Keidel/Zimmermann Rn 48).

108 Früher war die Rechtskraft dieses Bescheids der LJV umstritten, weil dem Bescheid die formelle Rechtskraft fehlte, weil ohne Befristung das OLG angerufen werden konnte (Art 7 § 1 Abs 4 und 5 FamRÄndG aF) (**aA** aber Geimer NJW 1974, 1631; OLG Celle 10. 2. 1961 StAZ 1962, 20; ähnlich OLG München 9. 7. 1962 NJW 1962, 2013 = StAZ 1962, 333; nach Reinl, Die Anerkennung ausländischer Eheauflösungen 221 f, steht der Bescheid einem rechtskräftigen Urteil gleich). Die „Bindungswirkung", die schon der noch anfechtbare Bescheid der LJV hatte, dauerte solange der Anerkennungsbescheid fortbestand.

b) Feststellung und Gestaltung

109 Nach dem Wortlaut von § 107 Abs 1 S 1 FamFG stellt die LJV fest, dass die Anerkennungsvoraussetzungen vorliegen oder nicht vorliegen. Dementsprechend schreibt die hM dem Bescheid **sofort** die **Feststellungswirkung** zu (Martiny, Hdb I ZVR Bd III/1 Kap I Rn 1674; Hausmann, Kollisionsrechtliche Schranken von Scheidungsurteilen 156 ff; Jansen, FGG Art 7 § 1 FamRÄndG Rn 43; MünchKommFamFG/Rauscher Rn 17; Stein/Jonas/H Roth § 328 ZPO Rn 484; Reinl, Die Anerkennung ausländischer Eheauflösungen 82). Dem ist nicht mehr zuzustimmen, denn seit der Bescheid der LJV nur mehr befristet angefochten werden kann, sollte die Feststellungswirkung auch **erst mit der formellen Rechtskraft** eintreten.

110 Da der Bescheid den in Rn 41 ff beschriebenen Schwebezustand beendet und erst mit seinem Erlass die Gestaltungs- und die Rechtskraftwirkung der ausländischen Entscheidung auch im Inland eintreten, wird dem Bescheid von anderen eine **Gestaltungswirkung** oder ähnliche Wirkung zugeschrieben (Otto StAZ 1975, 183; Schütze, Die Anerkennung und Vollstreckung ausländischer Zivilurteile in der BRD als verfahrensrechtliches Problem [1960] 4 f, 9 ff, 37 ff zum alten § 24 der 4. DVO; Habscheid, in: FS Lange [1970] 440; Edlbacher StAZ 1969, 241). Das trifft jedoch nicht zu.

c) Subjektive Grenzen der Bindung

111 Nach hM entfaltet der positive Feststellungsbescheid Bindungswirkung **inter omnes** (Keidel/Zimmermann Rn 51; Prütting/Helms/Hau Rn 47; OLG Hamm FamRZ 1992, 693 f). Dem stehen aber Bedenken wegen der Grundsätzen der subjektiven Grenzen der

Rechtskraft entgegen, denn gebunden sind zwar auch die, die beigetreten oder beigeladen sind und sich dennoch nicht am Verfahren beteiligt haben. Andere, die sich hätten beteiligen dürfen, aber nicht beigeladen wurden und auch nicht von sich aus beigetreten sind, können nicht gebunden sein (Jansen Art 7 § 1 FamRÄndG Rn 53 beruft sich dafür auf § 322 ZPO gemeint war wohl § 325 ZPO). Es entspricht an sich den Grundlagen des Verfahrensrechts, dass Dritte nicht an gerichtliche Verfahren gebunden werden, an denen sie nicht beteiligt wurden (Rosenberg/Schwab/Gottwald, ZPR § 156 Rn 1 ff, 35 f). Das wäre vielleicht anders bei Gestaltungsakten, aber die Anerkennungsfeststellung ist das nicht. Jedoch wäre die Vorstellung einer im Inland nur relativ beachtlichen ausländischen Scheidung befremdlich. Die Lösung liegt darin, dass die nicht beteiligten **Betroffenen die Entscheidung des OLG** beantragen können (unten Rn 222 f) aber auch müssen, wobei ihnen bei Fristversäumung nach § 48 FamFG mit § 18 FamFG Wiedereinsetzung gewährt werden muss für längstens ein Jahr.

2. Wirkungserstreckung

a) Positiver Bescheid

Das ausländische Urteil hat **Gestaltungswirkung** und, wenn die maßgebende lex fori das vorsieht, auch **materielle Rechtskraft**, dh es enthält auch die bindende Feststellung, dass ein Gestaltungsrecht vorlag (vgl dazu Rosenberg/Schwab/Gottwald, ZPR § 91 Rn 15). Der positive **Anerkennungsbescheid** seinerseits sagt nur, dass sich auch diese Wirkungen ins Inland erstrecken wie alle sonstigen Wirkungen des ausländischen Urteils mit Ausnahme der Tatbestandswirkung. Bei ausländischen Urteilen, die feststellen, dass eine Ehe nicht besteht und die daher keine Gestaltungswirkung haben, bleibt es bei der Erstreckung der materiellen Rechtskraft. Letzteres gilt auch bei Urteilen, die eine Statusklage abweisen. Ein negativer Feststellungsbescheid sagt entsprechend, dass diese Inlandswirkung nicht eingetreten ist. **112**

Die Anerkennung verschafft dem Urteil keine zusätzliche Wirkung. Wenn die Klagabweisung nur inter partes Rechtskraft hat, dann bleibt es auch nach der Anerkennung dabei; dass alle deutschen Gerichte und Behörden gebunden sind, heißt nur, dass sie die Rechtskraft jenes Urteils respektieren. Wenn die Rechtskraft des ausländischen anerkannten Urteils aber nur inter partes besteht oder nur zwischen bestimmten Personen, so kann die Anerkennung dieser Entscheidung in Deutschland dessen Rechtskraft subjektiv nicht ausweiten. Das ist insbesondere zu beachten bei Feststellungsurteilen und bei einen Gestaltungsantrag abweisenden Urteilen. Über die subjektiven Grenzen der Rechtskraft entscheidet die ausländische lex fori. **113**

Zum Fall der **inexistenten ausländische Entscheidung** siehe oben Rn 49 f.

b) Ablehnender Bescheid

Die Abweisung eines positiven oder auch negativen Anerkennungsantrages **als unzulässig** hat keine Bindungswirkung, denn eine Abweisung des zB wegen fehlender Zuständigkeit der LJV sagt nichts über die Anerkennungsfähigkeit des ausländischen Urteils (Martiny, Hdb IZVR III Kap I § 12 Rn 1681 unter Berufung auf BayObLG 25. 9. 1973 FamRZ 1973, 660 = NJW 1974, 1628 mAnm Geimer; MünchKommFamFG/Rauscher Rn 52). Hier kann der Antrag zB an der richtigen Stelle wiederholt werden. **114**

115 Manche sprachen die Bindungswirkung aber auch der Abweisung des Antrags auf Anerkennung als **unbegründet** ab. § 107 FamFG (damals Art 7 § 1 FamRÄndG aF) sehe die Bindung hierfür nicht vor, und im Übrigen könne der Antrag jederzeit vom Antragsteller oder von anderen Berechtigten wiederholt werden (Jansen Rn 54; Beitzke FamRZ 1971, 375; Kleinrahm StAZ 1969, 59; OLG München 9. 7. 1962 NJW 1962, 2013 = StAZ 1962, 333; KG 18. 11. 1968 OLGZ 1969, 123 = FamRZ 1969, 96 [Reinl 453] = NJW 1969, 382, dazu Geimer NJW 1969, 1649; JM NRW 14. 11. 1973 FamRZ 1974, 193 = StAZ 1974, 69), und die LJV könne ihre Entscheidung von sich aus bei besserer Einsicht ändern (BayObLG 25. 9. 1973 BayObLGZ 1973, 251 = NJW 1974, 1628 [Geimer]; Geimer NJW 1974, 1026; Bürgle NJW 1974, 2163).

116 Man kann heute nicht mehr so argumentieren, seit auch der ablehnende Bescheid rechtskräftig wird. Auch er soll ein für allemal Klarheit schaffen (Martiny, Hdb IZVR III Kap I § 12 Rn 1680), da nicht mehr jederzeit vom OLG wieder aufgehoben werden kann. Er sollte dieselbe Bestandskraft und Bindungswirkung haben wie der positive Bescheid (Stein/Jonas/H Roth § 328 ZPO Rn 231; Baumbach/Lauterbach/Albers/Hartmann § 107 FamFG Rn 20; MünchKommFamFG/Rauscher Rn 52; Hausmann, Die kollisionsrechtlichen Schranken der Gestaltungskraft von Scheidungsurteilen 154 f; Geimer NJW 1967, 1399 f und 1968, 800 f, 1969, 1649 ff sowie 1974, 1631; Reinl FamRZ 1969, 455; BayObLG 25. 9. 1973 NJW 1974, 1629 [Geimer]; BayObLG 5. 2. 1980 BayObLGZ 1980, 352 = IPRspr 1980 Nr 172 [obiter]; JM NRW 14. 11. 1973 unter IV FamRZ 1974, 193).

117 Das KG (FamRZ 1969, 96) wandte damals ein, dass die allgemeine Bindung an einen ablehnenden Bescheid nur gerechtfertigt wäre, wenn allen materiell Beteiligten im Verfahren rechtliches Gehört gewährt worden wäre; das sei aber praktisch nicht möglich. Deshalb ist aber nicht die Bindungswirkung eines ablehnenden Bescheids zu verneinen, sondern wie auch die am Verfahren Beteiligten können die Nichtbeteiligten nur den Antrag auf gerichtliche Entscheidung des OLG stellen, wobei sie bei Fristversäumung Wiedereinsetzung beantragen können (MünchKommFamFG/Rauscher Rn 52).

118 Es muss jedoch der begrenzte Inhalt einer Ablehnung des Antrags auf Feststellung der Anerkennungsfähigkeit beachtet werde: es wird mit seiner Ablehnung nicht auch ausgesprochen, dass die Anerkennungsvoraussetzungen nicht vorliegen (Prütting/Helms/Hau Rn 45, 50; zust MünchKommFamFG/Rauscher Rn 45). Dafür hätte auch das beantragt werden müssen. Die Feststellungen, dass die Anerkennungsvoraussetzungen nicht vorliegen oder dass sie vorliegen, verdient gleiche Beachtung, wie dies Abs 9 ausdrückt.

3. Weitere Anträge

119 Nach Abs 4 S 2 haben uU viele Personen ein Antragsrecht. Ein Antrag auf Feststellung, dass die Anerkennungsvoraussetzungen vorliegen, ist also nicht identisch mit einem, dass die Voraussetzungen nicht vorliegen, und die Ablehnung des ersten sagt nicht auch, dass die Voraussetzungen nicht vorliegen. Wird ein Antrag dagegen als **unzulässig** zurückgewiesen, so hat er keine Feststellungswirkung und neue Anträge aller Art sind zulässig. Wird einem **Antrag stattgegeben**, so ist dagegen zweifelhaft, welche weiteren Anträge gestellt werden können.

Ein Antrag des **früheren Antragstellers** bei der **LJV auf Aufhebung** ihres positiven Bescheides ist wegen des fehlenden Rechtsschutzbedürfnisses unzulässig (BayObLG 28. 7. 1975 BayObLGZ 1975, 296 = MDR 1976, 232 [Geimer]; vgl auch OLG Bremen 8. 2. 1966 OLGZ 1966, 373 [zu früherem Recht]; Stein/Jonas/H Roth § 328 ZPO Rn 236 f; **aA** Thomas/Putzo/Hüsstege, ZPO § 107 FamFG Rn 30). **120**

Dagegen könnte der Antragsteller nach der Abweisung seines Antrags auf Anerkennungsfeststellung den neuen Antrag auf Feststellung, dass die Anerkennungsvoraussetzungen **nicht vorliegen**, stellen, da es sich um zwei verschiedene Anträge handelt. Aber das Feststellungsinteresse dürfte zweifelhaft sein. Ein neuer Anerkennungsantrag des früheren Antragsstellers **nach Ablehnung** seines ersten ist jedenfalls unzulässig. Ihm steht der befristete Antrag an das OLG nach § 107 Abs 5 FamFG zur Verfügung (Geimer NJW 1967, 1398 unter II und NJW 1968, 800; Reinl FamRZ 1969, 454 f). **121**

Auch ein Antrag auf **Aufhebung des Anerkennungsbescheides** seitens **anderer Antragsberechtigter** ist nicht zulässig. Im Interesse der Stabilität der Statusverhältnisse und der zügigen Klärung sollten sie auf ihr Recht, eine Entscheidung des OLG zu beantragen, beschränkt bleiben. Das sollte auch gelten, wenn sie in Verletzung ihres Anspruchs auf rechtliches Gehör am Verfahren vor der LJV (Präsidenten des OLG) nicht beteiligt wurden, denn mit dem Verfahren beim OLG haben sie noch eine Tatsacheninstanz. Diese Berechtigung hat jeder, der ein rechtliches Interesse hat, bzw darum auch einen Antrag bei der LJV hätte stellen können (u Rn 186 ff; Jansen Art 7 § 1 FamRÄndG Rn 50; Stein/Jonas/H Roth § 328 ZPO Rn 186; Hau FamRZ 2009, 821, 825; Martiny, Hdb IZVR Bd III/1/Kap I Rn 1737; allgemein zu Antrags- und Beschwerderecht Brehm, Freiwillige Gerichtsbarkeit [2. Aufl 1995] § 22 IV 4). **122**

Zweifelhaft ist, ob **Dritte einen neuen Antrag** an die LJV auf Anerkennung stellen können, wenn der eines anderen Berechtigten **abgelehnt** wurde. Das hängt mit der Frage zusammen, ob sie den Antrag auf gerichtliche Entscheidung durch das OLG nach Abs 4 stellen können, obwohl sie bislang die Anerkennung nicht beantragt haben. Das ist zu bejahen (unten Rn 190). Damit brauchen sie zur Wahrung ihrer Rechte nicht unbedingt einen neuen Antrag an die LJV stellen. Dennoch wird man ihnen dieses Rechts wahlweise zugestehen, das ihnen Abs 4 allgemein gibt, denn sie können uU eine örtlich andere LJV anrufen (Jansen Art 7 § 1 FamRÄndG Rn 54). Entsprechend muss man den Dritten auch einen Antrag auf Feststellung, dass die Anerkennungsvoraussetzungen **nicht** vorliegen, gewähren, wenn bereits ein anderer erfolgreich die Anerkennungsfähigkeit beantragt hatte. Das ist die Folge dessen, dass ein positiver Entscheid **nicht das Gegenteil rechtskräftig** feststellt, und umgekehrt (oben Rn 118). **123**

Dagegen können an sich antragsberechtigte Dritte nicht **denselben Antrag** auf Anerkennung oder Nichtanerkennung erneut stellen, wenn sie pflichtgemäß am früheren Verfahren ohne eigenen Antrag beteiligt worden sind. Dann sind sie an die Rechtskraft der früheren Bescheids gebunden, andernfalls nicht (Jansen Art 7 § 1 FamRÄndG Rn 53 beruft sich auf § 322 ZPO; besser wäre § 323 ZPO). Sie können aber den gegenteiligen Antrag stellen. **124**

4. Rücknahme eines positiven Bescheides

125 Inwieweit die LJV selbst an ihre positive Entscheidung gebunden ist, war schon unter dem bisherigen Recht streitig (OLG München 9. 7. 1962 NJW 1962, 2013 = StAZ 1962, 333; BayObLG 28. 7. 1975 BayObLGZ 1975, 296 = MDR 1976, 232 [Geimer]; KG 18. 11. 1968 OLGZ 1969, 123 = NJW 1969, 382 [Geimer 801] = FamRZ 1969, 97). Damals war allerdings der Antrag auf Entscheidung durch das OLG unbefristet möglich. Nach § 107 Abs 7 S 3 FamFG mit § 63 FamFG ist er befristet, sodass vertreten wird, dass die LJV sich nicht mehr selbst korrigieren kann (Prütting/Helms/Hau Rn 52; Keidel/Zimmermann Rn 51; MünchKommFamFG/Rauscher Rn 48; **aA** Schack, in: FS Spellenberg [2010] 497, 500). Der frühere Ansatz bei § 48 VwVfG ist seitdem nicht mehr nötig und angemessen (unten Rn 127).

126 Nach dem nun anwendbaren § 48 Abs 1 FamFG ist eine Abänderung aber nur bei Entscheidungen mit Dauerwirkung zulässig, und nur wenn **neue** für die Anerkennung relevante **Tatsachen** eingetreten sind. Schon die erste Bedingung liegt nicht vor, und neue relevante Tatsachen mit der Wirkung des Wegfalls der Anerkennungsfähigkeit kann es kaum geben, weil auf den Zeitpunkt der Urteilswirksamkeit abzustellen ist. Nur ein kollidierendes inländisches Urteil könnte noch, dürfte aber nicht mehr ergehen (dazu § 109 Rn 206). Es stellt sich daher praktisch nur die Frage der Beachtung der erst **nachträglich bekannt gewordenen** Anerkennungshindernisse (zulassend BayObLG 25. 9. 1973 NJW 1974, 1628; BayObLG 28. 7. 1999, FamRZ 2000, 836; abl Geimer NJW 1974, 1631; Reinl FamRZ 1969, 222; OLG München 9. 7. 1962 NJW 1962, 2013 = StAZ 1962, 333 [obiter]; Schütze, Die Anerkennung und Vollstreckung ausländischer Zivilurteile als verfahrensrechtliches Problem [1960] 52 ff lässt Rücknahmen nur bei durch Täuschung erschlichenen Bescheiden zu, solange nicht Dritte darauf vertraut haben) oder der besseren Einsicht des OLG-Präsidenten oder der LJV.

127 Staudinger/Spellenberg (2005) Art 7 § 1 FamRÄndG Rn 85 ff plädierte für eine vorsichtige Anlehnung an § 48 VwVfG bzw die LandesVwVfG für den Fall nachträglich bekannt gewordener Anerkennungshindernisse (so auch Reinl FamRZ 1969 217 ff; Thomas/Putzo/Hüsstege[25] § 328 ZPO Rn 25; BayObLG 28. 7. 1999 FamRZ 2000, 836 lässt offen, ob dieser oder § 18 FGG), denn in der Sache handele es sich um einen Verwaltungsakt. § 48 VwVfG und die entsprechenden landesrechtlichen Regelungen sind zwar **nicht** unmittelbar **anwendbar** (vgl § 2 Abs 3 Nr 1 VwVfG; Gottwald, in: FS Rüßmann [2013] 771, 779) und auch inhaltlich nicht ganz passend. Rauscher verweist stattdessen auf die allgemeinen Grundsätze des Verwaltungshandelns (MünchKommFamFG/Rauscher Rn 44; skeptisch Gottwald, in: FS Rüßmann [2013] 771, 779).

128 Nach § 48 VwVfG wäre das öffentliche Interesses an der Rücknahme der objektiv rechtswidrigen Anerkennungsentscheidung gegen ein privates Vertrauensinteresse abzuwägen, wobei letzteres weicht, wenn die Entscheidung durch Täuschung, gar Bestechung, Drohung oder vielleicht auch schon, wenn sie durch vorsätzlich falsche Angaben herbeigeführt wurde, oder wenn der Antragsteller wusste, dass die Anerkennung nicht möglich war (so Stein/Jonas/H Roth § 328 ZPO Rn 229; BayObLG 28. 7. 1999 FamRZ 2000, 836: erschlichene Scheidung, die aber vielleicht deshalb überhaupt unwirksam war).

129 Doch seit die Anerkennungsfeststellung in die neue umfassende Verfahrensordnung

des FamFG aufgenommen ist, liegt es näher, die Frage einer Rücknahme des positiven Bescheids danach zu beurteilen. § 48 FamFG lässt die **Aufhebung nur auf Antrag** und nur bei neuen Tatsachen, nicht schon bei besserer Einsicht der LJV bzw des OLG-Präsidenten zu. Das ist eine erhebliche Beschränkung, die durch das VwVfG nicht konterkariert werden sollte. Es ist auch bei einem Verfahren, das nur auf Antrag und im Interesse der Privaten stattfindet, nicht recht einzusehen, warum der Entscheid ohne Antrag aufgehoben werden sollte, zumal wenn der betreffende Ehegatte etwa die Anrufung des OLG bewusst unterlassen hat. **§ 48 Abs 2 FamFG** lässt die Wiederaufnahme entsprechend den **§§ 579 ff ZPO** zu, womit ua die Fälle erfasst werden, dass der Bescheid durch Täuschung erwirkt wurde oder zB nachträglich das anerkannte ausländische Urteil dort aufgehoben wird. § 48 VwVfG, der den Widerruf großzügiger zulassen würde, ist nicht mehr heranzuziehen (so zu dieser Frage auch MünchKommFamFG/Rauscher Rn 48).

Materiell **Betroffene**, die vom Verfahren **nicht erfahren haben**, können dennoch das OLG anrufen. Der Kreis der Antragsberechtigten ist verhältnismäßig weit (vgl Rn 162 ff), und der Beschluss wird manchen nicht zugestellt worden sein. Sie können noch immer die Entscheidung des OLG beantragen (§ 107 Abs 4 FamFG) und bei Fristversäumung innerhalb eines Jahres Wiedereinsetzung verlangen (§ 18 Abs 4 FamFG). Auch deshalb sollte allen von Amts wegen das rechtliche Gehör gewährt werden (vgl Rn 184 ff). **130**

In BayObLG 28. 7. 1999 (FamRZ 2000, 836) hatte die Ehefrau zusammen mit einem unter dem Namen des Ehemannes auftretenden Freund im Iran die Scheidung und dann deren Anerkennung durch die Präsidentin des OLG erwirkt. Der Ehemann wusste von den Manipulationen im Iran nichts. Die Präsidentin des OLG hob, noch vor dem FamFG, den Anerkennungsbescheid wieder auf. Dass die Ehefrau und der Freund keinen Vertrauensschutz verdienen, stellt das BayObLG mit Recht fest. Dass das Kind aus der ersten Ehe keinen Vertrauensschutz genieße, wird nicht näher erörtert. Offenbar war dazu auch nicht näher vorgetragen worden. Der nunmehrige Ehemann, wohl nicht der Freund, der wieder verheirateten Frau verdiene keinen Vertrauensschutz, denn hier gehe das öffentliche Interesse vor. Doch auch gem § 48 FamFG mit § 580 Nr 1 und 2 ZPO wäre der Bescheid aufzuheben. Der Unterschied zu § 48 VwVfG besteht darin, dass § 48 FamFG einen Antrag verlangt, den hier der neue Ehemann hätte stellen können. **131**

Gegen eine amtswegige Aufhebung eines positiven Bescheids, wenn man sie entgegen der hier vertretenen Meinung zulassen will, stünde natürlich dem Betroffenen der Antrag an das OLG offen (BayObLG FamRZ 2000, 836). Dritte Betroffene können Beschwerde einlegen, soweit sie auch gegen einen ablehnenden Bescheid der LJV bzw der Präsidenten des OLG das OLG anrufen könnten (dazu u Rn 216 ff). **132**

5. Wirkungseintritt

Inhalt der Feststellung ist, dass die ausländische Scheidung etc zum Zeitpunkt der ausländischen Rechtskraft im Inland wirksam ist. Die Wirkungserstreckung ist an sich bereits eingetreten wie bei den Heimatstaatsscheidungen, und das wird nur festgestellt. Die Anerkennungsfeststellung selbst wirkt idS nicht zurück. Sie hat nur deklaratorische Wirkung gerade auch hinsichtlich des Zeitpunkts der inländischen **133**

Wirkung der ausländischen Scheidung etc (MünchKommFamFG/RAUSCHER Rn 51; OLG Hamm 9. 1. 1992 FamRZ 1992, 67; etwas ungenau PRÜTTING/HELMS/HAU Rn 49). Die Anerkennung wirkt grundsätzlich auf dem Zeitpunkt des Urteilserlasses zurück (BGH 28. 6. 1961 FamRZ 1961, 427; BGH FamRZ 1976, 614; BayObLG 25. 9. 1973 BayObLGZ 1973, 251; BayObLG 28. 7. 1975 BayObLGZ 1975, 296 = MDR 1976, 233 [GEIMER]; BayObLG 10. 6. 1976 BayObLGZ 1976, 147 = FamRZ 1976, 700; BayObLG BayObLGZ 1988, 445; OLG Düsseldorf 13. 4. 1964 IPRspr 1964/65 Nr 265; OLG Celle 21. 12. 1966 FamRZ 1967, 156 = NJW 1967, 783; OLG Frankfurt 24. 7. 1967 FamRZ 1968, 87; OLG Düsseldorf 10. 3. 1976 FamRZ 1976, 355; **aA** SCHÜTZE, Die Anerkennung und Vollstreckung ausländischer Urteile in der Bundesrepublik Deutschland als verfahrensrechtliches Problem [1960] 38 ff). Das ergibt sich aus der bloß deklaratorischen Feststellung der Voraussetzungen der Anerkennung. Im Ergebnis gleich zu behandeln sind Privatscheidungen, sofern sie förmlich anerkannt sind (dazu Rn 58 ff, 67 ff). Abzustellen ist in diesen Fällen auf den Zeitpunkt, in dem die Scheidung unwiderruflich wird (OLG Hamm 9. 1. 1992 FamRZ 1992, 673 [Marokko]).

134 Wenn die Gestaltungswirkung nach dem Recht des Erststaates erst später eintritt zB durch Zeitablauf (so in OLG Hamm FamRZ 1992, 673 [Marokko]), dann gilt dieser Zeitpunkt. Wenn zB nach dem maßgebenden ausländischen Recht zur Wirksamkeit der Scheidung noch eine Eintragung in ein Register nötig ist, wie es sowohl bei gerichtlichen Scheidungen hin und wieder vorkommt, und vor allem bei Vertragsscheidungen in Ostasien verbreitet ist, dann ist nach hM ein Anerkennungsantrag vorher unbegründet (ZÖLLER/GEIMER, ZPO § 107 FamFG Rn 50; STEIN/JONAS/H ROTH § 328 ZPO Rn 196; OLG Frankfurt FamRZ 2010, 560; BayObLG 28. 3. 1977 BayObLGZ 1977, 71 = FamRZ 1977, 395). Diese beiden Wirkungen fallen zeitlich zusammen, müssen es aber nicht (HAUSMANN, Die kollisionsrechtlichen Schranken von Scheidungsurteilen [1980] 163 f). Gegebenenfalls könnte zwar die Rechtskraftwirkung nach ausländischem Recht schon ins Inland erstreckt werden, doch gilt das nur bei Anerkennung ipso jure, während ein auf die ausländische Rechtskraftwirkung ohne die Gestaltungswirkung eines Statusurteils beschränkter Anerkennungsbescheid unzulässig wäre. Zum Problem der Änderung des deutschen Anerkennungsrechts vgl § 108 Rn 38 f).

135 Die Rückwirkung bedeutet ua, dass zB eine zwischenzeitlich **nach der Scheidung** im Ausland geschlossene Zweitehe nicht mehr **bigamisch** und nichtig ist (OLG Düsseldorf 13. 4. 1964 IPRspr 1964/65 Nr 265; vgl auch BGH 28. 6. 1961 FamRZ 1961, 427 = JZ 1962, 44 = MDR 1961, 919; o Rn 43 ff). Eine Scheidung der ersten Ehe im Ausland nach der Zweitheirat freilich nützt materiell nach Meinung des BGH grundsätzlich nichts mehr, auch wenn jene Scheidung nun anerkannt wird (BGH 18. 6. 1986 FamRZ 1986, 879; vgl BGH 17. 1. 2001 FamRZ 2001, 685 oben Rn 47; LG Stuttgart 4. 11. 1952 IPRspr 1952 Nr 108; LG Ulm 27. 6. 1956 IPRspr 1956/57 Nr 103; OLG Schleswig 8. 2. 1967 IPRspr 1966/67 Nr 260; oben Rn 44, 47; **aA** OLG Frankfurt 11. 1. 2007 IPRspr 2007 Nr 60). Untersteht die zweite Ehe deutschem Recht, dann gilt aber immerhin § 1315 Abs 2 Nr 1 BGB (weiter vgl Anh zu § 106 Rn 134 ff).

136 Dass der eine oder andere Ehegatte inzwischen verstorben ist, oder auch beide, macht die Anerkennung nicht unzulässig (BayObLG 17. 10. 1975 BayObLGZ 1975, 374 = FamRZ 1976, 154), solange noch ein Antragsberechtigter da ist.

6. Wegfall der anerkannten Entscheidung

Fällt die ausländische Entscheidung zB durch Wiederaufnahme im Ausland wieder weg, so wird der Anerkennungsantrag gegenstandslos und unbegründet (Jansen Art 7 § 1 FamRÄndG Rn 53; Martiny, HdB IZVR Bd III/1 Kap I Rn 486 f; BGH 7. 4. 1976 NJW 1976, 1590 [Wiederaufnahme, Türkei]; BGH 4. 6. 1992 BGHZ 118, 319 obiter; OLG Bremen 8. 2. 1966 OLGZ 1966, 373; OLG München 9. 7. 1962 NJW 1962, 2013 = StAZ 1962, 333; BayObLG 7. 6. 1967 BayObLGZ 1967, 218; BayObLG 20. 2. 1998 FamRZ 1998, 1305). 137

Fällt die ausländische Scheidung **nach Feststellung** ihrer Anerkennung weg, so muss die inländische Anerkennung beseitigt werden, weil sie der Rechtslage nicht mehr entspricht (Jansen Art 7 § 1 FamRÄndG Rn 53; Prütting/Helms/Hau Rn 53). Es ist jedoch zu verlangen, dass erst auch die ausländische aufhebende Entscheidung, die ja ebenso unter § 107 FamFG fällt, ihrerseits im Inland anerkannt wird, und es bleibt bei der alten Anerkennung, wenn die letztere etwa wegen Verstoßes gegen den ordre public nicht anerkannt werden kann, und jedenfalls solange, bis die aufhebende Entscheidung anerkannt ist. Jedoch braucht sie nicht separat förmlich anerkannt zu werden. Die LJV kann und muss das inzident prüfen und ebenso das OLG, wenn es angerufen wird (BayObLG 20. 2. 1998 FamRZ 1998, 1305). Begründen lässt sich das nicht einfach mit einem Wegfall der Grundlage für die Anerkennung (so BayObLG FamRZ 1998, 1305), sondern am besten mit § 48 Abs 1 FamFG mit § 580 Nr 6 ZPO, obwohl es sich nicht eigentlich um eine deutsche Entscheidung mit Dauerwirkung handelt (Gottwald, in: FS Rüßmann [2013] 771, 783; Keidel/Zimmermann § 107 FamFG Rn 38). 138

Eine Besonderheit kann sich in den **USA** ergeben. Sog ex parte-Entscheidungen eines Bundesstaates werden in den anderen nicht anerkannt, wenn der Beklagte, der nicht im Urteilstaat domiziliert ist, sich – trotz Ladung – nicht auf das Verfahren einlässt, auch nicht, um nur die Zuständigkeit zu rügen. Ergeht dann ein zweites Scheidungsurteil in einem anderen Bundesstaat der USA, bei dem die Voraussetzungen der inneramerikanischen Zuständigkeit gegeben sind, zB weil hier der Beklagte verhandelt hat, dann soll das erste Urteil unwirksam sein, da das zweite auch im Staat des ersten anzuerkennen sei. Das trifft aber die inneramerikanische Rechtslage nicht (Ehrenzweig, Jayme und Neuhaus RabelsZ 32 [1968] 753 ff), denn wenngleich das erste Urteil in anderen amerikanischen Bundesstaaten nicht anerkannt wird, sondern das zweite, so hält doch der erste Staat an seiner eigenen Entscheidung fest. Wenn, was nicht ausgeschlossen ist, das erste Urteil bei uns anerkannt worden ist, dann liegt ein Fall von § 109 Abs 1 Nr 3 FamFG vor, und das zweite Urteil kann nicht mehr anerkannt werden. Unsere Anerkennung betrifft nur die inländische Wirksamkeit des ausländischen Urteils; ob es auch in Drittstaaten wirkt, ist für uns irrelevant. 139

V. Verfahren der Landesjustizverwaltung*

1. FamFG

Schon zu Art 7 § 1 FamRÄndG herrschte die Auffassung, dass das Verfahren der 140

* **Schrifttum**: Andrae/Heidrich, Anerkennung ausländischer Entscheidungen in Ehe- und Lebenspartnerschaftssachen, FPR 2004, 292; Basedow, Auslandsscheidungen vor deutschen

LJV ein Justizverwaltungsverfahren ist. Da die Verwaltungsverfahrensordnungen aber nach § 2 Abs 3 Nr 1 VwVfG nicht auf die die Tätigkeiten der Behörden der Justizverwaltung anwendbar sind, ist unklar, welche Regeln denn nun gelten. Nachdem nun die Anerkennungsfeststellung als ein Abschnitt in das FamFG integriert ist, die eine Verfahrensordnung ist, liegt es nahe, deren Regeln zumindest analog anzuwenden (Keidel/Zimmermann Rn 33; Thomas/Putzo/Hüsstege, ZPO § 107 FamFG Rn 15). Der Verweis auf hergebrachte des Verwaltungshandelns (Andrae/Heidrich FPR 2004, 292, 294; MünchKommFamFG/Rauscher Rn 44 will nur ausnahmsweise stattdessen die Grundsätze des FG-Verfahrens heranziehen) ist heute nicht mehr nötig. Zumindest die wichtigsten Grundsätze sind heute im FamFG enthalten (**aA** anscheinend Prütting/Helms/Hau Rn 40 f).

2. Sachliche Zuständigkeit

141 Sachlich zuständig zur Anerkennung ausländischer Entscheidungen in Ehesachen sind die Landesjustizverwaltungen (§ 107 Abs 1 und 2 FamFG). Schon der durch das Gesetz zur Änderung des Rechtspflegergesetzes und anderer Gesetze v 24. 6. 1994 (BGBl I 1374) damals neu eingefügte Art 7 § 1 Abs 2 a FamRÄndG erlaubte es den Landesregierungen, durch Rechtsverordnung die Anerkennungszuständigkeit von der Landesjustizverwaltung auf den Präsidenten des Oberlandesgerichts als Justizverwaltungsbehörde zu übertragen. Hat ein Bundesland mehrere Oberlandesgerichte, so können einer oder auch mehrere Oberlandesgerichtspräsidenten für sachlich zuständig erklärt werden. Deren örtliche Zuständigkeit richtet sich dann nach den Gerichtsbezirken. Schließlich eröffnet Abs 2a S 2 den Landesregierungen dann die Möglichkeit, durch Rechtsverordnung ihre Landesjustizverwaltung zu ermächtigen, die Anerkennungszuständigkeit auf einen oder mehrere Oberlandesgerichtspräsidenten zu übertragen.

142 Diese Regelung ist sinnvoll, da sich die ursprünglich verhältnismäßig seltenen Anerkennungsverfahren aufgrund des stetig gestiegenen Ausländeranteils in Deutschlands inzwischen zu einem „dauerhaften Massengeschäft" entwickelt haben. Der Oberlandesgerichtspräsident verfügt wahrscheinlich in wesentlich größerem Maße als die Landesjustizverwaltungen über das nötige Schrifttum zum ausländischen Recht. Als Entlastungsargument wird außerdem die schwierige finanzielle Lage der Bundesländer ins Feld geführt (RegBegr BT-Drucks 12/6243, 13). Eine derartige Delegation ist im Übrigen nichts ungewöhnliches, wie das Verfahren zur Befreiung von der Pflicht zur Vorlage des Ehefähigkeitszeugnisses bei der Heirat von Aus-

---

Gerichten und Behörden – zwei Verfahrensfragen, StAZ 1977, 7; Geimer, Das Anerkennungsverfahren für ausländische Entscheidungen in Ehesachen, NJW 1967, 1398; Gottwald, Zur Anerkennung ausländischer Ehescheidungen – verfahrensrechtliche und kollisionsrechtliche Fragen, in: FS Rüßmann (2013) 771; Heiderhoff, Die Anerkennung ausländischer Entscheidungen in Ehesachen, StAZ 2009, 328; Krzywon, Die Anerkennung ausländischer Entscheidungen in Ehesachen, StAZ 1989, 93; Reinl, Anmerkungen zum Verfahren der Anerkennung ausländischer Eheurteile gemäß Art 7 FamRÄndG 1961, FamRZ 1969, 453; Richter, Anerkennung ausländischer Entscheidungen in Ehesachen, JR 1987, 98; Richter/Krzywon, Das Antragsrecht im Verfahren nach Art 7 Familienrechtsänderungsgesetz, IPRax 1988, 349; Schack, Das Anerkennungsverfahren in Ehesachen nach § 107 FamFG – Vorbild für Europa?, in: FS Spellenberg (2010) 497; weiter oben Rn 1.

ländern im Inland (§ 10 Abs 2 EheG) zeigt. Die Landesregierungen haben von der ihnen durch § 107 Abs 3 S 2 FamFG eingeräumten Ermächtigung inzwischen überwiegend Gebrauch gemacht:

Baden-Württemberg: Präsidenten der OLG; VO v 28. 3. u 15. 6. 2000 (GBl 366, 499)

Bayern: Präsident des OLG München; VO v 7. 12. 1998 (GVBl 1046)

Berlin: nein

Brandenburg: Brandenburgisches OLG als Justizverwaltungsbehörde; VO v 9. 1. 2003 (GVBl II/03 S 18)

Bremen: Präsident HANS OLG; VO v 3. 2. 2004 (Brem GBl 34)

Hamburg: nein

Hessen: Präsident des OLG Frankfurt; VO v 21. 9. 1994 (GVBl 435) und VO v 3. 11. 1994 (GVBl 635)

Mecklenburg-Vorpommern: nein

Niedersachsen: Präsident der Oberlandesgerichte; VO v 25. 7. 1995 (GVBl 255)

Nordrhein-Westfalen: Präsident OLG Düsseldorf VO v 17. 11. 1994 (GVBl 1005)

Rheinland-Pfalz: Präsident OLG Koblenz (GVBl 2008, 288)

Saarland: Präsident des saarländischen OLG; VO v 18. 11. 2003 (ABl 2003, 2995)

Sachsen: Präsident OLG Dresden; VO 27. 11. und 29. 12. 1997 (GVBl 650, 682)

Sachsen-Anhalt: Präsident des OLG Naumburg; VO v 7. 12. 2000 (GVBl 672)

Schleswig-Holstein: VO v 4. 12. 1996 GVBl 720 (weiterhin Justizminister)

Thüringen: Präsident OLG Jena; GVBl 2006, 521

3. Örtliche Zuständigkeit

§ 107 Abs 2 FamFG bestimmt im Grundsatz, dass zunächst die Justizverwaltung desjenigen (Bundes-)Landes zuständig ist, in dem einer der **Ehegatten** seinen **gewöhnlichen Aufenthalt** hat. Dabei kann es sich um den Antragsteller oder den Antragsgegner handeln (BayObLG 30. 5. 1996 FamRZ 1997, 423). Diese Zuständigkeitsvoraussetzungen gelten ebenso, wenn Dritte den Antrag stellen. **143**

Ist die Anerkennungszuständigkeit durch Rechtsverordnung auf mehrere Oberlandesgerichte übertragen worden (Niedersachsen, Baden-Württemberg), so folgt deren örtliche Zuständigkeit aus der entsprechenden Anwendung von § 107 Abs 2 S 1 **144** und 2 FamFG. Zuständig ist dann das Oberlandesgericht, in dessen Bezirk ein Ehegatte seinen gewöhnlichen Aufenthalt hat (BT-Drucks 12/6243, 13).

145 Mit der Maßgeblichkeit des gewöhnlichen Aufenthaltsorts wird auf den Daseinsmittelpunkt einer Person abgestellt (Krzywon StAZ 1989, 97; zum „gewöhnlichen Aufenthalt" bei § 98 s dort Rn 139 ff). Schlichter Aufenthalt allein ist nicht ausreichend. Auch kommt es nicht auf den Wohnsitz im Rechtssinne an (Martiny, Hdb IZVR Bd III/1 Kap I Rn 1707; Jansen Art 7 § 1 FamRÄndG Rn 30; BayObLG 30. 5. 1996 StAZ 1996, 327). Entscheidend ist vielmehr der tatsächliche Mittelpunkt der Lebensführung der ehemaligen Ehegatten. Haben sie ihren gewöhnlichen Aufenthalt in verschiedenen Bundesländern, so ist demnach zunächst jede der beiden Landesjustizverwaltungen zuständig. Es ist aufgrund analoger Anwendung von § 2 Abs 1 FamFG aber davon auszugehen, dass das Tätigwerden der zuerst angerufenen örtlich zuständigen Landesjustizverwaltung die Zuständigkeit der anderen ausschließt (MünchKommFamFG/Rauscher Rn 39; so schon Jansen Art 7 § 1 FamRÄndG Rn 30; Stein/Jonas/H Roth § 328 ZPO Rn 218; Haecker, Die Anerkennung ausländischer Entscheidungen in Ehesachen 21). Zuständigkeitsvereinbarungen können von den Parteien nicht getroffen werden (Geimer NJW 1967, 1402).

146 Hat **kein Ehegatte** seinen gewöhnlichen Aufenthalt **im Inland**, ist die Justizverwaltung des Bundeslandes zuständig, in dem eine neue Ehe geschlossen werden soll (vgl dazu zB BayObLG 3. 10. 1978 IPRspr 1978 Nr 175). Entscheidend ist hierfür der Amtssitz des zuständigen Standesbeamten. Seine Zuständigkeit wiederum folgt nach Wahl der Nupturienten dem Wohnsitz oder gewöhnlichen Aufenthalt des einen oder anderen Verlobten in Deutschland, doch mangels eines solchen gibt es eine inländische Zuständigkeit in Berlin, München, Baden-Baden und Hamburg (§ 4 mit § 6 Abs 2, 3 PStG). Die Behörde darf und sollte hier den Nachweis verlangen, dass der Antragsteller sich zur Eheschließung angemeldet hat (Martiny, Hdb IZVR Bd III/1 Kap I Rn 1708, zum Aufgebot).

147 Ist weder nach § 107 Abs 2 S 1 noch S 2 FamFG die Zuständigkeit einer Landesjustizbehörde gegeben, ist nach Abs 2 S 3 die Justizverwaltung von Berlin zuständig (vgl KG 30. 1. 1964 FamRZ 1964, 262 = NJW 1964, 981). Dies ist vor allem dann der Fall, wenn keiner der Ehegatten mehr lebt oder keiner von ihnen seinen gewöhnlichen Aufenthalt im Inland hat und eine Eheschließung im Inland nicht beabsichtigt ist. Es wird sich idR um Anträge dritter Betroffener handeln, zB Erben (BGH 27. 6. 1990 FamRZ 1990, 1100). Die Zuständigkeit nach S 3 ist auch dann gegeben, wenn das Bedürfnis für die Anerkennung im Bereich einer anderen Landesjustizverwaltung entsteht oder der antragstellende Drittbetroffene im Bereich einer anderen Landesjustizverwaltung seinen gewöhnlichen Aufenthalt hat (Jansen Art 7 § 1 FamRÄndG Rn 32). Ein Antrag an die Landesjustizverwaltung in Berlin setzt aber eine Inlandsbeziehung voraus. Andernfalls wäre die Entscheidung, die nur im Inland wirkt, sinn- und nutzlos (zum Rechtsschutzinteresse u Rn 161).

4. Maßgebender Zeitpunkt

148 **Maßgebender Zeitpunkt** für das Vorliegen der Zuständigkeitsvoraussetzungen nach § 107 FamFG ist derjenige der Antragstellung. Ein späterer Wegfall der Zuständigkeitsvoraussetzungen während des Verfahrens berührt die einmal begründete Zuständigkeit nicht. Der Grundsatz der perpetuatio fori ist wie auch sonst in der freiwilligen Gerichtsbarkeit entsprechend anzuwenden (BayObLG 17. 10. 1975 BayObLGZ 1975, 374 = NJW 1976, 1032 = FamRZ 1976, 154 = StAZ 1976, 162; BayObLG 3. 10. 1978 IPRspr 1978 Nr 175; BayObLG 11. 6. 1979 BayObLG 1979, 193 = FamRZ 1979, 1015; Martiny, Hdb IZVR Bd III/1 Kap I Rn 1710; Prütting/Helms/Hau Rn 37; Gampp, Perpetuatio fori internationalis [2010] 100, 102 ff), doch sind bei den Zuständigkeiten des § 107 Abs 2 FamFG keine Abstriche veranlasst.

5. Antrag

149 Nach § 107 Abs 4 S 1 FamFG ergeht die Entscheidung der Landesjustizverwaltung auf Antrag (BGH 6. 10. 1982 NJW 1983, 514). Ein Anerkennungsverfahrens von Amts wegen findet nicht statt. Der Antrag ist an **keine besondere Form** gebunden; es scheint aber ein Formular verwendet zu werden (Keidel/Zimmermann Rn 25; BayObLG 30. 8. 1984 FamRZ 1985, 75). Er kann auch **ohne** Einhaltung einer **Frist** gestellt werden (zB BayObLG 11. 10. 1999 FamRZ 2000, 1170; BayObLG 11. 1. 1990 FamRZ 1990, 650; OLG Frankfurt 15. 4. 1985 OLGZ 1985, 257; KG 22. 1. 1982 FamRZ 1982, 382; zum Problem der Verwirkung vgl Rn 176 f) und kann auf **Anerkennung oder Nichtanerkennung** lauten (letzteres zB in JM BW 27. 4. 1987 IPRax 1990, 51 [Jayme 32]; JM BW 4. 12. 2000 FamRZ 2001, 1015; OLG Celle 20. 8. 1963 StAZ 1964, 193 = NJW 1963, 2235; OLG Hamburg 30. 6. 1967 IPRspr 1968/69 Nr 230; OLG Köln 18. 3. 1998 FamRZ 1998, 1303; BayObLG 7. 2. 2001 FamRZ 2001, 1622; JM NRW 15. 3. 1978 IPRspr 1978 Nr 173; BayObLG 11. 1. 1990 NJW 1990, 3099 = FamRZ 1990, 650), genauer, dass die Anerkennungsvoraussetzungen vorliegen bzw nicht vorliegen, und letzterer kann auch **hilfsweise** neben ersterem gestellt werden (JM NRW 14. 11. 1973 FamRZ 1974, 193 = StAZ 1974, 69). Das hat Bedeutung, weil die Abweisung eines Anerkennungsantrags nicht zugleich auch feststellt, dass die Anerkennungsvoraussetzungen nicht gegeben seien. Es handelt sich immer um zwei verschiedene Anträge (oben Rn 118). Der Antrag kann auch beim Standesbeamten gestellt werden, der ihn dann weiterleitet (§ 159 f DA).

150 Der Anerkennungsantrag ist der Auslegung durch die Landesjustizverwaltung zugänglich, die einen Anerkennungsantrag sogar in einen solchen auf Nichtanerkennung umdeuten kann, wenn dies den wahren Absichten des Antragstellers entspricht, und umgekehrt (OLG Düsseldorf 10. 3. 1976 OLGZ 1976, 291 FamRZ 1976, 355; KG 18. 11. 1968 OLGZ 1969, Nr 46 = FamRZ 1969, 96 [m Anm Reinl 453] = StAZ 1969, 67). Der Antrag muss die ausländische Entscheidung angeben, um deren Anerkennung es geht (Prütting/Helms/Hau Rn 38), und erkennen lassen, ob Anerkennung oder Nichtanerkennung beantragt wird. Er kann bis zur Entscheidung der Landesjustizverwaltung vom Antragsteller jederzeit ohne Einwilligung eines Antragsgegners **zurückgenommen** werden (Jansen Art 7 § 1 FamRÄndG Rn 33; Keidel/Zimmermann Rn 29; Zimmermann RPfleger 1967, 335). Ob die Zustimmung des Antragsgegners erforderlich ist, ist im Verfahren streitig (dafür, wenn der Gegner sich vor dem OLG zur Sache eingelassen hatte, OLG Düsseldorf NJW 1980, 349; Keidel/Sternal § 22 Rn 13: der 1. Instanz; Bumiller/Harders, FamFG [9. Aufl 2009] § 22 Rn 4; offen gelassen von BayObLG 2. 2. 1999 FamRZ 1999, 1588). Manche wollten § 269 ZPO analog anwenden (Lindacher JuS 1978, 579; Brehm, FGG [3. Aufl 2002] Rn 361), doch gilt nun § 22 FamFG.

151 Es gibt nur ein Antragsrecht, keine Antragspflicht. Stellt niemand einen Antrag, so wirkt die Statusentscheidung nicht im Inland. Der Antrag kann aber ohne Frist noch

gestellt werden, und das Antragsrecht verwirkt nicht (unten Rn 176 ff). Zur Nichtigkeit einer Zweitehe, wenn die Anerkennung der Scheidung der ersten nicht beantragt wird, vgl Rn 43 ff.

a) Antragsberechtigung

aa) Feststellungsinteresse

152 Antragsberechtigt ist gem § 107 Abs 4 S 2 FamFG, wer ein **rechtliches Interesse** an der **Feststellung der Anerkennung** bzw Nichtanerkennung glaubhaft machen kann. Das Interesse ist nur auf die Feststellung als solche gerichtet und ist ein rechtliches, wenn es auf einem Rechtsverhältnis des Antragstellers zu einer anderen Person beruht, welches durch die Anerkennung oder Nichtanerkennung der Eheauflösung beeinflusst wird (Keidel/Zimmermann Rn 31; Jansen Art 7 § 1 FamRÄndG Rn 34; BayObLG 8. 5. 2002 FamRZ 2002, 1637 für ein freiwilliges Anerkennungsverfahren). Personen, deren Status durch die Entscheidung betroffen wird, haben es ipso facto. Darüber hinaus sind dies aber nach dem Tod der Ehegatten etwaige Erbberechtigte und zur Leistung an die Überlebenden verpflichtete Stellen. Es können auch mehrere gemeinsam den Antrag stellen (vgl zu den Definitionsschwierigkeiten schon Martiny, Hdb IZVR Bd III/1 Kap I Rn 1715).

bb) Inländisches Interesse

153 Man kann jedoch fragen, ob ein Interesse an der Feststellung der Wirksamkeit der Scheidung gerade **in Deutschland** bestehen muss. vBar (IPR Bd II Rn 144) und Mankowski (Staudinger/Mankowski [2011] Art 13 EGBGB Rn 311 ff) meinen zu Recht, dass es sinn- und zweckwidrig wäre, eine förmliche Anerkennung zu verlangen, wenn die Zweitehe (und wohl auch) die Scheidung der ersten keinen Bezug zur BRD haben. Sie berufen sich dabei ua auf das KG (20. 6. 1984 StAZ 1984, 309), in dessen Entscheidung das freilich nur am Rande erwähnt wird. Konkret hatten zwei Ausländer in ihrem Heimatstaat geheiratet und sich dann dort auch scheiden lassen, sodass sich kein Problem der Anerkennung dort stellte. Der Ehemann heiratete dann erneut in einem Drittstaat (DDR) eine dortige Staatsangehörige. Als die neuen Ehegatten nach ihrer Übersiedelung in die BRD die Anlage eines Familienbuches beantragten, hielt ua der Staatsanwalt die zweite Ehe für bigamisch und erhob die **Nichtigkeitsklage**, wohl auch weil die Scheidung nicht nach Art 7 § 1 FamRÄndG (heute § 107 FamFG) anerkannt worden war. Das KG meint, dass die förmliche Anerkennung zweckwidrig sei, wenn es um die Vernichtung einer im Ausland geschlossenen Zweitehe gehe. Dann sei der Zweck der für alle bindenden Feststellung der Anerkennungsfähigkeit der Auslandsscheidung nicht mehr erreichen. § 107 FamFG (heute) habe vor allem den Zweck der sachkundigen Prüfung der Anerkennungsfähigkeit **vor einer erneuten Eheschließung**. Wenn die Ausländer im Ausland bereits die zweite Ehe geschlossen haben, so gehe es nicht mehr um die Verhinderung einer Rechtsgestaltung, sondern um die Prüfung der Bestandsfähigkeit der schon vorgenommenen Gestaltung, der zweiten Ehe.

154 Es ist richtig, dass man mit einem Verfahren der Anerkennungsfeststellung die geschehene Heirat im Ausland nicht mehr verhindern kann, schon weil die ausländischen Standesbeamten darauf keine Rücksicht nehmen konnten, und weil in einem Fall wie dem konkreten niemand Anlass und gewöhnlich auch nicht das Recht hatte, vorher den Antrag in der BRD zu stellen. Deshalb ist natürlich nicht die Frage, dem ausländischen Standesbeamten einen Vorwurf zu machen. Die ent-

scheidende, vom KG gestellte Frage ist, ob eine Feststellung der Anerkennungsvoraussetzungen der Scheidung noch nach einer erneuten Heirat im Hinblick auf den **Bestand der zweiten Ehe** sinnvoll ist.

Materiell hängt diese davon ab, ob der Nupturient durch die Scheidung seine Verheiratungsfähigkeit wieder gewonnen hat. Diese Vorfrage der Wirksamkeit für die zweite Ehe wird von der hM unselbständig nach dem Ehestatut, dh dem Heimatrecht der Eheleute der zweiten Ehe beurteilt und von andren selbständig nach dem deutschen Recht, wenn die Scheidung hier anerkannt ist (vgl § 108 Rn 221 ff). Aber § 107 FamFG hat nur die Rechtslage **festzustellen** und darf nicht die materielle Rechtslage ändern und sagt nichts zur kollisionsrechtlichen Anknüpfung der Heiratsfähigkeit. Die Frage ist nur, ob das Feststellungsmonopol nach § 107 FamFG es verbietet, ohne förmliche Feststellung der Anerkennungsvoraussetzungen die Scheidung der Vorehe als Vorfrage zu bejahen. Das KG verneint das weniger, weil die Scheidung und Wiederheirat im Ausland stattfanden, sondern vor allem weil die Zweitheirat von der LJV nicht mehr verhindert werden konnte. Die Doppelehe ist jedoch ein Dauerzustand, den es ggf zu beseitigen gilt. **155**

Das mehr nebenbei gefallene Argument des KG der fehlenden Inlandbeziehung, das Mankowski in den Vordergrund rückt (Staudinger/Mankowski [2011] Art 13 EGBGB Rn 311 ff), ist an sich zutreffend. Wenngleich keiner der Ehegatten der ausländischen Zweitehe im Ausland ohne Bezug zu Deutschland auf die Idee kommen wird, die Delibation nach § 107 FamFG zu beantragen, könnte er es mangels eines Feststellungsinteresses auch nicht. Aber so lag der Fall nicht, denn die ausländischen Eheleute haben nach ihrem Zuzug eine **Familienbuch beantragt**, womit nicht nur ein berechtigtes Interesse an der Anerkennungsfeststellung entstand, sondern auch das Anerkennungsmonopol der LJV. **156**

Dass es im Augenblick nur wegen des Familienbuches bestand, verschlägt nichts, denn gewöhnlich ist jeweils nur ein einzelner konkreter Anlass gegeben, aber leicht vorstellbar, dass es später weitere geben kann. Der Fall des KG ist ein Beispiel, denn es stellte sich auch die Frage der Nichtigkeit wegen Bigamie. Es ist eben entgegen dem KG gerade auch der Zweck des § 107 FamFG, bei Zweifel an der Bestandskraft der ausländischen wie einer inländischen Ehe mit Wirkung inter omnes die Wirksamkeit der dafür vorgreiflichen Scheidung zu klären,- es sei denn es handelt sich um eine Scheidung aus dem gemeinsamen Heimatstaat. Bei Anwesenheit eines Ehegatten im Inland ergibt sich das Feststellungsinteresse also aus dem Verbot der Doppelehe (BGH 10. 1. 2001 FamRZ 2001, 991; ob die zweite Ehe im Inland geschlossen wurde, ist nicht mitgeteilt). Dass die Anerkennung uU erst sehr spät geprüft und vorgenommen wird, stört nicht, denn die Rechtslage wird nicht verändert. **157**

Damit ist noch nicht die Frage beantwortet ist, woraus sich sonst noch ein **inländisches Feststellungsinteresse** idS ergibt. Das Gesetz gibt dafür keine Hinweise. Wenn ein Brasilianer in New York von seiner argentinischen Frau geschieden wurde und nun eine Argentinierin in Argentinien heiratet, so wird man kein berechtigtes Interesse an einer Delibation der Scheidung nach § 107 FamFG annehmen, die er auch kaum beantragen wird. Wenn er aber in Deutschland heiraten will, so wird man es bejahen, auch wenn weder die Scheidung noch die neue Ehe nach deutschem Recht zu beurteilen ist. Allgemein kann man vielleicht sagen, dass das Feststellungsinte- **158** resse besteht, wenn eine Amtshandlung in Deutschland beabsichtigt ist. § 107 Abs 2 S 2 FamFG sieht entsprechen eine Zuständigkeit auch ohne hiesigen gewöhnlichen Aufenthalt wegen einer hier beabsichtigten Eheschließung vor. Jedermann kann hier heiraten. Bei **Deutschen**, die **im Ausland** geboren sind und weiterhin leben, besteht ein Interesse an der Anerkennungsfeststellung ihrer ausländischen Scheidung, wenn sie eine Eintragung in ihr Personenstandsregister machen lassen wollen oder auch im Hinblick auf ihre Personalpapiere.

159 Zweifelhaft kann sein, ob eine inländische Amtshandlung konkret vorgesehen sein muss, oder ob die abstrakte Möglichkeit genügt. § 107 Abs 2 S 2 FamFG ergibt, dass ersteres nicht zwingend ist, denn die LJV/PräsOLG **kann**, muss aber nicht den Nachweis der Anmeldung einer Eheschließung verlangen. Dem entsprechend **kann ein Nachweis** der zu erwartenden oder nötig werdenden anderen Amtshandlung verlangt werden.

160 Auch Erben der verstorbenen Geschiedenen im Ausland können ein Interesse an der Feststellung der Scheidung zB des Erblassers haben, wenn es um einen inländischen Nachlass und seine Verteilung geht (vgl BGH 27. 6. 1990 FamRZ 1990, 1100). Es ist auch nicht nötig, dass eine gerichtliche Auseinandersetzung droht oder wenigstens ein Erbschein schon beantragt ist.

161 Das BayObLG (8. 5. 2002 FamRZ 2002, 1637) scheint für das freiwillige Anerkennungsverfahren ein besonderes Rechtsschutzinteresse zu verlangen, indem es darauf abstellt, dass die Inlandswirkung für Unterhaltsfolgen der Scheidung von einem anderen Gericht als noch ungeklärt angesehen wurde. Dem ist nicht zuzustimmen: Wenn eine Partei eine allseitig wirksame Anerkennung haben möchte, und von der Wirkung der ausländischen Scheidung in ihren Rechten betroffen ist, dann sollte das genügen; ein **gesteigertes Interesse** sollte auch für einen **freiwilligen Anerkennungsantrag** nicht verlangt werden.

b) Antragsberechtigte

162 Antragsberechtigt sind diejenigen, die ein **rechtliches Interesse** an der Anerkennung haben und glaubhaft machen (§ 107 Abs 4 S 2 FamFG). Diese rechtliche Interesse wird nicht näher konkretisiert und ist schwierig zu bestimmen (Martiny, Hdb IZVR Bd III/1 Rn 1715 ff). Da der Zweck des § 107 FamFG ist, auch für zukünftige Fälle Klarheit zu schaffen, dürfte eine eher ausdehnende Auslegung angezeigt sein.

aa) Ehegatten

163 Den früheren Ehegatten wird, bei genügender Inlandbeziehung, natürlich allgemein ein rechtliches Interesse an der Feststellung zugebilligt, und idR stellt auch einer den Antrag. Um ihren Status im Inland geht es schließlich (vgl zB BGH 11. 7. 1990 FamRZ 1990, 1228; BayObLG 13. 3. 2002 FamRZ 2002, 1423; KG 6. 11. 2001 FamRZ 2002, 840; OLG Celle 10. 11. 1997 FamRZ 1998, 686; JM BW 4. 12. 2000 FamRZ 2001, 1015). Das rechtliche Interesse wird selbst dann bejaht, wenn ein Ehegatte, der eine ausländische Scheidung erwirkt hat, nun deren Nichtanerkennung beantragt (BGH 26. 2. 1958 NJW 1958, 831 = FamRZ 1958, 180; BayObLG 19. 10. 1967 NJW 1968, 363; Jansen Art 7 § 1 FamRÄndG Rn 34; Martiny, Hdb IZVR Bd III/1 Kap I Rn 1716; Geimer NJW 1967, 1402; Reinl FamRZ 1969, 456; Richter/Krzywon IPRax 1988, 350; Krzywon StAZ 1989, 96) oder einer Anerkennung entgegentritt und zugleich im Inland eine – erneute – Scheidung beantragt (JM B-W FamRZ 2001,

1017). Dementsprechend kann auch umgekehrt der unterlegene Ehegatte, der im ausländischen Verfahren Klageabweisung beantragt hat, den Antrag auf Anerkennung des ausländischen Scheidungsurteils stellen.

Ein Nichtanerkennungsantrag kommt zB in Frage, bevor eine erneute Scheidung im Inland beantragt wird (OLG Köln 18. 3. 1998 FamRZ 1998, 1303; OLG Karlsruhe 30. 9. 1999 FamRZ 2000, 1021). Ein erneuter Scheidungsantrag nach einer ausländischen Scheidung ist unzulässig, wenn die förmliche Anerkennung beantragt werden kann (OLG Bamberg 13. 3. 1996 FamRZ 1997, 95). Gegen eine Aufhebungsklage wegen Bigamie würde die Scheidung sogar uU helfen, wenn sie erst nach der zweiten Heirat erfolgt, wogegen die Anerkennung der vorhergehenden Auslandsscheidung zurückwirkt (vgl Rn 43 ff, § 108 Rn 236). Es ist kaum eine Situation vorstellbar, in der einem Ehegatten das Feststellungsinteresse fehlte (zur Frage der Verwirkung unten Rn 176). **164**

Auch dem Partner der Zweitehe wird man wegen der Gefahr der Doppelehe ein rechtliches Interesse an der Feststellung zugestehen, ob die Erstehe seines jetzigen Partners aufgelöst ist oder nicht (BGH 10. 1. 2001 FamRZ 2001, 991; OLG Düsseldorf 10. 3. 1976 OLGZ 1976, 291 = FamRZ 1976, 355 = MDR 1976, 849). Nach Meinung des BGH **genügt es jedenfalls**, dass die Zweitehe in Deutschland geschlossen und hier geführt wurde. Das Antragsrecht steht entsprechend nun auch dem Partner einer registrierten Partnerschaft zu. **165**

bb) Verlobte

Kein rechtliches Interesse hat der Verlobte, der mit dem im Ausland Geschiedenen eine neue Ehe eingehen möchte. Zum einen hängt im deutschen Recht die Rechtsgültigkeit eines Verlöbnisses nicht von der **Anerkennung der ausländischen Scheidung** ab, und zum anderen ginge es zu weit, das Interesse des Verlobten als rechtliches Interesse zu werten, da das Verlöbnis zwar ein Rechtsverhältnis, aber stets einseitig lösbar ist. Nur die Möglichkeit der beabsichtigten Heirat hängt von der Anerkennung ab, aber man möchte doch dem Geschiedenen die Entscheidung überlassen (Martiny, Hdb IZVR Bd III/1 Kap I Rn 1717; Jansen Art 7 § 1 FamRÄndG Rn 34; **aA** Richter/Krzywon IPRax 1988, 350; Krzywon StAZ 1989, 96; MünchKommFamFG/Rauscher Rn 43). Es bleibt dem anderen Verlobten überlassen, einen Antrag auf Anerkennung seiner Scheidung zu stellen, um zB die Heirat zu ermöglichen. Ein Antragsrecht des Partners einer nicht registrierten Lebenspartnerschaft ist erst recht abzulehnen (Richter/Krzywon IPRax 1988, 350; Krzywon StAZ 1989, 96). Ein Antragsrecht entsteht aber, wie Abs 2 S 2 erkennen lässt, wenn die Verlobten eine **Eheschließung angemeldet** haben. **166**

cc) Kinder

Kinder sowohl aus der aufgelösten als auch aus der zweiten Ehe können in Fällen, in denen ihre eigene personenstands- oder namensrechtliche Stellung tangiert wird, bereits zu Lebzeiten der Ehegatten ein eigenes rechtliches Interesse an der Anerkennungsentscheidung haben (Keidel/Zimmermann Rn 31). Hervorzuheben ist hier zB das rechtliche Interesse von Kindern der im Ausland geschiedenen Ehefrau, die bis zur Anerkennung der ausländischen Entscheidung als eheliche Kinder des geschiedenen Ehemanns gelten (Jansen Art 7 § 1 FamRÄndG Rn 34 sowie Rn 5). Die Anerkennung ist vor allem wichtig, wegen ihres Unterhaltsanspruchs und des Sorgerechts. Freilich wird der Anerkennungsantrag in der Praxis wohl oft von einem Elternteil **167** für sich selbst gestellt (vgl BayObLG 8. 5. 2000 FamRZ 2002, 1637). Das OLG Celle (7. 5. 1990 FamRZ 1990, 1390) will allerdings eine selbständige Klage auf Kindesunterhalt zulassen, solange eine polnische Verbundsentscheidung nicht im Inland gilt und daher auch nicht abgeändert werden kann, weil noch keine Entscheidung der LJV zur Scheidung der Eltern vorliegt. Hier hätte ausgesetzt werden müssen, um sie einzuholen (o Rn 32 ff).

dd) Erben

168 Während dem präsumtiven Erben eines noch lebenden Ehegatten kein erbrechtlich begründetes Interesse zuzugestehen ist, da regelmäßig noch Verfügungen von Todes wegen getroffen werden können, und der präsumtive Erbe nicht die Statusverhältnisse noch Lebender beeinflussen können soll (Martiny, Hdb IZVR Bd III/1 Kap I Rn 1717; Stein/Jonas/H Roth § 328 ZPO Rn 177; MünchKommFamFG/Rauscher Rn 43; Prütting/Helms/Hau Rn 43; **aA** Rolland, 1. EheRG [2. Aufl 1982] § 606a Rn 11 e), haben nach dem Tod eines der Ehegatten die Erben und Erbeserben ein Antragsrecht, wenn ihr Erbrecht oder Pflichtteilsrecht von der Anerkennung der ausländischen Ehescheidung abhängt (BGH 27. 6. 1990 FamRZ 1990, 1100; BayObLG 2. 2. 1999 FamRZ 1999, 1588; KG 26. 1. 1988 FamRZ 1988, 641; MünchKommFamFG/Rauscher Rn 42). Hatte der Ehegatte noch selbst den Antrag gestellt, treten die Erben in seine prozessuale Stellung ein (BGH 27. 6. 1990 FamRZ 1990, 1100 [Erbeserben]). Sie können nach dessen Tod aber auch selbst einen Antrag stellen (BayObLG 2. 2. 1999 FamRZ 1999, 1588; KG 26. 1. 1988 FamRZ 1988, 641).

ee) Behörden

169 Besonders problematisch ist die Antragsberechtigung von Behörden. Auch hier ist zu differenzieren:

α) Gerichte

170 Gerichte sind nicht antragsberechtigt, da die Anerkennung sie nicht in ihrer eigenen Rechtssphäre betrifft (BGH 6. 10. 1982 NJW 1983, 514 = IPRax 1983, 292 [Basedow 278 und Bürgle 281]; Jansen Art 7 § 1 FamRÄndG Rn 34; MünchKommFamFG/Rauscher Rn 42; Zöller/Geimer, ZPO § 107 FamFG Rn 53; Richter JR 1987, 100; Richter/Krzywon IPRax 1988, 350; Krzywon StAZ 1989, 96). Sie müssen bei Heimatstaatsscheidungen inzident darüber entscheiden, wenn der Ausgang einer Klage von der Anerkennung abhängt. Sonst setzen sie aus, um den Parteien den Antrag zu ermöglichen (o Rn 32 ff).

β) Verwaltungsbehörde (§ 1316 BGB)

171 Antragsberechtigt war aus Gründen der Prozessökonomie und wegen des öffentlichen Interesses an der Verhinderung von Doppelehen die Staatsanwaltschaft im Fall des § 24 EheG. Heute hat das Antragsrecht entsprechend nach § 1316 Abs 1 Nr 1 BGB die zuständige Verwaltungsbehörde bei bigamischen und anderen fehlerhaften Ehen (zB in Bayern die Regierung von Mittelfranken [weitere Nachw MünchKomm/Müller-Gindullis § 1316 Rn 6; Richter/Krzywon IPRax 1988, 350; MünchKommFamFG/Rauscher Rn 42; **aA** Jansen Art 7 § 1 FamRÄndG Rn 34). Dabei ist nicht vorausgesetzt, dass sie die Nichtigkeitsklage schon erhoben hat (OLG Karlsruhe 17. 9. 1990 FamRZ 1991, 92). Es sollte zu den Amtspflichten der Verwaltungsbehörde gehören, vor oder während des von ihr betriebenen Nichtigkeitsverfahrens den Anerkennungsantrag zu stellen (**aA** aber OLG Karlsruhe, das aussetzt, um der Beklagten die Gelegenheit dazu zu geben).

γ) Standesbeamte

Kein Antragsrecht hat der Standesbeamte, der sein Register berichtigen will (Jansen Art 7 § 1 FamRÄndG Rn 34; Zöller/Geimer, ZPO § 107 FamFG Rn 53; Richter JR 1987, 100; Richter/Krzywon IPRax 1988, 350; Krzywon StAZ 1989, 96) oder dem der Antrag auf Eheschließung eines im Ausland Geschiedenen vorliegt. Er muss die Beteiligten auffordern, die Entscheidung der LJV beizubringen, kann deren Antrag aber weiterleiten. **172**

δ) Sozialversicherungsträger

Sozialversicherungsträger sind, zumindest nach dem Tod eines Ehegatten, antragsberechtigt, wenn ihre Verpflichtung zur Leistung von der Anerkennung oder Nichtanerkennung der ausländischen Scheidung abhängt (OLG Düsseldorf 21. 12. 1976 IPRspr 1976 Nr 182; BSG 30. 3. 1977 BSGE 43, 238 = FamRZ 1977, 636; JM NRW 15. 3. 1978 IPRspr 1978 Nr 173; KG 3. 6. 1983 OLGZ 1984, 38; OLG Koblenz 26. 11. 1987 IPRax 1988, 359 zust Anm Richter/Krzywon 350; JM NRW 2. 7. 1983 IPRspr 1984 Nr 184; MünchKommFamFG/Rauscher Rn 43; Jansen Art 7 § 1 FamRÄndG Rn 34; Richter JR 1987, 100; Richter/Krzywon IPRax 1988, 350; Krzywon StAZ 1989, 96). Entsprechendes muss dann auch für private Versicherungsgesellschaften oder ähnliche Verpflichtete gelten (Keidel/Zimmermann Rn 32). **173**

ε) Finanzamt

Finanzämter besitzen kein Antragsrecht. Steuerfragen sind zwar oft statusabhängig, doch reicht aus verfassungsrechtlichen Gründen das fiskalische Interesse allein nicht aus, um auf Initiative des Finanzamts eine Klärung des Status des Steuerpflichtigen zu veranlassen (Martiny, Hdb IZVR Bd III/1 Kap I Rn 1719; Richter/Krzywon IPRax 1988, 350; Krzywon StAZ 1989, 96; **aA** Geimer NJW 1967, 1402; Keidel/Zimmermann Rn 32). **174**

ζ) Andere Behörden

Bei anderen Behörden wird man darauf abstellen müssen, ob eine Feststellung des Bestehens oder Nichtbestehens der Ehe für sie von rechtlicher Bedeutung ist. Das rechtliche Interesse muss dabei ein **unmittelbares eigenes** sein. In erster Linie ist es Angelegenheit der Betroffenen selbst, ihren Status zu klären. Anderen kann nur dann ein Antragsrecht eingeräumt werden, wenn ihre subjektiven Rechte von der Anerkennung tangiert werden. Eine Abweichung von diesem Grundsatz sollte nur dann erfolgen, wenn dies im öffentlichen Interesse geboten erscheint (Richter/Krzywon IPRax 1988, 350; Krzywon StAZ 1989, 97). Bejaht wurde zB ein eigenes Antragsrecht des Beauftragten der Bundesregierung für die Verteilung im Grenzdurchgangslager Friedland und der Durchgangsstelle für Aussiedler in Nürnberg (vgl näher Richter/Krzywon IPRax 1988, 350; Krzywon StAZ 1989, 97). **175**

c) Verwirkung des Antragsrechts

Da der nicht fristgebundene Antrag oft sehr spät gestellt wird, ist fraglich, ob die Antragsberechtigung verwirkt werden kann. Dies ist in beiden Richtungen zu verneinen: wer im Ausland geschieden ist, braucht die Anerkennung nicht zu beantragen, und auch wenn er sich jahre- oder jahrzehntelang mit der ausländischen Scheidung abgefunden hat, ohne etwas dagegen zu unternehmen, kann er trotzdem noch einen negativen Feststellungsantrag stellen (Jansen Art 7 § 1 FamRÄndG Rn 36; Geimer, IZPR Rn 3030; Zöller/Geimer Rn 55; MünchKommFamFG/Rauscher Rn 41; zweifelnd Prütting/Helms/Hau Rn 38). Die gegenteilige Ansicht lässt unter Umständen eine Abwei- **176** sung des Antrags auf Anerkennung als **unzulässig** wegen Verwirkung des Antragsrechts zu (BayObLG 19. 10. 1967 BayObLGZ 1967, 390 = NJW 1968, 363 [Geimer 800] = MDR 1968, 151 = BayJMBl 1968, 62; BayObLG 10. 6. 1976 BayObLGZ 1976, 148 = FamRZ 1976, 700 = StAZ 1976, 10; OLG Düsseldorf 13. 6. 1977 IPRspr 1977 Nr 162; BayObLG 29. 8. 1985 FamRZ 1985, 1258; 20. 2. 1998 FamRZ 1998, 1305; OLG Düsseldorf 2. 10. 1987 FamRZ 1988, 198; Beitzke, FamRZ 1971, 374). Dies führte aber wegen der fehlenden Bindungswirkung der Abweisung des Anerkennungsantrags als unzulässig (vgl Rn 114) zu der unbefriedigenden Folge, dass in solchen Fällen die Frage der inländischen Wirkung der Scheidung in der Schwebe bliebe (JM BW 21. 2. 1995 FamRZ 1995, 1411; MünchKommZPO/Gottwald[3] § 328 Rn 212).

177 Eine andere Frage ist es, ob der Antrag **begründet** ist. Es kann durchaus vorkommen, dass der Antragsteller sich infolge Zeitablaufs nicht mehr auf den einen oder anderen Versagungsgrund berufen darf (Zöller/Geimer, ZPO § 107 FamFG Rn 55; MünchKommZPO/Gottwald[3] § 328 Rn 212; JM BW 24. 4. 1979 FamRZ 1979, 811; BayObLG 8. 5. 2002 FamRZ 2002, 1637; JM BW 21. 2. 1995 FamRZ 1995, 1411; sehr kritisch Martiny, Hdb IZVR Bd III/1 Kap I Rn 1712). So soll nicht das Antragsrecht, sondern das Recht, die Anerkennungswirkung bzw die Scheidung geltend zu machen, eventuell verwirkt werden (JM BW 24. 4. 1979 FamRZ 1979, 811; JM BW 21. 2. 1995 FamRZ 1995, 1411; BayObLG 8. 5. 2002 FamRZ 2002, 1637 f). Dafür genügt aber der bloße Zeitablauf nicht oder kaum (sehr zurückhaltend OLG Düsseldorf 13. 6. 1977 IPRspr 1977 Nr 162); der Antrag wird erfahrungsgemäß meist erst anlässlich neuer Heiratspläne gestellt. Man wird vielmehr verlangen müssen, dass die Partei sich weiterhin als verheiratet verhalten hat (ähnlich Zöller/Geimer, ZPO § 107 FamFG Rn 55; OLG Düsseldorf 2. 10. 1987 FamRZ 1988, 198). So hatten in dem Bescheid des JM BW v 24. 4. 1979 (FamRZ 1995, 1411) die in der ČSSR geschiedenen Eheleute in Deutschland weitere 26 Jahre zusammengelebt und Kinder bekommen. Verwirkung setzt ein Vertrauen bei anderen voraus, und in casu wäre vielleicht an die Kinder zu denken gewesen.

178 Im umgekehrten Fall war bei einem Antrag auf Nichtanerkennung eines ausländischen Scheidungsurteils (§ 107 Abs 1, Abs 8 FamFG) Verwirkung des Anerkennungshindernisses des ungenügenden rechtlichen Gehörs (heute § 109 Abs 1 Nr 2 FamFG) angenommen worden, weil sich die Partei über einen längeren Zeitraum als geschieden geriert hatte (JM BW v 21. 2. 1995; BayObLG 8. 5. 2002 FamRZ 2002, 1637), über Jahre hinweg niemals Zweifel an der Wirksamkeit des Scheidungsurteils äußerte, und nach der Übersiedelung nach Deutschland Scheidungsfolgen geltend machte. Hier ist die Besonderheit zu beachten, dass § 109 Abs 1 Nr 2 FamFG verlangt, dass die Partei sich darauf beruft. Wie auch sonst bei Verwirkung bzw widersprüchlichem Verhalten (BayObLG 8. 5. 2002 FamRZ 2002, 1637) ist zudem zu verlangen, dass der andere Ehegatte sich auf die Scheidung eingestellt, also sein Vertrauen darauf betätigt hatte. Ein Verschulden der Partei, die nun doch die Anerkennung betreibt, ist allerdings nicht erforderlich.

6. Deutsche Gerichtsbarkeit

179 Die am Anerkennungsverfahren Beteiligten müssen der deutschen Gerichtsbarkeit unterworfen sein (Geimer, IZPR Rn 544; Zöller/Geimer, ZPO § 107 FamFG Rn 57). Handelt es sich bei dem Antragsteller um eine gerichtsfreie Person, so kann in seinem Antrag eine Unterwerfung unter die deutsche Gerichtsbarkeit zu sehen sein, welche die deutsche Gerichtsbarkeit begründet, wenn sein Entsendestaat einverstanden ist (zur Möglichkeit der Unterwerfung vgl GEIMER, Zur Prüfung der Gerichtsbarkeit und der internationalen Zuständigkeit bei der Anerkennung ausländischer Urteile [1966] 65 Fn 7; weiter Vorbem Rn 19 zu §§ 97 ff FamFG). Auch gegen einen gerichtsfreien Antragsgegner kann kein Feststellungsverfahren beantragt werden, es sei denn, der Antragsgegner würde sich der deutschen Gerichtsbarkeit unterwerfen (GEIMER, IZPR Rn 3032).

7. Verfahrensgrundsätze

a) Amtsermittlung

Die **Ermittlung** des Sachverhalts erfolgt insbesondere hinsichtlich der Anerkennungshindernisse nach § 26 FamFG **von Amts wegen** (LJV BW 23. 1. 1987 IPRspr 1987 Nr 163a; implizit BayObLG 17. 6. 1999 FamRZ 2000, 485; KEIDEL/ZIMMERMANN Rn 4; MünchKommFamFg/RAUSCHER Rn 44; ANDRAE/HEIDRICH FPR 2004, 292, 294; THOMAS/PUTZO/HÜSSTEGE, ZPO § 107 FamFG Rn 23; **aA** PRÜTTING/HELMS/HAU § 109 FamFG Rn 16; GEIMER, IZPR Rn 3035; anscheinend MünchKommFamFG/RAUSCHER § 109 Rn 9). Zwar sagt **§ 113 FamFG**, dass in Ehesachen § 26 FamFG nicht anzuwenden sei, aber die Anerkennung ausländischer Scheidungen ist selbst **keine Ehesache idS** und auch keine Familienstreitsache. Auch § 127 FamFG, insbesondere Abs 2, betrifft nur das eigentliche Scheidungsverfahren, das hier ohnehin im Ausland stattfand. Den Angaben des Antragstellers kann jedenfalls nicht einfach vertraut werden (vgl den Fall OLG Frankfurt 15. 4. 1985 OLGZ 1985, 257). Die Pflicht zur **Ermittlung von Amts wegen** hat ihre Grenze dort, wo von weiteren Ermittlungen ein sachdienliches, die Entscheidung beeinflussendes Ergebnis nicht mehr zu erwarten ist (LJV BW 23. 1. 1987 IPRspr 1987 Nr 163a unter Berufung auf OLG Stuttgart 14. 4. 1986 – 1 VA 2/85; OLG Frankfurt 28. 10. 1999 – 28 VA 2/98; BayObLG 13. 5. 1983 FamRZ 1983, 1275). Ein Geständnis oder Anerkenntnis ist nicht bindend. **180**

Dem Antragsteller kann aber, da er die Feststellungslast trägt, die **Beibringung von Unterlagen** aufgegeben werden (LJV BW 23. 1. 1987 IPRspr 1987 Nr 163a; BayObLG 2. 7. 1982 BayObLGZ 1982, 257; BayObLG 29. 3. 1990 FamRZ 1990, 897 = StAZ 1990, 225; PRÜTTING/HELMS/HAU Rn 41; JANSEN Art 7 § 1 FamRÄndG Rn 38 mwNw in Fn 66), aber auch den **sonstigen Beteiligten**. Die vom Antragsteller sowie vom Antragsgegner beigebrachten Unterlagen und Urkunden können, müssen aber nicht legalisiert sein. Es gibt keinen Legalisationszwang (MünchKomm/SPELLENBERG Art 11 EGBGB Rn 186 f). Die Urkunden unterliegen ohne Legalisation der freien Beweiswürdigung durch die Landesjustizbehörden, doch sind sie auch durch die Legalisation nicht gebunden. Die Landesjustizverwaltungen haben alle erreichbaren Beweismittel auszuschöpfen (LJV BW 23. 1. 1987 IPRspr 1987 Nr 163a). Sie können vom Antragsteller die Übersetzung des ausländischen Urteils anfordern, müssen aber die Grundrechte und den Grundsatz der Rechtsschutzgleichheit beachten. Das bedeutet, dass die LJV bei unbemittelten Antragstellern selbst für eine Übersetzung sorgen (BVerfG 10. 4. 1997 FamRZ 1997, 735). Man wird wohl ebenso hinsichtlich der Pflicht zur Beibringung einer Legalisation und ihrer Kosten entscheiden. Doch sind die Kosten wohl meist geringer. **181**

Die Landesjustizverwaltungen bzw OLG-Präsidenten können zwar Zeugen vernehmen, jedoch steht ihnen nicht die Befugnis zu, **Zeugniszwang** auszuüben oder Zeugen zu vereidigen (ROSENBERG/SCHWAB/GOTTWALD § 156 ZPO Rn 58; GEIMER, IZPR Rn 3035; zust PRÜTTING/HELMS/HAU Rn 41). In Ermangelung einer gesetzlichen Ermächtigung **182** sind die Landesjustizverwaltungen auch nicht berechtigt, ein Gericht im Wege der Rechtshilfe um die Vernehmung und Beeidigung von Zeugen zu ersuchen (Jansen Art 7 § 1 FamRÄndG Rn 38). Auch zur Entgegennahme eidesstattlicher Versicherungen sind sie mangels gesetzlicher Grundlage nicht legitimiert (BGH 25. 3. 1952 BGHSt 2, 220). Bedenken bestehen auch gegen eine Zuständigkeit des Standesbeamten aus § 5 III 3 PStG zur Entgegennahme eidesstattlicher Versicherungen im Blick auf ein Anerkennungsverfahren.

183 Nach BayObLG (2. 7. 1982 BayObLGZ 1982, 257 [Privatscheidung Ghana]; OLG Celle 10. 11. 1997 FamRZ 1998, 686 [Japan]) ist bei fehlendem Nachweis der Existenz und Wirksamkeit der ausländischen Scheidung der Antrag von der LJV als unzulässig zurückzuweisen. Jedoch ist er **unbegründet**, zumindest solange der Antragsteller eine Auslandsscheidung behauptet (oben Rn 49), vielmehr ist im Anerkennungsverfahren über die Wirksamkeit des ausländischen Urteils zu befinden.

b) Rechtliches Gehör

184 Im Verfahren vor den Landesjustizverwaltungen ist dem Antragsgegner rechtliches Gehör zu gewähren (Geimer NJW 1969, 1651; Reinl FamRZ 1969, 454; Martiny, Hdb IZVR Bd III/1 Kap I Rn 1722; **aA** wohl Andrae/Heidrich FPR 2009, 292, 294) und generell allen, die von der beantragten Feststellung in ihren Rechten berührt werden (Prütting/Helms/Hau Rn 42; Rosenberg/Schwab/Gottwald § 156 ZPO Rn 59). Zwar garantiert Art 103 Abs 1 GG seinem Wortlaut nach das rechtliche Gehör nur „vor Gericht“ (vgl auch BVerfG 14. 10. 1969 BVerfGE 27, 103; BGH 8. 8. 1969 BGHSt 23, 55), doch folgt aus dem Rechtsstaatsprinzip der Anspruch auf Wahrung des rechtlichen Gehörs auch hier (BayObLG 17. 6. 1999 FamRZ 2000, 485; KG 10. 7. 1970 NJW 1970, 2169 = FamRZ 1970, 664; vgl näher hierzu Maunz/Dürig/Schmidt-Assmann, GG-Kommentar Art 103 GG Rn 62 ff). Das Gehör kann im gerichtlichen Verfahren gem Abs 5 und 6 vor dem OLG nachgeholt werden (BayObLG FamRZ 2000, 485; Prütting/Helms/Hau Rn 42). Problematisch ist der Kreis der Berechtigten.

185 **Zu beteiligen** sind danach alle diejenigen, für die eine Entscheidung der Landesjustizverwaltung rechtliche Konsequenzen mit sich bringt (vgl BVerfGE 60, 7 ff; 21, 137 ff; Schlosser JZ 196, 431 ff; Geimer, IZPR Rn 3037; Rosenberg/Schwab/Gottwald § 156 ZPO Rn 59; vgl auch Brehm, FGG [3. Aufl 2002] Rn 317), und von Amts wegen zu Beteiligung einzuladen. Hierzu zählen sicher alle diejenigen, die zur Stellung eines eigenen Antrages berechtigt wären (BayObLG 17. 6. 1999 FamRZ 2000, 485; KG 10. 7. 1970 OLGZ 1970, 429 = NJW 1970, 2169; Geimer NJW 1967, 1403; ders, NJW 1974, 1630, 1632; Jansen Art 7 § 1 FamRÄndG Rn 38; Stein/Jonas/H Roth Art 7 FamRÄndG Rn 178; Martiny, Hdb IZVR Bd III/1 Kap I Rn 1722).

186 Die Beteiligung der Betroffenen ist nicht bloße Ermessenssache der Landesjustizverwaltungen, sondern deren **Rechtspflicht** (Geimer NJW 1974, 1630). Sie muss ernstgenommen werden, was möglicherweise nicht immer ausreichend geschieht oder geschah (Reinl FamRZ 1969, 454).

187 Der Kreis der materiell von der Anerkennung oder ihrer Verweigerung Betroffenen ist freilich recht weit (vgl 162 ff). Dennoch muss grundsätzlich ihnen allen angesichts des Art 103 Abs 1 GG ein Anspruch auf rechtliches Gehör zugebilligt werden, und daran ändert sich auch nichts dadurch, dass es ich vor der LJV um ein Verwaltungsverfahren handelt. Es ist auch etwas pauschal, dass auf Schwierigkeiten im Verkehr mit dem Ausland gebührend Rücksicht zu nehmen sei (so Stein/Jonas/H Roth § 328 ZPO Rn 223; wie hier Habscheid, Freiwillige Gerichtsbarkeit § 20 II 4). Eine förmliche Auslandszustellung wird man nicht verlangen, sondern auch die postalische Benachrichtigung dürfte ausreichen.

Tatsächliche Unmöglichkeit der Anhörung dispensiert. Das setzt aber die Erschöpfung aller Möglichkeiten voraus, den Aufenthalt zB des anderen Ehegatten zu ermitteln. Problematisch ist, wie weit die LJV mögliche „mittelbare“ Betroffene, wie Versorgungsträger, anhören und deren Betroffensein ermitteln muss. Hier ist noch wenig konkrete Klarheit. Kinder sind zu Lebzeiten der betr Ehegatten wegen ihres zukünftigen Erbrechts wohl überhaupt nicht zu hören, obwohl ihr Pflichtteil in jedem Fall betroffen ist. Sie müssen generell die Entscheidung ihrer Eltern, sich zu scheiden, hinnehmen, also auch die Entscheidung für die Anerkennung. **188**

Dagegen sind alle Erben zu beteiligen, wenn der **Erbfall eingetreten** ist. Niemand wird die Verwaltungsbehörde des § 1316 BGB an jedem Anerkennungsverfahren beteiligen, damit sie Anerkennungshindernisse im Hinblick auf eine eventuelle Wiederheirat vorbringt. Aber wenn sie eine Nichtigkeitsklage erhoben hat, die durch eine Anerkennung der Scheidung der Vorehe unbegründet würde, dann ist sie zu hören. Sozialversicherungsträger und andere Behörden (o Rn 171 ff) müssen wohl gehört werden, wenn die Anerkennung hic et nunc Leistungspflichten für sie auslöst. Jedoch macht die Unterlassung der Gehörsgewährung den Bescheid nicht unwirksam. **189**

Ergeht ein **positiver Bescheid** ohne Anhörung der anderen Beteiligten, so ist die Gefahr, dass er auf deren Antrag vom OLG bei neuen Feststellungen aufgehoben wird, entsprechend groß (Beispiel einer solchen Aufhebung eines Bescheides, der ohne Anhörung selbst des anderen Ehegatten erging, OLG Frankfurt 15. 4. 1985 OLGZ 1985, 257). Und antragsberechtigt sind alle, die einen Antrag bei der LJV hätten stellen können, also alle materiell vom Bescheid der LJV nachteilig Betroffenen. Immerhin kann ihnen dann nun noch Gehör gewährt werden, doch uU um den Preis der Aufhebung des Bescheids, was wiederum diejenigen belasten kann, die sich auf den Bescheid verlassen haben. Es kann in der Verweigerung des rechtlichen Gehörs durch die LJV wohl auch eine Amtspflichtverletzung liegen, die den zu Unrecht nicht Angehörten zum Schadensersatz berechtigen kann, vielleicht auch die, die von der Aufhebung des Bescheids belastet werden. **190**

Heute ist die Anrufung des OLG befristet, und die Möglichkeit der Aufhebung entsprechend beschränkt. Doch die materiell Beteiligten, denen keine Gelegenheit zur Anhörung gegeben wurde, können bei Fristversäumung **Wiedereinsetzung** verlangen. Damit kann ihnen rechtliches Gehör noch nachträglich gewährt werden (BayObLG 17. 6. 1999 FamRZ 2000, 485). **191**

Das KG (12. 7. 1975 OLGZ 1976, 38) hat eine Anhörungspflicht sogar des anderen Ehegatten verneint, wenn der positive Anerkennungsantrag **ohnehin abzuweisen** sei. Dem ist nicht zustimmen (**aA** Martiny, Hdb IZVR III/1 Kap I Rn 1722). Das KG nimmt an, der andere Ehegatte und sonstige Antragsberechtigte seien durch den ablehnenden Bescheid nicht gebunden und könnten ihrerseits einen neuen Antrag stellen **192** und damit rechtliches Gehör in der Sache erhalten. Wegen des Zweckes des Anerkennungsverfahrens, möglichst ein für alle Mal und inter omnes Klarheit zu schaffen, hätte man ihre Beteiligung veranlassen müssen, um sie damit auch bei geplanter Ablehnung zu hören. Außerdem ist nach Abs 8 auch die Abweisung eines Antrags als unbegründet bindend (Baumbach/Lauterbach/Albers/Hartmann § 107 FamFG Rn 20; BayObLG NJW 1974, 1630: **aA** KG OLGZ 1976, 42).

193 Wie auch sonst im Zivilverfahren muss den Berechtigten nur Gelegenheit zur Anhörung gegeben werden. Nehmen sie sie nicht wahr, können sie sich an sich nicht beschweren. Allerdings nimmt ihnen das nicht das Recht des Antrags auf gerichtliche Entscheidung zum OLG.

194 Im Verfahren auch vor der LJV kann man § 189 ZPO analog anwenden: Wer zum Verfahren geladen wurde und davon erfährt, auch wenn die Ladung ihn nicht auf dem ordentlichen Wege erreicht, hat ausreichend Gelegenheit zum Gehör gehabt. Es muss jedoch eine amtliche Zustellung auf den Weg gebracht worden sein.

c) Feststellungslast

195 Auch bei Amtsermittlung gibt es eine objektive Beweislast. Die Formulierung, derjenige trage sie, der aus der Anerkennung Rechte herleite, passt für das Anerkennungsverfahren nicht recht (**aA** BayObLG 11. 6. 1979 FamRZ 1979, 1014). Die, der Antragsteller trage die Feststellungslast, passt nur wenig besser (LJV BW 23. 1. 1987 IPRspr 1987 Nr 163a). Ebenso wenig wie im Streitverfahren der ZPO kann die Umkehrung der Parteirollen bei einem Nichtanerkennungsantrag die Last verändern. Es gibt auch nicht notwendig einen Antragsgegner. Am besten formuliert man aber auch hier, dass im Zweifel grundsätzlich nicht anzuerkennen ist, wobei aber auch hier die bei § 109 Rn 31 ff dargelegten Differenzierungen gelten.

196 Eine Abweisung eines Anerkennungsantrages und die Feststellung, dass die Anerkennungsvoraussetzungen nicht vorliegen, sind **nicht dasselbe** (Stein/Jonas/H Roth § 328 ZPO Rn 224 f; Prütting/Helms/Hau Rn 45; Geimer, IZPR Rn 3039; BayObLG 11. 1. 1990 FamRZ 1990, 650; oben Rn 106, 122, unten Rn 200 f). Fehlen die Anerkennungsvoraussetzungen, ist der positive Antrag abzuweisen. Die Feststellung, dass die Voraussetzungen nicht vorliegen, erfolgt nur auf zusätzlichen darauf gerichteten Antrag (Stein/Jonas/H Roth § 328 ZPO Rn 225). Dennoch sollte beim negativen Antrag die Feststellungslast nicht anders als beim positiven verteilt werden.

8. Förmlicher Bescheid

197 Das Anerkennungsverfahren ist von der Landesjustizverwaltung mit einem **förmlichen Bescheid** abzuschließen. Ein Ermessen steht der Behörde dabei nicht zu. Die Entscheidung ist ein gesetzesgebundener Justizverwaltungsakt, auch wenn das Verfahren das des FamFG ist.

a) Tenorierung

198 Der Bescheid kann je nach dem Ausgang des Verfahrens verschiedenen Inhalt haben, der in der Tenorierung des Bescheids zum Ausdruck kommt. Es ist zu unterscheiden:

aa) Unzulässigkeit des Antrags

Der Antrag kann als **unzulässig zurückgewiesen** werden, zB weil es an der Antragsberechtigung fehlte, oder wegen örtlicher Unzuständigkeit im Falle des § 107 Abs 1 S 2 FamFG. Bei Heimatstaatsscheidung ist ein Anerkennungsantrag zulässig, wenngleich nicht vorgeschrieben (Rn 100). **199**

bb) Unbegründetheit des Antrags

War der Antrag zwar zulässig, fehlten jedoch die sachlichen **Voraussetzungen** für die beantragte Anerkennung (§ 109 FamFG) oder Nichtanerkennung, ist der Antrag als **unbegründet** zurückzuweisen. Die Behörde darf aber nicht von Amts wegen das Gegenteil dessen, was beantragt war, feststellen (oben Rn 106, 196). Lag nur ein unbegründeter Antrag auf Nichtanerkennung vor, ist die Behörde ohne entsprechenden Antrag deshalb daran gehindert, positiv festzustellen, dass die Anerkennungsvoraussetzungen vorliegen (Prütting/Helms/Hau Rn 45; Geimer, IZPR Rn 3039; ders, NJW 1969, 1649). Mit der Abweisung des positiven Antrags wird nicht festgestellt, dass die Voraussetzungen nicht vorliegen (Stein/Jonas/H Roth § 328 ZPO Rn 224; Geimer, IZPR Rn 3039; o Rn 106, 196). Dazu braucht es einen entsprechenden Antrag. Inhaltliche Änderungen oder Ergänzungen des anzuerkennenden Urteils durch die Landesjustizverwaltung sind nicht zulässig. Allenfalls erläuternde Klarstellungen des Inhalts der ausländischen Entscheidung erscheinen möglich (Stein/Jonas/H Roth § 328 ZPO Rn 226). **200**

cc) Nichtanerkennungsbescheid

Liegen die Voraussetzungen für die Anerkennung nicht vor, hat die Landesjustizverwaltung dies nur auf den entsprechenden Antrag hin in einem Nichtanerkennungsbescheid festzustellen (§ 107 Abs 1 S 1, Abs 6 S 1, Abs 8 FamFG; o Rn 166). Auch wenn sich ergibt, dass die Anerkennungsvoraussetzungen vorliegen, ist der Antrag nur als unbegründet abzuweisen (zur Feststellungslast oben Rn 195). **201**

b) Begründung

Eine Begründung der Entscheidung ist gesetzlich nicht vorgeschrieben. Sie ist aber zu fordern, wenn der Antrag zurückgewiesen wird, ein Nichtanerkennungsantrag Erfolg hat oder dem Anerkennungsantrag gegen den Widerspruch eines Verfahrensbeteiligten stattgegeben wird (Jansen Art 7 § 1 FamRÄndG Rn 44; Stein/Jonas/H Roth § 328 ZPO Rn 227; Geimer, IZPR Rn 3041; Geimer NJW 1967, 1402). Vor 1980 wurden höchstens 10% der Anträge mit ausführlich begründeten Bescheiden erledigt (Basedow, Die Anerkennung von Auslandsscheidungen, 144 Fn 712). **202**

c) Rechtsmittelbelehrung

Eine Rechtsmittelbelehrung ist nicht zwingend vorgeschrieben, auch nicht in landesrechtlichen Verwaltungsverfahrensvorschriften, die ohnehin keine Anwendung auf das Anerkennungsverfahren finden (Martiny, Hdb IZVR Bd III/1 Kap I Rn 1720; irrig insoweit der Verweis auf Jansen FGG Art 7 § 1 FamRÄndG Rn 44 in Rn 1725). In der Regel ist jedoch eine Belehrung durch die Landesjustizverwaltungen bei zurückweisender Entscheidung oder bei einer stattgebenden Entscheidung gegen den Widerspruch eines Beteiligten wegen der befristeten „Beschwerdemöglichkeit“ geboten, gemäß § 107 Abs 5 oder 6 FamFG die Entscheidung des OLG zu beantragen. Sie kann allerdings nur diejenigen belehren, die am Verfahren beteiligt waren. Bei unterbliebener Rechtsmittelbelehrung, und der Antrag an das OLG ist sachlich eine Be- **203** schwerde, läuft die Frist dann nicht an, wenn der Beschluss dem Beteiligten nicht schriftlich bekannt gemacht wurde (§ 63 Abs 3 FamFG), dauert dann aber längstens fünf Monate.

9. Wirksamwerden des Bescheides

204 Die Entscheidung der Landesjustizverwaltung wird mit der **Bekanntgabe** an den Antragsteller wirksam (§ 107 Abs 6 S 2 FamFG). Auf den Zeitpunkt der Bekanntgabe an die übrigen Beteiligten, die allerdings zweckmäßig ist, kommt es nicht an. Die Landesjustizverwaltung kann auch bestimmen, dass die Entscheidung erst nach dem Ablauf einer bestimmten Frist wirksam werden soll (§ 107 Abs 6 S 3 FamFG). Das ist zweckmäßig, wenn zu erwarten ist, dass der andere Ehepartner einen Antrag auf gerichtliche Entscheidung stellen wird (BAUMBACH/LAUTERBACH/ALBERS/HARTMANN Rn 20), denn damit kann verhindert werden, dass der Antragsteller eine neue Ehe eingeht, noch bevor zB der Antragsgegner die Möglichkeit hatte, das OLG anzurufen (KEIDEL/ZIMMERMANN Rn 35; HEIDERHOFF StAZ 2009, 328, 334; MünchKommFamFG/RAUSCHER Rn 47). Die Behörde kann die Frist auf Antrag vor ihrem Ablauf verlängern oder verkürzen.

205 Mit Wirksamwerden wirkt der Bescheid für und gegen alle Beteiligten in der oben Rn 106 ff beschriebenen Weise und für alle Gerichte und Landesjustizverwaltungen (BayObLG 28. 7. 1975 BayObLGZ 1975, 296 = MDR 1976 232 [GEIMER]; OLG München 9. 7. 1962 NJW 1962, 2013 = StAZ 1962, 33). Die Wirksamkeit tritt lediglich dann nicht ein, wenn der Bescheid nichtig ist. Dies kommt jedoch nur in ganz seltenen Ausnahmefällen in Betracht (OLG Bremen 8. 2. 1966 OLGZ 1966, 373; BayObLG 18. 6. 1980 FRES 6 [1980] 421). Dies ist nicht bereits bei Anerkennung einer ausländischen Entscheidung trotz ordre public-Widrigkeit der Fall (so aber BayObLG). Zur Rücknahme der Entscheidung vgl Rn 125 ff.

VI. Gerichtliches Verfahren*

1. Justizverwaltungssache

206 Bei der Entscheidung der Landesjustizverwaltung im Anerkennungsverfahren handelt es sich nach hM um eine **Justizverwaltungssache**. Ihrer Rechtsnatur nach stellt diese Entscheidung daher einen Verwaltungsakt und ihre Anfechtung folglich eine justizverwaltungsrechtliche Streitsache dar, weshalb die hM die Verfahren nach bisher Art 7 § 1 Abs 6 FamRÄndG (nun § 107 FamFG) zu den öffentlich-rechtlichen

* **Schrifttum**: ANDRAE/HEIDRICH, Anerkennung ausländischer Entscheidungen in Ehe- und Lebenspartnerschaftssachen, FPR 2004, 292; BÜRGLE, Nochmals: Anerkennung drittstaatlicher Ehescheidungen, NJW 1974 2163; DECKER, Die Anerkennung ausländischer Entscheidungen im Zivilprozeß (Diss Regensburg 1984); GEIMER, Das Anerkennungsverfahren für ausländische Entscheidungen in Ehesachen, NJW 1967, 1398; HAECKER, Die Anerkennung ausländischer Entscheidungen in Ehesachen (1989); HEIDERHOFF, Die Anerkennung ausländischer Entscheidungen in Ehesachen, StAZ 2009, 328; REINL, Anmerkungen zum Verfahren der Anerkennung ausländischer Eheurteile gemäß Art 7 § 1 FamRÄndG 1961, FamRZ 1969, 453; ZIMMERMANN, Zur Abgrenzung der öffentlichen Streitverfahren in der freiwilligen Gerichtsbarkeit, Rpfleger 1978, 285.

Streitsachen der freiwilligen Gerichtsbarkeit zählte (BayObLG 7. 6. 1967 BayObLGZ 1967, 218, 228 = MDR 1967, 923; Jansen Art 7 § 1 FamRÄndG Rn 51; Habscheid, FGG § 8 1.b; Keidel/Kuntze/Winkler, FGG § 12 Rn 112 e, vor § 19 Rn 30; Reinl FamRZ 1969, 455; Zimmermann Rpfleger 1978, 290; Brehm, FGG Rn 61). Bestünde nicht die wegen der Sachnähe vom Gesetzgeber geschaffene ausdrückliche Zuweisung eines solchen Verfahrens an die ordentliche Gerichtsbarkeit, das OLG, wäre gegen den von der Landesjustizverwaltung erlassenen Verwaltungsakt Klage zum Verwaltungsgericht zu erheben gewesen (Zimmermann Rpfleger 1978, 290). Es finden **heute** dagegen die Vorschriften der freiwilligen Gerichtsbarkeit **§§ 58 ff FamFG**, wenigstens analoge, Anwendung (Keidel/Zimmermann Rn 33). Man sollte die Lehre von der Justizverwaltungssache aufgeben.

2. Antrag an das OLG

Entspricht die Entscheidung der Landesjustizverwaltung nicht den Vorstellungen eines der Beteiligten, so kann die **Entscheidung des OLG** beantragt werden. Verfahren und Entscheidung der Landesjustizverwaltung über den Antrag auf Anerkennung bzw Nichtanerkennung einer ausländischen Entscheidung in Ehesachen unterliegen der vollen gerichtlichen Nachprüfung durch das OLG. Die Zuständigkeit des BayObLG in Bayern ist mit seiner Aufhebung 2004 entfallen. Zuständig ist nun für bayerische Entscheidungen das OLG München. **207**

Allerdings besteht im Falle der Ablehnung der Anerkennung einer Ehescheidung durch die Justizbehörde für den Antragsteller auch die Möglichkeit, statt diesen Bescheid anzufechten, sogleich **eine neue Scheidungsklage** vor einem deutschen Gericht zu erheben (BayObLG 25. 9. 1973 NJW 1974, 1628 = FamRZ 1973, 660 = StAZ 1974, 7; JM NRW 14. 11. 1973 FamRZ 1974, 193 = StAZ 1974, 69; Martiny, Hdb IZVR Bd III/1 Kap I Rn 1730). Das scheint bedenklich, doch die Beteiligten müssen nicht den Rechtsweg ausschöpfen. **208**

Der Antrag auf gerichtliche Entscheidung kann an sich gem § 64 schriftlich in Form einer Antragsschrift oder durch Erklärung zu Protokoll der Geschäftsstelle bei der LJV gestellt werden (Keidel/Zimmermann Rn 40). Der BGH entnimmt aber Abs 5 und 6, dass er direkt beim OLG anzubringen ist (BGH 30. 3. 2011 FamRZ 2011, 788). Ein Anwaltszwang besteht nicht (Baumbach/Lauterbach/Albers/Hartmann Rn 23). Sachlich handelt es sich um eine Beschwerde iSd § 58 (Gottwald, in: FS Rüßmann [2013] 771, 784). **209**

Der Antrag ist auf Aufhebung des Bescheides der LJV gerichtet und auf neue Entscheidung durch das OLG; hatte die LJV dem Antrag auf Anerkennung stattgegeben, also auf Abweisung dieses Antrags, und hatte sie ihn abgewiesen, auf Stattgabe (vgl BayObLG 11. 1. 1990 FamRZ 1990, 650; 13. 3. 2002 FamRZ 2002, 1423). Die LJV bzw der Präsident des OLG können, wie bei Verwaltungsakten, abhelfen gemäß § 68 Abs 1 S 1 FamFG. Die Einschränkung nach Abs 1 S 2 greift nicht, denn das Anerkennungsverfahren ist keine Ehesache idS (Keidel/Zimmermann Rn 40; Gottwald, in: FS Rüßmann [2013] 771, 784; **aA** Haecker, Die Anerkennung ausländischer Entscheidungen in Ehesachen 31). **210**

Für den Antrag auf gerichtliche Entscheidung besteht eine Frist von einem Monat **211** seit schriftlicher Bekanntgabe an den Antragsteller oder die Beteiligten (§ 107 Abs 7 mit § 63 FamFG, irrig Baumbach/Lauterbach/Albers/Hartmann Rn 23), spätestens nach 5 Monaten seit Erlass des Bescheides (§ 63 Abs 3 FamFG). Letzteres betrifft vor allem die weiteren Beteiligten, die den Antrag an den Präsidenten des OLG nicht gestellt hatten, aber die gerichtliche Entscheidung dennoch beantragen können (MünchKommFamFG/Rauscher Rn 56, unten Rn 216 ff).

212 Die frühere Lehre einer Verwirkung des Rechtes auf eine gerichtliche Entscheidung, wenn zu dem Ablauf einer längeren Zeitspanne besondere Umstände hinzutreten, die das Zuwarten als unangemessen und damit die späte Geltendmachung des Rechts mit der Wahrung von Treu und Glauben als nicht vereinbar erscheinen lassen (BayObLG 29. 8. 1985 FamRZ 1985, 1259 = NJW-RR 1986, 5; BayObLG 10. 6. 1976 BayObLGZ 1976, 147 = FamRZ 1976, 700 = StAZ 1977, 10; OLG Bremen 8. 2. 1966 OLGZ 1966, 373 = IPRspr 1966/67, Nr 254; Stein/Jonas/H Roth § 328 ZPO Rn 202, 239; Zöller/Geimer[16] § 328 ZPO Rn 253; ähnlich Jansen Art 7 § 1 FamRÄndG Rn 48 und Reinl FamRZ 1969, 456) ist mit der Befristung des Antrags an das OLG gegenstandslos geworden.

3. Zuständigkeit

213 Nach § 107 Abs 7 S 1 FamFG ist als Gericht erster Instanz ein Zivilsenat des OLG zuständig, in dessen Bezirk die entscheidende LJV sitzt. Heute ist das meist der Präsident des OLG, sodass die „Beschwerde" an einen Senat desselben Gerichts geht. Jedenfalls darf der Präsident nicht diesem Senat vorsitzen (Keidel/Zimmermann Rn 39).

214 Nach dem Grundsatz der **perpetuatio fori** ändert sich die Zuständigkeit der LJV bzw des Präsidenten des OLG nicht, wenn der oder die Ehegatten (§ 107 Abs 2 S 1 FamFG) nach **Einleitung des Verfahrens seinen Aufenthalt wechseln**, und konsequenterweise bleibt die Zuständigkeit beim betreffenden OLG (BayObLG 11. 6. 1979 BayObLGZ 1979, 193 = FamRZ 1979, 1015; BayObLG 17. 10. 1975 BayObLGZ 1975, 374 = FamRZ 1976, 154 = NJW 1976, 1032; Martiny, IZVR III/1 Kap I Rn 1734), obwohl nun die LJV, deren Entscheidung angegriffen wird, nicht mehr zuständig wäre. Erst recht ist der Aufenthaltswechsel nach dem Antrag auf gerichtliche Entscheidung an das OLG ohne Folgen.

4. Antragsberechtigung beim OLG

215 Die Berechtigung, den Antrag an das OLG zu stellen, bestimmt sich nach der Art der Entscheidung der Landesjustizverwaltung. Mit Recht wird die lückenhafte kasuistische Regelung gerügt (Geimer, IZPR Rn 3044).

a) Ablehnender Bescheid

216 Wurde der Antrag auf Anerkennung bzw Nichtanerkennung von der Landesjustizverwaltung als unzulässig oder als unbegründet **zurückgewiesen**, so kann nach § 107 Abs 5 FamFG der Antragsteller die Entscheidung beim OLG beantragen (Beisp KG 19. 3. 2013 FamRZ 2013, 1484). Er kann die Ablehnung aber auch akzeptieren und eine neue Scheidung im Inland beantragen (Heiderhoff StAZ 2009, 328, 334), jedenfalls bei Ablehnung als unbegründet.

Das Recht, den Antrag an das OLG zu stellen, steht aber auch **allen Dritten** zu, deren Rechtsverhältnisse von der begehrten Anerkennung abhängen, und die deshalb auch einen Anerkennungsantrag hätten stellen können (OLG Koblenz 26. 11. 1987 IPRax 1988, 359 [zust RICHTER/KRZYWON 351]; REINL FamRZ 1969, 456; STEIN/JONAS/H ROTH § 328 ZPO Rn 235; KEIDEL/ZIMMERMANN Rn 43; **aA** KG 18. 11. 1968 FamRZ 1969, 96; 12. 7. 1975 IPRspr 1975 Nr 159; BAUMBACH/LAUTERBACH/ALBERS/HARTMANN, ZPO § 107 FamFG Rn 22, wenn beide Ehegatten Erfolg mit dem Anerkennungsantrag hatten). In der Sache ist der Antrag nach § 107 Abs 5 und 6 FamFG eine Beschwerde. Das Beschwerderecht der Dritten rechtfertigt die Prozessökonomie, wie das BayObLG in anderen Zusammenhängen verschiedentlich entschieden hat (BayObLG 12. 9. 1991 NJW-RR 1992, 150; 5. 11. 1992 BayObLGZ 1992, 72 zu § 20 Abs 2 FGG; ebenso gegen die Ablehnung eines Erbscheinsantrags eines anderen Miterben 27. 6. 1990 FamRZ 1990, 1265; BREHM FGG [3. Aufl 2002] Rn 501). **217**

Weist die LJV den Anerkennungsantrag eines Ehegatten zurück, liegt an sich entsprechend eine Beschwer Dritter vor, wenn die Wirksamkeit der Scheidung ihre Rechtslage günstig beeinflusst hätte. HAU meint, man dürfe **die Dritten**, die wegen ihres Interesses befugt sind, einen eigenen Antrag an die LJV zu stellen, auch dann darauf verweisen, selbst einen Antrag auf Anerkennung an die LJV zu stellen (PRÜTTING/HELMS/HAU Rn 58). Zunächst ist richtig, dass der antragstellende Ehegatte nicht verpflichtet ist, die „Beschwerde" einzulegen, aber er darf nach Abweisung als unbegründet wegen der Rechtskraft nicht stattdessen denselben Anerkennungsantrag erneut stellen. Es spricht viel dafür, dass der Dritte, der tatsächlich am Verfahren beteiligt war, das auch nicht darf. **218**

Wurde der **Antrag auf Aufhebung** eines früheren justizbehördlichen positiven Anerkennungsbescheides von der Landesjustizverwaltung zurückgewiesen, wenn man jenen überhaupt zulässt (Rn 210), ist der Antragsteller in analoger Anwendung des § 107 Abs 5 FamFG ebenso berechtigt, den Antrag auf gerichtliche Entscheidung dagegen zu stellen (BayObLG 28. 7. 1975 BayObLGZ 1975, 296, 300 f = MDR 1976, 232 [GEIMER 233]; MARTINY, IZVR III/1 Kap I Rn 1732; THOMAS/PUTZO, ZPO Rn 29; **aA** OLG Bremen 8. 2. 1966 OLGZ 66, 378). **219**

Wird ein **Nichtanerkennungsantrag abgewiesen**, und nicht zusätzlich die Anerkennung festgestellt (vgl oben Rn 121), so berührt das die rechtliche Situation Dritter nicht. **220**

b) Stattgebender Bescheid

Ein Ehegatte, dessen Antrag bereits bei der Landesjustizverwaltung Erfolg hatte, ist nicht berechtigt, den Antrag auf gerichtliche Entscheidung zu stellen (BayObLG 18. 6. 1980 IPRspr 1980 Nr 173; GEIMER, IZPR Rn 3045). Da bereits aufgrund der Entscheidung der Justizbehörde festgestellt wurde, was er ursprünglich begehrte, fehlt ihm die (formelle) Beschwer für einen Antrag an das OLG, den Anerkennungsbescheid nun aufzuheben (BayObLG 28. 7. 1975 BayObLGZ 1975, 296 = MDR 1976, 232 sub III 2 [GEIMER]; OLG Stuttgart 20. 12. 1979 Justiz 1980, 334; OLG Bremen 8. 2. 1966 OLGZ 1966, 373; KEIDEL/ZIMMERMANN Rn 44). Es kann nach Bekanntgabe des Bescheids auch seinen damaligen Anerkennungsantrag nicht mehr zurücknehmen. **221**

Hat die LJV dem Anerkennungsantrag stattgegeben, könnte nach dem Wortlaut des Gesetzes nur der **andere Ehegatte**, der den Antrag nicht gestellt hat, die gerichtliche **222**

Entscheidung begehren. Ist dieser Ehegatte zwischenzeitlich verstorben oder haben gar beide Ehegatten den erfolgreichen Anerkennungsantrag gestellt, so könnte niemand die Entscheidung des OLG beantragen. Dritten, die auch ein Antragsrecht haben, bliebe nur der Weg einen Nichtanerkennungsantrag zu stellen und ggf dessen Ablehnung beim OLG anzufechten. Der Wortlaut schließt sogar das Antragsrecht für Dritte aus, die am Anerkennungsverfahren beteiligt wurden und einen Gegenantrag gestellt haben.

223 Rechtsprechung und Literatur haben zu Recht eine verfassungskonforme Auslegung vorgenommen, wonach wegen Art 19 Abs 4 GG und gem § 20 Abs 1 FGG aF die Vorschrift des § 107 Abs 6 FamFG (damals Art 7 § 1 Abs 5 S 1 FamRÄndG) so zu lesen ist, dass **jedem Dritten**, der ein rechtliches Interesse an der Anerkennung oder Nichtanerkennung hat, die Anrufung des OLG gegen eine positiven Anwendungsbescheid gestattet ist (OLG Koblenz 26. 11. 1987 NJW-RR 1988, 1159 = IPRax 1988, 359 [zust Richter/Krzywon 349, 351]; KG 3. 6. 1983 OLGZ 1984, 38; KG FamRZ 2004, 275 f; Keidel/Zimmermann Rn 44; Geimer, IZPR Rn 3044; Martiny, IZVR III/1 Kap I Rn 1737; Reinl FamRZ 1969, 456; Jansen, FGG Art 7 § 1 FamRÄndG Rn 50; Stein/Jonas/H Roth, ZPO Art 7 § 1 FamRÄndG Rn 186 f; **aA** KG 18. 11. 1968 FamRZ 1969, 96; KG OLGZ 1976, 41). Der Antrag auf Aufhebung der Entscheidung der Landesjustizverwaltung kann mit dem Antrag auf Feststellung, dass die Voraussetzungen der Anerkennung nicht vorliegen, verbunden werden (BayObLG 11. 6. 1992 FamRZ 1993, 451).

224 In jedem Fall ist aber eine **Beschwer Voraussetzung** des Antragsrechts (BayObLG 28. 7. 1975 BayObLGZ 1975, 296 = MDR 1976, 232 Anm Geimer 233; OLG Bremen 8. 2. 1966 OLGZ 1966, 375). Während für den Antragsteller die formelle Beschwer, dh ein zurückgewiesener Antrag, vorliegen muss und genügt (vgl § 107 Abs 5 und 6 FamFG), ist für Dritte die **materielle Beschwer**, dh eine rechtliche Benachteiligung durch den Bescheid der Landesjustizverwaltung, ausreichend (Decker, Die Anerkennung ausländischer Entscheidungen im Zivilprozess [Diss Regensburg 1984] 201). Stellte die LJV die Anerkennung fest, ist die Beschwer gegeben, wenn ihre Rechtsstellung durch die Scheidung negativ beeinflusst wird.

5. Verfahrensregelung

225 Da das OLG als Tatsachengericht entscheidet, können im gerichtlichen Verfahren neue Tatsachen und Beweismittel eingebracht werden, auch wenn sie bereits im Verfahren vor der Landesjustizverwaltung hätten vorgebracht werden können (§ 107 Abs 7 FamFG iVm § 65 Abs 3 FamFG; BayObLG 11. 6. 1992 FamRZ 1993, 451 = StAZ 1993, 46). Das OLG hat aber vor allem die erforderliche Aufklärung des Sachverhaltes schon **von Amts wegen vorzunehmen** (§ 26 FamFG; Andrae/Heidrich FPR 2004, 292, 294; oben Rn 180). Für die Beweiserhebungen finden §§ 29 ff FamFG Anwendung. Die Amtsermittlungspflicht schließt nicht aus, die Beteiligten zur Mitwirkung aufzufordern (§ 27 FamFG). Ihre unberechtigte Weigerung kann unter dem Gesichtspunkt der Beweisvereitelung zu ihrem Nachteil berücksichtigt werden (BayObLG NJW-RR 1990, 842).

226 **Die LJV**, gegen deren Bescheid sich die „Beschwerde" richtet, ist vom OLG **nicht als Beteiligte** zu dem Verfahren hinzuzuziehen (Keidel/Zimmermann Rn 48; **aA** Bahrenfuss/vMilczewski Rn 45). Weiteren Beteiligten, die ein rechtliches Interesse an der

Anerkennung bzw Nichtanerkennung haben, muss Gelegenheit zur Stellungnahme gegeben werden. Das gebietet Art 103 Abs 1 GG (STEIN/JONAS/H ROTH, ZPO Art 7 § 1 FamRÄndG Rn 189 in 177).

Das OLG muss nicht notwendig eine mündliche Verhandlung durchführen; sie muss jedoch, wenn sachdienlich, nach **pflichtgemäßem Ermessen** des Gerichts anberaumt werden (MARTINY, Hdb IZVR Bd III/1 Kap I Rn 1738; wohl auch HEIDERHOFF FPR 2004, 292, 294), vor allem, um rechtliches Gehör zu gewähren. Ein Anwaltszwang besteht auch im gerichtlichen Verfahren selbst für den Fall der Anberaumung der mündlichen Verhandlung nicht (KEIDEL/ZIMMERMANN Rn 48; BÜRGLE NJW 1974, 2167; HAECKER 39). Die Einführung eines Anwaltszwanges forderte GEIMER (NJW 1974, 1026; dagegen BÜRGLE NJW 1974, 2167). **227**

Der Antrag an das OLG hat **keine aufschiebende Wirkung** (§ 107 Abs 7 S 2 FamFG). Das Gericht kann aber nach § 107 Abs 7 S 3 mit § 49 FamFG einstweilige Anordnungen treffen (MünchKommFamFG/RAUSCHER Rn 55). Hinsichtlich der Gestaltungswirkung kommt nur in Betracht, die Wirkung des Bescheids der LJV auszusetzen, wie es diese auch nach Abs 7 S 2 hätte anordnen können. Darüber hinaus kommen einstweilige Anordnungen in Frage, die einen Rechtszustand bis zum Wirksamwerden der Scheidung regeln. Ist der Bescheid des LJV schon länger in Kraft und droht seine Aufhebung, könnten Anordnungen in Frage kommen, die diese Aufhebung, dh die inländische Unwirksamkeit der Scheidung vorbereiten. Man verweist darauf, dass uU eine Wiederverheiratung nach der ausländischen, bisher anerkannten Scheidung zu vermeiden sei (BAUMBACH/LAUTERBACH/ALBERS/HARTMANN Rn 24). **228**

6. Entscheidung des OLG

Die Entscheidung über die Anerkennung einer ausländischen Entscheidung in Ehesachen darf nur nach Maßgabe des zwingenden § 109 FamFG und bestehender Staatsverträge erfolgen. Die **Ermittlung** der Anerkennungsvoraussetzungen erfolgt von Amts wegen (§§ 26, 29 FamFG). Ein Verzicht darauf ist nicht möglich (BayObLG 11. 6. 1979 IPRspr 1979, Nr 213). Nur die mangelnde Ladung muss gerügt werden (§ 109 Abs 1 Nr 2). **229**

Das Verbot der reformatio in peius gilt auch hier (JANSEN Art 7 § 1 FamRÄndG Rn 51). Das OLG könnte zB auf einen Antrag hin, mit dem der Antragsteller sich gegen die Abweisung seines positiven Anerkennungsantrages durch die LJV wendet, nicht die Feststellung aussprechen, dass die Anerkennungsvoraussetzungen nicht vorliegen, denn dazu müsste ein negativer Anerkennungsantrag gestellt worden sein. Es kann nur die Abweisung bestätigen. **230**

Die Entscheidung des OLG ergeht durch zu **begründenden Beschluss** (§ 107 Abs 7 iVm § 69 Abs 2 FamFG; BAUMBACH/LAUTERBACH/ALBERS/HARTMANN Rn 24; STEIN/JONAS/H ROTH § 328 ZPO Rn 241; KEIDEL/ZIMMERMANN Rn 48). Gibt das Gericht dem gegen den Bescheid der Justizbehörde gerichteten Antrag statt, so wird es grundsätzlich unter voller Würdigung der Tat- und Rechtsfragen in der Sache selbst entscheiden, da die Anerkennung bzw Nichtanerkennung keine Ermessensfrage ist, das nur die Landesjustizverwaltung ausüben könnte (BT-Drucks 3/530, 33), und das OLG kann in vollem Umfang noch die Tatsachen ermitteln. **231**

232 Das Gericht kann aber an die Justizbehörde zur Neubescheidung unter Beachtung seiner Rechtsauffassung nur zurückverweisen, wenn zur Klärung der Begründetheit noch umfangreiche, besser von der Behörde zu treffende **Ermittlungen notwendig** sind. Das BayObLG (17. 6. 1999 FamRZ 2000, 485; zust Thomas/Putzo/Hüsstege, ZPO § 107 FamFG Rn 29) zieht § 538 ZPO als Maßstab heran und verweist zurück, wenn die Sachverhaltsaufklärung durch die LJV ganz unzureichend war bzw „jede Aufklärung ... unterblieben ist". Es kann auch zurückverwiesen werden, wenn die Landesjustizverwaltung über den Antrag keine Sachentscheidung traf, weil sie diesen als unzulässig abgewiesen hat (vgl § 538 Abs 1 Nr 4 ZPO).

233 Als die Ehefrau eine stattgebende Entscheidung über die Anerkennung eines italienischen Eheurteils erwirkt hatte, hatte der Ehemann dagegen die Entscheidung des OLG beantragt (§ 107 Abs 6 FamFG), die Ehefrau nahm aber ihren Antrag an die LJV danach zurück. In diesem Fall sei unter Aufhebung des Anerkennungsbescheids die Erledigung des Verfahrens festzustellen (BayObLG 23. 3. 1995 FamRZ 1996, 110 [LS]). Nach § 22 Abs 1 FamFG konnte der Antrag bis zur rechtskräftigen Entscheidung zurückgenommen werden.

234 Die Rechtskraft des Beschlusses des OLG ist von den Inlandswirkungen der anerkannten Scheidung zu unterscheiden. Bestätigt das OLG einen positiven Bescheid, bleibt es bei den auf das Inland erstreckten Wirkungen des anerkannten Urteils. Hebt es ihn auf oder bestätigt es einen ablehnenden Bescheid, steht fest, dass das ausländische Urteil nicht im Inland wirkt

7. Rechtsbeschwerde. Bindungswirkung

235 Das OLG entscheidet durch Beschluss (§ 69 Abs 2 FamFG). Es kann ihn nicht mehr abändern (Martiny, IZVR III/1 Kap I Rn 1739). Damit steht fest, dass die Anerkennung zu Recht ausgesprochen oder verweigert wurde. Diese Entscheidung erwächst in formelle und materieller Rechtskraft, wenn keine **Rechtsbeschwerde** eingelegt wird. Nach ganz hM wirkt auch der Bescheid des OLG nach § 107 Abs 9 FamFG inter omnes mit der Feststellung des Vorliegens der Anerkennungsvoraussetzungen (Erman/Hohloch Art 17 EGBGB Rn 75).

236 Zweifelhaft ist aber auch hier, wer **subjektiv gebunden** ist. Es ist dies zumindest der Antragsteller beim OLG (zB OLG München 9. 7. 1962 StAZ 1962, 333 = NJW 1962, 2013; Jansen Rn 53). Es gibt nicht notwendig einen Antragsgegner. Gebunden sind aber auch die, die beigetreten oder beigeladen sind und sich am Verfahren beteiligt haben oder hätten beteiligen können.

237 Es entspricht Grundlagen des Verfahrensrechts, dass Dritte nicht an gerichtliche Verfahren gebunden werden, an denen sie nicht beteiligt wurden. Wie zur Bindung an einen positiven Bescheid ausgeführt (oben Rn 77), kann wegen der Wirkung inter omnes von Gestaltungsentscheidungen den Dritten die Einlegung eines Rechtsmittels erlaubt werden. Das wäre hier zum einen die **Rechtsbeschwerde** gemäß §§ 70 ff FamFG, die das OLG zugelassen haben muss. Gegen die Fristversäumung ist nach § 18 FamFG Wiedereinsetzung geboten, wenn die Betroffenen nicht informiert wurden, aber längstens innerhalb eines Jahres. Zu erwägen ist aber auch, ihnen

noch nachträglich den Antrag auf Entscheidung an das OLG zu erlauben, um ihnen eine Tatsacheninstanz zu öffnen.

Hebt das OLG einen Anerkennungsbescheid auf, so wirkt das dadurch inter omnes, dass nun keine Inlandswirkung der ausländischen Scheidung mehr gegeben ist. Soweit Drittbetroffene nicht am Verfahren beteiligt und nicht an den Beschluss gebunden sind, können sie noch die Anerkennung herbeiführen, indem sie ihrerseits einen Antrag an die LJV stellen (oben Rn 217 f). **238**

8. Kosten

Für die Feststellung der LJV, dass die Voraussetzungen der Anerkennung oder Nichtanerkennung einer ausländischen Scheidung vorliegen, wird eine Gebühr nach der JVKostO in Höhe von 10 bis 300 € erhoben. Da im Anerkennungsverfahren als einem Verwaltungsverfahren kein Armenrecht gewährt wird, begnügen sich die Landesjustizverwaltungen idR mit niedrigeren Beträgen. Aber andererseits trägt der Antragsteller allein ggf seine Anwaltskosten (Gottwald, in: FS Rüßmann [2013] 771, 780; weiter Prütting/Helms/Hau § 109 FamFG Rn 65). **239**

Für das Verfahren vor dem OLG wird eine Gebühr nach FamGKG KV 1715 erhoben (200 €), wenn der Antrag zurückgewiesen wird, bzw von 75 €, wenn der Antrag vor Übermittlung der Entscheidung an die Geschäftsstelle bzw Bekanntgabe durch Verlesung zurück genommen wird. Die Anwaltsgebühren ergeben sich aus dem RVG Nr 3100, 3104 W. **240**

§ 108 FamFG
Anerkennung anderer ausländischer Entscheidungen

(1) Abgesehen von Entscheidungen in Ehesachen werden ausländische Entscheidungen anerkannt, ohne dass es hierfür eines besonderen Verfahrens bedarf.

(2) Beteiligte, die ein rechtliches Interesse haben, können eine Entscheidung über die Anerkennung oder Nichtanerkennung einer ausländischen Entscheidung nicht vermögensrechtlichen Inhalts beantragen. § 107 Abs. 9 gilt entsprechend. Für die Anerkennung oder Nichtanerkennung einer Annahme als Kind gelten jedoch die §§ 2, 4 und 5 des Adoptionswirkungsgesetzes, wenn der Angenommene zur Zeit der Annahme das 18. Lebensjahr nicht vollendet hatte.

(3) Für die Entscheidung über den Antrag nach Absatz 2 Satz 1 ist das Gericht örtlich zuständig, in dessen Bezirk zum Zeitpunkt der Antragstellung

1. **der Antragsgegner oder die Person, auf die sich die Entscheidung bezieht, sich gewöhnlich aufhält oder**
2. **bei Fehlen einer Zuständigkeit nach Nummer 1 das Interesse an der Feststellung bekannt wird oder das Bedürfnis der Fürsorge besteht.**

Diese Zuständigkeiten sind ausschließlich.

Materialien: BT-Drucks 12/6243.

Schrifttum:

Vgl bei § 109 FamFG und § 107 FamFG.

ANDRAE/ABBAS, Personenstandsrechtliche Behandlung einer gleichgeschlechtlichen Eheschließung, StAZ 2011, 97

ALTHAMMER, Verfahren mit Auslandsbezug nach dem neuen FamFG, IPRax 2009, 381

BASEDOW, Die Anerkennung von Auslandsscheidungen (1980)

ders, Das internationale Zivilprozeßrecht im Visier des Gesetzgebers, StAZ 1983, 233

ders, Parallele Scheidungsverfahren im In- und Ausland, IPRax 1983, 278

P BAUMANN, Die Anerkennung und Vollstreckung ausländischer Entscheidungen in Unterhaltssachen (1989)

BAYER/KNÖRZER/WANDT, Zur Wirksamkeit einer unter Verletzung von Art 13 III EGBGB geschlossenen Ehe, FamRZ 1983, 770

BEITZKE, Zur Frage der Wirksamkeit von Privatscheidungen in Deutschland, FamRZ 1960, 126

ders, Ehescheidung zwischen Ost und West, JZ 1961, 649

ders, Anerkennung inländischer Privatscheidungen von Ausländern?, IPRax 1981, 202

BÜRGLE, Nochmals – Anerkennung drittstaatlicher Ehescheidungen, NJW 1974, 2163

ders, Zur Konkurrenz von inländischen Scheidungsverfahren mit ausländischen Scheidungsverfahren und -urteilen, IPRax 1983, 281

BUSCHBAUM, Anerkennung von Rechtslagen aufgrund von Personenstandsurkunden StAZ 2011, 106

DECKER, Die Anerkennung ausländischer Entscheidungen im Zivilprozeß (Diss Regensburg 1984)

DESSAUER, IPR. Ethik und Politik (1986)

DROBNIG, Anerkennung und Rechtswirkungen sowjetzonaler Ehescheidungen, FamRZ 1961, 341

DUTTA, Die Inzidentprüfung der elterlichen Sorge bei Fällen mit Auslandsbezug – eine Skizze, StAZ 2010, 193

FREITAG, Der Beweiswert ausländischer Urkunden vor dem deutschen Standesbeamten, StAZ 2012, 161

FRICKE, Die Anerkennungszuständigkeit zwischen Spiegelbildgrundsatz und Generalklausel (1990)

GÄRTNER, Die Privatscheidung im deutschen und gemeinschaftsrechtlichen Internationalen Privat- und Verfahrensrecht (2008)

GEIMER, Zur Prüfung der Gerichtsbarkeit und der internationalen Zuständigkeit bei der Anerkennung ausländischer Urteile (1966)

ders, Die Anerkennung ausländischer Urteile in Deutschland (1995)

ders, Anerkennung und Vollstreckung von ex-parte-Unterhaltsentscheidungen aus Brüssel Ia-VO-Vertragsstaaten, IPRax 1992, 5

ders, Grundfragen der Anerkennung und Vollstreckung ausländischer Urteile im Inland, JuS 1965, 475

ders, Die Anerkennung ausländischer Entscheidungen auf dem Gebiet der freiwilligen Gerichtsbarkeit, in: FS Ferid (1988) 89

GEIMER/SCHÜTZE, Internationale Urteilsanerkennung, 2 Bde (1983 f)

GOTTWALD, Grundfragen der Anerkennung und Vollstreckung ausländischer Entscheidungen in Zivilsachen, ZZP 103 (1990) 257

ders, Präjudizialwirkung der Rechtskraft zugunsten Dritter, in: FS Musielak (2004) 183

HABSCHEID, Zur Anerkennung klageabweisender ausländischer Eheurteile, FamRZ 1973, 431 f

HAECKER, Die Anerkennung ausländischer Entscheidungen in Ehesachen (1989)

HAU, Das internationale Zivilverfahrensrecht im FamFG, FamRZ 2009, 821

HAUSMANN, Die kollisionsrechtlichen Schranken der Gestaltungskraft von Scheidungsurteilen (1980)

HEIDERHOFF, Alternativen zur Eheauflösung durch richterliches Gestaltungsurteil, StAZ 2011, 262

HELMS, Neubewertung von Privatscheidungen nach ausländischem Recht vor dem Hintergrund der Entwicklungen im deutschen Sach-, Kolli-

sions- und Verfahrensrecht, in: FS Coester-Waltjen (2015) 431
HENRICH, Privatscheidungen im Ausland, IPRax 1982, 94
ders, Scheidung von Ausländern im Inland durch Rechtsgeschäft, IPRax 1983, 22
KLEINRAHM, Die Anerkennung von Privatscheidungen, FamRZ 1966, 10
KLEINRAHM/PARTIKEL, Die Anerkennung ausländischer Entscheidungen in Ehesachen (2. Aufl 1970)
KLINCK, Das neue Verfahren zur Anerkennung zur Anerkennung ausländischer Entscheidungen nach § 108 II S 1 FamFG, FamRZ 2009, 741
KROPHOLLER/BOBL, Unübersichtliche Gemengelage im IPR durch EG-Verordnungen und Staatsverträge, in: FS Sonnenberger (2004) 741
KRZYWON, Die Anerkennung ausländischer Entscheidungen in Ehesachen, StAZ 1989, 93
LAKKIS, Gestaltungsakte im internationalen Rechtsverkehr (2007)
E LORENZ, Die internationale Zuständigkeit als Voraussetzung für die Anerkennung ausländischer Eheurteile in Deutschland, FamRZ 1966, 465
MANKOWSKI, Internationale Zuständigkeit und anwendbares Recht, Parallelen und Divergenzen, in: FS Heldrich (2005) 867
MARTINY, Außergerichtliche Scheidungsverfahren – Ausländische Modelle, StAZ 2011, 197
NORDMEIER, Stand, Perspektiven, und Grenzen der Rechtlagenanerkennung im europäischen Rechtsraum anhand Entscheidungen mitgliedstaatlicher Gerichte, IPRax 2012, 31
OTTO, Zur Anerkennung der in Drittstaaten ergangenen Ehescheidungsurteile, StAZ 1975, 183
PARTIKEL, Kritische Bemerkungen zur Anerkennung von Privatscheidungen, FamRZ 1969, 15
REINL, Die Anerkennung ausländischer Eheauflösungen (Diss jur Würzburg 1966)
RICHTER, Die Anerkennung ausländischer Entscheidungen in Ehesachen, JR 1987, 98
SCHÜTZE, Die Anerkennung und Vollstreckung ausländischer Zivilurteile in der BRD als verfahrensrechtliches Problem (Diss Bonn 1960)
ders, Anerkennung ausländischer Eheurteile, in: BEITZKE (Hrsg), Vorschläge und Gutachten zur Reform des deutschen internationalen Personen-, Familien- und Erbrechts (1981) 134
SIEHR, Privatscheidungen und Anerkennungsverfahren nach Art 7 § 1 FamRÄndG, FamRZ 1969, 184
ders, Ehescheidung deutscher Juden, IPRax 2009, 332
SONNENBERGER, Anerkennung statt Verweisung? Eine neue internationalprivatrechtliche Methode, in: FS für Spellenberg (2010) 371
ders, Anerkennung und Vollstreckung ausländischer Gerichtsentscheidungen, Schiedssprüche, Vergleiche und sonstiger Titel, in: Zeitgenössische Fragen des internationalen Zivilverfahrensrechts, Studien des Instituts für Ostrecht (1972) 209
WAGNER, Anerkennung und Wirksamkeit ausländischer familienrechtlicher Rechtsakte nach autonomem deutschen Recht, FamRZ 2006, 744
ders, Die Anerkennung im Ausland begründeter Statusverhältnisse – Neue Wege?, StAZ 2012, 133
ders, Ausländische Entscheidungen, Rechtsgeschäfte und Rechtslagen im Familienrecht aus der Sicht des autonomen deutschen Rechts – Eine Neubearbeitung – FamRZ 2013, 1620
WALTER/BAUMGARTNER, Anerkennung und Vollstreckung ausländischer Entscheidungen außerhalb der Übereinkommen von Brüssel und Lugano (2000).

Systematische Übersicht

Alphabetisches Verzeichnis

I. Systematisches

1 § 108 FamFG ist neu im Gesetz, aber nicht revolutionär, denn er sagt, was man weitgehend auch schon bisher aus §§ 16a FGG aF und 328 ZPO aF erschlossen hat, dass ausländische Entscheidungen unter bestimmten Voraussetzungen und **in der Regel automatisch** anerkannt werden. Während bei Ehesachen, ausgenommen die Heimatstaatsscheidungen, die förmliche Feststellung obligatorisch ist, ist bei den anderen ausländischen Entscheidungen, die in Deutschland unter das FamFG fallen, eine gerichtliche Anerkennungsfeststellung nicht nötig. Es ist aber freiwillig möglich, in einem Verfahren feststellen zu lassen, dass die Anerkennung eingetreten sei (Abs 2), das **nicht das des § 107 FamFG** ist. **Nur** bei **Ehesachen**, für die das Anerkennungsverfahren des § 107 FamFG nicht obligatorisch ist, kann nach richtiger Auffassung die Delibation nach § 107 FamFG freiwillig beantragt werden (s § 107 Rn 100).

2 Aus der Systematik des FamFG folgt, dass § 108 FamFG die Grundnorm ist und **alle Entscheidungen** erfasst, die **unter das FamFG** fallen (so auch MünchKommFamFG/Rauscher Rn 1; Johannsen/Henrich/Henrich, Familienrecht § 108 FamFG Rn 1). Die Erwähnung der **Ehesachen** als Ausnahme in Abs 1 bezieht sich nur darauf, dass für die meisten durch die LJV noch nach § 107 FamFG festgestellt werden muss, dass die Voraussetzungen der Anerkennung vorliegen. Die Anerkennung selbst ist auch bei ihnen materiell bereits eingetreten. Das zeigt die Regelung für die Heimatstaatsscheidungen.

3 § 107 FamFG gilt nicht für die gleichgeschlechtliche Lebenspartnerschaft, weil die **Lebenspartnerschaftssachen** nach dem Willen des Gesetzgebers zwar Familiensachen iSd § 111 Nr 11 FamFG sind, aber nicht zu den Ehesachen iSd § 121 FamFG zählen, für die allein § 98 FamFG die internationale Zuständigkeit und in der Folge allein

§ 107 FamFG die Anerkennung einer Auflösung im Ausland regeln (oben § 107 Rn 53 ff; ANDRAE/ABBAS StAZ 2011, 97, 102). Die Konsequenz ist, dass eigenartigerweise ihre Auflösung durch eine ausländische Stelle im Gegensatz zu einer Ehe automatisch anerkannt wird. Darin kann man eine bedenkliche Diskriminierung der Ehe sehen (vgl § 107 Rn 54).

4 Die **Qualifikation** ist wie bei § 103 FamFG vorzunehmen. Zunächst gilt § **108** FamFG (und nicht § 107 FamFG) für in Deutschland gem **§ 1 PartG** vor dem deutschen Standesbeamten geschlossene und registrierte homosexuelle Lebenspartnerschaften, wenn sie **im Ausland aufgelöst** worden sind. Schwierigkeiten bereiten ausländische Partnerschaften. Sie müssen funktional gleichwertig sein, wobei man großzügig entscheiden sollte (MünchKomm/COESTER Art 17 EGBGB Rn 10; MUSIELAK/BORTH § 103 FamFG Rn 1, § 269 FamFG Rn 3). Einbezogen werden nach ausländischem Recht oder im Ausland geschlossene **homosexuelle Partnerschaften** (dazu weiter § 103 Rn 8 ff, 23 ff), wobei eine Registrierung nicht vorausgesetzt wird. Es bleibt bei § 108 FamFG aber auch, wenn das ausländische Recht die Ehe unterschiedslos für heterosexuelle und homosexuelle Paare für das konkret gleichgeschlechtliche Paar öffnet.

5 § 109 FamFG dagegen regelt die **Voraussetzungen einer Anerkennung** in der traditionellen Form der **Anerkennungshindernisse** und gilt für alle Entscheidungen, die unter das FamFG fallen, gleichermaßen für die automatische wie die förmliche Anerkennung.

II. Rechtsgrundlagen der Anerkennung

1. Europäisches Recht

6 Wie § 97 FamFG in Erinnerung ruft, geht das EU-Recht dem nationalen Recht vor. Auf der Grundlage der Ermächtigung in Art 81 AUE (justizielle Zusammenarbeit) hat die EU mit der Brüssel IIa-VO ua die Anerkennung statusverändernder Urteile aus Mitgliedstaaten geregelt; die Art 21 ff Brüssel IIa-VO gelten **ausschließlich** und § 109 FamFG kann **nicht** etwa daneben nach einem Günstigkeitsprinzip herangezogen werden (zu diesem Prinzip bei bilateralen Abkommen § 97 Rn 20, 27, 32). Auf welcher Grundlage das Urteilsgericht zuständig war, spielt keine Rolle. Auch die Staatsangehörigkeit oder der gewöhnliche Aufenthalt der Parteien ist dann ohne Bedeutung. Die Brüssel IIa-VO ist allein und immer anwendbar, wenn das Urteil aus einem Mitgliedstaat stammt und die Anerkennungshindernisse sind abschließend in Art 22 Brüssel IIa-VO angegeben.

7 Während die Brüssel IIa-VO einerseits **räumlich** nicht für Statusentscheidungen **aus Drittstaaten** gilt, erfasst sie auch **sachlich** nicht alle in § 121 FamFG genannten Ehesachen. Nach Art 1 Brüssel IIa-VO erstreckt sich auch die Anerkennung nach Art 21 Brüssel IIa-VO nicht auf **Feststellungsurteile und Antragsabweisungen** (dazu und zu den Gründen dafür STAUDINGER/SPELLENBERG [2015] Art 1 Brüssel IIa-VO Rn 23 f) und insbesondere auch für Auflösungen von **homosexuellen Lebenspartnerschaften** (Art 21 Brüssel IIa-VO), sodass es dafür beim FamFG bleibt.

8 Sowohl Brüssel Ia-VO als auch Brüssel Ia-VO/EG-UntVO gehen vom Grundsatz der **Anerkennung ipso jure** aus, wonach die Anerkennung ohne ein besonderes

Verfahren von Rechts wegen erfolgt (vgl Art 36 Abs 1 Brüssel Ia-VO, Art 21 Abs 1 Brüssel IIa-VO, Art 17, Art 23 EG-UntVO). Im Anwendungsbereich der Brüssel Ia-VO darf das Vorliegen etwaiger Anerkennungshindernisse immerhin im Verfahren auf Vollstreckbarerklärung im Rahmen des Rechtsbehelfs geprüft werden (Art 43 mit 45 Brüssel Ia-VO).

9 Nicht unmittelbar gemeinschaftsrechtlichen Ursprungs, jedoch gem Art 293 EGV aF „gemeinschaftsrechtlich angelegt" ist das von den EG-Mitgliedstaaten mit Drittstaaten als völkerrechtliche Verträge geschlossenen **LugÜ**. Es sieht für vermögensrechtliche Entscheidungen, insbesondere den Unterhalt, in **Art 26 LugÜ** ebenfalls eine Anerkennung ipso iure vor. Seit dem 1. 7. 2007 gilt die Brüssel I-VO aF auch im Verhältnis zu Dänemark (Abkommen der EU mit dem Königreich Dänemark v 19. 10. 2005 [ABl EU Nr L 299, 205], Inkrafttreten: ABl EU 2007 Nr L 94, 70). Das LugÜ findet noch Anwendung auf den Rechtsverkehr mit Island, Norwegen und der Schweiz (vgl § 97 Rn 29).

2. Staatsverträge*

10 Die Bundesrepublik hat eine Vielzahl bi- und multilateraler Abkommen geschlossen, in denen die Anerkennung und Vollstreckung ausländischer Entscheidungen geregelt ist. Sie sind bei § 97 Rn 28 ff aufgeführt. Die Anerkennung von Entscheidungen in Ehesachen betreffende jedoch nur zwei Abkommen, das **deutsch-schweizerische** und das **deutsch-tunesische**. Ihnen steht die Brüssel IIa-VO nicht im Wege, da es sich um Drittstaaten handelt. Im Verhältnis zum deutschen Recht gilt das **Günstigkeitsprinzip**.

Zu den völkerrechtlichen Verträgen der DDR und der Frage ihrer Fortgeltung vgl Rn 41 ff, 59.

11 Zu den Anerkennungs- und Vollstreckungsverträgen ist das deutsche **Gesetz zur Ausführung zwischenstaatlicher Anerkennungs- und Vollstreckungsverträge in Zivil- und Handelssachen** v 30. 5. 1988 (BGBl I 662) **(AVAG)** ergangen, das für die Brüssel IIa-VO und das HKEntfÜ seit dem 1. 3. 2005 durch das IntFamRVG ersetzt wird.

3. Nationales Recht

12 Die §§ 107 FamFG bis 109 FamFG gelten, soweit nicht die EU-Verordnungen oder Staatsverträge vorgehen. Hier hat der deutsche Gesetzgeber entschieden, dass unter bestimmten Voraussetzungen ausländische Statusentscheidungen anzuerkennen sind. Dazu ist er grundsätzlich auch verfassungsrechtlich verpflichtet sowohl wegen des verfassungsrechtlich begründeten **Justizgewährungsanspruch** (so NAGEL/GOTTWALD, IZPR § 12 Rn 103; PFEIFFER, Internationale Zuständigkeit und prozessuale Gerechtigkeit [1995] 199 f, 337 ff, 366 ff, 369) als auch wegen des Grundrechts des Art 6 GG (so GEIMER ZfRV 33 [1992] 405 f; der sich auch auf Art 12 EMRK beruft). Verweigerte man den Parteien die

* **Schrifttum**: MARTINY, Hdb IZVR Bd III/2, Anerkennung nach multinationalen Staatsverträgen (1984); WAEHLER, Hdb IZVR Bd III/2, Anerkennung nach bilateralen Staatsverträgen (1984); GEIMER/SCHÜTZE/BEARB, Der Internationale Rechtsverkehr in Zivil- und Handelssachen.

Anerkennung ausländischer Scheidungen, so bliebe ihnen allenfalls die Möglichkeit, sich in Deutschland mit Wirkung ex nunc erneut scheiden zu lassen. Dagegen wirkt die Anerkennung der ausländischen Entscheidung auf den Zeitpunkt der ausländischen Entscheidung. Freilich bleibt dem Gesetzgeber ein erheblicher Spielraum für die Festlegung der **Anerkennungsvoraussetzungen**, denn weder der Beklagte noch dritte Betroffene noch die deutsche Rechtsordnung müssen und können Statusentscheidungen aus allen „Scheidungsparadiesen" und in beliebigen Verfahren hinnehmen. Die Regelungen des § 109 FamFG entsprechen aber diesen verfassungsrechtlichen Anforderungen.

Außerhalb der Brüssel IIa-VO und zwischenstaatlicher Abkommen Deutschlands mit ausländischen Staaten über die gegenseitige Anerkennung und Vollstreckung von Entscheidungen gilt der **völkerrechtliche Satz**, dass kein Urteil (oder keine Verwaltungsentscheidung) als Ausdruck der innerstaatlichen Hoheitsgewalt von sich aus im Ausland Wirkung beanspruchen kann (OLG München 6. 7. 1970 IPRspr 1970 Nr 108; BSG 30. 3. 1977 BSG 143, 238 = FamRZ 1977, 636 mAnm Bosch; Nagel/Gottwald § 11 Rn 2; Martiny, Hdb IZVR III/1 Kap I Rn 152; Schütze, Die Anerkennung und Vollstreckung ausländischer Zivilurteile in der BRD als verfahrensrechtliches Problem 1; Riezler, IZPR 509–511; Linke/Hau, IZVR Rn 423; Nagel/Gottwald, IZPR § 12 Rn 102). Dem steht die staatliche **Souveränität** des Anerkennungsstaates entgegen (zur geschichtlichen Entwicklung insbes seit Feuerbach: Fricke, Die Anerkennungszuständigkeit zwischen Spiegelbildgrundsatz und Generalklausel [1990] 64 ff). Jeder Staat kann aber **von sich aus**, ohne völkerrechtlich dazu verpflichtet zu sein (Nagel ZZP 75 [1962] 435; Linke/Hau, IZVR Rn 12.12), ausländische Urteile anerkennen. Das Völkerrecht steht dem schon deshalb nicht entgegen, weil die Zulassung der Wirkungserstreckung ins Inland gerade eine Äußerung der Souveränität des Anerkennungsstaates ist (BGH 11. 7. 1990 BGHZ 112, 127, 133 f; Beitzke FamRZ 1971, 374; Schack, IZVR Rn 865; Nagel/Gottwald, IZPR § 12 Rn 102; Martiny, Hdb IZVR III/1 Kap I Rn 152; Schütze 32, sieht in der Anerkennung einen begrenzten Verzicht auf eigene Souveränität). 13

Das **Recht des Urteilsstaates** gibt ggf Maß dafür, welche Wirkungen erstreckt werden können, denn der Anerkennungsstaat kann dem Urteil **keine Wirkungen geben**, die es nicht hat oder die nicht für das Ausland gedacht sind (Linke/Hau, IZVR Rn 12.2 f); **Wirkungserstreckung** ist nicht Wirkungsverleihung. Selbst die, abzulehnende, Gleichstellungstheorie sieht das nicht vor (unten Rn 173 ff). 14

4. Völkerrechtliche Vorgaben

Ob es den allgemeinen Regeln des Völkerrechts widerspräche, ausländische Urteile niemals anzuerkennen (verneinend Martiny, Hdb IZVR III/1 Kap I Rn 156 ff mwNw), braucht im vorliegenden Zusammenhang nicht erörtert zu werden, weil die Bundesrepublik recht anerkennungsfreundlich ist. 15

Neuerdings wird eine **völkerrechtliche Pflicht** zur Anerkennung ausländischer Statusentscheidungen vertreten, wenn sie dem internationalen Standard für solche Verfahren entsprechen, welches aus dem **Menschenrecht** auf – zweite – Eheschließung abzuleiten sei (Geimer, IZPR Rn 151 f, 2757; Geimer, ZfRV 1992, 405 f; Matscher, in: FS Neumayer [1985] 473 [Fn 31]; ebenso AK-ZPO/Koch § 328 Rn 2; **aA** Schack, IZVR Rn 865; Martiny Rn 158). Es ist durchaus zweifelhaft, ob man heute schon ein Menschenrecht auf 16 weltweite Wirkung von Ehescheidungen annehmen kann. Jedenfalls entspräche die deutsche Gesetzeslage sicher solchen Anforderungen.

17 Aus der **völkerrechtlichen Anerkennungsfreiheit** folgt auch, dass jeder Staat befugt ist, die ausländischen Urteile einer förmlichen verfahrensmäßigen Überprüfung zu unterziehen. § 107 FamFG tut letzteres für die Mehrzahl der ausländischen Statusentscheidungen. Ansonsten aber ordnet § 108 FamFG die Anerkennung ipso jure an. Im deutschen Recht beschränkt sich die Kontrolle im Delibationsverfahren auf das Vorliegen der vor allem in § 109 FamFG festgesetzten Anerkennungsvoraussetzungen; eine Überprüfung der anzuerkennenden Entscheidung auf ihre inhaltliche Richtigkeit, eine **révision au fond**, findet allenfalls eingeschränkt in der Form der ordre public-Kontrolle statt.

18 Umgekehrt besteht ein **völkerrechtliches Verbot**, Urteile anzuerkennen, die unter Verletzung der Regeln über Immunitäten bzw Exemtionen (vgl Vorbem zu §§ 97 ff Rn 25 ff) zustande gekommen sind (GEIMER/SCHÜTZE, Int Urteilsanerkennung Bd I/2 1361; LINKE/HAU, IZPR Rn 13.43; GEIMER, IZPR Rn 533 ff; OLG Frankfurt 21. 10. 1980 IPRax 1982, 71 mAnm HAUSMANN 51), weil die Exemtionen selbst völkerrechtlich begründet sind. Auch können sich Anerkennungsverbote aus der EMRK ergeben. Die Anerkennung fremder Entscheidungen ist dann zu versagen, wenn wegen deren Inhalts eine konventionswidrige Situation herbeigeführt würde oder die Entscheidung in einem konventionswidrigen Verfahren zustande gekommen ist (MATSCHER ZZP 103 [1990] 316; ders, IPRax 1992, 335; GEIMER, IZPR Rn 2772). Das kann auch bei sehr gravierenden Verfahrensmängeln der Fall sein. Jedoch wird in aller Regel dann auch § 109 Abs 1 Nr 4 FamFG entgegenstehen.

5. Verhältnis der Rechtsquellen zueinander

19 § 108 FamFG als Grundnorm ordnet die Anerkennung **aller** ausländischen Entscheidungen an, die **sachlich unter das FamFG** fallen, wenn sie in Deutschland entschieden worden wären. Das sind Ehesachen, Kindschaftssachen, Abstammungssachen, Adoptionssachen, Ehewohnungs- und Hausratssachen, Versorgungsausgleich, Unterhaltssachen, Güterrechtssachen, Partnerschaftssachen und der Gewaltschutz, der eigentlich keine Familiensache ist (§ 111 FamFG), wie die Betreuungssachen. Diese Kommentierung kann nicht das Anerkennungsrecht in allen diesen Materien behandeln, sondern nur die Anerkennung ausländischer **Entscheidungen in Ehesachen**, wie sie in § 121 FamFG aufgeführt sind. **Trennungen von Tisch und Bett** werden zwar in dieser Auflistung nicht genannt, weil es sie hier nicht gibt, gehören aber zu §§ 107 bis 109 FamFG. Während § 103 FamFG die internationale Zuständigkeit für **Lebenspartnerschaftssachen** und nach hM § 108 FamFG die Anerkennung ihrer Auflösung regeln, erwähnen § 109 Abs 3 und 4 FamFG sogar einige Modifikationen zur Anerkennung ausländischer Entscheidungen in **Lebenspartnerschaftssachen**. Bei ihnen ist streitig, ob auch § 107 FamFG eingreift (dazu § 107 Rn 53 ff).

20 Die §§ 108 FamFG und 109 FamFG werden sowohl hinsichtlich der Wirkungen wie der Voraussetzungen einer Anerkennung erheblich vor allem durch vorrangige EU-Verordnungen für die verschiedenen Materien, zB für den Unterhalt durch die EG-UntVO, und auch durch zwei- und mehrseitige Anerkennungsverträge, die ihr Verhältnis zum nationalen Recht und zum EU-Recht jeweils verschieden definieren wie zB das MSA und KSÜ für Sorgerechtsfragen, **verdrängt**. Wenn auch meist das sekundäre EU-Recht den Vorrang beansprucht, so ist doch zu bedenken, dass der Vorrang der EU-Verordnungen auch nur soweit reicht, wie die Instrumente dieselben Fragen regeln, und dass die völkerrechtlichen Verträge auch im Verhältnis zu anderen als den Mitgliedstaaten der Brüssel IIa-VO etc gelten (Drittstaaten).

Die Vielzahl der unterschiedlichen Rechtsquellen sowie die zahlreichen in den einschlägigen Rechtsakten enthaltenen speziellen Kollisionsvorschriften erschweren die Ermittlung der jeweils anwendbaren Norm. Dabei kommt es nicht nur darauf an, aufgrund des räumlichen und sachlichen Anwendungsbereichs der jeweiligen Verordnungen, Abkommen und autonomen Vorschriften festzustellen, welche Norm einschlägig ist. Problematisch kann auch sein, ob eine an sich vorrangige Vorschrift gemeinschafts- oder staatsvertraglichen Ursprungs möglicherweise im Sinne eines **Günstigkeitsprinzips** die Anwendung des in concreto anerkennungsfreundlicheren autonomen Rechts zulässt (Kropholler/Bobl, in: FS Sonnenberger [2004] 741 ff). 21

a) EU-VO und LugÜ

Seit dem 18. 6. 2011 löst die EG-UntVO im Verhältnis der EU-Staaten einschließlich Großbritanniens und Dänemarks die Brüssel Ia-VO ab und verdrängt das LugÜ (Art 69 Abs 2 Brüssel Ia-VO). Das ist hier nicht im Einzelnen zu erörtern. Die sachlichen Anwendungsbereiche der Brüssel IIa-VO und der EG-UntVO, die insoweit die Brüssel Ia-VO ersetzt, und des LugÜ überschneiden sich nicht, dass sich die Frage nach ihrem Verhältnis im Übrigen nicht stellt (zu ihnen vgl § 97 Rn 20 ff). 22

b) Brüssel IIa-VO und nationales Recht

Den **§§ 107 FamFG bis § 109 FamFG** gehen für Änderungen des Ehestatus aufgrund der Normenhierarchie zwischen europäischem und nationalem Recht die **Art 21 ff Brüssel IIa-VO** vor, soweit es sich um die Anerkennung einer **Eheauflösung aus einem Mitgliedstaat** handelt. Staatsangehörigkeit, Wohnsitz oder gewöhnlicher Aufenthalt der Parteien sind ohne Bedeutung und also nicht, auf welcher Grundlage das Urteilsgericht zuständig war; das kann auch nationales Recht gewesen sein (Art 7 Abs 1 Brüssel IIa-VO). Es genügt also festzustellen, wo das Urteil erlassen wurde. Die Zuständigkeit ist nicht nachzuprüfen (Art 24 Brüssel IIa-VO). Ein **Günstigkeitsprinzip** zugunsten nationalen Anerkennungsrechts **gilt nicht**. Diese Urteile werden ipso jure anerkannt, und es gelten nur die reduzierten Anerkennungshindernisse des Art 22 Brüssel IIa-VO. So sind umgekehrt die §§ 109 FamFG mit 107 f FamFG anwendbar auf alle Entscheidungen aus **Drittstaaten** und auf Urteile aus **Mitgliedstaaten**, die den Ehestatus nicht ändern, sondern nur den **Antrag abweisen** oder das **Bestehen** oder Nichtbestehen der Ehe **feststellen** (Staudinger/Spellenberg [2015] Art 21 Brüssel IIa-VO Rn 31 ff). Deshalb bleibt § 108 FamFG mit § 109 FamFG auch für **Partnerschaftsauflösungen** aus anderen Mitgliedstaaten von der Brüssel IIa-VO unberührt, die sich nicht mit Lebenspartnerschaften befasst. 23

Wegen der **Beschränkung** der Brüssel IIa-VO auf **eheauflösende Urteile** (Staudinger/Spellenberg [2015] Art 20 Brüssel IIa-VO Rn 3, 20) bleiben sogar die Verträge mit Belgien, Großbritannien, Griechenland, Italien, den Niederlanden, Österreich und Spanien immerhin **soweit anwendbar** als es sich um Feststellungsurteile oder Klagabweisungen handelt (Spellenberg, in: FS Schumann [2001] 432 f). 24

25 Für Urteile aus Drittstaaten, die nicht von der Brüssel IIa-VO erfasst werden, sind nur zwei die Ehescheidung betreffende bilaterale Abkommen zu nennen, das deutsch-schweizerische und das deutsch-tunesische.

26 Interessanterweise kommt es dagegen bei **einstweiligen Maßnahmen** gemäß Art 20 Abs 1 Brüssel IIa-VO darauf an, ob das Gericht des Mitgliedstaates, das die Maßnahme angeordnet hat, seine Zuständigkeit auf die Brüssel IIa-VO oder auf sein nationales Recht geründet hat, wenn beides möglich war. Allerdings sind einstweilige Maßnahmen in ihren Wirkungen im letzteren Fall nach Art 20 Abs 1 Brüssel IIa-VO auf den Staat des betreffenden Gerichts beschränkt. Im ersteren Fall richtet sich die Anerkennung im Ausland aber ausschließlich nach Art 21 ff Brüssel IIa-VO (dazu Staudinger/Spellenberg [2015] Art 20 Brüssel IIa-VO Rn 62 f; Spellenberg, in: FS Coester-Waltjen [2015] 813 ff).

27 Schwierigkeiten ergeben sich, wenn das ausländische Gericht gemeinsam über **Status- und Folgesachen** entschieden hat, und dabei **unterschiedliche Anerkennungsregime** gelten sollten. Unerfreulich, aber wohl hinzunehmen ist die Konstellation, dass die Eheleute im Inland als geschieden gelten, ohne dass die ausländische Entscheidung über den Geschiedenenunterhalt ebenfalls anerkannt wird. Doch den geschiedenen Eheleuten bleibt es unbenommen, in Deutschland eine erneute Entscheidung in der Unterhaltsfrage zu beantragen.

28 Umgekehrt erscheint es allerdings kaum vertretbar, für den Fall, dass die ausländische Scheidung in Deutschland nicht anerkannt wird, die Entscheidung über den Geschiedenenunterhalt dennoch anzuerkennen mit der Folge, dass die nach deutschem Recht als verheiratet geltenden Eheleute einander Geschiedenenunterhalt schulden. Derartige Konstellationen mögen zwar selten sein, weil grundsätzlich die Anerkennung der Scheidungsfolge die förmliche Anerkennung der Scheidung voraussetzt, sind aber nicht ausgeschlossen, etwa wenn ein norwegisches Gericht seine Zuständigkeit für die Ehescheidung entgegen der Anerkennungszuständigkeit iSd § 109 Abs 1 Nr 1 FamFG bejaht hat, während die Entscheidung in der Unterhaltssache nach den Bestimmungen des LugÜ anzuerkennen ist, wofür nach Art 4 LugÜ die Zuständigkeit gem Art 5 LugÜ nicht vorausgesetzt wird. Es handelt sich um den Fall einer hinkenden Inlandsehe, sodass konsequenterweise eine Zweitscheidung im Inland vorzunehmen ist (oben § 98 Rn 14 f, 206, 208; vgl auch OLG Frankfurt 11. 1. 2007 IPRspr 2007 Nr 60).

c) EU-VOen und Staatsverträge

29 Die Brüssel IIa-VO und EG-UntVO haben grundsätzlich auch Vorrang vor den von Deutschland geschlossenen **Staatsverträgen**, wobei jedoch die nachstehenden Grundsätze gelten.

30 **Art 60 und 61 Brüssel IIa-VO** ordnen für die Beziehungen zwischen den Mitgliedstaaten und im Anwendungsbereich der Brüssel IIa-VO den Vorrang der Brüssel IIa-VO vor den in der Vorschrift genannten multilateralen Übereinkommen an (vgl Staudinger/Spellenberg [2015] zu Art 61 Brüssel IIa-VO) und gem Art 59 Abs 1 Brüssel IIa-VO ersetzt sie alle bilateralen Abkommen, soweit die Materien regeln, die auch Gegenstand der Brüssel IIa-VO sind.

Wenn in einem anderen Mitgliedstaat der Brüssel IIa-VO – ausnahmsweise – über **Sorgerecht** im Verbund mit der Ehesache entschieden wurde (Art 12 Brüssel IIa-VO), so geht Brüssel IIa-VO auch dem **KSÜ** für die Anerkennung dieser Entscheidung und ihre Voraussetzungen vor (Art 61 Brüssel IIa-VO). 31

Gem **Art 59 Abs 1 Brüssel IIa-VO** werden im **Anwendungsbereich der Brüssel IIa-VO**, also für Ehesachen, ausdrücklich das deutsch-italienische Abkommen v 9. 3. 1936, das deutsch-belgische Abkommen v 30. 6. 1958, das deutsch-britische Abkommen v 14. 7. 1960, das deutsch-griechische Abkommen v 4. 11. 1961, das deutsch-niederländische und das deutsch-spanische Abkommen v 30. 8. 1962 ersetzt. Sie bleiben aber maßgebend für die **Feststellungsurteile und antragsabweisenden** Entscheidungen selbst aus diesen Mitgliedstaaten und für Auflösungen von homosexuellen **Lebenspartnerschaften**, die alle sachlich nicht von der Brüssel IIa-VO erfasst werden. 32

d) Staatsverträge und FamFG

Bei Urteilen aus Staaten, die **nicht der Brüssel IIa-VO** angehören und einen Anerkennungsvertrag mit Deutschland haben, stellt sich die Frage seines Verhältnisses zu § 109 FamFG. Wenn es um die Anerkennung von Abweisungen von Scheidungsanträgen und um Feststellungsurteile geht, sind sogar die bilateralen Abkommen mit Mitgliedstaaten der Brüssel IIa-VO anzuwenden (Staudinger/Spellenberg [2015] Art 20 Brüssel IIa-VO Rn 20 ff; oben Rn 23). Die Staatsverträge sind zwar gegenüber dem autonomen deutschen Recht grundsätzlich vorrangig, jedoch **verpflichten** sie idR nur zur Anerkennung auch entgegen dem strengeren autonomen Recht (JM NRW 11. 7. 1984 IPRspr 1984 Nr 185), **verbieten** im Zweifel aber nicht, eine Anerkennung kraft freizügigeren autonomen Rechts vorzunehmen (BGH 18. 3. 1987 IPRax 1989, 104, 106 [Siehr 93 ff] = NJW 1987, 3083 mAnm Geimer [3085] = FamRZ 1987, 580 mAnm Gottwald [582] = JR 1988, 22 mAnm Hauser = LM Nr 10 zu § 261 ZPO = MDR 1987, 747; BayObLG 29. 3. 1990 FamRZ 1990, 897; Geimer, IZPR Rn 2766 f; Geimer/Schütze, Int Urteilsanerkennung Bd I/2 1362 f; Gottwald ZZP 103 [1990] 278; Rosenberg/Schwab/Gottwald, ZPR § 156 Rn 26; Linke, IZPR Rn 339; Jellinek, Die zweiseitigen Staatsverträge über Anerkennung ausländischer Zivilurteile [1953] 153 ff). Ausdrücklich sagen dies etwa Art 11 HKUnthVÜ v 15. 4. 1958 und Art 23 des HUnthVÜ v 2. 10. 1973. 33

Jedoch erlaubt das **Günstigkeitsprinzip** nicht, einzelne Bestimmungen des Staatsvertrages und des FamFG zu kombinieren, sondern es müssen alle Voraussetzungen des einen oder des anderen Systems für eine Anerkennung vorliegen (Siehr, in: FS Walder [1994] 409; Martiny, Hdb IZVR Bd III/1 Kap I Rn 225). 34

Diese Frage hatte zwischenzeitlich an **praktischer Bedeutung** gewonnen, weil 1986 das Erfordernis der kollisionsrechtlichen Konformität zwar in § 328 Abs 1 Nr 3 ZPO aF gestrichen wurde (dazu Geimer NJW 1987, 3085), dieses aber auch in den neueren zweiseitigen Abkommen (für Statusurteile) noch enthalten sein kann. Ebenso verlangt § 109 Abs 1 Nr 2 FamFG, dass der Beklagte eine ungenügende Zustellung der Klage im Anerkennungsverfahren rügt, während manche Verträge, wenn man sie nicht anders auslegen will (zB Geimer ZZP 103 [1990] 482 zum Haager Unterhaltsvollstreckungsübereinkommen), die Zustellung von Amts wegen nachprüfen lassen. 35

Die **Staatsverträge** überlassen es häufig der Entscheidung der jeweiligen Vertragsstaaten, ob diese neben dem Vertrag ihr autonomes Anerkennungsrecht gelten 36 lassen wollen. So kann ein Abkommen, selbst wenn es einen entsprechenden Anspruch nicht erhebt, im einen Vertragsstaat dennoch abschließend sein, im anderen aber nicht. So ist zB in Belgien wohl anerkannt (Weser, Droit intern privé belge et droit conventionnel international Bd 2 [1985] 457; Rigaux, Droit international privé, Bd 1 [2. Aufl 1987] Nr 221), bzw in der Schweiz (Siehr IPRax 1989, 96) und in Spanien (Karl, Die Anerkennung von Entscheidungen in Spanien [1993] 243 ff; Ramos IPRax 1988, 58; Weigand, Der deutsch-spanische Rechtsverkehr [1992] 63) umstritten, ob die Anerkennungs- und Vollstreckungsabkommen mit der Bundesrepublik das autonome Recht verdrängen, während man in Deutschland die alternative Anwendung der beiden Systeme vorzieht, weil die Abkommen die Anerkennung erleichtern und nicht erschweren sollen (so BGH 18. 3. 1987 IPRax 1989, 104, 106; BayObLG 29. 3. 1990 FamRZ 1990, 897 = StAZ 1990, 225 [Italien]; BayObLG 12. 5. 1992 FamRZ 1993, 452 = StAZ 1992, 376 [Italien]; Siehr IPRax 1989, 96 [Schweiz]; Geimer/Schütze, Int Urteilsanerkennung Bd I/2, 1362 f; Krzywon StAZ 1989, 98; **aA** Harries RabelsZ 26 [1961] 640 zum deutsch-belgischen Abkommen; ebenso obiter zu diesem Abkommen BGH 9. 4. 1973 BGHZ 60, 344, 346 = ZZP 87 [1974] 332 [Geimer 336]). Grundsätzlich bevorzugt man im Völkerrecht eine Auslegung, die die Souveränität der Vertragsstaaten weniger einschränkt, hier also das autonome Anerkennungsrecht. Zu **KSÜ und MSA** vgl § 97 Rn 17 ff.

37 Das **Delibationsverfahren** nach § 107 FamFG ist für Statusentscheidungen auch beim Eingreifen von Anerkennungsverträgen einzuhalten, wenn diese wie zB der deutsch-tunesische Vertrag nur die Anerkennungsvoraussetzungen regeln (**aA** für Österreich Matscher JBl 1962, 364 und 1963, 296 für die Abkommen mit der Schweiz und Großbritannien; dagegen Edlbacher StAZ 1969, 236 Anm 6).

6. Intertemporale Anwendbarkeit der §§ 107 FamFG bis 110 FamFG

38 Intertemporal erfassen die §§ 108 und 109 FamFG die Anerkennung ausländischer Entscheidungen, **die ab dem 1. 9. 2009 ergangen** sind, denn sie sind mit ihrem Erlass ggf automatisch im Inland durch Anerkennung wirksam geworden. Die Voraussetzungen der Anerkennung älterer Entscheidungen sind noch nach § 328 ZPO aF zu beurteilen, doch haben sich für Auflösungen des Ehebandes keine wesentlichen inhaltlichen Änderungen ergeben. Das gilt auch für die Notwendigkeit eines Anerkennungsfeststellungsverfahrens. Zu den durch die Änderung der §§ 328, 606a Abs 2 aF ZPO hauptsächlich im Jahre 1986 entstandenen Fragen des intertemporalen Anwendungsbereiches der Vorschriften vgl Staudinger/Spellenberg (1997) § 328 ZPO Rn 78, wo freilich **Lebenspartnerschaften** insgesamt noch keine Rolle spielten. Zur intertemporalen Anwendung der Brüssel IIa-VO siehe Staudinger/Spellenberg (2015) Art 64 Brüssel IIa-VO Rn 19 ff.

39 Es gab und gibt nach wie vor keine Frist zur Beantragung der Feststellung der Anerkennungsvoraussetzungen (§ 107 FamFG), sodass diese Anträge auch noch für **ältere Entscheidungen** gestellt werden können. Das dabei zu befolgenden **Verfahren**, insbesondere die Anrufung des OLG beurteilt sich aber nach dem **Zeitpunkt des Antrags an die LJV bzw den OLG-Präsidenten**, wogegen die Anerkennungsvoraussetzungen aber die sind, die am Tage des Urteilserlasses galten, denn bei automatischer Anerkennung darf die Rechtsänderung die Inlandswirkung nicht beseitigen, sodass die Eheleute wieder als verheiratet anzusehen wären. Wenn eine förmliche Delibation nötig ist, sollte das nichts ändern. Freilich wollen viele die

neuen Anerkennungsregeln anwenden, wenn danach die Anerkennung nun möglich geworden ist (BGH 28. 6. 1961 FamRZ 1961, 427; BayObLG 17. 12. 1987 NJW 1988, 2178 abl Anm GEIMER). Der Schutz der Partei, die sich auf eine Scheidung im Ausland nicht eingelassen hat, weil sie in ihrem Heimat- oder Aufenthaltsstaat nicht anerkannt werden würde, steht entgegen, denn es ist nicht so, dass die nun Geschiedenen stets an der Anerkennung interessiert wären.

7. Zeitpunkt der Anerkennung

Eine andere Frage als die ab wann die §§ 108 f FamFG gelten, ist die nach der Veränderung der die Anerkennung verhindernden Tatsachen. Einen Wechsel der für die Anerkennung maßgebenden tatsächlichen Umstände zwischen Antrag oder Erlass des ausländischen Urteils und der Entscheidung über die Anerkennung kann es bei der Anerkennungszuständigkeit, der entgegenstehenden inländischen Rechtskraft und beim ordre public geben. Der maßgebende Zeitpunkt ist nicht immer derselbe, sodass auf die Erörterungen bei den jeweiligen Anerkennungshindernissen zu verweisen ist. **40**

8. Ehemaligen DDR*

Bei der Anerkennung von Entscheidungen mit Bezug zur ehemaligen DDR ist zu differenzieren. Hier geht es zunächst um die Frage der Anerkennung von **in der DDR ergangenen Entscheidungen**, während die Wirksamkeit der Anerkennung **drittstaatlicher Entscheidungen** durch DDR nun für das gesamte Bundesgebiet unten Rn 80 ff behandelt ist. Die Fragen sind nach wie vor **erheblich**, weil eine vor dem 3. 10. 1990 eingetretene Anerkennung wirksam bleibt und daher heute noch beurteilt werden muss. **41**

a) Wechselseitige Anerkennung der Eheauflösungen

Urteile der Gerichte der DDR galten schon vor dem 3. 10. 1990 **nicht als ausländische**. Jedoch konnte bei Eheurteilen durch Feststellungsklage, bei anderen Entscheidungen gem § 767 ZPO aF die Unwirksamkeit oder Nichtanerkennung geltend gemacht werden, wenn das Verfahren rechtsstaatliche Grundsätze missachtete oder das Urteil sonst gröblich gegen den (westdeutschen) **ordre public** verstieß (BGH 30. 11. 1960 BGHZ 34, 134 = ZZP 74 [1961] 349 [HABSCHEID]; BGH 30. 11. 1960 FamRZ 1961, 208; kritisch zu beiden Urteilen DROBNIG FamRZ 1961, 341 ff; BGH 5. 5. 1982 BGHZ 84, 17 = IPRax 1983, 33 [BEITZKE 16]; KG 5. 12. 1968 JR 1969, 303 [ZEISS]). Für die „Anerkennung" von Urteilen der DDR lehnte man sich an § 328 ZPO aF an. **42**

Der **Einigungsvertrag** (BGBl 1990 II 889) sieht in Art 18 grundsätzlich vor, dass gerichtliche Entscheidungen der beiden Staaten nun für das ganze Staatsgebiet wirksam bleiben. Dagegen sind sie unwirksam, wenn sie gegen die nunmehr gesamtdeutsch zu bestimmenden **rechtsstaatlichen Grundsätze** verstoßen, was praktisch **43**

* **Schrifttum**: ANDRAE, Die Anerkennung und Vollstreckung gerichtlicher Entscheidungen, die vor der Vereinigung Deutschlands erlassen wurden, IPRax 1994, 223; vHOFFMANN, Internationales Privatrecht im Einigungsvertrag, IPRax 1991, 1; HOHAGE, Deutsch-deutsches Eherecht und Ehekollisionsrecht (1996); LEIBLE, Probleme der Anerkennung ausländischer Ehescheidungen im vereinten Deutschland, FamRZ 1991, 1245; weiter Rn 74.

wohl nur für Urteil der DDR relevant werden dürfte. Im Übrigen sind die ostdeutschen den westdeutschen Urteilen gleichgestellt und unterlagen den Rechtsmitteln der ZPO, die mit dem 3. 10. 1990 die ZPO der DDR ersetzt hat (Art 18 Abs 1 S 2 Einigungsvertrag mit Anl I Kap III Sachgebiet A Abschn II Nr 5). Heute gilt das FamFG, insbesondere § 109 FamFG.

44 Eindeutig kann jedenfalls noch nach dem 3. 10. 1990 geltend gemacht werden, ein älteres Urteil aus der ehemaligen DDR sei nun für das ganze Staatsgebiet wegen Unvereinbarkeit mit rechtsstaatlichen Grundsätzen iSd Art 18 Abs 1 S 2 Einigungsvertrag nicht wirksam (BGH 22. 1. 1997 FamRZ 1997, 490; OLG Naumburg 9. 10. 2000 FamRZ 2001, 1013 [Vaterschaftssache]; Bosch FamRZ 1994, 1390; irrig AG Bautzen 14. 7. 1993 FamRZ 1994, 1388). Art 18 Abs 1 S 2 Einigungsvertrag verweist dann für die Verfahren der **Überprüfung** der Vereinbarkeit auf die Regeln der in der ehemaligen DDR in Kraft gesetzten ZPO, sodass auf die normalen ordentlichen und außerordentlichen **Rechtsbehelfe der ZPO bzw des FamFG** zurückzugreifen ist (zutr Andrae IPRax 1994, 225 f gegen OLG Hamm und AG Hamburg-Wandsbek). Hier kommen namentlich die §§ 580 ff ZPO in Betracht (BVerfG 15. 10. 1992 DtZ 1993, 85). Das dürfte aber wegen der Befristungen der Rechtsbehelfe heute keine Rolle mehr spielen.

45 Zweifelhaft kann die **Konkretisierung der „rechtsstaatlichen Grundsätze“** sein. Hierfür ist auf die zu **§ 328 Abs 1 Nr 4 ZPO aF/§ 109 Abs 1 Nr 4 FamFG** entwickelten Grundsätze des anerkennungsrechtlichen ordre public zurückzugreifen. Ein solcher Ansatz vermeidet nicht nur komplizierende Differenzierungen im ordre public, sondern vor allem sind keine Gründe ersichtlich, bei DDR-Urteilen mehr oder weniger Unrecht zu dulden als bei Entscheidungen anderer Gerichtsbarkeiten. Hinzu kommt, dass sich das Verhältnis der beiden deutschen Staaten zueinander nach dem Grundlagenvertrag dem völkerrechtlichen Normalzustand sehr angenähert hatte (ähnlich MünchKommZPO/Gottwald [2. Aufl 2002] § 328 ZPO Rn 43, 158; Soergel/Schurig [12. Aufl 1996] Art 17 EGBGB Rn 194, der sich namentlich gegen eine Fortführung früherer, im Vergleich schärferer Maßstäbe wendet; im Grundsatz materiell daher richtig OLG Hamm 27. 3. 1991 DtZ 1992, 87; AG Hamburg-Wandsbek 15. 12. 1991 DtZ 1991, 307; Baumbach/Lauterbach/Albers/Hartmann, ZPO [61. Aufl 2003] § 328 Einf A Rn 1 ff). Zu beachten ist auch, dass § 328 Abs 1 Nr 4 ZPO aF ohnehin nur sehr zurückhaltend anzuwenden war und das besondere Interesse der Parteien und der Umwelt an Klarheit und Stabilität von Personenstandsverhältnissen beachtet hatte.

46 Die Forderungen der **Gegenseitigkeit** und jedenfalls seit ihrer **Abschaffung 1986 der kollisionsrechtlichen Konformität** wurden ohnehin gegenüber der DDR nicht erhoben (str, Nw Martiny, Hdb IZVR Bd III/1 Kap I Rn 1293 f).

47 Auf die ordnungsmäßige Ladung entsprechend **§ 328 Abs 1 Nr 2 ZPO aF/§ 109 Abs 1 Nr 2 FamFG** kann auch rückblickend nicht verzichtet werden (BGH 22. 1. 1997 FamRZ 1997, 490; OLG Naumburg 9. 10. 2000 FamRZ 2001, 1013). Das ist ein wesentlicher, heute nun verselbständigter Vorbehalt des ordre public, bei dem es jedoch entscheidend nicht auf Förmlichkeit, sondern darauf ankommt, dass der Beklagte rechtzeitig und ausreichend von der Klageerhebung informiert wurde. Das OLG Naumburg (9. 10. 2000 FamRZ 2001, 1013) prüfte zu Unrecht im Detail die Ordnungsmäßigkeit der Zustellung; es kam aber im Ergebnis nicht darauf an.

48 Das damals in **§ 328 Abs 1 Nr 3 ZPO aF** enthaltene Anerkennungshindernis der inländischen entgegenstehenden Rechtskraft wurde früher mit dem allgemeinen ordre public durchgesetzt. Da es sich aber bei den ostdeutschen Entscheidungen aus der Zeit vor dem 3. 10. 1990 nicht um ausländische Urteile ieS handelt, sollte es wenigstens hier möglich sein, entgegen § 109 Abs 1 Nr 3 FamFG/§ 328 Abs 1 Nr 3 ZPO aF das Prioritätsprinzip anzuwenden. Das hat zur Folge, dass **nur eine frühere** westdeutsche Rechtskraft entgegensteht (vgl unten § 109 Rn 206 f zu der Behandlung des späteren westdeutschen Rechtskraft). Und umgekehrt ist ein späteres Urteil der ehemaligen DDR nicht ipso facto nichtig, sondern nach § 580 Nr 7 ZPO aufzuheben.

49 Schon vor 1986 waren die Anforderungen an die **interlokale Anerkennungszuständigkeit** gegenüber der DDR reduziert worden, bis sie dann 1986 allgemein gelockert wurden. Diese Anforderungen sollte man auch heute nicht aufgeben. Wenigstens ein Ehegatte musste daher seinen Wohnsitz oder gewöhnlichen Aufenthalt in der DDR gehabt haben (zum Streitstand Martiny, Hdb IZVR III/1 Kap I Rn 766 f).

50 Insgesamt haben die Vereinigung bzw der Einigungsvertrag an den materiellen Regeln der Anerkennung von älteren Urteilen aus der ehemaligen DDR somit nichts Entscheidendes geändert. Zu beachten ist namentlich auch der materielle ordre public iSd § 109 Abs 1 Nr 4 FamFG/§ 328 Abs 1 Nr 4 ZPO aF. Er kann bei politisch motivierten bzw erzwungenen Scheidungen durchgreifen (BGH 9. 5. 1956 BGHZ 20, 323, 333), sofern die Ehe nicht auch nach westdeutschem Recht zu scheiden gewesen wäre.

51 Eine **rechtskräftige Nichtanerkennungsentscheidung** der Bundesrepublik durch Feststellungsurteil (BGH 30. 11. 1960 BGHZ 34, 134 = FamRZ 1961, 203; BGH 22. 1. 1997 FamRZ 1997, 490; MünchKommZPO/Gottwald [2. Aufl 2002] § 328 aF Rn 48) aus der Zeit vor dem 3. 10. 1990 in Bezug auf Scheidungen aus der ehemaligen DDR bindet weiterhin, ohne dass die materiellen Anerkennungsvoraussetzungen erneut zu prüfen wären (Bosch FamRZ 1994, 1390 gegen AG Bautzen FamRZ 1994 1388).

52 Mit der rechtskräftigen Feststellung im Westen, dass die Ehe für die BRD nicht geschieden sei, entstand zunächst eine hinkende Scheidung und mit der Wiedervereinigung ein **Rechtskraftkonflikt** mit der rechtskräftigen Scheidung in der ehemaligen DDR, denn nach dem Einigungsvertrag sollte ihre Rechtskraft grundsätzlich nun gesamtdeutsch wirken. Es ist zugunsten der westdeutschen Entscheidung zu entscheiden, denn Art 18 Abs 1 S 2 Einigungsvertrag hat die Wahrung rechtsstaatlicher Grundsätze vorbehalten. War deren Verletzung schon vor 1990 festgestellt worden, so verliert diese Entscheidung nicht ihre nun gesamtdeutsche Wirksamkeit durch die Wiedervereinigung (MünchKommZPO/Gottwald [2. Aufl 2002] § 328 aF Rn 48; vgl auch BGH 22. 1. 1997 FamRZ 1997, 490 f).

b) Anerkennung drittstaatlicher Entscheidungen durch die DDR

aa) Staatsverträge der DDR*

53 Die DDR hat zahlreiche bilaterale Rechtshilfeverträge abgeschlossen, die vielfach

---

* **Schrifttum**: Andrae, Die Anerkennung und Vollstreckung gerichtlicher Entscheidungen, die vor der Vereinigung Deutschlands erlassen wurden, IPRax 1994, 223; Arnold, Anerkennungs- und Vollstreckungsabkommen in Zivil- und Handelssachen nach der Deutschen Eini-

auch Anerkennungsregelungen enthalten (zusammenfassende Darstellung bei Hofmann/Fincke, Der internationale Zivilprozeß [1980] 161 f; Verzeichnis der Verträge bei: Internationales Privatrecht: Ministerium der Justiz [Hrsg], Kommentar zum Rechtsanwendungsgesetz [1989] 114 f). Der Gegenstand der bilateralen Abkommen ist nicht einheitlich, und nur ein Teil von ihnen betrifft auch das Eherecht.

α) Aufstellung nach Ländern

54 VR Polen. Vertrag vom 1. Februar 1957 (GBl I 1957, Nr 52, 414; erloschen BGBl 1993 II 1180);

Ungarische VR. Vertrag vom 30. Oktober 1957 (GBl I 1958, Nr 21, 278; erloschen BGBl 991 II 957);

SVR Albanien. Vertrag vom 11. Januar 1959 (GBl I 1959, Nr 22, 295; erloschen BGBl 1994 II 15);

SFR Jugoslawien. Vertrag vom 20. Mai 1966 (GBl I 1967, Nr 3, 8; erloschen BGBl 1992 II 576);

Mongolische VR. Vertrag vom 30. April 1969 (GBl I 1969, Nr 11, 120; erloschen BGBl 1992 II 376);

AR Ägypten. Vertrag vom 22. Mai 1969 (GBl I 1969, Nr 12, 216; erloschen BGBl 1992 II 451);

Syrische AR. Vertrag vom 27. April 1970 (GBl I 1970, Nr 22, 300; erloschen BGBl 1996 II 44);

---

gung, BB 1991, 2240; Böhmer, Völkerrechtliche Vereinbarungen der Bundesrepublik Deutschland und der DDR über Personenstandsangelegenheiten, StAZ 1991, 62; Dannemann, Das staatsvertragliche Kollisionsrecht der DDR nach der Vereinigung, DtZ 1991, 130; Drobnig, Das Schicksal der Staatsverträge der DDR nach dem Einigungsvertrag, DtZ 1991, 76; Grabitz/vBogdandy, Deutsche Einheit und europäische Integration, NJW 1990, 1073; Hailbronner, Völker- und europarechtliche Fragen der deutschen Wiedervereinigung, JZ 1990, 449; Heintschel von Heinegg, Die Vereinigung der beiden deutschen Staaten und das Schicksal der von ihnen abgeschlossenen völkerrechtlichen Verträge, Beil 23 zu BB Heft 18/1990, 9; vHoffmann, Internationales Privatrecht im Einigungsvertrag, IPRax 1991, 1; Horn, Völkerrechtliche Aspekte der deutschen Vereinigung, NJW 1990, 2173; Jayme, Allgemeine Ehewirkungen und Ehescheidungen nach dem Einigungsvertrag – Innerdeutsches Kollisionsrecht und Internationales Privatrecht, IPRax 1991, 11; Klein, An der Schwelle zur Wiedervereinigung Deutschlands, NJW 1990, 1065; Leible, Probleme der Anerkennung ausländischer Ehescheidungen im vereinten Deutschland, FamRZ 1991, 1245; Mansel, Staatsverträge und autonomes Internationales Privat- und Verfahrensrecht nach der Wiedervereinigung, JR 1990, 441; Siehr, Der Einigungsvertrag und seine internationalen Kollisionsnormen, RabelsZ 55 (1991) 240; Streinz, Die völkerrechtliche Situation der DDR vor und nach der Vereinigung, EWS 1990, 171; Sturm, Gelten die Rechtshilfeverträge der DDR fort?, in: FS Serick (1992) 351; A Zimmermann, Staatennachfolge in völkerrechtlichen Verträgen (2000).

Republik Irak. Vertrag vom 22. Dezember 1970 (GBl I 1971, Nr 4, 102; erloschen BGBl 1994 II 730);

DVR Jemen. Vertrag vom 1. April 1971 (GBl I 1971, Nr 4, 58; erloschen BGBl 1992 II 456);

Koreanische DVR (Nordkorea). Vertrag vom 28. September 1971 (GBl I 1972, Nr 2, 18; erloschen BGBl 1995 II 406);

DVR Algerien. Vertrag vom 2. Dezember 1972 (GBl II 1973, Nr 9, 86; erloschen BGBl 1992 II 380);

DR Somalia. Vertrag vom 20. September 1976 (GBl II 1977, Nr 6, 78);

Republik Guinea-Bissau. Vertrag vom 17. November 1976 (GBl II 1977, Nr 7, 94; erloschen BGBl 1993 II 714);

VR Bulgarien. Vertrag vom 12. Oktober 1978 (GBl II 1979, Nr 4, 62; erloschen BGBl 1991 II 1019);

Republik Kuba. Vertrag vom 8. Juni 1979 (GBl II 1980, Nr 1, 2; erloschen BGBl 1992 II 396);

UdSSR. Vertrag vom 19. September 1979 (GBl II 1980, Nr 1, 12; erloschen BGBl 1992 II 585);

Vereinigtes Königreich von Großbritannien und Nordirland. Vertrag vom 28. Februar 1980 (GBl II 1980, Nr 6, 88; erloschen BGBl 1991 II 931);

Republik der Kapverden. Vertrag vom 21. Oktober 1980 (GBl II 1981, Nr 3, 58; erloschen BGBl 1993 II 851);

Republik Österreich. Vertrag vom 11. November 1980 (GBl II 1981, Nr 3, 55; erloschen BGBl 1992 II 497);

SR Vietnam. Vertrag vom 15. Dezember 1980 (GBl II 1981, Nr 4, 66; erloschen BGBl 1993 II 910);

VR Mozambique. Vertrag vom 18. August 1981 (GBl II 1982, Nr 1, 2; erloschen BGBl 1992 II 616);

VR Angola. Vertrag vom 14. Oktober 1981 (GBl II 1982, Nr 1, 8; erloschen BGBl 1992 II 239);

SR Rumänien. Vertrag vom 19. März 1982 (GBl II 1982, Nr 6, 106; erloschen BGBl 1991 II 1114);

Republik Zypern. Vertrag vom 16. Oktober 1982 (GBl II 1982, Nr 6, 118; erloschen BGBl 1992 II 419);

Königreich Belgien. Vertrag vom 29. November 1982 (GBl II 1984, Nr 5, 44, Rechtshilfe in Zivilsachen; erloschen BGBl 1992 II 984). Vertrag vom 12. Dezember 1984 (GBl II 1985, Nr 4, 44; Rechtshilfe in Unterhaltssachen; erloschen BGBl 1992 II 984);

Italienische Republik. Vertrag vom 10. Juli 1984 (GBl II 1984, Nr 5, 46; erloschen BGBl 1993 II 853);

Griechische Republik. Vertrag vom 6. Juli 1984 (GBl II 1984 Nr 5, 49; erloschen BGBl 1992 II 435);

Republik Sambia. Vertrag vom 20. Januar 1986 (GBl II 1986, Nr 2, 18; erloschen BGBl 1992 II 242);

Königreich Schweden. Vertrag vom 26. Juni 1986 (GBl II 1986, Nr 5, 54; erloschen BGBl 1992 II 10);

Französische Republik. Vertrag vom 30. Januar 1987 (GBl II 1987 Nr 5, 41; erloschen BGBl 1992 II 515);

Republik Ghana. Vertrag vom 26. März 1987 (GBl II 1987, Nr 5, 46; erloschen BGBl 1992 II 1121);

VR Kongo. Vertrag vom 24. Juni 1987 (GBl II 1988, Nr 1, 1; erloschen BGBl 1992 II 1010);

Finnland. Vertrag vom 1. Oktober 1987 (GBl II 1988, Nr 1, 9; erloschen BGBl 1992 II 63);

Königreich Spanien. Vertrag vom 3. Februar 1988 (GBl II 1988, Nr 4, 73; erloschen BGBl 1992 II 379);

ČSSR. Vertrag vom 18. April 1989 (GBl II 1989, Nr 6, 102; erloschen BGBl 1991 II 1077);

VR China. Vertrag vom 3. August 1989 (GBl II 1989, Nr 14, 224; erloschen BGBl 1992 II 64, aber nach Andrae IPRax 1994, 229 Fn 46 nie in Kraft getreten).

β) Aufstellung nach Sachgebieten

55 **Vermögensrechtliche** und **Statusentscheidungen** werden erfasst von den Abkommen mit Albanien, Bulgarien, Nordkorea, Mongolei, Kuba, Polen, Rumänien, Ungarn, Sowjetunion, Vietnam und VR China.

56 **Nur vermögensrechtliche** Entscheidungen werden erfasst von den Abkommen mit Ägypten, Algerien, Griechenland, Irak, Jemen, Jugoslawien, Sambia, Syrien, Tunesien.

57 Entscheidungen über gesetzliche **Unterhaltspflichten** und **Kostenentscheidungen** erfassen die Abkommen mit Italien, Mozambique, Somalia, Zypern und den Kapverden.

58 **Nur Unterhaltsentscheidungen** betreffen die Abkommen mit Finnland, Frankreich,

Kongo und Spanien, die aber am Haager Übereinkommen vom 1973 orientiert sind, und nur Kostenentscheidungen das Abkommen mit Österreich.

bb) Fortgeltung der Verträge der DDR

Vor allem wegen der streitigen völkerrechtlichen Qualifizierung des Beitritts der DDR zur Bundesrepublik und wegen der teilweise fragwürdigen Beendigung der Verträge der DDR durch die Bundesrepublik ist **umstritten**, ob bzw ab wann und ggf für welches Gebiet das bisherige vertragliche Anerkennungsrecht der ehemaligen DDR **nach dem 3. 10. 1990 weitergilt**. Die Frage ist wegen der Anerkennung älterer Auslandsscheidungen noch immer von gewisser Bedeutung. **59**

Einigkeit bzgl des Beitrittes der DDR zur Bundesrepublik besteht lediglich insoweit, als es sich hierbei um ein **Sukzessionsproblem** handelt, da die DDR zumindest gegenüber Drittstaaten ein Staat im Sinne des Völkerrechts war (Streinz EWS 1990, 174). Problematisch ist aber, dass keine der anerkannten bzw diskutierten Sukzessionskategorien (ausf Darstellung bei vHoffmann IPRax 1991, 5 ff) uneingeschränkt auf den Fall der deutschen Wiedervereinigung anwendbar erscheint (Mansel JR 1990, 441 f). **60**

So liegt **keine bloße Gebietsabtretung** von einem Staat an einen anderen vor, die eine Anwendung des Grundsatzes der beweglichen Vertragsgrenzen zur Folge hätte mit der Konsequenz, dass die Verträge des aufnehmenden Staates (Bundesrepublik) auf das neue Gebiet (DDR) erstreckt und diejenigen des abtretenden Staates (DDR) ipso jure außer Kraft treten würden, soweit sie nicht von vornherein nur auf das abgetretene Gebiet bezogen waren oder soweit ihre Erfüllung ausdrücklich nicht von der Zugehörigkeit zum vertragsschließenden Staat abhängen sollte (vgl Seidl-Hohenveldern/Stein, Völkerrecht [10. Aufl 2000] Rn 1395; Dahm/Delbrück/Wolfrum, Völkerrecht Bd 1 [2. Aufl 1983] 162 f). Gegen eine Gebietsabtretung idS spricht, dass die DDR im Zuge des Beitrittes insgesamt in der Bundesrepublik aufgegangen ist und nicht mehr als eigenständiges Völkerrechtssubjekt fortbesteht. **61**

Auch eine **„klassische" Staatenvereinigung** (Fusion), bei der die Verträge der bisherigen Staaten DDR und Bundesrepublik auf einen neuen Staat übergegangen wären mit der Maßgabe, dass sie jeweils nur für das bisherige Teilgebiet gälten (vHoffmann IPRax 1991, 6) scheidet aus. Denn eine Staatenvereinigung erfordert die Entstehung eines neuen Völkerrechtssubjektes, wohingegen die DDR der Bundesrepublik nicht gem Art 146 GG; sondern gem Art 23 GG beigetreten ist, dh die Bundesrepublik als „aufnehmenden Staat" mit völkerrechtlicher Identität fortbesteht und gerade kein neuer gemeinsamer Staat gegründet wurde. **62**

Damit liegt ein **besonderer Fall der Staatenvereinigung** vor. Eine (analoge) Anwendung der völkerrechtlichen Folgen einer Gebietsabtretung auf die Vereinigung (so Kimminich, Einführung in das Völkerrecht [4. Aufl 1990] 167 f) überzeugt nicht, auch kann ein entsprechendes Völkergewohnheitsrecht nicht festgestellt werden (vgl die Darstellung bei Dahm/Delbrück/Wolfrum, Völkerrecht 163). Denn das Spezifikum des Beitritts der DDR zur Bundesrepublik gem Art 23 GG zeigt sich ua darin, dass zwar die Verträge der Bundesrepublik gem Art 11 des Einigungsvertrages seit dem 3. 10. 1990 für ganz Deutschland und nicht nur für das Gebiet der bisherigen Bundesrepublik gelten sollen. Doch kann man nicht einfach nach dem Grundsatz der beweglichen **63**

Vertragsgrenzen die Verträge der DDR mit der Vereinigung als grundsätzlich erloschen ansehen (Arnold BB 1991, 2241; Klein NJW 1990, 1072; vHoffmann IPRax 1991, 7; Siehr IPRax 1991, 24; Dannemann DtZ 1991, 132; Börner, Die Anerkennung ausländischer Titel in den arabischen Staaten [1996] 429 ff mwNw; im Ergebnis E Drobnig DtZ 1991, 76; Jayme IPRax 1991, 12; Leible FamRZ 1991, 1252; **aA** für bewegliche Vertragsgrenzen bzw Gebietswechsel, Frowein EA 1990, 234 f; Grabitz/vBogdandy NJW 1990, 1076; Hailbronner JZ 1990, 453 f; Rauschning DVBl 1990, 403; Heintschel von Heinegg, Beil zu BB 18/1990, 12; Horn NJW 1990, 2173; Wittkowski, Die Staatensukzession in völkerrechtliche Verträge unter besonderer Berücksichtigung der Herstellung der staatlichen Einheit Deutschlands [1992] 367; Böhmer StAZ 1991, 62; wieder anders Mansel JR 1990, 442). Insbesondere geht Art 12 des Einigungsvertrages von einer grundsätzlichen Fortgeltung der Verträge der DDR bis zu einer Aufhebung im Einvernehmen nach „Erörterung" mit den Vertragspartnern aus (vgl Denkschrift zum Einigungsvertrag, BT-Drucks 11/7760, 362). Auch Art 31 der UN-Konvention über Staatensukzession bei Verträgen vom 23. 8. 1978, die zwar am 6. 11. 1996, aber nicht für Deutschland in Kraft getreten ist, ordnet den Vorgang eher einer Staatenvereinigung zu (vHoffmann IPRax 1991, 8).

64 **Im Ergebnis** ist daher anhand der Regelungen des Einigungsvertrages sowie der den Besonderheiten des Beitrittes anzupassenden völkerrechtlichen Regeln für Staatenvereinigung hinsichtlich der Fortgeltung von Verträgen nach Vertragsinhalten und Sachgebieten wie folgt zu unterscheiden (O'Connell, The Law of State Successions [1956] 49 ff):

65 Zunächst ist zu beachten, dass eine Fortgeltung der Verträge der DDR dann ausscheidet, wenn diese **mit** dem seit dem 3. 10. 1990 auf die DDR erstreckten **bundesrepublikanischen Recht unvereinbar** sind. Das ist der Fall bei den von der DDR abgeschlossenen Rechtshilfe- und Anerkennungsverträgen, in denen entgegen § 328 Abs 1 Nr 4 ZPO aF bei der Anerkennung und Vollstreckung von ausländischen Urteilen auf den **ordre public-Vorbehalt** verzichtet wird. Eine einseitige Ergänzung um den Vorbehalt des ordre public durch Auslegung ist ohne die Zustimmung des betreffenden anderen Vertragspartners unzulässig (vHoffmann IPRax 1991, 9; Leible FamRZ 1991, 1252). Und da der Verzicht auf den Vorbehalt des ordre public ein besonderes Vertrauen in Justiz und Recht des Vertragspartners voraussetzt, sind diese Verträge als „persönliche" Verträge der DDR und damit als erloschen zu betrachten. Das betrifft die Verträge mit Bulgarien, Kuba, der Mongolei, Polen, Rumänien, Tschechoslowakei, Ungarn, der UdSSR und Vietnam, also den Bereich der RGW. Sie sind am 3. 10. 1990 ipso jure erloschen.

66 Von einem Erlöschen der Verträge der DDR ipso jure ist auch auszugehen, soweit sie mit solchen der Bundesrepublik **kollidieren**. Hier kann nicht das Günstigkeitsprinzip angewandt werden (**aA** Siehr RabelsZ 55 [1991] 254; Jayme IPRax 1991, 15), denn im Zuge der Vereinigung sollte das Recht der Bundesrepublik auf ganz Deutschland erstreckt werden (wie hier Streinz EWS 1990, 176; Drobnig DtZ 1991, 80; Leible FamRZ 1991, 1245 ff). Und erst recht kann man darum nicht annehmen, dass der Vertrag der DDR vorgehe. Art 12 des Einigungsvertrages ist nicht lex specialis und vorrangig vor Art 11, welcher – insoweit iSd beweglichen Vertragsgrenzen – die westdeutsche Rechtsordnung auf die ehemalige DDR erstreckt (**aA** vHoffmann IPRax 1991, 10). Im Verhältnis zu Österreich, Belgien, Italien, Griechenland und Spanien gelten daher seit dem 3. 10. 1990 nur die jeweiligen Verträge der Bundesrepublik, die allerdings

ihrerseits durch die Bestimmungen von Brüssel IIa-VO und Brüssel Ia-VO verdrängt werden.

Schließlich hat die Bundesrepublik seit Herbst 1991 den Vertragspartnern (anscheinend außer Somalia, vielleicht wegen Fehlens einer Regierung) das **Erlöschen der Verträge zum 3. 10. 1990 notifiziert**, nachdem die gem Art 12 Einigungsvertrag erforderlichen Konsultation durchgeführt worden seien (Nw Rn 75). Soweit tatsächlich Einigkeit mit den betreffenden Vertragsstaaten vorlag, sind die Verträge damit hinfällig. Offenbar hat die Bundesrepublik allerdings in vielen Fällen dem Partnerstaat lediglich notifiziert, dass nach ihrer Rechtsauffassung die Verträge ipso jure erloschen seien (Dannemann DtZ 1991, 131 Fn 10; Böhmer StAZ 1991, 38). Nach allgemeinen völkerrechtlichen Grundsätzen führte diese einseitige Erklärung Deutschlands an sich noch nicht zum Erlöschen der Verträge, doch ist davon auszugehen, dass die Vertragspartner ihre Zustimmung im Nachhinein, ggf auch konkludent durch einen Verzicht auf Protest, erklärt haben (A Zimmermann, Staatennachfolge in völkerrechtliche Verträge [2000] 261 f). **67**

Allerdings bleiben durchgreifende Bedenken gegen eine **Rückwirkung** des Erlöschens auf den 3. 10. 1990, falls die Bundesrepublik die Notifizierung – was die Regel ist – erst nach diesem Zeitpunkt vorgenommen hat. Denn der in Art 12 des Einigungsvertrages ausdrücklich erwähnte Grundsatz des Vertrauensschutzes soll nicht nur die Vertragsstaaten begünstigen, sondern auch und gerade den betroffenen Bürger schützen (Drobnig DtZ 1991, 80; Andrae IPRax 1994, 229). Zumindest wenn eine ausländische Statusänderung zwischen dem 3. 10. 1990 und dem Erlöschen eines betr Anerkennungsabkommens ipso jure im Inland wirksam geworden ist, darf dies mit der Bekanntmachung des Erlöschens nicht rückwirkend wieder beseitigt werden (vHoffmann IPRax 1991, 9; **aA** Staudinger/Dörner [1996] Art 236 §§ 1–3 EGBGB Rn 43). Praktische Probleme sind aber wohl nicht bekannt geworden. **68**

c) Anerkennungsentscheidungen der DDR

Mit dem 3. 10. 1990 sind die einschlägigen §§ 193 f ZPO DDR zunächst durch §§ 328 ZPO aF, Art 7 § 1 FamRÄndG aF ersetzt worden, und seit dem 1. 9. 2009 durch die §§ 107 bis 110 FamFG. Bis dahin galt in beiden deutschen Staaten jeweils eigenes autonomes Recht. Verwerfungen treten insbesondere auf, soweit hier und dort verschiedene Staatsverträge abgeschlossen worden waren. Da eine **räumlich beschränkte** Anerkennung bzw inländische Wirksamkeit ausländischer Urteile insbesondere in Statusfragen unsinnig wäre, ist eine Abgrenzung der Anwendungsbereiche des autonomen und staatsvertraglichen Anerkennungsrechts nötig. Man kann nicht durch ein ausländisches Urteil für die neuen Bundesländer geschieden sein und für die alten nicht, oder umgekehrt. **69**

aa) Nach § 194 ZPO der DDR

Das frühere **DDR**-Recht sah in **§ 193 ZPO-DDR** die Anerkennung ausländischer Urteile unter bestimmten Voraussetzungen vor (vgl näher dazu Hofmann/Fincke, Der internationale Zivilprozeß [1980] 154 ff; Kellner [Hrsg], Zivilprozeßrecht [1980] 556 ff; Ministerium der Justiz [Hrsg], Zivilprozeßrecht der DDR [1987] § 193) und regelte in § 194 ZPO-DDR die Anerkennung ausländischer Scheidungen. **§ 194 Abs 1 ZPO-DDR** der DDR setzte dabei zur Wirksamkeit einer ausländischen Scheidung deren **förmliche Anerkennung** durch das Staatsministerium der Justiz voraus, die gem Abs 3 allgemein **70** bindend war. Es handelte sich dabei um ein Verwaltungsverfahren, das mit einem Verwaltungsakt – der Anerkennung – abgeschlossen wurde (zur Anerkennung ipso jure unten Rn 101). Solche Entscheidungen behalten gem Art 19 S 1 des Einigungsvertrages – Anerkennung von Verwaltungsakten – ihre Wirksamkeit und gelten nun für das ganze Bundesgebiet. Gem Art 19 S 2 des Einigungsvertrages können auch sie aber dann aufgehoben werden, wenn sie mit rechtsstaatlichen Grundsätzen unvereinbar sind. Dabei ist **Gegenstand** der Anerkennung und Überprüfung **die Anerkennungsentscheidung**, nicht etwa das ausländische Scheidungsurteil.

71 Dem Anerkennungsbeschluss kann man es gleichstellen, wenn die Anerkennung, lediglich **implizit** durch eine andere Entscheidung oder einen Verwaltungsakt einer DDR-Stelle vor dem 3. 10. 1990 ausgesprochen worden ist (so auch LEIBLE FamRZ 1991, 1249). Hier ist insbesondere an eine Wiederverheiratung vor einem Standesbeamten in der DDR zu denken. Zu solchen Akten wird es im Übrigen nur gekommen sein, wenn wenigstens einer der geschiedenen Ehegatten vor dem 3. 10. 1990 seinen gewöhnlichen Aufenthalt in der DDR hatte.

72 Die aufgrund des autonomen Anerkennungsrechts der DDR ausgesprochenen Anerkennungen ausländischer Entscheidungen in Ehesachen entsprechen idR schon deshalb „rechtsstaatlichen Grundsätzen", weil die Anerkennungsvoraussetzungen mit denen des § 328 ZPO aF weitgehend übereinstimmten. Bis zur Einführung der neuen ZPO 1975 bestand die deutsche Rechtseinheit – grundsätzlich – fort, sodass in beiden Teilen Deutschlands das gleiche Recht galt. Auch § 193 ZPO-DDR behielt die alten Anerkennungsvoraussetzungen bei, nämlich keine inländische ausschließliche Zuständigkeit, Gewährung rechtlichen Gehörs durch ordnungsmäßige Ladung zum Verfahren und innerhalb des Verfahrens sowie das Verbot einer entgegenstehenden inländischen rechtskräftigen Entscheidung. War bei Anerkennung ein Parallelverfahren in der DDR anhängig, so war mit der Anerkennung bis zu dessen Abschluss zu warten, und ggf ging dann das inländische Sachurteil vor. War ein ausländisches Eheurteil nach diesen Kriterien anerkannt worden, dann wäre dies idR auch nach § 328 Abs 1 Nr 2 und 3 ZPO aF möglich gewesen.

73 Große Unterschiede bei den Anerkennungshindernissen ergaben sich nur im Bereich der **ausschließlichen** internationalen **Zuständigkeit**. Die DDR nahm diese nur in Anspruch, wenn beide Eheleute Bürger der DDR waren und dort ihr Domizil hatten (HOFMANN/FINCKE, Der internationale Zivilprozeß [1980] 81). Dagegen sah sich die Bundesrepublik gem § 606a ZPO aF e contrario bis 1986 schon dann als ausschließlich zuständig an, wenn nur der Beklagte Deutscher war oder sein gewöhnlicher Aufenthalt im Inland lag. Eine Ausnahme hiervon galt nur, falls der letzte gemeinsame Aufenthalt der Ehegatten im Ausland war. Wurde nun der Bürger der DDR von seinem ausländischen Ehegatten im Ausland geschieden, so war das Urteil in der DDR anerkennungsfähig. Daran sollte sich nun nachträglich nichts ändern, weil nach früherem bundesrepublikanischem Recht eine Scheidung nicht hätte anerkannt werden können (LEIBLE FamRZ 1991, 1247). Unterschiede hinsichtlich der Anerkennungszuständigkeit sind kein Grund, die Anerkennungsentscheidung der DDR für unwirksam zu halten.

bb) Nach Anerkennungsabkommen

74 Weitere Differenzen resultieren aus den bilateralen Rechtshilfeabkommen der DDR.

Während einige praktisch dieselben Anerkennungshindernisse wie § 193 ZPO-DDR bzw § 328 ZPO aF enthalten (zB Verträge mit Ägypten Art 22, Algerien Art 30, Somalia Art 32, Syrien Art 30, Jugoslawien Art 63, 66), verzichten andere auf fast alle Voraussetzungen mit Ausnahme des Vorbehalts der entgegenstehenden inländischen Entscheidung (etwa Art 54 des Vertrags mit Ungarn, anders aber für Erteilung von Vollstreckungsklauseln, vgl Art 61). Andere Abkommen verlangen darüber hinaus die Einhaltung der vom Abkommen vorgeschriebenen Zuständigkeit (zB Art 51 des Vertrages mit Polen und Art 49 desjenigen mit der Tschechoslowakei) oder verzichten auf den Vorbehalt des ordre public (zB Rumänien Art 46, Tschechoslowakei für vollstreckungsbedürftige Urteile Art 56).

In der ersten Gruppe ist gewöhnlich auch ein förmlicher Anerkennungsbescheid für Statusurteile nötig, bei manchen Verträgen wenigstens, wenn Staatsbürger des Anerkennungsstaates betroffen sind (Ägypten, Syrien, Jugoslawien). Dagegen sehen die besonders großzügigen Verträge mit Albanien, Polen, Tschechoslowakei, Nordkorea und Ungarn eine Anerkennung ipso jure vor. Ein System ist unter diesen Verträgen nicht zu erkennen, allenfalls lässt sich feststellen, dass den Staaten des RGW tendenziell ein größeres Vertrauen entgegengebracht wird (eingehend HOFMANN/FINCKE, Der internationale Zivilprozeß [1980] 169 ff). 75

cc) Wirksamkeit der Anerkennungsbescheide

Ebenso wie für die Anerkennung von Urteilen der DDR (Rn 63 f) wird man sich auch für die Wirksamkeit der **Verwaltungsentscheidungen** an die Anforderungen des § 328 Abs 1 ZPO aF/§ 109 FamFG anlehnen müssen. So ist die internationale Anerkennungszuständigkeit iSd § 109 Abs 1 Nr 1 FamFG zu verlangen, die auf dem gewöhnlichen Aufenthalt wenigstens eines Ehegatten in der DDR oder auf deren Staatsangehörigkeit beruhen kann. Weiter muss das Delibationsverfahren gem Art 19 Einigungsvertrag rechtsstaatlichen Grundsätzen entsprechen. 76

Die Wirksamkeit des Anerkennungsbescheides der ehemaligen DDR kann auch an einer Verweigerung des rechtlichen Gehörs iSd § 328 Abs 1 Nr 2 ZPO aF im Anerkennungsverfahren scheitern. Dies wäre in der BRD seit dem 3. 10. 1990 nach einer Meinung entsprechend § 579 Nr 4 ZPO durch Nichtigkeitsklage geltend zu machen (so OLG Hamm 9. 3. 1979 MDR 1979, 766; KG 27. 5. 1987 NJW-RR 1987, 1215; MünchKommZPO/BRAUN § 579 Rn 19; FISCHER ZZP 107 [1994]; ZÖLLER/GREGER § 579 Rn 6 ; **aA** STEIN/JONAS/GRUNSKY [21. Aufl 1994] § 579 ZPO Rn 8). Dies muss gleichfalls im Bereich der freiwilligen Gerichtsbarkeit gelten, denn sonst bliebe nur die Verfassungsbeschwerde. Jedenfalls sind nun seit dem 3. 10. 1990 die Rechtsbehelfe des auf das Beitrittsgebiet erstreckten Rechts anzuwenden (Art 18, 19 Einigungsvertrag). Dieser schon damals nicht hM ist heute durch § 321a ZPO (Gehörsrüge) in der BRD der Boden entzogen worden (STEIN/JONAS/JACOBS § 579 ZPO Rn 11), doch lässt sich diese mit ihren Fristen gegenüber alten Entscheidungen der DDR nicht durchführen. Man wird solche Bescheide ohne weiteres als unwirksam behandeln können. 77

Wenn Anerkennungsbescheide sowohl seinerzeit in der DDR als auch erneut nach dem 3. 10. 1990 ergangen sind, entsteht praktisch kein Problem, wenn sie inhaltlich gleich lauten, wohl aber, wenn sie sich widersprechen. Nachdem die alten Entscheidungen aus der DDR nun den Rechtsbehelfen der westdeutschen Verfahrensordnung unterstehen und nicht als ausländische iSd § 328 Abs 1 Nr 3 ZPO aF gelten, 78 sollte der Prioritätsgrundsatz angewandt werden, dh die jüngere aufgehoben werden (analog § 580 Nr 7 ZPO). Sind die konkurrierenden Anerkennungsbescheide in der BRD und der DDR vor dem 3. 10. 1990 ergangen, sollte man nicht § 328 Abs 1 Nr 3 ZPO aF heranziehen, sondern ebenfalls die ältere gelten lassen.

79 Man wird jedoch, wenn der Anerkennungsbescheid der DDR anerkennungsfähig ist, nicht noch das damit anerkannte ausländische Urteil überprüfen dürfen. Das widerspräche Art 19 Einigungsvertrag, wonach Verwaltungsakte der DDR wirksam bleiben. Nur bei groben Verstößen gegen den ordre public kann man anders entscheiden, weil dieser Verstoß sich dann im Anerkennungsbescheid der DDR fortsetzt; auch dieser hätte nicht ergehen dürfen.

dd) Anerkennungen ipso jure

80 In § 194 Abs 3 ZPO-DDR war wie in Art 7 Abs 1 S 3 FamRÄndG aF eine **Anerkennung ipso jure** für Scheidungen aus dem gemeinsamen ausländischen Heimatstaat der Eheleute und für alle vermögensrechtlichen Entscheidungen vorgesehen. Insbesondere aber verzichtete die DDR auf ein Anerkennungsverfahren in verschiedenen Anerkennungsverträgen, vor allem mit **sozialistischen** Staaten. Damit war mit dem Eintritt der Rechtskraft des ausländischen Urteils die Scheidung etc auch für das Gebiet der DDR wirksam geworden, während sie in den alten Bundesländern einer Entscheidung der LJV bedurft hätte.

81 § 194 Abs 3 ZPO-DDR ist mit dem 3. 10. 1990 außer Kraft getreten. Er kann daher nur ausländische Scheidungen erfassen, die davor rechtskräftig geworden sind. Die Anerkennungsverträge der DDR sind inzwischen ebenfalls außer Kraft getreten (vgl Rn 75).

82 Zunächst ist nach Sinn und Zweck des Einigungsvertrages davon auszugehen, dass die vor dem 3. 10. 1990 in der DDR ipso jure eingetretenen Anerkennungen nicht deswegen außer Kraft treten, weil nach dem nun geltenden bundesrepublikanischem Recht ein **förmliches Anerkennungsverfahren** durchzuführen wäre. Das betrifft vor allem die nicht mehr fortgeltenden Anerkennungsverträge der ehemaligen DDR, deren Wirkungen nicht rückwirkend entfallen (**aA** vielleicht Böhmer StAZ 1991, 62). Diese Wertung folgt im Übrigen auch aus Erwägungen, die anlässlich der Einführung des förmlichen Anerkennungsverfahrens durch § 24 der 4. DVO zum EheG vom 25. 10. 1941 angestellt wurden. Bereits damals wurde erkannt, dass das neue Erfordernis der Anerkennung nicht dazu führen sollte, bisher als ipso jure geschieden geltende Eheleute solange als wieder „verheiratet" anzusehen, bis sie den Anforderungen des neuen Rechts genügten. Diese Konsequenz war schon deshalb geboten, weil andernfalls zB an die Stelle eines Anspruches auf nachehelichen Unterhalt ein solcher aufgrund Getrenntlebens getreten wäre.

83 Nun war die Anerkennung ipso jure damals nicht auch für das Gebiet der alten Bundesländer eingetreten, sodass man vor der Frage steht, ob sie sich nun auf das Gebiet der alten Bundesländer erstreckt hat, oder wenigstens insoweit eine Entscheidung der LJV nötig wird und ggf welchen Geltungsbereich eine Ablehnung hätte.

84 Die Fragen des räumlichen und persönlichen **Anwendungsbereiches der Anerken-**

nungsverträge der DDR, soweit diese die Anerkennung ipso jure ausländischer Entscheidung vorsehen, sind weitgehend ungeklärt.

Teilweise wird für die Lösung des Problems **räumlich** nach der befassten Stelle differenziert (Leible FamRZ 1991, 1249). So sollen westdeutsche Stellen stets das bundesrepublikanische Anerkennungsrecht beachten. Für Behörden und Gerichte auf dem Territorium der ehemaligen DDR wird weiter danach unterschieden, ob die beteiligten Parteien aufgrund der ehemaligen DDR-Staatsangehörigkeit oder wegen ihres gewöhnlichen Aufenthaltes in der DDR vor 1990 schützenswertes Vertrauen in die Anerkennung der ausländischen Entscheidung durch die DDR entwickeln konnten. Ist dies der Fall, so wird auch heute die Anerkennung nach der alten Rechtslage beurteilt; fehlte dagegen jeder Bezug zur DDR, so komme das heutige deutsche Recht zur Anwendung. **85**

Begründet wird dies damit, dass vor 1990 eine von der DDR anerkannte Entscheidung nicht notwendig auch in der Bundesrepublik Geltung erlangen konnte. Somit bestand schon damals die Möglichkeit divergierender Anerkennungsentscheidungen in beiden deutschen Staaten; an diesem Zustand sollte sich allein durch die Vereinigung nichts ändern. Und wenn die Voraussetzungen des § 328 Abs 1 ZPO aF nicht vorliegen, kann die Divergenz auch durch eine Entscheidung der LJV nicht geändert werden. **86**

Dem ist nicht zu folgen. Ein räumlich gespaltener Personenstand innerhalb Deutschlands nach der Wiedervereinigung ist nicht sinnvoll, und wäre sehr kompliziert zu handhaben. Man denke an einen Umzug der Parteien von Ost nach West. Man muss sich vielmehr entscheiden, ob die Anerkennung für das ganze Bundesgebiet nach dem damaligen Recht der DDR oder dem der BRD zu beurteilen ist. Entscheiden muss die **Beziehung** der Partei **zum einen oder anderen damaligen deutschen Teilstaat**. **87**

Das Anerkennungsrecht der ehemaligen BRD ist anzuwenden, wenn beide Ehegatten vor 1990 ihren gewöhnlichen Aufenthalt in den alten Bundesländern hatten. Dagegen kommt es auf die Bestimmungen der ehemaligen DDR an, wenn sie in den neuen Bundesländern lebten. Hat die eine Partei ihren gewöhnlichen Aufenthalt in Deutschland, die andere im Ausland, dann gibt der deutsche in der ehemaligen BRD oder DDR den Ausschlag. Bei einer deutsch-ausländischen Ehe mag man die Staatsangehörigkeit zusätzlich gewichten und an den gewöhnlichen Aufenthalt der deutschen Partei anknüpfen, wenn beide in Deutschland leben, dh Verträge der ehemaligen DDR sind anzuwenden, wenn die deutsche Partei in den neuen Bundesländern lebte, und wenn der ausländische Ehegatte im Westen lebte. Hatte nur eine Partei, und sei es die ausländische, gewöhnlichen Aufenthalt in Westdeutschland, gibt dieser Maß. Gleichgewichtige Beziehungen bestehen, wenn bei einer west-ostdeutschen oder rein ausländischen Ehe keine Partei einen gewöhnlichen Aufenthalt im Inland hatte, oder wenn die eine ihn im Westen, die andere ihn im Osten hatte. In dieser Gleichgewichtssituation darf man wohl, da grundsätzlich westliches Recht auf die neuen Bundesländer erstreckt wird, die Verträge der ehemaligen BRD und ihr Recht, nicht das der ehemaligen DDR heranziehen. **88**

Die **zeitliche Grenze** liegt beim ostdeutschen autonomen und völkervertraglichen **89**

Recht etwas anderes, da zwar §§ 193 f ZPO-DDR am 3. 10. 1990 von § 328 ZPO aF, Art 7 § 1 FamRÄndG aF ersetzt wurden, die Verträge der DDR aber noch darüber hinaus galten (Nw der Zeitpunkte ihres Außerkrafttretens Rn 54).

90 Im Hinblick auf Anerkennungen ipso jure von Urteilen aus dem gemeinsamen Heimatstaat und die Tatsache, dass auch eine förmliche Anerkennung auf den **Zeitpunkt der Rechtskraft** des Urteils zurückwirkt, sollte dies der entscheidende Zeitpunkt auch für die Anknüpfung sein. Bei Scheidungen im Ausland nach dem 3. 10. 1990 **(Neufälle)** und vor dem Erlöschen des betr Abkommen der ehemaligen DDR muss der gewöhnliche Aufenthalt also bei Eintritt der Rechtskraft in der früheren DDR gelegen haben, und es kann dann eine Übersiedlung nach Scheidung in die neuen Bundesländer keine Änderung des Anerkennungsrechts und damit des Status bewirken. Das entspricht dem in Staudinger/Spellenberg (1997) § 328 ZPO Rn 78 zum intertemporalen Anerkennungsrecht Gesagten. Lebten die Parteien oder wenigstens der deutsche Ehegatte zum maßgebenden Zeitpunkt in den neuen Bundesländern, gelten die Verträge der ehemaligen DDR.

91 Auch wenn manche Anerkennungsverträge der DDR auf den Vorbehalt des ordre public verzichten, so wird man ihn doch nun auch für ausländische Urteile machen, die unter den alten Verträgen der DDR dort automatisch anerkannt waren, so wie auch Scheidungsurteile der DDR (oben Rn 65). Es handelt sich um unverzichtbare Mindestanforderungen der Rechtsstaatlichkeit.

92 Nach dem oben Rn 67 Gesagten kann kein Vertrag der ehemaligen DDR nach dem 3. 10. 1990 bzw nach seiner Kündigung neben einem der ehemaligen BRD mit demselben Staat gelten (ohne diese Einschränkung anscheinend Sturm, in: FS Serick [1992] 367). Dann erfasst der Vertrag der ehemaligen DDR die nach diesem Datum rechtskräftig gewordene Auslandsscheidung ohnehin nicht.

ee) Noch ausstehende Anerkennungsverfahren

93 War in der DDR ein förmliches **Anerkennungsverfahren vorgeschrieben**, aber vor dem 3. 10. 1990 und bis heute **nicht durchgeführt** worden, so stehen keine Vertrauensgesichtspunkte entgegen, nunmehr das Verfahren gem § 107 FamFG zu verlangen, dessen Vorgänger Art 7 § 1 FamRÄndG aF seit dem 3. 10. 1990 auch in den neuen Bundesländern galt. Da keine Antragsfristen bestanden und bestehen, könnten noch durchaus Anträge gestellt werden, zB im Zusammenhang mit Erbschaften.

94 Fraglich ist nur, nach **welchem Recht** dann sachlich über die Anerkennung zu entscheiden ist. Entsprechend den allgemeinen Regeln über das intertemporale Anerkennungs- und Kollisionsrecht (dazu oben Rn 38 f) sollte wegen eines schutzwürdigen Vertrauens der Parteien auf die Möglichkeiten der Anerkennung und auch, weil die Anerkennung nur deklaratorisch ist und zurückwirkt, über die Anerkennung noch nach dem DDR-Recht zum Zeitpunkt der Rechtskraft des ausländischen Urteils entschieden werden (Drobnig DtZ 1991, 79; Leible FamRZ 1991, 1246; ähnlich Böhmer StAZ 1991, 63). War die Anerkennung nach dem damaligen Recht der DDR möglich, wäre sie nach heutigem gesamtdeutschen Recht des § 109 FamFG oder den nunmehr geltenden Staatsverträgen aber nicht möglich, so sollte die Anerkennung daran nun nicht scheitern.

Wenn nach dem damaligen DDR-Recht, soweit es nach den eben erwähnten Maßstäben für die im Ausland geschiedenen Ehegatten galt, die Anerkennung nicht möglich war, so ändert es nichts, dass sie **nach dem heutigen** gesamtdeutschen Recht **möglich geworden** ist, denn es gilt der **Rechtszustand** zum Zeitpunkt des Urteilserlasses (oben Rn 38; KG 26. 1, 1988 FamRZ 1988, 651). Das ist allerdings streitig. 95

III. Gegenstände der Anerkennung

1. Entscheidung. Urteil

a) Verfahrensunterschiede

Es kommen im Ausland Scheidungen aufgrund streitiger Verfahren oder in Verfahren der freiwilligen Gerichtsbarkeit, aber auch durch Verwaltungsakt (zB in Dänemark oder Norwegen) vor. Von der Einordnung hing früher uU im Prinzip ab, ob sich die Voraussetzungen der Anerkennung aus § 328 ZPO aF, § 16a FGG aF oder, nach manchen Stimmen, aus dem internationalen Verwaltungsrecht ergeben (Soergel/Schurig Art 17 EGBGB Rn 109; Habscheid FamRZ 1981, 1145), wenngleich es wegen der inhaltlichen Angleichung nur noch wenig auf die Unterscheidung ankam (zust Soergel/Schurig Art 17 EGBGB Rn 109). Heute differenzieren die §§ 107 FamFG bis 110 FamFG nicht mehr zwischen Akten der streitigen und freiwilligen Gerichtsbarkeit. Der Streit, ob freiwillige Gerichtsbarkeit in Deutschland materiell Verwaltung ist, ist ohne Bedeutung. 96

Die Frage ist **nicht nur** von **historischem** Interesse, sondern auch von **praktischem** für die Beurteilung der Anerkennung von ausländischen Entscheidungen, die vor dem 1. 9. 2011 – im Ausland – ergangen sind (vgl oben Einl 6 zu §§ 97 ff). Dafür war nach manchen darauf abzustellen, ob nach dem ausländischen Recht ein „Rechtsstreit" stattgefunden hat. Es sollen nur solche gerichtlichen Entscheidungen zu den Zivilprozessachen gerechnet werden, welche einen Rechtsstreit zwischen den Parteien aufgrund eines beiden Parteien Gehör gewährenden ordentlichen oder summarischen aber kontradiktorischen Verfahrens erledigen, während die übrigen Entscheidungen Akte der Freiwilligen Gerichtsbarkeit darstellen (RG 30. 6. 1886 RGZ 16, 427 [428]; Soergel/Schurig Art 17 EGBGB Rn 109; Sonnenberger, Anerkennung und Vollstreckung ausländischer Gerichtsentscheidungen, Vergleiche und sonstiger Titel [1972] 223 f; Schütze RIW 1978, 767; Schack, IZVR Rn 810). 97

Die **hM ging und geht** aber davon aus, dass die Qualifikation nach der **deutschen lex fori** dergestalt zu erfolgen habe, dass ausländische Entscheidungen unabhängig davon, ob sie dort in einem streitigen oder nichtstreitigen Verfahren ergingen, danach beurteilt werden, in welchem sie im Anerkennungsstaat Deutschland erfolgt wären (BGH 5. 2. 1975 BGHZ 64, 19; BGH 11. 4. 1979 NJW 1980, 529; KG 13. 11. 1973 OLGZ 1974, 94; BGH 25. 10. 1976 BGHZ 67, 255, 126; KG 9. 8. 1974 OLGZ 1975, 119; OLG Hamm 14. 4. 1976 OLGZ 1976, 426; BayObLG 20. 7. 1981 BayObLGZ 1981, 246; BayObLG 21. 6. 2000 BayObLGZ 2000, 180; Firsching StAZ 1976, 155; Geimer, IZPR Rn 2882; ders, in: FS Ferid [1988] 96; Geimer/Schütze, Int Urteilsanerkennung Bd I/2, § 219; Martiny, Hdb IZVR Bd III/1 Kap I Rn 512; Ferid, IPR [3. Aufl 1987] 2–25; Henrich, Int FamR 154 zu eng wohl Habscheid FamRZ 1981, 1145). Das ist auch heute noch richtig. Damit sind **Ehescheidungen stets nach §§ 108 f FamFG** zu prüfen, auch wenn sie in einem Verfahren der Freiwilligen Gerichtsbarkeit oder gar durch Verwaltungsakt ergangen sind (**aA** Soergel/Schurig Art 17 EGBGB Rn 109) und 98 ebenso ggf die Scheidungsfolgeregelungen über Unterhalt und Güterrecht. Dagegen waren Entscheidungen zu Fragen des Sorgerechts und der Hausratsverteilung an § 16a FGG zu messen, selbst wenn sie im Scheidungsverbund ergangen sind (vgl § 621a ZPO; Staudinger/Kropholler [2002] Art 21 EGBGB Rn 251), doch heute ebenfalls an § 108 f FamFG. Sollte ein ausländisches Scheidungsurteil dem deutschen Recht unbekannte Scheidungsfolgen regeln (wie zB die Zahlung der Morgengabe vgl Heldrich IPRax 1983, 64; Hessler IPRax 1988, 95), gelten die §§ 108 f FamFG.

99 Mit dem Inkrafttreten des **FamFG** ist der Streit also müßig, denn nunmehr gelten die §§ 107 ff FamFG einheitlich **für alle** Arten ausländischer Statusregelungen: § 109 FamFG behandelt die Voraussetzungen der Anerkennung von allen ausländischen „Entscheidungen", und § 107 FamFG unterwirft dem Anerkennungsmonopol ebenso nur die ausländischen Eheauflösungen.

b) Entscheidung oder Urteil

100 Die **andere frühere Diskussion**, ob Art 7 § 1 FamRÄndG aF, der von „Entscheidungen", und § 328 ZPO aF, der von „Urteilen" sprach bzw spricht, unterschiedlich weit zu verstehen seien oder nicht, hat sich nur anscheinend erledigt, denn § 109 FamFG spricht nun ebenso wie § 107 FamFG von „ausländischen Entscheidungen".

101 Eine **Unterscheidung** ist aber im Hinblick auf die verschiedenen Anerkennungsvoraussetzungen weiterhin **sachlich geboten**, und wird durch die einheitliche Bezeichnung nicht beseitigt. Der **Gegenstand** der Anerkennung, die „Entscheidung" ist in **§ 109 FamFG** daher enger als der der „Entscheidung" in **§ 107 FamFG** und **108 FamFG** (Beule StAZ 1979, 31; Kleinrahm/Partikel, Die Anerkennung ausländischer Entscheidungen in Ehesachen, 62 f; Reinl, Die Anerkennung ausländischer Eheauflösungen 62; Nagel/Gottwald, IZPR § 12 Rn 5; **aA** Siehr, IPRax 2009, 332, 334), denn die dort genannten Anerkennungshindernisse betreffen wie zB die ungenügende Ladung und die fehlenden Anerkennungszuständigkeit nur Scheidungen durch **Hoheitsakt**, während § 107 FamFG auch Privatscheidungen mit nicht **konstitutiver Behördenmitwirkung** erfasst, mag dann auch nach dem von Art 13 und 5 ff Rom III-VO bezeichneten **Sachrecht** zu prüfen sein. Unabhängig von der Frage der Qualifikation, muss der ausländische Hoheitsakt auch bestimmte Eigenschaften haben, um ggf unter §§ 107 FamFG bis 109 FamFG zu fallen (ähnlich unterscheidend MünchKommFamFG/Rauscher § 107 Rn 26; Prütting/Helms/Hau, § 107 FamFG Rn 24, 26). Der entscheidende Unterschied liegt darin, dass das hoheitliche Handeln auf die Eheauflösung gerichtet, wenn auch nicht allein konstitutiv sein muss.

2. Gerichte und Behörden

a) Staatliche

102 Die ausländische Stelle, die die Eheauflösung vollzieht, muss nicht in allem einem **Gericht** iSd Art 92 GG und des GVG entsprechen. Es genügt, ist aber auch erforderlich, dass es sich um eine mit **staatlicher Autorität** versehene Stelle handelt, die befugt ist, über Rechtsstreitigkeiten, hier über Eheangelegenheiten, zu entscheiden (RG 11. 2. 1938 JW 1938, 870 Nr 22; BGH 9. 5. 1956 BGHZ 20, 323, 329 = StAZ 1956, 169 = FamRZ 1956, 228, 276 [Bosch 280]; zust Stein/Jonas/H Roth § 328 ZPO Rn 159; Nagel/Gottwald, IZPR § 12 Rn 142; Soergel/Schurig Art 17 EGBGB Rn 94, 112; Beitzke FamRZ 1967, 598). Ein justizförmliches Verfahren mit Gewährung rechtlichen Gehörs, wird gesagt,

charakterisiere das Gericht (Nagel/Gottwald, IZPR § 12 Rn 142) und unterscheide sein Verfahren vom Verwaltungsakt. Die Verweigerung des rechtlichen Gehörs ist jedoch ein Anerkennungshindernis nach § 109 Abs 1 Nr 2 und 4 FamFG und ist deshalb nicht Teil der Definition des Gerichts. Entscheidend ist für § 108 FamFG, ob eine hoheitliche Feststellung, Entscheidung oder Gestaltung vorliegt. Andernfalls handelt es sich um eine Privatscheidung.

Persönliche und sachliche **Unabhängigkeit** der Richter gehören ebenso wenig zum **103**
Begriff des Gerichts wie die sonstigen Merkmale der Art 92, 97 GG und des GVG (BGH 9. 5. 1956 BGHZ 20, 323, 329; KG 28. 9. 1931 IPRspr 1931 Nr 146; RG 4. 4. 1928 RGZ 121, 24 f; Martiny, Hdb IZVR III/1 Kap I Rn 498 f; **aA** Nagel/Gottwald, IZPR § 12 Rn 142). Defizite an Neutralität oder sachlicher bzw persönlicher Unabhängigkeit der Richter können freilich Anlass zum Eingreifen des **ordre public** (§ 109 Abs 1 Nr 4 FamFG) sein, wenngleich auch hier etwas Zurückhaltung geboten ist (vgl auch BGH 15. 5. 1986 NJW 1986, 3027; BGH 7. 1. 1971 BGHZ 55, 162, 175; BGH 3. 7. 1975 BGHZ 65, 59, 64, jeweils zu Schiedsverfahren; Martiny, Hdb IZVR III/1 Kap I Rn 499 f).

b) Geistliche Gerichte

Dagegen gehören hierher auch **geistliche Gerichte**, wenn und sobald der zuständige **104**
Staat ihre Entscheidungen auch mit statusgestaltender, zivilrechtlicher Wirkung versehen hat, ihnen also staatliche Autorität leiht (Martiny, Hdb IZVR III/1 Kap I Rn 498, 528 f; Nagel/Gottwald § 11 Rn 228; Riezler, IZPR [1949] 529; Wolf, IPR Deutschlands [3. Aufl 1954] 133; Zimmerle StAZ 1932, 25 f; Nussbaum, Deutsches IPR [1930] 430; BayObLG 22. 11. 1912 BayObLGZ 1913, 690 = OLGRspr 27, 92; RG 20. 2. 1913 RGZ 81, 373; RG 30. 4. 1928 JW 1928, 3044; KG 28. 10. 1929 StAZ 1930, 196).

Freilich muss das geistliche Gericht nicht nur überhaupt in Ehesachen tätig werden **105**
dürfen, sondern es muss auch seine ihm vom Staat übertragene sachliche **Zuständigkeit** eingehalten haben (Zimmerle StAZ 1932, 25 f). Delegiert hier der betreffende Staat seine Ehegerichtsbarkeit an geistliche Gerichte, so ist es konsequent, die Anerkennung dann auch nach §§ 108 FamFG, 109 FamFG zu beurteilen und nicht zB die Grundsätze über Privatscheidungen anzuwenden.

Es ist jedoch nicht nötig und heute eher selten, dass die geistliche Gerichtsbarkeit **106**
das Monopol in Ehesachen hat, sondern es genügt, wenn und soweit der betreffende Staat **neben seiner eigenen Gerichtsbarkeit** kirchliche Urteile anerkennt wie zB in Italien und Spanien (zu letzterem Rodriguez Chacon RDP 1984, 26 ff; Karl, Die Anerkennung von Entscheidungen in Spanien [1993] 41 ff, 117). Bei **Italien** ist jedoch zu beachten, dass die durchaus zulässige kirchliche Eheauflösung – Scheidung gibt es im kanonischen Recht eigentlich nicht, sondern nur Nichtigkeitsurteile – ihre staatlichen Wirkungen erst entfaltet, wenn sie in das staatliche Zivilstandsregister eingetragen ist. Diese Eintragung setzt ihrerseits eine gerichtliche Anerkennungsentscheidung durch das Appellationsgericht voraus. Ähnlich ist es in Portugal.

Als Gegenstand der deutschen Anerkennung ist dann richtigerweise dieses **staatliche** **107**
Anerkennungsurteil anzusehen (Staudinger/Spellenberg [2015] Art 21 Brüssel IIa-VO Rn 25 f). Zwar gilt für diese Länder nun Art 21 Brüssel IIa-VO, doch ist für **Drittstaaten** mit ähnlicher Regelung entsprechend zu verfahren.

c) Andere nicht staatliche Gerichte

108 Entsprechendes gilt bei **nicht kirchlichen**, staatlich anerkannten **Gerichtsbarkeiten**. Es ist aber jeweils zu prüfen, ob es sich zB bei gewohnheitsrechtlichen Scheidungen in Afrika und anderswo um delegierte Gerichtsbarkeit oder nur um zugelassene Privatscheidungen handelt, mögen sie auch unter Assistenz lokaler Autoritäten stattfinden (zur Abgrenzung unten Rn 125 ff). Immer ist es auch **erforderlich** zu prüfen, ob das konkrete kirchliche oder andere Urteil vom betreffenden **Staat anerkannt** wird, was insbesondere bei Überschreitung der gewährten Zuständigkeit ausgeschlossen sein kann (Beispiele bei Wähler, in: FS Wengler Bd 2 [1973] 865 ff). Die kirchlichen Vorstellungen und Regelungen zur eigenen Zuständigkeit sind für unser Anerkennungsrecht nicht erheblich (zu kirchlichem und religiösem Eherecht nach den eigenen Regeln vgl Engelhardt [Hrsg], Die Kirchen und die Ehe [1984] Beiheft 46 zur Ökumenischen Rundschau; Wähler, Interreligiöses Kollisionsrecht im Bereich privatrechtlicher Rechtsbeziehungen [1978]). Auch gewohnheitsrechtliche Gerichte praktizieren nicht ganz selten contra legem.

109 Jedoch kann eine kirchliche Scheidung durchaus auch ohne eine solche staatliche Delibation und Eintragung, die eine Art nachträgliche Autorisierung sein kann, wirksam und Gegenstand der Anerkennung sein, wenn die betreffende Rechtsordnung ihr generell zivilrechtliche Wirkung verleiht. Manche Rechtsordnungen überlassen wie früher Spanien die Eheschließung und -auflösung ganz einer religiösen oder gewohnheitsrechtlichen Gemeinschaft (vgl Spellenberg, Das Personalstatut im kamerunischen Kollisionsrecht, Recht in Afrika [2007] 113 ff; ders, Unité et Dualisme dans les systèmes judiciaires en Afrique, in: Association française d'Anthropologie du Droit [Hrsg], Le juge – une figure d'autorité [1997] 153 ff). Je nachdem, ob und wie dann dabei kirchliche Instanzen mitwirken oder nicht, ist nach § 107 FamFG mit § 109 FamFG anzuerkennen oder nach Art 13 mit 17 EGBGB bzw 5 ff Rom III-VO. Wenn das kirchliche Gericht unter staatlicher Autorität die Scheidung vollzieht, liegt eine „Entscheidung" iSd §§ 107 bis 109 FamFG vor.

d) Verwaltungsbehörden

110 Während die Voraussetzungen der Anerkennung einer reinen Privatscheidung unstr nicht unter § 109 FamFG fallen, ist die **Subsumtion zweifelhaft** bei Scheidungen durch Verwaltungsakt, wie sie etwa in skandinavischen Ländern (Fylkesmann [Regierungspräsident] in Norwegen, Statsamt in Dänemark) oder auch Mexiko (einverständliche Scheidung kinderloser Ehen durch den Standesbeamten) und vielleicht in der VR China vorkommen. Es wurde vertreten, die Wirksamkeit von Scheidungen durch Verwaltungsbehörden sei wie diejenige von Privatscheidungen nicht anzuerkennen, sondern direkt nach der von **Art 17 EGBGB** bzw 5, 8 Rom III-VO bezeichneten lex causae zu beurteilen (so Lewald, Das deutsche IPR [1931] 125; Nussbaum, Deutsches IPR [1930] 165), oder dass die Regeln des internationalen Verwaltungsrechts über die Anerkennung ausländischer Verwaltungsakte anzuwenden seien, wenn keine sachlich unabhängige Stelle entschieden hat (so Habscheid, FamRZ 1981, 1145). Andere erwarten ein rechtlich geordnetes, **prozessförmliches Verfahren** (BGH 9. 5. 1956 BGHZ 20, 323, 329; Geimer, IZPR Rn 2870; Henrich, Int Familienrecht 153 ff; Haecker, Die Anerkennung ausländischer Entscheidungen in Ehesachen [1989] 23; stellt auf gerichtliche Funktion ab).

111 So wurde von manchen eine „gerichtliche" Entscheidung nur dann angenommen, wenn beiden Parteien im Verfahren der Behörde **rechtliches Gehör** gewährt wird oder dieses jedenfalls gesetzlich vorgesehen ist (RG 30. 6. 1886 RGZ 16, 427, 430; MELCHIOR, Grundlagen des deutschen IPR [1932] 313; STAUDINGER/GAMILLSCHEG[10/11] § 328 ZPO aF Rn 14; NAGEL/GOTTWALD, IZPR § 12 Rn 142). Andere Definitionen stellen auf dieses Kriterium zu Recht nicht ab (BGH 9. 5. 1956 BGHZ 20, 323, 329; OLG Schleswig 5. 5. 2008 FamRZ 2009, 610 [Norwegen]; BAUMBACH/LAUTERBACH/ALBERS/HARTMANN § 328 Rn 9; RG 2. 11. 1937 JW 1938, 468; HABSCHEID FamRZ 1981, 1145; GEIMER, IZPR Rn 2852; oben Rn 102). Das – verweigerte – rechtliche Gehör erscheint (heute) in § 109 Abs 1 Nr 2 und 4 FamFG als Anerkennungshindernis und dabei in Nr 4 unter dem Gesichtspunkt des ordre public. Da die Verweigerung des rechtlichen Gehörs als Anerkennungshindernis erscheint, kann es nicht schon Bestandteil des Gerichts- oder Urteilsbegriffes sein (MARTINY, Hdb IZVR Bd III/1 Kap I Rn 468 f; GEIMER, IZPR Rn 2852; **aA** ROTH, Der Vorbehalt des ordre public gegenüber fremden gerichtlichen Entscheidungen [1967] und ZZP 82 [1969] 153 f). Daher sind grundsätzlich auch Entscheidungen in **summarischen Verfahren** anerkennungsfähig (so wohl AG Hamburg 24. 1. 1985 IPRax 1986, 114 [DH] [Unterhalt nach Verstoßungsscheidung]; RG 4. 4. 1928 RGZ 121, 24, 25; RG 22. 4. 1932 RGZ 136, 142, 147).

Maßgeblich für die Anwendung von §§ 107, 109 FamFG ist, dass die Ehescheidung **112** unter gerichtlicher oder behördlicher Mitwirkung zustande kam; beide stehen gleich (MARTINY, Hdb IZVR III/1 Kap I § 4 Rn 519 f; iE weitgehend auch SOERGEL/SCHURIG Art 17 EGBGB Rn 109; **aA** GEIMER, IZPR Rn 2873 nur analoge Anwendung von § 328 ZPO/§ 109 FamFG). ZT wird verlangt, dass die ausländische Behörde eine dem deutschen Familiengericht funktional vergleichbare Stellung haben müsse (so MünchKommFamFG/RAUSCHER Rn 10 f). Auf die organisatorische Stellung kommt es weniger an (KEIDEL/ZIMMERMANN Rn 6).

Dass Scheidungen durch ausländischen Verwaltungsakt einzubeziehen sind, ist heute **113** anerkannt (grundlegend BGH 14. 10. 1981 BGHZ 82, 34, 42 f; BayObLGZ 1999, 352; OLG Schleswig 5. 5. 2008 FamRZ 2009, 609; JOHANNSEN/HENRICH/HENRICH, Familienrecht § 107 FamFG Rn 2). Die Regeln des internationalen Verwaltungsrechts über die Anerkennung ausländischer Verwaltungsakte, soweit sie hierzu etwas ergäben (vgl KREUZER IPRax 1990, 366 f), beziehen sich auch nicht auf Gestaltung privatrechtlicher Verhältnisse (D BRAUN, Anerkennung und Vollstreckung sowjetzonaler Zivilurteile in Westdeutschland [Diss Saarbrücken 1959] 73; HABSCHEID FamRZ 1981, 1145; LG Lübeck 7. 10. 1956 IPRspr 1956/57 Nr 201; OLG Schleswig 22. 1. 1957 FamRZ 1957, 223 [BOSCH], 394 [NEUHAUS]; offengelassen RG 22. 4. 1932 RGZ 136, 142 = JW 1932, 2274).

Das dort beobachtete prozessförmige Verfahren muss jedoch in jedem Fall dem **114** § 109 FamFG genügen (zutr OLG Schleswig FamRZ 1957, 223). Nur soweit dies § 109 Abs 1 Nr 2 oder 4 FamFG nötig machen, muss dem ausländischen Verwaltungsakt praktisch ein gerichtsähnliches Verfahren voran gegangen sein. Mit dem Umstand, dass die Statusfrage im Ausland zB durch den Standesbeamten mittels Verwaltungsakts geregelt werden kann, ist keine Verringerung der Anforderungen des § 109 FamFG zu rechtfertigen.

Entscheidungen von **Verwaltungsgerichten** fallen erst recht unter § 109 FamFG (MARTINY, Hdb IZVR Bd III/1 Kap I Rn 519). Vorausgesetzt ist natürlich auch hier, dass es sich **115** um eine nach deutschen Maßstäben zivilrechtliche, hier eherechtliche Angelegenheit handelt. Die früher gelegentlich möglichen Scheidungen durch Parlamentsbeschluss (Québec) oder Gnadenakt des Staatsoberhauptes (Süd-Vietnam) dürften heute wohl nicht mehr vorkommen. Auch sie müssten den Anforderungen des § 109 FamFG entsprechen, namentlich dem Gebot des rechtlichen Gehörs.

3. Ausländische Eheauflösung

a) Ausländischer Staat

116 Manchmal ist zweifelhaft, aus welchem ausländischen **„Staat"** das betr Urteil stammt bzw ob er existiert, wie zB bei den Nachfolgestaaten des ehemaligen Jugoslawien (Präs OLG Frankfurt 22. 9. 1998 IPRax 2000, 124: unklar, ob das Gericht dem einen oder anderen Staat zugehörte), kann aber auch in anderen Regionen zu Problemen führen, falls etwa de facto-Regimes über Teile des Gebietes eines (bisherigen) Staates herrschen oder die Staatsgewalt überhaupt zusammengebrochen ist. Solange die Gerichte auf dem betreffenden ausländischen Territorium funktionieren, sind ihre Urteile Gegenstand der Anerkennungsregelung der §§ 107 ff FamFG. Auf die völkerrechtliche Qualität des Gebiets kommt es weniger an (Hohloch IPRax 2000, 96 ff, 100; ders, in: Thürer/Herdegen/Hohloch, Der Wegfall der effektiven Staatsgewalt: „The failed State" [1996] 102; LG Bremen 15. 10. 1962 StAZ 1967, 101; LG Dortmund 14. 9. 1961 StAZ 1962, 123 f; offen gelassen OLG Hamm 27. 7. 1995 FamRZ 1996, 178).

117 Auch ob der Urteilsstaat von uns **völkerrechtlich** anerkannt ist, ist unerheblich (LG Lübeck 7. 10. 1956 IPRspr 1956/57 Nr 201; OLG Schleswig 22. 1. 1957 IPRspr 1956/57 Nr 202). Es genügt, ist aber auch erforderlich, dass die Scheidung etc in Ausübung nicht deutscher Hoheitsgewalt erfolgt ist (OLG Hamburg 15. 1. 1982 IPRspr 1982 Nr 161, Stettin). Die Gerichte oder Behörden müssen freilich ihre Befugnisse von der Staatsgewalt haben; Stellen einer revolutionären Partei, die sich im Bürgerkrieg nicht durchzusetzen vermochte, oder die auf fremdem Boden die alte Staatsgewalt fortzusetzen behaupten (Exilregierungen), sind nicht geeignet (vgl auch § 98 Rn 182).

118 Urteile in den ehemals deutschen Gebieten jenseits von **Oder und Neiße waren und** sind unabhängig von einer völkerrechtlichen Anerkennung der Grenzverschiebung **ausländische** Entscheidungen (vgl § 1 Nr 1 ZuständigkeitsergänzungsG v 7. 8. 1952 [BGBl 1952 I 407]).

119 Bei **Gebietsänderungen** kommt es für die Zurechnung der Entscheidung zu dem einen oder anderen Staat auf den **Zeitpunkt des Urteilserlasses** oder der Rechtskraft an (OLG Danzig 19. 2. 1921 JW 1921, 541; BSG 17. 9. 1963 Bundesversorgungsblatt 1964, 55; OLG München 6. 7. 1970 RzW 1970, 496; RG 25. 1. 1921 Recht 1921 Nr 2208).

b) Ausländische Behörde. Behörde im Ausland

120 Bei rein **territorialer** Sichtweise wären alle Entscheidungen von Behörden und Gerichten mit **Sitz außerhalb Deutschlands** ausländisch (so Thomas/Putzo/Hüsstege § 328 ZPO Rn 5) und alle Entscheidungen in Deutschland von ausländischen Botschaften, Konsulaten oder der von ausländischen Staaten anerkannten geistlichen Gerichten inländische (vgl LJV Nordrhein-Westfalen 14. 11. 1973 FamRZ 1974, 193; OLG Düsseldorf 17. 5. 1974 FamRZ 1974, 528; AG Hamburg 19. 9. 1978 FamRZ 1980, 578 [krit Neuhaus]). Die **Hoheitsgewalttheorie** stellt dagegen richtig darauf ab, ob die betreffenden Stellen ihre Befugnisse von der Hoheitsgewalt der Bundesrepublik ableiten, sodass alle von deutschen Behörden selbst im Ausland gefällten Entscheidungen inländische sind (so OLG München 6. 7. 1970 RdW 1970; Firsching StAZ 1976, 153). Entsprechend kommt es

darauf an, ob Gericht bzw Behörde einer fremden Staatsorganisation angehört (näher oben § 107 Rn 64 f), sodass ihre Entscheidungen ausländische sind, selbst wenn sie in Deutschland tätig werden.

Praktische Bedeutung hat die Frage der Behandlung von Mitwirkungen **fremder** 121 **Botschaften** und **Konsulate** in Deutschland bei Ehescheidungen. Hier nimmt der BGH an, dass solche Scheidungen unter **Art 7 § 1 FamRÄndG aF/§ 107 FamFG (analog)** fallen (BGH 14. 10. 1981 BGHZ 82, 34, 43 ff = FamRZ 1982, 44; OLG Stuttgart 10. 4. 1980 StAZ 1980, 152). Art 17 Abs 2 EGBGB nötigt dagegen zu der Unterscheidung der Scheidung als Akt einer ausländischen Behörde und als **Handlung im Inland** (BGHZ 82, 34, 45 ff; **aA** STEIN/JONAS/H ROTH § 328 ZPO Rn 160).

Als zwei Thai ihre, in Thailand geschlossene, Ehe nach thailändischem Recht in ihrer 122 Botschaft in Bonn durch Vertrag mit Registrierung durch den Botschafter scheiden ließen, war das nach Meinung des BGH zwar eine Scheidung durch eine ausländische Behörde und daher war der Antrag nach Art 7 § 1 FamRÄndG aF (§ 107 FamFG) zulässig, er war jedoch wegen Art 17 Abs 2 EGBGB aF unbegründet, denn hier kommt es auf den Ort der Vornahme der Scheidung an. Scheidungen im Inland – und ähnliches gilt für Art 13 Abs 3 EGBGB – sind hier unabhängig von ihrem Statut unwirksam. Die Konsequenz ist, dass die beiden Thai ihre Scheidung aus Sicht des deutschen Rechts auch nicht durch die Botschaft in der Schweiz wirksam hätten **registrieren** lassen können. Es wirkt nicht logisch, eine Scheidung unter konstitutiver Mitwirkung einer ausländischen Botschaft als ausländische Scheidung zu qualifizieren, um sie unter §§ 107 ff FamFG zu bringen, und dann als eine inländische iSd Art 17 Abs 2 EGBGB. Man müsste diesen denn nicht nur als Verbot der nicht gerichtlichen Scheidung verstehen, sondern auch als Verbot der hoheitlichen Scheidung durch andere als deutsche Gerichte im Inland, als hoheitliches Monopol deutscher Gerichte (oder ggf deutscher Behörden für eine eventuelle Scheidung durch den Standesbeamten), und in der Tat wird die Parallelvorschrift § 1564 BGB so verstanden (BGHZ 82, 34, 45, 47 ff; PALANDT/THORN Art 17 EGBGB Rn 12; MünchKomm/EY § 1564 BGB Rn 34; anders allerdings KEGEL IPRax 1983, 22 ff).

4. Privatscheidungen

Privatscheidungen liegen vor, wenn die Ehe durch ein privates einseitiges Rechts- 123 geschäft („Verstoßung") oder einen Vertrag und nicht durch einen Hoheitsakt aufgelöst wird. Nur letzterer kann Gegenstand einer Anerkennung iSd §§ 108 FamFG und 109 FamFG sein, während die Wirksamkeit der privaten Akte anhand des Scheidungsstatuts gem Art 17 EGBGB/Art 5 ff Rom III-VO zu beurteilen ist.

Bei der Beurteilung nach dem Scheidungsstatut ist § 1564 BGB zu beachten, wonach 124 unter deutschem Recht eine Ehe nur durch Gericht geschieden werden kann. Während sich das für einen Scheidungsvollzug in Deutschland auch aus Art 17 Abs 2 EGBGB ergibt, gilt § 1564 BGB auch bei Scheidungen nach deutschem Recht im Ausland (BGH 21. 2. 1990 BGHZ 110, 267, 276 ff; BayObLG 12. 9. 2002 FamRZ 2003, 381; OLG Braunschweig 19. 10. 2000 FamRZ 2001, 561; OLG Celle 11. 8. 1997 FamRZ 1998, 757; KG 6. 11. 2001 FamRZ 2002, 840; WAGNER FamRZ 2006, 744, 747; PRÜTTING/HELMS/HAU, § 107 Rn 43, § 109 Rn 56 FamFG). Der frühere Streit über die internationale Anwendbarkeit des § 1564 BGB ist heute beendet.

125 Man kann Privatscheidungen im materiellen und im formellen Sinne unterscheiden. Erstere beruhen auf einem privaten Rechtsgeschäft und kommen ohne konstitutive Mitwirkung eines Hoheitsträgers zustande. Bei Privatscheidungen im formellen Sinne wirkt eine amtliche Stelle mit, doch muss die Mitwirkung nicht konstitutiv sein, sondern kann auch bloß registrierend sein. Damit unterliegt sie zwar dem Feststellungsmonopol des § 107 FamFG, doch die LJV hat dann, weil das private Rechtsgeschäft die Scheidung vollzieht, ebenfalls nach Art 17 EGBGB aF, Art 5 bis 8 Rom III-VO zu entscheiden (§ 107 Rn 62). Die Grenze des Feststellungsmonopols deckt sich nicht mit dem materiellen Begriff der Privatscheidung.

126 Private Akte und Handlungen staatlicher oder staatlich anerkannter Gerichte und Behörden können in vielfältiger Weise miteinander zu einem Ganzen verbunden sein. So wird die Scheidung nach mosaischem Recht durch Übergabe eines Scheidebriefes vom Ehemann an die Frau vollzogen, doch nicht durch das Rabbinatsgericht sondern unter seiner Aufsicht, das im Streitfall nur in einem kontradiktorischen Verfahren entscheidet, ob die Ehe zu scheiden und der Scheidebrief zu erteilen ist (und formuliert ihn). Zu Recht hat der BGH (2. 2. 1992 IPRax 1995, 111 mAnm Henrich 86; ders, IPRax 2007, 137; BGH 28. 5. 2008 IPRax 2009, 347 mAnm Siehr, IPRax 2009, 332) darin eine Privatscheidung gesehen, denn es kommt entscheidend darauf an, ob der **Vollzug** der Scheidung auf einem **hoheitlichen Ausspruch** beruht und nicht wie hier auf der Übergabe des Scheidebriefes durch den Ehemann (vgl auch Lüderitz, in: FS Baumgärtel [1990] 340 ff).

127 Dann wird man auch kein „Urteil" annehmen, wenn eine Scheidung durch Erklärung oder Vertrag einer gerichtlichen Bestätigung bedarf, für die das Gericht die Scheidungsgründe oder andere Voraussetzungen nachträglich überprüft (so aber LG Berlin 6. 11. 1961 IPRspr 1960/61 Nr 192 [Unterhalt]; Geimer, IZPR Rn 2860), und ebenso wenig, wenn in manchen islamischen Rechten der Ehemann für eine „Verstoßung" eine **vorherige gerichtliche Erlaubnis** dazu braucht. Erst recht liegt keine „Entscheidung" iSd § 108 FamFG vor, wenn eine durch privaten Vertrag der Parteien vollzogene Scheidung nur noch bei Gericht zu registrieren ist, ohne dass der Richter über ihre Wirksamkeit zu entscheiden hätte. So ist zB nicht als „Urteil" iSd § 108 FamFG zu qualifizieren, dass in Süd-Korea die einverständliche Scheidung vor dem Richter erklärt werden muss, damit dieser feststellt, ob der Scheidungswille bei beiden, insbesondere der Ehefrau, vorhanden ist. (Diese Neuerung antwortet auf die Beobachtung, dass früher häufiger vom Ehemann das Einverständnis der Frau erzwungen oder vorgespiegelt wurde; Lee, Die Entwicklung des neuen materiellen Scheidungsrechts Koreas im Hinblick auf das Zerrüttungsprinzip [Diss Bayreuth 1990] 65 f). Erst recht bleibt es materiell eine Privatscheidung, wenn anschließend die Vertragsscheidung beim Standesbeamten registriert werden muss. Hier sind jeweils die privaten **Erklärungen allein konstitutiv**. Doch diese nicht konstitutiven Mitwirkungen staatlicher Stellen genügen, damit die förmliche Feststellung nach **§ 107 FamFG nötig** wird, wobei die LJV die inländische Wirksamkeit am Scheidungsstatut und nicht an § 109 FamFG prüft (weiter unten Rn 173 ff).

5. Sachurteile

a) Stattgebende

128 § 107 FamFG erfasst nur Entscheidungen, die eine Ehe auflösen und die das Be-

stehen oder Nichtbestehen der Ehe feststellen. Das muss zwar nicht für §§ 108 und 109 FamFG gelten, denn sie sprechen neutral nur von ausländischen „Entscheidungen". Unter einer eherechtlichen „Entscheidung" iSd §§ 108 und 109 FamFG ist aber dennoch ein stattgebender oder abweisender **Ausspruch zur Sache** zu verstehen, wobei der Begriff **weit** zu fassen ist und es nicht auf die Bezeichnung „Urteil" oder „Beschluss" oder „Entscheidung" ankommt (Gottwald ZZP 103 [1990] 263; zu einer Kostenfestsetzung in Frankreich LG Hamburg 31. 8. 1987 IPRax 1989, 162 [abl Reinmüller 142]). In dieser Hinsicht besteht eine Übereinstimmung mit § 107 FamFG.

Auch ausländische Urteile, die eine inländische oder ausländische Entscheidung **abändern** sind anerkennungsfähig (Geimer, IZPR Rn 2859; Prütting/Helms/Hau Rn 26; OLG Köln 15. 12. 1986 IPRax 1988, 30 [Henrich 20]; OLG Frankfurt 4. 10. 1999 FamRZ 2000, 1425; AG Landstuhl 7. 7. 1983 IPRax 1984, 102). 129

b) Antragsabweisungen

Antragsabweisende Urteile zur Sache können im Rahmen des § 108 FamFG seit langem **anerkannt** werden und damit zB einer erneuten Sachentscheidung entgegenstehen (OLG Karlsruhe 27. 9. 1961 Justiz 1962, 53; KG 17. 8. 1983 ROW 1984, 98 mAnm Motsch; Riezler, IZPR 512; Beitzke DRZ 1946, 173; Geimer NJW 1967, 1401 f; Habscheid FamRZ 1973, 432; Schütze NJW 1973, 2145; Martiny, Hdb IZVR III/1 Rn 482; Zöller/Geimer § 328 aF Rn 67a; MünchKommZPO/Gottwald § 328 Rn 57; MünchKommFamFG/Rauscher Rn 13). Sie haben zwar keine Gestaltungswirkung, entfalten aber idR materielle Rechtskraft, dass ein Scheidungsgrund nicht vorlag, doch muss ggf genauer ermittelt werden, wie weit sie reicht bzw einem neuen Scheidungsantrag entgegensteht. So kann es sein, dass das in einem ersten Verfahren angewandte Scheidungsrecht nach geltend gemachtem Scheidungsgrund unterscheidet und zB nach Abweisung der mit Verschulden begründeten Klage einen neuen Antrag wegen Zerrüttung zulässt. Es dürfte idR jedenfalls zulässig sein, einen neuen Antrag zu stellen, wenn erst **nachträglich** derselbe oder ein anderer Scheidungsgrund **eingetreten** ist, zB nach einer Abweisung, weil die Trennungszeit noch nicht ausreichte, wenn das jetzt der Fall ist (vgl Staudinger/Spellenberg [2015] Art 21 Brüssel IIa-VO Rn 71). 130

Klageabweisende Sachurteile unterliegen ebenfalls dem § 107 FamFG und können Gegenstand eines Feststellungsverfahrens sein (vgl dazu § 107 Rn 80 f). Ihre Anerkennung selbst folgt aus §§ 108, 109 FamFG. 131

Problematisch ist es, wenn Rechtsordnungen nicht zwischen einer Antrags- bzw **Klagerücknahme**, die das anhängige Verfahren ohne Urteil beendet (vgl § 269 ZPO), und einem **Klageverzicht**, der zu einem materiell rechtskräftigen klageabweisenden Urteil führt (vgl § 306 ZPO), unterscheiden. Hier ist maßgeblich, ob noch eine gerichtliche Entscheidung oder Äußerung zur Sache erfolgt, der statusverändernde Wirkung und Rechtskraft beigelegt wird. Ist dies der Fall und kann die Klage nicht mehr mit dem alten Tatbestand erneuert werden, so ist die Anerkennung nach § 108 FamFG zu prüfen. (**aA** Staudinger/Gamillscheg[10/11] Rn 457, weil keine Sachentscheidung; unentschieden OLG Stuttgart 14. 7. 1972 NJW 1973, 432 und Martiny, Hdb IZVR Bd III/1 Kap I Rn 482). 132

c) Inexistente Urteile

Selbstverständlich muss das ausländische Urteil zwischen den Parteien überhaupt 133 ergangen sein. Man berichtet von gefälschten Scheidungsurteilen aus Mexiko (von Sachsen Gessaphe StAZ 1992, 334 ff; möglicherweise auch im Fall LJV BW 23. 1. 1987 IPRspr Nr 163a; best von OLG Stuttgart 10. 4. 1987 IPRspr 1987 Nr 163b [Indien]). Die Echtheit kann ggf durch die Legalisation der Urkunde nachgewiesen werden, ist aber nicht bindend (MünchKomm/Spellenberg Art 11 EGBGB Rn 188). Auch Verfälschungen zB von Namen kommen vor, um in Deutschland eine ausländische Scheidung vorzutäuschen (vgl BayObLG 28. 7. 1999 FamRZ 2000, 836; unten § 109 Rn 308).

6. Prozessurteile

a) Abweisung als unzulässig

134 **Prozessurteile** gelten dagegen als nicht anerkennungsfähig, weil sie keinen anerkennungsfähigen Inhalt haben (Linke/Hau, IZVR Rn 439; Geimer, IZPR Rn 2788; MünchKommFamFG/Rauscher Rn 18; Martiny, Hdb IZVR III/1 Kap I Rn 473 f; BGH 27. 6. 1984 NJW 1985, 552 = IPRax 1985, 224 [Henrich 207]; Geimer, IZPR Rn 2788 ff), also Antragsabweisungen als unzulässig, oder Feststellungsurteile über Prozessvoraussetzungen. Es fehlten Wirkungen, die ins Inland zu erstrecken wären. Es berühre die inländische Rechtsordnung nicht, wenn ein ausländisches Gericht die Zulässigkeit der bei ihm erhobenen Klage verneint (MünchKommZPO/Gottwald § 328 Rn 58; Nagel/Gottwald, IZPR § 12 Rn 143). So stehe auch zB die Klageabweisung durch ein spanisches Gericht wegen Prozessunfähigkeit einer Partei einer erneuten Klageerhebung vor einem deutschen Gericht nicht entgegen (vgl BGH 27. 6. 1984 IPRax 1985, 224). Allerdings hat der EuGH für das europäische Prozessrecht die Rechtskraft auf die Gründe der Urteile ausgedehnt und auch auf die Erklärungen zur Zulässigkeit (in casu zur internationalen Zuständigkeit, EuGH 15. 1. 2012 – C-456/11 *Gothaer Allg Vers v Samskip* Rn 35 ff, 40, IPRax 2014, 163 m krit Anm H Roth 136). Im nationalen deutschen Recht gilt das nicht, doch kommt es auf die Grenzen der objektiven Rechtskraft nach dem Recht des Urteilsstaates iSd Wirkungserstreckung an.

135 Seit der EuGH die **Rechtskraft auf die Gründe** einer Klagabweisung wegen Unzuständigkeit ausgedehnt hat, ist der deutsche Ausschluss ausländischer Prozessurteile freilich nicht mehr über jeden Zweifel erhaben. Allerdings hat der EuGH einen europäischen Begriff der Rechtskraft für die Brüssel Ia-VO entwickelt, der als solcher nicht für das hier zu behandelnde nationale Recht gilt. Die Frage ist hier vielmehr die, ob ggf auch eine Rechtskraft der Gründe, die die ausländischen lex fori vorsieht, durch Anerkennung ins Inland erstreckt wird. Das ist wohl zu bejahen, wobei aber zu prüfen ist, welche Wirkungen denn genau das ausländische Urteil hat. Eine Abweisung eines Scheidungsantrags als unzulässig hindert eine neue Scheidung jedenfalls nicht, soweit nicht derselbe Unzulässigkeitsgrund besteht.

b) Ausländische Prozessführungsverbote

136 Ausländische Urteile, die einer Partei die Prozessführung in Deutschland untersagen, können dagegen nicht anerkannt werden. Derartige Entscheidungen, die häufig im angelsächsischen Raum als einstweilige Verfügung **(anti-suit-injunction)** ergehen, verstoßen gegen den Grundsatz, dass allein das deutsche Recht über die Zulässigkeit inländischer Klagen zu entscheiden hat (EuGH 27. 4. 2004 – C-159/02 – *Turner v Grovit*, IPRax 2004, 425 [Rauscher 405]; Geimer, IZPR Rn 2792; Martiny, Hdb IZVR III/1 Rn 477; Schack, IZVR Rn 773; MünchKommZPO/Gottwald § 328 Rn 58; vorsichtiger ders, ZZP 103 [1990] 267 und, in: FS Habscheid [1989] 123 f; zu solchen Anordnungen in den USA vgl Scoles/

HAY, Conflict of Laws [2. Aufl 1992] § 10 352 ff). Wenn jedoch auch die Sache selbst, zB ein Scheidungsantrag im Ausland anhängig ist, dann macht ggf schon diese Rechtshängigkeit die Klage in Deutschland unzulässig.

7. Ausländische Urteilsanerkennungen

Nicht anerkennungsfähig sind nach ihrem Inhalt ausländische Entscheidungen, mit 137
denen aus dortiger Sicht ausländische Urteile anerkannt werden, denn diese verhalten sich nur über die Wirksamkeit in diesem ausländischen Staat. Wir entscheiden allein, ob wir dieses Urteil aus einem Drittstaat bei uns anerkennen (exequatur sur exequatur ne vaut; allg KEGEL, in: FS Müller-Freienfels [1986] 383; SOERGEL/SCHURIG Art 17 EGBGB Rn 112; SCHACK, IZVR Rn 1029; BORGES, Das Doppelexequatur von Schiedssprüchen [1997] 427; grundsätzliche Überlegungen bei SCHÜTZE, in: FS Spellenberg [2010] 511 ff; nach dem plastischen Wort von KEGEL: wir vertrauen unseren Freunden, aber nicht auch den Freunden unserer Freunde; § 107 Rn 82). Die Frage ist nicht mit der zu verwechseln, ob wir eine Entscheidung eines ausländischen Gerichts anerkennen, mit dem dieses die Entscheidung eines kirchlichen Gerichts mit zivilrechtlichen Wirkungen versieht (oben Rn 106 f).

8. Teilanerkennungen

Die hM lässt auch die Anerkennung nur eines Teiles einer ausländischen Entschei- 138
dung zu, wenn nur dafür die Voraussetzungen vorliegen (PRÜTTING/HELMS/HAU Rn 11a; NAGEL/GOTTWALD, IZPR § 12 Rn 133). Bei Gestaltungen des Ehebandes oder auch bei deren materiellen Rechtskraft ist eine Teilung nicht denkbar. Insbesondere ist die Trennung von Tisch und Bett keine Teilscheidung, sondern ein Aliud, sodass eine ausländische Scheidung in Deutschland nicht etwa wenigstens als Trennung anerkannt werden kann. Das widerspräche dem Prinzip der Wirkungserstreckung. Die Anerkennung einer Scheidung fordert jedoch nicht auch die einer im Verbund entschiedenen Scheidungsfolge; sie ist dafür idR nur umgekehrt eine Voraussetzung.

9. Scheidungen hinkender „Auslandsehen"

Wenn eine Ehe **für die deutsche Rechtsordnung inexistent** oder schon wirksam auf- 139
gehoben, aber für eine andere Rechtsordnung gültig ist **(„Auslandsehe")** und nun **im Ausland** geschieden wird, so braucht die Scheidung eigentlich nicht anerkannt zu werden, da die Ehe für uns schon nicht (mehr) besteht (MARTINY, Hdb IZVR Bd III/1 Kap I Rn 141, 1054; BASEDOW, Die Anerkennung von Auslandsscheidungen 148; SCHWIND, in: FS Schima [1969] 382; offengelassen von BayObLG 18. 5. 1972 BayObLGZ 1972, 185 = FamRZ 1972, 370). Ein anderer Fall ist die im Inland von Ausländern nicht vor einem deutschen Standesbeamten, aber in Übereinstimmung mit ihrem Heimatrecht geschlossene Ehe, die nach hM auch nicht mehr bei uns geschieden werden kann (BGH 13. 3. 2003 FamRZ 2003, 838, **aA** STAUDINGER/MANKOWSKI [2011] Art 17 EGBGB Rn 82). Nach der anerkannten Lehre von den Doppelwirkungen im Recht sollte es nicht unbedingt ausgeschlossen sein, die ausländische Ehe dennoch zu scheiden, wenn es sinnvoll ist.

10. Rechtskräftige Auslandsurteile

a) Formelle Rechtskraft

Nach dem Recht des Urteilsstaates **nichtige**, dh ganz wirkungslose **Urteile** können 140 konsequenterweise auch nicht anerkannt werden (BGH 4. 6. 1992 BGHZ 118, 312, 318 = NJW 1992, 3098 = ZIP 1992, 1256, 1259 [BUNGERT 1707 ff]; OLG Düsseldorf 28. 5. 1991 RIW 1991, 594; SCHÜTZE IPRax 1994, 267; HABSCHEID FamRZ 1981, 1142, 1143, 1145). Ist das Urteil nur aufhebbar, so ist es mit dieser Einschränkung anzuerkennen (BGH BGHZ 118, 312, 318; OLG Hamm 30. 3. 1993 IPRax 1994, 289).

141 Das Urteil muss **endgültig** sein (ZÖLLER/GEIMER § 328 ZPO Rn 68). Zwischenentscheidungen genügen nicht. Wenn noch weitere Schritte, namentlich eine Eintragung des Urteils in ein Register zur **Herbeiführung der Gestaltungswirkung** und der sonstigen Urteilswirkungen erforderlich sind, dann kann die betr Urteilswirkung auch erst danach anerkannt werden (BayObLG 28. 3. 1977 BayObLGZ 1977, 71 f = FamRZ 1977, 395 f; GEIMER, IZPR Rn 2890).

142 Bei § 107 FamFG wird allgemein formelle Rechtskraft der ausländischen Entscheidung verlang. Bei der automatischen Anerkennung nach § 108 FamFG ist streitiger, ob die Anerkennung die **formelle Rechtskraft** voraussetzt (**bejahend** hM NAGEL/GOTTWALD § 12 Rn 138 ; SCHACK, IZVR Rn 910; MARTINY, Hdb IZVR Bd III/1 Kap I Rn 487; RIEZLER, IZPR 531; OLG Düsseldorf 28. 2. 1975 FamRZ 1975, 584 f; OLG Bremen FamRZ 2011, 1892; Beck OKZPO/BACH § 328 Rn 13; OLG Düsseldorf 10. 3. 1976 FamRZ 1976, 355 f; BayObLG 29. 3. 1990 FamRZ 1990, 897 = StAZ 1990, 225 [ital Trennungsurteil]; **verneinend**: SCHLOSSER, RIW 2001, 81, 89 f; GEIMER, IZPR Rn 2856; MünchKommFamFG/RAUSCHER Rn 14 f; PRÜTTING/HELMS/HAU § 107 Rn 28 FamFG, § 108 Rn 4 FamFG; zweifelnd noch GOTTWALD ZZP 103 [1990] 264 f). Anlass für diese Frage ist, dass manche Rechtsordnungen **Urteilswirkungen**, selten wohl aber auch die **Gestaltungswirkung** schon vorher eintreten lassen (vgl MARTINY, Hdb IZVR Bd III/1 Kap I Rn 450). Art 26 Brüssel IIa-VO wie Art 36 Brüssel Ia-VO verzichten auf formelle Rechtskraft.

143 Für die hM sprechen die besseren, namentlich praktischen Gründe. Es ist sinnvoll besonders bei Gestaltungen, mit der Anerkennung zu warten, bis die ausländische Entscheidung hinreichend dauerhaft erscheint, um nicht alsbald auf eine eventuelle Abänderung oder Aufhebung im weiteren Verlauf des ausländischen Verfahrens reagieren zu müssen und die „Geschiedenen wieder als verheiratet“ anzusehen. So wird man einem englischen (Scheidungs-)Decree nisi, das erst endgültig zur Scheidung führt, wenn nicht innerhalb einer Frist ein Rechtsmittel eingelegt wird, wohl noch keine Gestaltungswirkung zuerkennen. Es genügt aber jedenfalls die **reguläre formelle Rechtskraft**.

144 Wenn das ausländische Scheidungsurteil nicht ipso jure wirkungslos ist, steht der Anerkennung nicht entgegen, wenn noch außerordentliche Rechtsmittel wie zB Wiederaufnahme möglich sind, ebenso wenig wie die Möglichkeit einer Verfassungsbeschwerde (BGH 4. 6. 1992 NJW 1992, 3102 = ZIP 1992, 1256 [BUNGERT ZIP 1992, 1707 ff]; GEIMER, IZPR Rn 2890). Wenn jedoch schon ein Nichtigkeitsverfahren läuft, so ist zwar anzuerkennen, aber ein Anerkennungsverfahren nach § 107 FamFG analog § 148 ZPO auszusetzen (VON SACHSEN GESSAPHE StAZ 1992, 334, 340).

145 Wird das rechtskräftige ausländische Urteil daraufhin **aufgehoben**, so entfällt seine Inlandswirkung wieder (BayObLG 20. 2. 1998 FamRZ 1998, 1305 = StAZ 1999, 144). Der Zeitpunkt ergibt sich aus dem ausländischen Recht. Freilich muss die neue, aufhebende Entscheidung ihrerseits anzuerkennen sein, womit die frühere Inlandswirkung entfällt (OLG Bremen 8. 2. 1966 OLGZ 1966, 373; BayObLG 7. 6. 1967 BayObLGZ 1967, 218 [dazu Ehrenzweig, Jayme, Neuhaus RabelsZ 32 [1968] 753 ff]). Die ratio dieses förmlichen Anerkennungsverfahrens, nämlich Unsicherheiten und Unklarheiten über den Status im Inland zu vermeiden, spricht dafür. Das logische Argument, dass mit der ausländischen Wiederaufnahmeentscheidung etc bereits der Gegenstand der ursprünglichen inländischen Anerkennung entfallen sei, wiegt demgegenüber weniger. Es kann aber sein, zB bei fehlendem rechtlichem Gehör im Wiederaufnahmeverfahren, dass eine frühere Scheidung für uns wirksam bleibt, weil die neue nicht anerkannt wird.

Staatsverträge können wie das deutsch-belgische, deutsch-niederländische, deutsch-griechische und deutsch-österreichische Abkommen und namentlich die Brüssel IIa-VO, die die genannten Abkommen weitgehend, aber nicht ganz verdrängt, auch die Anerkennung noch nicht rechtskräftiger Entscheidungen vorsehen. Die **Statuswirkung** im Inland setzt aber allemal voraus, dass sie im Ausland schon ohne Rechtskraft eingetreten ist, was selten vorkommen wird. Die Frage stellt sich bei Feststellungsurteilen, bei denen die bilateralen Abkommen noch anwendbar sind (§ 97 Rn 5, § 98 Rn 23; oben Rn 32). **146**

Die **Qualifikation** der formellen Rechtskraft erfolgt nach deutschem Recht als **Fehlen ordentlicher Rechtsmittel** (BGH BGHZ 141, 286, 294 = NJW 1999, 3198). Welche Rechtsmittel gegeben sind, ist dagegen der lex fori zu entnehmen (OLG Schleswig 8. 2. 1967 IPRspr 1966/67 Nr 260 [Scheidung Frankreich]; Linke IPRax 1982, 230; OLG Hamm 6. 7. 1988 NJW 1988, 3103; AG Heilbronn 6. 2. 1991 RIW 1991, 343). Dies ist dann mit den dem deutschen Recht zu entnehmenden Maßstäben zu vergleichen. Vollkommene Identität der Regelungen zB der formellen Rechtskraft (oder gar der Begriffsbildung) ist natürlich nicht zu verlangen, sondern nur Übereinstimmung mit den wesentlichen Charakteristika der deutschen formellen Rechtskraft. ZB wird in Frankreich die Kassationsbeschwerde außerordentlicher Rechtsbehelf genannt, entspricht aber der ordentlichen deutschen Revision. Ebenso wenig kommt es darauf an, wie lange der Rechtsbehelf befristet ist. Läuft die ausländische Frist noch, so fehlt die formelle Rechtskraft (OLG Düsseldorf 28. 2. 1975 FamRZ 1975, 584 f; OLG Düsseldorf 10. 3. 1976 FamRZ 1976, 355; OLG Saarbrücken 20. 1. 1978 DAVorm 1978 Nr 322 f). **147**

Wenn gesagt wird (Martiny, Hdb IZVR Bd III/1 Kap I Rn 488), der Rechtsbehelf könne auch unbefristet sein, dann scheidet eine Anerkennung nicht solange aus, als im Ausland kein Rechtsbehelf eingelegt und beschieden wurde, sondern hier ist die Anerkennung zuzulassen, und zwar sofort und nicht erst, wenn eine deutsche Rechtsmittelfrist abgelaufen wäre. **148**

b) Materielle Rechtskraft

Materielle Rechtskraft ist dagegen nicht erforderlich (Beitzke RabelsZ 30 [1966] 658; Martiny, Hdb IZVR III/1 Rn 490; **aA** BAG 19. 3. 1996 DB 1997, 183; Habscheid FamRZ 1981, 1145; Kallmann, Anerkennung und Vollstreckung ausländischer Zivilurteile und Vergleiche [1946] 15 ff; H Beck, Anerkennung ausländischer gerichtlicher Entscheidungen in Zivilsachen nach den Staatsverträgen mit Belgien, Österreich, Großbritannien und Griechenland [Diss Saarbrücken 1967] 21). Sie ist eine der anerkannten Urteilswirkungen, aber nicht Teil des Tatbestands einer ausländischen Entscheidung. Fehlt sie, so können natürlich derartige Wirkun- **149**

gen durch Anerkennung nicht auf das Inland erstreckt werden (zur Wirkungserstreckung Rn 173 ff).

c) **Entscheidungsbegründung**

150 Auch ein Urteil, zu dem **keine Gründe** gegeben werden, ist ein „Urteil" iSd § 108 FamFG, der nirgends erwähnt, dass das ausländische, anzuerkennende Urteil mit Gründen versehen sein müsse, um überhaupt anerkannt werden zu können. Es könnte aber die fehlende Begründung ein Anerkennungshindernis nach § 109 Abs 1 Nr 4 FamFG sein (unten § 109 Rn 27, 317).

11. Einstweilige Anordnungen

151 Einstweilige Anordnungen und ähnliche vorläufige Endscheidungen aus Drittstaaten (weiter Rn 153) können anerkannt und vollstreckt werden, wenn sie sachlich eine **ausreichend endgültige** Regelung der Sache darstellen, sind also nicht schlechthin davon ausgeschlossen (BGH 13. 7. 1983 BGHZ 88, 113, 124 = IPRax 1984, 323 [zust Siehr 309, 311, Kindesherausgabe]; H Roth IPRax 1988, 81; Geimer, IZPR Rn 2857; Zöller/Geimer § 328 aF Rn 70; Martiny Rn 403 f; Spellenberg/Leible, in: Gilles, Transnationales Prozeßrecht [1995] 293, 328 ff; ganz **ablehnend** Schack, IZVR Rn 914; Passauer FamRZ 1990, 16; Gottwald ZZP 103 [1990] 266, aber krit de lege ferenda; OLG Frankfurt 24. 4. 1971 OLGZ 1970, 57 ff; grundsätzlich Nagel/Gottwald § 17 Rn 93 ff). Statusregelungen auf diesem Wege werden vermutlich nicht vorkommen, wohl aber **Nebenentscheidungen**. Freilich sind auch für deren Anerkennung § 109 Abs 1 Nr 2 und Nr 4 FamFG zu beachten.

152 Dass einstweilige Anordnungen **nicht** von Natur **anerkennungsunfähig** sind, belegt Art 20 Brüssel IIa-VO (dazu Staudinger/Spellenberg [2015] Art 20 Brüssel IIa-VO Rn 42; ders, in: FS Coester-Waltjen [2015] 813 ff). Man muss dabei unterscheiden. Eine einstweilige Anordnung kann zwar nicht als eine endgültige Entscheidung anerkannt werden; Endgültigkeit ist nicht verlangt. Aber sie kann **als solche anerkannt** werden, wie zB Unterhaltsregelungen für die Dauer des Verfahrens (BGH NJW 1980, 2022; AG Hamburg 24. 1. 1985 IPRax 1986, 114 [Henrich] [Unterhalt]; OLG Hamburg 20. 12. 1907 OLGE 18, 392; OLG München 16. 9. 1992 FamRZ 1993, 349 [Sorgerecht]; implizit OLG Frankfurt 26. 9. 1991 FamRZ 1992, 463; Keidel/Zimmermann Rn 9 FamFG; MünchKommFamFG/Rauscher Rn 17; P Baumann, Die Anerkennung und Vollstreckung ausländischer Entscheidungen in Unterhaltssachen 112; Eilers, Maßnahmen des einstweiligen Rechtsschutzes im europ Rechtsverkehr [1991] 224; **aA** außerhalb der EG-VO Nagel/Gottwald, IZPR § 17 Rn 93), sofern gegen sie kein ordentliches Rechtsmittel wie die Beschwerde mehr zulässig ist. Bei Ehesachen iSd § 121 FamFG kommen aber einstweilige Anordnungen nicht vor; es gibt keine vorläufige Scheidung. Die Frage stellt sich bei Scheidungsfolgen.

153 Gemeinschaftsrechtliche Regelungen wie zB **Art 21 Brüssel IIa-VO** für **Sorgerecht** und **die EG-UntVO**, die allgemein nur von Entscheidungen sprechen, sehen die Anerkennung einstweiliger Anordnungen vor und gehen natürlich vor. Der EuGH hat aber für Art 21 Brüssel IIa-VO verlangt, dass eine mündliche Verhandlung anberaumt war (EuGH 25. 5. 1980 – 125/79 *C v D,* IPRax 1981, 95 mAnm Hausmann 79, noch zum EuGVÜ; Schack, IZVR Rn 916; Spellenberg/Leible, in: Gilles, Transnationales Prozeßrecht [1995] 330 mNw; ders, in: FS Coester-Waltjen [2015] 813 f). Er lässt zwar eine einstweilige Anordnung **nach nationalem Recht** zu, die das uU nicht verlangt, doch ist die Anordnung dann nicht nach Art 21, 22 Brüssel IIa-VO außerhalb des Gerichtsstaates

anzuerkennen und zu vollstrecken. Im räumlich-sachlichen **Anwendungsbereich der Brüssel IIa-VO** sollte dann auch die Anerkennung nach dem nationalen Recht der anderen Mitgliedstaaten generell unzulässig sein, damit nicht die Regeln der Brüssel IIa-VO umgangen werden. Das entspricht freilich nicht der Auffassung des EuGH und BGH BGH (9. 12. 2011 BGHZ 188, 270 Rn 18 = IPRax 2011, 386; HELMS FamRZ 2009, 1400, 1401; EuGH 15. 7. 2010 – C-256/09 *Purrucker v Vallés Pérez [Purrucker I]* Rn 92, IPRax 2011, 378)

Die **bilateralen Abk**, die auch Scheidungsfolgen erfassen, bieten ein vielfältiges Bild (vgl NAGEL/GOTTWALD, IZPR § 17 Rn 95 ff): Arreste und einstweilige Verfügungen schließt das deutsch-niederländische Abkommen (Art 1 Abs 2) **generell** ein. Andere Abkommen sehen eine Anerkennung und Vollstreckung nur von **Leistungsverfügungen** vor (Art 17 Abs 1 Nr 2, II deutsch-griechischer Vertrag v 4. 11. 1961, Art 1 [1] Nr 7 deutsch-belgischer Vertrag vom 30. 6. 1958; Art 27 [1] deutsch-tunesischer Vertrag v 19. 7. 1966 und Art 4 [1] Nr 7 [2] deutsch-israelischer Vertrag 20. 7. 1977). Andere schließlich **schließen** einstweilige Anordnungen **ganz aus** wie das deutsch-schweizerische Abkommen v 2. 11. 1929 Art 1, das deutsch-italienische Abkommen v 3. 9. 1936 Art 12, der deutsch-österreichische Vertrag v 6. 6. 1959 Art 14, das deutsch-britische Abkommen v 14. 7. 1960 Art 1 (3), der deutsch-norwegische Vertrag v 17. 6. 1977 Art 3 Nr 4 und der deutsch-spanische Vertrag v 14. 11. 1983 (zu den Regelungen in Staatsverträgen eingehend EILERS, Maßnahmen des einstweiligen Rechtsschutzes im europäischen Zivilrechtsverkehr 246 ff). Für Anordnungen betreffend die elterliche Sorge sieht die Art 21 Brüssel IIa-VO Anerkennung und Vollstreckung vor. Staatsverträge interessieren hier vor allem für Unterhalt und Sorgerecht, werden dort aber von der EG-UntVO und der Brüssel IIa-VO verdrängt. Interessant sind nur der deutsch-tunesische und der deutsch-israelische Vertrag für die Anerkennung einstweiliger Anordnungen aus diesen Ländern. Bei beiden muss der Gegner aber **zur Verhandlung geladen** worden sein (Art 29 Abs 2 deutsch-tunesischer Vertrag, Art 5 Abs 2 deutsch-israelischer Vertrag). Das entspricht § 109 Abs 1 Nr 2 FamFG. 154

12. Neben- und Folgeentscheidungen

Auch Neben- und Folgeentscheidungen ausländischer Gerichte bedürfen zu ihrer Wirksamkeit im Inland der Anerkennung. Sie erfolgt gemäß **§ 108 FamFG automatisch**, sofern keine Anerkennungshindernisse nach § 109 FamFG vorliegen (KEIDEL/ZIMMERMANN Rn 5, 7), und soweit nicht **Gemeinschaftsrecht oder Staatsverträge** vorgehen. Für die wichtigen Nebenfolgen Unterhalt und Sorgerecht sind das die EG-UntVO und die Brüssel IIa-VO. Für Güterrecht gibt es keine EU-Verordnung. Die EU-Verordnungen greifen aber **nicht** für die Anerkennung von Entscheidungen aus **Drittstaaten**. Für solche Entscheidungen kommen noch **Staatsverträge** in Betracht (siehe oben Rn 32). 155

Diese Instrumente müssten grundsätzlich auch darüber entscheiden, ob zuvor die Scheidung anerkannt werden muss und vor allem nach welchem Recht. Die Anerkennung einer Sorgerechtsregelung nach der Brüssel IIa-VO setzt keine Ehe und auch keine Scheidung voraus. Für den Nachscheidungsunterhalt sagt Art 21 Abs 2 EG-UntVO, dass in einem Mitgliedstaat der EG-UntVO die Vollstreckung eines ausländischen Unterhaltstitels **verweigert werden kann**, nicht muss, wenn sie mit einer inländischen eigenen oder anerkannten Entscheidung unvereinbar ist, und 156 der Urteilsstaat durch das Haager Unterhaltsprotokoll (HUP) gebunden ist. Das ist insbesondere der Fall, wenn ein ausländisches Scheidungsurteil nicht anerkannt wird (RAUSCHER/ANDRAE/SCHIMRICK, EuZPR/EuIPR [2015] Art 21 EG-UntVO Rn 15; GRUBER IPRax 2013, 325, 329). Das entspricht der früheren Entscheidung des EuGH zum damals einschlägigen EuGVÜ (EuGH 4. 2. 1988 – C-145/86 *Hoffmann v Krieg*, IPRax 1989, 159 mAnm SCHACK 139). Zum deutsch-belgischen Abkommen v 30. 6. 1958 hat der BGH entschieden, dass für die Anerkennung einer Sorgerechtsregelung, offenbar nach belgischem Recht, zuvor die Scheidung nach Art 7 § 1 FamRÄndG aF anerkannt sein müsse (BGH 5. 2. 1975 BGHZ 64, 19; weiter OLG Celle 1. 9. 1966 StAZ 1968, 23; LG Lüneburg 22. 6. 1966 StAZ 1968, 22; SOERGEL/SCHURIG Art 17 EGBGB Rn 129).

157 **Staatsverträge** könnten natürlich eine Anerkennung der Nebenentscheidungen ohne vorherige Anerkennung der Eheauflösung vorsehen. Dabei muss man zwischen der **Notwendigkeit der Anerkennung** der Statusentscheidung selbst und ihrer **förmlichen Feststellung** nach § 107/Art 7 § 1 FamRÄndG aF trennen (P BAUMANN IPRax 1994, 436). Entscheidungen aus dem gemeinsamen Heimatstaat der Eheleute und solche aus Mitgliedstaaten der Brüssel IIa-VO brauchen letzteres nicht, aber auch bei ihnen stellt sich die Frage der unabhängigen Anerkennungsfähigkeit der Nebenentscheidung. Der Geschiedenenunterhalt hängt auch im Verbund von der Scheidung ab (HENRICH IPRax 1991, 62; P BAUMANN IPRax 1994, 436; ZÖLLER/GEIMER, ZPO § 107 FamFG Rn 7; MünchKommFamFG/RAUSCHER § 107 Rn 30; OLG Koblenz 20. 11. 1990 FamRZ 1991, 459; **aA** aber möglicherweise nur zur Notwendigkeit der Delibation STAUDINGER/MANKOWSKI [2011] Anh II zu Art 18 EGBGB Rn 156; SCHACK, IZVR Rn 985).

158 **Voraussetzung** einer Anerkennung von Neben- und Folgeentscheidungen **nach nationalem deutschem** Recht ist die **vorherige Anerkennung der Scheidung** sei es durch die **Landesjustizbehörden** (BGH 5. 2. 1975 BGHZ 64, 19; OLG Hamm 7. 2. 1975 OLGZ 1975, 179 = FamRZ 1975, 426; OLG Hamm 14. 4. 1976 OLGZ 1976, 426 = FamRZ 1976, 528; OLG Hamm 30. 1. 1989 IPRax 1990, 59 [DH] = FamRZ 1989, 785; OLG Hamm 7. 10. 1992 FamRZ 1993, 339; OLG Celle 7. 5. 1990 FamRZ 1990, 1390; KG 7. 1. 1994 FamRZ 1994, 759; OLG Hamm 27. 7. 1995 FamRZ 1996, 178 [Kindesunterhalt]; OLG Frankfurt 3. 12. 1976 OLGZ 1977, 141; OLG Frankfurt 7. 10. 1980 IPRspr 1980 Nr 159 [Sorgerecht]; OLG Schleswig 23. 1. 1978 SchlHA 1978, 54, Nr 82; MARTINY, Hdb IZVR Bd III/1 Kap I Rn 1667; GEIMER, IZPR Rn 3018, 3069; MünchKommFamFG/RAUSCHER § 108 Rn 22; COESTER IPRax 1996, 25; BAUMANN IPRax 1990, 29; JANSSEN § 1 FGG aF Rn 152; COESTER IPRax 1996, 25), sei es, dass das Scheidungsurteil als **Heimatstaatsscheidung** automatisch anerkannt ist. Es macht keinen Sinn, zB ein Urteil über güterrechtliche Auseinandersetzung anzuerkennen und zu vollstrecken, wenn die Eheleute für uns noch verheiratet sind. Die hM ist, dass die Anerkennung der Scheidung unabhängig von der der Scheidungsfolge, **selbständig erfolgt**. Die Anerkennung der Scheidung, sie sei förmlich oder ipso jure erfolgt, bewirkt auch umgekehrt **keine automatische Anerkennung** der mit ihr verbundenen Folgeentscheidungen (OLG Hamm 17. 11. 1980 IPRspr 1980 Nr 96; JANSEN Art 7 § 1 FamRÄndG Rn 15).

159 Die inländische Wirksamkeit der Personenstandsänderung ist auch erforderlich, wenn es sich um eine Privatscheidung handelt, und wenn daran eine Behörde irgendwie zB registrierend mitgewirkt hat, greift das Feststellungsmonopol der LJV ein (COESTER IPRax 1996, 25, übersehen von OLG Frankfurt 16. 6. 1994 IPRax 1996, 38), sonst ist die Frage inzident anhand des Scheidungsstatuts zu prüfen.

Das gilt konsequenterweise nicht, wenn die betreffende Regelung materiell **nicht** von der Ehe bzw Scheidung **abhängt**. So wird angenommen, dass, wenn das ausländische Urteil den **Unterhalt** für **eheliche Kinder** festsetzt, und der Anspruch auf Kindesunterhalt gegen die Eltern unabhängig vom Bestehen der Ehe ist, die Scheidung nicht anerkannt sein muss (OLG Köln 10. 4. 1979 FamRZ 1979, 718; OLG Karlsruhe 3. 10. 1980 DAVorm 1981, 165; OLG München 28. 1. 1982 DAVorm 1982, 490; GEIMER, IZPR Rn 3018; kritisch MARTINY, IZVR Bd III/1 Kap I Rn 1669; **aA** OLG Hamm 3. 1. 1989 IPRax 1990, 591 abl HENRICH IPRax 1990, 60; BAUMANN IPRax 1990, 29; OLG Celle 7. 5. 1990 FamRZ 1990, 1390 = IPRax 1991, 62 [abl HENRICH]). **160**

Ob eine **materielle Abhängigkeit** von der Scheidung der Eltern besteht, ist dem Unterhaltsstatut zu entnehmen, und zwar dem vom ausländischen Richter angewandten, nicht dem Recht, das nach deutschem IPR hätte angewandt werden müssen. Das entspricht dem Grundsatz, dass eine Anerkennung nicht davon abhängt, ob der ausländische Richter das „richtige" Recht angewandt hat. Änderungen zB in der Klagbefugnis, die dieses Unterhaltsstatut etwa wegen der Scheidung vorsieht, können außer Betracht bleiben. **161**

Dagegen ändert sich materiell wohl in der Regel der **Unterhaltsanspruch zwischen Ehegatten** durch die Scheidung, sodass deren vorherige Anerkennung nötig ist (OLG Bamberg 21. 11. 2001 FamRZ 2002, 1120; SozG Stuttgart 12. 9. 1991 FamRZ 1992, 234 [obiter]; OLG Celle 3. 5. 1990 FamRZ 1990, 1390), soweit nicht innerhalb der EU die EG-UntVO eingreift. Ist die Anerkennung der Eheauflösung Voraussetzung für die Anerkennung der Nebenentscheidung, gilt auch das Feststellungsmonopol der LJV, und ein Verfahren, in dem es auf die Nebenentscheidung ankommt, ist auszusetzen (dazu § 107 Rn 27, 32 f). **162**

Während der Aussetzung und bis zur Entscheidung der LJV kann das mit der Folgefrage befasste deutsche Gericht eine **einstweilige Anordnung** treffen (OLG Schleswig 23. 1. 1978 SchlHAnz 1978, 54). Es ist jedoch unzulässig, die ausländische Scheidungsfolgenregelung für die Zwischenzeit in eine Regelung für die Zeit des Getrenntlebens umzudeuten und als solche anzuerkennen (so aber KG 13. 11. 1973 OLGZ 1974, 93 = FamRZ 1974, 146; dagegen BGH 5. 2. 1975 BGHZ 64, 19 = NJW 1975, 1072). **163**

Enthält das ausländische Urteil keine Regelung der Scheidungsfolgen, so kann sie **gesondert im Inland** erfolgen (BGH 14. 12. 1983 NJW 1984, 2041 [nachehelicher Unterhalt]; BGH 7. 11. 1979 BGHZ 75, 241 = FamRZ 1980, 29; BGH 26. 1. 1983 NJW 1983, 1269; OLG Frankfurt 1. 6. 1987 IPRax 1988, 175 [HEPTING 153]; OLG München 17. 11. 1989 IPRax 1990, 255 [alle Versorgungsausgleich]). Soweit die Scheidung materiell vorausgesetzt wird, ist Voraussetzung, dass die ausländische Scheidung anerkannt wird. In keinem Fall steht die Tatsache der Scheidung im Ausland der internationalen deutschen Zuständigkeit für die Scheidungsfolge im Wege (BGH 14. 12. 1983 NJW 1984, 2041; BGH 26. 1. 1983 FamRZ 1983, 366 = NJW 1983, 1269). **164**

IV. Anerkennung

1. Automatische

§ 108 FamFG sieht als Grundregel eine automatische Anerkennung vor, mit der die **165**

Wirkungen, die die ausländische Entscheidung nach ihrem Recht hat, in das Inland **erstreckt** werden, wenn keines der Anerkennungshindernisse des § 109 FamFG vorliegt. Die Sonderregel des § 107 FamFG gilt nicht bei Heimatstaatsscheidungen, für die Scheidungsfolgen und für die Auflösung von homosexuellen Lebenspartnerschaften. Jedes Gericht oder Behörde entscheidet, außerhalb des Feststellungsmonopols nach § 107 FamFG selbst inzident, wenn es für eine Angelegenheit vor ihm auf die Wirksamkeit der ausländischen Entscheidung im Inland ankommt, ob diese gegeben ist. Angesichts der Vielfalt mögliche Folgen, die eine ausländische Regelung vor allem des Status haben kann und der im deutschen Recht fehlenden Erstreckung der materiellen Rechtskraft auf die Gründe einer Entscheidung, ist die Gefahr widersprüchlicher Entscheidungen beträchtlich. Es entsteht zwar keine Rechtskraftkollision, aber es ist doch wenig befriedigend, wenn zB für eine Unterhaltspflicht von der Auflösung einer Lebenspartnerschaft ausgegangen wird, aber für güterrechtliche Folgen von ihrem Fortbestand.

2. Selbständiges Anerkennungsverfahren (§ 108 Abs 2 FamFG)

a) Zuständigkeiten

166 Um hier der Gefahr widersprüchlicher inzidenten Feststellungen zu wehren, kann bei **nicht vermögensrechtlichen** ausländischen Entscheidungen (Urteilen und Beschlüssen) ein isoliertes Feststellungsverfahren betrieben werden (§ 108 Abs 2 S 2 FamFG iVm § 107 Abs 9 FamFG). Das betrifft nur die **Lebenspartnerschaften**, die nicht von § 107 FamFG erfasst werden. Die Ehescheidungen aus dem gemeinsamen Heimatstaat der Ehegatten fallen nicht darunter, weil man für sie eine freiwillige Anerkennung nach § 107 FamFG zulässt (oben § 107 Rn 100 f). Dasselbe gilt auch für reine Privatscheidungen (§ 107 Rn 70). In beiden Fällen fehlt das allgemeine Feststellungsinteresse wegen des einfacheren Wegs über § 107 FamFG.

167 Das ist anscheinend nicht das Verfahren des § 107 FamFG, das für Eheauflösungen reserviert ist, denn § 108 Abs 2 FamFG verweist auf § 107 Abs 9 FamFG nur für die Wirkung der Entscheidung und nicht auch auf § 107 Abs 2, 4 bis 8 FamFG. Man erfährt fast nichts über dieses Verfahren. Es ist anzunehmen, dass ein Verfahren nach dem FamFG gemeint ist (Klinck FamRZ 2009, 741, 744), welches nicht notwendig ein kontradiktorisches sein müsste, sondern zwar einen Antrag verlangt, aber alle weiteren Personen beteiligen könnte, die rechtlich betroffen sind (§ 7 FamFG) (Klinck FamRZ 2009, 748). Aus Abs 3 ist könnte man entnehmen, dass der Gesetzgeber anders als bei § 107 FamFG ein kontradiktorisches Zwei-Parteien-Verfahren meint, doch muss man von einer Beteiligung nach § 7 FamFG ausgehen (Keidel/Zimmermann Rn 72; Prütting/Helms/Hau Rn 59).

168 So ist nicht die LJV oder ein Präsident des OLG **sachlich** zuständig, sondern das Gericht, welches über die betreffende Angelegenheit in Deutschland zu entscheiden gehabt hätte, wenn nicht im Ausland entschieden worden wäre (Klinck FamRZ 2009, 741, 748; MünchKommFamFG/Rauscher Rn 29). Das ist in Lebenspartnerschaftssachen das AG als **Familiengericht** nach §§ 23a und 23b GVG.

169 Die **örtliche Zuständigkeit** ist in § 108 Abs 3 FamFG anders als in § 107 FamFG geregelt: Sie ist am „gewöhnlichen Aufenthalt des Antragsgegners **oder** der Person, auf die sich die Entscheidung bezieht“, gegeben. Letztere sind zumindest in erster

Linie die beiden Parteien der ausländischen Aufhebung der Lebenspartnerschaft (MünchKommFamFG/Rauscher Rn 26); das ist „die Entscheidung", nicht die jetzt beantragte (Klinck FamRZ 2009, 741, 748). Da gem § 7 FamFG nicht notwendig ein „Antragsgegner" existiert, sondern nur Beteiligte, und jeder von der ausländischen Aufhebungsentscheidung Betroffene den Antrag stellen kann, lässt die Formulierung etwas ratlos.

Da beide Partner der ausländischen Partnerschaftsauflösung den Antrag stellen **170** können, ergeben sich alternative Zuständigkeiten am jetzigen gewöhnlichen Aufenthalt des anderen als einem von der Entscheidung Betroffenen (MünchKommFamFG/Rauscher Rn 27). So wird auch der jetzige Antragsteller als „Bezugsperson" zB nach seinem Umzug ins Inland hier an seinem gewöhnlichen Aufenthalt die Feststellung beantragen können. Das wäre zwar ein Klägergerichtsstand, aber man muss das wohl bejahen. Den Antrag kann auch ein **interessierter Dritter** stellen, für den sich die örtliche Zuständigkeit jedenfalls nach dem gewöhnlichen Aufenthalt eines der ehemaligen Lebenspartner richtet.

Keiner der ehemaligen Lebenspartner **muss aber im Inland** leben. Wenn deshalb **171** keine örtliche Zuständigkeit durch den gewöhnlichen Aufenthalt eines Lebenspartners begründet ist, so ist an den Ort anzuknüpfen, an dem das Feststellungsinteresse besteht bzw bekannt wird. Das wäre insbesondere der Fall, wenn die Erbschaft im Inland belegen ist, für deren Anfall die Auflösung der Lebenspartnerschaft erheblich ist. § 108 Abs 2 FamFG leidet offensichtlich daran, dass der Gesetzgeber eine einheitliche Regelung für so ungleiche Angelegenheiten wie die Auflösung einer Lebenspartnerschaft und eine Adoption oder Vormundschaft schaffen wollte. Jedenfalls bei ersterer hat die Anknüpfung an „den Antragsgegner" keinen Sinn.

b) Antragsberechtigte

Es ist allerdings weniger wahrscheinlich, dass ein Antragsberechtigte den Antrag **172** stellen wird, um der einheitlichen Beurteilung der Anerkennungsfähigkeit wegen, sondern weil er mit ihrer inzidenten Beurteilung in seinem präjudizierten Rechtsverhältnis nicht einverstanden ist. Antragsberechtigt sind alle, die ein rechtliches Interesse an der Anerkennung haben. Das sind beide ehemalige Lebenspartner, aber auch andere, deren Rechte und Pflichten von der Auflösung berührt werden, ähnlich wie bei § 107 FamFG (dort Rn 162 ff; MünchKommFamFG/Rauscher Rn 26; Prütting/Helms/Hau Rn 59). Manche wie Erben kommen uU erst später hinzu.

V. Wirkungen der Anerkennung*

1. Wirkungserstreckung

§ 108 FamFG spricht von Anerkennung, sagt aber nichts darüber, **welche Wirkungen** **173**

* **Schrifttum**: Drobnig, Skizzen zur international-privatrechtlichen Anerkennung, in: FS vCaemmerer (1978) 687; G Fischer, Objektive Grenzen de Rechtskraft im internationalen Zivilprozeßrecht, in: FS Henckel (1995) 199; Geimer, Zur Prüfung der Gerichtsbarkeit und der internationalen Zuständigkeit bei der Anerkennung ausländischer Urteile (1966); Gottwald, Grundfragen der Anerkennung und Vollstreckung ausländischer Entscheidungen in Zivilsachen, ZZP 103 (1990) 257; Hausmann, Die kollisionsrechtlichen Schranken der Ge-

das ausländische Urteil dann kraft Anerkennung im Inland entfaltet. Das ist bedauerlich, denn hier ist manches streitig. Einige nehmen an, dass mit der Anerkennung ein ausländisches Urteil einem entsprechenden inländischen **gleichgestellt** werde und ihm also dessen Wirkungen beigelegt würden (REU, Anwendung fremden Rechts [1938] 86; REINL, Die Anerkennung ausländischer Eheauflösungen [1966] 58; MATSCHER ZZP 86 [1973] 404, 408 und, in: FS Schima [1969] 277 ff; BGH 1. 6. 1983 IPRax 1984, 320 m abl Anm SPELLENBERG 304, 306 = NJW 1983, 1976 = FamRZ 1983, 806; OLG Düsseldorf 3. 11. 1981 IPRax 1982, 152 [HENRICH 140]). Dieser Gleichstellungstheorie steht die hM von der **Wirkungserstreckung** gegenüber (RAUSCHER, IPR Rn 2282; THOMAS/PUTZO/HÜSSTEGE § 328 ZPO Rn 1; MARTINY, Hdb IZVR III/1 Rn 362, 367 ff; KLAUS MÜLLER ZZP 79 [1966] 204 f; GEIMER, IZPR Rn 2776 ff; STEIN/JONAS/H ROTH § 328 ZPO Rn 7; PRÜTTING/HELMS/HAU Rn 10 ff; MünchKommZPO/GOTTWALD § 328 Rn 3 f; MünchKommFamFG/RAUSCHER § 108 Rn 18 f; SCHÜTZE, Die Anerkennung und Vollstreckung ausländischer Zivilurteile als verfahrensrechtliches Problem; wohl BGH 4. 6. 1992 BGHZ 118, 312, 318 = NJW 1992, 3096; OLG Köln NJW-RR 2010, 1225; OLG Hamm 11. 2. 1991 FamRZ 1993, 213; OLG Saarbrücken 9. 12. 1957 NJW 1958, 1046). Das gilt gleichermaßen, wenn die Urteilswirkungen hinter denen des entsprechenden Urteils des Anerkennungsstaates zurück bleiben, wie wenn sie darüber hinaus gehen. Für das **EuGVÜ/LugÜ** ergab sich aus Art V des Protokolls v 27. 9. 1968, dass Anerkennung Wirkungserstreckung bedeutet, und ebenso definieren einige zweiseitige Staatsverträge die Anerkennungswirkung (Nw SPELLENBERG IPRax 1984, 304, 306).

174 **Wirkungserstreckung** bedeutet, dass das ausländische Recht des Urteils für die Bestimmung der Urteilswirkungen maßgeblich ist, die dann auf das Inland erstreckt werden (BGH 4. 6. 1992 BGHZ 118, 312; LINKE/HAU, IZVR Rn 12. 7 f; ROSENBERG/SCHWAB/GOTTWALD, ZPR § 157 Rn 8; RAUSCHER, Intern Privatrecht Rn 2460; MARTINY, Hdb IZVR Bd III/1 Rn 363 mwNw in Fn 1078; einschränkend vBAR/MANKOWSKI, IPR I § 5 Rn 112 f). Dagegen spricht nicht, dass die Inlandswirkung auf einer Anordnung des deutschen Gesetzgebers beruht (so aber BGH 1. 6. 1983 NJW 1983, 1976, der jedoch das Problem, auf das es in casu auch nicht ankam, nicht voll erfasste), denn der deutsche Gesetzgeber kann sehr wohl

staltungskraft von Scheidungsurteilen (1980); JELLINEK, Die zweiseitigen Staatsverträge über Anerkennung ausländischer Zivilurteile (1953); KALLMANN, Anerkennung und Vollstreckung ausländischer Zivilurteile und gerichtlicher Vergleiche (Basel 1946); KOSKIYAMA, Rechtskraftwirkungen und Urteilsanerkennung nach amerikanischem, deutschen und japanischem Recht (1996); MATSCHER, Zur Theorie der Anerkennung ausländischer Entscheidungen nach österreichischem Recht, in: FS Schima (1969) 265; ders, Einige Probleme der internationalen Urteilsanerkennung und -vollstreckung, ZZP 86 (1973) 404; MÜLLER, Zum Begriff der „Anerkennung" von Urteilen in § 328 ZPO, ZZP 79 (1966) 199; NELLE, Anspruch, Titel und Vollstreckung im internationalen Rechtsverkehr (2000); NEUHAUS, Internationales Zivilprozessrecht und IPR, RabelsZ 20 (1955) 201 ff; vOVERBECK, Die „kollisionsrechtliche Relativität der Rechtskraft" – Ein Fremdkörper im Schweizer Recht?, in: Gedächtnisschrift Jäggi (1977) 273; REINL, Die Anerkennung ausländischer Eheauflösungen (Diss Würzburg 1966); SCHÜTZE, Die Anerkennung und Vollstreckung ausländischer Zivilurteile in der BRD als verfahrensrechtliches Problem (Diss Bonn 1960); SPELLENBERG, Prozeßführung oder Urteil – Rechtsvergleichendes zu Grundlagen der Rechtskraft, in: FS Henckel (1995) 841; SÜSS, Die Anerkennung ausländischer Urteile, in: FS Rosenberg (1949) 229; TSAI, Ehescheidung, Anerkennung ausländischer Ehescheidungen und Wiederverheiratung im IPR (Zürich 1975); WALDER, Grundfragen der Anerkennung und Vollstreckung ausländischer Urteile unter besonderer Berücksichtigung schweizerischen Rechts, ZZP 103 (1990) 322.

auch eine Erstreckung von Wirkungen anordnen, die auf fremdem Recht beruhen. Das ist im Grunde nichts wesentlich anderes als das, was das IPR des EGBGB tut (Wengler Rec 1964 III S 443 ff).

Es wäre zum einen nicht gerechtfertigt, einem ausländischen Urteil mit der Anerkennung weiter gehende Wirkungen der Rechtsordnung des Anerkennungsstaates beizulegen, auf die sich die Parteien bei ihrer Prozessführung nicht einstellen konnten und nicht eingestellt haben, der noch gar nicht feststeht oder, da es eventuell auf die Anerkennung in mehreren Staaten ankommen kann, sich auf mehrere Rechtsordnungen auszurichten (ebenso Kropholler, IPR § 60 V 1 b; Gottwald ZZP 103 [1990] 260 f; Kegel/Schurig, IPR § 22 V 1 a 907). **Gehen** die Wirkungen des ausländischen Urteils nach seinem Recht über die entsprechenden deutschen **hinaus**, so bewendet es zum anderen beim ausländischen Recht (Stein/Jonas/H Roth § 328 ZPO Rn 10; Nagel/Gottwald, IZPR § 12 Rn 114). **175**

Vielfach wird jedoch angenommen, dass auch bei Wirkungserstreckung die Wirkungen des ausländischen Urteils **nicht** über die eines entsprechenden deutschen Urteils **hinausgehen** könnten (Geimer, IZPR Rn 2782 f aber nicht bei Gestaltungswirkungen; Stein/Jonas/H Roth § 328 ZPO Rn 8; Kropholler, IPR § 60 V 1 b; K Müller ZZP 79 [1966] 206; Schack, IZVR Rn 886; OLG Frankfurt 12. 11. 1985 IPRax 1986, 297; LG Hamburg 11. 7. 1991 IPRax 1992, 251 [beide obiter]). Praktisch würde das vor allem bei der **Rechtskraft der Gründe** betreffen (vgl vBar/Mankowski, IPR I § 5 Rn 112 f). Diese Wirkungsbegrenzung oder **Kumulation** ist jedoch **nicht gerechtfertigt** und nicht nötig (Riezler, IZVR 520; Gottwald ZZP 103 [1990] 262 f; Rosenberg/Schwab/Gottwald § 157 Rn 8; G Fischer, in: FS Henckel [1995] 204 ff; Spellenberg IPRax 1984, 306; Linke/Hau, IZVR Rn 12. 7 f; Nagel/Gottwald, IZPR § 12 Rn 114 f; im Erg auch MünchKommFamFG/Rauscher Rn 20). Das Argument für die Wirkungsbegrenzung ist gewöhnlich, dass sich das ausländische Urteil mit seinen Wirkungen nach der Anerkennung in die inländische Rechtsordnung einfügen müsse. Diesem Gedanken ist jedoch ausreichend und nur mit dem **ordre public** Rechnung zu tragen. Es ist namentlich keine Störung der deutschen Rechtsordnung zu befürchten, wenn die ausländischen Urteilswirkungen nur quantitativ über die eines entsprechenden deutschen Urteils hinausgehen, aber der Art nach dem deutschen Recht bekannt sind. **176**

Das gilt zB für Feststellungen über präjudizielle Rechtsverhältnisse in den Gründen des Urteils, die nach manchem ausländischen Recht an der Rechtskraft teilnehmen. Eine solche Wirkung ist dem deutschen Recht im Falle der Zwischenfeststellungsklage bekannt (Rechtsvergleichung Spellenberg, in: FS Henckel [1995] 841, 858 f; Stürner, in: FS Schütze [1999] 913; für die Brüssel I-VO so auch EuGH 15. 11. 2012 – C-456/11 *Gothaer Vers v Samskip* Rn 33, IPRax 2014, 163 krit Anm H Roth 136). So wie man den Parteien nicht Urteilswirkungen zumutet, um die sie nicht gestritten haben, so soll ihnen das Anerkennungsrecht nicht Urteilswirkungen nehmen, um die sie nach dem maßgebenden Recht prozessiert haben. Und ebenso bestehen wegen § 74 ZPO keine durchgreifenden Bedenken gegen die Erstreckung der Rechtskraft auf Dritte (insoweit auch Geimer, IZPR Rn 2820 f). Der EuGH hat nun begonnen einen europäischen Begriff der materiellen Rechtskraft zu entwickeln, der insbesondere die Urteilsgründe mit einbezieht, der aber nicht auf §§ 108 FamFG, 328 ZPO aF übertragen werden kann. Die Grenze des ordre public ist zurückhaltend zu ziehen. **177**

178 Die **Anerkennung** und auch ggf der Bescheid der LJV **verändern** den Inhalt der ausländischen Entscheidung **nicht**. Eine Trennung von Tisch und Bett kann, obwohl dem deutschen Recht unbekannt, nur als solche und nicht als Scheidung (OLG Hamburg 12. 7. 1983 IPRspr 1983 Nr 184), und ein deklaratorisches Nichtigkeitsurteil nicht als konstitutives anerkannt werden (KG 20. 5. 1975 OLGZ 1976, 149, 153 = FamRZ 1976, 353 f = StAZ 1976, 307 f [Görgens 1977, 79]).

179 Enthält das anzuerkennende ausländische Urteil einen an der Rechtskraft teilnehmenden **Schuldausspruch**, steht auch das für das Inland fest; steht er nicht im Tenor, dann reicht ggf die Rechtskraft der Gründe (näher Spellenberg, in: FS Schumann [2002] 423, 434; **aA** wohl, wegen Erwgrund 10 zur Brüssel IIa-VO, Nagel/Gottwald, IZPR § 13 Rn 6). Doch entscheidet erst das Statut der betreffenden Scheidungsfolgen, ob es auf ein Verschulden überhaupt ankommt. Anderenfalls bleibt dieser Teil des Urteilswirkungen ohne Auswirkungen.

180 Verlangt umgekehrt das Scheidungsfolgenstatut zB für Unterhaltsregelungen einen Schuldausspruch, der aber im Scheidungsurteil nicht mit Rechtskraft erfolgt ist, so muss nun **inzident das Verschulden** festgestellt werden (BSG 30. 11. 1966 FamRZ 1967, 216 [Bosch]). Es kann zwar möglich sein, diese inzidente Entscheidung auf die Begründung des Scheidungsurteils zu stützen, aber jedenfalls besteht keine Rechtskraftbindung, soweit nach dem maßgebenden Recht die Gründe nicht auch in Rechtskraft erwachsen sind (bedenklich daher KG 3. 5. 1935 JW 1935, 2750 = StAZ 1935, 413; OLG München 24. 8. 1938 HRR 1938 Nr 1463 = JFG 18, 135; wie hier im Wesentlichen Jayme und Siehr FamRZ 1969, 189 ff). Ergänzende und gegenteilige Behauptungen und Feststellungen bleiben dann möglich. Das **Scheidungsfolgenstatut** muss diese Feststellung aber noch **zulassen**. Mit Recht hat das OLG Hamm eine inzidente Schuldfeststellung abgelehnt, weil das für den Unterhalt maßgebende polnische Recht verlangt, dass der Schuldausspruch schon im Tenor des Scheidungsurteils enthalten sein muss (18. 1. 1999 FamRZ 2000, 29; vgl auch OLG Köln 21. 9. 1995 FamRZ 1996, 490).

181 Selbst wenn der ausländische Schuldausspruch in Rechtskraft erwachsen ist, bleibt immer sorgfältig zu prüfen, ob dieser Schuldausspruch inhaltlich dem entspricht, was das Scheidungsfolgenstatut voraussetzt. Was ein Verschulden sei, ist von Rechtsordnung zu Rechtsordnung oft sehr verschieden (näher Jayme und Siehr FamRZ 1969, 189 ff).

182 Keinesfalls darf das anzuerkennende **ausländische Urteil abgeändert** oder um den Schuldausspruch ergänzt werden oder diesen entfernen; der Folgerichter darf nur, wenn nötig, ein Verschulden selbst feststellen. Eine isolierte **Klage auf Feststellung** eines Scheidungsverschuldens, über welches das ausländische Scheidungsurteil keine Aussagen trifft, ist nicht zuzulassen (**aA** zum alten Recht LG Mannheim 13. 3. 1973 MDR 1973, 933 [DDR]). Das wäre eine nach § 256 ZPO unzulässigen Tatsachenfeststellung.

2. Urteilswirkungen

183 Als Wirkungen ausländischer Eheurteile im Inland nach ihrer Anerkennung kommen bei **Eheurteilen** die Gestaltungs-, Rechtskraft-, Präklusions- und die Tatbestandswirkung in Frage.

a) Gestaltungswirkung

Die **hM** beurteilt die **Anerkennungsfähigkeit** der Statuswirkung, dh die Wirkung, dass die Ehe auch für das Inland aufgehoben bzw geschieden ist, (heute) nach **§ 108 FamFG** (Stein/Jonas/H Roth § 328 Rn 17; Martiny, Hdb IZVR III/1 Rn 385 ff; Geimer, IZPR Rn 2813; E Lorenz FamRZ 1966, 476 ff; Schack, IZPR Rn 869; Prütting/Helms/Hau Rn 22; Dutta StAZ 2010, 200; BayObLG 8. 5. 2002 FamRZ 2002, 1637; OLG Bamberg 21. 11. 2001 FamRZ 2002, 1120; RG 26. 4. 1941 RGZ 166, 367, 372 ff; OLG Frankfurt 15. 4. 1985 OLGZ 1985, 257). Liegen keine Anerkennungshindernisse bzw damit die Anerkennungsvoraussetzungen vor, so ist die Ehe auch für das Inland geschieden, auch wenn das nach deutschem IPR anwendbare Scheidungsstatut die Scheidung nicht erlaubt hätte. Die Anerkennung setzt keine kollisionsrechtliche Konformität (mehr) voraus, und Anerkennung und internationalprivatrechtliche Anknüpfung sind verschiedenes (vgl Sonneberger, in: FS Spellenberg [2010] 371 ff). Das kollisionsrechtlich bestimmte Scheidungsstatut wird nicht befragt. Man kann auch von einer Substitution seiner Regelungen durch die prozessuale Anerkennung reden. Das gilt für Eheaufhebung und -nichtigkeit wie für Auflösungen von Lebenspartnerschaften. Ist die Ehe im Ausland von Tisch und Bett getrennt, so ist sie es auch nach Anerkennung im Inland, obwohl sie im deutschen Eherecht nicht vorgesehen ist. Keinesfalls darf sie zur Scheidung aufgewertet werden. 184

Die **Gegenmeinung** befragte **das Scheidungsstatut** gem Art 17 EGBGB/Art 5 Rom III-VO danach, ob es die Eheauflösung bzw Scheidung aus einem Drittstaat anerkennt (Jonas JW 1936, 283; Neuhaus FamRZ 1964, 22, aber bei deutschem Scheidungsstatut gelte nur § 328 ZPO aF; ders, Grundbegriffe des IPR § 58 III; Raape, IPR 314; Süss, in: FS Rosenberg [1949] 251 f). Manche wollen zusätzlich noch die Voraussetzungen des § 328 ZPO, heute § 109 FamFG, für eine Anerkennung verlangen (Hausmann, Kollisionsrechtliche Schranken von Scheidungsurteilen 183 ff, 204 ff; Raape/Sturm IPR, 348; Jansen Art 7 § 1 FamRÄndG Rn 24). Die **kollisionsrechtliche Relativierung** der Rechtskraft **(Lex causae-Theorie)** vermeidet ein Hinken der Scheidung im Verhältnis zum Staat des Scheidungsstatuts. 185

Eine Entscheidung dieses Konflikts danach, ob die Zahl „hinkender" Scheidungen nach dem Lösungsweg der hM größer ist als nach der Gegenansicht, verbietet sich. Vielmehr kommt es darauf an, mit welchem Staat die Übereinstimmung wichtiger ist. Die besseren Gründe sprechen insoweit für die **hM**. Die Statuswirkung muss im Inland unabhängig von dem nach dem EGBGB ermittelten Statut anerkannt werden, wenn die Parteien vor einem auch nach unserer Anschauung zuständigen Gericht in einem rechtstaatlichen Verfahren geschieden wurden. Würde man sie nicht anerkennen, weil die Scheidung nach dem richtigen Scheidungsstatut nicht wirksam wäre, so näherte man sich einer Revision au fond und verstieße gegen die Wirkungserstreckung, denn das Urteil ist im Urteilsstaat ungeachtet dessen wirksam (vOverbeck, in: GS Peter Jäggi [1977] 273, 290 ff; MünchKommZPO/Gottwald § 328 Rn 155, 157). Schon § 328 ZPO aF hat zu Recht die Anerkennung nicht davon unabhängig gemacht, ob das Urteilsgericht das nach unserem IPR richtige Recht angewandt hat. Die kollisionsrechtliche Neutralität der Anerkennung, die sich hierin ausdrückt, sollte auch im Verhältnis zum Scheidungsstatut gelten. 186

Wenn die Auslandsscheidung, zB wegen fehlender Anerkennungszuständigkeit, von 187 uns **nicht anerkannt** werden kann, so ist die Ehe für uns nicht aufgelöst, und es darf zB **im Inland erneut geschieden** werden.

b) Nachfolgende Gestaltungen

188 Zwar ist die Frage, nach welchem Recht die Scheidung oder Trennung ausgesprochen wurde, selten praktisch sehr wichtig, weil unter diesen Gestaltungen überall im Wesentlichen dasselbe verstanden wird. So weiß ein deutscher Richter oder auch Standesbeamter bei einer Trennung von Tisch und Bett nach brasilianischem Recht durch ein dortiges Gericht hinreichend, um was es sich handelt. Schwieriger wird es, wenn der Trennung eine Scheidung nachfolgen soll. Hier ist zunächst zu entscheiden, ob die Umwandlungsvoraussetzungen, zB ein Jahr gerichtliche Trennung im brasilianischen Recht, nach dem vom Richter bei der gerichtlichen Trennung angewandten Recht oder nach dem nun maßgebenden Scheidungsstatut zu beurteilen sind. Art 9 Abs 1 Rom III-VO hat das Problem dadurch gelöst, dass das erstere Recht auch das Scheidungsstatut ist vorbehaltlich einer Wahl des Scheidungsstatuts durch die Ehegatten. Das zeigt, dass Art und Inhalt der ersten Gestaltung nicht ohne Beachtung des in der Sache angewandten Rechts und allein mithilfe des Prozessrechts festgestellt werden können (MünchKommZPO/Gottwald § 328 Rn 174).

189 Bei Gestaltungen des Ehebandes ist die praktisch wichtige Frage, inwieweit nach einer anerkannten ausländischen Statusgestaltung eine **erneute Gestaltung** im Inland möglich ist, ist bei Staudinger/Spellenberg (2015) Art 21 Brüssel IIa-VO Rn 65 ff behandelt. Dort gilt, dass nach einer ausländischen Ehetrennung eine inländische Scheidung noch möglich ist, aber nicht umgekehrt nach einer Scheidung eine Ehetrennung, nach einer Scheidung aber eine Aufhebung oder Vernichtung der Ehe wegen anfänglicher Mängel, aber nicht umgekehrt.

190 Bei der Feststellung, **welche gestaltenden Wirkungen** das anzuerkennende Urteil hat, muss gerade hinsichtlich der Gestaltungswirkung das Sachrecht beachtet werden, nach welchem der Richter die Ehe geschieden, aufgelöst oder getrennt hat. Ob zB die Trennung von Tisch und Bett eine Alternative zur Scheidung oder eine Vorstufe dazu ist, lässt sich nur mithilfe des zugrunde gelegten Statuts ermitteln, und nicht anhand dessen, das nach dem IPR des anerkennenden Staates hätte angewandt werden müssen (zust MünchKommZPO/Gottwald § 328 Rn 174). Notfalls ist das den Gründen des Urteils zu entnehmen.

191 Doch liegen nicht nur dann verschiedene Gestaltungen vor, die ggf nacheinander möglich sind, sondern **uU auch** wenn das Scheidungsstatut verschiedene Scheidungsgründe zur Wahl stellt und als verschiedene Scheidungen ansieht mit der Folge, dass zB eine Scheidung wegen Zerrüttung durch eine wegen Verschuldens ersetzt werden kann, die für einen Antragsteller günstigere Folgen hätte (vgl auch Staudinger/Spellenberg [2015] Brüssel IIa-VO Art 21 Rn 71). Man kann erwägen, dass eine Scheidung nach einem Scheidungsstatut eine solche nach einem anderen Scheidungsstatut nicht ausschließt, wenn zB **nach einer anerkannten Scheidung** eines brasilianischen Gerichts, welches brasilianisches Recht angewandt hat, nun vom deutschen Gericht eine Scheidung nach deutschem Recht beantragt wird (Hausmann, Kollisionsrechtliche Schranken von Scheidungsurteilen 104 ff [Inlandsscheidung], 314 ff [Auslandsscheidung]; Serick RabelsZ 21 [1956] 207 ff, 224 ff; Dorenberg, Hinkende Rechtsverhältnisse im internationalen Familienrecht [1968]; Marquardt StAZ 1963, 46 ff; Gamillscheg JZ 1963, 24; Süss, in: FS Rosenberg [1949] 149 f; weiter § 109 Rn 216 ff).

Ob die **anerkannte Scheidung** aus dem Ausland die Wiederholung der Klage im Inland hindert (OLG Bamberg 13. 3. 1996 FamRZ 1997, 95), sei es wegen der Rechtskraft der ersten oder auch wegen eines Grundsatzes der Einheitlichkeit der Eheverfahren, entscheidet das **Recht, welches der Scheidung zugrunde** lag. Es wird freilich selten eine Scheidung wegen Verschuldens nach einer wegen Zerrüttung selbst als verschiedene Scheidungsformen zulassen, eher schon eine nachfolgende Aufhebung wegen anfänglicher Mängel der Ehe. Doch das deutsche Anerkennungsrecht soll dem Scheidungsstatut nicht vorgreifen. Dagegen kann eine Scheidung nach einer Ehetrennung durchaus vorgenommen werden, wie Art 9 Rom III-VO und Art 5 Brüssel IIa-VO zeigen. Das folgt aus der **Art der beiden Gestaltungen**. Zu der Frage, welche **weiteren Gestaltungsklagen** nach einer Ehetrennung, einer Scheidung oder Eheaufhebung noch zulässig sind, ist auf Staudinger/Spellenberg (2015) Art 21 Brüssel IIa-VO Rn 65 ff und § 109 Rn 216 ff zu verweisen. **192**

Wenn eine erforderliche förmliche Anerkennung des ersten Gestaltungsurteils nach § 107 FamFG noch aussteht, ist **auszusetzen**, um diese Entscheidung einzuholen. **193**

Diese Frage muss deutlich von der unterschieden werden, nach welchem Regeln das anerkannte ausländische Eheurteil zu behandeln ist, wenn die Scheidung als **Vorfrage einer Scheidungsfolge** auftritt, die ihrerseits einem anderen Recht unterliegt, und hat Ähnlichkeit mit dem Problem der selbständigen oder unselbständigen Anknüpfung der Vorfrage im Kollisionsrecht (Soergel/Schurig Art 13 EGBGB Rn 17 f), für die es anerkanntermaßen keine einheitliche Antwort gibt. Weiter unten Rn 212 ff. **194**

c) Zusätzliche Gestaltungserfordernisse

Gerade bei Scheidungen begegnet man im Ausland Regelungen, wonach die Gestaltung des Status erst mit einem weiteren Akt, namentlich mit der **Eintragung** in ein **Register** eintritt. Davor kann dann auch die Statuswirkung nicht für das Inland anerkannt werden, weil sie (noch) nicht eingetreten ist (Hau, in: FS Spellenberg [2010] 435, 441; Raape, IPR 312; Hausmann, Kollisionsrechtliche Schranken von Scheidungsurteilen 204; BayObLG 28. 3. 1977 BayObLGZ 1977, 71 = FamRZ 1977, 395 f; OLG Düsseldorf 28. 2. 1975 FamRZ 1975, 584). **195**

Streitig ist, ob das eventuelle Erfordernis der Registereintragung etc aus der lex fori des Urteilsstaates (so Martiny, Hdb IZVR Bd III/1 Kap I Rn 491), oder aus dem gem Art 17 EGBGB Art 8 Rom III-VO zu bestimmenden, uU verschiedenen Scheidungsstatut zu entnehmen ist (so Hausmann, Kollisionsrechtliche Schranken von Scheidungsurteilen 79 ff mit weiteren Differenzierungen; Jansen Art 7 § 1 FamRÄndG Rn 10). Richtigerweise entscheidet weder das eine noch das andere Recht, sondern das vom **Urteilsgericht angewandte Scheidungsstatut**, nach welchem es schließlich auch die Scheidung ausgesprochen hat (wohl MünchKommZPO/Gottwald § 328 Rn 174; schon BayObLG FamRZ 1977, 395). **196**

d) Materielle Rechtskraft, Präjudizialbindung

aa) Ausländische Eheauflösung

Auch Gestaltungsurteile können materielle Rechtskraft idS haben, dass nun zwi- **197** schen den Parteien feststeht, dass ein Recht auf die betreffende Gestaltung bestand (Rosenberg/Schwab/Gottwald, ZPR § 91 Rn 16; Schlosser, Gestaltungsklagen und Gestaltungsurteile [1966] 68 ff). Das wird allerdings nur selten praktisch bedeutsam, etwa wenn andere Ansprüche mit der Begründung geltend gemacht würden, die Ehe hätte damals nicht aufgelöst werden dürfen, weil der Grund dafür nicht vorlag.

198 Praktisch wichtig ist jedoch die Frage nach einer Präjudizialbindung an den im Ausland zugrunde gelegten Eheauflösungsgrund für den inländischen Richter, der über Scheidungsfolgen zu entscheiden hat. Viele Rechte kennen die Verschuldensscheidung allein und vor allem neben anderen Scheidungsgründen, wobei das Scheidungsverschulden für den nachehelichen Unterhalt entscheidend sein kann. Inwieweit eine Bindung besteht, ist bei Staudinger/Spellenberg (2015) Art 21 Brüssel IIa-VO Rn 74 ff erörtert. Das dort Gesagte gilt im Wesentlichen auch für § 108 FamFG. Zu beachten ist jedoch, dass im nationalen Recht idR die förmliche Anerkennung ausgesprochen sein muss (zB BayObLG 12. 9. 2002 FamRZ 2003, 310 zum umgekehrten Fall der noch ausstehenden Anerkennung einer deutschen Scheidung im Ausland).

bb) Ausländische Antragsabweisung

199 Auch ein antragsabweisendes Eheurteil ist anerkennungsfähig und entfaltet dann seine Rechtskraft im Inland. Das ist bei §§ 108 FamFG bzw 109 FamFG anders als bei Art 21 Brüssel IIa-VO, der solche Urteile von der Anerkennung ausnimmt. Solche Urteile **fallen** nur unter **§§ 108 FamFG, 109 FamFG**, selbst wenn sie **aus einem Mitgliedstaat der Brüssel IIa-VO** stammen (Spellenberg, in: FS Schumann [2001] 432 f). Wenn eine Scheidungsklage im Ausland abgewiesen wurde und im Inland wiederholt werden soll, steht dem die Rechtskraft im Wege (ne bis in idem). Antragsabweisungen bedürfen auch nicht der Delibation des § 107 FamFG, sondern wirken ggf Rechtskraft im Inland ipso jure.

200 Die Rechtskraft steht nur einer **neuen gleichen** Klagen zB auf Scheidung im Wege. So können abgewiesene Trennungs-, Scheidungs- oder Nichtigkeitsanträge nicht ohne weiteres im Inland erneuert werden. Ein anderer Antrag, zB auf Trennung nach abgewiesenem Scheidungsantrag, aber auch umgekehrt ist zulässig. Es kommt nach einer Abweisung auf eine Reihenfolge der Anträge nicht an.

201 Da die objektiven Grenzen der Rechtskraft des Urteils von seinem Recht bestimmt werden, entscheidet dieses insbesondere, ob derselbe Antrag nur **mit neuen Gründen** erneuert werden darf, und ob sie nachträglich entstanden sein müssen. Die hM entnimmt die objektiven Grenzen der Rechtskraft dem Verfahrensrecht des entscheidenden Gerichts, nicht dem uU davon verschiedenen angewandten Scheidungsstatut (Stein/Jonas/H Roth § 328 ZPO Rn 17; G Fischer, in: FS Henckel [1995] 199, 202 ff). Das ist nicht ganz zutreffend, wenn man damit das vom Gericht **angewandte Sachrecht** ausblenden wollte. Vor allem wenn die Rechtskraft auch die Gründe erfassen soll (zB neuerdings EuGH 15. 11. 2012 – C-456/11 *Gothaer Vers v Samskip*, Rn 33 ff krit H Roth 136), kann man deren Inhalt nicht ohne das der Entscheidung zugrunde gelegte Recht angeben (MünchKommZPO/Gottwald § 328 Rn 174).

202 Wenn das Scheidungsstatut Scheidungen zB wegen Verschuldens und wegen Zerrüttung oder auf gemeinsamen Antrag unterscheidet wie zB das französische Recht (Art 229 fr C civ), und das Urteil nach französischem Recht gefällt wurde, entscheidet dieses, ob die **abgewiesene Klage** auf Scheidung mit einem **anderen Grund** erneuert werden kann, auch wenn der jetzt geltend gemachte Grund schon früher vorlag. Insoweit hängt der Umfang der Rechtskraft der Klagabweisung vom Inhalt des **angewandten Rechts** ab, das nicht die lex fori gewesen sein muss. Sie kann schon deshalb nicht Maß geben, weil sie die Unterscheidung oft nicht kennt. So könnte zB ein Schweizer Richter nach französischem Recht entschieden und zB den Antrag abgewiesen haben, weil das Verschulden nicht bewiesen war. Wenn der Antragsteller später erneut unter Berufung auf einen der anderen zwei (oder nach anderer Zählung drei) Scheidungsgründe des Art 229 fr C civ die Scheidung in Deutschland beantragt, so ist der Antrag, wenn nicht durch Rechtskraft ausgeschlossen, so doch wegen der heute auch in Frankreich geltenden Einheitlichkeit der Eheaufhebungen. Es kommt also nicht darauf an, ob das schweizer Recht erlaubt, dass diese neuen Umstände geltend gemacht werden.

Wenn aber der zweite angerufene Richter **nach einem anderen Recht** entscheiden muss wegen einer anderen Anknüpfungsregel, zB das deutsche Gericht nach deutschem Recht wegen Art 8 lit d Rom III-VO, oder wegen einer Veränderung der Anknüpfungstatsachen zB durch Staatsangehörigkeitswechsel, dann gelten für ihn die Scheidungsgründe des neuen Statuts. Nun kann ein Antrag nur noch auf Zerrüttung (§§ 1526 f BGB) gegründet werden, und die noch nicht geltend gemachten Scheidungsgründe des französischen Recht greifen nicht mehr. **203**

Wenn dagegen der schweizer Richter nach schweizer Recht einen nur mit Zerrüttung begründeten Scheidungsantrag abgewiesen hat, und nun der deutsche Richter nach französischem Recht entscheiden muss, dann kann der Antragsteller auch aus Verschulden klagen, selbst wenn die das begründenden Tatsachen vor dem ersten Urteil liegen. Man muss den neuen Antrag auch mit **alten Gründen** zulassen, weil sie damals nicht geltend gemacht werden konnten oder mussten, da sie sachrechtlich nicht erheblich waren. Es wäre sonst möglich, wenn auch praktisch wenig wahrscheinlich, dass ein Ehegatte schnell eine Klage in einem scheidungsfeindlichen Staat erhebt, um mit der zu erwartenden Abweisung dem dortigen Beklagten die Berufung auch auf andere Scheidungsgründe anderer Rechte abzuschneiden. Das Argument trägt auch ohne böse Absicht bei nur ungeschickter Wahl des Gerichts und auch zugunsten des im ersten Verfahren abgewiesenen Klägers. **204**

Man wird erwarten können, dass in der Regel überall **nach Klagabweisung** entstandene **neue Gründe** in einem neuen Antrag geltend gemacht werden können, wenn beide Anträge nach demselben Recht zu beurteilen sind. So kann nach türkischem Recht nach Abweisung eines Antrages die Scheidung nach drei Jahren ohne weiteres erneut beantragt werden, wenn die Eheleute seit dem ersten Urteil nicht zusammenlebten (Türk Kassationshof 25. 9. 1997 FamRZ 1998, 1117; Odendahl FamRZ 2000, 462; vgl auch OLG Braunschweig 12. 5. 1997 FamRZ 1997, 1409). Das OLG Hamm (3. 8. 1998 FamRZ 1999, 1352; AG Neunkirchen 8. 3. 1995 FamRZ 1995, 1492) hat nach einer Klagabweisung durch ein türkisches Gericht, weil der Antragsteller an der Zerrüttung überwiegend selbst schuld war, dementsprechend eine zweite Klage in Deutschland zugelassen (und ihr stattgegeben). Da beide Parteien Türken waren, war gem Art 17 Abs 1 mit Art 1 14 Abs 1 Nr 1 EGBGB weiterhin türkisches Recht in der Sache anzuwenden. **205**

Eine rechtskräftige, selbst spätere inländische Antragsabweisung hindert die An- **206** erkennung einer ausländischen Scheidung. Zwar würde deutsches Recht einen neuen Antrag auch im Ausland aufgrund **neuer Tatsachen** zulassen, aber die Anwendung eines anderen Rechts im Ausland ist als solche noch keine neue **Tatsache**.

e) Subjektive Grenzen der Rechtskraft

207 Eine inländische Klage ist unzulässig, wenn ihre Parteien an die Rechtskraft des ausländischen Urteils gebunden sind. In Statussachen kommt nur ausnahmsweise ein Einbeziehung Dritter in Betracht; im deutschen Recht sind bei bestimmten Aufhebungsklagen die Verwaltungsbehörde und bei Bigamie auch der Ehegatte der Erstehe antragsberechtigt (§ 1316 BGB).

208 Die **subjektiven Grenzen der Rechtskraft** sind eng mit dem Rechtsmittelsystem verbunden, sodass eine Bindung Dritter nach dem Recht des Urteilsstaates zu beurteilen ist (vgl OLG Hamm 11. 2. 1991 FamRZ 1993, 213 zum damaligen EuGVÜ [Unterhalt des Kindes]; Spellenberg ZZP 106 [1993] 283; vgl auch Staudinger/Spellenberg [2015] Art 21 Brüssel IIa-VO Rn 71 ff). Da dem deutschen Recht mit §§ 72 Abs 2, 68 ZPO etwas ähnliches bekannt ist, dürften auch Drittwirkungen der Rechtskraft anerkannt werden können, sofern dem Dritten ausreichend rechtliches Gehör gewährt, dh wenn er beteiligt wurde (§ 109 Abs 1 Nr 1 oder 4 FamFG) (hinsichtlich der Tatsachenfeststellung abl Gottwald, in: FS Musielak [2004] 183 ff, 193 f).

209 Die Frage der Einbeziehung Dritter in die Rechtskraft stellt sich häufiger bei den **Scheidungsfolgen**. So hat das OLG Hamm (11. 2. 1991 FamRZ 1993, 213, 215) festgestellt, dass die Ehefrau nach italienischem Recht in Italien den Kindesunterhalt aus eigenem Recht verlangt habe. Daher sei das Kind nicht Partei des italienischen Verfahrens gewesen und nicht an das Urteil gebunden. Da das Kind in Deutschland lebte, war in casu – damals – nach deutschem IPR nur deutsches Sachrecht maßgeblich, und das Kind habe den Anspruch und könne ihn selbst geltend machen. Das darf im Ergebnis nicht dazu führen, dass die Mutter Unterhalt für das Kind und das Kind selbst ihn für dieselben Zeiträume noch einmal erhält. Die subjektiven Grenzen der Rechtskraft entnimmt das OLG der italienischen lex fori. Dort war das Kind nicht Partei und nicht gebunden, weil das italienische Recht ihm überhaupt die Klagbefugnis bzw den Anspruch verweigert. Der deutsche Richter hatte jedoch deutsches Recht anzuwenden (der italienische eigentlich auch), und danach ist die Mutter Prozessstandschafterin des Kindes. Die Schwierigkeiten resultieren also daraus, dass die beiden Gerichte die Klagbefugnis nicht nach demselben Sachrecht beurteilten. Man sollte das Problem aber durch Anpassung lösen können und braucht nicht die subjektiven Grenzen der Rechtskraft dem Sachrecht zuzuordnen.

f) Tatbestandswirkungen

210 Mancherlei materielle oder prozessuale Regelungen knüpfen an die **bloße Existenz** eines Urteils bestimmten Inhaltes Rechtsfolgen; das Urteil erscheint im Tatbestand der Norm, und die betreffende Folge tritt nicht deshalb ein, weil das Urteil sie anordnet. Man spricht hier von Tatbestandswirkung (grundlegend Kuttner, Urteilswirkungen außerhalb des Zivilprozesses [1914] 20 f; Schlosser, Gestaltungsklagen und Gestaltungsurteile [1966] 20 ff). Es kommt im ausländischem Eherecht vor, dass eine ausländische Scheidung nicht anerkannt wird, dass aber ihre bloße Existenz gewissermaßen als Beweis der Zerrüttung einen Scheidungsgrund für die inländische Zweit-Scheidung gilt (OLG Celle 12. 12. 1966 FamRZ 1967, 156, Polen; früher in Italien, möglicherweise in Brasilien)

oder für ein Trennungsurteil bildet. Ein Beispiel außerhalb des Eherechts ist § 204 BGB (Verjährungsunterbrechung durch Erhebung einer Klage im Ausland, [MünchKomm/SPELLENBERG Art 12 Rom I-VO Rn 132]).

Die **Gestaltungswirkung** ist als solche keine Tatbestandswirkung des Urteils, sondern eine Urteilswirkung, die durch das Urteil selbst **angeordnet** wird (STEIN/JONAS/LEIPOLD § 322 ZPO Rn 16; K MÜLLER ZZP 79 [1966] 242; GEIMER, IZVR Rn 48; **aA** A BLOMEYER, ZPR [2. Aufl 1985] § 86 III 2). Ob dagegen **Folgen schon** an das Vorliegern des Urteils anknüpfen, kann nur die lex causae der Folgenregelung entscheiden (GEIMER, IZPR Rn 2826; MARTINY, Hdb IZV Bd III/1 Kap I Rn 432). Anerkennung der Scheidung iSd § 108 FamFG ist für sie gerade nicht erforderlich (SCHACK, IZVR Rn 870, 873; NAGEL/GOTTWALD, IZPR § 12 Rn 132 mwNw). **211**

3. Scheidung als Vorfrage

a) Allgemeines

Unterschiede im Anerkennungsrecht können zu international hinkenden Scheidungen bzw Ehen führen. Ist im Ausland ein Scheidungsurteil ergangen, das wir zB wegen fehlender Anerkennungszuständigkeit **nicht anerkennen**, so besteht die Ehe für uns weiterhin und kann hierzulande noch geschieden werden. Dass die erste Scheidung natürlich im Urteilsland wirksam, oder ob sie in einem Drittland anerkannt ist, ist prinzipiell uninteressant (Beispiele für erstere Situation BayObLG StAZ 1977, 309; AG Darmstadt 1984, 218 Anm HENRICH). Das gilt auch unabhängig davon, nach welchem Recht die Scheidung ausgesprochen wurde **(„Inlandsehe")**. Die ältere Meinung, die die Anerkennung einer Scheidung aus einem Drittland nach dem Scheidungsstatut iSd Art 17 Abs 1 EGBGB beurteilte (oben Rn 185), wird heute nur mehr wenig vertreten. **212**

Auch die umgekehrte Situation ist natürlich häufig, dass im Inland eine Scheidung vorgenommen wird, die im Heimatland der Eheleute oder in einem dritten Staat **nicht** anerkannt ist und die Ehe als fortbestehend angesehen wird. Die Scheidung hinkt ebenso, wenn die Scheidung in einem Drittstaat ausgesprochen wurde, aber nur in der BRD anerkannt wird und nicht zB im Heimatland der Eheleute. Man mag von **„Auslandsehe"** sprechen. Solange es nur um den Personenstand geht, gilt diese Ehe im Inland als geschieden. **213**

b) Anerkennung als Vorfrage

aa) Deutsches Folgestatut

Die meisten Scheidungsfolgen hängen von der Rechtskraft der Scheidung ab. Untersteht die fragliche Scheidungsfolge **deutschem Recht**, ist die Anerkennung der ausländischen Scheidung im Prinzip vom nun mit der Scheidungsfolge befassten Gericht implizit zu prüfen (MünchKommFamFG/RAUSCHER Rn 22). Jedoch ist in den in § 107 FamFG genannten Situationen von der inländischen Wirksamkeit der ausländischen Scheidung der Ehe auch für die jetzige präjudizierte Hauptfrage, zB dem Wegfall eines Anspruchs auf Ehegattenunterhalt, erst auszugehen, wenn die Anerkennungsvoraussetzungen förmlich festgestellt sind (§ 107 Rn 20 ff). Je nach Ausgang ist für die Folgefrage von einer Scheidung oder nicht auszugehen. Gleichgültig, ob nun inzident oder nach § 107 FamFG anerkannt wird, ist dann auch von der Scheidung für die Folgefrage auszugehen, über die voraussetzungsgemäß nach deut- **214** schem Recht zu entscheiden ist. So ist es natürlich, wenn ein im Ausland geschiedener Deutscher im Inland wieder heiraten will, für den die Heiratsfähigkeit bzw das Ehehindernis der bestehenden Ehe gemäß Art 13 Abs 1 EGBGB nach deutschem Recht zu beurteilen ist.

215 Das deutsche Recht setzt beim nachehelichen Unterhalt der Ehegatten die Scheidung voraus, der Kindesunterhalt soll dagegen in der Regel unabhängig von der Scheidung seiner Eltern sein.

bb) Ausländisches Folgestatut

216 Schwieriger und umstritten ist es, wenn die Scheidung bzw das Bestehen der Ehe als Vorfrage zu einem Rechtsverhältnis auftritt, das **nicht dem deutschen Sachrecht** untersteht. Denn damit, dass die Eheleute für die deutsche Rechtsordnung geschieden sind, ist noch nicht gesagt, dass auch für alle Scheidungsfolgen, die **nicht dem deutschen Recht** unterstehen, die Ehe als geschieden anzusehen ist. Das ist die im IPR viel diskutierte Frage der selbständigen oder unselbständigen **Anknüpfung der Vorfrage der Scheidung** für die betreffende Scheidungsfolge (allgemein dazu vBar/Mankowski, IPR I [2. Aufl 2003] § 7 Rn 192 ff) mit der Besonderheit, dass die Scheidung auf einem **Urteil beruht** (eingehend MünchKomm/Sonnenberger [5. Aufl 2010] Einl IPR Rn 564 ff). Im Allgemeinen sprechen zwar gute Gründe dafür, die Wirksamkeit der Scheidung unabhängig vom Statut der Scheidungsfolge selbständig nach dem deutschen Anerkennungsrecht, bzw der inländischen lex fori zu beurteilen, und dies dann bei der Folgefrage zugrunde zu legen (so MünchKomm/Sonnenberger[5] Einl IPR Rn 569, MünchKomm/vHein Einl IPR Rn 202; weitgehend Geimer, in: FS Jayme [2004] 241, 256; **aA** P Baumann IPRax 1996, 435, 436 f), es ist jedoch anerkannt, dass sich für die kollisionsrechtlichen Vorfrageproblematik eine allgemein gültige Antwort nicht geben lässt.

217 Wenn für die Folgefrage wie zB den Unterhaltsanspruch oder das Sorgerecht eine **EU-Verordnung** gilt, dann ist zunächst zu beachten, ob diese die Anerkennung einer vorgreiflichen Scheidung selbst regelt. Das ist bei der EG-UntVO nicht der Fall, die vielmehr für den nachehelichen Unterhalt eine Scheidung voraussetzt, deren Wirksamkeit anderweitig geregelt ist. Ist die Scheidung in einem Mitgliedstaat der Brüssel IIa-VO erfolgt, dann ergibt sich ihre Anerkennung aus Art 21 Brüssel IIa-VO und kann inzident geprüft werden. Stammt die Scheidung aus einem Staat außerhalb der Brüssel IIa-VO, dann bestimmt sich die Anerkennung nach §§ 107 bis 109 FamFG (MünchKomm/Siehr Art 5 UnthProt Rn 5 f; Andrae, Intern Familienrecht [3. Aufl 2014] § 8 Rn 172 f; Johannsen/Henrich/Henrich Art 18 EGBGB Rn 7 aE), dh selbstständig bzw nicht nach dem Unterhaltsstatut (so auch für Scheidung Erman/Hohloch Art 18 aF/Art 1 UnthProt Rn 12, für das IPR des Unterhaltsstatuts Palandt/Thorn HUntProt Rn 9). Dieses ist grundsätzlich das Recht am gewöhnlichen Aufenthalt des Unterhaltsberechtigten (Art 3 HUntProt und Art 15 EG-UntVO). Wenn das Sorgerecht nach einer Scheidung zu verteilen ist, so geschieht dies nach der Brüssel IIa-VO unabhängig von der Scheidung.

cc) Wiederverheiratung

218 Eine konkrete Frage, die außerhalb des EU-Rechts diskutiert wird, ist die Wiederverheiratungsfähigkeit, die sich wie andere Ehehindernisse nach dem, hier also ausländischen, Heimatrecht der Nupturienten richtet (Art 13 Abs 1 EGBGB) bzw die Gültigkeit einer Zweitheirat. Das ist eine weitgehend anerkannte Ausnahme

vom Prinzip der selbständigen Anknüpfung der Vorfrage (MünchKomm/vHEIN Einl IPR Rn 203). Hier fallen das Statut der Anerkennung der Auslandsscheidung und das Statut der Ehefähigkeit auseinander und man muss sich zwischen ihnen entscheiden.

Eine verbreitete Auffassung stellte die **Rechtskraft** der anerkannten Auslandsscheidung in den Vordergrund und lässt darum die **Wiederheirat** (im Inland) ohne Rücksicht darauf zu, dass der Heimatstaat der Nupturienten, dessen Recht gem Art 13 EGBGB das Eheschließungsstatut stellt, die Scheidung nicht anerkennt (SOERGEL/SCHURIG Art 13 EGBGB Rn 61 ff mNw; MÜLLER RabelsZ 36 [1972] 60, 63; STAUDINGER/STURM/STURM [2012] Einl IPR Rn 280; PALANDT/THORN Art 13 EGBGB Rn 7; KG 28. 10. 1929 StAZ 1930, 196; KG 9. 2. 1931 IPRspr 1931 Nr 79; KG 18. 1. 1932 IPRspr 1932 Nr 148; KG 17. 12. 1934 IPRspr 1934 Nr 58 und in derselben Sache RG 19. 3. 1936 RGZ 150, 374 = JW 1936, 1659 [MASSFELLER] = StAZ 1936, 354; LG Nürnberg/Fürth 1. 6. 1934 IPRspr 1934 Nr 132 = StAZ 1934, 283; KG 13. 2. 1936 JW 1936, 1689 [MASSFELLER]; KG 4. 5. 1937 JW 1937, 1977 [MASSFELLER]; OLG Hamburg HansGRZ 1941, B 213, in derselben Sache RG 26. 4. 1941 RGZ 166, 367; OLG Hamm 5. 10. 1951 IPRspr 1951 Nr 73; OLG Braunschweig 10. 10. 1963 FamRZ 1963, 569; LG Wuppertal 6. 4. 1971 FamRZ 1972, 143; AG München 12. 1. 1987 IPRax 1987, 250). 219

Die heute herrschende Gegenmeinung vor allem in der Rechtsprechung machte dagegen die **Wiederverheiratungsfähigkeit** in unselbständiger Anknüpfung der Vorfrage der Scheidung von der **Anerkennung im Heimatstaat** als dem von Art 13 Abs 1 EGBGB bestimmten Personalstatut der Partei abhängig (BGH 12. 2. 1964 BGHZ 41, 136 = NJW 1964, 976 mAnm FISCHER 1323; BGH 19. 4. 1972 FamRZ 1972, 360 = StAZ 1972, 227 [JAYME] = NJW 1972, 1619; BGH 7. 4. 1976 NJW 1976, 1590; BGH 27. 11. 1996 FamRZ 1997, 542; OLG Karlsruhe 3. 9. 1962 StAZ 1963, 42; KG 9. 12. 1968 NJW 1969, 987; OLG Celle 25. 6. 1962 FamRZ 1963, 91 [BLANKE]; OLG München 17. 12. 1962 NJW 1963, 2233 [LANDGRAF] = IPRspr 1962/63 Nr 72; OLG Celle 26. 6. 1963 FamRZ 1963, 570 = NJW 1963, 2232; OLG Hamm 3. 5. 1968 FamRZ 1968, 389 = OLGZ 1968, 364 = StAZ 1969, 123 [LÜDERITZ]; KG 9. 12. 1968 OLGZ 1969, 244 = FamRZ 1969, 87; OLG Köln 14. 7. 1971 StAZ 1972, 140; OLG Frankfurt 10. 7. 1980 OLGZ 1981, 11 Rn 6; OLG Hamm 20. 10. 1981 FamRZ 1982, 166 [RAU]; KG 27. 1. 1986 IPRax 1987, 33 [SIEHR 19]; OLG Koblenz 16. 11. 1965 IPRax 1996, 278; GAMILLSCHEG RabelsZ 33 [1969] 690 ff; LUTHER RabelsZ 34 [1970] 691 f). Meist handelte es sich um eine Scheidung der Vorehe in Deutschland, aber die Antwort muss dieselbe sein bei einer hier anerkannten Auslandscheidung (MünchKomm/vHEIN Einl IPR Rn 203). 220

Die Auffassung, dass über die **Wiederverheiratungsfähigkeit** nach anerkannter Auslandsscheidung das von **Art 13 EGBGB** bezeichnete Recht entscheiden sollte, lässt sich mit einer Anerkennung dieser Drittstaatsscheidung auf der Basis des § 108 FamFG durchaus vereinbaren. Scheidung und Wiederheirat hängen zwar sachlich zusammen, müssen aber nicht unbedingt nach demselben Recht beurteilt werden (WINKLER VON MOHRENFELS IPRax 1988, 342 f; vOVERBECK, Die „kollisionsrechtliche Relativität“ der Rechtskraft – ein Fremdkörper im schweizer Recht? in: GS Jäggi [1977] 273). 221

Der Streit ist 1986 durch Art 13 Abs 2 EGBGB weitgehend erledigt worden, mit dem der Gesetzgeber der „Spanierentscheidung“ des BVerfG (4. 5. 1971 BVerfGE 31, 58 = FamRZ 1971, 414) Folge leistete (eingehend zur Entwicklung STAUDINGER/MANKOWSKI [2011] Art 13 EGBGB Rn 37 ff; NK-BGB/ANDRAE Art 13 EGBGB Rn 81 ff; weiter MünchKomm/vHEIN Einl IPR Rn 202 ff). Es ging um die dem BGH mehrfach vorliegende Situation, 222 dass ein lediger katholischer Spanier eine geschiedene nicht katholische Deutsche heiraten wollte, dabei aber auf das doppelseitige Ehehindernis der bestehenden Ehe stieß, weil damals Spanien die **deutsche Scheidung** der Verlobten seines katholischen Staatsangehörigen nicht anerkannte (zB BGH 12. 2. 1964 BGHZ 41, 136; BGH 14. 7. 1966 BGHZ 46, 87; später BGH NJW 1977, 1014; das BverfG 4. 5. 1971 BVerfGE 31, 58 = FamRZ 1971, 414 Rn 67, hatte beide Lösungen der IPR-Frage zugrunde gelegt). Das ist nun nicht ganz derselbe Fall wie die vom deutschen Recht im Gegensatz zum Heimatrecht der Verlobten anerkannten Drittstaatsscheidung, gibt aber doch Hinweise für beide Situationen. Freilich ist die Interpretation des At 13 Abs 2 EGBGB nicht ganz unstrittig.

223 Könnte die Person aus deutscher Sicht wieder heiraten, weil für uns wegen der Scheidung kein Ehehindernis der bestehenden Ehe vorliegt, aber nicht nach ihrem für Ehehindernisse geltenden Heimatrecht zB weil sie danach noch als verheiratet gilt, so hinkt die Ehe. Es entscheidet jedoch grundsätzlich das Heimatrecht gemäß Art 13 Abs 1 EGBGB. Nur unter bestimmten Voraussetzungen der Inlandsbeziehung setzt sich das EGBGB darüber hinweg. Art 13 Abs 2 EGBGB ist ein konkretisierter ordre public, der zunächst verlangt, dass die Person alles mögliche unternimmt, um die Wiederverheiratungsfähigkeit **nach ihrem Heimatrecht** herbeizuführen. Dazu kann gehören, dass sie soweit möglich und zumutbar eine Scheidung im Heimatstaat und vor allem ggf die dort fehlende Delibation noch vornehmen lässt (OLG Hamm 10. 8. 1973 OLGZ 1973, 440 = FamRZ 1974, 26 = NJW 1973, 2158; Staudinger/Mankowski [2011] Art 13 EGBGB Rn 290 ff). Die Scheidung dürfte gerade wegen der Nichtanerkennung dort vielfach möglich sein. Eröffnet der Heimatstaat aber keine (zB mangels domicile dort) oder keine zumutbare Zuständigkeit, dann bleibt nur die Zweitscheidung in Deutschland.

224 Zwar ist es nicht dasselbe, ob die Scheidung, die der Heimatstaat nicht anerkennt, in Deutschland vollzogen wurde oder hier nur anerkannt ist, doch Art 13 Abs 2 Nr 3 EGBGB stellt beides ausdrücklich gleich, und zunächst bringt Art 13 Abs 2 EGBGB zum Ausdruck, dass der Heimatstaat nach Art 13 Abs 1 EGBGB auch über das Ehehindernis entscheidet (BGH 27. 11. 1996 FamRZ 1997, 542). In beiden Fällen muss die mit deutscher Staatsangehörigkeit oder deutschem gewöhnlichem Aufenthalt konkretisierte Inlandsbeziehung gegeben sein und die „Verweigerung" des Heimatstaates mit der Eheschließungsfreiheit iSd Art 6 GG unvereinbar sein. Damit kommt es primär nur auf die **Anerkennung** einer Scheidung aus Deutschland oder einem Drittland im **Heimatstaat** des Heiratswilligen an. Ob er auch für uns geschieden ist, ist unerheblich. Auf §§ 108 und 109 FamFG, und erst recht auf § 107 FamFG kommt es nicht an, und auch nicht auf Art 21 Brüssel IIa-VO, wenn ein in der Schweiz geschiedener Inder in Deutschland wieder heiraten will. Das prüft der Standesbeamte anhand des indischen Rechts. Nur wenn diese Prüfung negativ ausfällt, kommt die Ausnahme des Art 13 Abs 2 EGBGB in Betracht, sofern der Heiratswillige erfolglos alles Zumutbare unternommen hat, in seinem Heimatstaat geschieden zu werden. Er könnte sich auch in einem Drittstaat, dessen Scheidung dort anerkannt wird (vgl dazu Anh zu § 98 FamFG) scheiden lassen.

dd) Zweitscheidung im Inland

225 Eine Konsequenz der unselbständigen Anknüpfung wird weniger erörtert, nämlich ob eine **Zweitscheidung im Inland** möglich sein soll, um der einen oder anderen

Partei eine Heirat im Inland zu ermöglichen, welche sonst das Heimatrecht der Partei nicht zuließe, weil es die vorhergehende Scheidung nicht anerkennt (bejahend zB STAUDINGER/MANKOWSKI [2011] Art 17 EGBGB Rn 81 ff, Art 13 Rn 141 ff; MARTINY, Hdb IZVR Bd III/1 Kap I Rn 403 ff verneinend). Ist die Ehe nicht im nach Art 13 EGBGB für die Ehefähigkeit maßgebenden Heimatstaat der Partei **geschieden** worden, sondern **in einem Drittstaat**, so kann es sein, dass das Heimatrecht die Scheidung entgegen dem deutschen Recht nicht anerkennt. Dafür kann es vielfältige Gründe geben, zB dass jenem Urteilsstaat keine Anerkennungszuständigkeit zugebilligt wird, oder auch dass das Urteil nicht das vom Heimatstat gewünschte Recht angewandt hat. In Art 13 Abs 2 EGBGB ist nicht gesagt, dass eine zweite Scheidung in Deutschland erfolgen muss oder in einem Drittstaat, die in der BRD anerkannt wird. Das ergibt sich aber daraus, dass Art 13 Abs 2 EGBGB eine Heirat in Deutschland im Auge hat, die auch bei einem Ausländer eine Scheidung voraussetzt (STAUDINGER/MANKOWSKI [2011] Art 13 EGBGB Rn 306). Die Anerkennung erfolgt nach Art 21 Brüssel IIa-VO oder §§ 107 bis 109 FamFG.

Das naheliegende Argument, dass man keine Ehe scheiden könne, die für uns nicht **226** (mehr) besteht, trägt wegen der anerkannten Möglichkeit der Doppelwirkungen im Recht nicht. Es ist vielmehr eine Frage des Rechtsschutzbedürfnisses und eine der oben Rn 223 verlangten Maßnahmen, um das Grundrecht der Eheschließungsfreiheit zu wahren (ähnlich HAUSMANN, Kollisionsrechtliche Schranken von Scheidungsurteilen 314 ff, 321; vgl auch SERICK RabelsZ 21 [1956] 207 ff, 224 ff; DORENBERG, Hinkende Rechtsverhältnisse im internationalen Familienrecht [1968]; MARQUARDT StAZ 1963, 46 ff; GAMILLSCHEG JZ 1963, 24; SÜSS, in: FS Rosenberg [1949] 149 f). Das folgt daraus, wenn man die Wiederverheiratungsfähigkeit nach Art 13 Abs 1 EGBGB anknüpft und mit Abs 2 uU die Zweitheirat zulässt.

Der Vorteil einer erneuten Scheidung im Inland trotz von uns anerkannter oder **227** anerkennungsfähiger Scheidung in einem Drittstaat liegt in der Vermeidung einer hinkenden neuen Ehe. Wer unselbständig an Art 13 EGBGB anknüpft, braucht dafür die Zweitscheidung unbedingt, wer selbständig anknüpft, muss sie wünschen, denn man soll hinkende Ehen nicht einfach hinnehmen. Wird die Erstscheidung im Heimatstaat nicht anerkannt oder ist das schon förmlich abgelehnt worden, wäre aber eine deutsche Zweitscheidung anerkennungsfähig, lässt man sie aber wegen der Rechtskraft der in Deutschland bereits anerkannten ersten Scheidung nicht zu, dann führen beide Anknüpfungstechniken zu unbefriedigenden Konsequenzen: Lässt man mit selbständiger Anknüpfung der Vorfrage der Scheidung die **Heirat** entgegen dem Heimatrecht zu, entsteht eine hinkende Ehe. Lässt man sie in unselbständiger Anknüpfung entsprechend dem Heimatrecht nicht zu, so dürfte den Beteiligten schwer klar zu machen sein, dass sie zwar bei uns geschieden sind, aber nicht wieder heiraten können. Man nötigt sie uU zu einer „wilden Ehe“ (STAUDINGER/MANKOWSKI [2011] Art 17 EGBGB Rn 81 f). Auch im rein nationalen Bereich kennt die ZPO wiederholte Klagen in Ausnahmefällen, wenn zB das erste Urteil verlorengegangen ist (OLG Hamburg 28. 6. 1917 SeuffA 72, 391; OGH 8. 10. 1948 NJW 1949, 144) oder sonst nicht brauchbar ist (BGH 3. 4. 1957 LM Nr 7 zu § 325 ZPO; näher WIESER, Das Rechtsschutzinteresse des Klägers im Zivilprozess [1971] 238 ff). Letzteres ist der vorliegenden Situation vergleichbar, wenngleich entsprechende Umstände im Inland weit seltener eintreten.

Ist die Ehe sogar bereits **im Inland geschieden** worden, jedoch im Heimatstaat **nicht** **228**

anerkannt worden, so hilft eine Zweitscheidung im Inland für die Gewinnung der Wiederverheiratungsfähigkeit natürlich idR nicht weiter. In jedem Fall haben die Parteien vor einer Heirat in Deutschland die in ihrem Heimatstaat vorgeschriebene und mögliche Delibation herbeizuführen (BGH 27. 11. 1996 FamRZ 1997, 542; OLG Hamm 5. 10. 1972 FamRZ 1973, 143 mAnm Jayme; OLG Hamm 18. 2. 2003 StAZ 2003, 169; Staudinger/Mankowski [2011] Art 13 EGBGB Rn 295). Andernfalls wird man wohl von den Parteien erwarten, dass sie gemäß Art 13 Abs 2 EGBGB soweit möglich eine Scheidung im Heimatstaat betreiben (Staudinger/Mankowski [2011] Art 13 EGBGB Rn 290 f). Nur wenn das nicht möglich ist, ist die Heirat im Inland unter den Voraussetzungen des Art 13 Abs 2 EGBGB entgegen dem Heimatrecht zuzulassen.

c) Wirksamkeit einer Zweitehe

229 Ist das der Fall, so ist die Zweitehe insoweit wirksam, andernfalls, besonders wenn die Parteien nicht das Zumutbare getan hatten, ihre Wiederverheiratungsfähigkeit nach ihrem Heimatrecht zu erlangen, nicht. Der Ausganspunkt ist, dass über die Heiratsfähigkeit das Heimatrecht entscheidet, und dafür ist auf den **Zeitpunkt der Eheschließung** abzustellen. Lag sie danach vor, so ist die Ehe wirksam, lag sie nicht vor, ist sie unwirksam.

230 Freilich müssen hier zwei Fragen unterschieden werden: Art 13 Abs 2 EGBGB ist ein konkretisierter ordre public, der eine Inlandsbeziehung durch deutsche Staatsangehörigkeit oder gewöhnlichen Aufenthalt voraussetzt, sodass die Frage entsteht, ob es genügt, dass diese Inlandsbeziehung noch nach einer Heirat im Ausland entsteht, zB durch Umzug der Eheleute nach Deutschland. Und weiter, kann, wenn die wiedererlange Heiratsfähigkeit nach dem Heimatrecht davon abhängt, dass dort die Auslandsscheidung delibiert wurde, diese förmliche Anerkennung auch noch nach der Heirat genügen.

231 Art 13 Abs 2 EGBGB wehrt die Verweigerung der Heiratsfähigkeit durch das Personalstatut der Nupturienten, ihr Heimatrecht, ab, wenn es mit der Eheschließungsfreiheit unvereinbar ist, sowie sein vom deutschen Recht verstanden wird. Nach hM gilt für die Prüfung des Eingreifens des ordre public grundsätzlich die Rechtslage zum Zeitpunkt, in dem im Inland entschieden wird. Das gilt jedoch nach der zutreffenden Auffassung des BGH (29. 3. 2001 BGHZ 147, 179, 187 – Lepo Sumera) nicht für Rechtsgeschäfte, bei denen das Eingreifen des deutschen ordre public zum Zeitpunkt ihrer Vornahme zu beurteilen sei. Die Rechtssicherheit verlangt, dass die Wirksamkeit eines Geschäfts sich nicht durch nachträgliche Änderung der Gesetzeslage ändern darf, denn die Parteien mögen sich in der Zwischenzeit auf die damalige Rechtslage eingestellt haben. Es ist vielmehr die ausländische Rechtslage zum Zeitpunkt der Vornahme des Rechtsgeschäfts, hier also der Eheschließung, zugrunde zu legen.

232 Wenn Ausländer in einem Drittstaat geschieden wurden, ohne damit nach ihren Heimatrechten die Eheschließungsfreiheit wieder erlangt zu haben, und nun in einem Drittstaat wieder heiraten, so ist ihre Ehe gemäß Art 13 Abs 1 EGBGB mit ihrem Personalstatut für uns unwirksam. Selbst wenn sie nachträglich ihren gewöhnlichen Aufenthalt in Deutschland nehmen, kann der konkretisierte deutsche ordre public des Art 13 Abs 2 EGBGB die Ehe nicht „retten".

d) Delibation als Vorfrage

Wenn die Heiratsfähigkeit nur fehlte, weil die Eheleute ihre im Drittstaat vollzogene Scheidung im Heimatstaat nicht delibiert haben, was sie hätten tun sollen und können, so könnte helfen, wenn sie dies noch nachholen. Das entscheidet das Heimatrecht, das materiell allein über die Wirksamkeit der neuen Ehe entscheidet (Art 13 Abs 1 EGBGB). Für eine **Eheschließung in Deutschland** muss zuvor auch noch in Deutschland die Feststellung nach § 107 FamFG erfolgen. Die Delibation im Heimatstaat allein genügt nicht (Staudinger/Mankowski [2011] Art 13 EGBGB Rn 308 ff). Sollte unrichtigerweise die zweite Ehe ohne die Anerkennungsfeststellung in Deutschland geschlossen worden sein, so kann sie noch nachgeholt werden und wirkt zurück (vgl § 107 Rn 45), um die „bigamische“ Ehe zu „heilen“. **233**

Es stellt sich ein anderes Vorfragenproblem hinsichtlich der Wirksamkeit einer solchen **Zweitehe von Ausländern**, die **im Ausland** geschlossen wurde (vgl KG 20. 6. 1984 StAZ 1984, 309; § 107 Rn 139). Niemand kann und wird den zuvor ebenfalls im **Ausland Geschiedenen** verwehren, im Ausland wieder zu heiraten, und es geht nicht an, diese **Zweitehe zweier Ausländer** wegen Bigamie für nichtig oder aufhebbar zu erklären, nur weil sie die Scheidung nicht in Deutschland haben anerkennen lassen. Sie hatten sicher keinen Anlass, weil sie zu Deutschland keine Beziehungen hatten. Zwar könnten sie nach dem Wortlaut des § 107 FamFG die **Scheidung ihrer Vorehe** auch als Vorfrage **nicht geltend machen**, aber die förmliche Feststellung in Deutschland zu verlangen, überdehne nach Auffassung des KG den Zweck des § 107 FamFG, der nur in der Feststellung der Anerkennung besteht, und die materielle Rechtslage nicht ändern darf (KG 20. 6. 1984 StAZ 1984, 309 [Bürgle StAZ 1985, 104]; Neuhaus FamRZ 1964, 21 f; Jayme/Siehr StAZ 1970, 345; vBar, IPR Bd 2 Rn 144; Staudinger/Mankowski [2011] Art 13 EGBGB Rn 311 ff; BSG 30. 3. 1977 BSGE 43, 238; im Erg OLG Nürnberg 30. 6. 1997 FamRZ 1998, 1109; vgl auch BGH 7. 4. 1976, FamRZ 1976, 490; Palandt/Thorn Art 13 EGBGB Rn 7). **234**

Das KG (StAZ 1984, 309) argumentierte vor allem damit, dass Art 7 § 1 FamRÄndG (heute § 107 FamFG) die Schließung von Doppelehen (in Deutschland) verhindern und nicht die „Bestandsfähigkeit bereits (weil im Ausland) vorgenommener Rechtsgestaltungen“ prüfen solle. Das ist zwar deshalb richtig, weil, solange die Neuverheirateten im Ausland leben und keine amtliche Aktivität in Deutschland anstehen kann, weder ein Feststellungsinteresse noch eine Zuständigkeit in Deutschland besteht. Wenn die Eheleute nun aber hier leben, steht die Frage einer Nichtigkeit der Ehe wegen Bigamie im Raum. Sachlich ist sie möglicherweise in der vorliegenden Situation zu bejahen, und an der Rechtslage ändert die Feststellung nach § 107 FamFG weder in der einen noch in der anderen Richtung nichts. Der nur inzidenten Prüfung steht aber der Zweck des § 107 FamFG, außer bei Heimatstaatsscheidungen, entgegen, die Prüfung der Wirksamkeit der Scheidung einer spezialisierten Stelle und mit Wirkung für alle späteren Zusammenhänge zuzuweisen. Der Antrag an die LJV ist unbefristet und man muss den Betroffenen erlauben, ihn auch noch nach Erhebung der Nichtigkeitsklage zu stellen. Dazu ist insbesondere die Verwaltungsbehörde, die diese Klage erheben will, von Amts wegen verpflichtet (weiter auch § 107 Rn 154 ff). **235**

e) Scheidung der Vorehe nach zweiter Eheschließung

Der BGH stellt auf den **Zeitpunkt der zweiten Eheschließung** ab, und hält die Ehe nach deutschem Recht für bigamisch und daher für vernichtbar, wenn die erste Ehe **236** nicht vor, sondern **erst nach der Zweitheirat geschieden** wurde (BGH 18. 6. 1986 FamRZ 1986, 879; BGH 28. 6. 1961 FamRZ 1961, 427; im Ergebnis BGH NJW 1976, 1590; zum Problem näher PIEKENBROCK IPRax 2001, 119, 122). Der Zweck des, heutigen, § 1306 BGB sei es nicht nur, den Zustand der Doppelehe zu beseitigen, sondern die möglichst umfassende Aufrechterhaltung des Instituts der Einehe. Folgt man dem, dann hilft es nicht, wenn die Scheidung der zweiten Heirat nachfolgt und erst recht nicht die Anerkennung einer ausländischen Scheidung

237 Wenn man dieser Meinung nicht folgt, sondern auf den Zustand der Bigamie abstellt, sollte richtigerweise auch die anerkannte nachfolgende Scheidung der Erstehe im Ausland den Zustand der Doppelehe beenden, wenn die gelebte Zweitehe (mehr) Schutz verdient (**aA** BGH FamRZ 1986, 879).

238 Das OLG Nürnberg (30. 6. 1997 FamRZ 1998, 1109 = NJW-RR 1998, 2) hielt wenigstens die Nichtigkeitsklage des Staatsanwalts für missbräuchlich, wenn die Scheidung vor der Eheschließung lag, aber die Feststellung nach § 107 FamFG erst danach erfolgte, denn materiell ist die Nichtigkeitsklage unbegründet, denn die Feststellung ihrer Anerkennung wirkt auf den Zeitpunkt des Urteilserlasses zurück (BGH 28. 6. 1961 FamRZ 1961, 427). Die zweite, zunächst „bigamische" Ehe kann dadurch „geheilt" werden, dass die unbefristet mögliche Feststellung der Anerkennungsfähigkeit der Scheidung der Erstehe erfolgt, wenn die Scheidung vor der Zweitheirat erfolgte (SOERGEL/SCHURIG Art 13 EGBGB Rn 19; vgl oben § 107 Rn 44 ff).

4. Folgen der Nichtanerkennung

239 Ist die Anerkennung der ausländischen Scheidung im Delibationsverfahren endgültig abgelehnt worden oder liegen die Anerkennungsvoraussetzungen nicht vor, wenn die Anerkennung ipso jure stattfände, so entfaltet das Urteil im Inland definitiv **keine Wirkungen**. Bei Statusurteilen tritt die Statuswirkung nicht ein, bei Leistungsurteilen kann nicht vollstreckt werden, und bei Feststellungsurteilen ist die betreffende Rechtsfrage noch nicht rechtskräftig geklärt. Man kann auch sagen, die Entscheidung ist für das Inland grundsätzlich unbeachtlich (zB BGH 30. 6. 1964 MDR 1964, 840). Daran ändert es auch nichts, wenn die Entscheidung in dem Staat ergangen ist, dessen Recht auch nach unserem IPR in der Sache anzuwenden gewesen wäre (BGH MDR 1964, 840, fehlende Gegenseitigkeit). Die Anerkennung kann ja an fehlender Anerkennungszuständigkeit oder aus einem der anderen in § 109 FamFG genannten Gründe scheitern. Es entsteht eine „Inlandsehe", denn zumindest im Urteilsstaat ist die Ehe geschieden

240 Damit steht das ausländische Urteil einer **Klagewiederholung** im Inland oder auch einem Prozess über denselben Streitgegenstand mit umgekehrten Parteirollen (negative Feststellungsklage) und insbesondere einer erneuten Scheidung im Inland nicht entgegen (vgl Anh zu § 106 Rn 50). Es ist rechtspolitisch bedenklich, aber geltendes Recht ist, dass den Weg zum inländischen Verfahren bereits der ablehnende Bescheid der LJV eröffnet, obwohl er noch durch einen Beschluss des OLG aufgehoben werden könnte (BayObLG 25. 9. 1973 FamRZ 1973, 660 = NJW 1974, 1628 [GEIMER 1026 und BÜRGLE 2167]), denn das OLG muss nicht angerufen werden.

241 Soweit das ausländische Urteil der **förmlichen Anerkennung** gem § 107 FamFG unterworfen ist, ist zu beachten, dass vor dieser Entscheidung der LJV nicht nur die Anerkennungsfähigkeit, sondern auch die fehlende Anerkennungsfähigkeit nicht geltend gemacht werden können. Das bedeutet, dass vor einer Entscheidung der LJV insbesondere keine Zweitscheidung im Inland erfolgen darf. Vielmehr ist das neue Scheidungsverfahren **auszusetzen**, um den Parteien Gelegenheit zu geben, die Entscheidung der LJV zur ersten Scheidung einzuholen (OLG Karlsruhe 30. 9. 1999 FamRZ 2000, 1021; weiter § 107 Rn 32 ff). Ein inländisches Verfahren auf Nichtigkeit der Ehe ist aber nicht auszusetzen, um die Anerkennung einer ausländischen Scheidung zu ermöglichen (so OLG Karlsruhe 17. 9. 1990 FamRZ 1991, 92), weil die Nichtigkeit noch nach der Scheidung erklärt werden kann. Dagegen ist ein Scheidungsverfahren auszusetzen, wenn ein ausländisches Nichtigkeitsurteil vorliegt (OLG Karlsruhe 22. 4. 1993 FamRZ 1994, 47). Auch bei einer offensichtlich nicht anerkennungsfähigen ausländischen Scheidung sollte die Zweitscheidung im Inland nicht sofort zulässig sein (oben § 107 Rn 34 f). Insoweit entsteht vor der Entscheidung der LJV eine Art Schwebezustand.

§ 109 FamFG
Anerkennungshindernisse

(1) Die Anerkennung einer ausländischen Entscheidung ist ausgeschlossen:

1. wenn die Gerichte des Staates, dem das ausländische Gericht angehört, nach den deutschen Gesetzen nicht zuständig sind;

2. wenn dem Beteiligten, der sich zur Hauptsache nicht geäußert hat und sich hierauf beruft, das verfahrenseinleitende Dokument nicht ordnungsgemäß oder nicht so rechtzeitig zugestellt worden ist, dass er seine Rechte wahrnehmen konnte;

3. wenn die Entscheidung mit einer hier erlassenen oder anzuerkennenden früheren ausländischen Entscheidung oder wenn das ihr zugrunde liegende Verfahren mit einem früher hier rechtshängig gewordenen Verfahren unvereinbar ist;

4. wenn die Anerkennung der Entscheidung zu einem Ergebnis führt, das mit wesentlichen Grundsätzen des deutschen Rechts offensichtlich unvereinbar ist, insbesondere wenn die Anerkennung mit den Grundrechten unvereinbar ist.

(2) Der Anerkennung einer ausländischen Entscheidung steht § 98 Abs. 1 Nr. 4 nicht entgegen, wenn ein Ehegatte seinen gewöhnlichen Aufenthalt in dem Staat hatte, dessen Gerichte entschieden haben. Wird eine ausländische Entscheidung in einer Ehesache von den Staaten anerkennt, denen die Ehegatten angehören, steht § 98 der Anerkennung der Entscheidung nicht entgegen.

(3) § 103 steht der Anerkennung einer ausländischen Entscheidung in einer Lebenspartnerschaftssache nicht entgegen, wenn der Register führend Staat die Entscheidung anerkennt.

(4) Die Anerkennung einer ausländischen Entscheidung, die

1. Familienstreitsachen,

2. Die Verpflichtung zur Fürsorge und Unterstützung in der partnerschaftlichen Lebensgemeinschaft,

3. die Regelung der Rechtsverhältnisse an der gemeinsamen Wohnung und an den Haushaltsgegenständen der Lebenspartner,

4. Entscheidungen nach § 6 Satz 2 des Lebenspartnerschaftsgesetzes in Verbindung mit §§ 1426, 1430 und 1452 des Bürgerlichen Gesetzbuchs oder

5. Entscheidungen nach § 7 Satz 2 des Lebenspartnerschaftsgesetzes in Verbindung mit §§ 1426, 1430 und 1452 des Bürgerlichen Gesetzbuchs

betrifft, ist auch dann ausgeschlossen, wenn die Gegenseitigkeit nicht verbürgt ist.

(5) Eine Überprüfung der Gesetzmäßigkeit der ausländischen Entscheidung findet nicht statt.

Materialien: BT-Drucks 12/6243.

Schrifttum

S auch bei § 108 FamFG und § 107 FamFG.
BASEDOW, Die Anerkennung von Auslandsscheidungen (1980)
ders, Das internationale Zivilprozeßrecht im Visier des Gesetzgebers, StAZ 1983, 233
ders, Parallele Scheidungsverfahren im In- und Ausland, IPRax 1983, 278
P BAUMANN, Die Anerkennung und Vollstreckung ausländischer Entscheidungen in Unterhaltssachen (1989)
BAYER/KNÖRZER/WANDT, Zur Wirksamkeit einer unter Verletzung von Art 13 III EGBGB geschlossenen Ehe, FamRZ 1983, 770
BEITZKE, Zur Frage der Wirksamkeit von Privatscheidungen in Deutschland, FamRZ 1960, 126
ders, Ehescheidung zwischen Ost und West, JZ 1961, 649
ders, Anerkennung inländischer Privatscheidungen von Ausländern?, IPRax 1981, 202
BEULE, Die Anerkennung ausländischer Entscheidungen in Ehesachen, insbesondere bei Privatscheidungen, StAZ 1979, 29
BRUNS, Der anerkennungsrechtliche ordre public in Europa und den USA, JZ 1999, 278
BÜRGLE, Nochmals – Anerkennung drittstaatlicher Ehescheidungen, NJW 1974, 2163
ders, Zur Konkurrenz von inländischen Scheidungsverfahren mit ausländischen Scheidungsverfahren und -urteilen, IPRax 1983, 281
BUSCHBAUM, Anerkennung von Rechtslagen aufgrund von Personenstandsurkunden, StAZ 2011, 106
COESTER-WALTJEN, Das Spiegelbildprinzip bei der Anerkennungszuständigkeit, in: Liber amicorum Buxbaum (2000) 101
DECKER, Die Anerkennung ausländischer Entscheidungen im Zivilprozeß (Diss Regensburg 1984)
DESSAUER, IPR. Ethik und Politik (1986)
FRICKE, Die Anerkennungszuständigkeit zwischen Spiegelbildgrundsatz und Generalklausel (1990)
GÄRTNER, Die Privatscheidung im deutschen und gemeinschaftsrechtlichen Internationalen Privat- und Verfahrensrecht (2008)
GEIMER, Zur Prüfung der Gerichtsbarkeit und der internationalen Zuständigkeit bei der Anerkennung ausländischer Urteile (1966)

ders, Die Anerkennung ausländischer Urteile in Deutschland (1995)
ders, Grundfragen der Anerkennung und Vollstreckung ausländischer Urteile im Inland, JuS 1965, 475
ders, Die Anerkennung ausländischer Entscheidungen auf dem Gebiet der freiwilligen Gerichtsbarkeit, in: FS Ferid (1988) 89
ders, Das Anerkennungsverfahren für ausländische Entscheidungen in Ehesachen, NJW 1967, 1398
ders, Die Feststellungswirkung der Antragszurückweisung nach Art 7 FamRÄndG, NJW 1969, 1649
GOTTWALD, Grundfragen der Anerkennung und Vollstreckung ausländischer Entscheidungen in Zivilsachen, ZZP 103 (1990) 257
ders, Präjudizialwirkung der Rechtskraft zugunsten Dritter, in: FS Musielak (2004) 183
HABSCHEID, Zur Anerkennung klageabweisender ausländischer Eheurteile, FamRZ 1973, 431 f
HAAS, Zur Anerkennung US-amerikanischer Urteile in der Bundesrepublik Deutschland, IPRax 2001, 195
HAECKER, Die Anerkennung ausländischer Entscheidungen in Ehesachen (1989)
HAUSMANN, Die kollisionsrechtlichen Schranken der Gestaltungskraft von Scheidungsurteilen (1980)
HEIDERHOFF, Alternativen zur Eheauflösung durch richtrliches Gestaltungsurteil, StAZ 2011, 262
dies, Spiegelbildgrundsatz und ordre public-Verstoß im Rahmen des § 109 Abs 1 FamFG, IPRax 2014, 264
HENRICH, Privatscheidungen im Ausland, IPRax 1982, 94
HOYER, Die Anerkennung ausländischer Eheentscheidungen in Österreich (Wien 1972)
KEGEL, Zur Reform des deutschen internationalen Eherechts, in: LAUTERBACH (Hrsg), Vorschläge und Gutachten zur Reform des deutschen internationalen Eherechts (1962) 101
ders, Scheidung von Ausländern im Inland durch Rechtsgeschäft, IPRax 1983, 22
KLEINRAHM, Die Anerkennung von Privatscheidungen, FamRZ 1966, 10
ders, Die Feststellungsbefugnis der Landesjustizverwaltungen nach Art 7 FamRÄndG, StAZ 1969, 57
KLEINRAHM/PARTIKEL, Die Anerkennung ausländischer Entscheidungen in Ehesachen (2. Aufl 1970)
KNOKE, Deutsches interlokales Privat- und Privatverfahrensrecht nach dem Grundvertrag (1980)
KRZYWON, Die Anerkennung ausländischer Entscheidungen in Ehesachen, StAZ 1989, 93
KÜLPER, Die Gesetzgebung zum deutschen IPR im „Dritten Reich“ (1976)
LAUFS, Zum Ehescheidungsrecht im geteilten Deutschland, NJW 1966, 281
LÖNER, Zuständigkeitsbestimmender Zeitpunkt und perpetuatio fori im internationalen Zivilprozess (2009)
E LORENZ, Die internationale Zuständigkeit als Voraussetzung für die Anerkennung ausländischer Eheurteile in Deutschland, FamRZ 1966, 465
LUTHER, Vollstreckung von Kostentiteln aus österreichischen Eheprozessen in Deutschland, FamRZ 1975, 259
MARTINY, Außergerichtliche Scheidungsverfahren – Ausländische Modelle, StAZ 2011, 197
OTTO, Zur Anerkennung der in Drittstaaten ergangenen Ehescheidungsurteile, StAZ 1975, 183
PARTIKEL, Kritische Bemerkungen zur Anerkennung von Privatscheidungen, FamRZ 1969, 15
PAULI, Islamisches Familien- und Erbrecht und ordre public (Diss München 1994)
PFEIFFER, Internationale Zuständigkeit und prozessuale Gerechtigkeit (1996)
PILTZ, Internationales Scheidungsrecht (1988)
RAAPE, Die Anerkennung eines ausländischen Ehenichtigkeitsurteils mit besonderer Berücksichtigung des § 24 der 4. DVO zum Ehegesetz, MDR 1949, 568
REINL, Die Anerkennung ausländischer Eheauflösungen (Diss Würzburg 1966)
ders, Anmerkungen zum Verfahren der Anerkennung ausländischer Eheurteile gemäß Art 7 FamRÄndG 1961, FamRZ 1969, 453
RICHTER, Die Anerkennung ausländischer Entscheidungen in Ehesachen, JR 1987, 98

SCHÖNAU, Die Anerkennung von Urteilen aus Mehrrechtsstaaten (2009)
SCHREINER, Die internationale Zuständigkeit als Anerkennungsvoraussetzung nach § 328 I Nr 1 ZPO (Diss Regensburg 2000)
SCHÜTZE, Die Anerkennung und Vollstreckung ausländischer Zivilurteile in der BRD als verfahrensrechtliches Problem (Diss Bonn 1960)
SIEHR, Privatscheidungen und Anerkennungsverfahren nach Art 7 § 1 FamRÄndG, FamRZ 1969, 184
SONNENBERGER, Anerkennung statt Verweisung? Eine neue internationalprivatrechtliche Methode, in: FS für Spellenberg (2010) 371
ders, Anerkennung und Vollstreckung ausländischer Gerichtsentscheidungen, Schiedssprüche, Vergleiche und sonstiger Titel, in: Zeitgenössische Fragen des internationalen Zivilverfahrensrechts, Studien des Instituts für Ostrecht (1972) 209
SPICKHOFF, Möglichkeiten und Grenzen neuer Tatsachenfeststellungen bei der Anerkennung ausländischer Entscheidungen, ZZP 108 (1995) 475
SPELLENBERG, Der Anwendungsbereich der Brüssel IIa-VO („Brüssel II") in Statussachen, in: FS für Schumann (2001) 423
ders, Die Zuständigkeit für Eheklagen nach der Brüssel IIa-VO, in: FS für Geimer (2002) 1257
VÖLKER, Zur Dogmatik des ordre public (1998)
WAGNER, Anerkennung im Ausland begründeter Statusverhältnisse – neue Wege?, StAZ 2012, 133
WALTER/BAUMGARTNER, Anerkennung und Vollstreckung ausländischer Entscheidungen außerhalb der Übereinkommen von Brüssel und Lugano (2000).

Systematische Übersicht

Alphabetische Übersicht

I. Allgemeines

1. Systematik

§ 109 FamFG ist an die Stelle von Teilen der §§ 328 ZPO aF und 16a FGG getreten. Seine Bedeutung hat sich dadurch verringert, dass die **allgemeinen Regeln** der Anerkennung heute in **§ 108 FamFG** Platz gefunden haben, sodass **§ 109 FamFG** nur noch die **Anerkennungshindernisse** bzw -voraussetzungen regelt. § 107 FamFG ist an die Stelle von Art 7 § 1 FamRÄndG aF getreten. Die inhaltlichen Änderungen sind im Übrigen begrenzt, wenn man davon absieht, dass § 108 FamFG nach hM die homosexuellen Lebenspartnerschaften aufgenommen hat, für die zweifelhaft war, wo die Regelung der Anerkennung ihrer Aufhebung zu suchen war. 1

§ 109 FamFG gilt für die automatische Anerkennung wie für die förmliche Feststellung der Anerkennungsfähigkeit gleichermaßen. Bei ersterer verhindern die Hindernisses die Wirkungserstreckung auf das Inland, und bei der förmlichen Feststellung hat die LJV § 109 FamFG ihrer Entscheidung zugrunde zu legen, und dasselbe gilt, wenn die Entscheidung über die Anerkennung nach § 108 Abs 2 FamFG beantragt ist (§ 108 Abs 3 FamFG). 2

2. Anerkennung statt inhaltlicher Nachprüfung

Die Pluralität der Rechtsordnungen bedeutet, dass an dieselben Tatsachen unterschiedliche subjektive Rechte für die Beteiligten geknüpft werden. Das IPR bezweckt, die *eine* Rechtsordnung zu bezeichnen, die allein zuständig sein soll, darüber zu entscheiden, wenn, wie so oft, die tatsächliche Situation die Grenzen einer Rechtsordnung überschreitet. Doch muss und darf die prozessuale Verteidigung und Feststellung dieser subjektiven Rechte nicht allein den Gerichten der so ausgewählten Rechtsordnung vorbehalten werden. Das würde den Schutz dieser Rechte und die Freizügigkeit ihrer Inhaber über Gebühr verkürzen (Pfeiffer, Internationale Zuständigkeit und prozessuale Gerechtigkeit 199 ff, 366 ff, 369). 3

So postulierte schon Savigny (System des heutigen römischen Rechts, Bd 8 S 26) als Ziel des IPR, dass der Fall überall **gleich entschieden werden möge**, wo immer er vor Gericht gebracht werde. Nun wird zwar dieses Ziel tatsächlich wegen des „Geburtsfehlers des IPR“, dass es auch heute noch meist nationales und daher verschiedenes Recht ist, nicht erreicht. Die Lösung für dieses Problem kann aber nun nicht sein, auch die Entscheidungszuständigkeit im Staat des anwendbaren Sachrechts zu konzentrieren iSe positiven Gleichlaufsystems, und ebenso wenig, die internationalprivatrechtliche Anknüpfung der Entscheidungszuständigkeit folgen zu lassen iSd steten Anknüpfung an die lex fori, denn damit würde eine Uneinheitlichkeit des IPR nur durch die Uneinheitlichkeit der Zuständigkeiten ersetzt, bei denen die Differenzen sicher nicht geringer als im IPR wären. Die Antwort muss und kann nur sein, bis zur Grenze des ordre public die Entscheidung der Gerichte anzuerkennen, die sachlich und räumlich befugt sind zu entscheiden, auch wenn sie in der Sache anders entschieden haben als die Gerichte der Anerkennungsstaaten entscheiden würden. 4

Eine **révision au fond** findet darum nicht statt; unrichtige Tatsachenfeststellungen des Urteilsgerichts sind insbesondere auch kein Verstoß gegen den ordre public (Bay- 5

ObLG 12. 5. 1992 und 9. 6. 1993 FamRZ 1993, 452 und 469). Vor allem steht der Anerkennung nicht entgegen, dass der Richter anderes Sachrecht angewandt hat als nach deutschem IPR anzuwenden gewesen wäre. Die Forderung der **kollisionsrechtlichen Konformität** in § 328 Abs 1 Nr 3 ZPO aF ist seit 1986 aufgegeben. Das den Kollisionsrechten zugrunde liegende Prinzip der Anerkennung der Gleichwertigkeit der Sachrechtsordnungen findet darin seine Entsprechung. Ein Versuch, die Folgen der internationalen Uneinheitlichkeit des IPR mit Mitteln des Verfahrensrechts und besonders denen des Anerkennungsrechts zu beheben, vermehrte sie nur noch (vgl Schack, IZVR Rn 245, 247 f; Vischer, in: FS vOverbeck [1990] 370 ff; E Lorenz, Zur Struktur des IPR [1977] 70 f, 86 f; Sonnenberger, in: FS Spellenberg [2010] 371, 384 ff; vBar/Mankowski, IPR Bd 1 § 5 Rn 2 ff). Der Vorbehalt des materiellen ordre public ist im Prinzip derselbe wie im IPR und die allgemein gerechtfertigte und notwendige „Notbremse", die zurückhaltend zu ziehen ist, aber ua wegen der mangelnden Einheit des IPR notwendig bleibt.

6 Jeder Staat ist jedoch im Rahmen von Europarecht und ggf Staatsverträgen frei zu entscheiden, unter welchen Umständen er ausländische **Urteile anerkennt** (§ 108 Rn 12). Solche Voraussetzungen formuliert § 109 FamFG traditionell in der negativen Form von Anerkennungshindernissen. Lehnt er die Anerkennung im konkreten Fall ab, so kann konsequenterweise im Inland erneut entschieden, aber auch ggf eine andere Entscheidung eines anderen Staates anerkannt werden. Wird dagegen anerkannt, so begibt sich der Anerkennungsstaat nicht nur der Möglichkeit, selbst zu entscheiden, sondern verleiht der ausländischen Entscheidung inländische Wirkung unabhängig von ihrem Inhalt und insbesondere auch dann, wenn der ausländische Richter nach einem anderen Recht entschieden hat, als es der deutsche tun würde. Anders als noch § 328 Abs 1 Nr 3 ZPO aF vor 1986, hängt die Anerkennung in Ehe-und Scheidungssachen nicht mehr von der Anwendung des aus Sicht des deutschen Rechs richtigen Rechts ab.

7 Mit dem kollisionsrechtlichen Desinteresse, das sich aus dem Schweigen des § 109 Abs 1 FamFG ergibt, verzichtet das deutsche Anerkennungsrecht nicht so sehr auf die Anwendung des nach deutschem IPR richtigen Rechts, sondern akzeptiert sachlich auch Scheidungen, die in Deutschland nicht hätte ausgesprochen werden können (vgl Spellenberg, in: FS Geimer [2002] 1252, 1260 f; ders, auch in: FS für Schumann [2002] 423 ff). Das ist rechtspolitisch bedenklich, denn es widerspricht dem Savigny'schen Ideal, dass überall gleich entschieden werde, doch liegt das an der faktischen Ungleichheit der nationalen Kollisionsrechte (ebenso Schack, IZVR Rn 248). Der § 328 Abs 1 Nr 3 ZPO aF verweigerte entsprechend die Anerkennung nur, wenn zum Nachteil einer deutschen Partei das „falsche" Recht angewandt wurde. Die kollisionsrechtliche Neutralität der Anerkennungsregeln könnte als ein Vorgriff auf die nötige Vereinheitlichung der IPR verstanden werden, die in Europa für die Scheidung mit der Rom III-VO nun erreicht wurde. International ist damit aber nicht zu rechnen.

8 Immerhin können Eheauflösungen aus inakzeptablen Gründen mit dem ordre public abgewehrt werden (§ 109 Abs 1 Nr 4 FamFG), womit eine begrenzte sachrechtliche Konformität eingeführt wird. Sie spielt insbesondere für die Verstoßungsscheidungen vor allem islamischer Rechte eine Rolle, die allerdings gewöhnlich gerade nicht durch hoheitlichen Akt erfolgt. Bei gerichtlichen, oder behördlichen, Schei-

dungen ist die Notwenigkeit seines Eingreifens aber auch nicht ausgeschlossen (unten Rn 225 ff, 267 ff)

III. Feststellung der Anerkennungshindernisse

1. Ermittlung oder Prüfung von Amts wegen

a) § 107 FamFG

9 Prüfung von Amts wegen bedeutet nicht auch Untersuchung, dh Beweiserhebung von Amts wegen (Rimmelspacher, Zur Prüfung von Amts wegen [1966] 147 ff; Rosenberg/Schwab/Gottwald, ZPR § 77 Rn 44, 46). **Ermittlung von Amts** wegen ist gem § 26 FamFG vorgesehen und muss beim **Delibationsverfahren** der LJV gelten (Thomas/Putzo/Hüsstege, ZPO § 107 FamFG Rn 23; **aA** wohl Prütting/Helms/Hau Rn 16; MünchKomm-FamFG/Rauscher Rn 9; weiter § 107 FamFG Rn 180). Das rechtfertigt sich nur dort ua durch die Wirkung inter omnes der Feststellungsentscheidung.

10 Beim neu eingeführten selbständigen Feststellungsverfahren nach § 108 Abs 2 FamFG sollte dasselbe gelten, vor allem weil auch seine Entscheidungen ebenso inter omnes bindet (§ 108 Abs 3 S 1 FamFG). In Übrigen ist das Verfahren an § 107 FamFG angelehnt und ist insbesondere nicht notwendig kontradiktorisch ausgestaltet (vgl § 108 Rn 166 f)

b) Inzidente Prüfung

11 Zweifelhaft ist die Lage, wenn die Anerkennung der ausländischen Scheidung als Vorfrage auftritt und inzident zu entscheiden ist. Das ist der Fall, wenn die Scheidung aus dem gemeinsamen Heimatstaat der geschiedenen Eheleute stammt, und allgemein bei der Auflösung eine gleichgeschlechtlichen Lebenspartnerschaft, für die § 107 FamFG nicht gilt. Die Frage der Prüfung der Anerkennungsvoraussetzungen **in dieser Situation** wird anscheinend kaum erörtert (in OLG Zweibrücken 10. 3. 2005 IPRspr 2005 Nr 165, blieb die Frage offen, weil angeblich nach dem Heimatrecht der Unterhalt zwischen den Geschiedenen nicht von der Scheidung abhing). Man darf dann die allgemeine Regel anwenden, und die **tatsächlichen Voraussetzungen** der Anerkennung einer ausländischen Entscheidung mit der hM **von Amts wegen prüfen** (so BayObLG 19. 9. 1991 FamRZ 1992, 584, 586; Schack, IZVR Rn 974; MünchKommZPO/Gottwald § 328 aF Rn 9; Thomas/Putzo § 328 ZPO Rn 7; Baumbach/Lauterbach/Albers/Hartmann § 328 ZPO Rn 13; BGH 26. 2. 1958 FamRZ 1958, 180; KG 12. 7. 1975 OLGZ 1976, 38; OLG Frankfurt 26. 11. 1979 OLGZ 1980, 130; weiter § 107 Rn 180 ff).

12 Das heißt zunächst, dass die Partei sich **nicht** auf die Anerkennungshindernisse zu **berufen** braucht, und dass ein Nichtbestreiten, ein übereinstimmender Parteivortrag und auch ein Geständnis **nicht ausreichen** (grundlegend Rimmelspacher, Zur Prüfung von Amts wegen im Zivilprozeß [1966] 153 ff). Das gilt in beide Richtungen: Das Gericht hat die Anerkennungsvoraussetzungen unabhängig vom Parteivortrag zu bejahen oder ggf zu verneinen. Es kann und muss auf seine Zweifel an der Anerkennungsfähigkeit hinweisen und letztere verneinen, solange die beweisbelastete Partei (dazu Rn 31 ff) diese Zweifel nicht durch Beweise ausräumt (zB Rosenberg/Schwab/Gottwald, ZPR § 93 Rn 35). Die Zweifel des Gerichts brauchen dabei nicht auf dem Vortrag der Parteien beruhen. Selbst der ordre public bedarf nicht der Rüge im Anerkennungsverfahren, und auf ihn kann auch nicht nachträglich **verzichtet** werden (BGH 26. 2.

1958 FamRZ 1958, 180; BayObLG 19. 9. 1991 FamRZ 1992, 584 zur Anerkennungszuständigkeit; Prütting/Helms/Hau Rn 16). Deshalb kann auch der unterlegene Beklagte des betreffenden Urteils die Anerkennung geltend machen. Eine Ausnahme hiervon macht nur § 109 Abs 1 Nr 2 FamFG, wonach der Beklagte sich darauf berufen muss, dass ihm das verfahrenseinleitende Schriftstück nicht ordnungsgemäß oder nicht rechtzeitig zugestellt worden ist.

13 Bei Prüfung von Amts wegen genügen formularmäßige, unsubstantiierte Behauptungen zB über den ausländischen gewöhnlichen Aufenthalt nicht. Das Gericht kann und sollte bei Zweifel den Nachweis der Zuständigkeitsgründe verlangen. Wegen des Verbots der Gerichtsstandsvereinbarung erübrigt sich die Prüfung nicht, wenn beide Parteien oder der damalige Beklagte die Anerkennung beantragen (BayObLG 19. 9. 1991 FamRZ 1992, 584, 585 f – mexikanisches Urteil). Die Zweifel des Gerichts müssen nicht gerade aus einem Vortrag der Parteien herrühren (grundlegend Rimmelspacher, Zur Prüfung von Amts wegen [1966] 149, 153 ff). Mit Recht hat das BayObLG (19. 9. 1991 StAZ 1992, 176 mAnm von Sachsen Gessaphe 334 = FamRZ 1992, 584 f) formelhaften Feststellungen in mexikanischen Urteilen aufgrund seiner eigenen Kenntnis und früheren Erfahrung keinen Glauben geschenkt, obwohl keine Partei diesbezüglich Zweifel geäußert hatte. Bei Weigerung der Parteien, Nachweise beizubringen, ist zunächst nach Beweislastgrundsätzen zu entscheiden, ggf auch nach den Grundsätzen der Beweisvereitelung (Rn 49 ff). Vor allem durch genaue Überprüfung der Anerkennungszuständigkeit sind Scheidungen aus Scheidungsparadiesen abzuwehren.

14 **Ausnahmen** sind jedoch auch hier zugunsten einer **Ermittlung von Amts** wegen zu machen, wenn **besondere öffentliche Interessen** im Spiel sind, deren Wahrung nicht dadurch in die Hand der Parteien gelegt werden sollte, dass sie es zur Beweislastentscheidung kommen lassen. Dies ist der Fall der Anerkennung einer ausländischen Entscheidung, die unter Verletzung der Regeln der **Immunität** ergangen ist (Geimer, Zur Prüfung der Gerichtsbarkeit und der internationalen Zuständigkeit 84 ff, 93 f; Martiny, Hdb IZVR Bd III/1 Kap I Rn 590). Eine Anerkennung einer solchen Entscheidung für oder gegen einen Gerichtsbefreiten wäre ihrerseits ein Verstoß gegen das Völkerrecht. Auf seine Immunität kann der Diplomat etc nicht verzichten, sondern nur sein Staat; die Immunität ist nicht im Interesse des Diplomaten, sondern im Interesse des entsendenden Staates eingeräumt (vgl Vorbem Rn 19 zu § 97).

15 Bei der Frage der Prüfung der anderen Anerkennungsvoraussetzungen oder -hindernisse wird eine **Differenzierung** nach dem Zweck der einzelnen Bestimmungen vorgeschlagen (Martiny, Hdb IZVR Bd III/1 Kap I Rn Rn 1597 ff). Geimer will **Ermittlung** von Amts wegen nur bei den Anerkennungsvoraussetzungen, die dem Schutz unmittelbarer deutscher Staatsinteressen oder der Durchsetzung eines Mindeststandards der Gerechtigkeit dienen. Im Übrigen soll es dagegen sogar bei der Verhandlungsmaxime bleiben, namentlich bei § **109 Abs 1 Nr 1 FamFG** (Geimer, IZPR Rn 2903; ZZP 87 [1974] 336; NJW 1974, 1028 ff; Gottwald ZZP 103 [1990] 274, soweit keine ausschließliche Zuständigkeit; **aA** BGH 25. 11. 1993 IPRax 1995, 101; BayObLG 19. 9. 1991 FamRZ 1992, 584). Ebenso differenziert er innerhalb des **ordre public** (IZPR Rn 2991; ebenso Martiny, Hdb IZVR Bd III/1 Kap I Rn Rn 1154; Geimer/Schütze, Int Urteilsanerkennung Bd I/2, 1600 f; **aA** Baur, in: FS Guldener [1973] 14; Schack, IZVR Rn 974; Schütze, Die Anerkennung und Vollstreckung ausländischer Zivilurteile in der BRD als verfahrensrechtliches Problem [1960] 32 f;

JANSEN Art 7 § 1 FamRÄndG Rn 27). Dagegen sei eine inländische **Rechtshängigkeit** nach § 328 Abs 1 Nr 3 ZPO aF (nun: § 109 Abs 1 Nr 3 FamFG) von Amts wegen zu beachten (GEIMER, IZPR Rn 2707 f). Dasselbe müsste dann wohl konsequenterweise auch für die inländische **Rechtskraft** gelten. In beiden Fällen gehe es vordringlich um den Schutz der deutschen Justiz (GOTTWALD, ZZP 103 [1990] 274). Praktisch sind die Unterschiede zwischen Amtsermittlung und Amtsprüfung nicht sehr groß.

Es ist **de lege ferenda** erwägenswert, weitere Anerkennungshindernisse außer § 109 **16**
Abs 1 Nr 2 FamFG von einer Rüge abhängig zu machen. **De lege lata** ist nur vertretbar, dass eine Verweigerung des rechtlichen Gehörs nach Eröffnung des Verfahrens, die unter Nr 4 und nicht unter Nr 2 zu subsumieren ist, nur auf Rüge geprüft werden muss. In beiden Fällen ist die Interessenlage insoweit gleich, sodass eine **Analogie** zu Nr 2 möglich ist. Im Übrigen ist (auch de lege ferenda) zu bedenken, dass auch Regelungen, die den Parteiinteressen dienen, wie zB Zuständigkeiten, zwingend sein können. Aus dieser Schutzrichtung einer Norm kann nicht unmittelbar auf die Verfügbarkeit für die Parteien geschlossen werden.

Da die internationale Zuständigkeit in Ehesachen nach dem derzeitigen deutschen **17**
Recht zwingend ist, kann de lege lata der Auffassung von GEIMER und GOTTWALD, die fehlende **Anerkennungszuständigkeit** sei nur auf Rüge im Anerkennungsverfahren zu beachten, für Ehesachen nicht gefolgt werden. Die ausländische **Rechtskraft** sollte nach Anerkennung der inländischen auch insoweit gleichgestellt werden, dass sie nicht zur Disposition der Parteien steht. Die Anerkennung generell zur Disposition der Prozessparteien zu stellen, verbietet sich auch, weil den Antrag auf förmliche Anerkennung auch Dritte stellen können (§ 107 Rn 152 ff).

Die Frage ist im Übrigen zu unterscheiden von der, ob der verfahrensrechtliche **18**
ordre public auch verletzt ist, wenn die betroffene Partei mögliche Rechtsmittel nicht eingelegt hat (Rn 152, 250). Hier geht es um eine Rügeobliegenheit erst im Anerkennungsstadium und gerade auch, wenn die Partei erfolglos die Rechtsmittel im Urteilsstaat eingelegt hatte.

2. Bindung an Feststellungen des Erstrichters

a) Autonomes Recht

Der Anerkennungsrichter ist an tatsächliche oder gar rechtliche Feststellungen des **19**
Erstrichters, die für die Anerkennungsvoraussetzungen erheblich sind, idR **nicht gebunden** (BGH 26. 3. 1969 BGHZ 52, 30, 37 ff = NJW 1969, 1536; BGH 25. 11. 1993 BGHZ 124, 237, 245 = IPRax 1995, 101 [GOTTWALD 75 f]; BayObLG 11. 6. 1979; BayObLG 11. 1. 1990 FamRZ 1990, 650 = NJW 1990, 3099; BayObLG 11. 6. 1979 BayObLGZ 1979, 193 = FamRZ 1979, 1015; GEIMER, Zur Prüfung der Gerichtsbarkeit und der internationalen Zuständigkeit bei der Anerkennung ausländischer Urteile 134 ff; differenzierend GEIMER, IZPR Rn 2906; ders, Anerkennung ausländischer Entscheidungen 121 ff; NAGEL/GOTTWALD, IZPR § 12 Rn 159, 184; SCHACK, IZVR Rn 929, 975; MARTINY, Hdb IZVR III/1 Kap I Rn 791 [zur Zuständigkeit], differenzierend zum ordre public Rn 1157 f; **aA** SPICKHOFF ZZP 108 [1995] 475 ff). Formelhafte Behauptungen im ausländischen Urteil genügen sicher nicht (BayObLG 19. 9. 1991 StAZ 1992, 176 mAnm VON SACHSEN GESSAPHE 334 = FamRZ 1992, 584 f). Es wird aber je nach Anerkennungshindernis differenziert.

20 Er kann natürlich jene Feststellungen praktisch übernehmen, wenn sie verlässlich erscheinen (Prütting/Helms/Hau Rn 16), doch ist auch deshalb Vorsicht geboten, weil die Feststellungen des Erstrichters naturgemäß nicht auf die Voraussetzungen einer späteren Anerkennung in Deutschland bezogen sein können. Und Begriffe wie „Residence“ und „gewöhnlicher Aufenthalt“ oder gar „domicile“ (franz) und „Wohnsitz“ stimmen nicht notwendig genau mit den deutschen Vorstellungen überein, die für unsere Anerkennung entscheidend sind. Einer Bindung steht schon entgegen, dass das ausländische Urteil sehr oft andere Tatbestände und sei es unter gleicher Bezeichnung zugrunde gelegt und keinen Anlass hatte, die deutschen Zuständigkeitsgründe zu prüfen. Vor allem aber würde eine Bindung das Recht des Beklagten einschränken, sich auf den ausländischen Prozess vor einem unzuständigen Gericht nicht einzulassen. Er müsste nämlich doch im ausländischen Prozess auftreten, um sicher zu sein, dass nicht tatsächliche Feststellungen getroffen werden, die zu einer Anerkennung führen könnten (BGH 23. 3. 1969 BGHZ 52, 30, 37 ff = NJW 1969, 1536 zu einer Klage aus Schuldvertrag).

21 Eine Nachprüfung namentlich der Anerkennungszuständigkeit kraft gewöhnlichen Aufenthalts ist auch zur Abwehr von Scheidungen in Scheidungsparadiesen geboten. Solche werden nicht selten von beiden Ehegatten gemeinsam in Anspruch genommen, sodass die Feststellung im Urteil, eine oder beide Parteien hätten dort ihren gewöhnlichen Aufenthalt gehabt, der bei genauerem Hinsehen während einiger Tage in einem Hotel war, nicht vom Antragsgegner bestritten wurde, wenn er denn überhaupt am Verfahren teilnahm (vgl BayObLG 19. 9. 1991 FamRZ 1992, 584). Mit Recht hat das BayObLG den gewöhnlichen Aufenthalt entgegen der Feststellung im Scheidungsurteil verneint. Wahrscheinlich hatte der ausländische Richter eine andere Vorstellung vom gewöhnlichen Aufenthalt.

22 Im deutschen Recht müssen **doppelrelevante Tatsachen**, die sowohl die internationale Zuständigkeit als auch die Klage selbst begründen können, für die Zulässigkeit der Klage nur schlüssig behauptet und nicht bewiesen werden, um der Begründetheit nicht vorzugreifen. Im Anerkennungsstadium muss dagegen deren Bestehen neu festgestellt werden (BGH 25. 11. 1993 BGHZ 124, 237 = IPRax 1995, 101 mAnm Gottwald 75; MünchKommZPO/Gottwald § 328 Rn 69; Geimer, IZPR Rn 2906).

23 Man muss auch unterscheiden zwischen reinen **Tatsachen** und juristischen Konstrukten. Feststellungen des Erstrichters über Geburtsort und Wohnung mag man eher übernehmen als Feststellungen wo der gewöhnliche Aufenthalt sei oder über die Staatsangehörigkeit (nur für erstere kann man Prütting/Helms/Hau Rn 16; MünchKomm-FamFG/Rauscher Rn 9 zustimmen, das man ihnen idR vertrauen könne).

24 Hingegen vertritt Spickhoff (ZZP 108 [1995] 475 ff) eine Bindung an das anzuerkennende Urteil unter der Voraussetzung, dass die tatsächlichen Feststellungen im Urteil ohne Verstoß gegen den verfahrensrechtlichen ordre public und tatsächlich im streitigen Verfahren getroffen wurden und nicht nur wegen Säumnis des Beklagten und dergleichen fingiert oder unterstellt wurden. Das gelte bei allen Anerkennungsvoraussetzungen gleichermaßen. Freilich sei genauer, uU unter Heranziehung der Prozessunterlagen, zu prüfen, ob das Erstgericht überhaupt eine Tatsache festgestellt habe und insbesondere, ob diese entscheidungserheblich war. Im letzteren

Falle könne eine Bindung für die Anerkennung überraschend und im Grunde wegen Verstoßes gegen den deutschen ordre public zu verneinen sein.

Der entscheidende Gewinn einer Bindung könnte eher in einer Verminderung der Anzahl hinkender Entscheidungen liegen als in geringerer Belastung deutscher Gerichte im Anerkennungsstreit (so auch SPICKHOFF 489). Entscheidend ist letztlich, ob ein Verbot der **révision au fond** auch im Hinblick auf Anerkennungsvoraussetzungen angemessen ist. Das ist zu **verneinen**. Der Verzicht auf die inhaltliche Überprüfung der Richtigkeit der Sachentscheidung, auch wenn sie in Deutschland nicht so hätte getroffen werden können, beruht auf der Anerkennung der Gleichwertigkeit des fremden Urteils. Um so wichtiger ist im Gegenzug die Berücksichtigung der Interessen des Beklagten in Bezug auf seine Verpflichtung, vor dem Erstgericht sein Recht nehmen zu müssen. 25

Gerade beim **ordre public** wird freilich von der hM zu Unrecht eine Bindung an die tatsächlichen Feststellungen des ausländischen Gerichts vertreten (BGH 10. 7. 1957 = FamRZ 1957, 370; BGH 11. 4. 1979 NJW 1980, 529; BGH 4. 6. 1992 BGHZ 118, 313, 320 = IPRax 1993, 310 [KOCH/ZEKOLL 288] [Feststellung der ordnungsgemäßen Ladung nach dem Recht von Kalifornien]; BGH 21. 4. 1998 BGHZ 138, 331, 338; OLG Nürnberg 18. 11. 1958 FamRZ 1959, 222 [Ehescheidung]; OLG Hamm 7. 12. 1960 FamRZ 1961, 223 [Ehescheidung]; MünchKommZPO/GOTTWALD § 328 Rn 119; NUSSBAUM, IPR 436 Fn 2; grundsätzlich MARTINY, Hdb IZVR Bd III/1 Kap I Rn 1158 ff; **aA** SCHACK, IZVR Rn 975). Gelegentlich wird sogar eine Bindung an rechtliche Feststellungen vertreten (BGH 10. 10. 1977 MDR 1978, 488). GEIMER (IZPR Rn 2990) nimmt eine Bindung nur an, soweit der Verstoß gegen den deutschen ordre public private Parteiinteressen und nicht staatlichen Interessen Deutschlands betrifft. SPICKHOFF geht davon aus, dass tatsächliche Feststellungen, die ohne Verstoß gegen den verfahrensrechtlichen ordre public getroffen wurden, generell hinzunehmen seien (SPICKHOF ZZP 108 [1995] 490; ähnlich MünchKommZPO/GOTTWALD § 328 Rn 93). Damit entfiele dann das Beweislastproblem und der deutsche Richter hätte nur noch zu bewerten. 26

Man wird wohl unterscheiden müssen: In manchen Fällen wird der Verstoß gegen den deutschen ordre public aus dem Urteil und seiner Begründung abzulesen sein. Ergänzende Feststellungen sind dann idR nicht notwendig, es sei denn, um den Anschein des Verstoßes gegen den ordre public zu widerlegen. Es wäre jedoch **nicht gerechtfertigt**, den Vorbehalt des ordre public nur eingreifen zu lassen, wenn er sich allein aus dem Urteil ablesen lässt. So wird man aus dem Urteil praktisch nie ersehen können, wenn der Richter zB wegen Verwandtschaft mit einer Partei oder aus anderen Gründen befangen war. Selbst der Fall des § 109 Abs 1 Nr 2 FamFG wird sich nicht immer aus dem Urteil ergeben, und um vieles mehr nicht Verletzungen des rechtlichen Gehörs im Laufe des Verfahrens. Selbst Verstöße gegen den materiellen ordre public wie die ungleiche Behandlung der Ehefrau bei den Scheidungsgründen sind uU nicht zu ersehen, gar bei Urteilen ohne Begründung. Ob die Feststellungen im Urteil vollständig sind, ist oft nicht sicher zu erkennen. 27

Neues Vorbringen ist sowohl für wie gegen das Eingreifen des ordre public zulässig (BGH 29. 4. 1999 BGHZ 141, 286, 296 ff [implizit]), und auch der Gegenbeweis muss zugelassen werden, insbesondere wenn die Feststellungen nicht ordnungsgemäß zustande gekommen sind. Es wäre auch nicht konsequent, gerade beim ordre public, 28 der nur in gravierenden Fällen durchgreift, im Gegensatz zu anderen Anerkennungsvoraussetzungen eine Präklusion neuen Vorbringens und eine Bindung an die Feststellungen des Erstrichters anzunehmen. In BGH (4. 6. 1992 BGHZ 118, 312, 320) hatte wegen des Verbots der révision au fond den Einwand einer nicht ausreichenden Ladung nicht verifiziert, weil das amerikanische Gericht die ausreichende Ladung nach dem kalifornischen Recht festgehalten hatte, und dann doch im Einzelnen das kalifornische Verfahrensrecht (und die Tatsachen) erörtert und mit dem deutschen verglichen, also doch und zu Recht nachgeprüft.

b) EU-Recht, Staatsverträge

29 Anders regeln Brüssel IIa-VO, Brüssel Ia-VO, LugÜ und diverse Staatsverträge. Gem **Art 24 Brüssel IIa-VO** ist die Überprüfung der Zuständigkeit des Ausgangsgerichts überhaupt ausgeschlossen, sodass es auf die Frage der Bindung an die entsprechenden Tatsachenfeststellungen im Urteil nicht ankommt (näher Staudinger/Spellenberg [2015] Art 24 Brüssel IIa-VO Rn 37). **Art 45 Abs 2 Brüssel Ia-VO** und **Art 35 Abs 2 LugÜ** sehen demgegenüber zwar vor, dass das anzuerkennende Urteil zwar auf eine Verletzung der besonderen und ausschließlichen Zuständigkeiten von Brüssel Ia-VO bzw LugÜ zu überprüfen ist, dass das anerkennende Gericht dabei aber an die Tatsachenfeststellungen des Erstgerichts gebunden ist. Diese Bindungen rechtfertigen sich dadurch, dass die Entscheidungszuständigkeit des Erststaates und die Anerkennungszuständigkeit einheitlich durch Brüssel Ia-VO bzw LugÜ geregelt sind, sodass im Rahmen der Prüfung der Anerkennung die selben tatsächlichen Fragen zu prüfen wären, die bereits der Erstrichter im Rahmen der Prüfung seiner internationalen Zuständigkeit hat prüfen müssen.

30 Ausnahmen finden bzw fanden sich ebenso für die Anerkennungszuständigkeit in bestimmten **Staatsverträgen**. Die Praxis der Staatsverträge zeigt keine einheitliche Linie, stimmt aber immerhin darin überein, dass eine Bindung an tatsächliche Feststellungen allenfalls für die Überprüfung der Zuständigkeit des Urteilsstaates, nicht für andere Anerkennungsvoraussetzungen oder -hindernisse vorgesehen ist. Eine Bindung sehen vor Art 5 Abs 1 deutsch-belgisches Abkommen (BGH 30. 6. 1958 BGHZ 60, 344), Art 5 Abs 1 deutsch-niederländischer Vertrag, Art 9 Abs 2 deutsch-spanischer Vertrag (alle drei trotz Brüssel IIa-VO einschlägig für Lebenspartnerschaft und Antragsabweisungen), Art 8 Abs 2 deutsch-israelischer Vertrag (BGH 18. 9. 2001 RIW 2002, 63) und Art 8 Abs 3 deutsch-norwegischer Vertrag. Soweit die Abkommen für Ehesachen und Nebenentscheidungen eingreifen, gilt die Bindung dann auch hier. Auf das **autonome Anerkennungsrecht** sind solche Regelungen jedoch nicht übertragbar. Dazu bedarf es einer staatsvertraglichen Regelung, die ein besonderes Vertrauen in die Verfahrensordnung und ihre Handhabung im Urteilsstaat ermöglicht.

3. Beweislast

a) Fragestellung

31 Die Frage einer Beweislast stellt sich besonders bei einer gerichtlichen Prüfung. Bei § 107 FamFG werden die Anerkennungsvoraussetzungen von Amts wegen ermittelt (vgl § 107 Rn 195), Heimatstaatsscheidungen und Auflösungen von Lebenspartnerschaften werden automatisch anerkannt, sodass sie inzident im Rahmen eines Prozesses um Scheidungsfolgen von Amts wegen zu prüfen sind. In beiden Fällen ist

nach Beweislast zu entscheiden, wenn die tatsächlichen Voraussetzungen unaufklärbar bleiben. Die Regeln der Beweislast müssen beide Male dieselben sein.

Die Anerkennungshindernisse in § 109 Abs 1 Nr 3 und 4 FamFG sind strukturell und zT sogar im Wortlaut weitgehend denen des Art 22 Brüssel IIa-VO gleich. Es kann daher das Gesagte (Staudinger/Spellenberg [2015] Art 22 Brüssel IIa-VO Rn 116 ff) auch hier gelten. Hier ist darum vor allem auf die in Art 22 Brüssel IIa-VO nicht enthaltene Anerkennungszuständigkeit und auf § 109 Abs 1 Nr 2 FamFG (mangelnde Zustellung) einzugehen, welche hier etwas anders als dort geregelt ist. Auch das Hindernis der früheren inländischen Rechtshängigkeit (§ 109 Abs 1 Nr 3 2. HS FamFG) findet sich in Art 22 Brüssel IIa-VO so nicht. Der auch in Art 22 Brüssel IIa-VO vorbehaltene ordre public ist der nationale deutsche. Soweit er unter dem Einfluss des europäischen Rechts steht (vgl Staudinger/Spellenberg [2015] Art 22 Brüssel IIa-VO Rn 15 ff), bedeutet das aber keine Änderung der Beweislastregelung. Die Gegenseitigkeit (§ 109 Abs 1 Nr 5 FamFG) ist für Statusentscheidungen nicht erforderlich, und daher hier nicht zu behandeln. 32

Die **Grundregel**, dass die Partei, die ein Recht oder einen Anspruch einklagt, dessen tatsächliche Voraussetzungen beweisen muss, ist für streitige Verfahren entwickelt worden. Das Verfahren nach § 107 FamFG ist nicht kontradiktorisch, hat keinen Kläger und Beklagten, sondern nur Beteiligte und uU auch nur einen, den Antragsteller, der auch keineswegs am anzuerkennenden Urteil beteiligt gewesen sein muss (§ 107 Rn 111 ff, 207), sodass es auch an einem fehlt, der sich der Anerkennung widersetzt (übersehen von R Wagner FamRZ 2013, 1620, 1626). Man sollte vielleicht korrekterweise nicht von Beweislast des Antragstellers reden, sondern von der Feststellungslast, die im Grundsatz gegen die Anerkennung steht. Die Anerkennung wird nicht vermutet. Aus der negativen Formulierung der Anerkennungsvoraussetzungen als Hindernisse ist das nicht abzuleiten (vgl Staudinger/Spellenberg [2015] Brüssel IIa-VO Art 22 Rn 117 f). Die Grundregel kann aber unabhängig von der Verfahrensart gelten, doch muss, wie bei Art 22 Brüssel IIa-VO ausgeführt, gelegentlich bei den einzelnen Hindernissen differenziert werden (Staudinger/Spellenberg [2015] Brüssel IIa-VO Rn 116 ff). 33

b) Existenz der ausländischen Entscheidung

Dass überhaupt im Ausland eine Scheidung oder Auflösung der Lebenspartnerschaft durch einen Hoheitsakt geschehen ist, ist nachzuweisen (insoweit zutreffend OLG Koblenz 2. 3. 2004 FamRZ 2005, 1692, aber irrig, dass Scheidungen durch Verwaltungsakt nicht anerkennungsfähig seien). Es ist nicht nur möglich, dass gefälschte Urteile bzw Urkunden vorgelegt werden (so eine Vermutung des OLG Thüringen 14. 10. 2013 FamRZ 2014, 579; anscheinend früher auch im Falle von Mexiko; vSachsen Gessaphe StAZ 1992, 334), sondern es werden anscheinend auch Verfahren gefälscht, indem ein Ehegatte eine Person beauftragt, sich von ihm unter falschem Namen zu scheiden (so möglicherweise zeitweise häufiger in Indien [LJV B-W 23. 1. 1987 IPRspr 1987 Nr 163a] oder im Falle des BayObLG [28. 7. 1999 FamRZ 2000, 836, Iran]). Vermutlich liegt damit nur der Anschein einer ausländischen Scheidung vor, sodass nichts anzuerkennen ist. Jedenfalls aber steht einer Anerkennung der ordre public entgegen. Die Beweislast für die Existenz einer ausländischen Scheidung trägt der Beteiligte, der die Anerkennung geltend macht (OLG Thüringen FamRZ 2014, 579). 34

c) **Gerichtsfreiheit**

35 Es gibt keine Vermutung der Gerichtsbefreiung, die also nachzuweisen ist. Dabei muss man unterscheiden, ob es um die Verletzung der Immunität durch das ausländische Urteil geht oder durch das deutsche Anerkennungsverfahren. Für beide Verfahren muss sie nachgewiesen werden.

d) **Anerkennungszuständigkeit (§ 109 Abs 1 Nr 1 FamFG)**

36 Nach herrschender Ansicht kommt eine Anerkennung eines ausländisches Urteils nur in Betracht, wenn die **Anerkennungszuständigkeit** des Erstgerichts iSd § 109 Abs 1 Nr 1 FamFG **positiv feststeht** (Martiny, Hdb IZVR Bd III/1 Kap I Rn 1598; Schack, IZPR Rn 929; Stein/Jonas/H Roth § 328 ZPO Rn 30). Derjenige, der eine Scheidungsfolge geltend macht, trägt die objektive Beweislast für die Anerkennungszuständigkeit, wenn die Frage der Anerkennung einer ausländischen Eheauflösung inzident in Bezug auf eine Scheidungsfolge zu prüfen ist. Stellt sich die Frage im Rahmen des § 107 FamFG, wo die Tatsachen für die Anerkennungszuständigkeit von Amts wegen zu ermitteln sind, so muss der Antrag als unbegründet abgewiesen werden, wenn sie sich nicht erweisen lässt. Eine Bindung an Feststellungen des Erstrichters besteht nicht.

37 Hierfür spricht zum einen die hinter § 109 Abs 1 Nr 1 FamFG stehende international-zivilprozessuale **Gerechtigkeitserwägung**, die auf das ausländische Verfahren zurückverweist, wonach sich eine Partei nicht auf Auslandsverfahren soll einlassen müssen, die (aus Sicht des deutschen Rechts) auf der Inanspruchnahme unberechtigter Zuständigkeiten des Auslandsgerichts beruhen. Es muss sich dabei nicht um einen deutschen Staatbürger handeln.

38 So kann es vorkommen, dass sich ein Beklagter auf das ausländische Verfahren deshalb nicht eingelassen und gegen den Antrag verteidigt hat, weil er das ausländische Gericht nicht erreichen konnte, oder weil er die internationale Zuständigkeit des angerufenen Gerichts (zu Recht) bezweifelt und darauf vertraut hat, das Urteil werde schon deshalb in Deutschland nicht anerkannt. Bejaht das ausländische Gericht seine Zuständigkeit allein aufgrund der vom Kläger vorgetragenen, durch den abwesenden Antragsgegner nicht bestrittenen Behauptungen und erlässt es in der Folge ein der Klage stattgebendes (Versäumnis-)Urteil gegen den Beklagten (instruktiv der Fall BGH 25. 11. 1993 IPRax 1995, 101 mAnm Gottwald 75: deliktische Anerkennungszuständigkeit gem § 32 ZPO aufgrund eines womöglich nicht mehr auffindbaren oder nie geschriebenen Telefaxes), so könnte der Antragsteller in Deutschland die Anerkennung des Titels erreichen, wenn die Nichterweislichkeit der die Anerkennungszuständigkeit des Erstgerichts begründenden tatsächlichen Umstände zu Lasten des Beklagten ginge. Dem Antragsgegner fiele im Anerkennungsverfahren ein ihm obliegender Gegenbeweis zu, der häufig viel schwerer als im Erkenntnisverfahren ist. Ein gut beratener Beklagter wäre daher genötigt, sich praktisch auf jedes Auslandsverfahren einzulassen, um bereits dort die vom Kläger für die Annahme der internationalen Zuständigkeit vorgetragenen Tatsachen zu bestreiten und zu widerlegen. Das wird mit Recht abgelehnt (BGH IPRax 1995, 101).

39 § 109 Abs 1 Nr 1 FamFG hat zusätzlich die Funktion, im **inländischen öffentlichen Interesse** zu überprüfen, ob das ausländische Gericht aufgrund exorbitanter Zustän-

digkeiten entschieden und damit deutschen Vorstellungen internationaler Gerichtsbarkeit und Gerechtigkeit widersprochen hat (ausf zu den teilweise konfligierenden Staats- und Privatinteressen im internationalen Zuständigkeitsrecht PFEIFFER, Internationale Zuständigkeit und zivilprozessuale Gerechtigkeit 171 ff). Am ehelichen Status der Ehegatten sind besonders häufig Dritte interessiert.

Tatsachen, deren Feststellung unsicher sein kann, sind vor allem ob die Partei die **Staatsangehörigkeit** des Urteilsstaates oder dort ihren gewöhnlichen Aufenthalt hat, die in spiegelbildlicher Anwendung des § 98 Abs 1 Nr 1 bzw Abs 1 Nr 4 FamFG mit § 109 Abs 2 S 1 FamFG die Anerkennungszuständigkeit des Urteilsstaates begründen. Ist die eine und der andere nicht aufzuklären, so ist die Anerkennung zu verneinen. Die Zuständigkeitsgründe sind alternativ: kann nicht festgestellt werden, das die Partei Staatsangehöriger des Urteilsstaates ist, so genügt, dass sie dort ihren gewöhnlichen Aufenthalt hat, und umgekehrt. Es würde auch genügen, wenn das Scheidungsurteil in den dritten Heimatstaaten der Ehegatten anerkannt wird, doch auch das **muss bewiesen** werden. **40**

Bei nicht zu klärender **Staatsangehörigkeit** könnte man zwar wohl auf Art 5 Abs 2 EGBGB zurückgreifen und stattdessen verlangen, dass eine Partei ihren gewöhnlichen Aufenthalt im Erststaat hatte, aber das steht so bereits in § 109 Abs 1 Nr 1 mit § 98 Abs 2 S 1 FamFG. Ist aber auch das nicht gegeben, so ist die Anerkennung zu verneinen. Zwar stellt Art 5 Abs 2 EGBGB letztlich auf den **einfachen Aufenthalt** ab, aber das genügt § 109 FamFG nicht. Der Tatbestand des **gewöhnlichen Aufenthalts** muss hingegen erwiesen sein, andernfalls ist nicht anzuerkennen. **41**

e) Ordnungsgemäße Ladung (§ 109 Abs 1 Nr 2 FamFG)

Teilweise wird unter Berufung darauf, dass der Beklagte nach § 109 Abs 1 Nr 2 FamFG die **mangelnde Ladung** rügen muss, gefolgert, ihn treffe auch die Beweislast für die fehlende Ordnungsgemäßheit der Zustellung des verfahrenseinleitenden Schriftstückes (MARTINY, Hdb IZVR Bd III/1 Kap I Rn 1601). Dieser Schluss trifft nicht zu (ebenso zu Art 27 Nr 2 EuGVÜ, jetzt Art 45 Abs 1 Lit b Brüssel Ia-VO, BGH 2. 10. 1991, IPRax 1993, 324 und OLG Hamm 29. 5. 1992, IPRax 1993, 395 mAnm LINKE 295 zu beiden Entscheidungen). Die Verantwortung für ordnungsmäßige und rechtzeitige Ladung trägt der **Kläger des Erstprozesses** und ebenso ggf dafür, dass der Beklagte auf andere Weise die nötige Kenntnis erlangt hat (OLG Koblenz 20. 11. 1990 FamRZ 1991, 459, aber irrig zu § 328 Abs 1 Nr 4 statt Nr 2 ZPO aF). Der Kläger des Erstprozesses hat auch am ehesten die Möglichkeit, die Ladung mit Hilfe von Unterlagen nachzuweisen, während der damalige Beklagte den Negativbeweis des Fehlens der Ladung idR nicht vollständig erbringen kann. Dagegen hat der Beklagte etwaige Wirksamkeitsmängel der tatsächlich erfolgten Zustellung nachzuweisen (BGH 29. 5. 1992, IPRax 1993, 395). **42**

Die Rügeobliegenheit des Beklagten ist vielmehr nur eingeführt worden, damit er das Urteil dennoch akzeptieren kann. Art 22 lit b Brüssel IIa-VO sieht sogar die Möglichkeit vor, dass der Antragsgegner sich nachträglich mit der Entscheidung einverstanden erklärt. Darin liegt keine Umkehr der Beweislast, die das Recht des damaligen Beklagten, den Mangel des rechtlichen Gehörs einzuwenden, beschnitte. Für die hier vertretene Ansicht streitet auch Art 41 Abs 2 lit a Brüssel IIa-VO, wonach die die Anerkennung begehrende Partei jedenfalls bei Versäumnisentschei- **43** dungen die Zustellung des verfahrenseinleitenden Schriftstückes an den Gegner nachzuweisen hat (zT **aA** Zöller/Geimer, ZPO § 328 Rn 269, 271).

44 Rügt der Beklagte des Erstprozesses nach § 109 Abs 1 Nr 2 FamFG, dann muss **der Kläger** des Erstverfahrens dartun, dass der Beklagte ordnungsgemäß geladen worden war bzw, was gewöhnlich ausreicht, dass er rechtzeitig von der Klage informiert wurde (Geimer, Anerkennung 133 f; IZPR Rn 2938). Da tatsächliche Kenntnis dazu nicht erforderlich ist, braucht nur nachgewiesen zu sein, dass er davon Kenntnis nehmen konnte. Aber dafür trägt der Antragsteller des Erstverfahrens die **Beweislast**.

f) Entgegenstehende inländische Entscheidung (§ 109 Abs 1 Nr 3 FamFG)

45 Die Anerkennung scheidet aus, wenn eine inländische gleiche oder unvereinbare Entscheidung vorliegt oder bereits eine aus einem Drittstaat, die anerkannt ist. Soweit nicht das Feststellungsmonopol der LJV besteht (§ 107 Rn 20 ff), tritt diese **Sperre** ipso jure ein, wenn die Anerkennungsvoraussetzungen gegeben sind. Das ist, wie alle anderen Prozessvoraussetzungen auch, von Amts wegen zu prüfen, wenn die Frage inzident zu entscheiden ist (oben Rn 11, 15).

46 Die **Existenz oder die Wirksamkeit** des inländischen Urteils dürfte nicht zweifelhaft sein. Bleiben dagegen die Existenz des ausländischen Urteils oder die notwendigen Tatsachen für seine Anerkennung definitiv unaufklärbar, so kann nicht, wie es der allgemeinen Regel der Beweislast für die Zulässigkeit entspräche, stets die Anerkennung des jetzt in Rede stehenden ausländischen Urteils abgelehnt werden, sondern es sind die eben beschriebenen Regeln der Beweislast für die Anerkennung des eventuell **konkurrierenden Urteils** anzuwenden. Ob die Anerkennung förmlich nach § 107 FamFG oder inzident festzustellen ist, darf keinen Unterschied machen.

47 Die Anerkennung wird auch verweigert, wenn das ausländische Urteil **eine frühere inländische Rechtshängigkeit** missachtet hat. Diese kann kaum zweifelhaft sein, und auch die erst spätere Anhängigkeit des ausländischen Scheidungsantrags dürfte sich aus dem Urteil ergeben, sodass sich Beweislastfragen nicht stellen dürften.

g) Ordre public (§ 109 Abs 1 Nr 4 FamFG)

48 Beim Anerkennungshindernis des **ordre public** sind **Tatsachenfeststellung** und Bewertung zu unterscheiden. Beweislastfragen können sich nicht stellen soweit es um die Bewertung geht, ob die ausländische Entscheidung mit wesentlichen Grundsätzen des deutschen Rechts unvereinbar ist. Für die Tatsachen, auf die sich das Verdikt stützen könnte, trägt auch bei der **Amtsermittlung** der die **Beweislast**, der die Anerkennung begehrt (LJV B-W 23. 1. 1987 IPRspr 1987 Nr 163 a; teilweise **aA** Geimer, IZPR Rn 2990). Es ist auf Art 22 Brüssel IIa-VO zu verweisen (oben Rn 26 ff; Staudinger/Spellenberg [2015] Art 22 Brüssel IIa-VO Rn 130 ff).

h) Beweisvereitelung

49 Die umstrittenen Regeln für Beweisvereitelung (BGH 9. 4. 1986 NJW 1986, 2371; Baumgärtel, in: FS Kralik [1986] 63 ff; Musielak/Stadler, Grundfragen des Beweisrechts [1984] Rn 183 ff) sind auch hier anwendbar (LJV B-W 23. 1. 1987 IPRspr 1987 Nr 163 a). Bei schuldhafter Unterdrückung oder Vernichtung einer Urteilsausfertigung kann § **444 ZPO** direkt angewandt werden und bei Verweigerung der Vorlage § **427 ZPO**. Die

LJV Baden-Württemberg sieht die Beweisvereitelung auch darin, dass der Antragsteller den angeforderten Kostenvorschuss für die Ermittlung im Ausland bzgl der angeblichen Scheidung nicht zahlen wollte, und ist so von dem Tatbestand des ordre public ausgegangen, der der Anerkennung entgegenstand.

50 Eine **Vorlagepflicht** iSd § 422 ZPO ergibt sich aus § 810 BGB (Stein/Jonas/Leipold § 422 ZPO Rn 10). UU ist es freilich günstiger, eine neue Ausfertigung zu besorgen. Das Gericht kann und wird idR bei Weigerung die Behauptungen des Gegners des vorlagepflichtigen Besitzers der Urkunde als bewiesen ansehen, muss es aber nicht (Stein/Jonas/Leipold § 444 ZPO Rn 4).

51 Die schuldhafte Vereitelung anderer Beweise als vorlagepflichtiger Urkunden ist regelmäßig im Rahmen der **Beweiswürdigung**, uU aber auch durch Beweislastumkehr zu beachten. Auf die zahlreichen Streitfragen hierüber ist nicht einzugehen (vgl Baumgärtel, in: FS Kralik [1986] 63 ff). Erheblich werden die Regeln jedoch nur, wenn die beweispflichtige Partei nicht ohnehin schon die Beweislast trägt wie zB, wenn der Kläger des Vorprozesses auf die Rüge einer fehlenden Ladung die Zustellungsnachweise nicht vorlegt. Dagegen kommt es darauf an, wenn der nun im Inland Beklagte einen Verstoß des ausländischen Urteils gegen den ordre public behauptet, und der Kläger das Urteil oder andere Urkunden nicht vorlegt, aus denen er sich ergäbe.

4. Prüfung in der Rechtsmittelinstanz

52 Die Anerkennungszuständigkeit und andere Anerkennungshindernisse sind auch noch in der Revisionsinstanz zu prüfen (BGH 25. 11. 1993 BGHZ 124, 237, 240 f = IPRax 1995, 101 zu § 723 ZPO) bzw vom OLG gem § 107 Abs 5 FamFG. Dass sie bzw ihre tatsächlichen Voraussetzungen immer **von Amts wegen** zu prüfen seien (BGH 25. 11. 1993 BGHZ 124, 237, 245 = IPRax 1995, 101 [Gottwald 75], nicht eherechtlich; zB OLG Hamburg 10. 3. 1975 IPRspr 1975 Nr 183; BayObLG 21. 8. 1975 BayObLGZ 1975, 339 = FamRZ 1975, 700 = NJW 1976, 1037 [Geimer] = StAZ 1976, 77; BayObLG 11. 1. 1990 BayObLGZ 1990, 1 ff = NJW 1990, 3099; JM NRW 26. 9. 1975 IPRspr 1975 Nr 183, alle zum Verfahren nach Art 7 § 1 FamRÄndG), stimmt zwar in dieser Allgemeinheit nicht, denn beim förmlichen Anerkennungsverfahren nach § 107 FamFG ist nach § 26 FamFG von Amts wegen zu ermitteln (§ 107 Rn 180 f).

53 Kommt es in einem deutschen Gerichtsverfahren auf die **inzidente Anerkennung** eines ausländischen Urteils an, so kann die **Revision** damit begründet werden, dass das Berufungsgericht darüber falsch entschieden habe (RG 10. 12. 1926 RGZ 115, 103; RG 30. 4. 1928 JW 1928, 3044 [Wieruszowski]; RG 26. 4. 1941 RGZ 166, 367 = DRW 1941, 1744 [Pagenstecher]; **aA** RG 24. 6. 1927 IPRspr 1927 Nr 70 und 164 = LZ 1927, 1338 = RGWarn 1927 Nr 190). Es entscheidet der BGH bei Anerkennung ipso jure. Im Delibationsverfahren entscheidet er auf Rechtsbeschwerde. Neue Tatsachen können in beiden Fällen (grundsätzlich) nicht mehr eingeführt werden (Gottwald, Die Revisionsinstanz als Tatsacheninstanz [1975] 253; Rosenberg/Schwab/Gottwald, ZPR § 144 Rn 7 ff).

54 Auch der **ordre public** unterliegt als unbestimmter Rechtsbegriff voller gerichtlicher Nachprüfung (Martiny, Hdb IZVR Bd III/1 Kap I Rn 1153; BayVGH 4. 4. 1955 FamRZ 1956, 85; OLG Düsseldorf 5. 6. 1957 MDR 1957, 680).

III. Anerkennungshindernisse im Einzelnen

1. Gerichtsbarkeit*

55 Dass die **Gerichtsbarkeit des Erststaates** bzw die Beachtung von **Immunitäten** Anerkennungsvoraussetzung ist, ist zwar im Gesetz nicht ausdrücklich gesagt, und auch die Motive zu § 328 ZPO von 1898 erwähnen diesbezüglich nichts (vgl Hahn/Mugdan, Die gesamten Materialien zu den Reichsjustizgesetzen Bd 8, 106), doch ist das allgemein anerkannt (Martiny, Hdb IZVR Bd III/1 Kap I Rn 588; Nagel/Gottwald § 12 Rn 151; Kegel/Schurig, IPR § 22 I S 801 ff; Beitzke, in: FS Nipperdey [1965] Bd I 869 f; Geimer RIW/AWD 1976, 146). Die Grenzen der Gerichtsbarkeit als einer Beschränkung der staatlichen Justizhoheit ergeben sich aus dem Völkervertrags- oder Völkergewohnheitsrecht (zB Hausmann IPRax 1982, 52), und auch die §§ 18–20 GVG sind nichts anderes als Übernahmen des Völkerrechts (vgl im Einzelnen Vorbem 1 ff zu §§ 97 ff). Eine **Anerkennung** eines ausländischen Urteils, das unter Verletzung dieser Grundsätze des Völkerrechts ergangen ist, wäre als Wirkungsverleihung im Inland ebenfalls **völkerrechtswidrig** (Geimer, IZPR Rn 533, 2768; R Wagner FamRZ 2013, 1620, 1626; obiter BGH 30. 3. 2011 FamRZ 2011, 788 Rn 13). Es kann leicht sein, dass schon nach dem ausländischen internen Recht ein Urteil wegen Verstoßes gegen Gerichtsbefreiungen wirkungslos ist, sodass schon deswegen eine Anerkennung nicht in Frage kommt (Martiny, Hdb IZVR Bd III/1 Kap I Rn 588; Geimer, IZPR Rn 533). Jedenfalls ist die Anerkennung zu versagen. Maßstab sind die einschlägigen Staatsverträge (dazu Vorbem 18 ff zu § 97) und die §§ 18 ff GVG, die das Völkergewohnheitsrecht wiedergeben, also letztlich nicht nationales deutsches Recht.

56 Die Immunität ist **verzichtbar**. Verzichten muss freilich der Entsendestaat, nicht der Diplomat. Der Verzicht kann auch noch nach Urteilserlass erfolgen und erlaubt dann die Anerkennung (Geimer RIW/AWD 1976, 146). In Deutschland, wenn es zB um die Scheidung eines deutschen Diplomaten im Ausland geht, kann das freilich nicht der deutsche Anerkennungsrichter, sondern nur das Auswärtige Amt feststellen.

57 Das Vorliegen einer Gerichtsbefreiung ist **von Amts wegen zu ermitteln** (Geimer, Zur Prüfung der Gerichtsbarkeit und der Internationalen Zuständigkeit [1996] 84 ff, 93 f; Martiny, Hdb IZVR Bd III/1 Kap I Rn 590; R Wagner FamRZ 2013, 1620, 1626; oben Rn 14). Die Beweislast trägt der Exemte (BGH 1. 10. 2009 NJW 2010, 769 Rn 28), der aber nur glaubhaftmachen muss (eingehend, wenngleich zur hoheitlichen Zweckbestimmung von Vermögensgegenständen M Weller RIW 2010, 599 ff).

58 Weder tritt eine **Präklusion** von Tatsachen durch das ausländische Urteil ein, noch ist der deutsche Anerkennungsrichter an tatsächliche Feststellungen des Urteils gebunden.

59 Maßgeblich ist der **Zeitpunkt** des ausländischen Urteils. Entfällt die Immunität danach, so ist dies unbeachtlich. Das Urteil wird dadurch nicht anerkennungsfähig, dass der Diplomat aus dem Dienst ausscheidet.

* **Schrifttum**: Vgl Vorbem zu § 97; weiter Geimer, Zur Prüfung der Gerichtsbarkeit und der internationalen Zuständigkeit bei der Anerkennung ausländischer Urteile (1966).

Bei einem **nachträglichen Eintritt** der Immunität zB durch Übernahme einer diplomatischen Funktion wird man unterscheiden müssen zwischen einer Anerkennung **ipso jure** und einem förmlichen Anerkennungsverfahren. Die inländische automatische Anerkennung tritt mit der Wirksamkeit des ausländischen Urteils ein und entfällt durch nachträgliche Gerichtsbefreiung der Partei nicht. Da aber andererseits gegen einen Gerichtsbefreiten kein inländisches Verfahren zulässig ist, kann das **Delibationsverfahren** nach § 107 FamFG nicht mehr durchgeführt werden, sodass also, wenn dieses vorgeschrieben ist, deshalb eine inländische Anerkennung nicht erfolgen kann. Der Diplomat kann einen entsprechenden Antrag also nur mit Zustimmung seines Staates stellen. Obwohl den Antrag auf förmliche Anerkennung des ausländischen Scheidungsurteils an sich jede Person stellen kann, die ein rechtliches Interesse hat (§ 107 Rn 152 f), bleibt nur, den Entsendestaat des Gerichtsbefreiten um sein Einverständnis zu bitten, wenn nicht der Diplomat den Antrag stellt. **60**

2. Anerkennungszuständigkeit* (§ 109 Abs 1 Nr 1 FamFG)

a) Zweck

Die in der Praxis **im Vordergrund stehende Voraussetzung** der Anerkennung ist die internationale Zuständigkeit des Entscheidungsstaates (Martiny, Hdb IZVR Bd III/1 Kap I Rn 630), auch Anerkennungs- oder indirekte Zuständigkeit genannt. Rechtlich **61**

* **Schrifttum**: Basedow, Variationen über die spiegelbildliche Anwendung deutschen Zuständigkeitsrechts, IPRax 1994, 183; Beitzke, Die deutsche internationale Zuständigkeit in Familienrechtssachen, FamRZ 1967, 592; Coester-Waltjen, Das Spiegelbildprinzip bei der Anerkennungszuständigkeit, in: FS Buxbaum (2000) 101; Fricke, Die Anerkennungszuständigkeit zwischen Spiegelbildgrundsatz und Generalklausel (1990); Geimer, Zur Prüfung der Gerichtsbarkeit und der internationalen Zuständigkeit bei der Anerkennung ausländischer Urteile (1966); ders, Die Gerichtspflichtigkeit des Beklagten vor österreichischen Gerichten aus deutscher Sicht, IPRax 1987, 143; ders, Verfassung, Völkerrecht und Internationales Zivilverfahrensrecht, ZfRV (1992) 321; ders, Verfassungsrechtliche Vorgaben bei der Normierung der internationalen Zuständigkeit, in: FS Schwind (1993) 17; ders, „Internationalpädagogik“ oder wirksamer Beklagtenschutz, in: FS Nakamura (1996) 169; Gottwald, Auf dem Weg zur Neuordnung des internationalen Verfahrensrechts, ZZP 95 (1982) 3; ders, Grundfragen der Anerkennung und Vollstreckung ausländischer Entscheidungen in Zivilsachen, ZZP 103 (1990) 257; Hau, Positive Kompetenzkonflikte im internationalen Zivilprozeßrecht (1996); Heiderhoff, Spiegelbildgrundsatz und ordre-public-Verstoß im Rahmen des § 109 Abs 1 FamFG, IPRax 2014, 264; Heldrich, Internationale Zuständigkeit und anwendbares Recht (1969); vHoffman/Hau, Zur internationalen Anerkennungszuständigkeit US-amerikanischer Zivilgerichte, RIW 1998, 344; Lorenz, Die internationale Zuständigkeit als Voraussetzung für die Anerkennung ausländischer Eheurteile in Deutschland, FamRZ 1966, 465; Makarov, Internationale Zuständigkeit ausländischer Gerichte, RabelsZ 34 (1970) 703; Matscher, Der Vorbehalt ausschließlicher Zuständigkeit im österreichischen Recht – Systemfragen der Anerkennung ausländischer Entscheidungen, JBl 1979, 182 und 239; Mayer, Droit international privé et droit international public sous l'angle de la notion de compétence, Rev crit 68 (1979) 1 ff, 349 ff, 537 ff; vMehren, Recognition and Enforcement of Foreign Judgements – General Theory and the Role of Jurisdictional Requirements, Rec des Cours 167 (1980-2) 9; Milleker, Der negative internationale Kompetenzkonflikt (1975); Otte, Territorial Jurisdiction – Persönliche Anwesenheit als ausreichender Minimalkontakt für internationale Zuständigkeit, IPRax 1991, 263; Reinl, Die Anerkennung ausländischer

freilich sind die anderen Voraussetzungen des § 109 Abs 1 Nr 2–4 FamFG ebenso wichtig, werden aber wohl manchmal praktisch nicht ernst genug genommen. Gefordert wird hierbei nicht, dass der Erstrichter auch örtlich und sachlich zuständig oder der dortige richtige Rechtsweg eingehalten war. Hier interessiert **nur die internationale Zuständigkeit** des Urteilsstaates insgesamt (RG 21. 3. 1902 RGZ 51, 135 ff unter Aufgabe der früheren Rechtsprechung; RG 8. 3. 1907 RGZ 65, 330 f; BGH 30. 11. 1960 BGHZ 34, 134 = FamRZ 1961, 203 [Drobnig] = ZZP 74 [1961] 349 [Habscheid] = JZ 1961, 667 [Beitzke 649] = JuS 1961, 234 [Bähr]; BGH 29. 4. 1999 BGHZ 141, 286, 289 unstr). Unerheblich ist hierbei, ob der Erstrichter sein eigenes Zuständigkeitsrecht richtig angewandt hat, solange deswegen nicht nach seinem Recht ein Nichturteil vorläge. Das deutsche Anerkennungsrecht prüft und verlangt nicht wie manches ausländische, dass der Erstrichter nach seinem Recht zuständig war. Erforderlich und genügend ist, dass die **internationale** Zuständigkeit **nach deutschem Recht**, wenn es dort gegolten hätte, gegeben war.

62 Mit den Regeln der Anerkennungszuständigkeit bestimmt das deutsche Recht **abschließend**, welche Beziehung die Parteien zum Urteilsstaat gehabt haben müssen. Sie dient vornehmlich dem **Schutz des Beklagten** vor exzessiver Gerichtspflichtigkeit im Ausland (BGH 3. 12. 1992 IPRax 1994, 204, 206; Haas IPRax 2001, 195, 196). Ein Rückgriff auf den ordre public wegen Klageerhebung in einem beziehungsarmen Gerichtsstand („Scheidungsparadies") ist nicht nötig und zulässig (offengelassen BayObLG 3. 10. 1972 BayObLGZ 1972, 306 = FamRZ 1972, 645 = NJW 1972, 2188 = StAZ 1972, 343). Es ist nicht anstößig und verboten, überall dort zu klagen, wo eine Anerkennungszuständigkeit besteht. Der Nachweis eines darüber hinausgehenden Interesses, gerade dort zu klagen, ist nicht erforderlich. Insbesondere kann der Beklagte nicht verlangen, daß der Kläger unter den mehreren konkurrierenden internationalen Zuständigkeiten die dem Beklagten günstigste Wahl trifft.

63 Entgegen seinem vielleicht missverständlichen Wortlaut stellt § 109 Abs 1 Nr 1 FamFG nur eine Voraussetzung für die vom deutschen Souverän in freier gesetzgeberischer Entscheidung gewährte Anerkennung auf, und darin liegt anerkanntermaßen keine Verletzung fremder Souveränität, denn der Anerkennungsstaat normiert nur nach seinen Vorstellungen, wo der Beklagte zumutbarerweise Recht nehmen mußte (Geimer IPRax 1987, 143; Schack, IZVR Rn 922). Die Ratio ist, ausländischen Staaten fairerweise die Zuständigkeiten zuzugestehen, die wir für uns in Anspruch nehmen.

64 Nähme die Bundesrepublik eine ausschließliche Zuständigkeit für sich in Anspruch, so liegt darin zugleich die Erklärung, dass kein ausländischer Staat Anerkennungszuständigkeit habe. Das ist in Ehesachen heute nicht mehr der Fall (§ 106 FamFG). Der Verzicht auf eine ausschließliche deutsche internationale Zuständigkeit genügt jedoch nicht. Vielmehr muss sich aus den deutschen Regeln weiter **positiv** ergeben, dass gerade der **Urteilsstaat zuständig** war (Martiny, Hdb IZVR Bd III/1 Kap I Rn 637 ff).

Eheauflösungen (Diss Würzburg 1966); J Schröder, Internationale Zuständigkeit (1971); ders, Einlassung vor ausländischen Gerichten als Anerkennungsgrund im deutschen Recht, NJW 1980, 473; Vischer, Bemerkungen zum Verhältnis von internationaler Zuständigkeit und Kollisionsrecht, in: FS vOverbeck (1990) 349; Wall, Sind die Art 3 ff EuEheVO nach § 109 Abs 1 Nr 1 FamFG zu spiegeln?, FamRBint 2011, 15.

§ 109 Abs 1 Nr 1 FamFG verlangt die Zuständigkeit nach deutschen Gesetzen und begnügt sich nicht damit, eine Zuständigkeit nach den Gesetzen des Entscheidungsstaates zu tolerieren (vgl BGH 18. 3. 1959 BGHZ 30, 1; BayObLG 18. 5. 1972 BayObLGZ 1972, 185; BayObLG 29. 11. 1974 BayObLGZ 1974, 471 = FamRZ 1975, 215; BayObLG 21. 8. 1975 BayObLGZ 1975, 339 = NJW 1976, 1037 [GEIMER]; BayObLG 17. 11. 1980 BayObLGZ 1980, 351; **aA** de lege ferenda GOTTWALD ZZP 103 [1990] 273 f).

Während besonders für die eigene internationale Entscheidungszuständigkeit der Grundsatz gilt, dass bei Tatsachen, die sowohl dafür wie für die Begründetheit der Klage relevant sind, die bloße – substantiierte – Behauptung genügt **(doppelrelevante Tatsachen)**, hat der BGH entschieden, dass das für die **Anerkennungszuständigkeit nicht** genügt (BGH 25. 11. 1993 BGHZ 124, 237, 242 ff = IPRax 1995, 101 m zust Anm GOTTWALD 75). Deren tatsächliche Voraussetzungen müssen für § 109 Abs 1 Nr 1 FamFG nachgewiesen sein. Allerdings wird sich ein Problem doppelrelevanter Tatsachen bei der Anerkennung von Scheidungen praktisch kaum stellen. Der Grundsatz des BGH dürfte aber an sich auch bei den anderen Anerkennungshindernissen gelten. **65**

Das Erfordernis der internationalen Anerkennungszuständigkeit hängt mit dem grundsätzlichen Verzicht auf eine inhaltliche révision au fond zusammen. Würde man die Anerkennung von der inhaltlichen Richtigkeit nach heimischen Maßstäben abhängig machen, könnte man weitgehend auf Zuständigkeitsanforderungen verzichten (Beispiele zB früher Frankreich und Belgien; FRICKE, Die Anerkennungszuständigkeit zwischen Spiegelbildgrundsatz und Generalklausel [1990] 94 ff). Heute drückt § 109 FamFG ein grundsätzliches Vertrauen in fremde Jurisdiktionen aus und die Anerkennung ihrer prinzipiellen Gleichwertigkeit. Weil aber das Ergebnis namentlich wegen der Geltung des jeweiligen nationalen internationalen Privatrechts anders sein kann, muss vorausgesetzt werden, dass dem Beklagten auch angesonnen werden konnte, dort Recht in Anspruch zu nehmen (GEIMER, Zur Prüfung der Gerichtsbarkeit und der internationalen Zuständigkeit bei der Anerkennung ausländischer Urteile [1966] 119 f, 123; ders, ZZP 87 [1974] 336; ders, FamRZ 1975, 588; VISCHER, in: FS vOverbeck [1990] 350 ff, 370 ff). **66**

Allerdings ist damit noch nicht begründet, dass die Anerkennung der Zuständigkeit des ausländischen Staates die inhaltliche Akzeptanz des Urteils bedeuten muss. Mit Recht ist daher der verfahrensrechtliche und materielle ordre public vorbehalten. **67**

Das Erfordernis der Anerkennungszuständigkeit ist in Ehesachen zwingend, sodass die Geschiedenen im Anerkennungsverfahren darüber auch nicht zB durch Vereinbarung oder rügelose Einlassung verfügen können. Die Prüfung der Zuständigkeitstatsachen, bzw bei § 107 FamFG die **Ermittlung**, erfolgt **von Amts wegen**; eine Rüge der Partei ist nicht erforderlich (BayObLG FamRZ 1992, 584; **aA** ZÖLLER/GEIMER Rn 33). **68**

b) Spiegelbildprinzip

Der deutsche Gesetzgeber verweist dafür auf die Vorschriften über seine **eigene internationale Entscheidungszuständigkeit**, für Ehesachen nach ganz hM also auf **§ 98 FamFG**. Damit akzeptiert er bei ausländischen Richtern dieselbe Zuständigkeit, die er für sich selbst in Anspruch nimmt. Dieser **Spiegelbildgrundsatz** bedeutet, dass an die Anerkennungszuständigkeit keine **höheren**, grundsätzlich aber auch keine geringeren Anforderungen gestellt werden (zur Geschichte dieses Prinzips MARTINY, Hdb **69**

IZVR Bd III/1 Kap I Rn 601 ff; FRICKE, Die Anerkennungszuständigkeit zwischen Spiegelbildgrundsatz und Generalklausel [1990] 94 ff und ders, Die autonome Anerkennungszuständigkeit im deutschen Recht des 19. Jahrhunderts [1993]; BASEDOW, Die Anerkennung von Auslandsscheidungen 1 ff). Das ist nach wie vor gerechtfertigt. Das Prinzip dient primär dem Beklagtenschutz, nicht der Wahrung staatlicher Souveränitätsinteressen.

70 Nun gilt aber für Ehestatusaufhebungen in Deutschland in den meisten Fällen gar nicht § 98 FamFG, sondern universell die **Art 3 ff Brüssel IIa-VO**, dh auch im Verhältnis zu Drittstaaten. So wird vertreten, dass auch deren Zuständigkeitsregeln spiegelbildlich auf Drittstaatsentscheidungen anzuwenden seien (PRÜTTING/HELMS/HAU Rn 20; WALL FamRBint 2011, 15 ff; MünchKommFamFG/RAUSCHER Rn 12). Das ist **abzulehnen** (OLG Düsseldorf 5. 10. 2012 IPRax 2014, 286; HEIDERHOFF IPRax 2014, 263 ff; ZÖLLER/GEIMER, ZPO § 109 FamFG Rn 4; RIEGNER FPR 2013, 4, 8; HAUSMANN, IntEuSchR Rn 249 ff; zu § 328 Abs 1 ZPO MUSIELAK/STADLER § 328 Rn 10), wobei zuzugeben ist, dass mit der Geltung der Brüssel IIa-VO sich das Umfeld für das Spiegelbildprinzip erheblich verändert hat. Die Verordnung vereinheitlicht die internationale Zuständigkeit in Europa und verzichtet daher auf eine Prüfung der Anerkennungszuständigkeit für die Urteile aus Mitgliedstaaten, die immer gegeben wäre. Diese Voraussetzung fehlt natürlich bei Urteilen aus Drittstaaten, sodass § 109 Abs 1 Nr 1 FamFG mit Recht eine Anerkennungszuständigkeit verlangt, wobei die Brüssel IIa-VO ohnehin in dem Drittstaat nicht gegolten hat. Es ist allerdings richtig, dass Abs 1 Nr 1 nur verlangt, dass eine Zuständigkeit wie nach deutschem Recht gegeben gewesen wäre, aber die der Art 3 ff Brüssel IIa-VO wurden nur aufgrund der Vereinbarungen mit den andern Mitgliedstaaten akzeptiert (**aA** PRÜTTING/HELMS/HAU Rn 20).

71 Die Frage ist von **praktischer Bedeutung**, wenn nur der Kläger oder der Beklagte Staatsangehöriger der Urteilsstaates war, oder nur der Kläger dort seinen gewöhnlichen Aufenthalt hatte, denn das sind Zuständigkeitsgründe zwar nach § 98 FamFG, nicht aber nach Art 3 Brüssel IIa-VO.

72 Manche vertreten, dass ausländische Urteile auch **über § 109 FamFG hinaus** anerkannt werden könnten, wenn zwar eine Zuständigkeit des Urteilsstaates nicht aus einer spiegelbildlichen Anwendung der deutschen Regeln über die Entscheidungszuständigkeit hergeleitet werden könnte, aber doch eine vernünftige und hinreichende sonstige Beziehung des Falles und der Parteien zum Urteilsstaat bestand, und wenn Deutschland keine eigene ausschließliche Zuständigkeit in Anspruch nimmt oder wenn keine staatlichen Interessen im Spiele sind (de lege ferenda GOTTWALD ZZP 103 [1990] 273 ff, 276; BASEDOW IPRax 1994, 184, 186). Diese Auffassung zieht die volle Konsequenz aus dem Parteiinteresse an der Freizügigkeit der subjektiven Rechte und der Anerkennung der Gleichwertigkeit der Rechtsordnungen einschließlich der Zuständigkeitsordnungen. Sie erkauft dies aber nicht nur mit erheblicher Unsicherheit über die Anerkennungsfähigkeit der ausländischen Entscheidungen, weil über diese Voraussetzungen im Anerkennungsstadium leicht gestritten werden muss (SCHACK, IZVR Rn 924), sondern das Spiegelbildprinzip ist auch sachlich richtig. Dabei geht es darum, die Gerichtspflichtigkeit der Beklagten zu präzisieren und zu begrenzen. Er soll im Ausland Recht nehmen müssen, wie er auch im Inland hätte klagen können. Das Gesetz könnte zwar auch, wie das zB Art 3 des deutsch-schweizer Abkommens tut, die Anerkennungszuständigkeit anders und abweichend festlegen, aber es ist grundsätzlich einleuchtend, dieselben Maßstäbe für die eigene

Zuständigkeit wie für die fremde anzulegen (MünchKommZPO/Gottwald § 328 Rn 60; Fricke, Anerkennungszuständigkeit zwischen Spiegelbildgrundsatz und Generalklausel [1990] 97 ff auch zur Geschichte; Basedow, Anerkennung von Auslandsscheidungen 1 ff; Martiny, Hdb IZVR Bd III/1 Kap I Rn 601 ff).

Das Völkergewohnheitsrecht enthält keine Regeln darüber, welche ausländischen Zuständigkeiten anerkannt werden müssen. Nur die Anerkennungsabkommen legen uU fest, wann die Zuständigkeit des Urteilsstaates anerkannt wird. **73**

c) Gespiegelte Zuständigkeiten

aa) Heimatstaat

Für die Eheurteile verweist § 109 Abs 1 Nr 1 FamFG auf **§ 98 Abs 1 FamFG**. Danach sind Urteile aus Drittstaaten, und außerhalb des sachlichen Anwendungsbereichs der Brüssel IIa-VO aus Mitgliedstaaten anerkannt, wenn wenigstens eine Partei die Staatsangehörigkeit des **Urteilsstaates** hat (Prütting/Helms/Hau Rn 5, unstr). Da das FamFG wegen der deutschen Staatsangehörigkeit keine ausschließliche Zuständigkeit in Anspruch nimmt, schadet es für die Anerkennung nicht, wenn die Partei auch die deutsche hat. Doch sollte eine **ganz ineffektive** Staatsangehörigkeit nicht ausreichen, denn sie bezeichnet dann nur eine theoretische Beziehung. **74**

Es kann aber uU schon zweifelhaft sein, welchem Staat das Gericht zuzuordnen ist. Das war vorübergehend der Fall der Republik Srbska beim Zerfall Jugoslawiens. Auf die völkerrechtliche Anerkennung des betreffenden „Staates" sollte es nicht ankommen, sondern darauf, ob faktisch eine gefestigte Zivilrechtspflege besteht. Bei **zerfallenen Staaten** ist abzuwarten, bis die neuen Teile eine eigenständige, vom bisherigen Bund abgelöste Gerichtsbarkeit und eine eigene Staatsangehörigkeit haben. Eine völkerrechtliche Anerkennung des neuen Staates ist dagegen nicht entscheidend (Hohloch IPRax 2000, 100; ders, in: Thürer/Herdegen/Hohloch, Der Wegfall effektiver Staatsgewalt: „The Failed State"[1996] 122 ff mNw). Bis diese Selbständigkeit gesichert ist, dürfen alle Gerichte des nach Selbständigkeit strebenden Teilgebietes noch als Gerichte der bisherigen Einheit angesehen werden und als Heimatgerichte, nicht als ausländische, für alle Staatsangehörigen des bisherigen größeren Staates (im Ergebnis so Präs OLG Frankfurt 22. 9. 1998 IPRax 2000, 125; zust Hohloch IPRax 2000, 97 f zu Urteilen aus der Republik Srbska). **75**

Dann muss aber auch noch festgestellt werden, ob die Partei die Staatsangehörigkeit dieses „Staats" hat oder etwa zB weiterhin die Jugoslawiens (vgl Präs OLG Frankfurt 22. 9. 1998 IPRax 2000, 124). Allgemein anerkannt ist, dass die Staatsangehörigkeit einer Partei nach dem Recht des betreffenden Staates zu beurteilen ist, und **zivilrechtliche Vorfragen** zB die Abstammung des Kindes nach dessen IPR. Dieser einseitige, völkerrechtlich begründete Ansatz ergibt die Möglichkeit der mehrfachen Staatsangehörigkeit und der Staatenlosigkeit. **76**

Bei deutscher **Staatsangehörigkeit** enthält § 98 Abs 1 Nr 1 FamFG eine **Antrittszuständigkeit**, wenn also die Partei zwar bei Eheschließung Deutscher war, aber bei der Scheidung nicht mehr ist. Das OLG Düsseldorf (5. 10. 2012 IPRax 2014, 286; ebenso Gottwald, in: FS Rüßmann [2012] 771, 776) erkennt die Scheidung der in casu Türken in der Türkei an, wobei man zwar nicht erfährt, wie das türkische Gericht seine Zuständigkeit begründet hatte. Darauf kam es aber auch nicht an, denn es genügte **77** in spiegelbildlicher Anwendung des § 98 FamFG, dass sie bei Eheschließung noch Türken waren. Man kann über den rechtspolitischen Sinn der Antrittszuständigkeit streiten, aber man muss sie dann auch ausländischen Gerichten konzedieren. Die Brüssel IIa-VO enthält sie nicht. Und auch § 98 FamFG eröffnet die Scheidungszuständigkeit **nicht** wegen früheren gewöhnlichen **Aufenthalts**.

bb) Mehrfache Staatsangehörigkeit

78 Für die Anerkennungszuständigkeit kraft Staatsangehörigkeit **genügt** es, wenn ein Ehegatte die **Staatsangehörigkeit des Urteilsstaates** neben einer anderen hat, so wie für die deutsche Entscheidungszuständigkeit die deutsche neben einer ausländischen genügt (§ 98 Rn 101 ff). Die frühere herrschende Rechtsprechung, die allein die deutsche Staatsangehörigkeit beachtete (RG 19. 3. 1936 RGZ 150, 376 = JW 1936, 1659 [Massfeller 1642]; BGH 4. 10. 1951 BGHZ 3, 178 = NJW 1952, 184 [Lauterbach]; OLG Düsseldorf 5. 7. 1974 MDR 1974, 1023; OLG Celle 30. 4. 1975 StAZ 1976, 360; JM NRW 28. 2. 1977 IPRspr 1977 Nr 159 und 15. 3. 1978 IPRspr 1978 Nr 173), bezog sich wesentlich auf die damals daran anknüpfende ausschließliche deutsche Zuständigkeit gem §§ 606, 606a ZPO aF. Andere haben schon früher auf die effektive Staatsangehörigkeit abgestellt (OLG Stuttgart 5. 4. 1968 FamRZ 1968, 390; Staudinger/Gamillscheg[10/11] § 328 ZPO Rn 82) oder überhaupt immer die Staatsangehörigkeit des Urteilsstaates für die Anerkennung ausreichen lassen (Samtleben RabelsZ 42 [1978] 476 f; Martiny, Hdb IZVR Bd III/1 Rn 733).

79 Es geht heute nur noch darum, ob der Gerichtsstaat eine hinreichende Beziehung zum Fall hatte, und dafür genügt gemäß der Wertung des § 98 Abs 1 Nr 1 FamFG, dass eine Partei die Staatsangehörigkeit des Urteilsstaates neben einer anderen nicht deutschen hat. Auch die **ausländische** Staatsangehörigkeit selbst **neben der deutschen** begründet die Anerkennungszuständigkeit so wie spiegelbildlich die deutsche neben einer ausländischen nach § 98 Abs 1 Nr 1 FamFG die deutsche Entscheidungszuständigkeit eröffnet (Zöller/Geimer, ZPO § 109 FamFG Rn 12). Vorausgesetzt ist aber wie dort, dass die des Urteilsstaates nicht ganz ineffektiv ist (**aA** MünchKommFamFG/Rauscher Rn 19; Mansel, Personalstatut, Staatsangehörigkeit und Effektivität [1988] Rn 459, 461), also eine tatsächliche Beziehung der Partei zu der Rechts- und Gesellschaftsordnung besteht und nicht nur auf dem Papier steht (vgl § 98 Rn 103 ff gegen die hM), die effektivere muss es aber nicht sein (Zöller/Geimer, ZPO § 109 FamFG Rn 12).

cc) Mehrrechtsstaaten*

80 Bei Staaten mit mehreren **Teilrechts- und -Verfahrensordnungen** und einheitlicher Staatsangehörigkeit wie zB den USA oder Großbritannien ist streitig, ob es darauf ankommt, dass das Urteil gerade aus einem Teilgebiet stammt, dem die Partei zB durch ihr *domicile* im amerikanischen Sinne zugeordnet werden kann. Nach hM genügt und ist erforderlich die Zuordnung zum **Gesamtstaat** und dessen Staatsangehörigkeit (BGH 29. 4. 1999 BGHZ 141, 286 = IPRax 2001, 230 mAnm Haas 195; Nagel/

* **Schrifttum**: Haas, Zur Anerkennung US-amerikanischer Urteile in der Bundesrepublik Deutschland, IPRax 2001, 195; Schönau, Die Anerkennung von Urteilen aus Mehrrechtsstaaten nach § 328 Abs 1 ZPO am Beispiel der USA und Kanadas (2009); Sieg, Internationale Anerkennungszuständigkeit bei US-amerikanischen Urteilen, IPRax 1996, 77; Wazlawik, Anerkennung von US-amerikanischen Urteilen: Bundes- oder Gesamtstaat – wer ist Urteilsstaat im Rahmen von § 328 I Nr 1 ZPO?, IPRax 2002, 273.

GOTTWALD, IZPR § 12 Rn 155; MünchKommFamFG/RAUSCHER Rn 14; KEIDEL/ZIMMERMANN Rn 3; MARTINY, Hdb IZVR Bd III/1 Rn 747; BÜRGLE StAZ 1975, 331, 334; **aA** SCHÖNAU, Die Anerkennung von Urteilen aus Mehrrechtsstaaten 242 ff, 274; SIEG IPRax 1996, 77, 79 f; WAZLAWIK IPRax 2002, 273 ff, auch bei federal courts). Dafür ist weniger entscheidend wie selbständig der ausländische Bundesstaat seine Jurisdiktionen organisiert hat, als die Deutung des § 109 FamFG, der die Anerkennungszuständigkeit verlangt und auf den Gesamtstaat abstellt (so BGH IPRax 2001, 230, 231 f; **aA** insoweit HAAS IPRax 2001, 195 f; im Ansatz ebenso, aber mit gegenteiligem Ergebnis SCHÖNAU, Die Anerkennung von Urteilen aus Mehrrechtsstaaten 242 ff, 274).

Wenn der Urteilsstaat Ehesachen **religiösen Gerichten** überlässt wie oft in islamischen Staaten (zu Jordanien ELWAN IPRax 1996, 389) oder zB auch Indien und Israel, so sind deren Urteile durchaus anerkennungsfähig, wenn sie mit staatlicher Autorität bzw Erlaubnis judizieren (Rn 339 f). Ihre internationale Anerkennungszuständigkeit muss aber räumlich verstanden werden, sodass das Gericht in dem Staat seinen Sitz haben muss, dem die Partei angehört oder in dem sie ihrem gewöhnlichen Aufenthalt hat. Sollte zB das indische Hindu-Recht die Regel enthalten, dass ein Hindu jedes Hindu-Gericht in der Welt anrufen könne, so genügt das nicht für § 109 Abs 1 Nr 1 FamFG. **81**

Bei **gewohnheitsrechtlichen** Gerichten zB in Afrika ist zunächst zu fragen, ob sie (noch) staatlicherseits anerkannt sind, und wenn ja, ob sie auch entscheiden können, wenn nicht beide Eheleute dem betreffenden Stamm angehören, oder wenn die Ehe nicht in der traditionellen Form geschlossen wurde. Eine Eheschließung vor dem Zivilstandsbeamten bedeutet nicht selten, dass die Ehe ausschließlich modernem Gesetzesrecht und damit staatlicher Gerichtsbarkeit untersteht. Aber andererseits kennen manche Staaten Regeln, nach denen auch Nicht-Stammesangehörige dieser Rechtsgemeinschaft beitreten können (vgl zu solchen Fragen SPELLENBERG, in: ABUN NASR/SPELLENBERG/WANITZEK [Hrsg], Law, Society and National Identity in Africa [1991] 109 ff; ders, Das Personalstatut im kamerunischen Kollisionsrecht, Recht in Afrika 2007, 113 ff). **82**

dd) Aufenthaltszuständigkeit

§ 109 Abs 2 S 1 FamFG ist schwer zu durchschauen. Eigentlich könnte § 98 Abs 1 Nr 4 FamFG an sich bei spiegelbildlicher Anwendung verlangen, dass **eine** Partei nicht nur im Urteilsstaat ihren gewöhnlichen Aufenthalt hat, sondern dass die Scheidung auch in ihrem oder des anderen Ehegatten Heimat anerkannt werden wird. Auf diese Bedingung verzichtet Abs 2 S 1, sodass die Scheidung schon **anerkannt** wird, wenn der **eine** oder der andere Ehegatte im **Urteilsstaat seinen gewöhnlichen Aufenthalt** hatte. Es schadet nach dem Wortlaut nicht, wenn einer oder beide deutsche Staatsangehörige sind (so auch MünchKommFamFG/RAUSCHER Rn 17; ZÖLLER/GEIMER, ZPO § 109 FamFG Rn 9). **83**

§ 98 Abs 1 Nr 4 FamFG befasst sich allerdings nur mit Ehegatten nicht deutscher Staatsangehörigkeit, und dementsprechend könnte man denken, dass der einseitige gewöhnliche Aufenthalt im Urteilsstaat nicht genüge, wenn ein Ehegatte Deutscher ist. Das ist aber nicht gemeint, denn § 98 Abs 1 Nr 4 FamFG soll die deutsche **Entscheidungszuständigkeit** durch die Anerkennungsbereitschaft des Heimatstaats absichern (vgl § 98 Rn 47). Für die **Anerkennung** stehen Staatsangehörigkeit und Aufenthalt dagegen gleich. **84**

85 Da das **deutsche Anerkennungsrecht** autonom über die Anerkennungsvoraussetzungen bestimmt, ist das deutsche Recht auch allein berufen, über den Begriff des **gewöhnlichen Aufenthalts** und seine Voraussetzungen zu bestimmen, der im Urteilsstaat gelegen haben muss (BayObLG 11. 6. 1979 BayObLGZ 1979, 193 = FamRZ 1979, 1015; OLG Düsseldorf 28. 2. 1975 FamRZ 1975, 584; JM NRW 5. 2. 1980 IPRspr 1980 Nr 1881a und 12. 12. 1980 IPRspr 1980 Nr 176; BayObLG 5. 2. 1980 BayObLGZ 1980, 52 = FamRZ 1980, 883, 885; BayObLG 11. 1. 1990 NJW 1990, 3099 = StAZ 1990, 224; BayObLG 19. 9. 1991 FamRZ 1992, 584, 586 = IPRax 1992, 178). Es ist daher auf die Ausführungen bei § 98 Rn 111 zu verweisen. Anerkennungsverträge können anderes vorschreiben, wie für den Wohnsitz zB Art 52 LugÜ (für Unterhaltsregelungen einschlägig), und gehen dann vor. Der gewöhnliche Aufenthalt bezeichnet den privaten **Lebensmittelpunkt**, und idR hat man nur einen. In selteneren Ausnahmefällen kann aber auch einmal ein doppelter anzunehmen sein, wovon dann jeder eine Anerkennungszuständigkeit begründet (KG 3. 3. 1987 NJW 1988, 649 [Geimer] = FamRZ 1987, 603; vgl Staudinger/Gamillscheg[10/11] § 328 ZPO aF Rn 117; zust Martiny, Hdb IZVR Bd III/1 Rn 220).

86 Bei der Prüfung sollten namentlich die Voraussetzungen der **Dauerhaftigkeit und der sozialen Integration** ernstgenommen werden (irrig daher zum Wohnsitzwechsel RG 3. 3. 1938 RGZ 157, 136; vgl Art 3 Brüssel IIa-VO Rn 48 ff). Damit dürfte der Anerkennung von Scheidungen aus sog **Scheidungsparadiesen** gewehrt werden können (zu Guam vgl zB Böhmer, in: FS Ferid [1988] 49; ebenso BayObLG 11. 1. 1990 NJW 1990, 3099 = StAZ 1990, 224; weiter zB KG 12. 7. 1975 OLGZ 1976, 38, 40; BayObLG 11. 6. 1979 BayObLGZ 1979, 193 = FamRZ 1979, 1015; BayObLG 25. 9. 1973 BayObLGZ 1973, 251 = NJW 1974, 1628 [Geimer 1026, Bürgle 2163]; alle zu Mexiko, doch hat sich das Problem mit Mexiko heute erledigt; von Sachsen Gessaphe StAZ 1992, 334 ff). Ein Aufenthalt nur zum Zweck der Scheidung genügt bei weitem nicht. Der ordre public braucht dann nicht bemüht zu werden (irrig RG 3. 4. 1938 RGZ 157, 136). Insbesondere dürfen Feststellungen in ausländischen Urteilen, der gewöhnliche Aufenthalt habe sich dort befunden, nicht immer für bare Münze genommen werden. Sie können auf ungenügenden Ermittlungen beruhen, und vor allem kann damit etwas durchaus anderes gemeint sein (vgl Fall BayObLG 19. 9. 1991 FamRZ 1992, 584 = IPRax 1992, 178).

d) Drittstaatsanerkennung, Heimatstaatsanerkennung* (§ 109 Abs 2 FamFG)

87 Vor 1986 war die Situation streitig, dass nach deutschem Recht der Entscheidungsstaat keine **Anerkennungszuständigkeit** hatte, wohl aber nach dem **Recht des Staates**, der nach deutschem Recht **zuständig gewesen** wäre. Ein Beispiel ist, dass der Heimatstaat der Parteien (wie zB Indonesien) eine Zuständigkeit am Heiratsort anerkennt, und dass dort die Ehe geschieden wurde (ohne dass die Eheleute dort gewöhnlichen Aufenthalt hatten). Manche ließen das für § 328 Abs 1 Nr 1 ZPO genügen (Milleker, Der negative internationale Kompetenzkonflikt 123 ff, 168 f; Wieczorek, ZPO § 328 E I d; wohl auch OLG München 2. 4. 1964 FamRZ 1964, 442 = NJW 1964, 983; OLG München 25. 2. 1963 = FamRZ 1964, 43 = StAZ 1964, 13; mit Einschränkungen Schröder, Inter-

* **Schrifttum** (zum alten Recht, wo diese Regel von der Rechtsprechung entwickelt worden war): Bürgle, Nochmals – Anerkennung drittstaatlicher Ehescheidungen, NJW 1974, 2163; ders, Noch einmal – Anerkennung drittstaatlicher Ehescheidungen, NJW 1975, 330; Geimer, Anerkennung drittstaatlicher Ehescheidungen, NJW 1974, 1029; Otto, Anerkennung der in Drittstaaten ergangenen Ehescheidungsurteile, StAZ 1975, 183; vUngern-Sternberg, Die Anerkennung von Drittstaatsscheidungen deutscher Frauen, FamRZ 1973, 570.

nationale Zuständigkeit [1971] 883 ff; für den Fall der Anerkennung im gemeinsamen Heimatstaat der Eheleute: E LORENZ FamRZ 1966, 476 f; **aA** GEIMER NJW 1974, 1029; MARTINY, Hdb IZVR Bd III/1 Kap I Rn 648).

Schon § 606a Abs 2 S 2 ZPO aF (1986) ging wie heute **§ 109 Abs 2 S 2 FamFG** jedoch **88** einen etwas **anderen Weg**: Es kommt auf die internationale Zuständigkeit des Urteilsstaates **überhaupt nicht** an, wenn der oder die nicht deutschen Heimatstaaten beider Parteien anerkennen. Zwar wird dieser Staat dann meist eine Anerkennungszuständigkeit im Urteilsstaat sehen, aber das muss nicht so sein, vielmehr könnte die Anerkennung auch ohne die Voraussetzung einer Anerkennungszuständigkeit erfolgt sein. Erkennt der Heimatstaat an, dann braucht nach heutigem Recht in Deutschland die internationale Zuständigkeit nicht weiter geprüft zu werden. Die jetzige Fassung stammt von 1999 und wurde im Zuge der Reform des IPR der außervertraglichen Schuldverhältnisse eingeführt. Inhaltlich hat sich aber kaum etwas geändert. Der Verzicht auf den zuständigkeitsrechtlichen Beklagtenschutz (oben Rn 62) ist freilich bedenklich (so ZÖLLER/GEIMER, ZPO § 109 FamFG Rn 8).

Umgekehrt könnte der Heimatstaat aus anderen Gründen nicht anerkennen (zB **89** wegen fehlender förmlicher Zustellung, vgl Anh zu § 98 Rn 1 ff), obwohl nach seinem Recht eine Anerkennungszuständigkeit gegeben war, aber diese allein **genügt** dann **nicht** (so ZÖLLER/GEIMER, ZPO § 109 FamFG Rn 8). § 109 Abs 2 S 2 FamFG ist eben **keine** Regelung für eine **Zuständigkeitsweiterverweisung**, sondern lässt dem Heimatstaat der Eheleute den Vortritt, weil man insbesondere ihm gegenüber eine hinkende Ehe bzw Scheidung vermeiden will (vgl BT-Drucks 10/504, 89 f, 52 f), obwohl nach deutschem Recht keine Anerkennungszuständigkeit bestand.

Sinn und Zweck der Bestimmung sind aber weiterhin etwas dunkel (vgl schon MANSEL **90** StAZ 1986, 317). Seinem Wortlaut nach „steht Abs 1 der Anerkennung der Entscheidung nicht entgegen". Es wird aber nicht gesagt, worauf sich denn positiv die Anerkennung gründet. Sinn macht S 2 nur, wenn man ihm entnimmt, dass eine Anerkennungszuständigkeit nach § 109 Abs 1 FamFG nicht verlangt wird, wenn die Heimatstaaten der Parteien das Urteil anerkennen. Ist das der Fall, so bräuchte man die Zuständigkeit eigentlich nicht mehr zu prüfen. Ebenso gilt aber auch umgekehrt, dass man die Anerkennung durch die Heimatstaaten nicht zu prüfen braucht, wenn im Urteilsstaat eine Zuständigkeit iSd § 606a Abs 1 ZPO aF, heute § 98 Abs 1 FamFG, gegeben war (Staatsangehörigkeit oder gewöhnlicher Aufenthalt mindestens einer Partei). Anscheinend geht die Praxis soweit möglich diesen Weg, der einfacher zu sein scheint. Es gibt kaum Rechtsprechung zu § 606a Abs 2 S 2 ZPO aF (Ausnahme BayObLG 19. 9. 1991 FamRZ 1992, 584 = IPRax 1992, 178 ablehnend) oder gar zu § 109 Abs 2 S 2 FamFG.

Es dürfte nicht sehr oft vorkommen, dass die Heimatstaaten die Scheidung durch **91** einen Drittstaat anerkennen, wenn nicht wenigstens eine Partei dort ihren gewöhnlichen Aufenthalt hatte. Es dürfte sich am ehesten um Urteile aus „Scheidungsparadiesen" handeln (vgl BayObLG 19. 9. 1991 IPRax 1992, 178). Eher könnte § 109 Abs 2 S 2 FamFG zum Zuge kommen, wenn der Heimatstaat einen gewöhnlichen Aufenthalt bejaht, wo ihn das deutsche Recht noch nicht annimmt, oder wenn jenem ein schlichter Aufenthalt genügen sollte.

92 Es ist nicht vorausgesetzt, dass keine Zuständigkeit in Deutschland bestünde. Leben zwei Ausländer hier und lassen sie sich in einem Drittstaat scheiden, in welchem sie zB ihren letzten gemeinsamen gewöhnlichen Aufenthalt hatten, und erkennen ihre Heimatstaaten bzw der gemeinsame das an, so ist das Urteil auch in Deutschland anzuerkennen. Doch *hat* auch nur **ein Ehegatte die deutsche Staatsangehörigkeit**, so greift § 109 Abs 2 S 2 FamFG nicht, denn er verweist auf die **ausländischen Heimatstaaten** und deren Anerkennungsbereitschaft (BayObLG 19. 9. 1991 BayObLGZ 1991 = FamRZ 1992, 584 = IPRax 1992, 178). Die deutsche Forderung einer Anerkennungszuständigkeit weicht einer anderen Bewertung nur bei zwei nicht deutschen Staatsangehörigkeiten (BayObLG 19. 9. 1991 FamRZ 1992, 584 = IPRax 1992, 178). Einer oder beide Ehegatten können aber staatenlos sein. Heimatstaat ist dann der, in welchem er seinen gewöhnlichen Aufenthalt hat. Hat der Staatenlose aber seinen gewöhnlichen Aufenthalt in Deutschland, steht er einem Deutschen gleich (§ 98 Rn 61, 127, 149 ff), und damit scheidet § 109 Abs 2 S 2 FamFG aus.

93 Bei **Mehrstaatern ohne deutsche** Staatsangehörigkeit ist fraglich, ob auf beide Staatsangehörigkeiten oder, wenn nicht, auf welche abzustellen ist. Bei effektiver, dh gelebter Zugehörigkeit zu zwei Staaten, von denen nur einer anerkennt, ist ein Hinken im Verhältnis zu einem unvermeidbar. Bei Doppelstaatern sollte man nun aber nicht die Anerkennung von beiden Staaten verlangen. Das wäre eine Anerkennungserschwerung bei den recht häufigen Doppelstaatern gegenüber solchen mit nur einer Staatsangehörigkeit, die wohl nicht gerechtfertigt wäre. Sind beide Staatsangehörigkeiten effektiv, dann sollte man entsprechend der Regelung in § 98 Abs 1 Nr 1 FamFG (vgl § 98 Rn 103) nicht die Anerkennung gerade der **effektiveren** verlangen (MünchKomm/Winkler von Mohrenfels Anh zu Art 17a EGBGB Rn 103), wenn ein Hinken zu einer der beiden ohnehin unvermeidbar ist. Anerkennung in **einem der beiden effektiven Heimatstaaten** reicht (weitergehend Basedow StAZ 1983, 238; Baumbach/Lauterbach/Albers/Hartmann § 109 FamFG Rn 5; Zöller/Geimer § 606a ZPO aF Rn 100; Krzywon StAZ 1989, 99 f; Mansel, Personalstatut, Staatsangehörigkeit und Effektivität [1988] Rn 461).

94 Zweck der Regelung ist ua, das Hinken der Ehe zu einer Rechtsordnung zu vermeiden, in der die Ehe der Partei eingebettet ist. Dann genügt jedenfalls die Anerkennung im Staat der – ganz – **ineffektiven Staatsangehörigkeiten nicht** (zust MünchKommFamFG/Rauscher Rn 19; **aA** Prütting/Helms/Hau Rn 28).

95 Eine ähnliche Regelung enthält Art 32 des **deutsch-tunesischen Abkommen.** Danach wird jede Zuständigkeit des Urteilsstaates in Ehesachen anerkannt, wenn beide Ehegatten nicht die Staatsangehörigkeit des Anerkennungsstaates haben und wenn sie **einem** Drittstaat angehören, der die Scheidung anerkennt, warum auch immer.

96 Der **maßgebende Zeitpunkt** für die Feststellung der Anerkennung des Urteils durch einen Drittstaat, die die Feststellung einer Anerkennungszuständigkeit nach den deutschen Maßstäben entbehrlich macht, ist der Eintritt der Urteilswirkungen nach dem Recht des Urteilsgerichts (Zöller/Geimer, ZPO § 109 FamFG Rn 13), nicht der der Geltendmachung der Anerkennung in Deutschland, denn letzterer ist zu unbestimmt und zufällig. Demgemäß genügt es auch nicht mehr, wenn die Parteien danach die Staatsangehörigkeit eines Staates erwerben, der nun anders als der bisherige Heimatstaat die Scheidung im Drittstaat anerkennt (JM NRW 24. 3. 1988

IPRspr 1977 Nr 160, Zöller/Geimer Rn 13, 31 f; **aA** BayObLG 17. 11. 1980 BayObLGZ 1980, 351).

Für die Nebenentscheidungen gilt **§ 98 Abs 2 FamFG (Verbundszuständigkeit)**, doch staatsvertragliche und gemeinschaftsrechtliche Regelungen, insbesondere die EG-UntVO, Brüssel IIa-VO, Brüssel Ia-VO und LugÜ, MSA und KSÜ, die auch die Anerkennung von Entscheidungen im Verbund regeln, gehen vor. Ob das Günstigkeitsprinzip im Verhältnis zu nationalem Recht gilt, ist zweifelhaft (dafür Prütting/Helms/Hau Rn 11 für MSA und KSÜ). **97**

e) Lebenspartnerschaften*

Da § 103 FamFG die deutsche Entscheidungszuständigkeit für die Auflösung der Lebenspartnerschaften etwas anders als für die Scheidung regelt, ist auch die Anerkennungszuständigkeit entsprechend anders. Es gelten auch hier die Anerkennungszuständigkeit kraft **Staatsangehörigkeit des Erststaates** und kraft des **gewöhnlichen Aufenthalts** einer Partei dort (§ 103 Abs 1 Nr 1 und 2 FamFG). **98**

Zusätzlich besteht eine Zuständigkeit auch für die Anerkennung wenn die Lebenspartnerschaft im Erststaat vor einer **zuständigen Stelle** begründet wurde (§ 103 Abs 1 Nr 3 FamFG); der Wortlaut vermeidet zu Recht das Erfordernis einer Registrierung, denn es muss nicht unbedingt dort auch registriert worden sein (vgl auch § 103 Rn 17). **99**

Bemerkenswert ist, dass die **Heimatstaatsanerkennung nicht** vorgesehen ist, obwohl in erster Linie eine Anerkennungszuständigkeit aufgrund der Staatsangehörigkeit vorgesehen ist. Stattdessen wird auf eine Anerkennungszuständigkeit des Erststaates **verzichtet**, wenn der **registerführende Staat** die Auflösung anerkennt (§ 109 Abs 3 FamFG). Es kann uU auch nachträglich anderswo registriert worden sein. Die Regelung nimmt die kollisionsrechtliche Anknüpfung des Art 17b EGBGB auf (MünchKommFamFG/Rauscher Rn 22), die der Gesetzgeber damit rechtfertigt, dass man auch Ausländern, deren Heimatrecht die homosexuelle Lebenspartnerschaft nicht kennt, den Zugang zB zur deutschen Regelung erlauben wolle (Mankowski/Höffmann IPRax 2011, 247, 250 f; Keidel/Zimmermann Rn 30). Entsprechend will man mit dem zusätzlichen Verweis auf den derzeitigen Registrierungsort sichergehen, dass dort die Lebenspartnerschaft bekannt und anerkannt ist. § 109 Abs 3 FamFG betrifft nur die Statusänderung und nicht die anderen Lebenspartnerschaftssachen iSd § 269 Abs 1 Nr 3 bis 12 (MünchKommFamFG/Rauscher Rn 21; **aA** Prütting/Helms/Hau Rn 29). **100**

f) Maßgebender Zeitpunkt

aa) Tatsachenänderung

Es stellen sich zwei Fragen: wann muss die Anerkennungszuständigkeit gegeben sein und kann sie während des Laufs des Verfahrens wegfallen. Die internationale Anerkennungszuständigkeit des Entscheidungsstaates muss **frühestens** bei **Antragstellung im Ausgangsverfahren** vorgelegen haben (RG 26. 4. 1941 RGZ 166, 367; BGH 30. 11. 1060 BGHZ 34, 134, 140; Zöller/Geimer, ZPO § 109 FamFG Rn 124). Eine Anerkennungszuständigkeit davor genügt nicht, wenn sie bei Verfahrensbeginn nicht mehr vor- **101**

* **Schrifttum**: Vgl bei § 103 FamFG. Andrae/Abbas, Personenstandsrechtliche Behandlung einer gleichgeschlechtlichen Eheschließung, StAZ 2011, 97; Mankowski/Höffmann, Scheidung ausländischer gleichgeschlechtlicher Ehen in Deutschland, IPRax 2011, 247.

gelegen hat, zB der gewöhnliche Aufenthalt im Lande. Verschiedentlich wird auf den Zeitpunkt der mündlichen Verhandlung bzw den Zeitpunkt, „der dem tatsächlichen Erkenntnisstand" des ausländischen Urteils zugrunde liegt, abgestellt (BGH 29. 4. 1999 BGHZ 141, 286, 290). Das wäre eventuell sogar die letzte mündliche Verhandlung in der Rechtsmittelinstanz. § 261 Abs 3 Nr 2 ZPO stellt aber auf die Rechtshängigkeit ab (MünchKommZPO/Gottwald § 328 Rn 94). Es ist deshalb auch nicht erst auf die Verhandlung in der Berufungsinstanz abzustellen, wenn dort der Sachverhalt erneut überprüft wird, wie das BayObLG meint (12. 7. 1990 FamRZ 1990, 1265).

102 In spiegelbildlicher Anwendung der deutschen Grundsätze genügt es jedoch auch, wenn die internationale Zuständigkeit **spätestens** zum Zeitpunkt der **letzten mündlichen Verhandlung** eingetreten war. Maßgebend ist die Berufungsinstanz (dazu BayObLG 12. 7. 1990 FamRZ 1990, 1265) oder, sofern Revision eingelegt wurde, Revisionsinstanz, da nach deutschem Recht die internationale Zuständigkeit in ihr noch von Amts wegen geprüft wird. Auf den Erlass der ausländischen Entscheidung stellt die hM ab (MünchKommZPO/Gottwald § 328 Rn 94; Prütting/Helms/Hau Rn 22; Martiny, Hdb IZVR Bd III/1 Kap I Rn 777 ff; BGH 30. 11. 1960 BGHZ 34, 134; BayObLG 12. 7. 1990 FamRZ 1990, 1265; BayObLG 29. 11. 1974 FamRZ 1975, 215), doch dann konnte die Partei nicht mehr zu einem neuen Zuständigkeitsgrund Stellung nehmen. Erst recht gilt nicht der Zeitpunkt der Rechtskraft des ausländischen Urteils oder gar der Anerkennung.

103 Wenn die Anerkennungszuständigkeit danach während des Verfahrens entfällt, so schadet das nichts, denn man muss dann gemäß dem Spiegelbildgrundsatz auch § 263 ZPO (**perpetuatio fori internationalis**) entsprechend anwenden (MünchKommZPO/Gottwald § 328 Rn 77; BGH 29. 4. 1999 BGHZ 141, 286, 291; Prütting/Helms/Hau Rn 22; **aA** Stein/Jonas/H Roth § 328 Rn 90). So kann die Staatsangehörigkeit (BayOLG 9. 6. 1993 FamRZ 1993, 1469) oder der gewöhnliche Aufenthalt während des Scheidungsverfahrens entfallen sein.

104 Der **Wegfall** der internationalen Zuständigkeit **nach Erlass der Entscheidung** steht einer Anerkennung, die ipso jure bereits eingetreten war, natürlich nicht entgegen (KG NJW 1988, 649; JM NRW 24. 3. 1977 IPRspr 1977 Nr 160; Geimer, Anerkennung ausländischer Entscheidungen in Deutschland 64; Martiny, Hdb IZVR Bd III/1 Kap I Rn 779; Zöller/Geimer, ZPO § 109 FamFG Rn 32; **aA** BayObLG 17. 12. 1987 NJW 1988, 2178 mit Einschränkungen). Insbesondere darf durch eine nachträgliche Veränderung der Umstände die schon eingetretene Gestaltungswirkung nicht wieder entfallen. Dasselbe muss für das förmliche Anerkennungsverfahren nach § 107 FamFG gelten. Es ist zu prüfen, ob die Anerkennungsvoraussetzungen während des ausländischen Verfahrens vorlagen, und es kann keinen Unterschied machen, ob der Antrag gleich oder, wie meist, später gestellt wird, zumal die Anerkennung zurückwirkt. Die frühere Auffassung, die auf den Zeitpunkt der Anerkennung abstellte (Neuhaus RabelsZ 31 [1967] 579 Fn 5, und FamRZ 1958, 12 f; Riezler, IZPR 534 verlangt die Zuständigkeit in beiden Zeitpunkten), hat sich zu Recht nicht durchgesetzt.

105 Ebenso wenig genügt es umgekehrt, wenn die internationale Zuständigkeit des ausländischen Gerichts **nachträglich nach Abschluss des ausländischen Verfahrens eintritt** bzw eingetreten wäre, zB durch Erwerb der Staatsangehörigkeit des Urteilsstaates (KG NJW 1988, 649; JM NRW 24. 3. 1977 IPRspr 1977 Nr 160; Geimer, Anerkennung ausländischer Entscheidungen in Deutschland, 64; Martiny, Hdb IZVR Bd III/1 Kap I Rn 779; **aA** BayObLG 17. 12. 1987 NJW 1988, 2178 mit Einschränkungen; Schack, IZVR Rn 973, aber vielleicht nur zur Rechtsänderung; Jansen Art 7 § 1 FamRÄndG Rn 24). War das Gericht damals nicht zuständig, so brauchte der Beklagte sich damals auch nicht auf das Verfahren einzulassen und mit späteren Veränderungen zu rechnen (KG 3. 3. 1987 NJW 1988, 651, zust Anm Geimer).

Zusammenfassend genügt es, ist aber auch erforderlich, dass einmal während des Erstverfahrens zwischen Klageerhebung und letzter mündlicher Verhandlung die internationale Zuständigkeit gegeben war. Der Anfangszeitpunkt ist der Augenblick, in dem nach dem ausländischen Verfahrensrecht eine der deutschen Rechtshängigkeit entsprechende prozessuale Lage eingetreten ist (vgl näher Anh zu § 106 Rn 25 ff). Beide Regeln zusammen ergeben, dass die internationale Zuständigkeit einmal zwischen den beiden Zeitpunkten im ausländischen Verfahren vorgelegen haben muss, dass dies aber auch genügt (MünchKommZPO/Gottwald § 328 Rn 94). Es ist daher nicht zu kritisieren, dass die Rechtsprechung irgendwie auf den Zeitpunkt des ausländischen Verfahrens abstellt, ohne diesen näher zu präzisieren (RG 2. 7. 1934 RGZ 145, 74 = JW 1934, 2555 = StAZ 1935, 102 [Bergmann]; RG 28. 2. 1938 JW 1938, 1518; RG 24. 1. 1941 RGZ 165, 398 = StAZ 1942 114 = DR/JW 1941, 1420; RG 26. 4. 1941 RGZ 166, 367 = DR/JW 1941, 1744 [Pagenstecher]; BayObLG 19. 10. 1967 BayObLGZ 1967, 390 = NJW 1968, 363 [Geimer 800]; BayObLG 29. 11. 1974 BayObLGZ 1974, 471 = StAZ 1975, 130 = FamRZ 1975, 215 [Geimer]; JM NRW 24. 3. 1977 IPRspr 1977 Nr 160). **106**

bb) Änderung des Anerkennungsrechts

Änderungen des **deutschen Zuständigkeitsrechts** können über dessen spiegelbildliche Anwendung für die Anerkennung bedeutsam werden. Nach BayObLG (19. 9. 1991 FamRZ 1992, 584) gilt primär das deutsche Recht beim Erlass des ausländischen Urteils. Ist aber die Anerkennung nun durch die deutsche **Rechtsänderung danach** möglich geworden, sei regelmäßig dieses maßgebend (BayObLG NJW 1988, 2178 m abl Anm Geimer; MünchKommZPO/Gottwald § 328 Rn 8, 77; Schack, IZVR Rn 973). Letzterem ist nicht zuzustimmen (Prütting/Helms/Hau Rn 22; KG 3. 3. 1987 NJW 1988, 651, zust Anm Geimer), denn die Parteien können sich darauf eingestellt haben, für Deutschland nicht geschieden zu sein, und sollten nun nicht dadurch „geschieden" werden. **107**

g) Parteidisposition

Aus § 40 Abs 2 ZPO ergibt sich in spiegelbildlicher Anwendung, dass das ausländische Gericht in Ehesachen nicht durch eine **Zuständigkeitsvereinbarung** zuständig werden kann (zB KG 12. 7. 1975 OLGZ 1976, 38; OLG Hamburg 10. 3. 1975 IPRspr 1975 Nr 177). Deshalb kann auf die fehlende Anerkennungszuständigkeit auch nicht dadurch verzichtet werden, dass beide Ehegatten nun die Anerkennung beantragen (BayObLG 21. 1. 1975 BayObLGZ 1975, 44 = NJW 1975, 1077 [Geimer] = FamRZ 1975, 582 [Geimer], Scheidung in Mexiko; ebenso BayObLG 19. 9. 1991 FamRZ 1992, 584 = IPRax 1992, 178). Die Unklarheiten, die der undurchsichtige § 606 ZPO aF verursachte, sind heute beseitigt. **108**

Weil es um den Schutz der Parteien geht, soll nach Geimer heute die Anerkennung an fehlender Anerkennungszuständigkeit nicht scheitern, wenn der Beklagte das nicht rügt (Geimer, in: FS Nakamura [1996] 170 ff; ders, Anerkennung ausländischer Entscheidungen in Deutschland 48 ff; Zöller/Geimer, ZPO § 109 FamFG Rn 33). Dies wäre zutreffend, **109** soweit die deutsche Zuständigkeitsordnung eine Zuständigkeitsvereinbarung zulässt (MünchKommZPO/Gottwald § 328 Rn 72; **aA** Schack, IZVR Rn 974), also nicht wenn das deutsche Recht wie in Eheverfahren die Zuständigkeit der Parteidisposition entzieht, selbst wenn dies nicht nur aus öffentlichem Interesse, sondern auch, wenn dies im Parteiinteresse geschieht (Fricke, Anerkennungszuständigkeit zwischen Spiegelbildgrundsatz und Generalklausel [1990] 102; MünchKommZPO/Gottwald § 328 Rn 70 in Ehesachen; BGH 26. 3. 1969 BGHZ 52, 30, 37; BGH 5. 7. 1972 BGHZ 59, 116, 121 [implizit]; OLG Hamburg 10. 3. 1975 IPRspr 1975 Nr 177; BayObLG 17. 12. 1987 NJW 1988, 2178; BayObLG 19. 9. 1991 FamRZ 1992, 586 = NJW-RR 1992, 514). Die Rechtsordnung setzte sich in Widerspruch mit sich selbst, wenn sie die Entscheidungszuständigkeit der Parteivereinbarung entzieht, sie im Anerkennungsstadium dann aber doch erlaubte.

h) Staatenlose, Flüchtlinge*

110 Für Staatenlose hält § 98 Abs 1 Nr 3 FamFG die eigene Regelung bereit, derzufolge eine Zuständigkeit besteht, wenn der **Staatenlose** im Inland seinen gewöhnlichen Aufenthalt hat, nicht auch der andere Ehegatte. Wenn beide Parteien im Urteilsstaat ihren Wohnsitz hätten, folgt auch die Anerkennungszuständigkeit schon aus § 98 Abs 1 Nr 2 FamFG. Hat nur der Staatenlose den gewöhnlichen Aufenthalt im Urteilsstaat, so begründet dieser allein die Anerkennungszuständigkeit gem Art 109 Abs 2 S 1 FamFG. Anders als bei Nr 4 kommt es nicht auf eine Anerkennungsprognose an.

111 Bei **Flüchtlingen** dagegen, die nicht notwendig auch staatenlos sind, stellen sich zwei Fragen, nämlich, ob eine Zuständigkeit in ihrem Heimatstaat noch weiter anzuerkennen ist, und ob – jedenfalls zusätzlich – eine in ihrem Aufenthaltsstaat besteht. Bei staatenlosen Flüchtlingen kann man die Zuständigkeitsregeln für Staatenlose und Flüchtlinge kumulieren, soweit nicht einschlägige Abkommen oder Gesetze die Kumulation ausschließen (zu den Zuständigkeiten vgl § 98 Rn 127).

112 Zur Heimatzuständigkeit wird vertreten, dass dem **Flüchtling** nicht verwehrt werden müsse und könne, sich auf seine Heimatgerichtsbarkeit zu berufen, besonders wenn sein Ehegatte dort klagt (Hirschberg NJW 1972, 365 f; Martiny, Hdb IZVR Bd III/1 Rn 736). Das ist prinzipiell richtig, und der Flüchtling mag durchaus gute Gründe dafür haben. Aber man kann einen beklagten Flüchtling nicht vor seine Heimatgerichte zwingen. Man kann daher ein Urteil nur anerkennen, wenn der Flüchtling als Beklagter mit der Anrufung seiner Heimatgerichte oder später mit der Anerkennung einverstanden war bzw ist (**aA** Martiny, Hdb IZVR Bd III/1 Rn 736 aE; BGH 11. 4. 1979 FamRZ 1979, 577).

113 Weiter sind Art 12, 16 **Genfer Flüchtlingskonvention** zu nennen, die Flüchtlinge Einheimischen in den Staaten gleichstellen, in denen sie ihren gewöhnlichen Aufenthalt haben. Sie haben dort gleichen Zugang zu den Gerichten **wie die Staatsangehörigen**, und entsprechend müssen diese Urteile von uns anerkannt werden, wenn sie dort geklagt haben. Gem § 109 Abs 1 Nr 1 FamFG mit § 98 Abs 1 Nr 3 FamFG genügt es auch, wenn der beklagte Ehegatte als Flüchtling dort seinen gewöhnlichen Aufent-

---

* **Schrifttum**: Beitzke, Staatenlose, Flüchtlinge und Mehrstaater, in: Lauterbach (Hrsg), Vorschläge und Gutachten zur Reform des deutschen internationalen Personen- und Sachenrechts (1972) 143 ff; Lass, Der Flüchtling im deutschen IPR (1995).

halt hat. Es schadet nicht, wenn der andere Ehegatte klagt, der weder Flüchtling ist noch seinen Wohnsitz in diesem Lande hat. Zwar begründet der gewöhnliche Aufenthalt des Flüchtlings im Urteilsstaat auch quasi eine Heimatzuständigkeit iSd § 109 Abs 1 Nr 1 FamFG, doch kommt es darauf praktisch nicht an, weil eine Anerkennungszuständigkeit kraft Aufenthalts dann auch aus § 109 Abs 1 Nr 4 mit Abs 2 S 1 FamFG folgt. Jedoch genügt der gewöhnliche Aufenthalt des Flüchtlings nur bei Heirat iSe Antrittszuständigkeit nicht (vgl § 98 Rn 134).

Während die Genfer Flüchtlingskonvention weltweite Verbreitung hat, oft also auch im Urteilsstaat gilt, gelten die speziellen **deutschen** Gesetze dort natürlich nicht. Das Urteil in spiegelbildlicher Anwendung deutscher Flüchtlingsgesetze anzuerkennen, ist wegen des auf die Aufnahme in Deutschland beschränkten Zweckes dieser Gesetze unangemessen. Äußerungen zum hier aufgeworfenen Problem liegen wohl nicht vor; bisher ging es nur um die Frage, ob die Gleichstellung mit Deutschen zugleich eine ausschließliche deutsche Zuständigkeit begründete (MARTINY, Hdb IZVR Bd III/1 Rn 734 f mwNw), doch ist **diese** Frage mit § 98 Abs 1 S 2 FamFG nF entfallen. **114**

i) Verbundszuständigkeit

aa) Autonomes Recht

Soweit § 98 Abs 2 FamFG eine internationale Zuständigkeit begründet, ist entsprechend dem Spiegelbildprinzip auch eine ausländische Verbundsentscheidung anzuerkennen. Erforderlich ist dafür nicht nur, dass eine Anerkennungszuständigkeit für die Ehesache bestand, sondern dass **diese** Entscheidung auch anerkannt wird, worüber ggf die LJV zu entscheiden hat. **115**

Eine **Verbundsentscheidung** in diesem Sinne ist nur die, die im Erststaat **zusammen mit der Statusregelung erfolgt ist**, nicht mehr eine spätere, selbst wenn sie die Scheidung voraussetzt oder wenn sie eine im Verbund erfolgte Scheidungsfolgenregelung abändert (insoweit zutreffend OLG Hamm 15. 6. 1987 IPRax 1988, 39 [DH]), und auch nicht eine Regelung, die vor der Scheidung für die Zeit bis zu ihr oder gar unabhängig davon getroffen wurde, wie zB eine Unterhalts- und Sorgeregelung für die Dauer des Verfahrens. Es genügt, wenn die Folgeentscheidung im Lauf des Eheverfahrens ergeht, sie muss nicht am gleichen Tag sein. Es **genügt aber nicht**, dass die Folgesache nach dortigem Recht im Verbund hätte erfolgen dürfen, oder gar, dass sie nur nach deutschem Recht vorgesehen gewesen wäre. **116**

Folgt man dem BGH, der eine deutsche Entscheidungszuständigkeit auf § 621 bzw § 623 ZPO aF auch dann gründete, wenn die Scheidungsfolge **isoliert** geltend gemacht wird, dann müsste man auch isolierte Folgeregelungen aus Staaten anerkennen, die für die Scheidung zuständig gewesen wären, aber nicht befasst worden sind. Doch ist diese Auffassung des BGH abzulehnen (§ 98 Rn 282 f). Es ist auch kein Fall bekannt geworden, in dem die Anerkennung auf eine solche Zuständigkeit gegründet worden wäre. Bei isolierten Scheidungsfolgenregelungen ist die Anerkennungszuständigkeit nach den allgemeinen Regeln zu prüfen. **117**

Die **internationale Verbundszuständigkeit** reicht als Anerkennungszuständigkeit grundsätzlich nur so weit, wie auch **§ 98 Abs 2 FamFG** die Angelegenheit international in den Verbund einbezieht. Ein besonderes Problem stellen Nebenentscheidungen im Verbund dar, die dem deutschen Recht so nicht bekannt sind. Entschei- **118** dend ist dann, ob das ausländische Rechtsinstitut funktional einer der Regelungen gleichsteht, die § 98 Abs 2 FamFG in den Verbund einstellt. Das ist zB bei der islamrechtlichen Morgengabe und ähnlichen Instituten nicht leicht zu entscheiden (weiter § 98 Rn 312 ff). Grundsätzlich könnte dabei praktisch dahinstehen, ob letztere zB unterhaltsrechtlich oder güterrechtlich zu qualifizieren ist. Wichtig ist die Unterscheidung zwischen Unterhaltsfunktion und anderer Funktion jedoch im Hinblick auf die EG-UntVO/Brüssel Ia-VO/LugÜ, deren Anerkennungsregelungen dem FamFG auch für Verbundsentscheidungen vorgehen.

119 Die Anerkennungszuständigkeit für **vorläufige Maßnahmen** ergibt sich aus der Zuständigkeit für die Hauptsache (Anh zu § 106 Rn 221 ff). Jedoch sind einstweilige Anordnungen nicht immer anerkennungsfähig (§ 108 Rn 151 ff).

120 In **Sorgerechtsangelegenheiten** ist eine internationale Verbundszuständigkeit nicht generell anzuerkennen (§ 98 Rn 286 ff; **aA** zB Dörner IPRax 1987, 156). Es muss daher eine der Zuständigkeiten in spiegelbildlicher Anwendung der §§ 49 oder 99 FamFG gegeben sein. Diese sind aber weit genug. Auch in **anderen Angelegenheiten** kann man nicht allgemein von einer internationalen Verbundszuständigkeit ausgehen (§ 98 Rn 280), und so wird man auch bei der Anerkennung ausländischer Entscheidungen im Verbund **differenzieren** müssen. Für den Unterhalt zB kann man die Anerkennungszuständigkeit bei Urteilen aus Drittstaaten bejahen (P Baumann, Anerkennung und Vollstreckung ausländischer Entscheidungen in Unterhaltssachen 114; Martiny, Hdb IZVR Bd III/1 Rn 695, 745).

bb) Staatsverträge

121 Staatsvertragliche Regelungen für die Anerkennung gehen vor, insbesondere das **KSÜ**. Es enthält in Art 10 eine sehr eingeschränkte Verbundszuständigkeit für Sorgerecht, und die entsprechenden Entscheidungen können dann auch anerkannt werden.

122 **Das Haager Minderjährigenschutzabkommen** (MünchKomm/Siehr Art 19 EGBGB Anh I Rn 10, 16 ff, 278 ff; BGH 11. 1. 1984 BGHZ 89, 325, 370 = IPRax 1984, 208, 210 [Henrich 186] = FamRZ 1984, 350, 353 = NJW 1984, 1302, 1304; BayObLG 3. 12. 1976 FamRZ 1977, 473 = StAZ 1977, 137; OLG Düsseldorf 11. 5. 1981 FamRZ 1981, 1005; BayObLG 20. 7. 1981 BayObLGZ 1981, 246, 250 = IPRax 1982, 106 [Hüßtege 95]; OLG Hamm 15. 6. 1987 IPRspr 1987 Nr 78 [Henrich IPRax 1988, 40]; **aA** insoweit Staudinger/Kropholler [2003] Vorbem 445 zu Art 19 EGBGB; zust aber Staudinger/Henrich [2014] Art 21 EGBGB Rn 80 ff, 112) gilt wegen des Vorrangs der Brüssel IIa-VO und des KSÜ heute aber nur noch im Verhältnis zu Türkei und Macao, und ist **anwendbar**, wenn der Minderjährige sich in einem Vertragsstaat gewöhnlich aufhält. Das muss nicht der Urteilsstaat sein. Danach sind Maßnahmen, für welche die Behörden des betreffenden Staates nach Art 1 und 4 MSA Zuständigkeit hatten, stets anzuerkennen.

123 Das MSA sieht aber **keine Verbundszuständigkeit** vor. Es erlaubt zwar in Art 15 MSA den Vertragsstaaten, einen Vorbehalt zugunsten eines Verbundes zu erklären, doch davon hat nur (noch) die Türkei Gebrauch gemacht. Damit ist die Anerkennung einer Verbundsentscheidung aus der Sonderverwaltungszone Macao, die nicht den Vorbehalt nach Art 15 MSA erklärt hat, abzulehnen, wenn nicht seine Zuständigkeit auf andere Vorschriften des MSA (Art 1, 4 und evtl 9 MSA) gegründet

werden kann. Das KSÜ hingegen sieht einen Verbund nur in engen Grenzen vor und wiederholt damit weitgehend die Regelung des Art 12 Brüssel IIa-VO.

Für **Unterhaltsentscheidungen** zwischen den Ehegatten und gegenüber Kindern enthält Art 3 lit c EG-UntVO/Art 5 Abs 2 lit b LugÜ eine Verbundszuständigkeit, solange die Zuständigkeit für die Ehesache nicht nur auf die Staatsangehörigkeit nur eines Ehegatten zu gründen ist. Die Unterhaltsentscheidungen aus einem Mitgliedstaat sind jedoch in allen anderen ohne Prüfung der internationalen Anerkennungszuständigkeit anzuerkennen und zu vollstrecken (Art 17, 21, 24 EG-UntVO/Art 35 Abs 1 LugÜ). **124**

Bilaterale Anerkennungs- und Vollstreckungsverträge zwischen Mitgliedern der Brüssel Ia-VO gelten für Unterhaltsentscheidungen nicht mehr (Art 69 Brüssel Ia-VO, sondern die EG-UntVO). So kommen hier noch in Betracht der deutsch-tunesische und der deutsch-israelische Vertrag, die beide auch Unterhaltsentscheidungen erfassen. Eine Verbundsanerkennung enthält Art 7 Nr 4 des deutsch-israelischen Abk, nicht, jedoch der deutsch-tunesische Vertrag. Zwischen den bilateralen Abkommen und dem autonomen deutschen Recht gilt das Günstigkeitsprinzip. **125**

cc) Vorgreifliche Anerkennung des Eheurteils

Bei Anerkennung von Verbundsentscheidungen sowohl nach autonomem Recht wie nach Staatsverträgen ist **vorausgesetzt**, dass die **Eheentscheidung anerkannt** ist. Soweit das Feststellungsmonopol der LJV reicht, muss also zunächst die Entscheidung der LJV gem § 107 FamFG vorliegen und notfalls ausgesetzt werden (BGH 5. 2. 1975 BGHZ 64, 19, 22 f = FamRZ 1975, 273; Geimer, IZPR Rn 3018; Stein/Jonas/H Roth § 328 ZPO Rn 158; § 107 Rn 27). Für die Folgesachen im Bereich des MSA und des Haager UVÜ war dies zwar bestritten (für das MSA: OLG Karlsruhe 3. 10. 1980 DAVorm 1981, 166; OLG Köln 10. 4. 1979 FamRZ 1979, 718; KG 13. 11. 1973 FamRZ 1974, 146; OLG München 28. 1. 1982 DAVorm 1982, 490; Mitzkus, Internationale Zuständigkeit im Vormundschafts-, Pflegschafts- und Sorgerecht [1982] 359 ff). Hier gilt aber für Verbundsentscheidungen nichts anderes als auch sonst für die Anerkennung von Folge- bzw Nebenentscheidungen, sodass auf das zu § 107 Rn 27 f Gesagte zu verweisen ist. **126**

k) Notzuständigkeit

In gewissen seltenen Fällen eröffnen wir eine Notzuständigkeit (§ 98 Rn 67, 259 ff). Eine solche muss man grundsätzlich dann auch einem ausländischen Staat bei der Anerkennung konzedieren (Martiny, Hdb IZVR Bd III/1 Rn 664; J Schröder, Internationale Zuständigkeit 213). Sie beruht im Grunde meist darauf, dass sonst eine Rechtsverweigerung droht, weil die Partei oder Parteien keine anderen zumutbaren Gerichtsstände finden konnten. **127**

Da das deutsche Anerkennungsrecht den gewöhnlichen Aufenthalt schon einer Partei im Urteilsstaat ausreichen lässt, besteht **wenig Bedarf** an einer Anerkennung einer Notzuständigkeit, denn oft stammt das Urteil entweder aus einem zuständigen Staat oder es hätte doch in einem solchen geklagt werden können. Es kann sich nur um Situationen handeln, in denen die Partei weder in einem Heimatstaat noch in einem Staat des gewöhnlichen Aufenthalts zumutbarerweise klagen konnte, vor allem keinen gewöhnlichen Aufenthalt hatte. ZB wäre an den Staat der Eheschließung zu denken (in dem keine Partei lebt). Erkennt der gemeinsame Heimatstaat **128** oder erkennen die beiden Heimatstaaten bei gemischtnationalen Ehen das an, entfällt das Problem wegen § 109 Abs 2 S 2 FamFG ebenfalls. Ist selbst dies nicht der Fall, zB auch weil nur einer der beiden Heimatstaaten anerkennt, kann sich das Problem stellen. Worauf der Urteilsstaat dann seine Zuständigkeit gegründet hat, ist unerheblich. Wenigstens dann, wenn zB aufgrund dortiger Eheschließung oder wegen schlichten Aufenthalts zum Urteilsstaat einige Beziehungen bestanden, sprechen wohl gute Gründe für die Anerkennung einer Notzuständigkeit.

3. Ordnungsgemäße Ladung* (§ 109 Abs 1 Nr 2 FamFG)

a) Zweck und Entwicklung

129 Die durch das IPR-Reformgesetz von 1986 geänderte Nr 2, die sich an Art 27 Nr 2 EuGVÜ/LugÜ aF anlehnte (Gottwald IPRax 1984, 60; ders, ZZP 103 [1990] 277; Pirrung, IPR 209) und deshalb insoweit gleich ausgelegt werden kann (Zöller/Geimer, § 328 ZPO Rn 155), soll die Anerkennung von Entscheidungen verhindern, bei denen die

* **Schrifttum** Bernstein, Prozessuale Risiken im Handel mit den USA, in: FS Ferid (1978) 75; Branel/Reichhelm, Fehlerhafte Auslandszustellung. Ein Beitrag zur Frage der „ordnungsgemäßen Zustellung nach Art 27 I Nr 2 EuGVÜ und zu den Folgen einer fehlerhaften Zustellung, IPRax 2001, 173; Braun, Der Beklagtenschutz nach Art 27 Nr 2 EuGVÜ (1992); Fleischhauer, Inlandszustellung an Ausländer (1996); Geimer, Über die Kunst der Interessenabwägung auch im internationalen Verfahrensrecht, dargestellt am rechten Maß des Beklagtenschutzes gem Art 27 Nr 2 EuGVÜ/LugÜ, IPRax 1988, 271; ders, Anerkennung und Vollstreckung von ex parte-Unterhaltsentscheidungen aus EuGVÜ/LugÜ-Vertragsstaaten, IPRax 1992, 5; Gottwald, Schließt sich die Abseitsfalle? Rechtliches Gehör, Treu und Glauben im Prozeß und Urteilsanerkennung, in FS Schumann (2001) 149; Kondring, Die Heilung von Zustellungsfehlern im internationalen Zivilrechtsverkehr (1995); Leipold, Zum Schutz des Fremdsprachigen im Zivilprozeß, in: FS Matscher (1993) 287; de Lind van Wijngaarden-Maack, Internationale Zustellung nach der EuZVO und internationale Zuständigkeit bei Klage auf Feststellung des Nichbestehens eines Exklusivvertriebsvertrages, IPRax 2004, 212; Linke, Die Kontrolle ausländischer Versäumnisverfahren im Rahmen des EG-Gerichtsstands- und Vollstreckungsübereinkommens – Des Guten zuviel?, NJW 1986, 409; ders, Probleme der internationalen Zustellung, in: Gottwald (Hrsg) Grundfragen der Gerichtsverfassung (1999) 95; ders, Aspekte des Beklagtenschutzes im Exequaturverfahren, IPRax 1991, 92; Pfennig, Die internationale Zustellung in Zivil- und Handelssachen (1988); Rauscher, Strikter Beklagtenschutz durch Art 27 Nr 2 EuGVÜ, IPRax 1991, 155; ders, Neue Fragen zu Art 27 Nr 2 EuGVÜ, IPRax 1997, 314; ders, Wie ordnungsgemäß muß eine Zustellung für Brüssel I und II sein, in: FS Beys (2003) 1285; Schlosser, Die internationale Zustellung zwischen staatlichem Souveränitätsanspruch und Anspruch der Prozeßpartei auf ein faires Verfahren, in: FS Matscher (1993) 387; Schumacher, Zustellung nach Art 27 EuGVÜ, IPRax 1985, 265; Schumann, Menschenrechtskonvention und Zivilprozeß, in: FS K H Schwab (1990) 449 ff; Spellenberg, Schutz der Verteidigungsrechte und Zuständigkeit nach Brüssel Ia-VO und Brüssel IIa-VO, in: FS Gottwald (2014) 607; Stadler, Förmlichkeit vor prozessualer Billigkeit bei Mängeln der internationalen Zustellung?, IPRax 2002, 282; Stürner, Förmlichkeit und Billigkeit der Klagezustellung im Europäischen Zivilprozeß, JZ 1992, 325; Van Venrooy, Nochmals: Über die Kunst der Interessenabwägung auch im internationalen Verfahrensrecht, dargestellt am rechten Maß des Beklagtenschutzes gem Art 27 Nr 2 EuGVÜ, IPRax 1989, 137; Wiehe, Zustellungen, Zustellungsmängel und Urteilsanerkennung am Beispiel fiktiver Inlandszustellungen in Deutschland, Frankreich und den USA (1993).

beklagte Partei mangels rechtzeitiger Information vom Verfahrensbeginn nicht die Möglichkeit besaß, auf den Ablauf des Verfahrens Einfluss zu nehmen, und damit den Beklagten vor Überraschungen schützen (amtl Begr BT-Drucks 10/504, 88). Der Gesetzgeber hat so die spezifische Verletzung des verfassungsrechtlichen Anspruches auf **rechtliches Gehör** durch unzulängliche Ladung zum Verfahren, die ansonsten unter ordre public-Gesichtspunkten zu berücksichtigen wäre, zu einem **eigenen Anerkennungshindernis** gemacht und damit weiter aufgewertet (Krzywon StAZ 1989, 99; Linke, IZPR Rn 402; vgl zum früheren Recht Martiny, Hdb IZVR Bd III/1 Rn 870). Nr 2 ist ein spezieller Vorbehalt des ordre public. Man braucht nun nicht mehr Nr 4 heranzuziehen und darf es auch nicht (OLG Hamm 27. 7. 1995 FamRZ 1996, 178 u 7. 12. 1995 FamRZ 1996, 951; AG Weilburg 19. 12. 1997 FamRZ 2000, 169; **aA** insoweit MünchKommFamFG/Rauscher Rn 22; zust Keidel/Zimmermann Rn 9), die dagegen alle späteren Verletzungen des rechtlichen Gehörs erfassen kann (Geimer, IZPR Rn 2948).

Während bis zum 1. 9. 1986 die Vorschrift nur anwendbar war, wenn es sich bei der **130**
im Ausland unterlegenen Partei um einen Deutschen handelte (vgl zum ehemaligen Inländerprivileg: BayObLG 18. 6. 1980 FRES 6, 421 ff; BayObLG 17. 10. 1975 BayObLGZ 1975, 374 = NJW 1976, 1032 = FamRZ 1976, 154 = StAZ 1976, 162, 164; OLG Hamburg 8. 3. 1971 IPRspr 1971 Nr 149; BayObLG 3. 10. 1978 IPRspr 1978 Nr 175; BayObLG 2. 6. 1978 BayObLGZ 1978, 132 = StAZ 1978, 267), gilt die neue Nr 2 nunmehr **unabhängig** von der **Staatsangehörigkeit** des Beklagten und ist so eine Regelung des allgemeinen Beklagtenschutzes.

Sehr zu kritisieren ist aber, dass § 109 FamFG nicht klar die geänderte Formulierung **131**
durch Art 22 lit b Brüssel IIa-VO nachvollzogen hat, der nun nur noch eine für die Vorbereitung der Verteidigung ausreichende und rechtzeitige Zustellung des verfahrenseinleitenden Schriftstücks fordert, und nicht mehr eine **ordnungsgemäße** und rechtzeitige Zustellung (Geimer, IZPR Rn 2914; **aA** MünchKommFamFG/Rauscher Rn 27). Dort hatten sich die bekannten Unzuträglichkeiten manifestiert, dass die Beklagten sich dem Prozess verweigerten wegen Fehlern bei der Zustellung, die ihre Möglichkeiten der Verteidigung tatsächlich nicht beeinträchtigten. Deshalb spricht Art 22 lit b Brüssel IIa-VO von der Zustelung in einer Weise, dass der Antragsgegner sich verteidigen konnte (vgl Staudinger/Spellenberg [2015] Art 22 Brüssel IIa-VO Rn 52 ff).

Vielleicht mit einer gewissen Überspitzung kann man einen Gegensatz zwischen **132**
Förmlichkeit und materieller Richtigkeit sehen. Es geht auch nicht um einen Vertrauensvorschuss für das Urteilsgericht hinsichtlich der Wahrung des rechtlichen Gehörs, denn im Gegenteil **überprüft der Anerkennungsrichter**, ob die **Verteidigungsrechte** ausreichend gewahrt wurden. Der Maßstab ist das deutsche Recht, während naturgemäß die Zustellungen nach den Regeln des Urspungsgerichts von ihm vorzunehmen waren (Prütting/Helms/Hau Rn 34; weiter unten Rn 145 ff).

Wenn § 109 Abs 1 Nr 2 FamFG überhaupt die Verteidigungsrechte des Antrags- **133**
gegners in der Anerkennungsphase wahren soll, dann kann es nicht ausreichen, dass die Zustellungen nach **dem nationalen Recht** des Ursprungsgerichts **ordnungsgemäß** waren. Dessen Regeln sollen gerade überprüft werden anhand eines Maßstabes, den § 109 Abs 1 Nr 2 FamFG aufstellt. Es ist dabei auch nicht einzusehen, warum es bei der Rechtzeitigkeit ausreichen sollte, dass der Antragsgegner sich verteidigen konnte (§ 109 Abs 1 Nr 2 FamFG aE) und nicht bei der Art und Weise der Zustellung. Dass die Regeln der lex fori nicht immer ausreichen, zeigt die remise au parquet des

französischen Rechts, die heute freilich weitgehend abgeschafft ist, wonach die Klage statt ins Ausland an den örtlichen Staatsanwalt zuzustellen ist mit brieflicher Benachrichtiggung des Adressaten (sie gilt aber offenbar zB noch in der Dominikanischen Republik, OLG Bremen 15. 10. 2012 FamRZ 2013, 808; im Einzelnen weiter unten Rn 149).

b) Rügepflicht

134 Gem § 109 Abs 1 Nr 2 FamFG ist die Anerkennung nur auf **Rüge des Beklagten** zu versagen, wenn die Zustellung nicht ordnungsgemäß oder nicht rechtzeitig erfolgte, und der Beklagte sich nicht auf das Verfahren eingelassen hat. Art 27 Nr 2 EuGVÜ jetzt Art 45 Abs 1 lit b Brüssel Ia-VO verlangt dagegen nicht explizit die Rüge (für Amtsprüfung die hM: Kropholler/vHein, EuZPR Art 34 Brüssel I-VO Rn 45 mwNw; **aA** Geimer, Die Anerkennung ausländischer Entscheidungen 133). Das FamFG jedenfalls überläßt dem **Beklagten die Entscheidung**, ob er sich darauf beruft oder ob er das Urteil und die Statusänderung dennoch durch **Unterlassung der Anerkenungsrüge** akzeptiert. Wieder anders verfährt Art 22 lit b Brüssel IIa-VO. Hier wird die Entscheidung weiter auch anerkannt, wenn der Beklagte sie **nachträglich akzeptiert**, was nicht ganz dasselbe ist (Staudinger/Spellenberg [2015] Art 22 Brüssel IIa-VO Rn 87 f).

135 Das zeigt, dass im Bereich des § 109 Abs 1 Nr 2 FamFG überragende Staatsinteressen nicht berührt sind (Geimer, IZPR Rn 2915; Kondring, Heilung 313 f; **aA** Stürner, in: FS Nagel [1987] 454 f; ders, JZ 1992, 326), sondern dass es um gerechten Ausgleich der Parteiinteressen geht. Einerseits muss der Beklagte **keine Urteile** gegen sich gelten lassen, wenn es ihm unmöglich war, sich am zugrundeliegenden Verfahren zu beteiligen. Andererseits sollte die Anerkennung dem siegreichen Kläger nicht allein deshalb verweigert werden, weil die Zustellung aufgrund eines meist vom Kläger nicht zu beeinflussenden Handelns der für die Zustellung zuständigen Stelle fehlerhaft war, solange der Beklagte sich trotzdem ausreichend verteidigen kann (Zöller/Geimer § 328 ZPO Rn 134; Geimer, IPRax 1985, 6; ähnlich Kondring, Heilung 320 f, der rechtsmissbräuchliches Verhalten annimmt; vgl weiter Rn 147 ff).

136 In keinem Fall aber muss der Beklagte behaupten oder das Gericht prüfen, ob das Urteil mit Beteiligung des nicht geladenen Beklagten anders ausgefallen wäre. Es genügt, dass es anders hätte ausfallen können. Davon ist idR auszugehen.

c) Zustellungsadressat

137 Wer Beklagter ist, wird **durch die Klageerhebung** festgelegt. Ihm muss zugestellt worden sein oder an seinen Vertreter, sofern dieser empfangsbevollmächtigt war. Eine Zustellung an einen vollmachtlosen, aber für den Antragsgegner auftretenden Rechtsanwalt reicht nicht (EuGH 10. 10. 1996 – C-78/95 *Hendrikmann v Magenta;* Justizministerium Baden-Württemberg FamRZ 2011, 1379 f; MünchKommZPO/Gottwald § 328 Rn 109; Geimer, IZVR Rn 2934a; irrig BGH 7. 12. 2010 NJW-RR 2011, 417 Rn 10). Der Beklagte kann natürlich nachträglich genehmigen. Wenn man nicht die korrekte Einhaltung der Zustellungsformen verlangt (Rn 147 ff), dann kann die Zustellung als ausreichend gelten, sobald der vollmachtlose Vertreter das Schriftstück nachweislich und rechtzeitig dem Beklagten weitergegeben hat. Die Stellung des ursprünglich Beklagten in weiteren Rechtszügen als Rechtsmittelkläger ändert an seiner Beklagteneigenschaft nichts (OLG München 28. 7. 1961 IPRspr 1962/63 Nr 189).

138 Wurde an einen **gerichtlich bestellten** Verfahrenspfleger für die **abwesende Partei**

oder ähnlichen Vertreter zugestellt, so genügt dies ebenfalls nicht, denn seine Information ist der Partei nicht zuzurechnen, obwohl das Verfahren nach der lex fori ordnungsgemäß sein mag (OLG Hamm 27. 7. 1995 FamRZ 1996, 178; 7. 12. 1995 FamRZ 1996, 951; im Erg weil nicht rechtzeitig BayObLG 13. 3. 2002 FamRZ 2002, 1423; Geimer, IZPR Rn 2920 ff; **aA** BayObLG 24. 11. 1978 IPRspr 1978 Nr 176; OLG Hamm 7. 3. 1979 MDR 1979, 680; OLG Köln 29. 2. 1980 MDR 1980, 1030). Auch eine Zustellung im Ausland an die Eltern eines in Deutschland lebenden Ausländers genügt nicht (OLG Koblenz 20. 11. 1990 FamRZ 1991, 459; JM BW 22. 12. 2000 FamRZ 2001, 1379; OLG Bemen 15. 10. 2012 FamRZ 2013, 808), es sei denn natürlich, er habe sie als Zustellungsbevollmächtigte eingesetzt. Dagegen kann die Zustellung an einen Verfahrenspfleger für einen **unauffindbaren Beklagten** genügen, wenn er nach der lex fori vorgesehen ist (vgl dazu auch Spellenberg, in: FS Gottwald [2014] 607 f).

Zustellung der Klage an **Prozessunfähige** in Person dürfte idR schon nach der lex fori **139**
nicht ordnungsgemäß gewesen sein (offengelassen von OLG Düsseldorf 8. 10. 1981 IPRspr 1981 Nr 188b). Anderenfalls griffe der deutsche ordre public durch. An wen, zB Vormund oder Pfleger, stattdessen zuzustellen war, könnte man der lex fori einschließlich ihres internationalen Privat- und Prozeßrechts entnehmen oder der vom deutschen Kollisionsrecht (Art 7, 19 ff, 24 EGBGB) bestimmten Rechtsordnung. Im Bereich der Urteilsanerkennung dürfte ersteres richtig sein.

Eine Zustellung an den Beklagten wirkt nicht auch gegen einen **Streitverkündungs-** **140**
empfänger. Ihm muss ebenfalls zugestellt werden, andernfalls kann er sich gem Nr 2 gegen die Streitverkündungswirkungen wehren (OLG München 17. 11. 1994 IPRspr 1994 Nr 170; ebenso Geimer, IZPR Rn 2939, der aber Nr 4 heranzieht). Das gilt erst recht bei einem verbundenen Urteil gegen den Dritten.

Nr 2 gilt auch für eine **Widerklage** (Geimer, IZPR Rn 2940 wendet Nr 4 an). Freilich ist **141**
kaum denkbar, dass der widerbeklagte Kläger davon tatsächlich keine Kenntnis erlangt.

d) Verfahrenseinleitendes Schriftstück

Das verfahrenseinleitende Schriftstück ist die vom Recht des Urteilsstaates vorge- **142**
sehene Urkunde, durch deren Zustellung der Beklagte **erstmalig** von dem der später anzuerkennenden Entscheidung zugrundeliegenden Verfahren Kenntnis erlangen sollte (MünchKommFamFG/Rauscher Rn 25; Martiny, Hdb IZVR Bd III/2 Rn 365, Geimer, IZPR Rn 2927). Es kann sich dabei je nach den **Regeln des Urteilsstaates** um eine Terminsladung mit Einlassungsaufforderung und Angaben zum Streitgegenstand (vgl LG Karlsruhe 31. 7. 1984 RIW 1985, 898) wie um die Klageschrift selbst mit oder ohne gleichzeitige Ladung handeln (Pfennig, Die internationale Zustellung in Zivil- und Handelssachen 85; Geimer, IZPR Rn 2927; Kropholler/vHein, EuZPR Art 34 Brüssel I-VO Rn 29). Hierzu kann auf die Kommentierung von Staudinger/Spellenberg (2015) Art 18 Brüssel IIa-VO Rn 99 ff verwiesen werden. Allerdings sind die Regeln der Anhängigkeit der Art 16 ff Brüssel IIa-VO hier nicht auch anzuwenden.

Ist dem Verfahren auf Ehescheidung ein Versöhnungsverfahren vorgeschaltet, an **143**
das sich nach dem Prozeßrecht des Erststaates das eigentliche Scheidungsverfahren anschließt, so kann bereits die **Ladung zum Vorverfahren** als Ladung iSv Nr 2 zu betrachten sein, wenn eine Verfahrenseinheit gegeben ist (BGH 12. 2. 1992 NJW-RR

1992, 642 = IPRax 1994, 40 [Linke 17]; BayObLG 2. 6. 1978 BayObLGZ 1978, 134 = StAZ 1978, 267; weiter Staudinger/Spellenberg [2015] Art 18 Brüssel IIa-VO Rn 95). Wenn eine solche Verfahrenseinheit fehlt, kommt es auf die erneute Ladung zum Prozess an, denn der Beklagte muss in diesen Fällen, selbst wenn er zum Versöhnungsverfahren geladen wurde, nicht mit dem Beginn des Hauptverfahrens rechnen. Kann nach Erlass eines Urteils auf Trennung von Tisch und Bett ein Scheidungsurteil nach Ablauf eines Jahres schon **auf Antrag** allein einer Partei und ohne weitere Prüfung von Scheidungsgründen erfolgen, so ist er entsprechend auch davon durch Ladung in Kenntnis zu setzten.

144 Der **notwendige Inhalt** des verfahrenseinleitenden Schriftstücks hat sich am Zweck der Regelung auszurichten, dass der Antragsgegner rechtzeitig so informiert war, dass er seine Verteidigung sachgerecht vorbereiten konnte. Die nationalen Vorschriften über den Inhalt einer Klage sind durchaus unterschiedlich. Man wird für § 109 Abs 1 Nr 2 FamFG wie für Art 22 lit b Brüssel IIa-VO verlangen, dass dem Antragsgegner nicht nur die Tatsache der Klagerhebung und der Klagantrag (zB Scheidung oder Trennung der Ehe), sondern auch die wesentlichen tatsächlichen Klagegründe mitgeteilt werden (EuGH 21. 4. 1993 – C-72/91 *Sonntag v Waidmann;* zust Geimer, IZPR Rn 2927 a; BGH 29. 4. 1999 BGHZ 141, 286, 295 f). Es genügt nicht, wenn ihm diese „wesentlichen Elemente des Rechtsstreits“ (so EuGH) erst im Laufe des Verfahrens mitgeteilt wurden.

Zur Frage, ob bei **Klagänderung** und -erweiterung erneut zuzustellen ist, vgl Staudinger/Spellenberg (2015) Art 16 Brüssel IIa-VO Rn 16 ff.

e) Rechtzeitige und ordnungsmäßige Zustellung

aa) Kumulierung

145 Gem § 109 Abs 1 Nr 2 FamFG ist die Anerkennung zu versagen, wenn die Zustellung überhaupt nicht oder nicht ordnungsgemäß **oder** nicht rechtzeitig erfolgt ist. Der zu **Art 27 Nr 2 EuGVÜ aF/LugÜ aF** herrschende Streit, ob die Anerkennung zu versagen ist, wenn entweder nicht ordnungsgemäß **oder** nicht rechtzeitig zugestellt worden ist. Ob die Anerkennung nur dann versagt werden muss, wenn sowohl nicht ordnungsgemäß als auch nicht rechtzeitig zugestellt worden ist, ist vom **EuGH** (3. 7. 1990 Slg 1990, 2725 = EuZW 1990, 352 = IPRax 1991, 177 m zust Anm Rauscher 155) auf einen Vorlagebeschluss des BGH (22. 9. 1988 WM 1988, 1617; vgl auch BGH 20. 9. 1990 NJW 1991, 641 = WM 1990, 1936) wegen des Wortlauts zugunsten der **Gleichrangigkeit** der Kriterien „Rechtzeitigkeit“ und „Ordnungsmäßigkeit“ entschieden worden, sodass die Klage für die Zwecke von EuGVÜ aF/LugÜ und damit auch für diejenigen der Brüsel IIa-VO und der Brüssel Ia-VO sowohl **ordnungsgemäß als auch rechtzeitig** zugestellt sein muss (OLG Bremen 15. 10. 2012 FamRZ 22013, 808 f; eingehend Braun, Der Beklagtenschutz nach Art 27 Nr 2 EuGVÜ aF/LugÜ [1992] 134 ff; Fahl, Die Stellung des Gläubigers und des Schuldners bei der Vollstreckung ausländischer Entscheidungen nach dem EuGVÜ aF/LugÜ [1993] 59 ff; Keidel/Zimmermann Rn 12; Gottwald, IZPR § 12 Rn 167; **aA** Geimer, IZPR Rn 2918 und Geimer IPRax 1985, 6; Schack, IZVR Rn 935; Linke RIW 1986, 411; ders, IZPR Rn 408; OLG Bamberg 18. 12. 1986 RIW 1987, 541). Jedoch verlangt nun **Art 22 lit b Brüssel IIa-VO** wie Art 45 Abs 1 lit b Brüssel Ia-VO **heute** nur noch eine für die Verteidigung **ausreichende Zustellung** (Staudinger/Spellenberg [2015] Art 22 Brüssel IIa-VO Rn 36 ff).

Leider hat der Gesetzgeber 2009 dies nicht in § 109 FamFG nachvollzogen (Geimer, IZPR Rn 2914; Schack, IZVR Rn 935; **aA** MünchKommFamFG/Rauscher Rn 28). Ohnehin hat die Neufassung des Art 22 Brüssel IIa-VO die Forderung der Ordnungsmäßigkeit nicht ganz erledigt (Staudinger/Spellenberg Art 22 Brüssel IIa-VO Rn 55 ff). Der Wortlaut des **§ 109 FamFG verlangt**, dass sowohl **ordnungsgemäß** als auch **rechtzeitig** zugestellt worden sein müsse (BGH 2. 10. 1991 IPRax 1993, 324 mAnm Linke 295; BGH 2. 12. 1992 BGHZ 120, 305, 310 = ZZP 106, 391 [Schütze] = JZ 1993, 618 = JR 1993, 410 [Rauscher] = FamRZ 1993, 311; OLG Bremen 15. 10. 2012 FamRZ 2013, 808; **aA** Schack, IZVR Rn 933, 935). Zwar ist Art 22 Brüssel IIa-VO nicht für § 109 FamFG bindend, obwohl Abs 1 Nr 2 dem Art 27 Nr 2 EuGVÜ aF seinerzeit nachgebildet wurde. Es findet sich im Übrigen ein kleiner sprachlicher Unterschied, indem dieser formulierte „und" während § 109 Abs 1 Nr 2 FamFG wie § 328 Abs 1 Nr 2 ZPO „oder" sagt. Jedoch ist die Kumulation gemeint und sinnvoll. Es kann für das rechtliche Gehör des Antragsgegners ebensowenig ausreichen, wenn die sonst ordnungsgemäße Zustellung für seine Verteidigung zu spät kommt, als wenn sie zwar rechtzeitig aber nicht in der für die Verteidigung nötigen Art und Weise erfolgt, zB nicht in der gebotenen Sprache (Linke/Hau, IZVR Rn 13. 19; vgl dazu Staudinger/Spellenberg [2015] Art 22 Brüssel IIa-VO Rn 62). Das Argument, eine nicht ordnungsgemäße Zustellung sei immer auch nicht rechtzeitig, greift zu kurz. 146

bb) Ordnungsmäßige Zustellung

Anders als die Rechtzeitigkeit ist die Bedeutung der Ordnungsmäßigkeit äußerst umstritten, wobei der Kern der Frage ist, an welcher Ordnung die Zustellung zu messen ist. Es kommt mit der hM nur das **Recht des Erstgerichts** einschließlich der dort geltenden Staatsverträgen in Frage (Nagel/Gottwald, IZPR § 12 Rn 163; Schack, IZVR Rn 936; Linke RIW 1986, 410; Wiehe, Zustellung 196; Krzywon StAZ 1989, 100; EuGH 16. 6. 1981 Slg 1981, 1593; EuGH 3. 7. 1990 Slg 1990-I, 2725 zu Art 27 EuGVÜ aF; BGH 2. 10. 1991; BGH 27. 6. 1990 FamRZ 1990, 1100; Rauscher IPRax 1991, 157 zu Art 27 EuGVÜ aF; BGH 2. 12. 1992 BGHZ 120, 305 = ZZP 106, 391 [Schütze] = JZ 1993, 618 [Schack] = JR 1993, 410 [Rauscher] = FamRZ 1993, 311; BGH 22. 1. 1997 FamRZ 1997, 490 [Verhältnis zur DDR]; zust OLG Naumburg 9. 10. 2000 FamRZ 2001 1013; OLG Düsseldorf 19. 10. 1984, RIW 1985, 493; OLG Frankfurt 27. 5. 1986, RIW 1987, 627; OLG Koblenz 3. 12. 1990, EuZW 1991, 157 hM; **aA** Geimer, Anerkennung 127; Linke, IZPR Rn 405), ohne zu präzisieren, dass das nicht auch ordnungsmäßig iSd § 109 Abs 1 Nr 2 FamFG sein muss. 147

Dabei wird wohl häufig nicht hinreichend **klar unterschieden**, dass eine **doppelte Kontrolle** nötig ist: zunächst muss die Zustellung den Regeln, die für das Erkenntnisverfahren von der lex fori verlangt werden, und nach denen der Erstrichter verfahren musste, entsprechen, und dann den Anforderungen, die der Anerkennungsstaat nach seinem Recht für die Anerkennung aufstellt (Geimer, IZPR Rn 2914). Zwar wäre es nicht denknotwendig ausgeschlossen, dass der Anerkennungsstaat schlicht die Regeln des Erstgerichts akzeptiert (so Schack, IZVR Rn 936; wohl auch Nagel/Gottwald, IZPR § 12 Rn 163), aber das widerspräche dem **Zweck** der Regelung, die Anerkennung von der Gewährung ausreichenden rechtlichen Gehörs nach **dem Maß des Anerkennungsstaates** abhängig zu machen, da ggf ein Mangel an rechtlichem Gehör nicht deswegen unbeachtlich ist, weil die lex fori ihn so vorsah. Staatsverträge insbesondere Zustellungsübereinkommen gehen vor (dazu unten Rn 167 ff). 148

149 **Zustellungen** wie die **öffentliche Zustellung** nach § 185 ZPO im deutschen Recht oder die „remise au parquet" im romanischen Rechtskreis, wenn der Adressat sich nicht im Inland aufhält, können an sich nach der lex fori ordnungsmäßig sein, soweit sie nicht durch einschlägige Staatsverträge ausgeschlossen sind (OLG Bremen 15. 10. 2012 FamRZ 2013, 808; MünchKommZPO/Gottwald § 328 Rn 100; Nagel/Gottwald, IZPR § 12 Rn 59; Pfennig, Die internationale Zustellung in Zivil- und Handelssachen 86; ausf Fleischhauer, Inlandszustellung an Ausländer; Wiehe, Zustellungen, Zustellungsmängel und Urteilsanerkennung am Beispiel fiktiver Inlandszustellungen in Deutschland, Frankreich und den USA bes 196 ff). Doch **greift hiergegen** grundsätzlich der Vorbehalt der **Nr 2** durch (MünchKommZPO/Gottwald § 328 Rn 76; Krzywon StAZ 1989, 1000; KG 22. 1. 1982 FamRZ 1982, 382 sehr zurückhaltend), es sei denn, der Antragsgegner war wirklich unauffindbar (vgl EuGH 17. 11. 2011 – C-327/10 *Hypotečny banka v Lindner,* NJW 2012, 1199). Ein anderes Beispiel ist die Zustellung an einen vom Gericht bestellten Vertreter, die durchaus von der lex fori vorgesehen sein kann, aber unter den Vorbehalt des Abs 1 Nr 2 fallen kann (Beispiel OLG Bremen 15. 10. 2012 FamRz 2013, 808; EuGH 17. 11. 2011 NJW 2012, 1199).

150 Wenn daher die Einhaltung der Zustellungsregeln der lex fori nicht notwendig auch für die Gewährung des rechtlichen Gehörs nach den Maßstäben des Anerkennungsrechts ausreicht, so muss auch umgekehrt eine Verletzung der Regeln der lex fori nicht notwendig die Anerkennung ausschließen solange das Urteil dennoch wirksam ist. Es kann dennoch ausreichend Gehör gewährt gewesen sein. Es ist nicht der Zweck des deutschen Anerkennungsrechts **Verstöße** gegen ausländische Prozeßregeln **allgemein zu sanktionieren**. Es geht nur um die Wahrung der **deutschen Mindestanforderungen** an rechtliches Gehör (ähnlich Geimer, IZPR Rn 2916 ff).

151 Man kann nicht sagen, dass es deshalb auf die Ordnungsmäßigkeit nach dem Recht des Erstgerichts letztlich nicht ankomme, denn zunächst ist zu fragen, ob der Zustellungsfehler nach der lex fori etwa die Zustellung unwirksam machte und damit die Wirksamkeit des anzuerkennenden Urteils beeinträchtigte. Und darüber hinaus ist es sinnvoll die Zustellungsfehler zu verifizieren, denn nur danach kann beurteilt werden, ob den Anforderungen des § 109 Abs 1 Nr 2 FamFG entsprochen wurde. Zunächst wird man annehmen, dass die Regeln der lex fori eingehalten wurden und nur auf Rüge hin, die Abs 1 Nr 2 vorsieht, einen Zustellungsmangel prüfen.

cc) Heilung von Mängeln

152 Auch über das Statut der Heilung wird viel diskutiert, doch konsequenterweise entscheidet darüber **primär** die lex fori des Erstgerichts, weil die hM an ihr misst, ob eine **Heilung** schon **nach dem Recht des Erststaates** eingetreten ist (BGH 2. 12. 1992 BGHZ 120, 305, 311, in casu verneint; KG 26. 1. 1988 FamRZ 1988, 641; JM BW 31. 5. 1990 FamRZ 1990, 1015; 4. 12. 2000 FamRZ 2001, 1015; OLG Düsseldorf 21. 11. 1996 IPRax 1997, 194; Stürner JZ 1992, 331; Rauscher IPRax 1991, 155, 159; Nagel/Gottwald, IZPR § 12 Rn 169; MünchKommZPO/Gottwald § 328 Rn 84; BayObLG FamRZ 1975, 215; OLG Bremen 15. 10. 2012 FamRZ 2013, 808 f; Musielak/Stadler § 328 ZPO Rn 17). Nur sichert auch eine Heilung nicht unbedingt die Anerkennung. Eine direkte Anwendung von § 189 ZPO scheidet jedoch schon deshalb aus, weil § 189 ZPO das deutsche Erkenntnisverfahren und seinen Fortgang, zB den Lauf von Rechtsmittelfristen regelt. Auch eine analoge Anwendung kommt **für das ausländische Verfahren** nicht in Betracht (Geimer, IZPR Rn 2916; MünchKommZPO/Gottwald § 328 Rn 84; Jayme IPRax 1997, 195), sondern es kommt ggf auf die entsprechende Regelung der ausländischen lex fori an. § 189 ZPO dient

erst der **inhaltlichen Konkretisierung der Nr 2** (zutr KONDRING, Heilung 317 f; GEIMER, IZPR Rn 2916). Obwohl die Einhaltung der Zustellungsregeln der lex fori die Anerkennung nicht garantiert (GEIMER, IZPR Rn 2918; MünchKommZPO/GOTTWALD § 328 Rn 76), ist die Frage nach einer **Heilung nach der lex fori nicht** unerheblich (zB STADLER IPRax 2002, 283).

Wenn daher die Einhaltung der Zustellungsregeln der lex fori nicht notwendig auch für die Gewährung des rechtlichen Gehörs nach den Maßstäben des Anerkennungsrechts ausreicht, so muss auch umgekehrt eine Verletzung der Regeln der lex fori nicht notwendig die Anerkennung ausschließen. Es kann dennoch ausreichend Gehör gewährt gewesen sein, und es ist nicht der Zweck des deutschen Anerkennungsrechts Verstöße gegen ausländische Prozessregeln allgemein zu sanktionieren. Es geht nur um die Wahrung der **deutschen Mindestanforderungen** an rechtliches Gehör (ähnlich GEIMER, IZPR Rn 2918). **153**

dd) Maßstab

Es ist also ungenau, wenn die hM formuliert, ob das prozesseinleitende Schriftstück dem Beklagten ordnungsgemäß zugestellt worden ist, beurteile sich nach dem **Recht des Erststaates**, denn dass die Einhaltung der lex fori die Anerkennung nicht garantiert, ist weitgehend anerkannt (anders aber SCHACK, IZVR Rn 936) insbesondere bei den fiktiven Inlandszustellungen (unten Rn 184 f). **154**

Die **hM** verweist auf die lex fori eher für die umgekehrte Frage, ob ein Verstoß gegen die Regeln der lex fori als solche schon die Anerkennung verhindere. Das ist ebenfalls nicht der Fall, denn das Anerkennungsrecht dient nicht der Durchsetzung ausländischen Verfahrensrechts, und erst recht nicht nach dem Urteil. Es wäre vielmehr ein Widerspruch, einem ausländischen Urteil die Anerkennung nur wegen eines Verstoßes gegen sein **nationales** Zustellungsrecht zu verweigern, wenn es nach der lex fori dennoch wirksam ist (weiter Rn 163 ff). Ist es danach ausnahmsweise deswegen unwirksam, entfällt die Anerkennung schon wegen dieser Wirkungslosigkeit. **155**

Art 22 lit b Brüssel IIa-VO formuliert heute wie Art 45 Abs 1 lit b Brüssel Ia-VO genauer und verlangt, lässt aber auch ausreichen, eine Zustellung **„in einer Weise"** erfolgte, dass der Antragsgegner sich verteidigen konnte (dazu STAUDINGER/SPELLENBERG [2015] Art 22 Brüssel IIa-VO Rn 36 ff; ZZPInt 6 [2001] 134 ff). § 109 Abs 1 Nr 2 FamFG und § 328 Abs 1 Nr 2 ZPO sollten zur Klarstellung diesem angepasst werden, aber er ist auch heute schon so auszulegen (Gottwald, in: FS Schumann [2001] 149, 156 ff). Allein das macht Sinn und entspricht dem Zweck der Regelung. Es kommt letztlich nicht nur auf die **Einhaltung oder Nichteinhaltung der Zustellungsregeln** an, sondern ob dem Antragsgegner **tatsächlich** an § 109 Abs 1 Nr 2 FamFG gemessen hinreichend **rechtliches Gehör** gewährt wurde. Das HZÜ sagt zur Anerkennung nichts. **156**

Es ist nicht der Sinn der §§ 109 Abs 1 Nr 2 FamFG und § 328 Abs 1 Nr 2 ZPO, dass der Beklagte bei jedem Zustellungsfehler nach dem Recht des Urteilsstaates die Teilnahme am Verfahren im Vertrauen darauf verweigern darf, dass jedenfalls die Anerkennung in Deutschland nicht eintreten werde (GEIMER, IZPR Rn 2915, 2932; GOTTWALD, in: FS Schumann [2001] 150 f). Der Wortlaut der Nr 2 ist unklar, weil nicht gesagt wird, in welcher „Ordnung" die Zustellung gemessen werden soll. Die hM sieht hier **157** die Zustellung als ordnungsgemäß, wenn die Regeln der lex fori inklusive ihrer Heilungsvorschriften und ggf der Staatsverträge eingehalten sind (BGH 2. 12. 1992 BGHZ 120, 305, 311; wNw bei STADLER IPRax 2002, 116, 121 Fn 53). Dem System der Anerkennungshindernisse würde eher entsprechen, dass die Zustellungsregeln des Anerkennungsstaates gemeint seien. Dennoch ist der hM zuzustimmen, dass **zunächst** anhand der lex fori zu prüfen ist, ob die Zustellung wirksam, notfalls geheilt ist, um die Wirksamkeit des Urteils zu beurteilen, denn davon hängt ab, welche Wirkungen überhaupt anzuerkennen sind. Doch das ist nur der erste Schritt wie das Beispiel der (inzwischen weitgehend aufgehobenen) französischen Remise au parquet zeigt, also der fiktiven Inlands- bzw Auslandszustellung durch Übergabe der Klage an den französischen Staatsanwalt. Der **zweite Schritt** ist die Prüfung anhand des deutschen Anerkennungsrechts. Ein Mangel bzw Verstoß iSd Nr 2 wird nicht dadurch beseitigt, dass diese Art der Zustellung der lex fori entspricht (so auch EuGH 13. 10. 2005 – 73/04 *Scania v Rockinger* Rn 14 ff, IPRax 2006, 157 [STADLER 116 ff]; vgl auch EuGH 28. 3. 2000 – C-7/98 *Krombach v Bamberski,* IPRax 2000, 406 [PIEKENBROCK 364] zur Verweigerung des rechtlichen Gehörs während des laufenden Verfahrens).

158 Andererseits wäre es unrichtig und gar nicht möglich, dass der Erstrichter sich an die Zustellungsregeln des Anerkennungsstaates halten sollte. Nur wenn zwischen beiden ein Zustellungsübereinkommen wie das HZÜ gilt, ist die Zustellung ordnungsgemäß, die dessen Vorschriften entspricht. Es kann nur verlangt werden, dass die Zustellung im ausländischen Verfahren den Mindestanforderungen des deutschen Anerkennungsrechts, namentlich des Art 103 Abs 1 GG entspricht. Diese finden sich in § 189 ZPO, denn wenn im inländischen Verfahren nicht die Beachtung aller Förmlichkeiten verlangt wird, kann es auch nicht für die Anerkennung des ausländischen Urteils verlangt werden. § 189 ZPO wandelt mangels klarer spezieller Vorschriften seine Funktion von einer Heilungsvorschrift zu einer Anerkennungsregel (ebenso GEIMER, IZPR Rn 2916 f; iE GOTTWALD, in: FS Schumann [2001] 149, 157 f unter Verweis auf EuGVÜ, EuGVO [Brüssel I–VO] und EheGVO [Brüssel II-VO], ähnlich STADLER IPRax 2002, 282, 283 f, 285; im Erg SCHACK, IZVR Rn 938; KONDRING, Heilung von Zustellungsfehlern im internationalen Zivilverfahrensrecht [1995] 287 f). Internationale Übereinkommen bzw Europarecht gehen natürlich vor. Das wären Art 22 Brüssel IIa-VO (s STAUDINGER/SPELLENBERG [2015] Art 22 Brüssel IIa-VO Rn 58 f) und bei Urteilen aus Drittstaaten das HZÜ oder das HZPÜ (dazu unten Rn 171 ff).

159 Sind ausländische Urteile ggf trotz eines Zustellungsmangels nach der lex fori wirksam, ist noch am Maßstab des § 109 Abs 1 Nr 2 FamFG zu prüfen, ob **der Beklagte** hinreichend zuverlässig vom Verfahrensbeginn und seinem Gegenstand informiert wurde. Dass er davon irgendwie Kenntnis hätte erlangen können, genügt nicht. Grundsätzlich muss der Beklagte selbst das Schriftstück oder eine Kopie **tatsächlich erhalten** haben. Ausreichend ist es auch, wenn ein von ihm bestellter Zustellungsbevollmächtigter oder in Deutschland ein Hausgenosse (§ 181 ZPO) die entsprechende Kenntnis erlangt hat. Es genügt auch, wenn die Ladung so in den Machtbereich der Empfangsperson gelangt, daß diese nach dem natürlichen Lauf der Dinge von dem Inhalt Kenntnis nehmen konnte. Im Einzelnen kann auf das bei STAUDINGER/SPELLENBERG (2015) Art 22 Brüssel IIa-VO Rn 52 ff Gesagte verwiesen werden.

160 Wenn man diskutiert, ob der ausländische Zustellungsmangel ggf nach **§ 189 ZPO**

geheilt werde, ist das eine schiefe Fragestellung, denn das deutsche Verfahrensrecht kann nicht ausländische Zustellungsfehler heilen. § 189 ZPO ist Ausdruck des Rechtsgedankens, dass es auf die Einhaltung formstrenger Zustellungsvorschriften soweit nicht ankommen kann, als die schutzwürdigen Interessen des Adressaten gleichwohl gewahrt worden sind, aber hier als wesentlicher **Bestandteil** der Kontrolle nach **§ 109 Abs 1 Nr 2 FamFG**. Es wäre nicht gerechtfertigt, vom ausländischen Verfahren mehr zu verlangen als vom eigenen. Hier ist danach zu fragen, ob der Beklagte zuverlässige Kenntnis von dem das Verfahren einleitenden Schriftstück erlangt hatte (im Ergebnis schon zum alten Recht: BayObLG 29. 11. 1974 BayObLGZ 74, 471 = FamRZ 1975, 215 [Geimer] = StAZ 1975, 130 = MDR 1975, 495; BayObLG 17. 10. 1975 BayObLGZ 75, 374 = NJW 1976, 1032; BayObLG 2. 6. 1978 BayObLGZ 1978, 132; Martiny, Hdb IZVR Bd III/1 Kap I Rn 849; zum neuen Recht: BayObLG 17. 12. 1987 NJW 1988, 2178 = BayObLGZ 1987, 439 ff; MünchKommZPO/Gottwald § 328 Rn 102; Kondring, Heilung 321; Geimer, Anerkennung 127 f; ders, IZPR Rn 2918; **aA** laut Krzywon StAZ 1989, 100 die Praxis der LJV; JM BW 4. 12. 2000 FamRZ 2001, 1015; MünchKommFamFG/Rauscher Rn 29).

Öffentliche Zustellung durch das Prozessgericht bzw fiktive Inlandszustellung wie zB die früher vorgesehene remise au parquet in Frankreich genügen daher grundsätzlich nicht, auch und gerade wenn sie nach der lex fori ordnungsgemäß waren. Gerade für diese Fälle will Nr 2 die Anerkennung ausschließen und verlangt tatsächlichen Zugang. Die Einrede wäre aber **rechtsmissbräuchlich** und daher zurückzuweisen, wenn der Beklagte selbst absichtlich durch Verheimlichung seiner Anschrift eine echte Zustellung verhindert hat (vgl den Fall BGH 2. 10. 1991 IPRax 1993, 324 [Linke 295]), und das Urteil ist anzuerkennen (Wiehe, Zustellungen 224 ff; Geimer/Schütze/Baumann, IZVR HUntVÜ Nr 795.126; BGH 4. 6. 1992 BGHZ 118, 312, 321; OLG Koblenz 26. 11. 1990 FamRZ 1991, 459 f). Bei der Abwägung des Justizgewährungsanspruchs des Klägers mit dem Anspruch des Beklagten auf rechtliches Gehör darf dem Beklagten aber nicht erst Absicht schaden, oder sein deutlich überwiegendes Verschulden (Wiehe, Zustellungen 225 f; BGH 2. 10. 1991 IPRax 1993, 324 [zust Linke 295 f] = WM 1992, 286; EuGH 11. 6. 1985 Slg 1985-II, 1779 *[Debaechet v Bowman]* = RIW 1985, 967), sondern eine öffentliche – fiktive – Zustellung ist zulässig und ausreichend, wenn der Beklagte objektiv wirklich unauffindbar ist, und das Gericht alle Maßnahmen ergriffen hat, die Adresse ausfindig zu machen (EuGH 15. 3. 2012 – C-292/10 *G. v de Visser* Rn 55, IPRax 2013, 341). Ggf ist der Kläger auch noch nach Verfahrensbeginn verpflichtet, eine ihm nun bekannt gewordene Anschrift zu nennen (Wiehe, Zustellungen 225; irrig OLG Koblenz 19. 6. 1990 IPRax 1992, 35). Eine Gesamtabwägung ist insbesondere deshalb geboten, weil § 109 Abs 1 Nr 2 FamFG ein konkretisierter Vorbehalt des ordre public ist. **161**

Auf das Verschulden des Beklagten stellen ausdrücklich aber Art 29 Abs 2 deutsch-tunesisches und Art 5 Abs 2 Nr 2 deutsch-spanisches Abkommen und mit anderer Folge Art 16 Abs 2 HZÜ ab. Allerdings kann ein Kläger nicht ohne weiteres verlangen oder erwarten, dass der Beklagte ihm stets seine Adresse kund macht. Es kommt darauf an und genügt, dass der Kläger sie ausfindig machen kann. Unter getrennt lebenden, aber noch nicht geschiedenen Eheleuten darf man jedoch eine gewisse Verpflichtung annehmen, gegenseitig erreichbar zu bleiben. **162**

ee) Rechtzeitigkeit

Abs 1 Nr 2 nennt keine konkreten Mindestfristen für die Rechtzeitigkeit einer Zu- **163** stellung des verfahrenseinleitenden Schriftstückes. Die Zeitspanne, die zwischen der Zustellung und der ersten Verhandlung bzw der Einlassung des Beklagten auf die Klage für die Anerkennung zu verlangen ist, ist durch Interpretation des § 109 Abs 1 Nr 2 FamFG zu ermitteln. Dieselbe Frage stellt sich bei Art 22 lit b Brüssel IIa-VO. Obwohl theoretisch die Interpretation des § 109 Abs 1 Nr 2 FamFG und des Art 22 lit b Brüssel IIa-VO nicht dieselbe sein muss, sollte man doch schon aus praktischen Gründen nicht verschieden entscheiden. Beide Bestimmungen legen keine konkreten Fristen fest, sodass nach den Umständen des Einzelfalles zu entscheiden ist. Die Einlassungsfristen des Rechts des Urteilsstaates sind zwar eine Minimalfrist, aber in grenzüberschreitenden Prozessen häufig nicht ausreichend (**aA** wohl Nagel/Gottwald, IZPR § 12 Rn 167). Es kann hier auf die Ausführungen bei Staudinger/Spellenberg (2015) Art 22 Brüssel IIa-VO Rn 45 und Art 18 Brüssel IIa-VO Rn 62 ff verwiesen werden.

ff) Sprache der Zustellung

164 Die Frage eines Schutzes des Fremdsprachigen **im deutschen Verfahren** findet zunehmend und zu Recht Beachtung. Das Gebot des rechtlichen Gehörs (Art 103 Abs 1 GG) und letztlich die Menschenwürde gebieten, nicht ohne Modifikation auf § 184 GVG und der deutschen Gerichtssprache zu beharren. Zu Recht erlaubt § 184 Abs 1 S 2 GVG der Sprachminderheit der Sorben den Gebrauch ihrer Sprache und § 185 GVG verlangt die Zuziehung eines Dolmetschers in der mündlichen Verhandlung, wenn Beteiligte nicht des deutschen mächtig sind (näher dazu Hau, in: Liber Amicorum Schurig [2012] 49, 51 ff; Leipold, in: FS Matscher [1993] 287 ff). Schriftsätze und ihre Anlagen sind jedoch in Deutsch abzufassen, fremdsprachige Schriftsätze können aber nicht unbeachtet bleiben, vielmehr sind sie mit einer deutschen Übersetzung einzureichen (Schack, IZVR Rn 644). Nach hM müssen Anträge auch nicht in der Sprache des Antragsgegners übersetzt werden, es obliegt ihm vielmehr sich selbst um eine Übersetzung zu bemühen. Freilich kann ihm bei dadurch verursachter Fristversäumung Wiedereinsetzung gewährt werden (BVerfG 16. 6. 1975 BVerfGE 40, 95). Die Vorschriften der ZPO zur Zustellung ins Ausland sagen nichts zur Sprache. Man muss das wohl so verstehen, dass die Antragsschrift in Deutsch einzureichen ist.

165 Diese Regelung für das deutsche Verfahren gibt wenig Anlass, eine Rüge wegen Verletzung des rechtlichen Gehörs iSd § 109 Abs 1 Nr 2 FamFG zuzulassen, weil das ausländische Gericht nicht mit einer Übersetzung in die Sprache des Adressaten zugestellt hat. Freilich muss man wohl wenigstens verlangen, dass ihm erkennbar war, dass es sich um ein gerichtliches, mindestens amtliches Verfahren handelt, was bei der Verwendung fremder Schriftzeichen, etwa chinesischer, nicht der Fall zu sein braucht. Erfreulicherweise enthalten die Zustellungsübereinkommen wie zB Art 5 Abs 3 HZÜ Sprachvorschriften (dazu unten Rn 167 ff).

166 **Zusammenfassend** lässt sich feststellen: Ist das ausländische Urteil **trotz der fehlerhaften Zustellung** nach seinem nationalen Recht immerhin wirksam, so steht § 109 Abs 1 Nr 2 FamFG seiner Anerkennung nicht entgegen, wenn der Beklagte dennoch von dem Verfahren zuverlässig und rechtzeitig iSd § 189 ZPO Kenntnis erlangt hat. Während dieses Ergebnis für nationales deutsches Recht weitgehend gesichert ist, ist es sehr bestritten, wenn das HZÜ eingreift.

f) Staatsverträge

Staatsverträge gehen natürlich vor, sowohl soweit sie die Zustellung regeln als auch ggf, ob Zustellungsmängel der Anerkennung entgegenstehen. Die Europäische Verordnung über die Zustellung gerichtlicher und außergerichtlicher Schriftstücke in Zivil- und Handelssachen (EG-ZustVO) gilt aber nur für Zustellungen aus einem Mitgliedstaat in einen anderen (Art 1 EG-ZustVO), und für die Anerkennung von Urteilen aus einem Mitgliedstaat der Brüssel IIa-VO gilt nur Art 22 lit b Brüssel IIa-VO und damit auch nur die EG-ZustVO. Diese ist bei Art 18 Brüssel IIa-VO Rn 24 ff behandelt. **167**

aa) HZÜ. HZPÜ

Im Verhältnis zu Drittstaaten außerhalb der EU sind vor allem das Haager Übereinkommen über die Zustellung gerichtlicher und außergerichtlicher Schriftstücke im Ausland in Zivil- und Handelssachen (HZÜ) v 15. 11. 1965 (BGBl 1977 II 1435) und das Haager Übereinkommen über den Zivilprozess v 1. 3. 1954 (HZPÜ) (BGBl 1958 II 577) zu nennen. Ersteres hat heute sehr viele Vertragsstaaten und verdrängt entsprechend seinem Art 22 im Verhältnis seiner Vertragsstaaten das HZPÜ (zum jeweiligen internationalen Anwendungsbereich s Jayme/Hausmann, Internationales Privat und Verfahrensrecht bei HZÜ und HZPÜ). Dazu kommen bilaterale Rechtshilfeverträge, die bei Staudinger/Spellenberg (2015) Art 18 Brüssel IIa-VO Rn 18 f erörtert sind. **168**

Das HZÜ regelt wie das HZPÜ nur die Art und Weise der internationalen Zustellungen. Es soll sie leichter und sicherer machen. Seine Anwendung ist allein aus erststaatlicher Sicht zu beurteilen. Etwaige **deutsche Ausführungsgesetze** zu dem betreffenden Übereinkommen bleiben natürlich außer Betracht, auch wenn der Adressat der Zustellung in einem ausländischen Verfahren in der Bundesrepublik wohnt (BGH 2. 12. 1992 BGHZ 120, 305; OLG Koblenz 19. 6. 1990 IPRax 1992, 35; OLG Saarbrücken 15. 6. 1992 RIW 1993, 418 = NJW-RR 1992, 1534; JM BW 4. 12. 2000 FamRZ 2001, 1015 [deutsch-tunesischer Vertrag]; **aA** OLG Hamm 27. 11. 1987 RIW 1988, 131 m abl Anm Mezger RIW 1988, 477). **169**

Bei ihrer Einhaltung ist die **Zustellung ordnungsgemäß** (zu ersterem BGH 26. 11. 1975 BGHZ 65, 291; zu letzterem EuGH 3. 7. 1990 IPRax 1991, 177). Die internationalen Abkommen sind zugleich Bestandteil des Rechts der Vertragsstaaten. Zustellungsfehler können aber leicht vorkommen. Art 15 HZÜ behandelt nur die Frage der Fortsetzung des Erkenntnisverfahrens bei fehlendem Nachweis der Zustellung und Art 16 HZÜ, allerdings nicht für Ehescheidungen, eine Wiedereinsetzung bei misslungener Zustellung (weiter Staudinger/Spellenberg [2015] Art 18 Brüssel IIa-VO Rn 51, 70). **170**

Schon im Hinblick auf die Aussetzung und Fortsetzung des Verfahrens ist zu fragen, ob eine **Heilung eines Mangels** möglich ist. Eine ausdrückliche Bestimmung dieses Inhalts enthält das HZÜ nicht, aber zur Parallelregelung der EG-ZustVO hat der EuGH von einer Heilung gesprochen, wenn der Kläger alsbald die erforderliche Übersetzung des zugestellten Schriftstücks nachreicht (EuGH 8. 11. 2005 – C-443/03 *Leffler v Berlin Chemie* Rn 64, IPRax 2006, 151 mAnm Stadler 116, 121). Genau genommen handelte es freilich eher um eine Nachbesserung. Wie die EG-ZustVO enthält das HZÜ keine ausdrückliche Heilungsvorschrift. Die hM argumentiert, dass das vorrangig geltende HZÜ eine Heilung nicht vorsehe, und hat daraus entnommen, dass **171** damit auch die allgemein geltenden Vorschriften der lex fori ausgeschlossen würden (BGH 20. 9. 1990 NJW 1991, 641 f; LG Trier 17. 10. 2002 IPRax 2004, 249 mAnm de Lind van Wijnaarden-Maack 212; Schack, IZVR Rn 696; Rauscher IPRax 1991, 155, 159; Brand/Reichelm IPRax 2001, 175 f; **aA** MünchKommZPO/Gottwald § 328 Rn 84). Das kann freilich **nicht zwingend** aus dem Schweigen des HZÜ entnommen werden (Jayme IPRax 1997, 194 f; de Lind van Wijngarden-Maack IPRax 2004, 212, 215; oben Rn 160). Unstreitig ist die lex fori des Erstgerichts dafür maßgebend, zu dem auch internationale Zustellungsabkommen gehören.

172 Man muss jedoch unterscheiden, ob es um die **Rechtshängigkeit** durch Zustellung geht oder um die **spätere Anerkennung** des Urteils. Im ersteren Fall ist eine Heilung idR nicht nötig, weil die mangelhafte Zustellung noch nachgebessert werden kann, zB durch Nachreichen der fehlenden Übersetzung (EuGH 8. 11. 2005 – C-443/03 *Leffler v Berlin Chemie* Rn 64, IPRax 2006, 151 mAnm Stadler 116, 121) oder durch Wiederholung einer fehlerhaften Ersatzzustellung. Das sollte dann auch geschehen. Man kann einen Hinweis aus Art 15 HZÜ entnehmen, wo der Richter mindestens 6 Monate auf den Eingang des Zustellungsnachweises warten muss, um ua in der Zwischenzeit nachzufragen, wo er bleibe.

173 Hier geht es dagegen um die Frage einer Heilung für die Anerkennung, wo die Zustellung nicht mehr nachgebessert werden kann. Nach Auffassung des BGH (BGH 2. 12. 1992 BGHZ 120, 305 = ZZP 106, 391 [abl Schütze] = JZ 1993, 618 [abl Schack] = JR 1993, 410 [Rauscher] = FamRZ 1993, 311 [USA]; OLG Köln 1. 6. 1994 RIW 1995, 683 [Israel]; BayObLG 29. 11. 1974 FamRZ 1975, 215; OLG München 17. 11. 1994 RIW 1995, 1026; Thomas/Putzo/Hüsstege Rn 12) schließt das HZÜ, wenn es um die Anerkennung trotz fehlerhafter Zustellung geht, die Heilung nach dem deutschen **§ 189 ZPO aus**, wenn die Anerkennung nach § 109 FamFG zu prüfen ist, weil sonst Verstöße gegen das HZÜ sanktionslos blieben und deshalb die Gerichte die Vorschriften des Übereinkommens nicht gleichförmig anwenden würden. Der Beklagten war eine Scheidungsklage aus den USA zwar in Deutschland mit Einschreiben zugegangen, doch hat die BRD dieser Art der Zustellung gem Art 10 Abs 1 lit a HZÜ widersprochen. Eine Heilung des Fehlers könne nur nach der lex fori einschließlich von Staatsverträgen erfolgen, doch sehe das HZÜ das nicht vor. (Zu dem Problem war es wohl gekommen, weil das amerikanische Gericht das HZÜ für eine alternative Zustellungsregelung, nicht für eine abschließende hielt.)

174 Entgegen der Auffassung des BGH ist aber auch dann § 189 ZPO heranzuziehen, wenn nicht die Zustellungsregeln des autonomen Rechts des Urteilsstaates verletzt wurden, sondern die eines von ihm abgeschlossenen Rechtshilfeabkommens, das nicht auch die Anerkennung regelt (im Erg MünchKommZPO/Gottwald § 328 Rn 99, 102; Schlosser, in: FS Matscher [2008] 396 f; Kondring, Heilung 309 mwNw; Wiehe, Zustellung 116; Linke IPRax 1993, 295; Nagel/Gottwald, IZPR § 12 Rn 169; Geimer, IZPR Rn 2916, 2920; Schack, IZVR Rn 846 ff; de Lind van Wijngaarden-Maack IPRax 2004, 216, 218; **aA** Stürner JZ 1992, 325; ders, in: FS Nagel [1987] 454; OLG Köln 25. 5. 1990 RIW 1990, 668; OLG München 17. 11. 1994 RIW 1995, 1026). Eine Verletzung der Vertragstreue liegt nicht vor, weil das HZÜ die Anerkennung trotz Zustellungsmängeln nicht behandelt, und eine „pädagogische“ Hoffnung, mit der Verweigerung der Anerkennung auf die internationale Einhaltung des HZÜ hinwirken zu können, wäre trügerisch und belastete vor allem unberechtigterweise den Antragsteller mit weitereichenden Folgen eines oft vom Gericht zu verantwortenden Fehlers.

Das HZÜ befasst sich nicht mit den **Folgen mangelhafter Zustellungen** für die Anerkennung der Entscheidungen (MünchKommZPO/Gottwald § 328 Rn 84), sie regelt die Art und Weise der Auslandszustellung und damit deren Ordnungsmäßigkeit und füllt so den Tatbestand des § 109 Abs 1 Nr 2 FamFG. Soweit sie anwendbar ist, ist sie zwingend, sodass eine Zustellung auf anderen Wegen nicht ordnungsgemäß wäre (Art 1 Abs 1 HZÜ). **Doch** nicht das HZÜ, sondern **§ 189 ZPO mit § 109 FamFG** entscheidet, ob die Entscheidung später nicht anerkannt wird. Zu Recht sind daher Art 45 Abs 1 lit b Brüssel Ia-VO (früher: Art 34 Nr 2 Brüssel I-VO) und entsprechend Art 22 lit b Brüssel IIa-VO verändert worden und verlangen nun nur noch eine für die Verteidigung ausreichende Zustellung. Dem Schweigen von HZÜ und HZPÜ zur Anerkennung kann nicht entnommen werden, dass die Anerkennung ausgeschlossen sei, wenn nicht so zugestellt wurde wie diese Übereinkommen es vorschreiben. Die Anerkennung ist Sache des nationalen Rechts. **175**

bb) Sprache der Zustellung

Gem **Art 8 Abs 1 EuZustVO** kann die Zustellung an einer Annahmeverweigerung des Antragsgegners scheitern, wenn das verfahrenseinleitende Schriftstück nicht in der richtigen Sprache abgefasst bzw nicht übersetzt ist (Staudinger/Spellenberg [2015] Art 18 Brüssel IIa-VO Rn 44 ff). Immer richtig ist allein die Sprache des Zustellungsstaates. Die Sprache des entscheidenden Gerichts genügt nur, wenn sie der Adressat versteht, und dritte Sprachen können immer zurückgewiesen werden. Hat der Beklagte **zu Recht die Annahme verweigert**, ist die Zustellung gescheitert und eine **Anerkennung ausgeschlossen**. Wenn der Antragsgegner die nicht zugelassene Sprache dennoch versteht, liegt zwar das Argument des Rechtsmissbrauchs nahe, doch lässt es Art 8 EuZustVO nicht zu, indem sie eindeutig nur die beiden Sprachen erlaubt (**aA** wohl Schlosser Art 8 EuZustVO Rn 5 aE). Es ist auch nicht wünschenswert, die Streitigkeiten über das Ausreichen von Sprachkenntnissen zu vermehren, wenn man noch weitere Sprachen als die des Gerichts unter dieser Voraussetzung zuließe (Stadler IPRax 2002, 284; Hau IPRax 1998, 457). **176**

Art 5 HZÜ überlässt den Empfangsstaaten, eine Übersetzung in die Landessprache zu verlangen (so zB in Deutschland § 3 AusfG zum HZÜ). Es geht davon aus, dass der Adressat sie versteht. Andernfalls trifft ihn eine Übersetzungsobliegenheit. Ebenso erwartet **Art 3 HZPÜ** von 1954 eine Übersetzung in die Sprache des Zustellungsstaates. Im Gegensatz zur EuZustVO enthalten aber beide Übereinkommen keine Regelung zur Annahmeverweigerung aus sprachlichen Gründen. Man kann sagen, dass die Annahme nicht verweigert werden darf, wenn diese **Sprachregelung eingehalten** war. HZÜ und HZPÜ stimmen mit der EuZustVO überein, dass die Zustellung in der **Sprache des Zustellungsstaates**, die nicht die des Gerichts ist, vorzunehmen ist. Die EuZustVO erlaubt darüber hinaus auch jede Sprache, die der Adressat versteht, was vor allem die Gerichtssprache betreffen wird. **177**

Der BGH (BGH 2. 12. 1992 BGHZ 120, 305, 309 f = ZZP 106, 391 [Schütze] = JZ 1993, 618 = JR 1993, 410 [Rauscher] = FamRZ 1993, 311) hat ua eine Zustellung in Deutschland nach dem HZÜ in der englischen Gerichtssprache statt in Deutsch für unwirksam erklärt, obwohl die deutsche Adressatin höchstwahrscheinlich die Sprache verstand. Art 5 **178**

Abs 3 HZÜ verlange die Übersetzung ins Deutsche. Sie hatte das Schriftstück erhalten und anscheinend nicht zurückgewiesen, vielmehr war dem Verfahren nur fern geblieben. Das ist ein unangemessener Formalismus. Die Entscheidung kann trotz dieses Zustellungsfehlers anerkannt werden, weil die Klage samt Ladung den Adressaten erreicht hatte (so BayObLG 29. 11. 1974 FamRZ 1975, 215).

179 Das nötigt dann allerdings auch zu uU unsicheren Feststellungen im Nachhinein über die tatsächlichen Sprachkenntnisse des Antragsgegners wie sie aber auch bei Art 8 Abs 1 lit a EG-ZustVO 2007 nötig werden (dazu STAUDINGER/SPELLENBERG [2015] Art 18 Brüssel IIa-VO Rn 45, 47). Wenn man der Meinung folgt, dass das HZÜ nichts über die Anerkennung von Urteilen sagt, dann muss man auch die Konsequenzen ziehen (weiter oben Rn 175).

cc) Bilaterale Rechtshilfebkommen

180 Gem Art 4 Abs 3 des **deutsch-schweizerischen Abkommens** ist die Anerkennung ausgeschlossen, falls die Zustellung nicht im Wege der Rechtshilfe oder nur öffentlich bewirkt wurde und sich der Beklagte nicht auf das Verfahren eingelassen hat. Damit ist die Anerkennung staatsvertraglich auch ausgeschlossen, wenn die Mitteilung an den Beklagten auf andere Weise erfolgte (KONDRING, Heilung 375 für das deutsch-italienische Abk).

181 Die meisten bilateralen Anerkennungsverträge sind heute durch die Brüssel IIa-VO abgelöst worden (Art 59 Abs 1 Brüssel IIa-VO). Von den verbliebenen bestimmt der **deutsch-tunesische Anerkennungsvertrag** in Art 29 Abs 2 S 1, dass dem bei Verfahrenseinleitung im Anerkennungsstaat befindlichen Beklagten die Klage in einem der in Art 8 bis 16 genannten Wege zugestellt werden musste (dazu JM BW 4. 12. 2000 FamRZ 2001, 1015). Nach dem Günstigkeitsprinzip genügt es aber, wenn den Anforderungen des § 109 Abs 1 Nr 2 FamFG Genüge getan ist.

182 Geografisch große Bedeutung hat nach wie vor das deutsch-britische Abkommen über den Rechtsverkehr v 20. 3. 1928 (RGBl 1928 II 623, wieder in Kraft BGBl 1953 II 1169), denn es gilt weiter im Verhältnis zu den meisten ehemaligen, jetzt unabhängigen Kolonien. Es regelt die Art und Weise der Zustellung in Art 3 ff. Zur Anerkennung von Urteilen nach Zustellungsfehlern sagt es aber nichts.

g) Zusammenfassung

183 Zusammenfassend ist zu sagen, dass **§ 189 ZPO genügen lässt**, dass dem Antragsgegner, und nicht Dritten ohne Empfangsvollmacht, der Antrag tatsächlich zugegangen ist, wenn auch nicht in einer in jeder Hinsicht ordnungsgemäßen Art und Weise. Das gilt gleichermaßen, wenn die Zustellung vom Erstgericht nach dem HZÜ oder HZPÜ wie wenn nach seiner lex fori (so wohl in OLG München 26. 1. 2012 FamRz 2012, 1512, Algerien) vorzunehmen war. Das verfahrenseinleitende Schriftstück muss seinen Adressaten auf amtliche Veranlassung erreicht haben, und nicht irgendwie, und es muss ausreichend verständlich sein. Es muss nicht nur ergeben, dass eine Scheidung anhängig gemacht wurde, sondern muss auch den Grund der Klage soweit erkennen lassen, dass der Antragsgegner beurteilen kann, ob und wie er sich zweckmäßig verteidigen kann (OLG München 26. 1. 2012 FamRZ 2012, 1512).

h) Fiktive Inlandszustellung

Das HZÜ ist aber **nur anwendbar, wenn** „das Schriftstück zum Zwecke der Zustellung in das Ausland zu übermitteln ist". Daraus folgert man, dass die lex fori des Erstgerichts darüber entscheidet (zB BGH 7. 12. 2010 NJW-RR 2011, 417 Rn 8; OLG Hamm 10. 8. 2011 NJW-RR 2012, 62; OLG Oldenburg IPRax 1992, 169 mAnm NAGEL 150; GEIMER, IZPR Rn 2080 f). § 183 Abs 1 S 1 ZPO schreibt dem deutschen Gericht vor, für die Zustellung ins Ausland nach den völkerrechtlichen Abkommen **zu verfahren**, also ggf dem HZÜ, aber eine solche Pflicht richtet sich nur an den deutschen Richter, und die ZPO sagt auch nicht klar, ob im Ausland zuzustellen ist, doch mag mag das aus § 183 ZPO ableiten (MünchKommZPO/HÄUBLEIN § 183 Rn 1). Auch in den anderen Vertragsstaaten greift das HZÜ erst ein, wenn dort vorgeschrieben ist, dass im Ausland zugestellt werden soll. **184**

Damit könnte das nationale Recht durch Anordnung der Inlandszustellung, zB die Zustellung an im Ausland wohnende Beklagte durch „remise au parquet" oder durch **öffentliche Zustellung** nach 185 ZPO u drgl zu ersetzten und das Eingreifen des HZÜ verhindern (krit mit Recht SCHACK, IZVR [5. Aufl 2010] Rn 686; mit guten Gründen für eine Einschränkung fiktiver Inlandszustellungen kraft EMRK und EGV schon LINDACHER ZZP 114 [2001] 189; BAJONS, in: FS Schütze [1999] 60 f; H ROTH IPRax 2000, 497 f; OLG Karlsruhe RIW 1999, 539). Davon erfährt der Beklagte erst, wenn er, wie Art 685 f fr CPC in Frankreich vorgeschrieben, vom Gericht durch eingeschriebenen Brief mit Rückschein benachrichtigt wird. Dennoch wäre eine solche Zustellung ordnungsgemäß gem nationalem Recht des Erstgerichts (MünchKommZPO/GOTTWALD § 328 Rn 100). Ob dann auch die Entscheidung anerkannt werden muss, bleibt noch zu prüfen (verneint zu Art 22 lit b Brüssel IIa-VO zB OLG Karlsruhe 12. 3. 1999 RIW 1999, 538 f; H ROTH IPRax 2000, 498; GEIMER IPRax 1988, 274). **185**

Der EuGH hat diese Freiheit der nationalen Gesetzgeber entscheidend dadurch eingeschränkt, dass für eine Auslandszustellung immer die Wege der EuZustVO oder **des HZÜ** benutzt werden müssen, wenn es möglich ist (EuGH 13. 2. 2005 – C-522/03 *Scania v Rockinger*, IPRax 2006, 157 mAnm STADLER 116). Das bedeutet, dass effektiv im Ausland zugestellt werden muss, wenn die Anschrift des Antragsgegners bekannt ist und die Zustellung nicht aus anderen Gründen tatsächlich unmöglich ist. **186**

In *Scania* zog der EuGH konkret den Schluss, dass die Anerkennung der Entscheidung gem Art 27 Nr 2 EuGVÜ (heute Art 45 Abs 1 lit b Brüssel Ia-VO) zu verweigern sei, weil nicht auf dem Wege des HZÜ zugestellt worden war, sondern wie damals in Frankreich vorgesehen durch „remise an parquet" dh durch Übergabe an den Staatsanwalt in Frankreich. Nun betraf das Urteil allerdings das Verhältnis zwischen **zwei Mitgliedstaaten des EuGVÜ**, und man kann argumentieren, dass der EuGH nicht über die Anerkennungshindernisse iSd § 109 FamFG für Urteile aus Drittsaaten zu entscheiden habe. Allerdings sagt § 183 Abs 1 ZPO ebenso, dass der deutsche Richter, wenn möglich nach internationalen Abkommen zustellen lassen muss, und da § 109 Abs 1 Nr 2 FamFG wie der frühere Art 27 Nr 2 EuGVÜ und der heutige Art 22 lit b Brüssel IIa-VO lautet und ihnen nachgebildet ist, kann man die Argumentation des EuGH auch auf die Anerkennung von ausländischen Urteilen aus außereuropäischen Mitgliedstaaten des HZÜ übertragen, wenn dieser Zustellungsweg nicht verwendet wurde. **187**

188 Der EuGH hat, wenn auch mit Blick auf Art 28 Abs 2 Brüssel Ia-VO (bzw Art 18 Abs 1 Brüssel IIa-VO) die öffentliche Zustellung bei **unbekanntem Aufenthalt** des Beklagten zugelassen, wenn, aber auch nur wenn **alle „erforderlichen Maßnahmen"** – erfolglos – ergriffen wurden, um die Adresse des Antragsgegners zu ermitteln (EuGH 15. 3. 2012 – C-292/10 *De Visser* Rn 55, EuZW 212, 381 mAnm Bach = IPRax 2013, 341). Das dürfte auch bei § 109 Abs 1 Nr 2 FamFG gelten. Die Rechtsprechung des BGH, der darauf abstellte, wer an der Unauffindbarkeit des Beklagten schuld sei (BGH 2. 10. 1992 IPRax 1993, 324, 326; OLG Koblenz 20. 11. 1990 FamRZ 1991, 459; 461; Geimer, IZPR Rn 2104; vgl auch EuGH 11. 6. 1985 – C-49/84 *Debaecker v Plouvier*), ist damit zT überholt. Die Frage stellt sich namentlich bei **Wohnungswechsel** des Antragsgegners. Weiß der Antragsteller, dass die bisherige Anschrift nicht mehr stimmt, oder muss er es wissen, dann obliegt ihm und dem Gericht, die neue ausfindig zu machen. Wäre das möglich gewesen, dann ist die öffentliche Zustellung nicht zulässig, auch wenn der Antragsgegner seinen Wohnortwechsel nicht mitgeteilt hat, obwohl er mit einem Verfahren rechnen konnte (so aber noch BGH 2. 10. 1992 IPRax 1993, 324, 326; BayObLG 13. 3. 2002 FamRZ 2002, 1423 f).

189 Wer diese Maßnahmen ergreifen muss, wird nicht ausdrücklich erläutert; in beiden Entscheidungen des EuGH war vor allem das Gericht tätig geworden, und es scheint, dass der EuGH vor allem das Gericht in der Pflicht sieht. Die **Ermittlung einer ladungsfähigen Anschrift** obliegt grundsätzlich dem Kläger **und** dem Gericht (BGH 2. 10. 1991 IPRax 1993, 324, 326 Anm Linke 295). Die Beklagten hatten sich zwar aller Wahrscheinlichkeit nach arglistig bzw in betrügerischer Absicht der Rechtsverfolgung entzogen, doch stellt der EuGH darauf nicht ab. Paraschas (Geimer/Schütze/Paraschas, IRVZ Art 22 EheVO Rn 27) will die Anerkennung nur, wenn der Antragsgegner selbst schuld ist, indem er sich der Zustellung missbräuchlich entzogen hat.

i) Rechtsmittelobliegenheit

190 Anders als jetzt Art 45 Abs 1 lit b **Brüssel Ia-VO** enthalten weder § 109 Abs 1 Nr 2 FamFG noch Art 22 lit b Brüssel IIa-VO eine Rechtsmittelobliegenheit. Dennoch wird die Meinung vertreten, dem Beklagten, der trotz späterer Kenntnis vom erstinstanzlichen Urteil kein Rechtsmittel gegen die Entscheidung eingelegt hat, sei die Berufung auf § 109 Abs 1 Nr 2 FamFG verwehrt, denn das dem Beklagten in der Rechtsmittelinstanz gewährte rechtliche Gehör gleiche die Benachteiligung aus dem ersten Rechtszug aus (BGH 26. 8. 2009 BGHZ 182, 188 = FamRZ 2009, 1816; KG 20. 2. 1976 NJW 1977, 1016, 1018; LG Karlsruhe 15. 5. 1971 IPRspr 1971 Nr 146; Geimer, IZPR Rn 2921; ders, IPRax 1988, 274; Zöller/Geimer § 328 ZPO Rn 163).

191 Es ist zu unterscheiden: Wenn der, also informierte, Antragsgegner noch in der ersten Instanz zB durch Beschwerde eine ordnungsmäßige Mitteilung des Antrags hätte erlangen können, dann hätte er diese Möglichkeit ergreifen müssen. Wenn er dagegen erst nach Abschluss der Instanz vom Urteil in seiner Abwesenheit erfährt, dann würde ihm selbst bei einer erfolgreichen Berufung oder Beschwerde eine Instanz – unter Umständen sogar die einzige Tatsacheninstanz – genommen (BGH 2. 12. 1992 BGHZ 120, 305, 313 f; BayObLG 2. 6. 1978 BayObLGZ 1978, 132; OLG Stuttgart 16. 8. 1977 RIW 1979, 130; OLG Köln 12. 4. 1989 NJW-RR 1990, 127; OLG Frankfurt 21. 2. 1991 IPRax 1992, 90 [zu Art 27 EuGVÜ]; JM BW 22. 12. 2000 FamRZ 2001, 1379; OLG Bremen 15. 10. 2012 FamRZ 2013, 808; zu Art 27 EuGVÜ EuGH 12. 11. 1992 C-123/91 – *Minalmet v Brandeis* – IPRax

1993, 394 [Rauscher 376]; BGH 18. 2. 1993 IPRax 1993, 396; MünchKommZPO/Gottwald § 328 Rn 86 f; Stein/Jonas/H Roth § 328 ZPO Rn 106; Schack, IZVR Rn 941; Martiny, Hdb IZVR Bd III/1 Kap I Rn 861). Um die Einrede der Nr 2 auszuscheiden, muss der Beklagte so rechtzeitig Kenntnis erlangt haben, dass er sich noch in der **ersten Instanz** voll am Verfahren hätte beteiligen und eine richtige Zustellung erreichen können. Wenn auf das Rechtsmittel hin die Sache zu erneuter Verhandlung an die erste Instanz zurückverwiesen worden wäre, verlöre der Beklagte zwar keine Tatsacheninstanz, aber es wäre kompliziert, davon die Anerkennung abhängig zu machen, und auch unbillig, vom Beklagten die entsprechenden Rechtskenntnisse zu verlangen, um den richtigen Weg zu wählen. Wenn die lex fori wegen des Zustellungsmangels einen außerordentlichen Rechtsbehelf wie zB die Nichtigkeitsklage eröffnet, gilt das erst recht. Art 45 Abs 1 lit b Brüssel Ia-VO (34 Nr 2 Brüssel I-VO aF) ist nicht auf nationales Anerkennungsrecht und nicht einmal auf Art 22 lit b Brüssel IIa-VO auszudehnen.

k) Nichteinlassung des Beklagten

aa) Einlassung

Die Einrede nach Nr 2 ist ausgeschlossen, wenn sich der Beklagte, obwohl nicht oder **192**
nicht richtig oder rechtzeitig geladen, auf das Verfahren eingelassen hat. Es ist einleuchtend, dass der Beklagte nicht gewissermaßen probehalber teilnehmen darf, um sich bei ungünstigem Ausgang mit Berufung auf § 109 Abs 1 Nr 2 FamFG bzw auch auf Art 22 Brüssel IIa-VO gegen die Anerkennung zu wehren (zB Präs OLG Karlsruhe 7. 11. 2013 FamRZ 2014, 791). Zum Tatbestand der Einlassung bzw der Nichteinlassung kann auf Staudinger/Spellenberg (2015) Art 22 Brüssel IIa-VO Rn 106 ff verwiesen werden.

bb) Berufung auf Nichteinlassung

Die Vorschrift des § 109 Abs 1 Nr 2 FamFG ist ausschließlich im Interesse des **193**
Beklagten gegeben. Die mangelhafte Ladung bzw die Nichteinlassung des Beklagten ist deshalb nur dann beachtlich, wenn er sie gegen die Anerkennung des Urteils **geltend macht**. Hierin liegt ein Unterschied zu Art 22 lit b Brüssel IIa-VO und Art 45 Abs 1 Nr 2 Brüssel Ia-VO (sowie zu § 328 Abs 1 ZPO aF), die ihrem Wortlaut nach den Richter zur Prüfung von Amts wegen verpflichten (Linke, RIW 1986, 410; **aA** Martiny, Hdb IZVR Bd III/1 Kap I Rn 858; Geimer NJW 1973, 2143; ders, IPRax 1985, 8).

Begründet wird diese **Neuerung** damit, dass vermieden werden soll, dass bei der **193a**
Anerkennung in jedem Fall die Prüfung der Ordnungsmäßigkeit und Rechtzeitigkeit von Amts wegen vorgenommen werden muss; denn gerade bei nicht vermögensrechtlichen Streitigkeiten könne der Beklagte ein Interesse an einer Anerkennung ungeachtet einer nicht ordnungsgemäßen Zustellung des verfahrenseinleitenden Schriftstücks haben (amtl Begr BT-Drucks 10/504, 88; unklar insoweit Stein/Jonas/H Roth § 328 ZPO Rn 89; vgl zu § 328 Abs 1 Nr 2 ZPO aF auch KG 18. 11. 1968 OLGZ 1969, 123 = FamRZ 1969, 96; KG 26. 1. 1988 FamRZ 1988, 644; BGH 27. 6. 1990 FamRZ 1990, 1100). Die Rügeobliegenheit bedeutet zunächst, dass das Anerkennungshindernis nicht von Amts wegen geprüft wird, anders als beim anders lautenden Art 45 Abs 1 lit b Brüssel Ia-VO (zu Art 34 Nr 2 Brüssel I-VO BGH 12. 12. 2007 IPRax 2008, 530 mAnm H Roth 501).

Die Berufung darauf kann in einem Verfahren erfolgen, in dem die **Anerkennung** **193b**
Gegenstand (§ 107 FamFG) oder Vorfrage zB einer Scheidungsfolge ist. Dem kann aber auch ein Antrag auf Nichtanerkennung zugrunde liegen. Der ursprüngliche

Antragsgegner muss geltend machen, er sei nicht geladen worden und habe sich mangels Kenntnis vom Verfahren nicht beteiligt. Dabei muss der Beklagte nicht darlegen, wie er sich im Falle ordnungsgemäßer Ladung verteidigt hätte (irrig AG Hamburg 11. 9. 1991 FamRZ 1992, 82 [Anm Gottwald]). Kenntnis des Beklagten vom gegen ihn ergangenen Urteil ändert an der Anerkennungsunfähigkeit nichts mehr, und es ist eine andere Frage, ob die Rüge des § 109 Abs 1 Nr 2 FamFG ausgeschlossen ist, wenn der Beklagte mögliche Rechtsmittel nicht eingelegt hat (oben Rn 190 f). Das Verhalten des Beklagten im Anerkennungsverfahren ist insoweit auszulegen, muss aber ergeben, dass er die mangelnde Zustellung geltend machen will.

193c Muss man sich auf die Nichteinlassung und damit auch auf die mangelnde rechtzeitige Ladung berufen, dann muss der Beklagte darauf auch **verzichten** können (KG 26. 1. 1988 FamRZ 1988, 641; MünchKommZPO/Gottwald § 328 Rn 97). Der Verzicht ist bindend, und damit kann er auch später nicht mehr rügen. Im Verfahren der Anerkennung, wo der Richter notfalls nachfragen kann, darf man eine einigermaßen **klare Verzichtserklärung** erwarten (zB BayObLG 2. 6. 1978 BayObLGZ 1978, 132 = StAZ 1978, 267; KG 18. 11. 1968 OLGZ 1969, 123 = NJW 1969, 801 [Geimer]). Sie liegt namentlich in einem Antrag auf Anerkennung durch den früheren Beklagten selbst (Martiny, Hdb IZVR Bd III/1 Kap I Rn 859 f; MünchKommZPO/Gottwald § 328 Rn 97) oder einer neuen Eheschließung (BGH 27. 6. 1990 FamRZ 1990, 1100 f). Die bloße **Unterlassung der Rüge** oder eines Rechtsmittels im Ausgangsverfahren sind **kein Verzicht**. Der Unterschied manifestiert sich nur darin, dass der Verzicht bindet, eine bloß unterlassene Rüge aber nachgeholt werden kann. Der BGH (30. 3. 2011 BGHZ 189, 87 Rn 24 f) hat in einem Anerkennungsfeststellungsverfahren nach § 107 den § 109 Abs 1 Nr 2 FamFG nicht angewandt, weil sich die Partei nicht auf mangelnde Ladung berufen hat. Er hat allerdings für möglich erklärt, aber in casu verneint, dass die mangelnde Ladung ein Verstoß gegen den allgemeinen ordre public sein könne, der **von Amts wegen** zu prüfen war.

193d Zu fragen ist aber weiter, **wem gegenüber** der Verzicht erklärt werden kann. Nach OLG Celle 12. 12. 1962 (FamRZ 1963, 365; **aA** Martiny Rn 860) genügt der Verzicht auf die Rüge vor einer **unzuständigen Behörde** (Standesbeamten) nicht. Dem ist nicht zuzustimmen, wenn, wie der BGH entschieden hat, der Verzicht auch außerhalb des Verfahrens erklärt werden kann, wenn er ernsthaft und nachweisbar ist (BGH 27. 6. 1990 FamRZ 1990, 1100 = IPRax 1991, 188 m zust Anm Nagel S 172). Stellt der Antragsgegner des Ausgangsverfahrens selbst den Antrag auf Anerkennung, kann das ein Verzicht sein, wenn er wirklich die Anerkennung und nicht letztlich eine Abweisung seines Antrags erstrebt (insoweit zutr OLG Celle FamRZ 1963, 365). Es trifft auch nicht zu, dass der Beklagte in einem Verfahren nach § 107 FamFG den Verzicht widerrufen kann.

194 Nach Auffassung des BGH (27. 6. 1990 FamRZ 1990, 1100; KG 26. 1. 1988 FamRZ 1988, 641 mAnm Gottwald 644) kann der Verzicht auch **Dritten**, namentlich dem anderen Ehegatten erklärt werden. Allerdings stellt das KG (FamRZ 1988, 641) strenge Anforderungen an den Nachweis des Verzichtswillens, wenn der Verzicht außerhalb eines Anerkennungsverfahrens erklärt sein soll (großzügiger BGH FamRZ 1990, 1100; Nagel IPRax 1991, 172; krit Gottwald FamRZ 1988, 644).

195 Nach § 109 Abs 1 Nr 2 FamFG hat **nur der Beklagte** des Ausgangsverfahrens das

Rügerecht. Wenn andere Interessierte die Anerkennung vor der LJV betreiben, sind die Eheleute als Hauptbetroffene zu beteiligen und dann kann der Antragsgegner des Ausgangsverfahrens rügen oder eben auch nicht. Die Wirksamkeit der Entscheidung der LJV (bzw des Präsidenten des OLG) inter omnes müssen die anderen Betroffenen dann hinnehmen (so in BGH FamRZ 1990, 1100 die Mutter der Ehefrau als Erbin). Die Anerkennung der Scheidung hat aber ggf finanzielle Auswirkungen insbesondere für das Erbrecht der Kinder. Wenn der Ehegatte noch nicht gerügt oder auf sein Rügerecht verzichtet hatte, soll es vererblich sein (MünchKommZPO/Gottwald § 328 Rn 79; Stein/Jonas/H Roth § 328 ZPO Rn 89; **aA** KG 26. 1. 1988 FamRZ 1988, 641, 644).

cc) Verwirkung des Rügerechts

196 Ein an sich gegebenes Rügerecht kann sowohl wegen eines Verhaltens vor als auch nach dem Urteil **verwirkt** sein. Zu denken ist zB daran, dass die beklagte Partei absichtlich und langdauernd ihren Aufenthalt verheimlicht und so eine Ladung zum Prozess verhindert hat (o Rn 161; irrig daher OLG Stuttgart 18. 5. 1979 IPRspr 1979 Nr 211). Es ändert daran nichts, wenn der Kläger auch in Deutschland hätte klagen können (so aber OLG Stuttgart).

197 Nach dem Scheidungsurteil und vor einem Anerkennungsverfahren kann das Recht zu rügen dadurch verwirkt werden, dass der damalige Beklagte sich zurechenbarerweise auf den Standpunkt der Gültigkeit des Urteils gestellt hat, namentlich durch Eingehung einer neuen Ehe (LG Berlin 6. 7. 1959 IPRspr 1962/63 Nr 188; NJM BW 21. 2. 1995 FamRZ 1995, 1411; Jansen Art 7 § 1 FamRÄndG Rn 25; Martiny, Hdb IZVR Bd III/1 Kap I Rn 860). Richtiger dürfte darin idR aber ein Verzicht zu sehen sein (oben Rn 194). Für die Verwirkung, wobei man besser von **widersprüchlichem Verhalten** spricht, ist nicht zu verlangen, dass beim Gegner oder Dritten das Vertrauen auf die Wirksamkeit bzw Anerkennungsfähigkeit der Auslandsscheidung entstanden ist.

4. Urteilskollisionen (§ 109 Abs 1 Nr 3 FamFG)*

a) Allgemeines

198 § 109 Abs 1 Nr 3 FamFG wurde, als § 328 ZPO, durch das IPR-Reformgesetz vom

* **Schrifttum**: Basedow, Parallele Scheidungsverfahren im In- und Ausland, IPRax 1983, 278; Bürgle, Zur Konkurrenz von inländischen Scheidungsverfahren mit ausländischen Scheidungsverfahren und Urteilen, IPRax 1984, 292; Dohm, Die Einrede ausländischer Rechtshängigkeit im deutschen internationalen Zivilprozeßrecht (1996); Gottwald, Das internationale Verfahrensrecht im Entwurf eines IPR-Gesetzes, IPRax 1984, 57; ders, Streitgegenstandslehre und Sinnzusammenhänge, in: Gottwald et al (Hrsg), Dogmatische Grundfragen des Zivilprozesses im geeinten Europa. Symposium für K H Schwab (2000) 85; Hau, Positive Kompetenzkonflikte im internationalen Zivilprozeßrecht (1996); Heiderhoff, Die Berücksichtigung ausländischer Rechtshängigkeit in Ehescheidungsverfahren, 1998; Heller, Die Anerkennung einander widersprechender ausländischer Entscheidungen, ZfRV 1982, 162; Henrich, Zur Anerkennung und Abänderung ausländischer Unterhaltsurteile, die unter Nichtbeachtung früherer deutscher Unterhaltsurteile ergangen sind, IPRax 1988, 21; M Koch, Unvereinbare Entscheidungen i.S.d. Art 27 Nr 3 und 5 EuGVÜ/LugÜ und ihre Vermeidung (1993); Krzywon, Die Anerkennung ausländischer Entscheidungen in Ehesachen, StAZ 1989, 93 ff; Lenenbach, Die Behandlung von Unvereinbarkeiten zwischen rechtskräftigen

25. 7. 1986 (BGBl 1986 I 1142) **neu gefasst** und der Regelung in Art 27 Nr 3 und 5 EuGVÜ nachgebildet (Zöller/Geimer § 328 ZPO Rn 199; Geimer, IZPR Rn 2891; Martiny, Hdb IZVR, Bd III/1 Kap 1 Rn 1132; BT-Drucks 10/504, 88; vgl auch Wolf, in: FS Schwab [1990] 566). Er findet sich nun in § 109 Abs 1 Nr 3 FamFG.

199 Gemäß seiner ersten Variante ist die Anerkennung des Urteils eines ausländischen Gerichts zu versagen, wenn es mit einem, auch **späteren inländischen** oder mit einem anzuerkennenden **früheren ausländischen** Urteil unvereinbar ist, und in seiner zweiten Variante, wenn dem dieser Entscheidung zugrunde liegenden Verfahren eine **frühere inländische Rechtshängigkeit** entgegenstand. Letzteres entspricht der früheren Praxis, die sich dabei aber auf den ordre public berufen musste. Daher kann nach übereinstimmender Auffassung der Landesjustizverwaltungen die bislang zu § 328 Abs 1 Nr 4 ZPO ergangene Judikatur weiter herangezogen werden (Krzywon StAZ 1989, 101; Martiny, Hdb IZVR Bd III/1 Kap I Rn 881 ff; RG 12. 5. 1915 JW 1915, 1264; OLG München NJW 1964, 979 = FamRZ 1964, 444 = StAZ 1964, 195; OLG Frankfurt 24. 4. 1970 OLGZ 1971, 57; BayObLG 28. 1. 1983 BayObLGZ 1983, 21 = IPRax 1983, 245 = FamRZ 1983, 501). Ähnliche Bestimmungen enthalten auch die bilateralen Anerkennungsverträge (Art 5 Abs 1 Nr 6 deutsch-israelischer Vertrag; Art 6 Abs 1 Nr 3 deutsch-norwegischer Vertrag; Art 29 Abs 1 Nr 5 deutsch-tunesischer Vertrag [dazu OLG Düsseldorf 9. 6. 2011 FamRZ 2011, 1965]). Im Anerkennungsrecht gilt also nicht durchweg die Prioritätsregelung. Dagegen muss die inländische Rechtshängigkeit früher sein.

200 Staatsverträge bzw die Brüssel IIa-VO gehen natürlich vor, also Art 22 lit c und d und Art 23 lit e und f sowie die vorgenannten bilateralen Abkommen. Für **vermögensrechtliche Entscheidungen** (Unterhalt) formulieren Art 24 lit c und d EuUntVO/ Art 27 Nr 3 LugÜ ebenso wie § 328 Abs 1 Nr 3 ZPO einen ähnlichen Vorbehalt. Einen Vorrang des inländischen Urteils enthält auch Art 5 Nr 4 des Haager Übereinkommens über die Anerkennung und Vollstreckung von Unterhaltsentscheidungen vom 2. 10. 1973 (**HUntVÜ**; gilt im Verhältnis zu Albanien, Andorra, Australien, Türkei und neben dem LugÜ zu Norwegen, Schweiz). Da Unterhaltsentscheidungen aber oft abgeändert werden können, löst sich das Problem idR zugunsten der jüngeren Entscheidung.

201 Für **Sorgerechtsentscheidungen** gilt außerhalb der Brüssel IIa-VO noch manchmal das **MSA**, aber vielfach das **KSÜ**. Auch hier geht es eher um die Abänderung der älteren Entscheidung durch die jüngere als um die Bewältigung eines Konflikts (dazu Staudinger/Kropholler [1994] Vorbem 423 ff zu Art 19 EGBGB).

Zivilurteilen nach deutschem und europäischen Zivilprozeßrecht (1997); Otte, Umfassende Streitetnscheidung durch Beachtung von Sinnzusammenhängen (1998); Reuss, Internationale Rechtshängigkeit im Zivilprozeß, Jura 2009, 1; Schack, Anerkennung eines ausländischen trotz widersprechenden deutschen Unterhaltsurteils, IPRax 1986, 218; ders, Widersprechende Urteile: Vorbeugen ist besser als Heilen, IPRax 1989, 139; Schumann, Der Einwand der internationalen Rechtshängigkeit am Beispiel paralleler deutsch-türkischer Ehescheidungsverfahren, IPRax 1986, 14; Siehr, Rechtshängigkeit im Ausland und das Verhältnis zwischen staatsvertraglichen sowie autonomen Anerkennungsvorschriften, IPRax 1989, 95; M Wolf, Einheitliche Urteilsgeltung im EuGVÜ/LugÜ, in: FS K H Schwab (1990) 561 ff; vgl weiter bei Anh zu § 106 Rn 15.

b) Frühere ausländische Entscheidung

Nach dem **Prioritätsgrundsatz**, der auch in § 322 Abs 1 ZPO als ne bis in idem zum Ausdruck kommt, steht eine anzuerkennende **frühere** ausländische Entscheidung der Anerkennung einer späteren ausländischen Entscheidung mit gleichem Streitgegenstand entgegen (BT-Drucks 10/504, 88). Ist nach § 107 FamFG die förmliche Anerkennung der letzteren beantragt, ist der Antrag unbegründet. 202

Bei der Feststellung der Priorität ist nicht auf die **Zeitpunkte** der inländischen förmlichen Anerkennung abzustellen. Nr 3 sagt, dass die frühere ausländische Entscheidung in Deutschland lediglich „anzuerkennen" sein muss. 203

Es kommt auf den jeweiligen **Zeitpunkt des Rechtskrafteintritts** an. Welches der beiden ausländischen Verfahren früher rechtshängig war, ist selbst dann nicht erheblich, wenn das zweite ebenfalls ausländische wegen anderweitiger Rechtshängigkeit nicht hätte durchgeführt werden dürfen. Das deutsche Anerkennungsrecht sanktioniert solche ausländischen Verfahrensfehler nicht. Der Zeitpunkt des Rechtskrafteintritts folgt aus der nationalen lex fori des Urteils. Nur das früher rechtskräftige Urteil wird anerkannt (Geimer, IZPR Rn 2891; MünchKommZPO/Gottwald § 328 Rn 112). 204

Kollidiert zB ein den Scheidungsantrag abweisendes Urteil aus dem gemeinsamen Heimatstaat der Eheleute mit einem späteren Scheidungsurteil aus einem anderen ausländischen Staat, dann ist der für letzteres nötige Antrag auf förmliche Anerkennung unbegründet. Die ipso jure eingetretene Rechtskraft des ersten Urteils steht entgegen (Stein/Jonas/H Roth § 328 ZPO Rn 97). Ist das erste Urteil nicht im gemeinsamen Heimatstaat der Eheleute ergangen, so tritt seine inländische Wirksamkeit an sich erst mit der förmlichen Anerkennung ein. Schon vorher ist ein Antrag auf Anerkennung des zweiten Urteils unbegründet. Gäbe man ihm einstweilen statt, weil das erste Urteil nicht delibiert sei, müsste der Beschluss nach einer förmlichen Anerkennung des ersten Urteils, der keine frühere Rechtskraft im Wege steht, wieder aufgehoben werden. Zudem sollte man es nicht den Parteien überlassen, durch Stellung des Antrags das eine oder andere Urteil zu wählen, welches nun im Inland wirksam werden soll. Braucht das zweite Urteil nicht die Delibation, ist genau so zu entscheiden; die Frage seiner Anerkennung ipso jure wird gewöhnlich inzident in einem anderen Verfahren zu prüfen sein. Sie ist also wegen des älteren Urteils nicht eingetreten. Zur Klärung ist das nun anhängige Verfahren auszusetzen, damit, wenn nötig der Antrag nach § 107 FamFG gestellt werden kann (oben § 107 Rn 24 ff). Wird das frühere Urteil aber in einem Verfahren übersehen, in welchem mit Rechtskraft über die Anerkennung des zweiten Urteils entschieden wurde, kann ihretwegen jenes Urteil nur mehr nach § 580 Nr 7b ZPO geltend gemacht werden. 205

c) Inländische Entscheidung

Natürlich hindert eine **frühere inländische Entscheidung** die Anerkennung eines ausländischen Urteils (BGH 11. 11. 1998 FamRZ 1999, 434, DDR). Nach dem **Nationalitätsgrundsatz** geht eine entgegenstehende Entscheidung eines deutschen Gerichts aber selbst dann vor, wenn sie **zeitlich nach** der ausländischen erlassen wird (BT-Drucks 10/504, 88). Nach dem Willen des Gesetzgebers hindert die Missachtung der Rechtskraft einer ausländischen Entscheidung über denselben Streitgegenstand, und erst recht die Außerachtlassung einer früheren Rechtshängigkeit des auslän- 206 dischen Verfahrens durch ein deutsches Gericht die Wirksamkeit des inländischen Urteils nicht. Vielmehr steht dieses Urteil ab dem **Zeitpunkt** seiner Rechtskraft der Anerkennung des älteren ausländischen entgegen. Das ist ungerecht (Schack, IZVR Rn 945; Geimer, IZPR Rn 2891; MünchKommZPO/Gottwald § 328 Rn 113; Prütting/Helms/Hau Rn 41) und systemwidrig, da die anerkannte ausländische Entscheidung im Inland an sich bereits wirksam war. Diese Wirkung entfällt dann zugunsten des inländischen Urteils wieder.

207 Bestand bereits eine, ältere, **anerkannte ausländische Entscheidung**, so war an sich eine Klage mit demselben Streitgegenstand vor einem deutschen Gericht unzulässig. Eine dennoch ergangene Entscheidung ist mit einem Verfahrensmangel behaftet, doch ist das Urteil wegen der ausdrücklichen Regelung in Nr 3 dennoch wirksam. Es kann aber durch Restitutionsklage nach § 580 Nr 7 a ZPO aufgehoben werden (MünchKommZPO/Gottwald § 328 Rn 113; Spellenberg ZZPint 6 [2001] 140; Schack IPRax 1986, 219; ders, IZVR Rn 945 f; nur de lege ferenda Lenenbach, Die Behandlung von Unvereinbarkeiten 208; M Koch, Unvereinbare Entscheidungen 46; **aA** OLG Köln 25. 6. 1998 FamRZ 1998, 1608; Dornblüth, Eur Regelung der Anerkennung [2003] 147; de lege lata mit Bedauern Stein/Jonas/H Roth § 328 ZPO Rn 95; weiter Staudinger/Spellenberg [2015] Art 22 Brüssel IIa-VO Rn 105 ff).

208 Bei früherer ausländischer Rechtshängigkeit ist das später begonnene inländische Verfahren auszusetzen und dann wegen Unzulässigkeit abzuweisen, wenn das ausländische Sachurteil anerkannt ist. Ist die Rechtshängigkeits- oder gar Rechtskraftsperre übersehen worden, sind diese Verfahrensmängel zunächst mit **Berufung** oder **Revision** geltend zu machen. Nr 3 behandelt erst die frühere oder spätere rechtskräftige deutsche Entscheidung, die dennoch **in Unkenntnis** des Gerichts ergangen ist.

209 Der Wortlaut der Nr 3 stellt zwar auf die Unvereinbarkeit von „Urteilen" ab, jedoch genügt für die Versagung der Anerkennung jede deutsche Entscheidung, die ein Richterspruch ist (entgegenstehender deutscher Beschluss OLG Hamm 14. 4. 1976 NJW 1976, 2079; OVG Münster 22. 3. 1974 FamRZ 1975, 47). Erst recht hindert ein inländisches Urteil die Anerkennung einer ausländischen einstweiligen Anordnung (AG Hamburg 24. 1. 1985 IPRax 1986, 114 [DH]).

d) Frühere deutsche Rechtshängigkeit

210 § 109 Abs 1 Nr 3, 3. Fall FamFG bestimmt, dass ein ausländisches Urteil nicht anzuerkennen ist, wenn dem dieser Entscheidung zugrunde liegenden Verfahren eine **frühere, nicht** aber eine **spätere** deutsche Rechtshängigkeit entgegenstand (MünchKommZPO/Gottwald § 328 Rn 114; insoweit zutr OLG Frankfurt 29. 5. 1995 FamRZ 1997, 92 f). Dies wurde bis zur Neufassung dieser Vorschrift 1986 als Verletzung des (verfahrensrechtlichen) ordre public angesehen (vgl BayObLG 28. 1. 1983 NJW 1983, 1271; Staudinger/Gamillscheg[10/11] § 328 ZPO Rn 280 ff, 377). In manchen Anerkennungsverträgen fand diese Regelung ausdrücklich Aufnahme (Art 5 Abs 1 Nr 5 deutsch-israelischer Vertrag; Art 6 Abs 1 Nr 2 deutsch-norwegischer Vertrag; Art 5 Abs 1 Nr 2 deutsch-spanischer Vertrag; Art 29 Abs 1 Nr 4 deutsch-tunesischer Vertrag; anders Art 15 deutsch-belgischer Vertrag). Sollte das ausländische Gericht eine bereits bestehende deutsche Rechtshängigkeit nicht beachtet haben, so darf seine Entscheidung nicht anerkannt werden, auch dann, wenn das fremde Gericht von der deutschen Rechtshängigkeit keine Kenntnis hatte (so OLG Zweibrücken 10. 3. 1998 FamRZ 1999, 35; für die Rechtslage bis zur Neufassung der Nr 3 BayObLG 28. 1. 1983 NJW 1983, 1271; **aA** OLG Oldenburg 11. 10. 1982 FamRZ 1983, 94 zu einem Urteil der DDR). Geimer will anerkennen, wenn der Antragsgegner im ausländischen Verfahren die Rechtshängigkeit nicht geltend gemacht hat (IZPR Rn 2891).

Ob und wann **Rechtshängigkeit eingetreten** ist, beurteilt die hM nach der lex fori des jeweiligen Gerichts (zB BGH 12. 2. 1992 FamRZ 1992, 1058 = IPRax 1994, 40; BGH 18. 3. 1987 IPRax 1989, 104 [Siehr, 93 f]; Gruber FamRZ 1999, 1564). Die Einreichung des Antrags beim deutschen Gericht begründet sie nach § 261 Abs 1 mit § 253 Abs 1 ZPO noch nicht. Das kann aber im Ausland anders sein, sodass uU deshalb die ausländische Rechtshängigkeit früher eintritt, auch wenn der Antrag dort später als in Deutschland eingereicht wurde. Man sollte auch hier, wie zur Rechtshängigkeitssperre bei Anh zu § 106 Rn 38 f erörtert, entscheiden und also die ausländische Rechtshängigkeit erst ab dem Zeitpunkt der Zustellung an den Gegner beachten (**aA** zB Gruber FamRZ 1999, 1563, 1566). Mit derartigen „Torpedoklagen“ ist auch in Scheidungsverfahren zu rechnen. **211**

Ob das deutsche Verfahren überhaupt zulässig ist, ist bei jedenfalls späterer ausländischer Rechtshängigkeit zunächst nicht zu prüfen (BayObLG 28. 1. 1983 BayObLGZ 1983, 21). Nach Prozessabweisung der deutschen Klage steht das Verfahren aber der Anerkennung natürlich nicht mehr im Wege (Geimer, IZPR Rn 2892). Erledigt sich das Verfahren vor einem deutschen Gericht durch Klagerücknahme, sodass gemäß § 269 Abs 3 S 1 ZPO der Rechtsstreit als nicht anhängig anzusehen ist, entfällt das Anerkennungshindernis für eine ausländische Entscheidung mit identischem Streitgegenstand ebenso (Krzywon StAZ 1989, 101; LJV Nordrhein-Westfalen IPRspr 1984, 185; OLG Frankfurt 29. 5. 1995 FamRZ 1997, 92). **212**

Nach JM NRW (11. 7. 1984 IPRspr 1984 Nr 185) sollte die inländische Rechtshängigkeit der Anerkennung eines inzwischen ergangenen ausländischen Urteils nicht entgegenstehen, wenn die Partei es (vorsätzlich) unterlassen hatte, im ausländischen Verfahren auf das ältere deutsche Verfahren hinzuweisen, wobei das deutsch-belgische Abkommen (Art 15) ausdrücklich verlangte, daß die Partei sich im späteren, hier belgischen, Verfahren auf die deutsche Rechtshängigkeit der Scheidung beruft (vgl auch OLG Frankfurt 1. 12. 1981 IPRax 1982, 243 [Linke 229] zur umgekehrten Situation). Geimer (IZPR Rn 2891) will diese Regelung verallgemeinern, sodass die Anerkennung nicht mehr wegen früherer inländischer Rechtshängigkeit zu verweigern ist, wenn die Partei nicht im ausländischen Verfahren gerügt hat. Die Regelung des deutsch-belgischen Vertrages kann aber nicht verallgemeinert und in § 109 FamFG übernommen werden. Sie erklärt sich als Übernahme einer internen belgischen Regelung. **213**

Kein besonderes Problem kann sich aus der Konkurrenz mit einer ausländischen reinen Privatscheidung mit einem inländischen Scheidungsverfahren ergeben. Die Privatscheidung ist wegen Art 17 Abs 2 EGBGB im Inland nicht möglich, kann aber, wenn sie im Ausland vorgenommen wird, nach dem Scheidungsstatut wirksam sein. Ein inländischer Scheidungsantrag wird dann nicht unzulässig, sondern unbegründet, weil die Ehe schon aufgelöst ist. Ist sie dagegen etwa wegen eines Verstoßes gegen den deutschen ordre public unwirksam (vgl unten Rn 349 ff), dann steht sie der **214** inländischen gerichtlichen Scheidung nicht mehr im Wege. Anders könnte es sein, wenn wie oben Anhang zu § 106 FamFG Rn 82 ff beschrieben, der Privatscheidung ein gerichtliches Verfahren vorausgeht. Doch selbst dann entsteht keine Verfahrenskonkurrenz, wenn die Scheidung selbst erst durch den privaten Akt vollzogen wird (weiter unten Rn 342 f).

e) Unvereinbarkeit

215 Wann zwei Urteile unvereinbar sind, ist für § 109 FamFG anders als für Art 22 lit c Brüssel IIa-VO eine Frage des **deutschen Rechts**, wenngleich die praktischen Unterschiede gering sind. Dabei ist zu unterscheiden zwischen der Gestaltungswirkung und ihren Folgen.

aa) Gestaltungswirkung

216 Die Anerkennung eines ausländischen Eheurteils scheitert, wenn ein damit **unvereinbares deutschen Urteil** vorliegt, oder wenn ein älteres, ebenfalls damit unvereinbares früheres ausländisches Urteil anzuerkennen ist. In erster Linie geht es um die **Vereinbarkeit der Gestaltungswirkungen**. Eine inländische bzw eine frühere, anerkannte ausländische Scheidung verhindern grundsätzlich die Anerkennung einer weiteren Scheidung. Dagegen erlaubt eine bloße Trennung von Tisch und Bett eine Scheidung. Die Vereinbarkeit hängt von der Art der Gestaltungen ab und der Reihenfolge der Urteile. Eine getrennte Ehe kann noch geschieden werden, eine geschiedene Ehe aber nicht mehr getrennt. Verschiedene Gestaltungen sind jedoch nicht unvereinbar, wenn das **Recht**, das **der älteren Gestaltung** zugrunde liegt, eine weitere, andere zulässt, bzw wegen des verfehlten Nationalitätsprinzips ggf das Recht des deutschen Urteils. Das gilt auch für Scheidung und Klagabweisung, wenn letztere eine neue Klage zulässt, selten für Scheidungswiederholungen (vgl § 108 Rn 192; Staudinger/Spellenberg [2015] Art 21 Brüssel IIa-VO Rn 65 ff, Art 22 Brüssel IIa-VO Rn 94 ff).

bb) Folgesachen

217 Es ist aber auch zu fragen, ob zwei Urteile unvereinbar sind, wenn sich ihre materielle Rechtskraft widerspricht. Nach der Rechtsprechung des EuGH zu Art 32 und 33 Brüssel I-VO (seit 10. 1. 2015: Art 2 lit a und Art 36 Brüssel Ia-VO) umfasst die Rechtskraft auch die – tragenden – Gründe der Entscheidung (EuGH 15. 11. 2012 – C-456/11 *Gothaer Vers v Samskip* Rn 39 f, IPRax 2014, 163 m abl Anm H Roth 36). Schon vorher hat der EuGH die Unvereinbarkeit auch in Widersprüchen im Kern der Entscheidungen (Kernpunkttheorie) gesehen (EuGH 4. 2. 1988 – C-145/86 *Hoffmann v Krieg* Rn 10, 24, IPRax 1989, 159 = NJW 1989, 663). Rauscher will diese Rechtskraftlehre auch bei § 109 Abs 1 Nr 3 FamFG zugrunde legen (MünchKommFamFG/Rauscher Rn 35; Prütting/Helms/Hau Rn 42; Haussleiter/Gomille Rn 14; MünchKommZPO/Gottwald § 328 Rn 115; OLG Hamm 30. 10. 2000 FamRZ 2001, 1015; **aA** Stein/Jonas/H Roth § 328 ZPO Rn 96). Das Problem der sehr unterschiedlichen Rechtskraftlehren in Europa, vor dem sich der EuGH wohl sah, besteht im Verhältnis zu Drittstaaten ebenso. Andererseits ist der Tatbestand der Unvereinbarkeit in § 109 FamFG oder § 328 ZPO vom deutschen Gesetz zu bestimmen, und man kann zweifeln, ob die Zeit schon reif für den Abschied von der engeren deutschen Rechtskraftlehre ist, die nur den Tenor der Entscheidung und die zugrunde liegenden Tatsachen einbezieht (Rosenberg/Schwab/Gottwald, ZPR § 153 Rn 12 ff, § 154 Rn 1 f). Die Frage hat im vorliegenden Zusammenhang aber nur begrenzte praktische Bedeutung

Denn der Konflikt von Statusurteilen ist ohne diese Theorie nach den genannten Kriterien der Gestaltungswirkungen zu lösen. Die Frage stellt sich uU weiter im Hinblick auf Scheidungsfolgen. So hat der EuGH ein deutsches Urteil auf Ehegattenunterhalt für unvereinbar mit einer nachfolgenden Scheidung in Holland erklärt mit der Folge, dass das ältere deutsche Unterhaltsurteil nicht (mehr) in Holland vollstreckt werden könne (EuGH 4. 2. 1988 – C-145/86 *Hoffmann v Krieg* Rn 10, 24, IPRax 1989, 159 = NJW 1989, 663). Es ist freilich zweifelhaft, ob man in diesem Zusammenhang die Kernpunkttheorie braucht: Wäre es umgekehrt um die Anerkennung des Unterhaltsurteils in Deutschland gegangen, wo inzwischen die Ehe geschieden worden ist, so wäre wohl der richtigere Weg der des § 767 ZPO. **218**

Ein inländisches Urteil über Scheidungsunterhalt hindert an sich die Anerkennung eines ausländischen, aus einem Drittstaat, über Scheidungsunterhalt. Da die deutsche Entscheidung aber abgeändert werden kann, steht sie deshalb nicht der Anerkennung einer ausländischen **Abänderung** entgegen (Schack IPRax 1983, 220; Henrich IPRax 1988, 21 f; MünchKommFamFG/Rauscher Rn 36). Ein späteres ausländisches Unterhaltsurteil ist selbst dann anzuerkennen, wenn es das deutsche nicht ausdrücklich abändert und nicht erwähnt (AG Gelsenkirchen 14. 12. 1994 FamRZ 1995, 1160; im Ergebnis AG Gummersbach 9. 8. 1985 IPRax 1986, 235 [Schack 218]; OLG Köln 15. 12. 1986 IPRax 1988, 30 [Henrich 21]). Zweifelhaft kann nur sein, ob für die Anerkennung dieser Entscheidung als abändernder nachzuprüfen ist, ob sich relevante Umstände verändert haben (bejahend Henrich IPRax 1988, 21 f; **aA** wohl Schack IPRax 1986, 218). Während das bei einem ausdrücklichen Abänderungsurteil nicht nachzuprüfen ist, wird man es bei einem anderen Urteil verlangen, denn normalerweise hindert das inländische frühere Urteil die Anerkennung. Es gibt aber keinen generellen Vorrang der jüngeren Urteile (OLG Köln 15. 12. 1986 IPRax 1988, 30). Ebenso ist bei der Konkurrenz zweier ausländischer Unterhaltsurteile das jüngere nur anzuerkennen, wenn es als Abänderung des älteren anzusehen ist. **219**

Bei Präjudizialität muss freilich das ausländische Statusurteil erst noch förmlich gemäß § 107 FamFG anerkannt werden. Damit aber wird dann auch eine ausländische Folgeentscheidung zB auf Geschiedenenunterhalt im Inland wirksam, während gegen eine weitere Vollstreckung eines inländischen Urteils über Trennungsunterhalt die Vollstreckungsgegenklage wegen der nun eingetretenen Scheidung erhoben werden kann. Bis dahin aber geht das inländische Urteil vor. **220**

Problematisch ist die Situation, wenn **im Inland** noch ein Urteil auf Trennungsunterhalt ergeht, obwohl die Ehe bereits im Ausland geschieden und das betreffende Urteil im Inland ipso jure oder förmlich **anerkannt** war. Hier hätte die inländische Entscheidung wegen entgegenstehender, präjudizieller Rechtskraft des ausländischen Urteils nicht ergehen dürfen, doch will § 109 Abs 1 Nr 3 FamFG darüber in der Tat hinweggehen. Das Ergebnis, dass die Parteien (auch) im Inland wegen der anerkannten ausländischen Scheidung geschieden sind und dennoch auf Dauer Trennungsunterhalt schulden, sollte wegen des materiell-rechtlichen **Vorrangs der Statusentscheidung** nicht hingenommen werden. Das deutsche Unterhaltsurteil ist gem § 580 Nr 7 a ZPO aufzuheben, womit das ausländische wirksam wird. Die Alternative wäre die Zulassung einer erneuten Inlandsscheidung, um auf deren Basis das Trennungsunterhaltsurteil zu beseitigen. Dieser Wege wäre nicht nur **221** umständlicher, sondern auch in sich widersprüchlich, wenn die Ehe bereits im Inland als geschieden gilt.

222 Ist die Ehe im Ausland vor dem inländischen Urteil auf Trennungsunterhalt geschieden, aber erst danach die Scheidung im Inland durch **förmliche Anerkennung** wirksam geworden, dann wirkt die Anerkennungsfeststellung **zurück**, und nun kann gegen das deutsche Urteil § 767 Abs 2 ZPO geltend gemacht werden entsprechend der hM zu § 767 Abs 2 ZPO bei nachträglicher Ausübung rückwirkender Gestaltungsrechte.

223 **Sorgerechtsregelungen** sind immer auch ohne veränderte Umstände abänderbar. Eine deutsche Regelung steht, die sonstigen Voraussetzungen unterstellt, der Anerkennung einer späteren ausländischen daher nicht entgegen. Hier gehen aber praktisch immer die Brüssel IIa-VO und das KSÜ vor.

224 Die gerichtliche Versagung von **Prozesskostenhilfe** wegen mangelnder Erfolgsaussicht der Klage ist keine Entscheidung in der Sache, weshalb sie der Anerkennung einer ausländischen Entscheidung nicht entgegensteht (BGH 22. 6. 1983 BGHZ 88, 17 = JZ 1983, 903 [Kropholler]; Zöller/Geimer § 328 ZPO Rn 150). Gleiches gilt für deutsche **einstweilige Maßnahmen**, da auch sie keine endgültigen Entscheidungen in der Sache sind (OLG Hamm 27. 11. 1987 RIW 1988, 131).

5. Ordre public (§ 109 Abs 1 Nr 4 FamFG)*

a) Allgemeines

225 Wie die meisten ausländischen Anerkennungsrechte, die meisten Staatsverträge und

* **Schrifttum**: Anthimos, Der verfahrensrechtliche ordre public im IZPR Griechenlands, IPRax 2000, 527; Baur, Einige Bemerkungen zum verfahrensrechtlichen ordre public, in: FS Guldener (1973) 1 ff; Bayer/Knörzer/Wandt, Zur Wirksamkeit einer unter Verletzung von Art 13 III EGBGB geschlossenen Ehe, FamRZ 1983, 770, 774 ff; Becker, Grundrechtsschutz bei der Anerkennung und Vollstreckbarerklärung im EuZVR (2004); ders, Zwingendes Eingriffsrecht und Urteilsanerkennung, RabelsZ 60 (1996) 691; Bruns, Der anerkennungsrechtliche ordre public in Europa und den USA, JZ 1999, 278; Epe, Die Funktion des ordre public im IPR (1983); G Fischer, Abschied vom ordre public bei Börsentermingeschäften im Ausland, IPRax 1999, 450; Föhlisch, Der gemeineuropäische ordre public (1997); Geimer, Zur Nichtanerkennung ausländischer Urteile wegen nicht ordnungsgemäßen erststaatlichen Verfahrens, JZ 1969, 12 ff; Görgens, Die Bedeutung des Art 13 Abs 3 EGBGB für die Anerkennung ausländischer Ehenichtigkeitsurteile, StAZ 1977, 79 ff; Gottwald, Auf dem Weg zur Neuordnung des internationalen Verfahrensrechts, ZZP 95 (1982) 3 ff; Hau, Der Einwand des Prozeßbetrugs im Brüssel I-Exequaturverfahren, IPRax 2006, 20; Jaenicke, Zur Frage des internationalen ordre public, Ber dt Ges VR 7 (1967) 77 ff; Herrmann, Die Anerkennung US-amerikanischer Urteile in Deutschland unter Berücksichtigung des ordre public. Eine rechtsvergleichende Untersuchung zum Justizkonfklikt zwischen Deutschland und den USA (2000); Jayme, Methoden der Konkretisierung des ordre public im IPR (1989); Leipold, Neuere Erkenntnisse des EuGH und des BGH zum anerkennungsrechtlichen ordre public, in: FS Stoll (2001) 625; Meise, Zur Relativität der Vorbehaltsklausel im internationalen und interlokalen Privatrecht (Diss Hamburg 1966); Niedermann, Die ordre public-Klauseln in den Vollstreckungsverträgen des Bundes und den

Art 22 lit a Brüssel IIa-VO, Art 45 Abs 1 Nr 1 Brüssel Ia-VO enthält § 109 Abs 1 Nr 4 FamFG den Vorbehalt des ordre public. Gerade weil die Anerkennung einem ausländischen Urteil ohne inhaltliche Nachprüfung inländische Wirkung verleiht, muss für Ausnahmefälle eine Abwehr möglich sein, wenn diese Erstreckung der Wirkung ins Inland der deutschen Rechts- und Gesellschaftsordnung schlechthin nicht zugemutet werden kann. Mit dem Verzicht auf die révision au fond spricht die deutsche Rechtsordnung ein grundsätzliches Vertrauen in die Ordnungsmäßigkeit ausländischer Rechtspflege aus, das aber im Einzelfall unbegründet sein kann. Der Zweck des ordre public ist der Schutz der Grundwerte und der wirklich tragenden Gerechtigkeitsvorstellungen der deutschen Rechtsordnung. Es wird sich dabei idR um den Schutz der Gerechtigkeit unter Privaten handeln, doch kann diese Klausel auch dazu dienen, die Rechtsordnung als solche oder staatliche Interessen zu schützen (Geimer, IZPR Rn 28; Prütting/Helms/Hau Rn 46; Martiny, Hdb IZVR Bd III/1 Kap I Rn 994; MünchKommZPO/Gottwald § 328 Rn 118). Die Grenze zwischen den beiden Bereichen ist fließend. Gerade manche Vorbehalte gegen ausländische Regelungen auf dem Gebiete des Ehe- und Familienrechts können auch im staatlichen Interesse liegen.

b) Verhältnis zu Art 6 EGBGB

aa) Abgeschwächter anerkennungsrechtlicher ordre public

Die Verwandtschaft zum ordre public im IPR (Art 6 EGBGB) ist nicht zu übersehen. Sie wird freilich durch den weitgehend gleichen Wortlaut, den der Gesetzgeber 1986 mit Bedacht gewählt hat, überbetont. Im IPR geht es um das Verbot der Anwendung ausländischen Rechts durch den deutschen Richter, in § 109 Abs 1 Nr 4 FamFG um die Kontrolle des Ergebnisses einer ausländischen Anwendung, sei es des eigenen, sei es eines drittstaatlichen, sei es des deutschen Rechts (Martiny Rn 1013; Geimer, Anerkennung 59 f; Neuhaus, Grundbegriffe des IPR 457; BGH 4. 6. 1992 BGHZ 118, 312, 330). Der **Unterschied** besteht nicht nur darin, dass beim verfahrensrechtlichen ordre public auch das ausländische Verfahren überprüft wird, das bei Art 6 EGBGB naturgemäß keine Rolle spielen kann, sondern weil eine richterliche Rechtsanwendung im Ausland schon vorliegt, ist nach **hM** im Anerkennungsrecht **noch zurückhaltender** zu verfahren (zB BGH 21. 4. 1998 BGHZ 138, 331, 334 = IPRax 1999, 466 mAnm 226

kantonalen Zivilprozeßgesetzen (1976); Pauli, Islamisches Familien- und Erbrecht und ordre public (Diss München 1994); Regen, Prozeßbetrug als Anerkenniunshindernis, 2008; G Roth, Der Vorbehalt des ordre public gegenüber fremden gerichtlichen Entscheidungen (1967); ders, Anm zu BGH 18. 10. 1967, ZZP 82 (1969) 152 ff; Schwenn, Anerkennung ausländischer Eheurteile, in: Beitzke (Hrsg), Vorschläge und Gutachten zur Reform des deutschen internationalen Personen-, Familien- und Erbrechts (1981) 134 ff; Simitis, Zur Kodifikation der Vorbehaltsklausel, in: Beitzke (Hrsg), Vorschläge und Gutachten zur Reform des deutschen internationalen Personen-, Familien- und Erbrechts (1981) 267 ff; Spellenberg, Der ordre public im internationalen Insolvenzrecht, in: Stoll (Hrsg), Stellungnahmen und Gutachten zur Reform des deutschen internationalen Insolvenzrechts (1992) 183; Spickhoff, Der ordre public im IPR, Entwicklung – Struktur – Konkretisierung (1989); ders, Eheschließung, Ehescheidung und ordre public, JZ 1991, 323; Weitz, Inlandsbeziehungen und ordre public in der deutschen Rechtsprechung zum internationalen Familienrecht (1981); Völker, Zur Dogmatik des ordre public (1998); Wiethölter, Zur Frage des internationalen ordre public, Ber dt Ges VR 7 (1967) 133 ff; Wuppermann, Die deutsche Rechtsprechung zum Vorbehalt des ordre public im IPR seit 1945 vornehmlich auf dem Gebiet des Familienrechts (1977).

G Fischer 450; BGH 24. 2. 1999 IPRax 1999, 371 mAnm Schulze 342; Hausmann, Kollisionsrechtliche Schranken der Gestaltungswirkung von Scheidungsurteilen 252 ff; Wengler JZ 1979, 177, Fn 10; Jayme StAZ 1980, 307; Geimer, IZPR Rn 26 f; Völker, Zur Dogmatik des ordre public 51 ff; Schack, IZVR Rn 862).

227 Man spricht von der **abgeschwächten Wirkung** des ordre public im Anerkennungsrecht im Vergleich zu Art 6 EGBGB (BGH 21. 4. 1998 IPRax 1999, 466, 467; MünchKomm/vHein Art 6 EGBGB Rn 103), ohne dass diese Abschwächung allgemein quantifiziert und konkretisiert werden kann (zB G Fischer IPRax 1999, 452; Kropholler, IPR § 60 III 5; Regen, Prozeßbetrug als Anerkennungshindernis Rn 242, 915: „reichlich schwammig“; Völker, Zur Dogmatik des ordre public 254 ff, 303). Für den Grundsatz des **ordre public atténué** wird ua das Argument der Vermeidung hinkender Rechtsverhältnisse verwandt (Cass civ 7. 11. 1972 D 1973 Rev crit dr int pr 1973.691; Batiffol/Lagarde, Droit international privé no 367, 446). Dogmatisch kann man dies auch und wohl genauer damit begründen, dass die Beteiligten zB eine wirksame Statusänderung im Ausland erlangt und sich darauf möglicherweise verlassen haben (MünchKomm/vHein Art 6 EGBGB Rn 103; Batiffol/Lagarde, Droit international privé no 367, 446, behandeln diese Frage denn auch unter dem Gesichtspunkt der im Ausland wohlerworbenen Rechte). Völker (Die Dogmatik des ordre public 51 ff, 89) kommt jedoch mit guten, überzeugenden Gründen zum Ergebnis, dass **nicht der Maßstab** bzw die Intensität der Kontrolle verschieden seien (zust G Fischer IPRax 1999, 450, 452 f; **aA** vor allem Geimer, IZPR Rn 27; zT MünchKomm/vHein Art 6 EGBGB Rn 104 f), sondern dass der anerkennungsrechtliche ordre public zT eine andere Zielrichtung und einen anderen Zweck wegen des anderen Gegenstandes habe, insbesondere mit der Unterscheidung des materiellen und des verfahrensrechtlichen ordre public. Bei beiden ist hinsichtlich von Statusurteilen ggf ein Vertrauen der Parteien, geschieden zu sein, zu berücksichtigen, das Anlass geben kann, in Grenzen eine Scheidung aus bedenklichen Gründen oder in einem bedenklichen Verfahren nachsichtiger zu beurteilen, um gleichzeitig hinkende Ehen zu vermeiden.

228 Dass in Art 6 EGBGB die **guten Sitten** nicht mehr genannt werden, bedeutet keine inhaltliche Änderung, sondern nimmt Bedacht darauf, dass die guten Sitten heute im Wesentlichen aus dem Gesetzestext und namentlich den Grundrechten zB der freien Entfaltung der Persönlichkeit abgeleitet werden können (MünchKomm/vHein Art 6 EGBGB Rn 133). Sie sind nach wie vor im Ergebnis Bestandteil des ordre public, doch sollte ggf ihr gesetzlicher Ausdruck herangezogen werden und nicht direkt die Generalklausel des § 138 BGB. Eine sachliche Änderung war nicht beabsichtigt (BT-Drucks 10/504, 89).

bb) Ergebniskontrolle

229 Andererseits bestehen natürlich auch **Querverbindungen**. So kann eine ausländische, in einem rechtsstaatlichem Verfahren ergangene Entscheidung nicht gegen den deutschen materiellen ordre public verstoßen, wenn ein deutscher Richter sie in Anwendung ausländischen Rechts gemäß dem deutschen IPR ebenso hätte treffen müssen. Problematisch ist die Umkehrung des Satzes. Wenn der deutsche Richter die betreffenden Regeln des ausländischen Rechts wegen Art 6 EGBGB nicht hätte anwenden dürfen, so ist nicht recht zu sehen, warum das Ergebnis sachlich tragbarer werden soll, wenn der ausländische Richter so entschieden hat (G Fischer IPRax 1999, 450, 452; **aA** Zöller/Geimer § 328 ZPO Rn 211 ff; Geimer, IZPR Rn 27 hM). Die Unterschiede ergeben sich abgesehen von der Durchsetzung deutscher international zwingender

Normen aber bei der **Inlandsbeziehung** (G Fischer IPRax 1999, 450, 453; dazu u Rn 256 ff).

Ein wesentlicher Unterschied zu Art 6 EGBGB entsteht jedoch durch den **verfahrensrechtlichen ordre public**, dass eine Anerkennung wegen Verstoßes gegen fundamentale **Verfahrensregeln** selbst dann verweigert wird, wenn der ausländische Richter im Ergebnis deutsches Sachrecht richtig angewandt hat. Man muss **einen materiellen** und **einen verfahrensrechtlichen ordre public** unterscheiden (Nagel/Gottwald, IZPR § 12 Rn 172 ff; MünchKomm/vHein Art 6 EGBGB Rn 99 ff; Geimer, IZPR Rn 26 fasst beides unter dem Begriff „anerkennungsrechtlicher ordre public" zusammen). Der Unterschied zeigt sich daran, dass ein Verstoß durch den Inhalt der Entscheidung in einem durchaus rechtsstaatlichen Verfahren zustande gekommen sein kann, und umgekehrt aber auch ein akzeptables Urteil auf rechtsstaatswidrige Weise. Im letzteren Fall entfällt der Verstoß nicht notwendig wegen des Ergebnisses. Nach Auffassung des BGH ist erforderlich aber auch ausreichend, dass das Urteil bei akzeptablem Verfahren, zB ordentlicher Beweisaufnahme oder gehöriger Beteiligung der Partei, günstiger für sie hätte ausfallen **können** (BGH 2. 9. 2009 NJW 2010, 153). Diese *Möglichkeit* ist freilich in aller Regel gegeben bzw zu vermuten, und es ist nicht zu prüfen, ob das Urteil tatsächlich anders ausgefallen wäre. Dagegen findet beim materiellen ordre public eine **Ergebniskontrolle** statt, weil das inländische Urteil – erheblich – anders hätte ausfallen müssen, dh vor allem, dass die Scheidung verweigert worden wäre. 230

c) Prüfung

aa) Von Amts wegen

Wie die anderen Anerkennungshindernisse mit Ausnahme der unzureichenden Ladung (Nr 2) ist der ordre public von Amts wegen zu prüfen (LJV Baden-Württemberg 23. 1. 1987 IPRspr 1987 Nr 163a) bzw richtigerweise zu ermitteln. Das ist oben § 107 FamFG Rn 180 ff näher ausgeführt. 231

bb) Gegenstand der Prüfung

§ 109 Abs 1 Nr 4 FamFG stellt nun klar, dass das **Ergebnis** einer eventuellen Anerkennung zu einem Ergebnis führen müsste, das mit dem deutschen ordre public nicht vereinbar ist, dass also nicht Prüfungsgegenstand ausländisches Sach- oder Verfahrensrecht als solches ist. Darum kann uU auch die unrichtige Anwendung deutschen Rechts durch den ausländischen Richter einen Verstoß darstellen (Geimer, IZPR Rn 29; BayObLG 19. 7. 1967 BayObLGZ 1967, 263). Aber andererseits darf der Begriff „Ergebnis" nicht dahin missverstanden werden, dass nur der Tenor der ausländischen Entscheidung am ordre public zu messen sei. 232

Gegenstand der Überprüfung ist daher immer und nur die **konkrete einzelne Entscheidung**. Es ist genauer „nur" zu fragen, ob die **Anerkennung dieser** ausländischen **Entscheidung** angesichts ihres Inhalts **oder** der Umstände ihres Zustandekommens und des konkreten Sachverhalts ordre public-widrig wäre (RG 17. 2. 1936 RGZ 150, 283, 285 f [Herstellung des ehelichen Lebens]; RG 4. 4. 1928 RGZ 121, 24, 30 = JW 1928, 2026 [Neumeyer]; BGH 2. 9. 2009 NJW 2010, 153 Nr 27; BGH 18. 10. 1967 BGHZ 48, 327, 332 f, selbe Frage; BayObLG 7. 6. 1967 MDR 1967, 923 [Ehescheidung]; BayObLG 19. 10. 1967 BayObLGZ 1967, 390 = NJW 1968, 800 mAnm Geimer [Ehescheidung CSSR]; Prütting/Helms/Hau Rn 46). 233

234 Natürlich kann sich der Verstoß gegen den **materiellen ordre public** schon aus dem **Tenor** selbst ergeben. Man denke an Verurteilungen zur Eingehung einer Ehe, zur Zustimmung zu einer polygamen Zweitehe des Ehemanns, aber auch an einen wesentlich über das deutsche Recht hinausgehenden Schadensersatz wegen Nichterfüllung eines Eheversprechens (Wolff, IPR Deutschlands [3. Aufl 1954] 66; Soergel/Schurig vor Art 13 EGBGB Rn 24). Es wäre aber verfehlt, nur das was im Urteil steht, zu bewerten; der Verstoß kann sich auch aus außerhalb liegenden Umständen ergeben zusammen mit dem Urteilstext. Das gilt besonders bei verfahrensrechtlichen ordre public. Parteilichkeit oder Befangenheit eines Richters wird selten im Urteil dokumentiert sein. Zur auch deshalb abzulehnenden Bindung des Anerkennungsrichters an die Feststellungen des Erstrichters oben Rn 26 ff.

235 Dass auch der Ausspruch von **Rechtsfolgen**, die **dem deutschen Recht unbekannt** sind, keineswegs notwendig den materiellen ordre public auf den Plan ruft, zeigt die allgemein zugelassene Anerkennung ausländischer Trennungen von Tisch und Bett.

236 Beim verfahrensrechtlichen ordre public kommt es nicht auf das ausländische Verfahrensrecht an, sondern darauf, wie das **Verfahren konkret** ablief (BGH 18. 10. 1967 JZ 1968, 594; Martiny, Hdb IZVR Bd III/1 Kap I Rn 1026). So kann zum einen ein ausländisches Urteil ordre public-widrig sein, obwohl das dortige Verfahrensrecht den deutschen Anforderungen genügen würde, weil es eben im konkreten Fall nicht richtig angewandt wurde, aber auch umgekehrt eine Entscheidung anerkannt werden, obwohl das nicht befolgte ausländische Verfahrensrecht an sich ordre public-widrig wäre. Man wird jedoch vermuten dürfen, dass sich der ausländische Richter an sein Verfahrensrecht gehalten hat, und also dieses zunächst bewerten, bis nachgewiesen ist, dass er davon abgewichen ist.

d) Maßstab

aa) Deutsches Recht

237 Die „wesentlichen Grundsätze" des deutschen Rechts können auch in einfachen Normen, zB des FamFG, insoweit zum Ausdruck kommen, als sie Grundwerte und Grundprinzipien des deutschen Rechts wiedergeben. Zum ordre public gehört insbesondere der ausdrücklich genannte Grundrechtskatalog des Grundgesetzes. Es ist dagegen nicht zutreffend, nur übergesetzliche oder außergesetzliche Grundwerte hierher zu zählen (so aber G Roth, Der Vorbehalt des ordre public gegenüber fremden gerichtlichen Entscheidungen 28, 76 ff), denn solche Grundwerte kommen vielfach gerade in Rechtsnormen zum Ausdruck (wie hier Martiny, Hdb IZVR Bd III Kap I Rn 993).

238 Dass gerade die **Grundrechte** besonders genannt werden, entspricht dem, dass zunehmend Normen der einfachen Gesetze auf Grundrechte zurückgeführt oder durch sie legitimiert werden. Es ist sorgfältig zu prüfen, welche Grundwerte des deutschen Rechts sie zum Ausdruck bringen, und ob das Urteil dagegen verstößt. Man muss aber für den ordre public nicht immer auf Grundrechte zurückgreifen. Diese gelten im vorliegenden Zusammenhang auch für Ausländer, die in ihrem Heimatstaat geschieden wurden (zB BGH 11. 7. 1990 BGHZ 112, 127, 132 f = StAZ 1991, 11). Zu Recht wird auch (zunehmend) beachtet, ob eine Regelung in ausländischen Rechtsordnungen oft vorkommt. Gegebenenfalls wird man deswegen zögern, sie als gegen

unseren ordre public verstoßend zu bewerten (BayObLG 19. 7. 1967 StAZ 1967, 292), wenngleich dies kein zwingender Gesichtspunkt ist.

Umgekehrt sind auch die **Grundrechte** des GG nicht in allen ihren Verästelungen und Konkretisierungen notwendig und immer Bestandteil des deutschen ordre public. Das bedeutet eine Flexibilität nicht nur im Bereich des Elements der Inlandsbeziehung (dazu Rn 256 ff), sondern auch die Möglichkeit, den „verfassungsrechtlichen ordre public" zu beschränken, wenngleich dieser reduzierte Bereich nicht scharf abgegrenzt ist (vgl nicht eherechtlich BVerfG 10. 1. 1995 RIW 1995, 676 [Puttfarken 617 ff]; MünchKommZPO/Gottwald § 328 Rn 118; R Hofmann, Grundrechte und grenzüberschreitende Sachverhalte [1994] 172). Mit Recht sind daher von der Praxis manchmal auch ausländische Scheidungen anerkannt worden, denen Regelungen zugrunde lagen, die gegen Art 3 Abs 2 GG verstießen (OLG Stuttgart 30. 9. 1960 StAZ 1962, 78; BGH 29. 4. 1964 BGHZ 42, 7, 13 f; BGH 18. 6. 1970 BGHZ 54, 123). Weiter hat zB das BVerfG (28. 2. 1980 BVerfGE 53, 224 = FamRZ 1980, 319 ff), wenngleich obiter, ausgeführt, dass eine in Deutschland vorgenommene reine Konsensscheidung gegen Art 6 Abs 1 GG verstoßen würde. Dennoch kann man solche Auslandsscheidungen selbst dann anerkennen, wenn ein Deutscher beteiligt ist (BayObLG 7. 4. 1998 FamRZ 1998, 1594). 239

Mit Recht hat der Gesetzgeber in § 109 Abs 1 Nr 4 FamFG wie in Art 6 EGBGB den missverständlichen Verweis auf den **Zweck** eines deutschen Gesetzes gestrichen. Es geht nicht um die Durchsetzung gerade der rechtspolitischen Absichten oder auch aller Gerechtigkeitswertungen des deutschen Rechts, sondern eben nur um die Wahrung unserer Grundwerte. Dagegen gehören zum deutschen ordre public auch die **guten Sitten**. Dass sie in der neuen Fassung des Gesetzes anders als in der alten nicht mehr genannt werden, sollte insoweit sachlich nichts ändern (BT-Drucks 10/504, 89). 240

Soweit das Gesetz bestimmte **Aspekte** des ordre public **gesondert regelt**, kann man nicht mehr auf Nr 4 zurückgreifen. Ist bei der Ladung zum Verfahren die Grenze der Nr 2 nicht überschritten, dann kann nicht mehr Nr 4 eingreifen. Nach der Gesetzessystematik kann man aber auch nicht Nr 2 zum Grundsatz des ordnungsmäßigen Verfahrens erklären und damit in ausdehnender Interpretation den verfahrensrechtlichen ordre public aus Nr 4 aus- und hier eingliedern (Martiny, Hdb IZVR Bd III/1 Kap I Rn 1023 gegen Staudinger/Gamillscheg[10/11] § 328 ZPO Rn 246, 267 ff). 241

Wenn § 109 Abs 1 Nr 4 FamFG von **offensichtlichem** Verstoß gegen den ordre public spricht, so heißt das nicht, daß dieser Verstoß jedermann, insbesondere dem Laien, in die Augen springen müsse. Gemeint ist vielmehr, dass die Abweichung von den Grundprinzipien des deutschen Rechts so erheblich ist, dass daran keine Zweifel bestehen. Es müssen also zum einen die Grundprinzipien des deutschen Rechts idS festgestellt werden, und dann die Erheblichkeit der Abweichung (Nagel/Gottwald, IZPR § 12 Rn 172). 242

Auch **international zwingende** deutsche Normen iSd **Art 34 EGBGB** könnten der Anerkennung entgegenstehen (Nagel/Gottwald, IZPR § 12 Rn 173; Geimer, IZPR Rn 26 ff). Man sollte diesen Fall aber heute vom Eingreifen des ordre public unterscheiden (MünchKomm/vHein Art 6 EGBGB Rn 83 f; **aA** Geimer, IZPR Rn 26 ff: anerkennungsrechtlicher ordre public). Freilich ist zweifelhaft, welche deutschen Bestimmungen da- 243 runter zu subsumieren sind. An ihnen ist dann der ausländische Urteilsausspruch zu messen. Da solche Normen politische Interessen schützen sollen, spielt dieses Anerkennungshindernis aber im Eherecht wohl kaum eine Rolle (Becker RabelsZ 60 [1996] 691 ff, 705 ff).

bb) Europäischer ordre public

244 Auch EU-Recht bzw **Gemeinschaftsrecht** oder international geltendes Einheitsrecht gehört zum deutschen ordre public, wenn dieses Vertragsrecht innerstaatlich geltendes Recht geworden ist. Hier ist vor allem die europäische **Menschenrechtskonvention** zu nennen (vgl Matscher, in: FS Neumayer [1985] 477 ff). Wenn vom „europäischen ordre public" gesprochen wird, handelt es sich weiterhin um den deutschen unter europäischem Einfluss (Staudinger/Spellenberg [2015] Art 22 Brüssel IIa-VO Rn 15 ff mwNw). Deshalb gilt er auch genauso gegenüber Staaten außerhalb der EU.

cc) Staatsverträge

245 Die zwei- und mehrseitige **Staatsverträge** enthalten meist ebenfalls den Vorbehalt des ordre public (Art 27 Nr 1 LugÜ, ebenso die nun durch die Brüssel IIa-VO abgelösten Art 5 Abs 1 Nr 1 deutsch-spanischer Vertrag, Art 2 deutsch-niederländischer Vertrag, Art 3 Nr 1 deutsch-griechischer Vertrag, Art 2 Nr 1 deutsch-österreichischer Vertrag, Art 2 Nr 1 deutsch-belgischer Vertrag; Art 4 Abs 1 deutsch-italienischer Vertrag). Von den heute noch geltenden sind zu nennen Art 29 Abs 1 Nr 2 und 3 deutsch-tunesischer, und Art 5 Abs 1 Nr 2–4 deutsch-israelischer Vertrag. Der deutsch-norwegische (Art 6 Abs 1 Nr 1) betrifft Ehesachen nicht.

246 Die staatsvertraglichen Regelungen können enger oder weiter als § 109 Abs 1 Nr 4 FamFG formuliert sein. So schließt etwa der deutsch-schweizerische Vertrag die Anerkennung in Art 4 nur aus „wenn durch die Entscheidung ein Rechtsverhältnis zur Verwirklichung gelangen soll, dem im Gebiet des Staates, wo die Entscheidung geltend gemacht wird, aus Rücksicht der öffentlichen Ordnung oder Sittlichkeit die Gültigkeit, Verfolgbarkeit oder Klagbarkeit versagt ist". Er nennt also nur den materiellen ordre public (vgl Rn 267 ff, doch erfasst er nach heutiger Auslegung auch den verfahrensrechtlichen [Pauckstadt IPRax 1984, 18 mwNw]). Die Antwort auf die Frage des Verhältnisses zum nationalen ordre public hängt entscheidend davon ab, ob und inwieweit der Staatsvertrag eine abschließende Regelung trifft, was durch Auslegung zu beantworten ist. Sind beide anwendbar, so setzt sich wegen des Günstigkeitsprinzips der weniger rigorose Maßstab durch. In der Regel wird in den Anerkennungsverträgen jedoch der nationale ordre public des Anerkennungsstaates als solcher vorbehalten.

dd) Drittstaatlicher ordre public

247 Wenn ein ausländisches Urteil gegen den ordre public eines dritten Staates verstößt, so berührt das die Anerkennung in der BRD nicht (Nagel/Gottwald, IZPR § 12 Rn 173: idR). § 109 Abs 1 Nr 4 FamFG nennt bewusst nur die Grundsätze des **deutschen** Rechts. Wenn der Anerkennung eines drittstaatlichen Urteils der deutsche ordre public nicht entgegensteht, so schadet es nicht, dass zB der Heimatstaat der Eheleute wegen Verletzung seines ordre public nicht anerkennt.

248 Entgegen einer gelegentlich geäußerten Meinung (OLG Frankfurt 15. 4. 1971 FamRZ 1971, 373 f [krit Beitzke] = StAZ 1972, 68 [Bachmann] = NJW 1971, 1528; ansatzweise OLG

München 25. 2. 1963 IPRspr 1962/63 Nr 192) greift der deutsche ordre public dagegen durch, wenn der **gemeinsame Heimatstaat** oder die Heimatstaaten der Parteien anerkennen, weil nämlich auch ein Urteil aus dem gemeinsamen Heimatstaat am deutschen ordre public zu messen wäre (BGH 11. 7. 1990 BGHZ 112, 132 f; Wuppermann, Die deutsche Rechtsprechung zum Vorbehalt des ordre public 144; Martiny, Hdb IZVR Bd III/1 Kap I Rn 986). Besteht die erforderliche Beziehung zum deutschen Recht (Rn 256 ff), so kann der vom deutschen ordre public gewollte und gewährleistete Schutz der inländischen Rechts- und Sozialordnung nicht der Bewertung einer anderen Rechtsordnung und ihren Schutzbelangen überlassen werden.

Soweit wir auf die internationale Anerkennungszuständigkeit gem § 109 Abs 2 S 2 FamFG verzichten und darauf abstellen, ob der oder die Heimatstaaten die Scheidung anerkennen, kommt es zunächst ua auf den ordre public dieses Heimatstaates an, denn es spielt keine Rolle, warum dieser nicht anerkennt. Das ist keine Ausnahme von dem Prinzip, dass unsere Anerkennung nicht wegen eines Verstoßes gegen einen ausländischen ordre public zu verweigern ist, sondern hier ist eine doppelte Prüfung nötig: Wenn dieser Staat anerkennt, dann ist noch der deutsche ordre public zu prüfen, und nur wenn der des Heimatstaates schon durchgreift, bleibt es dabei. **249**

e) Unterlassene Rechtsmittel

Da der deutsche Vorbehalt des ordre public nicht ausschließlich dem Schutz der Parteiinteressen dient, ist er von Amts wegen und nicht nur auf Rüge einer Partei zu prüfen. Davon ist aber die Frage zu unterscheiden, ob Verfahrensfehler im erststaatlichen Verfahren soweit möglich **dort mit Rechtsmittel** anzugreifen sind und andernfalls nicht mehr im Anerkennungsverfahren beachtet werden können (für eine solche Rechtsmittelobliegenheit Geimer, IZPR Rn 2955; Nagel/Gottwald, IZPR § 12 Rn 178; Prütting/Helms/Hau Rn 52; grundsätzlich MünchKommFamFG/Rauscher Rn 52; BGH 22. 1. 1997 NJW 1997, 2051 f; OLG Karlsruhe 6. 12. 2011 FamRZ 2012, 660, BayObLG 8. 5. 2002 FamRZ 2002, 1637; OLG Düsseldorf 18. 9. 1998 FamRZ 1999, 447 [obiter]; Geimer, IZPR Rn 2955; MünchKommZPO/Gottwald § 328 Rn 104; Stein/Jonas/H Roth § 328 ZPO Rn 88; AG Hamburg 24. 1. 1985 IPRax 1986, 114). Das ist im Grundsatz zu bejahen. Es ist aber zu differenzieren. **250**

Die **Gegenmeinung** macht geltend, dass man von einem Beklagten der voraussetzungsgemäß in einer gegen den deutschen ordre public verstoßenden Weise unfair behandelt wurde, nicht verlangen könne, dass er noch Vertrauen in das ausländische Rechtmittelverfahren habe (Schack, IZVR Rn 957; Geimer/Schütze/Paraschas, IRVZ Art 22 Brüssel IIa-VO Rn 14). Vor allem aber hat das ausländische Gericht in vielen, wenn nicht den meisten Fällen eines Verstoßes gegen den deutschen ordre public sich an sein eigenes Recht gehalten. So hatte es in der Entscheidung des EuGH vom 28. 3. 2000 (Rs C-7/98 – *Krombach v Bamberski* IPRax 2000, 406) dem Beklagten durchaus entsprechend dem französischen Prozessrecht das rechtliche Gehör verweigert, und es musste erst der EuGH den Verstoß gegen die EMRK feststellen. **251**

Der ordre public dient sicher nicht dazu, nachlässige oder unzweckmäßige Prozessführung nachträglich im Anerkennungsverfahren zu korrigieren (BGH 21. 3. 1990 FamRZ 1990, 868, 870 = IPRax 1992, 33, 35 [Geimer 5 ff]; BayObLG 7. 2. 2001 FamRZ 2001, 1622; OLG Hamm 28. 12. 1993 NJW-RR 1995, 189, 190 [nicht eherechtlich]; OLG Stuttgart 11. 10. 1972 IPRspr 1972 Nr 164; OLG Saarbrücken 3. 8. 1987 IPRax 1989, 37, 39 [nicht eherechtlich] [zust **252**

H ROTH 14]; BGH 1. 2. 2001 NJW 2001, 10059; GEIMER ZZP 103 [1990] 481 f; GEIMER/SCHÜTZE/GEIMER, EuZVR A1 – Art 34 EuGVVO Rn 94 ff; ZÖLLER/GEIMER Rn 229 ff; MARTINY, Hdb IZVR Bd III/1 Kap I Rn 1024, 1155; **aA** SCHÜTZE, IZPR [1985] 143; AG Hamburg 24. 1. 1985 IPRax 1986, 114). Aber davon kann in diesen Fällen, in denen das ausländische Recht gegen den deutschen ordre public verstößt, keine Rede sein, denn auf ein Wiederaufnahmeverfahren und ähnliche außerordentliche Rechtsbehelfe ist die Partei nicht zu verweisen und auch nicht auf eine Abänderungsklage im Ausland (insoweit richtig AG Hamburg 24. 1. 1985 IPRax 1986, 114; **aA** GEIMER/SCHÜTZE/GEIMER EuZVR A1 – Art 34 EuGVVO Rn 84; RAUSCHER/LEIBLE, EuZPR/EuIPR [2016] Art 45 Brüssel Ia-VO Rn 58; HAU IPRax 1996, 322, 324). Deren Aussichten scheinen zu unsicher. Klar ist die Sachlage, wenn das Rechtsmittel erfolglos war (OLG Düsseldorf 18. 9. 1998 FamRZ 1999, 447).

253 Es wird aber auch nicht verlangt, dass die Partei ein bei realistischer Betrachtung **voraussichtlich erfolgloses** Rechtsmittel einlegt (Geimer, IZPR Rn 2955; MünchKomm-ZPO/GOTTWALD § 328 Rn 1027; THOMAS/PUTZO/HÜSSTEGE § 328 ZPO Rn 16 aE). Das ist insbesondere dann der Fall, wenn das ausländische Gericht sein Verfahrensrecht richtig angewandt hatte, dieses also gegen den deutschen ordre public verstieß (vgl EuGH 28. 3. 2000 – C-7/98 *Krombach v Bamberski*). Eine Rechtsmittelobliegenheit kommt dann nur in Betracht, wenn das ausländische Gericht sein eigenes **Recht falsch angewandt** hat. Um dies festzustellen, muss das ausländische Urteil anhand des ausländischen Rechts überprüft werden. Die Einschränkung der Rechtsmittelobliegenheit leuchtet ein, aber eine genaue objektive Nachprüfung der Erfolgsaussichten des Rechtsmittels im ausländischen Verfahren wäre sehr aufwendig. Man sollte vielmehr aus der Sicht der damaligen unterlegenen Partei beurteilen, ob ihr ein Rechtsmittel als **wahrscheinlich erfolgreich** erscheinen musste. Dabei spielt eine Rolle, ob sie anwaltlich vertreten war. Ohne gute Erfolgschancen kann man nicht erwarten, dass sie das Kostenrisiko übernehmen sollte. Die unterlegene Partei kann auch der damalige Kläger sein, denn auch Klagabweisungen sind anerkennungsfähig (weitergehend VÖLKER, Dogmatik des ordre public 220 ff: regelmäßige Obliegenheit zur Einlegung des ersten, nicht eines weiteren Rechtsmittels).

254 Wenn es auch selten zu anderen Ergebnissen führt, handelt es sich **methodisch** jedoch um die inhaltliche Präzisierung des ordre public, nicht um eine Präklusion mit einer Einwendung (so aber GEIMER, Anerkennung 61 f; OLG Düsseldorf 7. 11. 1997 FamRZ 1998, 694; wie hier REGEN, Prozessbetrug Rn 780, 878). Die Partei, die nicht die naheliegenden oder zumutbaren Schritte unternommen hat, kann sich nicht mehr über ein unfaires Verfahren beschweren (vgl OLG Hamm 27. 6. 1996 IPRax 1998, 202 zu Art 27 Nr 1 EuGVÜ), denn wegen der Eröffnung von Rechtsmitteln verstößt das Verfahren nicht mehr notwendig gegen den verfahrensrechtlichen ordre public (der dort vorgesehenen Rechtsmittelobliegenheit). Der EuGH hat zur parallelen Frage der unzureichenden Ladung eine Rechtsmittelobliegenheit nach Erlass des Urteils abgelehnt, weil die Verteidigung nun schwieriger als davor sei (EuGH 12. 11. 1992 – C-123/91 *Minalmet v Brandeis* Rn 18 ff, JZ 1993, 357; zust REGEN, Prozessbetrug als Anerkennungshindernis Rn 412; **aA** BGH 3. 8. 2011 FamRZ 2011, 1568). Das mögliche Rechtsmittelverfahren muss das rechtliche Gehör in vollem Umfang sichern.

255 Die Rechtsmittelobliegenheit wird nur zum **verfahrensrechtlichen ordre public** vertreten (GEIMER, Anerkennung 61 f). Es ist zwar möglich, dass das materielle Ergebnis des ausländischen Urteils, das gegen den **materiellen** deutschen ordre public verstößt, im Urteilsstaat auf ein Rechtsmittel hin noch einer vollständigen neuen Prüfung der Sach- und Rechtslage unterzogen worden wäre, es ist aber sehr ungewiss, ob damit der Verstoß beseitigt würde (ebenso VÖLKER, Dogmatik des ordre public 220).

f) Inlandsbeziehung

Nicht nur bei Art 6 EGBGB, sondern auch bei § 109 Abs 1 Nr 4 FamFG ist für das Eingreifen des ordre public eine Inlandsbeziehung erforderlich (BGH 15. 5. 1986 BGHZ 98, 70, 74 [beiläufig]; BGH 4. 6. 1992 BGHZ 118, 312, 345, 348; MünchKommFamFG/RAUSCHER § 108 Rn 37; eingehend RAAPE/STURM, IPR Bd 1, 217). Und dies gilt nicht nur für den materiellrechtlichen ordre public, der ohnehin enge Verwandtschaft zu dem international-privatrechtlichen aufweist, sondern auch für den verfahrensrechtlichen (VÖLKER, Dogmatik des ordre public 213 f; WUPPERMANN, Die deutsche Rechtsprechung zum Vorbehalt des ordre public im IPR 144; MARTINY, Hdb IZVR Bd III/1 Kap I Rn 1027 f; **aA** WEITZ, Inlandsbeziehung und ordre public in der deutschen Rechtsprechung zum Internationalen Familienrecht 14 ff; grundsätzlich auch NAGEL/GOTTWALD, IZPR § 12 Rn 172). 256

Und wie dort besteht zwischen der Intensität der Binnenbeziehung und der für das Eingreifen des ordre public nötigen Erheblichkeit der Abweichung von deutschen Grundwerten eine **umgekehrte Proportionalität**, sodass die Abweichung um so größer sein darf, je schwächer die Binnenbeziehung ist und umgekehrt (BGH 4. 6. 1992 BGHZ 118, 312, 345, 348; OLG Bamberg 13. 3. 1996 FamRZ 1997, 96; SCHACK, IZVR Rn 958; MünchKomm/vHEIN Art 6 EGBGB Rn 190 mwNw; MARTINY, Hdb IZVR Bd III/1 Kap I Rn 1029; VÖLKER, Dogmatik des ordre public 235 ff; ablehnend RAAPE/STURM, IPR Bd 1 217). Dagegen sollte man nicht danach differenzieren, ob die Anerkennung Voraussetzung einer Vollstreckung ist oder nur als eine präjudizielle Vorfrage in inländischen Verfahren auftaucht (**aA** MARTINY, Hdb IZVR Bd III/1 Kap I Rn 1029). 257

Nun lassen sich weder die Intensität des Verstoßes gegen den ordre public noch die der Inlandsbeziehung und erst recht nicht ihr Verhältnis zueinander konkret quantifizieren. Die damit verbundene Rechtsunsicherheit, genauer mangelnde Vorhersehbarkeit der Bewertung durch den deutschen Anerkennungsrichter, besteht freilich schon jeweils bei den beiden Aspekten und wird durch ihre Korrelierung nicht mehr erheblich vergrößert. Dieser Ansatz erlaubt dafür eine genauere Berücksichtigung der Umstände des Einzelfalles (VÖLKER, Dogmatik des ordre public 240; krit gerade dazu RAAPE/STURM, IPR Bd 1 217), die beim ordre public generell angemessen ist. 258

Die Binnenbeziehung liegt nicht schon darin, dass mit der Anerkennung die Wirkungen des ausländischen Urteils auf das Inland erstreckt würden. Gerade dies wäre immer der Fall, und das Erfordernis der Binnenbeziehung soll eine **Unterscheidung** ermöglichen (ZÖLLER/GEIMER § 328 ZPO Rn 243; **aA** KNOKE, Deutsches interlokales Privat- und Verfahrensrecht nach dem Grundvertrag [1980] 197). So kann es bei der Inlandswirkung unbeschadet befremdlicher Verfahrensweisen bleiben, solange unsere Rechtsordnung kein Interesse an dem Fall hat. Eine Ausnahme vom Erfordernis der Inlandsbeziehung will GEIMER bei der Anwendung absolut unmoralischen Rechts machen (ZÖLLER/GEIMER § 328 ZPO Rn 167a: Verletzung elementarer Menschenrechte; ebenso NAGEL/GOTTWALD, IZPR § 12 Rn 172), jedoch stellt sich die Frage des ordre public nur und erst, wenn irgendeine Inlandsbeziehung besteht. So besteht auch zB ein Rechtsschutzinteresse an einer Anerkennungsentscheidung erst mit einer Inlandsbeziehung, zB wenn die im Ausland geschiedenen Ehegatten erst später nach Deutschland ziehen 259 und wieder heiraten wollen (aA beiläufig RG 28. 2. 1938 JW 1938, 1518 [Massfeller]). Der Streit ist wohl müßig, denn schon das Feststellungsverfahren nach § 107 FamFG verlangt eine Inlandsbeziehung und ein inländisches Feststellungsinteresse (§ 107 Rn 152 ff), das eine ausreichende Inlandsbeziehung darstellt. Und bei einer Scheidung aus dem gemeinsamen Heimatstaat, die nicht unter § 107 FamFG fällt, sollte man insoweit nicht anders entscheiden, zumal ein freiwilliges Feststellungsverfahren möglich ist (vgl § 107 Rn 100).

260 In Personenstandsangelegenheiten liegt eine Inlandsbeziehung in der **deutschen Staatsangehörigkeit** eines Beteiligten, aber ebenso im **gewöhnlichen Aufenthalt** eines Ausländers hier. Mit geringerer Intensität kann die Inlandsbeziehung auch in der Staatsangehörigkeit oder dem gewöhnlichen Aufenthalt **mittelbar Betroffener** gefunden werden, so zB im gewöhnlichen Aufenthalt eines Kindes im Inland, wenn es um ein ausländisches Nichtigkeitsurteil über die Ehe seiner Eltern geht. Freilich wird hier wohl die Binnenbeziehung gewöhnlich schon über den einen oder anderen Elternteil bestehen (BGH 17. 9. 1968 BGHZ 50, 370 = FamRZ 1968, 642 [Bork] = JZ 1969, 299 [Heldrich] = StAZ 1969, 10 [Simitis] = NJW 1969, 369; Simitis, in: Beitzke [Hrsg], Vorschläge und Gutachten 276). Ergibt sich eine Inlandsbeziehung nur daraus, dass die Wirksamkeit zB der ausländischen Scheidung für ein Erbrechtsverhältnis präjudiziell ist, das seinerseits Inlandsbeziehung hat, so kann diese Art von Inlandsbeziehung über Drittbetroffene für das Eingreifen des ordre public gegen die Scheidungsanerkennung genügen (zust Völker, Dogmatik des ordre public 233; vgl auch MünchKomm/vHein Art 6 EGBGB Rn 191). Die Befassung eines deutschen Standesbeamten mit der Wiederverheiratung allein begründet die Inlandsbeziehungen nicht, wohl aber der für seine Zuständigkeit nötige inländische Wohnsitz einer Partei.

261 Auch hier muss man differenzieren (Völker, Dogmatik des ordre public 233 f). Die deutsche Staatsangehörigkeit wiegt weniger, wenn die Partei noch eine andere besitzt: Ist diese die effektivere, verliert die deutsche sehr an Gewicht. Im umgekehrten Fall ist die Abschwächung eher gering. Art 5 Abs 1 S 2 EGBGB gilt hier jedenfalls nicht (BGH 4. 6. 1992 BGHZ 118, 312, 327 f; Palandt/Thorn Art 5 EGBGB Rn 5). Der inländische schlichte Aufenthalt wiegt weit weniger als ein gewöhnlicher. Welche Art Inlandsbeziehung zu verlangen ist, hängt mit dem Gegenstand des anzuerkennenden Urteils zusammen. Bei Eheurteilen sind vornehmlich die deutsche Staatsangehörigkeit und ein inländischer gewöhnlicher Aufenthalt und, mit geringerem Gewicht, ein schlichter Aufenthalt beachtlich. Die Differenzierungen sind vor allem bei der Anerkennung islamischer „Verstoßungsscheidungen" wichtig.

g) Maßgeblicher Zeitpunkt

262 Die Vorstellungen zum ordre public können sich mit der Zeit verändern. Gerade das Eherecht bietet hierfür Beispiele. Meist wird der Zeitpunkt der inländischen Entscheidung über die **Anerkennung** als **maßgeblich** genannt (BGH 26. 6. 1969 BGHZ 52, 184, 192; BGH 11. 4. 1979 NJW 1980, 529, 531 = FamRZ 1979, 577; BGH 11. 10. 2006 FamRz 2007, 109; BayObLG 9. 6. 1993 FamRZ 1993, 1469; BayObLG 8. 5. 2002 FamRZ 2002, 1637; OLG Düsseldorf 19. 8. 2008 FamRZ 2009, 1078; KG 4. 4. 2006 FamRZ 2006, 1405 1407; JM NRW 2. 7. 1984 IPRspr 1984 Nr 184 und 21. 2. 1984 IPRax 1986, 167; Baumbach/Lauterbach/Albers/Hartmann § 328 ZPO Rn 32; OLG Düsseldorf 4. 12. 1981 FamRZ 1982, 534 [Kindesherausgabe]; Martiny, Hdb IZVR Bd III/1 Kap I Rn 1150; Stein/Jonas/H Roth § 328 ZPO Rn 132; differenzierend G Fischer IPRax 1999, 453 f), und zwar dann selbst noch in der (inländischen) Revi-

sionsinstanz (BGH 23. 4. 1959 BGHZ 30, 89, 97). RIEZLER dagegen verlangte Übereinstimmung sowohl zum Zeitpunkt des Urteilserlasses als auch seiner Anerkennung (IZPR 542 ff).

Dem ist nicht zuzustimmen. Die Anerkennung tritt grundsätzlich ipso jure mit der ausländischen Rechtskraft ein. Und auch die förmliche Delibation nach § 107 FamFG ist deklaratorisch und wirkt auf diesen Zeitpunkt zurück. Würde man auf den späteren Zeitpunkt der inländischen gerichtlichen Feststellung über die schon geschehene Anerkennung abstellen und ist in der Zwischenzeit im Inland eine **Verschärfung** des ordre public eingetreten, so bedeutete deren Beachtung einen Entzug der schon eingetretenen Inlandswirkungen, die nicht zuzulassen ist (BayObLG 29. 11. 1974 BayObLGZ 1974, 471 = FamRZ 1975, 215 mAnm GEIMER; VÖLKER, Dogmatik des ordre public 24; SCHACK IZVR Rn 973; PRÜTTING/HELMS/HAU Rn 47; für Verträge BGH 29. 3. 2001 BGHZ 147, 178, 187 f). Es erschiene nicht vereinbar damit, dass nun durch die Anerkennung das Scheidungsurteil unwirksam wird, denn bei einem inländischen Urteil würde man eine nachträgliche Rechtsänderung ebenfalls nicht beachten (ebenso GEIMER, IZPR Rn 29 a; vgl auch BEITZKE, FamRZ 1956, 38). G FISCHER zieht mit Recht die Parallele zu Art 220 Abs 1 und Art 236 § 1 EGBGB, wonach auf abgeschlossene Vorgänge das zum Zeitpunkt des Vorgangs geltende Kollisionsrecht anzuwenden ist (IPRax 1999, 453 f). IdS ist der Vorgang, mit dem ausländische Rechtskraft eintritt, insbesondere mit dem Eintritt der Gestaltungswirkung abgeschlossen. Dann können die Parteien Schutz ihres Vertrauens auf die durch Anerkennung eingetragene Gestaltung beanspruchen. Es würde dann auch sinnwidrig sein, die Anerkennung nur im Bezug auf eine später geltend gemachte Scheidungsfolge zu verweigern (mit Vorbehalten VÖLKER, Dogmatik des ordre public 249; vgl BGH 11. 4. 1979 NJW 1980, 529, 531; BGH 21. 4. 1998 IPRax 1999, 466 mAnm G FISCHER 450 zur Prüfung zum Zeitpunkt der Urteilsvollstreckung). **263**

Hängt die Inlandswirkung noch von einer **verweigerten förmlichen Entscheidung nach § 107 FamFG** ab, dann entfällt zwar das Bedenken der rückwirkenden Entziehung von Urteilswirkungen. Dass die Anerkennung dann auf den Zeitpunkt des Urteilserlasses im Ausland zurückwirkte, wäre an sich kein zwingendes Argument (so aber GEIMER/SCHÜTZE, Int Urteilsanerkennung Bd I/2, 1607), denn mit der Ablehnung der Anerkennung tritt auch die Rückwirkung nicht ein, und vorher bestand keine Inlandswirkung. **264**

Die hM will auch eine inzwischen eingetretene **Abschwächung** der **Maßstäbe** des ordre public, die nun die Anerkennung erlaubten, beachten (so BGH 11. 10. 2006 FamRZ 2007, 109; BGH 23. 4. 1959 BGHZ 30, 89, 97 und 26. 6. 1969 BGHZ 52, 184; BGH 21. 4. 1998 IPRax 1999, 466 mAnm G FISCHER 450, Börseneinwand, BayObLG 19. 7. 1967 BayObLGZ 1967, 263 = StAZ 1967, 292 = JZ 1968, 70 = MDR 1967, 1018; BayObLG 29. 11. 1974 FamRZ 1975, 215; VÖLKER, Dogmatik des ordre public 249; MünchKommFamFG/RAUSCHER Rn 39; PRÜTTING/HELMS/HAU Rn 39; zweifelnd GEIMER, IZPR Rn 29a). Das könnte damit begründet werden, dass die Beteiligten an einer wenngleich späteren Anerkennung immer noch interessiert seien. Das ist sicher oft, aber nicht notwendig so. Es ist sehr wohl denkbar, dass die Beteiligten oder einige von ihnen sich inzwischen auf den Fortbestand der Ehe im Inland eingestellt haben zB hinsichtlich erbrechtlicher Folgen (vgl JM BW 24. 4. 1979 FamRZ 1979, 811: 26 Jahre; KG FamRZ 1987, 603 f). Auch dieses Vertrauen kann durchaus schutzwürdig sein. Das BayObLG wollte den Beklagten gegen eine günstigere neue **265**

Regelung der Anerkennungszuständigkeit mit dem ordre public schützen (BayObLG 17. 12. 1987 FamRZ 1988, 860, 862); das ist aber der falsche Ansatz.

266 Um unsichere Untersuchungen über das Vertrauen der Eheleute und eventuell betroffener Dritter zu vermeiden, sollte man sich für einen Zeitpunkt entscheiden. War zB eine Scheidung aus dem gemeinsamen Heimatstaat der Parteien, die keine förmliche Anerkennung braucht, damals wegen eines Verstoßes gegen den ordre public nicht anerkannt, dann würde mit der Änderung des Maßstabes die Scheidung zu einem späteren, in der Regel auch nur schwer zu fixierenden Zeitpunkt im Inland wirksam. Das sollte ebenso wenig wie eine Scheidung durch Gesetzesänderung zugelassen werden. Es kann auch sein, dass schon im Verfahren nach § 107 FamFG die Nichtanerkennung festgestellt wurde. Einer neuen Entscheidung wegen nun anderer Bewertung stünde die Rechtskraft jener Entscheidung freilich nicht entgegen, denn es könnte noch immer die Anerkennung beantragt werden, doch auch diese müsste sich nach dem Stand des Rechts bei Urteilserlass richten. Ist die Scheidung im Inland nicht anerkannt, so können die Eheleute sich hier erneut scheiden lassen. Eine neue Heimatstaatsscheidung scheidet wegen der früheren dort wohl aus.

h) Einzelfragen

aa) Materieller ordre public

267 Der materielle ordre public als Anerkennungshindernis gleicht qualitativ dem des IPR in Art 6 EGBGB. Während hier der deutsche Richter bei Anwendung ausländischen Rechts eine bestimmte Entscheidung nicht treffen darf, wird dort eine ausländische Entscheidung nicht für das Inland anerkannt. Was ein deutscher Richter in Anwendung ausländischen Rechts entscheiden darf, muß auch in einem ausländischen Urteil anerkannt werden. Es kann daher insoweit auf die Erläuterungen zu Art 17 EGBGB (Staudinger/Mankowski [2011] Art 17 EGBGB Rn 105 ff) verwiesen werden. Ob bei ausländischen Urteilen noch größere Zurückhaltung geboten ist, ist in Rn 226 ff erörtert. Dabei ist nicht **entscheidend** der Inhalt der (ausländischen) angewandten Rechtsnorm, sondern nur das **Ergebnis** der Anerkennung. Das zeigt sich zB darin, dass ausländische Entscheidungen auch dann dem Verdikt des § 109 Nr 4 FamFG unterfallen, wenn der ausländische Richter deutsches Recht anwenden wollte, dies aber so falsch verstanden hat, dass die Entscheidung mit den Grundlagen des deutschen Rechts unvereinbar ist (Geimer, IZPR Rn 29; vgl BayObLG 19. 7. 1967 BayObLGZ 1967, 263 = JZ 1968, 70; in casu verneint, aus türk Sicht ebenso Türk Kassationshof 21. 6. 2000 FamRZ 2002, 114). Ebenso wenig ist entscheidend, ob das Urteil ausländisches Recht richtig angewandt hat, sondern ob das Ergebnis gegen den deutschen ordre public verstößt, weil die Entscheidung angesichts des Sachverhalts schlechterdings nicht akzeptabel ist. Eine falsche Anwendung ausländischen Rechts berührt als solche nie den deutschen ordre public.

268 Der Verstoß kann bereits in der im Tenor des ausländischen Urteils ausgesprochenen **Rechtsfolge** liegen. Zu denken wäre an eine Verurteilung zur Eingehung einer Ehe (Schack, IZVR Rn 959; Martiny, Hdb IZVR Bd III/1 Kap I Rn 1052) oder auch an die Verurteilung zu einem Schadensersatz wegen Nichteinhaltung eines Eheversprechens, der wesentlich über dem nach §§ 1298 ff BGB möglichen liegt (Martiny, Hdb IZVR Bd III/1 Kap I Rn 1052).

Polygamie verstößt als solche nicht gegen den deutschen ordre public, nur kann eine polygame Ehe im Inland nicht geschlossen und wohl auch nicht gerichtlich geltend gemacht werden (STAUDINGER/MANKOWSKI [2011] Art 13 EGBGB Rn 251 f). Aber ein ausländisches Urteil, das ihr Bestehen feststellt oder daraus Ehefolgen herleitet, kann sehr wohl anerkannt werden, und erst recht eines, das sie scheidet. Das gilt, wenn das Heimatrecht beider Eheleute die Polygamie zulässt. Ist ein Ehegatte Deutscher, so wäre die Ehe nichtig (Art 13 Abs 1 EGBGB). Ein ausländisches Urteil das ihre Wirksamkeit feststellt, verstößt dann gegen den deutschen ordre public (LJV BW 31. 5. 1990 FamRZ 1990, 1015). 269

Misst ein ausländisches Gericht einer **Doppelehe** Gültigkeit zu und löst es diese Ehe nur auf, so stellt letzteres keinen Verstoß gegen den ordre public dar, zumal es sich nach deutschem Recht auch nicht um eine Nichtehe, sondern nur um eine vernichtbare Ehe handelt (BayObLG 13. 5. 1993 StAZ 1994, 9; in manchen afrikanischen Rechten führt die Zweitehe nur zur Aufhebung der ersten). Dagegen liegt ein Verstoß vor, wenn das ausländische Urteil die bigamische Ehe eines Deutschen für wirksam erklärt (LJV Baden-Württemberg 31. 5. 1990 FamRZ 1990, 1015). 270

Ein ausländisches Urteil, das das Nichtbestehen einer Ehe feststellt, die vor einem deutschen Standesbeamten geschlossen wurde, aber damit nicht den **Formvorschriften** des Heimat- bzw Urteilsstaates entsprach, kann nicht anerkannt werden (KG 20. 5. 1975 StAZ 1976, 307 [GÖRGENS 1977, 79 ff]). Das ist bedenklich, aber wegen Art 13 Abs 3 EGBGB zutreffend. 271

Ein Urteil auf **Herstellung** der ehelichen Lebensgemeinschaft ist sogar im deutschen Recht möglich (§§ 606, 888 ZPO), ordre public-widrig könnte jedoch eine Bewehrung eines solchen Urteils mit Zwangsgeld sein. Ein **Schadensersatzanspruch** wegen Verletzung der Pflichten zur ehelichen Lebensgemeinschaft ist solange unbedenklich, als er sich auf den Ersatz tatsächlicher Schäden beschränkt (wie von einer verbreiteten Meinung im deutschen Recht vertreten; MünchKomm/KANZLEITER § 1353 Rn 48 f). 272

Solche Fälle bereits aus dem Tenor ersichtlicher Verstöße gegen den ordre public sind eher selten. Häufiger wird es sein, dass sich der Verstoß erst aus dem Vergleich des **Urteilstenors mit dem Sachverhalt** ergibt, dass also nach unseren Vorstellungen der gegebene Sachverhalt diese Rechtsfolge keinesfalls tragen kann. So liegt es, wenn eine Ehe für nichtig erklärt wird oder die Eheschließung untersagt wird, und tatsächlich kein für uns akzeptables Ehehindernis vorliegt. Man denke an Eheverbote der Religions- oder der Rassenverschiedenheit (MARTINY, Hdb IZVR Bd III/1 Kap I Rn 1061; NEUHAUS FamRZ 1957, 394). Auch ein Eheverbot der geistlichen Verwandtschaft, sollte es noch eine Rechtsordnung aus dem früheren kanonischen Recht bewahrt haben, dürfte Art 6 Abs 1 EGBGB widersprechen. Mit Recht aber verweist das OLG Celle (20. 8. 1963 NJW 1963, 2235) auf besondere Zurückhaltung bzw auf den gebotenen weitgehenden Respekt vor anderen kulturellen und religiösen Traditionen. 273

Eine Scheidung auf Antrag der Verwaltung und gegen den Willen der Betroffenen wegen Abfalls vom rechten Glauben ist jedoch nicht anerkennungsfähig (zu einem solchen Fall in Ägypten BÄLZ IPRax 1996, 353). Andere **Scheidungsgründe** in ausländischen 274

Urteilen sind durchaus zu akzeptieren; gerade hier ist angesichts kultureller Verschiedenheiten in der Welt Zurückhaltung mit dem ordre public zu wahren (OLG Celle 20. 8. 1963 NJW 1963, 2235; Martiny, Hdb IZVR Bd III/1 Kap I Rn 1055), nicht aber Scheidungen aus rassischen oder religiösen Gründen (Staudinger/Mankowski [2011] Art 17 EGBGB Rn 109). Scheidungen nur aufgrund des Einverständnisses der Parteien (Konsensscheidungen), die heute in der Welt häufiger zugelassen sind, verstoßen wegen der Vertragselemente in § 1566 Abs 1 BGB nicht dagegen (BayObLG 7. 4. 1998 FamRZ 1998, 1594; OLG Frankfurt 26. 11. 1979 MDR 1980, 321; OLG Düsseldorf 28. 2. 1975 FamRZ 1975, 584 [Geimer] = NJW 1975, 1081), und heute sicherlich auch umgekehrt nicht mehr die Scheidung gegen den Widerspruch des Beklagten (OLG Stuttgart 11. 10. 1972 FamRZ 1973, 38 zum alten Verschuldensprinzip), selbst wenn ein Scheidungsgrund nach deutschem Recht nicht gegeben war. Verschuldensscheidungen sind allemal kein Verstoß.

275 Ein ordre public-Verstoß zB eines Ehenichtigkeitsurteils liegt in zu weitgehenden **Zustimmungserfordernissen** der Eltern zur Heirat erwachsener Kinder und bei einem Herstellungsurteil, wenn die Ehe durch einen Stellvertreter mit Wahlfreiheit geschlossen wurde, oder wenn die Eltern ihre minderjährigen Kinder ohne deren Zustimmung verheiraten können. Ein höheres Volljährigkeitsalter als 18 Jahre ist aber allemal zu akzeptieren.

276 Eine **Trennung von Tisch und Bett** verstößt auch bei Beteiligung eines deutschen Ehegatten nicht gegen den ordre public (KG 12. 2. 1974 IPRspr 1974 Nr 183; IPG 1973 Nr 42 [Köln]).

277 Ein **generelles Scheidungsverbot** galt lange nicht als Verstoß gegen den deutschen ordre public (Staudinger/Mankowski [2011] Art 17 EGBGB Rn 106 mNw). Es ist heute relativ selten geworden, und notfalls half dem deutschen oder bei Eheschließung deutschen Ehegatten § 606a ZPO aF (jetzt: § 98 Abs 1 S 1 Nr 1 FamFG) mit Art 17 Abs 1 S 2 EGBGB. Aber heute kann daran nicht mehr festgehalten werden (BGH 11. 10. 2006 BGHZ 169, 240, 251 = FamRZ 2007, 109 mAnm Henrich). Schon das BVerfG deutete in der Spanierentscheidung an, dass die Eheschließungsfreiheit auch die Möglichkeit der Scheidung und Wiederverheiratung einschließen könne (BVerfGE 31, 48, 73; BVerfGE 53, 224 f; BVerfG NJW-RR 2007, 577; Henrich FamRZ 2007, 113; Staudinger/Mankowski [2011] Art 17 EGBGB Rn 106 mwNw).

278 Ein **Schuldspruch** im Scheidungsurteil verstößt als solcher nicht gegen unseren ordre public (Martiny, Hdb IZVR Bd III/1 Kap I Rn 1060; BGH 26. 5. 1982 IPRax 1983, 180 [Henrich 161] = FamRZ 1982, 795 = NJW 1982, 1940 = MDR 1982, 1001). Schließlich war die Verschuldensfrage auch im deutschen Recht lange Zeit von Bedeutung und spielt in § 1579 Nr 7 und 8 BGB noch immer eine gewisse Rolle. Der ordre public kann aber bei zusätzlichen Umständen eingreifen, wie zB wegen des Grundes des Schuldausspruchs. Selbst dass das Verschulden der einzig zugelassene Scheidungsgrund ist, verstößt nicht gegen den ordre public (OLG Hamm 13. 8. 2010 FamRZ 2011, 220; OLG Hamm 6. 6. 2000 FamRZ 2000, 306)

279 Wenn die Anerkennungszuständigkeit gegeben ist und das Verfahren den Anforderungen des § 109 FamFG entspricht, so verstößt es nicht gegen den ordre public, wenn der Kläger ein Gericht gewählt hat, bei dem er die Scheidung leichter als anderswo oder in Deutschland erlangen kann **(forum shopping)** (irrig OLG Bremen 29. 10. 1968 IPRspr 1968/69 Nr 235). Die Abwehr von Urteilen aus Scheidungsparadiesen erfolgt insoweit über § 109 Abs 1 Nr 1 FamFG.

Die **Trennungsfristen** des § 1566 BGB gehören nicht zum ordre public (BayObLG 3. 10. 1978 IPRspr 1978 Nr 175), weder wenn sie im Ausland kürzer (OLG Hamm 4. 10. 1996 FamRZ 1997, 881: Scheidung ohne Trennungsjahr nach türkischem Recht), noch wenn sie länger sind. Es schadet nicht, wenn das Urteil die Trennungsfristen nicht beachtet hat, die das zugrunde gelegte Scheidungsstatut vorschreibt (BayObLG 12. 5. 1992 FamRZ 1993, 452) bzw die Frist falsch berechnet hat (BayObLG 9. 6. 1993 FamRZ 1993, 1469). Dass das Urteil materiell unrichtig ist, ist als solches kein Verstoß. **280**

Eine ältere Rechtsprechung hat ausländische Scheidungen aus sehr **geringfügigen Scheidungsgründen** nicht anerkannt, weil eine allzu leichte Scheidung mit dem deutschen Prinzip der lebenslänglichen Ehe nicht zu vereinbaren sei (hauptsächlich aber aus anderen Gründen OLG Hamburg 1. 10. 1935 JW 1935, 3488; LG Ulm 27. 6. 1956 IPRspr 1956/57 Nr 103; OLG Düsseldorf 5. 6. 1957 MDR 1957, 680; **aA** dagegen LG Berlin II 25. 1. 1932 StAZ 1933, 122; OLG München 2. 4. 1964 IPRspr 1964/65 Nr 263; OLG Celle 20. 3. 1963 FamRZ 1964, 155; sehr krit Gamillscheg, in: FS Nipperdey [1965] 345 f; Spickhoff JZ 1991, 327). Dem kann man nur mit Vorsicht folgen. So hat die Rechtsprechung auch eine Nichtigerklärung wegen örtlicher Unzuständigkeit des Standesbeamten selbst nach langdauernder Ehe anerkannt (OLG Celle FamRZ 1964, 155; BayObLG 19. 7. 1967 StAZ 1967, 292; zur damaligen Regelung in Chile Samtleben, StAZ 1998, 77; zur heute anderen Samtleben StAZ 2004, 285, 287). Der ordre public greift jedenfalls nicht durch, wenn das Ergebnis nach den Umständen des Falles dennoch tragbar ist. **281**

Es kommt nicht darauf an, welchen Scheidungsgrund das Gericht tatsächlich herangezogen hat, weil nur das Prozessergebnis zu bewerten ist. Es ist daher zunächst anzuerkennen, wenn die Ehe auch nach deutschem Recht hätte geschieden werden können, also namentlich nach dreijähriger Trennung auch gegen den Widerspruch des Beklagten (BayObLG 19. 9. 1988, 338 [Jayme 223]). Es muss jedoch nicht notwendig immer ein Scheidungsgrund nach deutschem Recht vorgelegen haben. So ist die **einvernehmliche Scheidung** auch ohne längere Trennung hinzunehmen, obwohl sie im deutschen Recht nicht möglich wäre. Das BVerfG 28. 2. 1980 (BVerfGE 53, 224) hat freilich obiter eine reine Konsensscheidung als Verstoß gegen Art 6 Abs 1 GG angesehen. Sie ist in manchen europäischen Staaten vorgesehen und ist trotz Art 6 EGBGB bzw § 109 Abs 1 Nr 4 hinzunehmen. **282**

(Grobe) geschlechtsspezifische **Ungleichbehandlung** der Frau in den Scheidungsgründen, die wegen Art 3 Abs 2 GG gegen Art 6 EGBGB verstößt, kann in deutschen Verfahren dadurch aufgefangen werden, dass entgegen dem ausländischen Recht auch der Frau ein Scheidungsrecht eingeräumt wird (Staudinger/Mankowski [2011] Art 17 EGBGB Rn 111, 113; Beitzke IPRax 1993, 235). Eine Frage der **Anerkennung** und des ordre public stellt sich, wenn es ausnahmsweise um die Anerkennung einer Klagabweisung der Frau geht. Auch ein solches Sachurteil fällt unter § 107 FamFG (§ 107 Rn 80; str) und damit kann § 109 Abs 1 Nr 4 FamFG eingreifen. Im Hinblick auf eine Scheidung im Inland wird viel diskutiert, ob der deutsche ordre public eingreift, wenn der Ehefrau der gleichberechtigte Zugang zu Scheidung verwehrt wird, die dem Ehemann jederzeit offen gestanden hätte (so Henrich FamRZ 2012, 498; differenziert **283** und richtiger OLG Hamm 17. 1. 2013 FamRZ 2013, 1481). Ist dagegen ein Scheidungsantrag der Frau im Ausland abgewiesen worden, so kann ein Verstoß gegen den ordre public vorliegen, dessen Konsequenz es wäre, dass die Ehe in Deutschland weiter besteht und auf Antrag der Frau auch geschieden werden kann, und zwar nach dem ersatzweise anzuwendenden deutschen Scheidungsrecht. Das gilt bei einem einseitigen Scheidungsverbot. Ob dasselbe gilt, wenn die Frau „nur" andere Scheidungsgründe geltend machen kann und muss, die im konkreten Fall nicht vorlagen, ist zweifelhaft, aber wohl zu bejahen.

284 Noch immer recht häufig ist zB nur der Ehebruch der Frau ein Scheidungsgrund, nicht aber auch der des Mannes. Wird die Ehe wegen Ehebruches der Frau im Ausland geschieden, so greift gegen dieses Urteil der ordre public nicht ein, denn ob auch eine Scheidung wegen Ehebruches des Mannes in diesem Recht möglich wäre, ist eine rein theoretische Frage, und der ordre public beurteilt das konkrete Urteil, nicht das zugrunde gelegte Recht als solches (**aA** Cour d'Appel Paris 28. 6. 1973 Rev crit d i p 1974, 505 [Foyer]). Ist eine Klage der Frau wegen Ehebruchs des Mannes entsprechend dem ausländischen Recht abgewiesen worden, so liegt aber im Ergebnis kein Verstoß gegen den ordre public vor, wenn sie einen anderen Scheidungsgrund hätte geltend machen können, wie zB ein ehevertraglich vereinbartes Verstoßungsrecht wegen Unterhaltsverweigerung (vgl OLG Hamm 17. 1. 2013 FamRZ 2013, 481; OLG Koblenz 26. 11. 2008 FamRZ 2009, 611). Dass ein vertraglich vereinbarter Scheidungsgrund dem deutschen Recht unbekannt ist, ändert nichts.

285 Der Auffassung (LJV Bremen 13. 5. 1974 StAZ 1975, 343), dass die Anerkennung schon dann zu verweigern sei, wenn der Kläger zum Islam übertritt, um ein ihm günstigeres Scheidungsrecht (hier im Irak) zu erlangen, kann nicht gefolgt werden. Der **Konfessionswechsel zur Scheidungserleichterung** war auch in Europa nicht unbekannt. Der im IPR vertretene Weg, die „künstlich" geschaffene Anknüpfung zu missachten und die eigentlichen zu nehmen (Schurig, in: FS Ferid [1988] 375 ff, 386; ders, Kollisionsnorm und Sachrecht [1981] 240 ff), geht bei der Anerkennung nicht. Die LJV Bremen will, obiter, bei einer berechtigten Rückkonversion zum „Glauben der Väter" anerkennen (unter Berufung auf OLG Stuttgart 18. 12. 1970 StAZ 1972, 71). Sicher muss man einen **Religionswechsel** akzeptieren, der aus anderen Gründen als dem der Scheidungserleichterung erfolgt ist. Aber im Anerkennungsrecht kann selbst die Manipulation des Anknüpfungsmoments vor einem ausländischen Gericht nicht mehr berücksichtigt werden, da die Anerkennung nach der Streichung von § 328 Abs 1 Nr 3 ZPO aF überhaupt nicht mehr davon abhängt, welches Recht der ausländische Richter angewandt hat. Es ist auch kein Anerkennungshindernis, wenn die Parteien unter den konkurrierenden Zuständigkeiten die ihnen günstige in Anspruch nehmen.

286 Es schadet nicht, wenn das ausländische Scheidungsurteil **keine** oder weniger **Scheidungsfolgen** mitregelt (Martiny, Hdb IZVR Bd III/1 Kap I Rn 1077 f). Der Scheidungsverbund ist keine Grundentscheidung der deutschen Rechtsordnung (BGH 6. 7. 2005 FamRZ 2005, 1666 mwNw; OLG Frankfurt 29. 11. 2010 FamRZ 2010, 1065; gebilligt von EuGHMR 9. 3. 2010 FamRZ 2011, 1037), und ebenso wenig schaden zusätzliche Regelungen im Verbund.

287 Ein **befristetes Heiratsverbot** nach Scheidung wegen Ehebruchs verstößt nur bei längerer Frist gegen den deutschen ordre public, nicht aber schlechthin (**aA** OLG

Königsberg 19. 12. 1939; Bachmann StAZ 1972, 69). **Scheidungsstrafen** dagegen wären ordre public-widrig, fielen aber als strafrechtlich ohnehin nicht unter § 109 FamFG.

Verfahrenskosten dürfen auch wesentlich höher als in Deutschland sein, solange sie nicht jedes billige Maß übersteigen (RG 11. 3. 1913 RGZ 82, 29). Und es ist auch nicht ohne weiteres ein Verstoß, wenn die siegreiche Partei keinen Kostenerstattungsanspruch hat (MünchKommZPO/Gottwald § 328 Rn 128), und ebensowenig ein Erfolgshonorar des ausländischen Anwalts in nicht exzessiver Höhe (BGH 9. 1. 1969 BGHZ 51, 290; vgl auch BGH 4. 6. 1992 NJW 1992, 3099 [Koch 3073]; einschränkend jedenfalls bei formularmäßiger Vereinbarung OLG Frankfurt 1. 3. 2000 NJW-RR 2000, 1367). **288**

Auf der **Grenze zum verfahrensrechtlichen ordre public** liegt die **Scheinscheidung**, bei der die Parteien dem ausländischen Gericht einen nicht existierenden Scheidungsgrund vorgetäuscht haben, um eine Ausreise zu erleichtern, und beabsichtigen, zB nach Ausreise in die Bundesrepublik die eheliche Lebensgemeinschaft wieder aufzunehmen. Auch sie sind grundsätzlich anzuerkennen (Martiny, Hdb IZVR Bd III/1 Kap I Rn 1066; Schmidt-Räntsch IPRax 1986, 148 ff; BayObLG 5. 12. 1958 BayObLGZ 1958, 349, 352; BayObLG 11. 6. 1992 FamRZ 1993, 451; außer unter besonderen Umständen; ebenso JM NRW 2. 7. 1984 IPRspr 1984 Nr 184; PräsOLG Celle 14. 2. 1996 StAZ 1996, 303; **aA** Stein/Jonas/H Roth § 328 ZPO Rn 136), denn es handelt sich in der Sache um eine einvernehmliche Scheidung, die als solche anerkannt werden kann (Rn 277). Dass die Parteien das **ausländische Gericht gemeinsam getäuscht** haben, weil dort das Einvernehmen nicht als Scheidungsgrund genügt, berührt unseren ordre public nicht (**aA** JM NRW 21. 2. 1984 IPRax 1986, 167 wegen spezieller Folgen). Es ist dabei auch nicht erforderlich, dass ein Scheidungsgrund nach deutschem Recht bestand (so zum alten Recht RG 4. 4. 1928 JW 1928, 2026; RG 30. 4. 1928 JW 1928, 3044; KG 21. 12. 1935 JW 1936, 2466; KG 4. 5. 1937 JW 1937, 1977 Nr 1; LG Berlin 19. 6. 1937 JW 1937, 3044; Wieruszowski JW 1928, 3044 f). Es sei daran erinnert, dass die einvernehmliche Vorspiegelung eines Scheidungsgrundes vor 1976 vor deutschen Gerichten außerordentlich verbreitet war. Ebenso liegt kein Verstoß gegen den ordre public vor, wenn Eheleute sich unter Vorspiegelung eines falschen Sachverhalts nur deshalb scheiden lassen, damit sie bei einer kurze Zeit später erfolgten Wiederheirat in Deutschland den deutschen Namen der Frau annehmen können (**aA** PräsOLG Celle 14. 2. 1996 StAZ 1996, 303). Das Motiv der Parteien ist grundsätzlich nicht beachtlich. Ein Verstoß kommt allenfalls in Frage, wenn die Scheidung zum Nachteil Dritter erschlichen wird. Das kann aber wohl kaum vorkommen anders als zB eine Vaterschaftsfeststellung, um Sozialleistungen zu erlangen (vgl BSG 3. 12. 1996 IPRax 1998, 367). **289**

Der ordre public greift jedoch durch, wenn eine oder beide Parteien **gegen ihren Willen** zB durch inakzeptablen **politischen Druck**, eventuell auch wirtschaftlichen, zur Scheidung gezwungen wurden (BayObLG 11. 6. 1992 FamRZ 1993, 451; BayObLG 7. 2. 2001 FamRZ 2001, 1622; JM NRW 2. 7. 1984 IPRspr 1984 Nr 184; Schmidt-Räntsch IPRax 1986, 148 ff). Generell sollte ein rein wirtschaftlicher Druck für einen Verstoß gegen den ordre public nicht genügen. Genauso wenig kann es ausreichen, dass die Scheidung ganz allgemein durch die politischen Verhältnisse oder durch Vorteile allgemeiner Art aufgrund der politischen Verhältnisse motiviert war. Es bleibt in allen diesen Fällen unbenommen, trotz der Anerkennung der Scheidung ihre sozialrechtlichen oder anderen Folgen (nach deutschem Recht) nicht eintreten zu lassen (Schmidt-Räntsch IPRax 1986, 151). Dass die Parteien ihre Lebensgemeinschaft trotz Scheidung **290** fortsetzen (wollen), ändert nichts. Das können sie auch als Unverheiratete, und sie mögen nach Anerkennung neu heiraten.

291 Für die Annahme eines Verstoßes gegen den ordre public bedarf es vielmehr der Feststellung, dass eine staatliche Behörde oder auch sonstige Dritte den Ehegatten oder deren nächsten Angehörigen nach unseren Gerechtigkeitsvorstellungen nicht hinzunehmende Nachteile bei Fortsetzung der Ehe angedroht, also Zwang ausgeübt haben, etwa weil der Ehegatte illegal nach Deutschland ausgewandert war. Die Gefahr muss durch gezielte Handlungen gegenüber diesen Personen derart konkretisiert worden sein, dass der Scheidungsantrag als einziger Ausweg erschien. Ab welchem Grad der psychischen Zwangslage ein Verstoß gegen den ordre public angenommen werden kann, ist eine Frage des Einzelfalles, an dessen Prüfung strenge Anforderungen zu stellen sind (BayObLG 11. 6. 1992 FamRZ 1993, 451). Ob auch erpresserischer Druck seitens des anderen Ehegatten genügen kann, hat das BayObLG (7. 7. 2001 FamRZ 2001, 1622) offengelassen, wäre aber bei hinreichender Stärke zu bejahen.

292 Dass umgekehrt der Urteilsstaat zB durch **Verweigerung der Ausreise** zum Zwecke der Familienzusammenführung zum Scheitern der Ehe beigetragen hat, führt nicht zum Eingreifen des ordre public gegen sein Scheidungsurteil (JM NRW 15. 3. 1978 IPRspr 1978 Nr 173).

bb) Verfahrensrechtlicher ordre public

293 Der Vorbehalt des ordre public greift durch, wenn grundlegende Anforderungen des deutschen **Prozessrechts** und seiner **Gerechtigkeitswerte** im ausländischen Prozes nicht gewahrt werden. Vor allem geht es um die Neutralität des Gerichts, das rechtliche Gehör für die Parteien und ihre grundsätzliche Waffengleichheit. Die ausländische Entscheidung muss also auf einem Verfahren beruhen, das von den Grundprinzipien des deutschen Verfahrensrechts in einem Maße abweicht, dass es nach der deutschen Rechtsordnung nicht als in einer geordneten rechtsstaatlichen Weise ergangen angesehen werden kann (BGH 18. 10. 1967 BGHZ 48, 327, 331; 25. 3. 1970 BGHZ 53, 357, 359 f [nicht eherechtlich]; 15. 5. 1986 BGHZ 98, 70, 73; 19. 9. 1977 WM 1977, 1230, 1231; 27. 3. 1984 WM 1984, 748, 749; 4. 6. 1992 BGHZ 118, 312, 321; Geimer, IZPR Rn 2946). Der Verfahrensverstoß allein entscheidet; es muss nicht auch das Urteil gegen den materiellen ordre public verstoßen und inhaltlich unerträglich sein.

294 UU wird dann schon das ausländische Verfahrensrecht verletzt worden sein, aber es kommt genauer nur auf das **tatsächliche Verfahren** an, zB dann, wenn im konkreten Verfahren in Missachtung auch der Verfahrensregeln des Gerichts gehandelt wurde (Martiny, Hdb IZVR Bd III/1 Kap I Rn 1021; Scheucher ZfRvgl 1 [1960] 30), umgekehrt „hilft" es auch, wenn entgegen nicht zu billigendem ausländischem Verfahrensrecht im konkreten Fall doch „richtig" verfahren wurde. Für die Anerkennung darf man aber zunächst vermuten, dass der ausländische Richter sein Verfahrensrecht angewandt hat, und also dieses bewerten. Die Prüfung ist immer auf die konkrete Entscheidung zu beschränken. Dieses Verfahren, nicht das ausländische Recht als solches, muss gegen den ordre public verstoßen (zB RG 4. 4. 1928 RGZ 121, 24, 30 = JW 1928, 2026 [Neumeyer]; BGH 18. 10. 1967 BGHZ 48, 327, 339 = ZZP 82 [1969] 149 [Roth] = JZ 1968, 594 [Wengler]; BGH 9. 5. 1990 ZZP 103 [1990] 471 [Geimer] = FamRZ 1990, 992).

Weil § 109 Abs 1 Nr 4 FamFG auf das Ergebnis des ausländischen Verfahrens und seiner Anerkennung im Inland abstellt, so wird verschiedentlich verlangt, dass sich ein Verstoß gegen Grundprinzipien rechtsstaatlichen Verfahrens in der Entscheidung **ausgewirkt** habe oder doch für das Urteil **möglicherweise kausal** war (Baur, in: FS Guldener [1973] 15; Martiny, Hdb IZVR Bd III/1 Rn 1026). Jedenfalls wenn das ausgeschlossen werden könne, sei der ordre public nicht verletzt (Schlosser, Internationale Schiedsgerichtsbarkeit Bd 1 [2. Aufl 1989] Nr 866 für Schiedssprüche; BayObLG 3. 10. 1978 IPRspr 1978 Nr 175, rechtliches Gehör). Es wird schon kaum grundlegende Regelungen des Verfahrensrechts iSd deutschen ordre public geben, die für den Ausgang des Verfahrens nicht erheblich sein **können**. Das gilt insbesondere für das rechtliche Gehör. Das BayObLG (3. 10. 1978 IPRspr 1978 Nr 175) hat einmal ein Urteil anerkannt, weil feststehe, dass die Verweigerung des rechtlichen Gehörs das dortige Urteil nicht beeinflusst habe. In casu war aber das rechtliche Gehör in einem **ausländischen Wiederaufnahmeverfahren** doch gewährt worden. Aus der Entscheidung kann darum nicht gefolgert werden, dass nachzuprüfen sei, ob der Verfahrensverstoß tatsächlich kausal war oder wenigstens nicht kausal gewesen wäre. Im Anerkennungsverfahren ist **nicht konkret nachzuprüfen**, wie in der Sache entschieden worden wäre, um den Einfluss eines Verfahrensverstoßes auf das Urteil zu überprüfen und den Verstoß auszuschließen. Selbst wenn das Urteil im Ergebnis richtig wäre, liegt ein Verstoß gegen den verfahrensrechtlichen ordre public vor (Regen, Prozessbetrug als Anerkennungshindernis Rn 837; Gottwald ZZP 103 [1990] 257, 279). 295

Denn einerseits ist der Nachweis, dass bei Vermeidung des Verfahrensverstoßes das Urteil **anders ausgefallen** wäre, kaum jemals vollkommen möglich. Andererseits sind Verfahrensregeln typischerweise dafür da, auf den Ausgang des Verfahrens Einfluss zu nehmen. Man wird ebenso selten den sicheren Nachweis führen können, dass auch bei einem anderen Verfahren das Ergebnis dasselbe gewesen wäre. So wird man allenfalls eine **mögliche Kausalität** des beobachteten Verfahrens für den Ausgang des Prozesses verlangen können, diese aber auch in aller Regel bejahen können (Gottwald ZZP 103 [1990] 279; oben Rn 230). Namentlich das rechtliche Gehör ist wegen Art 103 Abs 1 GG sogar unabhängig vom tatsächlichen Ausgang des Prozesses. Auch der zu Recht verurteilte Beklagte darf nicht bloßes Objekt des staatlichen Verfahrens gewesen sein. 296

Die Verweigerung der Anerkennung führt dazu, dass ein **erneutes Verfahren im Inland** zugelassen werden muss, aber dieses muss keineswegs zum selben Ergebnis führen, da der deutsche Richter uU nach EGBGB ein anderes Sachrecht anwendet als der ausländische. Auf ein neues, nun ordnungsgemäßes Verfahren hat die Partei auch Anspruch (zur Frage der Rechtsmittel im Entscheidungsstaat oben Rn 250 ff). Es ist problematisch, bei einem Verstoß gegen das Gebot des rechtlichen Gehörs die Anerkennung doch auszusprechen, weil materiell ein Scheidungsgrund auch **nach deutschem Recht** vorgelegen hätte. 297

• Zu den Grundsätzen des ordre public gehört die **Unparteilichkeit** des Gerichts. Die Anerkennung des Urteils scheidet aus, wenn Anweisungen anderer Stellen das Urteil des Richters beeinflusst haben können (BGH 30. 9. 1964 BGHZ 42, 194, 202 = NJW 1964, 2350) bzw vorlagen, bei naher Verwandtschaft des Richters mit einer Partei, und natürlich bei – nachgewiesener – Bestechung (OLG Hamburg 27. 3. 1975 IPRspr 1975 298

Nr 163) und Rechtsbeugung (MARTINY, Hdb IZVR Bd III/1 Rn 1095; STEIN/JONAS/H ROTH § 328 ZPO Rn 123 ff; vgl auch OLG Stuttgart 11. 10. 1972 IPRspr 1972 Nr 164).

299 Die Entscheidung durch **Laienrichter** schadet auch in Ehesachen nicht (vgl OLG Saarbrücken 3. 8. 1987 IPRax 1989, 37 [H ROTH] zu Art 27 Nr 1 EuGVÜ/LugÜ [Handelsgericht]; GEIMER, IZPR Rn 2951) und ebenso wenig, dass die Berufsrichter vom Volk gewählt werden (**aA** SCHÜTZE ZvglRWiss 100 [2001] 469 f)

Auch eine Scheidung durch **Verwaltungsakt** ist anzuerkennen (schleswig-holsteinisches OLG 5. 5. 2008 FamRZ 2009, 43, norwegischer Fylkesmann).

300 Eine grob **unzulängliche Sachverhaltsermittlung** kann den Vorbehalt des ordre public begründen. So wurde mehrfach entschieden, wenn eine Vaterschaft ohne ein medizinisches Sachverständigengutachten und nur aufgrund von Zeugenaussagen vom Hörensagen (BGH 26. 8. 2009 BGHZ 182, 188 = FamRZ 2009, 1816 mAnm HENRICH) festgestellt wurde. Der Beklagte hatte den Verkehr mit der Mutter bestritten und seine Mitwirkung bei dem Gutachten angeboten. Ein Verstoß liegt auch vor, wenn die Vaterschaftsfeststellungsklage allein deshalb abgewiesen wird, weil ein eheähnliches Zusammenleben nicht zu beweisen war (OLG Oldenburg 11. 11. 1992 FamRZ 1993, 1486 f). Entsprechend wäre auch eine Scheidung nicht anzuerkennen.

301 Jedoch ist der ordre public in der Regel nicht schon dadurch verletzt, dass das ausländische Gericht nicht die Beweise aufgenommen hat, die in Deutschland üblich sind (BGH 26. 8. 2009 FamRZ 2009, 1816 Rn 28; BGH 22. 1. 1997 NJW 1997, 2051 f; OLG Hamm 8. 7. 2003 IPRax 2004, 437 f; OLG Stuttgart 12. 10. 2004 FamRZ 2005, 636 f; OLG Dresden 9. 11. 2005 FamRZ 2006, 563 f). Die Grenze sieht der BGH überschritten, wenn die Partei nicht die Rolle „eines Verfahrenssubjekts eingeräumt wurde“, dessen Einlassungen und Beweisangebote nicht zur Kenntnis genommen wurden. Der eigentliche Verstoß liegt also nicht in der Wahl der Beweismittel, sondern in der Verweigerung des rechtlichen Gehörs und in einer Willkür des Gerichts (BGH FamRZ 2009, 1816 Rn 29–31) vorausgesetzt, dass das Gericht die angebotenen Beweise überhaupt hätte aufnehmen können.

302 Zur Gewährung rechtlichen Gehörs gehört insbesondere, dass das Gericht nicht einfach die Behauptungen und die **Beweisanträge** der Parteien vom Tisch wischt, wenn sie denn nach dem anzuwendenden Sachrecht erheblich sind (BVerfG 7. 10. 1996 FamRZ 1997, 151 [nicht international]; AG Würzburg 4. 8. 1994 FamRZ 1994, 1596). Bedenklich ist BGH 9. 4. 1986 (FamRZ 1986, 665), der einen Verstoß verneinte, als das jugoslawische Gericht eine Vaterschaftsfeststellung allein auf die Aussagen der Mutter stützte. Unterlassene Beweiserhebung kann einen Verstoß begründen, wenn die Parteibehauptung erheblich – und substantiiert – ist (AG Würzburg 4. 8. 1994 FamRZ 1994, 1596 [Mehrverkehrseinrede]), oder wenn die Partei zu einem Beweisergebnis nicht Stellung nehmen durfte (OLG Celle NdsRpfl 1961, 152). Von solchen Fällen, dass zu einem erheblichen Punkt gar kein rechtliches Gehör gewährt wurde, ist die Wahl der Beweismittel durch das Gericht zu unterscheiden. Solange es noch vertretbar erscheint, dass das Gericht seine Überzeugung auf dieser Grundlage gebildet hat, liegt kein Verstoß vor. Die Grenze ist nicht leicht zu ziehen.

303 Wohl zu Unrecht wurde aber ein ordre public-Verstoß verneint bei einer Vater-

schaftsfeststellung ohne zusätzliches erbbiologisches Gutachten, weil der Beklagte eine Blutprobe verweigert hatte, die eine grundsätzlich viel zuverlässigere Feststellung erlaubt hätte. Man kann auch nicht verlangen, dass im Ausland alle Beweismittel wie in Deutschland zugelassen und gar mit dem gleichen Gewicht versehen werden (OLG Düsseldorf 18. 9. 1998 FamRZ 199, 447: Vaterschaftsfeststellung; ebenso 12. 7. 1995 FamRZ 1996, 176; BSG 3. 12. 1996 IPRax 1998, 367, 369 [Eichenhofer 352]). Auch andere Regelungen des Zeugnisverweigerungsrechts sind grundsätzlich hinzunehmen (Coester-Waltjen, Int Beweisrecht [1983] Rn 595). Auch hier gibt es aber Grenzen.

Nach hM kann der ordre public im Wege stehen, wenn eine Partei durch **vorsätzlich falschen Vortrag** oder durch Veranlassung falscher Zeugenaussagen den Prozess zu gewinnen versucht (BGH 29. 4. 1999 BGHZ 141, 286, 304 f = IPRax 2001, 230; BayObLG 28. 7. 1999 NJW-RR 2000, 835; LG Hamburg 1. 4. 1981 IPRspr 1981 Nr 182; Geimer/Schütze/Geimer, EuZVR A 1 Art 34 EuGVVO Rn 54 ff; Regen, Prozessbetrug als Anerkennungshindernis Rn 234 ff; Völker, Zur Dogmatik des ordre public 164; A Bruns JZ 1999, 284 f). Sehr strittig ist jedoch, ob und wann der **Prozessbetrug** noch in der Anerkennungsphase geltend gemacht werden darf (Analyse bei Regen Rn 272 ff). Dem könnte zum einen das Verbot der Revision au fond entgegenstehen (vgl Art 26 Brüssel IIa-VO), zum anderen aber auch eine Präklusion, weil der Betrug nur im erststaatlichen Verfahren geltend zu machen sei. 304

Während des Laufs des erstgerichtlichen Verfahrens kann und muss sich die Partei mit eigenem Vortrag und Gegenbeweisen wehren, wobei kein Unterschied besteht, ob die andere Partei nun **vorsätzlich** falsch oder nur falsch vorträgt. Der Prozessbetrug ist naturgemäß leichter zu bewerkstelligen, wenn die Gegenpartei nicht am Verfahren teilnimmt, weil sie nicht ordnungsgemäß geladen war. Doch auch wenn sie verhandelt hat, so wird der Betrug doch uU erst nach dem Urteil entdeckt werden können, wenn die Rechtsmittelfristen schon abgelaufen sind. 305

In nicht ganz klaren Ausführungen hat der BGH erklärt, es stehe der unterlegenen Partei bei § 328 Abs 1 Nr 2 als auch bei Nr 4 ZPO frei, sich im Ausland überhaupt auf das Verfahren einzulassen oder den Einwand im Anerkennungsverfahren zu erheben (BGH 18. 9. 2001 BGHZ 141, 286, 304 f). Das kann allenfalls gelten und ist wohl auch so gemeint, wenn die Partei nicht ordnungsgemäß geladen war. Hat sie sich aber dennoch am Verfahren beteiligt, dann könne sie im Anerkennungsverfahren nur noch beschränkt Verteidigungsmittel geltend machen. Im konkreten Fall war sie nicht ordnungsgemäß geladen. Bezüglich des angeblichen **Prozessbetrugs** gibt es ein solches Wahlrecht zwischen einer Verteidigung im Erstverfahren und stattdessen im Anerkennungsverfahren nicht – und auch bei mangelhafter Ladung nicht (Regen, Prozessbetrug als Anerkennungshindernis Rn 372, 376). Nr 4 ist einschlägig, wenn gefälschte Beweismittel verwandt werden, gegen die die Gegenpartei sich nicht wehren konnte, bei Bestechung der Zeugen etc und bei betrügerischen Behauptungen der Partei. Auch wenn der Unterlegene verhandelt hat, könne er noch im Vollstreckungsverfahren den Betrugseinwand geltend machen (BGH 18. 9. 2001 BGHZ 141, 306). 306

Wenn sie ausreichend geladen war oder sich am Verfahren beteiligt hatte, dann muss man noch die Frage stellen, ob die betrogene Partei die im Erstverfahren zugelassenen Rechtsmittel einlegen muss, wenn sie nun **nach dem Urteilserlass** den Prozessbetrug vermutet, oder sich gleich gegen die Anerkennung nach § 109 Abs 1 Nr 4 307

FamFG wenden kann. Das ist genau genommen keine Frage der Präklusion, sondern soweit im Erstverfahren geeignete Rechtsmittel gegen das Urteil zur Verfügung stehen, in denen der Betrug noch bekämpft werden kann, verstößt das Verfahren dort nicht gegen den ordre public (zust REGEN, Prozessbetrug als Anerkennungshindernis Rn 780, 876, 878). Die Beweislage ist für die eventuell betrogene Partei auch in der Berufung nicht wesentlich verschieden, wenn der Gegner vorsätzlich oder irrig falsche Behauptungen aufstellt. Zweifelhaft kann nur sein, ob diese Rechtsmittelobliegenheit auch außerordentliche Rechtsmittel wie Wiederaufnahme oder Verfassungsbeschwerde umfasst. Das ist zu verneinen, denn deren Erfolgschancen sind jedenfalls bei Urteilen von außerhalb der EU zu unsicher abzuschätzen (GEIMER JZ 1969, 12, 14; VÖLKER, Zur Dogmatik des ordre public 222; HAU, IPRax 1996, 322, 324 zum EuGVÜ). Sind die Rechtsmittelfristen vor der Entdeckung des Betruges abgelaufen, dann sollte er jedenfalls im inländischen Anerkennungsverfahren geltend zu machen sein. Die Kausalität der Täuschung ist nicht zu prüfen (oben Rn 295; **aA** ZÖLLER/GEIMER § 328 ZPO Rn 260).

308 Eine ganz andere Art von Täuschung lag vor als die die Ehefrau ohne Wissen des Ehemannes mit einem Freund unter Vorlage gefälschter Personalpapiere ihre Scheidung erwirkte (BayObLG 28. 7. 1999 FamRZ 2000, 836). Ähnlich soll es in Indien häufiger vorgekommen sei, dass angebliche Ehefrauen unter **fremdem Namen** Scheidungsklagen gegen die einverstandenen Ehemänner erhoben (LJV Baden-Württemberg 23. 1. 1987 IPRspr 1987 Nr 163). In diesen Fällen ist aber schon die Existenz einer Scheidung der Eheleute und zumindest deren Wirksamkeit nach der lex fori zweifelhaft. Sonst ist jedenfalls die Anerkennung im Wege des § 109 Abs 1 Nr 4 FamFG abzulehnen.

309 Hauptanwendungsbereich des verfahrensrechtlichen ordre public ist der Grundsatz des **rechtlichen Gehörs**. Das Erfordernis der ordnungsmäßigen Zustellung des verfahrenseinleitenden Schriftstücks ist heute in § 109 Abs 1 Nr 2 FamFG verselbständigt (vgl Rn 129 ff). Unter Nr 4 fallen aber die Verweigerungen des rechtlichen Gehörs während des Verfahrens (OLG Celle 17. 4. 1961 IPRspr 1960/61 Nr 196 = Nds RPfl 1961, 152; OLG München 28. 7. 1961 IPRspr 1962/63 Nr 189; LG Hamburg 1. 4. 1981 IPRspr 1981 Nr 182, nicht eherechtlich; OLG Hamburg 19. 12. 1989 NJW-RR 1991, 390; aber richtigerweise Fall der Nr 2).

310 Das rechtliche Gehör muss nicht in allen Details Art 103 GG und dem deutschen Verfahrensrecht entsprechen. Maßgebend sind vielmehr die **Grundprinzipien der Rechtsstaatlichkeit** und der Menschenwürde, die darin ihren Ausdruck finden (EuGH 28. 3. 2000 – C-7/98 *Krombach v Bamberski* = IPRax 2000 [nicht eherechtlich]; BGH 18. 10. 1967 BGHZ 48, 327, 333 = FamRZ 1968, 24; dazu BAUR, in: FS Guldener [1973] 16 ff; BGH 11. 4. 1979 NJW 1980, 529; BGH 21. 3. 1990 FamRZ 1990, 868 = IPRax 1992, 33 [GEIMER 5 ff]; 4. 6. 1992 BGHZ 118, 312, 321 = IPRax 1993, 310 [KOCH/ZEKOLL 288]), sodass auch unbekannte Regelungen akzeptiert werden können. Eine Ausschließung der Partei vom Verfahren wegen Missachtung des Gerichts *(contempt of court)* ist wegen § 177 GG nicht notwendig ein Verstoß, wenn die Partei die Mitwirkung am Verfahren nachhaltig verweigert (BGH 2. 9. 2009 FamRZ 2009, 2069 mAnm GOTTWALD FamRZ 2009, 2074; BGH 18. 10. 1967 BGHZ 48, 327; SCHACK, IZVR Rn 954; krit BAUR, in: FS Guldener [1973] 16 ff; OLG Frankfurt 31. 1. 2002 IPRax 2003, 523 f), insbesondere wenn sie Leistungsanordnungen wie vorläufige Unterhaltsleistungen nicht erfüllt (GOTTWALD FamRZ 2009, 2074). In seiner, eherechtlichen, Entscheidung ist der BGH (2. 9. 2009 FamRZ 2009, 2069) im Anschluss an den EuGH (2. 4. 2009 – C-394/07 *Gambazzi v Daimler* [Slg 2009 I-2563]) viel zurückhaltender und verlangt, dass der der Ausschluss der Partei von den Verhandlungen verhältnismäßig und nach den Umständen notwendig war.

Ein Verstoß liegt vor, wenn der Partei **keine Gelegenheit** gegeben war, zu gegneri- **311** schen Behauptungen oder zu einem Beweisergebnis **Stellung zu nehmen** (OLG Celle 17. 4. 1961 IPRspr 1960/61 Nr 196). Die Partei muss durch Anträge uä auf den Ablauf des Verfahrens Einfluss nehmen können. So kann nicht anerkannt werden, wenn ein in Deutschland wohnhafter Ausländer am ausländischen Verfahren nicht beteiligt wurde (OLG Frankfurt 15. 4. 1985 OLGZ 1985, 257; obiter OLG Hamm 27. 7. 1995 FamRZ 1996, 178; 7. 12. 1995 FamRZ 1996, 951). Wenn der Kläger die Ladung der Beklagten im Ausland durch arglistiges Verschweigen ihrer Anschrift oder falsche Angaben verhindert und dadurch ein Urteil in ihrer Abwesenheit erwirkt, dann fällt das unter Nr 2, wäre aber sonst ein Verstoß gegen Nr 4 (so mit dieser falschen Begründung OLG Koblenz 20. 11. 1990 FamRZ 1991, 459; richtig OLG Hamm 27. 7. 1995 und 7. 12. 1995 FamRZ 1996, 951). Das Erschleichen der öffentlichen Zustellung verletzt das rechtliche Gehör und fällt unter Nr 2 (BGH 4. 6. 1992 BGHZ 118, 312 ff). Kündigt die Partei oder ihr Vertreter wiederholt eine Äußerung an, geben sie diese aber gleichwohl nicht ab, und entscheidet das Gericht dann zur Vermeidung einer Prozessverzögerung ohne weiteres Zuwarten, so liegt hierin kein Verstoß gegen den ordre public. Auch das deutsche Prozessrecht kennt die Zurückweisung verspäteten Vorbringens. Es reicht daher aus, dass der Partei überhaupt die **Möglichkeit zur Stellungnahme** eingeräumt wurde (BayObLG 13. 3. 1993 StAZ 1994, 9 ff). Nimmt sie sie nicht wahr, schadet das nicht (BGH 4. 6. 1992 BGHZ 118, 312, 321). Mit Recht hat das BayObLG (7. 2. 2001 FamRZ 2001, 1622) den Einwand einer Partei verworfen, die nicht im Verfahren in den USA geltend gemacht hatte, sie sei zu einem Einverständnis gezwungen worden.

Auch **summarische Entscheidungen** sind grundsätzlich anzuerkennen, sofern die Min- **312** deststandards des rechtlichen Gehörs erfüllt sind (BayObLG 17. 10. 1975 BayObLGZ 1975, 374 = FamRZ 1976, 154 = StAZ 1976, 162). Dies kommt eher für Scheidungsfolgen in Betracht. Bei Eilbedürftigkeit können einstweilige Anordnungen ohne Anhörung ergehen (vgl BGH 13. 7. 1983 BGHZ 88, 113 = FamRZ 1983, 1008). Im Bereich des EuGVÜ, heute Brüssel Ia-VO, verlangt der EuGH für die Anerkennungsfähigkeit freilich, dass eine mündliche Verhandlung anberaumt war (21. 5. 1980 C-125/79 – *Denilauder v Couchet Frères* [Slg 1980, 1553], IPRax 1981, 95 [Hausmann 79], dazu auch Spellenberg, in: FS Coester-Waltjen [2015] 813 ff). Dieses Erfordernis muss ebenso für die Brüssel IIa-VO gelten, nicht aber für § 109 FamFG. (Zur Anerkennung summarischer Entscheidungen im Rahmen der Brüssel IIa-VO s Staudinger/Spellenberg [2015] Art 20 Brüssel IIa-VO Rn 62 f). Definitive Entscheidungen ohne hinreichende Beweisaufnahme sind dagegen nicht anzuerkennen. Dies gilt um so mehr, je gewichtiger die Sache ist.

Es ist nicht erforderlich, dass die Parteien immer persönlich **postulieren** können. Es **313** genügt, wenn sie sich auf andere Weise, namentlich durch Anwälte, vertreten lassen können (BGH 11. 4. 1979 NJW 1980, 529), wenn unabhängige Anwälte verfügbar sind. Ist das nicht der Fall und kann die Partei aus politischen Gründen nicht persönlich erscheinen, kann der ordre public verletzt sein (Hoffmann JR 1953, 158). Ebenso ist zu urteilen, wenn gar keine Möglichkeit der Prozesskostenhilfe für die arme Partei bestand (Geimer, IZPR Rn 2949).

Dass Vertretung durch Anwälte (Anwaltszwang) entgegen dem deutschen Recht **314** vorgeschrieben war oder umgekehrt **anwaltliche Vertretung nicht zugelassen** wurde (wie nicht selten in Familiensachen), verstößt nicht notwendig gegen den ordre public (BayObLG 3. 10. 1973 NJW 1974, 418 [GEIMER]) und ebenso wenig, wenn beide Parteien sich durch denselben Anwalt vertreten lassen (OLG Frankfurt 26. 11. 1979 OLGZ 1980, 130 = MDR 1980, 321). Wenn jedoch der Partei persönliches Erscheinen unmöglich oder unzumutbar gemacht wurde und anwaltliche Vertretung ausgeschlossen ist, wird das rechtliche Gehör verweigert (vgl EuGH 28. 3. 2000 C-7/98 *Krombach v Bamberski* [Slg 2000 I-1935]).

315 **Parteiöffentlichkeit** bei einer Beweisaufnahme zB durch Sachverständige ist nicht gefordert (BGH 5. 7. 1972 BGHZ 59, 116 = NJW 1972, 1671), solange sonst genug Gelegenheit ist, zur Beweisaufnahme Stellung zu nehmen.

316 **Versäumnisurteile** sind als solche nicht ordre public-widrig, wenn genügend zum ersten und weiteren Termin geladen war. Erscheint die ordnungsgemäß geladene Partei nicht, kann sie sich nicht beklagen (BayObLG 29. 11. 1974, BayObLGZ 1974, 471 = FamRZ 1975, 215 [GEIMER]; BayObLG 17. 10. 1975 BayObLGZ 1975, 374 = FamRZ 1976, 154 = StAZ 1976, 162; BGH 11. 4. 1979 NJW 1980, 529; OLG Hamm 4. 12. 1986 FamRZ 1987, 506 = IPRax 1987, 326). Einschlägig ist die Nr 2, nicht Nr 4.

317 Auch fehlende **schriftliche Begründung** des Urteils ist als solche kein Verstoß, wenn die Begründung bei der Verkündung mündlich gegeben wird (OLG Karlsruhe 6. 12. 2001 FamRZ 2002, 839; GEIMER, IZPR Rn 176), erschwert aber naturgemäß die Überprüfung. Es geht aber wohl zu weit, generell dem Sieger des Erstverfahrens die Beweislast für die Abwesenheit eines Verstoßes gegen den ordre public aufzuerlegen (**aA** ZÖLLER/GEIMER § 328 ZPO Rn 260). Die Parteien sollten zunächst die nötigen Informationen beibringen. Weigert sich eine Partei grundlos, so kann nach den Regeln der Beweisvereitelung entschieden werden, im Übrigen bleibt es bei den normalen Beweislastregeln (oben Rn 48).

318 Wenn die Voraussetzungen des § 109 Abs 1 Nr 1–3 FamFG gegeben sind, ist es kein Verstoß gegen den auch verfahrensrechtlichen ordre public, wenn der Kläger ein ihm günstiges Gericht wählt (**Forum shopping**; irrig OLG Bremen 29. 10. 1968 IPRspr 1968/69 Nr 235, oben Rn 280).

319 Es schadet natürlich nicht, wenn das ausländische Verfahrensrecht keine oder nicht dieselben **Rechtsmittel** wie in Deutschland zulässt (OLG Düsseldorf 7. 12. 1994 RIW 1995, 324).

320 **Mündlichkeit** und **Öffentlichkeit** gehören, wenn nicht Verstöße gegen die Unparteilichkeit bzw das rechtliche Gehör damit verbunden sind, nicht zum ordre public (OLG Saarbrücken 3. 8. 1987 IPRax 1989, 37 mAnm H ROTH 14 = NJW 1988, 3100, Öffentlichkeit).

321 Ein wesentlicher, die Anerkennung hindernder Verfahrensmangel liegt vor, wenn die Partei **nicht prozessfähig** und nicht hinreichend vertreten war (OLG Düsseldorf 8. 10. 1981 IPRspr 1981 Nr 188b; vgl im Ergebnis VGH Stuttgart 8. 11. 1954 FamRZ 1955, 178), oder einem sich aufdrängenden Verdacht einer psychischen Störung eines Beteiligten nicht nachgegangen worden ist (OLG Düsseldorf 8. 10. 1981 aaO).

Man hat früher in der Missachtung des ausländischen Gerichts einer früheren inländischen **Rechtshängigkeit** einen Verstoß gegen den deutschen ordre public gesehen (BGH 6. 10. 1982 FamRZ 1982, 1203 = NJW 1983, 514; BayObLG 28 1. 1982 FamRZ 1983, 501), und es sei dabei unnötig, dass das ausländische Gericht die Sachlage kannte (BayObLG 28. 1. 1983 FamRZ 1983, 501). Das ist nach wie vor richtig (OLG Hamm 22. 7. 1992 FamRZ 1993, 189), fällt nun aber unter § 109 Abs 1 Nr 3 FamFG, und hat zur Folge, dass es nicht mehr auf die Intensität der Inlandsbeziehung ankommt (vgl OLG Bamberg 13. 3. 1996 FamRZ 1997, 95). **322**

Dagegen entfällt der Verstoß gegen den deutschen ordre public wegen **verweigerter Mitwirkung** der Frau an einer Privatscheidung, wenn damals oder jetzt die Ehe auch nach deutschen Recht hätte geschieden werden können zB nach dreijährigem Getrenntleben (OLG Stuttgart 1998 IPRax 2000, 427; implizit vielleicht BayObLG 27. 11. 1981 IPRax 1982, 104; **aA** OLG Koblenz 21. 9. 1992 FamRZ 1993, 563, das allerdings die Scheidung ohne Beteiligung der Frau nur unter dem Gesichtspunkt der Art 1 Abs 1, 3 Abs 2 und 6 Abs 1 GG prüfte). Das rechtliche Gehör wäre in einem deutschen Verfahren unabhängig von der Begründetheit des Antrages zu gewähren gewesen. Dieser Verstoß gegen den deutschen ordre public liegt auf einer anderen Ebene als die anderen und ist **ergebnisunabhängig** (zust OLG Stuttgart 3. 12. 1998 IPRax 2000, 427). Ein Verstoß gegen den deutschen ordre public in diesem Sinne liegt auch vor, wenn die Scheidung ohne Einverständnis beider Eheleute durch ihre Familienoberhäupter vorgenommen wurde (so lag es vielleicht in OLG Frankfurt 26. 3. 1990 StAZ 1990, 195 und wäre noch aufzuklären gewesen). An einer nötigen Einbeziehung der Ehefrau fehlt es auch bei Missbrauch oder gar Fälschung einer Vollmacht der Ehefrau für eine einvernehmliche Privatscheidung (BayObLG 24. 6. 1977 FamRZ 1978, 243; obiter ebenso OLG Frankfurt 16. 5. 1989 NJW 1990, 646). Hier wäre freilich zuerst zu prüfen gewesen, ob unter diesen Umständen nach dem in casu maßgeblichen persischen Recht die Scheidung überhaupt wirksam war (**aA** BayObLG 27. 11. 1981 IPRax 1982, 104). Zur inländischen Wirksamkeit ausländischer Privatscheidungen unten Rn 341 ff. **323**

6. Kollisionsrechtliche Konformität

In § 328 ZPO ist das frühere Anerkennungshindernis der fehlenden kollisionsrechtlichen Konformität (Nr 3 aF) aufgegeben worden. Es fand sich zwar noch in **Art 27 Nr 4 EuGVÜ/LugÜ**, nicht mehr aber in Art 15 Brüssel IIa-VO, Art 45 Abs 1 Brüssel Ia-VO bzw Art 34 f LugÜ 2007. Ein entsprechendes Anerkennungshindernis in bilateralen Anerkennungsverträgen wird dagegen nach dem Günstigkeitsprinzip von § 109 FamFG beiseite geschoben. **324**

7. Gegenseitigkeitserfordernis

Gem § 109 Abs 1 Nr 5 FamFG kommt eine Anerkennung ausländischer Entscheidungen grundsätzlich nur in Betracht, wenn der ausländische Urteilsstaat seinerseits eine entsprechende deutsche Entscheidung anerkennen würde. Das **Gegenseitigkeitserfordernis** gilt gem § 109 Abs 2 FamFG jedoch nicht für Entscheidungen in nichtvermögensrechtlichen Angelegenheiten, dh insbesondere **nicht** für **Status- und Sorgerechtsentscheidungen**. Der Verzicht auf das Erfordernis der Gegenseitigkeit gilt auch für **Kostenentscheidungen**, die im Zusammenhang mit Status- oder Sorgerechtsentscheidungen ergangen sind (RG 5. 2. 1925 RGZ 109, 387). **325**

326 **Vermögensrechtliche Nebenentscheidungen** (Unterhalt, Güterrecht, Hausratsverteilung) erfordern zwar die Gegenseitigkeit (Martiny, Hdb IZVR Bd III/1 Kap I Rn 1233; LG Frankenthal 27. 10. 1976 IPRspr 1976 Nr 86 = DAVorm 1977, 62), doch schließen einschlägige Staatsverträge und insbesondere die EU-Verordnungen dieses Erfordernis gewöhnlich aus, da sie gerade die Gegenseitigkeit herstellen.

327 Zur Verbürgung der Gegenseitigkeit vgl die Zusammenstellung bei Stein/Jonas/H Roth § 328 ZPO Rn 128 ff; MünchKommZPO/Gottwald § 328 Rn 155 ff und für die sonstigen Probleme dieser Anerkennungsvoraussetzung, die hier nicht weiter erörtert werden, die Kommentare zur.

IV. Nicht staatliche Scheidungen

1. Privatscheidungen*

a) Rechtsvergleichendes

328 Es ist in der Welt keineswegs die Regel, dass eine Ehe nur durch Hoheitsakt, sei es eines Gerichtes, sei es einer anderen Behörde, geschieden oder aufgehoben werden könne, dass der Staat die Regelung von Statusverhältnissen selbst in die Hand

* **Schrifttum**: Beitzke, Anerkennung inländischer Privatscheidungen von Ausländern, IPRax 1981, 202; Beule, Die Anerkennung ausländischer Entscheidungen in Ehesachen, insbesondere bei Privatscheidungen, StAZ 1979, 29; ders, Ein Verstoß gegen das Scheidungsmonopol der deutschen Gerichte?, IPRax 1988, 150; Bolz, Verstoßung der Ehefrau nach islamischem Recht und deutscher ordre public, NJW 1990, 620; Carlier, La reconnaissance des répudiations, Rev trim dr fam 1996, 131; Gärtner, Die Privatscheidung im deutschen und gemeinschaftsrechtlichen internationalen Privat- und Verfahrensrecht (2008); Eppelsheimer, Zur Frage der Wirksamkeit von Privatscheidungen in Deutschland, FamRZ 1960, 125; Henrich, Privatscheidungen im Ausland, IPRax 1982, 94; ders, Die Berücksichtigung des ausländischen Rechtshängigkeit von Privatscheidungen, IPRax 1995, 86; Herfarth, Die Scheidung nach jüdischem Recht (2006); ders, Scheidung nach religiösem Recht durch deutsche Gerichte, IPRax 2000, 101; Jayme, „Talaq" nach iranischem Recht und deutscher ordre public, IPRax 1989, 223; Kegel, Scheidung von Ausländern im Inland durch Rechtsgeschäft, IPRax 1982, 22; Kleinrahm, Die Anerkennung von Privatscheidungen, FamRZ 1966, 10; Kotzur, Kollisionsrechtliche Probleme christlich-islamischer Ehen (1988) 203; Krzywon, Die Anerkennung ausländischer Entscheidungen in Ehesachen, StAZ 1989, 93; Lorbacher, Zur Anerkennungsfähigkeit von Privatscheidungen ausländischer Ehegatten, FamRZ 1979, 771; Lüderitz, „Talaq" vor deutschen Gerichten, in: FS Baumgärtel (1990) 333; Otto, Nichtstandesamtliche Eheschließungen und Privatscheidungen in der BRD, StAZ 1973, 129; Pauli, Islamisches Familien- und Erbrecht und ordre public (Diss München 1994); Rauscher, Talaq und deutscher ordre public, IPRax 2000, 391; Siehr, Ehescheidung deutscher Juden, IPRax 2009, 332; Smart, The Recognition of Extra-Judicial Divorces, IntCompLQ 1985, 392; Spickhoff, Der ordre public im Internationalen Privatrecht (1989); R Wagner, Anerkennung und Wirksamkeit ausländischer familienrechtlicher Rechtsakte nach autonomen deutschen Recht – Eine Anleitung für die Praxis mit Hinweise auf Reformbestrebungen, FamRZ 2006, 744; Weitz, Inlandsbeziehung und ordre public in der deutschen Rechtssprechung zum internationalen Familienrecht (1980); Wiedensohler, Vertragliche Ehescheidungen im islamischen Recht, dargestellt am Beispiel Kuwait, StAZ 1991, 40.
Vgl auch bei § 107 Rn 328.

nimmt. Vielmehr ist auch die Scheidung durch privates Rechtsgeschäft sehr verbreitet. Sie begegnet in zwei Formen, zum einen durch **Vertrag**, zum anderen durch **einseitige Erklärung** (Rvgl bei GÄRTNER, Privatscheidung 11 ff). Ersteres ist besonders verbreitet in Ostasien (zB Japan, Südkorea, Thailand) (dazu OLG Celle 10. 11. 1997 StAZ 1999, 146 = FamRZ 1998, 686, Japan; JM NRW IPRax 1982, 25 f und BÜRGLE IPRax 1982, 12 f, Taiwan), und letzteres, nämlich die Verstoßung, besser wohl übersetzt mit „Freigabe" (LÜDERITZ, in: FS Baumgärtel [1990] 333), in islamischen Rechten (vgl KOTZUR, Kollisionsrechtliche Probleme christlich-islamischer Ehen 38 ff, 192 f u pass; PAULI, Islamisches Familien- und Erbrecht und ordre public 20 ff). Afrikanische Gewohnheitsrechte kennen schließlich teils Scheidungen durch Übereinkunft der Eheleute selbst oder auch durch einseitiges Aufkündigen, auch häufiger durch Vertrag der Familien und ebenfalls sehr häufig durch eine Entscheidung von Chefs oder Dorfältesten, Sippenoberhäuptern oä. Auch im letzteren Fall handelt es sich um eine Privatscheidung, solange der Staat diese Personen nicht beauftragt hat, **hoheitlich** derartige Eheangelegenheiten wahrzunehmen, die Regelung aber als wirksam anerkennt. Oft haben diese Staaten die Scheidung heute aber ausschließlich den Gerichten übertragen.

Islamisches und das mosaische Recht zB schreiben die Anwesenheit von Zeugen **329** vor, wodurch sich nichts am privaten Charakter der Scheidung ändert (**aA** zu Marokko G WOHLGEMUTH FamRZ 2005, 1949, 1956). Sehr verbreitet ist allerdings auch, dass die private Scheidung später vom Gericht oder vor allem von einer Standesbehörde **registriert** werden muss. Die Registrierung kann konstitutives Wirksamkeitserfordernis für die Scheidung sein wie in Thailand oder Südkorea und nach LÜDERITZ (in: FS Baumgärtel [1990] 334 f) auch zunehmend im islamischen Bereich. Es kann aber auch sein, dass die Scheidung ohne Registrierung als gültig angesehen wird (str anscheinend in Ghana; bejahend QUANSAH [1987] 36 Int Comp L Q 389 ff; verneinend DANIELS [1988] 31 JAL 102 f) und in vielen anderen afrikanischen Staaten.

In islamischen Rechten beobachtet man anscheinend zunehmend bei der Registrie- **330** rung auch eine Überprüfung der Wirksamkeit und vielleicht Richtigkeit der „Freigabe" (LÜDERITZ, in: FS Baumgärtel [1990] 333 ff). Für weitere Rechtsvergleichung vgl STAUDINGER/MANKOWSKI (2011) Art 17 EGBGB Rn 65 ff. In Marokko muss der Scheidungswillige erst eine Ermächtigung des Gerichts einholen, wobei zum einen eine Versöhnung versucht wird, ggf aber setzt das Gericht Zahlungen fest, die an Ehefrau und Kinder zu leisten sind. Erst danach wird die „Verstoßung" erlaubt. G WOHLGEMUT (FamRZ 2005, 1949, 1565) sieht darin keine Privatscheidung mehr. Anscheinend werden aber keine Scheidungsgründe geprüft, es sei denn man sieht einen solchen im Scheitern der Versöhnungsversuche. Auch im Iran muss der Ehemann die Erlaubnis zur „Verstoßung" beim Gericht beantragen, die ihm beim Scheitern der obligatorischen Versöhnungsversuche erteilt wird (YASSARI FamRZ 2007, 1089 f). Weiter Rn 333, 343.

Uneinheitlich ist geregelt, ob die Freigabeerklärung **der Frau zugehen** muss, wie zB **331** im jüdischen, aber nicht im ägyptischen Recht (dazu BayObLG 30. 11. 1981 IPRax 1982, 104 [HENRICH 94] = BayObLGZ 1981, 353), und auch nicht im marokkanischen (KOTZUR 205 f) und wohl afghanischen Recht (KRÜGER IPRax 1985, 152) und auch sonst häufig (PAULI, Islamisches Familien- und Erbrecht und ordre public 21).

Davon zu unterscheiden ist, ob die Erklärung wie in Pakistan (so LJV Baden-Württem- **332** berg 25. 5. 1986 IPRax 1988, 170 [Beule 150]; OLG Stuttgart 11. 4. 1987 IPRspr 1987 Nr 162b bzw 172) einer Behörde oä zugehen muss.

b) **Staatliche Mitwirkung**

333 Die **Mitwirkung staatlicher Stellen** bei der Scheidung wirft die Frage auf, wann es sich dennoch um eine Privatscheidung handelt. Abzustellen ist darauf, ob die gerichtlichen oder **behördlichen Tätigkeiten konstitutiv** ieS sind. Dass die Registrierung oder Anzeige an die Behörde etc Wirksamkeitserfordernis ist, genügt dafür nicht (BGH 2. 2. 1994 IPRax 1995, 111 mAnm Henrich 86 = FamRZ 1994, 434; OLG Stuttgart 11. 4. 1987 IPRax 1988, 172; BayObLG FamRZ 1994, 1263; 7. 4. 1990 FamRZ 1998, 1594; JM Baden-Württemberg 27. 12. 2000 FamRZ 2001, 1018; OLG Hamm 11. 7. 1988 IPRax 1989, 107 f, Marokko; BayObLG 28. 7. 1999 FamRZ 2000, 836 [Iran]), vielmehr muss diese Mitwirkung als solche die Statusänderung vollziehen, muss also darauf gerichtet sein (BayObLG 12. 9. 2002 FamRZ 2003, 381). Der BGH unterscheidet so eine private, einseitige, Scheidung mit Erlaubnis des Gerichts von einer Scheidung durch das Gericht (28. 5. 2008 FamRZ 2008, 1408 Rn 26; zust Gärtner, Privatscheidung 178 f). So ist nach OLG Celle (11. 8. 1997 FamRZ 1998, 757) die gemeinsame Scheidungserklärung vor dem Standesbeamten in der Ukraine, der die Erklärung **registriert**, eine Privatscheidung (ebenso OLG Braunschweig 19. 10. 2000 FamRZ 2001, 561 für die Erklärung vor dem Shariat-Gericht in Syrien; BayObLG 13. 1. 1994 FamRZ 1994, 1263; zust JM BW 27. 12. 2000 FamRZ 2001, 1018). Um eine Privatscheidung durch „Verstoßung" handelt es sich, auch wenn in islamischer Ländern zuvor ein Gericht dem Ehemann aufgrund einer Prüfung der Scheidungsgründe die Erlaubnis zur „Verstoßung" geben muss. Zwar entscheidet das Gericht, aber die Scheidung wird erst durch die formgerechte Erklärung der Partei vollzogen, die von der Erlaubnis keinen Gebrauch machen muss.

334 Um eine Privatscheidung handelt es sich daher trotz des stark formalisierten Verfahrens vor den **Rabbinatsgerichten** auch bei der Scheidung nach mosaischem Recht (BGH 2. 2. 1994 FamRZ 1994, 434 = IPRax 1995, 111 mAnm Henrich 86; **aA** Scheftelowitz FamRZ 1995, 593). Zwar nimmt das Rabbinatsgericht den Scheidungswunsch der Eheleute entgegen, versucht eine Versöhnung, stellt in einem gerichtlichen Verfahren fest, ob ein Scheidungsgrund vorliegt, gestattet die Scheidung oder ordnet sie sogar an. Auch kann es den Vollzug der Scheidung, dh die Übergabe und Annahme des Scheidebriefs (Get), durch Strafandrohung zu erzwingen versuchen. Durch eine eigene Entscheidung ersetzen kann es den notwendigen Übergabeakt jedoch nicht. Es überwacht lediglich den rechtsgeschäftlichen Scheidungsakt der Parteien, um seine Ordnungsmäßigkeit sicherzustellen (näher Henrich IPRax 1995, 86; Siehr, IPRax 2009, 332; Scheftelowitz FamRZ 1995, 593). Auch die eben erwähnte zunehmende Mitwirkung von Behörden in islamischen Rechten ist wohl, soweit man derzeit weiß, nicht in diesem Sinn konstitutiv (Lüderitz, in: FS Baumgärtel [1990] 334 f, 346; **aA** für Marokko IPG 1984 Nr 30 [Hamburg]; wie hier KG 6. 11. 2001 FamRZ 2002, 840; Siehr IPRax 2009, 332).

335 Zu beachten ist, dass manche Rechtsordnungen mit Privatscheidungen idR **daneben** auch eine **gerichtliche Scheidung** kennen. Mag auch in Japan und in Südkorea die Scheidung durch Vertrag bei weitem die häufigste sein (vgl zu Japan Henrich IPRax 1982, 94; zu Südkorea Lee, Die Entwicklung des neuen materiellen Scheidungsrechts Koreas im Hinblick auf das Zerrüttungsprinzip [Diss Bayreuth 1990] 90 ff), so müssen diese Rechte doch auch eine gerichtliche Scheidung für die Fälle zur Verfügung halten, in denen die

Parteien sich nicht einig sind. In islamischen Rechten hat nach der Tradition nur der Mann das Recht der Verstoßung bzw Freigabe. Die Frau kann sich allenfalls vor oder auch noch nach der Heirat eine Vollmacht erteilen lassen, sich selbst im Namen des Mannes zu verstoßen. Darüber hinaus kennen diese Rechte bei Vorliegen bestimmter Gründe oft eine gerichtliche Scheidung für die Frau (Iran; Yassari, FamRZ 2002, 1088 ff; Pauli, Islamisches Familien- und Erbrecht 22 f mwNw). Im Übrigen gilt das islamische Recht idR nur für islamische Eheleute oder setzt wenigstens voraus, dass der Mann Mohammedaner ist.

In Indien gilt für die verschiedenen Religionsgemeinschaften eigenes religiöses Scheidungsrecht und es besteht daneben noch ein allgemeines Ehegesetz für jedermann, bei dem die Scheidung durch Urteil erfolgt (Spellenberg IPRax 1992, 233); es ist gewöhnlich einschlägig, wenn die Ehe nach diesem Gesetz geschlossen worden ist. Ähnliche Systeme finden sich verbreitet im anglophonen Afrika, wonach Angehörige der fraglichen Stämme nach dem jeweiligen Gewohnheitsrecht heiraten und sich scheiden lassen können, man aber durch die Form der Eheschließung auch für ein allgemeines modernes Gesetz optieren kann, bei dem dann die Scheidung durch Richterspruch erfolgt (so zB in Ghana, während Festland-Tansania [nicht Sansibar] Eheschließung und vor allem Ehescheidung nur noch nach moderner Gesetzgebung zulässt). Die internen Kollisionsnormen für die Geltung des einen oder anderen Systems bedürfen ggf genauerer Überprüfung. Es ist selbst heutzutage manchmal möglich, dass auch Europäer unter bestimmten Voraussetzungen einen Stammesangehörigen nach Gewohnheitsrecht heiraten (Spellenberg, Das Personalstatut im kamerunischen Kollissionsrecht, Recht in Afrika 2007, 113 ff). 336

2. Kirchliche Scheidungen

Überlässt der Staat den Religionsgemeinschaften die Regelung der Eheauflösung wie zB in Indien und erkennt also die Entscheidungen der kirchlichen Gerichte an, so werden sie dadurch nicht zu staatlichen Entscheidungen. So erkennen Italien, Spanien und Portugal eine Zuständigkeit kirchlicher Gerichte für Eheaufhebungen an, doch haben deren Urteile erst durch staatliche Homologisierung auch zivilrechtliche Wirkungen. So haben nach Meinung des OLG Frankfurt Urteile der religiösen Gerichte in Eritrea keine zivilrechtlichen Wirkungen (31. 7. 1997 FamRZ 1998, 1431). Anders könne es nach Meinung des OLG Braunschweig (19. 10. 2000 FamRZ 2001, 561) in Syrien sein, weil die Shariat-Gerichte vielleicht in die staatliche Gerichtsbarkeit integriert seien. Die Grenze kann schwierig zu bestimmen sein, wenn etwa das staatliche Recht Urteile der kirchlichen Gerichte ohne weiteres anerkennt und zivilrechtliche Wirksamkeit zuerkennt, ohne aber diese Gerichte in die eigene Gerichtsbarkeit zu integrieren (zu Jordanien Elwan IPRax 1996, 289 ff). Man sollte dann von einer gerichtlichen Entscheidung und nicht mehr von einer Privatscheidung reden. Ist dagegen eine staatliche **Anerkennungsentscheidung** nötig, damit die Scheidung auch zivilrechtlich wirksam wird, dann ist dieser staatliche Akt Gegenstand unserer Anerkennung (vgl Staudinger/Spellenberg [2015] Art 21 Brüssel IIa-VO Rn 22 ff). 337

Verleiht das staatliche Recht den kirchlichen Entscheidungen ohne weitere Überprüfung zivilrechtliche Wirkung, dann sind sie also unter § 109 FamFG zu sumieren, so dass nur Anerkennungshindernisse zu prüfen sind. Wenn sie als Privatscheidungen gelten, so ist ihre Wirkung anhand des von Art 17 EGBGB, Art 5, 8 Rom III-VO 338 bestimmten Scheidungsstatuts zu beurteilen. Registriert der Staat die Urteile religiöser Gerichte ohne Nachprüfung, sollte ebenso entschieden werden.

339 Unbestritten unterliegt die Privatscheidung auch mit nicht konstitutiver staatlicher Mitwirkung dem § 107 FamFG, doch wird ihre, inländische, Wirksamkeit ganz herrschend nach dem Scheidungsstatut iSd Art 5 ff Rom III-VO beurteilt, und es ist **nicht § 109 FamFG** heranzuziehen. Siehr (IPRax 2009, 332, 334) entnimmt aber daraus, dass nun auch § 109 FamFG von „Entscheidung" und nicht mehr von Urteil spricht, dass § 109 FamFG auch auf solche Scheidungen mit nicht konstitutiver Behördenmitwirkung unter § 109 FamFG fallen, jedenfalls die nach mosaischem Recht. G Wohlgemuth kommt für Marokko zum selben Ergebnis, weil dort der Richter zusammen mit der Erlaubnis zu „verstoßen" verschiedene Scheidungsfolgen regelt. Dem ist jedoch nicht zuzustimmen, denn auch dann ist es die Entscheidung und Handlung des Ehemannes, ob er sich scheiden will.

340 Manche wollen darauf abstellen, ob nach Vornahme des behördlichen Mitwirkungsaktes die Berufung auf etwaige Mängel der privaten Scheidungserklärung abgeschnitten sei, sodass diese Mängel nur wiederum durch ein gerichtliches Verfahren mit dem Ziel der Aufhebung des vorherigen, also staatlichen Konstitutivaktes geltend gemacht werden könnten (Lüderitz, IPR Rn 396; Krzywon StAZ 1989, 102). Aber auch dies dürfte nur ein, freilich gutes, Indiz für eine hoheitliche Scheidung sein.

3. Beurteilung der Wirksamkeit. Anerkennung

341 Für Privatscheidungen passt der auf gerichtliche Urteile, allgemeiner auf Hoheitsakte ausgerichtete § 109 FamFG nicht. Es ist daher grundsätzlich unbestritten, dass die Wirksamkeit der Privatscheidungen nach dem von Art 5 und 8 Rom III-VO bezeichneten **Scheidungsstatut** beurteilt wird, wobei der ordre public besondere Aufmerksamkeit findet (Art 12 Rom III-VO bzw Art 6 EGBGB).

342 Das gilt bei reinen Privatscheidungen ohne Behördenmitwirkung. Bei letzterer ist zu differenzieren: jede Art von Behördenmitwirkung führt dazu, dass ein Feststellungsverfahren nach § 107 FamFG durchzuführen ist, es sei denn die Scheidung ist im gemeinsamen Heimatstaat der Eheleute vollzogen worden (oben § 107 Rn 58 ff), jedoch ist die Wirksamkeit der Scheidung nur dann nach dem **Scheidungsstatut** zu beurteilen, wenn die Mitwirkung vor Gericht oder Behörde nicht konstitutiv für die Scheidung war, sie die Scheidung nicht vollzogen haben (zB BayObLG 12. 9. 2002 FamRZ 2003, 381; Gärtner, Privatscheidung 162 f). War das dagegen der Fall, dann sind für die inländische Wirksamkeit **§§ 108 und 109 FamFG** maßgebend. Diese Unterschiede mag man damit rechtfertigen, dass im letzteren Fall das ausländische Gericht oder eventuell die Behörde die Berechtigung der Scheidung schon einmal geprüft haben (so auch Gärtner, Privatscheidung 171). Dass jenes Gericht uU ein anderes Recht angewandt hat als nach deutschem IPR maßgebend gewesen wäre, schadet nicht seit 1986 die Anerkennungsvoraussetzung der kollisionsrechtlichen Konformität in § 328 Abs 1 Nr 3 ZPO abgeschafft wurde. Immerhin kann noch der materielle ordre public als reduzierte Sachprüfung zu beachten sein. Es bleibt unter diesem Gesichtspunkt freilich zu fragen, ob nicht **§ 109 FamFG analog** angewandt werden muss, wenn der Privatscheidung ein gerichtliches Verfahren vorhergehen musste, in dem die Berechtigung der Verstoßung etc geprüft wurde (abl GÄRTNER, Privatscheidung 179; WAGNER FamRZ 2006, 744, 748).

Meist handelt es sich nicht um Privatscheidungen aus Mitgliedstaaten der Brüssel IIa-VO, sondern aus Drittstaaten, doch neuerdings gibt es einvernehmliche Scheidungen durch Erklärungen vor dem Standesbeamten oder einem Notar in Italien (CUBEDDU WIEDEMANN/HENRICH FamRZ 2015, 1253), Spanien (HENRICH FamRZ 2015, 1572) und schon etwas länger Portugal (GÄRTNER, Privatscheidung 327 ff). Daraus entsteht die Frage, ob deren Anerkennung nach Art 21 f Brüssel IIa-VO erfolgt. Art 1 Abs 1 mit Art 2 Nr 1 Brüssel IIa-VO ist recht eindeutig. Nicht nur ist ein Notar keine Behörde idS, sondern vor allem liegt keine Entscheidung iSd Art 1 Abs 1 mit Art 2 Nr 4 Brüssel IIa-VO vor, wenn diese Stellen die Erklärungen nur entgegennehmen und registrieren (BayObLG 12. 9. 2002 FamRZ 2003, 381 f; GÄRTNER, Privatscheidung 326, RAUSCHER/RAUSCHER [2015], EuZPR/EuIPR Art 2 Brüssel IIa-VO Rn 9; STAUDINGER/SPELLENBERG [2015] Art 21 Brüssel IIa-VO Rn 20 f). Selbst wenn die Registrierung durch einen Standesbeamten Wirksamkeitsvoraussetzung und idS konstitutiv sein und er gar die Ernsthaftigkeit der Erklärung prüfen sollte, so ist das doch keine dem Bild der gerichtlichen Scheidung entsprechende Entscheidung. Solange die Erklärungen ernst gemeint sind, kann der Beamte sie nicht zurückweisen. Die Abgrenzung ist freilich schwierig, wenn man die einvernehmlichen gerichtlichen Scheidungen zum Vergleich heranzieht (GÄRTNER, Privatscheidung 327 ff). Zwar kann man noch darauf verweisen, dass der Standesbeamte die Scheidung nur konstatiert und nicht ausspricht, aber dieser Unterschied bzgl der „Entscheidung“ ist doch recht fein und der Übergang fließend (daher für die Brüssel IIa-VO **aA** DORNBLÜTH, Die europäische Regelung zur Anerkennung und Vollstreckbarerklärung von Ehe- und Kindschaftsentscheidungen [2003] 56 f; MAGNUS/MANKOWSKI/PINTENS [2012] Art 1 Brussels IIbis Regulation Rn 7 f; wohl auch HAU FamRZ 1999, 484, 485; für Portugal auch GÄRTNER, Privatscheidung 327 ff), sodass eine Analogie zu erwägen ist. **343**

Den **Nachweis** der ausländischen Privatscheidung hat der Antragsteller ggf im Verfahren nach § 107 FamFG zu führen (BayObLG 2. 7. 1982 BayObLGZ 1982, 257). Wenn keine ausländische Registereintragung vorliegt, kann der Nachweis schwierig sein und zB durch eidesstattliche Erklärungen naher Angehöriger beider Ehegatten geführt werden (BayObLGZ 1982, 257, Ghana). **344**

4. Privatscheidung bei deutschem Scheidungsstatut

Zwar ist die Privatscheidung als Rechtsgeschäft zu sehen, doch gilt für die Frage der **Zulässigkeit einer Privatscheidung** oder durch Urteilsspruch nicht Art 11 EGBGB. Das ist **keine Formfrage**. So gehört nicht zur Form, ob für die Privatscheidung ein Vertrag nötig ist oder ob eine einseitige Erklärung genügt. Darum können sich deutsche Ehepaare nicht in Südkorea durch Vertrag scheiden oder in Iran eine Verstoßung vornehmen. Entscheidend ist allerdings nicht die deutsche Staatsangehörigkeit, sondern die Geltung deutschen Scheidungsstatuts, welches den Scheidungsvollzug durch Urteil verlangt (**§ 1564 BGB**). Das war schon vor 1986 ganz hM. Ebenso wenig kann ein Japaner seine Frau in Iran verstoßen, anstelle der von seinem Recht vorgesehenen Vertragsscheidung. Auf den Ort der Vornahme der Privatscheidung kommt es daher nicht an. **345**

346 Das deutsche Recht als Scheidungsstatut erlaubt nicht die Interpretation, der obligatorische Scheidungsvollzug durch Urteil gelte im Ausland nicht, wenn und weil dort die Privatscheidung üblich ist. Denn als bloße Verfahrensregel kann § 1564 S 1 BGB nicht gelten (Kotzur, Kollisionsrechtliche Probleme christlich-islamischer Ehen 221). § 1564 S 1 BGB lässt sich, so wünschenswert das Ergebnis sein könnte, nicht so interpretieren, vielmehr ist bei **deutschem Scheidungsstatut** eine Privatscheidung auch **im Ausland** ausgeschlossen (BGH 21. 2. 1990 BGHZ 110, 267 = FamRZ 1990, 607; JM BW 27. 12. 2000 FamRZ 2001, 1018; BayObLG 12. 9. 2002 FamRZ 2003, 381; BayObLG 7. 4. 1998 FamRZ 1998, 1594; 13. 1. 1994 FamRZ 1994, 1263; 12. 9. 2002 FamRZ 2003, 381; JM NRW 3. 12. 1980 IPRax 1982, 25; Krzywon StAZ 1989, 103; Präs OLG Celle 11. 8. 1997 FamRZ 1998, 757; KG 3. 1. 2013 FamRZ 2013, 117; KG 6. 11. 2001 FamRZ 2002, 840 mit zweifelhafter Begründung der Geltung deutschen Scheidungsrechts; OLG Braunschweig 19. 10. 2000 FamRZ 2001, 561; JM BW 27. 12. 2000 FamRZ 2001, 1018). Henrich (IPRax 1995, 86, 88) qualifiziert die Regelung des Scheidungsvollzuges durch Urteil oder privates Rechtsgeschäft verfahrensrechtlich und wendet die lex fori an. Dann müsste auch bei deutschem Scheidungsstatut die Privatscheidung im Ausland möglich sein. Dies will aber nach hM § 1564 BGB verhindern. Bei Geltung deutschen Scheidungsrechts ist also die rechtsgeschäftliche Scheidung unwirksam (KG 3. 1. 2013 FamRZ 2013, 117; KG 19. 3. 2013 1 VA 12/12 juris; OLG München FamRZ 2012, 1142).

5. Privatscheidung bei ausländischem Scheidungsstatut

347 Wirksam ist die Privatscheidung im Ausland dagegen bei ausländischem Scheidungsstatut, soweit der ordre public nicht entgegensteht, selbst wenn ein Ehegatte Deutscher ist (BayObLG 7. 4. 1998 FamRZ 1998, 1594; JM BW 27. 12. 2000 FamRZ 2001, 1018). Für die Feststellung, ob deutsches Recht Scheidungsstatut ist, gilt der Zeitpunkt, zu dem die ausländische Privatscheidung wirksam wird (zB BGH 21. 2. 1990 FamRZ 1990, 607; OLG Düsseldorf 17. 5. 1974 FamRZ 1974, 528; BayObLG 29. 11. 1982 FamRZ 1983, 500: Erwerb der deutschen Staatsangehörigkeit zwischen „Verstoßung" und ihrem Wirksamwerden; JM Baden-Württemberg 27. 12. 2000 FamRZ 2001, 1018; KG 6. 11. 2001 FamRZ 2002, 840).

348 Da aber Art 11 EGBGB rechtsgeschäftliche Ehescheidungen ebenso wenig wie die Heirat ausnimmt, muss für den privaten Akt die Ortsform alternativ neben dem Scheidungsstatut gelten, soweit es um Fragen der **Mitwirkung** von Zeugen, die Erklärung vor Notaren oder Rabbinern oä geht. Auch das Erfordernis der Registrierung muss man hierher zählen. So könnte zB ein Marokkaner seine Frau ohne Mitwirkung zweier *Adoulen,* wenn dies in Marokko für die Wirksamkeit erforderlich sein sollte, in einem Land verstoßen, wo das nicht verlangt wird. Voraussetzung ist freilich, dass dort die Verstoßungsscheidung bekannt ist, weil sonst das dortige Recht auch keine Formvorschrift enthält. Ein Auseinanderfallen von Scheidungs- und Ortsrecht scheint aber praktisch nicht vorzukommen.

6. Ordre public

349 § 109 FamFG ist jedenfalls anwendbar, wenn die Scheidung im Ausland durch ein Gericht oder durch eine Verwaltungsbehörde vollzogen wurde. Bei Privatscheidungen durch Vertrag oder einseitige Erklärung im Ausland ist in der Regel die private Erklärung der konstitutive Scheidungsakt ist (o Rn 333). Es sind daher Art 5 ff mit Art 12 Rom III-VO einschlägig, der aber den ordre public des angerufenen Gerichts

heranzieht. Offenbar geht die VO von einer Scheidung durch Richterspruch aus, sodass es für die inländische Wirksamkeit von Privatscheidungen bei Art 6 EGBGB bleiben sollte (HELMS FamRZ 2011, 1765, 1772). Art 10 Rom III-VO, der eine Diskriminierung wegen des Geschlechts beim Zugang zur Scheidung verbietet, ist als ein konkretisierter ordre public zu verstehen, sodass auch hier ein Verstoß entfällt, wenn die Ehe nach deutschem Recht zu scheiden gewesen wäre zB wegen langjähriger Trennung oder Einverständnisses der Ehefrau (HELMS FamRZ 2011, 1765, 1772; aus der Rspr BGH FamRZ 2004, 1952; OLG Koblenz 26. 11. 2008 FamRZ 2009, 611; OLG Hamm 27. 1. 2010 FamRZ 2010, 1563; OLG Hamm 7. 5. 2013 IPRax 2014, 349; **aA** zu Art 10 Rom III-VO MünchKomm/WINKLER VON MOHRENFELS Art 10 Rom III-VO Rn 5).

a) Inlandsbeziehung

Wie Art 6 EGBGB setzt auch Art 12 Rom III-VO eine Inlandsbeziehung voraus, **350** auch wenn das Gesetz das nicht ausdrücklich sagt. Dabei greift, ebenfalls unstreitig, der Vorbehalt des ordre public um so schneller durch, je enger die Inlandsbeziehung ist, und umgekehrt muss der Verstoß gegen Grundsätze des deutschen Rechts um so gröber sein, je schwächer die Inlandsbeziehung ist (KEGEL/SCHURIG, IPR 463). Mit Recht hat das OLG Frankfurt (26. 3. 1990 NJW-RR 1990, 778) eine in Ghana durch Einigung der Familienoberhäupter vollzogene Scheidung zweier Ghanaer ohne weiteres akzeptiert; es fehlte anscheinend zu diesem Zeitpunkt jede Inlandsbeziehung. Bei gemeinsamer deutscher Staatsangehörigkeit stellt sich die Frage einer Privatscheidung wegen § 1564 BGB nicht (Fall BayObLG 29. 11. 1982 IPRax 1983, 130) und auch sonst nicht, wenn deutsches Recht Scheidungsstatut zB gem Art 5 oder 8 Rom III-VO ist (BGH 21. 2. 1990 FamRZ 1990, 607; JM BW 27. 12. 2000 FamRZ 2001, 1018; weiter o Rn 256). Ebenso stellt sich die Frage des ordre public wegen Art 17 Abs 2 EGBGB nicht, wenn die Privatscheidung im Inland vorgenommen wurde (zB BGH 14. 10. 1981, IPRax 1983, 37; OLG Hamm 11. 7. 1988 IPRax 1989, 107; AG München 5. 12. 1980 IPRax 1982, 250), sondern nur, wenn die Scheidung im Ausland durch Verstoßung vollzogen wurde (so JM NRW 29. 7. 1991 StAZ 1992, 46). Eine enge Inlandsbeziehung begründet der gemeinsame gewöhnliche Aufenthalt der ausländischen Eheleute in Deutschland (OLG Stuttgart 3. 12. 1998 IPRax 2000, 427; OLG Frankfurt 16. 6. 1994 FamRZ 1995, 564; AG München 5. 12. 1980, IPRax 1982, 250 [EJ]). Noch stärker ist die Inlandsbeziehung naturgemäß, wenn die Ehefrau die deutsche Staatsangehörigkeit und gar auch ihren gewöhnlichen Aufenthalt jetzt im Inland hat (BayObLG 24. 6. 1977 FamRZ 1978, 243; 29. 11. 1982 IPRax 1983, 130; 30. 11. 1981 IPRax 1982, 104; AG Hamburg 27. 5. 1999 FamRZ 2000, 958; DOPFFEL FamRZ 1987, 1213 hält den Inlandsbezug immer für relativ schwach, wenn ausländisches Recht Scheidungsstatut ist, also die engste Beziehung zu ihm besteht). Das lässt sich aber nicht allgemein bewerten, sondern nur im Verhältnis zu dem jeweiligen Grundsatz des deutschen Rechts, gegen den verstoßen wird, und muss daher im Zusammenhang damit behandelt werden.

b) Verstoß gegen Grundsätze des deutschen Rechts

In der Diskussion um die Wirksamkeit der talaq-Scheidungen werden heute im **351** Wesentlichen vier „Grundsätze der deutschen Rechtsordnung" zur Begründung eines Verstoßes gegen den ordre public herangezogen.

aa) Art 6 Abs 1 GG

So wird ein Verstoß gegen Art 6 Abs 1 GG und wesentlichen Grundsätzen des **352** deutschen Eherechts, zu denen eine grundsätzlich lebenslängliche Lebensgemeinschaft mit gegenseitiger Verantwortung gehört, darin gesehen, dass die Ehe einseitig aufgekündigt werden könne (OLG Stuttgart 30. 9. 1960 StAZ 1962, 78; OLG Frankfurt 9. 8. 1988 IPRax 1989, 237; OLG Koblenz 21. 9. 1992 FamRZ 1993, 563). Es geht also um die Wahrung des **deutschen Ehemodells**.

353 Das träfe dann grundsätzlich auch die einvernehmliche **Privatscheidung durch Vertrag**, die in Ostasien wie in afrikanischen Gewohnheitsrechten verbreitet ist (so grundsätzlich Spickhoff, Ordre public 253, der aber nach der Art der Inlandsbeziehung differenziert). Auch wenn man sich in dieser Hinsicht auf eine Bemerkung des BVerfG (28. 2. 1980 BVerfGE 53, 224 = FamRZ 1980, 323 f) über die potenzielle Verfassungswidrigkeit der reinen Konsensscheidung stützen könnte, so enthebt uns Art 6 EGBGB doch nicht davon, andere kulturelle und religiös fundierte Ehemodelle grundsätzlich zu respektieren, wenn unser IPR auf ein solches Recht verweist. Privatscheidungen verstoßen als solche nicht gegen den deutschen ordre public; § 1564 BGB gehört nicht zu diesen Grundsätzen. So kann namentlich eine Vertragsscheidung anerkannt werden (JM BW 27. 12. 2000 FamRZ 2001, 1018 [Syrien]; LG Hamburg 16. 7. 1976 IPRspr 1976 Nr 51 [Thailand]; OLG Frankfurt 26. 3. 1990 StAZ 1990, 195 implizit; **aA** JM NRW 3. 12. 1980 IPRax 1982, 25 obiter [Thailand]), denn § 1566 Abs 1 BGB enthält zumindest starke Elemente einer Konsensscheidung, und diese ist zudem in Europa, wenngleich durch Gerichte zu vollziehen, sehr verbreitet.

354 Aber auch Scheidungen durch **einseitige Erklärung** sind unter diesem Gesichtspunkt nicht schlechthin zu verwerfen (BGH 6. 10. 2004 FamRZ 2004, 1952, 1954 [Iran]; BayObLG 30. 11. 1981 IPRax 1982, 105; 7. 4. 1998 FamRZ 1998, 1594) trotz der Vorbehalte des BVerfG (FamRZ 1980, 323 f) dagegen, sondern allenfalls, wenn die Beziehung zum deutschen Recht stark genug ist, um der Regelanknüpfung nicht folgen zu können (methodisch ebenso Kegel/Schurig, IPR § 16 III b S 527). Es ist aber zu beachten, dass die §§ 1565 f BGB in der Sache eine einseitige Lösung von der Ehe, wenn auch nicht allein durch Erklärung, sondern durch faktisches Verhalten letztlich zulassen (**aA** Spickhoff JZ 1991, 329). Wenn beide Parteien einem Staat angehören, der diese Scheidung zulässt, oder zwar verschiedene nicht deutsche Staatsangehörigkeiten, aber ihren gemeinsamen oder letzten gemeinsamen gewöhnlichen Aufenthalt in einem solchen Staat haben, ist eine Scheidung durch privates Rechtsgeschäft durchaus hinnehmbar. Haben beide Eheleute die Staatsangehörigkeit eines Staates, der die Privatscheidung vorsieht, so liegt ein Verstoß gegen den deutschen ordre public auch dann nicht vor, wenn sie beide ihren gewöhnlichen Aufenthalt im Inland haben (BayObLG 7. 4. 1998 FamRZ 1998, 1594: der Mann hatte auch die deutsche Staatsangehörigkeit erworben und die Frau war nach Syrien zurückgekehrt; implizit KG 11. 9. 1987 FamRZ 1988, 296; OLG Hamm 11. 7. 1988 IPRax 1989, 107 [D H] **aA** obiter OLG Düsseldorf 3. 11. 1997 FamRZ 1998, 1113; Bedenken bei Spickhoff, Ordre public 252). Vielmehr nehmen wir in solchen Fällen sogar in Deutschland eine Scheidung auf der Grundlage der privaten Willenserklärungen durch Richterspruch vor (Anh zu § 106 FamFG Rn 69 ff). Hat die Frau die deutsche Staatsangehörigkeit und hier ihren gewöhnlichen Aufenthalt, so liegt eine stärkere Inlandsbeziehung vor (den Verstoß bejahen OLG Frankfurt 9. 8. 1988 IPRax 1989, 237; BayObLG 30. 11. 1981 IPRax 1982, 104 [Henrich 94]; BayObLG 29. 11. 1982 FamRZ 1983, 500; OLG Düsseldorf 28. 11. 1975 FamRZ 1976, 277 [Otto]; OLG Koblenz 21. 9. 1992 FamRZ 1993, 563; OLG Stuttgart 30. 9. 1960 StAZ 1962, 78; Spickhoff, Ordre public 253; Beule StAZ 1953, 36; Boltz NJW 1990, 620 f).

Der ordre public ist aber allenfalls verletzt, wenn die Frau schon bei Heirat Deutsche und nicht Muslimin war, also bei Heirat keine Beziehungen zu diesem Ehemodell hatte und auch später nicht durch Staatsangehörigkeits- oder Religionswechsel (in BGH 28. 1. 1987 IPRax 1988, 105 und in OLG Düsseldorf 12. 8. 1992 FamRZ 1993, 187 trat er, in BayObLG 30. 11. 1981 IPRax 1982, 104 trat sie vor Heirat zum Islam über; das BayObLG prüfte den ordre public nicht) oder durch langjährigen Aufenthalt im Lande erwarb. Er ist nicht verletzt, wenn einer der Ehegatten, nachdem beide ursprünglich einem islamischen Staat angehörten, später die deutsche Staatsangehörigkeit angenommen hat (vgl JM BW 27. 12. 2000 FamRZ 2001, 1018, wo aber wegen der Einbürgerung deutsches Scheidungsrecht galt). Man wird die Frage, ob die Ehe durch private Erklärung beendet werden kann, deutlicher von den gleich zu behandelnden Problemen der Ungleichbehandlung der Frau und ihrer „Verstoßung" ohne ihre Mitwirkung unterscheiden müssen. Die Gestaltung des Status durch privaten, auch einseitigen Akt, verstößt als solche **grundsätzlich nicht** gegen den deutschen **ordre public**. 355

bb) Art 1 Abs 1 GG

Verschiedentlich ist sogar ein Verstoß gegen die Menschenwürde der Frau angenommen worden. Sie dürfe nicht zum bloßen Objekt der Entscheidung des Mannes gemacht werden (AG Frankfurt 9. 8. 1988 IPRax 1989, 237; als möglich erwähnt OLG Koblenz 21. 9. 1992 FamRZ 1993, 563; Staudinger/Mankowski [2011] Art 17 EGBGB Rn 212 f; Kegel/Schurig, IPR 463; **aA** Jayme IPRax 1989, 223). Hier spielt möglicherweise die nicht glückliche Übersetzung von „talaq" mit „Verstoßung" eine Rolle. In dem Wort schwingt deutlich auch die Bedeutung von Freigeben und Kündigen mit (vgl zur Übersetzung Lüderitz, in: FS Baumgärtel [1990] 333). Die Ehe wird im Islam deutlich stärker als ein Vertrag verstanden, und die Möglichkeit, ihn auch einseitig aufzukündigen, ist dann systemkonform. Die Frau kann sich zudem in manchen islamischen Rechten im Ehevertrag auch das Recht zu verstoßen einräumen lassen. Der Ehevertrag ist natürlich nicht dasselbe wie ein schuldrechtlicher Vertrag, doch eine nach einem solchen Recht eingegangene Ehe ist etwas anderes als die Ehe des deutschen Rechts. Ein Verstoß gegen die Menschenwürde liegt in der einseitigen Aufkündbarkeit deshalb nicht. 356

cc) Art 103 Abs 1 GG

Im Grunde handelt es sich hier auch nicht so sehr um Art 1 Abs 1 GG als um Art 103 Abs 1 GG, und zunehmend wird heute ein ordre public-Verstoß in der Verweigerung des rechtlichen Gehörs gesehen (BayObLG 24. 6. 1977 FamRZ 1978, 243; BayObLG 30. 11. 1981, IPRax 1982, 104; OLG Frankfurt 16. 6. 1994 FamRZ 1995, 564; OLG Stuttgart 3. 12. 1998 IPRax 2000, 427 [abl Rauscher 391]). Der für Verfahren gemeinte Art 103 Abs 1 GG passt sicherlich auf ein privates Rechtsgeschäft nicht recht (Rauscher IPRax 2000, 392), aber es erweckt mit Recht Bedenken, dass nach manchen Rechten die so vollzogenen Scheidung wirksam ist, selbst wenn die Frau noch nichts davon erfahren hat, geschweige denn einbezogen wurde (vgl OLG Frankfurt 16. 6. 1994 FamRZ 1995, 564; AG Hamburg 24. 1. 1985 IPRax 1986, 114 [DH]). IdS darf die Frau nicht zum bloßen Objekt der Entscheidung des Mannes werden. Wenn freilich, wie manche Rechte es verlangen, zuvor ein Gericht anzugehen ist, so entfällt dieses Bedenken. Aber auch wenn mangels eines Verfahrens kein rechtliches Gehör iSd Art 103 Abs 1 GG gewährt werden kann und muss, so ist doch der Gedanke hierher zu übertragen und zu verlangen, dass der Ehemann die Frau vor seiner Scheidungserklärung informiert und ihr Gelegenheit gibt, ihren Standpunkt zu vertreten (BayObLG 357

30. 11. 1981 IPRax 1982, 104; BayObLG 25. 2. 1982 IPRspr 1982 Nr 183; Henrich IPRax 1986, 114; **aA** Rauscher IPRax 2000, 392). Kein Bedenken besteht natürlich, wenn die Frau **vorher ihr Einverständnis** mit der Scheidung erklärt hat (in OLG Frankfurt 16. 5. 1989 NJW 1990, 646 hat die Frau Vollmacht zu ihrer Verstoßung erteilt; in AG Hamburg 27. 5. 1999 FamRZ 2000, 958 hatte der inzwischen in Deutschland eingebürgerte Ehemann seine Ehefrau aus Bangladesch bevollmächtigt, sich in seinem Namen dort zu „verstoßen"). Ein zB in der Form einer Vollmacht erteiltes Einverständnis der Frau trägt allerdings nicht mehr, wenn es Jahre zurück liegt und nun überraschend und missbräuchlich verwendet wird (BayObLG 24. 6. 1977 FamRZ 1978, 243). Nicht vereinbar ist dabei mit dem deutschen ordre public und daher nicht ausreichend, wenn die Frau gem dem betreffenden islamischen Recht nur von ihrem Vater „gesetzlich" vertreten wurde (so OLG Stuttgart 3. 12. 1998 IPRax 2000, 427), denn Stellvertretung, ohne dass die Frau davon informiert ist, kann ebenfalls nicht hingenommen werden (zögernd Rauscher IPRax 2000, 392).

358 Dass die Frau sich ggf noch im Anerkennungsverfahren nach § 107 FamFG gegen die Wirksamkeit der Scheidung wenden kann, genügt nicht, denn sie kann nun nichts mehr am Akt der Scheidung nach islamischem Recht ändern (**aA** Lüderitz, in: FS Baumgärtel [1990] 346), und ebenso wenig ändert sich etwas, wenn die Scheidung der Frau später mitgeteilt wird und etwa dadurch erst wirksam würde (BayObLG 30. 11. 1981 IPRax 1982, 105; OLG Frankfurt 16. 6. 1994 FamRZ 1995, 564). Eine hinreichende Inlandsbeziehung für diesen Verstoß vermittelte die deutsche Staatsangehörigkeit der Frau verbunden mit ihrem gewöhnlichen Aufenthalt hier (BayObLG [24. 6. 1977 FamRZ 1978, 243; 30. 11. 1981 IPRax 1982, 104]), nach Auffassung des OLG Frankfurt (16. 6. 1994 FamRZ 1995, 564) und des OLG Stuttgart (3. 12. 1998 IPRax 2000, 427), aber auch der gewöhnliche Aufenthalt der ausländischen Frau allein.

359 Art 103 Abs 1 GG dient den Schutz der Partei und nicht der Wahrung des Instituts der Ehe iSd Art 6 GG. Damit entfällt der Verstoß gegen den ordre public wegen fehlenden „rechtlichen Gehörs", wenn die Frau sich später mit der **Scheidung einverstanden erklärt**, indem sie zB selbst die Anerkennung beantragt (BayObLG 30. 11. 1981 IPRax 1982, 104 [Henrich 94]; OLG Frankfurt 12. 7. 1984 FamRZ 1985, 76; OLG Frankfurt 16. 6. 1994, FamRZ 1995, 564; JM NRW 23. 3. 1984 IPRspr 1984, Nr 5 [Ehefrau hatte sich inzwischen in einem Drittstaat scheiden lassen]) oder, wo keine Delibation nötig ist, den Antrag auf eine neue Eheschließung stellt. Kein nachträgliches Einverständnis liegt aber darin, wenn die Ehefrau nun ihrerseits eine gerichtliche Scheidung in Deutschland beantragt (BayObLG 30. 11. 1981 IPRax 1982, 104 [Henrich 95]; in OLG Frankfurt 16. 5. 1989 NJW 1990, 646 hatte sie ihr Einverständnis schon vorher erklärt). Das **nachträgliche Einverständnis** heilt gewissermaßen den Mangel der vorherigen Einbeziehung der Ehefrau bei der talaq-Scheidung.

360 Dagegen entfällt der Verstoß gegen den deutschen ordre public wegen **verweigerter Mitwirkung** der Frau nicht, weil damals oder jetzt die Ehe auch nach deutschen Recht hätte geschieden werden können zB nach dreijährigem Getrenntleben (OLG Stuttgart 1998, IPRax 2000, 427; weitere Nw in Rn 349; **aA** OLG Koblenz 21. 9. 1992 FamRZ 1993, 563, das allerdings die Scheidung ohne Beteiligung der Frau nur unter dem Gesichtspunkt der Art 1 Abs 1, 3 Abs 2 und 6 Abs 1 GG prüfte). Das rechtliche Gehör wäre in einem deutschen Verfahren unabhängig von der Begründetheit des Antrages zu gewähren gewesen. Dieser Verstoß gegen den deutschen ordre public liegt auf einer anderen Ebene als die anderen und ist **ergebnisunabhängig** (zust OLG Stuttgart 3. 12. 1998 IPRax 2000, 427).

Ein Verstoß gegen den deutschen ordre public in diesem Sinne liegt auch vor, wenn die Scheidung ohne Einverständnis beider Eheleute durch ihre Familienoberhäupter vorgenommen wurde (das wäre in OLG Frankfurt 26. 3. 1990 NJW-RR 1990, 778 = StAZ 1990, 195 noch aufzuklären gewesen). An einer nötigen Einbeziehung der Ehefrau fehlt es auch bei Missbrauch oder gar Fälschung einer Vollmacht der Ehefrau für eine einvernehmliche Privatscheidung (BayObLG 24. 6. 1977 FamRZ 1978, 243; obiter ebenso OLG Frankfurt 16. 5. 1989 NJW 1990, 646). Hier wäre freilich zuerst zu prüfen gewesen, ob unter diesen Umständen nach dem in casu maßgeblichen persischen Recht die Scheidung überhaupt wirksam war.

dd) Art 3 Abs 2 GG

Dass der Mann immer, die Frau aber allenfalls aufgrund einer Vereinbarung im Ehevertrag oder aus besonderen Gründen „verstoßen" darf, verstößt an sich gegen Art 3 Abs 2 GG (OLG Koblenz 21. 9. 1992 FamRZ 1993, 563 obiter; OLG Frankfurt 9. 8. 1988 IPRax 1989, 237; AG München 5. 12. 1980 IPRax 1982, 250 [EJ]). Doch kommt es auf die Vereinbarkeit des ausländischen Rechts mit Art 3 Abs 2 GG unmittelbar nicht an (**aA** Dörner IPRax 1994, 35), sondern auf das Ergebnis seiner Anwendung (OLG München 19. 8. 1988 IPRax 1989, 238, 241; BGH 14. 10. 1992 BGHZ 120, 29, 34; Bolz NJW 1990, 620 ganz hM). Daher entfiele der ordre public, wenn die Frau konkret zB aufgrund ihres Ehevertrages auch „verstoßen" kann (OLG Hamm 12. 1. 2012 FamRZ 2013, 1481; OLG Koblenz 26. 11. 2008 FamRZ 2009, 611, Iran). Es wird aber heute überwiegend der Verstoß darin gesehen, dass nicht auch die Frau sich einseitig scheiden kann, und daraus wird die Konsequenz gezogen, dass ihr auch ein Scheidungsrecht vor einem deutschen Gericht einzuräumen ist (Staudinger/Mankowski [2011] Art 17 EGBGB Rn 113; Bälz NJW 1990, 621; OLG Hamm 11. 10. 2010 FamRZ 2011, 1056; OLG München 19. 9. 1988 IPRax 1989, 238, 241 obiter; KG 5. 5. 1993 NJW-RR 1994, 199; OLG Stuttgart 26. 2. 1997 FamRZ 1997, 882; wohl OLG Düsseldorf 24. 10. 1996; OLG Hamm 18. 8. 1994 IPRax 1995, 174 will dann deutsches Recht anwenden [zust Henrich 167]; Johansen/Henrich/Henrich, Familienrecht Art 17 EGBGB Anh Rn 58; AG Düsseldorf 24. 10. 11996 IPRspr 1996 Nr f; OLG Stuttgart 26. 2. 1997 FamRZ 1997, 882 obiter). Das sagt aber nichts zur Anerkennung einer „Verstoßung". **361**

c) Ergebniskontrolle

Jedoch ist für die **inländische Wirksamkeit** der Verstoßung im Ausland nicht die ausländische Regelung sondern das Ergebnis ihrer Anwendung zu prüfen und dh mit dem Ergebnis zu vergleichen, das bei Anwendung deutschen Rechtes zustande käme. Hier entfällt ein Verstoß gegen den deutschen ordre public, wenn die Ehe auch **nach deutschem Recht**, wenngleich aus anderen Gründen, **zu scheiden** gewesen wäre (so im Hinblick auf Art 1 Abs 1, 3 Abs 2 und 6 Abs 1 GG; OLG Koblenz 21. 9. 1992 FamRZ 1993, 563; zu Art 3 Abs 2 GG OLG Frankfurt 9. 8. 1988 IPRax 1989, 237; OLG Köln 9. 5. 1996 FamRZ 1996, 1147; allg JM NRW 29. 7. 1991 StAZ 1992, 46; Jayme IPRax 1989, 223; Bolz NJW 1990, 621; Rauscher IPRax 2000, 394; im Hinblick auf Art 10 u 12 Rom III-VO OLG Hamm 7. 5. 2013 IPRax 2014, 348). Das ist namentlich dann der Fall, wenn die Eheleute seit mindestens drei Jahren getrennt leben. In diesen Fällen wirken sich weder die Ungleichbehandlung der Frau noch ein der „Verstoßung" zugrundeliegendes anderes Ehemodell im Ergebnis aus. Wie Art 6 EGBGB sagt, ist aber nicht das ausländische Recht als solches abzuwehren (ganz hM Looschelders RabelsZ 65 [2001] 463, 481; MünchKomm/vHein Art 6 EGBGBG Rn 117 f; Gärtner, Privatscheidung 89; BGH 14. 10. 1992 BGHZ 120, 29, 36; BGH 2. 9. 2009 NJW 2010, 153 Rn 24). **362**

363 Es ist nicht rechtsmissbräuchlich, wenn die verstoßene Frau sich gegen die Anerkennung der ausländischen Privatscheidung wendet und **zugleich** im Inland eine **Scheidungsklage** erhoben hat (BayObLG 30. 11. 1981 IPRax 1982, 104 mAnm Henrich 94 = FamRZ 1982, 296), denn diese gerichtliche Scheidung hat möglicherweise auch einen wesentlich anderen Inhalt. Sie braucht der „Verstoßung" nicht zuzustimmen.

d) Rechtshängigkeitssperre

364 Eine ausländische Privatscheidung ist grundsätzlich auch als unwirksam anzusehen, wenn zur Zeit der ausländischen Privatscheidung im Inland bereits ein **Scheidungsverfahren anhängig** war (vgl Anh zu § 106 Iran; OLG Düsseldorf 27. 7. 1976 IPRspr 1976 Nr 180, Iran). Dasselbe gilt erst recht, wenn bereits ein inländisches Scheidungsurteil vorliegt. Dagegen kann eine ausländische Privatscheidung wirksam sein bei einer inländischen Klagerücknahme oder Klageabweisung als unzulässig. Ist umgekehrt im Ausland schon vor dem Beginn des inländischen Verfahrens eine Privatscheidung vorgenommen worden, so ist der inländische Antrag unbegründet, wenn die Ehe dadurch bereits aufgelöst ist.

365 Wegen einer Scheidung in Israel, die dort vor dem Rabbinatsgericht betrieben wurde, hat der BGH im Prinzip eine Rechtshängigkeitssperre für das später begonnene inländische Scheidungsverfahren zugelassen, wenn sie auch in casu daran scheitern, dass die israelische Scheidung voraussichtlich wegen § 1564 BGB nicht anerkannt werden konnte (2. 2. 1994 FamRZ 1994, 434 = IPRax 1995, 111 mAnm Henrich 86; BGH 18. 5. 2008 FamRZ 2008, 1409 mAnm Henrich = IPRax 2009, 347 mAnm Siehr 332). Das ist nicht konsequent, nachdem der BGH zurecht festgestellt hatte, dass das Verfahren vor dem Rabbinatsgericht nur der vorherigen Kontrolle der Scheidung diene, die dann durch den privaten Akt der Übergabe des Scheidebriefes vollzogen werde. Der Mann bleibt immer noch frei, dies zu tun oder zu lassen, sodass die Grundlage für eine Rechtshängigkeit fehlt (Herfarth, Die Scheidung nach jüdischem Recht im internationalen Zivilverfahrensrecht [2000] 37; Siehr, IPRax 2009, 332, 334).

366 Auch eine analoge Anwendung des § 261 Abs 3 Nr 1 ZPO scheidet aus. Das ist anders, wenn die Frau wie in islamischen Rechten manchmal möglich, auf Scheidung durch das Gericht klagt und nicht nur auf Erteilung einer Vollmacht, sich im Namen des Ehemannes zu „verstoßen".

e) Nebenentscheidungen

367 Die Frage des ordre public stellt sich selbständig für die **Nebenentscheidungen**. Es kann sein, dass die Scheidung durch privaten Akt anzuerkennen ist, die Nebenentscheidung aber gegen den ordre public verstößt (Nagel/Gottwald § 13 Rn 35). Bei einer Privatscheidung kann sich das Problem jedoch nur so stellen, daß entweder eine selbständige ausländische hoheitliche Nebenentscheidung (nachträglich) getroffen wurde (vgl Fall OLG Frankfurt 16. 6. 1994 IPRax 1996, 38 mAnm Coester 24). Ist dagegen die Scheidung zB wegen Verstoßes gegen den ordre public nicht anerkennungsfähig, dann kann schon deswegen die Folgeregelung nicht anerkannt werden, selbst wenn sie sonst nicht bedenklich wäre.

V. Scheidungsmonopol deutscher Gerichte

368 Bei Geltung deutschen Rechts kann die Ehe nur durch Gericht geschieden werden

(§ 1564 BGB). Das ist oben Rn 344 näher ausgeführt. Doch auch Art 17 Abs 2 EGBGB kann die Anerkennung von Scheidungen hindern. Danach können Ehescheidungen, auch wenn ausländisches Recht galt, nicht anerkannt werden, die im Inland anders als durch ein deutsches Urteil vorgenommen worden sind. Ein Antrag nach § 107 FamFG wäre unbegründet.

1. Kirchliche Scheidungen im Inland

Dieses Hindernis kann auch gerichtliche Scheidungen betreffen, vor allem wenn es **369** sich um **kirchliche Gerichte** handelt, die nach dem maßgebenden Scheidungsstatut auch im Ausland, dh hier in Deutschland befugt sind, Ehen für nichtig zu erklären oder aufzuheben; Scheidungen sind im kanonischen Recht nicht vorgesehen (OLG München StAZ 1950, 130; JM BW IPRax 1990, 51; AG Mannheim 2. 12. 1986 IPRax 1990, 50 [Jayme 32]; AG Hamburg 19. 9. 1979 StAZ 1981, 83; und ein weiterer spanischer Fall berichtet von Krzywon StAZ 1989, 105). Denkbar wären auch gerichtliche oder andere hoheitliche Akte in ausländischen Botschaften oder Konsulaten in Deutschland, doch hat die BRD bisher ausländischen diplomatischen Vertretungen die hierzu erforderliche Erlaubnis nicht erteilt. Aber dennoch würden solche Scheidungen ggf im Heimatstaat als wirksam angesehen.

Wenn, wie in **Italien**, die kirchliche Scheidung oder genauer das Nichtigkeitsurteil **370** erst durch Transkription in ein staatliches Zivilstandsregister zivilrechtlich wirksam wird, welche nur aufgrund einer Entscheidung eines italienischen Appellationsgerichts erfolgt (Art 8 Abkommen v 18. 2. 1984 mit dem Heiligen Stuhl), das die Übereinstimmung mit staatlichem Recht überprüft, dann ist dieses ausländische staatliche Urteil maßgebend, und Art 17 Abs 2 EGBGB steht nicht entgegen, selbst wenn die kirchliche Eheauflösung in Deutschland erfolgt ist. Diese Transkription in Italien bringt die Scheidung aber unter Art 21 f Brüssel IIa-VO, die die §§ 107 bis 109 FamFG verdrängt. Es ist denkbar, dass ein Urteil eines Diözesangerichts in Deutschland in einem Drittstaat in ähnlicher Weise mit zivilrechtlicher Wirkung transkribiert wird, sodass dann entsprechend die §§ 107 bis 109 FamFG eingreifen. Ein solcher Fall ist aber nicht bekannt. Das Urteil des kirchlichen Gerichts ist als nicht staatliches in Deutschland als solches nicht wirksam, und ob sein Sitz in Deutschland die Transkription hindert, entscheidet jenes Recht (für Italien verneint von Jayme, Jb it Recht 2 [1988] 14).

2. Privatscheidungen im Inland

Den Hauptanwendungsbereich hat das Hindernis des Art 17 Abs 2 EGBGB bei **371** rechtsgeschäftlichen **Privatscheidungen im Inland**. Trotz der Geltung ausländischen Scheidungsstatuts, welches ggf die Scheidung durch Rechtsgeschäft vorsieht, besteht das deutsche Recht auf dem Scheidungsvollzug durch ein inländisches Gericht (vgl dazu auch Lüderitz, in: FS Baumgärtel [1990] 333 ff; Jayme IPRax 1989, 223). Solche Scheidungen sind **nicht wirksam**, ein Antrag bei der LJV § 107 FamFG ist zwar zulässig, aber unbegründet (BGH 14. 10. 1981 BGHZ 82, 34 = StAZ 1982, 7; BayObLG 30. 8. 1984 FamRZ 1985, 75 = IPRax 1985, 108 [DH]).

Die Gegenmeinung verweist darauf, dass § 1564 S 1 BGB zwar als Verfahrensrecht **372** im Inland maßgebend sei, dass aber nur die, hier ausländische, lex causae festlegen könne, ob ein Verfahren nötig sei (Kegel IPRax 1983, 23; Henrich IPRax 1995, 88). Dem wollte Art 17 Abs 2 EGBGB nF aber widersprechen (amtl Begr BT-Drucks 10/504, 61), sodass die Frage nun im negativen Sinne entschieden ist.

373 Damit wird die Frage entscheidend, wann eine **Inlands- oder Auslandsscheidung** vorliegt. Es stehen sich eine engere und eine weitere Auffassung gegenüber (vgl Krzywon StAZ 1989, 104 f). Nach der strengeren Auffassung schadet es schon, wenn auch **nur Teile** des privaten Scheidungsaktes in Deutschland vorgenommen wurden, wie zB die Absendung des Scheidebriefes ins Ausland (KG 15. 8. 1968 FamRZ 1969, 31; Erman/Hohloch Art 17 EGBGB Rn 30 f).

374 Andere lassen nicht jeden Teilbeitrag im Inland genügen, sondern verlangen, daß der **wesentliche Teil** des Geschehens im Inland vorgenommen wird (MünchKomm/Winkler von Mohrenfels Art 17 EGBGB Rn 15 ff; OLG Düsseldorf 17. 5. 1974 FamRZ 1974, 528 [Beitzke und Otto 655]), wobei nicht immer ganz klar ist, ob damit der **konstitutive** Teil gemeint ist (dafür MünchKomm/Winkler von Mohrenfels Art 17 EGBGB Rn 91; Palandt/Thorn Art 17 EGBGB Rn 6; OLG Stuttgart 11. 4. 1987 IPRax 1988, 172 [zust Beule 150 f], hier lag aber möglicherweise der konstitutive Teil nach pakistanischem Recht in Pakistan; derselbe Fall LJV BW 23. 5. 1986 IPRax 1988, 170 [Beule 150]; BayObLG 30. 8. 1984 IPRax 1985, 108 [Henrich] = FamRZ 1985, 75; BayObLG 29. 8. 1985 IPRax 1986, 180 = FamRZ 1985, 1258; OLG Düsseldorf 24. 1. 1986 IPRax 1986, 305 [Henrich]; Priv OLG Frankfurt StAZ 2001, 37; Krzywon StAZ 1989 104 f; Gärtner, Privatscheidung 62).

375 Die Auffassung, dass schon **jede teilweise Vornahme** der privaten Scheidungshandlung im Inland schade, hätte zwar den Vorzug der Einfachheit (Krzywon StAZ 1989, 105), geht aber dennoch zu weit. Die LJV bzw das Gericht, bei dem die Frage inzident auftaucht, muss ohnehin das ausländische Recht erforschen, um die Wirksamkeit der Scheidung zu beurteilen. Es macht dann keinen großen Mehraufwand, den **konstitutiven Akt** auch zu lokalisieren, und es schadet nur, wenn der im Inland lag (Präs OLG Frankfurt 10. 2. 2000 StAZ 2001, 37; Kotzur, Kollisionsrechtliche Probleme christlich-islamischer Ehen 205 ff). Das entspricht auch der Auffassung des BGH, der den Tatbestand der Privatscheidungen danach bestimmt, ob der **Vollzug** der Scheidung durch privaten Akt geschieht, mag auch vorher ein Gericht eingeschaltet gewesen sein (BGH 2. 2. 1994 IPRax 1995, 111 [Henrich 86]; BGH 28. 5. 2008 IPRax 2009, 347 Nr 34).

376 Hierbei ist zu beachten, dass nach manchen islamischen Rechten (zB in Ägypten) der Zugang der Scheidungserklärung an die Frau nicht Wirksamkeitserfordernis ist. Hier kommt es dann auf die **Abgabe der Erklärung** an, ohne dass es schadet, daß diese Erklärung noch im Heimatstaat registriert werden muss, wenn dies nicht Wirksamkeitserfordernis ist (BayObLG 30. 8. 1984 FamRZ 1985, 75 [Pakistan]; ebenso LJV BW 25. 5. 1986 IPRax 1988, 170 und OLG Stuttgart 11. 4. 1987 IPRax 1988, 172, allerdings mit falscher Deutung des pakistanischen Rechts; OLG Düsseldorf 24. 1. 1986 IPRax 1986, 305 [DH] wohl implizit; vgl Beule IPRax 1988, 150; Kotzur, Kollisionsrechtliche Probleme 205 ff; Palandt/Heldrich Art 17 EGBGB Rn 12). Bei **Zugangsbedürftigkeit** ist der Zugangsort entscheidend (so wohl in Pakistan KG 20. 6. 1984 StAZ 1984, 309; Bürgle StAZ 1985, 104). Die inländische Beglaubigung einer Unterschrift unter einer im Ausland abgegebenen Verstoßungserklärung entscheidet dann nicht (KG 20. 6. 1984 StAZ 1984, 309; Bürgle StAZ 1985, 104).

377 Ebenso ist der Abschluss eines **Scheidungsvertrages** nach koreanischem Recht im

Inland wegen Art 17 Abs 2 EGBGB auch dann unwirksam, wenn die Registrierung in Korea konstitutiv ist. In BGH 14. 10. 1981 (BGHZ 82, 34 = FamRZ 1982, 44 = IPRax 1983, 37 [Kegel 22] = StAZ 1982, 7 = NJW 1982, 517) war sogar außerdem noch die Registrierung des Scheidungsvertrages der thailändischen Ehegatten in der thailändischen Botschaft in Bonn vorgenommen worden. Bei einer für die Wirksamkeit erforderlichen Registrierung im Ausland möchte man den wesentlichen Akt der Scheidung doch in dem Vertrag oder in der einseitigen Freigabeerklärung sehen. Die Registrierung ist ein zusätzliches **Wirksamkeitserfordernis**.

Gewiss ist richtig, dass eine Scheidung im Inland noch nicht anzuerkennen ist, wenn sie nach dem maßgebenden **ausländischen Recht** noch gar nicht wirksam ist, weil der Ehemann zB noch innerhalb einer bestimmten Frist widerrufen kann. Tritt die Wirksamkeit durch bloßen Zeitablauf ein, ist der entscheidende konstitutive Teil des Rechtsgeschäfts in der Abgabe der Erklärung zu sehen. Daran ändert sich auch nichts, wenn außerdem eine Registrierung oder Zugang bei einer Behörde Wirksamkeitserfordernis ist, was sie zudem häufig im islamischen, insbesondere schiitischen Recht nicht ist (Lüderitz, in: FS Baumgärtel [1990] 334). **378**

Nach **jüdischem Recht** ist die Übergabe des förmlichen Scheidebriefes an die Ehefrau (Siehr IPRax 2009, 332 ff; Perles FamRZ 1980, 978 f; Beule IPRax 1988, 150; OLG Düsseldorf 17. 5. 1974 FamRZ 1974, 528 [Beitzke]; BayObLG 29. 8. 1985 IPRax 1986, 180 [Henrich] = FamRZ 1985, 1258; BGH 2. 2. 1994 IPRax 1995, 111 [Henrich 86]) vor drei Rabbinern erforderlich, und die Frau muss ihn annehmen. Hier kann man auf den Zugangsort abstellen. Daher war die Scheidung nach jüdischem Recht nicht anzuerkennen, bei der der Scheidebrief in Deutschland übergeben wurde (BayObLG IPRax 1986, 180, aber mit falscher Begründung, weil auch teilweise Vornahme im Inland schaden würde), aber anzuerkennen, wenn die Übergabe an die Frau in Israel erfolgte, mag auch der Brief im Inland ausgestellt und abgesandt worden sein (KG 15. 8. 1968 FamRZ 1969, 31; OLG Stuttgart 18. 12. 1970 NJW 1971, 994; **aA** MünchKomm/Winkler von Mohrenfels Art 17 EGBGB Rn 92). **379**

Diplomatische Vertretungen fremder Staaten hier sind Inland idS (JM BW 28. 7. 1970 FamRZ 1971, 436, pakistanische Botschaft; KG 1. 3. 1965 FamRZ 1966, 149 [Konsulat VAR]; BGH 14. 10. 1981 BGHZ 82, 34 = IPRax 1983, 37 [Kegel 22], thailändische Botschaft; OLG Stuttgart 10. 4. 1980 IPRax 1981, 213 [Beitzke 202] thailändische Botschaft] AG Hamburg 12. 4. 1979 NJW 1980, 2026 = FamRZ 1980, 453 = StAZ 1980, 311 = JuS 1980, 913 [Hohloch]; marokkanische Botschaft; ebenso OLG Köln 27. 9. 1999 FamRZ 2000, 895). Ist der konstitutive Akt in ihr vorgenommen worden, steht Art 17 Abs 2 EGBGB der Anerkennung im Wege (BGH 14. 10. 1981 BGHZ 82, 34, 45 ff; OLG Stuttgart 10. 4. 1980 IPRax 1981, 213; JM BW 28. 7. 1970; Gärtner, Privatscheidung 58). Wurde dieser im Ausland vorgenommen, und diese Scheidung nur hier registriert, gilt das nicht. Hier ergibt sich ein Unterschied zu § 107 FamFG, weil dafür auch eine nur deklaratorische Mitwirkung der diplomatischen Vertretung ausreicht (oben § 107 Rn 63 ff). Das LG Stuttgart (24. 4. 1959 FamRZ 1959, 506 [krit Beitzke]) will eine Scheidung vor der inländischen Botschaft für **Gerichtsbefreite** anerkennen, weil diesen Personen die deutsche Gerichtsbarkeit nicht zur Verfügung stehe. **380**

Das Scheidungsmonopol deutscher Gerichte steht an sich nur der Anerkennung der Statusentscheidung bzw -änderung entgegen, nicht der ausländischen **Folgeregelung**. So trifft zB in Marokko der Richter im Zusammenhang mit der Verstoßungsschei- **381** dungen Unterhaltsregelungen (AG Hamburg 24. 1. 1985 IPRspr 1985 Nr 71 = IPRax 1986, 114; G Wohlgemuth FamRZ 2005, 1949, 1956). Kann aber die Statusänderung nicht als wirksam angesehen werden, kann auch die gerichtliche Folgeregelung nicht anerkannt werden. Ggf kann dann im Inland statt auf Geschiedenenunterhalt auf Trennungsunterhalt geklagt werden, und dasselbe gilt an sich, solange nur das erforderliche Verfahren nach § 107 FamFG noch nicht durchgeführt ist. Jedoch ist hier auszusetzen, um die Entscheidung der LJV abzuwarten, die zurückwirkt (Coester IPRax 1996, 25; Zöller/Geimer § 328 ZPO Rn 225; irrig OLG Hamm 11. 7. 1988 IPRax 1989, 107 [Henrich]).

§ 110 FamFG
Vollstreckbarkeit ausländischer Entscheidungen

(1) Eine ausländische Entscheidung ist nicht vollstreckbar, wenn sie nicht anzuerkennen ist.

(2) Soweit die ausländische Entscheidung eine in § 95 Abs. 1 genannte Verpflichtung zum Inhalt hat, ist die Vollstreckbarkeit durch Beschluss auszusprechen. Der Beschluss ist zu begründen.

(3) Zuständig für den Beschluss nach Abs. 2 ist das Amtsgericht, bei dem der Schuldner seinen allgemeinen Gerichtsstand hat, und sonst das Amtsgericht, bei dem nach § 23 der Zivilprozessordnung gegen den Schuldner Klage erhoben werden kann. Der Beschluss ist erst zu erlassen, wenn die Entscheidung des ausländischen Gerichts nach dem für dieses Gericht geltenden Recht die Rechtskraft erlangt hat.

Materialien: BT-Drucks 12/6243.

I. Allgemeines

1 § 110 FamFG ist in dieser Form neu, fasst aber weitgehend nur zusammen, was bisher in der ZPO und auch dem FGG geregelt war. Es ging namentlich um die Übernahme des Inhalts der §§ 722 f ZPO mit einer Verfahrensänderung in § 110 Abs 2 FamFG und der Festsetzung in Abs 3 S 2, dass nur nach ausländischem Recht rechtkräftige Entscheidungen vollstreckt werden können. § 110 FamFG verweist in der Sache aber im Wesentlichen auf andere Grundlagen, die ergeben, **ob** eine ausländische Entscheidung anzuerkennen oder für vollstreckbar zu erklären ist. Diese Bestimmungen sind nicht Gegenstand der vorliegenden Kommentierung.

2 § 110 FamFG befasst sich mit der Vollstreckbarkeit bzw Vollstreckung ausländischer Entscheidungen und hat daher im Rahmen der vorliegenden Kommentierung des Eheverfahrensrechts nur eine geringere praktische Bedeutung, denn Statusentscheidungen haben keinen vollstreckungsbedüftigen und -fähigen Inhalt. Auch das im Ausland früher manchmal geforderte Exequatur für Scheidungen gibt und gab es in Deutschland nicht. Einen vollstreckungsfähigen Inhalt haben nur die Kostenentscheidungen und Nebenentscheidungen, seien sie nun im Verbund oder selbständig getroffen worden, sowie Sorgerechts- und Umgangsregelungen.

II. Vorgehende Regelungen

Die Bedeutung des § 110 FamFG wird weiter stark eingeschränkt durch vorgehendes Gemeinschaftsrecht und durch bilaterale Anerkennungs- und Vollstreckungsverträge. EU-Recht regelt die Vollstreckung von **Sorgerechts- und Umgangsregelungen** in der Brüssel IIa-VO (Art 28 Abs 1 mit 41, 42 Brüssel IIa-VO, §§ 10, 12, 16 ff IntFamRVG). Hinzu kommen das HKEntfÜbk und das KSÜ, das auch in vielen außereuropäischen Staaten gilt, wogegen das MSA heute nur noch im Verhältnis zur Türkei und Macao gilt. Für die Durchführung der Vollstreckung gelten auch hier die §§ 10, 12, 16 ff IntFamRVG. Der Vollstreckung von Sorgerechtsregelungen dient weiter das europäische Sorgerechtsübereinkommen. 3

Immerhin gibt es noch einen nicht zu vernachlässigenden Raum für § 110 FamFG für Sorgerechtsentscheidungen aus Nord- und Südamerika, Russland und Kasachstan (Keidel/Zimmermann § 118 FamFG Rn 11). 4

Unterhaltsurteile aus den Mitgliedstaaten werden nach der EuUntVO (Art 16 ff EG-UnthVO) anerkannt und vollstreckt, die diesbezüglich die Brüssel I-VO (seit 10. 1. 2015: Brüssel Ia-VO) abgelöst hat. Mitgliedstaaten sind die EU-Staaten mit Ausnahme von Dänemark und Großbritannien. Ersteres hat aber mit Vertrag mit der EU vom 19. 10. 2005 erklärt, die Brüssel I-VO/Brüssel Ia-VO als innerstaatliches Recht zu übernehmen, sodass diese auch für Dänemark gilt. Nach zutreffender Auffassung verdrängen diese EU-VOen die EuVTVO (Prütting/Helms/Hau Rn 13; **aA** Keidel/Zimmermann § 118 FamFG Rn 15). 5

Im Verhältnis zu Island, Norwegen und der Schweiz gilt weiterhin das LugÜ 2007 (Dänemark hat sich der Brüssel I-VO/Brüssel Ia-VO quasi angeschlossen). 6

Das Haager Unterhaltsvollstreckungsübereinkommen von 1973 gilt noch, tritt aber im Verhältnis der Mitgliedstaaten der EG-UntVO gem deren Art 69 hinter dieser zurück. Eine gewisse restliche Bedeutung hat auch noch das HUntVÜ 1958 (Haager Übereinkommen über die Anerkennung und Vollstreckung auf dem Gebiet der Unterhaltspflicht gegenüber Kindern zuletzt geändert am 27. 7. 2001 [BGBl I 2001, 1887]; Prütting/Helms/Hau § 110 FamFG Anh Rn 18). 7

Nachdem verschiedene bilaterale Abkommen durch multilaterale Verträge verdrängt wurden, sind für Unterhaltsentscheidungen noch von Bedeutung der deutsch-tunesische Vertrag v 19. 7. 1966 (BGBl II 889) und der deutsch-israelische v 20. 7. 1977 (BGBl II 1980, 925). Vgl bei § 97 Rn 40, 42). 8

Güterrechtliche Entscheidungen nach Scheidungen sind nach § 110 Abs 2 FamFG durch Beschluss als vollstreckbar zu erklären. 9

Auch **Wohnungszuweisungen** und Hausratsverteilungen können vollstreckt werden. Hau weist auch auf Schadensersatzurteile im Zusammenhang mit Scheidungen hin, die manchmal vorkommen, aber nicht Unterhalt sind (Prütting/Helms/Hau Rn 16; Odendahl FamRBint 2012, 61). 10

Einen vollstreckungsfähigen Inhalt haben uU auch **einstweilige Anordnungen**. Ihre 11

Anerkennung regelt ua Art 20 Brüssel IIa-VO (s STAUDINGER/SPELLENBERG [2015] Rn 62). Hier ist allerdings zu beachten, dass Art 20 Brüssel IIa-VO zwar einstweilige Anordnungen auch nach nationalem Recht zulässt, dass dies aber nach dem Wortlaut nicht im Ausland vollsteckt werden dürfen. Dabei ist zweifelhaft, ob sie dann in anderen Staaten nach dortigem nationalem Recht einschließlich der Staatsverträge anerkannt und vollstreckt werden (EuGH 15. 7. 2010 – C-256/09 *Purrucker v Vallés-Pérez Purrucker I* Rn 86 ff, IPRax 2011, 378, hM), also mit anderen Worten nur nicht nach den leichteren Regeln der Brüssel IIa-VO, oder ob diese Bestimmung so zu verstehen ist, dass sie auch nicht auf dieser Grundlage vollstreckt werden dürfen (dazu SPELLENBERG, in: FS Coester-Waltjen [2015] 813 ff). Entsprechendes steht in Art 14 EG-UntVO. Folgt man der hM, dann sind einstweilige Anordnungen auch im sachlichen Anwendungsbereich der Brüssel IIa-VO ggf nach FamFG zu vollstrecken, vorausgesetzt der Anordnungsrichter hat sich auf seine nationalen Zuständigkeitsregeln stützen wollen (dazu STAUDINGER/SPELLENBERG [2015] Art 20 Brüssel IIa-VO Rn 9 ff; SPELLENBERG, in: FS Coester-Waltjen [2015] 813, 821). Einstweilige Anordnungen spielen eine große Rolle in Sorgerechtsangelegenheiten, wofür primär die Art 21 ff Brüssel IIa-VO gelten und alternativ die nationalen Anerkennungsregeln. Daneben kann es auch zu einstweiligen Anordnungen zur Regelung des Getrenntlebens kommen (einstweilige Wohnungszuweisung, Gewaltschutzanordnungen).

12 **Kostenentscheidungen** sind anerkennungs- und vollstreckungsfähig. Soweit sie zu Entscheidungen im Anwendungsbereich der Brüssel IIa-VO gehören, ist Art 49 Brüssel IIa-VO einschlägig. Im Verhältnis zu Drittstaaten gilt aber vorrangig vielfach noch das HZPÜ v 1. 3. 1954 (BGBl 1958 II 557), das sich in den Art 17 ff auch mit Fragen der Prozesskosten befasst. Art 19 HZPÜ sieht vor, dass und wie Kostenentscheidungen aus Drittstaaten vollstreckt werden.

13 So bleibt für § 110 FamFG doch noch ein nicht unbedeutender Anwendungsbereich.

III. Inhalt der Regelung

14 § 110 Abs 1 FamFG wiederholt aber nur, was eigentlich offensichtlich ist, dass eine inländische Vollstreckung einer ausländischen Entscheidung deren Anerkennung voraussetzt, regelt aber selbst weder die Voraussetzungen der Anerkennung noch die Vollstreckung, sondern verweist dafür auf andere Grundlagen. Abweichend von **§§ 722 f ZPO** wird die Vollstreckbarkeit gemäß § 110 Abs 2 FamFG soweit erforderlich durch Beschluss und nicht durch Urteil verliehen.

15 Gedanklich und traditionell kann zwischen Anerkennungsfähigkeit, Vollstreckbarerklärung durch den Vollstreckungsstaat (Exequatur, § 110 Abs 2 FamFG) und Vollziehungsbeschluss (Vollstreckungsklausel, § 86 f FamFG) unterschieden werden (zB PRÜTTING/HELMS/HAU Rn 1). Das erste ist eine Rechtsfrage, die sich aus § 108 FamFG und § 109 FamFG ergibt und uU nach § 107 FamFG festzustellen ist. Das zweite ist heute vielfach entbehrlich geworden namentlich durch die Brüssel IIa-VO (Art 41 f Brüssel IIa-VO) und die EG-UntVO (Art 17 ff EG-UnthVO). Im anderen Falle statuiert § 110 Abs 2 FamFG, dass die Vollstreckbarkeit durch Beschluss auszusprechen ist, wenn es sich um eine der in § 95 Abs 1 FamFG genannten Verpflichtungen handelt. Das sind Geldforderungen, Herausgabe von Sachen (nicht Kindern), Vor-

nahme von Handlungen, Duldung und Unterlassung und die Abgabe einer Willenserklärung. In den anderen Fällen ist ein gesonderte Vollstreckbarerklärung nicht nötig und nicht zulässig, also zB zur Herausgabe von Kindern. Das ergibt sich aus § 110 Abs 1 FamFG (MünchKommFamFG/Rauscher Rn 3, 8).

Die vorgehenden Sonderregelungen in den EU-Verordnungen (Art 28 ff Brüssel IIa-VO oder Art 19 ff EG-UntVO) sehen übrigens manchmal die unmittelbare Vollstreckung einer ausländischen Entscheidung in einem anderen Mitgliedstaat vor (zB Art 4 ff Brüssel IIa-VO). In der Regel jedoch ist eine Vollstreckbarerklärung durch den ersuchten Staat erforderlich (Johannsen/Henrich, Familienrecht § 110 FamFG Rn 3 ff). Dasselbe gilt für das europäische Sorgerechtsübereinkommen (Art 13 ff) und das KSÜ (Art 26 KSÜ). **16**

Wenn kein förmliches Exequatur auszusprechen ist, so ist die Anerkennungsfähigkeit doch inzident ggf bei der Erteilung des Vollziehungsbefehls zu prüfen (Prütting/Helms/Hau Rn 15; Keidel/Zimmermann Rn 22; MünchKommFamFG/Rauscher Rn 8). **17**

Soweit eine Scheidung oder andere Eheauflösung vorgreiflich ist, ist zuvor deren förmliche Anerkennung nach § 107 FamFG nötig (vgl § 107 Rn 27). **18**

§ 110 Abs 3 S 2 FamFG verlangt für die Vollstreckung, dass die ausländische Entscheidung nach der ausländischen lex fori **formell rechtskräftig** ist (Keidel/Zimmermann Rn 26). Das bedeutet nicht, dass einstweilige ausländische Anordnungen nicht vollstreckt werden könnte, denn sie können formell rechtskräftig werden. Sie sind aber nach ihrem Inhalt nicht endgültig, sodass man zweifeln kann, ob das den Anforderungen genügt (bejahend nur für Leistungsverfügungen Nagel/Gottwald, IZPR § 17 Rn 93). **19**

Der BGH (13. 7. 1983 BGHZ 88, 113, 124, IPRax 1984, 323, 326 mAnm Siehr 309, 311, Kindesherausgabe; **aA** Schack, IZVR Rn 914 ff; sehr einschränkend Geimer, IZPR Rn 2857) hat die Anerkennung und Inlandsvollstreckung grundsätzlich zugelassen, wenn sie wenigstens während des Laufs des Hauptverfahrens gültig sein soll, und unter der Einschränkung, dass die ausländische Anordnung bei veränderten Umständen im Inland abgeändert werden könne. ME muss man voraussetzen, dass die einstweilige Anordnung für die Dauer ihrer Geltung vorbehaltlich geänderter Verhältnisse (vgl H Roth IPRax 1988, 75, 81 f; Geimer, IZPR Rn 2857; Beisp Unterhalt für die Dauer des Scheidungsverfahrens) unabänderlich sein muss. Die vorerwähnten EU-Verordnungen erlauben dagegen manchmal die Vollstreckung auch noch nicht rechtskräftiger Entscheidungen, manche bilateralen Anerkennungsverträge schließen – wohl deshalb – einstweilige Anordnungen insgesamt aus. **20**

Die eigentliche **Vollstreckung** einschließlich ggf einer Vollstreckungsklausel richtet sich nach dem nationalen Recht des Vollstreckungsstaates dh nach §§ 88 ff FamFG bzw nach §§ 95 ff FamFG mit § 722 f ZPO. Auch wenn die Vollstreckung in EU-Verordnungen geregelt ist, so kann doch im Einzelnen auch nationales Recht ergänzend anzuwenden sein. **21**

Sachregister

Die fetten Zahlen beziehen sich auf die Paragrafen, die mageren Zahlen auf die Randnummern.

J. von Staudingers Kommentar zum Bürgerlichen Gesetzbuch mit Einführungsgesetz und Nebengesetzen

Übersicht vom 1. 3. 2016
Die Übersicht informiert über die Erscheinungsjahre der Kommentierungen in der 13. Bearbeitung und deren Neubearbeitungen (= Gesamtwerk STAUDINGER). *Kursiv* geschrieben sind die geplanten Erscheinungsjahre.

Die Übersicht ist für die 13. Bearbeitung und für deren Neubearbeitungen zugleich ein Vorschlag für das Aufstellen des „Gesamtwerk STAUDINGER" (insbesondere für solche Bände, die nur eine Sachbezeichnung haben). Es wird empfohlen, die Austauschbände chronologisch neben den überholten Bänden einzusortieren, um bei Querverweisungen auf diese schnell Zugriff zu haben. Bei Platzmangel sollten die ausgetauschten Bände an anderem Ort in gleicher Reihenfolge verwahrt werden.

		Neubearbeitungen			
Buch 1. Allgemeiner Teil					
Einl BGB; §§ 1–14; VerschG	1995	2004	2013		
§§ 21–89; 90–103 (1995)	1995				
§§ 21–79		2005			
§§ 80–89		2011			
§§ 90–103 (2004); 104–133; BeurkG	2004				
§§ 90–124; 130–133			2012		
§§ 90–124; 130–133			2012		
§§ 134–163	1996	2003			
§§ 134–138			2011		
§§ 139–163			2010	2015	
§§ 164–240	2001	2004	2009	2014	
Buch 2. Recht der Schuldverhältnisse					
§§ 241–243	1995	2005	2009	2014	
§§ 244–248	1997				
§§ 249–254	1998	2005			
§§ 255–292	1995				
§§ 293–327	1995				
§§ 255–314		2001			
§§ 255–304		2004	2009	2014	
AGBG	1998				
§§ 305–310; UKlaG		2006		2013	
§§ 311, 311a, 312, 312a–i			2005	2013	
§§ 311b, 311c			2006	2012	
§§ 313, 314	*2017*				
§§ 315–327		2001	2004	2009	2015
§§ 328–361b	1995	2001			
§§ 328–359			2004		
§§ 328–345				2009	2015
§§ 346–361				2012	
§§ 362–396	1995	2000	2006	2011	
§§ 397–432	1999	2005	2012		
§§ 433–534	1995				
§§ 433–487; Leasing		2004			
§§ 433–480			2013		
Wiener UN-Kaufrecht (CISG)	1994	1999	2005	2013	
§§ 488–490; 607–609		2011	2015		
VerbrKrG; HWiG; § 13a UWG	1998				
VerbrKrG; HWiG; § 13a UWG; TzWrG	1998	2001			
§§ 491–512		2004	2012		
§§ 516–534		2005	2013		
§§ 535–563 (Mietrecht 1)	1995				
§§ 564–580a (Mietrecht 2)	1997				
2. WKSchG; MÜG (Mietrecht 3)	1997				
§§ 535–562d (Mietrecht 1)		2003	2006	2011	
§§ 563–580a (Mietrecht 2)		2003	2006	2011	
§§ 535–555f (Mietrecht 1)					2014
§§ 556–561; HeizkostenV; BetrKV (Mietrecht 2)					2014
§§ 562–580a; Anh zum Mietrecht: AGG (Mietrecht 3)					2014
MietNovG 2015	2015				
Leasing			2014		
§§ 581–606	1996	2005	2013		
§§ 607–610 (siehe §§ 488–490; 607–609)	./.				
§§ 611–615	1999	2005			
§§ 611–613			2011	2015	
§§ 613a–619a			2011	2015	
§§ 616–619	1997				
§§ 616–630		2002			
§§ 620–630			2012		
§§ 631–651	2000	2003	2008	2013	
§§ 651a–651m	2001	2003	2011	2015	
§§ 652–704	1995				
§§ 652–656		2003	2010		
§§ 652–661a				2015	
§§ 657–704		2006			
§§ 675c–676c			2012		
§§ 677–704			2015		
§§ 705–740	2003				
§§ 741–764	1996	2002	2008	2015	
§§ 765–778	1997	2013			
§§ 779–811	1997	2002	2009	2015	
§§ 812–822	1994	1999	2007		
§§ 823–825	1999				
§§ 823 E-I, 824, 825		2009			
§§ 826–829; ProdHaftG	1998	2003	2009	2013	
§§ 830–838	1997	2002	2008	2012	
§§ 839, 839a	2002	2007	2013		
§§ 840–853	2002	2007	2015		
Buch 3. Sachenrecht					
§§ 854–882	1995	2000	2007	2012	

§§ 883–902	1996	2002	2008	2013
§§ 903–924; UmweltHR	1996			
§§ 903–924		2002		2015
§§ 905–924			2009	
UmweltHR		2002	2010	
§§ 925–984; Anh §§ 929 ff	1995	2004	2011	
§§ 985–1011	1993	1999	2006	2013
ErbbVO; §§ 1018–1112	1994	2002		
ErbbauRG; §§ 1018–1112			2009	
§§ 1113–1203	1996	2002	2009	2014
§§ 1204–1296; §§ 1–84 SchiffsRG	1997	2002	2009	
§§ 1–64 WEG	2005			

Buch 4. Familienrecht

§§ 1297–1320; Anh §§ 1297 ff; §§ 1353–1362	2000	2007		
§§ 1297–1352		2012	2015	
LPartG		2010		
§§ 1353–1362			2012	
§§ 1363–1563	1994	2000	2007	
§§ 1564–1568; §§ 1–27 HausratsVO	1999	2004		
§§ 1564–1568; §§ 1568 a+b			2010	
§§ 1569–1586b	2014			
§§ 1587–1588; VAHRG	1998	2004		
§§ 1589–1600d	1997	2000	2004	2011
§§ 1601–1615o	1997	2000		
§§ 1616–1625	2000	2007	2014	
§§ 1626–1633; §§ 1–11 RKEG	2002	2007	2015	
§§ 1638–1683	2000	2004	2009	2015
§§ 1684–1717	2000	2006	2013	
§§ 1741–1772	2001	2007		
§§ 1773–1895; Anh §§ 1773–1895 (KJHG)	1999	2004		
§§ 1773–1895			2013	
§§ 1896–1921	1999	2006	2013	

Buch 5. Erbrecht

§§ 1922–1966	1994	2000	2008	
§§ 1967–2086	1996			
§§ 1967–2063		2002	2010	2016
§§ 2064–2196		2003	2013	
§§ 2087–2196	1996			
§§ 2197–2264	1996	2003		
§§ 2197–2228			2012	
§§ 2229–2264			2012	
§§ 2265–2338a	1998			
§§ 2265–2338		2006		
§§ 2265–2302			2013	
§§ 2303–2345			2014	
§§ 2339–2385	1997	2004		
§§ 2346–2385			2010	

EGBGB

Einl EGBGB; Art 1, 2, 50–218	1998	2005	2013	
Art 219–222, 230–236	1996			
Art 219–245		2003		
Art 219–232			2015	
Art 233–245			2015	

EGBGB/Internationales Privatrecht

Einl IPR; Art 3–6	1996	2003		
Einl IPR			2012	
Art 3–6			2013	
Art 7, 9–12, 47, 48	2000	2007	2013	
IntGesR	1993	1998		
Art 13–18	1996			
Art 13–17b		2003	2011	
Art 18; Vorbem A + B zu Art 19		2003		
Vorbem C–H zu Art 19		2009		
IntVerfREhe	1997	2005		
IntVerfREhe 1			2014	
IntVerfREhe 2			2016	
Kindschaftsrechtl Ü; Art 19	1994			
Art 19–24		2002	2008	2014
Art 20–24	1996			
Art 25, 26	1995	2000	2007	
Art 27–37	2002			
Art 1–10 Rom I VO		2011		
Art 11–29 Rom I-VO, Art 46b, c		2011		
Art 38	1998			
Art 38–42		2001		
IntWirtschR	2000	2006	2010	2015
Art 43–46	1996	2014		

Eckpfeiler des Zivilrechts	2008	2011	2012	2014

Demnächst erscheinen

§§ 613a–619a	2011	2016		
§§ 2346–2385			2010	2016

oHG Dr. Arthur L. Sellier & Co. KG – Walter de Gruyter GmbH, Berlin
Postfach 30 34 21, D-10728 Berlin, Telefon (030) 2 60 05-0, Fax (030) 2 60 05-222